U0062940

汉语成语词典

HANYU CHENGYU CIDIAN

全新版
QUANXINBAN

汉语大字典编纂处 ◎ 编著

四川辞书出版社

图书在版编目(CIP)数据

汉语成语词典：全新版 / 汉语大字典编纂处编著. —
成都：四川辞书出版社，2024.1
ISBN 978-7-5579-1396-0

Ⅰ. ①汉… Ⅱ. ①汉… Ⅲ. ①汉语－成语词典 Ⅳ.
①H136.31－61

中国国家版本馆 CIP 数据核字(2023)第 218140 号

汉语成语词典 全新版

汉语大字典编纂处　编著

责任编辑 / 麻瑞勤
封面设计 / 李其飞
责任印制 / 肖　鹏
出版发行 / 四川辞书出版社
地　　址 / 成都市锦江区三色路 238 号
邮政编码 / 610023
印　　刷 / 成都国图广告印务有限公司
开　　本 / 787 mm×1092 mm　1/32
版　　次 / 2024 年 1 月第 1 版
印　　次 / 2024 年 1 月第 1 次印刷
印　　张 / 21
书　　号 / ISBN 978-7-5579-1396-0
定　　价 / 39.80 元

编写人员

（按姓氏笔画排列）

李婷玉　宋　歌
陈秀娟　唐功敏

总 目 录

出版说明

　　本词典是中型成语词典,适合广大学生、教师和对成语有兴趣的读者使用。本词典以简明和实用为编纂宗旨,具有以下特点:

　　一、收词丰富。收列成语 8 000 余条,连同扩展的成语实际收词 1 万余条。收词以现代常用的成语为主,包括近些年来广为流行、固定下来的新成语。

　　二、释义详尽。词条释义不仅解释成语的整体义,而且必要时还解释它们的字面义或语源义。

　　三、例句为现代汉语。选材贴近生活,便于读者直接引用。

　　四、标注功能完备。部分条目下列出了近义成语或反义成语,以期读者举一反三,触类旁通。部分条目还作了专门的提示,使读者避免语言运用中的失误。

　　五、检索方便快捷。正文按音序编排,并附有音序索引和笔画索引,方便查检。

　　我们希望,这些特点能帮助读者方便快捷地掌握成语的意义和用法。

　　限于编写时间有限等客观原因,词典中难免有疏漏或不足,我们衷心希望广大读者批评指正。

凡 例

一、立目：以成语常见的形式为主条立目，将与主条意义大致相同而字序不同或文字小异且较为常见的形式列为副条。副条用"也作"跟主条直接系联，并另立参见条目。副条条目只注音不作解释，注明"见'××××'"。

二、编排：正文依照条目首字音序编排，首字读音相同的则按笔画多少顺序排列，笔画也相同则按第二字的音序排列，其余依此类推。

三、注音：条目用汉语拼音注音，一律注单字普通话读音，不标注变调，轻声不标调号。

四、释义：释义的顺序一般是先解释成语中重要的或难懂的字词，再诠释整个成语的意义；字面义或语源义跟成语的实际意义不一致时，先解前者，再释后者。

五、例句：主要采用现代汉语的例句。单义成语一般举一例，多义成语一般各义项分别举一例。例句中与条目相同的文字用"～"代替。例句之间用"/"隔开。

六、近反义：主条下用【近义】、【反义】列出相应的近义条目和反义条目。

七、提示：部分主条下用 提示 指出成语中易误写、误读或误解的字词以及感情色彩等。

八、索引：附有《条目首字音序索引》和《条目笔画索引》，以供查检。

条目首字音序索引

条目笔画索引

二　画

三　画

四　画

七　画

九　画

十二画

十三画

十五画

A

哀兵必胜　āi bīng bì shèng

【释义】哀:悲伤;悲愤。对抗的两军力量相当,悲愤的一方获得胜利。指受压抑而奋起反抗的军队必然能打胜仗。【例句】越王勾践卧薪尝胆,经过十年的艰苦奋斗,终于一举打败了强大的吴国。这是历史上～的典型事例。【反义】骄兵必败

哀感顽艳　āi gǎn wán yàn

【释义】哀:悲伤。感:感动。顽:愚笨。艳:俊美。凄婉的歌声使愚笨和聪慧的人都受到感动。形容文辞凄恻动人。【例句】小女孩的歌声沁人心脾,～。/ 他到了天津之后,寄了一封信给他妻子。这封信有三千多字,写得异常地～。【近义】哀恸顽艳

哀鸿遍野　āi hóng biàn yě

【释义】哀鸿:悲鸣的大雁,比喻灾民。形容到处都是呻吟呼号、流离失所的灾民的悲惨景象。【例句】他们曾目睹过那～、赤地千里的惨状。【反义】百兽率舞　凤凰来仪

哀毁骨立　āi huǐ gǔ lì

【释义】哀毁:悲痛过度而毁伤身体。骨立:消瘦得只剩一副骨架支撑着。因遭亲丧而过于悲痛而消瘦到极点。【例句】他的父母在十几天内相继去世,他一时间接受不了,整日悲悲戚戚,以致～。【反义】哀而不伤

哀丝豪竹　āi sī háo zhú

【释义】哀:悲伤。丝:指弦乐器。豪:豪壮。竹:指管乐器。指悲壮动人的弦管乐声。【例句】在～之中,即将上演一出热耳酸心、悲欢离合的故事。【反义】轻歌曼舞

哀天叫地　āi tiān jiào dì

【释义】哀:悲哀。悲哀得呼天喊地。形容悲痛至极。【例句】儿子不幸遭遇车祸,父母～,悲痛欲绝。【近义】呼天抢地

挨家挨户　āi jiā āi hù

见“挨门逐户”。

挨肩擦背　āi jiān cā bèi

【释义】擦:贴近。形容十分拥挤。【例句】展厅里人们～,熙来攘往。

挨门逐户　āi mén zhú hù

【释义】挨、逐:依次,逐一。依次到各家各户。也作“挨家挨户”。【例句】为了找出案件的疑点,警察们细心地～去调查了解情况。

唉声叹气　āi shēng tàn qì

【释义】因伤感、烦闷或痛苦而发出叹息的声音。【例句】他躺在山上的一间茅草屋里,不断地～。【近义】长吁短叹　喟然长叹【反义】喜笑颜开【提示】“唉”不能写成“哀”。

矮子看戏　ǎi zi kàn xì

【释义】个子矮的人夹在观众中看戏,什么也没看见。比喻不了解情况随声附和。【例句】是真是假,须弄个明白,不能～,人云亦云。

A

蔼然可亲　ǎi rán kě qīn
【释义】待人亲切，别人容易接近。【例句】李奶奶～，谁都喜欢和她接近。【反义】疾言厉色

爱不释手　ài bù shì shǒu
【释义】释：放开。喜爱得舍不得放手。【例句】鲁迅的文章总能令人魂牵梦绕，～。【反义】弃若敝屣

爱才若渴　ài cái ruò kě
【释义】爱慕贤才就像口渴想要喝水一样。形容十分喜爱、尊重人才。【例句】新上任的领导～，对下属体恤关怀。【近义】爱才如命【反义】嫉贤妒能

爱财如命　ài cái rú mìng
【释义】贪爱钱财就像爱惜自己的生命一样。形容非常吝啬或贪财。【例句】莫里哀笔下的阿巴贡，是个～的吝啬鬼。【近义】视财如命【反义】挥金如土

爱富嫌贫　ài fù xián pín
见"嫌贫爱富"。

爱民如子　ài mín rú zǐ
【释义】爱护百姓就像爱护自己的子女。【例句】如果每一位领导都能把百姓的切身利益放在心上，～，那么我们的社会就会更加和谐了。

爱莫能助　ài mò néng zhù
【释义】爱：怜惜，同情。莫：无，不。心里愿意帮助，但是力量做不到。【例句】我其实很想帮助你，可如今我的处境也很艰难，真是～，请谅解。【近义】力不从心　心余力绌【反义】有求必应

爱屋及乌　ài wū jí wū
【释义】及：连及。乌：乌鸦。比喻爱一个人而连带地关心到和他相关的人或物。【例句】也许是～吧，小燕对弟弟

的小狗也特别爱护。　提示　"及"的意思不是"和"。

爱憎分明　ài zēng fēn míng
【释义】喜爱什么、憎恨什么，态度十分鲜明。【例句】他这个人～，从不肯为了个人利益去讨好别人。

碍手碍脚　ài shǒu ài jiǎo
【释义】妨碍别人做事。【例句】你简直是成事不足，败事有余，别在这～的。【近义】触手碍脚

安邦定国　ān bāng dìng guó
【释义】邦：国家。使国家安定、巩固。【例句】古代兵荒马乱之时，国无宁日，民不聊生，人民渴望有～之策出现。【近义】治国安邦【反义】祸国殃民　提示　"邦"不能写成"帮"。

安步当车　ān bù dàng chē
【释义】安：从容。步：步行。慢慢地步行，就当作是坐车。也作"缓步代车"。【例句】一到下午，他便一个人～，出门逍遥自在去了。　提示　"当"不读 dāng。

安常守分　ān cháng shǒu fèn
【释义】安：感到满足。分：本分。习惯于常规，保守住本分。【例句】他不追求功名利禄，只求～。【近义】安分守己　提示　"分"不读 fēn。

安分守己　ān fèn shǒu jǐ
【释义】分：本分。安守本分，规矩老实。【例句】孩子能～，家长就省心多了。【近义】安常守分　循规蹈矩【反义】恣意妄为　惹是生非　肆行无忌　为非作歹

安家落户　ān jiā luò hù
【释义】在他乡安置家庭并定居。【例句】春天，北归的燕子在我家的房檐下

~了。【近义】落地生根【反义】萍踪浪迹

安居乐业　ān jū lè yè
【释义】居:住所。业:职业。安定地生活,愉快地工作。【例句】这个城市傍山临海,风景宜人,百姓~。【反义】颠沛流离　流离失所

安然无恙　ān rán wú yàng
【释义】安然:平安,安安稳稳地。恙:疾病,灾祸。原指人平安没有疾病,后泛指平平安安,没有受到任何损伤。【例句】得知他~,我那颗悬着的心终于放了下来。【近义】平安无事

安如磐石　ān rú pán shí
【释义】磐石:厚而大的石头。像磐石一样稳固,不可动摇。【例句】即使敌人炮火猛烈,我军的阵地依然~。【近义】安如泰山【反义】危如累卵　危若朝露

安如泰山　ān rú tài shān
【释义】像泰山一样安稳。形容安稳牢固,不可动摇。也作"稳如泰山"。【例句】尽管敌机狂轰滥炸,我军防线仍~。【近义】安如磐石【反义】危如累卵　危若朝露

安身立命　ān shēn lì mìng
【释义】安身:在某地居住、生活。立命:精神上安定。生活有着落,精神有所寄托。也作"立命安身"。【例句】一旦国家动乱起来,人民群众~都难以保证。

安土重迁　ān tǔ zhòng qiān
【释义】土:指故土。重:重视,不轻率。留恋故土,不愿轻易迁移。【例句】张梅毕竟是跑过滩的,见识比她~的母亲强多了。【反义】背井离乡　提示 "重"不读 chóng。

安闲自在　ān xián zì zài
【释义】安静清闲,自由自在。【例句】退休后,王大爷过着~的生活。【近义】清闲自在

安心乐意　ān xīn lè yì
【释义】心情安定,满意高兴。【例句】大学毕业后,他~地待在了现在的公司。

安营扎寨　ān yíng zhā zhài
【释义】安、扎:设立。营:营房。寨:军营四周的栅栏。军队架起帐篷,建好栅栏驻扎。借指建立临时住所。【例句】他们开辟出了~的空地,架起两间茅屋。【反义】拔寨起营

安于现状　ān yú xiàn zhuàng
【释义】习惯、满足于现有的状况,不思进取。【例句】我们不能故步自封,~。【近义】故步自封

安之若命　ān zhī ruò mìng
见"安之若素"。

安之若素　ān zhī ruò sù
【释义】安:感到满足。素:平时,往常。(遇到不顺利情况或反常现象)像平常一样对待,毫不在意。也作"安之若命"。【例句】虽然这件事对他的打击很大,但他依然~。【近义】等闲视之

鞍前马后　ān qián mǎ hòu
【释义】指在某人的身边、左右。多形容跟随在别人身边,小心侍候。【例句】丈夫终日为上司~奔走劳累。

按兵不动　àn bīng bù dòng
【释义】按:控制,止住。兵:军队。使军队暂不行动,等待时机。泛指不采取行动。【例句】大家都已开始行动了,唯独他还~。【近义】坐山观虎斗【反义】闻风而动 提示 "按"不能写成"安"。

A

按部就班　àn bù jiù bān
【释义】按、就：依照，遵循。部：门类。班：次序。原指文章结构安排得当，用词造句规范。后指做事按照一定的条理，遵循一定的程序。【例句】这篇文章整体布局～，非常严谨。/ 凡事不急不躁，～地去做，就不容易出错。【近义】循序渐进【反义】越次超伦　提示　"部"不能写成"步"。

按捺不住　àn nà bù zhù
【释义】按捺：抑制，忍耐。内心无法克制。【例句】一种～的强烈欲望，促使他不顾一切地去准备托福考试。【近义】忍无可忍【反义】忍气吞声　提示　"捺"不读 nài。

按图索骥　àn tú suǒ jì
【释义】图：图像。索：寻找。骥：好马。按照图像寻找好马。比喻顺着线索寻找目标。也比喻办事死板。【例句】老王，我们是～才找到你的住处的。/ 想要做好一件事必须因时制宜，～的做法是行不通的。　提示　"图"不能写成"途"。

暗淡无光　àn dàn wú guāng
【释义】暗淡：昏暗，不明亮。形容失去光彩或光泽。也作"黯淡无光"。【例句】他头上戴了一个～的蓝顶儿。

暗度陈仓　àn dù chén cāng
【释义】陈仓：地名，在今陕西宝鸡市东。《史记·高祖本纪》载，楚汉相争时，刘邦在进军南郑途中，听从张良的计谋，烧掉沿途的栈道，表示不再返回关中，用以打消项羽的疑虑；暗中却绕道偷渡陈仓，打败了楚将章邯，平定了三秦。比喻表面上用某种行动迷惑对方，暗中却采取出其不意的行动以出奇制胜。【例句】刘邦听从张良的计策，明修栈道，～，最终占领了咸阳。

暗箭伤人　àn jiàn shāng rén
【释义】在暗地里放冷箭伤害人。比喻用阴谋手段暗害人。【例句】我和他虽然是死对头，但是背地里～的事我是不会做的。【近义】冷箭伤人

暗送秋波　àn sòng qiū bō
【释义】秋波：秋天的水波，古诗文中常用以形容美女的眼神。原指暗地里眉目传情。后泛指献媚取宠，暗中勾结。【例句】她对他眉来眼去，～。/ 王占元一边对张作霖～，一边又与曹锟勾结甚密。【近义】眉目传情

暗无天日　àn wú tiān rì
【释义】天日：比喻光明。暗得看不到一点光亮。形容社会极端黑暗。【例句】在～的旧社会，劳动人民过着牛马不如的生活。【近义】不见天日

暗香疏影　àn xiāng shū yǐng
【释义】暗香：清幽的香气。疏影：稀疏枝干的投影。梅花清幽的香气和枝干稀疏的投影。后作为梅花的代称。【例句】这皑皑白雪，～，使他不由地想起故乡冬日的雪景。

暗中摸索　àn zhōng mō suǒ
【释义】在黑暗中触摸探索。比喻无人指引，独自探索。【例句】他刻苦努力，～，终于攻克了技术难关。

黯淡无光　àn dàn wú guāng
见"暗淡无光"。

黯然神伤　àn rán shén shāng
【释义】黯然：情绪低落的样子。形容因失意、沮丧而伤感。【例句】他和女友五年的感情就这样终结了，这让他～。【近义】心灰意懒【反义】喜形于色　提示　"黯"不能写成"暗"。

黯然失色　àn rán shī sè

【释义】黯然:阴暗的样子。相形见绌,仿佛失去了原有的色泽或光彩。【例句】由于心情低落,秘鲁克拉约城那美丽的夜景似乎也~了。【反义】光彩夺目 提示 "黯"不能写成"暗"。

黯然销魂　àn rán xiāo hún

【释义】黯然:情绪低落的样子。销魂:灵魂离开肉体,形容极度悲伤、愁苦。心神沮丧得像丢了魂一样。形容极度沮丧。【例句】生离死别,~,姐妹俩不禁潸然泪下。【近义】黯然神伤 提示 "黯"不能写成"暗"。

昂首阔步　áng shǒu kuò bù

【释义】昂:仰起。仰起头,迈着大步向前。形容精神振奋,意气昂扬。【例句】~向我们走来的,是六年级二班的同学们。【近义】昂首挺胸【反义】垂头丧气 提示 "昂"的下半部分不能写成"卯"。

昂首挺胸　áng shǒu tǐng xiōng

【释义】昂:仰起。仰起头,挺起胸膛。形容斗志高,士气盛,无所畏惧或态度坚决。【例句】女英雄刘胡兰~,迈着矫健的步伐,向着沾满无数烈士鲜血的铡刀走去。【近义】昂首阔步【反义】垂头丧气 提示 "昂"的下半部分不能写成"卯"。

嗷嗷待哺　áo áo dài bǔ

【释义】嗷嗷:哀鸣声。哺:喂食。哀鸣着等待喂食。形容饥饿时急于求食的样子。【例句】鸟窝中的小鸟张着圆圆的小嘴儿,~,盼着父母早日归来。【近义】啼饥号寒【反义】含哺鼓腹 提示 "哺"不读 fǔ。

鳌头独占　áo tóu dú zhàn

见"独占鳌头"。

傲然屹立　ào rán yì lì

【释义】傲然:坚强不屈的样子。屹立:像山峰一样高耸而稳固地立着。形容坚定挺拔,不可动摇。【例句】雄伟壮丽的长城,~在我国北方。【近义】巍然屹立【反义】东倒西歪

傲雪凌霜　ào xuě líng shuāng

【释义】凌:欺凌。傲视雪冷,压倒霜寒。形容不怕严寒,傲然挺立于霜雪之中。比喻面对强暴不屈不挠。【例句】那~的蜡梅仿佛髻上的玉钗,散发着幽幽香气,怎叫人不喜爱呢? / 面对敌人的冷酷迫害和打击,他无所畏惧,~。【近义】傲雪欺霜

B

八拜之交　bā bài zhī jiāo

【释义】八拜:旧时世交子弟谒见长辈的礼节。交:友谊。指拜把子的关系。【例句】他曾经和父亲共事过,是父亲的～。【近义】桃园结义【反义】一面之交　泛泛之交

八斗之才　bā dǒu zhī cái

【释义】比喻极高的才华。也作"才高八斗"。【例句】杜甫虽有～,但是怀才不遇,终究未能走上仕途。【近义】七步之才　学富五车

八方呼应　bā fāng hū yìng

【释义】八方:泛指各方。形容各方面互相呼应,彼此配合。【例句】中国申办奥运会的计划一经提出,立即～,群情激奋。【近义】一呼百应【反义】孤掌难鸣

八方支援　bā fāng zhī yuán

【释义】形容各方面都支持、援助。【例句】一方有难,～。

八面见光　bā miàn jiàn guāng

【释义】八面:指各个方面。光:光滑。形容为人非常圆滑、世故,各方面都应付得很周到。【例句】他不过是一个～的世故小人。【近义】八面玲珑【反义】老实巴交

八面玲珑　bā miàn líng lóng

【释义】玲珑:通明透亮的样子。原指窗户宽敞明亮。形容圆转灵秀。也形容人处世圆滑或善于周旋应酬,不得罪任何一方。【例句】走进他家刚装修好的房子,整洁的布局和～的窗户给我留下了深刻的印象。/ 吴道子画中的人物,前人形容它有"～"的妙处。/ 新时代的女强人赵姐做事～,决断干净利落,令人敬佩。

八面威风　bā miàn wēi fēng

【释义】威风:气势使人敬畏。形容威风凛凛,神气十足。也作"威风八面"。【例句】大将军一上战场便～,吓得敌军仓皇而逃。【近义】威震四方　威风凛凛【反义】威风扫地

八仙过海　bā xiān guò hǎi

【释义】八仙:神话中的汉钟离、张果老、韩湘子、铁拐李、吕洞宾、曹国舅、蓝采和、何仙姑八位神仙。传说八仙各有法术过海而不用舟船。比喻各有一套办法,或各自施展本领,互相竞赛。【例句】这弟兄们是～,各显神通。

八字打开　bā zì dǎ kāi

【释义】像"八"字那样,一撇一捺,向两边分开。比喻毫不隐藏,开门见山。【例句】事情已～,请大家畅所欲言。【近义】开门见山

拔本塞源　bá běn sè yuán

【释义】本:树根。源:水源。比喻毁灭根基,忘本叛逆。也比喻抓住根本问题。【例句】他这种做法简直就是～,一定要严加惩处。/ 这也是个好办法,

而且简单易行,不过还不是～之计。

拔刀相助　bá dāo xiāng zhù

【释义】指见义勇为,打抱不平。【例句】他看见王大爷正在抓小偷,便上前～。【近义】打抱不平　挺身而出【反义】袖手旁观　隔岸观火

拔来报往　bá lái fù wǎng

【释义】拔:急速。报:通"赴",迅速。速来速往。后形容往来频繁。也作"跋来报往"。【例句】邮递员送快递,向来都是～。/他俩有一段时间～,相当密切,现在却成了冤家,形同陌路。提示　"拔"的意思不是"抽出";"报"不读 bào,意思不是"告诉"。

拔山盖世　bá shān gài shì

【释义】拔:撼动。盖:超过,压倒。勇力能撼大山,气势超越世人。形容勇猛无敌。【例句】楚霸王项羽虽有～之勇,但由于刚愎自用,最终落了个兵败自刎的下场。

拔树寻根　bá shù xún gēn

【释义】比喻追根究底,彻底查问。【例句】好一个厉害的张大妈,竟是这般～地查问。【近义】寻根究底　刨根问底

拔帜易旗　bá zhì yì qí

【释义】易:改换。拔掉对方的旗帜,换上自己的旗帜。比喻战胜对方,取而代之。【例句】您还不知道,如今我们这儿～,改换新主啦。【近义】取而代之

跋扈飞扬　bá hù fēi yáng

见"飞扬跋扈"。

跋扈自恣　bá hù zì zì

【释义】跋扈:专横粗暴。自恣:自我放

纵。为所欲为,专横暴戾。【例句】他为人～,得罪了不少人。【近义】飞扬跋扈　提示　"跋"不能写成"拔"。

跋来报往　bá lái fù wǎng

见"拔来报往"。

跋山涉水　bá shān shè shuǐ

【释义】跋:在山上行走。涉:徒步过河。翻越山岭,蹚水过河,形容旅途艰辛。【例句】地质勘探队员不畏艰险,～,为祖国寻找地下宝藏。【近义】梯山航海

把持不定　bǎ chí bù dìng

【释义】没有明确的主见,游移反复。【例句】他意志薄弱,遇到问题往往～。

把玩无厌　bǎ wán wú yàn

【释义】拿着玩赏,不感厌倦。【例句】这件艺术品雕刻精巧,令人～。【近义】爱不释手

白璧微瑕　bái bì wēi xiá

【释义】璧:扁圆形玉器。瑕:玉上的疵斑。洁白的玉上面有些小斑点,比喻很好的人或事物有些小缺点。也作"白玉微瑕"。【例句】与他优秀的素质相比,这点小毛病只是～。【近义】大醇小疵【反义】白璧无瑕　提示　"璧"不能写成"壁";"瑕"不读 jiǎ。

白璧无瑕　bái bì wú xiá

【释义】璧:扁圆形玉器。瑕:玉上的疵斑。洁白的玉上面没有一点儿小斑点,比喻人或事物完美无缺。也作"白玉无瑕"。【例句】世上没有十全十美、～的人。【近义】尽善尽美【反义】白璧微瑕　提示　"璧"不能写成"壁";"瑕"不读 jiǎ。

白发苍苍　bái fà cāng cāng

【释义】苍苍:灰白色。头发花白。形容

B

人年迈苍老。【例句】时过境迁，昔日的同窗如今已是～。【近义】须发皆白

白发苍颜　bái fà cāng yán
见"苍颜白发"。

白虹贯日　bái hóng guàn rì
【释义】虹：日光通过云层中的冰晶时经折射形成的光圈。贯：穿过。白色长虹横穿太阳。古人认为这是兵刃相加的一种凶兆。【例句】古人最畏忌～，认为这是一种不祥的预兆。

白驹过隙　bái jū guò xì
【释义】白驹：白色小骏马，喻指太阳。像白色的骏马在细小的缝隙前一闪而过。形容时间过得飞快。【例句】时光如～，转眼半年就过去了。【近义】光阴似箭　日月如梭【反义】度日如年

白面书生　bái miàn shū shēng
【释义】白面：白净。书生：读书人。指年轻的读书人。【例句】一看他那样子，就知他是个～。

白日见鬼　bái rì jiàn guǐ
【释义】大白天看见鬼。比喻官衙清闲、冷落。也用以比喻事情荒诞离奇或完全出乎意料。【例句】那件事发生的时候我人在北京，怎么一口咬定是我做的，岂不是～？【近义】白日做梦

白日做梦　bái rì zuò mèng
【释义】大白天做梦。比喻幻想根本不能实现。【例句】他打算毕业后自主创业，但有人认为他是在～。【近义】黄粱美梦【反义】切中事理

白手起家　bái shǒu qǐ jiā
【释义】白手：空手。空手建立家业。形容在没有基础或条件很差的情况下创立起一番事业。【例句】霍董事长～，

靠自己多年的辛苦打拼与精心经营，造就了如今的霍氏集团。【近义】自力更生

白首同归　bái shǒu tóng guī
【释义】白首：白发，形容年老。归：趋向、归往。一直到头发白了，志趣仍然相同。形容友谊坚贞，始终不渝。【例句】人生中能拥有～的朋友，是难能可贵的。

白头如新　bái tóu rú xīn
【释义】白头：指年老，形容时间久。新：指刚认识。相识虽久却跟刚结识一样，指彼此交情不深。【例句】我和她虽合作了八年，但是～。【近义】白头而新【反义】一见如故

白头偕老　bái tóu xié lǎo
【释义】偕：共同，在一起。夫妻共同生活到老。【例句】愿你们相亲相爱，～。【近义】百年偕老

白衣秀士　bái yī xiù shì
【释义】白衣：古代平民的服装。秀士：德行才艺出众的人。指没有取得功名的读书人。【例句】别为难他，他只是一个～。

白玉微瑕　bái yù wēi xiá
见"白璧微瑕"。

白玉无瑕　bái yù wú xiá
见"白璧无瑕"。

白纸黑字　bái zhǐ hēi zì
【释义】白纸上写的黑字，指书面的确凿证据。【例句】合同上面～写得清清楚楚，你要不了赖的。

百弊丛生　bǎi bì cóng shēng
【释义】许多弊病同时滋长起来。【例句】如果社会风气不正，章法不严，难

免～。【近义】百病丛生

百步穿杨 bǎi bù chuān yáng

【释义】春秋时楚国养由基善于射箭,能在一百步以外射中杨柳的叶子。后用以形容箭法或枪法非常高明。【例句】他有～的绝技,箭不虚发【近义】百发百中【反义】无的放矢

百尺竿头 bǎi chǐ gān tóu

【释义】百尺竿:古代表演杂技用的长竿。比喻功名、学问或事业等达到了很高程度,但须继续努力。常与"更进一步"连用。【例句】我希望我国的体育事业～,更进一步。【反义】每况愈下

百川归海 bǎi chuān guī hǎi

【释义】川:河流。条条江河流入大海。比喻众多分散的事物汇集到一个地方。也比喻众望所归或大势所趋。【例句】抗战时期,全国的青年学子们如～,纷纷投奔延安。/ 唐王统一天下后,万民称颂,有～之势。【反义】沧海横流

百读不厌 bǎi dú bù yàn

【释义】厌:腻烦。多次阅读都觉得新鲜。形容文章写得好,耐人寻味,引人入胜。【例句】鲁迅的著作我是～。【近义】脍炙人口【反义】味同嚼蜡

百锻千炼 bǎi duàn qiān liàn

【释义】锻:打铁,锤炼。炼:冶炼。比喻文章、作品经过多次细致的修改。【例句】这篇文章～,是难得的佳作。【近义】千锤百炼

百发百中 bǎi fā bǎi zhòng

【释义】发:发射。中:正对上(目标);射中。形容射击准确,次次中的。比喻做事极有把握,绝不落空。【例句】他

枪法高明,～。/ 放心吧,我做事一向是～的。【近义】弹无虚发 箭无虚发

提示 "中"不读 zhōng。

百废俱兴 bǎi fèi jù xīng

【释义】废:荒废,废置。俱:全。各种被废置的或该办未办的事业都兴办起来。【例句】洪灾过后,经过大家的共同努力,现在已是～,一派繁荣景象。【反义】百端待举

百感交集 bǎi gǎn jiāo jí

【释义】感:感触,感慨。交:交织。各种感触交织在一起。【例句】在异国偶遇昔日的同窗,他～,眼里饱含泪水。【反义】无动于衷

百花齐放 bǎi huā qí fàng

【释义】各种花卉一齐盛开。比喻美好事物繁盛纷呈。也比喻艺术上不同的形式和风格自由发展,科学上不同的学派自由论争,常与"百家争鸣"连用。【例句】美术展览会上展出了许多新作品,～,美不胜收。/ ～,百家争鸣的方针,是促进艺术发展和科学进步的方针。

百花争艳 bǎi huā zhēng yàn

【释义】艳:鲜艳。各种花草树木竞相开放出艳丽的花朵。比喻新生事物层出不穷。【例句】春天到了,～,万紫千红。【近义】百花齐放【反义】百花凋零

百家争鸣 bǎi jiā zhēng míng

【释义】家:学术流派。鸣:表达,发表。原指春秋战国时代儒、法、道、墨、名、阴阳、纵横、杂、农等各种思想流派著书立说,游说争辩的繁荣局面。后指学术研究中各抒己见以求发展。【例句】自春秋末期以来,中国的思想得到极大的开放,呈现出～的局面。/ 对于学术上的不同意见,必须坚持～的方

针，展开自由的讨论。【反义】万马
齐喑

百孔千疮　bǎi kǒng qiān chuāng

【释义】孔：洞，窟窿。疮：通"创
（chuāng）"，创伤，创口。比喻严重残
缺、破败不堪或弊端百出。也作"千疮
百孔"。【例句】一些地方的杨树被天
牛蚕食得～，体无完肤，人们不得不忍
痛砍掉。【近义】疮痍满目

百口莫辩　bǎi kǒu mò biàn

【释义】辩：辩解，解释。即使有一百张
嘴也解释、辩白不清楚。形容事情无
法说清楚。【例句】你总要猜疑，我真
是～。/ 我相信你没有犯罪，但是你提
供不了不在场的证据，恐怕在法庭上
你是～的。【近义】有口难分【反义】
一语破的 提示 多用于受冤屈、被怀
疑等情况。

百里挑一　bǎi lǐ tiāo yī

【释义】一百个中挑选出一个。形容十
分出众。【例句】小明不仅能歌善舞，
而且学习成绩优秀，是个～的人才。
【近义】出类拔萃【反义】俯拾即是

百炼成钢　bǎi liàn chéng gāng

【释义】铁经过多次冶炼才成了钢。比
喻久经锻炼，变得非常坚强。【例句】
中国共产党在漫长的战斗历程中～。
【近义】千锤百炼【反义】娇生惯养

百了千当　bǎi liǎo qiān dàng

【释义】百、千：指一切事。了：了结。
当：妥当，停当。一切了结或一切停
当。【例句】不付出努力就想～，怎么
可能呢？

百伶百俐　bǎi líng bǎi lì

【释义】伶、俐：聪明，灵活。百般伶俐。
形容极为心灵手巧。【例句】《水浒传》
中的燕青是个～的人。/ 那姑娘～，心
灵手巧！

百灵百验　bǎi líng bǎi yàn

【释义】灵、验：有奇效；能够应验。形容
非常灵验或效果极佳。【例句】他开的
药方～，包你药到病除。

百年不遇　bǎi nián bù yù

【释义】一百年也碰不到。形容很少见
到或很少出现。【例句】今年，我市遭
遇了～的大旱灾。【近义】千载难逢
【反义】屡见不鲜

百年大计　bǎi nián dà jì

【释义】计：主意，策略。关系到长远利
益的计划或措施。【例句】教育是一个
国家的～。【近义】百年大业【反义】
权宜之计

百年好合　bǎi nián hǎo hé

【释义】好合：相善，友好。形容夫妻相
亲相爱共同生活到老。【例句】看着这
对相恋七年的恋人走进了婚姻殿堂，
我默默地祝福他们～，永不分离。【近
义】百年偕老【反义】夫妻反目

百年树人　bǎi nián shù rén

见"十年树木，百年树人"。

百年偕老　bǎi nián xié lǎo

【释义】百年：指终身。偕：共同，一起。
夫妻共同生活到老。【例句】只愿他俩
结婚后，两口儿和和顺顺地～。【近义】
白头偕老

百年之好　bǎi nián zhī hǎo

【释义】百年：指终身。永久的好合。指
男女结为夫妻。【例句】他们相恋八
年，如今终于结为～。【近义】秦晋
之好

百思不得其解 bǎi sī bù dé qí jiě

见"百思不解"。

百思不解 bǎi sī bù jiě

【释义】无论怎么思索都不能理解。也作"百思不得其解"。【例句】他单凭一张伪造的工作证就可以畅通无阻地行骗，竟没人怀疑过，真让人～。【反义】恍然大悟

百闻不如一见 bǎi wén bù rú yī jiàn

【释义】听到一百次也不如见到一次，表示亲眼看到的远比听人家说的更为确切可靠。也作"耳闻不如目见"。【例句】我生平第一次游三亚，那瑰奇的景象令我激动不已，真是～。

百问不厌 bǎi wèn bù yàn

【释义】厌：厌烦。怎么询问也不厌烦。形容服务态度好。【例句】她是超市的营业员，对待顾客，无论老少，总是笑脸相迎，～。

百无禁忌 bǎi wú jìn jì

【释义】什么都不忌讳。【例句】他为人豪爽耿直，说话做事直来直去，～。【近义】无所顾忌

百无聊赖 bǎi wú liáo lài

【释义】聊赖：寄托，凭借。精神无所寄托，感到非常空虚无聊。【例句】在～中，我随手抓过一本书，科学也罢，文学也好，横竖什么都一样。【近义】兴味索然 提示 "赖"不能写成"懒"。

百无一失 bǎi wú yī shī

【释义】失：差错，过错。形容十分有把握，绝对不会出差错。【例句】这项任务很重要，不仅要按时完成，还要做到～。【近义】万无一失 【反义】漏洞百出

百无一是 bǎi wú yī shì

【释义】是：正确。没有一点儿对的地方。表示对人对事全盘否定。【例句】我在他眼里是～，怎么做都不对。【近义】一无是处

百依百顺 bǎi yī bǎi shùn

【释义】依、顺：依从。形容在一切事情上都很顺从。【例句】他对妻子一向是～。【反义】桀骜不驯

百战百胜 bǎi zhàn bǎi shèng

【释义】每次打仗都能取得胜利。形容善于作战或绝对有把握获胜。【例句】打有准备的仗，才能～。【近义】百战不殆

百战不殆 bǎi zhàn bù dài

【释义】殆：危险。每次打仗都不失败。【例句】他能审时度势，详察敌情，所以～，被人称为"常胜将军"。【近义】百战百胜 提示 "殆"不读 tái。

百折不回 bǎi zhé bù huí

见"百折不挠"。

百折不挠 bǎi zhé bù náo

【释义】折：挫折。挠：弯曲，比喻屈服。无论受到多少挫折都不退缩或屈服。形容意志坚强。也作"百折不回"。【例句】面对困难，他～，最终获得了成功。【近义】不屈不挠 提示 "挠"不读 ráo，不能写成"扰"。

百纵千随 bǎi zòng qiān suí

【释义】纵：放纵。随：依随，顺从。形容完全放纵、依随。【例句】家长对自己的孩子～，是很不好的。【近义】百依百顺

败国丧家 bài guó sàng jiā

【释义】使国家败落、沦亡。【例句】～的

权臣终于伏诛，百姓无不拍手称快。

B

败井颓垣　bài jǐng tuí yuán
见"断壁颓垣"。

败军之将　bài jūn zhī jiàng
【释义】打了败仗的将领。【例句】他这个～，居然还有脸在别人面前炫耀战绩。

稗官野史　bài guān yě shǐ
【释义】稗官：古代专门给帝王述说街谈巷议、风俗故事的小官，后来称小说为稗官。野史：私家编纂的史书，跟正史相对。泛指记载逸闻琐事而不见经传正史的著述。【例句】街谈巷议很有可能进入～。

班荆道故　bān jīng dào gù
【释义】班：铺开。荆：荆条。故：旧事。把荆条铺在地上，坐在上面谈论往事。形容老友重逢共叙旧情。【例句】他乡遇故知，～也是常情。

班门弄斧　bān mén nòng fǔ
【释义】班：鲁班，传说春秋时期有名的巧匠。在鲁班门前摆弄斧头。比喻在行家面前卖弄本领。【例句】先生大名，我早就如雷贯耳，今日献丑，真是～了。【近义】布鼓雷门【反义】程门立雪

班师回朝　bān shī huí cháo
【释义】班：调回。师：军队。调动出征的军队返回朝廷。也指出征后凯旋。【例句】为了防止宫内发生政变，皇上下令出征的军队立刻～。/ 军队打了胜仗，正准备～了。

斑驳陆离　bān bó lù lí
【释义】斑驳：色彩错杂。陆离：颜色纷杂。形容色彩斑斓杂乱。【例句】在我

国，许多寺庙在风雨的剥蚀下早已变得～。【近义】光怪陆离

搬唇递舌　bān chún dì shé
见"搬唇弄舌"。

搬唇弄舌　bān chún nòng shé
【释义】搬、弄：挑拨。鼓动唇舌，挑拨是非。也作"搬唇递舌"。【例句】那几个女人成天无所事事，常常聚在一块儿～。【近义】搬弄是非

搬弄是非　bān nòng shì fēi
【释义】把别人背后说的话传来传去，蓄意挑拨，或在别人背后乱加议论，引起纠纷。【例句】大多数对成年人所作的调查都显示，男性和女性爱～的程度是一样的。【近义】搬唇弄舌【反义】息事宁人

板上钉钉　bǎn shàng dìng dīng
【释义】在板上用铁钉钉死。比喻事情已定，不能变更。【例句】这个方案已经是～了，你再反对也无济于事。

半筹不纳　bàn chóu bù nà
【释义】筹：计数用的筹码，引申为计策。纳：交付。半条计策都提不出来。形容无计可施。【例句】面对僵局，他这个"智多星"也～。【近义】束手无策 一筹莫展【反义】急中生智

半斤八两　bàn jīn bā liǎng
【释义】旧制一斤为十六两，半斤就是八两。比喻彼此一样，不相上下。【例句】他们的能力是～，不相上下。【近义】势均力敌【反义】天差地远 提示 多含贬义。

半路出家　bàn lù chū jiā
【释义】比喻原先并不是从事这一工作的，后来才改行从事这一工作。【例

句】虽然只是～,但是她进步得很快。

半面之交 bàn miàn zhī jiāo

【释义】半面:半边脸,这里指瞥过一眼。交:交往。仅有见过面的交情,意指彼此交情极浅。【例句】我和她只是～,了解不深。【近义】一面之缘【反义】生死之交

半身不遂 bàn shēn bù suí

【释义】遂:如意,顺。中医学病名,指半边肢体瘫痪。【例句】他母亲中了风,～已有一年了。

半生不熟 bàn shēng bù shú

【释义】没有完全成熟或烹煮到可吃的程度。也指还不完全熟悉或熟练。【例句】今天的饭吃起来～的。/ 我和她只是在那次学术会议上见过一面,彼此～。

半死不活 bàn sǐ bù huó

【释义】死不了也活不起来。形容毫无精神,极度虚弱。也形容毫无生气,一派萧条。【例句】门前的白兰花看起来蔫蔫的,～的样子。/ 他为了养家糊口,每天拼命干十多个小时的重活,被折磨得～。/ 这里的冬天,到处是一片萧条,～的。【近义】不生不死

半途而废 bàn tú ér fèi

【释义】途:道路。废:停止。半路上停下来不再前进。比喻事情未做完而终止。【例句】做任何事都应当善始善终,不能～。【反义】锲而不舍 持之以恒

半推半就 bàn tuī bàn jiù

【释义】推:推辞。就:走向,靠近。形容心里愿意又假意推辞的样子。【例句】同学们推选他当班长,他～,最后还是答应了。【反义】当仁不让

半吞半吐 bàn tūn bàn tǔ

【释义】吞:咽下。吐:说出。留一半说一半。形容说话不爽快或有所顾忌。【例句】有什么话你就一口气说完,别～的。【近义】吞吞吐吐【反义】直截了当

半信半疑 bàn xìn bàn yí

【释义】有点相信又有点怀疑。【例句】我对他说的话～。【近义】将信将疑【反义】深信不疑

半夜三更 bàn yè sān gēng

见"三更半夜"。

半真半假 bàn zhēn bàn jiǎ

【释义】一半真情,一半假意。形容不是完全真实的。【例句】他常说一些～的话。

伴食宰相 bàn shí zǎi xiàng

【释义】伴食:唐、宋时期,宰相都可在其办公处所政事堂用公膳,这里的"伴食",指只是在政事堂陪伴吃饭。宰相:辅佐皇帝、总揽政务的最高官吏。只会陪伴吃饭的宰相。后用以指居高位而不称职、不做事的官吏。【例句】诸事不管的～,是很难得到人民群众的拥戴的。【近义】尸位素餐【反义】忠于职守 提示 多含贬义。

榜上无名 bǎng shàng wú míng

【释义】榜:告示应试录取的名单。张榜公布的名单上没有名字。指考试未被录取。【例句】这次公务员考试再～,我就放弃了。【近义】名落孙山

傍水依山 bàng shuǐ yī shān

见"依山傍水"。

包办代替 bāo bàn dài tì

【释义】不和有关的人商量、合作,却独

自操办,不让旁人参与。【例句】这里的工厂,都是全权委托,请别人～办起来的。

包藏祸心　bāo cáng huò xīn

【释义】祸心:害人的心。怀着害人的坏主意。【例句】谁也不愿意同～的人交朋友。【近义】居心叵测【反义】襟怀坦白

包罗万象　bāo luó wàn xiàng

【释义】包罗:包括,网罗。万象:宇宙间各种各样的景象。形容内容丰富,应有尽有。【例句】他所关心的事,真是～。【近义】无所不包 提示 "象"不能写成"像"。

褒善贬恶　bāo shàn biǎn è

【释义】褒:赞扬。贬:斥责。表扬好的,斥责坏的。【例句】读罢那本书,我深感其～,尽收眼底。【近义】隐恶扬善 惩恶劝善

饱经沧桑　bǎo jīng cāng sāng

【释义】饱:充分。沧桑:沧海变成桑田,指世事变化。形容经历过很多世事变迁。【例句】爷爷的一生～。【近义】饱经风霜

饱经风霜　bǎo jīng fēng shuāng

【释义】饱:充分。风霜:比喻艰难困苦。形容经历过很多艰难困苦。【例句】他的～的发红的老眼掉下了泪水。【近义】饱经世故【反义】养尊处优

饱经忧患　bǎo jīng yōu huàn

【释义】饱:充分。形容经历过许多忧愁、患难。【例句】～的中国人民终于站起来了。【近义】饱经风霜

饱食终日　bǎo shí zhōng rì

【释义】整天吃得饱饱的,指无所作为。

【例句】他不求上进,只求～。【反义】废寝忘食　发愤忘食

饱学之士　bǎo xué zhī shì

【释义】饱学:学识渊博。士:旧指读书人。学识渊博的读书人。【例句】参加这次学术论坛的多是些～。

宝刀未老　bǎo dāo wèi lǎo

【释义】比喻人虽老,精神、体力或本领却不减当年。【例句】王老真是～,棋艺不减当年啊! 提示 多含褒义。

宝货难售　bǎo huò nán shòu

【释义】宝货:珍贵的物品。售:销售,卖出去。珍贵的物品很难卖出去。比喻奇才不容易被录用。【例句】小张多才多艺,只不过是～,暂时不得志而已。【近义】怀才不遇

宝马香车　bǎo mǎ xiāng chē

【释义】名贵的良马,华丽的车子。借指富贵人家出行的排场。【例句】现在的领导大都是轻车简从,～闹排场的很少。【反义】轻车简从

宝山空回　bǎo shān kōng huí

【释义】宝山:聚藏宝物的山。进了宝山却空着手回来。比喻置身极好的环境却毫无收获。【例句】参加访问时,一定要用心学习别人的先进经验,切莫～,一无所获。【反义】满载而归

宝珠市饼　bǎo zhū shì bǐng

【释义】市:买。拿宝珠去买饼。表示弃绝贪欲。【例句】他就是那种～的人,对于钱财、名誉等丝毫不在乎。

保残守缺　bǎo cán shǒu quē

见"抱残守缺"。

报仇雪耻　bào chóu xuě chǐ

【释义】报:报复。雪:洗掉。报冤仇,洗

刷耻辱。【例句】他发誓一定要为父亲～。【近义】报仇雪恨

报仇雪恨　bào chóu xuě hèn
【释义】报：报复。雪：洗掉。报冤仇，消除怨恨。【例句】～的时候到啦，同志们，冲啊!【近义】报仇雪耻【反义】忍辱负重

抱残守缺　bào cán shǒu quē
【释义】抱：持守。守住残缺的东西不放。形容思想保守，不知改进。也作"保残守缺"。【例句】改革任何旧制度，总不免要受到～的人的阻挠【近义】因循守旧【反义】标新立异　推陈出新

抱关击柝　bào guān jī tuò
【释义】抱关：守关门。柝：打更用的梆子。借守门人和更夫一类卑微低下的小官。【例句】在场的这些人，尽是～之辈。

抱恨终天　bào hèn zhōng tiān
【释义】恨：遗憾。终天：终其天年，即终生。遗憾一辈子。【例句】一个人要是年轻的时候不努力，一辈子虚度光阴，到时候只会～。【近义】遗恨千古

抱头鼠窜　bào tóu shǔ cuàn
【释义】窜：逃跑。抱着头像老鼠一样逃窜。形容仓皇逃走的狼狈相。【例句】那家伙的把戏被人识破了，不得不～，逃之夭夭了。【近义】逃之夭夭　落荒而逃

抱薪救火　bào xīn jiù huǒ
【释义】薪：柴火。抱着柴火去灭火。比喻因为方法不对，虽然有心消灭祸害，结果反而使祸患扩大。也作"负薪救火"。【例句】为了把经济搞上去，就毁林开荒，这无疑是～。【近义】扬汤止沸　火上浇油【反义】釜底抽薪

抱瑜握瑾　bào yú wò jǐn
见"怀瑾握瑜"。

暴风骤雨　bào fēng zhòu yǔ
【释义】暴：突然而猛烈。骤：急速。来势急速而猛烈的风雨。【例句】那夜，我辗转难眠，感觉～即将来临，心里惴惴不安。【近义】飘风暴雨　粗风暴雨　疾风暴雨　狂风暴雨【反义】和风细雨

暴虎冯河　bào hǔ píng hé
【释义】暴虎：空手打虎。冯：通"凭"，徒步走过。冯河：徒步渡河。空手打虎，徒步涉河。比喻有勇无谋，冒险蛮干。【例句】明知斗不过别人还要硬拼，简直是～。【近义】有勇无谋【反义】有勇有谋　智勇双全　提示　"冯"不读 féng。

暴厉恣睢　bào lì zì suī
见"暴戾恣睢"。

暴戾恣睢　bào lì zì suī
【释义】戾：凶残。恣睢：任意胡为。残暴凶狠，任意胡为。也作"暴厉恣睢"。【例句】那种～的人，不会有好结果。【近义】穷凶极恶【反义】慈眉善目　提示　"恣"不读 cì；"睢"不读 jū，左边不是"且"。

暴露无遗　bào lù wú yí
【释义】暴露：显现。遗：遗漏。一点儿不剩地完全显示或表露出来。【例句】只要能发现敌人的主力，敌人的一切诡计就会～。【近义】原形毕露

暴虐无道　bào nüè wú dào
【释义】虐：残暴。指所作所为残暴凶恶，丧尽道义。【例句】商纣王～，激起了老百姓的极大愤慨，所以国家才灭亡了。

暴殄天物　bào tiǎn tiān wù

【释义】暴:残害。殄:灭绝。天物:自然界的万物。残害、滥杀各种生物。后指任意糟蹋东西。【例句】盲目发展经济而对大自然任意践踏,滥砍滥伐,毒虐生灵,这简直是～。/ 在吃的方面,德国人似有一种浪费食物为'～'的观念。【近义】挥霍无度【反义】厉行节约　提示　"暴"不能理解成"凶狠";"殄"不读 zhēn,也不能写成"珍"。

暴跳如雷　bào tiào rú léi

【释义】暴:猛烈。猛烈地跳脚喊叫,像打雷一样。形容大怒或十分焦急的样子。【例句】他脾气很坏,一遇到不顺心的事,就～。【近义】大发雷霆　火冒三丈【反义】心平气和

杯弓蛇影　bēi gōng shé yǐng

【释义】把墙上的弓映在酒杯中的影子当成蛇。汉代应劭《风俗通义·怪神》记载,杜宣一次饮宴时见杯中有蛇,便疑心中了蛇毒而生病,在得知真相后痊愈。比喻疑神疑鬼,妄自惊慌。【例句】他们被追杀的时间已经久到让他们草木皆兵,～的地步的。【近义】草木皆兵　风声鹤唳

杯盘狼藉　bēi pán láng jí

【释义】狼藉:杂乱不堪。杯盘等摆得乱七八糟。形容宴饮后桌上凌乱不堪的样子。【例句】吃过年夜饭后,没有谁家的桌子上不是～的。　提示　"藉"不读 jiè。

杯水车薪　bēi shuǐ chē xīn

【释义】薪:柴火。用一杯水去救一车着火的柴草。比喻力量小,无济于事。【例句】他那微薄的工资,对于全家庞大的开销来说简直是～!【近义】无济于事　于事无补【反义】绰绰有余

卑鄙无耻　bēi bǐ wú chǐ

【释义】形容人的品质、行为卑下恶劣,没有羞耻心。【例句】弄权术的人常使用～的手段骗取荣誉。【近义】寡廉鲜耻【反义】德厚流光

卑不足道　bēi bù zú dào

【释义】卑:卑下。极其卑下,不值一提。【例句】这点小事,～。【近义】微不足道

卑躬屈膝　bēi gōng qū xī

【释义】卑躬:弯腰、低头。屈膝:下跪。形容诌媚奉承,没有骨气。【例句】为了讨好上司,他诌媚逢迎,～。【近义】奴颜婢膝　摧眉折腰【反义】不卑不亢

卑礼厚币　bēi lǐ hòu bì

【释义】卑:谦卑。币:缯帛,古时用以祭祀或作为赠送的礼物。后也指朝聘时的其他礼物和祭祀时的其他贡品。谦恭的礼节,丰厚的礼品。形容聘请人才的郑重殷切。【例句】～,才是招贤纳士之道。　提示　多含褒义。

悲不自胜　bēi bù zì shèng

【释义】胜:禁受得住。悲痛得自己无法承受。【例句】听到朋友出事的消息后,他强忍着不发出呜咽,心里～。【反义】喜不自胜

悲愤填膺　bēi fèn tián yīng

【释义】膺:胸。悲痛和愤怒充满胸膛。形容非常悲愤。【例句】刘胡兰同志牺牲后,乡亲们～,立誓要为烈士报仇。【近义】义愤填膺

悲欢离合　bēi huān lí hé

【释义】悲伤和欢乐,离别和团聚。泛

生活中的种种境遇。【例句】人生难免有～，就好像月亮有阴晴圆缺一样。

悲天悯人　bēi tiān mǐn rén

【释义】天:天命,指时世。悯:怜悯。对社会的腐败和人民的疾苦感到悲愤和不平。【例句】鲁迅在《肥皂》中戳穿了道学家那副～的虚伪面孔。【近义】忧国忧民【反义】幸灾乐祸

悲痛欲绝　bēi tòng yù jué

【释义】绝:穷尽。悲哀伤心到了极点。【例句】外婆的去世,使她～。【近义】痛不欲生【反义】欣喜若狂

悲喜交集　bēi xǐ jiāo jí

【释义】悲伤和喜悦的感情交织在一起。也作"悲喜交加"。【例句】他们父子分别了十多年,今日相见,～。【近义】惊喜交集【反义】无动于衷

悲喜交加　bēi xǐ jiāo jiā

见"悲喜交集"。

北道主人　běi dào zhǔ rén

【释义】北面道路上的主人。后泛指款待宾客的主人。【例句】我们是～,对来宾应热情接待。

北门锁钥　běi mén suǒ yuè

【释义】北门:北城门。锁钥:比喻军事要地。泛指军事要地。【例句】这里地处边关,是我国的～。　提示　"钥"不读 yào。

北面称臣　běi miàn chēng chén

【释义】北面:古代君主面向南而坐,臣子拜见君主则面向北。指降服于人。【例句】盛唐时期,边陲小国～,愿为大唐效犬马之劳。

北叟失马　běi sǒu shī mǎ

【释义】叟:老翁。比喻暂时受损或不

利,后来却得到了好处。【例句】因资金短缺,这个计划再三被拖延,但切莫着急,或许是～呢。【近义】塞翁失马

备尝艰苦　bèi cháng jiān kǔ

【释义】备:尽,全。受尽了艰难困苦。【例句】抗战期间,他们一家颠沛流离,～。【近义】备尝忧患【反义】养尊处优

背道而驰　bèi dào ér chí

【释义】背:逆着。驰:奔跑。朝着相反的方向走。比喻方向、目标完全相反。【例句】凡事～,肯定达不到目的。/ 个别医生治病不从病人实际出发,只求发财的做法是与其职业道德的要求～的。【近义】分道扬镳【反义】并驾齐驱

背井离乡　bèi jǐng lí xiāng

【释义】背:离开。井:古制八家为一井,借指乡里。离开了故乡,到外地生活。【例句】为了养家糊口,他只好～。【反义】衣锦还乡

背水一战　bèi shuǐ yī zhàn

【释义】在不利情况下和敌人做最后决战。比喻在绝境中为求得出路而作最后的斗争或努力。【例句】韩信～,擒得了赵王歇。/到如今,也只有破釜沉舟,～了。【近义】背城借一

背信弃义　bèi xìn qì yì

【释义】背:违反。不守信用,不讲道义。【例句】他绝不是一个乐于把自己高贵的天赋用于～的人。【近义】言而无信【反义】恪守不渝　言而有信

倍道兼行　bèi dào jiān xíng

【释义】倍、兼:加倍。道:指行程。一天走两天的路程。【例句】我军～,一夜之间就挺进一百多里地,抢先占据了高地。【近义】日夜兼程【反义】安步

当车

奔走相告　bēn zǒu xiāng gào

【释义】奔走:奔跑。指奔跑着把喜讯或重大事件互相转告,迅速传开。【例句】申奥终于成功了,夜晚的街道上一个个素不相识的人～,传递着胜利的喜讯。【反义】秘而不宣

本来面目　běn lái miàn mù

【释义】原为佛家用语,指人本有的心性。后指事物本来的样子。【例句】这篇文章经过反复传抄,早已失去了它的～。【近义】庐山真面目

本末倒置　běn mò dào zhì

【释义】本:树根,比喻事物的根本。末:树梢,比喻事物的枝节。置:放置。比喻把主要事物和次要事物或事物的主要方面和次要方面弄颠倒了。【例句】做事要把握轻重缓急,切不可～。【近义】轻重倒置【反义】主次分明 提示 "倒"不读 dǎo。

本末源流　běn mò yuán liú

【释义】比喻事物的主次和始末。【例句】学问文章,各有家法,讲究～。

本性难移　běn xìng nán yí

【释义】指人原来的性格很难改变。【例句】你总是这样大大咧咧,屡次说你,你总不听,真是江山易改,～。【反义】江山易改

笨鸟先飞　bèn niǎo xiān fēi

【释义】比喻能力差的人做事时,先行一步以免落后。【例句】我能力不如别人,只有～了。【近义】慢鸟先飞 提示 多用作谦辞。

笨手笨脚　bèn shǒu bèn jiǎo

【释义】形容人行动笨拙,不灵巧。【例句】他试着修理他那辆破败不堪的自行车,但显得～的。【近义】拙手笨脚

笨头笨脑　bèn tóu bèn nǎo

【释义】形容人反应迟钝,头脑不灵活。【例句】他～的,绝不是那个机灵鬼的对手。

笨嘴笨舌　bèn zuǐ bèn shé

【释义】形容没有口才,不善表达。【例句】我这个人～的,代表单位参加演讲这种任务还真担当不起。【近义】拙口笨腮【反义】油嘴滑舌　伶牙俐齿

逼上梁山　bī shàng liáng shān

【释义】比喻被迫进行反抗或不得不采取某种行动。【例句】《水浒传》中林冲等人被官府～造反。【近义】铤而走险

逼真逼肖　bī zhēn bī xiào

【释义】逼:紧紧靠近。肖:像。十分切,非常相像。【例句】他临摹他人的字画能做到～,令人真伪难辨。【近义】惟妙惟肖

鼻青脸肿　bí qīng liǎn zhǒng

【释义】青:黑色。形容面部伤势严重。也形容受到严重打击、挫折的狼狈相。【例句】他在途中遇到一帮劫匪,被打得～。/ 当初蒋介石在其他各战场,碰得～。

比比皆是　bǐ bǐ jiē shì

【释义】比比:处处。到处都是。形容同类事物或现象很多。【例句】靠努力取得成功的人～。/ 你别太自以为是,告诉你,像你这样的人才～。【近义】触目皆是　俯拾即是【反义】寥寥无几　屈指可数

比而不周　bǐ ér bù zhōu

【释义】比:勾结。周:相互忠诚。指不

是为正义而是为私利而勾结在一起。【例句】他们表面上看似团结,其实是貌合神离,~。　提示　多含贬义。

比肩继踵　bǐ jiān jì zhǒng

【释义】比:并列,紧靠。继:连续。踵:脚后跟。肩挨着肩,脚挨着脚。形容人多。也作"比肩接踵"。【例句】周末的商场里热闹非凡,~。【近义】摩肩接踵【反义】门可罗雀

比肩接踵　bǐ jiān jiē zhǒng

见"比肩继踵"。

比上不足,比下有余　bǐ shàng bù zú,bǐ xià yǒu yú

【释义】指满足现状,不求进取的思想状态。也指处于中间状态。【例句】~,他对自己的生活现状很满意。/他的能力,~。【近义】甘居中游

比翼双飞　bǐ yì shuāng fēi

【释义】比翼:翅膀挨着翅膀。传说比翼鸟一目一翼,须两两齐飞。比喻夫妻朝夕相伴或彼此帮助共同前进。【例句】你我好比鸳鸯鸟,~在人间。【近义】比翼齐飞

彼一时,此一时　bǐ yī shí, cǐ yī shí

【释义】那时是一种情况,现在又是一种情况。指情况已与过去不相同。也作"此一时,彼一时"。【例句】~,我已经不再是从前的我了。/如今的成都比十年前繁华多了,真是~啊。

笔饱墨酣　bǐ bǎo mò hān

【释义】饱:饱满。酣:畅快。笔力饱满,用墨酣畅。形容诗文内容充实,表述流畅。【例句】那些作品,由于没有真正做到~,因此,未能收到预期的效果。

笔扫千军　bǐ sǎo qiān jūn

【释义】笔力雄健,有横扫千军万马之势。【例句】他俩文施翰墨,~。

笔走龙蛇　bǐ zǒu lóng shé

【释义】运笔如龙蛇腾飞。形容书法笔势雄健活泼。【例句】爷爷写毛笔字时犹如~,一气呵成。/这种~的书法,世间少有。【近义】龙飞凤舞【反义】信笔涂鸦

俾夜作昼　bǐ yè zuò zhòu

【释义】俾:使。把夜晚当成白天利用。形容勤奋不懈。【例句】他~,终于如期完成了任务。【近义】夜以继日【反义】俾昼作夜

俾昼作夜　bǐ zhòu zuò yè

【释义】俾:使。把白天当成夜晚。形容昼夜颠倒,生活不正常。【例句】他~,每天睡到下午才起床。【反义】俾夜作昼

必不得已　bì bù dé yǐ

【释义】已:止。指形势促使不得不这样做。【例句】我也是~才做出了辞职的决定。【近义】迫不得已

必由之路　bì yóu zhī lù

【释义】由:经过。必须经过的道路。也指事物发展必须经历的过程、遵循的规律。【例句】狮子峰距离我们这儿有三四十千米,前面那条山路是我们的~。/光辉的社会主义道路是我们的~。【近义】必经之路

毕恭毕敬　bì gōng bì jìng

【释义】形容十分恭敬。【例句】群众是真正的英雄,我们要抱着~的态度向他们学习。【近义】肃然起敬【反义】傲慢无礼

B

毕其功于一役　bì qí gōng yú yī yì

【释义】毕:完成。功:成就。役:战役。打一仗就完全成功。也指把几个阶段的任务一次完成。【例句】战争前要做好充分的准备,别总想着～。/ 民主革命和社会主义革命,是两个性质不同的革命过程,不能～。

闭关锁国　bì guān suǒ guó

【释义】闭塞关口,封锁国境,不与外国往来。【例句】要使我们的国家富强起来就必须打破～的局面,实行对外开放。【近义】闭关自守

闭关自守　bì guān zì shǒu

【释义】闭塞关口,不和外国往来。也泛指不与外界交往。【例句】中国在西方国家产业革命以后变得落后了,一个重要原因就是～。/ 任何文学流派,都不能以门户之见而唯我独尊、～,否则,就有可能坠入宗派主义的泥潭。【近义】闭关锁国

闭口不言　bì kǒu bù yán

【释义】闭紧嘴不讲话,指有话不说。【例句】对于那些无聊的争论,我是～,概不参与。【反义】滔滔不绝

闭门羹　bì mén gēng

【释义】羹:带浓汁的食品。泛指拒绝客人进门、拒绝商谈或拜访时主人不在家。【例句】他率先给了我们一杯～,使我们连开口的余地都没有了。

闭门却扫　bì mén què sǎo

【释义】却:止。关闭大门,不再打扫庭院。指谢绝应酬,不与外界往来。【例句】王大爷性格孤僻,～。

闭门思过　bì mén sī guò

【释义】关起房门,独自反省过错。多指独自进行自我反省。【例句】期末考试我考得不理想,暑假我要～。【近义】反躬自省【反义】不思悔改

闭门造车　bì mén zào chē

【释义】关上门造车。比喻只凭主观想象办事,不管客观实际。【例句】有些记者喜欢～,随意穿凿事实,其结果是很难写出引起普通民众共鸣的文章。【近义】纸上谈兵【反义】集思广益

闭目塞听　bì mù sè tīng

【释义】闭着眼睛,堵住耳朵。形容对外界事物不闻不问或不了解。【例句】你整日把自己关在家里,～,是无法领略到外面世界的美好的。【近义】垂头塞耳

闭月羞花　bì yuè xiū huā

【释义】使月亮躲藏,使花朵害羞。形容女子容貌非常美丽。【例句】谁不知道咱们这儿的兰兰,有～之貌。【近义】燕妒莺惭　沉鱼落雁　倾城倾国

敝帚千金　bì zhǒu qiān jīn

见"敝帚自珍"。

敝帚自珍　bì zhǒu zì zhēn

【释义】敝:破旧。珍:珍惜。比喻自己的东西,即使不好也很珍惜。也作"敝帚千金"。【例句】他的衣服旧了,破了,也～,舍不得丢弃。【反义】视若草芥

筚路蓝缕　bì lù lán lǚ

【释义】筚路:柴车。蓝缕:破衣服。驾着柴车,穿着破衣服去开辟山林。形容创业的艰苦。【例句】如今,家家户户都过上了好日子,但是我们的祖辈们永远也忘不了曾经～的日子。/我们总是羡慕成功人士在镜头前的光彩,殊不知其背后的～。【近义】栉风

沐雨【反义】轻而易举 提示 "筚"不能写成"毕"。

碧水青山 bì shuǐ qīng shān

【释义】碧:青绿色。碧绿的水流,青翠的山峦。形容富有生气而又秀丽的山水。【例句】我们伟大的祖国幅员辽阔,有～,有戈壁高原……

碧血丹心 bì xuè dān xīn

【释义】碧:青绿色的玉。丹:红色。指为正义事业抛洒热血,献出忠心。【例句】革命烈士的～铸造了我们祖国的钢铁长城。【近义】赤胆忠心

蔽日干云 bì rì gān yún

见"千云蔽日"。

弊绝风清 bì jué fēng qīng

【释义】弊病断绝,风气清明。形容社会风气良好,没有贪污舞弊等坏事情。也作"风清弊绝"。【例句】自从新的制度出台之后,这里变得～了。【反义】乌烟瘴气　乌七八糟

壁垒森严 bì lěi sēn yán

【释义】壁垒:古代军营的围墙,泛指防御工事。森严:整齐严密。形容防守严密或界限划得很分明。也作"森严壁垒"。【例句】在这场排球比赛中,中国女排的防守～,对方无隙可乘。【近义】严阵以待　固若金汤

避而不谈 bì ér bù tán

【释义】回避而不肯说。【例句】他老是谈些无关紧要的事,正事却～。【近义】守口如瓶【反义】口若悬河

避繁就简 bì fán jiù jiǎn

【释义】繁:繁杂。就:走向,靠近。简:简易。避开繁杂之处,从简易的地方入手。【例句】为了让文章脉络更加清晰,他～,着重描写了事件发展的三个过程。【近义】避难就易

避难就易 bì nán jiù yì

【释义】就:走向,靠近。避开难办的,拣容易的做。【例句】我们做任何事情都不能～,要直面困境,勇于挑战!【近义】避重就轻【反义】勇当重任

避重就轻 bì zhòng jiù qīng

【释义】就:走向,靠近。指避开重要的而拣次要的来承担。也指回避主要的问题,只谈无关紧要的方面。【例句】一个人要是只会～,弃难择易,最终很可能一事无成。/ 这个犯罪嫌疑人很狡猾,交代事情往往～。【近义】避难就易　拈轻怕重

鞭长不及 biān cháng bù jí

见"鞭长莫及"。

鞭长莫及 biān cháng mò jí

【释义】及:达到。鞭子虽然长,但不该打到马肚子上。后借指力量达不到。也作"鞭长不及"。【例句】我在成都,他在上海,想帮他的忙也是～啊。【近义】力不从心【反义】力所能及 提示 "鞭"不能写成"边"。

鞭笞天下 biān chī tiān xià

【释义】笞:用鞭子或竹板抽打。置天下人于鞭挞之下,以供奴役。【例句】秦始皇～,建阿房宫,筑万里长城,人民深受其苦。

鞭辟近里 biān pì jìn lǐ

见"鞭辟入里"。

鞭辟入里 biān pì rù lǐ

【释义】鞭辟:剖析,分析。里:里面,内部。形容能透彻说明问题,深中要害。也作"鞭辟近里"。【例句】他分析问题

头头是道，～。【近义】入木三分【反义】浮光掠影 提示 "辟"不读 bì。

变本加厉　biàn běn jiā lì
【释义】加厉：更猛烈。改变本来面貌，比原来有所发展。形容情况变得比原来更加严重。【例句】时隔两年，小强的坏习惯不但没有戒掉，反而～了。【近义】有加无已 提示 "厉"不能写成"励"或"利"，意思不是"厉害"。

变动不居　biàn dòng bù jū
【释义】居：止，停息。不断变化，没有固定的形态。【例句】发现和掌握规律，就是要从～现象中找到相对稳定的本质。

变化无常　biàn huà wú cháng
【释义】常：常规，规律。变化很多，没有一定规律。【例句】戈壁滩上的气候～，本来艳阳高照的好天气，一会儿就狂风刮来，黄沙满天。【近义】变化多端【反义】一成不变

变化无穷　biàn huà wú qióng
【释义】穷：尽，完。永远变化，没有止境。【例句】他们时而用口琴吹奏，时而交替轮唱，旋律一起一伏，～。【反义】一成不变　千篇一律

变幻莫测　biàn huàn mò cè
【释义】变幻：不规则地改变。测：揣测。事物变化多端，难以揣测。【例句】天空中的云块，正在堆集着，分裂着，舒展着，飘散着，～。【近义】千变万化【反义】一成不变

变生意外　biàn shēng yì wài
【释义】变：变故。变故来得太突然，完全没有预料到。【例句】事情本来进展得很顺利，谁料～，让大家一时不知所措。

变生肘腋　biàn shēng zhǒu yè
【释义】变：变故。肘腋：胳膊肘和胳肢窝，比喻极近的地方。指事变发生在极近的地方。【例句】这种内变，～，无从预防。【近义】祸起萧墙

遍地开花　biàn dì kāi huā
【释义】比喻好事情到处出现或普遍发展。【例句】他精湛的木工手艺很快在村子里～，前来向他学艺的人越来越多。

遍体鳞伤　biàn tǐ lín shāng
【释义】浑身都是像鱼鳞一样密集的创伤。形容伤势非常严重。【例句】他被几个歹徒拖到荒山野岭，打得～。【近义】体无完肤【反义】安然无恙

标新立异　biāo xīn lì yì
【释义】标：表明，树立。异：奇特。提出新奇的主张，表示与一般不同。【例句】做事～是好的，但是不能脱离实际，否则只会适得其反。【近义】拔新领异　矜奇立异【反义】抱残守缺　因循守旧

彪形大汉　biāo xíng dà hàn
【释义】彪：小老虎。指身材魁梧的男子。【例句】他雇了三个～当保镖。

表里不一　biǎo lǐ bù yī
【释义】表：外表。里：内心。思想和言行不一致。【例句】大家不相信他，就是因为他口是心非，～。【近义】阳奉阴违　口是心非【反义】心口如一　表里如一

表里如一　biǎo lǐ rú yī
【释义】表：外表。里：内心。思想和言行完全一致。【例句】爸爸常教导我，做人要实事求是，～。【近义】言行一致　心口如一【反义】表里不一　口是心非

心非 阳奉阴违

表里受敌 biǎo lǐ shòu dí
【释义】内外同时受到敌人攻击。【例句】连长在我军～的情况下,指挥若定,终使我军反败为胜。

表里为奸 biǎo lǐ wéi jiān
【释义】表里:内外。内外勾结做坏事。【例句】这群人～,坏事做绝,竟使这位民族英雄陷入了僵局。

别抱琵琶 bié bào pí pá
见"琵琶别抱"。

别出机杼 bié chū jī zhù
【释义】机杼:织布机,这里比喻作文的构思和布局。比喻写作不因袭前人,另辟新路。【例句】他的构思～,令人耳目一新。【近义】别出心裁

别出心裁 bié chū xīn cái
【释义】心裁:心中的设计筹划。独创一格,与众不同。也作"别出新裁""独出心裁"。【例句】好友送的生日礼物真是～,令我爱不释手。【近义】自出机杼 自出心裁【反义】千篇一律

别出新裁 bié chū xīn cái
见"别出心裁"。

别具肺肠 bié jù fèi cháng
【释义】别:另外。具:具备。肺肠:指居心。另有居心。【例句】他这一番话～,不可不防。【近义】别有用心
提示 多含贬义。

别具慧眼 bié jù huì yǎn
【释义】慧:聪明,有才智。具有独到眼光,高明的见解。【例句】这位上司～,一眼就看出他是个人才。【近义】别具只眼【反义】人云亦云

别具匠心 bié jù jiàng xīn
【释义】匠心:巧妙的心思。另有一种巧妙的心思。也作"独具匠心"。【例句】这两幢别墅出于同一设计师之手,～。【近义】匠心独运

别具一格 bié jù yī gé
【释义】另有一种风格。【例句】归有光的作品数量虽不多,却～。【近义】标新立异【反义】如出一辙

别具只眼 bié jù zhī yǎn
【释义】另外具有一只与众不同的眼睛。形容具有独到的眼光和见解。【例句】他对元曲的研究,可谓～,能发前人之所未发。【近义】别具慧眼【反义】人云亦云

别开生面 bié kāi shēng miàn
【释义】生面:新面貌。另外创造新的形式或开展新的局面。也作"另开生面"。【例句】这是一场～的演唱会。【近义】面目一新【反义】规行矩步

别来无恙 bié lái wú yàng
【释义】恙:疾病;灾祸。分别以来一切都好吧?【例句】太久未见,～?
提示 常用来问候别人。

别树一帜 bié shù yī zhì
见"独树一帜"。

别无长物 bié wú cháng wù
【释义】长:多余。没有多余的东西。形容俭朴或穷困。【例句】你除了会磨嘴皮子,～。【近义】一无所有【反义】应有尽有

别有风味 bié yǒu fēng wèi
【释义】风味:事物的特色。另有一种特色或趣味。【例句】我家门口那家川菜馆,做的饭菜真是～。【近义】别饶风

趣【反义】千篇一律

别有用心　bié yǒu yòng xīn

【释义】言论或行动中另有不可告人的企图。【例句】大家都说他办事可靠，哪里知道他是～的呢!【近义】别有肺肠

宾至如归　bīn zhì rú guī

【释义】形容旅馆、饭馆等待客亲切、周到，使宾客来到这里就像回到自己的家一样。【例句】在那个招待所住下，真有种～的感觉。【近义】无微不至

彬彬有礼　bīn bīn yǒu lǐ

【释义】彬彬：文雅的样子。文雅而有礼貌。【例句】他是一个～的人，大家都很喜欢他。【近义】文质彬彬【反义】出言不逊　蛮横无理

冰冻三尺，非一日之寒　bīng dòng sān chǐ, fēi yī rì zhī hán

【释义】比喻事物变化达到某种程度，是日积月累，逐渐形成的。【例句】他们夫妻走到离婚这一步，已是～了。【近义】滴水石穿

冰壶玉尺　bīng hú yù chǐ

【释义】盛冰的壶，玉制的尺。比喻高洁的人品。【例句】他是一个～的人，绝不会做损人利己的事。【近义】冰清玉润

冰肌玉骨　bīng jī yù gǔ

【释义】像冰一样的肌肤，像玉一样的骨骼。【例句】冰霜中的梅花，更显得～，惹人喜爱。【近义】冰姿玉骨

冰解冻释　bīng jiě dòng shì

【释义】解：融化。释：消散。比喻障碍和困难像冰冻融解那样消释。【例句】经过多方的调解，他们之间的误会终于～了。

冰清玉洁　bīng qīng yù jié

【释义】像冰那样清澈，像玉那样洁白。形容高尚纯洁。【例句】她是一个～的好姑娘。【近义】冰清玉润

冰清玉润　bīng qīng yù rùn

【释义】比喻人品高洁。【例句】他是个～的人，不愿随波逐流。【近义】冰清玉洁【反义】寡廉少耻

冰天雪地　bīng tiān xuě dì

【释义】形容冰雪漫天盖地，非常寒冷。【例句】你就在这儿安心待着吧，～的能上哪儿去?【近义】天寒地冻

冰消瓦解　bīng xiāo wǎ jiě

【释义】像冰一样融化，瓦一样破碎。形容完全崩溃或消释。【例句】他俩的矛盾，在大家的努力劝解下，终于～了。【近义】冰解冻释

冰心玉壶　bīng xīn yù hú

【释义】冰心：像冰一样纯洁的心。玉壶：玉制的壶。比喻高尚纯洁的品德。【例句】他人品高洁，有如～。【近义】冰清玉润　冰壶玉尺

冰雪聪明　bīng xuě cōng míng

【释义】形容人聪明绝顶或诗文清新绝妙。【例句】小张丰姿绰约，～。【近义】聪明绝顶【反义】呆头呆脑

兵不血刃　bīng bù xuè rèn

【释义】兵：武器。血：沾血。兵器上面没有沾血。指未经交锋而取得胜利。也作"兵无血刃""军不血刃"。【例句】这次作战由于战术得当，～就取得了胜利。【近义】不战而胜【反义】血流成河

兵不厌诈　bīng bù yàn zhà

【释义】兵：用兵。厌：嫌弃，排斥。用兵打仗可以使用欺诈的办法迷惑敌人。

也作"军不厌诈"。【例句】战阵之间，
～。【近义】兵不厌权

兵出无名　bīng chū wú míng
见"师出无名"。

兵多将广　bīng duō jiàng guǎng
【释义】士兵和将领众多。形容兵力强
盛。也作"军多将广"。【例句】如果仗
势～而盲目轻敌，必然会惨遭失败。
【近义】兵强马壮【反义】兵微将寡

兵贵神速　bīng guì shén sù
【释义】贵：可贵。神速：特别迅速。用
兵以行动特别迅速最为重要。【例句】
～，今夜我们一定要赶到前线去。

兵荒马乱　bīng huāng mǎ luàn
【释义】荒：通"慌"，慌乱。形容战时社
会动荡不安的景象。【例句】你不看眼
下～的正打仗，谁顾得上办那号事？
【近义】兵连祸结【反义】太平盛世

兵来将挡，水来土掩　bīng lái jiàng dǎng, shuǐ lái tǔ yǎn
【释义】比喻根据不同情况采取灵活的
对策进行对付。【例句】遭遇困难时不
要惊慌，～，总会有解决的办法的。
【近义】兵来将敌【反义】束手无策

兵连祸接　bīng lián huò jiē
见"兵连祸结"。

兵连祸结　bīng lián huò jié
【释义】兵：战争。战争连续不断，灾祸
接踵而至。也作"兵连祸接"。【例句】
～的岁月，穷人们的日子更难过了。
【近义】兵荒马乱【反义】安居乐业

兵临城下　bīng lín chéng xià
【释义】临：到达。大军压境，城被围困。
形容形势危急。【例句】我军～，敌人
仓皇北逃。【近义】大敌当前

兵戎相见　bīng róng xiāng jiàn
【释义】兵戎：指武器、军队。彼此以军
事手段见面。指用战争解决问题。
【例句】两国的矛盾越来越尖锐，最后
只得～。【反义】握手言和

兵无血刃　bīng wú xuè rèn
见"兵不血刃"。

秉笔直书　bǐng bǐ zhí shū
【释义】秉：执，握。书：写。拿起笔来径
直记下事实真相。指写文章不避忌，
不隐瞒，不夸大。【例句】面对复杂的
政治形势，～，需要勇气。【近义】直言
不讳【反义】讳莫如深

秉公无私　bǐng gōng wú sī
见"大公无私"。

秉烛夜游　bǐng zhú yè yóu
【释义】秉：持。手持火把，在夜间游乐。
也指及时行乐。【例句】夜静悄悄的，
他们一群人在湖边～。/学生只有舍
弃～的玩念，才会专心致志地勤学
苦读。

屏气凝神　bǐng qì níng shén
【释义】屏：抑止。凝：集中。抑止呼吸，
集中精力。形容注意力高度集中。也
作"凝神屏气"。【例句】台下的观众都
～地观看着电影最高潮部分。【近义】
屏声息气　聚精会神【反义】心猿意马
提示　"屏"不读 píng。

屏声息气　bǐng shēng xī qì
【释义】屏：抑止。息：停止。不出声，不
喘气。形容心情紧张、肃静或神情专
注。【例句】小丽～地走到我面前，着
实把我吓了一大跳。/ 我把试卷交到
妈妈手上，～地在一边站着。【近义】
屏气凝神【反义】心猿意马 提示
"屏"不读 píng。

并驾齐驱　bìng jià qí qū

【释义】驾：套牲口拉车。驱：快跑。几匹马并排拉着车一齐奔驰。比喻力量、地位、才能不相上下。【例句】若要估量这本书的总价值，我认为只逊于《红楼梦》一筹，与《儒林外史》是可以～的。【近义】齐头并进【反义】背道而驰　分道扬镳

并为一谈　bìng wéi yī tán

【释义】并：合。合为一谈，将不同的事物等同看待。【例句】政治问题和学术问题并不相同，不可～。【近义】混为一谈

并行不悖　bìng xíng bù bèi

【释义】悖：违背，冲突。同时进行或通行，互不冲突。【例句】推进城镇化建设必须坚持大中小城市和小城镇的发展～。【近义】双管齐下【反义】势不两立　提示　"悖"不读 bó，不能写成"背"。

病从口入　bìng cóng kǒu rù

【释义】疾病常因饮食不注意而引发。【例句】我们要讲究饮食卫生，防止～。

病入膏肓　bìng rù gāo huāng

【释义】膏肓：古代医学以心尖脂肪为膏，心脏与膈膜之间为肓，膏肓之间药力达不到。病情险恶，到了无法医治的地步。比喻事态严重到了无法挽救的地步。【例句】他知道自己已经～了，一再劝家人别再花冤枉钱。/这儿土壤酸化严重，已经到了～的地步。【近义】不可救药【反义】妙手回春　提示　"肓"不读 máng，下半部分不能写成"目"。

拨云见日　bō yún jiàn rì

【释义】拨开乌云，现出太阳。比喻解除误会，或消除黑暗，见到光明。【例句】这里的天气真是多变，一会儿阴雨绵绵，一会儿～。/通过这次论证，小组成员们～，看到了成功的希望。【近义】拨云睹日

波澜壮阔　bō lán zhuàng kuò

【释义】波澜：波涛。壮阔：雄壮而宽广。比喻声势雄壮浩大。【例句】海，～时常常令人神思飞扬、心潮起伏；风平浪静时又时时给人以坦坦荡荡、心旷神怡的感觉。【近义】汹涌澎湃　提示　多用于诗文、群众运动等。

波涛汹涌　bō tāo xiōng yǒng

【释义】汹涌：大水奔腾上涌的样子。形容水势浩大。也形容声势雄壮，不可阻挡。【例句】在～的海面上，他和他的儿子们正在坚忍不拔地挥动双桨，奔向太阳升起的地方。/二十世纪中叶，世界各地掀起了～的民族解放运动。【近义】汹涌澎湃

剥茧抽丝　bō jiǎn chōu sī

【释义】剥开蚕茧抽出蚕丝。比喻追寻事物发生发展的过程，理出头绪。【例句】这整个过程，犹如～，写得很细致，也很有层次。【近义】顺藤摸瓜

伯乐相马　bó lè xiàng mǎ

【释义】伯乐：传说中古代善于相马的人。相：观察。伯乐能发现千里马。【例句】选拔人才犹如～，不具备特殊的眼力是不行的。

伯仲之间　bó zhòng zhī jiān

【释义】伯、仲：兄弟排行中的老大和老二。兄弟之间。比喻不相上下。【例句】他俩的才能在～，难分高下。【近义】不相上下【反义】天壤之别

勃然大怒　bó rán dà nù

【释义】勃然：因生气而脸变色的样子。

突然变脸，大发脾气。【例句】见他一问三不知，父亲忍不住～。【近义】勃然变色【反义】欣喜若狂

博采众长 bó cǎi zhòng cháng

【释义】博：广泛。采：采纳。长：长处，优势。广泛地吸取各家或各方面的优点、长处。【例句】无论在学习还是工作中，我们都要～，不断提升自己。【近义】集思广益【反义】刚愎自用

博大精深 bó dà jīng shēn

【释义】博大：广大，丰富。精深：精微深奥。形容思想、学说等广博高深。【例句】中国的书法艺术～，我们应该好好学习并加以继承。【近义】博学多才【反义】才疏学浅

博古通今 bó gǔ tōng jīn

【释义】博、通：通晓。通晓古今的事情。形容知识渊博。【例句】怪不得朋友都夸您～，您说起文哲名词，都是一串一串的！

博览群书 bó lǎn qún shū

【释义】广泛地阅读各种书籍。【例句】爷爷～，知识渊博，简直就是一本活字典。【近义】博学多才【反义】不学无术

博施济众 bó shī jì zhòng

【释义】博：广泛。施：施舍。济：接济，救助。广泛地施予恩惠，使大众得到救助。【例句】四川发生地震后，很多～的好心人慷慨解囊为灾区送去温暖。

博识多闻 bó shí duō wén

见"博闻多识"。

博文约礼 bó wén yuē lǐ

【释义】博：广博。约：约束。广泛地学习文化，并用礼法来约束自己。【例

句】古代的君子能～，今天的人更应该具有高度的精神文明。

博闻多识 bó wén duō shí

【释义】见闻广博，知识丰富。也作"博识多闻"。【例句】张华～，无物不知。【近义】博物洽闻

博学多才 bó xué duō cái

【释义】博：渊博。学识渊博，有多方面的才能。【例句】祖冲之是一位～的科学家。【近义】满腹经纶 见多识广 学富五车【反义】不学无术 孤陋寡闻

博闻强识 bó wén qiáng zhì

【释义】博：广博。闻：见闻。识：记。见闻广博，记忆力强。【例句】他～，是一位难得的人才。【近义】博物洽闻【反义】不学无术 孤陋寡闻

博学多闻 bó xué duō wén

【释义】博：广博。学识广博，见闻丰富。【例句】李老师～，令人钦佩。【近义】博物洽闻【反义】孤陋寡闻

薄利多销 bó lì duō xiāo

【释义】薄：轻微。销：销售。一种营销手段，以单个儿商品获得少而总量卖得多的方法获得较好的经济收益。【例句】他坚持～，创下了品牌，生意越做越红火。

补苴罅漏 bǔ jū xià lòu

【释义】补苴：补缀；弥补。罅：缝隙。补好裂缝，堵住漏洞。比喻弥补事物的缺陷和疏失。【例句】他在工作中总是丢三落四，大家总要付出很多精力为他～。【近义】补偏救弊

补偏救弊 bǔ piān jiù bì

【释义】偏：偏差。弊：毛病。补救偏差疏漏，纠正缺点错误。【例句】道德意

识的危机能够起到某些～的作用。
【近义】补苴罅漏

补阙拾遗　bǔ quē shí yí

【释义】阙:缺失。拾遗:补录遗漏。补录缺失遗漏的内容。【例句】他的这篇文章,对古代文献的整理,起到了～的作用。【近义】补苴罅漏

捕风捉影　bǔ fēng zhuō yǐng

【释义】比喻说话或做事时用似是而非的迹象做根据。【例句】说话要有根据,万不可～,无中生有。【近义】无中生有【反义】耳闻目睹

不安本分　bù ān běn fèn

【释义】本分:本身应尽的职责或应守的规矩。不务正业,不守规矩。【例句】在一些人的眼里,小王是个～的人。

不白之冤　bù bái zhī yuān

【释义】白:弄明白。无法辩白或难以洗雪的冤枉。【例句】希望你能把他的～公之于众,使他在地下也能含笑长眠。【近义】沉冤莫白

不败之地　bù bài zhī dì

【释义】地:地位。不可能失败的境地。【例句】只要我们大家心往一处想,劲往一处使,我们的公司就能立于～。【近义】所向无敌【反义】一败涂地

不卑不亢　bù bēi bù kàng

【释义】卑:低下。亢:高傲。既不自卑也不高傲。形容态度自然,言行得体。也作"不亢不卑"。【例句】做人应该～。/参加外事活动时,行为举止要～。【近义】不骄不躁【反义】卑躬屈膝

不蔽风雨　bù bì fēng yǔ

【释义】蔽:遮挡。不能遮挡风雨。【例句】以前彝族山民住在山上,茅屋低矮,～。【近义】上漏下湿

不辨是非　bù biàn shì fēi

【释义】分不清正确与错误。【例句】我是为你好,你却～,反而责怪我。【近义】不辨妍媸

不测之祸　bù cè zhī huò

【释义】测:料想。难以预料的灾祸。多指死亡。【例句】他这次出差,遇上了～。

不差毫发　bù chā háo fà

【释义】毫发:形容细微的东西。指一点儿也不差。【例句】这幅临摹画的颜色深浅～。【近义】不差累黍　毫发不爽

不茶不饭　bù chá bù fàn

【释义】茶:喝茶。饭:吃饭。泛指不吃不喝。【例句】接连的打击令他彻底绝望了,好几天～。

不成体统　bù chéng tǐ tǒng

【释义】体统:指体制、格局、规矩等。说话、做事没有规矩,不合体制。【例句】你越来越～,我们的计划又让你给打乱了!【近义】有失体统【反义】循规蹈矩

不耻下问　bù chǐ xià wèn

【释义】耻:以为可耻。不以向地位比自己低、学识比自己少的人请教为可耻。【例句】工作中我们切不可强不知以为知,要～,善于倾听他人的意见。【近义】虚心求教【反义】好为人师

不出所料　bù chū suǒ liào

【释义】料:推测。指没有超出预料。即早已料到。【例句】～,他考上了北大。【近义】料事如神【反义】出人意料

不揣冒昧　bù chuǎi mào mèi

【释义】揣:揣度,估量。冒昧:言行轻

率。没有考虑自己的莽撞，言行是否相宜。【例句】我～地提了这样的问题，敬请谅解。 提示 多用作向人陈述或有所请求时的谦辞。

不辞而别　bù cí ér bié

【释义】辞：告辞。别：离别。没有打招呼就离开了，或悄悄地溜走了。【例句】她吃不了苦，最后连工钱都没拿齐就～了。【近义】逃之夭夭

不辞劳苦　bù cí láo kǔ

【释义】辞：推脱。不怕劳累辛苦。【例句】真正难得的，是她那不会厌倦的同情和～的服务。【近义】含辛茹苦【反义】好逸恶劳

不存芥蒂　bù cún jiè dì

【释义】芥蒂：本作"蒂芥"，细小的梗塞物。指没有梗阻在心中的疑虑或不快。【例句】他现在对任何人都抱着友善的态度，～。

不打自招　bù dǎ zì zhāo

【释义】招：供认。还没有拷问就招供罪行。比喻主动泄露自己的预谋或过失。【例句】他是初犯，看到一群警察坐在面前，心里止不住发怵，就～了。/ 他这样做，无异于～，暴露了自己的丑恶嘴脸。【反义】守口如瓶

不到黄河心不死　bù dào huáng hé xīn bù sǐ

【释义】比喻不达到目的决不罢休，或不到绝境不肯死心。【例句】明知道这个计划不可能实现，他却执意去做，真是～。【近义】不见棺材不落泪

不得而知　bù dé ér zhī

【释义】得：能够。不能了解，无法知道。【例句】究竟是访查失实，还是他安着别的心眼儿，我～。

不得其所　bù dé qí suǒ

【释义】所：处所。指不能得到适当的安顿。【例句】离水之鱼，～。

不得人心　bù dé rén xīn

【释义】得不到众人的支持和拥护。形容不讨人喜欢。【例句】不关心下属的上司一向～。/ 邱先生的夫人非常文雅，只是长相～。【近义】众叛亲离【反义】口碑载道

不得要领　bù dé yào lǐng

【释义】要领：长衣的腰和领，只要提起这部分，襟袖自然平贴，比喻关键。没有抓住要点或关键。【例句】写文章要简明扼要，中心突出，不要面面俱到，使人～。【近义】茫然不解【反义】一目了然

不登大雅之堂　bù dēng dà yǎ zhī táng

【释义】大雅：风雅，文雅。不能进入高雅的厅堂。形容事物粗俗不文雅。【例句】我是个粗人，～。/我这首诗，实在是～，还请大家多多指教。

不动声色　bù dòng shēng sè

【释义】色：表情。内心活动不从语气和神态上表现出来。形容镇定沉着。也形容毫不费力。也作"不露声色"。【例句】看到小偷在偷东西，老王～，悄悄报了警。/他～地就把上司交给的任务提前完成了。

不乏其人　bù fá qí rén

【释义】指不缺少那样的人。【例句】能够造出如此精美艺术品的，在我们那里～。【近义】大有人在

不费吹灰之力　bù fèi chuī huī zhī lì

【释义】形容做事情非常容易，不费什么力气。【例句】我想，这件事要是交给

B

B

小王去做，一定～。【近义】易如反掌　轻而易举【反义】海底捞针　难于上天

不分彼此　bù fēn bǐ cǐ

【释义】彼：那，那方。此：这，我方。不用分别你我或这一方那一方。形容同样对待或关系密切。【例句】他们夫妻俩对待金钱问题，从来都是～。/她们二人～，情同姐妹。【近义】不分畛域【反义】形同陌路

不分青红皂白　bù fēn qīng hóng zào bái

见"不分皂白"。

不分皂白　bù fēn zào bái

【释义】皂：黑色。不分黑白，比喻不问是非曲直。也作"不分青红皂白"。【例句】看着地上的碎玻璃渣子，妈妈～就揍了我一顿。【近义】黑白不分

不分畛域　bù fēn zhěn yù

【释义】畛域：界限。不分界限，和睦相处或共事。【例句】两个公司合并以后，已～。【近义】不分彼此　提示"畛"不读 zhēn。

不服水土　bù fú shuǐ tǔ

【释义】服：适应。水土：指一个地区的气候和自然环境。不能适应某地的气候、饮食等。也作"水土不服"。【例句】许多北方人刚到南方时，都有些～。

不负众望　bù fù zhòng wàng

【释义】众：众人，大家。不辜负大家的期望。【例句】她～，考进了当地最好的中学。

不干不净　bù gān bù jìng

【释义】肮脏，不清洁。形容言语粗俗、不文明。【例句】那个小孩家教不好，嘴里尽说着～的话。【反义】干干净净

不甘寂寞　bù gān jì mò

【释义】甘：自愿。不甘心冷落清闲、置身事外。【例句】他虽退休在家，却～，常有作品问世。【反义】随遇而安

不甘示弱　bù gān shì ruò

【释义】甘：自愿。不甘心显得比别人差。【例句】在学习上，她从来都是～的。【近义】不甘后人【反义】甘拜下风

不敢苟同　bù gǎn gǒu tóng

【释义】苟同：苟且迎合。不敢随便同意。表明态度审慎，有所商榷。【例句】你对这个问题的看法，我实在是～。【反义】人云亦云　随声附和

不敢越雷池一步　bù gǎn yuè léi chí yī bù

【释义】雷池：古水名，在今安徽望江县南。原指坐镇原地，不要越过雷池地界。比喻不敢超越某种界限或范围。【例句】那种做事一向因循守旧、～的人是很难有所作为的。【近义】画地为牢【反义】我行我素

不攻自破　bù gōng zì pò

【释义】不用攻击，自己就溃败了。多形容观点、情节等站不住脚，经不起反驳或责问。【例句】面对谣言，他不予理会，相信～。【反义】牢不可破

不共戴天　bù gòng dài tiān

【释义】戴：顶着。不跟仇敌同在一个天底下生活。形容仇恨极深。【例句】别看他俩现在亲密无间，曾经可是～的死敌呀！【近义】势不两立　誓不两立【反义】亲密无间

不苟言笑　bù gǒu yán xiào

【释义】苟：随便。不随便说话、发笑。

形容态度庄重严肃。【例句】张老师虽然在课堂上～,但平时还是挺随和的。【近义】一本正经【反义】嬉皮笑脸

不顾死活 bù gù sǐ huó

【释义】顾:考虑,顾忌。连生死都完全不管了。形容把一切都豁出去拼命。【例句】见丈夫被人打了,妻子～地冲了上去。

不管三七二十一 bù guǎn sān qī èr shí yī

【释义】不顾一切;不问是非情由。【例句】山下有人送饭上来,他～,抢了一碗就吃。【反义】不可造次

不寒而栗 bù hán ér lì

【释义】栗:颤抖。不冷而发抖。形容非常恐惧。【例句】这个史实虽年代久远,但至今听起来,仍令人毛骨悚然,～。【近义】毛骨悚然【反义】无所畏惧 提示 "栗"不能写成"粟"。

不好意思 bù hǎo yì sī

【释义】害羞,难为情。指磨不开情面。【例句】小马低下了头,抿着嘴唇,现出了～的样子。/ 对不住你老,叫我怪～的。

不合时宜 bù hé shí yí

【释义】时宜:当时的社会潮流或风尚。不符合当时的社会潮流或社会风尚。【例句】中国古代的教育方法,有不少东西值得借鉴,但若不加分析地一味照搬,那就～了。

不怀好意 bù huái hǎo yì

【释义】怀:藏,心中存有。居心不良,打着坏主意。【例句】他～地冲我笑了笑,弄得我毛骨悚然。【近义】居心不良

不欢而散 bù huān ér sàn

【释义】不愉快地离散。【例句】两个原本亲密无间的好朋友,却因一句无意的话而弄得～。【近义】一哄而散【反义】欢聚一堂

不慌不忙 bù huāng bù máng

【释义】不慌张,不匆忙。形容从容不迫。【例句】虽然觉察到有人在跟踪她,但她仍然～地走着。【近义】从容不迫【反义】手忙脚乱　慌手慌脚

不惑之年 bù huò zhī nián

【释义】惑:迷惑。遇事能明辨不疑的年龄。指四十岁。【例句】他离开家乡那年才22岁,而今却已近～。

不羁之才 bù jī zhī cái

【释义】羁:羁绊,束缚。才华横溢或豪放不羁的人才。【例句】李白行为豁达,才华横溢,可以称得上是一位典型的～。

不即不离 bù jí bù lí

【释义】即:靠近。既不亲近也不疏远。【例句】我也不知道为什么,他对我总是这样～的。【近义】若即若离【反义】亲密无间

不计其数 bù jì qí shù

【释义】无法计算数目,形容极多。【例句】夜晚,天上的星星～。【近义】不胜枚举【反义】屈指可数

不加思索 bù jiā sī suǒ

见"不假思索"。

不假思索 bù jiǎ sī suǒ

【释义】假:凭借;依靠。用不着想。形容说话做事迅速。也作"不加思索"。【例句】看到有人落水,小明～地纵身

跳下水去。【反义】苦思冥想

不见棺材不落泪　bù jiàn guān cái bù luò lèi

【释义】比喻不到彻底失败的时候不知痛悔。【例句】这些人呀,就这么怪,～。【近义】不到黄河心不死

不见经传　bù jiàn jīng zhuàn

【释义】经传:经典和阐释经典的著述。经传中未见记载。形容没有名气或缺乏文献依据。【例句】这位小伙子虽名～,但提出的很多理论倒蛮有见地的。【近义】默默无味【反义】大名鼎鼎

提示　"传"不读 chuán。

不见天日　bù jiàn tiān rì

【释义】看不见蓝天和太阳。比喻见不到光明或行为诡秘。【例句】沙尘暴来了,眨眼间～。/旧社会时,人们过着～的生活。

不骄不躁　bù jiāo bù zào

【释义】不骄傲,不急躁。形容谦逊、冷静。【例句】遇事应沉着冷静,～。/在成绩面前,要始终保持谦虚谨慎、～的作风。【近义】戒骄戒躁【反义】自高自大

不教而诛　bù jiào ér zhū

【释义】诛:谴责;处罚。平时不进行教育,犯了错误就予以处罚。【例句】对孩子管教严厉是对的,但也不能～。【反义】仁至义尽

不解之缘　bù jiě zhī yuán

【释义】缘:缘分。不能分开的缘分。指深厚的感情或亲密的关系。【例句】远在石器时代,草就与人类结下了～。/他和她是在火车上相识的,从此便结下了～。【近义】难解难分

不今不古　bù jīn bù gǔ

【释义】既不是现代的,也不是古代的。形容反常、奇特或故弄玄虚。【例句】他古文基础很差,却偏喜欢用文言写作,搞得～、不伦不类的。【近义】不伦不类

不矜不伐　bù jīn bù fá

【释义】矜:骄傲。伐:夸耀。不自大,不自夸。多指不以才高功大自居。【例句】他是一个～的人,我们都应该向他学习。【反义】妄自尊大

不矜细行　bù jīn xì xíng

【释义】矜:注重。不注重细小的行为。【例句】做任何事都应从小事做起,粗枝大叶、～的态度是不可取的。【近义】不拘小节　不修边幅

不进则退　bù jìn zé tuì

【释义】不向前进就向后退。指不进步就要后退。【例句】学习如逆水行舟,～。【近义】逆水行舟【反义】勇往直前

不近情理　bù jìn qíng lǐ

【释义】不合人情,不讲道理。【例句】他说话做事,有时实在是～。【近义】不通人情【反义】通情达理

不近人情　bù jìn rén qíng

【释义】不合乎人之常情。多指性情、言行怪僻,不合情理。【例句】这次会议的日程安排有些～。【近义】不通人情【反义】通情达理

不经一事,不长一智　bù jīng yī shì, bù zhǎng yī zhì

【释义】不经历一件事情,就不能增长对于那件事情的知识。【例句】～,这次的教训对他来说未必不是一件好事。【近义】吃一堑,长一智

不经之谈 bù jīng zhī tán

【释义】经:正常。荒诞的、没有根据的话。【例句】这和尚疯疯癫癫的,说了一些～,也没人理他。【近义】无稽之谈 不根之谈【反义】不刊之论 至理名言

不胫而走 bù jìng ér zǒu

【释义】胫:小腿。走:跑。没有腿却能跑。形容传布迅速。也作“无胫而走”。【例句】尽管封锁得很严,但消息不知怎的却～,闹得满城风雨。【近义】不翼而飞【提示】“胫”不能写成“径”。

不拘小节 bù jū xiǎo jié

【释义】拘:拘泥。不为无关原则的琐事所约束,多指不注意生活小事。【例句】你别太生气,他这个人一向～。【近义】不矜细行 不修边幅

不拘一格 bù jū yī gé

【释义】拘:拘泥。不局限于一种规格或方式。【例句】张明的诗歌写得很好,可以说是～。【近义】形形色色【反义】如出一辙 千篇一律

不绝如缕 bù jué rú lǚ

【释义】缕:线。像细线一样连着,差点儿就要断了。多形容局势危急或声音细微悠长。【例句】叛乱的三十万大军破城而入,京都～。/音乐会上,演员们的歌声～。【近义】岌岌可危【反义】牢不可破 安如泰山

不绝于耳 bù jué yú ěr

【释义】绝:断绝。不停地在耳边响起。【例句】演奏会虽然结束了,但那美妙动人的声音仍～。

不刊之论 bù kān zhī lùn

【释义】刊:古代指削除错字。不刊:不可更改。不可改动或不可磨灭的言论。形容言论确当,无懈可击。【例句】他批判形而上学的文章,堪称～。【近义】至理名言【反义】不经之谈 无稽之谈【提示】“刊”的意思不是“刊登”或“刊印”。

不堪回首 bù kān huí shǒu

【释义】堪:能忍受。回首:回顾,回忆。不忍再去回忆过去的经历或情景。【例句】往事～。【近义】不堪言状【反义】回味无穷

不堪入耳 bù kān rù ěr

【释义】堪:能忍受。形容言语粗野下流,使人听不下去。【例句】她在大街上骂的那些话,简直是～。【近义】污言秽语

不堪入目 bù kān rù mù

【释义】堪:能忍受。形象或文字十分粗俗,使人看不下去。【例句】一些书上关于商纣王胡作非为的事例的描述,实在是～。【反义】赏心悦目

不堪设想 bù kān shè xiǎng

【释义】堪:能够。事情的结果不能想象。指会发展到很坏或很危险的地步。【例句】如果你不听大家的劝告,一意孤行,后果～。

不堪一击 bù kān yī jī

【释义】堪:经得起。经不起一次打击。形容十分脆弱。有时也指文章的论点不严密,经不起反驳。【例句】敌人一百五十万以上的大军,～。/这篇文章论点不严密,～。【近义】一触即溃【反义】颠扑不破 牢不可破

不堪造就 bù kān zào jiù

【释义】堪:能够。造就:培养使有成就。不可以培养成才。【例句】有的学生虽然成绩不好,但也不是～。【反义】孺

子可教

不亢不卑　bù kàng bù bēi
见"不卑不亢"。

不可端倪　bù kě duān ní
【释义】端倪:推测事物的始末。无法弄清头绪或究竟。形容变化莫测。【例句】黄山风景奇幻,～。

不可多得　bù kě duō dé
【释义】稀少可贵,不易得到。【例句】王勇是我们公司～的建筑人才。【近义】屈指可数【反义】比比皆是

不可告人　bù kě gào rén
【释义】不能告诉别人。多指不正当的打算或计谋不敢公开说出来。【例句】他最近做事鬼鬼祟祟的,一定有什么～的事。【近义】心怀叵测【反义】襟怀坦白

不可救药　bù kě jiù yào
【释义】药:治疗。病重到已无法救治。比喻人或事物坏到无法挽救的地步。也作"无可救药"。【例句】他屡教不改,简直～了。【近义】不可收拾【反义】不药而愈　手到病除

不可开交　bù kě kāi jiāo
【释义】开交:结束,解决。无法摆脱或结束。【例句】为了准备年货,他们一家忙得～。【近义】不亦乐乎　提示 只做"得"后面的补语。

不可理喻　bù kě lǐ yù
【释义】喻:使明白。不能够用道理使他明白。形容固执或蛮横,不通情理。【例句】他就是一根筋,不管怎样劝说都不听,真是～。/他们简直～,一定要进来,最终还是被我们赶出去了。

【近义】固执己见【反义】通情达理

不可枚举　bù kě méi jǔ
见"不胜枚举"。

不可磨灭　bù kě mó miè
【释义】磨灭:年深月久逐渐消失。不会随着岁月的流逝而消失。【例句】烈士的功绩～。【近义】永垂不朽【反义】过眼云烟

不可偏废　bù kě piān fèi
【释义】不能偏重于一方而废弃另一方。【例句】理论和实践必须相结合,～。【近义】不偏不倚【反义】本末倒置

不可企及　bù kě qǐ jí
【释义】企:踮起脚跟向前望,引申为盼望。及:达到。企及:希望达到。相差很远,不可能赶上。【例句】他的成绩并非～。只要我们勤奋努力,就一定能赶上他。【近义】相形见绌

不可胜数　bù kě shèng shǔ
【释义】胜:尽,全部。无法全部数尽。形容数量极多。【例句】国庆期间,街上的行人络绎不绝,～。【近义】擢发难数　数不胜数　不可胜道【反义】屈指可数　提示 "数"不读 shù。

不可收拾　bù kě shōu shí
【释义】收拾:整顿,归类整理。形容坏到无法整治或不可挽救。也形容达到极点,无法控制。【例句】他纵容手下作奸犯科,已经到了～的地步。/等警察赶到的时候,火势已经～了。【近义】不可救药

不可思议　bù kě sī yì
【释义】原是佛教用语,含有神秘玄妙的意思。指不可想象,不能理解。【例句】

她那消瘦的面容，在月光之下，看上去是～的美丽。【近义】不堪设想【反义】可想而知

不可同年而语　bù kě tóng nián ér yǔ

见"不可同日而语"。

不可同日而语　bù kě tóng rì ér yǔ

【释义】不能放在同一时间谈论，形容差异很大，无法相提并论。也作"不可同年而语"。【例句】我们现在的生活和改革开放前相比，～。【反义】相提并论

不可限量　bù kě xiàn liàng

【释义】限量：限定止境。无法限定止境。形容前途远大，很有希望。【例句】人体基因学作为一种疗法走向市场才刚刚开始，但它的前途是～的。【近义】不可估量

不可一世　bù kě yī shì

【释义】可：认可，赞许。世：时代。自以为在当代没有一个人能比得上。形容极其狂妄自大。【例句】她以为从海外归来就处处高人一等，于是常常摆出一副～的样子。【近义】目空一切【反义】虚怀若谷

不可逾越　bù kě yú yuè

【释义】逾：超过。不能超过或不能越过。【例句】由于缺乏共同语言，他俩之间始终有着一道～的障碍。【近义】不可企及

不可终日　bù kě zhōng rì

【释义】终日：过完一天。一天都过不下去。形容局势危急或心中惶恐。【例句】他怀疑自己患上了绝症，整日忧心忡忡，惶惶～。【近义】寝食不安【反义】安如泰山

不可捉摸　bù kě zhuō mō

【释义】无法揣测或估量。【例句】他经常做一些让人～的事。【近义】不可端倪

不郎不秀　bù láng bù xiù

【释义】郎、秀：元、明两代称官僚、贵族子弟为"秀"，平民子弟为"郎"。不像郎也不像秀。形容不成材或没出息。【例句】他一大把年纪了还～，一事无成。【近义】不稂不莠【反义】功成名就

不稂不莠　bù láng bù yǒu

【释义】稂：狼尾草。莠：狗尾草。指田里没有野草。后比喻不三不四或不成材、没出息。【例句】收割后的麦田里光秃秃的，～。/他半辈子～，事业上也没做出什么成绩。【近义】不郎不秀

提示　"稂"不读 liáng；"莠"不读 xiù。

不劳而获　bù láo ér huò

【释义】自己不劳动而取得别人劳动的成果。【例句】欺世盗名，沽名钓誉，只想～或少劳多得，那是市侩而不是学人。【近义】坐享其成【反义】自食其力

不了了之　bù liǎo liǎo zhī

【释义】了：结束。用不了结的办法去了结事情。指该办的事不办完，拖延敷衍过去就算完事。【例句】刚才的争论就这样～了。/这项决议群众的意见很大，恐怕不会～。【近义】束之高阁【反义】一了百了

不吝赐教　bù lìn cì jiào

见"不吝指教"。

不吝指教　bù lìn zhǐ jiào

【释义】吝：吝惜，舍不得。不要吝惜指示教导。也作"不吝赐教"。【例句】我的这篇论文很不成熟，敬请先生～。【近义】不吝珠玉　提示　一般用于自谦。

不留余地　bù liú yú dì

【释义】说话、办事走极端，没有可以回旋的余地。【例句】你做事太绝了，一点也～。【近义】斩草除根【反义】留有余地

不露锋芒　bù lù fēng máng

【释义】锋：兵刃。芒：植物的尖刺。不显露出锐气或才干。多指有意将自己的才能、抱负等加以掩饰。【例句】她平时～，这次的比赛却取得了不错的成绩。【近义】深藏不露【反义】锋芒毕露

不露圭角　bù lù guī jiǎo

【释义】圭角：圭的棱角，比喻锋芒。指不露锋芒，不显露才干。【例句】小兰平时～，这次参加省里化学比赛却得了冠军。【近义】深藏不露【反义】锋芒毕露

不露声色　bù lù shēng sè

见"不动声色"。

不伦不类　bù lún bù lèi

【释义】伦：类。不像这一类，也不像那一类。形容不成样子或不规范。【例句】这人穿得～的，一看就知道不是什么好人。【反义】中规中矩

不落窠臼　bù luò kē jiù

【释义】窠臼：鸟兽昆虫的巢穴与舂米的器具，比喻俗套。指文章或艺术等独创风格，不落俗套。也作"不落俗套"。【例句】这部电影独创一格，～。【近义】别具一格【反义】依样葫芦

不落俗套　bù luò sú tào

见"不落窠臼"。

不蔓不枝　bù màn bù zhī

【释义】原指莲茎不分枝杈。现形容文章等简洁。【例句】莲花中通外直，～。/写文章要注意结构严谨，中心突出，～。【反义】横生枝节　节外生枝　拖泥带水

不毛之地　bù máo zhī dì

【释义】毛：通"苗"。不长庄稼的地方。泛指贫瘠、荒凉的土地或地带。【例句】沙漠开始出现了绿洲，～长出了庄稼。【反义】膏腴之地　鱼米之乡

不明不白　bù míng bù bái

【释义】不清不楚，稀里糊涂。形容阴暗隐秘。【例句】赵伟～地就被几个人给带走了。/据说她和公司某上司有～的关系。【近义】模糊不清【反义】一清二楚

不鸣则已，一鸣惊人　bù míng zé yǐ, yī míng jīng rén

【释义】已：罢了。比喻平时没有特殊表现，突然做出使人惊讶的事情。【例句】平时见他一言不发的，没想到这次为公司作了这么大的贡献，真是～啦。【近义】一飞冲天

不谋而合　bù móu ér hé

【释义】谋：商量。合：相同。事先没有商量而见解或行动完全一致。【例句】对这个问题的看法，你们两人～。【近

义】不约而同

不能自拔 bù néng zì bá
【释义】拔:抽出,摆脱。自己无法解脱。【例句】他整日沉迷网络,～。

不能自已 bù néng zì yǐ
【释义】已:停止。无法抑制自己。多指不能控制自己的感情。【例句】小丽说到伤心处,～,忍不住大哭起来。提示 "已"不能写成"己"。

不偏不倚 bù piān bù yǐ
【释义】倚:偏,不正。指公正中立,不偏袒任何一方。形容不偏不斜,正中目标。【例句】只要你处事得当,～,是会得到大家的认可的。/他射的靶子～,正中靶心。【近义】无偏无党

不平则鸣 bù píng zé míng
【释义】平:公平。遭遇不公平就会发出不满或反抗的呼声。【例句】出了事情,～,群众在下面说话,你压得住吗?【近义】愤愤不平【反义】忍气吞声

不欺暗室 bù qī àn shì
【释义】欺:欺骗。暗室:别人看不见的地方。即使在别人看不见的地方,也不做见不得人的事。【例句】在任何时候我们都应当做～的人。【近义】不愧屋漏【反义】暗室亏心

不期而会 bù qī ér huì
【释义】期:约定。没有约定而意外地相会。也作"不期而遇"。【例句】我们在蒙顶山～,欣喜之中,又多了几分游兴。【近义】萍水相逢【反义】失之交臂

不期而遇 bù qī ér yù
见"不期而会"。

不情之请 bù qíng zhī qǐng
【释义】不合情理的请求。有求于人时的客套话。【例句】我有个～,请各位再加把劲,我们提前把任务完成。【近义】非分之想【反义】通情达理

不求甚解 bù qiú shèn jiě
【释义】甚:很,极。古代指读书只领会精神实质,不咬文嚼字。现多指只求懂得个大概,不求深入了解。【例句】孙中山先生读书很认真,对于那种"～"的说法,是从来不肯苟同的。【近义】囫囵吞枣【反义】寻根究底

不求闻达 bù qiú wén dá
【释义】闻达:出名,显达。不追求显赫的名声和显要的职位。【例句】志愿者们～、不索报酬地工作着,也常常被人称作"当代的雷锋"。【近义】安常履顺 不慕虚荣【反义】追名逐利

不屈不挠 bù qū bù náo
【释义】挠:弯曲,屈服。形容在困难或恶势力面前不屈服,不低头。【例句】在工作中,无论遇到多大的困难,他都勇往直前,～。【近义】百折不挠【反义】知难而退

不日不月 bù rì bù yuè
【释义】不计日月,没有期限。形容时日漫长。【例句】为了能在奥运会上夺得好成绩,运动员们～地训练着。

不容分说 bù róng fēn shuō
见"不由分说"。

不容置喙 bù róng zhì huì
【释义】置:安放。喙:鸟兽的嘴,借指人的嘴。不许插嘴。指不让人插嘴说话。【例句】他教训人从来都是～,态

度十分强硬。【近义】不容置辩　不由分说

不容置疑　bù róng zhì yí

【释义】置疑:怀疑。不容许有什么怀疑。指真实可信。【例句】事情的真相警察已经调查清楚了,这是～的。【近义】千真万确

不入虎穴,焉得虎子　bù rù hǔ xué,yān dé hǔ zǐ

【释义】不进老虎洞,怎能捉到小老虎。比喻不历险境,就不能获得成功。【例句】～。我们不深入基层,怎么能了解普通民众的心声。

不三不四　bù sān bù sì

【释义】形容不正派或不像样子。【例句】你一个女孩子,成天和一些～的人混在一起,像什么话!【反义】一本正经

不衫不履　bù shān bù lǚ

【释义】履:鞋子。不穿衣,不穿鞋。本指人衣着不整。后形容仪态潇洒,不拘小节。【例句】他总是～的,从不在乎别人的看法。【近义】不修边幅【反义】规行矩步

不上不下　bù shàng bù xià

【释义】上不去,下不来,处于正中。形容进退两难,处境尴尬。【例句】我总是既不安乐,也不灭亡地～地生活着。/我也没想到事情会发展到如此～的地步。

不舍昼夜　bù shě zhòu yè

【释义】舍:停止。白天和晚上都不停止。比喻勤奋不懈。【例句】为了能早日和家人团聚,工人们～地忙碌着。

【近义】夜以继日

不甚了了　bù shèn liǎo liǎo

【释义】了了:明白,清楚。指不大明白,不很清楚。【例句】对于他们公司的具体情况,我也～。【近义】茫然不解　知之甚少【反义】了如指掌

不声不响　bù shēng bù xiǎng

【释义】声、响:指说话或出声。不说话,也不出声。【例句】你～地走进来,着实吓了我一大跳。【近义】不言不语【反义】大呼小叫　大吆小喝

不胜枚举　bù shèng méi jǔ

【释义】胜:尽。枚:个,逐一。无法一一列举出来。形容数量极多。也作"不可枚举"。【例句】如今,因醉酒引发的交通事故～。【近义】不计其数　不一而足　不知凡几【反义】寥寥可数

不胜其烦　bù shèng qí fán

【释义】胜:能承受。烦:琐碎。繁杂琐碎得让人受不了。【例句】这件事一拖再拖,弄得王刚～。【反义】不厌其烦

不胜其任　bù shèng qí rèn

【释义】胜:能承受。任:任务。担当不了那样的任务。【例句】这项任务举足轻重,我恐怕～。

不失毫厘　bù shī háo lí

【释义】毫、厘:计量单位。一毫一厘也不差。形容丝毫不差。【例句】他对待工作一丝不苟,当会计这么多年来,每一笔账都～。【近义】不差毫发【反义】失之千里

不失时机　bù shī shí jī

【释义】不错过适宜的时间和有利的机会。【例句】用兵贵在～。

B

不时之需 bù shí zhī xū

【释义】不时:随时,经常。指随时可能产生的需要。【例句】你最好把会议材料准备好,以备～。

不识大体 bù shí dà tǐ

【释义】大体:关系全局的重要道理。不懂得关系整体和长远利益的大道理。【例句】为了这一点点小事,你就到处张扬,弄得大家都知道,也未免太～了。【反义】顾全大局

不识好歹 bù shí hǎo dǎi

见"不知好歹"。

不识时务 bù shí shí wù

【释义】时务:当时的重大事情或客观形势。认不清时代的潮流或当时的形势。【例句】～的人早晚会被历史的车轮碾过并抛弃的。【近义】不识时变【反义】识时通变

不识抬举 bù shí tái jǔ

【释义】抬举:看重某人而加以称赞或提拔。不接受或不珍视别人对自己的好意。【例句】别安慰他了,再怎么安慰也是以狗坐轿——～。【近义】不知好歹【反义】感恩戴德 提示 多用于指责人。

不识一丁 bù shí yī dīng

【释义】丁:指最简单易识的字。形容人不认识一个字。【例句】如今,～的人已经很少见了。【近义】目不识丁【反义】学富五车 满腹经纶

不食人间烟火 bù shí rén jiān yān huǒ

见"不食烟火"。

不食烟火 bù shí yān huǒ

【释义】烟火:指熟食。道家主张修炼的人超凡脱俗,不吃熟食。比喻诗文等立意高远,不同凡俗。也作"不食人间烟火"。【例句】有的人自恃清高,不关心柴米油盐,似乎是～者。/这首诗文字清新俊逸,饶有别致,～。

不速之客 bù sù zhī kè

【释义】速:邀请。没有邀请而自己来的客人。【例句】他瞧得出当前这两位～大概并非等闲之辈。【反义】扫榻以待

不同凡响 bù tóng fán xiǎng

【释义】凡响:平凡的音乐。形容事物不凡。多指文艺作品。【例句】苏轼不知读了多少书,具备多少知识学问,才有他那～的成就。【近义】与众不同【反义】平淡无奇

不痛不痒 bù tòng bù yǎng

【释义】形容麻木不仁。比喻言行没有切中要害,不解决实际问题。【例句】他现在已经够可怜的了,你怎么还说那些～的话。/你提的建议简直～,等于没说。【反义】一针见血

不文不武 bù wén bù wǔ

【释义】既不能文,也不能武。形容无能。【例句】瞧他那～的模样,能干成什么事?【反义】文武双全 才兼文武

不闻不问 bù wén bù wèn

【释义】既不听也不过问,毫不关心。也作"不问不闻"。【例句】他只知道学习,对外界所发生的事一概～。【近义】漠不关心

不问不闻 bù wèn bù wén

见"不闻不问"。

不务正业 bù wù zhèng yè

【释义】务:从事。不从事正当的职业,或不好好干本职工作。【例句】他～,

终日沉迷于赌博中。【近义】好逸恶劳
【反义】埋头苦干

不惜工本　bù xī gōng běn

【释义】惜：吝惜。工本：成本。不惜花费成本。指舍得花本钱。【例句】为吸引更多顾客，大部分发展商都～，为旗下商场粉饰一番，希望借圣诞档期提高营业额。【反义】精打细算

不相上下　bù xiāng shàng xià

【释义】分不出高低。形容数量、程度差不多。【例句】无论是专业水平还是工作能力，他俩都～。

不相为谋　bù xiāng wéi móu

【释义】谋：商量。互不商议。指立场、观点不同，不宜共事。【例句】道不同，～。【近义】各行其是【反义】切磋琢磨　提示　"为"不读 wèi。

不祥之兆　bù xiáng zhī zhào

【释义】不吉利的预兆。【例句】昨晚他做了个怪梦，今天整个人恍恍惚惚的，总觉得会有什么～。【近义】凶多吉少【反义】福星高照

不肖子孙　bù xiào zǐ sūn

【释义】不肖：不像（先辈）。本指后代不像先辈。引申指不能继承先辈事业、没有出息或品行不好的后代。【例句】你这个～，家产都快被你挥霍光了。【反义】孝子贤孙　提示　"肖"不读 xiāo，不能写成"孝"。

不屑一顾　bù xiè yī gù

【释义】屑：值得。顾：看。不值得一看。形容对人或事极端鄙视。【例句】同学们都对那件手工艺品赞叹不已，唯独他～。/他总是摆出一副清高的样子，对谁都～。【近义】掉头不顾　提示　"屑"不读 xuè。

不省人事　bù xǐng rén shì

【释义】省：知道，察觉。人事：人的意识的对象或人情事理。指失去知觉，进入昏迷状态。也指不懂人情事理。也作"人事不省"。【例句】他因惊吓过度，至今～。/小妹年幼～，还请您多多见谅！　提示　"省"不读 shěng。

不修边幅　bù xiū biān fú

【释义】修：整饰。边幅：布帛的边缘。比喻不注重衣着、仪容的整洁。【例句】虽然他穿戴随便，～，但对待学习的态度却是一丝不苟的。【近义】不矜细行　不拘小节

不虚此行　bù xū cǐ xíng

【释义】没有白来这一趟。表示某次行动收获很大。【例句】这部分作品艺术水准高，价位却可能不会太高，会让藏家～。　提示　多用于口语。含褒义。

不学无术　bù xué wú shù

【释义】不能学古，所行不合道术。后指没有学问，没有能力。【例句】～，耻于下问的人是很难取得进步的。【近义】胸无点墨【反义】学富五车　博学多才

不言不语　bù yán bù yǔ

【释义】沉默着不说话。【例句】小王最近心情不好，整日闷闷不乐，～。【近义】不声不响

不言而喻　bù yán ér yù

【释义】喻：明白。不用说就可以明白。【例句】南北省份距离遥远，风物景观相差之大就～了。【近义】显而易见【反义】深奥难懂

不厌其烦　bù yàn qí fán

【释义】厌：嫌。不怕麻烦，不嫌烦琐。【例句】对于同学们提出的疑问，张老师总是～地给以解答。【近义】诲人不

倦【反义】不胜其烦

不一而足　bù yī ér zú

【释义】足：满足。原指不是一事一物可使之满足。后指同类事物很多，不能一一列举。【例句】有些人缺乏这种激发剂，有些人缺乏那种激发剂，～。【近义】不胜枚举

不遗余力　bù yí yú lì

【释义】遗：留下。余：剩余。毫无保留地使出全部力量。【例句】黎先生身兼数职，对译著仍～。【近义】全力以赴

不以为耻　bù yǐ wéi chǐ

【释义】不认为是可耻。指不知羞耻。【例句】有些人自诩为"小姐"，～，反以为荣。【近义】恬不知耻【反义】光明磊落

不以为奇　bù yǐ wéi qí

【释义】不感到奇怪。【例句】一块磁铁能吸住图钉、回形针等铁质物体，人们～。【近义】不足为怪

不以为然　bù yǐ wéi rán

【释义】然：这样，正确。不认为是对的，表示不同意。【例句】老师批评了他，他还一副～的样子，明显没有认识到自己的错误。【近义】满不在乎【反义】仰承鼻息 提示 多含轻视意味。

不以为意　bù yǐ wéi yì

【释义】不把它放在心上。表示不重视，不认真对待。【例句】警察曾多次提醒他注意交通安全，他却总是～，这次可闯大祸了。【近义】掉以轻心

不义之财　bù yì zhī cái

【释义】不该得的或以不正当手段获得的钱财。【例句】张局长为人正直清廉，从不收取～。

不亦乐乎　bù yì lè hū

【释义】亦：也。乎：语气词，表反问。不也是很快乐的吗？后也常表示达到极点。【例句】有朋自远方来，～？／哎，那妇女骂得可真也是～。【近义】岂不快哉

不翼而飞　bù yì ér fēi

【释义】没有翅膀却能飞。比喻物品突然不见了。【例句】他还没有明白过来是怎么回事，烧饼油条已经～了。【近义】不胫而走【反义】插翅难飞

不由分说　bù yóu fēn shuō

【释义】分说：分辩，说明。不容许解释。也作"不容分说"。【例句】小明考试成绩不理想，爸爸～，打了他一顿。【反义】畅所欲言

不由自主　bù yóu zì zhǔ

【释义】由不得自己做主。指控制不住自己。【例句】听到这曲优美的旋律，我～地跟着哼了起来。【近义】情不自禁　身不由己

不远千里　bù yuǎn qiān lǐ

【释义】不以千里为远。形容不辞辛劳，长途跋涉。【例句】白求恩同志～来到中国，帮助中国人民抗击日本侵略者。【近义】千里迢迢【反义】近在咫尺

不约而同　bù yuē ér tóng

【释义】约：约定。没有事先商量而彼此见解或行动一致。【例句】诗人发兴造语，往往～。【近义】不谋而合

不在话下　bù zài huà xià

【释义】指事物轻微，不值得说，或事属当然，用不着说。【例句】走山路他还健步如飞，走这平地更是～了。【近义】不足挂齿

B

不在其位,不谋其政　bù zài qí wèi,bù móu qí zhèng

【释义】不担任某个职务,就不去过问某个职务范围内的事情。【例句】～,他现在已经退休了,就算是想帮你,也是心有余而力不足。

不赞一词　bù zàn yī cí

【释义】赞:参加意见。一词:一句话。一言不发。【例句】会后他～,径自离开了。【近义】一言不发

不择手段　bù zé shǒu duàn

【释义】为了达到目的,什么手段都使得出来。【例句】做人要厚道,切不可～地去欺骗他人。[提示] 含贬义。

不折不扣　bù zhé bù kòu

【释义】不打折扣。表示完全、十足、彻底。【例句】这件衣服定价三百元,～。/我对现代文学史缺乏深刻的研究,这是～的大实话。【反义】七折八扣

不正之风　bù zhèng zhī fēng

【释义】不正派的作风,特指以权谋私的行为。【例句】我们要勇于纠正～。

不知不觉　bù zhī bù jué

【释义】没有意识到、察觉到。形容无意之中或自然而然地。【例句】时间过得真快,～,我都大学毕业好几年了。【近义】神不知,鬼不觉

不知好歹　bù zhī hǎo dǎi

【释义】不辨好坏,指不明事理。也指不能领会别人的好意。也作"不识好歹"。【例句】儿子～,你做母亲的怎么也不辨清浊。/你不好好谢我,反来埋怨我,真是～。

不知进退　bù zhī jìn tuì

【释义】指言语行为冒失,没有分寸。【例句】你真是～,怎么能在老刘面前提那件事呢?

不知就里　bù zhī jiù lǐ

【释义】就里:内情。不了解底细。【例句】他～地冲进去,结果被撵了出来。【近义】如坐云雾　一无所知【反义】了若指掌　明察秋毫

不知轻重　bù zhī qīng zhòng

【释义】不明事理。形容行事冒昧。【例句】我儿子说话～,如有冒犯之处,请多多谅解。

不知死活　bù zhī sǐ huó

【释义】形容不知事态严重,冒昧从事。【例句】你这样～地蛮干,出了问题可怎么办?【近义】不知就里

不知所措　bù zhī suǒ cuò

【释义】措:安置,处理。不知道怎么办才好。形容着急或受窘。【例句】他～地笑着,不过笑得有点忐忑,有点勉强。【近义】手足无措【反义】泰然自若

不知所云　bù zhī suǒ yún

【释义】云:说。不知道说的是什么。指言语紊乱或空洞。【例句】他在会议上杂七杂八地说了一大堆,下面在座的各位却～。【近义】语无伦次

不知天高地厚　bù zhī tiān gāo dì hòu

【释义】形容见识短浅,狂妄自大。【例句】他竟敢在书法大家面前班门弄斧,真是～。【近义】不自量力

不治之症　bù zhì zhī zhèng

【释义】医治不好的病。比喻去除不掉的祸患或弊端。【例句】他的病已经确诊了，是～。/如今，办事靠关系、走后门已成了很多单位的～。【近义】沉疴宿病

不着边际　bù zhuó biān jì

【释义】着：挨上，接触。挨不上边儿，指没有落脚之处。形容言论空泛，不切实际；离题太远。【例句】这个地面太潮湿了，让人～。/他俩谈了一夜，竟扯了些～的闲话。【近义】漫无边际

提示　"着"不读 zháo。

不自量力　bù zì liàng lì

【释义】量：估计，衡量。不估量自己的力量。多指高估计自己，勉为其难。【例句】一次羽毛球比赛上，小刚主动提出要和上届冠军挑战，同学们都说他～。【反义】量力而行

不足挂齿　bù zú guà chǐ

【释义】挂齿：放在嘴边上。不值得一提。【例句】区区微劳，～。【近义】微不足道　不足齿数

不足为凭　bù zú wéi píng

【释义】凭：依据。不能作为凭证、根据。【例句】要证明这事，得有真凭实据，道听途说是～的。【近义】道听途说【反义】有案可稽

不足为奇　bù zú wéi qí

【释义】奇：怪异，怪事。不值得奇怪。指事物、现象等很平常。【例句】他平时学习不努力，高考落榜完全～。【近义】数见不鲜　司空见惯

布衣疏食　bù yī shū shí

【释义】疏：粗。穿布衣，吃粗食。形容生活俭朴。也作"布衣蔬食"。【例句】老团长离休后自愿回到家乡，过着～的生活。【近义】粗茶淡饭【反义】锦衣玉食

布衣蔬食　bù yī shū shí

见"布衣疏食"。

步步为营　bù bù wéi yíng

【释义】军队每前进一步就设下一道营垒。形容行动谨慎，防备严密。【例句】汉武帝时，汉王朝在阴山以北筑了很多城堡，几乎是～。【近义】稳扎稳打【反义】长驱直入

步调一致　bù diào yī zhì

【释义】步调：走路时脚步的大小快慢。比喻进行某种活动，采取同一步骤，同一方式。【例句】二一班的同学们正昂首挺胸，～地向我们走来了。【近义】同心同德【反义】分道扬镳

步履维艰　bù lǚ wéi jiān

【释义】步履：行走。维：助词，无实义。形容行动困难，走路吃力。【例句】往日里健步如飞的他，如今被一场大病折磨得～。【近义】举步维艰【反义】大步流星　健步如飞

C

才高八斗　cái gāo bā dǒu

见"八斗之才"。

才华盖世　cái huá gài shì

【释义】盖：覆盖，引申为超出。才华远远超出同时代的人。【例句】伟大诗人李白，称得上～。【近义】才华出众【反义】才疏学浅

才貌双全　cái mào shuāng quán

【释义】才能和外貌两样都好。【例句】为了事业，她拒绝了许多～的小伙子的追求。【近义】才貌两全

才疏学浅　cái shū xué qiǎn

【释义】疏：稀少。才华少，学问浅。【例句】学生～，老师过奖了。【近义】浅见寡闻【反义】博学多才　提示　常用作谦辞。

才子佳人　cái zǐ jiā rén

【释义】富有才学的男子和年轻美貌的女子。多指才貌出众、有婚姻或爱情关系的青年男女。【例句】他们两人，一个画画，一个题字，真是～，天生的一对。【近义】郎才女貌

财大气粗　cái dà qì cū

【释义】钱财很多，气势很盛。【例句】那时他～，大进大出。

财竭力尽　cái jié lì jìn

【释义】钱财力气都用尽了。形容生活陷入困境。【例句】他已经～，看来很难在生意场上重振雄风了。

采风问俗　cǎi fēng wèn sú

【释义】采：搜集。风：民间歌谣。采集民歌，访问民俗。泛指调查了解民间实情。【例句】这位作家每到一处，都要深入群众，～。

餐风沐雨　cān fēng mù yǔ

【释义】沐：洗头。在风中吃饭，用雨水洗头。形容行旅或野外生活的艰辛。【例句】地质勘探员们～，毫无怨言。【近义】栉风沐雨　风餐露宿

餐风饮露　cān fēng yǐn lù

【释义】吃的是风，喝的是露水。形容旅途或野外生活的艰苦。【例句】为了给观众献上一出精彩的贺年大片，演员们～，跋涉奔波。【近义】风餐露宿

残编断简　cán biān duàn jiǎn

【释义】编：古时穿简的皮条或绳子。简：竹简。指残缺不全的古籍。【例句】经过十四年的抗战，这家图书馆虽未被毁，但由于疏于管理，许多宝贵的书籍都成了～，非常可惜。【近义】断纸余墨

残兵败将　cán bīng bài jiàng

【释义】残存的士兵和打了败仗的将领。【例句】敌人的～被我军团团围住。【近义】散兵游勇

残茶剩饭　cán chá shèng fàn

【释义】残剩下来的茶水与食物。【例句】他妈妈这两天病了，他也只能吃点～。【近义】残汤剩饭　残羹剩饭

残冬腊月　cán dōng là yuè

【释义】残冬：冬末。腊月：农历十二月。指冬天。【例句】去年～，他奶奶去世了。【近义】寒冬腊月

残花败柳　cán huā bài liǔ

【释义】凋落的花朵，折损的柳枝。比喻作风败坏或被蹂躏的女性。【例句】冬天到了，随处可见～。／虽然她曾经是个～，但如今已经改邪归正了，你就不应该再看不起她。【近义】野草闲花

残缺不全　cán quē bù quán

【释义】残缺：缺少一部分，不完整。残余短缺不完全。形容物体经过破坏，变得不完整了。【例句】他虽然肢体～，但做出了很多常人都无法轻易做到的成绩。【近义】支离破碎【反义】完好无损

残汤剩饭　cán tāng shèng fàn

【释义】残剩下来的茶水与食物。泛指吃剩的饭食。【例句】我们赶到宴会地点时，桌上只剩下～。【近义】残杯冷炙

残渣余孽　cán zhā yú niè

【释义】渣：渣滓。孽：邪恶。比喻残存的坏人。【例句】我们要彻底扫除封建主义的～。【近义】漏网之鱼

蚕食鲸吞　cán shí jīng tūn

【释义】像蚕吃桑叶，像鲸吞食物。比喻逐步侵占或一举吞并。也作"鲸吞蚕食"。【例句】面对帝国主义列强曾经对中国的～，中国人民奋起反抗，将他

们彻底打败了。【近义】鲸吞虎踞

惨不忍睹　cǎn bù rěn dǔ

【释义】睹：看。情景悲惨，使人不忍心看。【例句】他在一场车祸中不幸遇难，那场景真是～。【近义】目不忍视

惨淡经营　cǎn dàn jīng yíng

【释义】惨淡：苦心思虑。经营：筹划安排。指苦心构思诗、画的精巧布局。后形容煞费苦心地谋划与从事。【例句】他没日没夜地伏坐电脑前，～才创作出这首好诗来。／这几年竞争激烈，他们～才在生意场上站稳脚跟。【近义】苦心经营【反义】无所用心

惨绝人寰　cǎn jué rén huán

【释义】绝：极尽。人寰：人世。人世间从未有过的悲惨。形容悲惨到了极点。【例句】三渡水的河岸，简直变成了一片～的屠宰场！【近义】惨无人道【反义】仁至义尽

惨无人道　cǎn wú rén dào

【释义】惨：凶残，狠毒。凶残狠毒得没有一点人性。【例句】这伙人真是～，烧杀掠夺，无恶不作。【近义】灭绝人性【反义】仁至义尽

粲然可观　càn rán kě guān

【释义】粲然：明亮的样子。鲜明耀眼，很值得观看。形容价值很高，引人注目。【例句】我国农村社会主义改革的成就～。

仓皇失措　cāng huáng shī cuò

【释义】仓皇：匆忙而慌张。措：安排处置。慌张而举止失常。形容极度慌乱、无法应付的样子。【例句】敌人一见我军，～，乱成一团。【近义】张皇失措　惊慌失措【反义】从容不迫　镇定

C

自若

苍翠欲滴　cāng cuì yù dī

【释义】苍翠：青绿色。翠绿水灵，像要滴落下来似的。【例句】道旁古木参天，～，似乎飘着的雨丝儿也都是绿的。【近义】郁郁葱葱【反义】枯黄凋零

苍颜白发　cāng yán bái fà

【释义】苍：灰白色。颜：脸面。脸色苍老，满头白发。也借指老人。也作"白发苍颜"。【例句】爷爷虽然已经～了，但是仍然孜孜不倦地从事学术研究。／广场上，一群～正踩着音乐节拍跳着笑着，尽显生命活力。【近义】白发苍苍

苍蝇见血　cāng yíng jiàn xuè

【释义】苍蝇见血就拼命吮吸。比喻极端贪婪。【例句】那狗官见了银子就似～一般两眼发直。

沧海横流　cāng hǎi héng liú

【释义】沧海：大海。海水泛滥，四处奔流。比喻政局混乱，社会动荡不安。【例句】～，方显出英雄本色。【近义】洪水横流

沧海桑田　cāng hǎi sāng tián

【释义】桑田：农田。大海变为农田，农田变为大海。比喻世事变迁巨大。也作"桑田沧海"。【例句】中华大地见证了五千年的～，更孕育了伟大的华夏民族。【近义】天翻地覆【反义】万古不变

沧海一粟　cāng hǎi yī sù

【释义】粟：谷子。大海中的一颗谷粒。比喻极其渺小，微不足道。【例句】他走在川流不息的人群中，犹如～。【近义】九牛一毛　太仓一粟【反义】硕大

无比

沧海遗珠　cāng hǎi yí zhū

【释义】遗：遗漏。大海中漏采的珍珠。比喻被埋没的人才。【例句】他自认为自己是～，整日抱怨怀才不遇。【反义】人尽其才

藏垢纳污　cáng gòu nà wū

【释义】包藏、容纳肮脏污秽的东西。比喻包容坏人坏事。也作"藏污纳垢"。【例句】这看起来富丽堂皇的酒店，竟是～之所。【近义】含污纳垢

藏龙卧虎　cáng lóng wò hǔ

【释义】隐藏着蛟龙，潜伏着老虎。比喻潜藏着杰出的人才。【例句】中州一带，四通八达，乃是～之地，英雄荟萃之区。

藏器待时　cáng qì dài shí

【释义】器：用具；才能。怀藏才学，等待施展的时机。【例句】临近毕业了，他不急于推销自己，而是胸有成竹，～。

藏头露尾　cáng tóu lù wěi

【释义】比喻故意遮掩言行又露出痕迹。【例句】他说话含含糊糊，～，看上去不怎么靠谱。【近义】躲躲闪闪

藏污纳垢　cáng wū nà gòu

见"藏垢纳污"。

藏形匿影　cáng xíng nì yǐng

【释义】匿：隐藏。把身形影迹都隐藏起来。隐藏形迹，不露真相。【例句】这些犯罪分子借大城市有～之便，于是铤而走险，活动愈发频繁起来。

操刀必割　cāo dāo bì gē

【释义】操：拿。拿起刀就一定要割东西。比喻做事要及时下手。【例句】关

键时刻，一定得～。【近义】当机立断

操奇计赢　cāo qí jì yíng

【释义】操：掌握。奇：指奇货。赢：利润。操纵缺少的货物，牟取高额的利润。【例句】打击～的奸商，是稳定社会秩序的重要手段。

操之过急　cāo zhī guò jí

【释义】操：做事。办事过于急躁。【例句】车到山前必有路，何必～呢？【近义】急于求成【反义】稳扎稳打

草草了事　cǎo cǎo liǎo shì

【释义】草草：草率，马虎。了：完结。马马虎虎地把事情了结。也作"草草完事"。【例句】这项任务很重要，你必须认真办理，不可～。【近义】草草收场

草草完事　cǎo cǎo wán shì

见"草草了事"。

草间求活　cǎo jiān qiú huó

【释义】草：山野。在草野之中谋求生存。形容苟且偷生。【例句】国家处于危难之际，大丈夫岂能～，忍辱偷生！【近义】苟且偷安

草菅人命　cǎo jiān rén mìng

【释义】菅：一种野草。把人命看得跟野草一样。指任意残害百姓。【例句】对那些贪赃枉法、～者，一定得绳之以法。【近义】滥杀无辜　提示　"菅"不读 guǎn，不能写成"管"。

草木皆兵　cǎo mù jiē bīng

【释义】把野草树木都当成敌兵。形容在受到某种打击时惊恐失措，疑神疑鬼。【例句】小明做了亏心事，事事都～。【近义】风声鹤唳　杯弓蛇影【反义】若无其事　镇定自若

草行露宿　cǎo xíng lù sù

【释义】在草野间赶路，在露天里住宿。形容行旅急迫、艰难。【例句】勘察队在荒郊峡谷间～，历尽艰辛，终于掌握了这一带地质情况的第一手资料。【近义】露宿风餐

草长莺飞　cǎo zhǎng yīng fēi

【释义】绿草丰茂，黄莺飞舞。形容江南明媚的春景。【例句】暮春三月，百花齐放，～，到处一片春光融融的景象！【近义】春色满园　提示　"长"不读 cháng。

厕足其间　cè zú qí jiān

【释义】厕：放置，参与。插足其中。指参与某事。【例句】这个项目是他在负责，我不想～。

侧目而视　cè mù ér shì

【释义】侧：斜着。斜着眼睛看，不敢正视。形容敬畏或愤恨的样子。【例句】街上的人都对那无赖泼皮～。【近义】重足而立

恻隐之心　cè yǐn zhī xīn

【释义】恻隐：怜悯，同情。对他人不幸或苦难的同情心。【例句】虽然我曾经怨恨他，但是看到他现在这副模样，我又顿生～。【近义】矜贫恤独【反义】铁石心肠

参差不齐　cēn cī bù qí

【释义】高低长短或大小不一致。【例句】大别山东麓～地长了许多矮树和灌木丛。【近义】长短不一　良莠不齐【反义】整齐划一　提示　"参差"不读"cān chā"。

层出不穷　céng chū bù qióng

【释义】层：重复。穷：尽。接连不断地

出现，没有穷尽。【例句】现在的商品种类真是～，看得人眼花缭乱。【近义】屡见不鲜　层见叠出【反义】寥若晨星　屈指可数　提示　"层"不能写成"曾"。

层峦叠嶂　céng luán dié zhàng
【释义】层、叠：重叠。峦：连绵的山峰。嶂：耸立像屏障的山。形容山峰重叠，连绵起伏。【例句】我们到了峨眉，一抬头，便见四周～。【近义】崇山峻岭【反义】一马平川

曾几何时　céng jǐ hé shí
【释义】曾：副词，表过去时态。几何：多少。指时间过去没多久。【例句】～他和我还很要好，现在却形同陌路。【反义】久而久之

曾经沧海　céng jīng cāng hǎi
【释义】曾：曾经。经：经历。沧海：大海。比喻曾经经历过很大的场面，眼界开阔，对比较平常的事物不放在眼里。【例句】老人们可说是～，岁月的流逝抹去了他们探索的足印。【近义】饱经沧桑【反义】初出茅庐

差强人意　chā qiáng rén yì
【释义】差：稍微。强：振奋。指大体上还能使人满意。【例句】这份工作虽不是我梦寐以求的，但也～。【近义】不尽如人意　尚如人意【反义】大失所望　提示　"差"不读 chāi。

差三错四　chā sān cuò sì
【释义】颠倒错乱。【例句】账目一定要清楚正确，千万不要～。【近义】颠三倒四【反义】丁一卯二

差之毫厘，谬以千里　chā zhī háo lí, miù yǐ qiān lǐ
【释义】差、谬：差错，错误。开始相差

得很小，结果会造成很大的错误。强调不能有一点儿差错。也作"毫厘千里""差之毫厘，失之千里""失之毫厘，谬以千里"。【例句】测绘工作力求精准，常是～，所以容不得半点粗心大意。

差之毫厘，失之千里　chā zhī háo lí, shī zhī qiān lǐ
见"差之毫厘，谬以千里"。

插翅难飞　chā chì nán fēi
【释义】即使插上翅膀也难出去。形容被围或受困而难以逃脱。【例句】犯罪嫌疑人被警察重重包围，已经～了。【近义】上天无路，下地无门【反义】不翼而飞

插科打诨　chā kē dǎ hùn
【释义】科：旧戏曲中演员的表情动作。诨：开玩笑的话。戏曲演员在演出中穿插些滑稽的动作或道白来引人发笑。也泛指插一些引人发笑的动作或话语。【例句】今天的这出戏可真过瘾，演员们时不时地～，逗得观众哈哈大笑。/开会是比较严肃的事，如果在会上～，就不怎么合适了。　提示　"诨"不读 hūn。

查无实据　chá wú shí jù
【释义】查究不出确凿的证据。【例句】唯一的证人也被杀害了，现在这个案子是～。

察言观色　chá yán guān sè
【释义】色：脸色。观察言语脸色来揣摩对方的心意。【例句】辩论会上，要学会～，才有可能打败对手。【近义】鉴貌辨色【反义】视而不见

姹紫嫣红　chà zǐ yān hóng
【释义】姹：美丽。嫣：鲜艳。形容各种

颜色的花卉艳丽、好看。【例句】春雨绵绵,我撑着雨伞,看花园里～的花朵,在春雨的滋润下更加娇艳。【近义】万紫千红　花团锦簇

拆东补西　chāi dōng bǔ xī
见"拆西补东"。

拆东墙补西墙　chāi dōng qiáng bǔ xī qiáng
见"拆西补东"。

拆西补东　chāi xī bǔ dōng
【释义】拆掉这边去补救那边。比喻勉强应付,顾此失彼。也作"拆东补西""拆东墙补西墙"。【例句】你老是这样～的,都形成恶性循环了。

柴米油盐　chái mǐ yóu yán
【释义】泛指人们日常生活的必需品。【例句】生活就是～酱醋茶,缺一不可。

豺狼成性　chái láng chéng xìng
【释义】像豺狼一样凶残成性。比喻人阴险狠毒。【例句】此人枭獍为心,～,诚然为王法所不容。【近义】狼心狗肺　穷凶极恶【反义】乐善好施

豺狼当道　chái láng dāng dào
【释义】豺狼横在道路中间。比喻坏人当权。【例句】在～的社会,普通民众即便有天大的冤情也无处申诉。【近义】恶人当道　豺虎肆虐【反义】河清海晏

馋涎欲滴　chán xián yù dī
【释义】馋得口水要流下来。形容十分贪吃。也形容欲望十分强烈。【例句】小丽最喜欢吃烤鸭,只要嗅着气味,就～。/听了向南在外发迹的经历后,小赵有些～了。【近义】垂涎三尺【反义】淡薄寡味　**提示**"涎"不读 yán。

缠绵悱恻　chán mián fěi cè
【释义】缠绵:萦绕纠缠。悱恻:悲苦。形容内心悲苦难以排遣。也形容诗文、音乐等婉转动人。【例句】读了那封信,小明～,辗转难眠。/那位作家不喜欢在自己的作品中写～的东西。【近义】回肠九转【反义】慷慨激昂

谄上欺下　chán shàng qī xià
【释义】谄:谄媚,用卑贱的态度向人讨好。指对地位比自己高的人奉承巴结,对地位低的人欺压。【例句】对那种～的人要多加小心。【近义】谄上骄下

阐幽明微　chǎn yōu míng wēi
【释义】阐:阐发。幽:深奥。微:精妙。阐明深奥精妙的道理。【例句】一些谈艺术理论的著作为了要～,反而容易把艺术的道理谈得很深奥。【近义】钩深致远　探赜索隐

长此以往　cháng cǐ yǐ wǎng
【释义】老是这样下去。多就不好的情况而言。【例句】他经常不吃早饭,～,身体肯定吃不消。【近义】久而久之【反义】一时半刻

长风破浪　cháng fēng pò làng
见"乘风破浪"。

长歌当哭　cháng gē dàng kū
【释义】长歌:长声歌咏。当:当作。用放声歌咏代替痛哭。多指写作诗文抒发胸中的悲愤。【例句】先生不幸遇难,悲痛之情郁于胸中,唯有～以寄哀思。

长林丰草　cháng lín fēng cǎo
【释义】长:高。丰:茂盛。高大的树林和茂盛的野草。本指禽兽栖息的地方,后指隐逸者的住所。【例句】他厌

C

恶城市生活,认为这是违反他养生之道和居～志趣的。 提示 多用于人的思想或行为。

长话短说　cháng huà duǎn shuō

【释义】把要用很多话才能说完的事用简短的话说完。【例句】时间不早了,我就～。

长江后浪催前浪　cháng jiāng hòu làng cuī qián làng

【释义】比喻人或事物不断发展更迭,新陈代谢。也作"长江后浪推前浪"。【例句】"～",在科学研究上,如今也是青年人超过老年人。

长江后浪推前浪　cháng jiāng hòu làng tuī qián làng

见"长江后浪催前浪"。

长虑顾后　cháng lǜ gù hòu

【释义】长虑:考虑到长远。顾:回头看,顾及。指从大处着眼,做长远的考虑。【例句】智力投资是～的明智之举。【近义】高瞻远瞩【反义】鼠目寸光

长命百岁　cháng mìng bǎi suì

【释义】寿命很长,活到一百岁。多用来祝人长寿。【例句】祝奶奶身体健康,～!【近义】长生不老　万寿无疆【反义】长眠不起 提示 用于成年人有时含讥讽意味。

长年累月　cháng nián lěi yuè

见"成年累月"。

长篇大论　cháng piān dà lùn

【释义】指滔滔不绝的言论或篇幅冗长的文章。【例句】我不要再听你这些似是而非的～。【近义】长篇累牍【反义】片言只语

长篇累牍　cháng piān lěi dú

【释义】累:重叠。牍:古代写字用的木片。指文章篇幅冗长。【例句】他说起话来长篇大论,写起文章来～。【近义】长篇大论【反义】言简意赅

长驱直入　cháng qū zhí rù

【释义】驱:策马快跑。直:径直。长距离地直接挺进到纵深地区。形容进军迅速而顺利。【例句】军队数日来～,先头部队已经进入武昌。【近义】步步为营

长生不老　cháng shēng bù lǎo

【释义】生命长存,永不衰老。旧指成仙得道的人永不死亡。也用来祝老人长寿。【例句】生老病死,是一种自然现象,所谓的～,只不过是一种幻想罢了。/祝您～,万寿无疆!【近义】长生久视

长途跋涉　cháng tú bá shè

【释义】跋:翻山越岭。涉:蹚水过河。翻山渡水走长路。形容旅途艰辛。也比喻长期不懈的努力。【例句】经过半个月的～,他们终于来到了水旱相连的边缘地带。/人生就像是马拉松赛,必须经过～,才能到达目的地。【近义】跋山涉水【反义】安步当车

长夜漫漫　cháng yè màn màn

【释义】漫漫:长而无边的样子。长长的黑夜没有尽头。比喻社会黑暗,难见光明。【例句】长期头昏脑涨,天旋地转般的剧烈头晕每天将他袭倒5至7次,～却又无法入睡。

长治久安　cháng zhì jiǔ ān

【释义】治:太平。社会秩序长期安定太平。【例句】只有社会和谐了,国家～

的根基才能稳固。【近义】天下太平
【反义】动荡不安

长足进步　cháng zú jìn bù
【释义】长足:大步。指进步快或水平迅速提高。【例句】新中国成立以来,我国的交通事业有了～。

尝鼎一脔　cháng dǐng yī luán
【释义】鼎:古代烹煮食物的器具,三足两耳。脔:切成片或块状的肉。尝尝鼎里的一片或一块肉,就可以知道鼎中其余肉的滋味。比喻根据部分推知全体。【例句】通过这些英译我们可以对这位诗人甚至希腊的诗歌～。

常备不懈　cháng bèi bù xiè
【释义】常:时常。备:防备,准备。懈:松懈。时刻准备着,从不松懈。【例句】国家的旅游安全环境不仅要有尽量减少事故隐患的措施,而且还要有～的救援协调机构。

怅然若失　chàng rán ruò shī
【释义】怅然:失意不乐的样子。心情沮丧,好像丢了什么一样。【例句】听了他的话,我～地呆在那里,许久说不出话来。【近义】茫然若失　若有所失

畅所欲言　chàng suǒ yù yán
【释义】畅:痛快。尽情地说出想说的话。【例句】今晚的世界杯是意大利对澳大利亚,究竟胜利之神会眷顾谁家,请朋友们～。【近义】各抒己见【反义】不由分说　欲言又止

畅通无阻　chàng tōng wú zǔ
【释义】畅:顺畅。毫无阻碍地通行或通过。也作"畅行无阻"。【例句】自从道路拓宽后,这条运输线总是～。【近义】一路通畅【反义】水泄不通

畅行无阻　chàng xíng wú zǔ
见"畅通无阻"。

超尘拔俗　chāo chén bá sú
【释义】超、拔:超出,高出。尘、俗:佛教称尘世、人间。佛教教徒修行功夫深。形容人品超过一般,不同凡俗。【例句】深深扎根在人们心中的她,是一位～的英雄。【近义】超凡入圣

超凡入圣　chāo fán rù shèng
【释义】超出凡人,达到圣人的境界。多形容造诣精深。【例句】他继续接枝、薅草,盖瓜田,完全不知道自己有什么出色和～的地方。【近义】绝伦逸群　出神入化【反义】芸芸众生　碌碌无为

超今冠古　chāo jīn guàn gǔ
【释义】冠:超越。超过今人胜古人。【例句】他的技法已达到炉火纯青、～的境界。　提示　"冠"不读guān。

超类绝伦　chāo lèi jué lún
【释义】伦:类,同辈。超出同辈,无与伦比。【例句】他是一位～的大学者。【近义】超群拔类

超前绝后　chāo qián jué hòu
【释义】超越前代或前人,以后也无人可继。【例句】这位画家的画价值连城,～。【近义】空前绝后

超群拔类　chāo qún bá lèi
【释义】拔:超出。超出众人,非常杰出。【例句】在同龄人中间,他的组织才能是～的。【近义】出类拔萃　超类绝伦【反义】碌碌无能

超然物外　chāo rán wù wài
【释义】物外:世外。超脱于尘世之外。也指逃避现实或置身事外。【例句】我

们的老校长虽然已退休,但仍积极地在为教育改革献计献策,从不～。/即便有后患,各部也应尽职尽责,不能～,只会说风凉话。【近义】置身事外

车殆马烦　chē dài mǎ fán
【释义】殆:通"怠",疲乏。烦:劳累。车轮转不动了,马也疲惫了。形容旅途劳顿。【例句】到了第五天,～,他也觉得疲惫不堪。

车到山前必有路　chē dào shān qián bì yǒu lù
【释义】比喻事到临头,总会有解决的办法。【例句】在我最无助的时候,他安慰我说,不必太犯愁,～,总会有解决办法的。【近义】船到桥门自然直

车水马龙　chē shuǐ mǎ lóng
【释义】车像流水一样接连不断,马连成了一条龙。形容热闹繁华的景象。【例句】上下班高峰时段,街道上～。【近义】门庭若市【反义】门庭冷落

车载斗量　chē zài dǒu liáng
【释义】用车装,用斗量。形容数量极多,不足为奇。也作"斗量车载"。【例句】现在的大学毕业生在我国～,不可胜数。【近义】不可胜数【反义】凤毛麟角　提示　"量"不读 liàng。

彻头彻尾　chè tóu chè wěi
【释义】彻:通,透。从头到尾;完完全全。【例句】他是个～的坏蛋,对你的善意,只是迷惑你的一种手段。【近义】彻里彻外

沉博绝丽　chén bó jué lì
【释义】沉:深。博:广。形容文章内容深刻广博,文辞华美。【例句】她相信那哀感顽艳的情感和～的文章,绝不

是戒律谨严的高僧所能有或所能做的。

沉默寡言　chén mò guǎ yán
【释义】寡:少。深沉文静,不爱多说话。【例句】用～来代替喋喋不休,不仅不会让你失去大家的注目,反而会帮助你获得更多的友谊。【近义】少言寡语【反义】喋喋不休

沉思默想　chén sī mò xiǎng
【释义】沉:深。深深地思索,静静地考虑。【例句】他把自己独自关在办公室里,时而坐在办公桌前～,时而又急速踱到窗前,望一眼窗外。

沉吟不决　chén yín bù jué
见"沉吟未决"。

沉吟未决　chén yín wèi jué
【释义】沉吟:迟疑不决,低声自语。犹犹豫豫不能决断。也作"沉吟不决"。【例句】周董事长～,因为他深知他的决定关系着整个公司的前途和命运。【近义】迟疑不决　优柔寡断【反义】当机立断　毅然决然

沉鱼落雁　chén yú luò yàn
【释义】使游鱼沉入水底,使飞雁降落沙洲。形容女子容貌极美。【例句】传说西施有～之容,闭月羞花之貌。【近义】燕妒莺惭　闭月羞花　倾城倾国【反义】其貌不扬

沉郁顿挫　chén yù dùn cuò
【释义】沉郁:含蓄深沉。顿挫:抑扬。形容文辞等深沉蕴藉,音调抑扬有致。【例句】杜甫的诗歌～,忧时伤世。

沉冤莫白　chén yuān mò bái
【释义】沉冤:难以辩白或久未昭雪的冤屈。白:辩白,昭雪。积久的冤屈难以得到昭雪。也作"沉冤莫雪"。【例句】

在那恶霸当道的时代,有许许多多像窦娥一样的老百姓～。【近义】不白之冤【反义】平反昭雪

沉冤莫雪 chén yuān mò xuě

见"沉冤莫白"。

沉渣泛起 chén zhā fàn qǐ

【释义】泛:漂浮。沉底的渣滓又浮上水面。比喻腐朽事物或丑恶现象再度出现。【例句】历史上遗留下来的殖民文化的影响,也在一些地方～。

陈陈相因 chén chén xiāng yīn

【释义】陈:旧。因:沿袭。指仓库的粮食逐年累积,陈粮上堆陈粮。后比喻沿袭老一套,没有改进。【例句】那样～的文章,即使数目众多,也毫无意义。【近义】萧规曹随 墨守成规【反义】推陈出新 除旧布新

陈词滥调 chén cí làn diào

【释义】陈:旧。滥:空泛。陈旧而不切合实际的话。【例句】正因为生活是乏味的,所以人们都喜欢追求耳目一新的感觉,而不是每天听到的尽是些～。【近义】老生常谈 老调重弹【反义】绝妙好辞 提示 "滥"不能写成"烂"。

陈谷子烂芝麻 chén gǔ zi làn zhī ma

【释义】比喻陈旧的无关紧要的话或事物。【例句】这都什么年代了,你还提那些～的事情。

陈规陋习 chén guī lòu xí

【释义】陈:旧。陋:不文明,不合理。陈旧的规矩和不好的习惯。【例句】一些地方的封建迷信活动有所抬头,尤其是到了清明时节,这种～愈演愈烈。

陈力就列 chén lì jiù liè

【释义】陈:献出。就列:指担任职务。施展自己的才力,就任相应的职位。【例句】单位的～用人机制让年轻有为的强子坐上了部门主任的位置。

陈言务去 chén yán wù qù

【释义】陈旧的言辞务必去除。【例句】要想写出好文章,必须做到～。

晨钟暮鼓 chén zhōng mù gǔ

【释义】佛寺、道观早晚仪式:早晨敲钟,黄昏打鼓。后用以形容寺院的孤寂生活或时光的推移。也作"暮鼓晨钟"。【例句】在这幽静的寺庙中,～的生活让这些僧人都远离了世俗。

称体裁衣 chèn tǐ cái yī

【释义】称:适合,相符。按照适合身体的高矮肥瘦的尺寸裁制衣服。比喻按照客观实际情况办事。【例句】做任何事情都要从实际出发,～,否则就有可能犯错。【近义】量体裁衣

称心如意 chèn xīn rú yì

【释义】称:符合。完全合乎心愿。【例句】如今是升学难,就业难,找一个～的工作更难。【近义】心满意足【反义】大失所望 提示 "称"不读 chēng 或 chèng。

趁火打劫 chèn huǒ dǎ jié

【释义】趁:利用。趁人家失火的时候去抢东西。比喻乘人之危捞取好处。【例句】在我破产时,你还来偷我东西,简直是～。【近义】浑水摸鱼【反义】劫富济贫

趁热打铁 chèn rè dǎ tiě

【释义】趁着铁烧红时立刻锤打。比喻

做事抓紧时机,加速进行。也作"乘热打铁"。【例句】要干就～,明天就开大会。【近义】趁水和泥

趁人之危 chèn rén zhī wēi
见"乘人之危"。

趁水和泥 chèn shuǐ huó ní
【释义】和:搅拌。就着水把干土等材料搅拌成可用的泥浆。比喻利用现成的条件行事。【例句】他们～,在见了双方父母之后,赶在春节里把喜事办了。【近义】趁热打铁 提示 "和"不读 hé 或 huò。

趁虚而入 chèn xū ér rù
见"乘虚而入"。

称孤道寡 chēng gū dào guǎ
【释义】孤、寡:古代帝王自称"孤"或"寡人"。指妄以首脑自居。比喻妄自尊大。【例句】他还在那里～,嘴里胡说乱道。【近义】称王称霸

称王称霸 chēng wáng chēng bà
【释义】霸:霸主,诸侯联盟的首领。狂妄地以首领自居,欺压别国或别人。形容飞扬跋扈,胡作非为。【例句】他仗着家里有点钱,就在同事面前～。【近义】称孤道寡

称贤使能 chēng xián shǐ néng
【释义】称:举用。推举任用有德行有才干的人。【例句】公司业绩之所以能够蒸蒸日上,主要还在于领导者善于～。【近义】举贤使能

称兄道弟 chēng xiōng dào dì
【释义】朋友间以兄弟相称,表示关系亲密。【例句】小明近来和一些不三不四的小青年来来往往,彼此～。

撑肠拄肚 chēng cháng zhǔ dù
【释义】撑:充满。拄:塞饱。肚子塞到了容不下的程度。比喻容纳的事物过多。【例句】他见到一桌子的好菜,狼吞虎咽,直到～为止。

瞠乎其后 chēng hū qí hòu
【释义】瞠:瞠着眼。乎:于。在后面干瞠眼,赶不上。【例句】马拉松比赛时,跑到一半,我就落下好大一截,只能～了。【近义】望尘莫及【反义】迎头赶上 提示 "瞠"不读 táng。

瞠目结舌 chēng mù jié shé
【释义】瞠目:瞪着眼睛。结舌:舌头动不了,说不出话来。瞠着眼睛说不出话来。形容受窘或惊呆的样子。【例句】他～地看着这一惊险场面。【近义】目瞪口呆 提示 "瞠"不读 táng。

成败利钝 chéng bài lì dùn
【释义】利:锋利;顺利。钝:不锋利;失败。成功、失败、顺利或挫折。泛指各种各样的结果。【例句】他知道自己唯一所能采取的态度,便是不问～,尽力帮她去克服困难。【近义】成败得失

成败论人 chéng bài lùn rén
【释义】以成功或失败为评价人物的标准。【例句】他虽然这次失败了,但是世上没有常胜将军,我们不能以～。【近义】胜败论人

成家立业 chéng jiā lì yè
【释义】结了婚,有了家业或建立了某项事业。【例句】你年纪也不小了,该～了。【反义】倾家荡产

成年累月 chéng nián lěi yuè
【释义】成年:整年。累月:月复一月。

形容历时长久。也作"长年累月"。【例句】这里到处都是一片白茫茫的雪原，风几乎～不停地呼叫着。【近义】经年累月　年深日久【反义】一时半刻

成千上万 chéng qiān shàng wàn

【释义】累计成千，成万。形容数量非常多。【例句】做假事骗得了几个人，骗不了～的人。【近义】千千万万　盈千累万【反义】寥寥无几　屈指可数

成群结党 chéng qún jié dǎng

【释义】党：为私利结成的集团。指成帮结伙或组成小团体。【例句】地震前，～的蚂蚁离开自己的洞穴，向高地迁移，以保证种族的延续。【近义】三五成群【反义】形单影只

成群结队 chéng qún jié duì

【释义】一群群、一队队地集结在一起。【例句】东非大草原上，～的动物正在大迁徙。【近义】三五成群【反义】形单影只

成仁取义 chéng rén qǔ yì

【释义】仁：仁爱。义：道义，正义。为正义而牺牲生命。也作"取义成仁"。【例句】先烈们在关键时刻都选择了～的道路，为革命献出了宝贵生命。【近义】杀身成仁【反义】苟且偷生

成事不足，败事有余 chéng shì bù zú, bài shì yǒu yú

【释义】成：完成，办好。败：搞坏。不能把事情办好，只能把事情弄糟。指斥办事拙劣，极其无能。也作"成事不足，坏事有余"。【例句】他这个人常常是～，你把这么重大的任务交给他，可要当心哟。

成事不足，坏事有余 chéng shì bù zú, huài shì yǒu yú

见"成事不足，败事有余"。

成双成对 chéng shuāng chéng duì

见"成双作对"。

成双作对 chéng shuāng zuò duì

【释义】两两组合成对。常指夫妻或情侣。也作"成双成对"。【例句】被面上，绣着～的鸳鸯。【近义】双宿双飞【反义】形单影只

成也萧何，败也萧何 chéng yě xiāo hé, bài yě xiāo hé

【释义】成：成功。也：语气词。萧何：汉高祖刘邦的丞相。成事的是萧何，败事的也是萧何。借指事情的成败或好坏都是由同一个人造成的。【例句】由于齐达内的精彩表现，法国队一路杀入决赛，占尽优势，但也正是由于他的不冷静，最终导致法国队负于意大利，可以说是～了。

成则为王，败则为寇 chéng zé wéi wáng, bài zé wéi kòu

【释义】寇：盗贼。夺取政权成功的就称王称帝，失败的就被称为贼寇。【例句】女英雄镇定自若地说："～。今日被擒，要杀要剐随你便！"

成竹在胸 chéng zhú zài xiōng

见"胸有成竹"。

诚惶诚恐 chéng huáng chéng kǒng

【释义】诚：确实。惶：恐惧。原是臣下给君王奏章中的套语，表示惶恐不安。后形容极端小心以至恐惧不安。【例句】这些年来，我～，唯恐辜负了大家对我的期望。【近义】战战兢兢【反义】

C

泰然自若

诚心诚意　chéng xīn chéng yì

【释义】诚：真实。指心意很真诚。【例句】我～地邀请你到我家来做客。【近义】实心实意　真心实意【反义】虚情假意

承欢膝下　chéng huān xī xià

【释义】承欢：迎合他人的意思以博取欢心。膝下：儿女幼时依偎在父母膝下，因而借指父母跟前。指在父母跟前殷勤侍奉，使父母过上欢乐的生活。【例句】您老真有福气，儿女们个个～，日子多舒心啊！

承前启后　chéng qián qǐ hòu

见"承先启后"。

承上启下　chéng shàng qǐ xià

【释义】承：接续。启：开，引出。承接上面的，引起下面的。多指诗文中沟通文意的字句而言。也作"承上起下"。【例句】这段话有～的作用，我们一定要细细体会。【近义】承先启后

承上起下　chéng shàng qǐ xià

见"承上启下"。

承先启后　chéng xiān qǐ hòu

【释义】承：继承。启：开创。继承前代的并启发后代的。也作"承前启后"。【例句】唐代古文运动在中国古代文学史上发挥了～的重要作用。【近义】承上启下　继往开来　提示　多用于事业、学问等。

城门失火, 殃及池鱼　chéng mén shī huǒ, yāng jí chí yú

【释义】殃：灾祸。池：护城河。城门着了火，大家用护城河的水扑救，结果

水用尽了，鱼也干死了。比喻因偶然的牵连而遭受祸患或损失。也作"池鱼之殃"。【例句】这真是～，我们也没想到会出现这样的局面。

乘风破浪　chéng fēng pò làng

【释义】乘：利用。船趁着风势，冲开浪头。比喻不畏艰险勇往直前。也形容事业迅猛地向前发展。也作"长风破浪"。【例句】我们乘坐的轮船～，在大海中前进。/要想获得成功，就要敢于～。/愿你毕业后～，干出一番大业绩。【近义】披荆斩棘【反义】裹足不前

乘龙快婿　chéng lóng kuài xù

【释义】乘龙：比喻得佳婿。快：称心的。泛指称心如意的女婿。【例句】申大妈可真有福气，得了个～。【近义】骐骥才郎　东床快婿

乘热打铁　chéng rè dǎ tiě

见"趁热打铁"。

乘人之危　chéng rén zhī wēi

【释义】趁着别人危急的时候去侵害人家。也作"趁人之危"。【例句】你怎么能～呢？我鄙视你！【近义】趁火打劫【反义】雪中送炭

乘兴而来　chéng xìng ér lái

【释义】兴：兴致。趁着一时高兴前来。常与"兴尽而返"或"败兴而归"连用。【例句】每次到国家乒乓球训练基地看球员们练球，我都是～，兴尽而返。【反义】败兴而归　提示　"兴"不读 xīng。

乘虚而入　chéng xū ér rù

【释义】虚：空虚，虚弱。趁对方空虚不备时侵入。泛指趁机进攻。也作"趁

虚而入"。【例句】我们要提高警惕，不能给敌人～的机会。【近义】有机可乘【反义】无隙可乘

程门立雪　chéng mén lì xuě

【释义】程：指宋代理学家程颐。立雪：站在雪地里。宋代杨时在下雪天拜谒著名学者程颐，程颐瞑目而坐，杨时不敢惊动，在旁站立等待。程颐醒来，门前积雪已经一尺深了。后用以形容尊师重道，恭敬求教。【例句】你想让这位从不接受采访的艺术家接受你的采访，就得拿出点～的精神，否则我劝你还是别忙活了。【近义】尊师重道【反义】班门弄斧

惩恶劝善　chéng è quàn shàn

【释义】惩：警戒。劝：勉励。惩治邪恶，褒扬善良。【例句】所谓文学上的人道主义，当然不是庸俗的普度众生，也不是～。【近义】褒善贬恶【反义】姑息养奸

惩忿窒欲　chéng fèn zhì yù

【释义】惩：警戒。窒：堵塞。克制愤怒，戒绝欲望。【例句】每位同志都应该加强自身修养，～，克己奉公。

惩前毖后　chéng qián bì hòu

【释义】惩：因过失而知戒。毖：使谨慎。吸取过去失败的教训，以后小心，不致再犯。【例句】对于犯错误的同志，我们不能一棍子将其打死，而要给予帮助，目的是～，治病救人。【近义】引以为戒【反义】不教而诛

惩一儆百　chéng yī jǐng bǎi

【释义】惩：惩罚。儆：使警戒。惩罚一人以警戒众人。【例句】这次对他的严厉处罚是为了～。【近义】杀一儆百

【反义】姑息养奸

澄思静虑　chéng sī jìng lǜ

【释义】澄：澄清。澄清思绪，清除杂念。形容专心思索，冷静考虑。【例句】禅的意义是～，坐禅入定，绝灭一切妄念，专心求解脱。/希望你能～，找出问题的根源。

吃不了兜着走　chī bù liǎo dōu zhe zǒu

【释义】出了问题，要承担一切后果。【例句】我和你说的这些话，你可要替我保密，否则，我会～。

吃喝玩乐　chī hē wán lè

【释义】泛指一味追求物质享受。【例句】有些年轻人只会～，受不了半点苦。

吃苦耐劳　chī kǔ nài láo

【释义】耐：受得住，经得起。劳：劳苦。肯吃苦，能够经受艰苦生活和劳累的磨炼。【例句】中华民族具有勤劳简朴、～的传统美德。【近义】含辛茹苦【反义】好逸恶劳

吃里扒外　chī lǐ pá wài

见"吃里爬外"。

吃里爬外　chī lǐ pá wài

【释义】受着这一方的好处，暗地里却为那一方效力。也作"吃里扒外"。【例句】你真是个～、不知好歹的家伙。

吃一堑，长一智　chī yī qiàn，zhǎng yī zhì

【释义】堑：壕沟，比喻挫折、失败。受一次挫折，长一分见识。【例句】为了节约钱，我买了劣质的商品，吃了不少亏，真是～，以后我再也不贪小便宜

了!【近义】不经一事,不长一智【反义】重蹈覆辙　提示　"辙"不读 zhǎn;"长"不读 cháng。

嗤之以鼻　chī zhī yǐ bí

【释义】嗤:讥笑。用鼻子吭气,表示看不起。【例句】对于别人的成果他总是～。【近义】不屑一顾【反义】刮目相看

痴男怨女　chī nán yuàn nǚ

【释义】痴:沉迷。怨:哀伤。指沉迷于情爱中的男女。【例句】《牡丹亭》曾经使明清时代好些～感动得死去活来。

痴人说梦　chī rén shuō mèng

【释义】痴:傻、笨。比喻凭妄想说出根本办不到的荒唐话。【例句】邓大哥,你这些话,真如～。【近义】白日做梦

痴心妄想　chī xīn wàng xiǎng

【释义】痴:沉迷。妄:荒诞。入迷的心思,荒唐的想法。指一心想着不可能实现的事情。【例句】天上不会掉馅饼,不付出就想有收获,我看你是在～。【近义】异想天开　胡思乱想【反义】实事求是　梦想成真　提示　"妄"不能写成"忘"。

池鱼笼鸟　chí yú lóng niǎo

【释义】池塘里的鱼,笼子里的鸟。比喻受到约束、失去自由的人或物。【例句】他如今成了～,没有一点自由。

池鱼之殃　chí yú zhī yāng

见"城门失火,殃及池鱼"。

驰魂宕魄　chí hún dàng pò

【释义】驰:向往。宕:放开。形容心灵震撼,兴奋神往。【例句】各种景象,新鲜而又庄严,使他～,目不暇接。

驰名当世　chí míng dāng shì

【释义】驰:传播。当世:当代。名声在当代传播很远。【例句】我国的武术～,深受外国朋友的喜爱。

驰名中外　chí míng zhōng wài

【释义】驰:传播。声誉广泛传扬到国内外。【例句】北京的烤鸭是～的美食。【近义】驰名天下【反义】闻所未闻　默默无闻

迟疑不决　chí yí bù jué

【释义】迟疑:犹豫。心存疑虑,犹豫不决。【例句】时间已经不允许你～了,赶快下决心吧。【近义】犹豫不决　优柔寡断【反义】当机立断

持平之论　chí píng zhī lùn

【释义】持平:公平;公正。指公正的议论或折中调和的言论。【例句】鲁迅对知堂自寿诗的评论,不失为～。【近义】平心而论

持枪实弹　chí qiāng shí dàn

见"荷枪实弹"。

持盈保泰　chí yíng bǎo tài

【释义】持:守。盈:满。泰:平安。守住已成的事业,保持平安无事。【例句】如今的他已人到中年,再也不想去冒险了,只想～,安稳过日子。

持之以恒　chí zhī yǐ héng

【释义】持:坚持。恒:恒心。长久地坚持下去。【例句】每一件对自己有益的事,我们都应该～地去做。【近义】锲而不舍【反义】半途而废　一曝十寒

尺幅千里　chǐ fú qiān lǐ

【释义】一尺见方的图画,把千里的景象

都画进去。比喻事物的外形虽小,但包含的内容非常丰富。【例句】小小壁画～,让人依稀看到了古战场上硝烟弥漫的场景。【近义】尺幅万里【反义】大而无当

尺有所短　chǐ yǒu suǒ duǎn

见"尺有所短,寸有所长"。

尺有所短,寸有所长　chǐ yǒu suǒ duǎn,cùn yǒu suǒ cháng

【释义】尺与寸相比,尺长寸短,由于使用的场合不同,一尺也有显得短的时候,而一寸也有显得长的时候。比喻人或事物各有长处和短处。也作"尺有所短""寸长尺短""寸有所长"。【例句】～,每个人都有自己的优点和不足,应该互相取长补短,共同进步。【近义】各有所长　各有千秋

叱咤风云　chì zhà fēng yún

【释义】叱咤:怒喝。大声怒喝使风云变色。形容声势威力极大。【例句】在商界～的他,在家里却没有一点大人物的姿态,只是充当着一个温柔丈夫和慈祥父亲的角色。【近义】气壮山河

赤膊上阵　chì bó shàng zhèn

【释义】赤:裸露。不穿盔甲上阵打仗。比喻不讲策略或毫无掩饰地做某事。【例句】看到局面僵持不下去了,他急了,索性～。/争吵愈来愈烈,竟有人～,大打出手。【近义】赤手上阵【反义】披挂上阵

赤胆忠心　chì dǎn zhōng xīn

【释义】赤:忠诚。形容十分忠诚。也指赤诚的心。【例句】岳飞一生～,是中华民族的英雄。/无论受到多大的屈辱与冤枉,他对祖国的～丝毫没有动摇过。【近义】碧血丹心　忠肝义胆

赤地千里　chì dì qiān lǐ

【释义】赤:光秃秃。大片土地寸草不生或荒无人烟。形容灾害严重或战乱频发造成大片地区寸草不生的荒凉景象。【例句】康熙二十一年,山东大旱,春夏两季,～。/残酷的战争和严重的旱灾已使这个国家～,人民生活在水深火热之中。【近义】寸草不留【反义】郁郁葱葱

赤口白舌　chì kǒu bái shé

【释义】赤:红色。指口角纠纷。也指平白无故。【例句】她俩用各种损人的字眼～地糟蹋对方,谁也不肯让步。/如果没有真凭实据,我想他是不会～指责他人的。

赤贫如洗　chì pín rú xǐ

【释义】赤贫:穷得一无所有。穷得如同被水洗过一样,什么也没有。【例句】望着～的家,叔叔决定外出打工挣钱。【近义】一无所有【反义】家财万贯

赤手空拳　chì shǒu kōng quán

【释义】赤:空。形容两手空空,没有任何可以凭借的东西。【例句】在旧社会,某些科学家～,单枪匹马,也还能作出一些贡献。【近义】手无寸铁【反义】荷枪实弹

赤心报国　chì xīn bào guó

【释义】赤:忠诚。报:报答。忠诚地报效祖国。【例句】无论受到多大的冤屈和挫折,他～的情怀从未改变。【近义】忠心耿耿　碧血丹心【反义】卖国求荣

赤子之心　chì zǐ zhī xīn

【释义】赤子:初生的婴儿。比喻天真纯洁的心。【例句】这是多么深沉的爱!

C

多么纯洁的～!【近义】忠心耿耿　心昭日月【反义】狼子野心

冲锋陷阵　chōng fēng xiàn zhèn

【释义】陷:深入。向敌人冲击,深入敌人阵地。形容作战英勇。泛指为正义事业拼搏。【例句】他率部～,头部连中两弹,失去右眼。/鲁迅是在文化战线上,代表全民族的大多数向着敌人～的民族英雄。【近义】赴汤蹈火【反义】临阵脱逃

充耳不闻　chōng ěr bù wén

【释义】充:塞住。闻:听见。塞住耳朵不听。形容不愿听取别人的意见。【例句】每当妈妈唠叨的时候,我～,一句话都没听进去。【近义】置若罔闻【反义】洗耳恭听

重蹈覆辙　chóng dǎo fù zhé

【释义】蹈:踏上。覆:翻倒。辙:车轮轧出的痕迹。再走上翻过车的老路。比喻不吸取失败的教训,重犯过去的错误。【例句】失败并不可怕,可怕的是不吸取教训,～,一错再错。【近义】覆车继轨【反义】改弦易辙　提示　"覆"不能写成"复"。

重见天日　chóng jiàn tiān rì

【释义】比喻脱离黑暗环境,重新见到光明,或事物隐没后重新展现。【例句】他坚信自己没有错,会有～的那一天。/被盗走的书法作品终于～,又在博物馆展出了。【近义】云开见日【反义】暗无天日

重门击柝　chóng mén jī tuò

【释义】重门:层层设门。柝:旧时巡夜报更用的梆子。形容提高警惕,加强戒备。【例句】自从这一带出现了盗窃案,村村～,户户留人看家。　提示

"柝"不能写成"析""拆"或"折",不读xī、chāi或zhé。

重生父母　chóng shēng fù mǔ

【释义】重生:死而复生。比喻对自己有极大恩情的人。多指救命恩人。也作"再生父母"。【例句】叔叔阿姨恩德如天,简直就是罗升的～。【近义】再造之恩

重温旧梦　chóng wēn jiù mèng

【释义】温:温习。把过去美好的事情重新经历或回忆一次。【例句】十年后他回到母校,有种～的感觉。

重振旗鼓　chóng zhèn qí gǔ

见"重整旗鼓"。

重整旗鼓　chóng zhěng qí gǔ

【释义】旗、鼓:古代军中发号令的用具。比喻失败后组织力量,重新行动。也作"重振旗鼓"。【例句】我就知道你不会完蛋,定有～的一天。【近义】东山再起【反义】偃旗息鼓

崇山峻岭　chóng shān jùn lǐng

【释义】崇、峻:高大。高而险峻的山岭。【例句】长城在～间盘旋。【近义】层峦叠嶂【反义】一马平川

崇洋媚外　chóng yáng mèi wài

【释义】媚:谄媚。崇拜外国的一切,向外国人谄媚。【例句】我们要借鉴外国的科技成果,但要防止～思想苗头的出现。

宠辱不惊　chǒng rǔ bù jīng

【释义】宠:受宠。得宠或受辱都不动心。指把荣辱得失置之度外。【例句】我哥哥之所以深得人心,就是因为他凡事都能做到～。【近义】宠辱皆忘【反义】受宠若惊　宠辱若惊　提示

"宠"不读 lǒng。

宠辱皆忘　chǒng rǔ jiē wàng

【释义】宠:荣耀,光荣。荣耀和屈辱都忘记了。形容心胸宽广。【例句】秋风一起,听到秋虫唧唧,他还是～,如聆仙乐。【近义】宠辱不惊

抽刀断丝　chōu dāo duàn sī

【释义】抽出刀来斩断乱丝。比喻做事果决。【例句】别再犹豫了,～,一锤定音。

抽梁换柱　chōu liáng huàn zhù

见"偷梁换柱"。

抽薪止沸　chōu xīn zhǐ fèi

【释义】薪:柴火。沸:沸腾。抽去锅底燃烧的柴火使锅里的水停止沸腾。比喻从根本上解决问题或消除祸患。【例句】在群众反抗情绪高涨的情况下,你激怒他们反而是抱薪救火,安抚大家的情绪才是～的好办法。【近义】斩草除根　釜底抽薪【反义】扬汤止沸

仇人相见,分外眼红　chóu rén xiāng jiàn,fèn wài yǎn hóng

见"仇人相见,分外眼明"。

仇人相见,分外眼明　chóu rén xiāng jiàn,fèn wài yǎn míng

【释义】因有仇恨而敌视的人,见面时都格外警惕。也作"仇人相见,分外眼红"。【例句】～。尤其是复仇团的战士们,面对残杀他们父母的强盗,个个火燃心头。

稠人广众　chóu rén guǎng zhòng

【释义】稠:稠密。指人多的公开场合。【例句】即使我做错了事,你也不该在～下批评我。【近义】大庭广众

愁眉不展　chóu méi bù zhǎn

【释义】展:舒展。忧愁时双眉紧锁,舒展不开。形容心事重重。【例句】二姐,你为什么近来总是～的,是不是有什么心事?【近义】愁眉苦脸【反义】笑逐颜开　兴高采烈

愁眉苦脸　chóu méi kǔ liǎn

【释义】皱着双眉,哭丧着脸。形容愁苦的神情。【例句】一听说要进行化学测验,小王立刻变得～。【近义】愁眉锁眼　愁眉不展【反义】眉开眼笑　喜笑颜开　喜上眉梢

愁云惨雾　chóu yún cǎn wù

【释义】形容使人感到愁闷凄惨的景象或气氛。【例句】只有惊天动地的霹雳,才能拨开满天的～。【近义】愁山闷海

踌躇满志　chóu chú mǎn zhì

【释义】踌躇:得意的样子。满志:满足心愿。形容对自己的现状或取得的成就非常得意。【例句】大学毕业了,成绩优异的小红～地踏出了学校的大门。【近义】意得志满【反义】灰心丧气

丑声四溢　chǒu shēng sì yì

【释义】声:名声。溢:外流。丑恶的名声四处传播。【例句】他因为那事～,从此便一蹶不振。【近义】臭名远扬

丑态百出　chǒu tài bǎi chū

【释义】各种丑恶的样子和举动都表现出来了。【例句】他在大庭广众之下无理取闹,大叫大喊,～。【近义】出乖露丑

臭不可当　chòu bù kě dāng

【释义】当:承受。臭得叫人受不了。也

指名声很坏。【例句】他家的下水管道堵了，～。/王晓涛平时好吃懒做，嗜赌成性，在公司的名声～。

臭名远扬　chòu míng yuǎn yáng

【释义】名：名声。臭名：坏名声。扬：传播。坏名声传得很远。【例句】他的祖父和父亲是这一带～的大赌棍。【近义】臭名昭著　丑声四溢

臭名昭著　chòu míng zhāo zhù

【释义】昭著：显著。坏名声人人都知道。【例句】秦桧因谋害岳飞而在历史上～。【近义】声名狼藉　臭名远扬【反义】万古流芳　名垂青史

臭味相投　chòu wèi xiāng tóu

【释义】指思想作风、兴趣等相同，很合得来。也作"气味相投"。【例句】那几个赌徒真是～，初次见面就马上混到了一起。 提示 多含贬义。"臭"旧读 xiù。

出词吐气　chū cí tǔ qì

见"出言吐气"。

出尔反尔　chū ěr fǎn ěr

【释义】尔：你。原指你怎么做，就会得到怎样的后果。现指说了又翻悔或说了不照着做，表示言行前后自相矛盾，反复无常。【例句】做人要重情义、守诚信，不能～。【近义】言而无信【反义】言出必行　言而有信 提示 "尔"不能写成"而"。

出谷迁乔　chū gǔ qiān qiáo

【释义】谷：山谷。乔：乔木。小鸟从深谷飞上高大的乔木。比喻搬进好住所或职位升迁。【例句】听说你们家～，真是可喜可贺啊！

出乖露丑　chū guāi lòu chǒu

【释义】乖：荒谬反常。当众出丑，丢脸。【例句】要是真把事情闹大了，～的不仅仅是他们，你们自己也会陷入尴尬。

出乎意料　chū hū yì liào

【释义】意料：事先对情况、结果作出估计。超出人们的料想猜测之外。【例句】这场～的车祸夺去了他年轻的生命。【近义】始料不及【反义】始料所及

出口成章　chū kǒu chéng zhāng

【释义】随口说出的话就成文章。形容擅长辞令或文思敏捷。【例句】王教授经纶满腹，～。【近义】下笔成章【反义】语无伦次

出口伤人　chū kǒu shāng rén

【释义】一张口说话就污辱人、伤害人。【例句】他素质太差了，不是出言不逊，就是～。【近义】恶语伤人【反义】彬彬有礼

出类拔萃　chū lèi bá cuì

【释义】出、拔：超出。萃：聚在一起的人或物。形容卓异杰出，超出同类。【例句】无论是能力还是人品，他都～。【近义】百里挑一　超群拔类　卓尔不群

出没无常　chū mò wú cháng

【释义】没：隐没。出现和隐藏都没有规律。【例句】我们的游击队～，常常令敌人不知所措。【近义】神出鬼没 提示 "没"不读 méi。

出谋划策　chū móu huà cè

【释义】出：往外拿。谋：谋略。划：筹划。策：计策。出主意，定计策。【例句】运动会方案我还没策划好，你点子

多,替我～一下。【近义】运筹帷幄

出其不意　chū qí bù yì

【释义】意:意料。趁对方没有料到就采取行动。泛指行动出乎人们的意料。【例句】趁敌人不备,我们便可～,打他个落花流水。【近义】击其不意　攻其不备【反义】不出所料

出奇制胜　chū qí zhì shèng

【释义】奇:指奇兵、奇计。制胜:取胜。用奇兵或奇计战胜敌人。泛指用对方意想不到的方法来取胜。【例句】他判断敌情准确,战斗计划周密,长于～。/文章跟别的艺术品不一样,必须求精,～。【近义】六出奇计【反义】按兵不动　规行矩步

出人头地　chū rén tóu dì

【释义】高人一等;超出一般人。【例句】只要努力,坚持不懈,就会有～的机会。【近义】崭露头角【反义】庸庸碌碌

出人意料　chū rén yì liào

【释义】超出人们的意料之外。多形容不同寻常。【例句】每次学校举办绘画展,他都能交出～的作品。【近义】始料不及【反义】不出所料　始料所及

出神入化　chū shén rù huà

【释义】神:神妙。化:化境,极其高超的境界。形容技艺达到了绝妙的境界。【例句】表演《天鹅湖》的年轻演员们动作娴熟、舞姿优美,对剧中人物的性格不仅有深刻的理解,而且表演得～,使人叹为观止。【近义】炉火纯青【反义】平淡无奇

出生入死　chū shēng rù sǐ

【释义】从出生到死亡。形容冒着生命危险,不顾个人安危。【例句】想起为新中国成立而～的革命先烈,我们更应该珍惜今天的幸福生活。【近义】赴汤蹈火　舍生取义【反义】贪生怕死

出师不利　chū shī bù lì

【释义】师:军队。一出兵打仗就不顺利。泛指办事一开始就不顺利。【例句】由于天气原因,敌人～。【反义】旗开得胜　首战告捷

出水芙蓉　chū shuǐ fú róng

【释义】芙蓉:荷花。水面上刚开的荷花。比喻诗文的清新或女子的艳丽。也作"芙蓉出水"。【例句】每一个体育项目几乎都是美的展示:举重是拔山盖世之美,花样游泳是～之美,短跑是利箭离弦之美。

出头露面　chū tóu lòu miàn

【释义】在公众的场合出现。也作"抛头露面"。【例句】他争强好胜,喜欢～。【反义】隐姓埋名　藏形匿迹 提示 "露"不读 lù。

出头之日　chū tóu zhī rì

【释义】指从困境中解脱出来的日子。【例句】照此下去,我要躲到何年何月方有～?

出污泥而不染　chū wū ní ér bù rǎn

【释义】比喻在污浊的环境中能保持纯洁的品质而不沾染坏习气。也作"出淤泥而不染"。【例句】虽然身在灯红酒绿的环境中,但她依然洁身自好,～。【近义】洁身自好【反义】同流合污

出言不逊　chū yán bù xùn

【释义】逊:谦恭。说话不客气,没有礼

貌。【例句】他的～，引起了在场所有人的不满。【近义】出口伤人【反义】彬彬有礼

出言吐气　chū yán tǔ qì

【释义】指谈论以及说话时的措辞和口气。也作"出词吐气"。【例句】他的～，温文尔雅。

出淤泥而不染　chū yū ní ér bù rǎn

见"出污泥而不染"。

出于无意　chū yú wú yì

【释义】并不是存心去做的事情。【例句】我伤了你，实在是～，请原谅。【反义】存心不良

初出茅庐　chū chū máo lú

【释义】茅庐:草房。东汉末年，诸葛亮离开隐居的茅屋辅佐刘备，跟曹操初次交锋就打了胜仗。后比喻刚进入社会或刚到工作岗位上来，缺乏经验。【例句】这小姑娘～，经验虽然不足，但工作热情很高。【近义】初来乍到　涉世未深【反义】老成练达

初来乍到　chū lái zhà dào

见"新来乍到"。

初露锋芒　chū lù fēng máng

【释义】锋芒:刀剑的刃和尖。刚显露出某种力量或才能。【例句】张慧在这次奥林匹克竞赛中～，获得了一等奖。【近义】崭露头角

初生之犊不怕虎　chū shēng zhī dú bù pà hǔ

【释义】犊:小牛。刚出生不久的小牛不怕老虎。比喻年轻人敢作敢为，无所畏惧。【例句】这些年轻人～，敢于承担具有挑战性的任务。【近义】一身是胆　无所畏惧【反义】胆小如鼠

除暴安良　chú bào ān liáng

【释义】铲除暴徒，安抚人民。【例句】李自成领导的起义军，每到一处就～，稳定人心，深得人民爱戴。【近义】锄强扶弱

除残去秽　chú cán qù huì

【释义】残:凶恶。秽:污浊。扫除凶残，去除污秽。指清除坏人坏事。【例句】这次打黑行动～，深入人心。【近义】涤瑕荡秽【反义】助纣为虐

除恶务尽　chú è wù jìn

【释义】铲除邪恶势力、清除坏人坏事必须彻底。【例句】对于恐怖分子和恐怖势力，我们要坚决打击，～。【近义】除暴安良【反义】助纣为虐

除旧布新　chú jiù bù xīn

【释义】布:布置，开展。破除旧的，建立新的。【例句】他站在古今中外交汇点上～，具有继往开来走向更广博天地的历史韵味。【近义】推陈出新【反义】因循守旧

锄强扶弱　chú qiáng fú ruò

【释义】锄:铲除。扶:帮助。铲除强暴，扶助弱者。【例句】人们对～的英雄充满了崇敬。【近义】除暴安良【反义】以强凌弱

处心积虑　chǔ xīn jī lù

【释义】处心:存心。积虑:长时间考虑。千方百计地盘算。【例句】～诋毁别人的人，也必将自取其辱。【近义】费尽心机【反义】无所用心　提示　含贬义。

处之泰然　chǔ zhī tài rán

【释义】处:对待。泰然:毫不在意的样

子。对待发生的困难或紧急情况沉着镇定，毫不在意。也作"泰然处之"。【例句】他遇事冷静，凡事都能～。【近义】镇定自若【反义】坐卧不安　张皇失措

楚楚动人　chǔ chǔ dòng rén
见"楚楚可怜"。

楚楚可怜　chǔ chǔ kě lián
【释义】楚楚：娇柔，秀美。怜：爱。形容形态或体貌娇美可爱。也形容神情凄凉或境遇不好。也作"楚楚动人"。【例句】"人要衣裳马要鞍"。阿兰这样一打扮，倒有些～了。/你别看他～的，实际上是一肚子坏水。【近义】妩媚动人【反义】望而生畏

楚楚有致　chǔ chǔ yǒu zhì
【释义】楚楚：娇柔，秀美。致：情趣。形容娇美妩媚，很有韵味。【例句】论秀美，西湖比不上长湖，天真自然，～。【近义】楚楚动人

触景伤情　chù jǐng shāng qíng
【释义】伤：悲伤。看到眼前景物，引起伤感情绪。【例句】他来到故里，～，已经默然用指头抹了几回眼泪。【近义】睹物伤情　触目伤心

触景生情　chù jǐng shēng qíng
【释义】受到当前情景的触动而产生某种情感。【例句】眼前的一幕幕不禁令我～，感慨万千。【反义】无动于衷

触类旁通　chù lèi páng tōng
【释义】掌握了关于某一事物的知识，同类的其他事物就能类推通晓。【例句】他要求学生不仅能在文学领域内～，还须在文字、声韵、训诂各个方面都有发言权。【近义】举一反三

触目皆是　chù mù jiē shì
【释义】触目：目光所及。是：如此。满眼看到的都是某种事物。形容很多。【例句】来到新疆，街上的羊肉铺～。【近义】比比皆是　俯拾皆是【反义】寥寥无几　屈指可数

触目惊心　chù mù jīng xīn
【释义】触目：目光所及。看到某种严重的情况引起内心的震动。形容事态严重。【例句】我们很快赶到刚刚发生地震的汶川，所见之景无不～。/那地方环境污染的严重程度令人～。【近义】刿目怵心　骇目惊心【反义】赏心悦目　爽心悦目

触手可及　chù shǒu kě jí
【释义】近在手边，一伸手就可以接触到。【例句】你实在是太懒了！明明～的东西，偏偏要别人帮你拿。

川流不息　chuān liú bù xī
【释义】川：河流。息：停止。行人、车马等像水流一样连续不断。【例句】节日的花市上，手捧鲜花的顾客～。【近义】络绎不绝【反义】路绝人稀

穿云裂石　chuān yún liè shí
【释义】穿过云霄，震裂石头。形容乐器声或歌声高亢嘹亮。也作"裂石穿云"。【例句】他的长笛吹得～。【近义】声震林木

穿凿附会　chuān záo fù huì
见"牵强附会"。

穿针引线　chuān zhēn yǐn xiàn
【释义】比喻从中串联撮合，接通双方关系。【例句】这次我们两校的合作，你起了～的作用。【近义】牵线搭桥【反义】从中作梗

C

传家之宝 chuán jiā zhī bǎo
【释义】世代相传的宝物。【例句】对我而言，这只小小的盘子可是一件～。

传宗接代 chuán zōng jiē dài
【释义】宗：宗族。代：指后代。传延宗族，接续后代。指子孙一代接一代地延续下去。【例句】殷老大盼望多赚几个钱，给儿子娶房媳妇，可以～。【近义】接续香烟【反义】断子绝孙　覆宗灭祀

串通一气 chuàn tōng yī qì
【释义】一气：声气相通。暗中勾结，言语行动互相配合。【例句】听说那件抢劫案是他们一伙人～干的。【近义】沆瀣一气

创巨痛深 chuāng jù tòng shēn
【释义】创：创伤。创伤巨大，痛苦极深。比喻遭受重大的伤害或巨大的损失。【例句】这座城市可谓～，全市无一家完整房屋。　提示　"创"不读 chuàng。

疮痍满目 chuāng yí mǎn mù
【释义】疮痍：创伤，比喻受灾或战乱破坏后的景象。满眼看到的都是创伤。形容战乱或灾害的破坏极为严重。也作"满目疮痍"。【例句】长期战争的破坏使这座城市～，百废待兴。【近义】千疮百孔

窗明几净 chuāng míng jī jìng
见"明窗净几"。

吹毛求疵 chuī máo qiú cī
【释义】求：寻找。疵：疵点，比喻毛病。把皮上的毛吹开去寻找疵点。比喻故意挑剔缺点，寻找差错。【例句】照他那样～的批注，就是汉唐许多大手笔的诏诰，也没有一篇无毛病。【近义】

洗垢求瘢　求全责备【反义】宽宏大量
　提示　"疵"不读 cí。

吹牛拍马 chuī niú pāi mǎ
【释义】拍马：谄媚奉承。一面自我吹嘘，一面巴结逢迎。【例句】他这个人，什么都不会，就会～。【近义】掇臀捧屁【反义】刚直不阿

吹弹得破 chuī tán dé pò
【释义】吹一口气或指头一弹就破。形容皮肤娇嫩。【例句】小葛的皮肤极好，一张脸似～。

炊金馔玉 chuī jīn zhuàn yù
【释义】炊：生火做饭。馔：准备饭食。用金玉做的器具烹调、盛放食物。形容宴饮豪华奢侈。【例句】那些贪官污吏，～，挥金如土，必须严惩。

垂拱而治 chuí gǒng ér zhì
【释义】垂拱：垂衣拱手。不亲自管理朝政，垂衣拱手就使国家得到治理。多指帝王以顺其自然、无所作为的方式统治天下。【例句】儒家主张推行仁政，～。【近义】无为而治

垂帘听政 chuí lián tīng zhèng
【释义】垂帘：封建时代太后或皇后临朝听政，殿上用帘子遮隔。听政：治理朝廷政事。指女后临朝管理朝政。【例句】从电影中我们看到了慈禧太后～的情景。

垂手可得 chuí shǒu kě dé
【释义】垂手：下垂双手，形容容易。不费力气就可以得到。【例句】优异的业绩，绝非～，必须付出艰苦的努力才能获得。【近义】唾手可得

垂死挣扎 chuí sǐ zhēng zhá
【释义】垂：接近。挣扎：用力支撑。指

临近死亡时的竭力撑持。【例句】被包围的一小股敌军还在～，疯狂扑下山来，但最终还是被我军全部歼灭了。【近义】困兽犹斗【反义】束手待毙　束手就擒　坐以待毙

垂头丧气　chuí tóu sàng qì

【释义】垂头：耷拉着脑袋。丧气：神情沮丧。形容情绪低落、失望懊丧的神情。也比喻枯萎而没了生气。【例句】生活中遇到挫折不要～，而应以更加饱满的心态去迎接每一天的挑战。/烈日下，田野里的庄稼都被晒得～。【近义】无精打采　灰心丧气【反义】趾高气扬　神气活现　神气十足

垂涎三尺　chuí xián sān chǐ

【释义】涎：口水。流下很长的口水。形容非常馋想吃。比喻眼红而极想得到。【例句】这个孩子看见人家吃东西，总是馋得～。/就是这辆漂亮的跑车令犯罪分子～，以致铤而走险劫车杀人。【近义】馋涎欲滴　提示　含贬义。"涎"不读 yán。

垂涎欲滴　chuí xián yù dī

见"馋涎欲滴"。

捶胸跌脚　chuí xiōng diē jiǎo

【释义】拍打胸膛又跺脚。形容十分懊丧、悔恨或极度悲痛。【例句】看到这样的结果，他～，可惜后悔晚矣。【近义】呼天抢地【反义】手舞足蹈

春风得意　chūn fēng dé yì

【释义】在春风吹拂中洋洋自得。旧指进士及第，功成名就。形容人官场腾达或事业顺心时扬扬得意的样子。【例句】昔日的穷秀才～，考上状元啦！/这两年他～，名利双收！【近义】春风满面【反义】愁眉不展　垂头丧气

春风风人，夏雨雨人　chūn fēng fèng rén, xià yǔ yù rén

【释义】风人：吹人。雨人：滋润人。以和煦的春风吹拂人，用夏天的雨露滋润人。比喻及时给人以教益或帮助。【例句】这些年来，先生对我们的悉心教导，如～，令我们受益匪浅。　提示　"风人"的"风"不读 fēng；"雨人"的"雨"不读 yǔ。

春风化雨　chūn fēng huà yǔ

【释义】化：化育。适宜于草木生长的风雨。比喻良好的教育或适宜的环境条件。【例句】党的教育政策有如～，深得民心。【近义】如沐春风

春光明媚　chūn guāng míng mèi

【释义】明媚：鲜艳可爱。春天的风光绚丽多彩，鲜艳悦目。【例句】三月的成都，～，春意盎然。【近义】春和景明

春寒料峭　chūn hán liào qiào

【释义】料峭：形容微寒。指早春的天气乍暖还寒，令人不适。【例句】在这～的日子里，人们以为隆冬还没有过去。【近义】乍暖还寒【反义】春风和煦

春和景明　chūn hé jǐng míng

【释义】景：日光。春风和煦，阳光灿烂。形容春天的美景。【例句】周末，我和几个好友到河岸漫步，一路上～，桃红柳绿，令人陶醉。

春花秋实　chūn huā qiū shí

见"春华秋实"。

春花秋月　chūn huā qiū yuè

【释义】春季的鲜花，秋天的明月。指春秋二季的美景。泛指良辰美景。【例句】他的文学不是～无病呻吟的那种，但也不剑拔弩张，咄咄逼人。

春华秋实　chūn huá qiū shí

【释义】华：古"花"字。春天开花，秋天结果。比喻学问情操或因果关系。也作"春花秋实"。【例句】坝下果园树木成行，一定会～。/有繁荣和发展文艺的具体措施和政策，文艺园地必将～，满眼生机。【近义】开花结果【反义】华而不实

春兰秋菊　chūn lán qiū jú

【释义】春天的兰花，秋天的菊花，在不同的季节里，各有独特的优美风姿。比喻各有特色或专长。【例句】译作有上品下品之分，译美有～之殊，译风也有个人或时代之不同。【近义】各有千秋

春暖花开　chūn nuǎn huā kāi

【释义】春天气候温暖，百花盛开。形容美丽的景色。【例句】白雪皑皑的冬天即将来临，～的日子也就不远了。【近义】大地回春【反义】天寒地冻

春色满园　chūn sè mǎn yuán

【释义】整个园子里一片春天的景色。比喻到处是欣欣向荣的景象。也作"满园春色"。【例句】还未走进外婆家的小院子，迎面就飘来一股香味，走进一看，各种各样的植物盆景，红的、黄的、紫的花，真是～！

春雨如油　chūn yǔ rú yóu

【释义】春雨贵如油。形容春雨可贵。【例句】长沙的雨下了快一个月了。尽管～，但下得太多，就要伤害庄稼了。

唇齿相依　chún chǐ xiāng yī

【释义】像嘴唇和牙齿一样互相依存。形容关系非常密切。【例句】中朝两国是山水相连、～的亲密邻邦。【近义】辅车相依　息息相关【反义】风马牛不相及

唇焦口燥　chún jiāo kǒu zào

见"口燥唇干"。

唇焦舌敝　chún jiāo shé bì

见"舌敝唇焦"。

唇枪舌剑　chún qiāng shé jiàn

【释义】嘴唇如枪舌如剑。形容争辩激烈，言辞锋利。也作"舌剑唇枪"。【例句】两位议员因为食品安全问题，展开了一番～的辩论。【近义】针锋相对

提示　"剑"不作"箭"。

唇亡齿寒　chún wáng chǐ hán

【释义】亡：失去。嘴唇没有了，牙齿就会觉得冷。比喻关系密切，利害相关。【例句】周总理曾经说过，中国和朝鲜是唇齿之邦，～。【近义】唇齿相依　辅车相依【反义】不共戴天　势不两立

鹑衣百结　chún yī bǎi jié

【释义】鹑衣：鹌鹑斑毛秃尾，像披着破衣。结：指衣服的补丁。形容衣服破烂不堪。【例句】他见这个～的乞丐太可怜，便施舍他一些衣服。【近义】衣衫褴褛【反义】衣冠楚楚

蠢蠢欲动　chǔn chǔn yù dòng

【释义】蠢蠢：爬虫蠕动的样子。形容敌人准备进行攻击或坏人策划破坏活动。【例句】各地不法之徒，一有机会，仍然在～，想浑水摸鱼。【近义】跃跃欲试【反义】按兵不动

绰绰有余　chuò chuò yǒu yú

【释义】绰绰：宽裕的样子。形容人力、物力等很宽裕，用不完。【例句】存储器里，一部几百万字的书，针鼻孔那么大的地方储存，还显得～。【反义】入不敷出　捉襟见肘

绰约多姿 chuò yuē duō zī

【释义】柔弱美丽,仪态万方。形容女子姿态柔美。【例句】江边少女们以～的倩影编织出土香土色令人倾心向往的质朴和清纯。【近义】仪态万方【反义】老态龙钟

词不达意 cí bù dá yì

【释义】词:言辞。言辞不能确切表达自己的意思。也作"辞不达意"。【例句】他过于紧张,说话有些～了。【反义】鞭辟入里

词穷理尽 cí qióng lǐ jìn

【释义】穷:尽。话说完了,道理也讲到头了。【例句】我对他已经～了,至于他是否会接受,我就不得而知了。

词严义正 cí yán yì zhèng

【释义】词:言辞。义:道理。道理正确,措辞严肃有力。【例句】在国际会议上,他用流利的英语侃侃而谈,～。【反义】理屈词穷

词正理直 cí zhèng lǐ zhí

【释义】措辞严正,理由充足。也作"理正词直"。【例句】法官～地驳回了他的上诉。【近义】理直气壮 义正词严【反义】理屈词穷

辞不达意 cí bù dá yì

见"词不达意"。

辞微旨远 cí wēi zhǐ yuǎn

【释义】微:隐微。旨:意思。措辞含蓄,意味深长。【例句】这样～的文章,非大手笔是写不出来的。【近义】言近旨远

慈眉善目 cí méi shàn mù

【释义】慈:和善。慈祥和善的面孔。形

容和蔼可亲。也作"慈眉善眼"。【例句】对面那位老大爷,戴着一副玳瑁边眼镜,看起来～,文质彬彬。【反义】横眉怒目 凶神恶煞

慈眉善眼 cí méi shàn yǎn

见"慈眉善目"。

此地无银三百两 cǐ dì wú yín sān bǎi liǎng

【释义】民间故事说,有人把银子埋在地里,上面写了个"此地无银三百两"的字牌;隔壁阿二看到字牌,挖出银子,在字牌的另一面写上"隔壁阿二不曾偷。"借指打出的幌子正好暴露了所要掩饰的内容。【例句】他矢口否认这一切,反而给人～的感觉。【反义】欲盖弥彰 不打自招

此起彼伏 cǐ qǐ bǐ fú

【释义】这里起来,那里落下。形容连续不断。【例句】除夕之夜,爆竹声～。【近义】一波未平,一波又起

此一时,彼一时 cǐ yī shí, bǐ yī shí

见"彼一时,此一时"。

刺刺不休 cì cì bù xiū

【释义】说话没完没了;唠叨。【例句】他～地闹个不停,真是烦死了!【近义】唠唠叨叨【反义】默默无言

刺股悬梁 cì gǔ xuán liáng

见"悬梁刺股"。

聪明伶俐 cōng míng líng lì

【释义】聪明:智力强,天资高。伶俐:灵活,乖巧。形容人聪慧灵活,机敏乖巧。【例句】这个小姑娘～,各种乐器一学就会。【反义】冥顽不灵

聪明一世，糊涂一时 cōng
míng yī shì, hú tú yī shí
【释义】一贯聪明的人，偶然做了错事或傻事。也作"聪明一世，懵懂一时"。【例句】你真是～呀，这么好的机会，送到嘴边的肉，居然不吃。

聪明一世，懵懂一时 cōng
míng yī shì, méng dǒng yī shí
见"聪明一世，糊涂一时"。

从长计议 cóng cháng jì yì
【释义】多用些时间考虑。指不急于做出决定。【例句】这件事涉及的面太广，处理难度较大，搞得不好，后果会很严重，需要～。【近义】三思而行　稳扎稳打【反义】仓促行事　操之过急

从谏如流 cóng jiàn rú liú
【释义】从：听从。谏：直言规劝尊长。听从劝谏像水从高处流下一样顺畅自然。形容能很快地接受别人的规劝。【例句】这个市的领导作风很好，每位干部都能～。【近义】纳谏如流　从善如流【反义】拒谏饰非

从容不迫 cóng róng bù pò
【释义】从容：不忙乱，悠闲。迫：急促，急迫。沉着镇静，不慌不忙的样子。【例句】他的气度，他的精神力量……仿佛都有一种居高临下的优势：～，游刃有余。【近义】从容自如　慢条斯理【反义】手忙脚乱　慌手忙脚

从容就义 cóng róng jiù yì
【释义】从容：沉着。就义：为正义而牺牲。沉着镇静、毫不畏缩地为正义而死。【例句】面对敌人的屠刀，英雄们宁死不屈，～。【近义】慷慨就义【反义】贪生怕死

从容自如 cóng róng zì rú
【释义】从容：沉着，镇定。自如：态度自然。不慌不忙，得心应手。也作"从容自若"。【例句】小海做事一向都是～。【近义】从容不迫【反义】惊慌失措

从容自若 cóng róng zì ruò
见"从容自如"。

从善如流 cóng shàn rú liú
【释义】从：听从。乐于接受好的意见就像水从高处流下那样迅速而自然。【例句】兰芳同志虚怀若谷，～，别人提的正确意见一概接受。【近义】从谏如流　虚怀若谷【反义】疾恶如仇

从天而降 cóng tiān ér jiàng
【释义】从天上落下来的。形容突如其来，出人意料。【例句】我喜欢飞舞在空中的雪花，好像～的精灵。/喜事～，他的科研成果获奖了。【近义】突如其来【反义】意料之中

从头到尾 cóng tóu dào wěi
【释义】从开始到结尾。指全过程或全部内容。也作"从头至尾"。【例句】你说的话我一句也没听清楚，请你～再说一遍。【近义】自始至终【反义】半途而废

从头至尾 cóng tóu zhì wěi
见"从头到尾"。

从心所欲 cóng xīn suǒ yù
【释义】从：随顺。随自己的心意，想怎么样就怎么样。也作"随心所欲"。【例句】人的自由并不是任意妄为，～的。【近义】为所欲为

从一而终 cóng yī ér zhōng
【释义】从：依从。封建礼教之一。女子

结婚后要终身依从丈夫,夫死也不能改嫁。比喻忠臣不事二主。【例句】我觉得能够～,从青梅竹马到白头偕老,这是最幸福不过的。【近义】自始至终

从中作梗 cóng zhōng zuò gěng
【释义】梗:阻塞,妨碍。在中间设置障碍,干扰捣乱,使事情不能顺利进行。【例句】找工作不顺一事有些蹊跷,我怀疑有人～。

粗茶淡饭 cū chá dàn fàn
【释义】指简单的、不精致的饮食。形容生活俭朴。【例句】在旧社会,老百姓连～都吃不上。/一家人,只要和睦相处,～的日子也是幸福甜蜜的。【近义】浊醪粗饭 粗衣淡饭【反义】山珍海味

粗风暴雨 cū fēng bào yǔ
【释义】来势迅猛的风雨。【例句】成都的天气真是怪异,刚才还是清风明月,眨眼之间便是一个疾雷,顿时闹起～来。【近义】暴风骤雨【反义】和风细雨

粗心大意 cū xīn dà yì
【释义】做事不细致,马虎草率。【例句】完了,都怪自己～,性子太急,这次闯下大祸了。【近义】粗枝大叶【反义】一丝不苟 小心翼翼 小心谨慎

粗衣淡饭 cū yī dàn fàn
【释义】粗布衣,家常饭。形容生活俭朴。【例句】对于旧时的劳动人民来说,哪怕是～,便可知足了。/隔壁的老爷爷过着～的生活,却感到精神世界十分充实。【近义】粗茶淡饭 粗衣粝食【反义】锦衣玉食

粗衣粝食 cū yī lì shí
【释义】粝:糙米。粗布衣,糙米饭。形

容生活清苦。【例句】看到乡亲们如今仍过着～的生活,他不禁从心底感到惭愧和忧虑。【近义】粗衣淡饭 恶衣恶食【反义】鲜衣美食 侯服玉食 锦衣玉食

粗枝大叶 cū zhī dà yè
【释义】比喻简略概括。形容办事粗疏,不认真细致。【例句】事情的经过我要是细细跟你说,三天三夜也说不完,还是～告诉你吧!/他是个～的人,让他干如此精细的活儿恐怕不合适。【近义】大而化之【反义】小心谨慎

粗制滥造 cū zhì làn zào
【释义】滥:过度。制作粗劣,不讲究质量。也指工作不负责任,草率从事。【例句】这些商品～,一看就是冒牌货。/对于一个有社会责任感的作家来说,搞～的东西还不如不写的好。【反义】精雕细刻

粗中有细 cū zhōng yǒu xì
【释义】在粗疏之中又有精细之处。【例句】这个愣小伙子,看不出来还～哩!

促膝谈心 cù xī tán xīn
【释义】促膝:膝盖对着膝盖。面对面靠近坐着亲密交谈。【例句】每到一处,他都要和基层干部、工人、农民～,了解情况。【近义】抵掌而谈【反义】争长论短

猝不及防 cù bù jí fáng
【释义】猝:突然。事情突然发生,来不及防备。【例句】张敏在前往医院的路上,突然一场倾盆大雨不期而至,让她～。【反义】防患未然

攒三聚五 cuán sān jù wǔ
【释义】攒:聚集。三五成群聚在一起。

【例句】在夜里，星星也～地拼命出头，一个都不肯藏在云里，好像要把蓝镜似的天空捅破。 提示 "攒"不读zǎn。

摧眉折腰　cuī méi zhé yāo

【释义】形容低头弯腰阿谀逢迎的媚态。【例句】他对她老是～，言听计从。【近义】卑躬屈膝【反义】昂首挺胸

存而不论　cún ér bù lùn

【释义】存：保留。论：讨论。保留起来不加讨论。【例句】对于你刚才提出的建议，大家意见不一，姑且～吧。【近义】姑置勿论【反义】议论蜂起

存亡绝续　cún wáng jué xù

【释义】绝：断绝，完结。续：延续。存在或灭亡，断绝或延续。形容局势非常危急。【例句】这是一个决定文物～的严重问题，必须引起高度重视，严肃对待。【近义】生死存亡

存亡未卜　cún wáng wèi bǔ

【释义】卜：预料。是活着还是死了，难以料定。【例句】小英的丈夫在海啸中失踪了，至今～。【近义】生死未卜

寸步不离　cùn bù bù lí

【释义】寸步：指极短的距离。一小步也不离开。形容关系亲密或紧相跟随。【例句】妈妈怕女儿再次寻短见，整天～地跟着她。【近义】形影相随【反义】若即若离

寸步不让　cùn bù bù ràng

【释义】寸步：指极短的距离。坚持己见或维护自己的利益，决不退让。【例句】学校举行的辩论赛上，双方辩手针锋相对，～，甚是精彩！

寸步难行　cùn bù nán xíng

【释义】寸步：指极短的距离。形容走路、行动困难。比喻开展某项工作困难重重。【例句】路上污水满溢，行人～。/没有资金，我们是～啊。【近义】步履维艰【反义】一帆风顺

寸草不留　cùn cǎo bù liú

【释义】连小草都不留下。形容遭到天灾人祸后破坏得非常严重的景象。【例句】日军扫荡十分残酷，所到之处，～。【近义】斩尽杀绝　鸡犬不留

寸草不生　cùn cǎo bù shēng

【释义】土地贫瘠，什么也不生长。【例句】农民们望着～的荒山秃岭，企盼着苍天保佑，希望奇迹有一天会从天而降。【反义】肥田沃土

寸长尺短　cùn cháng chǐ duǎn

见"尺有所短，寸有所长"。

寸阴若岁　cùn yīn ruò suì

【释义】阴：光阴。岁：年。日影移动一寸的时间就好像过了一年。多形容别后思念殷切。【例句】自从和他离别后，她才深切地体会到～的感觉。【近义】一日三秋

寸有所长　cùn yǒu suǒ cháng

见"尺有所短，寸有所长"。

搓手顿足　cuō shǒu dùn zú

【释义】搓手：两手相摩。顿足：跺脚。形容焦急不耐烦。【例句】旅途中遇上山崩，一群游客被困在了山上，急得是～。

蹉跎岁月　cuō tuó suì yuè

【释义】蹉跎：时光白白地流逝。指虚度

光阴。【例句】每当回忆起那段～，我心中仍会泛起阵阵隐痛。

措手不及 cuò shǒu bù jí

【释义】措手：动手处理。临时来不及应付。【例句】计划的突然变动让大家有些～。【近义】猝不及防 手足无措【反义】措置裕如 应付裕如 提示 "措"不能写成"错"。

错落有致 cuò luò yǒu zhì

【释义】错落：参差交错。致：精致，趣味。交错纷杂，饶有情趣。【例句】两层挑台像两弯新月，围拱着主席台，使大礼堂成为层次分明、～的整体。【反义】参差不齐

错综复杂 cuò zōng fù zá

【释义】错综：交错综合。复杂：多而凌乱。形容头绪繁多，情况复杂。【例句】在～的形势面前，我们一定要保持清醒的头脑，明确公司未来的发展方向，这样才能立于不败之地。

D

达官贵人　dá guān guì rén

【释义】达：显达。职位高而身份显赫的官吏。【例句】无论你是～，还是平民百姓，只要犯了法，都会受到法律的制裁。【反义】平头百姓

答非所问　dá fēi suǒ wèn

【释义】回答的不是所问的内容。【例句】你今天是怎么了，老是～。

打抱不平　dǎ bào bù píng

【释义】帮助受欺压的人说话或采取某种行动。【例句】他们昨天在城里替一个不相干的家伙～，跟人打过一架。【近义】拔刀相助【反义】明哲保身

打草惊蛇　dǎ cǎo jīng shé

【释义】比喻惩治甲而使有联系的乙惊慌。也比喻采取机密行动时，不慎惊动了对方。【例句】为了把犯罪团伙一网打尽，我们千万不能让其他的人知道他们的同伙被抓了，免得～。/警察调查案件的时候不能使罪犯察觉到任何的风吹草动，以免～。【近义】走漏风声【反义】引蛇出洞

打成一片　dǎ chéng yī piàn

【释义】原指把各种感情或遭遇都看成是同一回事。现多指人与人相互间关系密切，如同一体。【例句】这位县委书记经常下基层与群众～。【近义】不分彼此【反义】四分五裂

打得火热　dǎ dé huǒ rè

【释义】形容把关系搞得极为密切。多指不正当的关系。【例句】他们几个平日里～，干什么事都在一块儿。

打富济贫　dǎ fù jì pín

【释义】济：救助。打击富裕户，夺取其财产，救济穷人。也作"杀富济贫"。【例句】李闯王当年替天行道，～，深得老百姓拥护。【近义】劫富济贫

打恭作揖　dǎ gōng zuò yī

见"打躬作揖"。

打躬作揖　dǎ gōng zuò yī

【释义】旧时男子见面弯腰作揖。形容恭顺的样子。也作"打恭作揖"。【例句】王乡绅下车，爷儿三个连忙～，如同捧凤凰似的把他捧了进来。/自知做错了事，小红连忙向奶奶～，赔不是。【近义】以礼待人【反义】目中无人

打胡乱说　dǎ hú luàn shuō

【释义】毫无根据地瞎说。【例句】说话是要讲依据的，你不要一天张着嘴～。【近义】胡说八道

打击报复　dǎ jī bào fù

【释义】对批评或揭发过自己的人进行攻击或陷害。【例句】他因得罪了当地的富家子弟而遭到了～。

打家劫舍　dǎ jiā jié shè

【释义】打、劫：抢夺。成群结伙到人家

里抢夺财物。【例句】在旧社会,土匪闹事,～是常有的事。【近义】为非作歹【反义】扶危济困

打开天窗说亮话　dǎ kāi tiān chuāng shuō liàng huà

【释义】比喻毫无隐瞒地公开说出来。【例句】咱们～,只要他是个人才,我们单位绝不会亏待他。

打破常规　dǎ pò cháng guī

【释义】常规:沿袭下来的规矩。打破一般的规矩或一向实行的规章制度。【例句】比赛过程中,双方球员～,进行了大换班,以便让大部分球星都有上场表现的机会。【反义】墨守成规

打破砂锅问到底　dǎ pò shā guō wèn dào dǐ

【释义】对事情的原委追问到底。【例句】不管他愿不愿意说,我偏要～,把事情的缘由弄个明白。【反义】一知半解

打情骂俏　dǎ qíng mà qiào

【释义】男女之间用轻佻的言语动作挑逗戏弄。【例句】她不同于村姑的～,也不同于"小资产阶级"的含情脉脉,柔情似水。

打退堂鼓　dǎ tuì táng gǔ

【释义】古代官吏退出公堂前必击鼓,以示停止公务。比喻做事中途退缩。【例句】在工作和事业上一遇到困难就～的人,是很难有所作为的。【近义】半途而废　知难而退【反义】知难而进

大辩若讷　dà biàn ruò nè

【释义】大辩:极善辩论。讷:言语迟钝。最能言善辩的人表面上显得口齿笨拙。【例句】他大巧若拙,～。【近义】大智若愚

大步流星　dà bù liú xīng

【释义】流星:比喻快速。形容脚步迈得大,走得很快。【例句】会议马上就要开始了,他～地赶到会场。【近义】健步如飞【反义】步履维艰

大材小用　dà cái xiǎo yòng

【释义】大材料用在小地方。多比喻人才使用不当,屈才。【例句】大学生修皮鞋,是不是有点～了?【近义】大器小用【反义】人尽其才

大彻大悟　dà chè dà wù

【释义】彻:贯通。悟:觉悟。彻底觉悟或醒悟。【例句】读完这本书,我仿佛～一般,体会着智者的每一句话,思考着我漫长的人生。【近义】恍然大悟【反义】执迷不悟

大吃一惊　dà chī yī jīng

【释义】形容对发生的意外事情非常吃惊。【例句】他别具一格的着衣风格总会令人～。【近义】惊诧万分　大惊失色

大处落墨　dà chù luò mò

【释义】落墨:下笔。绘画或写文章在主要的地方下功夫。比喻做事从主要的地方着眼,不把力量分散在枝节上。【例句】做文章从～,大体是不会错的。【近义】大处着眼【反义】轻重倒置

大处着眼　dà chù zhuó yǎn

【释义】从全局或长远的观点出发观察、考察。有时和"小处着手"连用。【例句】我们观察处理问题,既要从～,也要从小处着手。【近义】大处落墨【反义】小处着手

大吹大擂　dà chuī dà léi

【释义】指鼓乐齐奏。比喻大肆宣扬。【例句】他们家娶媳妇阵势很大,专门

D

请了乐队～。/胜不骄，败不馁，我们不能取得一点点成绩就～。【近义】自吹自擂【反义】脚踏实地

大慈大悲　dà cí dà bēi
【释义】非常慈悲，原是佛教称颂佛、菩萨的用语。现也用来称颂人心地慈善。【例句】佛家推崇宽大为怀，～。/对那些猛兽般的杀人犯决不能～。【近义】大发慈悲【反义】暴戾自睢

大打出手　dà dǎ chū shǒu
【释义】打出手：戏曲中的武打场面，由一个主角同时跟几个对手相互抛掷接踢兵器。比喻野蛮地逞凶打人或相互殴斗。【例句】这儿在三天前正是～的地方，而今已经太平无事了。【近义】大动干戈

大胆包天　dà dǎn bāo tiān
见"胆大包天"。

大刀阔斧　dà dāo kuò fǔ
【释义】使用大刀和宽刃的斧头。形容军队气势威猛。形容办事果断而有魄力。【例句】秦明与知府辞别后，飞身上马，～，直奔清风寨。/新领导一上任，就开始了～的整顿。【反义】缩手缩脚

大敌当前　dà dí dāng qián
【释义】当：正在。强大的敌人正在前面。形容形势紧迫。【例句】～，我们必须做好充分的战前准备。【近义】兵临城下

大地回春　dà dì huí chūn
【释义】冬去春来，大地回暖，辽阔的大地一片欣欣向荣的景象。比喻形势好转。【例句】三亩塘的水面上，吹来一阵轻柔的暖气，这正是～的第一丝信息。

大动干戈　dà dòng gān gē
【释义】干戈：古代两种兵器。原指发动战争。现多比喻兴师动众或大张声势地去做不必要的事情。【例句】鸡毛蒜皮的小事，你何必～。【近义】大打出手

大而化之　dà ér huà zhī
【释义】大：光大。化：感化。原指使美德发扬光大，进入化境。现常用来表示做事疏忽大意。【例句】他做事～的，真叫人不放心。【近义】粗心大意　粗枝大叶【反义】小心翼翼

大发雷霆　dà fā léi tíng
【释义】霆：响雷。比喻大发脾气，高声训斥。【例句】他的脾气很坏，稍不如意，就～。【近义】暴跳如雷【反义】心平气和

大放厥词　dà fàng jué cí
【释义】厥：其，他的。原指极力铺陈辞藻。现多指夸夸其谈，大发议论。【例句】在事实面前，他仍然～。【近义】大发议论【反义】钳口结舌

大风大浪　dà fēng dà làng
【释义】比喻社会的激烈动荡或急剧演变化。【例句】年轻人要经历～，才能见世面。

大腹便便　dà fù pián pián
【释义】便便：肥大。肚子肥大的样子。【例句】几年的优裕生活使得他～。【近义】脑满肠肥【反义】骨瘦如柴　提示　含贬义。"便"不读 biàn。

大公无私　dà gōng wú sī
【释义】指非常公正，绝不偏心。也指完全为人民利益着想，毫无私心。也作"秉公无私"。【例句】法律是～的！/我们应该学习雷锋同志～的精神。

【近义】公正无私 言不及私 公而忘私【反义】假公济私 自私自利

大功告成 dà gōng gào chéng

【释义】功:功业。大的工程、事业或重要任务宣告完成。【例句】三年的鸟巢建设,今天终于～了!【近义】大功毕成【反义】功败垂成 功亏一篑

大海捞针 dà hǎi lāo zhēn

见"海底捞针"。

大含细入 dà hán xì rù

【释义】原指文章的内容,既包涵天地的元气,又概括了极微小的事物。形容文章博大精深。【例句】他的论著～,有很高的学术价值。【近义】博大精深

大呼小叫 dà hū xiǎo jiào

【释义】高一声低一声地吆喝或吵嚷。【例句】我去看看是什么人在外面～的。【近义】大吆小喝【反义】不声不响

大获全胜 dà huò quán shèng

【释义】获得了全面胜利。【例句】曹操在官渡之战中～,但在赤壁之战中一败涂地。【近义】胜利而归【反义】一败涂地

大惑不解 dà huò bù jiě

【释义】极为疑惑,不能理解。【例句】他把自己关在房里不吃不喝,偶尔还会发出几声大笑,实在令人～。【近义】百思不解【反义】恍然大悟

大家闺秀 dà jiā guī xiù

【释义】大家:世家望族。指富贵人家的女子。【例句】王梅端庄秀丽,楚楚动人,有～的风度。【近义】金枝玉叶【反义】小家碧玉

大江东去 dà jiāng dōng qù

【释义】大江:长江。长江水向东奔流而去。比喻旧的事物退出历史舞台。也形容自然景色。【例句】许多曾风云一时的英雄豪杰也感叹～,好时光不再。

大街小巷 dà jiē xiǎo xiàng

【释义】宽敞的街道和窄小的胡同。泛指城市大大小小的街道。【例句】李娜获得法网公开赛女单冠军的消息很快在～传开了。【近义】街头巷尾 前街后巷

大惊失色 dà jīng shī sè

【释义】色:表情。非常惊恐,脸色都变了。【例句】敌人受到突然袭击,～。【近义】胆战心惊【反义】不动声色镇定自若

大惊小怪 dà jīng xiǎo guài

【释义】对不足为奇的事情表现得过分惊讶或诧异。【例句】这种事情我见得多了,没什么可～的。【近义】失惊打怪【反义】见惯不惊

大开眼界 dà kāi yǎn jiè

【释义】开:扩展。眼界:眼睛看到的范围。开阔视野,大长见识。【例句】国外名牌商品进入国内市场,使得人们～,消费标准和消费意识明显改变。

大快朵颐 dà kuài duǒ yí

【释义】朵颐:鼓动腮颊,即大吃大嚼。痛痛快快地大吃一顿。【例句】领到奖金之后,我们到餐厅去～。【近义】大吃大喝【反义】饥肠辘辘 提示 多用于褒义。

大快人心 dà kuài rén xīn

【释义】坏人受到惩罚、打击,使人们非

常痛快。【例句】听说贩毒团伙已被一网打尽，真是～啊。

大浪淘沙　dà làng táo shā

【释义】淘沙：冲刷沙砾，去掉杂质。比喻激烈斗争的淘汰与筛选。【例句】这支队伍经过艰苦的锻炼和严峻的考验后，素质更高了，是～保留下来的精华。

大锣大鼓　dà luó dà gǔ

【释义】比喻场面或声势很大。【例句】他们为这事～地闹了一场，可收效并不大。

大名鼎鼎　dà míng dǐng dǐng

【释义】鼎鼎：盛大。形容人的名气很大。也作"鼎鼎大名"。【例句】郭沫若是一位～的文学家。【近义】赫赫有名

大谬不然　dà miù bù rán

【释义】谬：错误。然：这样。大错特错，完全不符合实际情况。【例句】有些人认为老实人总是吃亏，其实是～。【近义】大错特错

大模大样　dà mú dà yàng

【释义】形容态度傲慢、满不在乎的样子。【例句】他一脸笑容，～地走了出来。【近义】大摇大摆　提示　"模"不读 mó。

大模厮样　dà mú sī yàng

【释义】无拘无束，目中无人的样子。【例句】上课铃响了，他～地走进教室。

大难不死　dà nàn bù sǐ

【释义】遇到大灾难没有死掉。迷信认为这样的人命大福大。【例句】～，必有后福。　提示　"难"不读 nán。

大难临头　dà nàn lín tóu

【释义】难：灾祸。临：降临。大祸落到头上。【例句】这两天我内心很不平静，仿佛有～的感觉。【近义】祸从天降【反义】双喜临门　提示　"难"不读 nán。

大逆不道　dà nì bù dào

【释义】逆：叛逆。不道：背离封建道德标准。旧指谋反叛逆，违反封建道德。也指违背常理，不合正道。【例句】纣王杀害叔父比干，真是～。/书店胆敢出售这些～的书，真该歇业。【近义】犯上作乱【反义】赤胆忠心

大起大落　dà qǐ dà luò

【释义】大幅度地起落。形容起伏变化很大很快。【例句】尽管他的一生～，但他的心却是个常数——他一直赤诚地挚爱着自己的祖国。

大气磅礴　dà qì páng bó

【释义】磅礴：盛大、雄浑的样子。形容气势盛大或笔力雄浑。【例句】伟大领袖毛主席的诗词～，气吞山河。【近义】气势磅礴　提示　"磅"不读 bàng。

大器晚成　dà qì wǎn chéng

【释义】器：才能。比喻能担当大事的人物要经过长期的锤炼，所以成就较晚。【例句】齐白石、张中行都是～之人。【近义】大才晚成【反义】老大无成

大器小用　dà qì xiǎo yòng

【释义】大器：宝器，比喻大材。比喻大材小用。【例句】让一个厨师去做端盘跑堂的活，岂不是～了？【近义】大材小用【反义】人尽其才

大巧若拙　dà qiǎo ruò zhuō

【释义】拙：笨拙。非常灵巧聪明的人并

不炫耀自己，反而貌似笨拙。【例句】张师傅是真正的～，他的作品首屈一指。【近义】大智若愚　大辩若讷【反义】不可一世　愚不可及

大权独揽　dà quán dú lǎn

【释义】揽：把持。个人掌握、把持着处理重大事务的权力。【例句】爷爷在家中～，掌管一切事务。【近义】大权在握【反义】大权旁落

大权旁落　dà quán páng luò

【释义】自己掌握的大权落入别人手中。【例句】一些君主因为无知而缺乏分析判断能力，最终～、受制于人。【反义】大权在握　大权独揽

大权在握　dà quán zài wò

【释义】掌握政权或重大权力。【例句】即使你～，也不能为所欲为。【近义】大权独揽【反义】大权旁落

大杀风景　dà shā fēng jǐng

见"大煞风景"。

大煞风景　dà shā fēng jǐng

【释义】煞风景：破坏美好景致。比喻十分败坏人的兴致。也作"大杀风景"。【例句】绿油油的草地上躺着一个白色垃圾，真是～。【近义】兴致索然【反义】兴致勃勃

大厦将倾　dà shà jiāng qīng

【释义】高大的房屋即将倒塌。比喻局势危急，濒临崩溃。【例句】三大战役后，国民党统治已是～，谁还有回天之力呢？【近义】大厦将颠

大声疾呼　dà shēng jí hū

【释义】疾：迅速而急切。高声而急切地呼喊，以引起人们的注意。也作"疾声大呼"。【例句】"五四运动"时期，许多爱国青年走上街头，～：驱除列强，挽救祖国。【近义】大喊大叫【反义】屏气敛声

大失所望　dà shī suǒ wàng

【释义】原来的希望完全落空，指非常失望。【例句】看着妈妈～的眼神，我不禁流下泪来。【反义】大喜过望

大势所趋　dà shì suǒ qū

【释义】整个局势发展的趋向。【例句】海峡两岸同胞渴望祖国统一，这是人心所向，～。【反义】大势已去

大势已去　dà shì yǐ qù

【释义】大好形势已经丧失，无法挽回。【例句】蒋介石眼看～，只好匆匆逃往台湾。【反义】大势所趋　方兴未艾

大事化小　dà shì huà xiǎo

【释义】把大事情化解成小事情。指调停斡旋，妥善处理。也指调和折中，息事宁人。【例句】他一面挖苦，一面恫吓，最终把～，小事化无了。/怕激出意外变故，他只好将～，下令逮捕了两位闹事者。【反义】小题大做

大是大非　dà shì dà fēi

【释义】原则性的是非问题。【例句】要实现安定团结、生动活泼的政治局面，就必须解决历史遗留问题，弄清～。【反义】细枝末节

大手大脚　dà shǒu dà jiǎo

【释义】形容花钱、用东西没有节制。【例句】在生活上，他总是～，一点也不节俭。【近义】铺张浪费　挥金如土【反义】省吃俭用　精打细算

大书特书 dà shū tè shū

【释义】书:写,记载。指事件重大或意义重大,特别值得加以记载、宣传,以引起人们的注意。【例句】罗振玉、王国维是中国近代学术史上值得～的人物。【反义】轻描淡写

大肆挥霍 dà sì huī huò

【释义】大肆:任意,放纵。无节制地大量花钱。【例句】在生活中,我们应发扬中华民族的传统美德,勤俭节约,不～。

大题小做 dà tí xiǎo zuò

【释义】做:也写成"作"。把大题目做成小文章。也指就复杂的问题做出精练的概括。【例句】"～"是杂文的重要特点之一。/你的这个建议实在是太幼稚,有点～了。【反义】小题大做

大庭广众 dà tíng guǎng zhòng

【释义】指人数众多的公开场合。也作"广庭大众"。【例句】他竟然在～之下做出这样的事来,简直不可理喻!【近义】稠人广众

大同小异 dà tóng xiǎo yì

【释义】大部分相同,只有小部分有差异。【例句】这两只舰船模型～。【近义】本同末异【反义】大相径庭 截然不同

大喜过望 dà xǐ guò wàng

【释义】结果比原来希望的更好,因而感到特别高兴。【例句】走失的爱犬突然间又回来了,一家人～,抱着它亲了又亲,爱不释手。【近义】喜出望外【反义】大失所望

大显身手 dà xiǎn shēn shǒu

【释义】身手:本领。充分显露自己的本领。【例句】小伙子们在绿茵场上～。【近义】大显神通【反义】小试牛刀
提示 "显"不能写成"献"。

大显神通 dà xiǎn shén tōng

【释义】神通:佛教指无所不能的力量。充分显示出奇特的本领。【例句】每到危急时刻,人民警察都会在第一时间站出来～。【近义】大显身手 提示
"显"不能写成"现"。

大相径庭 dà xiāng jìng tíng

【释义】径庭:门外路和堂外地,比喻悬殊。形容彼此相差很远或矛盾很大。【例句】袁隆平提出的通过"三系"来利用水稻杂种优势的设想与当时学术界流行的观点～。【近义】天壤之别 迥然不同【反义】大同小异 相差无几

大兴土木 dà xīng tǔ mù

【释义】大规模兴建土木工程。【例句】近年来,不少城市都在～。【近义】劳民伤财

大言不惭 dà yán bù cán

【释义】说大话而不感到难为情。【例句】捅了这么大的篓子还吹牛,你可真是～。【近义】自吹自擂【反义】碍口识羞

大言欺人 dà yán qī rén

【释义】说大话蒙骗人。【例句】他称自己两个月内就可完成这项艰巨的任务,这不是～吗?

大吆小喝 dà yāo xiǎo hè

【释义】高一声低一声地喊叫、谩骂。【例句】这么点小事,何苦～,失了体统。【近义】大呼小叫【反义】不声不响

大摇大摆 dà yáo dà bǎi

【释义】形容走路神气、满不在乎的样

子。【例句】同学们对他违反纪律的行为提出批评，他却不以为然，～地走了。【近义】大模大样【反义】蹑手蹑脚

大义凛然 dà yì lǐn rán

【释义】大义：正义，正气。凛然：威严不可侵犯的样子。形容为了正义事业坚强不屈。【例句】面对敌人的铡刀，刘胡兰～。【近义】临危不惧 提示 "凛"不读 bǐng。

大义灭亲 dà yì miè qīn

【释义】大义：正义，正气。为了维护正义对违反国家或人民利益的亲人不徇私情，使受法律制裁。【例句】治军如治国，宁可～，不可因私废法。【近义】不徇私情【反义】徇情枉法

大有可为 dà yǒu kě wéi

【释义】事情很值得做，很有发展前途。【例句】出国留学人员回国后也是～的。【近义】大有作为【反义】无所作为

大有人在 dà yǒu rén zài

【释义】指某类人数量很多。【例句】像他这样爱占便宜的人～。【近义】不乏其人【反义】寥寥无几

大有文章 dà yǒu wén zhāng

【释义】指话语、文章或已表露的现象之中，很有令人难以捉摸的意思或别的情况。【例句】他的话语之中～。【近义】弦外之音

大有作为 dà yǒu zuò wéi

【释义】能充分发挥作用，作出重大贡献。【例句】大学生到基层去工作，～。【近义】大有可为【反义】无所作为 碌碌无为

大鱼吃小鱼 dà yú chī xiǎo yú

【释义】比喻势力大的欺压、并吞势力小

的。【例句】在对公司的合并问题上，不能采取～的吞并政策。

大鱼大肉 dà yú dà ròu

【释义】指美好丰盛的饮食。【例句】如今人们的生活富裕了，每日的餐桌上都有～已不再是什么稀罕事。

大展宏图 dà zhǎn hóng tú

【释义】展：把卷着的画轴舒张开来，比喻实现。宏图：比喻宏伟远大的谋略或计划。大规模地实施宏伟远大的计划或抱负。【例句】只要遇到合适的机会，我们就可以在这片土地上～。【近义】大展经纶【反义】无所作为

大张旗鼓 dà zhāng qí gǔ

【释义】张：铺排。高举旗帜，擂响战鼓。形容声势、规模很大。也比喻公开。【例句】获胜的队伍～，浩浩荡荡地回营了。/对于先进事迹、优秀人物，社会就应该给以～地宣传。【近义】声势浩大【反义】偃旗息鼓

大智大勇 dà zhì dà yǒng

【释义】指非凡的才智和勇气。【例句】公安人员凭借他们的～，将犯罪分子一网打尽。【近义】智勇双全

大智如愚 dà zhì rú yú

见"大智若愚"。

大智若愚 dà zhì ruò yú

【释义】很有才智的人从不炫耀自己，看起来好像很愚笨。也作"大智如愚"。【例句】他看似笨笨的，其实是～，心思缜密着呢。【近义】大巧若拙【反义】锋芒毕露

大做文章 dà zuò wén zhāng

【释义】比喻抓住某事借题发挥，扩大事态，以达到某种目的。【例句】这本来

D

是一件小事,有人却借此～,于是小事变成了大事。【近义】借题发挥

呆人说梦　dāi rén shuō mèng

见"痴人说梦"。

呆若木鸡　dāi ruò mù jī

【释义】呆:痴呆,愚笨。痴呆得像只木头做的鸡。形容呆笨或因恐惧、惊讶而发愣的样子。【例句】老师在讲台上突然晕倒了,他们全都～般,你看着我,我看着你,不知如何是好。【近义】目瞪口呆　瞠目结舌

呆头呆脑　dāi tóu dāi nǎo

【释义】呆:痴呆,愚笨。形容笨头笨脑、傻乎乎的样子。【例句】他不就长了一米八的个子,～的像秦川大公牛!【近义】傻头傻脑【反义】天真烂漫　生龙活虎

代人受过　dài rén shòu guò

【释义】替别人承担过错。【例句】你并没有犯错,但是～就是你的错。

待价而沽　dài jià ér gū

【释义】沽:卖。等待有好价钱才出售。比喻等待有好的待遇、条件才肯答应任职或做事。【例句】今年的米价与去年相比差距实在是太大了,农民伯伯们都在观望,～。/由于对方公司对我方收购报价不满意,老是抱着～的心态予以拖延,因此这次谈判以失败告终。 提示 "沽"不读 gǔ。

待人接物　dài rén jiē wù

【释义】物:别人,众人。跟人相处。多指一般的交际应酬。【例句】吴组缃先生的一生,也正是以做人的凛然正气来治学问,以治学的严肃认真态度来～的。【近义】为人处事

待时而动　dài shí ér dòng

【释义】等待合适的时机,采取行动。【例句】在目前的形势下,我们应该～,以避免不必要的损失。【近义】相机行事【反义】迫不及待

戴罪立功　dài zuì lì gōng

【释义】在承当某种罪名的情况下建立功劳。【例句】给你一个～的机会,希望你能珍惜,好好表现。【近义】立功赎罪

丹书铁券　dān shū tiě quàn

【释义】丹:朱砂。券:凭证。古代帝王颁赐给功臣世代保持优遇和免罪的凭证。文凭用朱砂书写,叫"丹书",券用铁制,叫"铁券"。【例句】在古代,帝王多颁赐～给位高权重的臣子,作为一种特殊的待遇。

担惊受怕　dān jīng shòu pà

【释义】担:承受。提心吊胆,害怕遭受祸害。也作"耽惊受怕"。【例句】妈妈听说爸爸正在执行一项危险的任务,每日～,辗转难眠,直到爸爸平安归来才踏实下来。【近义】提心吊胆　胆战心惊

单刀直入　dān dāo zhí rù

【释义】比喻说话直截了当,不绕弯子。【例句】会议刚一开始,他就～,直奔主题。【近义】开门见山【反义】转弯抹角

单枪匹马　dān qiāng pǐ mǎ

【释义】一杆枪,一匹马。指单独行动,无人帮助。也作"匹马单枪"。【例句】霍去病～闯入敌营,把匈奴杀了个片甲不留。【近义】孤军奋战【反义】千军万马

耽惊受怕　dān jīng shòu pà
见"担惊受怕"。

殚精竭虑　dān jīng jié lù
【释义】殚:尽。用尽精力,费尽心思。【例句】面对洪灾风险,广大公安民警临危不惧,竭尽全力维护社会治安,～守护着人民群众的生命、财产安全。【近义】殚智竭力　提示　"殚"不读 dàn。

箪食壶浆　dān shí hú jiāng
【释义】箪:盛饭的圆形竹器。浆:米汁。用箪盛饭,用壶盛汤。古时老百姓用箪盛饭,用壶盛汤来欢迎他们爱戴的军队。后用来形容军队受欢迎的情况。【例句】为正义而战的军队所到之处,无不受到当地老百姓的～。提示　"食"不读 shí。

胆大包天　dǎn dà bāo tiān
【释义】形容胆量极大。也作"大胆包天"。【例句】敢跟我叫板,真是～!【近义】胆大如斗【反义】胆小如鼠　提示　多含贬义。

胆大如斗　dǎn dà rú dǒu
【释义】比喻胆量极大。【例句】荆轲是一位～的人物。【近义】胆大包天【反义】胆小如鼠

胆大妄为　dǎn dà wàng wéi
【释义】妄:胡乱,任意。毫无顾忌地胡作非为。【例句】张氏兄弟居然把他父母的家作为犯罪场所,真是～到了无所顾忌的地步!【近义】恣意妄为【反义】胆小怕事

胆大心细　dǎn dà xīn xì
【释义】胆量大而思虑精细。形容果断

而谨慎,既有勇又有谋。【例句】小王做事一向～。【近义】胆大心小

胆小怕事　dǎn xiǎo pà shì
【释义】胆量很小,怕惹是非。【例句】他后来竟然变成了一个～、见人低头、懦弱安分、甘受欺侮的小公务员。【反义】胆大妄为

胆小如鼠　dǎn xiǎo rú shǔ
【释义】胆子小得像老鼠一样。形容胆小怕事。【例句】别看他气壮如牛,其实～。【近义】胆小怕事【反义】胆大如斗　胆大包天

胆战心惊　dǎn zhàn xīn jīng
【释义】战:发抖。形容非常害怕。【例句】战士们的英勇顽强让日本鬼子～。【近义】胆战心寒　心惊肉跳

淡泊明志　dàn bó míng zhì
见"澹泊明志"。

淡而无味　dàn ér wú wèi
【释义】食物淡,没有滋味。比喻事物平淡,不能引起人的兴趣。也作"平淡无味"。【例句】她最近胃口不好,吃什么都觉得～。/工作是生命之盐。失去工作,生命就会变得～。【近义】索然无味【反义】意味深长

弹尽援绝　dàn jìn yuán jué
【释义】打仗时弹药用尽,后援断绝。比喻处境危急。【例句】敌人～,全线动摇。/我们现在已经是～了,只有等待资金充裕的时候再搏一搏。【近义】弹尽粮绝

弹丸之地　dàn wán zhī dì
【释义】弹丸:供弹弓射击用的泥丸或铁丸。比喻极为狭小的地方。【例句】这

么一个～,怎么住得下那么多人?【近义】方寸之地　立锥之地【反义】广袤千里

弹无虚发　dàn wú xū fā

【释义】虚:空。发:射击。子弹射出去后每颗都命中目标。比喻做一件事成一件事,没有落空的。【例句】他是我团有名的神枪手,从来都是～。/他办小区,建工厂,～。【近义】箭无虚发　百发百中【反义】百无一存

澹泊明志　dàn bó míng zhì

D

【释义】澹泊:不追求名利。志:志向。不追逐名利与享受以表明高尚的志趣。也作"淡泊明志"。【例句】他从不计较功名利禄,～,潜心于教育事业。

当断不断　dāng duàn bù duàn

【释义】断:决断。应该做出决断时不能当机立断。指遇事犹豫不决,常与"反受其乱"连用。【例句】做事要当机立断,～,反受其乱。【近义】优柔寡断【反义】当机立断

当行出色　dāng háng chū sè

【释义】当行:内行。出色:格外好。做本行的事,成绩特别显著。【例句】老刘干室内装修这一行,那可是～!
提示　多用于人的能力、技艺。含褒义。

当机立断　dāng jī lì duàn

【释义】当:面对。机:时机。抓住时机,立刻决断。【例句】连长～,下达了集中火力抢占制高点的命令。【近义】毅然决然【反义】优柔寡断　迟疑不决　犹豫不决

当家作主　dāng jiā zuò zhǔ

【释义】作:也写成"做"。主持家务做主人。比喻做了主人翁,有了自主权。【例句】申大嫂可以说是全家真正～的人。/如今,中国人民都已～。

当局者迷　dāng jú zhě mí

【释义】局:棋盘。下棋的人往往迷惑。比喻当事人常常陷于主观片面。常与"旁观者清"连用。【例句】古话常说"～,旁观者清",他这个局外人的意见倒是值得考虑考虑的。【反义】旁观者清

当面鼓,对面锣　dāng miàn gǔ, duì miàn luó

见"当面锣,对面鼓"。

当面锣,对面鼓　dāng miàn luó, duì miàn gǔ

【释义】比喻面对面地商谈或争论。也作"当面鼓,对面锣"。【例句】关于这件事,趁大家都在,我们就～地说个清楚,背后就不要再议论了。

当牛作马　dāng niú zuò mǎ

【释义】作:也写成"做"。像牛马那样下苦力拼命干活。【例句】厂领导对他们亲如兄弟,他们就是～也很乐意。

当仁不让　dāng rén bù ràng

【释义】当:面对。仁:仁义,指好事。遇到应该做的事,积极主动去做,不退让。【例句】小刚在家的时候,做家务总是～,因为他知道妈妈太辛苦了。【近义】义无反顾【反义】临难苟免
提示　"仁"不能写成"人"。

当世无双　dāng shì wú shuāng

【释义】无双:没有两个,意即只有一个。当前世上没有能相比的。【例句】他结交的政治关系是～的。【近义】举世无双【反义】无独有偶

当头棒喝　dāng tóu bàng hè

【释义】佛教禅宗和尚接待前来求学的人时,常常用棒迎头一击或大喝一声,促其领悟。比喻促人醒悟的警告。【例句】这声音如同晴天霹雳,～,使叛徒们心惊胆战,无地自容。【近义】当头一棒

当头一棒　dāng tóu yī bàng

【释义】比喻促人醒悟的警告。也比喻突如其来的打击。【例句】老师的一番话如同给了我～,使我立刻清醒过来。/这个突如其来的意外,给了陆清～。【近义】当头棒喝

当务之急　dāng wù zhī jí

【释义】务:事情。应当做的事才是最紧要的。后指当前急切应办的事。【例句】作为学生,～是认真学习。/别吵了,～是先找到孩子。【近义】燃眉之急【反义】不急之务

当之无愧　dāng zhī wú kuì

【释义】当:接受,承受。接受某种称号或荣誉名实相副,毫不惭愧。【例句】重庆被称作山城是～的。【近义】愧不敢当【反义】当之有愧

党同伐异　dǎng tóng fá yì

【释义】党:偏袒。伐:讨伐。偏袒跟自己观点相同的人,攻击跟自己观点不同的人。也作"伐异党同"。【例句】～,刻薄寡恩,在朱先生写的文字里是读不到的。【近义】诛锄异己　排除异己

荡气回肠　dàng qì huí cháng

见"回肠荡气"。

荡然无存　dàng rán wú cún

【释义】荡然:空无所有的样子。空空荡荡,什么也没有了。形容原有的东西消失尽净,不复存在。【例句】一场大雨过后,空气异常清新,燥热的感觉～。【近义】一干二净【反义】岿然独存

刀光剑影　dāo guāng jiàn yǐng

【释义】形容激烈厮杀、搏斗的场面或潜伏着杀机的情势。【例句】荧屏上～,两队人马厮杀正酣。【近义】杀气腾腾　剑拔弩张【反义】相安无事

刀山火海　dāo shān huǒ hǎi

【释义】比喻非常艰难和危险的地方。也作"火海刀山"。【例句】他一向不畏艰险,就算是～也敢去闯一闯。【近义】刀山剑树

刀下留人　dāo xià liú rén

【释义】为了营救即将被斩首的人,向主管人发出的紧急呼吁。【例句】就在即将行刑的危急时刻,他拿着赦免令赶到刑场,大呼～。【近义】手下留情【反义】斩尽杀绝

倒戈相向　dǎo gē xiāng xiàng

【释义】戈:即矛,是古代武器之一。反转枪杆来攻打自己人。【例句】营长原来是个土匪,难怪他会～,投向敌人了。【近义】同室操戈【反义】同生共死

倒戈卸甲　dǎo gē xiè jiǎ

【释义】卸:解除。放下武器,脱下铠甲。表示服输投降。【例句】敌人穷途末路,纷纷～,举手投降。【近义】丢盔卸甲　弃甲曳兵

倒海翻江　dǎo hǎi fān jiāng

见"翻江倒海"。

倒背如流　dào bèi rú liú

【释义】倒着背诵像流水那样顺畅。形容诗文等读得很熟。【例句】萧岚记忆

力超强,凡是看过的文章,立刻就能~。/她把说明小册子的英文部分似乎已经读得~了。【近义】滚瓜烂熟

倒持泰阿　dào chí tài ē
【释义】泰阿:古代宝剑名。倒拿着宝剑把剑柄交给别人,锋刃对着自己。比喻把权力轻易交给别人,自己反遭其害。【例句】谁让你当初~,现在想解除他的权力,没那么容易了。【近义】授人以柄

倒打一耙　dào dǎ yī pá
【释义】比喻不仅拒绝别人的指摘,反而指责对方。【例句】他竟然~,恶人先告状了。【近义】反咬一口

倒果为因　dào guǒ wéi yīn
【释义】果:结果。因:原因。把结果当成原因,颠倒了因果关系。【例句】地球自转是原因,地球上昼夜变化是结果,不能~。【反义】倒因为果

倒廪倾囷　dǎo lǐn qīng qūn
【释义】廪:谷仓。囷:一种圆形谷仓。倾倒出粮仓中全部储藏。比喻罄其所有、尽其所知。【例句】我愿意~,把自己所拥有的资源全部贡献出来。

倒行逆施　dào xíng nì shī
【释义】原指做事违背常理。现多指所作所为违背社会正义和时代进步方向。【例句】"四人帮"~,最终被送上了历史的审判台。【近义】逆天悖理【反义】顺天应时

倒悬之急　dào xuán zhī jí
【释义】倒悬:像人被倒挂着一样。比喻处境十分危急。【例句】我军已被敌军层层包围,请速派援军,以解~。

道不同,不相为谋　dào bù tóng,bù xiāng wéi móu
【释义】道:主张。谋:商议。观点主张不同,不能在一起商量共事。也作"道不为谋"。【例句】我们~,以后你走你的阳关道,我过我的独木桥。

道不为谋　dào bù wéi móu
见"道不同,不相为谋"。

道大莫容　dào dà mò róng
【释义】原指孔子之道精深博大,所以天下容纳不了他。后用以指正确的道理不为世间所接受。【例句】~,反动派仇视共产主义真理是一点也不足为奇的。

道高一尺,魔高一丈　dào gāo yī chǐ,mó gāo yī zhàng
【释义】道:僧道修行的工夫。魔:破坏修行的恶魔,迷障。原为佛家告诫修行的人警惕外界诱惑的话,意思是修行到一定阶段,就会有魔障干扰破坏而可能前功尽弃。比喻取得一定成功后会遇到更大的障碍。也比喻一方终将战胜对立的另一方。也作"佛高一尺,魔高一丈""魔高一尺,道高一丈"。【例句】~,愈进愈阻,永无止息。/大家不要怕,~,我看他这一回是走到最后一步了。

道骨仙风　dào gǔ xiān fēng
见"仙风道骨"。

道路以目　dào lù yǐ mù
【释义】路上相遇不敢交谈,只能用眼光互相示意。形容统治者极端暴虐无道。【例句】在土豪劣绅当道的年代,百姓~的情景真是不堪回首。【近义】缄口不言【反义】畅所欲言

道貌岸然　dào mào àn rán
【释义】道貌:正经严肃的外貌。岸然:高傲威严的样子。形容神态庄重严

肃。【例句】他时常肆无忌惮地嘲笑他的同伴那副～的神态。【近义】装腔作势【反义】嬉皮笑脸 提示 今多含讥讽意。

道听途说　dào tīng tú shuō
【释义】从道路上听到，在道路上传说。指传闻的、没有根据的话。【例句】科学重证据，而不是想象和～。【近义】街谈巷议【反义】有根有据

道头知尾　dào tóu zhī wěi
【释义】道：说。说到开头就知道结尾。形容思维敏捷。【例句】邻家小妹聪明伶俐，凡事～。

得不偿失　dé bù cháng shī
【释义】偿：补偿。得到的抵不上失去的。【例句】因沉溺网络而荒废学业，～。【近义】因小失大【反义】一本万利

得寸进尺　dé cùn jìn chǐ
【释义】比喻贪得无厌。【例句】做人要适可而止，切不可～，贪得无厌。【近义】得陇望蜀【反义】适可而止

得道多助，失道寡助　dé dào duō zhù，shī dào guǎ zhù
【释义】道：道义，正义。符合正义就能得到多方面的支持帮助，违背正义就得不到帮助，陷于孤立。【例句】无数事实证明：弱国能够打败强国，小国能够打败大国，归根到底在于～。

得过且过　dé guò qiě guò
【释义】得：能。且：暂时；苟且。只要勉强过得去就暂且这样过下去，敷敷衍衍地打发日子。也指对工作敷衍塞责，马虎应付。【例句】他们还像从前那样，听天由命，～。／对工作，他常常抱着～的态度，不求进取。【近义】苟且偷安【反义】力争上游

得陇望蜀　dé lǒng wàng shǔ
【释义】陇：今甘肃省东部。蜀：今四川省。已经取得陇地，又想攻取蜀地。比喻贪得无厌。【例句】人生很短暂，当时光从身边匆匆溜走时，人要学会珍惜，不贪恋山水，不贪恋红颜，不～，以免老来皓首，嗟叹光阴不在。【近义】得寸进尺【反义】适可而止

得饶人处且饶人　dé ráo rén chù qiě ráo rén
【释义】指要宽容、体谅别人，尽量宽恕别人。【例句】受害方很善良，一席热情而诚恳的话语归结为一句话：就案办案，～。

得天独厚　dé tiān dú hòu
【释义】天：天然；自然。厚：优越。独具特殊优越的条件或所处的环境特别好。【例句】西双版纳～的自然条件为它招揽了无数游客。【近义】天时地利【反义】先天不足

得心应手　dé xīn yìng shǒu
【释义】心里怎么想，手就能怎么做。形容运用自如。【例句】小王的能力很强，只要想做一件事，便能～。【近义】运用自如【反义】力不从心

得意门生　dé yì mén shēng
【释义】门生：学生。最称心如意的学生。【例句】高琳是我的好朋友，也是恩师的～。【近义】高足弟子

得意忘形　dé yì wàng xíng
【释义】形：形骸，指自身的存在。高兴得物我两忘。形容浅薄的人稍稍得志，就高兴得控制不住自己。也指艺术创作中取其精神而舍其形式。【例句】在成功的时候，你总是能看到一个人的修养。～的大多都是小人得志，

只有那些内敛的人才是真正的赢家。/在创作影视作品时，要做到作品内容与形式相结合，切不可～。【近义】忘乎所以【反义】垂头丧气

得意扬扬　dé yì yáng yáng
见"洋洋得意"。

得意洋洋　dé yì yáng yáng
见"洋洋得意"。

得鱼忘筌　dé yú wàng quán
【释义】筌：捕鱼用的竹器。捕得了鱼就忘掉了筌。比喻目的一达到就忘记了赖以成功的事物或条件。【例句】人活一世，应牢记父母的养育之情，不可忘恩负义，～。【反义】饮水思源

德薄才疏　dé bó cái shū
【释义】薄：浅薄。疏：空虚。德行浅薄，才学贫乏。【例句】我～，怎能担此重任？【近义】德薄望浅【反义】德才兼备　提示　多用作谦辞。

德才兼备　dé cái jiān bèi
【释义】兼备：同时具备。具备优秀的品德和较高的才能。【例句】每个家长都希望自己的儿女能够成为一名～，对社会有用的人才。【近义】品学兼优【反义】德薄才疏

德高望重　dé gāo wàng zhòng
【释义】望：名望。品德高尚，名望很大。也作"德隆望重"。【例句】穆青是中国新闻界～的老前辈。【近义】德隆望尊【反义】德薄望浅

德隆望重　dé lóng wàng zhòng
见"德高望重"。

灯红酒绿　dēng hóng jiǔ lǜ
【释义】夜饮聚会的欢乐场面。形容都市或娱乐场所夜晚的繁华景象。也形容寻欢作乐的腐化生活。【例句】北京夜晚的生活实在会令他们发愁，别人也许都在～中享受着快乐和幸福，而他们没有这样的机会和能力。/年轻人绝不能沉溺于～的浮华生活中。【近义】花天酒地

灯火辉煌　dēng huǒ huī huáng
【释义】灯光明亮耀眼。形容景象热闹。【例句】除夕夜，家家户户～。/国庆节的夜晚，天安门广场～。【反义】黑灯瞎火

灯尽油干　dēng jìn yóu gān
【释义】比喻财物、精力等消耗尽净。【例句】为了给女儿治病，他们家现在已经是～了。

登峰造极　dēng fēng zào jí
【释义】造：到达。极：最高点。登上峰顶，到达高处。比喻水平达到最高点。【例句】李教授对力学的研究已经达到了～的地步。【近义】空前绝后【反义】平淡无奇

登高一呼　dēng gāo yī hū
【释义】登上高处，一声呼喊。比喻有影响力的人物发出倡议。【例句】我国连锁商业的发展，从国内贸易部的～开始，就立即得到基层企业的响应。

登堂入室　dēng táng rù shì
见"升堂入室"。

等而下之　děng ér xià zhī
【释义】由这一等再往下。指事物递减，后面的比前面的差一级，低一等。【例句】上一批产品的质量就不怎么好，这一批更是～。【近义】每况愈下【反义】锦上添花

等量齐观　děng liàng qí guān

【释义】齐:一样。不管事物间的差异,同等看待。【例句】他们二人的工作成绩不可～。【近义】一视同仁　同日而语【反义】大相径庭

等闲视之　děng xián shì zhī

【释义】等闲:平常。当成平常的人或事物看待,不加重视。【例句】那人不简单,你可不能～。【近义】安之若素【反义】非同小可　提示 多用于否定句。

等闲之辈　děng xián zhī bèi

【释义】等闲:寻常,一般。无足轻重的寻常人。【例句】你可别小瞧他,能够说出这番话的人,绝非～。【近义】凡夫俗子

低眉顺眼　dī méi shùn yǎn

【释义】眉头低着,眼神恭顺。形容非常驯良顺服。【例句】这幅画中的人物,不是勾肩耸背,就是～。/她觉得自己以前太软弱了,不该～地过生活!

低眉折腰　dī méi zhé yāo

【释义】形容在人面前显出卑躬屈膝的样子。【例句】他家里三天两头坐满了讨债人,他只好～地递烟、倒茶、赔笑,东借西挪还债务。【近义】摧眉折腰

低三下四　dī sān xià sì

【释义】形容社会地位低下。也形容卑贱没有骨气。【例句】我常州姓沈的,不是什么～的人家。/为了生活,他不得不～地到处求人。【近义】低声下气【反义】趾高气扬

低声细语　dī shēng xì yǔ

【释义】形容小声说话、窃窃私语。【例句】千千万万人的～,使得月台上嗡嗡嗡,乱哄哄的。

低声下气　dī shēng xià qì

【释义】形容恭顺小心的样子。【例句】他的声音突然变得很和婉,似乎已在向我～了。【近义】下气怡声　低首下心【反义】高声大气

羝羊触藩　dī yáng chù fān

【释义】羝羊:公羊。触:撞。藩:篱笆。公羊触撞篱笆,角被缠住了。形容进退两难。【例句】他一怒之下,贸然闯进别人家里,结果弄了个～,进退两难。

滴水不漏　dī shuǐ bù lòu

【释义】形容说话、做事十分周到严密,没有漏洞。【例句】他做事一向很谨慎,～,你是很难找出他的破绽的。【近义】涓滴不漏【反义】漏洞百出　提示 "滴"的右边不能写成"商"。

滴水成冰　dī shuǐ chéng bīng

【释义】水一滴下来就冻成冰。形容天气十分寒冷。【例句】大西北实在太冷了,～。【近义】冰天雪地【反义】骄阳似火　提示 "滴"的右边不能写成"商"。

滴水穿石　dī shuǐ chuān shí

见"水滴石穿"。

的一确二　dí yī què èr

【释义】的:确实。一确实是一,二确实是二。形容确凿不移。【例句】人证、物证～,看你怎么抵赖。

涤瑕荡秽　dí xiá dàng huì

【释义】涤、荡:洗涤。瑕:玉上的斑点。比喻污点。秽:污秽。比喻洗涤积弊,清除恶习。【例句】政府下决心～。【近义】除残去秽

抵掌而谈　dǐ zhǎng ér tán

【释义】抵掌:击掌,拍手。形容无拘无束地畅谈。【例句】他们坐在院子的长椅上,～。【近义】抵足而谈　促膝谈心

抵足而眠　dǐ zú ér mián

【释义】脚与脚相触地同睡一张床上。形容双方情谊深厚。【例句】我曾和她同窗共读,～,成了很要好的朋友。【近义】志同道合【反义】同床异梦　貌合神离

砥节砺行　dǐ jié lì xíng

【释义】砥、砺:磨刀石,细者为砥,粗者为砺,引申为磨炼。磨炼节操与品行。【例句】汉代“清流”中人,常以～相标榜,借以赢得社会舆论的支持。

砥行立名　dǐ xíng lì míng

【释义】磨砺德行,建树功名。【例句】司马迁虽遭人生的不幸,但他～,发愤图强,成了古代伟大的史学家。

砥柱中流　dǐ zhù zhōng liú

见“中流砥柱”。

地大物博　dì dà wù bó

【释义】土地广大,物产丰富。【例句】我国～、人口众多。【反义】弹丸之地

地动山摇　dì dòng shān yáo

见“山摇地动”。

地覆天翻　dì fù tiān fān

见“天翻地覆”。

地广人稀　dì guǎng rén xī

【释义】土地广袤,人口稀少。【例句】在～的少数民族地区,一对夫妇可以生两个孩子,有的还可以生三个。【反义】地狭人稠

地角天涯　dì jiǎo tiān yá

【释义】比喻相隔遥远。【例句】即使走到～,我也不会忘记生我养我的这片故土。【近义】天涯海角【反义】近在咫尺

地久天长　dì jiǔ tiān cháng

见“天长地久”。

地老天荒　dì lǎo tiān huāng

见“天荒地老”。

地利人和　dì lì rén hé

【释义】地利:地理上占据有利形势。人和:得人心。指地理条件优越,群众基础好。【例句】在这场比赛中,巴西队利用主场～的条件,一开始就打得十分出色,似乎已经胜券在握。【近义】得天独厚　天时地利【反义】内外交困

地灵人杰　dì líng rén jié

见“人杰地灵”。

地平天成　dì píng tiān chéng

【释义】平、成:治平,安定。原指大禹治水成功而使天地得以顺遂地生养万物。后常比喻一切安排妥帖。【例句】会议所需的所有资料已准备完全,一切～。

地主之谊　dì zhǔ zhī yì

【释义】地主:当地的主人。谊:情谊。本地人对外来客人的情谊。【例句】有朋自远方来,招待一顿便饭,略尽～,也是人之常情。

帝王将相　dì wáng jiàng xiàng

【释义】帝王:皇帝、王侯及文臣武将。指封建时代上层统治者。【例句】戏曲剧目大多取材于历史故事,反映各个朝代的生活,表现的人物有～、才子佳

人和三教九流各式人物。【近义】王侯将相　将相侯王　侯王将相【反义】平民百姓

蒂固根深　dì gù gēn shēn
见"根深蒂固"。

颠倒错乱　diān dǎo cuò luàn
【释义】颠倒:本末倒置。错乱:错杂混乱。把原来的顺序完全搞乱了。形容完全失去正常状态。【例句】这篇结构完全~的文章经过他的一番修改,情况完全不一样了。

颠倒是非　diān dǎo shì fēi
见"颠倒黑白"。

颠倒黑白　diān dǎo hēi bái
【释义】把黑的说成白的,把白的说成黑的。比喻歪曲事实,混淆是非。也作"颠倒是非"。【例句】他指鹿为马,~,实在是有些过分。【近义】混淆黑白【反义】黑白分明

颠来倒去　diān lái dǎo qù
【释义】翻过来倒过去,来回重复。【例句】王奶奶今天在超市买了便宜货,心里非常高兴,~看了好几遍。【近义】翻来覆去

颠鸾倒凤　diān luán dǎo fèng
【释义】鸾:传说中的神鸟。凤:传说中的鸟王。比喻男女交欢。【例句】他们新婚燕尔,自然~,尽享温存甜蜜了。

颠沛流离　diān pèi liú lí
【释义】颠沛:跌倒。流离:流转离散。形容生活艰难,流落异乡。也作"流离颠沛"。【例句】~的生活让他过早地白了双鬓,更让他明白了生活的真谛。【近义】流离失所【反义】安居乐业

颠扑不破　diān pū bù pò
【释义】颠:跌。扑:敲。无论怎样摔打都不会破裂。比喻牢固可靠,永远不会被推翻。【例句】团结就是力量,这是~的真理。【近义】牢不可破【反义】不堪一击　不攻自破

颠三倒四　diān sān dǎo sì
【释义】形容说话、做事错乱,没有次序。【例句】我太兴奋了,说话有些~。【近义】差三错四【反义】有条不紊

点金成铁　diǎn jīn chéng tiě
【释义】用手指点黄金,黄金就变成了铁。比喻把好事物如诗文等改坏。【例句】对知识了解得不透彻,往往会~。【反义】点石成金

点金乏术　diǎn jīn fá shù
见"点金无术"。

点金无术　diǎn jīn wú shù
【释义】比喻无力完成艰巨的任务。也作"点金乏术"。【例句】技术革新到了关键时刻,厂里的人~,只好另请高明。

点石成金　diǎn shí chéng jīn
【释义】神话故事中说仙人用手指头一点使石头变成金子。比喻把不好的或平凡的事物改变成很好的事物。也作"点铁成金"。【例句】老师帮我调整了作文中的几个关键句子,内容立刻丰满了许多,真是~啊!【反义】点金成铁

点铁成金　diǎn tiě chéng jīn
见"点石成金"。

点头称是　diǎn tóu chēng shì
【释义】称:称道。是:正确。表示非常

赞同。【例句】语文课上，同学们听得津津有味，～。

点头哈腰　diǎn tóu hā yāo
【释义】哈腰：弯腰。形容恭顺或过分客气。【例句】张大刚对上总是～，对下却是凶神恶煞，大家都恨透了他。

提示　多含贬义。

点头之交　diǎn tóu zhī jiāo
【释义】交：交情。形容交情很浅。【例句】他虽然和很多人都有来往，但大都只是～。【近义】一面之交【反义】刎颈之交

电掣风驰　diàn chè fēng chí
见"风驰电掣"。

刁钻古怪　diāo zuān gǔ guài
【释义】刁钻：狡诈。古怪：非同一般，令人诧异。指怪僻；奇特。也作"古怪刁钻"。【例句】他从小就是这样一副～的坏脾气。【近义】怪里怪气

雕虫小技　diāo chóng xiǎo jì
【释义】虫：指汉字篆书的变体鸟虫书。雕刻鸟虫书的小技巧。比喻微不足道的技能。多指文字技巧。【例句】我这点水平只是～，不足挂齿。【近义】雕虫篆刻　片长薄技【反义】屠龙之技

雕阑玉砌　diāo lán yù qì
【释义】阑：同"栏"。雕绘的栏杆，白玉般的石阶。泛指富丽堂皇的建筑（如宫殿）。【例句】故宫的建筑～，古色古香。【近义】雕梁画栋【反义】穷巷陋室

雕梁画栋　diāo liáng huà dòng
【释义】梁：支撑屋顶的横木。栋：古代指房屋的脊檩。指房屋的华丽的彩绘装饰。形容建筑物富丽堂皇。【例句】这座建筑物真是～啊！【近义】雕栏玉

砌　富丽堂皇　金碧辉煌【反义】蓬门荜户

雕章镂句　diāo zhāng lòu jù
【释义】镂：雕刻。形容刻意修饰文章的字句。【例句】他写文章喜欢～。【近义】咬文嚼字

吊儿郎当　diào ér láng dāng
【释义】形容仪容不整、作风散漫、态度不严肃等。【例句】开学这天，老师对学生说："你们一定要好好学习，千万不能～的。"【反义】一本正经

吊民伐罪　diào mín fá zuì
【释义】吊：慰问。慰问受苦的民众，讨伐有罪的统治者。【例句】周武王～，推翻了商纣王的统治，建立了周朝。

吊死问疾　diào sǐ wèn jí
【释义】吊：悼念。吊祭死者，慰问病人。形容关心人民群众的疾苦。【例句】周总理对人民很关心，～。

调兵遣将　diào bīng qiǎn jiàng
【释义】调遣兵力、将领。泛指安排使用人力。【例句】韩信善于～，使楚王陷入危境。／篮球场上，教练～，运筹帷幄。【近义】兴师动众【反义】按兵不动

调虎离山　diào hǔ lí shān
【释义】比喻设法引诱有关的人离开原来的地方，以便乘机行事。【例句】周亚夫是汉朝时一位很有名的将军，他曾多次运用～之计大败敌军。【近义】声东击西【反义】放虎归山

掉头不顾　diào tóu bù gù
【释义】掉头：转过头。顾：回头看。转过头去，看都不看。表示不屑理睬。【例句】人情冷暖，说来实在可叹，自从他"落难"后，他以前那些所谓的朋友

一个个对他～了。【近义】不屑一顾

掉以轻心　diào yǐ qīng xīn

【释义】掉:摆弄。轻:轻率。对某种问题漫不经心,不当回事。【例句】这次谈判关系到我们公司的前途命运,务必谨慎行事,切不可～。【近义】不以为意　漫不经心

掉嘴弄舌　diào zuǐ nòng shé

【释义】掉:翻动。指发生口角。【例句】大家都是一个单位的同事,低头不见抬头见,不要因为一点小事而～,搞得心里都不痛快。

跌宕遒丽　diē dàng qiú lì

【释义】跌宕:放纵不拘。遒:刚劲。形容文辞、书法粗放,不拘谨,刚劲逸丽。【例句】这幅书法作品笔力雄厚,～。

跌脚捶胸　diē jiǎo chuí xiōng

【释义】以足跺地,以拳敲胸。表示气愤、着急、悲痛等感情。【例句】得知儿子去世的消息,她～地号啕大哭起来。

喋喋不休　dié dié bù xiū

【释义】喋喋:话多。休:停止。唠唠叨叨说起来没完没了。【例句】老妈进入了更年期,对我总是～。【近义】滔滔不绝【反义】默不作声

丁是丁,卯是卯　dīng shì dīng,
mǎo shì mǎo

【释义】丁、卯:分别为天干和地支的第四位,干支配错会影响年月日的记录;又谐音"钉铆",指榫头、铆眼,二者出错器物就安装不上。形容对事情认真,一点儿不含糊、不马虎。【例句】刘大姐做事一向都是～的,你去找她帮忙准会碰钉子。【近义】一丝不苟【反义】敷衍塞责

丁一确二　dīng yī què èr

【释义】明明白白,一点不含糊。形容确凿不移。【例句】所有证据都显示这件事是他所为,这是个～的事实。

顶礼膜拜　dǐng lǐ mó bài

【释义】顶礼:两手伏地,头顶佛脚行跪拜礼。膜拜:两手加额,长跪而拜。佛教徒最高的敬礼。形容对人特别崇敬。【例句】有宗教信仰的民族,对于他们心中所信仰的东西从来都是～。【近义】五体投地【反义】视如敝屣
提示　多含贬义。

顶天立地　dǐng tiān lì dì

【释义】头顶青天,脚踏大地。指生存于天地之间。形容形象高大,气概雄伟豪迈。【例句】王宇光打量着铁盒里的机械部件,又上下看了看那根～的铁柱子,猛然醒悟了。/做人就要～,岂可因贪生或小利而低头折节?【近义】撑天拄地

顶头上司　dǐng tóu shàng sī

【释义】指直接领导自己的人或机构。【例句】他是我的～,有什么问题我会直接向他汇报。

鼎鼎大名　dǐng dǐng dà míng

见"大名鼎鼎"。

鼎足而立　dǐng zú ér lì

【释义】像鼎的三只脚一样,三者各立一方。比喻三方面分立相持的局面。【例句】许多城市里,三家连锁超市～,销售额占全市零售额的比重很大。【近义】三足鼎立【反义】归于一统　定于一尊

定于一尊　dìng yú yī zūn

【释义】一尊:独居首位。思想学术、道德等以具有最高权威的人为唯一的标

准。【例句】在文化学术领域内，应该实行百花齐放、百家争鸣，而不应～。

丢盔弃甲　diū kuī qì jiǎ
【释义】盔、甲：古代作战时保护头和身体的用具。弃：丢弃。丢掉头盔和铠甲。形容打败仗后逃跑的狼狈相。也比喻惊惶失措。【例句】一场阻击战打得鬼子～。/他在办公室里被各种意外情况搞得～，狼狈不堪。【近义】倒戈卸甲　弃甲曳兵

丢人现眼　diū rén xiàn yǎn
【释义】丧失体面。【例句】考试时作弊被抓，还被取消考试资格，真是～。【近义】打嘴现世

丢三落四　diū sān là sì
【释义】形容马虎或记忆力不好而好忘事。【例句】张大爷年纪大了，常常～的。【近义】漫不经心　提示 "落"不读 luò。

丢卒保车　diū zú bǎo jū
【释义】象棋战术用语。下象棋时为了保住车而舍弃卒。比喻丢掉次要的，保住主要的；或牺牲小人物，保住大人物。【例句】事情已经到了这种地步，我看还是～比较明智一些。

东奔西走　dōng bēn xī zǒu
【释义】走：跑。形容到处奔波。【例句】近几年来，家中庄稼是一日不如一日，父亲和我都是～。【近义】萍踪浪迹

东藏西躲　dōng cáng xī duǒ
见"东躲西藏"。

东倒西歪　dōng dǎo xī wāi
【释义】形容行走、坐立时身体歪斜或摇晃不稳的样子。也形容物体杂乱地歪斜或倒下的样子。也作"东歪西倒"。

【例句】他喝高了，～地在人行道上走了一条多街，才想起回家的路。/月季～，萎了，枯了，死了。

东道主　dōng dào zhǔ
【释义】东边道路上的主人。泛指款待宾客的主人。【例句】你们远道而来，这次的～我是做定了。

东躲西藏　dōng duǒ xī cáng
【释义】到处躲避藏匿。也作"东藏西躲"。【例句】为了躲避债主的追债，他整日～。

东风压倒西风　dōng fēng yā dǎo xī fēng
【释义】比喻一方压倒另一方。也比喻进步势力压倒落后势力。【例句】老侯家里是男的说了算，～。/我认为目前形势的特点是～。【近义】魔高一尺，道高一丈

东海扬尘　dōng hǎi yáng chén
【释义】东海变成陆地，扬起尘土。比喻世事巨变。【例句】改革开放以来，农村的变化有如～，令人惊叹。【近义】沧海桑田

东拉西扯　dōng lā xī chě
【释义】形容说话没有中心或条理，想到哪里说到哪里。也指四处挪用凑集钱物。【例句】他这几天有些心不在焉，聊天的时候总是～。/为了给孩子治病，他～地借了不少外债。【近义】说东道西【反义】有条不紊

东邻西舍　dōng lín xī shè
【释义】指左右邻居。【例句】要不是～来帮忙，我这些家具还不知道要搬到啥时候。【近义】左邻右舍

东鳞西爪 dōng lín xī zhǎo

【释义】传说龙总伴着云出没,画龙时只能这里画一片鳞,那里画一只爪。比喻事物的零星片断。【例句】时过境迁,对童年的记忆已是～。【近义】一鳞半爪【反义】完整无缺 完好无损

东挪西凑 dōng nuó xī còu

【释义】指四处挪用借贷,凑集款项。【例句】我上大学的钱是父母从好友那里～来的。【近义】东拼西凑

东飘西荡 dōng piāo xī dàng

【释义】四处漂泊,行踪无定。【例句】他多年来～,独来独往,从来没有被人关心过。【近义】东游西荡

东拼西凑 dōng pīn xī còu

【释义】把零星的东西聚集或拼接拢来。【例句】～的作品不是好作品。【近义】东挪西凑 七拼八凑

东山再起 dōng shān zài qǐ

【释义】东山:在今浙江上虞。东晋谢安退职后在东山做隐士,后来又出任要职。指失势之后重新恢复地位。【例句】失败了不气馁,一切从头开始,重整旗鼓,就有～的希望。【近义】卷土重来 死灰复燃【反义】一蹶不振

东施效颦 dōng shī xiào pín

【释义】效:模仿。颦:皱眉。美女西施病了,皱着眉头,按着心口。同村的丑女人看见了,觉得姿态很美,也学她的样子,却丑得可怕。后人把这个丑女人称做东施。比喻盲目仿效,结果适得其反。【例句】模仿别人要切合自身实际,不能～。【近义】邯郸学步【反义】标新立异 独出心裁

东逃西窜 dōng táo xī cuàn

【释义】窜:逃跑。四处逃亡躲避。【例句】兵荒马乱的年代,老百姓们到处～。【近义】东躲西藏

东歪西倒 dōng wāi xī dǎo

见"东倒西歪"。

东西南北 dōng xī nán běi

【释义】泛指方向。也指各地,到处。【例句】我是个方向感极差的人,一出门便分不清～。/这几年他漂泊无定,走遍了～。

东游西荡 dōng yóu xī dàng

【释义】四处游逛。形容无所事事,到处闲逛。【例句】他工作累了,最近到外面～去了。/他没有固定的工作,又管不住自己,整日～的。

东张西望 dōng zhāng xī wàng

【释义】张:看。漫无目的地四处观望或有所期待地窥探。【例句】小明平时上课不认真,总是喜欢～。【近义】左顾右盼

东征西讨 dōng zhēng xī tǎo

【释义】指四处出征作战。也指到处攻击。【例句】陈毅元帅一辈子～,为中国革命奉献了一生。/张春桥在中国文坛上～,批巴金、斗吴晗、攻邓拓,不可一世。【近义】南征北战

东支西吾 dōng zhī xī wú

【释义】说话含混躲闪或做事敷衍搪塞。【例句】因为不小心把妈妈心爱的花瓶给摔碎了,小明一看见妈妈便～起来。【近义】支支吾吾

东走西顾 dōng zǒu xī gù

【释义】向东走去却回顾西方。比喻顾虑很多。【例句】此时你应该当机立断,怎么能～呢?【近义】瞻前顾后 顾彼忌此【反义】无所顾忌

D

冬裘夏葛　dōng qiú xià gě

【释义】冬天穿皮袄,夏天穿葛布单衣。泛指美服。比喻根据不同的情况,制订适当措施。【例句】要针对不同的情况调整相应的应对措施,就如～,灵活变换。

冬山如睡　dōng shān rú shuì

【释义】冬天的山像睡着了一样。形容山林沉寂的冬景。【例句】一场大雪覆盖了整片山林,～,寂静的山林更显凄凉。

动人心弦　dòng rén xīn xián

【释义】激动人心,非常动人。【例句】那些古老的乐器,在一群聪稚的学生的手指下,竟流淌出那么～的独特旋律。【近义】荡气回肠【反义】平淡无奇

动手动脚　dòng shǒu dòng jiǎo

【释义】指打人。也指挑逗调戏异性。【例句】大家有话好好说,不要～的好不好?/你再对她～的话,当心我的拳头!

动辄得咎　dòng zhé dé jiù

【释义】辄:就。咎:罪过。动不动就受到责备或处分。【例句】这篇小说的女主人公很小就被卖给人家做童养媳,过着～的日子。【反义】左右为难

提示　"辄"不能写成"辙"。

动中肯綮　dòng zhòng kěn qìng

【释义】动:行动。中:切中,打中。肯綮:筋骨结合的地方,引申为要害或关键。比喻行动能切中要害或抓住问题的关键。【例句】遇到难题后能深入剖析,就容易～。

冻馁之患　dòng něi zhī huàn

【释义】馁:饥饿。指遭受饥寒交迫的苦难。【例句】看他那春风得意的样子,谁能想到他曾是一个饱受～的流浪儿呢?【近义】饥寒交迫

栋梁之材　dòng liáng zhī cái

【释义】栋:房屋的正梁。梁:架在柱子上端支撑房檩的横木。能做栋梁的木材。比喻能担负国家重任的人。【例句】每个青年都应该努力向上,刻苦学习,使自己成为国家的～。【近义】中流砥柱【反义】枯木朽株

栋折榱崩　dòng zhé cuī bēng

【释义】榱:椽子。正梁折断,椽子崩塌。比喻国家倾覆或大人物去世。【例句】城狐社鼠可使国家～。

洞察一切　dòng chá yī qiè

【释义】洞察:观察得很清楚。指对一切都看得很清楚。【例句】这位警察中等身材,结实有力,肩宽额高,满头密密的黑发,目光炯炯,仿佛能～。【近义】洞若观火

洞房花烛　dòng fáng huā zhú

【释义】洞房:新婚夫妇的卧室。洞房里点花烛。旧时新婚或结婚的景象。【例句】他俩在～之夜,相约要白头到老。【近义】宴尔新婚

洞见肺腑　dòng jiàn fèi fǔ

【释义】洞:透彻。肺腑:指内心。很清楚地看到对方的内心。形容诚恳坦白。【例句】小红不愧是我的闺中密友,只要我有心事,她必会～。/张爷爷是一位待人赤诚、～的政治家。

洞见症结　dòng jiàn zhēng jié

【释义】洞:透彻。症:腹内结块的病。形容看问题观察锐利,看到问题的关键。【例句】他思虑缜密,见识卓越,对每件事都能～。【近义】明察秋毫【反义】一无所知

洞若观火　dòng ruò guān huǒ

【释义】洞:透彻。透彻得像看火一样。形容观察得清楚明白。也作"明若观火"。【例句】凭着20年的刑侦工作经验,老杨对这起盗窃案～。【近义】明察秋毫

洞天福地　dòng tiān fú dì

【释义】道教指神仙居住的地方。现泛指名山胜境。也作"福天洞地"。【例句】溶洞的确是一处值得游览的～。【近义】名山大川

洞幽察微　dòng yōu chá wēi

【释义】彻底地看到幽深微妙之处。【例句】老教授有着丰富的人生阅历,看问题十分深刻,有一种～的本事。【近义】见微知著

洞烛其奸　dòng zhú qí jiān

【释义】看透对方的阴谋诡计。形容观察力强,看问题敏锐。【例句】尽管犯罪分子作案手段隐蔽,公安人员却早已～,正伺机将其抓获。/别看他平日里不言不语,但他看人还是很准的,他有一双～的眼睛。【近义】洞察其奸 明察秋毫【反义】不明真相

恫疑虚喝　dòng yí xū hè

【释义】恫:吓唬。虚张声势,恐吓威胁。【例句】他常常使用一些～的伎俩去吓唬人。

斗方名士　dǒu fāng míng shì

【释义】斗方:书画所用的方形纸张,也指一二尺见方的字画。指以风雅自命的无聊文人。【例句】那一班～,结识了两个报馆主笔,天天弄些诗去登报,想借此博个诗翁的名声。

斗量车载　dǒu liáng chē zài

见"车载斗量"。

斗筲之人　dǒu shāo zhī rén

【释义】斗、筲:量粮食和盛饭的器具,容量都不大。比喻气量狭小或才识短浅的人。【例句】有些心胸狭窄,见识短浅的～,实在难以与之相处,更难与之共事。 提示 也用作谦辞。

斗升之水　dǒu shēng zhī shuǐ

【释义】斗、升:计量单位。比喻微薄的资助。【例句】这点慰问品虽然是～,但却表达出大众对养老院老人们的一片关怀。

斗折蛇行　dǒu zhé shé xíng

【释义】斗:指北斗星。像北斗星那样曲折,像蛇爬行那样弯曲。形容河流、道路等曲折蜿蜒。【例句】潭西南而望,～,明灭可见。

斗转参横　dǒu zhuǎn shēn héng

【释义】斗:指北斗星。参:星宿名。北斗的斗柄转了向,参星横斜在一边。指天快亮的时候。也作"参横斗转"。【例句】你看河斜月落,～,我们该出发了。【近义】斗转星移 提示 "参"不读 cān。

斗转星移　dǒu zhuǎn xīng yí

见"星移斗转"。

抖擞精神　dǒu sǒu jīng shén

【释义】抖擞:振作。精力充沛,显得非常振奋。【例句】老年运动会上,老人们个个～,一点都看不出岁月的沧桑。【近义】容光焕发【反义】无精打采 萎靡不振

斗鸡走狗　dòu jī zǒu gǒu

【释义】斗:使相斗。走狗:唆使狗跑。使鸡相斗,嗾使着狗跑。多用来指纨绔子弟游手好闲,不务正业。【例句】这群年轻人,无所事事,～,为所欲为。

【近义】飞鹰走狗

斗志昂扬　dòu zhì áng yáng
【释义】昂扬:情绪高涨。战斗意志高昂。【例句】战士们听了英雄的事迹,受到很大鼓舞,个个～。【近义】意气风发【反义】灰心丧气　垂头丧气

斗智斗力　dòu zhì dòu lì
【释义】在计谋上较量,从武力上比高下。【例句】用兵打仗,～,二者缺一不可,否则很难取得全局胜利。

豆分瓜剖　dòu fēn guā pōu
见"豆剖瓜分"。

豆蔻年华　dòu kòu nián huá
【释义】豆蔻:多年生常绿草本植物,初夏开淡黄色花。指女子十三四岁的年纪。【例句】这些孩子正值～,朝气蓬勃。【近义】锦瑟年华【反义】徐娘半老　老态龙钟　耄耋之年

豆棚瓜架　dòu péng guā jià
【释义】指群众纳凉休闲的地方。【例句】故乡的夏夜里,人最多的地方就是～。

豆剖瓜分　dòu pōu guā fēn
【释义】像豆从荚里裂开,像瓜被分割。比喻国土分裂。也作"豆分瓜剖""瓜分豆剖"。【例句】清朝末年,列强加速对华侵略,祖国的大好河山处于～的危险之中。【近义】四分五裂　支离破碎【反义】金瓯无缺

豆萁相煎　dòu qí xiāng jiān
【释义】萁:豆茎。豆萁燃烧熬煮豆子。比喻兄弟骨肉相残。【例句】他们兄弟俩为了争夺父亲的遗产,～,闹得沸沸扬扬。提示　"萁"不读 jī。

毒蛇猛兽　dú shé měng shòu
【释义】泛指凶猛的、对人类生命有威胁的动物。比喻凶狠歹毒的人或残暴者。【例句】亚马逊河流域的热带丛林里,山麓跌宕,道路崎岖,人烟稀少,～横行。/革命所许诺的是通过一场血与火的斗争,消灭～。

独霸一方　dú bà yī fāng
【释义】独自霸占一个地方。形容恶人称王称霸,为所欲为。【例句】～的地头蛇终于受到了法律的严惩。【近义】称王称霸

独步天下　dú bù tiān xià
【释义】独步:独一无二。指天下第一,无与伦比。形容杰出的人才。【例句】中国女子围棋凭借雄厚的整体实力,～,傲视群雄。【近义】独占鳌头

独步一时　dú bù yī shí
【释义】形容特别突出,一时无二。【例句】著名画家徐悲鸿所画的奔马,栩栩如生,在现代美术史上～。【反义】司空见惯

独出心裁　dú chū xīn cái
见"别出心裁"。

独当一面　dú dāng yī miàn
【释义】当:抵挡;承担。指单独迎击一面之敌。泛指单独担当一个方面的任务。【例句】张梅工作不到半年,由于各方面表现出色,现在已经能够～了。【近义】独立自主【反义】仰人鼻息

独到之见　dú dào zhī jiàn
【释义】与众不同的见解。【例句】他的文章与众不同,颇有～。【近义】独到之处【反义】千篇一律

独断专行 dú duàn zhuān xíng

【释义】独断:独自决断。行事专断,不考虑别人的意见。【例句】他平素从不采纳别人的意见,凡事～,长此以往,必将自食其果。【近义】专横跋扈【反义】集思广益

独具匠心 dú jù jiàng xīn

见"别具匠心"。

独具只眼 dú jù zhī yǎn

【释义】能看到别人看不到的东西。形容看待问题目光敏锐,见解新颖、深刻。【例句】这位年轻人对时事、政治、经济各方面的分析都～,让在场众人都钦佩不已。【近义】明察秋毫【反义】见识短浅

独来独往 dú lái dú wǎng

见"独往独来"。

独立自主 dú lì zì zhǔ

【释义】指不依赖、更不受制于别人,一切自己做主。也指一个国家、民族或政党等自己行使主权,不受外来力量的支配或控制。【例句】大学毕业后,我就开始～了。/我国奉行～的和平外交政策。【近义】自力更生【反义】受制于人

独木不成林 dú mù bù chéng lín

【释义】单独的一棵树成不了树林。比喻力量单薄做不成大事。【例句】要办好这次活动需要大家齐心协力,只靠策划者个人的力量,终究～,不能成事。【近义】独木难支 孤掌难鸣【反义】众擎易举 众志成城

独木难支 dú mù nán zhī

【释义】一根木头难以支撑房子,比喻一个人的力量难以支撑全局。【例句】要办好这期杂志,还得依靠大家的力量,光靠一个人是不行的,正所谓～啊!

【反义】一柱擎天 众擎易举

独排众议 dú pái zhòng yì

【释义】排:排斥,排除。众议:各种议论,说法。独自一个人排斥多数人的议论,使自己的意见占上风或被采纳。【例句】教授～,选择了一位资历尚浅却敢想敢干的学生,最终成功地完成了项目。

独辟蹊径 dú pì xī jìng

【释义】蹊径:小路。自己开辟一条路。比喻独创一种新风格或者新方法。【例句】面对国际市场,这个镇～,拿出了自己的特色产品。【近义】独具匠心【反义】依样葫芦 提示 "蹊"不读 qī。

独善其身 dú shàn qí shēn

【释义】善:办好,治理好。指做不上官,就搞好自身的修养。也指只顾自己,缺乏集体精神。【例句】穷则～,达则兼善天下。/～的思想是要不得的,它是一种个人主义的处世哲学。【近义】洁身自爱【反义】兼利天下

独树一帜 dú shù yī zhì

【释义】单独树立起一面旗帜,指自成一家。也作"别树一帜"。【例句】他的诗歌、散文、绘画、书法,每一样都是自出机杼,～的。【近义】别具一格【反义】依样葫芦

独往独来 dú wǎng dú lái

【释义】独自来去,无牵无挂。比喻见解或行为独特。也作"独来独往"。【例句】小刘性格孤僻,经常是～。/朱鲁岑先生,志识高迈,学行文章,～。

独弦哀歌 dú xián āi gē

【释义】独自弹起弦乐,唱着悲哀的歌调。指故意不按常规办事,以示自己与众不同,借此沽名钓誉。【例句】这首诗只不过是～而已,并无真情实感。

独行其是　dú xíng qí shì

【释义】是:正确。只按自己认为对的去做,不顾别人的意见。【例句】他不听大家的劝告,～,结果把事情搞砸了。【近义】一意孤行　提示　含贬义。

独学寡闻　dú xué guǎ wén

【释义】独学:指自学而无以指导切磋。独自学习,无人切磋,则孤陋寡闻。形容孤偏鄙陋,见闻不多。【例句】古人提倡"游学",就是为了相互切磋,增广见识,避免～。

独一无二　dú yī wú èr

【释义】没有相同的或可以相比的。【例句】中国的长城是世界建筑史上～的奇迹,是中国人民智慧和血汗的结晶。【近义】寡二少双　绝无仅有【反义】无独有偶

独占鳌头　dú zhàn áo tóu

【释义】鳌:传说中海里的大龟或大鳖。鳌头:唐宋时期皇宫前石阶正中镌凿鳌头图案,科举考试中了甲科的进士要跪在这里迎榜。科举时代称中进士。借指居首位或第一名。也作"鳌头独占"。【例句】王刚在全省数学竞赛中～。【近义】超群绝伦【反义】名落孙山

笃近举远　dǔ jìn jǔ yuǎn

【释义】笃:忠实,厚道。举:举荐,选拔。对关系亲近的人厚道,对关系疏远的人举荐,指同等待人。【例句】不管人际关系如何复杂,他为人总是信守一条原则:～,宽以待人。【近义】一视同仁

笃信好古　dǔ xìn hào gǔ

【释义】笃:诚笃。信:诚实。好:热爱。坚持自己的信仰,喜爱古代的典籍。【例句】此人～,对《左传》尤为入迷,研究颇有独到之处。

笃志好学　dǔ zhì hào xué

【释义】笃志:专心一意。志趣专一,勤奋好学。【例句】眼下,他的朋友们都在忙着找工作,他却不为所动,～,一心准备即将来临的研究生招生考试。【近义】勤奋好学

睹物伤情　dǔ wù shāng qíng

【释义】睹:看见。看到与某人某事有关的东西而触动了感伤之情。【例句】把这些东西收起来吧,免得他～。【近义】触目伤心　触景伤情

睹物思人　dǔ wù sī rén

【释义】睹:看见。看到离别或去世的人留下的东西就怀念这个人。【例句】走进丈夫生前居住的房间,她～,泪水禁不住滑落下来。　提示　常用于对死者的追思。

杜绝后患　dù jué hòu huàn

【释义】杜绝:堵塞,断绝。断绝以后可能出现的祸患。【例句】为了解决这些已经暴露的问题,～,政府出台了一系列政策。【近义】斩草除根【反义】养虎遗患

杜绝人事　dù jué rén shì

【释义】杜绝:断绝。人事:人与人的交往。指断绝与别人的一切交往。【例句】为了早日完成科研任务,王教授近两年来～,潜心钻研。

杜口裹足　dù kǒu guǒ zú

【释义】杜:堵塞。裹:缠住。闭口不言,裹足不前。形容不敢说话,不敢行动。【例句】遇到困难,就～,消极观望,这种精神状态是很不好的。【近义】裹足不前

杜门不出　dù mén bù chū

【释义】杜:堵塞。关上大门不外出。指不跟外界接触。【例句】为了早日完成硕士毕业论文,张江这几天～。【近

义】杜门谢客　杜门却扫　杜绝人事

杜门却扫　dù mén què sǎo
【释义】杜：堵塞。却扫：扫除，一说不再扫路迎客。阻塞大门，扫除车迹。谢绝来客。形容隐居，不与外界接触。【例句】作家路遥为写《平凡的世界》，深居简出，～。【近义】深居简出　杜门不出

杜门谢客　dù mén xiè kè
【释义】杜：堵塞。谢：辞谢。关上大门，谢绝宾客，不跟外界接触。【例句】老教授为了及早完成国家科研项目，决定～。【近义】闭门却扫

肚里泪下　dù lǐ lèi xià
【释义】眼泪往肚里流。形容强忍痛苦，独自伤心。【例句】在婆家受了委屈，她只能忍气吞声，～。

妒贤嫉能　dù xián jí néng
【释义】对品德、才能胜过自己的人心怀怨恨嫉妒。也作"嫉贤妒能"。【例句】项羽是个心胸狭窄、～的人。【近义】妒能害贤【反义】礼贤下士　爱才若渴

度日如年　dù rì rú nián
【释义】过一天就像过一年似的。形容处境孤寂窘迫，日子难熬。【例句】距离高考分数揭晓还有五天，我这几天是～，寝食难安，盼望着又害怕着。/ 她们还要独立挑起抚养下一代的重担，真是～。【近义】一日三秋【反义】光阴似箭　日月如梭

蠹国害民　dù guó hài mín
【释义】蠹：蛀蚀。祸国殃民。【例句】明胶生产者们为了一己私利，把人民的生命安全置之度外，简直就是～。【近义】祸国殃民

端本清源　duān běn qīng yuán
【释义】端：端正，清理。本：根本。清

除不纯成分。源：根源。指从根本上加以整顿清理。【例句】这家公司存在的问题由来已久，积重难返，要加以解决必须～。

短兵相接　duǎn bīng xiāng jiē
【释义】兵：短兵器，区别于长矛、弓矢等。双方用刀剑等短兵器进行搏斗。比喻面对面地进行针锋相对的斗争。【例句】为了争夺那片土地，两军～，死伤无数。

短见薄识　duǎn jiàn bó shí
【释义】见识短浅。【例句】那人是个～、忘恩负义的家伙，不值得深交。【近义】孤陋寡闻　浅见寡闻【反义】远见卓识

短小精悍　duǎn xiǎo jīng hàn
【释义】形容人身材矮小而精明强干。也形容文章、戏剧等篇幅短而有力。【例句】别看小明个子不高，但是～。/ 这篇文章～，耐人寻味。【近义】简明扼要【反义】连篇累赘　提示　"悍"不读 gàn，不能写成"捍"。

断壁颓垣　duàn bì tuí yuán
【释义】颓：倒塌。垣：墙。已坍塌而残缺不全的墙壁。形容建筑等残破的景象。也作"败井颓垣"。【例句】看到如今这片～的景象，想起从前这里的繁华胜景，他不禁悲从中来。【近义】断瓦残垣

断长续短　duàn cháng xù duǎn
【释义】截取长的，接续短的。比喻吸取一方的长处，弥补另一方的不足。【例句】在学习他人的先进经验时，要注意～。【近义】截长补短　绝长补短　取长补短

断脰决腹　duàn dòu jué fù
【释义】脰：脖子。决：剖开。断头剖腹。形容战死者的惨相。【例句】这场大战

之后,战场上尸横遍野,～。

断鹤续凫　duàn hè xù fú
【释义】凫:野鸭。截下鹤的长腿,接到野鸭的短腿上。比喻违反客观规律办事。【例句】在学习上,我们要一步一个脚印,不能好高骛远,～。

断井颓垣　duàn jǐng tuí yuán
【释义】井塌水断,墙壁坍倒。形容建筑等破败的景象。【例句】几年下来,此处今日竟成～,令人唏嘘。【近义】断垣残壁

断弦再续　duàn xián zài xù
【释义】断弦:指丧妻。把断了的琴弦再接上。指男子丧妻后再娶。【例句】几年过去了,他仍然沉溺于对亡妻的怀念之中,从不考虑～的事。

断线风筝　duàn xiàn fēng zhēng
【释义】断了线的风筝。比喻一去不回或不知去向的人或事物。也比喻身不由己。【例句】她的丈夫外出打工四年多了,却似石沉大海,～,不见回来。/古时,～女儿命,事事都由爹娘定。【近义】泥牛入海

断章取义　duàn zhāng qǔ yì
【释义】章:段落,篇章。本指截取《诗经》中某首诗的某一章节,用来表达自己的意思。后指不顾全文或原意,孤立地摘引别人的文章或谈话。【例句】他这人真是粗心,作文题目才看到一半,就～地大肆发挥。【近义】断章截句【反义】面面俱到

断子绝孙　duàn zǐ jué sūn
【释义】绝了后代。【例句】王局长这样贪赃枉法,总有一天会遭到～的报应。【近义】覆宗灭祀【反义】传宗接代
提示 多用作诅咒语。

堆积如山　duī jī rú shān
【释义】堆积得像山一样。形容东西极

多。【例句】已经过去的,不会再回来,摆在面前的,又是～的工作。

对簿公堂　duì bù gōng táng
【释义】簿:文状,起诉书之类。对簿:在法庭上质询各方、核对状纸事实。公堂:古代官吏审理案件的地方。在官府公堂上受审问。后指在法庭上对质或上法庭打官司。【例句】好话说尽,工人们的工资问题还是没有着落,看来只有～,用法律手段来解决了。

对床夜雨　duì chuáng yè yǔ
【释义】在风雨之夜,两人对床共语。形容亲友或兄弟久别相聚,倾心交谈。【例句】两兄弟分别多年,如今终于再次相聚,一定要～。

对答如流　duì dá rú liú
见"应对如流"。

对号入座　duì hào rù zuò
【释义】查对相合的号数就座。比喻把有关的人或事物跟自己对比联系起来。【例句】车子马上就要开动了,请乘客们保管好自己的财物,～。/他们所写的小说、诗歌等文学作品发表之后,常常有人来"～",兴问罪之师。

对酒当歌　duì jiǔ dāng gē
【释义】当:应当。对着酒应当高声歌唱。指赋诗以助酒兴,也含及时行乐的意思。【例句】～,人生几何! /值此中秋团圆夜,让我们～,痛痛快快玩个够。【近义】片言只字【反义】长篇大论

对牛弹琴　duì niú tán qín
【释义】比喻对不懂道理的人讲道理,对外行人说内行话。现也用来讥笑说话的人不看对象。【例句】你对那群孩子讲相对论,犹如～,只能徒费口舌。/跟这么一个无理取闹的人争吵,无异于～。【近义】对牛鼓簧【反义】有的放矢

对症下药 duì zhèng xià yào

【释义】症:病。针对病情用药。比喻针对具体问题决定解决问题的办法。【例句】要想成为一名优秀的教练员,必须对运动员的情况进行深入调查,仔细分析,摸清个人特点,以便～。【近义】有的放矢【反义】无的放矢

敦风厉俗 dūn fēng lì sú

【释义】使民风淳朴敦厚。【例句】他上任后,发展教育,～,受到当地群众的拥戴。

顿口无言 dùn kǒu wú yán

【释义】顿:停止。闭上嘴不说话。形容理屈词穷的样子。【例句】他似连珠炮一样的疑问令小李～,只得呆呆地站在那里,接受他的"攻击"。【近义】哑口无言【反义】口若悬河

遁入空门 dùn rù kōng mén

【释义】遁:隐藏。空门:指佛教,因佛教认为世界一切皆空。指出家为僧尼。【例句】李自成最终功成身退,～,决心做一个与世无争的人。

遁世离群 dùn shì lí qún

【释义】遁:逃离。逃避人生,远离众人。指摆脱尘俗琐事的烦扰。【例句】不管遭遇多大的挫折,我们都应该勇敢地去面对,而不应该选择～。/人具有社会性,应当在社会中生活与劳作,又何必～呢?

多才多艺 duō cái duō yì

【释义】具有多方面的才能、技艺。【例句】我的爸爸～,唱歌、弹琴、绘画,样样精通。【近义】博学多才【反义】一无所长

多愁善感 duō chóu shàn gǎn

【释义】善:容易。形容人感情脆弱,容易发愁或感伤。【例句】三姑的诗人气质很重,既有胸襟豁达的一面,也有点～,孤僻倨傲。

多此一举 duō cǐ yī jǔ

【释义】举:举动。做多余的、完全不必要的事情。【例句】这篇文章本来已经很完美了,可作者却硬要在末尾加上一段不必要的议论,这岂不是画蛇添足,～?【近义】画蛇添足【反义】必不可少

多多益善 duō duō yì shàn

【释义】益:更加。越多越好。【例句】有什么批评建议你尽管提,～。【近义】贪多务得【反义】宁缺毋滥

多快好省 duō kuài hǎo shěng

【释义】指数量多、速度快、质量好、材料省。【例句】写长篇小说,"～"不见得是成功的捷径,只有慢工才能出细活。

多谋善断 duō móu shàn duàn

【释义】谋:智谋。善:擅长。很有智谋,又善于决断。【例句】三国时期的曹操、诸葛亮都是～之人。【近义】好谋善断

多难兴邦 duō nàn xīng bāng

【释义】邦:国家。国家多灾多难,可以激发人民发愤图强,战胜困难,使国家兴盛起来。【例句】要迎接困难,～。【近义】穷则思变 提示 "难"不读 nán。

多歧亡羊 duō qí wáng yáng

【释义】歧:岔道。亡:丢失。因岔路太多无法追寻而丢失了羊。比喻事物复杂多变,没有正确的方向就会误入歧途。【例句】做事情应专心致志,目标不要立得太多,否则容易～而一事无成。

多如牛毛 duō rú niú máo

【释义】多得像牛毛一样。形容极多。

【例句】想采正宗的野蘑菇，到我们那的山上去，简直～。【近义】比比皆是【反义】寥寥无几　寥若晨星

多事之秋　duō shì zhī qiū

【释义】秋：年，时期。事故或事变多的时期。多指动荡不安的政局。【例句】国家正值～，需要大家团结一致才好。

多行不义必自毙　duō xíng bù yì bì zì bì

【释义】不义：违背道义。毙：倒下，死亡。常干坏事的人，必定自取灭亡。【例句】～。他们猖狂作乱之日，也正是他们埋下覆灭的种子之时。

多嘴多舌　duō zuǐ duō shé

【释义】指爱逞能插嘴或说了不该说的话。【例句】我和他之间的事，用不着你～。

咄咄逼人　duō duō bī rén

【释义】咄咄：叹词，表示惊讶。出语尖刻，令人难以忍受。形容气势汹汹，盛气凌人。【例句】他～的话语气得她一句话也说不出来。／辩论会上，反方～的气势压得正方连连失误。【近义】盛气凌人【反义】平易近人 提示 "咄"不读 chū。

咄咄怪事　duō duō guài shì

【释义】咄咄：叹词，表示惊讶。使人惊讶、难以理解的事。【例句】漆黑的夜空中出现了两个月亮，它们一样圆，一样亮，这岂不是～！【近义】不可思议　莫名其妙【反义】合情合理

掇拾章句　duō shí zhāng jù

【释义】掇：拾取。摘取他人文章中的词句。指东摘西抄地拼凑文章。【例句】这篇文章缺少新意，多半是由～而成。

夺眶而出　duó kuàng ér chū

【释义】眼泪从眼眶猛然涌出。形容心情非常激动。【例句】当她失散多年的孩子突然回到身边的那一刹那，她激动的泪水～。

夺门而出　duó mén ér chū

【释义】夺门：破门，奋力冲开门。摆脱阻拦，冲出门去。【例句】听到喊声，家住附近的工人老王～。【近义】破门而出

夺胎换骨　duó tāi huàn gǔ

【释义】本为道家语，指夺取他人之胎以转生，换凡骨为仙骨。后比喻学习前人写作的命意或技巧而不留痕迹，并有创新。【例句】文学创作要对传统取其精华去其糟粕，在这之上～，不断创新。【近义】脱胎换骨【反义】墨守成规

度长絜大　duó cháng xié dà

【释义】度：量，计算。絜：衡量。量长短，比大小。引申为较量。【例句】为了买到合适的衣服，她～去了好几个商场。／我现在年纪大了，精气神各方面都不敢与年轻人～了。 提示 "度"不读 dù；"絜"不读 jié。

度德量力　duó dé liàng lì

【释义】度：量，计算。衡量自己的品德能否服人，估计自己的能力能否胜任。【例句】做任何事都要～，绝不能忽视主观和客观条件。【近义】审时度势【反义】不自量力 提示 "度"不读 dù。

堕云雾中　duò yún wù zhōng

【释义】堕：落下。落入迷茫的云雾中间。比喻陷入迷惑不解的境地。【例句】读这种新潮诗如～，看了半天也不知所云。【反义】豁然开朗

E

阿弥陀佛 ē mí tuó fó

【释义】佛名。佛教指西方极乐世界中最大的佛。信佛的人用作口头诵念的佛号，表示祈祷或感谢神灵等意思。有时也作感叹语，表示惊讶或叹息等。【例句】她没注意前面的台阶，～，幸好只是脚崴了一下。 提示 "阿"不读 ā。

阿其所好 ē qí suǒ hào

【释义】阿：迎合。好：喜欢。曲意迎合别人或顺从别人的私意。【例句】历代奸臣都善于恭维皇帝，～。【近义】投其所好【反义】不卑不亢 提示 "阿"不读 ā。

阿谀奉承 ē yú fèng chéng

【释义】阿谀：说动听的话讨好。指说话、做事迎合他人，谄媚讨好。也指巴结讨好人的话。【例句】他是一个决不会～的硬汉子。/ 他自从当上科长后，总爱听些 ～。【反义】刚正不阿 提示 "阿"不读 ā。

婀娜多姿 ē nuó duō zī

【释义】婀娜：(姿态)柔软而美好。形容轻盈柔美的姿态。【例句】我喜欢看～的芭蕾舞，也喜欢看节奏欢快的街舞。

讹以传讹 é yǐ chuán é

见"以讹传讹"。

峨冠博带 é guān bó dài

【释义】峨：高。博：宽。戴着高高的帽子，系着宽大的衣带。指古代士大夫的装束，也指今人的复古礼服。也作"高冠博带"。【例句】他那～的装束很有古典风味。

蛾眉皓齿 é méi hào chǐ

【释义】蛾眉：像蚕蛾触须那样弯曲细长的眉毛。皓：洁白。形容女子的美貌。【例句】她的相貌平平，但她的女儿却长得～，杏眼桃腮，非常漂亮。

额手称庆 é shǒu chēng qìng

【释义】称庆：表示庆贺。双手合掌放在额前，表示庆贺。【例句】依法惩处贪污腐败分子，老百姓无不～。【近义】拍手称快【反义】垂头丧气 捶胸顿足

扼腕长叹 è wàn cháng tàn

【释义】一只手握住自己的另一只手腕长声叹息，表示愤怒激动、惋惜等情绪。【例句】引进技术让出市场，多少中国企业家在为这无奈的现实～。

恶贯满盈 è guàn mǎn yíng

【释义】贯：旧时穿铜钱或物的绳子。盈：满。作恶极多，像穿铜钱一样穿满了绳子。形容罪大恶极。【例句】第二次世界大战结束以后，～的战犯们受到了应有的惩罚。【近义】罪恶滔天【反义】功德无量 提示 "恶"不读 wù

和ě。

恶衣粗食　è yī cū shí
见"恶衣恶食"。

恶衣恶食　è yī è shí
【释义】粗劣的衣食。指贫困的生活。也形容生活节俭。也作"恶衣粗食"。【例句】只要工作条件较好，即使～，又有什么关系呢?【近义】粗衣粝食【反义】锦衣玉食

恶语伤人　è yǔ shāng rén
【释义】用恶毒的话伤害别人。【例句】语言美就是和气、谦虚，不说脏话、粗话，不～。【近义】出口伤人

恶作剧　è zuò jù
【释义】令人难堪的戏弄行为。【例句】他开的玩笑太过分，简直成了～。

饿虎扑食　è hǔ pū shí
【释义】像饥饿的老虎扑向食物。比喻动作迅急猛烈。也作"饥虎扑食"。【例句】那名警察赤手空拳，一个～将歹徒死死按住，并奋力抢夺匕首。

饿殍遍野　è piǎo biàn yě
【释义】饿殍:饿死的人。饿死的人到处都是。形容老百姓大批饿死的悲惨景象。也作"饿殍载道"。【例句】非洲一些国家天灾人祸时有发生，所以至今仍有～的现象。　提示　"殍"不读piāo和fú。

饿殍载道　è piǎo zài dào
见"饿殍遍野"。

遏恶扬善　è è yáng shàn
【释义】阻止坏人作恶，颂扬好人的善行。【例句】～是全社会的责任。

恩断义绝　ēn duàn yì jué
【释义】恩爱和情义都已断绝。多指夫妻关系破裂。也作"恩绝义断"。【例句】这对夫妇～，终于分道扬镳。【反义】恩深义重

恩将仇报　ēn jiāng chóu bào
【释义】将:拿，用。受人恩惠却用仇恨来报答。【例句】～的忘恩负义之徒必然为世人不耻。【近义】以怨报德【反义】感恩图报　知恩必报

恩绝义断　ēn jué yì duàn
见"恩断义绝"。

恩深义重　ēn shēn yì zhòng
【释义】恩惠、情义极为深重。【例句】我们应该叩谢这位～的老师才是。【近义】情深义重　恩同再造【反义】恩断义绝

恩同再生　ēn tóng zài shēng
见"恩同再造"。

恩同再造　ēn tóng zài zào
【释义】再造:再生。恩德极深，如同给了自己第二次生命。也作"恩同再生"。【例句】医生成功地为他做了心脏搭桥手术，真是～。【近义】恩深义重　恩重如山【反义】恩断义绝

恩威并用　ēn wēi bìng yòng
【释义】恩惠和威慑两种手段同时使用。指统治者同时采用高压和怀柔手段。【例句】～，刚柔并济，是唐太宗李世民为人和治国的准则。【近义】软硬兼施

恩怨分明　ēn yuàn fēn míng
【释义】恩:恩惠。怨:仇恨。以恩报恩，以怨报怨，决不含糊。【例句】这部长

篇小说的主人公是一个～,疾恶如仇,行侠仗义的好汉。

恩重如山　ēn zhòng rú shān

【释义】恩情像高山一样深重。【例句】这位乐观豁达的老人说,我半生坎坷,共产党对我～。【近义】恩深义重　恩同再造【反义】绝情寡义

儿女情长　ér nǚ qíng cháng

【释义】男女间的爱情或家人间的亲情绵绵不断。多指过分看重或沉溺于私情。【例句】他写的多是生离死别、～方面的小说。【近义】卿卿我我

而立之年　ér lì zhī nián

【释义】指人三十岁。【例句】他已不再是以前那个毛头小伙了——今年三十一岁,过了～。

尔虞我诈　ěr yú wǒ zhà

【释义】虞:欺骗。你欺骗我,我欺骗你。彼此玩弄手段,互相欺骗。【例句】那个国家各党派首领之间,互相猜忌,钩心斗角,～。【近义】明争暗斗　钩心斗角【反义】披肝沥胆　推心置腹

耳边风　ěr biān fēng

【释义】耳朵边吹过的风。比喻听过后全然不放在心上的话。【例句】我是再三给他说过的,他却当～。【近义】东风射马耳【反义】刻骨铭心

耳鬓厮磨　ěr bìn sī mó

【释义】厮:互相。磨:摩擦,接触。两人的耳朵和鬓发相接触。多形容儿童或夫妇之间亲密相处。【例句】他们两个人从小～在一起,当然要产生感情。【近义】青梅竹马【反义】天各一方

耳聪目明　ěr cōng mù míng

【释义】聪:听觉灵敏。明:视力好。耳朵灵敏,眼睛明亮。多形容头脑清楚,反应灵敏。【例句】别看他头发花白,实际上却是～,什么事也瞒不住他。【近义】心明眼亮【反义】耳聋眼花

耳根清净　ěr gēn qīng jìng

【释义】耳边安静,听不到絮叨或烦心的话。指没有事打扰。【例句】他们整天吵闹,使人心烦意乱,所以我巴不得躲开,落得～。

耳目一新　ěr mù yī xīn

【释义】耳目:指见闻。听到的、看到的都令人感到很新鲜。【例句】这种舞台表现独具匠心,让人～。【近义】面目一新【反义】依然如故

耳目昭彰　ěr mù zhāo zhāng

【释义】昭彰:十分明显。形容被众人了解得清清楚楚,无法隐藏。【例句】犯罪分子是有所顾忌的,尤其是在～的时候。【近义】众目昭彰　众目睽睽【反义】掩人耳目

耳濡目染　ěr rú mù rǎn

【释义】濡:沾湿。染:沾染。形容因经常听到,经常看到,无形中受到影响。【例句】他父亲是个歌唱家,他从小便～地学了很多歌曲。【近义】潜移默化

【提示】“濡”不能写成“儒”。

耳食之论　ěr shí zhī lùn

【释义】耳食:用耳朵吃饭,不知滋味。形容听来的没有确凿根据的言论。也作“耳食之谈”。【例句】满篇都是～,怎么能称作“论文”?【近义】道听途说　无稽之谈【反义】言之凿凿

E

耳食之谈　ěr shí zhī tán

见"耳食之论"。

耳熟能详　ěr shú néng xiáng

【释义】详：细说。听得烂熟了，能够详尽地说出来。【例句】鲁迅的《阿Q正传》是大家～的作品。【近义】家喻户晓【反义】罕为人知

耳提面命　ěr tí miàn mìng

【释义】提：向上拉着。命：教诲。拉着耳朵当面教导。形容教诲殷勤恳切。也作"面命耳提"。【例句】学习总得靠个人努力，如果自己不长进，即便别人～，恐怕也无济于事。【近义】谆谆告诫

耳听八方　ěr tīng bā fāng

【释义】八方：四方（东、西、南、北）和四隅（东南、东北、西南、西北）的总称。耳朵同时能听各方面来的声音。形容人灵敏机警，消息灵通。【例句】作为一名优秀的军事指挥员，要眼观六路、～。【近义】眼观六路

耳闻不如目见　ěr wén bù rú mù jiàn

见"百闻不如一见"。

耳闻目睹　ěr wén mù dǔ

【释义】睹：看见。亲耳听见，亲眼看见。【例句】我在北京生活的两年多里，～的大事，算起来也不少。【近义】所见所闻【反义】道听途说

二话不说　èr huà bù shuō

【释义】别的话什么都不说。指立即行动。【例句】她～，立即向经理辞了职。

二人同心，其利断金　èr rén tóng xīn, qí lì duàn jīn

【释义】利：锋利。金：金属。二人齐心协力，力量就像锋利的刀剑，可以切断金属。形容团结一致，力量无敌。也作"同心断金"。【例句】～，只要团结一致，就没有克服不了的困难。

二三其德　èr sān qí dé

【释义】二三：不专一。德：操守，心志。三心二意，反复无常。也作"二三其意"。【例句】他这人做什么都～。

二三其意　èr sān qí yì

见"二三其德"。

二姓之好　èr xìng zhī hǎo

【释义】二姓：结婚的男女双方。指两家和睦亲密的婚姻关系。【例句】两个孩子既然情投意合，我们两家成为～，这也是一件好事。【近义】秦晋之好

二一添作五　èr yī tiān zuò wǔ

【释义】珠算除法口诀之一，表示用二除一得零点五。借指双方平分。【例句】我们一言为定，不管赚多赚少，～。【近义】一分为二

F

发策决科 fā cè jué kē
【释义】策:策问。科:等第。旧指命题考试以决定录取科别等第。也指按题作文,应科举考试取胜。【例句】用这种~的形式招聘员工,真能招到真正的人才吗?

发奋有为 fā fèn yǒu wéi
见"奋发有为"。

发愤图强 fā fèn tú qiáng
【释义】发愤:因感到不满足而决心努力。图:谋求。决心努力谋求富强或上进。【例句】公司上下一心,日夜兢兢业业,勤勤恳恳,~,最终实现扭亏为盈。【近义】励精图治【反义】无所作为

发愤忘食 fā fèn wàng shí
【释义】决心努力学习和工作,连吃饭都忘记了。形容专心致志,勤奋不懈。【例句】她这样~,固然令人钦佩,但也要注意自己的身体。【近义】废寝忘食【反义】好逸恶劳

发号布令 fā hào bù lìng
见"发号施令"。

发号施令 fā hào shī lìng
【释义】发、施:发布。发布命令,下达指示。也比喻脱离实际的瞎指挥。也作"发号布令"。【例句】像他这样光会~,不带头实干的人,实在不适合当项目负责人。【反义】俯首听命 提示 多含贬义。

发聋振聩 fā lóng zhèn kuì
见"振聋发聩"。

发蒙振落 fā méng zhèn luò
【释义】揭去覆盖的东西,振掉树上的枯叶。形容十分容易。【例句】孩子们的接受能力超出你的想象,把这点知识教给他们,正如~一样,并不会很难。【近义】轻而易举

发人深省 fā rén shēn xǐng
【释义】发:启发。省:醒悟,反省。启发人们深刻思考而有所醒悟。【例句】这篇文章字字句句掷地有声,~。【近义】发聋振聩【反义】执迷不悟 提示 "省"不读 shěng。

发扬踔厉 fā yáng chuō lì
【释义】发扬:奋发昂扬。踔:踏。厉:猛烈。形容周朝《武》乐的舞蹈动作威武,挥臂踏地极有气势。比喻精神奋发,意气昂扬。也作"发扬蹈厉"。【例句】这部作品深刻地反映社会历史的发展趋势,表现~的时代精神,鼓舞和激励人民群众奋发向上。【近义】踔厉风发【反义】萎靡不振

发扬蹈厉 fā yáng dǎo lì
见"发扬踔厉"。

发扬光大 fā yáng guāng dà
【释义】发扬:发展显扬。光大:使辉煌盛大。发展提倡,使美好的事物更加强盛。【例句】我们要在学校里培养这种勤劳、勇敢、智慧的作风,并把这些

美德～。

伐异党同　fá yì dǎng tóng
见"党同伐异"。

罚不当罪　fá bù dāng zuì
【释义】当:相当。处罚与所犯罪行不相当,多指处罚过重。【例句】被告人认为法庭审判不公正,～,当庭表示上诉。

法不阿贵　fǎ bù ē guì
【释义】阿:偏袒。法律不偏袒权贵。指秉公执法。【例句】正直的司法官应该～,执法无私。【近义】铁面无私
提示　"阿"不读 ā。

发短心长　fà duǎn xīn cháng
【释义】发短:头发稀少,指年岁大。心长:指智慧多。形容老年人见识多,智谋深远。也作"心长发短"。【例句】别看老王已经六十出头,却是～,请他当参谋绝不会错。

发指眦裂　fà zhǐ zì liè
【释义】发指:头发直竖。眦:眼眶。头发竖起,眼眶也裂开了。形容愤怒到极点。【例句】她用手指着门,～地吼着:"你们都给我出去!"【近义】怒发冲冠【反义】心平气和

幡然悔悟　fān rán huǐ wù
【释义】幡然:迅速而完全的样子。指很快认识到过错,悔恨而醒悟。【例句】他仍然在给妻子机会,希望她能～,与他重修于好。【近义】幡然悔改【反义】执迷不悟

翻江倒海　fān jiāng dǎo hǎi
【释义】把江海倒翻过来。形容水势浩大。比喻声势或力量巨大。也形容乱七八糟或破坏程度严重。也作"倒海翻江"。【例句】连日的暴雨,使江水气

势磅礴,有如～。/那对夫妻为些鸡毛蒜皮的事,闹得～。【近义】搅海翻江

翻空出奇　fān kōng chū qí
【释义】翻空:构思时驰骋想象。形容诗文、字画等跳出前人窠臼,以奇特的想象取胜。【例句】他这本短篇小说集里有好几篇写得～,引人入胜。

翻来覆去　fān lái fù qù
【释义】来回翻身,多指难于入睡。也形容多次重复。【例句】他把白天所发生的事情细细地想了一遍,躺在床上～,久不成眠。/市长被她剪纸的技艺所折服,他拿起剪刀～地看,不相信这艺术品是用一把普通的剪刀剪出来的。【近义】辗转反侧　颠来倒去

翻脸无情　fān liǎn wú qíng
【释义】突然变了脸色,一点儿情义也不讲了。【例句】他想不通,自己和老李十几年的交情,老李怎能如此～?【近义】过河拆桥　卸磨杀驴

翻山越岭　fān shān yuè lǐng
【释义】跨过许许多多的山岭。形容长途跋涉或野外工作的辛苦。【例句】登山队～,又走了几天,总算走到了那座高峰的脚下。

翻天覆地　fān tiān fù dì
见"天翻地覆"。

翻箱倒柜　fān xiāng dǎo guì
【释义】形容彻底翻检搜寻。【例句】她平时不爱收拾,有时找一样什么东西,～找不着。【近义】倾肠倒箧

翻云覆雨　fān yún fù yǔ
【释义】掌心向上时是云,向下时是雨。比喻反复无常或玩弄权术。【例句】罗斯福的传记作者指出,罗斯福也有他自己的缺陷,他变幻无常,～,时常表

现得像只狐狸。

凡夫俗子　fán fū sú zǐ
【释义】凡、俗:平庸。佛教称未入佛门的人。泛指普通人或粗俗浅薄的人。【例句】～很难看懂这些高雅的艺术品。【近义】肉眼凡胎　平头百姓【反义】高人逸士

烦言碎语　fán yán suì yǔ
【释义】烦:多而杂乱。繁杂琐碎的话。【例句】这些～,不必细叨。

繁花似锦　fán huā sì jǐn
【释义】繁:多,盛。锦:有彩色花纹的丝织品。许多色彩艳丽的鲜花像华丽的织锦。也比喻繁荣兴旺。【例句】春天来了,处处春光明媚,～。/ 儿童文学创作呈现出百花齐放、～的崭新局面。【近义】花团锦簇【反义】残花败柳

繁荣昌盛　fán róng chāng shèng
【释义】繁荣:蓬勃发展。昌盛:兴旺。形容兴旺发达、欣欣向荣的景象。【例句】只要我们努力奋斗,社会主义思想文化更加～的新局面就一定会出现。【近义】欣欣向荣【反义】满目疮痍　江河日下

繁文缛节　fán wén rù jié
【释义】文、节:仪式,礼节。缛:烦琐。过分烦琐的仪式或礼节。也比喻琐碎多余的事项或手续。【例句】他们的婚礼是前所未有的新式婚礼,没有任何～。【近义】虚文缛节【反义】删繁就简

反败为胜　fǎn bài wéi shèng
【释义】扭转失败的局面,获得胜利。【例句】大将军在这次战役中指挥若定,我军～。【反义】大势已去

反唇相讥　fǎn chún xiāng jī
【释义】反唇:回嘴、反驳。讥:讽刺,责备。指受到指责不服气,反过来责问对方。【例句】我们要学习直言不讳但却不是～的说话艺术。【反义】缄口不言

反复无常　fǎn fù wú cháng
【释义】无常:没有常规或定准。一会儿这样,一会儿那样,变来变去,没有定准。【例句】他是个～的人,什么事没个准儿,你跟他合作可要小心。【近义】出尔反尔【反义】始终如一

反戈一击　fǎn gē yī jī
【释义】反:掉转。戈:古代一种像矛的兵器。掉转矛头,向自己原属的营垒发起攻击。【例句】在戛纳电影节上,两位大名鼎鼎的美国影坛名人～,批评好莱坞的暴力电影。【反义】同恶相济

反躬自问　fǎn gōng zì wèn
【释义】反躬:反过来要求自身。回过头来检查自己。也作“抚躬自问”。【例句】他几十次几百次地～:是不是做了违反人们道德标准的事?【近义】扪心自问　反求诸己

反客为主　fǎn kè wéi zhǔ
【释义】变客人的地位为主人的地位。比喻变被动为主动或变次要的为主要的。【例句】客场作战的皇家马德里队当天～,表现得更为出色。【近义】喧宾夺主

反目成仇　fǎn mù chéng chóu
【释义】反目:翻眼相看,指不和睦。指翻脸就成了仇人。【例句】为争房子的所有权,兄弟两人竟～,对簿公堂。【近义】反眼不识

反其道而行之　fǎn qí dào ér xíng zhī
【释义】其:他的。道:方法。行:做,办。

F

采取同对方相反的方法办事。【例句】当前的一些电视剧走着一条与普通艺术～的路:人们的生活节奏越来越快捷,电视剧尤其是室内剧的节奏却越来越慢。【近义】反治其身

反求诸己　fǎn qiú zhū jǐ

【释义】求:追究。诸:之于。反过来从自己身上找原因或对自己提出要求。【例句】课上有学生不愿意听,做其他的事情,这位教授总是～,认为是因为自己上课不够有趣,吸引不了学生。【近义】反躬自省　扪心自问【反义】苛求于人

反眼不识　fǎn yǎn bù shí

【释义】转过眼就不认识对方。形容翻脸不顾交情。【例句】邻里之间遇到一点小事,就～,实在不应该。【近义】反目成仇【反义】一如既往

反咬一口　fǎn yǎo yī kǒu

【释义】比喻干坏事的人反过来诬赖受害人、检举人或见证人。【例句】打伤了人不算,还～,说是被打的打了人。【近义】倒打一耙

返本还原　fǎn běn huán yuán

【释义】佛教指通过拜佛修行回到本原状态。泛指恢复原样。【例句】太医让他连服几天安神安魄汤药,他才～,知得人事。

返老还童　fǎn lǎo huán tóng

【释义】使老年人回到童年。指改变衰老状态,恢复青春。【例句】别人说他焕发了青春,他欣然接受,甚至更进一步幻想自己～。【反义】未老先衰

返璞归真　fǎn pú guī zhēn

【释义】返:回归。璞:未经加工的玉。真:本来,原始状态。恢复到原来天然质朴的状态。也作"归真返璞"。【例

句】远离城市的喧嚣,来到遥远的山村,有一种～之感。【近义】返本还原

犯上作乱　fàn shàng zuò luàn

【释义】指冒犯尊长或官府,从事叛乱活动。【例句】在封建社会的教条下束缚久了的人,最怕的是"～,不忠不义"的罪名。【近义】大逆不道　欺君犯上【反义】安分守己　遵纪守法

饭来张口,衣来伸手　fàn lái zhāng kǒu, yī lái shēn shǒu

【释义】吃现成饭,穿现成衣。形容不劳而获,坐享其成。【例句】这些人都是～,四肢从来没有锻炼过,哪经得起这般折腾。

泛泛而谈　fàn fàn ér tán

【释义】泛泛:空泛、肤浅。平平淡淡地讲一讲。指说话或写文章不深刻。【例句】他这篇文章通篇都在～,什么实质性的内容都没有。

泛滥成灾　fàn làn chéng zāi

【释义】洪水漫溢,造成灾害。比喻数量过多,成了祸害。也比喻坏的事物四处流行,成了祸患。【例句】针对～的毒品问题,国际社会正在开展一场声势浩大的扫毒大战。

泛宅浮家　fàn zhái fú jiā

见"浮家泛宅"。

贩夫走卒　fàn fū zǒu zú

【释义】贩夫:旧指小商小贩。走卒:旧指差役、仆人。旧时泛指社会地位低下的人。【例句】相比之下,外城属于～的居住之所,进入视野的一切,都显得荒凉、简陋。【近义】凡夫俗子【反义】人中之龙　达官贵人

方边左右　fāng biān zuǒ yòu

【释义】方边:旁边。指周围一带。【例

句】说起他的那些能耐，～几个村，没人不竖大拇指的。

方便之门 fāng biàn zhī mén

【释义】佛教称随机度人的法门。泛指便利或获益的门径。【例句】这位局长在位多年，一直廉洁奉公，从不为自己家属和朋友开～。【近义】与人方便

方寸已乱 fāng cùn yǐ luàn

【释义】方寸：内心。心乱如麻，没了主意。【例句】看到她突然出现在面前，他～，急忙转过身去。【近义】六神无主【反义】行若无事

方寸之地 fāng cùn zhī dì

【释义】方寸：一寸见方。指心。【例句】心——这个～，不容许有也不会有"真空"的。

方枘圆凿 fāng ruì yuán záo

【释义】方榫头和圆卯眼，两下合不起来。比喻格格不入。也作"圆凿方枘"。【例句】他们两个性格不同，观点各异，～，很难合作。【近义】格格不入【反义】丝丝入扣

方兴未艾 fāng xīng wèi ài

【释义】方：正在。兴：兴起，兴旺。艾：停止。形容形势或事物正在蓬勃发展，丝毫没有停止的趋势。【例句】近些年来，网络语言影响人们的方方面面，而且这势头还～。【近义】如日中天【反义】日暮途穷

方以类聚 fāng yǐ lèi jù

【释义】指事物各按其类聚集在一起。【例句】自然界的植物动物各有所属，～。【近义】物以类聚

方正不阿 fāng zhèng bù ē

见"刚正不阿"。

方趾圆颅 fāng zhǐ yuán lú

【释义】方形的脚，圆形的头。指人的外形特征，也称人。【例句】不过道德观念，她认为恐怕也只有～的种类有，飞走潜跤之类是不足以语此的。

防不胜防 fáng bù shèng fáng

【释义】防：防备，提防。胜：尽。要防备的太多，防备不过来。【例句】他下棋总能走出一些出其不意的妙着，使对手～。

防患未然 fáng huàn wèi rán

【释义】患：灾祸。未然：没有成为事实。在事故或灾害发生之前就加以防备。【例句】上海市全民动员，～开展人感染禽流感预防工作。【近义】未雨绸缪　曲突徙薪【反义】临渴掘井　江心补漏

防微杜渐 fáng wēi dù jiàn

【释义】防：防止。微：微小，指事物的苗头。杜：堵塞。渐：指事物逐渐发展的过程。错误或坏事刚萌发就及时制止，不让它发展。【例句】腐败现象极具腐蚀性与传播性，如果我们不从小事做起，～，那些细微的苗头最终会酿成民族衰亡的大祸。【近义】防患未然【反义】养痈遗患

房谋杜断 fáng móu dù duàn

【释义】唐太宗时的宰相房玄龄、杜如晦共掌朝政，房氏多谋，杜氏善断，同心辅佐太宗。泛指多谋善断。【例句】他综观全局，～，在实践上和理论上创造了不少的业绩。

访贫问苦 fǎng pín wèn kǔ

【释义】指深入基层访问贫苦百姓。【例句】他一直同向导闲谈着，问着这一带庄稼，以及乡下人的家庭生活状况，像一般工作同志～那样。

F

放长线钓大鱼　fàng cháng xiàn diào dà yú

【释义】比喻用长远的眼光与周密的部署谋取更大的收获。【例句】在季末猛做品牌推广，为企业下一季的市场作铺垫，其实是一种"～"的谋略。

放荡不羁　fàng dàng bù jī

【释义】放荡：放纵、任性或行为不检点。羁：约束。行为放纵，不受约束。【例句】他以为～才能显示艺术家的气质，实际上这种想法是极其错误的。【近义】放浪形骸【反义】循规蹈矩　安分守己

放虎归山　fàng hǔ guī shān

【释义】把老虎放回山林。比喻放走坏人，留下祸患。也作"纵虎归山"。【例句】对于这种穷凶极恶的犯罪分子，群众只担心将来处理太宽，～，罪犯又回到社会作恶。【近义】养虎遗患【反义】调虎离山

放浪形骸　fàng làng xíng hái

【释义】放浪：放纵，不受约束。形骸：人的形体。言行放任，不拘形迹。【例句】他对现实灰心之后，并不调整自己，而是～，尤其嗜赌如命。【近义】放荡不羁【反义】循规蹈矩　提示　"骸"不读 hài。

放任自流　fàng rèn zì liú

【释义】放任：放纵，不加约束。听其自由发展，不加约束或干涉。【例句】市场经济绝不是～的经济，它需要符合客观规律的宏观调控。【近义】听其自然　听之任之

放下屠刀，立地成佛　fàng xià tú dāo，lì dì chéng fó

【释义】立地：立刻。佛教指停止杀生，很快就能修成正果。比喻只要决心改恶从善，很快就能变成好人。【例句】他不怕死，也不怕被绑票，居然周游列国，劝霸主们～。【近义】改邪归正

放之四海而皆准　fàng zhī sì hǎi ér jiē zhǔn

【释义】放：放置，推行。四海：指任何地方。准：正确。用到任何地方任何方面都适用，都正确。【例句】实践是检验真理的唯一标准，这是一条～的基本原理。

飞短流长　fēi duǎn liú cháng

【释义】飞、流：散布，流传。短、长：谣言，指是非。散布流言，搬弄是非。【例句】他这一系列改革的举措当然也令一些人不高兴，受到了～、无中生有的攻击。【近义】流言蜚语【反义】肺腑之言

飞蛾扑火　fēi é pū huǒ

见"飞蛾投火"。

飞蛾投火　fēi é tóu huǒ

【释义】比喻自取灭亡。也作"飞蛾扑火"。【例句】挑衅一个中国的原则是没有出路的，搞分裂只能是～，自取灭亡。

飞黄腾达　fēi huáng téng dá

【释义】飞黄：传说中的神马。腾达：腾空，飞驰。神马腾空飞奔。比喻官职或地位急速高升。【例句】七年前他的贸然"出走"，换来了他今天事业上的～。【近义】平步青云【反义】江河日下

飞来横祸　fēi lái hèng huò

【释义】横：意外。突然发生的意外灾祸。【例句】一场～，让这原本幸福的家庭瞬间家破人亡。【近义】祸从天降　飞灾横祸　无妄之灾　提示　"横"不读 héng。

飞禽走兽　fēi qín zǒu shòu

【释义】走：跑。飞翔的禽鸟和奔跑的野兽。泛指鸟兽。【例句】肯尼亚国家动物园有很多珍贵的～,一度被誉为非洲大陆最好的动物园。

飞沙走石　fēi shā zǒu shí

【释义】沙土飞扬,石头滚动。形容风力极猛。【例句】沙漠里的天气变化无常,刚才还是风和日丽,一下就变得天昏地暗,～。【反义】风和日丽

飞霜六月　fēi shuāng liù yuè

见"六月飞霜"。

飞檐走壁　fēi yán zǒu bì

【释义】走：跑。在屋檐上飞越,在墙壁上奔跑。形容身体轻捷,武艺高强。【例句】～、除恶扶弱的"蜘蛛侠"成为风靡世界的好莱坞新经典英雄形象。【近义】身手不凡【反义】步履蹒跚

飞扬跋扈　fēi yáng bá hù

【释义】飞扬：昂扬振奋；放纵。跋扈：蛮横霸道。原指意气举动超越常规,不受约束。现形容骄横放肆,目中无人。也作"跋扈飞扬"。【例句】多少曾经～、不可一世的腐败之徒,纷纷落入恢恢法网中。【近义】跋扈自恣　盛气凌人【反义】平易近人　提示　"跋"不能写成"拔"。

飞灾横祸　fēi zāi hèng huò

【释义】横：意外。突然发生的意外灾祸。【例句】这个场景让他觉得异常恐怖,仿佛随时会有什么～降临到身上。【近义】飞来横祸　祸从天降　提示　"横"不读 héng。

飞针走线　fēi zhēn zǒu xiàn

【释义】形容缝纫、刺绣等动作快速敏捷,技艺娴熟。【例句】在苏州农村,上至老妪,下至幼女,无不～。她们高超

的刺绣技艺令人叹为观止。

非分之想　fēi fèn zhī xiǎng

【释义】分：本分。超出本分的想法。【例句】他洁身自好,从无～。

非驴非马　fēi lú fēi mǎ

【释义】既不是驴也不是马。形容什么也不像、不成样子。【例句】这家伙～,我还从来没有见过。【近义】不伦不类　不三不四

非亲非故　fēi qīn fēi gù

【释义】故：老朋友。既不是亲戚,也不是熟人。表示彼此毫无关系。【例句】这家人跟他～,可是看见他遇到不幸的事,主动地出来给他帮助。【近义】素昧平生　萍水相逢【反义】沾亲带故

非同小可　fēi tóng xiǎo kě

【释义】小可：平常。不同寻常。形容事情重要或情况严重,不容忽视。【例句】这件事情～,应当火速办理。【近义】非同寻常【反义】鸡毛蒜皮　无足轻重

非同寻常　fēi tóng xún cháng

【释义】寻常：平常。不同于平常。形容事情或人很突出,不同于一般。【例句】在这个公司,他是个～的人物。【近义】非同小可【反义】鸡毛蒜皮　无足轻重

肥马轻裘　féi mǎ qīng qiú

【释义】裘：皮衣。乘着肥壮的马驾的车,穿着暖和的软皮袍。形容生活奢华。【例句】这一类王子王孙,锦衣玉食,～,四体不勤,五谷不分,十个有九个不学无术,无知到极点。【近义】乘肥衣轻　乘坚策肥

肥头大耳　féi tóu dà ěr

【释义】形容人头大耳大,长相富态。

F

【例句】他长得滚壮结实，～，一脸福相。【近义】大腹便便　脑满肠肥【反义】瘦骨伶仃

匪夷所思　fěi yí suǒ sī

【释义】匪：非。夷：平常。不是根据常理所能想象到的。形容事物、想法、技艺等离奇，超出寻常。【例句】他的奇谈怪论使人感到～。【近义】不可思议【反义】意料之中

菲食薄衣　fěi shí bó yī

【释义】菲：微少，简单。微薄的衣服，粗劣的食物。形容生活简朴。【例句】在美国，他一边读书，一边打工，～，用两年的时间取得了医学博士学位。

斐然成章　fěi rán chéng zhāng

【释义】斐然：有文采的样子。形容富有文采，很有章法或内容充实。【例句】李白才华横溢，他的诗歌即使是信手写来，也～。　提示　"斐"不能写成"裴"。

肺腑之言　fèi fǔ zhī yán

【释义】肺腑：指内心。发自内心的真诚的话。【例句】他的绝大部分作品皆属～，而非酬世之作。【近义】心腹之言　由衷之言【反义】花言巧语　提示　"腑"不能写成"腹"。

废寝忘食　fèi qǐn wàng shí

【释义】废：停止。顾不上睡觉，忘记了吃饭。形容做事非常努力，专心致志。也形容忧虑或思念得寝食难安。【例句】公司的几个领导夜以继日，～，为实现公司的扭亏为盈不知疲倦地苦干着。／沈洪自从中秋夜见了玉姐，到如今朝思暮想，～。【近义】发愤忘食【反

义】饱食终日

废然而返　fèi rán ér fǎn

【释义】废然：怒气等消除的样子。原指怒气消除，恢复常态。现在形容败兴而归。【例句】我们本想趁星期日赶去那里看他，但因大雨淋漓，未能寻到，只好～。

沸沸扬扬　fèi fèi yáng yáng

【释义】像开锅的水一样翻滚沸腾。形容议论纷纷。也形容来往纷繁，热闹非凡。【例句】他妻子离家出走的事一传出，立即在小镇闹得～。／元宵之夜，街市上～，热闹非凡。【近义】纷纷扬扬

沸天震地　fèi tiān zhèn dì

【释义】沸：沸腾。形容声音洪大杂乱。【例句】在～的锣鼓鞭炮声中，这一对新人被笑嘻嘻地推到焰光熊熊的龙凤喜烛跟前。【近义】惊天动地　震天动地【反义】波澜不惊

费尽心机　fèi jìn xīn jī

【释义】心机：心思，计谋。用尽心思，想尽办法。也作"费尽心思"。【例句】西方人送礼较少在价值上～，而是更注重礼品的纪念意义。【近义】挖空心思　机关用尽　绞尽脑汁【反义】无所用心

费尽心思　fèi jìn xīn sī

见"费尽心机"。

费力劳心　fèi lì láo xīn

见"费心劳力"。

费心劳力　fèi xīn láo lì

【释义】耗费精神和气力。也作"费力劳心"。【例句】他没想到自己～地忙活了几年，得到的却是这样的结果。

分崩离析　fēn bēng lí xī

【释义】离析：离散，解体。分裂崩溃，离散解体。形容国家、集团或组织分裂瓦解。【例句】藩镇割据使大唐王朝到了～的地步。【近义】四分五裂　土崩瓦解　鱼烂土崩【反义】坚如磐石

分道扬镳　fēn dào yáng biāo

【释义】镳：马嚼子。扬镳：提起马嚼子，驱马前进。指各走各的路。比喻志趣、目标不同，各奔前程或各行其是。【例句】大家在火车站挥泪道别，～。／由于追求的人生目标不同，两个好朋友终于～，各奔前程。【近义】背道而驰【反义】殊途同归　并驾齐驱　齐头并进

分甘共苦　fēn gān gòng kǔ

【释义】甘：甜。同享幸福，分担艰苦。【例句】夫妻不能～，就很难共同生活下去。【近义】同甘共苦

分化瓦解　fēn huà wǎ jiě

【释义】指采用适当的方法，使对方的力量分裂、离散。【例句】历史上有很多不用战争，只用攻心策略而使敌人～的事例。【近义】土崩瓦解　分崩离析【反义】精诚团结

分斤掰两　fēn jīn bāi liǎng

【释义】掰：用手分开。比喻过分计较小事。形容为人小气。也作"分斤拨两"。【例句】他这人心眼儿小，专会打细算盘，小事情也～。【近义】掂斤播两　斤斤计较

分斤拨两　fēn jīn bō liǎng

见"分斤掰两"。

分茅裂土　fēn máo liè tǔ

见"裂土分茅"。

分门别类　fēn mén bié lèi

【释义】把事物按照一定的标准分别归入各种门类。【例句】请你把这些文件～地整理好。【近义】分门别户

分秒必争　fēn miǎo bì zhēng

【释义】一分一秒也必须争取。形容充分利用一切时间，毫不放松。【例句】临近高考的那几个月里，他抓紧时间复习，几乎是～。【近义】争分夺秒

分庭抗礼　fēn tíng kàng lǐ

【释义】庭：堂前庭院。抗：对等。见面时宾主分立庭院两边相对行礼，表示关系对等。比喻地位、势力等相当，可以平起平坐或相对抗。【例句】在诗歌方面，杜甫可以与李白～。【近义】平分秋色【反义】强弱异势

分文不取　fēn wén bù qǔ

【释义】分文：指很少的钱。一分钱、一文钱也不肯要。形容不贪心，不计报酬。【例句】他晚上和节假日与职工一起加班，为职工发加班费，可自己却～。【反义】贪得无厌

分一杯羹　fēn yì bēi gēng

【释义】羹：肉汁。分一杯肉汁。比喻分享利益或分担苦痛。【例句】全球各大通信设备制造商都希望在非洲市场上～。

纷纷扬扬　fēn fēn yáng yáng

【释义】形容白雪、落叶、落花等杂乱飘扬的样子。也比喻议论纷纷。【例句】整整一个晚上，～的大雪下了半尺多厚。／此案闹得如此～，是人们始料不及的。【近义】沸沸扬扬

纷至沓来　fēn zhì tà lái

【释义】纷：众多。沓：重复。形容接连不断地到来。【例句】黄山每年都要接

F

待从各地～的游客。【近义】接踵而来【反义】后继无人　提示　"沓"不能写成"踏"。

焚膏继晷　fén gāo jì guǐ

【释义】膏:油脂,指灯油、蜡烛。晷:日影,代指白天。点燃灯烛,连接白天。形容夜以继日。【例句】为了科学研究,很多青年学者～,发愤忘食。【近义】夜以继日【反义】无所事事　提示　"晷"不读 jiǔ。

焚林而田　fén lín ér tián

【释义】田:通"畋",打猎。烧毁山林猎取野兽。比喻无止境地索取而不留余地。【例句】不竭泽而渔,不～。狩猎也要"护、养、猎并举"。【近义】竭泽而渔

焚书坑儒　fén shū kēng rú

【释义】坑:活埋。原指秦始皇曾下令烧毁大量典籍,活埋儒生一事。后指对文化和知识分子的摧残。【例句】～虽已成为历史,但我们应当记住这个历史的教训。

粉墨登场　fěn mò dēng chǎng

【释义】粉墨:用来搽脸描眉的化妆品,引申为化妆。指化妆后登台演戏。比喻在某些场合充当某种角色或经过粉饰登上政治舞台。【例句】锣鼓响起来,小马和小王～,唱了一出《小放牛》。/经过一番明争暗斗,政客们开始一个个～了。【近义】袍笏登场　提示　多用于贬义。"场"不读 chǎng。

粉身碎骨　fěn shēn suì gǔ

【释义】身体粉碎。指丧失生命。也指为了某种目标牺牲生命。【例句】攀岩人员如果摔下万丈深渊,肯定要～。/只要是为了人民的利益,～,赴汤蹈

火,也在所不惜。【近义】殒身碎首 肝脑涂地

粉饰太平　fěn shì tài píng

【释义】粉饰:涂饰表面,掩盖真相。把黑暗腐败的时局装点成太平盛世。【例句】我们主张把问题摆到桌面上来寻求解决的办法,不要～,故意将问题抹杀。【近义】文过饰非

粉妆玉琢　fěn zhuāng yù zhuó

【释义】用白粉装饰,用白玉雕琢。多形容人皮肤白皙细嫩润泽。也形容雪景。【例句】她抬起头来时,～似的双颊泛上一阵红晕。/大地罩上了一层厚厚的白雪,变成了～的世界。【近义】红装素裹

奋不顾身　fèn bù gù shēn

【释义】奋:振奋。顾:顾惜。振作精神,奋勇直前,不考虑个人安危。【例句】他～地跳进湍急的河流,救起了不慎落水的小孩。【近义】赴汤蹈火【反义】贪生怕死

奋发图强　fèn fā tú qiáng

见"发愤图强"。

奋发有为　fèn fā yǒu wéi

【释义】奋发:精神振作。振奋昂扬,有所作为。也作"发奋有为"。【例句】这些作品都能鼓舞年轻人～,产生远大的志向。【近义】大有作为【反义】无所作为

奋袂而起　fèn mèi ér qǐ

【释义】袂:衣袖。一挥袖子站起来。形容感情激动或奋起行动。【例句】唐代国势强盛,众多读书士子～,走出书斋,离家别子,仗剑远游,以求博取功名利禄。【近义】投袂而起

奋起直追　fèn qǐ zhí zhuī

【释义】立即行动起来，一直向前追赶。也作"急起直追"。【例句】我们队在比分落后的情况下～，最终赢得了胜利。【近义】不甘落后【反义】停滞不前

奋勇当先　fèn yǒng dāng xiān

【释义】精神奋发，勇敢地冲在最前面。【例句】洪峰到来的时候，解放军战士～，冲在第一线。【近义】一马当先【反义】畏缩不前

忿然作色　fèn rán zuò sè

见"愤然作色"。

愤愤不平　fèn fèn bù píng

【释义】愤愤：气愤的样子。对不公平的事感到气愤或不满，心情无法平静。【例句】面对不公正的待遇，大家心中都有点～。

愤然作色　fèn rán zuò sè

【释义】愤然：愤怒的样子。色：表情。因气愤而变了脸色。也作"忿然作色"。【例句】听到有人骂她，她～，情绪一下激动起来。【近义】勃然变色

愤世嫉俗　fèn shì jí sú

【释义】愤：不满。嫉：痛恨。对不合理的社会现状与习俗十分痛恨和憎恶。【例句】鲁迅先生～，刚正不阿，深受人们的尊敬。【反义】随俗浮沉

丰富多彩　fēng fù duō cǎi

【释义】彩：花样。内容丰富充实，形式多种多样。【例句】我们的文化生活日益～。【近义】五光十色　森罗万象

丰功伟绩　fēng gōng wěi jì

【释义】丰：大。绩：业绩。伟大的功勋与业绩。也作"丰功伟业"。【例句】人民英雄纪念碑象征着先烈们的～，标志着全国人民对先烈的怀念。

丰功伟业　fēng gōng wěi yè

见"丰功伟绩"。

丰衣美食　fēng yī měi shí

见"鲜衣美食"。

丰衣足食　fēng yī zú shí

【释义】穿的吃的都丰富充足。形容生活富裕。【例句】葫芦沟的村民以往穷得讨饭，如今家家过上了～的生活。【近义】饱食暖衣【反义】缺吃少穿　饥寒交迫

风餐露宿　fēng cān lù sù

【释义】在露天过夜，在风里吃饭。形容旅途或野外生活的艰苦。也作"露宿风餐"。【例句】他不能再住在村里，成天成夜在村外野地里～。【近义】风餐水宿　餐风饮露　餐风沐雨　草行露宿　卧雪眠霜

风尘仆仆　fēng chén pú pú

【释义】风尘：风吹尘扬，比喻旅途劳累。仆仆：辛劳的样子。形容长途奔波，辛苦劳累。【例句】总理一路上～，连续视察了四个县的灾情。【近义】栉风沐雨

风驰电掣　fēng chí diàn chè

【释义】驰：快速奔跑。电掣：电光闪过。像狂风和闪电那样迅速。也作"电掣风驰"。【例句】一辆蓝色的小汽车，～地从对面开来。【近义】星驰电掣　风驰雨骤　提示："掣"不读 zhì。

风吹草动　fēng chuī cǎo dòng

【释义】风轻轻一吹，草就摇晃起来。比喻出现细微的动静或变故。【例句】作案以后，他天天心惊胆战，一有～，马

F

上就躲藏起来。【反义】风平浪静

风吹雨打　fēng chuī yǔ dǎ

【释义】遭受风雨的侵蚀冲击。比喻遭到打击、伤害或经受锻炼。【例句】任凭～，古城至今仍在向人们娓娓诉说着遥远的历史。/ 年轻人要磨炼坚强的意志，准备经受人生道路上的～。【近义】风吹浪打【反义】风和日丽

风刀霜剑　fēng dāo shuāng jiàn

【释义】风霜像刀剑一样刺入肌肤。形容气候严寒。也比喻恶劣的环境。【例句】冬天的夜海，～，寒风刺骨。我特意多穿了几件衣服。/ 岁月的～镌刻了他一脸皱纹。

风度翩翩　fēng dù piān piān

【释义】风度：美好的举止姿态。翩翩：举止潇洒超脱的样子。形容神态举止洒脱文雅。【例句】他～，一表人才。【近义】风姿潇洒

风风火火　fēng fēng huǒ huǒ

【释义】形容急急忙忙或冒冒失失的样子。也形容热情、有劲头的样子。【例句】你一路来鞍马劳顿，又～，也辛苦了，快进屋去歇息歇息。/ 他，中等个，大嗓门，爱说，爱动，～，办事干练。

风风雨雨　fēng fēng yǔ yǔ

【释义】刮风下雨。比喻重重阻拦。也比喻议论纷纷。【例句】她在这里十几年，经历了无数～，就这样一声不响地离开了。/ 他这一闹，弄得满城～，不是要逗得人暗地里朝他说怪话吗？

风和日丽　fēng hé rì lì

【释义】微风和煦，阳光明媚。形容天气晴好。【例句】每当～的时候，蝴蝶就会在万花丛中翩翩起舞。【反义】风吹

雨打　风雨如晦

风花雪月　fēng huā xuě yuè

【释义】原指文学作品里经常描写的四种自然景物。比喻浮华空泛、抒写闲情逸致的诗文。也比喻男女情爱或花天酒地的生活。【例句】他们在吃饭的时候，经常是说些～、无干得失的事情。/ 他年轻时候喜欢写些～的文章。/ 国难当头，有良心有正义感的中国人谁有心思去～？【近义】花前月下

风华正茂　fēng huá zhèng mào

【释义】风华：风采和才华。茂：旺盛。形容朝气蓬勃，才华横溢。【例句】那时，他二十二岁，～，雄姿英发。【近义】年富力强【反义】老态龙钟

风卷残云　fēng juǎn cán yún

【释义】大风吹散了残留的浮云。比喻把残存的东西清除干净。【例句】人民解放军乘胜追击，以～之势，解放了江南的大片国土。【近义】横扫千军

风口浪尖　fēng kǒu làng jiān

【释义】比喻斗争最激烈、最尖锐的地方。【例句】现在到了～，是咱挺身而出的时候了，一定要干出个英雄样来！

风流人物　fēng liú rén wù

【释义】对一个时代有很大影响的杰出人物。也指不拘礼法或轻浮放荡的人。【例句】其中一个展厅内，数十幅铜版画展出了近百年间几代中国青年的～。/ 这几个～聚在一起，谈的无非是一些风花雪月之事。【近义】风云人物【反义】芸芸众生

风流儒雅　fēng liú rú yǎ

【释义】风流：有才学而不拘礼法。儒雅：气度温文尔雅。形容人学识渊博，

举止潇洒,很有风度。【例句】这个家族的后代,无论男女,也都满脸书卷气,尽是～的气派。【近义】温文尔雅

风流倜傥 fēng liú tì tǎng

【释义】倜傥:洒脱不拘。形容人有才华而潇洒豪爽,不拘礼法。【例句】他是一名飞行员,年纪正轻,～。【近义】风流跌宕 提示 "傥"不读 dǎng。

风流雨散 fēng liú yǔ sàn

见"风流云散"。

风流云散 fēng liú yún sàn

【释义】像风一样吹过,像云一样飘散。比喻原来常聚在一起的人飘零离散。也作"风流雨散"。【例句】毕业了,同窗好友～,各奔东西,一转眼十几年过去,他们还好吗?【近义】如鸟兽散【反义】风云际会

风流韵事 fēng liú yùn shì

【释义】原指风雅而有趣的事,即旧时文人骚客诗歌唱和、琴棋书画一类的活动。也指男女私相爱悦的事。【例句】不到一天,他的～就传遍了全城。【近义】风流佳话

风马不接 fēng mǎ bù jiē

见"风马牛不相及"。

风马牛不相及 fēng mǎ niú bù xiāng jí

【释义】风:放逸,走失;一说雌雄相诱。及:到达,碰头。即使马牛走失也不至于到遥远的对方地界;一说牛马不同类,不会因雌雄相诱而靠近。比喻事物之间毫不相干。也作"风马不接"。【例句】不卑不亢与妄自尊大完全是～的两码事。【近义】驴唇不对马嘴【反义】唇齿相依

风靡一时 fēng mǐ yī shí

【释义】靡:倒下。一时间像草木随风倒下一样。形容事物在一个时期普遍流行。也作"风行一时"。【例句】《庐山之恋》的故事曾经～,赚了不少人的热泪。

风平浪静 fēng píng làng jìng

【释义】没有风浪,水面平静。比喻平静无事。【例句】整个湖面～,碧波万顷,几点白帆漂荡其间。／革命先烈的战斗生涯中没有一天是～的。【反义】风起云涌 地动山摇

风起云涌 fēng qǐ yún yǒng

【释义】大风刮起来,乌云涌上来。比喻气势恢宏。也比喻新生事物相继兴起,声势浩大。【例句】当时,～的农民起义吓坏了封建贵族,他们开始联合起来共同镇压起义军。／随着网络拍卖、电子商务的～,网络书店也开始进入获利时代。【近义】风起潮涌【反义】风平浪静 烟消云散

风清弊绝 fēng qīng bì jué

见"弊绝风清"。

风清月朗 fēng qīng yuè lǎng

【释义】微风清凉,月光明亮。形容夜色美好。也比喻品行高洁,性情爽朗。【例句】他永远记得离开家乡的那天是一个～的秋夜。／我先父一生浑俗和光,～。【反义】月黑风高

风声鹤唳 fēng shēng hè lì

【释义】鹤唳:鹤叫。东晋时秦主苻坚率军攻晋,谢玄等在淝水大破秦军,秦军在败逃途中听到风的呼啸声和鹤的鸣叫声,怀疑是追兵赶上来了。形容惶恐疑惧,自相惊扰。【例句】这一仗之

F

后敌人已是～，溃不成军。【近义】草木皆兵　杯弓蛇影

风调雨顺　fēng tiáo yǔ shùn
【释义】调：调和，均匀。顺：适合需要。形容风雨及时，有利于作物生长。现比喻客观条件有利。【例句】今年～，农业喜获丰收。【近义】五风十雨
提示　"调"不读 diào。

风土人情　fēng tǔ rén qíng
【释义】指一个地方特有的自然环境以及人际交往的风尚、礼节与习惯等。【例句】生活在世界屋脊的藏民族有其独特的～。

风行一时　fēng xíng yī shí
见"风靡一时"。

风言风语　fēng yán fēng yǔ
【释义】风：没有确实根据的。指没有根据的传闻或恶意中伤的话。也指背后议论或暗中散布某种传闻。【例句】他终于明白过来，～毕竟是没有根据的，经不起事实的检验。/不知谁在背后～，说是他俩已经离婚了。【近义】流言蜚语【反义】义正词严

风雨交加　fēng yǔ jiāo jiā
【释义】交加：交替叠加，指一齐袭来。大风暴雨一齐袭来。也比喻几种灾难同时袭来。【例句】这是个～、电闪雷鸣的夜晚。【近义】风雨如晦【反义】风和日丽

风雨飘摇　fēng yǔ piāo yáo
【释义】在风雨中飘荡摇晃。比喻时局动荡，很不稳定。【例句】在～的黑暗岁月里，许多仁人志士积极寻求着救国救民的真理。【近义】摇摇欲坠【反义】稳如泰山

风雨如晦　fēng yǔ rú huì
【释义】晦：夜晚。又刮风又下雨，天色昏暗得像黑夜。比喻局势动荡，社会黑暗。【例句】在～的岁月里，他心向光明，坚贞不屈，始终没有失去胜利的信心。【近义】风雨如磐【反义】风和日丽

风雨同舟　fēng yǔ tóng zhōu
【释义】在急风暴雨中同乘一条船前进。比喻在逆境中互相援助，共同渡过危难。【例句】这袋小米啊，勾起了我们当年～中的无限战斗的怀念。【近义】和衷共济　荣辱与共　同舟共济【反义】过河拆桥

风雨无阻　fēng yǔ wú zǔ
【释义】刮风下雨也阻挡不住。指事情将按期或如约进行。【例句】他担任这工作快两年，真是～，从没乱过制度。【近义】持之以恒　百折不挠

风月无边　fēng yuè wú biān
见"无边风月"。

风云变幻　fēng yún biàn huàn
【释义】变幻：变化奇异莫测。像风和云那样变化不定。比喻事物或局势变化无常。【例句】无论国际形势怎样～，中国始终奉行独立自主的外交政策。【近义】风云突变【反义】一成不变

风云际会　fēng yún jì huì
【释义】际会：适时遇会。在难得的好时机适时地相遇。比喻有才华、有作为的人在难得的好时机聚会。【例句】全球的体育健儿们又将在奥运会上～，无疑，一批新的世界纪录也将随之诞生。

风云人物　fēng yún rén wù
【释义】指一个时期内在社会上很活跃

影响大的人物。【例句】这班人虽能成为一时的～，却未必能成就大事。【近义】风流人物【反义】无名小卒

风云突变　fēng yún tū biàn
【释义】比喻局势突然发生了巨大变化。【例句】～，他率领全军将士起义了。【近义】风云变幻【反义】一成不变

风韵犹存　fēng yùn yóu cún
【释义】风韵：优美的姿态。女人的风采姿色，不减当年。【例句】二十年前我们在一起共事过，没想到她四十多岁了，仍～。【反义】人老珠黄

风烛残年　fēng zhú cán nián
【释义】风烛：风中之烛。残：将尽的。比喻临近死亡的晚年。【例句】父亲已七十岁了，他～怎能经受得住这一打击？【近义】钟鸣漏尽【反义】风华正茂

封官许愿　fēng guān xǔ yuàn
【释义】授予官职，许下给予名利的诺言。指许以名利地位，以诱使别人替自己卖力。【例句】这位总统候选人为了拉票用了很多办法——～、笼络感情、立下种种保证。

峰回路转　fēng huí lù zhuǎn
【释义】回：曲折环绕。峰峦迂回，山路蜿蜒。形容山路曲折环绕。也作"路转峰回""山回路转"。【例句】～，景象时刻变换，让你目不暇接。 提示 "转"不读zhuàn。

烽火连天　fēng huǒ lián tiān
【释义】烽火：古时边关报警的烟火，后泛指战火。形容战火燃遍各地。【例句】他也记不得跟随父亲所经历过的那种～、狼烟四起的战争年月。【近

义】狼烟四起

锋芒逼人　fēng máng bī rén
【释义】锋芒：刀剑的尖端。形容言辞尖锐犀利，使人感到有压力。【例句】鲁迅杂文～的风格值得我们学习。【反义】不露圭角

锋芒毕露　fēng máng bì lù
【释义】锋芒：刀剑的尖端。毕：完全。比喻人的锐气、才华等全部显露出来，显得骄傲、不成熟，甚至盛气凌人。也形容字的笔锋、笔势显露无遗。【例句】他少年得志，不知官场深浅，难免～。／这幅字～，神采如生，被字画界视为珍品。【近义】崭露头角【反义】藏锋敛锷　韬光养晦

蜂屯蚁聚　fēng tún yǐ jù
【释义】屯：聚集。像蜜蜂、蚂蚁那样杂乱地聚拢。形容成群的人聚集在一处。【例句】直到日落西山，他这群～的朋友才离开，他才得以清静下来。【近义】蜂屯蚁附　蜂屯乌合

蜂拥而上　fēng yōng ér shàng
【释义】拥：挤着走。像成群的蜜蜂一拥而上。也作"蜂拥而至"。【例句】球迷们～，将足球场的入口处挤得水泄不通。【近义】一拥而上　一哄而上【反义】鱼贯而来 提示 "拥"不能写成"涌"。

蜂拥而至　fēng yōng ér zhì
见"蜂拥而上"。

逢场作戏　féng chǎng zuò xì
【释义】逢：遇到。场：演出的场地。卖艺人遇到合适的场地就开场表演。比喻遇到机会就凑凑热闹或随俗应酬。

F

【例句】对于这些～的事情,谁也不会把它们当成真的。【近义】偶一为之【反义】一本正经

逢人说项　féng rén shuō xiàng
【释义】项:指唐代诗人项斯。碰见人就称道项斯的才学。泛指到处宣扬某人某物的好处。【例句】老王前往各处村落,～,为这事连续跑了两个月。

逢山开道　féng shān kāi dào
【释义】遇到山就开山铺路。泛指排除前进道路上的障碍。常和"遇水叠桥"连用。【例句】他有两名得力助手,能～,遇水叠桥。

逢凶化吉　féng xiōng huà jí
【释义】凶:不幸。遇到凶险能转化为吉祥、顺利。【例句】他竟以为烧香拜佛就能～,真是可笑之至。【近义】遇难成祥

讽一劝百　fěng yī quàn bǎi
见"劝百讽一"。

凤泊鸾飘　fèng bó luán piāo
见"鸾飘凤泊"。

凤雏麟子　fèng chú lín zǐ
见"麟子凤雏"。

凤冠霞帔　fèng guān xiá pèi
【释义】凤冠:嵌有用黄金珠宝制成的凤凰形饰物的帽子。霞帔:绣有云霞图纹的披肩。古代贵族或受朝廷封诰的官宦之家的成年女子的服饰。【例句】古代的贵族女子出嫁时要着～。
提示　"帔"不读 pī。

凤毛麟角　fèng máo lín jiǎo
【释义】凤凰的毛,麒麟的角。比喻稀少

而珍贵的人或事物。【例句】有学问知识的人比较容易找,而有这方面专业知识的人实在是如～。【近义】百里挑一【反义】车载斗量

奉公守法　fèng gōng shǒu fǎ
【释义】奉:奉行。奉行公事,遵守法纪。【例句】每个共产党员都要～,遵守纪律。【近义】安分守己　克己奉公【反义】营私舞弊　作奸犯科

奉令唯谨　fèng lìng wéi jǐn
见"奉命唯谨"。

奉命唯谨　fèng mìng wéi jǐn
【释义】唯:助词。谨:谨慎。恭敬地遵守命令,谨慎小心地去办。也作"奉令唯谨"。【例句】无论他的顶头上司有什么命令,他总是～。【近义】唯命是从【反义】桀骜不驯

奉如神明　fèng rú shén míng
见"奉若神明"。

奉若神明　fèng ruò shén míng
【释义】奉:信仰。神明:天地神灵的总称。像敬奉神灵一样极端崇拜。也作"奉如神明"。【例句】领导的每一句话,他一向都～,句句照办。【近义】敬若神明

奉为圭臬　fèng wéi guī niè
【释义】奉:尊重。圭臬:古代天文仪器,测日影的标尺和标杆,比喻法度或准则。把某些事物、言论尊奉为必须照着实行的准则。【例句】在封建社会,皇帝的言论被～。【反义】不足为训　视为儿戏

奉行故事　fèng xíng gù shì
【释义】奉行:遵照实行。故事:成例。

指按老规矩、旧章程办事。【例句】如果完全～，就不可能开创新的局面。【近义】墨守成规【反义】标新立异

佛高一尺,魔高一丈 fó gāo yī chǐ,mó gāo yī zhàng
见"道高一尺,魔高一丈"。

佛口蛇心 fó kǒu shé xīn
【释义】佛的嘴巴,蛇的心肠。比喻虽满口善言,心肠却极狠毒。【例句】我面貌虽丑,心地却很善良,不似他假仁假义,～。【近义】笑里藏刀 口蜜腹剑【反义】表里如一

佛眼相看 fó yǎn xiāng kàn
【释义】比喻善意相待,不加伤害。【例句】她知道,能顺利完成这项重任,全归功于乡亲们的～。【近义】菩萨心肠【反义】人面兽心

夫唱妇随 fū chàng fù suí
【释义】丈夫说什么,妻子都顺从照办。也比喻夫妇关系融洽。【例句】生活虽然清苦,但小两口～,也算过得幸福。【近义】鹿车共挽【反义】琴瑟不调

夫子自道 fū zǐ zì dào
【释义】夫子:古代对老师或长者的尊称。道:说。本想说别人而实际上恰好说中了自己。【例句】有一些故事情节和书中人物的思想可以说是作者的～。

敷衍了事 fū yǎn liǎo shì
【释义】敷衍:做事马虎,勉强应付。了事:结束事务或平息事态。形容做事马虎,极不认真。也作"敷衍塞责"。【例句】做事一定要认真,千万不能～,做一天和尚撞一天钟。【近义】视同儿戏 得过且过【反义】尽心竭力 一丝不苟

敷衍塞责 fū yǎn sè zé
见"敷衍了事"。

伏低做小 fú dī zuò xiǎo
【释义】伏:屈服。自甘于低贱卑微的地位。【例句】若召到蜀中,以部曲待之,刘备安肯～? 若以客礼待之,又一国不容二主。【近义】低三下四【反义】妄自尊大

伏虎降龙 fú hǔ xiáng lóng
见"降龙伏虎"。

伏首帖耳 fú shǒu tiē ěr
见"俯首帖耳"。

凫趋雀跃 fú qū què yuè
【释义】凫:野鸭。趋:快走。像野鸭快走,像鸟雀跳跃。比喻人欢欣鼓舞。【例句】看到爷爷和一群小孩～,我心里由衷地高兴。【近义】抚髀雀跃

扶东倒西 fú dōng dǎo xī
【释义】比喻自己没有主见,摇摆不定。【例句】他～,毫无主心骨。【近义】摇摆不定 举棋不定【反义】坚定不移

扶老携幼 fú lǎo xié yòu
【释义】搀扶着老人,带领着小孩。多指全家一齐出动欢迎、观看或逃难。也指帮助老人,照顾小孩。【例句】广大群众～,来到解放军驻地,慰问抗震救灾的勇士们。/ 旅途中,他一路上～,受到大家的交口称赞。【近义】尊老爱幼

扶墙摸壁 fú qiáng mō bì
【释义】扶、摸着墙壁走路。指步履不

稳。也比喻谨小慎微地顺从别人。
【例句】古时候妇女的三寸金莲窄窄小小，走路走久了便～，一步三扭。／他们不敢表示自己的主张，只是在那里～地过日子。

扶弱抑强　fú ruò yì qiáng

【释义】扶：帮助。抑：压制。扶助弱小，抑制强暴。【例句】梁山好汉，杀富济贫，～。【近义】扶危济困【反义】以强凌弱

扶危济困　fú wēi jì kùn

【释义】扶持、救济生活困难、处境危急的人。【例句】中华民族是文明、友爱的民族，有～的传统美德。【近义】拯溺救危【反义】趁火打劫　落井下石

扶摇直上　fú yáo zhí shàng

【释义】扶摇：盘旋而上的旋风。乘着旋风风势急速上升。形容地位、名声、数量等上升很快。【例句】那个地区在他的主持下，农业生产～。【近义】青云直上【反义】急转直下　一落千丈

扶正祛邪　fú zhèng qū xié

【释义】祛：去除。医学上指扶持人体内的正气，增强人体抗病能力的疗法。后比喻扶持正气，抵制歪风。【例句】为了战胜疾病，就必须～，增强人体的抗病能力。／写新闻短评，可以表彰新人、新事、新思想、新风尚，或批评错误言行，～。

芙蓉出水　fú róng chū shuǐ

见"出水芙蓉"。

拂袖而去　fú xiù ér qù

【释义】拂：甩动。去：离开。一甩袖子就走了。形容气愤或不满。【例句】在

与对手谈判时，即使久谈而没有结果，你也不能因此～或以过激语言攻击对方。【近义】扬长而去【反义】惠然肯来

浮光掠影　fú guāng lüè yǐng

【释义】浮光：水面的反光。掠影：一闪而过的影子。比喻匆匆过目，观察不细致，印象不深刻。【例句】这次旅游因为时间有限，只能～地走走看看。【近义】走马观花【反义】洞察秋毫

浮家泛宅　fú jiā fàn zhái

【释义】泛：浮。飘浮在水上的家宅。形容以船为家或长期漂泊不定的生活。也作"泛宅浮家"。【例句】这个地方几个世纪来一直生活着一群船民。他们～，逐潮往来。

浮生若梦　fú shēng ruò mèng

【释义】浮：空虚，虚浮。短暂虚幻的人生就像一场梦。【例句】自从她的外孙女先她而去，她在人面前就常感慨～，人生无常。【近义】人生如寄

浮想联翩　fú xiǎng lián piān

【释义】浮想：头脑里涌现的感想。联翩：鸟飞的样子，比喻连续不断。许多感想接连不断涌上心头。【例句】阅读好的文艺作品，常常使人～。提示 "联翩"不能写成"连篇"。

浮云蔽日　fú yún bì rì

【释义】飘浮的乌云遮住了太阳。比喻奸臣蒙蔽君王。也比喻坏人当道，社会黑暗。【例句】无论眼前是大雾迷茫，还是东方有～，太阳总是要升起的。／在～的旧社会，广大人民过着悲惨的生活。

福如东海 fú rú dōng hǎi

【释义】福气像东海一样无边无际。常和"寿比南山"连用，用作祝颂之词。【例句】今天是爷爷的生日，祝老人～，寿比南山。

福寿双全 fú shòu shuāng quán

【释义】有福气，又高寿。祝颂人有福长寿。【例句】今天是您老人家的生日，大家祝您～。【近义】福寿绵长

福天洞地 fú tiān dòng dì

见"洞天福地"。

福无双至，祸不单行 fú wú shuāng zhì, huò bù dān xíng

【释义】好事情不会连续到来，祸事却可能接二连三地发生。也作"祸不单行""福无双至""祸不单行"。【例句】今年经历了旱灾害后，又遭到龙卷风的袭击，这真是～。

抚躬自问 fǔ gōng zì wèn

见"反躬自问"。

抚今追昔 fǔ jīn zhuī xī

【释义】抚：接触。追：缅怀。因被眼前的事物触动而回想过去。【例句】先生的文集最近也陆续出版，～，不胜怅然。【近义】怀古伤今

抚掌大笑 fǔ zhǎng dà xiào

【释义】抚：拍。拍手大笑。形容非常高兴或得意。【例句】他得知这个消息高兴得不得了，不由得～。【近义】拍手称快 欢天喜地 欢呼雀跃【反义】悲痛欲绝

拊膺顿足 fǔ yīng dùn zú

【释义】拊：拍打。膺：胸膛。又是拍胸，又是跺脚。形容悲痛万分，不能自制。【例句】一个烟头引起的一场大火，烧掉了老张的全部家产。老张望着一片废墟，～，后悔莫及。【近义】捶胸顿足

俯拾即是 fǔ shí jí shì

【释义】俯：低头，弯腰。即：就。是：这。只要弯下腰就能捡到这种东西。形容数量很多，极易得到。也作"俯拾皆是"。【例句】到野外去挖荠菜，要是清明时节，几乎～。【近义】比比皆是 触目皆是【反义】凤毛麟角

俯拾皆是 fǔ shí jiē shì

见"俯拾即是"。

俯首就缚 fǔ shǒu jiù fù

【释义】低下头来，受人捆绑。【例句】当匪徒知道陷入重围后，便纷纷～。【反义】负隅顽抗

俯首帖耳 fǔ shǒu tiē ěr

【释义】低着头，耷拉着耳朵。形容非常恭顺服从的样子。也作"伏首帖耳"。【例句】汉奸走狗们对他们的主子都是～，唯命是从。【近义】唯唯诺诺 唯命是从【反义】颐指气使 桀骜不驯

提示 含贬义。"帖"不读 tiě、tiè。

俯首听命 fǔ shǒu tīng mìng

【释义】低着头听从命令。形容恭敬服从的样子。【例句】被压迫民族永远不会成为殖民者～的驯服羔羊。【近义】拱手听命【反义】发号施令

俯仰无愧 fǔ yǎng wú kuì

【释义】俯仰：低头与抬头。上对天、下对人都毫不惭愧。比喻没有做亏心事，不会感到惭愧。【例句】这位老教授以他～的一生给我们留下了一个榜样和很多的启示。【近义】问心无愧

F

俯仰由人　fǔ yǎng yóu rén

【释义】俯仰:低头与抬头,指一举一动。比喻一切行动都要听从别人支配。【例句】她不会让人牵着鼻子走:做别人的奴仆,一颦一笑都会~。【近义】仰人鼻息【反义】独立自主

俯仰之间　fǔ yǎng zhī jiān

【释义】俯仰:低头与抬头。形容时间短暂。【例句】~,飞机已经腾空而上。【近义】咄嗟之间【反义】久而久之　穷年累月

釜底抽薪　fǔ dǐ chōu xīn

【释义】釜:锅。薪:柴火。抽去锅底的柴火。比喻从根本上解决。【例句】这些改革措施,对遏制银行利益驱动,制止违章拆借起到了~的作用。【近义】抽薪止沸【反义】抱薪救火　扬汤止沸

釜底游鱼　fǔ dǐ yóu yú

见"鱼游釜中"。

辅车相依　fǔ chē xiāng yī

【释义】辅:古代车子两旁的横木;一说指颊骨。车:车子;一说指牙床骨。比喻两者利害相关,相互依存。【例句】这两个国家历来就是~的友好邻邦。【近义】唇齿相依　唇亡齿寒【反义】井水不犯河水　风马牛不相及

父母之邦　fǔ mǔ zhī bāng

【释义】邦:国家。自己父辈生长的国家,即祖国。【例句】在那个危急存亡之秋,他对~的忧患,又较难使他不问窗外事地一味黄卷青灯下去。

父母之命,媒妁之言　fù mǔ zhī mìng, méi shuò zhī yán

【释义】媒妁:媒人。父母的旨意,媒人的介绍。指旧时青年男女的婚姻由父母包办。也作"媒妁之言"。【例句】他们两人之前从来未见过面,婚约也是全听"~"的。 提示 今常单用"父母之命"或"媒妁之言"。

付之东流　fù zhī dōng liú

见"付诸东流"。

付之一炬　fù zhī yī jù

【释义】炬:火把。给它一把火全部烧掉。【例句】可恨的侵略者将圆明园~,夷为平地。【近义】毁于一旦

付之一笑　fù zhī yī xiào

【释义】对它一笑算了。表示一点也不介意。【例句】他对于那些风言风语,总是~,从不去计较。【近义】一笑置之

付诸东流　fù zhū dōng liú

【释义】东流:泛指江河流水。把它扔到江河,让流水冲走。比喻希望落空或前功尽弃。也作"付之东流"。【例句】我相信自己的努力不会~的。【近义】毁于一旦【反义】如愿以偿

负荆请罪　fù jīng qǐng zuì

【释义】负:背(bēi)着。荆:荆条,古时打人的刑具。背着荆条请求责罚,表示认罪。后形容主动认错赔罪。【例句】上次多有得罪,今天我是来~的。【近义】引咎自责【反义】兴师问罪

负屈含冤　fù qū hán yuān

【释义】负:遭受。屈:委屈。忍受着委屈或冤枉。【例句】恶人得到了严惩,那些~的人们一定会含笑九泉。【近义】忍辱含垢

负薪救火　fù xīn jiù huǒ
见"抱薪救火"。

负隅顽抗　fù yú wán kàng
【释义】负:依仗。隅:通"嵎",山弯。凭借险要地势顽抗。也指依仗某些条件拒不认罪。【例句】扼守在堡垒中的敌人想～。/《波茨坦公告》发表后,日本军国主义仍～,拒不投降,直到盟国发起强大攻势,才于8月15日宣布投降。【近义】负隅固守【反义】弃械投降　提示　含贬义。"隅"不读 ǒu,也不能写成"偶"。

负重致远　fù zhòng zhì yuǎn
【释义】致:到。负载重物送到远方。比喻担负重任。【例句】牦牛肥大耐寒,可以～,俗称"高原之舟"。/公司新的领导班子很有干劲,相信一定能～,带领公司扭亏为盈。【近义】任重道远

妇孺皆知　fù rú jiē zhī
【释义】孺:小孩。皆:都。妇女和小孩子都知道。形容大家都知道或一看就明了的简单事物。【例句】雷锋的故事,现在几乎～。【近义】众所周知

附凤攀龙　fù fèng pān lóng
见"攀龙附凤"。

附庸风雅　fù yōng fēng yǎ
【释义】附庸:依傍,追随。风雅:《诗经》有《国风》和《大雅》《小雅》,后指诗文方面的事。指结交学者、名士或从事有关文化活动以装点门面。【例句】他并无真才实学,只是～而已。【近义】装模作样　提示　含贬义。

附赘县疣　fù zhuì xuán yóu
【释义】附:依附。赘、疣:肉瘤和瘊子。

县:古"悬"字。附生在皮肤上的小瘤和瘊子。比喻多余无用的东西。【例句】那些贪图享乐、只想拿钱不干活的人,正是社会的～。　提示　"县"不读 xiàn。

赴汤蹈火　fù tāng dǎo huǒ
【释义】赴:奔向。汤:开水。蹈:踩。敢于投入沸水,跳进烈火。比喻不避艰险,奋勇向前。【例句】无数革命先烈为了民族的解放事业,～也在所不惜。【近义】舍生忘死【反义】贪生怕死

富贵逼人　fù guì bī rén
见"富贵逼人来"。

富贵逼人来　fù guì bī rén lái
【释义】逼:迫近;迫使。指不希望富贵而富贵自来。也指有财有势自会招人前来靠拢。也作"富贵逼人"。【例句】他这项技术一投入市场应用就广获好评,订单纷纷到来,真是～,想不发达都难了。/这时方圆上百公里的绅商富户,差不多也到齐了。自古道"～",这也难怪。

富贵不能淫　fù guì bù néng yín
【释义】淫:惑乱,诱使腐化堕落。金钱和地位无法扰乱心志。常与"贫贱不能移,威武不能屈"连用。【例句】共产党员应该真正做到～。

富贵荣华　fù guì róng huá
见"荣华富贵"。

富国强兵　fù guó qiáng bīng
【释义】使国家富足,兵力强盛。【例句】现代文坛的伟大文学家郭沫若,曾经怀着～的爱国热情,东渡日本求学。【近义】国富兵强

富可敌国　fù kě dí guó

【释义】敌：匹敌，相当。私人拥有的财富可与国家资财相匹敌。形容极为富有。【例句】电脑奇才比尔·盖茨～，曾拥有近千亿美元的资产。【近义】腰缠万贯【反义】一贫如洗　不名一钱

富丽堂皇　fù lì táng huáng

【释义】富丽：雄伟美丽。堂皇：气势雄伟。多形容建筑物宏伟华丽或场面豪华。也形容辞藻华丽。【例句】凡尔赛宫的～，反映了法国统治者生活的豪华奢侈。／这部小说构思精巧，文辞～。【近义】金碧辉煌【反义】蓬门荜户

富商大贾　fù shāng dà gǔ

【释义】贾：泛指商人。财富极多的大商人。也作"富商巨贾"。【例句】这次晚宴来的男男女女足有两三千人，多半都是～。　提示　"贾"不读 jiǎ。

富商巨贾　fù shāng jù gǔ

见"富商大贾"。

腹背受敌　fù bèi shòu dí

【释义】前后两面都受到敌人的攻击。比喻各种被动、不利的情况。【例句】我军～，形势万分危急。／我想他们考虑周详，肯定不会陷于～的境地。【近义】四面楚歌

腹诽心谤　fù fěi xīn bàng

【释义】诽、谤：无中生有说人坏话，毁人名誉。心怀不满，暗中发泄。【例句】有意见就说出来，别把气闷在肚子里，～，于别人丝毫无损，却有损于自己的健康。

腹无点墨　fù wú diǎn mò

见"胸无点墨"。

覆巢之下无完卵　fù cháo zhī xià wú wán luǎn

【释义】覆：底朝上翻倒。翻倒的鸟窝下面没有完好的鸟蛋。比喻整体覆灭，个体不能幸免。【例句】如果"匹夫"一个个各顾各，甚至拆台拉偏套，那国家就会"亡"，结局是～，所有的人一齐受灾难。

覆车之戒　fù chē zhī jiè

【释义】覆车：翻车。戒：警戒。比喻前人败亡的教训。也作"覆车之辙"。【例句】做事情要注意吸取教训，既有～，就不要再犯同样错误。【近义】前车之鉴

覆车之辙　fù chē zhī zhé

见"覆车之戒"。

覆水难收　fù shuǐ nán shōu

【释义】覆：倒出。倒在地上的水难以收回。比喻事成定局，无法挽回。【例句】恩断义绝，～，两人只得各奔前程。

G

改朝换代　gǎi cháo huàn dài

【释义】朝、代：建立国号的一代或若干代君主统治的整个时期。旧的朝代被新的朝代所代替。泛指政权更替。【例句】任何君主残酷剥削百姓，使百姓活不下去，百姓必然奋起反抗，最终导致～。

改过自新　gǎi guò zì xīn

【释义】改正错误，自己重新做人。也作"悔过自新"。【例句】既然认识到错误，那么就一定要～。【近义】弃旧图新　痛改前非【反义】屡教不改

改换门庭　gǎi huàn mén tíng

【释义】门庭：指家庭或门第。比喻改变门第出身，提高社会地位。也比喻另择新主或势力投靠。【例句】他指望得个一官半职，一来～，二来省受那赃官污吏的闷气。/教练摇身一变成为切尔西队主帅，几名夺冠主力也纷纷～，波尔图队实力大减。

改名换姓　gǎi míng huàn xìng

【释义】改换原来的姓名。多为隐瞒真实身份。也作"更名改姓"。【例句】当年做秘密工作的同志回到延安，都必须～。

改天换地　gǎi tiān huàn dì

【释义】改变天与地的原貌。比喻彻底改变社会或大自然，使其面貌焕然一新。【例句】外边～的巨大变化并没有震动过这偏僻的山沟。【近义】扭转乾坤【反义】依然如故　依然故我

改头换面　gǎi tóu huàn miàn

【释义】改变人的面貌。也比喻只改变外在形式而不改变实质内容。【例句】不良商贩将不合格的商品～一番，继续销售给消费者。【近义】乔装打扮【反义】原封不动

改弦更张　gǎi xián gēng zhāng

【释义】更：改。更张：调整琴弦，使乐声和谐。比喻改变方针、计划或方法等。【例句】面对沉疴积弊，清政府并没有～，别图良策。【近义】改弦易辙【反义】旧调重弹　重蹈覆辙　【提示】"更"不读 gèng。

改弦易辙　gǎi xián yì zhé

【释义】辙：车轮印；道路。琴换弦，车改换道路。比喻改变方向、计划或做法。【例句】那位诗人已经～，开始写小说了。【近义】改弦更张【反义】重蹈覆辙

改邪归正　gǎi xié guī zhèng

【释义】不再走邪路，回到正路上来。指不再干坏事。【例句】大家都希望这个误入歧途的年轻人能够～。【近义】改恶从善　弃暗投明【反义】执迷不悟

盖棺定论　gài guān dìng lùn

见"盖棺论定"。

盖棺论定　gài guān lùn dìng

【释义】盖棺：合上棺盖，指人死之后。定：确定。一个人的功过是非到死后才能作出结论。也作"盖棺定论"。【例句】～，这个人一生不曾做过一件对不

G

起他人的事情。【近义】盖棺事定

盖世无双　gài shì wú shuāng

【释义】盖:压倒,超过。超过世界上所有的人,再没有第二个可比。形容世界第一,独一无二。【例句】雄伟的万里长城～。【近义】举世无双　绝无仅有【反义】比比皆是

概莫能外　gài mò néng wài

【释义】概:一概,全部。全部都在所指的范围内,没有例外。【例句】任何成就的取得都是与勤奋分不开的,古今中外,～。

干净利落　gān jìng lì luò

【释义】形容穿着整洁。也形容说话、行动等灵活敏捷,不犹豫迟缓。【例句】老奶奶七十多岁了,浑身上下收拾得～。/ 服务员已经～地收拾好一切,等待宴会开始。【近义】快刀斩乱麻【反义】拖泥带水

干云蔽日　gān yún bì rì

【释义】干:冲犯。冲上云霄,遮住太阳。形容树木或建筑物高大。也作"蔽日干云"。【例句】走过那条幽径,眼前竟是另一番景象,四周树木葱郁,～。【近义】遮天蔽日

甘拜下风　gān bài xià fēng

【释义】甘:甘愿,乐意。下风:风向的下方,比喻下位或劣势。比喻真心佩服对方,自认不如。【例句】林冲武艺高强,杨志～。【近义】心悦诚服　五体投地【反义】不甘雌伏

甘居下流　gān jū xià liú

见"甘居下游"。

甘居下游　gān jū xià yóu

【释义】甘:甘愿,乐意。下游:江河接近出口的部分。比喻甘愿处于落后地位。也作"甘居下流"。【例句】～,不

求上进,就只能束缚人们的思想发展。【反义】力争上游

甘心瞑目　gān xīn míng mù

【释义】瞑目:闭眼。心甘情愿闭上眼睛。形容死而无憾。【例句】今获所愿,～。【反义】死不瞑目

甘言好辞　gān yán hǎo cí

【释义】甜美动听的讨好的话。【例句】你不能随便相信他们的～。【近义】甜言蜜语　花言巧语【反义】污言秽语

甘之如饴　gān zhī rú yí

【释义】饴:麦芽糖浆。觉得它甜得像糖浆。比喻甘愿承受艰难困苦或作出牺牲。【例句】科学家潜心研究,甚至废寝忘食,～。【近义】甘之如荠　【提示】"饴"不能写成"怡"。

肝肠寸断　gān cháng cùn duàn

【释义】肝脏和肚肠好像被一寸一寸地截断一样。形容极其痛苦、悲伤。【例句】获悉噩耗,她～,一个人在自己的房内哭得死去活来。【近义】心如刀绞【反义】欢天喜地

肝胆相照　gān dǎn xiāng zhào

【释义】肝胆:比喻真诚的心。照:知晓。比喻真诚相待,高度信任。【例句】他们俩是患难之交,彼此之间～,无所不谈。【近义】披肝沥胆【反义】尔虞我诈　钩心斗角

赶尽杀绝　gǎn jìn shā jué

【释义】驱逐干净,彻底消灭。泛指残忍狠毒,不留余地。【例句】中世纪,一些欧洲国家的国王对于异己者都是～。【近义】斩尽杀绝

敢怒而不敢言　gǎn nù ér bù gǎn yán

【释义】心里愤怒,但不敢说出来。【例句】他讨厌别人这样谈论他的父亲,但

～，只是噘着嘴转身离开了。

敢作敢为 gǎn zuò gǎn wéi

【释义】做事有胆量，勇于进取不退缩。【例句】只有～的人，才敢站在开拓创新的浪尖上。【反义】畏首畏尾

感恩戴德 gǎn ēn dài dé

【释义】戴：尊崇。感激别人对自己的恩德。【例句】孔繁森一心为民造福，老百姓怎能不～呢？【近义】感恩图报 结草衔环【反义】忘恩负义 恩将仇报 辜恩背义

感恩图报 gǎn ēn tú bào

【释义】图：谋求。感激别人施予的恩惠而设法报答。【例句】小王～，十分孝敬他的养母。【近义】感恩戴德 感激涕零【反义】忘恩负义 恩将仇报

感激涕零 gǎn jī tì líng

【释义】涕：眼泪。零：落下。感动得流下泪来。后形容非常感谢。【例句】提起将军平日的恩德，士兵们无不～。

感情用事 gǎn qíng yòng shì

【释义】凭个人的爱憎或一时的感情冲动处理事情。【例句】他说他并非～，而是在进行深刻考虑之后决定递交辞呈的。【近义】意气用事

感人肺腑 gǎn rén fèi fǔ

【释义】肺腑：内脏器官，指内心深处。使人内心深受感动。【例句】他在默默诵读着这些～的铿锵词句。【近义】不忍卒读【反义】平淡无奇

感天动地 gǎn tiān dòng dì

【释义】使天地也为之感动。形容感人至深。【例句】他们的理想信念和人格力量，确实～，永载史册。【近义】惊天动地【反义】平淡无奇

感同身受 gǎn tóng shēn shòu

【释义】身：自身。感激的心情如同亲身受到恩惠一样。也泛指自己的感受跟别人相同。【例句】北山在京，万事求二兄代为照顾，～。/ 对遭受特大地震灾害的海地人民，我们是～的。【近义】设身处地

刚愎自用 gāng bì zì yòng

【释义】愎：固执、任性。自用：自以为是。倔强固执，自以为是，不接受别人的意见。【例句】商纣王专横残暴、～，终于导致亡国。【近义】固执己见 我行我素【反义】从谏如流 提示 “愎”不读 fù，不能写成“腹”。

刚柔相济 gāng róu xiāng jì

【释义】刚柔：硬和软，比喻男女、宽严等。济：成。刚强与柔和两种手段交替使用，互相调剂、补充。【例句】他抵挡不住这番～的攻击，心理上的防线一下崩溃了。【近义】阴阳相济 绵里藏针【反义】水火不容

G

刚正不阿 gāng zhèng bù ē

【释义】阿：偏袒，迎合。刚强正直，不逢迎附和。也作“方正不阿”。【例句】端午节赛龙舟是为了纪念志洁行廉、～的屈原。【近义】堂堂正正【反义】趋炎附势 提示 “阿”不读 ā。

纲举目张 gāng jǔ mù zhāng

【释义】纲：渔网上的总绳。目：网眼。提起网上的总绳，所有的网眼就都张开了。比喻抓住事物的主要环节，就可以带动其他环节。也比喻抓住要领，条理分明。【例句】尽管事情千头万绪，但是只要抓住矛盾的关键，就会～，一切都会迎刃而解。/ 只有中心论点明确，才能做到～。【近义】提纲挈领【反义】不得要领

钢筋铁骨　gāng jīn tiě gǔ

【释义】筋骨像钢打铁铸一样。形容体魄十分健壮。【例句】他天天进行体能训练,练就了一身～。

高岸深谷　gāo àn shēn gǔ

【释义】高岸变为深谷,深谷变成丘陵。多比喻事物的巨大变化与人世的变迁。也形容幽僻深邃。也作"高岸为谷,深谷为陵"。【例句】人生之路风云变幻,～,我们应该坦然面对。/ 他自从出了那件事后,就住进～、人道不通的深山老林里去了。【近义】沧海桑田

高岸为谷,深谷为陵　gāo àn wéi gǔ, shēn gǔ wéi líng

见"高岸深谷"。

高傲自大　gāo ào zì dà

见"自高自大"。

高不成,低不就　gāo bù chéng, dī bù jiù

【释义】就:凑近。高的攀不上或做不了,低的又不屑迁就。多用于形容择偶或求职上的两难处境。也作"高低不就"。【例句】她那如花似玉的女儿,～,已近二十八岁,还未嫁人。

高不可攀　gāo bù kě pān

【释义】高得无法攀登上去。形容难以达到。也形容难以攀交、接近。【例句】登山队员打破了珠穆朗玛峰～的神话。/ 她一走进来,就摆出一副～的样子。【近义】高不可登

高城深池　gāo chéng shēn chí

【释义】池:护城河。高高的城墙,深深的护城河。指坚固的防卫。【例句】坚甲利兵不足以为胜,～不足以为固。【近义】铜墙铁壁

高蹈远举　gāo dǎo yuǎn jǔ

见"高举远蹈"。

高低不就　gāo dī bù jiù

见"高不成,低不就"。

高飞远举　gāo fēi yuǎn jǔ

【释义】举:飞,离去。飞到高处,去向远方。也比喻奔向远大前程。【例句】他远离家乡到异国求学,是打算有所作为的、～的。【近义】远走高飞

高风亮节　gāo fēng liàng jié

【释义】风:风格。亮:通"谅",诚信,正直。高尚的品德,坚贞的节操。【例句】周恩来总理以他的～赢得了世界各国人民的尊敬。【反义】卑鄙龌龊

高高在上　gāo gāo zài shàng

【释义】所处的位置或地位很高。也形容领导者脱离群众,不深入实际。【例句】同那些～、不深入基层的干部相比,他们更了解群众。

高歌猛进　gāo gē měng jìn

【释义】高声歌唱,勇猛前进。形容情绪高昂地奔向前方。【例句】这名小将在奥运会柔道比赛中,一路～杀入决赛。

高官厚禄　gāo guān hòu lù

【释义】显贵的官职,优厚的俸禄。【例句】吉鸿昌拒绝了敌人～的收买,英勇就义。【近义】高官显爵

高官显爵　gāo guān xiǎn jué

【释义】爵:官爵。官职高,爵位显赫。也指拥有它们的人。【例句】人说他武可以为将,文可以入相。但终其一生,他不曾做过一任～,也算是怀才不遇。【近义】高官厚禄

高冠博带　gāo guān bó dài

见"峨冠博带"。

高举远蹈　gāo jǔ yuǎn dǎo

【释义】高举：高飞。远蹈：远行。指隐居避世。也作"高蹈远举"。【例句】他唯恐祸及妻女，于是带领家人，～。【近义】高蹈远引

高门大户　gāo mén dà hù

【释义】高门：旧时指富贵之家。指有钱有势的富贵人家。【例句】这个村庄被一条小河分成两半，一边是～，一边是种田人家。

高睨大谈　gāo nì dà tán

【释义】睨：斜着眼睛看。昂头斜视，大发议论。形容举止言论气概不凡，旁若无人。【例句】他们几个一到周末就爱聚到一起，喝点小酒，～。【近义】高谈阔论

高朋满座　gāo péng mǎn zuò

【释义】高贵的客人坐满了席位。形容宾客众多。【例句】这家主人热情好客，家中常常～。【近义】宾客盈门【反义】门可罗雀

高人一等　gāo rén yī děng

【释义】比一般人高出一个等级。指胜过别人。【例句】他常常自以为～，实际上很平庸。【近义】高人一筹　出人头地【反义】低人一等

高人逸士　gāo rén yì shì

【释义】逸：隐逸。旧指自命清高、不慕名利的人。【例句】这首散文诗描绘了一个寄情山水、不以世事为念的～形象。【反义】凡夫俗子

高山景行　gāo shān jǐng xíng

【释义】高山：比喻高尚的道德。景行：大路，比喻行为正大光明。比喻崇高的道德品行。也作"高山仰止，景行行止"。【例句】这些事迹，处处反映着他那～的品格和风范。

高山流水　gāo shān liú shuǐ

【释义】"高山""流水"本为伯牙蕴涵于古琴曲中的两种寓意，伯牙每奏一曲，钟子期都能领会。比喻知音相赏。也比喻乐曲高妙。【例句】听了他这席话，我顿时有一种～、知音犹存之感。／如此～之曲，令人耳目一新，久久难忘。

高山仰止，景行行止　gāo shān yǎng zhǐ，jǐng xíng xíng zhǐ

见"高山景行"。

高深莫测　gāo shēn mò cè

见"莫测高深"。

高视阔步　gāo shì kuò bù

【释义】昂头往上看，迈开大步走。多形容态度、神情傲慢。【例句】他一副～的样子，有谁愿意和他交朋友呢！【近义】昂首阔步【反义】低三下四

高耸入云　gāo sǒng rù yún

【释义】高高耸起，插入云中。形容山峰、建筑物等高峻挺拔。【例句】这五个大字与那～、气势磅礴的雄关，浑然一体，煞是壮观。

高抬贵手　gāo tái guì shǒu

【释义】高、贵：敬辞。请对方抬高手放自己过去。表示恳求别人通融或饶恕。【例句】念在这次的错误改正及时，挽回了不少损失，你就～放他一马吧。

高谈阔论　gāo tán kuò lùn

【释义】指漫无边际或不切实际地大发议论。【例句】那几个人经常在办公室里～，叫周围的人不得安宁。【近义】放言高论【反义】沉默寡言　提示　含贬义。

G

高谈雄辩 gāo tán xióng biàn

【释义】大发议论,长于说理。形容能言善辩。【例句】他在那次面试中～,应对如流。【近义】能言善辩

高屋建瓴 gāo wū jiàn líng

【释义】建:古通"溅",倾倒。瓴:盛水的瓶子。在高高的房顶上把瓶子里的水往下倒。比喻居高临下,不可阻挡。【例句】在当时的情况下,他下决心作出这样的决定,的确具有～的气魄。【近义】居高临下

高瞻远瞩 gāo zhān yuǎn zhǔ

【释义】瞻:向前或往上看。瞩:注视。站得高,看得远。形容目光远大,有远见。【例句】智者～,洞察世变,所以能作出正确的选择。【近义】见识远大 见多识广【反义】鼠目寸光

高枕无忧 gāo zhěn wú yōu

【释义】垫高枕头睡觉,无忧无虑。形容已经没有忧虑的事情或平安无事。【例句】不要以为目前安居乐业便可～了,人无远虑,必有近忧,我们要时时提高警觉啊。【近义】高枕而卧【反义】枕戈待旦

高足弟子 gāo zú dì zǐ

【释义】高足:骏马,比喻高才。才学特别优异的学生。多用来称呼别人的得意门生。【例句】他们两位都是徐教授的～,在同样的领域各有建树。【近义】得意门生

膏肓之疾 gāo huāng zhī jí

【释义】膏肓:古称心尖脂肪为膏,心脏和膈间为肓,都是药力达不到的地方。指极为严重的病症。也比喻致命的弱点。【例句】将军希冀遣一营之师,以除～,不管动机如何,是很不现实的。【近义】不治之症 提示 "肓"不读máng,下边不是"目"。

膏腴之地 gāo yú zhī dì

【释义】膏:油脂。腴:腹下肥肉。指肥沃富饶的地方。【例句】那个小村庄真是一块有地宜粮,有滩宜果,有水宜渔的～。【近义】鱼米之乡【反义】不毛之地

槁木死灰 gǎo mù sǐ huī

【释义】槁木:枯死的树木。死灰:燃烧后的冷灰。比喻毫无生气、极度消沉或冷漠无情。也作"枯木死灰"。【例句】她在夫死子丧之后,就如～一般,只在家呆坐着。【近义】心如死灰 万念俱灰【反义】雄心壮志 生机勃勃

告老还乡 gào lǎo huán xiāng

【释义】告老:因年老而请求辞职。年老退休回故乡。【例句】他在外面做过知县,后来～。【反义】走马上任

割席绝交 gē xí jué jiāo

【释义】席:席子。割断席子,表示断绝交情,不再来往。【例句】他品德极坏,我已经和他～了。【近义】割袍断义【反义】桃园结义

歌功颂德 gē gōng sòng dé

【释义】歌颂功绩,赞扬恩德。【例句】在他的具体"指导"下,厂庆展览变成了为他个人～的"展示会"。【近义】树碑立传【反义】怨声载道 提示 今多含贬义。

歌台舞榭 gē tái wǔ xiè

【释义】榭:建在高台上的敞屋。表演歌舞的楼台和厅堂。泛指演出歌舞或寻欢作乐的场所。【例句】～之间,常常可以看到他们的身影。【近义】楚馆秦楼

歌舞升平　gē wǔ shēng píng

【释义】升平:太平。唱歌跳舞,欢庆太平。多指粉饰太平。【例句】进入新世纪,世界并没有出现一派～的局面,不少地区的动乱、武装冲突和局部战争还在继续。【近义】天下太平【反义】兵荒马乱

革故鼎新　gé gù dǐng xīn

【释义】革:革除。鼎:树立。革除旧的,建立新的。【例句】中国画具有悠久的传统,经过历代画家的发扬光大、～,愈显永恒的活力。【近义】弃旧图新　推陈出新【反义】因循守旧

格格不入　gé gé bù rù

【释义】格格:抵触。互相抵触,不能融合在一起。【例句】他们两个人的个性～,硬把他们凑成一组,事情肯定办不好。【近义】方枘圆凿　水火不容【反义】水乳交融

格杀勿论　gé shā wù lùn

【释义】格杀:打死。勿论:不论罪。把行凶、拒捕或违反禁令的人当场打死而不以杀人论罪。【例句】一位示威者告诉记者,军队有令,如果谁试图跨入这个区域一步,一律～。

隔岸观火　gé àn guān huǒ

【释义】火:指火灾。站在河的一边看河的另一边失火。比喻见人有急难不加救助,袖手旁观。【例句】见他人有危难时,我们一定要尽力救援,切不可～。【近义】冷眼旁观　袖手旁观　见死不救【反义】见义勇为

隔墙有耳　gé qiáng yǒu ěr

【释义】即使隔着墙也还有耳朵在偷听。比喻秘密的言谈可能泄露。【例句】这份营销计划对公司非常重要,希望你不要和任何人讨论,以免～,让其他公司取得先机。【近义】属垣有耳【反义】瞒天过海

隔三岔五　gé sān chà wǔ

【释义】每隔几天;时常。【例句】为了不使二哥起疑心,宋彩玲～又以父亲的口气向远在千里之外的哥哥报平安。【近义】三天两头　提示　"差"不读 chā。

隔世之感　gé shì zhī gǎn

【释义】世:一个时代。指因人事或景物变化大而引起的、像隔了一个时代似的感觉。形容变化极大。【例句】仅仅相隔两年,所写的东西,读起来就有～了。【近义】恍如隔世

隔靴搔痒　gé xuē sāo yǎng

【释义】搔:挠,抓。隔着靴子挠痒痒。比喻说话、作文等没有抓住主题,不中肯或做事没有抓住关键,不解决问题。【例句】做文章最忌～,应该将重点作出清楚的说明。【近义】不得要领　不着边际【反义】一语中的　一针见血

个中三昧　gè zhōng sān mèi

【释义】个中:其中。三昧:佛教的重要修行方法之一,借指事物的诀要。其中的奥妙或真谛。【例句】至于短篇小说,我们只要研究鲁迅先生的作品,就可以领悟到～。　提示　"昧"不能写成"味"。

各奔前程　gè bèn qián chéng

【释义】奔:投向。各走各的路。也比喻各自朝各自的目标前进。【例句】这对好朋友在大学毕业后,就～了。【近义】分道扬镳　提示　"奔"不读 bēn。

各不相下　gè bù xiāng xià

【释义】下:处于下风或劣势。双方相当,

G

分不出高下。也指双方相持,分不出胜负。【例句】这两位运动员本来就实力相当,在比赛中各自使出绝招,～。【近义】不分胜负【反义】强弱异势

各持己见　gè chí jǐ jiàn

【释义】持:坚持。见:见解,意见。指各人都坚持自己的意见。【例句】在辩论会上,双方～,毫不相让。【反义】异口同声

各得其所　gè dé qí suǒ

【释义】所:处所,位置。各自得到自己所希望的东西。也指每个人或事物都得到适当的安置。【例句】建设一个富足祥和,人人各尽所能、～而又和谐相处、充满活力的社会,这是中华民族百年追寻的梦想。

各个击破　gè gè jī pò

【释义】各个:逐个。一个一个地打败或解决。【例句】要集中力量应付当前之敌,反对分兵,避免被敌人～。【反义】全线出击

G

各尽所能　gè jìn suǒ néng

【释义】尽:竭尽。每个人都把自己的能力发挥出来。【例句】～,按劳分配是社会主义的基本原则。

各就各位　gè jiù gè wèi

【释义】就:到。各自到自己的岗位上去。也比喻各自扮演各自的角色。【例句】将军一声令下,所有的人员已～,摆好了阵势。/ 这个剧本中的人物虽有活动,～,然而性格不鲜明。【近义】各司其职

各取所需　gè qǔ suǒ xū

【释义】各人选取自己所需要的。【例句】读者们不是铁板一块,他们有各人的看法,他们是～。【近义】各得其所

各抒己见　gè shū jǐ jiàn

【释义】抒:表达,发表。各人充分发表自己的见解。【例句】在这次研讨会上,大家敞开思想,～,提出了不少需要研究的问题。【反义】缄口不言　提示　"抒"不能写成"述"。

各司其职　gè sī qí zhí

【释义】司:主管,经营。各人负责各自该做的事情。【例句】整个公司办公大厅里的气氛是那样的安静、祥和、～,井井有条。【近义】各就各位

各行其是　gè xíng qí shì

【释义】行:做,办。是:正确。各人按照自己认为对的去做。【例句】如果各成员企业仍～,就难以发挥集团的整体优势,集团也就失去了存在的意义。【近义】独行其是　各自为政【反义】同心协力　齐心协力　提示　"是"不能写成"事"。

各执己见　gè zhí jǐ jiàn

【释义】执:坚持。各人都坚持自己的意见和看法。多指意见不能统一。【例句】参会人员～,互不妥协,最后大会也闹得不欢而散。【近义】各抒己见【反义】众口一词　异口同声

各自为政　gè zì wéi zhèng

【释义】为政:处理政事,泛指办事。各自按照各自的主张办事,不与别人配合协作,不顾全局。【例句】军阀统治时期,各省～,百姓苦不堪言。【近义】各行其是【反义】同心协力

根深蒂固　gēn shēn dì gù

【释义】蒂:花或瓜果跟枝、茎相连的部分。固:牢固。根扎得深,蒂长得牢。比喻基础牢固,难以动摇。也作"蒂固根深"。【例句】这些人在这里住了上

百年,他们对这儿的感情早已～,要请他们迁走不太容易。【近义】根深叶茂 盘根错节 磐石之固【反义】摇摇欲坠

根深叶茂 gēn shēn yè mào

【释义】树根扎得深,树的枝叶才能茂盛。比喻根基深厚牢固,兴旺发达。【例句】孔林中的大柏树棵棵～,古木苍天。【近义】根深蒂固【反义】梗泛萍漂

根生土长 gēn shēng tǔ zhǎng

【释义】指在当地出生当地长大或在某家出生某家长大。【例句】他父辈都在四川,他也是～的四川人。【近义】土生土长

亘古未有 gèn gǔ wèi yǒu

【释义】亘:贯穿,延续不断。从古到今从来没有过。形容事物的出现是空前的。【例句】上海世博会是一次成功的盛会,其参展国家和组织的数量,可谓～。【近义】前所未有 史无前例【反义】史不绝书 提示 "亘"不能写成"恒"。

更名改姓 gēng míng gǎi xìng

见"改名换姓"。

更仆难数 gēng pú nán shǔ

【释义】更:改换。仆:原指傧相,后指仆人。数:说。本指换了几班傧相,而宾主要说的话还没有说完。后用以形容人或事物繁多,数不过来。【例句】中国的古籍浩如烟海,～。【近义】数不胜数【反义】屈指可数

更深夜静 gēng shēn yè jìng

【释义】更:旧时夜间计时单位,一夜分五更。夜已深沉,非常寂静。【例句】每到～的时候,她就会想起母亲在世时的情景。【近义】夜深人静

更新换代 gēng xīn huàn dài

【释义】更、换:改换。新的代替过时的。【例句】不少工厂采用先进技术,促进了产品的～。【近义】推陈出新

耿耿于怀 gěng gěng yú huái

【释义】耿耿:心事重重的样子。心中总是想着,不能忘记。【例句】她对于三年前发生的那件事一直～。【近义】念念不忘 没齿不忘【反义】无介于怀 置之脑后

绠短汲深 gěng duǎn jí shēn

【释义】绠:打水用的绳子。汲:打水。用短的井绳从深井里打水。比喻能力薄弱,难以担任艰巨的任务。多用作谦辞。【例句】我们组才单力弱,～,恐怕无法将这项任务圆满完成。【近义】力不胜任

更上一层楼 gèng shàng yī céng lóu

【释义】更:再。比喻在已有的基础上再提高或前进一步。【例句】肯于付出"消得人憔悴"的代价,才能～,取得更加辉煌的战果。【近义】竿头日进【反义】江河日下

弓腰驼背 gōng yāo tuó bèi

见"拱肩缩背"。

公报私仇 gōng bào sī chóu

【释义】假借公事来报个人的仇。【例句】因为一点过失而遭到降级处分,德森便乘机对他～。【近义】挟私报复

公道自在人心 gōng dào zì zài rén xīn

【释义】公正的道理存在于众人心中。指群众对事件的是非曲直知道得清清楚楚。【例句】这位教授生前不被肯

G

定,但现在学术界对他的贡献重新作了评价。可见～。

公而忘私　gōng ér wàng sī

【释义】而:也作"尔"。一心为公而忘记了个人私事。【例句】这两位同志破釜沉舟、～的勇气,是值得我们佩服的。【近义】大公无私　国而忘家【反义】假公济私

公事公办　gōng shì gōng bàn

【释义】公事按公家规定的制度办理。指不讲私情。【例句】在这件事情上,我希望他能～,不要存有私心。【近义】公正无私

公私兼顾　gōng sī jiān gù

【释义】公家和私人两方面的利益都照顾到。【例句】这项工作需要他大量搜集材料研究材料;同时,这些材料又是他写论文的素材,这也算是～吧。【近义】公私两便【反义】公而忘私

公正无私　gōng zhèng wú sī

【释义】私:私心。公道正直,没有私心。【例句】群众是通情达理的,领导干部只要尊重群众,～,真心诚意为群众办事,就会得到群众的支持。【近义】正直无私　大公无私【反义】自私自利

公子王孙　gōng zǐ wáng sūn

【释义】公子:诸侯嫡子以外的其他诸子。王孙:王者的后代。泛指官僚、贵族的子孙。【例句】这其中的艰辛,不是那些～能懂的。

功败垂成　gōng bài chuí chéng

【释义】功:功业。垂:将近。事情在即将成功之际遭到失败。【例句】都怪我不小心,才会使计划～,白费力气。【近义】功亏一篑【反义】大功告成
提示　含惋惜意。

功成不居　gōng chéng bù jū

【释义】居:占有。立了功却不把功劳归于自己。【例句】王铁人～,始终保持着普通劳动者的本色。【反义】身高自大　居功自傲

功成名就　gōng chéng míng jiù

【释义】就:完成。功业建立了,名声也确立了。【例句】这个系统调试成功,并不意味着就～了。【近义】身显名扬【反义】白首空归　身败名裂

功成身退　gōng chéng shēn tuì

【释义】身:自己。功业成就之后自己就脱身引退。指主动辞去官职。也作"名成身退"。【例句】他在圆满完成那项任务后,便～了。【近义】急流勇退【反义】急流勇进

功德无量　gōng dé wú liàng

【释义】功德:功业与德行,佛教指诵经、布施、行善等。无量:无法计量。称颂功绩恩德极大,无法估量或做了许多有益于别人与社会的事情。【例句】他这一生捐款资助了数百个学生上学,真是～。【近义】劳苦功高

功德圆满　gōng dé yuán mǎn

【释义】功德:功业与德行,佛教指诵经、布施、行善等。圆满:没有欠缺或漏洞,令人满意。指佛事、法会等顺利结束。泛指事情圆满完成。【例句】这事情到此,也算～了,晚上咱们好好庆祝一番吧。【近义】行满功圆　大功告成【反义】行亏名缺　功亏一篑

功亏一篑　gōng kuī yī kuì

【释义】亏:缺少。篑:装土的竹筐。堆筑很高的土山,只差最后一筐土,未能完成。比喻做事只差最后一点而没能成功。【例句】只怕兴趣不专一,信心

易动摇,那就难免～。【近义】功败垂成【反义】大功告成　提示　含惋惜意。"篑"不读 guì,不能写成"溃"。

功力悉敌　gōng lì xī dí

【释义】功夫与力量,双方都不相上下。【例句】这两位画家的作品～,各有所长。【近义】势均力敌　旗鼓相当

功名盖世　gōng míng gài shì

【释义】功绩和名声都极大,当代没有能相比的。【例句】老一辈革命家～,但从不居功自傲。【近义】功盖天地　功均天地

功名利禄　gōng míng lì lù

【释义】功名:旧指科举称号或官职名位。禄:旧称官吏的俸给。指科举应试考中后升官发财。泛指名利地位。【例句】他们比起那一班读死书的和追求～的人,总算进步多了。

攻城略地　gōng chéng lüè dì

【释义】略:掠,夺取。攻占城池,夺取地盘。【例句】经过一番～,他已经取得公司一半以上的股份。【近义】蚕食鲸吞　巧取豪夺【反义】秋毫无犯

攻其不备　gōng qí bù bèi

【释义】趁敌方没有防备时进攻,行动出乎对方意料之外。【例句】出其不意,～,就可全歼敌人。【近义】出其不意　击其不意

攻无不克　gōng wú bù kè

【释义】只要进攻,没有攻不下来的。形容每战必胜,所向无敌。常与"战无不胜"连用。【例句】他把这支部队说成是～、战无不胜的天降神兵。【近义】战无不胜

供不应求　gōng bù yìng qiú

【释义】应:满足。供应的数量不能满足实际需求。【例句】当时这本书很受读者欢迎,常常～。【反义】供过于求

供过于求　gōng guò yú qiú

【释义】供应的数量超过了实际需求。【例句】社会上高中档餐馆已经～,老百姓更需要的是吃家常便饭的中低档餐馆。【反义】供不应求

恭敬不如从命　gōng jìng bù rú cóng mìng

【释义】恭敬:谦恭有礼貌。对人谦恭礼让不如听从他的吩咐。多用作接受对方馈赠或安排时的谦辞。【例句】既然老伯母有吩咐,就～,我就接受邀请吧。

躬逢其盛　gōng féng qí shèng

【释义】躬:亲自。亲身参加了那个盛典或经历了那种盛世。【例句】这样的盛典,我能够～也就足以自豪了。【近义】躬逢盛事

觥筹交错　gōng chóu jiāo cuò

【释义】觥:古代酒器,泛指酒杯。筹:行酒令的筹码。酒杯和酒筹交互错杂。形容欢聚宴饮的热闹情景。【例句】我们的宴会上没有什么佳肴珍馐,也没有～。【近义】传杯弄盏【反义】自斟自饮　提示　"觥"不读 guāng。

拱肩缩背　gǒng jiān suō bèi

【释义】耸起肩膀,弯着脊背。形容畏寒、衰老或猥琐的样子。也作"弓腰驼背"。【例句】他本来就瘦小,穿着那几件旧衣裳,越发显得～。

拱手听命　gǒng shǒu tīng mìng

【释义】拱手:两手在胸前合抱以示敬意。拱着手听从命令。形容恭敬顺从。【例句】他只要一出马,众人便～。【近义】俯首听命

G

勾魂摄魄　gōu hún shè pò

【释义】勾：招引。摄：吸取。勾取人的灵魂。比喻事物具有非常大的吸引力或威吓的力量。【例句】那姑娘模样生得标致，尤其是那一双水汪汪的眼睛，更为～。

勾心斗角　gōu xīn dòu jiǎo

见"钩心斗角"。

钩深致远　gōu shēn zhì yuǎn

【释义】钩：探求。致：招致。向纵深、远大的方面探求。比喻探讨深奥的道理。【例句】他在编写这部科学巨著的时候，～，呕心沥血。【近义】阐幽明微　探赜索隐

钩心斗角　gōu xīn dòu jiǎo

【释义】心：宫室的中心。角：檐角。原形容建筑物内外结构精巧工致，比喻精心设计，争奇斗胜。现比喻各用心机，明争暗斗。也作"勾心斗角"。【例句】由于灯市的极尽奢侈，在灯的制作方面，也必然～。/ 他人谁会想到他为了争一点无聊名声，竟肯如此～，无所不至呢？【近义】尔虞我诈　明争暗斗【反义】齐心协力　同心协力

钩玄提要　gōu xuán tí yào

【释义】钩：探求。玄：指精深的道理。探索精微，摘出纲要。【例句】不求多，只求精，含英咀华，～。【近义】提纲挈领【反义】不得要领

苟合取容　gǒu hé. qǔ róng

【释义】苟合：无原则地附和。取容：讨好别人。无原则地或不讲原则地附和讨好别人。【例句】那个国家虽然面积小，但是在外交上也不会向大国～，始终保持自己的国格和尊严。

苟且偷安　gǒu qiě tōu ān

【释义】偷：苟且。得过且过，只图眼前的安逸，不顾将来。【例句】年轻人不能满足于优裕的物质条件而～，不思进取。【近义】苟且偷生　得过且过【反义】发愤图强　励精图治

苟且偷生　gǒu qiě tōu shēng

【释义】不作长远打算，只图眼前勉强生存下去。【例句】就算是受寒饿死，先生也绝不愿～的。【近义】苟全性命

苟全性命　gǒu quán xìng mìng

【释义】全：保全。勉勉强强保住生命。【例句】他宁肯在马上战死也不会跪地乞降，～。【近义】苟且偷生　苟延残喘

苟延残喘　gǒu yán cán chuǎn

【释义】苟延：勉强延续。残喘：临死前仅存的喘息。勉强拖延快断的一口气。比喻勉强维持暂时的生存或支撑残局。【例句】那家公司已面临破产，换几个无关紧要的领导也只能是～。【近义】苟全性命　苟且偷生【反义】宁死不屈　视死如归

狗急跳墙　gǒu jí tiào qiáng

【释义】比喻走投无路时不顾后果地行动。【例句】另三个歹徒见同伙被抓，～，疯狂地扑向民警小陈。【近义】铤而走险　困兽犹斗

狗屁不通　gǒu pì bù tōng

【释义】指责别人说话或文章极不通顺。最初是"狗皮不通"。狗的表皮没有汗腺，酷夏，狗借助舌头来散发体内的燥热。"狗皮不通"，就是指狗的身体这一特点而言。由于"皮"与"屁"谐音，屁为污浊之物，对于文理不通的诗文或不明事理的人，以屁贬之，意思更为鲜明。后来人们将错就错，约定俗成地将"狗皮不通"变成了"狗屁不通"。【例句】他们登的是"me no say. me no speak..."写中国式的英文，永远是这

样～。

狗尾续貂　gǒu wěi xù diāo
【释义】貂：貂尾，古代帝王的近侍官员用作帽饰。貂尾不够用，就拿狗尾代替充数。原指封官太多太滥。现比喻用差的接在好的后面。多指续写的文学作品不如原作。【例句】《围城之后》虽经多次修改，数易其稿，终也逃不脱～的结局。【近义】蝇粪点玉【反义】珠联璧合

狗血喷头　gǒu xuè pēn tóu
【释义】比喻骂得十分厉害，就像把狗血喷在对方头上一样。【例句】小王上次在客户面前说假话误了那桩生意，就被经理骂了个～。【近义】破口大骂

狗仗人势　gǒu zhàng rén shì
【释义】仗：倚仗。责骂奴才、走狗仗恃主子的权势欺压人。【例句】这小子仗着父亲当了乡长，在村子里作威作福，最终也不过是～，没有好下场。【近义】狐假虎威

狗嘴吐不出象牙　gǒu zuǐ tǔ bù chū xiàng yá
【释义】比喻心眼不好的人嘴里说不出好话来。【例句】别上他的当，他这～，肯定是骗咱们的。　提示　含讥讽或调侃意味。

呱呱坠地　gū gū zhuì dì
【释义】呱呱：婴儿啼哭声。胎儿从母腹落地降生。比喻新生事物产生。【例句】产品出厂犹如胎儿孕育成熟，～，当务之急就是要有一个让人过耳难忘的好名字。　提示　"呱"不读 guā。

沽名钓誉　gū míng diào yù
【释义】沽：买。钓：用手段猎取。用各种不正当的手段谋取名誉。【例句】个别人借着媒体大肆宣扬自己的善举，

就是为了～，真是太不应该了。【近义】沽名卖直　射利沽名【反义】实至名归　名副其实　提示　"沽"不能写成"估"。

姑息养奸　gū xī yǎng jiān
【释义】姑息：无原则地宽容。无原则地迁就，会助长坏人坏事。【例句】对于贪污受贿的犯罪分子，必须坚决打击，决不能心慈手软，～。【近义】养虎遗患　放虎归山【近义】除恶务尽

姑置勿论　gū zhì wù lùn
【释义】姑：姑且。置：放下。姑且放在一边不去谈论。【例句】这本书里，文学史的任务是什么，作者～，而大论其他。【近义】存而不论

孤臣孽子　gū chén niè zǐ
【释义】孤臣：失势而孤立无助的臣子。孽子：非正妻所生之子。指遭到排挤而仍忠于君父或祖国的人。【例句】钱谦益在清军南下时，起初扬言要做明之～，而清军一到，他却率先投降。

孤儿寡妇　gū ér guǎ fù
【释义】死了父亲的孩子，死了丈夫的妇女。泛指无依无靠、失去保护的弱者。【例句】在漫漫的长夜里，～受着无穷无尽的精神上的折磨。【近义】鳏寡孤独

孤芳自赏　gū fāng zì shǎng
【释义】一枝独秀的香花自我欣赏。比喻自命清高，自我欣赏。【例句】新来的女员工小张自恃年轻漂亮，～，目中无人。【近义】顾影自怜　自命清高【反义】妄自菲薄　自惭形秽

孤家寡人　gū jiā guǎ rén
【释义】孤家、寡人：古代帝王或诸侯的谦称。比喻十分孤立的人。【例句】殷纣王虽有雄才大略，但一味搞～，不知

G

修身戒己,结果国破身亡。

孤军奋战　gū jūn fèn zhàn

【释义】孤军:孤立无援的部队。在没有援军的情况下英勇作战。也比喻在没有外力配合的情况下坚持斗争。【例句】办好这事一定要发动广大群众,～是很难获得成功的。【近义】孤立无援【反义】同仇敌忾

孤苦伶仃　gū kǔ líng dīng

【释义】伶仃:孤独的样子。孤单困苦,无依无靠。也作"伶仃孤苦"。【例句】自从父母在那场意外中去世,他便～地靠打零工过日子。【近义】孤身只影　孑然一身【反义】骨肉团圆　三亲六眷

孤立无援　gū lì wú yuán

【释义】单独行事,没有援助。【例句】他这样一意孤行,注定会陷入～、四面楚歌的境地。【近义】孤军奋战

孤陋寡闻　gū lòu guǎ wén

【释义】陋:见闻少。学识浅陋,见闻太少。【例句】这是目前社会上最热门的话题,你居然不知道,真是～。【近义】短见薄识　浅见寡闻【反义】博物洽闻　博学多闻　殚见洽闻

孤身只影　gū shēn zhī yǐng

【释义】只:单独的。孤零零的身影。形容十分孤单。【例句】他曾经也是儿女成群,到晚年却～,卧病空楼,好生凄凉。【近义】形单影只　孤苦伶仃
提示　"只"不读 zhǐ。

孤行己见　gū xíng jǐ jiàn

【释义】不接受别人的意见,固执地照自己的意见行事。【例句】过去和现在都有这样的人,在集体行动中,总是～,结果搞得大家都不高兴。【近义】一意孤行【反义】集思广益

孤掌难鸣　gū zhǎng nán míng

【释义】一个巴掌拍不出声音。比喻一个人的力量单薄有限,难以成事。【例句】这次的成绩并不是我一个人的,没有伙伴们的配合,我也是～。【近义】单丝不线　独木不成林【反义】众志成城

孤注一掷　gū zhù yī zhì

【释义】孤注:把所有的钱都投作赌注。输急了的赌徒把全部钱财押上,最后一次掷色子决输赢。比喻危急时用尽全力做最后的冒险。【例句】当真没有别的办法时,我们只好～,试一试最危险的办法了。【近义】破釜沉舟　背水一战【反义】留有余地　知难而退

辜恩背义　gū ēn bèi yì

【释义】辜:辜负。背:背弃。辜负别人对自己的恩德,违背信义做出对不起别人的事情。【例句】丢掉革命传统,对人民～,是要受到惩罚的。【近义】负德孤恩　忘恩负义【反义】感恩图报　感恩戴德

古道热肠　gǔ dào rè cháng

【释义】古道:远古朴实淳厚的风尚。热肠:热心肠。形容真挚热情,乐于助人。【例句】她的诚恳、坦率、善解人意、～,很快就会解除你的拘束。【近义】解衣推食　慷慨仗义【反义】冷若冰霜　视同路人

古怪刁钻　gǔ guài diāo zuān

见"刁钻古怪"。

古今中外　gǔ jīn zhōng wài

【释义】总括古代、现在、国内、国外。形容普遍。【例句】这是～都未解决过的重大科研课题。【近义】古往今来

古色古香　gǔ sè gǔ xiāng

【释义】形容书画、器物和建筑等富于古

雅的色彩和情调。也作"古香古色"。
【例句】我们在导游的带领下，走进了
一间～的房子。

古圣先贤　gǔ shèng xiān xián
【释义】泛指古代杰出的有成就有影响
的人。【例句】从前写文章的人说到义
理时，往往只是指～已经说过的道理。

古往今来　gǔ wǎng jīn lái
【释义】从古到今。也作"今来古往"。
【例句】～，有多少风华少年，在酒色财
气的迷惘中浪费了最宝贵的青春。

古为今用　gǔ wéi jīn yòng
【释义】批判继承一切优秀的文化遗产，
为当今社会主义建设服务。【例句】我
们要本着～的指导思想去研究古代文
化。【反义】以古非今

古稀之年　gǔ xī zhī nián
【释义】古稀：指七十岁。指人七十岁的
年龄。【例句】老伯到了～，身体还这
么健壮，真是难得。

古香古色　gǔ xiāng gǔ sè
见"古色古香"。

股肱耳目　gǔ gōng ěr mù
【释义】股：大腿。肱：胳膊从肘到肩的
部分。比喻辅佐帝王的大臣。比喻十
分亲近的得力助手。【例句】诸葛亮可
以说是刘备的～。 提示 "肱"不
读 hóng。

股掌之间　gǔ zhǎng zhī jiān
见"股掌之上"。

股掌之上　gǔ zhǎng zhī shàng
【释义】股：大腿。大腿和手掌上面。比
喻在操纵、控制的范围以内。也作"股
掌之间"。【例句】市场如魔方变幻莫
测，唯有产品的高质量才能玩魔方
于～。

骨鲠在喉　gǔ gěng zài hóu
【释义】鲠：鱼骨，鱼刺。鱼、肉等的小骨
卡在喉咙里。比喻心中有话没有说出
来，非常难受。【例句】他看到别人将
纸屑扔到大街上，就如～，非要劝诫一
番才觉得心里好受。 提示 "鲠"不
能写成"哽"。

骨肉相连　gǔ ròu xiāng lián
【释义】像骨头和肉一样相互连接着。
比喻关系密切，不可分离。【例句】他
没日没夜地思念自己的家，思念自己
～的亲人。

骨肉至亲　gǔ ròu zhì qīn
【释义】至亲：关系最近的亲属。指有直
接血缘关系的亲属。也比喻最亲近的
人。【例句】究竟是怎样残忍的人，忍
心这样伤害自己的～。

骨瘦如柴　gǔ shòu rú chái
【释义】形容消瘦到极点。【例句】在父
亲最后的日子里，他被肝病折磨得～、
日夜呻吟。【近义】瘦骨伶仃【反义】
大腹便便　脑满肠肥

蛊惑人心　gǔ huò rén xīn
【释义】蛊：传说中的一种毒虫。比喻迷
惑、毒害人的思想。【例句】我们要对
那些～的言论高度重视，及时抵制。
【近义】造谣惑众　妖言惑众 提示
"蛊"不能写成"鼓"。

鼓舌如簧　gǔ shé rú huáng
【释义】比喻人花言巧语，喋喋不休。
【例句】那个上门的推销员，为了推销
其产品，真是～。

毂击肩摩　gǔ jī jiān mó
【释义】毂：车轮中心插轴的圆孔。车轮
碰车轮，肩膀擦肩膀。形容行人车马
众多，往来拥挤。【例句】上海有些老
弄堂里面，熙来攘往，～。【近义】摩肩

接踵　水泄不通【反义】冷冷清清

固若金汤　gù ruò jīn tāng

【释义】金汤:指用金属造的城墙和用滚烫的水灌成的护城河。形容城池或阵地非常坚固,不易攻破。【例句】新修的大堤面临洪水～。【近义】金城汤池【反义】危如累卵

固执己见　gù zhí jǐ jiàn

【释义】固:坚持。坚持自己的意见,不肯改变。多指不肯改变错误的见解或不正确的观点。【例句】他们几个之间偶尔也有争论,但从来没有哪个～。【近义】一意孤行

故步自封　gù bù zì fēng

【释义】故步:原来的步子,老步子。自封:自己限制自己。比喻守着老一套,安于现状,不求上进。【例句】他总是～,不肯面对日新月异的世界,真是老顽固。【近义】墨守成规　因循守旧【反义】革故鼎新　推陈出新

故伎重演　gù jì chóng yǎn

【释义】故:旧的。伎:花招,伎俩。旧花招、老手腕又重新施展出来。形容玩弄老花招,反复地骗人。【例句】这一次,他又～,可惜没有人再相信他了。【近义】袭人故智【反义】花样翻新

故弄玄虚　gù nòng xuán xū

【释义】故:有意。玄虚:指难以捉摸的花招。故意玩弄使人迷惑的欺骗手段。【例句】这本来是个简单的问题,但是主持人～,嘉宾们也不知如何回答了。【近义】装神弄鬼　弄虚作假【反义】实事求是

故态复萌　gù tài fù méng

【释义】故态:老脾气,老样子。萌:发生。指旧习气或老毛病重新表现出来。【例句】他才规矩了半个月,又～,

真是江山易改,本性难移啊。【近义】旧习难改　故伎重演【反义】脱胎换骨痛改前非

顾此失彼　gù cǐ shī bǐ

【释义】顾:照管。顾了这个,丢了那个。形容无法全面照顾。【例句】我们在考虑问题时,要充分考虑事物的全面性,决不能～。【近义】挂一漏万　左支右绌【反义】面面俱到

顾名思义　gù míng sī yì

【释义】顾:看。看到名称就联想到它的含义。【例句】川剧,～,是流传于四川及其周边地区的一种地方戏剧。【近义】名副其实【反义】词不达意

顾盼自雄　gù pàn zì xióng

【释义】顾、盼:看。左顾右盼,自视不凡。形容自以为了不起的样子。【例句】小何看得出来,主任同他讲话的样子,完全是一副居高临下、～的姿态。【近义】目空一切　自命不凡　自高自大【反义】自惭形秽

顾全大局　gù quán dà jú

【释义】大局:全局,整体。照顾整个局面,使各方面不受损害。【例句】他～,服从整体的安排,勤勤恳恳、任劳任怨地完成上级交给的各项工作。【反义】不识大体

顾影弄姿　gù yǐng nòng zī

见"搔首弄姿"。

顾影自怜　gù yǐng zì lián

【释义】怜:怜惜;喜爱。望着自己的影子,自己怜惜自己。形容孤独失意。也形容自我欣赏。【例句】她在那次地震中失去家人,逢年过节便～。/ 她爱美成痴,时常～。【近义】形单影只孤芳自赏【反义】自惭形秽　自轻自贱

提示　"顾"不能写成"故"。

顾左右而言他　gù zuǒ yòu ér yán tā
【释义】他：别的。指撇开话题，故意扯到别处。【例句】一说到这个项目的资金去向，他便～，想以此混过去。

瓜分豆剖　guā fēn dòu pōu
见"豆剖瓜分"。

瓜熟蒂落　guā shú dì luò
【释义】蒂：瓜果跟枝茎相连的部分。瓜熟了，瓜蒂就会脱落。也比喻条件或时机成熟，事情自然成功。【例句】你与其费尽心思天天操心这件事，不如让它顺其自然～好了。【近义】水到渠成【反义】揠苗助长

瓜田李下　guā tián lǐ xià
【释义】比喻容易引起嫌疑的场合。也作"李下瓜田"。【例句】这次人事变动之前，小张老往人事处跑，～，大家不免对他有所猜疑而议论纷纷。

刮目相看　guā mù xiāng kàn
【释义】刮目：指彻底改变眼光。用新的眼光来看待发展中的人或事。【例句】这篇文章的发表，让人对她的才气～。【近义】另眼相看【反义】视同一律

寡不敌众　guǎ bù dí zhòng
【释义】寡：少。敌：抵挡。人少的一方抵挡不住人多的一方。【例句】周瑜虽处于有利的地势，仍然怕～，于是下令撤回船只。【近义】众寡悬殊【反义】势均力敌　以少胜多

寡廉鲜耻　guǎ lián xiǎn chǐ
【释义】寡、鲜：少。廉：廉洁。不廉洁，不知羞耻。形容人没有操守，不知廉耻。【例句】他虽然偶有小过，但还不至于～，做出这样的事。【近义】厚颜无耻　恬不知耻【反义】高风亮节　洁身自好　提示　"鲜"不读 xiān。

寡情少义　guǎ qíng shǎo yì
【释义】形容人冷酷无情，刻薄自私。【例句】他平时就是～的人，做出这样自私的事情也不足为奇了。【反义】深情厚谊

挂羊头卖狗肉　guà yáng tóu mài gǒu ròu
【释义】比喻用好东西做幌子推销劣等货色。也比喻名实不相符。也作"悬羊头卖狗肉"。【例句】对市场上那些～的商家，消费者必须提高警惕，以免上当。【反义】货真价实

挂一漏万　guà yī lòu wàn
【释义】挂：列举。提到一个，漏掉万个。形容列举很不完全，遗漏极多。【例句】王先生所做的方案～，让人觉得有草率行事之嫌。【近义】顾此失彼【反义】巨细靡遗　滴水不漏

拐弯抹角　guǎi wān mò jiǎo
见"转弯抹角"。

关怀备至　guān huái bèi zhì
【释义】备：全，尽，周到。至：到。关心得非常周到。【例句】班主任李老师在生活上对每个同学都～。【反义】漠不关心

G

关山迢递　guān shān tiáo dì
【释义】关山：关口和山岳。迢递：遥远的样子。形容关口和山岳相连，路途极其遥远。【例句】你这一去，～，下次见面恐怕就是三五年之后了。【近义】天各一方【反义】近在咫尺　提示　"迢"不读 zhāo。

官样文章　guān yàng wén zhāng
【释义】本指官场上有固定格式和套语的例行公文。引申为徒具形式、没有实际意义的虚文滥调。【例句】厂长在大会上念的这些～，职工早就听得不

耐烦了。【近义】一纸空文

冠盖如云　guān gài rú yún
【释义】冠、盖:古代官员的礼帽和车盖，借指官吏。形容很多官吏士绅聚会云集。【例句】剪彩仪式到的客人，简直是古语所谓～，洋洋大观。【近义】门庭若市【反义】门可罗雀

冠履倒置　guān lǚ dào zhì
【释义】帽子穿在脚上，鞋子戴在头上。比喻上下位置颠倒或尊卑不分。【例句】他那样没啥能耐的人竟然身居要职，真是～。

冠冕堂皇　guān miǎn táng huáng
【释义】冠冕:古代帝王、官员的礼帽。堂皇:很有气派的样子。形容表面上庄严正大的样子。也指某种言行是正当的或可以公开的。【例句】他的论调虽然听起来～，但实际上却是错误百出。【近义】堂而皇之【反义】鬼鬼祟祟

鳏寡孤独　guān guǎ gū dú
【释义】泛指既无劳动力又无依无靠的人。【例句】对于～、老弱病残，他们视情区别对待。【近义】孤苦伶仃

管窥蠡测　guǎn kuī lí cè
【释义】管:竹管。窥:从孔隙中看。蠡:瓢。测:测量。从竹管里看天，用瓢测量海水。比喻眼界狭窄、片面，见识短浅。【例句】小张对于自己一知半解的事情大发议论，无疑是～，无法令人信服。【近义】管中窥豹　坐井观天　一孔之见【反义】洞若观火　高瞻远瞩　见多识广

管中窥豹　guǎn zhōng kuī bào
【释义】管:竹管。窥:从孔隙中看。从竹管中看豹，只能见到豹身上的一块斑纹。比喻只见到事物的一小部分。有时也比喻由这一部分可以推测全

貌。【例句】通过这座罕见的战国武将墓，我们可以～地看到当时的经济、社会和军事面貌。【近义】以管窥天　坐井观天【反义】一览无余

冠绝一时　guàn jué yī shí
【释义】冠绝:遥遥领先。指在某一时期内超出同辈，首屈一指。【例句】鲁迅先生的学问文章～。

光彩夺目　guāng cǎi duó mù
【释义】夺目:耀眼。光泽色彩鲜艳耀眼。【例句】那里到处都是琼花玉树，瑶池璇宫，～。【近义】光辉灿烂【反义】暗淡无光　黯然失色

光彩照人　guāng cǎi zhào rén
【释义】光彩:光辉。形容人或事物十分美好或艺术成就辉煌，引人注目，使人敬仰。【例句】梅兰芳大师之所以久负盛名，靠的是他在舞台上塑造的～艺术形象。

光风霁月　guāng fēng jì yuè
【释义】光风:雨后初晴时的风。霁:雨雪停止。雨过天晴，风清月明。比喻人胸襟开阔，心地坦白，品德高尚。也作"霁月光风"。【例句】他这一生光明磊落，襟怀有如～。

光怪陆离　guāng guài lù lí
【释义】光怪:光彩异常。陆离:色彩繁杂。形容色彩、式样错杂斑斓，离奇怪异。【例句】现代高科学、高技术的利用和发展，为人类造就了一个～、丰富多彩的世界。

光辉灿烂　guāng huī càn làn
【释义】光亮耀眼，色彩鲜明夺目。形容事业、前程伟大辉煌。【例句】古埃及人是非洲大陆最古老的民族，曾创造了～的文化。【近义】灿烂辉煌【反义】漆黑一团

光可鉴人　guāng kě jiàn rén
【释义】鉴：照。光亮得可以照见人影。形容头发油光发亮或器物表面光洁明亮。【例句】宽大的大厅内窗明壁净，铺着地砖的地面擦洗得～，一尘不染。【近义】油光可鉴

光芒万丈　guāng máng wàn zhàng
【释义】光芒：四射的光辉。形容事物灿烂辉煌，大放异彩。【例句】新中国如～的旭日，在世界的东方冉冉升起。【近义】光辉灿烂【反义】漆黑一团

光明磊落　guāng míng lěi luò
【释义】磊落：直率坦诚，毫无隐私。形容胸怀坦荡，公正无私。【例句】他平素～，热心工作，精于治学、敦厚友爱，是一位令人敬佩的学者。【近义】光明正大　磊落不凡【反义】阴险狡诈　鬼鬼祟祟

光明正大　guāng míng zhèng dà
【释义】形容言论明确，没有偏颇。后形容心地坦诚，行为正派。【例句】你做的这些事情是～的，完全可以说出来。【近义】堂堂正正　光明磊落【反义】偷偷摸摸

光前裕后　guāng qián yù hòu
【释义】光：光大。裕：使富足。给前人增光，为后代造福。形容功业卓著。【例句】为家乡捐资建学校，是一件～的好事。【近义】光宗耀祖

光天化日　guāng tiān huà rì
【释义】光天：阳光照耀的天空。化日：即治日，避唐高宗李治讳改，原指太平盛世，现指大白天。比喻人人都看得很清楚的场合。【例句】～之下，他竟然敢当街抢劫，真是胆大至极。【近义】青天白日【反义】昏天黑地

光阴似箭　guāng yīn sì jiàn
【释义】时光像射出的箭一样飞快地流逝。【例句】～，岁月如梭，一晃四年过去了，到毕业道别的时候了。【近义】白驹过隙　日月如梭

光宗耀祖　guāng zōng yào zǔ
【释义】耀：显扬。为宗族增光，使祖先荣耀。形容功成名就，光耀门庭。【例句】他发誓，为了～，一定要把这事干出个名堂来。【近义】扬名显亲【反义】辱门败户

广开言路　guǎng kāi yán lù
【释义】广泛拓宽进言的途径。指尽量拓宽人们提意见或建议的途径。【例句】我们要～，让各方面的意见、要求、批评和建议充分地反映出来。【反义】闭目塞听　独断专行

广庭大众　guǎng tíng dà zhòng
见"大庭广众"。

广土众民　guǎng tǔ zhòng mín
【释义】广阔的土地和众多的人民。也指扩展土地，增加人口。【例句】如此～的国家说财政经济无办法，要去掠夺别国的资源，真是没有道理。【近义】地大物博【反义】小国寡民

归根到底　guī gēn dào dǐ
见"归根结底"。

归根结底　guī gēn jié dǐ
【释义】归结到根本上。也作"归根到底"。【例句】奥运金牌的竞争，～是国力的竞争。【近义】归根结蒂

归心似箭　guī xīn sì jiàn
【释义】回家的念头就像射出去的箭一样。形容回家的心情万分急切。【例句】一到放假，她就～，恨不能插上了翅

膀立刻就飞到家里去。【反义】乐不思蜀

归真返璞　guī zhēn fǎn pú
见"返璞归真"。

龟年鹤寿　guī nián hè shòu
【释义】龟、鹤:相传都是长寿的动物。比喻人长寿。多用作祝寿之词。【例句】我们衷心祝愿老爷爷身体健康,～。

规矩绳墨　guī jǔ shéng mò
【释义】规:画圆形的工具。矩:画方形或直角的工具。比喻应当遵守的标准或法度。【例句】将一切～废弃不用,社会不知将变成什么样子。【近义】规矩准绳

规矩准绳　guī jǔ zhǔn shéng
【释义】规:画圆或校正圆形的工具。矩:画方或校正方形的工具。准、绳:水准仪和墨线,测定平、直的工具。比喻标准、法度。【例句】希望先生能够早日把《国语的文法》做好寄来,使国语的文学有个～。

规行矩步　guī xíng jǔ bù
【释义】规、矩:圆规和曲尺,引申为准则、法度。指步履端正。比喻言行谨慎,举动合乎礼仪或法度。也比喻迂腐、拘谨,墨守成规,不知变通。【例句】他们两位从来没有接触过昆曲,老师引着他们向左走,他们就～地跟着走下去了。/一个人如果处处～,谨小慎微,不敢承担风险,就不会有所创新。【近义】墨守成规　循规蹈矩【反义】目无王法　标新立异

诡计多端　guǐ jì duō duān
【释义】诡计:狡诈的计策。端:项目。形容狡诈的计谋非常多。【例句】为牟取暴利不惜铤而走险的走私分子不仅手段凶残,～,而且装备精良,组织严密。【近义】诡计莫测　鬼蜮伎俩【反义】心无城府　光明磊落

鬼斧神工　guǐ fǔ shén gōng
【释义】好像鬼神制作出来的。形容建筑、雕塑等技艺精巧、神妙。【例句】这一处处～、天造地设的胜地佳境,过去"藏在深闺人未识",如今接连被开发了。【近义】神施鬼设　巧夺天工　天造地设【反义】粗制滥造

鬼鬼祟祟　guǐ guǐ suì suì
【释义】形容行为诡秘,不光明正大,怕人发现。【例句】这个人看上去～的,把他盯紧点。【近义】鬼头鬼脑【反义】正大光明

鬼话连篇　guǐ huà lián piān
【释义】谎话一篇接一篇。形容大量撒谎。【例句】他最爱瞎掰,经常～。【近义】谎话连篇【反义】实话实说

鬼哭狼嚎　guǐ kū láng háo
【释义】嚎:大叫。像鬼那样哭泣,像狼那样嚎叫。形容大声哭叫,悲惨凄厉。也泛指声音大而恐怖。【例句】这一仗打得敌军魂飞魄散,～。【近义】鬼哭神号　鬼哭神愁【反义】欢天喜地　莺歌燕舞 提示 含贬义。

鬼迷心窍　guǐ mí xīn qiào
【释义】迷:迷惑。心窍:认识和思维的能力。比喻被错误意识支配而犯糊涂。【例句】他真是～了,竟会干出这种伤天害理的事来。【近义】瘢迷心窍【反义】迷途知返

鬼使神差　guǐ shǐ shén chāi
【释义】差:指使,派遣。好像鬼神暗中支使一般。比喻事出意外,不由自主,

或十分凑巧。也作"神差鬼使"。【例句】在这最关键的时刻犹如～，我居然出现了失误。【近义】情不自禁

鬼头鬼脑　guǐ tóu guǐ nǎo

【释义】鬼：躲躲闪闪。形容举止诡秘，行动不光明正大或样子不正派。【例句】一个矮小的身影，从胡同口～地闪出来。【近义】贼头鼠脑【反义】光明正大

鬼蜮伎俩　guǐ yù jì liǎng

【释义】蜮：传说能在水里暗中害人的怪物。伎俩：不正当的手段、花招。比喻用心险恶、暗中害人的阴险手段。【例句】敌人就算用尽他们的～，也把我们无可奈何。【近义】阴谋诡计【反义】光明正大　提示　"蜮"不读 huò；"伎"不读 zhī。

刿目怵心　guì mù chù xīn

【释义】刿：伤。怵：恐惧。形容严重的情况令人震惊。【例句】这本书记录了南京大屠杀的那段历史，字字令人～。【近义】触目惊心　提示　"怵"不读 shù。

桂子飘香　guì zǐ piāo xiāng

【释义】桂花散发浓香。形容中秋前后特有的佳景。【例句】又到了～、蟹肥菊黄的金秋时节。

衮衮诸公　gǔn gǔn zhū gōng

【释义】衮衮：连续不断，众多。众多的官僚。多指其身居高位而无所作为。【例句】学校示威，工人罢工，当然要惹恼那些～。【近义】诸公要人【反义】芸芸众生　提示　"衮"不读 āi，也不能写成"哀"。

滚瓜烂熟　gǔn guā làn shú

【释义】滚圆的瓜熟透了。形容阅读、背诵特别纯熟、流利。【例句】说到读书，倘一味背诵，～，却不细心琢磨，还不是浪费精力。【近义】倒背如流【反义】吞吞吐吐　结结巴巴

国仇家恨　guó chóu jiā hèn

【释义】因国家受侵略、家庭被破坏而产生的仇恨。也作"国恨家仇"。【例句】他为了报～，毅然参加了抗日游击队。

国而忘家　guó ér wàng jiā

【释义】只想到国事而忘记了家庭。【例句】当时改革的人，个个似乎都有一种～，公而忘私的气概。【近义】公而忘私【反义】损公肥私

国富民强　guó fù mín qiáng

见"民富国强"。

国恨家仇　guó hèn jiā chóu

见"国仇家恨"。

国计民生　guó jì mín shēng

【释义】指国家的经济和人民的生活。【例句】中国的改革开放是一项有利于～的大事。

国将不国　guó jiāng bù guó

【释义】国家将不成为国家了。指国家局势危急。【例句】清朝晚期，屈辱纷至沓来，江山千疮百孔，～，民族危在旦夕，人民落入灾难的深渊。【近义】国步艰难

国破家亡　guó pò jiā wáng

【释义】国家残破，家人离散。【例句】在～，民族蒙受奇耻大辱的危急情况下，哪一个热血男儿能不起来抗争？【近义】山河破碎【反义】国泰民安

国色天香　guó sè tiān xiāng

【释义】花国绝色，天外奇香。原形容牡丹花色香俱美。现多形容女子容貌极

G

美。也作"天香国色"。【例句】～并非
当选世界小姐的唯一条件，气质、谈
吐、学识都是评选的要素。【近义】天
姿国色　倾国倾城【反义】其貌不扬
奇丑无比

国泰民安　guó tài mín ān

【释义】泰：安宁。国家太平，人民安乐。
【例句】任何一个国家的人民都厌恶烽
火连天的生活，～、风调雨顺才是大家
所向往的。【近义】国富民强　政通人
和【反义】民穷财尽　国破家亡

果不其然　guǒ bù qí rán

【释义】其：语气助词。然：如此。果真
是这样或果然不出所料。【例句】看到
被撬坏的门，老朱心里咯噔一下，～，
家里值钱的东西被偷个一干二净。
【近义】不出所料【反义】不期然而然

裹足不前　guǒ zú bù qián

【释义】把脚包缠起来不再前进。形容
因害怕或有所顾虑而停步不进。【例
句】小玲是个容易退却的人，一遇挫
折，立刻～。【近义】停滞不前　畏缩
不前【反义】勇往直前　义无反顾

过关斩将　guò guān zhǎn jiàng

【释义】闯过关隘，杀掉守将。《三国演
义》27回记载，关羽被俘降曹，得知刘
备下落后一路连闯东岭关等五关，斩
杀前来阻拦的孔秀等六将，与刘备相
聚。比喻值得骄傲的业绩。也比喻克
服重重艰难险阻或战胜众多对手。也
作"过五关斩六将"。【例句】中国女队
一路～，屡战屡胜，夺得桂冠。

过河拆桥　guò hé chāi qiáo

【释义】自己过了河，就把桥拆掉。比喻
达到目的后，就把曾经帮助自己的人
踢开。【例句】商场如战场，有的人为
达到目的往往不择手段，～的故事时
有耳闻。【近义】得鱼忘筌　兔死狗烹

【反义】投桃报李　饮水思源

过目不忘　guò mù bù wàng

【释义】过目：看一遍。看过一遍就不会
忘记。形容记忆力极强。【例句】她小
时候很聪明，记性很好，～。【近义】过
目成诵

过甚其词　guò shèn qí cí

【释义】过甚：过分，夸大。话说得过分，
不合实际。【例句】当时你对她说的那
番话，实在有些～。【近义】言过其实
【反义】恰如其分

过屠门而大嚼　guò tú mén ér dà jué

【释义】屠门：肉铺。经过肉铺时嘴里没
肉也大嚼一番。比喻愿望得不到实现
时，只好用空想或不实际的办法来安
慰自己。【例句】两年前，他曾用～来
形容自己对这套字画的喜爱之情。
【近义】聊以自慰

过五关斩六将　guò wǔ guān zhǎn liù jiàng

见"过关斩将"。

过眼云烟　guò yǎn yún yān

【释义】从眼前飘过的浮云和轻烟。比
喻没有分量、不值得重视的身外之物
或很快就消失的事物。【例句】功名利
禄、富贵荣华在他眼里不过是～。【近
义】昙花一现　富贵浮云【反义】天长
地久　天荒地老

过犹不及　guò yóu bù jí

【释义】犹：如同。事情做得过了头，跟
做得不够一样。指做事必须恰如其
分。【例句】说你节食过度，你就暴饮
暴食，两者～，都会严重伤害身体健
康。【近义】矫枉过正　过为已甚【反
义】恰到好处　适可而止

G

H

海北天南　hǎi běi tiān nán
【释义】形容距离遥远。也形容地区各不相同或谈话漫无边际。【例句】这个油田的工人来自～。／大家热热闹闹地坐在一起，毫无拘束地东拉西扯着，～地聊着。【近义】天涯海角　五湖四海【反义】近在咫尺

海底捞月　hǎi dǐ lāo yuè
【释义】从海底捞月亮。比喻白费力气，根本达不到目的。也作"水中捞月"。【例句】他费尽周折要造一台永动机，结果还是～一场空。【近义】海底捞针　竹篮打水【反义】行之有效

海底捞针　hǎi dǐ lāo zhēn
【释义】比喻根本做不到，白费力气。也作"大海捞针"。【例句】要想在这深山密林中找人，简直就是～。【近义】海底捞月【反义】瓮中捉鳖

海角天涯　hǎi jiǎo tiān yá
见"天涯海角"。

海枯石烂　hǎi kū shí làn
【释义】大海枯干，石头风化成尘土。形容历时极为长久，变化极大。也形容意志坚定，永远不变。【例句】即使～，她也不放弃对美好爱情的追求。【近义】海誓山盟　地老天荒【反义】背信弃义　朝秦暮楚

海阔凭鱼跃，天高任鸟飞　hǎi kuò píng yú yuè，tiān gāo rèn niǎo fēi
【释义】大海辽阔，任随鱼儿跳跃；天宇空旷，听凭鸟儿飞翔。比喻无拘无束的自由境界或充分施展抱负。【例句】～，让这些英雄的人们，尽情地发挥吧。

海阔天空　hǎi kuò tiān kōng
【释义】像大海一样辽阔，像天空一样边际。形容空间或境界广阔。也比喻说话、写文章或想象漫无边际。【例句】风华正茂的少年心中自有～。／在座的各位来宾都在～地闲聊。【近义】海北天南【反义】一隅之地

海内存知己，天涯若比邻　hǎi nèi cún zhī jǐ，tiān yá ruò bǐ lín
【释义】海内：四海之内，古代指全中国，今也指全世界。知己：知心朋友。天涯：天边，指遥远的地方。比邻：近邻。四海之内有知心的朋友，虽然远在天边，却仍感到像近邻一样亲密。【例句】～！无论你走到哪里，我们的心都是连在一起的。

海誓山盟　hǎi shì shān méng
【释义】盟：宣誓缔约。男女相爱时所立的誓言和盟约，表示爱情要像山和海一样永恒不变。也作"山盟海誓"。【例句】真正的爱情又何须什么～，坚贞的心能战胜一切惊涛骇浪！【近义】指天誓日　信誓旦旦

海市蜃楼　hǎi shì shèn lóu
【释义】蜃：大蛤蜊。传说蜃能吐气形成楼台城观。光线经过不同密度的空气层，发生显著折射或全反射时，把远处景物显示在空中或地面而形成的各种

奇异幻景,常发生在海边和沙漠地区。比喻人世繁华的虚幻。也比喻虚无缥缈,实际上不存在的事物。【例句】这一千多公里的大戈壁滩,几乎杳无人迹。但见远远的地平线上,有一些～而已。/她那些不切实际的美好愿望,只不过是～而已。【近义】空中楼阁　镜中水月

海水不可斗量　hǎi shuǐ bù kě dǒu liáng

【释义】海水的总量不可能用斗量出来。常跟"人不可貌相"连用,比喻一个人的人品、才能等不能只依据表面现象来考察或评判。【例句】别看他其貌不扬,却身怀绝技,真是人不可貌相,～。【近义】海水难量

海外奇谈　hǎi wài qí tán

【释义】海外:指异国。指毫无根据、稀奇古怪的言论或传说。【例句】他说有一个外国小姑娘有两个大脑,左右眼可同时阅读不同书籍,真是～。【近义】奇谈怪论【反义】言之有据

骇人听闻　hài rén tīng wén

【释义】骇:惊惧。使人听了非常震惊。【例句】那个凶手以一种～的残忍手段连续作案多起,搞得人心惶惶。【近义】耸人听闻　危言耸听【反义】喜闻乐见　不足为奇

害群之马　hài qún zhī mǎ

【释义】危害马群的马。比喻危害集体的人。【例句】每一个热爱集体的人都不能容忍那种～。【近义】城狐社鼠　不逞之徒【反义】干城之将

酣畅淋漓　hān chàng lín lí

【释义】酣畅:饮酒尽兴,引申指畅快、痛快。淋漓:尽情,畅快。形容表达得充分、透彻。【例句】他的耿耿丹心在这首诗中表现得～。【近义】淋漓尽致

邯郸学步　hán dān xué bù

【释义】邯郸:战国时赵国都城,那里的人们善于行走。步:走路。到邯郸去学别人走路,不但没学会,连自己原先的走法也忘了。比喻生硬地照搬模仿,不但学不到人家的本领,反而连自己本有的长处也丢掉了。【例句】学习别人的成功经验,一定要结合自己的实际情况,决不能～,生搬硬套。【近义】东施效颦　鹦鹉学舌【反义】标新立异　独辟蹊径

含苞待放　hán bāo dài fàng

【释义】苞:花蕾。放:花开。形容花朵快要开放时的姿态。也比喻少女的青春。【例句】温暖的阳光下,几株碧桃～。/时装模特大都是～的青春少女。【反义】落英纷飞

含垢忍辱　hán gòu rěn rǔ

【释义】见"忍辱含垢"。

含糊其词　hán hú qí cí

【释义】含糊:不清晰,不明确。词:话语。故意把话说得含含糊糊,使人不明白。【例句】她不想把事情的实情告诉大家,只是～地敷衍了几句。【近义】闪烁其词【反义】直截了当　开门见山　单刀直入

含情脉脉　hán qíng mò mò

【释义】脉脉:默默地用眼神或行动表达情意。形容满含深情的样子。也作"脉脉含情"。【例句】她微微抬起头,～地看了他一眼。【近义】温情脉脉

含沙射影　hán shā shè yǐng

【释义】传说一种叫蜮(yù)的怪物能在水中含沙射人的影子,使被射中的人生病甚至死亡。比喻暗中攻击、诽谤或陷害人。也作"射影含沙"。【例句】这两篇文章～地攻击了几位位高权重的大人物。【近义】指桑骂槐【反义】

推诚相与

含笑九泉 hán xiào jiǔ quán
【释义】面带笑容离开人间。表示死而无憾。【例句】他想，这次如果能以身殉国，那也～了。

含辛茹苦 hán xīn rú kǔ
【释义】辛：辣。茹：吃。受尽种种辛苦。【例句】这位"老少年"为着救国运动，宁愿～，抛弃他个人的一切幸福。【近义】饱经风霜【反义】无忧无虑

含血喷人 hán xuè pēn rén
【释义】比喻捏造事实，污蔑别人。【例句】由于他的～，致使朋友遭受不白之冤，这种行径为其亲友所唾弃不齿。【近义】血口喷人　造谣中伤【反义】与人为善　隐恶扬善

含饴弄孙 hán yí nòng sūn
【释义】饴：麦芽糖。弄：逗哄。嘴里含着麦芽糖逗小孙子。形容老年人的闲适生活。【例句】老人家回到家乡后，本可以～，乐享天年，但他闲不住，老想着再做点什么事情。【近义】抱子弄孙【反义】孤苦伶仃

含英咀华 hán yīng jǔ huá
【释义】英、华：花。咀：嚼。口中含着花细细咀嚼。比喻琢磨、体味或领会诗文的精华。【例句】钩玄提要，～，对于接受文学遗产，会有非常重要的作用。【反义】囫囵吞枣　生吞活剥【提示】"咀"不读 zuǐ。

含冤莫白 hán yuān mò bái
【释义】受了冤屈，无从昭雪。【例句】他对媒体说，我～，被加上了渎职的罪名，我一定要讨回自己的公道。【近义】负屈含冤【反义】平反昭雪

寒耕热耘 hán gēng rè yún
【释义】寒冷时耕地，炎热时除草。泛指做四季农活。也作"寒耕暑耘"。【例句】这个偏僻的小山村未被开发之前，村民们～，过着与世隔绝的生活。

寒耕暑耘 hán gēng shǔ yún
见"寒耕热耘"。

寒来暑往 hán lái shǔ wǎng
【释义】暑天已经过去，寒天将到来。泛指四季更替，时光流逝。也作"暑往寒来"。【例句】她利用业余时间去敬老院看望孤寡老人，～，风雨无阻。【近义】寒暑易节　春去秋来

罕譬而喻 hǎn pì ér yù
【释义】罕：稀少。譬：比喻。喻：明白，通晓。用很少的比方就能让人明白。形容说话简明易懂。【例句】她的演讲～，既浅显，又深刻。

汗流浃背 hàn liú jiā bèi
【释义】浃：湿透。流出来的汗水湿透了背上的衣服。形容极度惶恐或惭愧时的情景。也泛指满身大汗。【例句】这小偷一看见警察走过来，顿时紧张得～。／攀登一段陡峭的山路之后，大家都已～，腰酸背痛。【近义】挥汗如雨　汗如雨下【反义】镇定自若　若无其事【提示】"浃"不能写成"夹"。

汗马功劳 hàn mǎ gōng láo
【释义】汗马：战马奔驰出汗，形容劳苦征战。指战争中立下的功绩。也泛指巨大贡献。【例句】这十年来，他为公司争取到不少业务，立下了～。【近义】汗马之劳　丰功伟绩【反义】横草之功　一事无成

汗牛充栋 hàn niú chōng dòng
【释义】汗牛：使牛累得出汗。栋：屋的正梁，借指房屋。用牛运输，牛累得出汗；堆放屋中，顶到屋脊。形容书籍极多。【例句】国家图书馆藏书很多，真

H

可谓～,不可胜数。【近义】浩如烟海【反义】寥寥无几

汗如雨下　hàn rú yǔ xià

【释义】形容出汗很多。【例句】她没注意到那块石头绊了一跤,浑身一颤,～。【近义】挥汗成雨

汗颜无地　hàn yán wú dì

【释义】汗颜:脸上出汗。无地:无地自容。形容极其羞惭,无地自容。【例句】他认识到自己的错后,深感～。【近义】无地自容

悍然不顾　hàn rán bù gù

【释义】悍然:蛮横的样子。蛮横地不顾一切。【例句】凡是正义的军队,都是遵守红十字宗旨的。只有法西斯强盗才～红十字的道义。【近义】专横跋扈【反义】顾虑重重

行行出状元　háng háng chū zhuàng yuán

【释义】行:工商业中的类别,泛指职业。状元:科举考试中的殿试第一名,借指精通某种事务的人。每种职业都可能出杰出的人才。【例句】职业不分高低贵贱,只要肯努力,～。

行家里手　háng jiā lǐ shǒu

【释义】里手:内行。指精通某种业务的人。【例句】凡是通过学习和实践成为本职工作的～,都称得上自学成才。

行伍出身　háng wǔ chū shēn

【释义】行伍:我国古代兵制,五人为伍,五伍为行,因以指军队的行列,泛指军队。出身:个人早期的经历。指有当过士兵的经历。【例句】这个支队长,～,曾经当过红军的团级指挥员。

沆瀣一气　hàng xiè yī qì

【释义】沆瀣:夜间的水汽,露水。唐僖宗时,书生崔瀣参加科举考试,他的老师、主考官崔沆录取了他,当时有人说:“座主门生,沆瀣一气。”原指露水混成一片。比喻气味相投的人勾结在一起。【例句】反动的清政府和殖民者～,共同镇压了起义军。【近义】同流合污　串通一气【反义】志同道合　洁身自好　提示　今多含贬义。

号啕大哭　háo táo dà kū

【释义】号啕:大声哭。形容放声痛哭。【例句】得知爱女含冤惨死,向来泪不轻挥的他忍不住老泪纵横,～。【近义】痛哭流涕【反义】捧腹大笑

毫发不爽　háo fà bù shuǎng

【释义】毫:细毛。发:头发。毫发:指极微小的量。爽:差,差错。一点儿差错或失误也没有。形容非常精确,一点也不差。【例句】总理的记忆力惊人,竟还留有李四光当年的印象,～。【近义】纤毫不爽　不失黍累　不差毫发【反义】大相径庭　天差地别

毫厘千里　háo lí qiān lǐ

见“差之毫厘,谬以千里”。

毫无二致　háo wú èr zhì

【释义】二致:两样。丝毫没有两样。形容完全相同。【例句】对这个问题,你们俩的看法实在是～。【近义】一模一样　如出一辙【反义】截然不同　天差地远

豪放不羁　háo fàng bù jī

【释义】羁:拘束。形容人性情豪爽奔放,不受拘束。【例句】他的哥哥,为人慷慨侠义,～,喜欢喝酒,十分健谈。【近义】豪迈不羁　任达不拘【反义】畏首畏尾　束手束脚

豪情壮志　háo qíng zhuàng zhì

【释义】豪迈的情怀,远大的志向。【例句】这首诗不仅表现了作者立功边塞

的～,而且有边塞生活的亲身见闻。
【近义】雄心壮志【反义】胸无大志
万念俱灰

豪言壮语　háo yán zhuàng yǔ
【释义】豪迈而充满英雄气概的言语。
【例句】他们不仅有革命英雄主义的
～,而且有艰苦奋斗的实干精神。【反
义】唉声叹气

好好先生　hǎo hǎo xiān shēng
【释义】指没有原则,不分是非曲直,对
谁都说"好"而不得罪他人以求相安无
事的人。也指善良人或好人。【例句】
他是个有名的～,对什么事都说好。/
他是一个胆小谦和的～。【反义】好事
之徒

好景不长　hǎo jǐng bù cháng
【释义】美好的光景不会长久存在。多
表示对过去美好情景消逝的惋惜和感
伤。【例句】旅游这棵"摇钱树"为村民
带来了财富,但～,之后更多的是给村
寨造成了许多令人遗憾的破坏。

好肉剜疮　hǎo ròu wān chuāng
【释义】剜:挖掉。比喻无事生非,自寻
烦恼。【例句】他这样做完全是平白无
故～,真是让人费解。【近义】无事
生非

好事多磨　hǎo shì duō mó
【释义】磨:磨难,挫折。美好的事情在
实现或成功之前常常会经历许多波
折。【例句】没想到这件事又变得复杂
了,真是～。【近义】好事多悭【反义】
一帆风顺

好言好语　hǎo yán hǎo yǔ
【释义】好:美,善。用和善的语气说话。
也指出于善意的话。【例句】小明这次
考试没考好,他的父母并没有指责,而
是～地与他共同寻找失败的原因。/

她用微笑和～去对待客户,终于拿下
了这个订单。【近义】好声好气

好自为之　hǎo zì wéi zhī
【释义】自己妥善处理,好好地干。多用
作勉励之词。【例句】离开父母后,一
切你～吧。

号令如山　hào lìng rú shān
【释义】号令:军令,命令。号令一发布
就坚决执行。形容军纪严明。【例句】
首长命令四连赶在拂晓前到达目的
地。～,全连官兵快马加鞭,火速朝目
的地进发。

好吃懒做　hào chī lǎn zuò
【释义】喜欢吃喝,不愿做事。【例句】孔
乙己善良迂腐而又～。【近义】好逸恶
劳【反义】克勤克俭

好大喜功　hào dà xǐ gōng
【释义】指封建帝王喜欢用兵以炫耀武
功。后泛指不顾客观条件,铺张浮夸,
爱出风头。【例句】～的人常常不愿脚
踏实地做实事。【近义】好高骛远【反
义】稳扎稳打　不求闻达

好高骛远　hào gāo wù yuǎn
【释义】骛:马快跑,引申指追求。不切
实际地追求过高或过远的目标。【例
句】学习不能～,急于求成,一定要把
基础打牢。【近义】好大喜功【反义】
脚踏实地 提示 "骛"字下半不能写
成"鸟"。

好善乐施　hào shàn lè shī
见"乐善好施"。

好生之德　hào shēng zhī dé
【释义】好生:爱惜人和动物的生命,不
忍杀生。指爱惜生命的仁德。【例句】
每人都应心存～,不要任意虐待残杀
动物。【近义】好生恶杀　慈悲为怀
【反义】草菅人命　嗜杀成性

H

好事之徒　hào shì zhī tú

【释义】徒：某一类人，含贬义。指爱管闲事或喜欢惹事的人。【例句】这部电视剧中的人物和情节本来就是虚构的，但偏有～要去考证落实。

好为人师　hào wéi rén shī

【释义】为：做。喜欢以教育别人的姿态出现，很不谦虚。【例句】自以为是、～的人很难与别人融洽相处。【近义】自以为是【反义】不耻下问

好逸恶劳　hào yì wù láo

【释义】逸：安逸，舒适。恶：讨厌，憎恨。贪图安逸，厌恶劳动。【例句】我们要养成勤勉的好习惯，不可～。【近义】好吃懒做　游手好闲【反义】刻苦自励　吃苦耐劳

好勇斗狠　hào yǒng dòu hěn

【释义】狠：凶恶。喜欢逞强斗殴。形容人凶恶好斗。【例句】对那些～的人，我们最好敬而远之。【近义】争强好胜【反义】与人为善

好整以暇　hào zhěng yǐ xiá

【释义】整：严整，整齐。暇：空闲，从容。形容既严整有序又从容不迫。【例句】面对那个国家纷繁复杂的形势，他的工作～，充分展现了当代外交官的风采。

浩浩荡荡　hào hào dàng dàng

【释义】原指水势浩大壮阔。也形容气势雄伟，规模巨大。【例句】巨大的泥石流将肥沃的土壤变成了泥浆，～地流入了江中。/ 军队～地开赴前线作战。【近义】波澜壮阔

浩然之气　hào rán zhī qì

【释义】浩然：盛大的样子。指正气，正大刚直的精神、气节。【例句】包公为官清正，刚正不阿，一身～。

浩如烟海　hào rú yān hǎi

【释义】浩：广大，众多。烟海：雾气弥漫的大海。指广大繁多如茫茫烟海。多形容书籍、文献、资料等非常丰富。【例句】编目的目的主要是提供检索工具，使读者在～、门类繁多的藏书中便捷地找到自己所需要的书。【近义】多如牛毛【反义】寥若晨星

皓齿明眸　hào chǐ míng móu

【释义】皓：洁白。眸：眼珠，也指眼睛。指洁白的牙齿，明亮的眼睛。形容容貌美丽。也作"明眸皓齿"。【例句】她年轻时～，非常漂亮。【近义】皓齿朱唇

皓月当空　hào yuè dāng kōng

【释义】皓月：明亮的月亮。明亮的月亮悬挂在万里无云的夜空上。【例句】中秋之夜，～，让人更添思乡之情。

喝西北风　hē xī běi fēng

【释义】比喻没有东西吃，挨饿。也比喻没事干，因此没有收入。【例句】你指望等到他来弄饭，那我们今天都要～。/ 你把人都得罪了，我们销售部～去？

合浦珠还　hé pǔ zhū huán

【释义】合浦：汉代郡名，在今广西合浦。《后汉书·孟尝传》载，合浦盛产珍珠，东汉时由于官吏滥采而使珍珠蚌迁走，后来孟尝做太守，革除弊端，蚌也返回，百姓重新从事采珠业。比喻去而复归或失而复得。【例句】他丢失的那份珍贵的资料找到了，～，喜出望外。【近义】失而复得【反义】不翼而飞

合情合理　hé qíng hé lǐ

【释义】符合情理。【例句】我们提出的这些改革方式是基于实际情况考虑的，是～的。【近义】入情入理【反义】不合情理

H

何乐而不为 hé lè ér bù wéi

【释义】为什么不乐意做呢？用反问的语气表示没有理由不去做或很乐意做。【例句】既有优厚的物质待遇，又有良好的工作条件，你～呢？

何去何从 hé qù hé cóng

【释义】去：离开。从：跟随。离开哪里，走向哪里；或背离什么，依从什么。形容心中惶惑，无所适从。后多指在重大问题上就采取的态度与措施作出选择。【例句】即将毕业，我真的不知道要～。/ 改革走到了一个十字路口，到底～，我们面临着艰难的抉择。

何足挂齿 hé zú guà chǐ

【释义】足：值得。挂齿：提及，谈起。哪里值得一提？表示事情很小，不值一提。带有轻蔑的意味，后多用作客套话。【例句】区区小事，～？【近义】何足道哉　不足挂齿【反义】大书特书

和蔼可亲 hé ǎi kě qīn

【释义】态度温和，使人容易亲近。【例句】他～，愿意帮助你解决一切问题，就和一个相识多年的老朋友一样。【近义】平易近人　和颜悦色【反义】凶神恶煞　气势汹汹

和风细雨 hé fēng xì yǔ

【释义】温和的微风，蒙蒙的小雨。比喻态度温和，方式和缓、不粗暴。【例句】李老师常用～的方式做学生的思想工作。【反义】暴风骤雨　急风暴雨

和光同尘 hé guāng tóng chén

【释义】和：平和，平抑。本义为掩抑光芒，使之与尘土没有什么区别。后比喻混同世俗、不露锋芒、与世无争的消极处世态度。【例句】他只想在现实社会中～、与世无争地生活，演好自己的角色。【近义】不露圭角　随波逐流

和睦相处 hé mù xiāng chǔ

【释义】邻国或邻居之间和平友好地相交往。【例句】我们希望不同地区、不同信仰、不同文化和不同民族的人民都能～。【近义】和平共处【反义】互相残杀　尔虞我诈

和盘托出 hé pán tuō chū

【释义】和：连带。连同盘子一起端出来。指把所有的东西全部拿出来。比喻把话完全说出来，毫无隐瞒。【例句】《红楼梦》～了封建社会的各种社会矛盾。/ 教练把失利的原因和面前严峻的态势～。【近义】畅所欲言　言无不尽【反义】吞吞吐吐　守口如瓶

和气致祥 hé qì zhì xiáng

【释义】和气：古人认为天地间阴阳交合而成的气，后也指和睦融洽。致：招致。和睦融洽的气氛能招致吉祥。【例句】古人说，～，乖气致戾。我们在待人接物上决不能蛮不讲理。【近义】和气生财【反义】乖气致戾

和颜悦色 hé yán yuè sè

【释义】颜：面容。悦：喜悦。色：脸色。温和的表情，喜悦的神色。形容态度和蔼亲切。【例句】老师总是～、不厌其烦地替学生解答疑难问题。【近义】平易近人【反义】正颜厉色　横眉怒目

提示　"颜""色"都不能理解成"色彩"。

和衷共济 hé zhōng gòng jì

【释义】衷：内心。和衷：同心同德。济：渡河。比喻同心协力，共同克服困难。【例句】同事们～，通力协作，终于摆脱了困境。【近义】风雨同舟　齐心协力【反义】同室操戈

河东狮吼 hé dōng shī hǒu

【释义】河东：古代郡名，在今山西南部，为柳姓的郡望，代指柳姓。狮吼：佛家

H

以喻威严。比喻嫉妒心强而凶悍的妻子发怒撒泼。【例句】他刚刚回家,就听到太太〜,吓得他赶紧向太太交代今天的行踪。【近义】季常之惧【反义】夫唱妇随 温柔贤淑

河汾门下 hé fén mén xià
【释义】河汾:指河汾地区,在今山西西南。门下:隋末大儒王通,在黄河、汾水之间开办学校,求学的人有一千多,房玄龄、魏徵等初唐政治家都是他的门徒,当时被称为“河汾门下”。后用以形容名师门下人才辈出。【例句】这位老教授带出了一批又一批有思想、有担当的人才,真可谓〜。

河清海晏 hé qīng hǎi yàn
【释义】河:指黄河。晏:平静。黄河水清澈,海水平静。比喻天下太平。【例句】改革开放以来,国家〜,百姓安居乐业。【近义】天下太平【反义】天下大乱

涸泽而渔 hé zé ér yú
见“竭泽而渔”。

涸辙之鲋 hé zhé zhī fù
【释义】涸辙:干的车轮印儿。鲋:鲫鱼。干涸了的车辙中的鲫鱼。比喻处在困境中亟待救助的人或物。【例句】贫困山区的失学儿童犹如〜,亟待希望工程的救助。【近义】釜底游鱼 【提示】“涸”不读 gù。

荷枪实弹 hè qiāng shí dàn
【释义】荷:扛。实:充满,装满。扛着枪,子弹上了膛。形容军队、警察等全副武装,高度戒备。也作“持枪实弹”。【例句】冲要的马路和街道忽然密布了〜的武装岗哨。【反义】赤手空拳 手无寸铁

赫赫有名 hè hè yǒu míng
【释义】赫赫:显著盛大的样子。形容声

名显赫,尽人皆知。【例句】唐朝是中国历史上〜的王朝,声威远播,灿烂辉煌。【近义】大名鼎鼎 赫赫扬扬【反义】默默无闻 不见经传

鹤发童颜 hè fà tóng yán
【释义】像白鹤羽毛那样雪白的头发,像孩童一般红润的脸色。形容老年人气色好,有精神。也作“童颜鹤发”。【例句】我看见一些〜的科学家,奋发挺进,拾级而上。【近义】返老还童【反义】老态龙钟

鹤立鸡群 hè lì jī qún
【释义】像鹤站在鸡群之中一样。比喻人的仪表或才能超群出众。【例句】小张在这次辩论赛中〜,脱颖而出。【近义】出类拔萃【反义】滥竽充数

黑白不分 hēi bái bù fēn
【释义】黑白:比喻是非、善恶。比喻是非不明,好坏不分。【例句】在这个问题的认识上,他们家简直是是非颠倒、〜,毫无正义可言。【近义】不分皂白【反义】黑白分明 爱憎分明

黑白分明 hēi bái fēn míng
【释义】黑白两种颜色对比鲜明。比喻好坏是非区分得很清楚。【例句】他是一个〜的人。【近义】爱憎分明 泾渭分明【反义】黑白不分 颠倒黑白 混淆黑白

黑灯瞎火 hēi dēng xiā huǒ
【释义】黑乎乎的一片,一点亮光都没有。多形容夜色浓重。【例句】你这个时候走什么,〜的,怕会有危险。【反义】灯火辉煌

黑更半夜 hēi gēng bàn yè
【释义】更:旧时一夜分成五更,每更大约两小时。指深夜。【例句】他听到儿子生病的消息,〜顶着瓢泼大雨,深一脚浅一脚地赶回来了。【近义】三更半

夜　深更半夜

恨入骨髓　hèn rù gǔ suǐ

见"恨之入骨"。

恨铁不成钢　hèn tiě bù chéng gāng

【释义】形容对自己寄予厚望的人不争气、不长进感到焦急和不满，急切地望他变好。【例句】小明不求上进，成绩一直不好，爸爸真是～。

恨之入骨　hèn zhī rù gǔ

【释义】比喻心中痛恨到了极点。也作"恨入骨髓"。【例句】日本侵略者在中国罪恶滔天，老百姓对他们是～。【近义】怨入骨髓【反义】视作心肝　情深似海

恒河沙数　héng hé shā shù

【释义】恒河：南亚大河，流经印度和孟加拉国。数：数目。像恒河里的沙子数目那样多。形容数量多得无法计算。【例句】《阿房宫赋》是一篇脍炙人口的散文，优秀的鉴赏文章可谓～。【近义】多如牛毛【反义】寥若晨星

横冲直撞　héng chōng zhí zhuàng

【释义】乱冲乱撞，毫无顾忌。【例句】奔腾的河流，像脱缰的野马，在山谷间～。【近义】狼奔豕突【反义】鹅行鸭步

横戈跃马　héng gē yuè mǎ

【释义】戈：古代兵器，平刃长柄。横持戈矛，策马驰骋。形容将士征战沙场的英勇姿态。【例句】洞庭湖滨一带是三国时代刘、关、张～的古老战场。

横眉立目　héng méi lì mù

见"横眉怒目"。

横眉怒目　héng méi nù mù

【释义】竖着眉，瞪起眼。形容态度凶狠或强硬严厉的神情。也作"横眉立目"。【例句】这家伙～，好像一口要把对方吞掉。【反义】慈眉善目　和颜悦色

横七竖八　héng qī shù bā

【释义】有的横着，有的竖着。形容杂乱无章。【例句】河岸边～躺着几块断碑残碣。【近义】杂乱无章　横三竖四【反义】整整齐齐

横扫千军　héng sǎo qiān jūn

【释义】横扫：扫荡、扫除。形容一举消灭了大量敌人。【例句】刘邓大军以～之势，很快就解放了大西南。【近义】风卷残云【反义】溃不成军

横生枝节　héng shēng zhī jié

【释义】横：旁侧。树木从旁边生出了枝节。比喻意外地制造一些麻烦而干扰主要问题的顺利解决。【例句】现在必须尽快把手续办妥，免得～。【近义】节外生枝【反义】不蔓不枝

横行霸道　héng xíng bà dào

【释义】霸道：蛮横。胡作非为，蛮不讲理。【例句】明朝末年，宦官们～，肆无忌惮。【近义】横行无忌　作威作福【反义】安分守己　循规蹈矩

横行无忌　héng xíng wú jì

【释义】忌：怕，畏惧。胡作非为，无所顾忌。【例句】这伙人～，激起了民众强烈的不满。【近义】横行霸道【反义】安分守己　循规蹈矩

横征暴敛　héng zhēng bào liǎn

【释义】横：蛮横。征：指征税。敛：搜刮。蛮横地强征捐税，残暴地搜刮民财。【例句】当统治者昏庸腐朽，～，使得人民无法生活下去的时候，人民英雄就揭竿而起。【近义】敲骨吸髓【反义】轻徭薄赋

轰动一时　hōng dòng yī shí

【释义】轰动：同时惊动很多人。在一个

H

时期内惊动了很多人。形容影响很大。【例句】他的小说出版后，成为～的畅销书，他也因此一举成名。【近义】名噪一时

轰轰烈烈　*hōng hōng liè liè*

【释义】轰轰：象声词，形容巨大的声音连续作响。烈烈：火势凶猛的样子。形容声势浩大，气魄雄伟。【例句】年轻人都渴望～地干一番事业。【近义】声势浩大　风起云涌【反义】偃旗息鼓　死气沉沉

哄堂大笑　*hōng táng dà xiào*

【释义】形容满屋的人或所有在场的人同时大笑。【例句】小丑的滑稽表演引起了～。【反义】鸦雀无声

烘云托月　*hōng yún tuō yuè*

【释义】烘：渲染。托：衬托。绘画时渲染云彩以衬托月亮。比喻文艺创作中不从正面描绘而从侧面点染描写以衬托主体或突出主题的一种表现手法。【例句】作者在一些不为人注意的地方，运用～的手法，使人物的形象更加突出。

红白喜事　*hóng bái xǐ shì*

【释义】红：指喜庆之事。白：指凶丧之事。男婚女嫁是喜事，高寿的人病逝的丧事叫喜丧，统称红白喜事。泛称嫁娶丧葬一类的事情。【例句】村委会倡议村民们～不要铺张浪费。

红男绿女　*hóng nán lǜ nǚ*

【释义】指衣着鲜艳华丽的青年男女。【例句】一群～为古城的街道增添了一抹色彩。

红日三竿　*hóng rì sān gān*

【释义】太阳已经离地三竹竿高了。指时间不早了。【例句】～了，你却还在睡觉，真是个懒虫。【近义】日高三丈【反义】半夜三更

红瘦绿肥　*hóng shòu lǜ féi*

见"绿肥红瘦"。

红杏出墙　*hóng xìng chū qiáng*

【释义】红色的杏花穿出墙外。本形容春意盎然。现多指妻子有婚外恋情。【例句】他无法原谅妻子的～，最终还是离婚了。

红装素裹　*hóng zhuāng sù guǒ*

【释义】红装：妇女盛饰多用红色，指女子的盛装；比喻红日照耀。素裹：白色的装束，比喻大雪覆盖。形容雪后天晴，红日和白雪交相映照的艳丽景色。【例句】雪后初晴，一片～，煞是好看。

洪福齐天　*hóng fú qí tiān*

【释义】洪：大。齐天：与天同高。形容人的福气大。多用作对帝王或地位高的人的称誉之词。【例句】老教授身体健康，儿女们又各有出息并百般孝顺，真是～啊。【近义】福如东海【反义】命如纸薄

洪水猛兽　*hóng shuǐ měng shòu*

【释义】洪水：暴涨的大水。猛兽：凶猛的野兽。比喻极大的灾害。【例句】由于网络综合征等现象频现报端，一时间网络被社会普遍认为是未成年人的～。【近义】天灾人祸

鸿鹄之志　*hóng hú zhī zhì*

【释义】鸿鹄：天鹅，善高飞。比喻远大的志向。【例句】许多历史上的伟人，都是自小就立下～且努力去实践，长大后才得以成就一番事业。【近义】青云之志　凌云之志　雄心壮志【反义】胸无大志

鸿篇巨制　*hóng piān jù zhì*

【释义】鸿、巨：大。制：撰著，著作。指内容丰富、规模宏大的著作。【例句】历代文学作品卷帙浩繁，但能够流传下来的～却不多。【反义】只言片语

鸿儒硕学 hóng rú shuò xué

【释义】鸿儒:大儒。硕学:博学,指很有学问的人。学识渊博、造诣很高的学者。【例句】参加这次研讨会的人都是各个领域的～。

鸿雁哀鸣 hóng yàn āi míng

【释义】鸿雁求食的叫声,极其凄厉。形容灾难之后凄惨的景象。【例句】地震发生后,整个城市一片～的凄惨景象。

鸿业远图 hóng yè yuǎn tú

【释义】宏伟的事业,远大的抱负。【例句】若国家的政策不好,那年轻人又哪来的舞台施展～呢?【近义】鸿鹄之志

侯门似海 hóu mén sì hǎi

【释义】侯门:指显贵人家。王公贵族的门庭深广得像海一样。形容门禁森严,一般人难以进入。【例句】～,平民百姓哪能随便出入!【近义】深宅大院【反义】小户人家

后兵先礼 hòu bīng xiān lǐ

见"先礼后兵"。

后发制人 hòu fā zhì rén

【释义】发:发动;行动。制:制伏,制胜。先让一步,使自己处于有利地位,然后反击战胜对方。【例句】他一向出手稳健,在围棋界素有"以柔克刚,～"的美誉。【近义】以退为攻【反义】先发制人

后顾之忧 hòu gù zhī yōu

【释义】顾:回头看。忧:忧虑,担心。指来自后方的或未来的忧患。【例句】这个街道的社区办起了"小学生暑假班",解决了双职工家庭的～。

后患无穷 hòu huàn wú qióng

【释义】后患:指遗留下来的祸患。穷:穷尽。留下的祸患,没有穷尽。【例句】这条河的污染问题若不及时解决,拖延下去将～。【近义】养虎遗患【反义】斩草除根

后悔莫及 hòu huǐ mò jí

【释义】莫及:赶不上,来不及。事后懊悔,已来不及了。【例句】这句话才出口,她就觉得很失礼,～。【近义】悔之晚矣

后会有期 hòu huì yǒu qī

【释义】会:相会,见面。期:时候,日子。以后还有相见的时候。多用作分别时安慰对方的客套话。【例句】山高水远,～,兄弟俩暂时各奔前程。【反义】后会无期

后继无人 hòu jì wú rén

【释义】继:继承。没有后人来继承前人的事业。【例句】这位老中医的医术没有得到应有的重视,而且～。【反义】后继有人

后继有人 hòu jì yǒu rén

【释义】继:继承。前人的事业已经有了后人来继承。【例句】我们要确保社会主义事业～,就必须做好人才的培养工作。【反义】后继无人

后来居上 hòu lái jū shàng

【释义】居:处在。原指资历浅的新官位居资格老的元老旧臣之上。现指后来的人或事物超过先前的。【例句】日本能够～的重要原因之一就是他们广泛采用世界各国的先进技术,为己所用。【近义】青出于蓝

后浪推前浪 hòu làng tuī qián làng

【释义】后面的浪头推动前面的浪头不断前进。比喻新事物推动或代替旧事物,永不停息地向前发展。也比喻新人超越旧人。【例句】文坛上人才辈出,大有～之势。

后起之秀 hòu qǐ zhī xiù

【释义】秀:优秀的人物。后出现的或新

成长起来的优秀人物。【例句】在航天航空领域里，我国又涌现出一批～。【近义】后进领袖

后生可畏　hòu shēng kě wèi
【释义】后生：青年人，晚辈。畏：敬佩。青年人作为新生力量将超越前辈，值得敬畏。多用来赞扬有作为、有才干的年轻人。【例句】小将们竟将棋坛老将掀下马来，真是～。【近义】青出于蓝【反义】少不更事　苗而不秀

后台老板　hòu tái lǎo bǎn
【释义】后台：剧场中在舞台后面的部分。老板：旧称组织戏班的人。指戏班的班主。借指背后操纵、支持的人或集团。【例句】切尔西队拥有一位"挥霍无度"的～，这让"蓝军"还可以在冬季转会市场上继续网罗球星。

厚此薄彼　hòu cǐ bó bǐ
【释义】厚：与"薄"相对，重视，优待。重视或优待这一方，轻视或慢待另一方。指对人或对事不同等看待。【例句】老师对待学生应该一视同仁，不能～。【反义】一视同仁

厚古薄今　hòu gǔ bó jīn
【释义】厚：与"薄"相对，重视，推崇。在学术研究等方面重视或推崇古代的，轻视或鄙薄现当代的。【例句】～跟科学研究中实事求是的精神是不相容的。【近义】是古非今　贵远贱近【反义】厚今薄古

厚积薄发　hòu jī bó fā
【释义】厚积：指大量地、充分地积蓄。薄发：指少量地、慢慢地放出。多多积蓄，慢慢放出。形容只有基础雄厚，发出的力量才大。也形容准备充分才能办好事情。【例句】这些年他潜心于学术研究，～，发表了一系列论文。

厚今薄古　hòu jīn bó gǔ
【释义】厚：与"薄"相对，重视，推崇。在学术研究等方面重视或推崇现当代的，轻视或鄙薄古代的。【例句】他在研究中国史学时常常～。【反义】厚古薄今　贵远贱近　是古非今

厚颜无耻　hòu yán wú chǐ
【释义】颜：脸面。脸皮很厚，不知羞耻。【例句】～的人常常为了达到目的而不择手段。【近义】恬不知耻　寡廉鲜耻

呼风唤雨　hū fēng huàn yǔ
【释义】呼叫风就会刮风，呼唤雨就会下雨。原形容神仙道士等法力超凡。现比喻能够支配自然或左右某种局面。有时也比喻进行煽动性的活动。【例句】科学高度发展，神话中那种～，我们也可以做到。/这个曾经在这一片～的黑社会头子，受到了法律的制裁。【近义】兴风作浪【反义】息事宁人

呼朋引类　hū péng yǐn lèi
【释义】引：招引。类：指同类。招引志趣相投的人。多指坏人互相勾结。【例句】这伙人常常～来这儿饮酒赌博。【近义】沆瀣一气　朋比为奸【反义】群而不党　和而不同　提示　多含贬义。

呼天抢地　hū tiān qiāng dì
【释义】抢：碰，撞。大声呼天，用头撞地。形容极度悲痛。【例句】从世界各地赶往空难地点的遇难者家属们～，痛不欲生。【近义】呼天唤地【反义】兴高采烈

呼吸相通　hū xī xiāng tōng
【释义】比喻认识一致，利害相连。【例句】领导只有和群众～，才能做好基层工作。【近义】休戚与共

呼幺喝六　hū yāo hè liù

【释义】呼、喝:叫喊。幺、六:骰子的点子。形容赌博时希望中彩而高声大叫的情形。也形容大声呵斥,盛气凌人的举动。【例句】他对下级～,高傲的样子令人作呕。【近义】呼卢喝雉

呼之欲出　hū zhī yù chū

【释义】欲:要。叫喊一声他就会出来。形容艺术作品中的人物形象极其生动逼真。也指某事即将揭晓或出现。【例句】敦煌壁画上的人物形象栩栩如生,～。/经过一番调查,真相～。【近义】跃然纸上　栩栩如生

囫囵吞枣　hú lún tūn zǎo

【释义】囫囵:整个的、完整的。把枣整个儿吞下去。比喻学习等不加分析地全盘接受。【例句】读书不可～,不求甚解。【近义】生吞活剥【反义】析毫剖厘　条分缕析

狐假虎威　hú jiǎ hǔ wēi

【释义】假:借用,凭借。狐狸假借老虎的威风。《战国策·楚策一》载,老虎捉到狐狸,要吃它,狐狸说:"天帝命令我做百兽之长,你吃我是违背天命。如果你不信,就跟在我后面走,看百兽见了我敢不逃跑?"老虎听了它的话,跟在它后面,果然见百兽看见它们都跑了。老虎不知道百兽是怕自己,还认为是怕狐狸。比喻仰仗别人的威势或倚仗别人的威力来欺压人。【例句】李大伯昨天痛骂了～的富家子弟孙水明。【近义】狗仗人势　假虎张威　仗势欺人【反义】抑强扶弱　除暴安良

狐狸尾巴　hú lí wěi bā

【释义】传说狐狸成了精后能变人形来迷惑人,但尾巴不能变,会经常显露出来。比喻坏人的本来面目或阴谋、罪

行的破绽或证据。【例句】他的这番话未免说得太露骨,已经明明白白把他的～露出来了。

狐朋狗友　hú péng gǒu yǒu

【释义】朋、友:均指朋友。比喻勾结在一起的坏人或吃喝玩乐、不干正经事的朋友。也作"狐群狗党"。【例句】这个青年不务正业,整天和～混在一起,惹是生非。【反义】群英荟萃

狐群狗党　hú qún gǒu dǎng

见"狐朋狗友"。

狐死首丘　hú sǐ shǒu qiū

【释义】首丘:头向着山。传说狐狸死时头必朝向自己生长的山丘。比喻不忘根本。也比喻怀念故乡。【例句】叶落归根,～,游子岂能不思念故里?【近义】归正首丘　叶落归根

狐疑不决　hú yí bù jué

【释义】狐疑:狐性多疑,犹豫。决:决断。形容遇事犹豫不决。【例句】男子汉大丈夫做事要有主见且果断,不要～。【近义】犹豫不决【反义】当机立断

胡编乱造　hú biān luàn zào

【释义】胡乱编造。指凭想象任意捏造。【例句】在老师的逼问下,他只好～了几个理由,企图蒙混过关。【近义】胡说八道　胡说乱道【反义】实话实说　实事求是

胡搅蛮缠　hú jiǎo mán chán

【释义】胡乱纠缠,不讲道理。【例句】那家伙开口闭口"我不清楚",动不动"我头疼",～,颇难对付。【近义】蛮横无理　蛮不讲理【反义】通情达理

胡说八道　hú shuō bā dào

【释义】毫无根据或没有道理地瞎说。

H

【例句】你不了解情况，就不要～。【近义】打胡乱说　胡言乱语　信口雌黄

胡思乱想　hú sī luàn xiǎng

【释义】不切实际、毫无根据地瞎想。【例句】思考不是漫无边际的～。【反义】冥思苦想

胡言乱语　hú yán luàn yǔ

【释义】没有根据地随意乱说。也指没有根据或毫无道理的话。【例句】对于不知道的事，就不要～。/你别听他的～，他是有点喝醉酒了。【近义】胡说八道　打胡乱说

胡作非为　hú zuò fēi wéi

【释义】无视公德与法纪，任意干坏事。【例句】目无法纪、～的人肯定没有好下场。【近义】恣意妄为　肆无忌惮　为非作歹【反义】循规蹈矩　折矩周规

鹄形菜色　hú xíng cài sè

【释义】鹄形：形容人枯瘦的样子。菜色：指人因靠吃菜充饥而营养不良、黄中发青的脸色。形容人面黄肌瘦的样子。【例句】他看到这个贫困家庭里的几个孩子个个衣衫褴褛，～，难受极了。【近义】鸟面鹄形　鸠形鹄面　面黄肌瘦【反义】肥头大耳

湖光山色　hú guāng shān sè

【释义】光：风光。色：景色。湖中的风光，山中的景色。形容湖与山彼此映衬的秀丽景色。【例句】不少名人的题咏，词工句丽，书法精湛，为～平添了许多风韵。

虎背熊腰　hǔ bèi xióng yāo

【释义】形容人身体魁梧健壮。【例句】这个小伙子虽然才十七岁，却是～，身材很魁梧。

虎踞龙盘　hǔ jù lóng pán

【释义】踞：蹲或坐。盘：盘曲。像龙盘曲，像虎蹲坐。形容地形险要而雄伟。多指南京。比喻纹理斑斓。也作"龙盘虎踞""龙蟠虎踞"。【例句】如今展现在人们面前的澄泥砚，其造型有的如明月当空，有的似～，有的像孔雀开屏。/南京，～，历史上也是人才辈出的地方。/见其文章，或如～，复似集凤翔。【近义】表里山河　山河襟带

虎口拔牙　hǔ kǒu bá yá

【释义】在老虎嘴里拔牙齿。比喻冒着极大危险去做十分艰巨的工作。【例句】这次夜袭犹如～，是一项通过军事行动来完成的政治任务。

虎口余生　hǔ kǒu yú shēng

【释义】虎口：比喻危险的境地。老虎嘴里幸存下来的生命。比喻经历大灾大难，侥幸生还。【例句】他在那次围捕中能够～，已经是万幸。【近义】死里逃生【反义】在劫难逃

虎落平川　hǔ luò píng chuān

【释义】落：流落。平川：地势平坦的地方。老虎离开藏身的深山，流落到了平坦的地方。比喻强有力的人物失去依托，陷入困境。【例句】我看他好比～，英雄无用武之地。【近义】孤雁失群【反义】放虎归山

虎入羊群　hǔ rù yáng qún

【释义】老虎冲进羊群。比喻强者闯入弱者中为所欲为。【例句】海盗攀上了客轮，犹如～；杀烧抢掠，无恶不作。【近义】鹘入鸦群　狐入鸡舍

虎视眈眈　hǔ shì dān dān

【释义】眈眈：注视的样子。像老虎那样贪婪而凶狠地注视着。形容居心不

良,恶狠狠地盯着,伺机下手。【例句】战国末年,秦国对其他各诸侯国的领土～。【近义】潜图问鼎　逐逐眈眈

提示　"眈眈"不能写成"耽耽"。

虎头虎脑　hǔ tóu hǔ nǎo
【释义】形容健壮憨厚的样子。【例句】这个～的男孩聪明好学,成绩优异。【反义】猴头猴脑

虎头蛇尾　hǔ tóu shé wěi
【释义】头大得像老虎,尾巴细得像蛇。比喻做事起初声势很大,后来劲头很小或有始无终。也比喻一些东西头大尾小,极不相称。【例句】任何一项工作,都要善始善终,绝不能～。【近义】龙头蛇尾【反义】善始善终

虎穴龙潭　hǔ xué lóng tán
见"龙潭虎穴"。

互争短长　hù zhēng duǎn cháng
【释义】争:争夺。为争夺领先地位而展开的斗争。【例句】本届的西班牙足球联赛,是巴塞罗那和皇家马德里两队～。

户枢不蠹　hù shū bù dù
【释义】户枢:旧式木门的转轴。蠹:蛀蚀。经常转动的东西不易被蛀蚀。【例句】流水不腐,～。人的身体也是这样,要经常锻炼才能保持健康的体魄。

户限为穿　hù xiàn wéi chuān
【释义】户限:门槛。穿:透、破。门槛都踏破了。形容来往的人很多。【例句】这段时间这家商场在搞促销活动,大有～之势。【近义】宾客盈门【反义】门可罗雀

怙恶不悛　hù è bù quān
【释义】怙:依恃。悛:悔改。一贯作恶,不肯悔改。【例句】那些肆虐一方的流氓盗窃团伙、黑社会势力、车匪路霸和作恶多端、～的犯罪分子必须坚决镇压。【反义】洗心革面　痛改前非

提示　"悛"不能读成 jùn。

花好月圆　huā hǎo yuè yuán
【释义】花儿正在盛开,月亮圆满无缺。指良辰美景。多比喻爱情美好圆满。也用作新婚的祝词。【例句】祝你们～,事事如意。【近义】鹊笑鸠舞【反义】花残月缺

花红柳绿　huā hóng liǔ lǜ
【释义】红红的花儿,绿绿的柳条。泛指春天美丽的景色。也形容颜色鲜艳纷繁。【例句】公园里,～,处处洋溢着春天的气息。/ 姑娘们打扮得～。

花花公子　huā huā gōng zǐ
【释义】指穿着华丽、轻狂浪荡、只会吃喝玩乐的富家子弟。【例句】他是个仗官托势的～,你要少和他来往。【近义】纨绔子弟

花花绿绿　huā huā lǜ lǜ
【释义】形容色彩艳丽纷繁。【例句】这个游乐场布置得～,当然讨得孩子们的欢心。【近义】绚烂多彩

H

花花世界　huā huā shì jiè
【释义】指热闹繁华的地方或灯红酒绿、寻欢作乐的场所。也泛指人世间。【例句】有一些人看到了～,看到了金钱美色,受不起引诱,他们就动摇起来,以致犯罪。/ 我们俩同在一起观看这～,已有三十五年了。

花甲之年　huā jiǎ zhī nián
【释义】花甲:用天干和地支互相配合作为纪年,六十年为一花甲,也叫作一个甲子。指六十岁。【例句】再过十几天李教授就进入～了,也到退休的时

候了。

花前月下　huā qián yuè xià

【释义】花丛前，月光下。指景色优美的场所。后多指男女谈情说爱幽会的地方。【例句】当年谈恋爱时，她没享受过～的温馨与甜蜜。

花拳绣腿　huā quán xiù tuǐ

【释义】姿势好看而搏斗时用处不大的拳术。比喻外表好看却无实用价值的措施、行为。【例句】她是个不太细心的人，别人用一阵～就骗得了她的信任。

花容月貌　huā róng yuè mào

【释义】如花似月的容貌。形容女子容貌非常美丽。【例句】她是天生的～，但病魔将她折磨得异常憔悴。【近义】玉貌花容【反义】面目可憎

花天酒地　huā tiān jiǔ dì

【释义】花：喻指美女。形容沉湎于酒色、荒淫腐化的生活。【例句】那几个纨绔子弟，整日～，满街招摇。【近义】醉生梦死　灯红酒绿【反义】艰苦朴素

花团锦簇　huā tuán jǐn cù

【释义】锦：有彩色花纹的丝织品。簇：丛聚，汇集成团。像聚集到一起的花朵与锦绣。形容五彩缤纷、灿烂绚丽的景象。【例句】公园里～，景色宜人。【近义】繁花似锦　花簇锦攒【反义】枯枝败叶　朴实无华

花言巧语　huā yán qiǎo yǔ

【释义】花：不真实的，用来迷惑人的。巧：虚浮不实的。指华丽动听而没有实际内容的言辞。今多指虚伪动听的谎言。【例句】他堂堂一位大将军，没能耐在战场上打仗，却想用～来诱骗敌人。【近义】甜言蜜语　甘言好辞【反义】药石之言　肺腑之言

花枝招展　huā zhī zhāo zhǎn

【释义】招展：迎风摆动。开着花的树枝迎风摇摆，妩媚多姿。形容景色美丽。也比喻女子打扮得十分俏丽。【例句】参加这次选秀比赛的姑娘们，个个打扮得～。【近义】浓妆艳抹【反义】朴素大方

华而不实　huá ér bù shí

【释义】华：义同"花"，开花。实：果实，结果实。只开花不结果。比喻外表好看，却没有实在内容。也比喻虚浮而不踏实。【例句】我们反对堆砌辞藻、～的文风。【近义】秀而不实　金玉其外，败絮其中【反义】秀外慧中　朴实无华

哗众取宠　huá zhòng qǔ chǒng

【释义】哗：虚夸。宠：喜爱。用浮夸的言行博取众人的好感或支持。【例句】张教授作风踏实，绝不是那种～、爱出风头的人。【反义】实事求是　脚踏实地　提示　含贬义。

化干戈为玉帛　huà gān gē wéi yù bó

【释义】干戈：古代兵器，借指战争。玉帛：玉器和丝织品，古代诸侯会盟朝聘时所用的礼品，借指友好交往。比喻使争端和解。【例句】昭君出塞，匈奴与汉朝～，友好相处了好几百年。【反义】大动干戈　兵戎相见

化零为整　huà líng wéi zhěng

【释义】把零散的集中起来成为一个整体。【例句】一有时间就多写，～，许多零碎时间妥善地利用起来，不就是一个大整数。【反义】化整为零

化为乌有　huà wéi wū yǒu

【释义】乌有：虚幻，没有。《史记·司马相如列传》载，汉代司马相如作《子虚

赋》,虚构三人对话,其中一人名为"乌有先生",意思是根本没有此人。现指事物全部消失或希望等完全落空。【例句】他担心这一事件会使他四年的劳动成果~。【近义】化作泡影

化险为夷 huà xiǎn wéi yí

【释义】夷:平易,平安。原指化险阻为平坦。后多指使危险转变为平安。【例句】他善于用兵,常能~,转败为胜。【近义】转危为安【反义】否极泰来

化整为零 huà zhěng wéi líng

【释义】把一个整体分成许多零散部分。【例句】在形势不利的情况下,游击队~,分散活动,避免了和敌人正面交锋,保存了实力。【反义】化零为整

化作泡影 huà zuò pào yǐng

【释义】泡影:水泡和影子,比喻落空的事物或希望。形容事情全部消失或希望完全落空。【例句】无情的洪水把农民希望有个好收成的梦想~。【近义】化为乌有

划一不二 huà yī bù èr

【释义】划一:统一。指价格一致,不打折扣。也形容刻板。【例句】他这个人~,一点儿也不能通融。【近义】说一不二

画饼充饥 huà bǐng chōng jī

【释义】画个饼子来解饿。比喻只有虚名没有实惠。也比喻用空想来自我安慰。【例句】经理给下属允诺了一个~的诺言。/ 在封建社会,盼望清官来反对封建暴政的愿望近于~。【近义】指雁为羹 望梅止渴【反义】务真求实

画地为牢 huà dì wéi láo

【释义】在地上画个圈儿作为牢狱。相传上古刑律宽缓,令犯人立在圈中以示惩罚。比喻严格限定活动范围,不

准逾越。【例句】科学研究活动不能~,必须放开手脚,接触实际。【近义】画地为狱【反义】任其驰骋

画虎类狗 huà hǔ lèi gǒu

【释义】类:类似,像。画虎不成功,反倒画得像条狗。比喻好高骛远,目标实现不了反而闹笑话。也比喻模仿失真,结果弄得不伦不类。【例句】他冒充行家里手,结果~,惹人笑话。【近义】东施效颦【反义】神肖酷似

画龙点睛 huà lóng diǎn jīng

【释义】睛:眼珠。画好龙的全身后再给点上眼珠儿。比喻在写作或讲话的关键之处用精辟的词句点明主旨,使内容更加生动传神。【例句】一个好题目,常常对作品有~之妙,激发人们阅读的兴趣。【近义】锦上添花【反义】弄巧成拙 画蛇添足 多此一举

画蛇添足 huà shé tiān zú

【释义】画好蛇后又给蛇添上脚。比喻做多余的事,不但无益,反而弄巧成拙。【例句】文章明明写完了,后面又加上一个结尾,实在是~。【近义】多此一举 节外生枝【反义】画龙点睛

话不投机 huà bù tóu jī

【释义】投机:见解相同。指意见或看法不一致,说不到一起。【例句】两位昔日的好朋友五年后再见面,已是~,各自都陷入沉默。【近义】语不投机【反义】一拍即合 酒逢知己

话里有话 huà lǐ yǒu huà

【释义】话里暗含有别的意思。形容语带双关,意在言外。【例句】他听得出这~,心里也自然明白了几分。

怀才不遇 huái cái bù yù

【释义】有才学得不到施展的机会或得不到赏识任用。【例句】他在国外长期

H

～,回国后得到党和政府的信任和重用。【近义】生不逢辰　报国无门【反义】飞黄腾达　如鱼得水

怀恨在心 huái hèn zài xīn
【释义】怀:包藏。把怨恨记在心里。指心中记仇,将伺机报复。【例句】他以前因被张经理免去主任的职务,对张经理～。【近义】咬牙切齿【反义】不计前嫌

怀瑾握瑜 huái jǐn wò yú
【释义】瑾、瑜:美玉,比喻美德。怀里揣着瑾,手中握着瑜。比喻人具有高尚纯洁的品德与情操。也作"抱瑜握瑾"。【例句】在封建社会,有很多～的贤才都遭到排挤、诬陷和打击。【近义】抱玉握珠

欢声雷动 huān shēng léi dòng
【释义】欢呼声像雷声震动一样。形容欢乐的场面十分热烈。【例句】我军所到之处,敌人望风披靡,人民～。【近义】欢声如雷　锣鼓喧天【反义】万籁俱寂　鸦雀无声

欢声笑语 huān shēng xiào yǔ
【释义】欢乐的谈论和笑声。【例句】这堂讨论课上洋溢着一片～。【近义】语笑喧阗【反义】唉声叹气

欢天喜地 huān tiān xǐ dì
【释义】形容非常高兴。【例句】六一儿童节,孩子们～地庆祝自己的节日。【近义】兴高采烈【反义】怏怏不乐　闷闷不乐　郁郁寡欢

欢欣鼓舞 huān xīn gǔ wǔ
【释义】欢欣:喜悦。鼓舞:振奋。形容非常高兴,精神振奋。【例句】听到前方传来捷报,战士们无不～。【近义】兴高采烈　喜气洋洋【反义】意志消沉　灰心丧气

环肥燕瘦 huán féi yàn shòu
【释义】唐玄宗贵妃杨玉环体态丰满,汉成帝皇后赵飞燕身材苗条。指女子体态不同,但各有风韵。【例句】他结识过不少漂亮女性;～,北美南秀,但唯独没有结识过一个有才华的女性。

缓兵之计 huǎn bīng zhī jì
【释义】缓:延缓。使对方延迟进攻的计策。泛指暂时缓和事态以便另谋对策的手段。【例句】此次我们主动撤退,只是我军的一种～。/ 谈判只是目前状况下的～。【近义】权宜之计

缓步代车 huǎn bù dài chē
见"安步当车"。

换汤不换药 huàn tāng bù huàn yào
【释义】汤:指汤药,也指熬成的中药水。更换了汤剂的名称,而实际用药仍是原来的。比喻形式或名称虽有改变,但实质未变。【例句】现在不少腐败行为变了花样,但～。【近义】万变不离其宗【反义】改头换面

涣然冰释 huàn rán bīng shì
【释义】涣然:消散的样子。冰释:像冰遇热一样融化。比喻疑问、误会、隔阂等迅速消除。【例句】他们通过沟通交流,彼此间的误会～。【近义】冰消瓦解　烟消云散

患得患失 huàn dé huàn shī
【释义】患:忧虑,担心。没有得到时担心得不到,得到后又担心失去。形容斤斤计较个人的利害得失。【例句】一个人如果没有～的念头,心情也就自然而然地舒坦了。【近义】斤斤计较【反义】公而忘私

患难与共 huàn nàn yǔ gòng
【释义】忧患与灾难共同承担。形容利

害一致,关系密切。【例句】几个厂家联手合作,～,终于打开了产品销售的新局面。【近义】休戚与共　休戚相关　同甘共苦【反义】貌合神离　同床异梦

患难之交 huàn nàn zhī jiāo

【释义】交:结交,交情。共同经历过忧患与灾难的亲密朋友。【例句】他们两个是～,感情深如亲兄弟。【近义】莫逆之交【反义】狐朋狗友

焕然一新 huàn rán yī xīn

【释义】焕然:鲜明、有光彩的样子。鲜明光亮,呈现出崭新的面貌或气象。【例句】这套房经过半个月的装修,已经～了。【近义】面目一新【反义】依然如故

荒诞不经 huāng dàn bù jīng

【释义】荒诞:荒唐离奇。经:正常。荒唐离奇,非常不合常理。【例句】如果用世俗的眼光来看,这些内容几乎都是～的。【近义】荒谬绝伦　荒诞无稽【反义】确凿不移　千真万确

荒诞无稽 huāng dàn wú jī

【释义】荒诞:荒唐离奇。稽:考核,考查。指极其荒唐,不可考查。【例句】这种～的传闻,根本不应该相信。【近义】大谬不然　荒诞不经　荒谬绝伦【反义】信而有征　千真万确

荒谬绝伦 huāng miù jué lún

【释义】伦:同类。荒唐、错误到了没有可以与之相比的程度。【例句】我们不能赞同这种～的主张。【近义】荒诞不经　荒诞无稽【反义】入情入理

荒山秃岭 huāng shān tū lǐng

【释义】荒:荒芜。秃:山无草木。指十分荒凉、光秃秃的山岭。【例句】不科学的采伐,没有护林和育林,森林地带也会变成～。【近义】荒山野岭

荒时暴月 huāng shí bào yuè

【释义】荒:庄稼无收或严重歉收。暴:凶。指遭受水旱灾荒的时候或青黄不接的季节。【例句】旧社会农业生产完全靠天吃饭,一遇到～,农民就只有挨饿了。【近义】青黄不接【反义】五谷丰登

荒无人烟 huāng wú rén yān

【释义】荒:荒凉。人烟:住户的炊烟,借指人家。偏僻荒凉,没有人家。【例句】探险队跋涉在～的雪域高原。【近义】渺无人烟　人烟稀少　杳无人迹【反义】人烟稠密

荒淫无耻 huāng yín wú chǐ

【释义】荒淫:迷于淫乐,贪恋酒色。生活糜烂淫乱,不知羞耻。【例句】封建社会,许多官吏欺压人民,～,毫不悔改,却要人民称他们为好官。【近义】荒淫无道【反义】怀瑾握瑜

慌手慌脚 huāng shǒu zhāng jiǎo

【释义】手脚忙乱。形容慌张失措的样子。【例句】老太太突然昏倒在地,大家～的,不知该怎么办才好。【近义】手忙脚乱　慌慌张张【反义】从容不迫

皇亲国戚 huáng qīn guó qī

【释义】国:指朝廷,即皇帝。皇帝的亲属和亲戚。比喻极有权势的人。【例句】我不管你是什么～,只要是触犯了法律,就要受到惩罚。

黄发垂髫 huáng fà chuí tiáo

【释义】指老人与儿童。【例句】这个小村庄犹如世外桃源,只见～,怡然自得。

黄金时代 huáng jīn shí dài

【释义】黄金:比喻宝贵。指最宝贵或最为繁荣昌盛的时期。【例句】战国时期是中国学术史上百家争鸣的～。／我

的～很短,可怀念的又只有这三件事。【近义】锦瑟年华

黄口小儿　huáng kǒu xiǎo ér

【释义】黄口:雏鸟,雏鸟的嘴为黄色;借指儿童。指无知的年轻人。多用于讥讽或斥责。【例句】那个乳臭未干的～,遇到困难只会撒泼哭闹。　提示　含轻蔑意味。

黄粱一梦　huáng liáng yī mèng

【释义】黄粱:黄小米,指黄小米饭。唐代沈既济《枕中记》记载,穷书生卢生在邯郸,有道士吕翁借给他一个枕头。旅店主人煮小米饭时,他枕着入睡,梦中享尽荣华富贵,醒来时小米饭还没煮熟。比喻虚幻的好事或完全不能实现的欲望。也作"一枕黄粱"。【例句】他的美丽梦想只不过是～罢了。【近义】南柯一梦【反义】如梦初醒

黄毛丫头　huáng máo yā tóu

【释义】黄毛:黄发,代指年幼的人。丫头:旧时女孩头上常梳丫形发髻,代称女孩。指年轻的女孩子。【例句】他想不到所有这些事情都是这个貌不惊人、乳臭未干的～干的。　提示　含戏谑或轻侮的意味。

黄袍加身　huáng páo jiā shēn

【释义】黄袍:古代帝王穿的龙袍。《宋史·太祖本纪》载,五代后周赵匡胤在陈桥驿发动兵变,诸将替他披上黄袍,拥立为帝,即宋太祖。后指通过政变夺取政权,登上皇位。【例句】袁世凯演了一出～的闹剧,但最后在全国人民的声讨中,自取灭亡了。

黄雀在后　huáng què zài hòu

【释义】(螳螂准备捕蝉)黄雀在后面准备啄螳螂。比喻伺机从后面袭击。也比喻有后顾之忧。常与"螳螂捕蝉"连用。【例句】所谓"援湘"北军不肯开赴前方作战,仅负警戒后方之责,显然具有"～"的野心。【近义】坐收渔利　鹬蚌相争,渔翁得利

黄土一抔　huáng tǔ yī póu

见"一抔黄土"。

黄钟毁弃　huáng zhōng huǐ qì

【释义】黄钟:古代贵重的打击乐器。黄钟被毁弃。比喻有才德的人得不到任用。【例句】一个国家如果不选拔人才,而是压抑人才,～,那一定发展不起来。【近义】自毁长城【反义】瓦釜雷鸣

惶惶不可终日　huáng huáng bù kě zhōng rì

【释义】惶惶:急躁、慌乱、心神不定的样子。终:完。惊慌恐惧得连一天都过不下去。形容惊恐到极点。【例句】这个逃窜犯怕被警察抓获,东躲西藏,～。【近义】惶恐不安　惴惴不安【反义】处之泰然

惶恐不安　huáng kǒng bù ān

【释义】惊慌、害怕得不得安宁。【例句】我第一次离开家乡到了一个陌生的城市,开始那段时间,终日～,无所适从。【近义】人心惶惶　惴惴不安【反义】处之泰然　泰然自若

恍然大悟　huǎng rán dà wù

【释义】恍然:猛然醒悟的样子。悟:理解,明白。猛地一下子明白过来。【例句】他看到罗马角斗士的石膏像才～,原来自己不知不觉地走进了塑像陈列室。【近义】茅塞顿开　豁然开朗【反义】大惑不解　百思不解

恍如隔世　huǎng rú gé shì

【释义】恍如:仿佛,好像。世:古代称三十年为一世。好像隔了一世。多用来

感叹人物或景象变化很大、时光流逝很快。【例句】他几十年来远离故乡，今日归乡与亲人团聚，～，感慨万千。【近义】隔世之感

灰飞烟灭　huī fēi yān miè

【释义】像灰飞散，如烟消失。比喻迅速完全消亡。【例句】激光聚集起来，可以产生几千万度的高温，可以使最难熔化的金属顷刻间～。【近义】火灭烟消

灰头土脸　huī tóu tǔ liǎn

【释义】形容满头满脸沾上尘土，面容污秽的样子。也形容懊丧或消沉的神态。【例句】卡车启动了，她才发现车上只有她一个女人，其他是一群～的男人。/ 天气这么好，开心点吧，何必这么～的。

灰心丧气　huī xīn sàng qì

【释义】灰：消沉。丧：失去。意志消沉，丧失信心。【例句】强者在失败面前不会～，而是认真总结经验教训，继续前进。【近义】心灰意懒　垂头丧气【反义】踌躇满志

挥汗如雨　huī hàn rú yǔ

【释义】挥：用手抹掉。抹下的汗水挥洒开来就像下雨一样。形容出汗很多。也形容人极多。【例句】行军路上，炽热的太阳晒得战士头晕眼花，～。/每逢节假日，这个景区的游人呵气成云、～，拥挤不堪。【近义】汗如雨下

挥霍无度　huī huò wú dù

【释义】任意花钱，没有节制。【例句】他平时～，不到十年，家业就被挥霍一空了。【近义】挥金如土【反义】克俭克勤

挥金如土　huī jīn rú tǔ

【释义】挥：散出，指使用。花钱像撒泥土一样。形容花钱极其随便或挥霍无度。【例句】他曾经是～的富翁，但由于生意的失败却成了一文莫名的穷汉。【近义】一掷千金　挥霍无度【反义】克俭克勤　一毛不拔　爱财如命

挥洒自如　huī sǎ zì rú

【释义】挥：挥笔。洒：洒墨。自如：操作得心应手，不拘束。形容写作、绘画等运笔不受拘束，非常流利自然。也形容处事干练洒脱。【例句】经常这么练笔，真正写作起来才可以～。/ 李婷和孙甜甜在网球场上配合默契，扣杀凌厉，～，气势非凡。【近义】运用自如　得心应手【反义】东抹西倒　捉襟见肘

回肠荡气　huí cháng dàng qì

【释义】荡：激荡。回：回旋。使情绪激荡，使内心回旋。形容乐曲、文辞等优美动人。也作"荡气回肠"。【例句】这首歌曲的旋律优美动人，令人～。

回肠九转　huí cháng jiǔ zhuǎn

【释义】回：转动。九：形容次数多。好像肠子在旋转。形容内心痛苦，焦虑至极。【例句】父亲走后，他～，脑子里翻腾滚转着父亲的那番话。

回嗔作喜　huí chēn zuò xǐ

【释义】回：掉转，改变。嗔：生气。由发怒变为高兴。【例句】爸爸给她买了根冰棒，小女孩立刻～。【近义】破涕为笑

回光返照　huí guāng fǎn zhào

【释义】回：反转。日落时，光线反射使天空又短时发亮。比喻人临死前忽然神志清醒或兴奋。也比喻事物灭亡之前表面状况一时好转。【例句】他这几天突然清醒起来，大家都明白这是～，心中不免悲痛。/骈体文盛行于六朝，以后衰落下来，到了唐末宋初，它又～

了一阵子。【提示】"返"不能写成"反"。

回天乏术　huí tiān fá shù

【释义】回天：使天旋转，指扭转局面。乏：缺乏。比喻局势或病情严重，已无法挽救。【例句】她全身器官衰竭，医生虽努力医治，仍～。【近义】无力回天【反义】扭转乾坤

回天之力　huí tiān zhī lì

【释义】天：旧指皇帝。旧指谏止皇帝使其改变主意的能力。现比喻战胜巨大困难或扭转危局的极大力量。【例句】李厂长带领全体职工努力拼搏，终于以～使工厂扭亏为盈。【近义】扭转乾坤【反义】回天乏术

回味无穷　huí wèi wú qióng

【释义】回味：吃过东西以后的余味。穷：完、尽。吃过好东西后余味无穷。形容事过以后，回想起来觉得意味深长。【例句】读了他的诗，仿佛品饮珍藏多年的花雕酒一样，使人沉醉，～。【近义】耐人寻味【反义】索然乏味

回心转意　huí xīn zhuǎn yì

【释义】回：掉转。改变原来的想法和态度，不再坚持原来的主张。多用以指放弃前嫌，重归旧好。【例句】她不肯～，看来还要在错误的道路上走下去。【近义】弃旧图新【反义】执迷不悟

悔不当初　huǐ bù dāng chū

【释义】后悔开始时不该这么做或早该那么做。【例句】得到这个结果，他脸上露出～的神情。【近义】悔之不及

悔过自新　huǐ guò zì xīn

见"改过自新"。

悔恨交加　huǐ hèn jiāo jiā

【释义】恨：遗憾。交加：一起出现。形容非常懊悔、痛心。【例句】得知事情的结局，他～，通宵难眠。【近义】悔不当初【反义】问心无愧

毁家纾难　huǐ jiā shū nàn

【释义】纾：缓和，解除。难：危难。捐献全部家产，解救国家危难。【例句】陈先生是位～的爱国志士。【近义】忧国忘家　救亡图存【反义】见利忘义　卖国求荣

毁誉参半　huǐ yù cān bàn

【释义】毁：诋毁。誉：赞扬。指责的与称赞的各占一半。表示对人或事物的评价没有一致的意见。【例句】厂里的人对他的这种创新～。

讳疾忌医　huì jí jì yī

【释义】讳：隐瞒。忌：怕，畏惧。隐瞒病情，害怕医治。比喻掩饰自己的缺点和错误，害怕批评，不愿改正。【例句】这篇文章批评了那些企图掩盖错误、～的人。【近义】文过饰非【提示】含贬义。

讳莫如深　huì mò rú shēn

【释义】讳：隐瞒。深：深重，重大。指事情重大，因而隐瞒不说。后形容把事情的真相隐瞒得很紧，不肯走漏一点消息。【例句】孩子究竟为什么出事，他家里的人～。【近义】守口如瓶【反义】和盘托出　直言不讳

诲人不倦　huì rén bù juàn

【释义】诲：教导。教导别人极有耐心，不知疲倦。【例句】老校长那种满腔热情、～的精神深深地感动了全校师生。【近义】不厌其烦

绘声绘色　huì shēng huì sè

【释义】绘：描绘。摹绘声音，描写色彩。形容叙述或描写生动逼真，深刻入微。【例句】他那～的叙述，把我们的思绪

带到了炮火连天的战场。【近义】有声有色　惟妙惟肖　活灵活现【反义】平淡无奇　平铺直叙

秽语污言　huì yǔ wū yán

见"污言秽语"。

昏昏欲睡　hūn hūn yù shuì

【释义】头脑昏昏沉沉，只想睡觉。形容精神萎靡或非常疲倦。【例句】平平板板的音乐，只能够是催眠曲，令人～罢了。

昏迷不醒　hūn mí bù xǐng

【释义】神志昏沉，不省人事。【例句】流血和过度疲劳，使他～，脸色煞白。

昏天黑地　hūn tiān hēi dì

【释义】天色昏暗或缺乏光线，一片漆黑。形容神志不清，糊里糊涂。也形容生活荒唐颓废，行为放荡不羁。也形容社会黑暗。【例句】忽然街上的电灯不知什么缘故，霎时间全部熄灭，变成一个～的世界。／王妃看到了这一幕，不觉血往上涌，眼前立刻～。／家里出那么大事情，他却还是～的，一天到晚，躲在赌场里胡闹。／当时的重庆，～，贪污腐化、横行不法的国民党统治着一切。【近义】乌天黑地　天昏地暗【反义】天朗气清

昏头昏脑　hūn tóu hūn nǎo

【释义】形容头脑发昏，糊里糊涂。【例句】他像当头吃了一棍子，～地不知道怎样才好。【近义】浑浑噩噩　萎靡不振【反义】心明眼亮

浑浑噩噩　hún hún è è

【释义】浑浑：浑厚朴实的样子。噩噩：庄严肃穆的样子。原形容十分纯厚质朴，博大庄重。今形容人不思进取，糊里糊涂，愚昧无知。【例句】一个人能够这样活着，即使活上一年，也胜似那

～的一百年。【近义】糊里糊涂　昏头昏脑

浑然天成　hún rán tiān chéng

【释义】浑然：完整不可分割的样子。天成：天然形成。完全融合在一起，像天然生成的一样。多形容诗文结构严密自然或遣词用典无斧凿痕迹。【例句】这些珍品皆～，没有丝毫的人工雕琢。／这位诗人为诗用事，～，不见痕迹。【近义】浑然一体【反义】格格不入

浑然一体　hún rán yī tǐ

【释义】浑然：完整不可分割的样子。融合成一个不可分割的整体。【例句】这五个大字，笔力雄厚苍劲，与那高耸云天气势磅礴的雄关，～，煞是壮观。【近义】浑然天成【反义】自成一体　势不两立　格格不入

浑身解数　hún shēn xiè shù

【释义】解数：武术的架势、招式，泛指手段、本事。指全身所有的本领。【例句】鱼，大约也使尽了～，才死里逃生。

提示　"解"不读 jiě。

浑水摸鱼　hún shuǐ mō yú

【释义】浑：浑浊。比喻乘混乱的机会从中捞取好处。也作"混水摸鱼"。【例句】他不是～的人，不肯随便去摸个教授头衔。【近义】趁火打劫

混水摸鱼　hún shuǐ mō yú

见"浑水摸鱼"。

魂不附体　hún bù fù tǐ

【释义】魂：灵魂。魂魄，迷信认为附在人体内并能离开人体而存在的精神与灵气。灵魂脱离了肉体。形容惊恐万分，不能自主。也形容受到极大诱惑或刺激，不能克制自己。【例句】她看见窗外有一黑影，吓得～。／立体电影

的穿越效果让观众提心吊胆,～。【近义】魂不守舍　魂飞天外　魂飞魄散【反义】神色自若

魂不守舍　hún bù shǒu shè

见"神不守舍"。

魂飞魄散　hún fēi pò sàn

【释义】魂、魄:迷信认为附在人体内并能离开人体而存在的精神与灵气。魂魄从身上飞散了。形容惊恐万分,失去常态。也形容人临死时神志不清、人事不省。【例句】解放军所向披靡,打得敌人～。【近义】魂不附体　魂飞天外　亡魂失魄【反义】泰然自若　神色自若

魂牵梦萦　hún qiān mèng yíng

【释义】牵、萦:缠绕,挂心。在心中牵挂、在梦中萦绕。形容万分思念或难以忘怀。【例句】老华侨们终于回到了几十年来一直～的故乡。【近义】朝思暮想

混世魔王　hùn shì mó wáng

【释义】旧小说中某些神魔或绿林好汉的诨名。比喻胡作非为,给人们带来严重灾难的恶人。也指行为放纵、肆意妄为的有钱有势人家的子弟。【例句】张宗昌做了三年的山东～。/他有一个孽根祸胎的儿子,是家里的～。

混为一谈　hùn wéi yī tán

【释义】混:混杂,掺杂。把本应区别开来的事物混杂在一起来谈论,说成是同样的事物。【例句】这两件事性质完全不同,不能～。【近义】相提并论【反义】不可同日而语

活蹦乱跳　huó bèng luàn tiào

【释义】活泼可爱,生气勃勃的样子。形容十分高兴、欢乐。【例句】他走起路来像个大人模样,却还是掩盖不住他那副嫩气和～的劲儿。/小朋友们在～地做游戏。

活灵活现　huó líng huó xiàn

【释义】活:逼真地。形容把事物叙述、描写得生动逼真,使人感到好像亲眼看到一般。【例句】画家仅寥寥数笔,就把一匹奔驰的骏马～地描绘出来了。【近义】惟妙惟肖　栩栩如生　穷形尽相

火海刀山　huǒ hǎi dāo shān

见"刀山火海"。

火冒三丈　huǒ mào sān zhàng

【释义】火:怒气。怒火上升三丈高。形容十分愤怒。【例句】她一句话把他说得跳起来,～。

火上加油　huǒ shàng jiā yóu

见"火上浇油"。

火上浇油　huǒ shàng jiāo yóu

【释义】比喻使人更加恼怒或使事态更加严重。也作"火上加油"。【例句】他心里正烦着呢,千万别再～了。【近义】撮盐入火【反义】息事宁人

火烧火燎　huǒ shāo huǒ liǎo

【释义】燎:烧焦。比喻身上灼热难受或心中焦躁不安。【例句】孩子走丢了,全家人急得～。【近义】心急如焚

火烧眉毛　huǒ shāo méi máo

见"燃眉之急"。

火树银花　huǒ shù yín huā

【释义】形容灯火辉煌或焰火绚丽的夜景。【例句】节日的夜晚,到处～。【近义】灯火辉煌【反义】漆黑一团

火眼金睛　huǒ yǎn jīn jīng

【释义】睛:眼珠。原指《西游记》中孙悟空能识别妖魔鬼怪的眼睛。后指目光

犀利、能识别真伪的眼睛。【例句】凭一双猎人的～,他觉察到附近有狼出没。

火中取栗　huǒ zhōng qǔ lì
【释义】17世纪法国寓言诗人拉·封丹写的寓言故事《猴子与猫》中载,猫受狡猾的猴子欺骗,从炉火中取出烤栗子,结果烧掉了爪上的毛而栗子却被猴子吃了。比喻被利用替人冒险,吃了苦头却一无所获。也指冒险行事,使自己蒙受损失。【例句】他首先考虑的是自己的利益,不会为其他人～。

货真价实　huò zhēn jià shí
【释义】货物是真正优良的,价钱也是实在公平的。形容真实地道,丝毫不假。【例句】他那小店的东西～,所以生意兴隆。/ 政府惩办了这个～的"蛀虫"。【近义】名副其实【反义】假冒伪劣　鱼目混珠　滥竽充数

祸不单行　huò bù dān xíng
见"福无双至,祸不单行"。

祸不单行,福无双至　huò bù dān xíng,fú wú shuāng zhì
见"福无双至,祸不单行"。

祸从天降　huò cóng tiān jiàng
【释义】灾祸从天上落下。形容意外的灾祸突然到来。也指老天突然降灾于人。【例句】真是～,一场龙卷风将辛辛苦苦才盖起来的房屋夷为平地。【近义】飞来横祸【反义】喜从天降

祸福相倚　huò fú xiāng yǐ
【释义】倚:靠着。灾祸与幸福相互依存,互相转化。【例句】一个文人受到

批判讨伐,固然是痛苦的事,但～,也有因此得到盛誉而名满宇内的。

祸国殃民　huò guó yāng mín
【释义】祸:损害。殃:使受灾害。使国家受害,老百姓遭殃。【例句】人民严惩了～的贪污腐败分子。【近义】蠹国害民【反义】富国安民

祸起萧墙　huò qǐ xiāo qiáng
【释义】萧墙:古代宫室内作为屏风的矮墙,借指内部。祸乱发生于内部。也作"萧墙祸起"。【例句】一大家人个个心怀异志,必将～。【近义】变生肘腋【反义】敌国外患

豁达大度　huò dá dà dù
【释义】豁达:性格开朗。大度:气量大。形容胸襟开阔,宽宏大量。【例句】他是一位～、公而忘私的学者。【近义】恢廓大度　宽宏大量【反义】心胸狭窄

豁然贯通　huò rán guàn tōng
【释义】豁然:开阔通达的样子。贯通:全面透彻地了解。形容一下子就彻底明白通晓了。【例句】这是个心有灵犀的聪明孩子,你只需稍加点拨,他就～了。【近义】豁然开朗【反义】百思不解　大惑不解

豁然开朗　huò rán kāi lǎng
【释义】豁然:开阔敞亮的样子。形容由狭窄昏暗一下变得宽敞明亮。也形容一下子明白了某种道理,心情十分舒畅。【例句】在无边的黑暗里,他眼前～,看见了黎明前的曙光。/ 他的一席话让我～。【近义】豁然贯通　茅塞顿开【反义】大惑不解　百思不解

J

击节叹赏　jī jié tàn shǎng
【释义】节：节拍。打着拍子欣赏诗文或艺术作品。形容人的行为、言论、技艺等表示赞赏。【例句】他的钢琴演奏如此优美，听的人无不～。

击玉敲金　jī yù qiāo jīn
【释义】如敲击金玉的声音。形容说的话非常正确或声音非常好听。【例句】他说的那番话，句句斩钉截铁，言言～。

饥不择食　jī bù zé shí
【释义】择：选择。饥饿时顾不得挑选食物，什么都吃。比喻需要急迫或无奈时，顾不得选择。【例句】一天没吃饭了，小强一副～的样子。／学习科学技术，要有选择地一步一步地学，循序渐进，不能～，什么都想学，结果什么也学不好。【近义】慌不择路【反义】挑肥拣瘦

饥肠辘辘　jī cháng lù lù
【释义】辘辘：车轮滚动声，这里指肚内响动。饿得肚子咕咕叫。形容饿到了极点。【例句】两个月的野外勘测生活，让他几次尝到了～的滋味。

饥寒交迫　jī hán jiāo pò
【释义】交：一齐，同时。迫：逼迫。饥饿与寒冷一齐袭来。形容无衣无食，挨饿受冻，生活极端贫困。【例句】那位老红军提起当年爬雪山过草地时～的情景，不禁老泪纵横。【近义】水深火热　缺衣少食【反义】丰衣足食　饱食暖衣

饥虎扑食　jī hǔ pū shí
见"饿虎扑食"。

机不可失　jī bù kě shī
见"机不可失，时不再来"。

机不可失，时不再来　jī bù kě shī, shí bù zài lái
【释义】机、时：机会，时机。再：第二次。有利的时机不可错过，一错过就不会再来了。也单作"机不可失"。【例句】这是你挑战冠军的最后一次机会，～，赶紧报名参赛吧。【近义】时不可失【反义】坐失良机

机关算尽　jī guān suàn jìn
【释义】机关：指周密而巧妙的计谋。什么样的计谋都用完了。形容为了达到某种目的而挖空心思，用尽了心机。也作"机关用尽"。【例句】为了将国家的财产装入自己的腰包，那个贪污犯～，但最后还是逃不过法律的制裁。【近义】绞尽脑汁　挖空心思　费尽心机【反义】无计可施

机关用尽　jī guān yòng jìn
见"机关算尽"。

鸡飞蛋打　jī fēi dàn dǎ
【释义】鸡飞走了，蛋也打破了。比喻两头落空，一无所获。【例句】他这人好赌，败尽了家产，气走了老婆，真是～，人财两空。【近义】赔了夫人又折兵

【反义】一箭双雕　一举两得

鸡飞狗跳　jī fēi gǒu tiào
【释义】鸡吓飞了，狗吓得跳起来了。形容惊惶失措的混乱情况。【例句】何老太把附近如何落下炮弹，如何吓得大家～的情形，对司令详细说了。

鸡零狗碎　jī líng gǒu suì
【释义】形容事物零碎琐细，不成系统。【例句】往后带东西几次并一次，不要～的。【近义】鸡毛蒜皮　七零八落【反义】荦荦大端

鸡毛蒜皮　jī máo suàn pí
【释义】比喻无关紧要的小事和毫无价值的东西。【例句】对于家中那些～的事，他都不大注意。／他们是为了报答你的恩情，才送给你，你倒说是～。【近义】鸡零狗碎【反义】硕大无朋　荦荦大端

鸡鸣狗盗　jī míng gǒu dào
【释义】学雄鸡啼鸣，装狗进行偷盗。《史记·孟尝君列传》载，战国时，齐国的孟尝君被秦国扣留，他的一个门客装狗入秦宫偷得白狐裘，送给秦王的宠姬，使孟尝君被释放；另一门客学鸡叫骗开了函谷关门，使他逃回了齐国。后用以借指低微卑贱的技能。也泛指小偷小摸的行为。【例句】在资本主义的发家期，即使～之徒也能够赚大钱。／他是一个正直诚实的人，却交了几个～的朋友。【近义】偷鸡摸狗【反义】光明正大

鸡犬不惊　jī quǎn bù jīng
【释义】犬：狗。连鸡狗都没受到惊扰。形容纪律严明，秋毫不犯。也指平安无事。【例句】红军纪律严明，转战途中所到之处～，深得民心。【近义】秋毫无犯【反义】鸡犬不宁

鸡犬不宁　jī quǎn bù níng
【释义】犬：狗。连鸡狗都不得安宁。形容骚扰得非常厉害。【例句】南街的那一帮小青年不务正业，弄得那一带～。【近义】六畜不安【反义】鸡犬不惊

鸡犬升天　jī quǎn shēng tiān
【释义】比喻一个人得势，和他有关的人也跟着沾光。【例句】一人得道，～是旧社会黑暗官场的真实写照。【近义】淮南鸡犬

积草屯粮　jī cǎo tún liáng
【释义】积：贮积，储存。屯：积聚。储存积聚草料和粮食，做好战争准备。【例句】现在双方都在～，一场大战看来是不可避免了。【近义】积甲山齐

积非成是　jī fēi chéng shì
见"习非成是"。

积毁销骨　jī huǐ xiāo gǔ
【释义】积：聚。毁：毁谤。销：熔化。一次又一次的毁谤，积累下来足以致人于死地。比喻毁谤中伤的可怕。【例句】众口铄金，～，那位影星终于因为人言可畏而自杀了。【近义】众口铄金

积劳成疾　jī láo chéng jí
【释义】积：累积。因长期过度劳累而患病。【例句】周恩来总理为共和国常年劳苦，日夜工作，以致～。【反义】养尊处优

积年累月　jī nián lěi yuè
【释义】积、累：聚集。年年月月累加在一起形容经历的时间很长。【例句】他～的刻苦研究终于换来了丰硕的科研成果。【近义】经年累月　长年累月【反义】一朝一夕

积少成多　jī shǎo chéng duō
【释义】积：积累。一点一滴地积累，就

会由少变多。【例句】学习知识要处处留心，～。【近义】积土成山　积微成著　集腋成裘

积土成山　jī tǔ chéng shān

【释义】积：堆积。土堆积起来可以垒成一座山。比喻一点一滴地积累，就会由少变多，从小变大。【例句】知识是不断积累得来的，努力学习，～，就会成为一个知识渊博的人。【近义】积少成多　积水成渊　聚沙成塔

积习难改　jī xí nán gǎi

【释义】习：习惯。长期养成的习惯很难改变。【例句】青少年很容易沾染上一些不良嗜好，如不及时改正，～，就会走上犯罪的道路。【近义】积重难返【反义】痛改前非

积羽沉舟　jī yǔ chén zhōu

【释义】积：堆积。沉：沉没。羽毛虽轻，堆积多了也能使船沉没。比喻微小的东西汇集起来，可以产生巨大的影响。也比喻坏事虽小，积累起来也会成为大灾。【例句】小问题也要引起重视，～，说不定哪天就会酿成大乱子。【近义】积微成著　群轻折轴

积重难返　jī zhòng nán fǎn

【释义】积重：积习深重。返：返回。指长期形成的思想、习惯、习俗、弊端，不易革除改变。也指长期积累的问题不易解决。【例句】改革初期我们遇到的阻力很大，传统观念～，但最终我们还是走出了一条光明大道。【近义】积习难改【反义】痛改前非

畸轻畸重　jī qīng jī zhòng

【释义】畸：偏离，偏颇。有时偏轻，有时偏重。形容发展不平衡或态度有偏向。【例句】之前没有充分地调查研究，没有全局观念，在处理问题上就容易产生～的现象。【反义】中庸之道

不偏不倚　提示　"畸"不读 qí。

激浊扬清　jī zhuó yáng qīng

【释义】激：冲除。指冲去浊水，使清水涌流。比喻清除坏的，发扬好的。【例句】报告文学应当以～为己任。【反义】泾渭不分

及锋而试　jí fēng ér shì

【释义】及：趁着，当。锋：锋利。趁着锋利时试用它。原指乘军队士气旺盛时作战。现引申为趁人有为时任用或乘有利时机行动。【例句】李高成从中央党校毕业归来，党委应当～，给他用武之地。／现在敌人远道而来，疲惫不堪，我军士气正足，正当～，打他个措手不及。【近义】趁热打铁

吉光片羽　jí guāng piàn yǔ

【释义】吉光：古代传说中的神马，它的毛皮入水数日不沉，入火不焦。片羽：一片毛，神马身上的一块毛皮。比喻残存的极其珍贵的艺术珍品。【例句】保存至今的宋代善本书，都被人们视为～。【近义】无价之宝　凤毛麟角【反义】竹头木屑

吉人天相　jí rén tiān xiàng

【释义】吉人：善良的人。相：保佑。善良的人会得到上天保佑。【例句】你能平安归来，真是～啊！【近义】善有善报

吉日良辰　jí rì liáng chén

【释义】吉日：吉利的日子。良辰：美好的时刻。好日子，好时辰。也作"良辰吉日"。【例句】这对情侣决定在这秋选择一个～举行婚礼。

吉少凶多　jí shǎo xiōng duō

见"凶多吉少"。

吉星高照　jí xīng gāo zhào

【释义】吉星：吉祥之星。吉祥之星在高

空照耀。比喻交了好运，一切顺利。
【例句】他这几年在生意场上事事顺利，真是～。

吉凶祸福　jí xiōng huò fú
【释义】吉：吉利。凶：不幸。祸：灾祸。福：幸福。指各种不同的遭遇。【例句】这次社区教育的主题是希望居民正确对待生老病死、～等问题，树立科学的世界观和人生观。

吉凶未卜　jí xiōng wèi bǔ
【释义】吉：吉利，福。凶：不吉利，祸。卜：占卜，预测。无法预测是祸是福。【例句】想到从此姐妹将天各一方，想到此去～，她不禁悲从心起。

岌岌可危　jí jí kě wēi
【释义】岌岌：形容十分危险即将倒塌的样子。形容形势非常危险，快要倾覆或灭亡。【例句】这家工厂～，再不改革就要倒闭了。【近义】摇摇欲坠　危如累卵【反义】安如泰山　固若金汤

极乐世界　jí lè shì jiè
【释义】佛经中指阿弥陀佛所居住的西方乐土，认为这里可获得一切欢乐，摆脱人间一切苦恼。也指快乐美好，没有烦恼的境界。【例句】鲜花、美酒、成功与祝福令他快乐无比，仿佛进入了～。【近义】世外桃源【反义】人间地狱

即景生情　jí jǐng shēng qíng
【释义】即景：眼前的景物。对眼前的情景有所感触而产生某种情感。【例句】一些老红军重游旧战场，～，不禁泪流满面，缅怀献出生命的战友。【近义】触景生情

佶屈聱牙　jí qū áo yá
【释义】佶屈：曲折不畅。聱牙：拗口。形容文辞艰涩生僻，读起来不顺口。也作"诘屈聱牙"。【例句】这篇文章翻

译得～，令人读不下去。【近义】隐晦曲折【反义】文从字顺

诘屈聱牙　jí qū áo yá
见"佶屈聱牙"。

急不可待　jí bù kě dài
【释义】急迫得不能再等待。形容心情急切或形势紧迫。也作"急不可耐"。【例句】刚到家，他就～地打开电视，观看足球世界杯决赛。【近义】迫不及待【反义】慢条斯理　来日方长

急不可耐　jí bù kě nài
见"急不可待"。

急不择言　jí bù zé yán
【释义】急迫得来不及选择词语。形容说话十分急迫或紧张。【例句】他心里十分难过，所以～地说了些话伤害了你，请不要放在心上。【近义】张口结舌【反义】不慌不忙　从容不迫

急风暴雨　jí fēng bào yǔ
【释义】急促而猛烈的风雨。多用来比喻声势浩大的革命运动或激烈的斗争。【例句】冷战结束后，欧洲大陆发生了～似的变化，顷刻间成为世界上新的动荡中心。【近义】暴风骤雨　狂风暴雨【反义】和风细雨

急公好义　jí gōng hào yì
【释义】热心公益事业，喜欢见义勇为。【例句】他～的事迹见报以后，收到了许多热情洋溢的赞扬信。【近义】助人为乐【反义】唯利是图　自私自利

急功近利　jí gōng jìn lì
【释义】功：功效，成绩。近：眼前的。急于立下功劳或取得成效，贪图眼前利益。【例句】有些～的人，为官一方，不做长远计划，大搞形式主义。【近义】贪求功名　急于求成【反义】高瞻远瞩　深谋远虑

J

急就章　jí jiù zhāng

【释义】原为汉代史游所作的教学童识字的书《急就篇》的别名。后比喻为应付而仓促完成的文章或工作。【例句】他这篇论文是个把月赶出来的～，其中错误百出，他却还为自己的"神速"洋洋自得。

急来抱佛脚　jí lái bào fó jiǎo

【释义】平时不为善，临难才求助于佛。比喻事到临头才急忙求助或才准备。【例句】一个作家要是凭空给自己指定了题目然后开始去搜集材料，更是～。

急流勇进　jí liú yǒng jìn

【释义】急流：湍急的水流。在急流中勇敢地前进。比喻在艰难困苦中迎着困难而上。【例句】那时，我目不转睛地盯着那只船，深深想到：在那转瞬之间，是～，还是急流勇退呢?【近义】知难而进【反义】功成身退　急流勇退

急流勇退　jí liú yǒng tuì

【释义】急流：湍急的水流。在急流中果断退却。比喻在顺利或得意时应及早引退，保住声誉。【例句】在这种情况下，他～，实在是明智的抉择。【近义】功成身退【反义】急流勇进

急起直追　jí qǐ zhí zhuī

见"奋起直追"。

急如星火　jí rú xīng huǒ

【释义】星火：流星的光迹。急得像一闪而过的流星一样。形容极为急迫。【例句】接到洪水险情报告，人民解放军～地赶赴抗洪抢险第一线。【近义】十万火急【反义】慢条斯理

急于求成　jí yú qiú chéng

【释义】急：急切地。想马上取得成效。形容迫切地希望成功，想很快达到目的。【例句】做学问要有科学的方法和踏实的工作态度，～是不行的。【近义】迫不及待　急功近利【反义】从容不迫

急中生智　jí zhōng shēng zhì

【释义】智：智谋，办法。危急时突然想出了应对的办法。【例句】眼瞅着敌人就要抓住他，小雨来～，一头扎进水里，从敌人的眼皮底下溜走了。【近义】情急智生　人急智生

急转直下　jí zhuǎn zhí xià

【释义】形容形势、文笔等突然转变，并很快顺势发展下去。【例句】法国队在上半场局势控制得很好，但到下半场时局势却～，连输两分。【近义】一泻千里【反义】扶摇直上

疾恶如仇　jí è rú chóu

【释义】疾：痛恨。恨坏人坏事如同痛恨仇敌一样。【例句】这个～的姑娘，最见不得邪恶和阴谋。【近义】深恶痛绝【反义】从善如流

疾风劲草　jí fēng jìng cǎo

见"疾风知劲草"。

疾风知劲草　jí fēng zhī jìng cǎo

【释义】疾：急速，猛烈。劲：强劲有力。在猛烈的大风中，才知道哪些草是坚韧的。比喻严峻而危险的考验才能示出坚强不屈的品格。也作"疾风劲草"。【例句】俗话说，～。经过艰苦的二万五千里长征，他已成为坚强的共产主义战士。【近义】路遥知马力

疾雷不及掩耳　jí léi bù jí yǎn ěr

见"迅雷不及掩耳"。

疾声大呼　jí shēng dà hū

见"大声疾呼"。

疾首蹙额　jí shǒu cù é

【释义】疾首：头痛。蹙额：皱眉头。令

人头痛,让人皱眉头。形容厌恶、憎恨的样子。【例句】公园里随处乱扔的杂物让人～。【近义】深恶痛绝

疾言厉色 jí yán lì sè

【释义】厉:严肃,严厉。言语急促,神色严厉。形容发怒的样子。【例句】他听得进不同意见,从未见他～,强加于人。【近义】声色俱厉　正颜厉色【反义】巧言令色　和颜悦色

集大成 jí dà chéng

【释义】将各个方面汇集在一起,自成体系或自成一格,达到完备的地步。【例句】韩非是法家的～者。

集思广益 jí sī guǎng yì

【释义】广:增广,扩大。益:好处。集中大家的意见和智慧,以取得更大的效益。【例句】讨论可以使我们～,加深对事物的认识。【近义】群策群力【反义】独断专行　孤行己意

集腋成裘 jí yè chéng qiú

【释义】腋:腋下,指狐狸腋下的毛皮。裘:皮衣。把许多块狐狸腋下的毛皮聚集起来就能缝成一件皮衣。比喻积少成多,聚小成大。【例句】她注意节省开支,几年下来,～,攒了一笔不小的数目。【近义】积少成多　聚沙成塔【反义】杯水车薪

嫉贤妒能 jí xián dù néng

见"妒贤嫉能"。

几次三番 jǐ cì sān fān

【释义】番:次,回。不止一次两次。形容次数多。【例句】企业作较大投资或大型的合作,都要经过几个回合的洽谈,～的论证。【近义】三番两次

己所不欲,勿施于人 jǐ suǒ bù yù, wù shī yú rén

【释义】欲:想,愿意。勿:不要。施:加。

自己不愿意要的,不要强加给别人。【例句】中国古话说:～。我们反对外来干涉,怎么还会去干涉别人的内政呢?

挤眉弄眼 jǐ méi nòng yǎn

【释义】皱眉毛,眨眼睛。指用皱眉眨眼的小动作向人示意。【例句】动物园的那只猴子很顽皮,常向游人～。/ 我见他向旁边那人～,想来他们是蛇鼠一窝。【近义】眉来眼去

济济一堂 jǐ jǐ yī táng

【释义】济济:众多的样子。堂:大厅。形容许多人聚集在一起。【例句】劳模表彰大会上,来自全国各地的代表～。【近义】汇聚一堂　高朋满座 提示 用作褒义。

掎角之势 jǐ jiǎo zhī shì

【释义】掎:拉住,指拉住腿。角:指抓住角。比喻军队相互配合、相互支援以夹击敌人的阵势。【例句】北山支麓,逼近谯楼,他们镇守时,于山麓坚筑小堡,为～。【近义】掎角之援【反义】腹背受敌

计出万全 jì chū wàn quán

【释义】万全:绝对安全。形容计划非常稳当周密,绝不会发生意外。【例句】这个方案可说是～,成功的把握很大。【近义】万全之策　万无一失【反义】漏洞百出

计穷力屈 jì qióng lì qū

【释义】穷、屈:竭,尽。计策使完,力量用尽。形容没有一点办法。【例句】他没想到这个计划实施起来困难重重,最后终于～,只好放弃。【近义】一筹莫展　无计可施

计日程功 jì rì chéng gōng

【释义】计:算。程:估量。功:成效。工

作的进度或功效可以按日计算。形容进度快,有把握如期获得成功。【例句】家乡这些年的建设速度相当快,可以说是～的。

计日而待　jì rì ér dài

【释义】可以数着日子来等待。形容事情、希望等不久就能实现。【例句】你成绩这么优异,考取大学是可以～的。【近义】指日可待【反义】遥遥无期

计无所出　jì wú suǒ chū

【释义】计:计策,主意。想不出办法。【例句】对于医生来说,最痛苦的莫过于眼睁着患者受罪却～。【近义】无计可施　一筹莫展

记忆犹新　jì yì yóu xīn

【释义】犹:还,仍然。过去的事,仍然记得清清楚楚,就像刚刚发生的一样。【例句】虽然已经过去了十几年,但我仍然对那个场景～。【近义】历历在目　言犹在耳【反义】浮光掠影　时过境迁

既成事实　jì chéng shì shí

【释义】既:已经。已经形成的事实。【例句】除了接受～,他还有什么办法?【近义】木已成舟

既来之,则安之　jì lái zhī, zé ān zī

【释义】既:已经。来之:使之来。安之:使之安。本指已经使远方的人来了,就要使他安心定居。后指既然已经来了,就要安下心来。【例句】～,有这位名医给你治疗,你就放心住下吧。

既往不咎　jì wǎng bù jiù

【释义】既:已经。咎:责备,怪罪。对过去犯过的错误,不再责备、追究。【例句】我们决定～,给你一个将功补过的机会。【近义】成事不说【反义】睚眦必报　提示　"咎"不能写成"究"。

霁月光风　jì yuè guāng fēng

见"光风霁月"。

继往开来　jì wǎng kāi lái

【释义】继:继承。往:过去。来:未来。继承前人的事业,开辟未来的道路。【例句】在中国京剧艺术发展史上,梅兰芳是一位承前启后、～的表演艺术家。【近义】承前启后【反义】后继无人

寄人篱下　jì rén lí xià

【释义】寄:依附,依赖。篱:篱笆。寄居在他人的篱笆下。比喻依附别人过好日子,不能独立。【例句】林黛玉在贾府常有～的感觉。【近义】仰人鼻息　傍人门户【反义】自立门户

家财万贯　jiā cái wàn guàn

见"万贯家财"。

家长里短　jiā cháng lǐ duǎn

【释义】指家务琐事。【例句】她的作品专写俗人,～,买菜做饭,甚至撒泼打架,涉笔无不成趣。【近义】柴米油盐

家常便饭　jiā cháng biàn fàn

【释义】便:简单的、平常的。家中日常的饭菜。比喻极其普通常见的事情。【例句】这不过是～,你不必太客气。/由于工作需要,出差对爸爸来说成了～。【近义】司空见惯　屡见不鲜【反义】千载难逢　旷古未闻

家道中落　jiā dào zhōng luò

【释义】落:败落,衰败。指富有的人家家业衰败,境况没有从前富裕。【例句】自他的祖父去世后,他们家便～。【反义】家道中兴

家给人足　jiā jǐ rén zú

【释义】给:(吃的、用的)充足,丰足。家家衣食充裕,人人生活富足。【例句】

那几年各地风调雨顺,～,出现了历史上少有的人民富裕、社会安定的局面。【近义】丰衣足食【反义】家破人亡

家贫如洗 jiā pín rú xǐ
【释义】家里贫穷得像大水冲洗过一样,一无所有。形容穷到了极点。【例句】前年他父亲不幸去世,母亲也病卧在床,无任何经济来源,～。【近义】家徒四壁 一贫如洗【反义】腰缠万贯

家破人亡 jiā pò rén wáng
【释义】家庭被破坏,亲人死去。形容家庭遭受极其惨痛的变故。【例句】由于战争,广大百姓处于～,妻离子散的悲惨境地。【近义】妻离子散【反义】家给人足

家徒四壁 jiā tú sì bì
【释义】徒:只、空。家中空空荡荡,只有四面墙壁。形容穷得一无所有。【例句】老教授～,除了几个书架的书籍外,别无长物。【近义】家贫如洗 一贫如洗【反义】腰缠万贯

家学渊源 jiā xué yuān yuán
【释义】家学:家族世代相传的学问。渊源:水源,比喻事物的本源。家族世代相传的学问有本源。指出身于书香门第,学问扎实,有根基。【例句】陈寅恪的祖父陈宝箴曾官清末湖南巡抚,是戊戌维新的积极支持者,父亲陈三立是清末民初的诗人。～,使他在国学上深有根基。【近义】世代书香

家喻户晓 jiā yù hù xiǎo
【释义】喻:明白。晓:知道。家家户户都知道,明白。形容人人皆知。【例句】哪吒闹海的故事在民间～。【近义】妇孺皆知 众所周知【反义】默默无闻 闻所未闻

嘉言善行 jiā yán shàn xíng
见"嘉言懿行"。

嘉言懿行 jiā yán yí xíng
【释义】嘉:美好。懿:良善。美好的言论,良善的行为。也作"嘉言善行"。【例句】德育课上,老师常用古今优秀人物的～教育学生。

戛然而止 jiá rán ér zhǐ
【释义】形容声音突然停止。【例句】全曲结束,鼓乐声～,全场立刻爆发出雷鸣般的掌声。 提示 "戛"不作"嘎"。

假公济私 jiǎ gōng jì sī
【释义】假:借。济:增益。借用公家名义或力量,谋取私人利益。【例句】有些人～,借出差之机大肆游山玩水,挥霍国家钱财。【近义】损公肥私【反义】公而忘私 大公无私

假力于人 jiǎ lì yú rén
【释义】假:借。借助别人的力量办事。【例句】这个任务很繁重,找一个人承担有困难,也许还得～。【近义】假手旁人 假手于人【反义】单打独斗

假冒伪劣 jiǎ mào wěi liè
【释义】假:假装。冒:冒充。伪:虚假。劣:低劣。指产品或商品冒用其他品牌进行伪造或质量低劣。【例句】～商品在这里成了"过街老鼠"。【反义】货真价实

假仁假义 jiǎ rén jiǎ yì
【释义】伪装的仁义道德。【例句】你别再装好人了,我们都不会相信你那些～的话了!【近义】虚情假意【反义】开诚布公 诚心诚意

假手于人 jiǎ shǒu yú rén
【释义】假:借。凭借别人的力量办事。【例句】要自己做记录,把调查的结果记下来,～是不行的。【近义】假力于人【反义】亲力亲为

假戏真做 jiǎ xì zhēn zuò
【释义】指戏演得逼真。泛指把假的事

J

当成真的来做。【例句】他～，表演非常感人。/ 他俩本来是闹着玩的，不想～，竟真的打了起来。【近义】弄假成真

价廉物美 jià lián wù měi

【释义】廉：价钱低。价钱便宜，质量又好。也作“物美价廉”。【例句】这家商店虽小，但以～著称，深受周边消费者的喜欢。【近义】物有所值

价值连城 jià zhí lián chéng

【释义】连城：连成一片的许多城池。价值抵得上连成一片的许多城池。形容物品价值极高，极为珍贵。【例句】博物馆里展示的许多出土文物都是～的稀世珍品。【近义】无价之宝【反义】一钱不值

驾轻就熟 jià qīng jiù shú

【释义】驾：赶车。就：走上。赶着轻便的马车走熟路。比喻对事情熟悉，做起来容易。【例句】他思维敏捷，经验丰富，这份工作对他来说应该是～的事。【近义】轻车熟路　得心应手【反义】半路出家

嫁祸于人 jià huò yú rén

【释义】嫁：转移。把灾祸转移到别人身上。【例句】无论资本主义国家怎样～，都避免不了经济危机的发生。【近义】以邻为壑【反义】与人为善

J

稼穑艰难 jià sè jiān nán

【释义】稼：种植。穑：收获。指从事农业劳动十分艰辛。【例句】她从小生活在大都市里，五谷不分，也不知～。

尖酸刻薄 jiān suān kè bó

【释义】尖酸：说话带刺，使人难受。刻薄：冷酷无情。形容说话挖苦带刺，待人冷酷无情。【例句】她的话语～，一下子刺伤了他的自尊心。【反义】心慈话软

尖嘴猴腮 jiān zuǐ hóu sāi

【释义】腮：面颊的下半部。尖嘴巴，瘦面颊。形容人长相丑陋。【例句】这个人～，贼眉鼠眼，一看就不是好人。【近义】獐头鼠目【反义】眉清目秀

间不容发 jiān bù róng fà

【释义】间：两物中间。容：容纳。发：头发。两物中间容不下一根头发。形容事物之间距离极小。也形容形势极其紧迫、危急。【例句】王安石晚年诗律尤为精严，选词用字～。/ 战场上刀光剑影，险象环生，生死～。【近义】千钧一发【反义】从容不迫

坚壁清野 jiān bì qīng yě

【释义】壁：城墙，营垒。坚壁：加固防御工事。清野：转移四野的居民、物资。作战时对付入侵者的一种有效方法，使他们既攻不下营垒，又抢不到物资。【例句】民兵们配合抗日部队扒城破路，～，有力地打击了日本侵略者。【近义】空室清野

坚不可摧 jiān bù kě cuī

【释义】十分坚固，不可摧毁。【例句】敌人吹嘘自己的防线～，但在我军炮火的攻击下，立刻土崩瓦解了。【近义】牢不可破【反义】无坚不摧

坚持不懈 jiān chí bù xiè

【释义】懈：松懈。坚持到底，没有丝毫的松懈。【例句】近年来她～地刻苦自学，现在已拿到本科文凭了。【近义】锲而不舍【反义】半途而废

坚甲利兵 jiān jiǎ lì bīng

【释义】甲：铠甲。兵：武器。坚固的铠甲，锐利的兵器。指武器精良，兵力精锐的部队。【例句】面对我方强大的攻势，敌人所谓的～被打得片甲不留。

【近义】强兵劲旅【反义】残兵败将 散兵游勇

坚强不屈 jiān qiáng bù qū

【释义】屈：屈服。坚定刚强，不屈服。【例句】我们的生命，必须在～的斗争中，才能冲击奋发。【近义】坚贞不屈【反义】卑躬屈膝

坚忍不拔 jiān rěn bù bá

见"坚韧不拔"。

坚韧不拔 jiān rèn bù bá

【释义】坚忍：顽强坚持，毫不动摇。拔：移动，改变。坚强而有韧性，毫不动摇。形容意志坚定，不可改变。也作"坚忍不拔"。【例句】我们必须具有～的精神，才能到达成功的彼岸。【近义】坚定不移【反义】摇摆不定

坚如磐石 jiān rú pán shí

【释义】磐石：大石头。像大石头一样坚固。形容非常坚固，不可动摇。【例句】我们两人之间的友谊～。【近义】安如泰山【反义】摇摇欲坠

坚贞不屈 jiān zhēn bù qū

【释义】贞：气节，节操。坚守气节和节操，不向敌人或恶势力屈服。【例句】井冈山的毛竹，同井冈山人一样～。【近义】坚强不屈【反义】卑躬屈膝

艰苦奋斗 jiān kǔ fèn dòu

【释义】在艰难困苦的条件下竭尽全力去工作或斗争。【例句】虽然现在生活水平提高了，社会发展进步了，但不骄不躁、～的光荣传统我们还应继续保持。【近义】艰苦创业 奋发图强【反义】好逸恶劳 提示 "艰"不能写成"坚"。

艰苦朴素 jiān kǔ pǔ sù

【释义】朴素：节俭，不奢侈。指吃苦耐劳，勤俭节约的作风。【例句】他在读书期间一直是～，从不乱花一分钱。【近义】勤俭节约【反义】铺张浪费 穷奢极侈

艰苦卓绝 jiān kǔ zhuó jué

【释义】卓绝：程度达到极点，超过所有的。形容无比艰难困苦。【例句】中国人民在中国共产党的领导下，经过～的斗争，终于推翻了压在人民头上的三座大山。【近义】艰难竭蹶 艰难困苦 万辛万苦【反义】安适惬意 养尊处优

艰难曲折 jiān nán qū zhé

【释义】曲折：周折。困难和周折。【例句】人生道路上的种种～只能磨砺有志者百折不挠的精神。【近义】艰难困苦【反义】万事亨通

艰难险阻 jiān nán xiǎn zǔ

【释义】险阻：道路险恶而有阻碍。指所遇到的困难、曲折、危险和阻碍。【例句】抗战这八年，全国人民经历了说不尽的～。【近义】荆棘载途【反义】一帆风顺

监守自盗 jiān shǒu zì dào

【释义】监守：监督看守。盗窃者就是看管财物的人。【例句】故宫的玉器、瓷器、字画等等文物，历经外来势力的掠夺以及清政府的～，残剩下来的是很少了。【近义】知法犯法【反义】克己奉公

兼程而进 jiān chéng ér jìn

【释义】兼程：一天走两天的路。用加倍的速度赶路前进。【例句】从他担任总经理开始，公司发展迅猛，2010年产值就上亿元，随后～，又上一层楼。【近义】突飞猛进

兼而有之 jiān ér yǒu zhī

【释义】兼：同时具有或涉及。同时具有

J

两个以上的事物或方面。【例句】勤劳和勇敢是中国人身上～的两种美德。

兼容并包　jiān róng bìng bāo

【释义】容:容纳。包:包容。把相关的各方面的东西都容纳、包含起来。【例句】学习知识要～,博采众家,集思广益。【近义】兼收并蓄【反义】爬罗剔抉

兼收并蓄　jiān shōu bìng xù

【释义】蓄:储存,积蓄。把各种内容不同、性质各异的事物都包罗接收进来。【例句】法国将各国的文化～,加强了文化的多元性。【近义】兼容并包【反义】爬罗剔抉

兼听则明,偏信则暗　jiān tīng zé míng, piān xìn zé àn

【释义】明:明辨,明白。暗:昏暗,糊涂。听取多方面的意见,就能明辨是非;只听信一方面的意见,就会糊里糊涂。【例句】我们在行使职权时,一定要牢记～的道理。【反义】偏听偏信

肩摩踵接　jiān mó zhǒng jiē

见"摩肩接踵"。

缄口不言　jiān kǒu bù yán

【释义】缄:封闭。闭起嘴不说话。【例句】在歪风邪气面前,我们一定要勇于批判,决不能～,做好好先生。【近义】缄口结舌　噤若寒蝉【反义】侃侃而谈　夸夸其谈

剪枝竭流　jiǎn zhī jié liú

【释义】枝:枝叶。流:支流。去掉树枝,使支流干涸。比喻不从根本上解决问题。【例句】这些修修补补的工作都只是～,不能解决根本问题。

剪烛西窗　jiǎn zhú xī chuāng

【释义】剪:用剪刀铰。烛:指烛心。原指思念远方妻子,盼望相聚夜语。后泛指同亲友相逢聚谈。【例句】姐妹们正～,畅谈心曲。

简截了当　jiǎn jié liǎo dàng

【释义】简截:简单直截。了当:明白。指言语文字明白简单,不枝不蔓。也形容行动干脆爽快,不绕弯子。【例句】在这种紧急场合,说话做事,都应该力求～,开门见山。【近义】简明扼要【反义】拖泥带水

见多识广　jiàn duō shí guǎng

【释义】见过的多,知道的广。形容见识广博,经验丰富。【例句】别看他是一个貌不惊人的老头,但却～,到过许多国家和地区。【近义】博学多才【反义】一孔之见

见风使舵　jiàn fēng shǐ duò

【释义】舵:船上控制方向的装置。看着风向转舵。比喻看人眼色或势头随时改变自己的态度或立场。【例句】他这种人靠不住,平时做事～,见利忘义。【近义】见机行事　八面玲珑　随风转舵【反义】一成不变

见缝插针　jiàn fèng chā zhēn

【释义】比喻抓住时机,尽量利用一切时间和空间。【例句】周末,在做家务活的间隙,她～地背诵英语单词。【近义】争分夺秒　分秒必争

见怪不怪　jiàn guài bù guài

【释义】看见奇怪的事或现象也不以为怪,能泰然处之。【例句】与她相处几十年了,我对她夸张的言行早已～了。【近义】以怪为常【反义】大惊小怪　少见多怪

见惯不惊　jiàn guàn bù jīng

【释义】看习惯了,就不觉得惊奇的。【例句】动物吃植物,你是～了吧？植物吃动物,你见过吗？【近义】习以为常【反义】少见多怪

见机行事 jiàn jī xíng shì
【释义】机:时机,机会。看准时机立即行动,也指根据具体情况灵活处理。【例句】我们要善于～,根据实际情况灵活机动地处理问题。【近义】相机行事

见景生情 jiàn jǐng shēng qíng
【释义】看见眼前的景物而触发某种思绪或感情。【例句】～,《故乡》这幅油画唤起了他对自己家乡的深深眷恋之情。【近义】触景生情

见利忘义 jiàn lì wàng yì
【释义】看到眼前的利益,就忘掉了道义。形容人的贪财自私。【例句】现在社会上那些贪污腐化分子都是些～之人。【反义】见利思义

见貌辨色 jiàn mào biàn sè
【释义】观察面部表情,辨别脸色。形容察言观色,随机应变。【例句】此人善于～,很讨一些人的欢喜。【近义】察言观色

见钱眼开 jiàn qián yǎn kāi
【释义】看到钱财眼睛就会大而亮。形容贪钱爱财。【例句】有人说他～,只要能赚钱,什么原则都不要了。【近义】财迷心窍【反义】视若粪土

见仁见智 jiàn rén jiàn zhì
【释义】仁者看见,认为其仁;智者见了,则认为其智。表示对同一事物,不同立场的人从不同的角度去看,得出的结论不同。也作"仁者见仁,智者见智"。【例句】这个问题争论了半天,仍是～,始终未能达成共识。【反义】众口一词

见死不救 jiàn sǐ bù jiù
【释义】见到他人面临死亡威胁,而不去帮助或援救。【例句】我们提倡雷锋精神,反对为富不仁,～。【近义】隔岸观火【反义】舍己为人　见义勇为

见所未见 jiàn suǒ wèi jiàn
【释义】见到从来没有见过的。形容十分稀罕,所见者颇为新奇。【例句】这里的塑料大棚内,都已种上各种～、闻所未闻的精细蔬菜品种,仅番茄就有32种。【近义】闻所未闻【反义】司空见惯

见危授命 jiàn wēi shòu mìng
【释义】危:危险,危难。授命:献出生命。在危急关头勇于献出生命。【例句】解放军战士在洪水来临时～,是值得我们尊敬的人。【近义】临危致命　奋不顾身【反义】袖手旁观　明哲保身

见微知著 jiàn wēi zhī zhù
【释义】微:微小。著:明显。看到一点苗头或隐患,就能知道事情的实质和发展趋势。【例句】思想政治工作者应当善于～,做到防微杜渐,把不好的倾向消灭在萌芽状态。【近义】一叶知秋

见贤思齐 jiàn xián sī qí
【释义】贤:才德兼备的人。思齐:想要看齐。看到才德兼备的人,就想向他学习,与他一样。【例句】我们要～,学习别人的长处,不断提高自己。【近义】见善则迁

见笑大方 jiàn xiào dà fāng
【释义】大方:见多识广的人,泛指有某种专长的人或内行人。被内行所笑话。【例句】你要是对这个话题不太懂就别乱说,以免～。【近义】贻笑大方【反义】推崇备至

见义勇为 jiàn yì yǒng wéi
【释义】看到合乎正义的事情就勇敢地去做。【例句】看到歹徒伤害无辜,他挺身而出,这种～的精神,值得我们学

J

习。【近义】急公好义【反义】见死不救　袖手旁观

见异思迁　jiàn yì sī qiān
【释义】迁：改变。看到别的事物就想改变原来的主意。形容意志不坚定或喜爱不专一。【例句】他～，两年内屡屡更换工作。【近义】朝三暮四　朝秦暮楚【反义】矢志不移　一心一意

建功立业　jiàn gōng lì yè
【释义】建立功勋和事业。【例句】打好学习基础，胸怀远大目标，脚踏实地地苦干，才能～。

剑拔弩张　jiàn bá nǔ zhāng
【释义】弩：古代一种用机械力量射箭的弓。剑已出鞘，弓也拉开了。形容书法笔力挺拔雄劲。也形容形势紧张，一触即发或气势逼人。【例句】这幅书法作品龙飞凤舞，颇有～的神韵。／巴勒斯坦和以色列边境常常出现～的形势。

剑胆琴心　jiàn dǎn qín xīn
【释义】剑胆：比喻胆识很高。琴心：比喻心意儒雅。比喻既有英雄胆识，又有儒雅的情致，刚柔相济。也作"琴心剑胆"。【例句】说实在话，他可以说是出类拔萃，～。

渐入佳境　jiàn rù jiā jìng
【释义】佳境：美好的境界。比喻情况逐渐好转或兴趣逐渐浓厚。【例句】我初读此书，翻阅第一回，觉得没味，便掠在一旁；隔了多日，偶然再翻第二回，却觉得～，后来竟至不能释手。

健步如飞　jiàn bù rú fēi
【释义】健步：脚步快而有力。形容步伐矫健，走得极快。【例句】发现前面目标出现，他～，紧跟上去。【近义】大步流星　举步如飞　举步生风【反义】步

履维艰　举步维艰

鉴往知来　jiàn wǎng zhī lái
【释义】鉴：仔细审察。仔细审察过去，就可推知未来。【例句】古与今是相互联系与贯通的，考察历史，规划当今，推知未来，可以增强自觉性，减少盲目性，所以～在任何时候都是必需的。

箭无虚发　jiàn wú xū fā
【释义】虚：空。射箭本领高，每发必中。【例句】马超～，船上驾舟之人，应弦落水。【近义】弹无虚发　百发百中

箭在弦上，不得不发　jiàn zài xián shàng, bù dé bù fā
【释义】箭已搭在弓弦上，不得不射。比喻为形势所迫，不得不做或不得不说。【例句】有道是～，我们也顾不得许多，直接着手准备了。

江东父老　jiāng dōng fù lǎo
【释义】江东：古指芜湖、南京以下的长江南岸地区。泛指故乡的父兄之辈。【例句】他在监狱里终于认识到自己对不起父母，也无颜见～。

江河日下　jiāng hé rì xià
【释义】江河的水一天天地向下流去。比喻事物一天天衰落或情况一天天下去。【例句】受东南亚经济危机的影响，该公司的营业情况～。【近义】每况愈下【反义】欣欣向荣　蒸蒸日上

江湖骗子　jiāng hú piàn zi
【释义】江湖：四方各地。原指四方流浪，靠卖假药、算命等谋生的人。后喻指专门招摇撞骗的家伙。【例句】他瞧不起以打拳舞棍来招徕顾客贩卖膏药的人。他认为这些～亵渎了中华武功。

江郎才尽　jiāng láng cái jìn
【释义】江郎：南朝梁代文学家江淹，年

轻时才华出众,到了晚年文思衰退,当时人说他"才尽"。比喻才思枯竭或本领已经用尽。【例句】我以前写文章时妙语连珠,现在却搜肠刮肚找不出合适的词语来,真是～啊!【近义】黔驴技穷【反义】初露锋芒　出类拔萃

江山如画　jiāng shān rú huà

【释义】江河山岳美如图画。形容自然风景十分优美。【例句】我们的祖国～,让人赞叹不已。

江山易改,本性难移　jiāng shān yì gǎi, běn xìng nán yí

【释义】移:变化,改变。山河的面貌容易改变,而人的本性却很难改变。【例句】你总是这样不爱收拾,屡次说你,你总不听。真是～!

江心补漏　jiāng xīn bǔ lòu

【释义】船到江心才去补漏洞。比喻补救太迟,已无济于事。【例句】这事早就提醒过他了,可他偏到～的地步才去处理,已经迟了。【近义】临渴掘井【反义】未雨绸缪　防患未然

将错就错　jiāng cuò jiù cuò

【释义】将:顺着。就:迁就。事情已经做错了,还顺着错误继续做下去。【例句】当初演出海报上把他的名字写错了,不想一演就出了名,他就～了。【反义】亡羊补牢　将功补过

将功补过　jiāng gōng bǔ guò

【释义】将:用。补:补偿。用功劳补偿过失。【例句】过去我做得不好的地方,请你包涵,从今以后定～。【近义】将功赎罪【反义】将错就错

将功赎罪　jiāng gōng shú zuì

【释义】将:用。赎:抵偿。用功劳抵偿罪过。【例句】守门员在上半场因为疏忽让对方进了一个球,但下半场他～,

扑救了两个必进之球。【近义】将功补过【反义】罪加一等

将计就计　jiāng jì jiù jì

【释义】将:随顺。利用对方的计策,反过去向对方施计。【例句】群英会上,蒋干假意来降,周瑜～,骗得曹操痛失两员水上大将。

将勤补拙　jiāng qín bǔ zhuō

【释义】将:用。拙:笨拙,愚笨。用勤奋来弥补笨拙。【例句】我知道自己不如别人聪明,但是,笨鸟先飞,～,还是能赶上去的。【近义】勤能补拙

将心比心　jiāng xīn bǐ xīn

【释义】将:用。用自己的心情和处境去设想对方。【例句】他能够～,设身处地为人家着想,体贴人家。【近义】设身处地　推己及人

将信将疑　jiāng xìn jiāng yí

【释义】将:且,又。有些相信,又有些怀疑。指还不能完全相信。【例句】这个人平时说话就不实在,这件事从他嘴里说出来,大家都～。【近义】半信半疑【反义】深信不疑

将欲取之,必姑与之　jiāng yù qǔ zhī, bì gū yǔ zhī

【释义】欲:想要。姑:姑且。与:给予。要想获取别人的东西,必须先给他一些东西。【例句】常有这样的情形,就是只有丧失,才能不丧失,这是"～"的原则。

匠心独运　jiàng xīn dú yùn

【释义】匠心:巧妙的心思。运:运用。独创性地运用巧妙的心思。多形容文学作品或艺术作品构思独特、精巧。【例句】人们选择和布置这么一个场面来作为迎春的高潮,真是～!【近义】别具匠心【反义】鹦鹉学舌　步人后尘

J

降格以求　jiàng gé yǐ qiú

【释义】格：规格，标准。降低标准去寻求或要求。指不坚持原来的要求和标准。【例句】她在择偶上若不～，可真要成大龄"剩女"了。

将遇良才　jiàng yù liáng cái

【释义】将：将领。良才：高才。指能人碰上能人，双方本领相当。【例句】棋逢对手，～，用这两句话来形容这届世界杯决赛再合适不过了。【近义】棋逢敌手　旗鼓相当　势均力敌

交淡若水　jiāo dàn ruò shuǐ

【释义】交情淡泊如水。指君子之交，重在道义。【例句】他俩相知很深，但～。【近义】君子之交

交口称誉　jiāo kǒu chēng yù

【释义】交口：异口同声。异口同声地赞扬。【例句】一年之后，附近几个村庄的牧童们没有一个笛子有她吹得好，连大人们也～。【近义】有口皆碑　赞不绝口【反义】众口铄金

交浅言深　jiāo qiǎn yán shēn

【释义】交浅：相交不深。指对相交不深的人说心里话。指说话有失分寸。【例句】我因过去同他少接触，缺乏了解，有些意见想说，又怕～，过于冒昧。

交头接耳　jiāo tóu jiē ěr

【释义】头挨着头，嘴凑在耳边低声说话。也作"接耳交头"。【例句】会议开得太沉闷，不少人在下面～。【近义】窃窃私语【反义】高谈阔论

交相辉映　jiāo xiāng huī yìng

【释义】各种色彩、光亮等相互映照。【例句】房间里地面上满铺地毯，几种大小不同的圆形图案，同天花板上的油画～，浑然一体。

娇生惯养　jiāo shēng guàn yǎng

【释义】娇：宠爱，溺爱。惯：纵容，姑息。在宠爱、纵容中生长。【例句】对孩子不要～，要培养他们吃苦耐劳的精神和承受挫折的能力。【近义】养尊处优【反义】饱经风霜　提示　"娇"不能写成"骄"；"惯"不能写成"贯"。

娇小玲珑　jiāo xiǎo líng lóng

【释义】娇小：小巧可爱。玲珑：聪明伶俐。身材小巧，姿态美丽。【例句】这个女孩～，模样逗人喜爱。【近义】小巧玲珑【反义】五大三粗　虎背熊腰

骄兵必败　jiāo bīng bì bài

【释义】骄：恃强轻敌。恃强轻敌的军队必遭失败。【例句】球赛也与打仗一样，～，千万不能轻敌。【反义】哀兵必胜

骄奢淫逸　jiāo shē yín yì

【释义】骄：骄横。奢：奢侈。淫：荒淫。逸：放荡。形容生活骄横奢侈，荒淫无度。【例句】古罗马军团曾经是当时世界上一支强大的军队，后来却因为～而使战斗力丧失殆尽，在战场上屡遭败绩。【近义】花天酒地　穷奢极欲【反义】清心寡欲　克勤克俭

胶柱鼓瑟　jiāo zhù gǔ sè

【释义】柱：瑟上架弦调音的短木。鼓：弹奏。瑟：古乐器。奏瑟时用胶粘住瑟上的柱，音调不能变换。比喻拘泥固执，不知变通。【例句】学习要融会贯通，灵活运用，不能～生搬硬套。【近义】刻舟求剑　守株待兔【反义】随机应变

焦金铄石　jiāo jīn shuò shí

【释义】烧焦金属，熔化石头。形容温度极高，气候炎热。【例句】探险队冒着～般的炎热，深入到沙漠腹地。【近义】焦沙烂石【反义】凝冰裂地

焦沙烂石　jiāo shā làn shí
【释义】将沙烧焦，石烧烂。形容气候酷热。【例句】这里的气候有些极端，冷的时候凝冰裂地，热的时候则～。【近义】焦金铄石【反义】凝冰裂地

焦头烂额　jiāo tóu làn é
【释义】焦头：烧焦头部。烂额：烧伤额部。指头部和额部被烧焦、灼烂。比喻受到严重打击而惨败。也形容忙得不知如何是好，非常窘迫和狼狈。【例句】他失业后妻子又生病住院，沉重的生活负担已把他弄得～。【近义】狼狈不堪

狡兔三窟　jiǎo tù sān kū
【释义】窟：洞穴，窝。狡猾的兔子有三个窝。比喻避祸藏身的地方多。【例句】面对犯罪分子屡屡作案的嚣张气焰，这位老公安坚定地说：“～，哪怕他有十窟，我们也要将他捉拿归案。”

狡兔死，良狗烹　jiǎo tù sǐ, liáng gǒu pēng
见“兔死狗烹”。

绞尽脑汁　jiǎo jìn nǎo zhī
【释义】绞：拧，挤压。比喻费尽了心机，想尽了办法。【例句】这道题目很难，我～也想不出正确的解答方法。【近义】挖空心思　费尽心机　搜索枯肠

矫矫不群　jiǎo jiǎo bù qún
【释义】矫矫：翘然出众的样子。才华出众，不平凡。【例句】他当学生时就显露出～的才能，很受老师的器重。【近义】出类拔萃

矫揉造作　jiǎo róu zào zuò
【释义】矫：使曲变直。揉：使直变曲。造作：人为的做作。形容故意做作，很不自然。【例句】那几个演员的表演过于～，给人一种不真实感。【近义】装模作样【反义】落落大方

矫枉过正　jiǎo wǎng guò zhèng
【释义】矫：使弯变直。枉：弯曲。矫正弯的东西超过正常状态，而弯向另一边。比喻纠正偏差、错误过了头，而陷入另一种偏差、错误之中。【例句】强调减轻中小学生作业负担是必要的，但是不做作业，就未免～了。【近义】过犹不及【反义】恰如其分　适可而止

脚踏实地　jiǎo tà shí dì
【释义】脚踏在地上。形容站得稳。比喻做事踏实认真，不浮躁。【例句】说话办事一定要～。【近义】兢兢业业【反义】好高骛远

搅海翻江　jiǎo hǎi fān jiāng
【释义】搅动大海，翻动江河。形容力量壮大或声势浩大。【例句】乐曲声和谐激越，在窄小空间回荡，产生一种万马奔腾、～的气势。【近义】翻江倒海

叫苦不迭　jiào kǔ bù dié
【释义】不迭：不止。不停地叫苦。【例句】刚刚被一场大雨给浇得透心凉，现在又狂风大作，瑟瑟发抖的他不禁～。【近义】叫苦连天【反义】喜不自胜
提示　“迭”不能写成“叠”。

叫苦连天　jiào kǔ lián tiān
【释义】大声不停地叫苦。【例句】封建社会，繁重的苛捐杂税使农民～。【近义】叫苦不迭【反义】喜不自胜

阶下囚　jiē xià qiú
【释义】阶：台阶。在公堂台阶下受审的囚犯。泛指在押的犯人或俘虏。【例句】贪婪和私心毁灭了一代“奇才”，昨日的“冰球沙皇”成了今日的～。

皆大欢喜　jiē dà huān xǐ

【释义】皆:全,都。人人满意,全都高兴。【例句】这个出人意料的结果使全班同学～。【近义】尽如人意【反义】怨声载道

结结巴巴　jiē jiē bā bā

【释义】形容人说话吞吞吐吐不流畅。【例句】因为准备不足,加上紧张,他演讲从头到尾都～。【近义】口齿不清【反义】伶牙俐齿

接耳交头　jiē ěr jiāo tóu

见"交头接耳"。

接二连三　jiē èr lián sān

【释义】一个接一个。形容连续不断。【例句】奥运会上中国健儿勇夺金牌的消息～地传来。【近义】接踵而至　接连不断　络绎不绝

接踵比肩　jiē zhǒng bǐ jiān

【释义】踵:脚后跟。比:靠近,挨着。脚挨着脚,肩并着肩。形容人很多,接连不断。【例句】参观花卉展的人～,络绎不绝。【近义】摩肩接踵

接踵而至　jiē zhǒng ér zhì

【释义】接踵:后面人的脚接到前面人的脚跟。比喻连续不断地到来或发生。【例句】自从他成名以后,约稿信～。【近义】络绎不绝

揭竿而起　jiē gān ér qǐ

【释义】揭:举起。竿:竹竿,代指旗帜。高举旗帜,奋起反抗。原形容秦末农民起义时的情况。后泛指人民起义。【例句】秦朝末年,陈胜、吴广～,加速了秦王朝的灭亡。

嗟来之食　jiē lái zhī shí

【释义】嗟:招呼声,相当于"喂"。原指怜悯饥饿的人,呼其来食。后用来表

示带有侮辱性的不怀好意的施舍。《礼记·檀弓下》载,春秋时齐国发生饥荒,黔敖准备了食物放在路边,以便让饥民吃。有个饥民走来,黔敖朝他喊道:"嗟!来食!"那个饥民说:"予唯不食嗟来之食,以至于斯也!"尽管黔敖向他道歉,那饥民仍然不吃,最后饿死了。【例句】朱自清先生宁愿饿死也不吃美国人的救济粮,这种不受～的民族精神,值得我们永远铭记。

街谈巷议　jiē tán xiàng yì

【释义】巷:胡同。大街小巷里人们的言谈议论。指民间的舆论。【例句】一时间～,全城流播。【近义】道听途说

街头巷尾　jiē tóu xiàng wěi

【释义】泛指大街小巷。【例句】元宵节那天,～到处张灯结彩,热闹非凡。【近义】大街小巷　街巷阡陌　前街后巷

街巷阡陌　jiē xiàng qiān mò

【释义】阡陌:小路。泛指大街小巷各个地方。【例句】新春佳节,～,处处热闹非凡。【近义】大街小巷　街头巷尾

孑轮不返　jié lún bù fǎn

见"只轮不返"。

孑然一身　jié rán yī shēn

【释义】孑然:孤独的样子。孤孤单单一个人。【例句】求学在外,～,凡事都得自己料理。【近义】形单影只　孤身只影【反义】成群结队

节哀顺变　jié āi shùn biàn

【释义】节:节制,抑制。顺:顺应。节制悲哀,顺应变故。原于丧父母时用。后用作慰唁死者家属的话。【例句】哀悼会上,人们纷纷前来安慰张茜,要她～。

节外生枝 jié wài shēng zhī

【释义】枝节外又生出权枝。比喻在原有问题之外又生出新问题。多指故意设置障碍使事情不能顺利进行。【例句】眼看就要到目的地了,偏偏～,车子出故障了。【近义】横生枝节【反义】不蔓不枝

节衣缩食 jié yī suō shí

【释义】节:节约。缩:缩减。省穿省吃。指节俭地生活。【例句】他的父母亲～,供他读书。【近义】省吃俭用【反义】铺张浪费

劫富济贫 jié fù jì pín

【释义】劫:夺取。济:救济。夺取富人的财产,救济贫穷的人。【例句】那时他常常梦想着:他将来长大成人以后要做一个～的剑侠。【近义】打富济贫 除暴安良【反义】为虎作伥 助纣为虐

劫后余生 jié hòu yú shēng

【释义】劫:灾难。经历大灾大难以后幸存下来的人或物。【例句】看到那么多亲朋好友站在面前,～的她流露出幸福笑意:活着真好。【近义】死里逃生

洁己奉公 jié jǐ fèng gōng

【释义】保持自身廉洁,一心奉行公事。【例句】他算得上是一个～,为民着想的好官了。

洁身自爱 jié shēn zì ài

【释义】洁:纯洁。保持自身的纯洁,不同流合污。也指只顾自己好,不管别人,不沾惹是非。也作“洁身自好”。【例句】在那样的环境中,他能～,已是可钦可敬的了。【近义】独善其身 束身自好【反义】同流合污

洁身自好 jié shēn zì hào

见“洁身自爱”。

结草衔环 jié cǎo xián huán

【释义】结草:将野草打结以绊倒人。《左传·宣公十五年》载,晋国大夫魏颗之父死,魏颗把父的宠妾改嫁,而未让其殉葬。后来魏颗与秦744伏时,宠妾的亡父显灵“结草以亢(抗)杜回”,杜回被绊倒而当了俘虏。衔环:嘴叼玉环。《后汉书·杨震传》“父宝”唐·李贤注引《续齐谐记》,东汉杨宝救了一只黄雀,后来某夜有一黄衣童子用白环四枚相报,谓“令君子孙洁白,位登三事,当如此环矣”。后连用“结草衔环”,表示至死不忘感恩图报。【例句】老田对救了他命的恩人说:“你的救命之恩,我～也会报答你的!”【近义】感恩戴德【反义】忘恩负义

结党聚群 jié dǎng jù qún

见“结党连群”。

结党连群 jié dǎng lián qún

【释义】党:由私人利害关系结成的集团。结成团伙,连成一群。也作“结党聚群”。【例句】当此之时,一伙亡命之徒趁机～,聚众闹事。

结党营私 jié dǎng yíng sī

【释义】党:由私人利害关系结成的集团。结成团伙,牟取私利。【例句】封建官吏们～,盘剥百姓,弄得民不聊生。【近义】朋比为奸 朋党比周【反义】两袖清风

结发夫妻 jié fà fū qī

【释义】结发:束发,指初成年。初成年结成的夫妻。后指原配的夫妻。【例句】他们两个是～,同甘共苦,一眨眼就是三十多年。

捷报频传 jié bào pín chuán

【释义】捷报:胜利的消息。频:连续。胜利的消息接连传来。形容喜事很多。【例句】在奥运会上,中国健儿～,

金牌总数位居世界第一。【近义】节节胜利【反义】节节败退

捷足先登 jié zú xiān dēng

【释义】捷:快,敏捷。登:从低处到高处,达到。行动迅速的人先达到目的。【例句】科学的巅峰,只有那些不畏艰险、勤于攀登的人才会～。【反义】甘居人后

桀骜不驯 jié ào bù xùn

【释义】桀:凶悍。骜:马不驯良。驯:驯服。比喻性格倔强暴烈,不服管教。也比喻态度傲慢,不恭顺。【例句】这个人虽然一向～,但却是一个难得的人才。【近义】颐指气使【反义】百依百顺 俯首帖耳

截长补短 jié cháng bǔ duǎn

【释义】截:割断。把长的部分截下来去补充短的。比喻以多余补不足,用长处补短处。【例句】几年来买卖有盈有亏,～多少还是有些利润的。【近义】取长补短 绝长补短 断长续短

截然不同 jié rán bù tóng

【释义】截然:明显分开的样子。形容两种事物一点也不相同,表示区别十分明显。【例句】孩子眼中的世界,与成人眼中的世界～。【近义】迥然不同【反义】一模一样 毫无二致

竭诚相待 jié chéng xiāng dài

【释义】竭:竭尽。诚:真心。竭尽诚心对待别人。【例句】对于来我国旅游观光的国际友人或海外侨胞,我们将～,提供优质服务。【近义】坦诚相待

竭精殚力 jié jīng dān lì

【释义】殚:尽。用尽全部精力。指办事全力以赴,非常认真。【例句】十年来他～,不断追求,终于使自己的艺术造诣升华到了一个新的境界。

竭力尽能 jié lì jìn néng

【释义】用尽所有的能力。【例句】为了抢救这个垂危的病人,医生们～,充分发扬了救死扶伤的人道主义精神。【近义】全力以赴 尽其所能

竭泽而渔 jié zé ér yú

【释义】竭泽:排干池水。渔:捕鱼。排干池水捕鱼。比喻只顾眼前利益,不作长远打算。也作"涸泽而渔"。【例句】保护环境刻不容缓,那种急功近利、～的行为,必将受到大自然的无情惩罚。【近义】杀鸡取卵 焚林而田【反义】留有余地

竭智尽忠 jié zhì jìn zhōng

【释义】竭:尽。智慧和忠诚全部献出来了。形容尽心尽力。也作"竭忠尽智"。【例句】"出师未捷身先死"的诸葛亮对于蜀国可谓～了。【近义】尽心竭力【反义】敷衍塞责 敷衍了事

竭忠尽智 jié zhōng jìn zhì

见"竭智尽忠"。

解甲归田 jiě jiǎ guī tián

【释义】解:脱去。甲:古代作战时穿的护身衣。脱掉战衣,回家种田。指军人辞职或退伍回乡务农。【例句】这位老红军戎马大半生,直到晚年才～,过上了平民生活。

解甲投戈 jiě jiǎ tóu gē

【释义】解:脱去。甲:盔甲。戈:古代的一种兵器。脱去盔甲,放下兵器。比喻停止战斗。【例句】厌战的敌军士兵中,～、开小差的人不少。

解铃还须系铃人 jiě líng hái xū xì líng rén

【释义】系:缚,系上。要解下老虎颈上的铃还得靠把铃系上去的人。比喻谁惹出的麻烦,仍由谁去解决。【例句】

这事原只为了你先生一人，～，还请你先生劝劝大家，到那边去赔个罪。【近义】心病还须心药治

解囊相助　jiě náng xiāng zhù

【释义】囊：口袋。解开口袋掏钱帮助别人。指以财物慷慨资助别人。【例句】大家纷纷～，帮助失学儿童重返校园。

戒骄戒躁　jiè jiāo jiè zào

【释义】戒：警惕。躁：性急，急躁。警惕自己产生骄傲和急躁的情绪。【例句】我们要～，永远保持谦虚进取的精神。【近义】不骄不躁　虚怀若谷【反义】骄傲自大　不可一世【提示】"躁"不读 cào，不能写作"燥"。

借刀杀人　jiè dāo shā rén

【释义】比喻自己不出面，调唆或利用别人去害人。【例句】这个凶手非常狡诈，他～，却还假装好人去报警。【近义】假手于人

借风使船　jiè fēng shǐ chuán

【释义】比喻借助外力达到自己的目的。【例句】引进资金和设备是～的好办法。【近义】借水行舟

借古讽今　jiè gǔ fěng jīn

【释义】借：假托。讽：讽刺。假借古事来影射、讽刺现实。【例句】～，针砭时事，是很多杂文的共同特点。

借花献佛　jiè huā xiàn fó

【释义】献：恭敬庄严地送给。比喻拿别人的东西做人情。【例句】今天我用段总经理的酒敬你，算是～吧。

借酒浇愁　jiè jiǔ jiāo chóu

【释义】借饮酒来排除郁积在心中的愁闷。【例句】他看不惯同事们的做法，却又无力回天，只有～。

借尸还魂　jiè shī huán hún

【释义】迷信认为人死后灵魂可以附在他人尸体上复活。比喻已经没落或消灭的事物借另一种形式重新出现。【例句】我们应该警惕不劳而获的思想在市场经济中～。

借题发挥　jiè tí fā huī

【释义】发挥：充分表达某种意思或道理。借谈论别的题目来表达自己的真正的意见或发表与此事无关的议论。也指借做某事为理由而做别的事情。【例句】讨论课上，老师要求学生们不要～，要认真探讨正题。【近义】旁敲侧击【反义】就事论事

巾帼英雄　jīn guó yīng xióng

【释义】巾帼：女子的头巾和首饰，借指妇女。指女性中的杰出人物。【例句】秋瑾亲手组织武装革命，真称得起～，妇女的先锋。【近义】女中豪杰

斤斤计较　jīn jīn jì jiào

【释义】斤斤：看得清楚的样子，引申为琐屑细小。形容过分计较无关紧要或琐碎的小事。【例句】在生活中要宽宏大量，不要～，患得患失。【近义】锱铢必较　患得患失【反义】置而不问

今不如昔　jīn bù rú xī

【释义】昔：过去。现在不如过去。【例句】当大家感叹他依然年轻时，只有他自己颇有～的感觉。

今愁古恨　jīn chóu gǔ hèn

【释义】恨：遗憾。古今的愁闷和遗憾。形容感慨很多。【例句】回顾几十年来的艰难，～一起涌上心头，他感慨万千。【近义】新愁旧恨

今非昔比　jīn fēi xī bǐ

【释义】昔：过去。现在不是过去所能比

J

得上的。形容变化巨大。【例句】他从打工仔变成了大老板，已是～了。【近义】日新月异【反义】依然如故

今来古往　jīn lái gǔ wǎng
见"古往今来"。

今生今世　jīn shēng jīn shì
【释义】世：人的一生，一辈子。这一生，这一世。指有生之年。【例句】他以为～不会再踏上日本的土地了。

今是昨非　jīn shì zuó fēi
【释义】是：正确，对。非：错误。现在对，而过去错了。形容悔恨以往的过错。【例句】经过几年的劳动教养，他大有～之感，决心重新做人。

今夕何夕　jīn xī hé xī
【释义】夕：夜。今夜是什么样的夜？赞叹今夜是良辰，十分值得珍惜。【例句】四十年前的中学同学聚首一堂，大家都有～之感。

金榜题名　jīn bǎng tí míng
【释义】金榜：科举时代通过殿试而发的榜。指考中进士。也泛指升学考试被录取。【例句】小王去年高考名落孙山，经过一年复读，今年有望～。【近义】蟾宫折桂【反义】名落孙山

金碧辉煌　jīn bì huī huáng
【释义】金：金黄色。碧：翠绿色。形容华丽精致，光彩耀目。【例句】霞光万道，映射在海面上，形成了一个～的世界。【近义】富丽堂皇【反义】蓬门荜户

金蝉脱壳　jīn chán tuō qiào
【释义】金蝉：黄色知了。蝉变为成虫时脱去原来的外壳。比喻用伪装迷惑对方借以脱身。【例句】海底的乌贼在遇到危险时，常常使用～之计，喷出一股浓黑的汁液作掩护，然后溜之大吉。

【反义】瓮中捉鳖

金城汤池　jīn chéng tāng chí
【释义】汤：热水，开水。池：护城河。像用金属铸造的城墙，如开水那样沸热的护城河。形容坚固不易攻破的城池。【例句】敌人号称～的防御工事已被我军攻破。【近义】铜墙铁壁

金戈铁马　jīn gē tiě mǎ
【释义】金戈：金属制作的戈。铁马：披有铁甲的马。挥动金戈，骑着铁马。指战争或戎马生涯。也形容威武雄壮的军队。【例句】读着岳飞的《满江红》，遥想他当年～、驰骋沙场的英姿，不禁为这位千古英雄扼腕叹息。／想当年，他率领的这支人马，～，气吞万里如虎。

金科玉律　jīn kē yù lù
【释义】科、律：法律条文。原指尽善尽美的法律条文。现多指必须遵守的准则或不可变更的信条。【例句】这些哲理是前人宝贵的经验总结，简直可以作为我们生活的～了。【近义】清规戒律【反义】陈规陋习

金口玉言　jīn kǒu yù yán
【释义】原指皇帝说的话。现指说出口不可改变的话。【例句】错了就要改，专家的话也不是～。【近义】说一不二

金兰之契　jīn lán zhī qì
【释义】金：金子。兰：兰花。契：投合。比喻像金子和兰花一样牢固、投合的交情。【例句】人们对刘备、关羽、张飞三人誓同生死的～是极为赞颂的。

金迷纸醉　jīn mí zhǐ zuì
【释义】指居室和陈设用金纸装饰，令人迷恋醉心。比喻骄奢豪华的享乐生活。【例句】他刑满释放后，不求正当职业，又奢望～的生活，于是重蹈覆

辙,再次干起了偷盗。【近义】灯红酒绿

金石之交 jīn shí zhī jiāo

【释义】像金石一样的交情。比喻牢不可破的友情。【例句】他们两人从小一起长大,又一同去当兵,可以说是～。【近义】莫逆之交 生死之交【反义】一面之交

金童玉女 jīn tóng yù nǚ

【释义】道家指服侍仙人的童男童女。后泛指天真的男女儿童。【例句】看着～般的一对儿女,母亲欣慰地笑了。

金屋藏娇 jīn wū cáng jiāo

【释义】金屋:华贵富丽的房屋。娇:原指汉武帝刘彻的表妹陈阿娇。汉武帝儿时喜欢姑母的女儿阿娇,说要建金屋让她居住。后指以华丽的房屋让所爱的妻妾居住,也指纳妾。【例句】这个贪污腐败分子多处～,终于被绳之以法了。

金无足赤,人无完人 jīn wú zú chì,rén wú wán rén

【释义】足赤:纯金。完人:没有缺点的人。没有全纯的金子,没有十全十美的人。指不能要求一个人没有一点缺点错误。【例句】当然,我并不是说这位学者已经十全十美,～。【反义】金要足赤,人要完人

金玉良言 jīn yù liáng yán

【释义】像黄金美玉一样的好话。比喻宝贵的意见或有益的劝告。【例句】大学毕业前辅导员对我说的那番话,句句是～,我一直铭记于心中。【近义】肺腑之言【反义】花言巧语

金玉满堂 jīn yù mǎn táng

【释义】形容财宝很多。也比喻富有才学。也作"满堂金玉"。【例句】他家虽然～,可是却有个不成器的儿子,偌大家业,不过十年就被挥霍空了。【近义】堆金积玉

金玉其外,败絮其中 jīn yù qí wài,bài xù qí zhōng

【释义】金玉:黄金美玉。败絮:烂棉花。外表像黄金美玉般,内里却尽是破棉絮。比喻外表华美,实质却很糟糕。【例句】这个小伙子长得很帅气,但一张口就是脏话连篇,真是～。【近义】华而不实 金漆马桶【反义】秀外慧中 表里如一

金枝玉叶 jīn zhī yù yè

【释义】原形容花树枝叶美好。后指帝王的子孙后代或出身高贵的人。【例句】没想到在外打工多年的小李娶了这样一位～的妻子。【近义】皇亲国戚 千金之躯

金字招牌 jīn zì zhāo pái

【释义】商店用金粉涂字的招牌。比喻影响大、价值高的名声或称号。也比喻冠冕堂皇的名义或称号。【例句】北京全聚德烤鸭店是个～,享誉全国。/有些人打着艺术家的～,并不等于就真懂艺术。

津津乐道 jīn jīn lè dào

【释义】津津:趣味浓厚的样子。乐道:乐于谈论。形容很感兴趣地谈论。【例句】包公虽然在一千多年前就故去了,但他的事迹至今仍为人们～。

津津有味 jīn jīn yǒu wèi

【释义】津津:趣味浓厚的样子。形容吃东西很有滋味或对某种事物很有兴趣。【例句】这饭菜虽然平常,但他却吃得～。【近义】兴致勃勃【反义】味同嚼蜡 索然无味 枯燥无味

J

矜名嫉能 jīn míng jí néng
【释义】矜:自夸。嫉:嫉妒。夸耀自己的名声而嫉妒贤能。【例句】领导干部应当谦虚谨慎、选贤举能,而不应唯我独尊、～。

筋疲力尽 jīn pí lì jìn
【释义】筋、力:指体力。形容非常疲乏,一点力气也没有了。【例句】拉了一天的砖车,傍晚时他已～。【近义】心力交瘁 骨软筋麻【反义】精神抖擞

襟怀坦白 jīn huái tǎn bái
【释义】襟怀:胸襟,胸怀。坦白:开朗,直率。形容胸怀坦荡,光明磊落。【例句】真正的共产党员,应该～,胸怀天下。【近义】胸无城府 光明正大【反义】心怀叵测 两面三刀

谨慎小心 jǐn shèn xiǎo xīn
见"小心谨慎"。

谨小慎微 jǐn xiǎo shèn wēi
【释义】谨:谨慎。微:细小。对细微的事物也谨慎小心地对待。形容态度审慎。后多指一举一动过分小心,流于畏缩。【例句】他这个人向来～,无论什么事,从不自作主张。【近义】谨言慎行 小心翼翼【反义】胆大妄为 粗心大意

紧箍咒 jǐn gū zhòu
【释义】《西游记》里,观音菩萨传给唐僧用来制伏孙悟空的咒语,能使孙悟空头上戴的金箍紧缩,让孙悟空头痛难忍。比喻束缚人的框框。【例句】自然的存在状况及其客观性就是套在人类头上的"～",时时刻刻校正和惩罚人类对自然所犯下的错误。

紧锣密鼓 jǐn luó mì gǔ
【释义】戏剧开场前敲得很密的锣鼓。比喻公开活动前的紧张准备。【例句】

辩论赛马上就要开始了,几位辩论选手都在～地准备着。

锦囊妙计 jǐn náng miào jì
【释义】锦囊:用锦做成的袋子,古人常用来装机密文书。封在锦囊中的神妙计策。指危急时能解决问题的巧妙办法。【例句】可以肯定,他们的教练必有～,不信等场上去看。【近义】神机妙算【反义】一筹莫展 无计可施

锦上添花 jǐn shàng tiān huā
【释义】锦:有彩色花纹的丝织品。在锦上面再绣花。比喻使美好的事物更加美好。【例句】你们的到来使我们的宴会～。【反义】雪上加霜

锦绣河山 jǐn xiù hé shān
见"锦绣江山"。

锦绣江山 jǐn xiù jiāng shān
【释义】锦绣:精美的丝织品。像锦绣那样美丽的国土山河。也作"锦绣河山"。【例句】祖国的～决不能让外敌侵犯。【近义】大好河山【反义】残山剩水 穷山恶水

锦绣前程 jǐn xiù qián chéng
【释义】锦绣:精美的丝织品。像锦绣一样的前程。形容十分美好的前途。【例句】他这个心存侥幸的想法,竟断送了自己本该拥有的～。【近义】前程万里【反义】穷途末路

锦衣玉食 jǐn yī yù shí
【释义】穿华美的衣服,吃珍贵的食物。形容豪华奢侈的生活方式。【例句】那些整天过着～般生活的孩子如得不到正确的教育与引导,将来很可能难以成才。【近义】侯服玉食 鲜衣美食【反义】粗衣粝食 恶衣恶食

尽力而为 jìn lì ér wéi
【释义】尽:全部用出。为:做。用全部

力量来做。形容做事竭尽全力。【例句】虽然这件事难度比较大,但我会～的,您放心。【近义】尽心尽力【反义】敷衍了事

尽人皆知 jìn rén jiē zhī

【释义】尽人:人人,所有的人。皆:都。所有的人都知道。【例句】这件事已经～,你就别瞒我了。【近义】家喻户晓 众所周知【反义】默默无闻

尽如人意 jìn rú rén yì

【释义】尽:完全。完全合乎人的心意。【例句】这件事他办得～,得到同行们的一致赞扬。【近义】称心如意 心满意足【反义】大失所望

尽善尽美 jìn shàn jìn měi

【释义】尽:达到极限。形容事物达到极为完美的境地。【例句】经过反复修改,这篇文章已经是～,挑不出什么毛病了。【近义】十全十美【反义】一无是处

尽态极妍 jìn tài jí yán

【释义】尽、极:达到极限。妍:美丽。形容人或事物把美态艳质全部表现出来,达到了极点。【例句】公园里的菊花竞相开放,～。【近义】曲尽其妙【反义】丑态毕露 丑态百出

尽心竭力 jìn xīn jié lì

【释义】费尽心思,使出全力。形容做事非常投入,认真负责。【例句】虽然成功的希望不大,但他还是～地去做、去争取。【近义】尽心尽力 悉心毕力【反义】敷衍了事 敷衍塞责

尽心尽力 jìn xīn jìn lì

【释义】费尽心力。【例句】老李只要答应你的事,一定会～地去做。【近义】尽心竭力 悉心毕力【反义】敷衍了事 敷衍塞责

尽信书不如无书 jìn xìn shū bù rú wú shū

【释义】尽:完全。书:原指《尚书》,后泛指书籍。原指完全相信《尚书》,不如没有《尚书》。后用以告诫人不要迷信书本。【例句】我们提倡埋头读书研究,并不是要人去当书呆子,读书不能读死书,这就是古人说的"～"。

尽在不言中 jìn zài bù yán zhōng

【释义】不言:不说出,不表露出来。意思都在没有说出或没有表露出来的里面。形容意味深长或胸中有数,自不待言。【例句】你叫她怎么个直说?她没有异议,这本身就足以说明问题了,答案～啊!

进寸退尺 jìn cùn tuì chǐ

【释义】进一寸,退一尺。原意是用兵时宁可退守,也不冒险前进。比喻得少失多,得不偿失。【例句】不顾实际情况一味追求高速度,只会～,得不偿失。【近义】得不偿失

进退两难 jìn tuì liǎng nán

【释义】既不能前进也不能后退。形容处境困难。【例句】由于资金不足,这项工程很快陷入～的境地。【近义】进退维谷 左右为难 骑虎难下【反义】进退自如

进退维谷 jìn tuì wéi gǔ

【释义】维:文言助词。谷:比喻穷困之境。无论前进还是后退都无法摆脱困境。比喻进退两难。【例句】站在人生的十字路口上,他感到自己陷入了～的境地。【近义】进退两难 左右为难 骑虎难下【反义】进退自如

进退无门 jìn tuì wú mén

【释义】门:出路。前进、后退都没有出路。形容处境十分困难。【例句】他没想到自己的结局竟是众叛亲离、～。

J

【近义】进退两难　进退维谷【反义】进退自如

进退自如　jìn tuì zì rú

【释义】自如:不受阻碍。前进或后退没有困难。【例句】面对德国队猛烈的攻势,瑞士队反而不急不躁,守中有攻,~。【反义】进退两难　进退维谷　骑虎难下

近水楼台　jìn shuǐ lóu tái

【释义】靠近水边的楼台。比喻因接近某些人或事物而首先得到便利或好处。【例句】李明在图书馆工作,~,可以看到最新的书刊。【近义】向阳花木【反义】近火先焦

近悦远来　jìn yuè yuǎn lái

【释义】邻近的人受仁政之惠而喜悦,远方的人闻风赶来归附。【例句】这里宽容和谐的人文环境使得~。【近义】远至弥安

近在眉睫　jìn zài méi jié

【释义】眉睫:眉毛和眼睫毛。形容距离很近。也形容事情紧迫。【例句】如果不采取有效措施给予保护,东北虎这一珍贵的野生物种的灭绝将~。【近义】近在咫尺　迫在眉睫【反义】远在天边

近在咫尺　jìn zài zhǐ chǐ

【释义】咫:古代长度单位,周制为八寸。形容距离极近。【例句】在随后的保级比赛中,他又把一个~的球射失。【近义】近在眉睫　迫在眉睫【反义】天南地北

近朱者赤,近墨者黑　jìn zhū zhě chì, jìn mò zhě hēi

【释义】朱:朱砂。赤:红色。靠近朱砂的容易染成红色,靠近墨的容易染成黑色。比喻接近好人可使人变好,接近坏人可使人变坏。也指受环境的影响而改变习性。【例句】他老觉得自己的儿子和这群人走得太近不是明智之举,~。

晋身之阶　jìn shēn zhī jiē

【释义】晋身:提高地位。阶:阶梯。使身体能够上升的阶梯。旧指谋求官位或升官的门路。【例句】这些行为都说明他不过是个以艺术为~,把艺术作为商品出售的商人。

噤若寒蝉　jìn ruò hán chán

【释义】噤:闭口不出声。寒蝉:天寒时不再鸣叫的蝉。比喻有顾虑不敢说话。【例句】他的话完了,台下只有几个人拼命鼓掌,而更多的人却~、面面相觑。【近义】缄口结舌　守口如瓶【反义】口若悬河　侃侃而谈

泾渭不分　jīng wèi bù fēn

【释义】泾、渭:泾河、渭河,在甘肃、陕西境内,泾河水清,渭河水浊。比喻是非、好坏不分。【例句】他本来在这个问题上就~,以此写成的文章也不具有参考性了。【近义】莫为莫辨　是非不分【反义】是非分明　泾渭分明

泾渭分明　jīng wèi fēn míng

【释义】泾、渭:泾河、渭河,在甘肃、陕西境内。渭河水浊,泾河水清,泾水流入渭水时,清浊分得很清楚。比喻界限清楚,是非、好坏分明。【例句】赌博不是娱乐,娱乐不能赌博,两者之间~。【近义】一清二楚　黑白分明【反义】泾渭不分　黑白不分

经久不息　jīng jiǔ bù xī

【释义】经久:经过很长的时间。息:停止。经过很长的时间不停息。形容持续时间长。【例句】人群沸腾起来了,掌声和欢呼声~。【反义】戛然而止

经年累月　jīng nián lěi yuè

【释义】年复一年,月复一月。形容经历

很长的时间。【例句】芭蕾舞者令人屏息的美丽舞艺，都是～修炼而来的。【近义】积年累月　成年累月【反义】一朝一夕　转瞬之间　弹指之间

经史子集　jīng shǐ zǐ jí

【释义】我国传统图书分类法的四大部类。"经部"包括儒家经典和语言文字方面的书；"史部"包括各种历史书和地理书；"子部"包括诸子百家的著作；"集部"包括诗词文赋的总集别集。后泛指各种古籍图书。【例句】一般人有那么一种错觉，好像一定要是正经八百的～，才能有校勘的问题。

经世奇才　jīng shì qí cái

【释义】经世：治理天下。治理天下的卓越才能。【例句】人们预料，这位新任总理有着～，能迅速扭转混乱的局势。

经天纬地　jīng tiān wěi dì

【释义】经、纬：织物上的纵线、横线，比喻规划、治理。比喻规划、治理国家。【例句】历史有时候非常好玩，以诸葛亮～之才，初出茅庐第一计，是给人家处理家务事。【近义】治国安民　经纬天下

荆棘丛生　jīng jí cóng shēng

【释义】荆棘：丛生的多刺灌木。丛：聚集成堆。带刺的灌木成堆地生长。比喻前进的道路上困难很多。【例句】通向成功的道路虽然～，但也挡不住我们前进的步伐！【近义】荆棘塞途

荆天棘地　jīng tiān jí dì

【释义】荆棘：丛生的多刺灌木。天地间充满了荆棘。比喻极其困难，障碍重重。【例句】他为了让全家团聚可谓历尽～，百折不回。【近义】荆棘塞途

惊弓之鸟　jīng gōng zhī niǎo

【释义】受过箭伤听到弓弦声就惊慌的鸟。比喻受过惊吓而心有余悸、一有动静就惶恐不安的人。也作"伤弓之鸟"。【例句】生活中诸多打击已使她成为～，最怕没有心理准备的意外。【反义】初生牛犊

惊惶失措　jīng huáng shī cuò

【释义】失措：举止失常。惊恐慌张，不知怎么办才好。【例句】听到这个消息，他又气又急，～。【近义】仓皇失措　张皇失措【反义】镇定自若　泰然自若

惊魂未定　jīng hún wèi dìng

【释义】形容受惊吓后，心情还没有平静下来。【例句】刚刚躲过了一场车祸，他～。【近义】心有余悸【反义】从容不迫　若无其事

惊恐万状　jīng kǒng wàn zhuàng

【释义】万状：很多种样子，表示程度深。形容惊慌、恐惧到了极点。【例句】一群野雉，像是大敌袭来，～地向南飞奔。【近义】胆战心惊【反义】不动声色

惊世骇俗　jīng shì hài sú

【释义】骇：震惊。使世俗之人震惊。形容言论、行动怪异出奇，让人震惊。【例句】他这人思想活跃，常常说出一些～的话。【近义】惊世震俗

惊涛骇浪　jīng tāo hài làng

【释义】骇：使人惊惧。凶猛得使人害怕的大风浪。比喻险恶的环境和遭遇或尖锐激烈的斗争。【例句】生活不总是平静的，有时也会有～。【近义】狂涛骇浪【反义】风平浪静

惊天地，泣鬼神　jīng tiān dì, qì guǐ shén

【释义】使天地震动，使鬼神流泪。形容十分惊人或感人。【例句】在我国人民革命的历史上，有着多少可歌可泣，～的事迹！

J

惊天动地 jīng tiān dòng dì

【释义】使天地惊恐震动。形容声响巨大、声势浩大或意义、影响重大。【例句】改革开放是一场～的革命，使古老的华夏大地发生了翻天覆地的变化。【近义】震天动地 沸天震地【反义】无声无息 万籁俱寂

惊喜交加 jīng xǐ jiāo jiā

【释义】交加：同时一起来。震惊和喜悦的心情交融在一起。【例句】他为这本著作倾尽了半生的精力，当终于拿到成书时，他～，几乎无法自持。【近义】惊喜若狂【反义】悲痛欲绝

惊心动魄 jīng xīn dòng pò

【释义】心灵、魂魄为之震惊。形容内心感受极深，震动很大。也形容极其惊险、紧张。【例句】我们全体的国民正合力用自己的血，自己的肉，自己的生命，写作～的光芒万丈的伟大诗篇。/ 火山爆发是一种～的壮观景象。【近义】触目惊心【反义】平淡无奇

兢兢业业 jīng jīng yè yè

【释义】兢兢：小心谨慎的样子。业业：恐惧的样子。形容小心谨慎，认真踏实。【例句】他在档案管理这个岗位上～，一干就是几十年。【近义】脚踏实地【反义】敷衍了事 敷衍塞责

精兵简政 jīng bīng jiǎn zhèng

【释义】精简人员，缩小机构以提高效率。也用于简化某些烦冗的事物。【例句】这次人事制度改革就是要～，提高工作效率。【反义】人浮于事

精诚所至，金石为开 jīng chéng suǒ zhì, jīn shí wéi kāi

【释义】精诚：真诚。至：到。金石：金属与石头。诚心所至，像金石那样坚硬的东西都被打开。形容真诚和坚决足以改变人或事物。【例句】～，他的这种执着的精神，终于感动了他周围的人们和一些领导。

精诚团结 jīng chéng tuán jié

【释义】精诚：真诚。真心诚意团结一致。【例句】全体职工～，努力工作，我们的企业才能生存、发展。【近义】风雨同舟 齐心协力【反义】四分五裂 分道扬镳

精打细算 jīng dǎ xì suàn

【释义】精细地计算、筹划。形容精细妥善安排，不浪费。【例句】虽然家里富裕了，但他还是～地过日子。【近义】克勤克俭【反义】大手大脚 铺张浪费

精雕细刻 jīng diāo xì kè

【释义】精心细致地雕刻。形容反复雕琢、加工艺术品。也比喻办事周到细致。也作"精雕细琢"。【例句】这些文物上的花纹～，显示出高超的制作工艺。/ 这个方案经过半年多的～才最后形成。【反义】粗制滥造

精雕细琢 jīng diāo xì zhuó

见"精雕细刻"。

精耕细作 jīng gēng xì zuò

【释义】精心细致地耕作。【例句】种庄稼一定要～，否则会影响农作物的收成。【反义】刀耕火种

精金百炼 jīng jīn bǎi liàn

【释义】精金：精炼的金属。精金需要千百次冶炼。比喻人要经过各种锤炼和考验，才能成才。【例句】青年人应当到实践中去经受艰苦的磨炼，才能成为真正的有用之才，所谓"～"就是这个道理。

精金美玉 jīng jīn měi yù

【释义】精金：精炼的金属，也指纯金。比喻人品纯正温雅。也比喻事物纯洁完美。【例句】中国艺术的熏陶，造就

了她那颗〜般的心。【近义】良金美玉

精进勇猛　jīng jìn yǒng měng
见"勇猛精进"。

精妙绝伦　jīng miào jué lún
【释义】精致美妙，无与伦比。形容极为精妙。【例句】这件瓷器代表着中国古陶瓷制作的高超水平，在器型、制造和着色工艺上都堪称〜。【近义】精妙入神【反义】粗制滥造

精明强干　jīng míng qiáng gàn
【释义】精明：精细聪明。机敏聪明，做事干练。【例句】这些干警个个〜，富有实战经验。【近义】精明干练【反义】糊涂透顶

精神抖擞　jīng shén dǒu sǒu
【释义】抖擞：振作。形容情绪饱满，精神振作。【例句】阅兵式上，将士们个个〜。【近义】容光焕发【反义】无精打采　萎靡不振

精神焕发　jīng shén huàn fā
【释义】焕发：光彩四射。形容精神抖擞，神采飞扬。【例句】她脸红红的，〜，一脸兴奋的样子。【近义】容光焕发　神采飞扬【反义】无精打采　萎靡不振

精卫填海　jīng wèi tián hǎi
【释义】《山海经·北山经》载，精卫为炎帝之女在东海淹死后的灵魂所化的小鸟，常衔西山的石子、树枝去填东海。后用来比喻仇恨极深，立志报复。也比喻意志坚强，不畏艰难。【例句】日寇铁蹄下的中国人民〜、浴血抗争，表现出崇高的民族精神。／他们正以〜的精神在戈壁滩上改沙造绿。【近义】愚公移山

精益求精　jīng yì qiú jīng
【释义】精：完美。益：更加。已经很好

了，还要求更好。多指对技术、学问等的钻研。【例句】白求恩大夫对技术〜的精神，永远值得我们学习。【近义】精雕细刻【反义】粗制滥造　马马虎虎

鲸吞蚕食　jīng tūn cán shí
见"蚕食鲸吞"。

井底之蛙　jǐng dǐ zhī wā
【释义】生活在井底下的青蛙，它只能看见井口那么大的一片天。比喻眼界狭隘、见识浅浅的人。也作"坎井之蛙"。【例句】作为新一代青年，要眼界开阔，胸怀大志，决不能做〜。【近义】一孔之见　井蛙醯鸡【反义】见多识广

井井有条　jǐng jǐng yǒu tiáo
【释义】井井：整齐有序的样子。形容有条有理，整齐不乱。【例句】她把屋子收拾得〜。／《史记》叙三千年史事，〜，蔚然大观。【近义】有条有理　井然有序【反义】杂乱无章

井然有序　jǐng rán yǒu xù
【释义】井然：整齐不乱的样子。整齐不乱，次序分明。【例句】售票窗前，人们〜地排着队。【近义】井井有条【反义】杂乱无章

井水不犯河水　jǐng shuǐ bù fàn hé shuǐ
【释义】犯：干扰，侵犯。比喻各有界限，两者互不干扰。【例句】咱俩不是一条道上的，以后就各走各的路，〜。【近义】界限分明【反义】泾渭不分

竞短争长　jìng duǎn zhēng cháng
【释义】竞相争长比短。指与人比较高低优劣。【例句】与人相处，应当谦虚宽容，不必〜，互不服气。【近义】争强好胜

竞今疏古　jìng jīn shū gǔ
【释义】竞：趋。疏：疏远。趋向今时，疏

远古代。指厚今薄古。【例句】理论研究一味地～，正像厚古薄今一样，都是偏颇的。【近义】厚今薄古【反义】厚古薄今

敬而远之　jìng ér yuǎn zhī

【释义】表面上尊敬，但实际上远离，不愿接近，因而保持一定的距离。【例句】对那种油腔滑调、华而不实的人，我们还是～为好。

敬老慈幼　jìng lǎo cí yòu

【释义】慈：爱护。尊敬老人，爱护幼儿。【例句】她这个人虽然没有做过什么大善事，但是平时～，乐于助人，也是很值得尊敬的。【近义】尊老爱幼

敬若神明　jìng ruò shén míng

【释义】若：好像。神明：神的总称。像敬重神明一样尊敬对方。【例句】小王每次和经理说话时都带着一种～的语气。【近义】奉如神明

敬上爱下　jìng shàng ài xià

【释义】上：地位在自己之上的人。下：地位在自己之下的人。尊敬地位在自己之上的人，爱护地位在自己之下的人。指对人谦恭有礼。【例句】她的父亲从小就培养她～、不卑不亢的品格。

静观默察　jìng guān mò chá

【释义】冷静地、不动声色地仔细观察。【例句】画家画人物，也是～，烂熟于心，然后凝神结想，一挥而就。

静若处子，动若脱兔　jìng ruò chǔ zǐ, dòng ruò tuō tù

【释义】处子：未出嫁的女子。脱兔：奔逃的兔子。安静时像娴静的处女，行动起来像奔逃的兔子一样敏捷。【例句】～，是隔壁王大妈二闺女的真实写照。

镜花水月　jìng huā shuǐ yuè

【释义】镜子里的花，水中的月亮。比喻可望而不可即的虚幻景象。也比喻空灵的意境。【例句】有人说考上大学对他来讲是～，但经过努力，他终于成功了。／我特别喜欢席慕蓉诗中那种～般轻盈优美的意境。【近义】梦幻泡影　海市蜃楼

迥然不同　jiǒng rán bù tóng

【释义】迥然：遥远的样子。差别很大，完全不一样。【例句】他们两个人的学习方法不一样，生活情趣也～。【近义】截然不同　大相径庭【反义】毫无二致　一模一样

炯炯有神　jiǒng jiǒng yǒu shén

【释义】炯炯：光亮的样子。形容眼睛明亮，很有神采。【例句】这张照片上，周恩来总理显得神采奕奕，双目～。【近义】目光炯炯　目光如炬

纠缠不清　jiū chán bù qīng

【释义】缠绕在一起，理不清楚。形容纷乱，使人不易分辨清楚。【例句】这个问题与许多人事搅在一起～，要解决好还真不容易。【近义】牵扯不清【反义】一刀两断

赳赳武夫　jiū jiū wǔ fū

【释义】赳赳：矫健勇武的样子。指雄健勇武的军人。【例句】看不出这么一个～，倒是一个旖旎多情的男子。【反义】文弱书生

鸠形鹄面　jiū xíng hú miàn

【释义】鸠形：形状像斑鸠，腹部低陷，胸骨突起。鹄面：脸面像黄鹄，嘴尖，脸颊无肉。形容人身体枯瘦，面容憔悴。【例句】那是一个～、衣衫褴褛的少年，立在太阳下，和仆人低低讲话。【近

义】鹄形菜色　鸟面鹄形【反义】脑满肠肥　大腹便便

鸠占鹊巢　jiū zhàn què cháo

【释义】鸠:斑鸠,不善筑巢。鹊:喜鹊。斑鸠占了喜鹊的窝。比喻侵占别人的利益或财产。【例句】二战时期,约120万波兰人被逐出世世代代生活过的家园,日耳曼人便～。　提示　"鹊"不能写成"雀"。

九鼎大吕　jiǔ dǐng dà lǚ

【释义】九鼎:夏禹时铸的九个鼎,象征九州。大吕:周代大钟。两者都是国宝。比喻非常宝贵,为天下看重的事物。【例句】此文物如～,极其珍贵。【近义】黄钟大吕

九鼎一言　jiǔ dǐng yī yán

见"一言九鼎"。

九九归一　jiǔ jiǔ guī yī

【释义】归:珠算的一位除法。九除以九,商数为一。绕不少圈子,最后又还了原。比喻归根结底,总而言之一句话。【例句】～,就是要靠产品开发和质量过硬来开拓市场。

九牛二虎之力　jiǔ niú èr hǔ zhī lì

【释义】能拖住九头牛的尾巴和刺杀两只老虎的力量。比喻极大的力气或很多的精力。【例句】他费了～,终于把这件事办妥了。【反义】缚鸡之力　吹灰之力

九牛一毛　jiǔ niú yī máo

【释义】九:虚数,表示多。很多条牛身上的一根毛。比喻极大数量中微不足道的小数目,也比喻极其渺小轻微。【例句】让那些亿万富翁拿出十万、八万捐给希望工程,也不过是～的事情。【近义】沧海一粟　太仓一粟【反义】不计其数

九泉之下　jiǔ quán zhī xià

【释义】九泉:地下最深处,人死后埋葬的地方。指人死之后。【例句】母亲临终前对他说:"只要你能自立自强,我在～也安心了。"【近义】在天之灵

九世之仇　jiǔ shì zhī chóu

【释义】九世:九代。九代的仇恨。《公羊传·庄公四年》载,齐哀公遭纪侯诬害,被周天子处死,后齐襄公灭纪国,报了远祖之仇(哀公至襄公共九代)。后指累世深仇。【例句】齐哀公遭纪侯陷害,被周天子处死,后齐襄公灭纪国,报了～。【近义】深仇大恨【反义】恩山义海

九死一生　jiǔ sǐ yī shēng

【释义】形容经历极大的危险而幸存下来。也指死的可能性大,活的可能性小。【例句】在他的革命生涯中,他经历过～的艰险。/他这一去凶多吉少,～,你要有心理准备。【近义】劫后余生　死里逃生

九霄云外　jiǔ xiāo yún wài

【释义】九霄:指天的极高处。形容极高极远的地方。【例句】只要有球赛看,他能把所有的事情都抛到～。【近义】九天云外

久而久之　jiǔ ér jiǔ zhī

【释义】经过了相当长的时间。【例句】由于长期伏案工作,～,他的颈椎都弯了。【近义】日久天长【反义】一朝一夕

久旱逢甘雨　jiǔ hàn féng gān yǔ

【释义】逢:遇到。干旱了很久,遇到一场好雨。比喻渴望已久的东西,终于如愿以偿。【例句】妻子终于怀孕了,这对求子心切的老王来说,真是～啊!

久经风霜　jiǔ jīng fēng shuāng

【释义】比喻经过长期艰难困苦的磨炼。

J

【例句】王大爷是个～的老人，他的经历本身就是一部传奇小说。【近义】饱经风霜　饱经沧桑

酒池肉林　jiǔ chí ròu lín

【释义】古代传说，殷纣以酒为池，以肉为林，为长夜之饮。后形容生活极端奢侈糜烂。【例句】商纣王沉溺于～，荒淫无度，最终导致亡国。【近义】金迷纸醉　穷奢极侈【反义】艰苦朴素

酒囊饭袋　jiǔ náng fàn dài

【释义】囊：口袋。盛酒和装饭的口袋。比喻只会吃喝、不能干事的人。【例句】一个人既无知识又无技术，还好吃懒做，就会被人看成～。【近义】衣架饭囊　行尸走肉

酒肉朋友　jiǔ ròu péng yǒu

【释义】只知一起吃吃喝喝，可以同欢乐，而不能共患难的朋友。【例句】朋友和事业各有重要处，不过，～太多，则未必有助于事业发展。【近义】狐朋狗友【反义】生死之交

酒色之徒　jiǔ sè zhī tú

【释义】嗜酒好色的人。【例句】他为人很有原则，从来不与～交朋友。【反义】正人君子

酒足饭饱　jiǔ zú fàn bǎo

【释义】酒喝醉了，饭吃饱了。【例句】～之后，他便开始讲那天发生的事情了。【近义】大吃大喝

旧病复发　jiù bìng fù fā

【释义】老毛病又犯了。【例句】老师的批评刚过去一个多月，他就～，又开始迟到了。【近义】重蹈覆辙

旧愁新恨　jiù chóu xīn hèn

【释义】旧有的愁苦和新增的怨恨。也作"新愁旧恨"。【例句】～一起涌上心头，她越发伤心，忍不住大哭起来。

旧地重游　jiù dì chóng yóu

【释义】重新来到曾经居住或到过的地方。【例句】二十年之后他～，看着车水马龙的繁华街道不禁赞叹："发展可真快啊！"

旧调重弹　jiù diào chóng tán

【释义】调：调子，曲调。陈旧的曲调又再弹奏。比喻把过去的主张或陈旧的理论重新搬出来。【例句】从会议发表的联合公报和大会主席声明来看，内容多属～，虚多实少。【近义】老生常谈【反义】改弦易辙　改弦更张

旧恨新仇　jiù hèn xīn chóu

见"新仇旧恨"。

旧瓶装新酒　jiù píng zhuāng xīn jiǔ

【释义】用旧的瓶子装新鲜的酒。比喻用旧的形式表现新的内容。【例句】我们把京剧、秦腔作为我们第三次公演的主要内容。对我们而言，这还是一次艺术上～的尝试。【反义】换汤不换药

旧事重提　jiù shì chóng tí

【释义】把旧日的事情又重新提起。【例句】两国边界的争端不过是～，但这次的背景却要复杂得多。【近义】旧调重弹

咎由自取　jiù yóu zì qǔ

【释义】咎：罪过、灾祸。罪过、灾祸是由自己招来的。【例句】他贪赃枉法，被判无期徒刑，实在是～。【近义】自食其果　罪有应得　自取其咎【反义】祸从天降

救火扬沸　jiù huǒ yáng fèi

【释义】救：制止。沸：滚水。这是成语"抱薪救火""扬汤止沸"的省并。抱着柴草去灭火；从锅中舀起开水再倒回

去,想制止水的沸腾。比喻用错误的方法去制止灾祸,反而使灾祸扩大或蔓延。【例句】封建皇帝试图任用酷吏来整肃天下,其实不过是～罢了。【近义】抱薪救火　纵风止燎　扬汤止沸

救死扶伤 jiù sǐ fú shāng
【释义】抢救生命垂危的人,扶助受伤的人。【例句】～是医生的天职。【近义】治病救人【反义】见死不救

救亡图存 jiù wáng tú cún
【释义】图:谋求。拯救祖国的危亡,谋求民族的生存。【例句】抗日战争是中国人民为～而进行的正义战争。【近义】毁家纾难【反义】卖国求荣

就地取材 jiù dì qǔ cái
【释义】就:随,因。就地:就在原地。就在原地选取需要的材料。指就在本地选取中意的人才或事物。【例句】根据当地的资源,他们～,创办了这家水泥厂。【近义】本山取土【反义】楚材晋用　他山之石

就事论事 jiù shì lùn shì
【释义】就:依照。依照事情本身的情况来谈论事情,不涉及其他。也指只评事情的现象,不涉及事情的本质和故事的指导思想。【例句】科学研究不能～,要透过现象看本质。【反义】借题发挥

拘俗守常 jū sú shǒu cháng
【释义】拘:拘泥,束缚。俗、常:世俗的、平常的见解。拘泥于世俗的、平常的见解。【例句】～,循规蹈矩,严格地说,这不能算是一个称职的工作人员。【近义】拘文牵俗

居安思危 jū ān sī wēi
【释义】处于安定的环境中要想到可能产生的危险或困难。【例句】面对当前的国际形势,我们要～,加强国防建设。【近义】安不忘危　忧盛危明【反义】乐以忘忧

居高临下 jū gāo lín xià
【释义】临:俯视。站在高处,俯视下方。形容处于有利的地位或傲视他人。【例句】他的气度,他的精神力量,在面对任何问题的时候,仿佛都有一种～的优势。【近义】高高在上

居功自傲 jū gōng zì ào
【释义】居功:自恃有功。自以为有功劳而骄傲自大。【例句】他严于律己,从不～,深得领导的赏识与器重。【近义】居功自恃【反义】谦虚谨慎　功成不居

居心叵测 jū xīn pǒ cè
【释义】居心:存心,怀着某种坏心眼。叵:不可。存心险恶,难以推测。【例句】那些人～,你要防着点。【近义】心怀鬼胎【反义】襟怀坦白

鞠躬尽瘁 jū gōng jìn cuì
见"鞠躬尽瘁,死而后已"。

鞠躬尽瘁,死而后已 jū gōng jìn cuì, sǐ ér hòu yǐ
【释义】鞠躬:弯着身子,引申为恭敬谨慎的样子。瘁:劳累。已:停止。小心谨慎,不辞劳苦地贡献自己的一切,一直到死为止。也作"鞠躬尽瘁"。【例句】焦裕禄为了党的事业和人民的利益～。

举案齐眉 jǔ àn qí méi
【释义】案:古代有矮脚的托盘。齐:达到同样高度。把托盘举到和眉毛一样齐。形容夫妻互敬互爱。也作"齐眉举案"。【例句】他们夫唱妇随、～的故事也在华人社会中传为佳话。【近义】相敬如宾　互敬互爱【反义】视同路人

J

举步生风 jǔ bù shēng fēng

【释义】举步：抬起脚步。抬起脚步走得好像生风一样。形容走得很快。也比喻办事敏捷。【例句】一路上，他～，真看不出已是七旬老人。【近义】举步如飞　健步如飞

举步维艰 jǔ bù wéi jiān

【释义】举步：抬起脚步。维：文言助词，无实义。艰：艰难。行走十分困难。也形容处境困难。【例句】伊拉克的国家重建～，暴力冲突仍持续不断。【近义】步履维艰【反义】健步如飞

举不胜举 jǔ bù shèng jǔ

【释义】胜：尽，完。列举也列举不完。形容数量极多。【例句】如今，像他这样的青年志愿者真是～。【近义】不胜枚举【反义】寥寥无几

举措失当 jǔ cuò shī dàng

【释义】举措：举动，措施。失当：不恰当。举动、措施不得当。【例句】这家公司的决策层由于对市场的认识不足，～，而使自己濒临窘境。【近义】南辕北辙【反义】恰如其分

举国若狂 jǔ guó ruò kuáng

【释义】举国：全国。若：好像。全国上下都像疯狂了一样。【例句】中国女排夺得五连冠的消息传来，～，欢声雷动。【近义】纵情欢乐

举国上下 jǔ guó shàng xià

【释义】举国：全国。全国上上下下的人。【例句】现在我们～万众一心，都在为了中国的现代化，为了中国的改革、开放、进步而奋斗。

举目千里 jǔ mù qiān lǐ

【释义】举：抬起。抬起头来可以看到很远的地方。形容视野开阔辽远。【例句】登上这座全城最高的塔楼，～，足以俯仰天地。【近义】极目千里

举目无亲 jǔ mù wú qīn

【释义】举：抬起。抬头张望，看不到一个亲人。形容人地生疏、孤独无依。【例句】初来乍到，～，他不禁想起家来。【近义】六亲无靠　无依无靠

举棋不定 jǔ qí bù dìng

【释义】拿起棋子不能决定该下哪一着。比喻犹豫不决，拿不定主意。【例句】正当我对参不参加这次演讲比赛～的时候，班主任的鼓励让我下了决心。【近义】犹豫不决　首鼠两端【反义】当机立断

举世闻名 jǔ shì wén míng

【释义】举：全。全世界的人都知道其名声。形容名声极大，非常著名。【例句】李冰筑成了～的都江堰工程，为人民创造了福利。【近义】闻名遐迩

举世无双 jǔ shì wú shuāng

【释义】举：全。全世界没有第二个。形容稀有罕见。【例句】中国的长城是～的历史遗迹。【近义】盖世无双　天下无双【反义】无独有偶

举世瞩目 jǔ shì zhǔ mù

【释义】举：全。瞩目：注目，注视。全世界的人都在关注着。【例句】这次国际横穿南极科学探险活动～。

举手投足 jǔ shǒu tóu zú

【释义】投足：抬脚。形容办成事情轻而易举。也指人的行为举止。【例句】这件事对他来说很简单，只是～之劳。/这人很文雅，～都给人留下了深刻的印象。

举手之劳 jǔ shǒu zhī láo

【释义】举：抬起。一动手就能办到的一点劳动。形容轻而易举。【例句】这势张无忌早已看出，这时要取三僧性

命自是～。【近义】易如反掌　轻而易举【反义】难于登天

举贤使能　jǔ xián shǐ néng

【释义】举:起用。使:任用。起用贤人,任用能人。【例句】只有出以公心,～,彻底改变任人唯亲的那套做法,我们的公司才能走出目前的困境。【近义】称贤使能　选贤任能

举一反三　jǔ yī fǎn sān

【释义】反:转换,类推。举出一个事理就可类推其他许多未知的同类事理。比喻善于学习,能触类旁通。【例句】这位教授教学很有经验,总能让学生～,触类旁通。【近义】触类旁通　闻一知十【反义】一窍不通

举止失措　jǔ zhǐ shī cuò

【释义】举止:行动,举动。措:安置。举动失常。比喻十分慌张。【例句】他头一次参加这样的会议,过于紧张而有些～是可以理解的。【近义】手足无措【反义】举止大方　从容不迫

举重若轻　jǔ zhòng ruò qīng

【释义】若:好像。举起沉重的东西好像是举很轻的东西。比喻能轻松自如地担当重任或处理难题。【例句】别的女人觉得痛苦冤抑的工作,她～地应付了过去。【近义】游刃有余【反义】心余力绌

举足轻重　jǔ zú qīng zhòng

【释义】举:抬。一抬脚就会改变两边的轻重对比。形容所处地位重要或一举一动就可以左右局势。【例句】一个优秀的领导者对一个企业的前途起着～的作用。【近义】至关重大【反义】无足轻重　无关大局　无关紧要

拒谏饰非　jù jiàn shì fēi

【释义】谏:规劝(君主、尊长或朋友)。饰:遮掩。非:错误。拒绝别人的规劝,掩饰自己的错误。也作"饰非拒谏"。【例句】任何领导都应虚心接受群众的意见,不能～。【近义】文过饰非【反义】从谏如流

拒人于千里之外　jù rén yú qiān lǐ zhī wài

【释义】拒:阻挡。在千里之外就把人挡住。形容态度非常傲慢,不愿跟人接近或无商量的余地。【例句】知道了事情的来龙去脉,他辞色之间也就平和了许多,不像前天～了。

具体而微　jù tǐ ér wēi

【释义】具:具备,齐备。微:小。事物的主要内容或基本结构全都具备,只是局面、规模较小。【例句】这个模型是该城市的缩影,～,一目了然。

据理力争　jù lǐ lì zhēng

【释义】根据事理,尽力争辩或争取。【例句】只要与国计民生休戚相关的事,他在职责上,无论怎样都要～。【近义】力排众议【反义】无理取闹

据为己有　jù wéi jǐ yǒu

【释义】据:占据。把公共的或别人的东西占来作为自己的。【例句】有些人自私自利,经常把集体的财产～。

聚精会神　jù jīng huì shén

【释义】聚、会:聚集,集合。原指集中众人的智慧。后形容注意力高度集中。【例句】当我进去时,他正～地在看一本书。【近义】专心致志　全神贯注　屏气凝神【反义】心不在焉

聚沙成塔　jù shā chéng tǎ

【释义】聚:堆聚。把细沙堆聚成了宝塔。比喻积少成多。【例句】一块钱、两块钱虽然少,但～,积蓄起来就是一个不小的数目。【近义】积土成山　积

J

水成渊　集腋成裘

聚讼纷纭　jù sòng fēn yún

【释义】讼：争辩是非。纷纭：多而杂乱。许多人纷纷争论，各说不一。【例句】这位大名鼎鼎的诗人算不算古典主义这一派，到现在也还～，没有定论。【近义】各执己见【反义】异口同声

聚蚊成雷　jù wén chéng léi

【释义】众多蚊子聚在一起，声音就像打雷一样。比喻流言纷起，令人生畏。【例句】"雅舍"的蚊风之盛，真是前所未见的"～"！每当黄昏时候，满屋里磕头碰脑的全是蚊子。／关于他生活作风问题的流言越来越多，有如～，最后他不得不辞职。【近义】众口铄金

捐躯报国　juān qū bào guó

【释义】捐：舍弃。牺牲自己的生命来报效国家。【例句】听到老连长已～的消息，战士们个个痛哭失声。【近义】杀身报国　捐躯济难

涓滴归公　juān dī guī gōng

【释义】涓滴：极少的一点水，比喻极小或极少的东西。极少量的财物都上缴给公家。形容丝毫不占公家便宜。【例句】我们这次义卖活动的所得款项均～。【近义】点滴归公【反义】中饱私囊

J 卷土重来　juǎn tǔ chóng lái

【释义】卷土：众多人马奔驰时卷起尘土。形容遭受挫折或失败后集结力量，重新恢复势力。【例句】将军料定敌人会～，做好了应战的各种准备。【近义】东山再起　死灰复燃【反义】一蹶不振　提示　"卷"不读 juàn。

卷帙浩繁　juàn zhì hào fán

【释义】卷帙：书籍，篇章。书籍或书籍的篇章极多。【例句】我所见到较早

的、～的连环画册，是李鞠侪的《石头记画册》。

决一雌雄　jué yī cí xióng

【释义】决：决定。雌雄：动物的雌性和雄性，比喻胜负、高下。决战一次，分出高低胜负。【例句】队员们不甘心失败，发誓要在下一场比赛中与对方～。【近义】决一死战　决一胜负【反义】坐以待毙

决一死战　jué yī sǐ zhàn

【释义】决：决斗。拼死一战以决胜负。【例句】这次战役，我军将与敌人～。【近义】决一雌雄【反义】坐以待毙

绝长补短　jué cháng bǔ duǎn

【释义】绝：断，截取。从长的地方截取部分补在短的地方。指事物长短相济，以多补少。【例句】～，才能均衡发展。【近义】截长补短　取长补短　断长续短

绝尘拔俗　jué chén bá sú

【释义】冠绝尘世，超越凡俗。形容出类拔萃，无与伦比。【例句】他热爱生活，喜欢和普通人打交道，但他的作品却表现出一种～的风貌。

绝处逢生　jué chù féng shēng

【释义】绝：尽，没有出路。逢：遇到。在毫无出路的情况下得到生路。【例句】我感到～的喜悦，就像在黑暗里看了一线光明。【近义】死里逃生　劫后余生【反义】走投无路

绝代佳人　jué dài jiā rén

【释义】绝代：冠绝当代。佳人：美人。当世无双的美人。形容极为美丽的女子。【例句】西施是春秋末期越国的一位～。【近义】国色天香

绝顶聪明　jué dǐng cōng míng

【释义】绝顶：非常，极端。形容非常聪

明。【例句】你是～的人，我什么都不说，你也会明白的。【反义】愚昧无知

绝后光前　jué hòu guāng qián

【释义】绝后：今后不会再有。光前：扩充了前人不及的。做出了前人不及、后人难为的事。形容成就和行为非凡。【例句】鲁迅先生的《阿Q正传》在中国文学史上具有某种～的意义。【近义】空前绝后

绝妙好辞　jué miào hǎo cí

【释义】绝妙：极其美妙。辞：文辞，言辞。指极其美妙的文辞。【例句】这副对联词巧意新，堪称～。

绝世超伦　jué shì chāo lún

【释义】绝世：冠绝当世。伦：类。形容某人的德行才艺在同辈中出类拔萃，举世无双。也作"绝世无伦"。【例句】李小龙的武功～。【近义】绝无仅有　出类拔萃

绝世出尘　jué shì chū chén

【释义】绝弃尘世。多指一种脱离现实社会的空想。【例句】气功也许可以开发人的潜在功能，但并不意味着可以得道成仙，～。【近义】绝俗离世

绝世无伦　jué shì wú lún

见"绝世超伦"。

绝无仅有　jué wú jǐn yǒu

【释义】绝：绝对，完全。只有这一个，此外绝对没有了。形容极其少有。【例句】万里长城雄伟壮丽，是世界上～的伟大工程。【近义】独一无二　盖世无双【反义】无独有偶　比比皆是
提示　"绝"不能写成"决"。

掘室求鼠　jué shì qiú shǔ

【释义】挖掘房舍以搜寻老鼠。比喻做事因小失大。【例句】做事情要分清主次，权衡利弊，不要去干那种～、杀鸡取卵的事情。【近义】杀鸡取卵

倔头强脑　juè tóu jiàng nǎo

【释义】倔：态度生硬。强：固执。形容说话、行动生硬的样子。【例句】当时我就觉得那一男一女～，不大顺眼。

军不血刃　jūn bù xuè rèn

见"兵不血刃"。

军不厌诈　jūn bù yàn zhà

见"兵不厌诈"。

军多将广　jūn duō jiàng guǎng

见"兵多将广"。

军令如山　jūn lìng rú shān

【释义】军事命令像山一样不可动摇，必须执行。【例句】士兵都知道象阵厉害，不敢前进，只因～，不得不硬着头皮，勉强上前。

君子协定　jūn zǐ xié dìng

【释义】不经过书面共同签字，只经过口头承诺或交换函件而达成的协定。也是"事先约定"的套话。【例句】咱们订个～，什么时候你不想和我合作了，就放我回家休息。

君子一言，驷马难追　jūn zǐ yī yán, sì mǎ nán zhuī

【释义】驷：同拉一辆车的四匹马。君子说出的话，四匹马拉的车也难以追回。比喻话一说出口，就无法收回。【例句】既然如此，我们也就只好～了。

君子之交淡如水　jūn zǐ zhī jiāo dàn rú shuǐ

【释义】君子的交情像水一样淡。指君子之间建立在道义基础上的交情高雅纯洁，不尚虚华。【例句】他俩是非常好的朋友，相互间来往无利益勾结，正是～。

J

K

开诚布公　kāi chéng bù gōng

【释义】开诚:敞开胸怀,表示诚心。布:宣布。公:公道。态度真诚,坦白无私。【例句】这次会谈的气氛尽管有些紧张,但总的看是在友好和～的气氛中进行的,因为双方都希望通过对话来解决问题。【近义】开诚相见　推心置腹【反义】尔虞我诈

开诚相见　kāi chéng xiāng jiàn

【释义】开诚:敞开胸怀,表示诚心。真心实意地待人。【例句】我们的社会需要这种淳朴、人与人之间～的气氛。【近义】开诚布公　坦怀相待【反义】钩心斗角　虚情假意

开卷有益　kāi juàn yǒu yì

【释义】卷:书本。开卷:打开书本,指读书。阅读就有好处。【例句】这本书的主要特点是融知识性、学术性和实用性为一体,选择最新、实用性最强和最有权威性的资料,使各类读者都能～。【反义】不学无术　无心向学 提示 "卷"不能写成"券"。

开门见山　kāi mén jiàn shān

【释义】指打开门就看见山。比喻说话、写文章一开头就进入主题,不绕弯子。【例句】我外祖母住乡下,那里风景优美,～、出门见河,真是山清水秀啊! /在文章的开头,作者～地提出了自己的论点。【近义】单刀直入　直截了当【反义】转弯抹角　旁敲侧击

开天辟地　kāi tiān pì dì

【释义】辟:开辟。古代神话传说盘古氏开天辟地之后才有世界。本指人类历史的开始。也指创建伟大事业。【例句】每个民族都有关于～、生命起源的神话传说。/"一国两制"是～的统一祖国的方针。【近义】史无前例

开源节流　kāi yuán jié liú

【释义】源:水源。节:节制。开辟源泉,节控水流。比喻开辟财源,增加收入,节约开支。【例句】这个地区的财政管理需要～,才能有长远发展。/～是我们最好的理财之道。【近义】强本节用【反义】铺张浪费

开宗明义　kāi zōng míng yì

【释义】宗:宗旨。义:义理。阐明宗旨,说明义理。本为《孝经》第一章的篇名,说明全书的宗旨。后指说话、写文章一开始就点明主要的用意。【例句】当我们谈起中国传统文化与现代经济发展这个话题时,戴先生～地阐述了自己的观点。/作者在论文的开头就～,指出了问题的症结。【近义】直截了当【反义】旁敲侧击

坎井之蛙　kǎn jǐng zhī wā

见"井底之蛙"。

坎坷不平　kǎn kě bù píng

【释义】坎坷:道路坑坑洼洼。道路高低不平。比喻人生经历曲折。【例句】我

家门口正在改造的那段路～，一不小心就容易跌跤。/人们常常提到他～的一生和他跟恶势力顽强斗争的英雄事迹。

侃侃而谈　kǎn kǎn ér tán

【释义】侃侃：说话从容不迫的样子。形容理直气壮、从容不迫地谈论。【例句】在讲演比赛时，她不拿稿子也能～。【近义】娓娓道来　应对如流【反义】吞吞吐吐　支吾其词 提示 "侃"不能写成"砍""坎"。

看风使舵　kàn fēng shǐ duò

【释义】看风向改变帆篷方向。比喻顺应形势改变方向、态度等。【例句】在他的笔下，布力菲是个善于～、诡计多端的伪君子。【近义】顺风使船　随风转舵【反义】刻舟求剑　恪守不渝　按图索骥 提示 多用于贬义。

看人眉睫　kàn rén méi jié

【释义】眉睫：眉毛和眼睫毛，指脸色。看人脸色。形容做事不能自主。【例句】她常常～行事，缺乏独立自主的意识。【近义】仰人鼻息【反义】不亢不卑

康庄大道　kāng zhuāng dà dào

【释义】康庄：(道路)宽阔平坦、四通八达。宽阔平坦的道路。比喻通往美好未来的光明之路。【例句】现在农村的变化非常大，主要是有了通向乡村的一条条～。/这条路子，正是中国农村走向现代化的～。【近义】阳关大道【反义】羊肠小道

慷慨悲歌　kāng kǎi bēi gē

【释义】慷慨：情绪激昂。情绪激昂地悲壮歌唱，以抒发悲壮情怀。【例句】一股～的火辣辣的情感，涌遍了我的全身。

慷慨陈词　kāng kǎi chén cí

【释义】慷慨：情绪激昂。陈词：陈述意见。情绪激昂地陈述自己的意见。【例句】我国大使在会议上～，痛斥美国少数议员对我国人权状况别有用心地造谣中伤。【近义】义正词严　慷慨淋漓【反义】张口结舌

慷慨赴义　kāng kǎi fù yì

见"慷慨就义"。

慷慨激昂　kāng kǎi jī áng

【释义】慷慨：充满正气，情绪激昂。激昂：激动昂扬。形容情绪、语调激动昂扬，充满正气。【例句】她们不禁被动员大会上战士们～的情绪感染了。【近义】热血沸腾

慷慨解囊　kāng kǎi jiě náng

【释义】慷慨：豪爽大方，不吝啬。解囊：解开钱袋。大方地拿出钱来资助别人。【例句】郭先生乐善好施，常常～帮助贫困的人。【近义】乐善好施【反义】一钱如命　一毛不拔

慷慨就义　kāng kǎi jiù yì

【释义】慷慨：情绪激昂。就义：为正义去死。情绪激昂地为正义事业而牺牲。也作"慷慨赴义"。【例句】刘胡兰～时，还未满15岁。【近义】从容就义

慷慨淋漓　kāng kǎi lín lí

【释义】淋漓：畅快。形容说话、写文章意气昂扬，言辞畅快。【例句】闻一多先生大无畏地在群众大会上～地指着特务说："你们站出来！你们站出来！"【近义】慷慨陈词

靠天吃饭　kào tiān chī fàn

【释义】靠：依靠，依赖。靠天的恩赐得到饭吃。原指落后的农业生产，收成完全取决于自然条件。后指全靠外界

K

条件维持生活，不思改进。【例句】要打消～的思想，把自己看作企业的主人。

苛捐杂税　kē juān zá shuì

【释义】苛：苛刻，严厉。杂：繁杂。苛刻繁杂的捐税。【例句】宋代包拯做了几任地方官，每到一个地方，都取消了一些～，清理了一些冤案。【近义】横征暴敛【反义】轻徭薄赋

科班出身　kē bān chū shēn

【释义】科班：旧时招收儿童，培养成戏曲演员的训练班。比喻有受过正规教育或训练的资历。【例句】奥利拉坦言自己并非～，但他却为管理高科技企业树立了全新的风格。

可操左券　kě cāo zuǒ quàn

【释义】古代称契约为券，用竹、木等做成，分左右两片，立约双方各拿一片。左片叫左券，常用作索取偿还财物的凭证。比喻成功有把握。【例句】他设想，如果全国小学各订一份《时事周刊》，那么该刊物销路就～，前途大有可为。【近义】胜券在握

可乘之机　kě chéng zhī jī

【释义】乘：凭借，利用。机：机会。可以利用的别人不防备的机会。【例句】比赛进行到下半场最后五分钟时，八一队终于找到了～，8号队员一个射门成功取胜。【反义】无隙可乘

可歌可泣　kě gē kě qì

【释义】可：值得。歌：歌颂，赞美。泣：流泪，小声地哭。值得为之歌颂，值得为之流泪。指英勇悲壮的事迹感人至深。【例句】抗震救灾中，涌现出许多～的英雄事迹。

可见一斑　kě jiàn yī bān

【释义】斑：杂色的花纹或斑点。指可以看到事物的一部分，进而推想整体。【例句】20世纪70年代在山东临沂银雀山汉墓中发现的《孙膑兵法》残简，虽然只有一万多字，但他的军事思想还是～。【近义】管中窥豹　一叶知秋

可望不可及　kě wàng bù kě jí

见"可望而不可即"。

可望不可即　kě wàng bù kě jí

见"可望而不可即"。

可望而不可即　kě wàng ér bù kě jí

【释义】即：接近。可以望得见却不能接近。也作"可望不可及""可望不可即"。【例句】海市蜃楼是一种～的奇妙自然现象。【反义】垂手而得

克敌制胜　kè dí zhì shèng

【释义】克：战胜。制胜：取胜。打败敌人，取得胜利。【例句】目前球队正在寻找～的方法，以进一步提高冲金的实力。【近义】出奇制胜【反义】一败涂地

克己奉公　kè jǐ fèng gōng

【释义】克：约束，克制。奉：尊重，遵守。严格约束自己，以公事为重。【例句】大公无私、积极努力、～、埋头苦干的精神永远是值得尊敬的。【近义】廉洁奉公【反义】营私舞弊　损人利己　假公济私

克俭克勤　kè jiǎn kè qín

见"克勤克俭"。

克勤克俭　kè qín kè jiǎn

【释义】克：能够。既能够勤劳，又能够

节俭。也作"克俭克勤"。【例句】年轻人要养成艰苦朴素、～的习惯。【近义】省吃俭用　勤俭节约【反义】挥霍无度　铺张浪费 提示 "克"不能写成"刻"。

刻不容缓　kè bù róng huǎn

【释义】刻：片刻，极短的时间。缓：延缓，拖延。片刻也不容许拖延。形容事情或形势紧迫。【例句】保护环境，珍爱家园，已经是一件～的事情。【近义】迫不及待　迫在眉睫　急如星火【反义】从容不迫　慢条斯理　不急之务 提示 "刻"不能写成"克"。

刻骨仇恨　kè gǔ chóu hèn

【释义】刻骨：形容感受深切难忘。永远记在心头的深仇大恨。【例句】怀着对国民党反动派的～，他奔赴解放战争的前线。【近义】血海深仇【反义】恩重如山

刻骨镂心　kè gǔ lòu xīn

见"刻骨铭心"。

刻骨铭心　kè gǔ míng xīn

【释义】刻、铭：在器物上刻字记载。刻在骨头上或心上。比喻牢记心中，永远不忘。也作"刻骨镂心"。【例句】黄老师的恩德如同海岳，对我来说，已是～永世难忘！【近义】刻肌刻骨　没齿不忘　念念不忘【反义】浮光掠影　置之脑后　过眼烟云 提示 多用作感激的话。

刻画入微　kè huà rù wēi

【释义】刻画：用文字描写或用其他艺术手段表现(人物形象、性格)。形容描写得极深刻细致。【例句】梅兰芳善于运用歌唱、念白身段、舞蹈等技巧，把人物的心理状态～。【反义】粗枝大叶

刻肌刻骨　kè jī kè gǔ

【释义】刻：比喻深切印入。肌：肌肉，指外表。骨：骨骼，指内里。比喻从里到外感受深切。【例句】看了这部影片后，我陷入了沉思，相同的际遇，相同的命运，～，感受实在太深了！【近义】没齿不忘　刻骨铭心【反义】置之脑后

刻舟求剑　kè zhōu qiú jiàn

【释义】刻：刻画，作标志。舟：船。求：寻求，寻找。据《吕氏春秋·察今》记载，一个楚国人过江时剑掉到水中，他急忙在船身上刻了记号，船靠岸时，从刻记号的地方下水去找剑，结果自然找不到。比喻拘泥成例，脱离实际，不知变通。【例句】我们必须根据新情况来采取新办法，不能～，泥古不化。【近义】按图索骥　守株待兔　胶柱鼓瑟　泥古不化【反义】因地制宜　随机应变　通权达变

恪守不渝　kè shǒu bù yú

【释义】恪守：谨守，恭守。渝：改变。严格遵守，始终不变。【例句】"祖宗成法"是中国封建社会统治阶级～的信条。【近义】坚定不移【反义】背信弃义

溘然长逝　kè rán cháng shì

【释义】溘然：忽然，突然。逝：逝世，死去。(人)忽然逝世。【例句】那位老华侨归国不到一年，竟～，但终归了却了叶落归根的心愿。【近义】奄然而逝

空洞无物　kōng dòng wú wù

【释义】空洞：空虚。没有任何内容或内容不切实。【例句】读书时，如果头脑里仅留下一副框架，而没有具体的内容去充实，就会～，一片空白。【近义】空空如也【反义】言之有物

K

空谷足音　kōng gǔ zú yīn

【释义】足音：脚步声。在空旷寂静的山谷里听到人的脚步声。比喻极为难得的音信、事物等。【例句】那位坐着的老人，听见我的脚步声便转过头来，如闻～，脸上露出极端惊讶的神色。／与姐姐失散多年，突然知道她的下落，确如～，使人兴奋不已。【近义】足音跫然【反义】纷至沓来

空空如也　kōng kōng rú yě

【释义】空空：空空洞洞。如：形容词词尾，"……的样子"。也：助词，无实义。空空洞洞，什么也没有。【例句】面对饭馆，打开钱袋却～，她只好低头走开了。【近义】一无所有　空洞无物

空口无凭　kōng kǒu wú píng

【释义】只是用嘴说说，没有事实根据或书面凭证。【例句】虽然你答应半个月后还我钱，但～，你最好立张借据给我，才能让我放心。【近义】口说无凭【反义】有案可稽　白纸黑字

空前绝后　kōng qián jué hòu

【释义】从前没有过，以后也不会再有。形容十分难得，独一无二。【例句】万里长城的修建在人类历史上称得上是～。／齐白石的艺术成就相当高，尤其是画虾，艺术价值～。【近义】超前绝后【反义】比比皆是　【提示】"绝"不能写成"决"。

空无所有　kōng wú suǒ yǒu

见"一无所有"。

空穴来风　kōng xué lái fēng

【释义】穴：洞穴。来：招来，招引。空的洞穴招进风来。比喻某种传闻自有一定的原因。也比喻流言蜚语乘虚而入。现多指消息和传说毫无根据。【例句】张旭草书风格的形成绝非～或事出偶然。／某些媒体对此事的报道纯属～，是毫无事实根据的。【近义】无风起浪　无中生有【反义】事出有因　捕风捉影

空有其表　kōng yǒu qí biǎo

见"虚有其表"。

空中楼阁　kōng zhōng lóu gé

【释义】悬在空中的楼台亭阁，即海市蜃楼。比喻崇高的人格、广阔的胸襟。也比喻虚幻的事物。还比喻脱离实际的理论、计划等。【例句】泰晤士河两岸的尖顶教堂和高层建筑都被掩盖起来，只剩下一些～。／北宋哲学家邵尧夫犹如～。／大家知道，文化不是～，它是依附于人的。／这些想法全是～，在现有的条件下是无法实现的。【近义】海市蜃楼　镜花水月

口碑载道　kǒu bēi zài dào

【释义】口碑：众人口头的赞颂，像文字刻在石碑上一样。载道：遍布道路。形容到处都是赞颂的声音。【例句】一提到李冰父子创建的都江堰水利工程，即使在今天也还是～。【近义】交口称誉　有口皆碑　颂声载道【反义】怨声载道　声名狼藉

口不二价　kǒu bù èr jià

【释义】嘴里不说两种价钱。指卖东西的价钱说一不二。【例句】这家药铺货真价实，～，已有上百年之久。

口不应心　kǒu bù yìng xīn

【释义】应：相应，符合。嘴里说的和心里想的不一致。【例句】她说话常常～，让人不好捉摸。【近义】口是心非【反义】心口如一

K

口出不逊 kǒu chū bù xùn

【释义】逊：恭顺，谦逊。说出的话非常不谦恭。【例句】在船上，他以为小海是个傻瓜，～，气得小海一头扎进海里，差点淹死。【近义】出言不逊 提示 "逊"不读 sūn。

口耳相传 kǒu ěr xiāng chuán

【释义】口说耳听，递相传授。【例句】民歌不借助于记谱法或其他手段，主要依靠人民群众～。【近义】口口相传

口服心服 kǒu fú xīn fú

见"心服口服"。

口干舌燥 kǒu gān shé zào

【释义】非常干渴。多形容天热或说话很多，费尽口舌。【例句】这几天气温很高，热得路上的行人～，只想喝水。【近义】舌敝唇焦

口惠而实不至 kǒu huì ér shí bù zhì

【释义】惠：实惠，指给人好处。至：到。只在口头答应给别人好处，但实际上并不兑现。【例句】他给群众许了不少愿，但都是～，群众十分不满。

口角春风 kǒu jiǎo chūn fēng

【释义】口角：嘴边，指言语。替别人好话，就像从嘴里吐出春风一样。形容能说会道。【例句】小李想跟着陈老师学绘画，你在陈老师面前～，为他讲几句好话吧。／惯做媒的刘婆为人～，就是《水浒传》中的王婆恐怕也比不上她。

口口相传 kǒu kǒu xiāng chuán

【释义】不见于文字，只是口头传授。【例句】由于"水书"主要靠手抄、～，流传至今，流失比较严重。【近义】口耳相传

口蜜腹剑 kǒu mì fù jiàn

【释义】嘴上说得很甜美，肚子里却怀着害人的坏主意。比喻口甜心狠。【例句】勇敢机智的三姐妹打倒了～的老狼。／马奶奶语重心长地劝诫我们，有些人，不可不防啊！【近义】佛口蛇心 笑里藏刀【反义】心慈面软

口若悬河 kǒu ruò xuán hé

【释义】悬河：瀑布。说起话来像瀑布倾泻而下，滔滔不绝。形容能言善辩或十分健谈。【例句】在那晚的宴会上，何先生一反常态，不仅～，而且手舞足蹈。／他平时沉默寡言，可是一走上讲台，就～，滔滔不绝。【近义】滔滔不绝 侃侃而谈【反义】沉默寡言 哑口无言

口尚乳臭 kǒu shàng rǔ xiù

【释义】尚：还。臭：气味。口里还有奶腥气。比喻年轻经历不多，缺乏经验。【例句】别看他们～，在改革开放的潮流中，却干出了一番不凡的事业。【近义】乳臭未干【反义】老于世故 提示 "臭"不读 chòu，也不能理解成"香臭"的"臭"。

口是心非 kǒu shì xīn fēi

【释义】是：对。嘴里说的是一套，心里想的是另一套。形容内心口头不一致。【例句】做人要堂堂正正，表里一致，不要～。【近义】心口不一 表里不一 口不应心【反义】心口如一 表里如一

口说无凭 kǒu shuō wú píng

【释义】凭：凭据，凭证。单靠口说，不能作为凭据。【例句】对这件非常重要的事情，大家担心～，都同意签一张合同。

K

【近义】空口无凭【反义】有案可稽

口血未干　kǒu xuè wèi gān

【释义】口血:古代结盟时要喝牲畜血或以血涂口旁,以示守信。嘴上涂的血还未干。形容刚刚订立盟约。【例句】就边界问题两国签了协议,但～,边界上又发生了武装冲突。【近义】墨迹未干　提示　多用来指责对方背弃盟约。

口燥唇干　kǒu zào chún gān

【释义】口腔、嘴唇都干了。形容话讲得太多。也作"唇焦口燥"。【例句】针对他的错误,我苦口婆心地说了大半天,已经～,可是他仍然无动于衷,毫无悔改之意。【近义】唇焦舌敝　提示　"燥"不能写成"躁"。

口直心快　kǒu zhí xīn kuài

见"心直口快"。

口诛笔伐　kǒu zhū bǐ fá

【释义】口:指言论。诛:谴责。笔:指文字。伐:声讨。用言论或文字对坏人坏事进行揭露和声讨。【例句】中国人民对日本侵略者的罪行～。【近义】大张挞伐【反义】树碑立传　歌功颂德交口称赞　提示　"伐"不能写成"罚"。

扣人心弦　kòu rén xīn xián

【释义】扣:敲打,拨动。心弦:把心比成琴,比喻心灵。形容文学作品、表演等牵动人心,生动感人。【例句】那种景象多么～!【近义】回肠荡气　提示　"弦"不读 xuán。

枯木逢春　kū mù féng chūn

【释义】枯树遇到春天又发新芽。比喻经受摧折又重获生机。也作"枯树逢春"。【例句】大家都以为那颗杨柳树枯萎了,谁知到了春天又抽出了嫩芽,

这种现象就是～吧。/在党和政府的大力关怀下,一些濒于失传的地方戏曲曲目现在～,又在文艺百花园里绽开绚丽的花朵。【近义】枯木生花　旱苗得雨【反义】雪上加霜　枯木死灰

枯木死灰　kū mù sǐ huī

见"槁木死灰"。

枯木朽株　kū mù xiǔ zhū

【释义】株:树桩。干枯的树干,朽烂的树桩。比喻老弱病残或衰微的力量。【例句】在庭院的后面有一颗上百年的铁树,如今却成了～,多可惜啊! /谢老谦虚地对校长说:"我年老体衰,已是～,还是让年富力强的人干吧。"【近义】老弱病残【反义】年富力强

枯树逢春　kū shù féng chūn

见"枯木逢春"。

枯树开花　kū shù kāi huā

【释义】使枯死的树木开了花。比喻起死回生。【例句】在党的文艺政策贯彻落实以后,许多行将绝灭的艺术剧种犹如～,又重新获得了生机。

枯燥无味　kū zào wú wèi

【释义】枯燥:单调。单调呆板,毫无趣味。【例句】～的代数方程式,却使他充满了幸福,成为他唯一的乐趣。【近义】味同嚼蜡　索然无味【反义】津津有味　妙趣横生　提示　"燥"不能写成"躁"。

哭天喊地　kū tiān hǎn dì

【释义】对着天地痛苦号叫。【例句】父亲不幸去世了,未成年的孩子～,悲痛欲绝。

苦不堪言　kǔ bù kān yán

【释义】痛苦得不能用言语来表达。【例

句】他身体多病，又加上中年丧妻失子，真是～。【反义】乐不可支

苦海无边　kǔ hǎi wú biān

【释义】苦海：原为佛教用语，后来泛指很困苦的环境。形容深重无比的苦难。【例句】他根本没有想到，从此以后，"～"，诚如佛经所言。【反义】苦尽甘来

苦尽甘来　kǔ jìn gān lái

【释义】尽：终结。甘：甜，美好。艰难困苦的生活已经结束，幸福美好的生活即将来临。【例句】这对夫妇经历了下岗失业的磨难，如今有了十家美容连锁店，生意都挺红火，他们的日子真可谓～了。【近义】否极泰来【反义】苦海无边

苦口婆心　kǔ kǒu pó xīn

【释义】苦口：不辞烦劳反复耐心劝说。婆心：像老婆婆一样慈善的心肠。劝说不辞烦劳，用心像老太太那样慈爱。形容恳切耐心地再三规劝。【例句】张老师常常～地劝导她的学生要珍惜光阴，勤奋学习。【近义】语重心长

苦思冥想　kǔ sī míng xiǎng

【释义】苦：竭力地。冥：深沉地。绞尽脑汁，深沉地思索。也作"冥思苦想""冥思苦索"。【例句】如果你只关在屋子里～，搜索枯肠，是绝对写不出好作品来的。【近义】苦心孤诣　搜索枯肠【反义】不假思索　无所用心

苦心孤诣　kǔ xīn gū yì

【释义】苦心：用心劳苦。孤诣：独自达到的境地。指费尽心思，精心研究学问或技艺，达到别人达不到的境地。也指为寻找解决问题的办法而费尽心思。【例句】他～，耗尽了毕生的精力，终于摘取了化学王冠上的这颗明珠。/这次宣传活动非常成功，多亏了老曹～的策划。【近义】殚精竭虑　煞费苦心　呕心沥血【反义】无所用心　漫不经心　满不在乎　提示　"诣"不读 zhǐ，也不能写成"旨""指"。

夸大其词　kuā dà qí cí

【释义】措词夸张，超过了实际。指说话或写文章用语夸张，扩大了事实。【例句】冬冬给爸妈汇报在校表现时，讲成绩喜欢～，说缺点常常含糊其词。【近义】言过其实　张大其词【反义】恰如其分

夸父逐日　kuā fù zhú rì

【释义】逐：追赶。古代神话故事中说，夸父跟太阳赛跑，渴极了，喝干了黄河、渭河的水还不够，又往北到大湖去喝水，半路上渴死了，丢下的手杖化成树林。（事见《山海经·海外北经》）表示人们征服自然的强烈愿望和坚强决心。也比喻不自量力。【例句】在现代社会里，仍然需要发扬～的精神。/想在短时间内完成一部鸿篇巨制，传之不朽，这无异于～。【近义】精卫填海　愚公移山　自不量力【反义】量力而行

夸夸其谈　kuā kuā qí tán

【释义】指说话浮夸，不切实际。【例句】干工作要脚踏实地，～是不会有收获的。【近义】高谈阔论　大吹大擂　侃侃而谈【反义】沉默寡言　默不作声

胯下之辱　kuà xià zhī rǔ

【释义】胯：腰的两侧和大腿之间的部分。据《史记·淮阴侯列传》记载，韩信少时曾被迫从淮阴少年两腿之间钻过去。从胯下钻过去的耻辱。指难忘

的奇耻大辱。【例句】韩信能忍～,是因为不愿用自己壮志未酬之躯去换一条泼皮无赖的命。

快刀斩乱麻　kuài dāo zhǎn luàn má

【释义】斩:砍断。比喻果断迅速地解决纷乱复杂的问题。【例句】吴经理是个痛快人,喜欢用～的方式处理一切问题。【近义】干脆利落【反义】拖泥带水

快人快语　kuài rén kuài yǔ

【释义】快:痛快,爽快。爽快人说爽快话,指人性格直爽。【例句】宋大帅为人十分豪爽,～,替他做事的人,对他都心悦诚服。【近义】心直口快

脍炙人口　kuài zhì rén kǒu

【释义】脍:细切的鱼、肉。炙:烤肉。美味的食品人人爱吃。比喻美妙的诗文人人称赞和传诵。【例句】这是一首～的小诗。【近义】交口称赞【反义】淡而无味　味同嚼蜡 提示 "炙"不能写成"灸"。

宽宏大度　kuān hóng dà dù

见"宽宏大量"。

宽洪大度　kuān hóng dà dù

见"宽宏大量"。

宽宏大量　kuān hóng dà liàng

【释义】宽宏:气量大。形容人度量大。也作"宽洪大量""宽洪大度""宽宏大度"。【例句】他是一个毫无自私自利之心、～、才华横溢的人,是个超时代的人物。【近义】宽大为怀　豁达大度【反义】鼠腹鸡肠　睚眦必报　斤斤计较

宽洪大量　kuān hóng dà liàng

见"宽宏大量"。

宽以待人　kuān yǐ dài rén

【释义】宽:宽厚,宽容。以:用。用宽厚和宽容的态度对待别人。【例句】他一生光明磊落,谦虚谨慎,严于律己,～。【反义】严于律己

狂风暴雨　kuáng fēng bào yǔ

【释义】狂风:猛烈的风。猛烈的风雨。比喻动荡、险恶的局势或猛烈的声势。【例句】一千多年来,赵州桥经历了无数次～,洪水地震,至今依然屹立在华北平原上,成为世界桥梁建筑史上的一大奇迹。/ 革命的～时代啊!一个人一生能经历几回呢?【近义】暴风骤雨　急风暴雨　飘风暴雨【反义】和风细雨

狂风恶浪　kuáng fēng è làng

【释义】恶浪:凶猛的浪头。比喻形势或处境非常险恶、危急。也比喻敌人险恶的破坏活动。【例句】平日风平浪静的芬兰湾一时卷起～,高达六七米的大浪扑向客轮。/ 大兴安岭留给她的是爽直豁达的心胸,一副能抵御～的臂膀和一千多首诗词。【近义】狂风暴雨【反义】风平浪静

狂涛骇浪　kuáng tāo hài làng

【释义】狂涛:汹涌的波涛。骇浪:使人惊骇的风浪。比喻环境险恶或斗争激烈。【例句】他和其他几位同志当时也是漂流震荡于这种～之中。【近义】惊涛骇浪

狂妄自大　kuáng wàng zì dà

【释义】狂妄:极端的自高自大。狂妄傲慢,自以为了不起。【例句】他的报告并没有什么独到之处,却相当～。【近义】骄傲自满【反义】谦虚谨慎

K

旷古绝伦　kuàng gǔ jué lún

【释义】旷古:从古到今。绝伦:没有可类比的。自古没有,举世无双。【例句】这位～的一代伟人,深受亿万人民的敬爱。

旷古奇闻　kuàng gǔ qí wén

【释义】旷古:从古至今。奇闻:奇异的事情。自古以来从未听到过的奇异的事情。【例句】这一～成了家家户户茶余饭后闲谈的话题。

旷古未闻　kuàng gǔ wèi wén

【释义】旷古:从古至今。闻:听到。自古以来没有听到过。【例句】许许多多的事情我从来没有听说过,真是～。

旷日持久　kuàng rì chí jiǔ

【释义】旷:耽误,荒废。持:持续,拖延。荒废时间,拖延很久。【例句】这场～的官司终于有了结局。【反义】指日可待　速战速决

旷世奇才　kuàng shì qí cái

【释义】旷世:空前。奇:罕见。当代少见的出众的人才。【例句】这位～不但在艺术上取得辉煌的成就,在航空科学上也有建树,他还是世界第一架扑翼机的设计者。

岿然不动　kuī rán bù dòng

【释义】岿然:高大独立的样子。像高山一样耸立,不可动摇。也作"巍然不动"。【例句】这座千年古塔在大风暴雨中～。【近义】巍然屹立【反义】摇摇欲坠

岿然独存　kuī rán dú cún

【释义】岿然:高大独立的样子。形容经过变乱而唯一保存下来的事物或人。【例句】西安的许多古迹已经被毁坏,唯有大雁塔～。

溃不成军　kuì bù chéng jūn

【释义】溃:崩溃,散乱。军队被彻底打垮,不成队伍。形容惨败。【例句】号称"双枪军"的川军被杀得～,拼命往北边山后逃跑。【近义】一败涂地【反义】横扫千军　所向披靡

昆山片玉　kūn shān piàn yù

【释义】昆山:昆仑山。昆仑山中的一片玉。本是自谦之辞。指自己是许多贤能中的一个。后比喻难得的杰出人才或事物。【例句】由于历时久远,几经沧桑,印制精美的宋版书犹如～,很难见得到了。【近义】桂林一枝

困兽犹斗　kùn shòu yóu dòu

【释义】犹:还要。斗:搏斗。被围困的野兽还要尽力搏斗一番。比喻陷于绝境的失败者还会拼命反抗。【例句】常言道,～,何况是生性坚毅不屈、好斗喜搏的强壮老虎。/敌军～,凭借居高临下的地势和坚固的明岗暗堡,发誓拼个鱼死网破。【近义】垂死挣扎　狗急跳墙　负隅顽抗【反义】束手就擒　坐以待毙

K

L

拉三扯四 lā sān chě sì

【释义】扯:硬拽。指谈话或议论随意牵扯其他不相干的人和事。【例句】你要说什么就说什么,不要这样～的。

来来往往 lái lái wǎng wǎng

【释义】来来去去。指来去频繁。【例句】江面上,大小船只～,一片繁忙景象。

来龙去脉 lái lóng qù mài

【释义】龙:山脉起伏的中心地。脉:溪流。山形地势像龙一样连贯着。本是迷信的人讲风水的话。后比喻人、物的来历或事情的前因后果。【例句】过于性急地想一下子把一切事情的～都知道得清清楚楚,那是不切实际的想法。/在学习过程中,要弄清一件事情的～,或写好一篇作文,有个重要基础就是观察。【近义】前因后果 来踪去迹

来日方长 lái rì fāng cháng

【释义】来日:未来的日子。方:正。未来的日子还很长。表示事有可为,或劝人不必急于做某事。【例句】那件事情还没到解决的时候,别着急,～呢。/别放弃,你正当青春年少,～,前途无量!【近义】日久天长【反义】时不再来

来势汹汹 lái shì xiōng xiōng

【释义】来势:人或事物到来的气势。形容来势十分凶猛。【例句】在～的明军面前,努尔哈赤确定了"凭你几路来,我只一路去"的作战方针。【近义】气势汹汹【反义】善气迎人

来者不拒 lái zhě bù jù

【释义】对前来相求的人或送来的物品等概不拒绝。【例句】对外资不能盲目引入,要区分对待,绝不能～。【近义】有求必应【反义】拒之门外

来者可追 lái zhě kě zhuī

【释义】追:赶上。指不要执着于过去的错失,将来的事情还可补救。【例句】这次虽然受挫,但～,千万不要灰心。【近义】亡羊补牢 知过能改 迷途知返【反义】执迷不悟 迷而不返 一意孤行

来之不易 lái zhī bù yì

【释义】来之:使之来。易:轻易,容易。好不容易才得来。【例句】这是一个非常重大的、～的成就。【反义】轻而易举 唾手可得

兰艾同焚 lán ài tóng fén

【释义】兰:香草,比喻美的。艾:臭草,比喻丑的。兰草和艾草一同烧掉。比喻美的和丑的一同毁灭。【例句】像这样不加区分地一概否定,岂不是～,把精华也否定了吗?【近义】芝艾俱尽 玉石俱焚

兰桂齐芳　lán guì qí fāng

【释义】兰：兰花。桂：桂花。兰花桂花齐吐芳香。比喻子孙昌盛显达。【例句】秋天，一走进王大妈的花园，就会有一股香气扑鼻而来，因为～。/这个家族诗书相传，～，出了不少人才。

蓝田生玉　lán tián shēng yù

【释义】蓝田：县名，在陕西，古时以出产美玉著名。蓝田产美玉。比喻贤父生贤子。【例句】郭先生这般优秀，～是不无道理。【近义】将门虎子　骥子龙文　【反义】虎父犬子　不肖子孙　提示　"蓝"不能写成"篮""兰"。

揽权怙势　lǎn quán hù shì

【释义】揽：把持。怙：依靠，仗恃。指把持权柄，依仗势力。【例句】杨玉环得到唐明皇的宠爱后，杨家兄妹便～，气焰极盛。　提示　"怙"不能写成"枯"。

揽权纳贿　lǎn quán nà huì

【释义】揽：把持。纳：接纳。贿：贿赂。指把持权势，接受贿赂。【例句】那些～营私舞弊的人受到法律的制裁，是罪有应得的。

烂醉如泥　làn zuì rú ní

【释义】烂醉：大醉。酒醉得像一摊烂泥。【例句】他嗜酒如命，每饮必～，以至丢掉了工作，生活无靠。【近义】酩酊大醉

滥竽充数　làn yú chōng shù

【释义】滥：多而杂的。竽：古代一种簧管乐器。充数：凑数。《韩非子·内储说上》记载，不会吹竽的南郭先生混在为齐宣王吹竽的乐队里凑数，后来湣王继位，要吹竽的人一个个吹，南郭先生就逃走了。比喻没有真才实学却混入行家队伍里充数或以次充好。【例

句】我们要严把产品质量关，不能让不合格产品～。/我们是支优秀的队伍，不能让任何人～。【近义】鱼目混珠【反义】宁缺毋滥　提示　有时也用于自谦。"竽"不能写成"竿"或"芋"。

郎才女貌　láng cái nǔ mào

【释义】男子有才气，女子有美貌。形容男女匹配美满。【例句】陈老觉得这对新人～，互敬互爱，表示愿意为他们主婚。

狼狈不堪　láng bèi bù kān

【释义】狼狈：困顿、窘迫的样子。不堪：不能忍受，表示程度深。形容处境十分窘迫。【例句】这个人"虎口脱险"后已是身无分文、～。【近义】焦头烂额

狼狈为奸　láng bèi wéi jiān

【释义】狼狈：旧说为两种野兽，狈的前腿极短，走路时要趴在狼身上，它们常合伙伤害牲畜。比喻坏人相互勾结干坏事。【例句】他们俩～，干了不少坏事，最终还是被绳之以法。【近义】朋比为奸　沆瀣一气　同流合污【反义】同心协力　同气相求　同心同德

狼奔豕突　láng bēn shǐ tū

【释义】豕：猪。突：乱撞。狼和猪东奔西跑。形容成群的坏人乱撞乱窜。也作"豕突狼奔"。【例句】消防队员们一心一意扑在正在朝着他们蔓延过来的林火上，即便是～的动物从他们的两腿之间奔跑过去，他们也顾不上瞅一眼。/日本侵略军在包围圈内东碰西撞，～，每反扑一次，即被毙伤一批。【近义】狐奔鼠窜

狼吞虎咽　láng tūn hǔ yàn

【释义】咽：吞食。像虎狼吞咽食物一样。形容吃东西又猛又急。【例句】他实在是饿极了，不到一刻钟工夫，一桌

L

饭菜便被他～地吃光了。【近义】风卷残云【反义】细嚼慢咽

狼心狗肺 láng xīn gǒu fèi
【释义】形容心肠像狼和狗一样凶狠、恶毒、贪婪。【例句】她误把那个～的人当作好人，差点误了大事。【近义】蛇蝎心肠【反义】赤子之心

狼烟四起 láng yān sì qǐ
【释义】狼烟：烧狼粪冒起的烟，古代边防用来报警。四处有报警的烽火。指边境不平靖。【例句】隋炀帝横征暴敛，使得民不聊生，以至～。【近义】烽火连天【反义】平安无事 国泰民安

狼子野心 láng zǐ yě xīn
【释义】狼子：狼崽子。狼崽子从小就有凶残的本性。比喻凶暴的人恶性难改，必有狂妄的欲望和狠毒的用心。【例句】我们要认清帝国主义的～，不要被一些假象迷惑了。【近义】野心勃勃【反义】一片忠心 耿耿忠心

琅琅上口 láng láng shàng kǒu
【释义】琅琅：形容金石相击声、响亮的读书声等。指诗文文辞流畅，便于口诵。也指对诗文极为熟悉，诵读起来非常顺口。【例句】在他很小的时候，他妈妈已经教他暗诵唐诗，并能诵得～了。【反义】佶屈聱牙

朗目疏眉 lǎng mù shū méi
【释义】朗目：明亮的眼睛。疏眉：眉宇开阔。眼睛明亮，眉宇清秀。【例句】大厅里突然走进来一个青年，身材瘦削，～，风度翩翩。【近义】眉清目秀

浪迹江湖 làng jì jiāng hú
【释义】浪迹：流浪，到处漂泊。江湖：四方。流浪的足迹遍及四方各地。指生活不定，四处漂泊。【例句】他不甘心就这样～一辈子。【近义】浪迹天涯 萍踪浪迹【反义】安家落户 安居乐业

浪迹天下 làng jì tiān xià
见"浪迹天涯"。

浪迹天涯 làng jì tiān yá
【释义】浪迹：流浪，到处漂泊。涯：边。流浪的足迹遍及天下。指到处流浪，行踪不定。也作"浪迹天下"。【例句】他带回来的唯一财物，就是那漂泊异乡～的悲惨往事和种种见闻。【近义】浪迹江湖 萍踪浪迹【反义】安家落户 安居乐业

浪子回头 làng zǐ huí tóu
【释义】浪子：游荡不务正业的青年人。回头：回心转意，改过自新，改邪归正。现在常用来比喻误入歧途、做了坏事的青少年改邪归正，重新做人。【例句】通过这些活动，让犯人回顾自己的过去，忏悔自己所犯的罪行，启发他们～，再造人生。【近义】迷途知返【反义】执迷不悟

劳而不获 láo ér bù huò
【释义】付出了劳动，但没有收获。【例句】洪水冲毁了稻田，颗粒无收，农民～。【反义】不劳而获

劳而无功 láo ér wú gōng
【释义】劳：劳累。功：成效。付出了劳动，但没有收到应有的成效。【例句】此后法国队虽多次组织进攻，射门机会也多于对方，但均～。【近义】徒劳无益 徒劳无功【反义】劳苦功高

劳苦功高 láo kǔ gōng gāo
【释义】劳苦：劳累辛苦。劳累辛苦，立下了大功。【例句】你们连队的战士们在极短时间内完成了这件艰苦工作，真是～啊！【近义】汗马功劳【反义】

劳而无功

劳民伤财　láo mín shāng cái

【释义】既让人民劳苦，又大量浪费钱财。【例句】"北改"方案提出之初，很多人因为害怕～而提出反对意见。【近义】费财劳民【反义】休养生息

劳师动众　láo shī dòng zhòng

见"兴师动众"。

劳燕分飞　láo yàn fēn fēi

【释义】劳：伯劳鸟。燕：燕子。伯劳和燕子分别飞走。比喻人分离。【例句】他俩虽因变故而～，心中却仍彼此挂念着。【近义】雁影分飞　镜破钗分　各奔东西【反义】双宿双飞　破镜重圆　比翼双飞　提示　多用于夫妻和情侣。"劳"不能理解成"劳苦"。

劳逸结合　láo yì jié hé

【释义】劳：劳动，工作。逸：休息。工作和休息相结合。指既要积极工作，又要适当休息。【例句】学习之余要多活动，～才有利于身心健康。

牢不可破　láo bù kě pò

【释义】牢：坚固。破：打碎。非常牢固，不可动摇或摧毁。【例句】我们之间的友谊是～的。【近义】坚不可摧　坚如磐石【反义】不堪一击　不攻自破

牢骚满腹　láo sāo mǎn fù

见"满腹牢骚"。

老成持重　lǎo chéng chí zhòng

【释义】老成：阅历多而老练成熟。持重：谨慎，稳重。指人阅历丰富，办事稳重。【例句】几十年的佛门生涯不仅把他培养得博学多才，深谙教义，而且造就了他既～，又精明强干的性格作风。【近义】老成练达【反义】少不更事

老成练达　lǎo chéng liàn dá

【释义】老成：阅历多而老练成熟。练达：熟练通达。指阅历丰富，通达事理。也作"练达老成"。【例句】倘若我在某些问题上虚心向他请示，他就会出来～的真面目，对我所疑虑的问题分析入微，独具卓见。【近义】老成持重【反义】少不更事

老当益壮　lǎo dāng yì zhuàng

【释义】当：应当。益：更加。年纪虽老，志向更高、劲头儿更大。【例句】我们单位的退休老人在球场上，一个个～。【近义】老骥伏枥　老马嘶风　宝刀不老【反义】老气横秋　未老先衰　老态龙钟

老调重弹　lǎo diào chóng tán

【释义】调：调子，曲调。把曲调重新弹起。比喻把过去的主张或陈旧的观点、理论又搬出来，毫无新意。【例句】这种做法不过是略变花样，实际是～罢了。【近义】故技重演【反义】推陈出新

老骥伏枥　lǎo jì fú lì

【释义】骥：骏马。枥：马槽。老骏马伏在马槽上，仍想驰骋千里。比喻有志于建功立业的人年纪虽老，但仍怀有雄心壮志。【例句】赵老先生快八十岁了，仍笔耕不辍，这真是～，志在千里！【近义】老当益壮　老马嘶风　老而益壮【反义】老气横秋　未老先衰　暮气沉沉

老奸巨猾　lǎo jiān jù huá

【释义】奸：奸诈。猾：狡猾。形容十分奸诈狡猾。【例句】这个犯罪嫌疑人～，具有反侦察经验，公安人员费了很大周折才把他抓到。【近义】阴险狡诈　老谋深算【反义】老实巴交

老泪纵横 lǎo lèi zòng héng
【释义】老人泪流满面。形容极度悲伤或激动。【例句】当刘师傅从王警官手中接过失踪多年的儿子时，不禁～。【近义】愁容满面【反义】笑逐颜开

老马识途 lǎo mǎ shí tú
【释义】途：道路。老马认识走过的路。据《韩非子·说林》记载，齐桓公远征孤竹时迷了路，听从管仲的话放老马前行，得路而回。比喻阅历多的人经验丰富，熟悉情况，能起引导作用。也作"识途老马"。【例句】枣骝马显然是～，竟报功似的咴咴叫了起来。/他干这一行已经大半辈子，称得上～，你听他的准没错。【近义】老成见到【反义】少不更事 初出茅庐

老谋深算 lǎo móu shēn suàn
【释义】老谋：周密成熟的谋划。深算：深远的打算。形容人办事精明老练。【例句】他叔叔是一个～的人，与人交往从来不会吃亏。【近义】足智多谋 深谋远虑【反义】计无所出 束手无策

老牛拉破车 lǎo niú lā pò chē
见"老牛破车"。

老牛破车 lǎo niú pò chē
【释义】老牛拉着破烂的车子。形容做事慢腾腾，工作效率极低。也作"老牛拉破车"。【例句】他做事一向慢慢腾腾的，像～。【近义】慢条斯理【反义】快马加鞭

老牛舐犊 lǎo niú shì dú
【释义】舐：舔。犊：小牛。老牛用舌头舔小牛。比喻父母疼爱子女。【例句】即便是对最不长进的子女，父母也有～之爱啊！【近义】舐犊情深【反义】乌鸟私情

老气横秋 lǎo qì héng qiū
【释义】老气：老年的意气、气概。横：横亘，充满。秋：秋季的天空。老年的气概充溢于秋空。形容人摆老资格。也形容人没有朝气。【例句】他～地用食指弹了弹烟灰，还真带出一些老大哥的派头。【近义】暮气沉沉 老态龙钟【反义】朝气蓬勃

老弱病残 lǎo ruò bìng cán
【释义】军队中年老、体弱、伤残的人。泛指年老体弱的人。【例句】大地震之后，那里的～得到很好的照顾。【近义】老弱残兵【反义】兵强马壮

老弱残兵 lǎo ruò cán bīng
【释义】泛指由于年老、体弱以及其他原因而工作能力较差的人。【例句】在决战时刻，连长估计自己手下这几个～抵挡不过敌人，于是想了一个巧妙的作战方案。/当大水再次扑来时，解放军官兵们已经把我们这些～送到安全地带。【近义】老弱病残【反义】兵强马壮

老少无欺 lǎo shào wú qī
【释义】对老人和小孩都不欺骗。【例句】我们做生意本着～的宗旨，所以顾客多，生意兴隆。【近义】童叟无欺

老生常谈 lǎo shēng cháng tán
【释义】老生：年老的读书人。原指老书生的平凡议论。今指很平常的老话。【例句】王小明喜欢谈论大道理，不过都是些～，毫无新意。【近义】老调重弹 陈词滥调 旧调重弹【反义】标新立异 真知灼见

老态龙钟 lǎo tài lóng zhōng
【释义】龙钟：行动不灵便的样子。形容年老体衰而行动不灵便的样子。【例

句】这时,他摆出了一副～、疲惫不堪的样子。【近义】老气横秋【反义】老当益壮　童颜鹤发　朝气蓬勃

老羞成怒　lǎo xiū chéng nù

见"恼羞成怒"。

老于世故　lǎo yú shì gù

【释义】老:老练。世故:处世经验。处世老练而有经验。【例句】他们～,很多事情现在还隐藏着。【近义】老成练达【反义】少不更事　胸无城府

提示　用于贬义。

乐不可言　lè bù kě yán

【释义】高兴得无法用言语来表达。【例句】小二听到这个消息后,～。【近义】乐不可支　喜不自胜　欣喜若狂【反义】痛不欲生　悲痛欲绝

乐不可支　lè bù kě zhī

【释义】支:支持,撑持。快乐得支撑不住了。形容快乐到了极点。【例句】她听说儿子在这次比赛中得了第一名,～地边走边唱起来。【近义】喜不自胜　欣喜若狂【反义】苦不堪言　痛不欲生

乐不思蜀　lè bù sī shǔ

【释义】蜀:三国时代的蜀国。据《三国志·蜀书·后主禅传》"后主举家东迁……殿中督张通并封列侯"南朝宋裴松之注引《汉晋春秋》记载,蜀汉灭亡后,后主刘禅被带到洛阳,依然玩乐自在。一天,司马昭问他想念蜀国否,刘禅说"此间乐,不思蜀"。后泛指乐而忘归或乐而忘本。【例句】王奶奶对她孙子说:"你到美国后,千万不能～,忘记生你养你的故乡啊!"【近义】乐而忘返　流连忘返　乐而忘忧【反义】归心似箭　狐死首丘　落叶归根

乐此不疲　lè cǐ bù pí

【释义】乐:乐于。因喜欢做某事而不知疲倦。形容对某事特别爱好而沉浸其中。【例句】他们把求知当成人生乐事,才这样～。【近义】乐在其中　其乐无穷【反义】视为畏途

乐而忘返　lè ér wàng fǎn

【释义】返:回,归。快乐得忘了回去。形容留恋某种场合,舍不得离开。也作"乐而忘归"。【例句】黄山的奇峰、异石、苍松、云海,让游客们～。【近义】流连忘返　乐不思蜀【反义】归心似箭

乐而忘归　lè ér wàng guī

见"乐而忘返"。

乐极生悲　lè jí shēng bēi

【释义】极:顶点,极限。快乐到极点的时候,转而发生令人悲伤的事。【例句】请你控制一下你的情绪,以免～。【近义】福过灾生【反义】转悲为喜　否极泰来

乐善好施　lè shàn hào shī

【释义】乐:乐于。善:行善,做善事。好:喜好。施:施舍。乐于行善,喜好施舍。指乐于做好事,喜欢施舍钱财急人之难。也作"好善乐施"。【例句】他一生～,有不少贫困学生得到过他的资助。【近义】博施济众　济困扶危【反义】一毛不拔　为富不仁　巧取豪夺

乐以忘忧　lè yǐ wàng yōu

【释义】高兴得忘记了忧愁。形容十分愉快。【例句】他虽然考上了名牌大学,但想到刚去世的爷爷,便不能～。【反义】安不忘危　居安思危

乐在其中　lè zài qí zhōng

【释义】乐:快乐,乐趣。指快乐就在这

L

中间。形容自得其乐。【例句】虽然做挑山工很累,但她～。【近义】自得其乐　乐此不疲

雷打不动　léi dǎ bù dòng
【释义】形容有不可动摇的坚定意志。也形容做事有固定不变的方式。【例句】这件事我决心已定,是～的。/小琴每天早晨六点到七点学习英语,这是～的。【近义】风雨无阻

雷厉风行　léi lì fēng xíng
【释义】厉:猛烈。像打雷一样猛烈,像刮风一样迅速。形容执行政策法令等严格而迅速。也泛指做事情声势大而行动快。【例句】田校长工作认真负责,严守纪律,～,对下级平易近人。/他到了学校,～,每天带着训育员,早午晚三次查堂查斋。【近义】大刀阔斧　闻风而动　令行禁止【反义】慢条斯理　拖泥带水

雷霆万钧　léi tíng wàn jūn
【释义】雷霆:迅疾而猛烈的雷。钧:古代重量单位,30斤为1钧。形容威力极大,不可阻挡。【例句】飓风～,不可阻挡。【近义】排山倒海　倒海翻江【反义】强弩之末　气息奄奄

累牍连篇　lěi dú lián piān
见"连篇累牍"。

累卵之危　lěi luǎn zhī wēi
【释义】累卵:堆积的蛋。堆积的蛋,容易打碎。比喻极其危险。【例句】目前,他的处境犹如～。【近义】危如累卵　危如朝露【反义】稳如泰山

累足成步　lěi zú chéng bù
【释义】比喻不断积累,便能成功。【例句】十几年来,她不断收集资料,～,为写好这部书打下了坚实的基础。

磊磊落落　lěi lěi luò luò
【释义】磊磊:(心地)光明正大。形容心地坦白,光明正大。【例句】他阅历丰富,不论做什么工作都～,出以公心,所以十分受人尊敬。

磊落不凡　lěi luò bù fán
【释义】磊落:胸怀坦荡。不凡:不平常。心胸坦荡,不同一般。【例句】从这件小事上可以看出他～。【近义】光明磊落

泪流满面　lèi liú mǎn miàn
【释义】眼泪流得满脸都是。形容非常悲伤或十分感动。【例句】纪念章的另一面刻的是正在逃跑的彼得,丢失了佩剑和帽子,～。【近义】泪如泉涌　泪如雨下【反义】笑容满面　笑逐颜开

泪如泉涌　lèi rú quán yǒng
【释义】眼泪像泉水一样涌出来。形容很悲伤。【例句】她看到那块熟悉的金钗,止不住～。【近义】泪流满面　泪如雨下【反义】破涕为笑　笑容满面　笑逐颜开

泪如雨下　lèi rú yǔ xià
【释义】眼泪像雨水一样流下来。形容极其悲伤。【例句】听到父亲不幸去世的消息,我止不住地～。【近义】泪流满面　泪如泉涌　泣下如雨【反义】破涕为笑　笑容满面　笑逐颜开

冷嘲热讽　lěng cháo rè fěng
【释义】冷:冷漠,引申为严峻、尖锐。嘲:讥笑。热:温度高,引申为辛辣。尖锐、辛辣的嘲笑和讥讽。【例句】同桌的～让我十分难受。【近义】冷言冷语　冷嘲热骂【反义】语重心长

冷嘲热骂　lěng cháo rè mà
【释义】冷:冷漠,引申为严峻、尖锐。嘲:讥笑。热:温度高,引申为辛辣。

骂:辱骂。尖锐的讥笑和辛辣的辱骂。【例句】在那段特殊的岁月,他一进一出都会受到同学们的～。【近义】冷嘲热讽　冷言冷语【反义】语重心长

冷酷无情　lěng kù wú qíng

【释义】冷酷:冷淡苛刻。冷漠苛刻,没有感情。【例句】他并不是～的人。

冷如霜雪　lěng rú shuāng xuě

见"冷若冰霜"。

冷若冰霜　lěng ruò bīng shuāng

【释义】冷:冷漠,不热情。若:好像。冷得像冰霜一样。形容待人冷淡,不热情。也形容态度严厉冷漠,使人不易接近。也作"冷如霜雪"。【例句】那位女神一定是艳如桃李、～的。/他表面上～,其实是一个热心肠的人。【近义】冷酷无情　漠不关心　麻木不仁【反义】和颜悦色　满腔热忱

冷水浇头　lěng shuǐ jiāo tóu

【释义】冷水:温度低的水。比喻受到意外的打击或希望突然破灭。【例句】春芳听他这么一说,好似～,凉了半截。

冷言冷语　lěng yán lěng yǔ

【释义】冷:冷漠。指冷冰冰而又尖酸刻薄的话。【例句】他披挂上阵,尚未站稳脚跟,～便扑面而来。【近义】冷嘲热讽【反义】甜言蜜语

冷眼旁观　lěng yǎn páng guān

【释义】冷眼:冷静、冷淡的眼光。指不介入某事,用冷静或冷淡的态度从旁观看。【例句】当别人有困难时,我们应当热情帮助,不能～。【近义】袖手旁观　漠不关心【反义】古道热肠　见义勇为

冷语冰人　lěng yǔ bīng rén

【释义】冷语:冷淡的言语。指用冷酷无情的言语伤害别人。【例句】有意见你尽管当面说,何必这样～,伤害大家的感情?【近义】冷言冷语

离经叛道　lí jīng pàn dào

【释义】离:背离。经:儒家典范著作,泛指经典。道:儒学师承的传统,泛指某种规范。原指不遵循经书所说的道理,背离儒家的道统。现泛指背离占主导地位的思想或传统。【例句】我们要勇于创新,不要怕别人说你～。【近义】大逆不道【反义】循规蹈矩

离鸾别凤　lí luán bié fèng

【释义】鸾:传说中凤凰一类的鸟。比喻夫妻分离。【例句】小高早就厌倦了～的生活。【近义】孤鸿寡鹤　别鹤孤鸾　单鹄寡凫

离群索居　lí qún suǒ jū

【释义】索:孤独。居:生活。离开同伴而孤独地生活。【例句】她变得～,性情孤僻。【近义】避世离俗　遁世离群【反义】高朋满座　门庭若市

离题万里　lí tí wàn lǐ

【释义】离:离开。题:题目,主题,题旨。万里:泛指很远。指议论或文章的内容离开主题很远。【例句】冯先生的话听起来似乎～,但细细品味,才能嚼出下笔如神的味道。【近义】文不对题【反义】开门见山　一针见血

离心离德　lí xīn lí dé

【释义】心:思想。德:心意,信念。集体中的人不是一条心,不团结。【例句】全体成员不可～,各怀异志,应当齐心协力,团结拼搏。【近义】貌合神离　同床异梦【反义】同心同德　一心一德　万众一心

梨园弟子　lí yuán dì zǐ

【释义】梨园:唐玄宗时教练宫廷歌舞艺

人的地方。原为对唐玄宗时的梨园歌舞艺人的统称。后泛指戏曲演员。也作"梨园子弟"。【例句】据《新唐书·礼乐志》记载,当年随唐玄宗到华清宫演练的～有数百人之多。/"～"代表着献身于"国粹"——京剧等艺术事业的众多艺术家。 提示 "梨"不能写成"犁"。

梨园子弟 lí yuán zǐ dì
见"梨园弟子"。

犁庭扫穴 lí tíng sǎo xué
【释义】犁:耕。庭:庭院。穴:巢穴。耕平庭院,扫清巢穴。比喻彻底消灭敌方。也作"扫穴犁庭"。【例句】明朝的万历皇帝决定实行～,一举歼灭努尔哈赤。

黎民百姓 lí mín bǎi xìng
【释义】黎:众。指人民大众。【例句】我国"药王"孙思邈,在乡间为～行医,医术高明。【反义】王公贵戚

礼轻情意重 lǐ qīng qíng yì zhòng
见"礼轻人意重"。

礼轻人意重 lǐ qīng rén yì zhòng
【释义】礼物虽然微薄,但送礼人的心意很厚重。也作"礼轻情意重"。【例句】他这礼物虽然微薄,但俗话说"千里送鹅毛,～",你还是收下吧。

礼尚往来 lǐ shàng wǎng lái
【释义】礼:礼节。尚:注重。在礼节上讲究有来有往。现也指你对我怎么样,我也对你怎么样。【例句】～是我们中华民族的传统美德。【近义】投桃报李 来而不往非礼也

礼无不答 lǐ wú bù dá
【释义】答:还报。原指行礼时,受礼后一定要还报。后也指接信后一定要复信。【例句】中华民族是礼仪之邦,～乃人之常情。

礼贤下士 lǐ xián xià shì
【释义】礼:给以礼遇,以礼相待。贤:贤人,有才德的人。下:谦让,屈己尊人。士:有学问、有才能的人。封建时代指帝王或大臣敬重有才德的人,降低自己的身份与他们结交。现多指社会地位高的人重视和延揽人才。【例句】陈市长求贤若渴,～,对人才可说是"有用无类"。【近义】敬贤爱士【反义】妒贤嫉能

李代桃僵 lǐ dài táo jiāng
【释义】代:代替。僵:僵死,枯死。李树代桃树受虫蛀而枯死。比喻兄弟间共甘苦。后也借指以此代彼或代人受过。【例句】你想要～,拿姐姐以前写的作业来交,这是不对的。【反义】嫁祸于人 诿过于人 提示 "僵"不读 qiāng。

李下瓜田 lǐ xià guā tián
见"瓜田李下"。

里勾外连 lǐ gōu wài lián
【释义】勾:勾通。连:连接。内外勾结。也作"里勾外联"。【例句】他们～,窃取国家机密后,企图越境逃窜,却被我公安人员全部抓获了。 提示 含贬义。用于指斥人共同干坏事。

里勾外联 lǐ gōu wài lián
见"里勾外连"。

里应外合 lǐ yìng wài hé
【释义】应:接应。合:配合。外面攻打,里面接应。【例句】咱们马上计划一下,给他们来个～,一网打尽。【反义】孤军深入

L

理屈词穷　lǐ qū cí qióng

【释义】理:道理,理由。屈:亏。穷:尽。道理站不住脚,辩解的话也没有了。【例句】辩论会上,她被对方问得～,无言以对。【近义】哑口无言　张口结舌【反义】理直气壮　振振有词

理所当然　lǐ suǒ dāng rán

【释义】理:道理,情理。当然:应该这样。从道理或情理上讲应该这样。【例句】黄色就～地受到了独尊,最后,竟成为帝王的垄断色了。【近义】天经地义　名正言顺【反义】岂有此理　师出无名

理正词直　lǐ zhèng cí zhí

见"词正理直"。

理直气壮　lǐ zhí qì zhuàng

【释义】直:正确,合理。壮:旺盛。理由正确充分,因而说话做事有气势或心里无愧,无所畏惧。【例句】当自身的合法权益受到损害时,就应当～地拿起"法律利剑",用法律找回"上帝"的权利。【近义】义正词严【反义】理屈词穷

力薄才疏　lì bó cái shū

【释义】疏:少。能力薄弱,才干有限。常作自谦之辞。【例句】我～,恐怕担当不起这项重任。

力不从心　lì bù cóng xīn

【释义】从:顺从。心里想做,但力量或能力够不上。【例句】老艺人由于年迈体弱,～,难以承担此任,不久离开了人世。【近义】无能为力　力所不及【反义】从心所欲

力不能支　lì bù néng zhī

【释义】力量不能支撑。【例句】面对城市生活的高消费,她深感～。【近义】力所不及　力不胜任【反义】力所能及

力不胜任　lì bù shèng rèn

【释义】胜:担当得起,承受得住。能力不足,不能担当所负的责任。【例句】他年纪轻轻,这样的重担是他～的。【近义】力所不及　力不能支【反义】力所能及

力济九区　lì jì jiǔ qū

【释义】济:救助,接济。九区:即九州,泛指全国。尽力接济全国老百姓。【例句】抗战期间,海外侨胞慷慨解囊,～。

力竭声嘶　lì jié shēng sī

【释义】力气用尽,声音也嘶哑了。形容竭力呼号。【例句】他上了汽车,听那汽车引擎在～地哼哧着。【近义】大声疾呼【反义】柔声细语

力可拔山　lì kě bá shān

【解义】力气甚大,连山也能拔起来。【例句】在重量级的举重比赛上,她连连打破世界纪录,～之誉当之无愧。【反义】手无缚鸡之力

力能扛鼎　lì néng gāng dǐng

【释义】扛:举。鼎:古代炊具,多用青铜制成。力气很大,能把鼎举起来。指体力过人。后也比喻笔力雄健。【例句】据史书上说,西楚霸王项羽力大无比,～。／古人评价米芾之笔～,五百年来没有这样的人。【近义】力可拔山

力排众议　lì pái zhòng yì

【释义】力:竭力。排:排除。议:议论,意见。竭力排除各种不同的意见,以便维护自己主张的正确性。【例句】刘市长做了认真的调查研究,～,支持这

L

项工程,使群众不再为水患所苦。【近义】据理力争

力屈势穷　lì qū shì qióng

【释义】指力量枯竭,势力瓦解。【例句】敌人已～,走投无路。

力所不及　lì suǒ bù jí

【释义】及:达到。凭自己的能力不能做到或无法达到。【例句】企业发展首先应把核心主业做大做强做精,要避免～地跨行业盲目投资和从事大量关联交易。【近义】力不胜任　力不能支【反义】力所能及　从心所欲

力所能及　lì suǒ néng jí

【释义】及:达到。凭自己的能力所能做到的或所能达到的。【例句】他从小就开始帮母亲干一些～的农活。【反义】力所不及　力不胜任　力不能支

力透纸背　lì tòu zhǐ bèi

【释义】力量能穿透纸。形容书法、绘画笔力刚劲。也形容诗文立意深刻有力。【例句】这件书法作品,笔力遒劲,～,堪称佳作。/她这篇文章～,叫人看了震撼不已。【近义】入木三分　笔走龙蛇　鞭辟入里【反义】轻描淡写　信笔涂鸦

力图自强　lì tú zì qiáng

【释义】力图:极力谋求,竭力打算。极力奋发使自己强大起来。【例句】翁同龢是晚清政坛上的重要人物,甲午战争中坚持抗日,反对投降,戊戌运动中～,促进变法,对国家和民族做过贡献。【近义】自强不息

力挽狂澜　lì wǎn kuáng lán

【释义】力:尽力。挽:挽回,扭转。狂澜:汹涌的大浪,比喻异端邪说横行。

原意为竭力阻止异端邪说的泛滥。后用于比喻尽力扭转危急险恶的局势或制止不正的风气。【例句】处于历史大变动时期的当今教皇,以老迈之躯～,希望维系基督教的生存与发展,想来也无可厚非。/如果不是奥尼尔关键时刻～,他效力的球队恐怕难以获得本场比赛的胜利。【近义】扭转乾坤

力争上游　lì zhēng shàng yóu

【释义】力:竭力,尽力。上游:河流发源地及其附近地区。指努力奋进,尽力争取先进。【例句】在比赛中,我们鼓足干劲,～。【近义】奋勇当先　力图上进　一马当先【反义】甘拜下风　甘居下游　甘居人后

历尽沧桑　lì jìn cāng sāng

【释义】历尽:多次经历或遭受。沧桑:沧海桑田。指变化很大。形容人经历了许多变故。【例句】老人对这部～而流传下来的古乐谱十分珍爱,不仅识得乐谱,而且还能够吟唱。【近义】饱经风霜

历历分明　lì lì fēn míng

【释义】历历:清清楚楚的样子。形容事物或情景十分清晰地显现在眼前。【例句】这件往事,如今都～地显现在眼前。【近义】历历可辨

历历可见　lì lì kě jiàn

【释义】历历:清清楚楚的样子。一一看得清清楚楚。【例句】这条小溪里的水清澈得令人叫绝,游鱼碎石,～。【近义】历历在目　历历可数　历历如画【反义】模模糊糊

历历可数　lì lì kě shǔ

【释义】历历:清清楚楚的样子。可以一个个清清楚楚地数得出来。形容看到

L

的众多景物真切分明。【例句】小树林中的一棵棵树~,全部向上伸展挣扎,又似乎是月光将它们拔高了。【近义】历历可见　历历在目　历历如画【反义】模模糊糊

历历如画 lì lì rú huà
【释义】历历:清楚分明的样子。清清楚楚的,就像图画呈现在眼前一样。【例句】书中胜境在我的脑海里,~。【近义】历历在目　历历可见　历历可数【反义】模模糊糊

历历在目 lì lì zài mù
【释义】历历:清楚分明的样子。形容非常清楚地展现在眼前。【例句】中国旧戏剧,不用布景,只用手势、眼神等动作让观众感到似乎周围景物~。【近义】历历如画　历历可见　历历可数【反义】模模糊糊　若隐若现

历乱无章 lì luàn wú zhāng
【释义】比喻事物混乱不堪的样子。【例句】陈大爷家里的东西~,就像个杂货摊子一样。【近义】杂乱无章【反义】井然有序

历兵秣马 lì bīng mò mǎ
见"秣马历兵"。

厉精更始 lì jīng gēng shǐ
【释义】厉:也作"励",振奋。更始:除旧布新。振奋起精神,除旧布新。【例句】一个领导干部假如不能~,那就会无所作为。【近义】革故鼎新【反义】抱残守缺

厉行节约 lì xíng jié yuē
【释义】厉:严格。行:实行。严格实行节约。【例句】我家并不富裕,所以我必须~,绝不浪费。【反义】铺张浪费

立地成佛 lì dì chéng fó
【释义】立地:立即,立刻。放下屠刀,可以成佛。后为劝人行善之语。【例句】放下屠刀,~,你还犹豫什么呢?【近义】悔过自新【反义】执迷不悟

立竿见影 lì gān jiàn yǐng
【释义】在阳光下竖立竹竿,立刻就能看到它的影子。比喻立即见效。【例句】注射剂十分灵验,~,病人止住了疼痛,恢复了神智。【近义】吹糠见米　手到病除【反义】徒劳无功　枉费心机　劳而无功

立功赎罪 lì gōng shú zuì
【释义】赎:抵消,弥补。立下功劳来抵消所犯的罪过。【例句】这对你来说是个~的机会。【近义】戴罪立功　将功补过【反义】罪上加罪

立国安邦 lì guó ān bāng
【释义】立:建立。邦:国家。建立国家,安定天下。【例句】民族文化说到底是一个民族在世界上~的根基。

立命安身 lì mìng ān shēn
见"安身立命"。

立身处世 lì shēn chǔ shì
【释义】立身:做人。处世:与世人相处。指在社会上立足及待人接物的种种活动。也作"立身行事"。【例句】《水浒》中人物描写的最大的一个特点,就是从阶级意识去描写人物的~。

立身行事 lì shēn xíng shì
见"立身处世"。

立身扬名 lì shēn yáng míng
【释义】立身:做人。扬:传播。指自己立足于社会,传扬声名。【例句】在当

时,古希腊对那些在艺术、文学或者战斗中使自己～的人们必然的报酬是财富和名望。

立于不败之地　lì yú bù bài zhī dì

【释义】立于:处在。使自己处在不会失败的境地。【例句】只有顺应时代的潮流,利用技术更新拓展自己的业务,才能～。【近义】稳操胜券

立锥之地　lì zhuī zhī dì

【释义】立锥:插锥子。竖立锥子的地方。形容极小的一块地方。【例句】经过二十多年的奋斗,他终于有了自己的～。【近义】弹丸之地　立足之地【反义】田连阡陌　提示　多用作“无”的宾语。

立足之地　lì zú zhī dì

【释义】立足:站脚。站脚的地方。形容容身之处。【例句】一个企业如果失去了市场,它就没有了～。　提示　多用作“无”的宾语。

励精图治　lì jīng tú zhì

【释义】励:振作。图:谋划。振作精神,想方设法把国家治理好。【例句】郑庄公～,平息内乱,开创了郑国的鼎盛时期,成为春秋霸主之一。【近义】发愤图强【反义】玩物丧志

利令智昏　lì lìng zhì hūn

【释义】令:使。智:理智。昏:糊涂。贪图私利使头脑发昏,丧失理智。【例句】在商品经济大潮中,少数人～,为了赚钱不惜违法犯罪。【近义】利欲熏心　见利忘义【反义】见利思义

利诱威胁　lì yòu wēi xié

见“威胁利诱”。

利欲熏心　lì yù xūn xīn

【释义】利:名利。欲:欲望。熏:熏染,污染。贪图名利的欲望迷住了心窍。【例句】有些人仍是～,竟不顾法令,做出违法乱纪的事。【近义】唯利是图　利令智昏　见利忘义【反义】清心寡欲　淡泊名利

沥胆披肝　lì dǎn pī gān

【释义】将肝胆披露,以表忠诚之意。【例句】这些年轻的军人发誓:对国家民族的大业,一定～,即使舍弃生命也在所不惜。【近义】赤胆忠心

例行公事　lì xíng gōng shì

【释义】按照惯例处理公事。多指只讲形式不求实效的工作。【例句】第一次见面,对方似较冷淡,颇有些～的味道。【近义】墨守成规　奉行故事

连城之价　lián chéng zhī jià

【释义】毗连诸城的价值。形容物品十分珍贵,有极高的价值。【例句】这个烟壶虽小,却渗透着一个民族的文化传统、心理特征、审美习尚、技艺水平和时代风貌,所以在国际市场上常常标以～。【近义】价值连城【反义】一钱不值

连绵不断　lián mián bù duàn

【释义】连绵:接连。接连不断。也作“连绵不绝”。【例句】长江三峡的两岸山峰～,山势奇绝。【近义】绵绵不绝【反义】断断续续

连绵不绝　lián mián bù jué

见“连绵不断”。

连绵起伏　lián mián qǐ fú

【释义】连绵:连续不断的样子。起伏:高低不平。连续不断而且起伏不平。

【例句】～的丘陵,好像一个个安放在大地上的巨型馒头。【近义】绵延起伏

连篇累牍　lián piān lěi dú

【释义】篇、牍:古代写字用的木片叫"牍",把这些写有文字的木片用绳子或皮条连接在一起叫"篇"。累:重叠,累积。一片又一片、一篇接一篇的木片。形容篇幅过大,文辞冗长。也作"累牍连篇"。【例句】报刊上的文章要尽可能做到简明扼要,不能～,否则毫无趣味。【近义】长篇大论【反义】片言只语　言简意赅　要言不烦　短小精悍

连中三元　lián zhòng sān yuán

【释义】连:接连。三元:科举制度时,分别把乡试、会试、殿试的第一名叫作解元、会元、状元,合称"三元"。旧时指在乡试、会试、殿试中接连考中第一名。后泛指接连三次获得第一名。比喻接连击中三次。【例句】这场足球比赛以甲队～获胜而告终。/～的战士朱友恒同志不管自己胸前的一大片血迹,咬紧牙关冲出工事,用火箭筒打坏了敌人的装甲车。【近义】连拔头筹

怜贫惜老　lián pín xī lǎo

见"惜老怜贫"。

怜香惜玉　lián xiāng xī yù

【释义】怜:爱。香、玉:香花、美玉,借指美女。指男子对女性温存怜爱。【例句】他是一个无名的伤感诗人,写的那些吟风弄月、～的小诗很能赚女学生的眼泪。【反义】摧兰折玉　辣手摧花

怜新弃旧　lián xīn qì jiù

【释义】怜:喜爱。弃:厌弃。爱怜新人,厌弃旧人。也作"怜新厌旧"。【例句】这么多年来才把他认识清楚,原来他是

个～的人。【近义】喜新厌旧　提示　多用于男子对爱情不专一。

怜新厌旧　lián xīn yàn jiù

见"怜新弃旧"。

廉洁奉公　lián jié fèng gōng

【释义】廉洁:不损公肥私,不贪污。奉:尊重,遵守。不贪污,以公事为重。【例句】领导干部,首先是高级干部,要以身作则,做艰苦奋斗、～的表率。【近义】大公无私【反义】假公济私　贪赃枉法

廉顽立懦　lián wán lì nuò

见"顽廉懦立"。

练达老成　liàn dá lǎo chéng

见"老成练达"。

恋酒迷花　liàn jiǔ mí huā

见"恋酒贪色"。

恋酒贪花　liàn jiǔ tān huā

见"恋酒贪色"。

恋酒贪色　liàn jiǔ tān sè

【释义】恋:依恋。依恋、沉迷在酒楼妓院。指沉迷于酒色。也作"恋酒贪花""恋酒迷花"。【例句】他成天～,不几年光景,偌大的家业也一扫无遗了。

恋恋不舍　liàn liàn bù shě

【释义】恋恋:依恋、留恋的样子。舍:放弃,分离。形容十分留恋,舍不得离开。也作"恋恋难舍"。【例句】听到表演取消的消息,他显得很平静,～地用摄像机拍摄着现场的一切。【近义】难舍难分　依依不舍【反义】一刀两断

恋恋难舍　liàn liàn nán shě

见"恋恋不舍"。

L

良辰吉日　liáng chén jí rì
见"吉日良辰"。

良辰美景　liáng chén měi jǐng
【释义】良:美好。辰:时刻,时光。美好的时光和迷人的景物。【例句】如此～,真让人陶醉!【近义】花好月圆　吉日良辰　良宵美景【反义】花残月缺　月黑风高

良师益友　liáng shī yì yǒu
【释义】能使人受到教益和帮助的好老师、好朋友。【例句】我后来所以还喜欢读点书,全靠我幸运地遇上了校内外的许多～。【近义】良师诤友　贤师良友【反义】狐群狗党　酒肉朋友

良师诤友　liáng shī zhèng yǒu
【释义】良:好。诤:敢于直言。指很好的老师和能够直言相劝的朋友。也指能使人获得教益和帮助的人。【例句】他是总理,我们却觉得他是文艺界的"～"。凡是我们做得对的,有点成绩,他总是热情地给予支持和鼓励。【近义】良师益友【反义】狐群狗党

良药苦口　liáng yào kǔ kǒu
【释义】"良药苦口利于病"的缩略语。能治好病的药吃起来是苦的。比喻诚恳尖锐的批评听起来使人不舒服,但有益于改正缺点和错误。【例句】大家的批评虽然尖锐一点,但～,对你改正错误是有好处的。【近义】忠言逆耳【反义】甜言蜜语　花言巧语

良莠不齐　liáng yǒu bù qí
【释义】良:好。莠:狗尾草,比喻品质坏的人。好苗和恶草混杂。指好人和坏人、优秀的和拙劣的混杂在一起。也作"良莠不一"。【例句】在出入境的乘客中,～,各种人都有。【近义】鱼龙混杂　龙蛇混杂　泥沙俱下【反义】泾渭分明　黑白分明

良莠不一　liáng yǒu bù yī
见"良莠不齐"。

梁上君子　liáng shàng jūn zǐ
【释义】梁:屋梁。汉代陈寔的家里,夜间来了窃贼,陈寔称他是"梁上君子"。指窃贼。【例句】前不久,他家的两台笔记本电脑都被～偷走了。【近义】鼠窃狗盗　妙手空空【反义】正人君子　谦谦君子　仁人君子

两败俱伤　liǎng bài jù shāng
【释义】俱:全,都。伤:损伤。争斗的双方都受到损伤。【例句】兄弟俩,和则两利,斗则～。【近义】同归于尽【反义】两全其美

两次三番　liǎng cì sān fān
见"三番两次"。

两虎相斗　liǎng hǔ xiāng dòu
【释义】比喻两个强者之间的争斗。也作"两虎相争"。【例句】在传统观念中往往认为～,必有一伤或两败俱伤,所以,做买卖应以和为贵。

两虎相争　liǎng hǔ xiāng zhēng
见"两虎相斗"。

两肋插刀　liǎng lèi chā dāo
【释义】两肋:胸部的两侧。两边肋骨插上刀。指为朋友敢于冒险,甚至牺牲性命。形容重情义、讲义气。【例句】郁老师乐于助人,颇有侠义古风,常常为真正的朋友～。【近义】赴汤蹈火

两面三刀　liǎng miàn sān dāo
【释义】指当面一套、背后一套,耍两面派手法。【例句】爷爷告诫我:对于那些～的势利人,应该特别小心。【近

义】表里不一　口是心非　阳奉阴违
【反义】表里如一

两全其美　liǎng quán qí měi
【释义】全:顾全,成全。美:满意,美满。做一件事顾全了两个方面,使双方都很满意。
【释义】新设备的使用既节约了时间,又提高了质量,这真是～。【近义】一举两得【反义】两败俱伤　玉石俱焚

两手空空　liǎng shǒu kōng kōng
【释义】手里什么也没有。指没有一点钱或财产。【例句】如今回到家乡的他,和他几十年前离乡时一样,依然是孑然一身,～。【近义】赤手空拳

两鼠斗穴　liǎng shǔ dòu xué
【释义】穴:洞穴。两只老鼠在洞穴中打架。比喻两军狭路相逢,没有退路,只有勇猛善战才能取胜。【例句】两军在山口相遇,犹如～,战斗非常激烈。

两相情愿　liǎng xiāng qíng yuàn
【释义】两相:双方。情愿:心里愿意。双方都愿意。【例句】我们俩互换座位是～的。【反义】一相情愿

两小无猜　liǎng xiǎo wú cāi
【释义】猜:猜疑,避嫌。男女幼时在一起玩耍天真无邪,互不猜忌。【例句】父亲随外祖父学戏时,和母亲～,朝夕相处。【近义】青梅竹马

两袖清风　liǎng xiù qīng fēng
【释义】原指人迎风潇洒的姿态,后多比喻做官廉洁。【例句】他尽管为官数十年,告老归乡时却仍然是～。【近义】清正廉洁　廉洁奉公【反义】贪赃枉法

量才录用　liàng cái lù yòng
【释义】量:估量,衡量。才:能力,才干。根据人的才能高低安排任用。【例句】我公司对职员～,做到人尽其才。【近义】量能授官【反义】以貌取人

量力而行　liàng lì ér xíng
【释义】量:估量,衡量。行:做,办事。估量自己的能力大小去办事。【例句】为人处世应～,以免增加无谓的困扰。【近义】度德量力　量力而为【反义】自不量力　不自量力　螳臂当车

量能授官　liàng néng shòu guān
【释义】量:估量,衡量。能:能力,才能。授:授予。根据人的才能大小而授予他官职。【例句】在举贤才问题上,他们主张"～,因功赐爵"。【近义】量才录用

量入为出　liàng rù wéi chū
【释义】量:估计。入:收入。出:支出。根据收入的多少来确定支出的额度。【例句】一贯大手大脚的小明最近也知道～,不乱花钱了。【近义】量体裁衣【反义】寅吃卯粮　入不敷出　铺张浪费

量体裁衣　liàng tǐ cái yī
【释义】体:身体,身材。根据人的身材裁制衣裳。比喻按照实际情况办事。【例句】这种～地培养和使用人才的方法是比较科学的,也是从实际出发、符合实际需要的。【近义】量力而行　量入为出【反义】削足适履

量小力微　liàng xiǎo lì wēi
【释义】数量小,力量也微薄。【例句】我们几个人想要振兴公司是～的,还得团结公司的全体职工一起努力。

聊胜于无　liáo shèng yú wú
【释义】聊:略微,稍微。比完全没有稍微好一点。【例句】对于急待收割的麦

L

田,一辆联合收割机实在算不得什么,但对于电视台摄影记者,这辆～的联合收割机使欢迎仪式的报道补上了最后一个镜头。【近义】不无小补【反义】多如牛毛

聊以解嘲　liáo yǐ jiě cháo

【释义】聊:姑且。解:消除。嘲:嘲笑。姑且用言语和行动消除别人对自己的嘲笑。含有自己安慰自己的意思。【例句】她也只好说这～的话了。【近义】聊以自慰

聊以塞责　liáo yǐ sè zé

【释义】聊:姑且。塞:搪塞。姑且用来搪塞自己应该担负的责任。【例句】调查会上,肇事者很勉强地说了几句～的话。【近义】敷衍了事　敷衍塞责【反义】尽心竭力　兢兢业业

寥寥可数　liáo liáo kě shǔ

【释义】寥寥:稀少。形容数量很少,一下子便数得清。【例句】纵观现代文学的画廊,堪称典型的艺术形象～。【近义】寥若晨星　寥寥无几【反义】多如牛毛　成千上万

寥寥无几　liáo liáo wú jǐ

【释义】寥寥:稀疏,稀少。无:没有。数量稀少,没几个。【例句】经过初试这一关,剩下的人已经～。【近义】寥若晨星　屈指可数【反义】多如牛毛　成千上万　不计其数

寥若晨星　liáo ruò chén xīng

【释义】寥:稀疏,稀少。若:好像。稀少得像早晨的星星。形容为数稀少,十分罕见。【例句】近年来,热闹的文坛上已罕见他的足迹,关于他作品的研究更是～。【近义】寥寥无几　寥寥可数　屈指可数【反义】多如牛毛　数不胜数　恒河沙数

燎原之火　liáo yuán zhī huǒ

【释义】燎:燃烧。原:原野。在原野里燃烧的大火。常比喻气势不断壮盛的群众运动。【例句】毛泽东主席点燃了武装革命的～,开辟了农村包围城市、武装夺取政权的崭新道路。【近义】星火燎原

了不相干　liǎo bù xiāng gān

【释义】了不:全不,一点不。干:关涉。彼此完全没有关系。【例句】这件事与我的工作～,我也就没有花太多的精力去管它了。

了然于胸　liǎo rán yú xiōng

【释义】了然:明白、清楚的样子。心里非常明白。【例句】看完这部影片后,一种前尘往事历历在目、天下大势～之感油然而生。

了如指掌　liǎo rú zhǐ zhǎng

【释义】了:清楚,明白。指掌:指着自己的手掌。对情况非常清楚,了解得像指着自己的手掌给人看一样。【例句】他的一举一动我们无不～。【近义】洞若观火　一清二楚【反义】不甚了了　一无所知 提示 "了"不能理解成"了解","指"不能理解成"手指"。

了身达命　liǎo shēn dá mìng

【释义】了:了悟。达:通晓。了悟人生,通晓命运。也指安身立命。【例句】燕青机巧心灵,多见广识,～。/ 那个贪官想趁他气数未尽之时,找个～之处。

料事如神　liào shì rú shén

【释义】料:预料,估计。预料事情像神仙一样准确。形容对未来的事情估计得非常准确。【例句】在农业渔业领域,计算机技术就像～的诸葛亮,准确地预报着各类病虫害的情况和鱼类的

产量。【近义】未卜先知　神机妙算
【反义】事难逆料　深不可测

烈火真金　liè huǒ zhēn jīn

【释义】"烈火见真金"的缩略语。在烈火中冶炼出真正的金子。比喻经得起任何考验，不改本色。【例句】在这次抗洪救灾中，人民军队再次显示出～的英雄本色。

烈士徇名　liè shì xùn míng

【释义】烈士：有气节有壮志的人。徇：古通"殉"，为维护或追求某种东西而献出生命。忠贞好义的人为保全名誉而献出生命。【例句】他很早就将～作为自己的人生准则。【反义】贪夫徇财

裂石穿云　liè shí chuān yún

见"穿云裂石"。

裂土分茅　liè tǔ fēn máo

【释义】裂土：分封土地。分茅：分封诸侯。古代分封诸侯时，用白茅裹着泥土授予被封者，象征授予土地和权力。指分封土地和侯位。也作"分茅裂土"。【例句】～，建立众多的诸侯国以拱卫王室，这是西周建国的基本做法之一。　提示　"裂"不能写成"列"。

林林总总　lín lín zǒng zǒng

【释义】林林、总总：众多的样子。形容人或事物纷繁众多。【例句】在～的这类故事中，有一个是说鲁班学习海龙王宫殿的建筑艺术。【近义】形形色色　五花八门　丰富多彩【反义】寥寥无几　寥若晨星　屈指可数

林下风度　lín xià fēng dù

见"林下风气"。

林下风气　lín xià fēng qì

【释义】林下：幽僻的地方。风气：风度，神采。魏晋之时，阮籍、嵇康等七人常

宴集于竹林之下。竹林下名士的风度和气质。形容妇女娴雅超俗的风度和气质。也作"林下风度"。【例句】母亲还是同样地不失～。

临财不苟　lín cái bù gǒu

【释义】临：面临，面对。苟：苟且，随便。面对钱财不随便取用。形容不为钱财诱惑，能廉洁自律。【例句】大丈夫不是不爱财，但能～。【反义】临财苟得

临机应变　lín jī yìng biàn

【释义】临：面临，面对。机：机会，时机。变：应变。面临机会，制定应变计划。【例句】说到和她周旋，～，我不如你。【近义】随机应变

临机辄断　lín jī zhé duàn

【释义】辄：就。面对事情就做出决断。形容遇事果断。【例句】企业的经营必须～，采取应该采取的对策，如此，才能开创新的发展之道。【近义】当机立断

临渴掘井　lín kě jué jǐng

【释义】临：到。掘：挖。到口渴时才去挖井。比喻事到临头，才想办法。【例句】凡事宜早有准备，～往往误大事。【近义】临阵磨枪　临渊结网　江心补漏【反义】未雨绸缪　曲突徙薪　防患未然

临深履冰　lín shēn lǚ bīng

见"临深履薄"。

临深履薄　lín shēn lǚ bó

【释义】"如临深渊，如履薄冰"的略语。临：面临。深：深渊。履：踩。薄：薄冰。面临深渊，脚踩薄冰。比喻心有戒备，十分谨慎小心。也作"临深履冰"。【例句】探索的精神既包含对真理所抱持的犹如～的谦卑态度，也体现着求索

真理、生死以之的顽强意志。【近义】如临深渊　如履薄冰　小心谨慎【反义】如履平地

临危不惧　lín wēi bù jù
【释义】临:面临。危:危难。惧:害怕。面临危难一点也不害怕。【例句】为保卫国家财产,他～,同歹徒进行生死搏斗。【近义】临难无惧【反义】惊惶失措　贪生怕死　谈虎色变

临危授命　lín wēi shòu mìng
【释义】临:到。危:危难。授:传授。在危难之时,肯献出生命。也作"临危致命"。【例句】在他们～的时候,一定是心胸开朗,了无牵挂的。【近义】见危授命　临难不避【反义】临阵脱逃　临危自计

临危致命　lín wēi zhì mìng
见"临危授命"。

临渊羡鱼　lín yuān xiàn yú
【释义】渊:深水潭。羡:羡慕,希望得到。面对深潭,希望得到里面的鱼。比喻只有愿望,不去实干,就无济于事。【例句】他们在别人～的时候退而结网、埋头研究,及时地向世人献出他们的学术收获。【近义】临河羡鱼【反义】退而结网

临阵磨枪　lín zhèn mó qiāng
【释义】临:到。阵:战场。枪:泛指长矛、大刀一类武器。到了战场快要打仗时,才去磨枪。比喻事到临头才做准备。【例句】事实上,很多高校在毕业班开设的就业指导课只能起到～的作用。【近义】临渴掘井　临渊结网【反义】未雨绸缪　防患未然

临阵脱逃　lín zhèn tuō táo
【释义】临:到。阵:战场。脱:脱离,离

开。军人在上阵打仗时逃跑。比喻事到临头逃避退缩。【例句】抗洪救灾就是特殊的战场。我们只能迎难而上,决不能～。【近义】逃之夭夭【反义】一马当先　身先士卒

淋漓尽致　lín lí jìn zhì
【释义】淋漓:畅快、尽情的样子。尽致:达到极点。形容文章或说话把事物的情态表达得详尽透彻。也形容暴露得充分彻底。【例句】那篇小说把盐官的贪婪和冷酷描写得～。【近义】酣畅淋漓　痛快淋漓【反义】词不达意　言不尽意　提示　"致"不能写成"至"。

琳琅满目　lín láng mǎn mù
【释义】琳琅:美玉,比喻珍奇的物品或美好的诗文。眼前都是美玉。原指见到的都是名士。后比喻精美的物品或美妙的诗文很多。【例句】北极不仅有许多珍禽异兽,而且还是一个～的巨大资源宝库。／这真是一本难得的好书,打开书一读,便是～。【近义】目不暇接　美不胜收【反义】满目疮痍

鳞次栉比　lín cì zhì bǐ
【释义】次:依次。栉:梳子。比:排列。像梳齿和鱼鳞那样密密麻麻地排列着。【例句】河堤的杨柳～地生长着,远远看去像是一片绿色的幕布。【近义】密密麻麻　密密层层【反义】参差不齐　稀疏错落

麟子凤雏　lín zǐ fèng chú
【释义】雏:幼禽。幼小的麒麟和凤凰。比喻才德非凡的年轻人。也作"凤雏麟子"。【例句】她自小就表现出～的气质。

伶仃孤苦　líng dīng gū kǔ
见"孤苦伶仃"。

伶牙利嘴　líng yá lì zuǐ

见"伶牙俐齿"。

伶牙俐齿　líng yá lì chǐ

【释义】伶、俐：机灵，乖巧。口齿伶俐。形容口才好，能说会道。也作"伶牙利嘴"。【例句】我家的小侄儿才三岁，说起话来却～，逗得我们大人好开心。【近义】能说会道　辩口利舌　能言善辩【反义】拙口钝辞　笨嘴拙舌　提示"伶"不能写成"玲"。

灵丹妙药　líng dān miào yào

【释义】灵：灵验。丹：按配方制成的颗粒状或粉末状的成药。妙：有特效。灵验有效的奇药。比喻能解决一切问题的有神效的好办法。【例句】或许是巧合吧，葫芦往往是神仙用来装～的。／改革不能一蹴而就，没有一剂～能够解决所有存在的问题。【近义】锦囊妙计　神机妙算

灵机一动　líng jī yī dòng

【释义】灵机：灵巧的心机。形容灵敏机智，突然间想出好办法。【例句】她忽然～，又把小行李卷抢出来，重新检查。【近义】计上心头【反义】处心积虑　提示"灵"不能写成"临"。

玲珑剔透　líng lóng tī tòu

【释义】玲珑：细致精巧。剔透：孔穴明晰。形容玉石、器物等细致精巧，孔穴明晰，结构奇巧。也形容人聪明伶俐。【例句】尖塔可以上去，～，有凌云之势。【近义】小巧玲珑　鬼斧神工【反义】笨手笨脚　呆头呆脑　提示"玲"不能写成"铃""伶"。

凌云之志　líng yún zhī zhì

【释义】凌云：直上云霄。直上云霄的志向。形容崇高的志向。【例句】他有时甚至自己驾驶飞机，邀游蓝天，一抒～。／这首诗歌表现了诗人的～和敢与恶鬼抗争之志!【近义】壮志凌云

零敲碎打　líng qiāo suì dǎ

【释义】指以断断续续、零零碎碎的方式进行或处理。【例句】这种～的生产方式形不成有规模效益的产品结构。提示"碎"不读 cuì。

另开生面　lìng kāi shēng miàn

见"别开生面"。

另起炉灶　lìng qǐ lú zào

【释义】另外再垒起炉灶。比喻重新做起。也比喻另立门户或放弃原来的另搞一套。【例句】磁力支承火车不能利用现有的普通铁路，因而需要～，开辟新线。【近义】重整旗鼓　弃旧图新【反义】一如既往　一成不变

另请高明　lìng qǐng gāo míng

【释义】高明：指学问或技能高的人。另外寻求学问或技能高的人。【例句】我不懂电器技术，你要修理计算机，还是～。提示 多用作自己因不愿干或干不了而推辞的客套话。

另眼相看　lìng yǎn xiāng kàn

【释义】另眼：不同的眼光。用另一种不同一般的眼光看待。表示对人特别重视或歧视。【例句】他开始对这位摆棋摊子的老王～了：棋艺不错，看来自己也不是他的对手。【近义】刮目相看　青眼相加【反义】一视同仁　等闲视之

令人齿冷　lìng rén chǐ lěng

【释义】齿冷：耻笑。笑要张口，时间长了，牙齿就会觉得冷。被人耻笑。表示让人鄙视，看不起。【例句】如果给自己一个虚假的外包装，罩上一层层耀眼的光环，若是有一天原形毕露，就

L

更～。【反义】肃然起敬

令人发指　lìng rén fà zhǐ

【释义】令：使。发指：头发竖起。使人头发直立。形容愤怒到了极点。【例句】从电视上看到这些活生生的镜头，深感歹徒的暴行～。【近义】怒发冲冠

令人喷饭　lìng rén pēn fàn

【释义】令：使。吃饭时，因笑不可忍，把嘴里的饭都喷了出来。形容事情、行为或话语非常可笑。【例句】看他自鸣得意的那副模样，简直是～。【近义】忍俊不禁　令人捧腹

令人捧腹　lìng rén pěng fù

【释义】令：使。捧腹：捧着肚子，形容大笑。指使人大笑。【例句】他模仿名人的言谈，诙谐生动，～。【近义】令人喷饭

令人切齿　lìng rén qiè chǐ

【释义】使人咬牙切齿。形容十分痛恨。【例句】这种人作为党的干部，却堕落为腐败分子，实在～。【近义】令人发指

令人神往　lìng rén shén wǎng

【释义】令：使。神往：一心向往。某种景象使人内心非常向往。【例句】森林中丰富的动植物资源、奇妙瑰丽的景观变化，十分～。【近义】望眼欲穿

令人瞩目　lìng rén zhǔ mù

【释义】瞩：注视。使人注视。【例句】依托神奇独特的自然景观和绚丽多彩的风俗民情，新疆旅游业的发展～。【近义】众目睽睽【反义】不屑一顾

令人作呕　lìng rén zuò ǒu

【释义】令：使。作呕：感到恶心，想呕吐。形容人或事使人感到厌恶、不舒

服。【例句】这些假货食用时有异味，甚至～，消费者应引起注意。【反义】赏心悦目

令行禁止　lìng xíng jìn zhǐ

【释义】令：命令。行：执行，行动。禁：禁令。止：停止。命令一下立即执行，禁令一到立即停止。形容法令通畅，纪律严明。【例句】在他敦厚浑朴的外表下，你很难想象这是一位～，以严格著称的管理者。【近义】令出如山　令出惟行　言出法随

溜之大吉　liū zhī dà jí

【释义】溜：悄悄地离开。偷偷溜走，算是上上等吉利。是对以一走了之摆脱困境的诙谐说法。【例句】他必须摆脱这一切～，重新开始生活。【近义】三十六计，走为上计　逃之夭夭 提示 "溜"不能写成"蹓"。

留连忘返　liú lián wàng fǎn

见"流连忘返"。

留有余地　liú yǒu yú dì

【释义】留：保留，留下。余：剩下。留下可以变通、回旋的地步。指说话、办事不走极端。【例句】我们今后订计划，一定要切合实际，并且～。【反义】不留余地

流芳百世　liú fāng bǎi shì

【释义】流：流传，传播。芳：香，指好名声。百世：古人以三十年为一世，指时间极为久远。美名永远流传到后世。【例句】北魏地理学家郦道元用心考察各地山川河流之后，写出了一部～的《水经注》。【近义】万古流芳　青史留名　名垂青史【反义】遗臭万年　臭名远扬　声名狼藉

流风余韵　liú fēng yú yùn

【释义】流：流传。余：剩下。前代流传

下来的风俗、韵事。【例句】如果从孔子算起,中国"士"的传统至少已延续了两千五百多年,而且～至今未绝。【近义】遗风余韵

流金铄石　liú jīn shuò shí

【释义】流、铄:销熔,熔化。金属和石头都被熔化了。形容天气酷热。也作"铄石流金"。【例句】近几天,这里的天气奇热,～,连空气似乎都窒息了。【反义】滴水成冰

流离颠沛　liú lí diān pèi

见"颠沛流离"。

流离失所　liú lí shī suǒ

【释义】流离:转转离散。失所:失去安身之处。流转离散,无处安身。【例句】全球仍有很多人因战乱～,无家可归。【近义】流离转徙　颠沛流离【反义】安身立命　安居乐业

流离转徙　liú lí zhuǎn xǐ

【释义】流离:离家到处流浪。徙:迁移。到处流浪,不断地从一处迁移到另一处。【例句】1937 年,战火和饥荒逼得他们～,逃到了西安。【近义】流离失所【反义】安居乐业

流连忘返　liú lián wàng fǎn

【释义】流连:留恋不止。返:回,归。原指沉迷于游乐忘了回去。后泛指留恋而舍不得离去。也作"留连忘返"。【例句】桂林山水的美景使人～。【近义】乐而忘归　乐不思蜀　恋恋不舍【反义】归心似箭

流落天涯　liú luò tiān yá

【释义】流落:因生活所迫而留居他乡。天涯:形容极远的地方。穷困潦倒,离开家乡,到处漂泊。【例句】战争结束后,～的同胞纷纷返回家园。【近义】流落他乡【反义】安居乐业

流星赶月　liú xīng gǎn yuè

【释义】形容速度快,行动迅速。【例句】老田头在县城里得到消息以后,便～般地赶回村里去送信。【近义】风驰电掣【反义】鹅行鸭步

流血漂卤　liú xuè piāo lǔ

【释义】卤:通"橹",大盾牌。漂:漂浮。流出的鲜血可以使盾牌浮起。形容战场上伤亡极多。【例句】这场战争打得非常惨烈,战场上伏尸百万,～。【近义】流血成河

流言飞语　liú yán fēi yǔ

见"流言蜚语"。

流言蜚语　liú yán fēi yǔ

【释义】流言:谣言。蜚:通"飞"。指背后议论或散布的诽谤、诬蔑的话。也作"流言飞语"。【例句】他的信使我心里最后一点点因各种～造成的不快也消失了。【近义】飞短流长　闲言碎语　风言风语　提示　"蜚"不能写成"诽"。

柳暗花明　liǔ àn huā míng

【释义】暗:指浓阴蔽日。明:明丽。形容绿柳成荫、繁花似锦的景象。比喻在困境中看到希望。【例句】时值阳春三月,一路上莺歌燕舞,～,让人心旷神怡。/ 经过大家共同努力,公司很快摆脱了山穷水尽的困境,出现了～的转机。【近义】花红柳绿　峰回路转【反义】山穷水尽　流水落花

六朝金粉　liù cháo jīn fěn

【释义】六朝:指建都于建康(金陵,今南京市)的六个朝代,即三国吴、东晋和南朝的宋、齐、梁、陈。金粉:指古代妇女妆饰用的脂粉。指六朝时金陵的奢侈豪华景象。后也比喻女子的仪容、妆饰。【例句】在南京曲折而幽深的小

巷里挂一盏古老的花灯,真能引发人们对~的幽思。/ 秦淮河的水是碧阴阴的,看起来厚而不腻,是~所凝吗?

六根清净　liù gēn qīng jìng

【释义】六根:佛教以眼为视根,耳为听根,鼻为嗅根,舌为味根,身为触根,意为念虑根。佛教认为这六根与色、声、香、味、触、法六尘相接,会产生种种欲念,导致种种罪孽,因此主张六根要洁净,免除一切烦恼。后用指没有任何欲念和私心杂念。【例句】慧能大师勤修苦练,凤根深厚,智慧如海,面对这一切,当然是一尘不染,~。【近义】耳根清净 提示 "净"不能写成"静"。

六亲不认　liù qīn bù rèn

【释义】六亲:历来有多种说法,泛指直系、旁系所有亲属,有时甚至包括亲近的朋友。对所有的亲属概不相认。形容没有情义或不讲情面。【例句】张厂长执行起厂规厂纪来活像个黑脸包公,泾渭分明,~。【近义】铁面无私 寡情绝义【反义】与人为善

六亲无靠　liù qīn wú kào

【释义】六亲:历来有多种说法,泛指直系、旁系所有亲属,有时甚至包括亲近的朋友。形容没有什么亲属可以投靠。【例句】她父母都死于这次地震,现在,她已~,真可怜!【近义】举目无亲　无依无靠

六神无主　liù shén wú zhǔ

【释义】六神:道教认为人的心、肺、肝、肾、脾、胆六脏各有神灵主宰,统称"六神"。无主:没有主意。形容心慌意乱,不知所措。【例句】大家面对突如其来的变故都~,不知如何应对。【近义】心神不定　神不守舍【反义】从容不迫

处之泰然　若无其事

六月飞霜　liù yuè fēi shuāng

【释义】据《初学记》卷2引《淮南子》记载:"邹衍事燕惠王尽忠,左右谮之,王系之。仰天而哭,夏五月,天为之下霜。"指六月天霜雪飞舞。后用以比喻冤狱、冤情。也作"飞霜六月"。【例句】这一哭真有三年不雨之冤,~之惨!【近义】沉冤莫白

龙飞凤舞　lóng fēi fèng wǔ

【释义】像蛟龙腾飞、凤凰起舞一样。形容山势蜿蜒,气势雄壮。也形容书法笔势生动、奔放。【例句】在不久的将来,安溪必将出现~的动人景象。/ 谢导多才多艺,一笔草书~,气势不凡。【近义】挥洒自如　遒劲有力　龙翔凤舞【反义】信笔涂鸦　春蚓秋蛇

龙马精神　lóng mǎ jīng shén

【释义】龙马:《周礼》上说"马八尺以上为龙",因以龙马称骏马。像骏马一样活跃,有生气。形容昂扬旺盛的精神。【例句】万老先生虽然年逾花甲,但~不减当年。【近义】精神抖擞　意气风发　老当益壮【反义】萎靡不振　老态龙钟　老气横秋 提示 多用于称誉老年人身心健旺。

龙盘虎踞　lóng pán hǔ jù

见"虎踞龙盘"。

龙蟠虎踞　lóng pán hǔ jù

见"虎踞龙盘"。

龙蛇混杂　lóng shé hùn zá

【释义】比喻好人和坏人混在一起。【例句】羊城是岭南第一大埠,人多了也就难免~,什么人都会有。【近义】鱼龙混杂　良莠不齐　泥沙俱下【反义】泾渭分明

龙潭虎穴　lóng tán hǔ xué

【释义】潭：深水池。穴：洞穴。龙潜藏的深池，虎藏身的洞穴。比喻极其险恶的地方。也作"虎穴龙潭"。【例句】为了把这伙毒贩一网打尽，黄警官决心当卧底，只身去探～。【近义】刀山火海【反义】洞天福地　提示　"潭"不能写成"谭""坛"。

龙腾虎跃　lóng téng hǔ yuè

【释义】像龙在飞腾，像虎在跳跃。形容威武雄壮。也形容奋发有为。【例句】随着阵阵喊声，只见大家举拳抬腿，躲闪踢打，～，手上啪啪作响，脚下咚咚有声。／三军官兵～，拉开了科技练兵的帷幕。／他的心情十分爽朗，坚信只要度过这段困难日子，局势就会好转，任自己～。【近义】生龙活虎　英姿勃勃【反义】死气沉沉

龙头蛇尾　lóng tóu shé wěi

【释义】头大像龙，尾细如蛇。比喻做事开始声势大，后来劲头小，甚至有始无终。【例句】他做事向来～，无法坚持始终。【近义】虎头蛇尾

龙骧虎步　lóng xiāng hǔ bù

【释义】龙：骏马。骧：马昂着头的样子。像骏马昂着头，像猛虎迈着步。形容昂首阔步，威武雄壮的样子。【例句】作为健力宝的公关特使，李宁～，天马行空，自由驰骋于京、津、沪等地，促销大见成效。【近义】器宇轩昂　龙行虎步【反义】萎靡不振

龙骧虎视　lóng xiāng hǔ shì

【释义】龙：骏马。骧：马昂着头的样子。像骏马那样昂着头，像猛虎那样注视着。形容人气势威武，目光有神。【例句】看他气度不凡，有～之气。

龙行虎步　lóng xíng hǔ bù

【释义】行动像龙虎一样雄健。形容仪容庄严，步履矫健。也指诗文格局宏大，气势不凡。【例句】他演船老大出身的高爷爷，真是～，挥洒裕如。／这篇文章体裁如～，气逸情高。【近义】龙骧虎步

龙吟虎啸　lóng yín hǔ xiào

【释义】吟：吟咏。啸：吼叫。旧说龙吟云出、虎啸风生，因以"龙吟虎啸"比喻事物相互感应。后用以形容歌唱或吟咏的声音嘹亮。【例句】他那高亢的歌声真像～，离半里多路都听得真真切切。【近义】虎啸风生【反义】噤若寒蝉

龙争虎斗　lóng zhēng hǔ dòu

【释义】两强争斗如龙似虎。形容双方势均力敌，斗争或竞赛紧张激烈。【例句】潼关地势险要，自古就是～的战场。／奥运会上，各国运动员～，竞争激烈。【近义】逐鹿中原　明争暗斗【反义】握手言和

笼中之鸟　lóng zhōng zhī niǎo

【释义】关在笼子里的鸟。比喻受困而失去自由的人。【例句】经过公安干警们的精心策划，那个逃犯好像～，釜底枯鱼，顷刻就会被逮住。

隆情厚谊　lóng qíng hòu yì

【释义】深厚的感情。【例句】这种～，世上少有，令我异常感谢。【近义】深情厚谊【反义】寡恩少义

楼台亭阁　lóu tái tíng gé

见"亭台楼阁"。

镂骨铭心　lòu gǔ míng xīn

【释义】刻在骨头上，记在心中。形容永远不忘。【例句】蒙娜丽莎那自然温存、高深莫测的一笑，不知使多少人神

摇意夺、～。【近义】刻骨铭心【反义】
置之脑后　过眼烟云

漏洞百出　lòu dòng bǎi chū

【释义】说话、做事不合情理或不能自圆
其说的地方很多。【例句】在这个～的
诉状面前，法庭经过三次审讯，终于作
出了老林无罪的判决。/ 他沉默了半
个钟头之后，只得顺着首长诱导，编造
了一段～的谎言。【近义】破绽百出
【反义】无懈可击　天衣无缝

漏尽钟鸣　lòu jìn zhōng míng

见"钟鸣漏尽"。

漏网之鱼　lòu wǎng zhī yú

【释义】捕鱼时从网中漏掉的鱼。比喻
侥幸逃脱惩罚或拘禁的人。【例句】严
打中的这条～最终还是被公安干警逮
住了。【反义】瓮中之鳖　网中之鱼
提示　"鱼"不能写成"渔"。

庐山真面目　lú shān zhēn miàn mù

【释义】庐山：我国文化名山，在江西九
江。借指事物的本来面目或事实的真
相。【例句】今天才算意外地看穿了这
个家伙的～！【近义】真相毕露

炉火纯青　lú huǒ chún qīng

【释义】纯青：纯蓝色。相传道家炼丹，
至炉火变为纯蓝色火焰时就算成功。
比喻学问、技术等达到纯熟完美的地
步。【例句】袁技术员的炼钢炼铁技术
已到了～的地步。【近义】出神入化
登峰造极【反义】平淡无奇　提示
"青"不能写成"清"。

卤莽灭裂　lǔ mǎng miè liè

见"鲁莽灭裂"。

鲁莽灭裂　lǔ mǎng miè liè

【释义】鲁莽：粗鲁，莽撞。灭裂：轻率，
苟且。做事草率苟且，粗鲁莽撞，不负
责任。也作"卤莽灭裂"。【例句】做事
时一定要三思而后行，不要～，做出那
种放而不收的事。【近义】粗心大意
粗枝大叶【反义】小心慎行

陆海潘江　lù hǎi pān jiāng

【释义】陆、潘：晋代文学家陆机和潘岳。
原为称颂陆机的才华像海，潘岳的才
华如江。后用以称颂文人才思广深，
或指文才出众、学识渊博的人。【例
句】这位年轻的作家才华横溢，气度不
凡，真可谓～。

鹿死谁手　lù sǐ shéi shǒu

【释义】鹿：争逐捕猎的对象，比喻政权。
比喻政权最后落在谁的手中或最后胜
利被谁夺取。【例句】这一届美国总统
竞选，不知～。/ 在这次竞赛中，强手
如林，究竟～，很难预料。【近义】雌雄
未决【反义】稳操胜券　胜券在握
提示　多用作"未知""不知"的宾语。

绿林好汉　lù lín hǎo hàn

【释义】绿林：山名，在湖北当阳。《后汉
书·刘玄传》记载，西汉末年，王匡、王
凤等聚众起义，曾据守此山，号称"绿
林军"。指聚集山林反抗统治者的人。
也指危害人民的江湖盗匪。也作"绿
林英雄"。【例句】丰富多彩的脸谱充
分展示了人物的性格，多为表现英雄
豪杰、～或刚直不阿的清官。/ 那帮海
盗经常拦劫来来往往的货轮，还自称
"～"，真是太可恶了！　提示　"绿"不
读 lǜ。

绿林英雄　lù lín yīng xióng

见"绿林好汉"。

碌碌无为 lù lù wú wéi

【释义】碌碌:平庸无能的样子。能力平庸,无所作为。【例句】如果不是父亲的鞭策,他现在可能仍在小村庄里～地生活。【近义】无所作为　一无所为　一事无成【反义】大有作为　出类拔萃

路不拾遗 lù bù shí yí

【释义】遗:失物。掉在路上的东西没人拾为己有。形容社会风气良好。【例句】新中国成立后,社会安定,很快就出现了～,夜不闭户的新景象。【近义】夜不闭户

路绝人稀 lù jué rén xī

【释义】绝:阻绝,断绝。稀:稀少。道路不通,人烟稀少。【例句】这里已是高寒地点,～,满目荒凉。

路转峰回 lù zhuǎn fēng huí

见"峰回路转"。

勠力同心 lù lì tóng xīn

【释义】勠力:并力,合力。同心:齐心。齐心合力,团结一致。【例句】我们将联合起来,～,把本届奥运会办成有史以来最出色和最安全的奥运会。【近义】同心协力　齐心协力　提示 "勠"不能写成"戮"。

露才扬己 lù cái yáng jǐ

【释义】露:显露,表露。扬:显示,表现。显露才能,表现自己。【例句】他认为只有～,才能让别人了解自己,赏识自己。

露宿风餐 lù sù fēng cān

见"风餐露宿"。

驴唇不对马嘴 lú chún bù duì mǎ zuǐ

【释义】比喻前言不搭后语,或答非所问,或事物两下不相合。【例句】他乱编了一通,～,真是欲盖弥彰。【近义】牛头不对马嘴

驴鸣犬吠 lú míng quǎn fèi

【释义】犬吠:狗叫。像毛驴和狗鸣叫一样。形容文章写得拙劣。【例句】山下的村落在阳光下闪耀,时而传来一两声～。/ 像这种～的文章,千万不要出版,以免误人子弟啊!

驴年马月 lú nián mǎ yuè

【释义】十二生肖中没有驴,所以没有"驴年"。指不知何年何月。表示遥遥无期,难以指望。【例句】这件事即便有点希望,也不知～能兑现!【近义】猴年马月

旅进旅退 lǚ jìn lǚ tuì

【释义】旅:共同。与众人共进共退。形容没有主见,跟着别人走。【例句】难道我们的领路人也跟着他～吗? / 他的见解独特,从不人云亦云、～。提示 多用于贬义。

屡败屡战 lǚ bài lǚ zhàn

【释义】屡:一次又一次。屡次失败却仍坚持战斗。【例句】我们要经得起住失败,～,总有一天胜利会属于我们。

屡次三番 lǚ cì sān fān

【释义】屡次:次数很多。三番:许多次,一次又一次。形容次数很多。【例句】妈妈～叮嘱我要虚心向先进人物学习。【近义】接二连三

屡见不鲜 lǚ jiàn bù xiān

见"数见不鲜"。

屡教不改 lǚ jiào bù gǎi

【释义】屡:一次又一次。经过多次教育,仍然不肯改正。【例句】这些犯错

L

误的人,除了极少数坚持错误、～的以外,大多数是可以教育改正的。【近义】执迷不悟【反义】痛改前非　知过必改　幡然悔悟

屡试不爽　lǚ shì bù shuǎng
【释义】屡:一次又一次。爽:差错。经过多次试验,均无差错。【例句】暴涨必然暴跌,股市这句～的至理名言又在邮市应验了。

屡战屡败　lǚ zhàn lǚ bài
【释义】屡:一次又一次。多次战斗都失败。【例句】在～之后,敌军便流窜到附近的大山里去了。【反义】屡战屡胜

屡战屡胜　lǚ zhàn lǚ shèng
【释义】屡:一次又一次。多次战斗都胜利。【例句】项羽～,却由盛而衰,这是一个令人值得深思的问题啊!【反义】屡战屡败

履厚席丰　lǚ hòu xí fēng
见"席丰履厚"。

履险如夷　lǚ xiǎn rú yí
【释义】履:行走。如:好像。夷:平地。走在险峻的地方像走在平地上一样。形容身处险境而毫不畏惧。也作"履险若夷"。【例句】训练有素的消防队员攀登危楼,～。【近义】如履平地　临危不惧

履险若夷　lǚ xiǎn ruò yí
见"履险如夷"。

绿暗红稀　lǜ àn hóng xī
【释义】形容暮春时节绿叶繁茂而红花凋谢的景象。【例句】这首诗描绘的是一幅～的美景。【近义】绿肥红瘦

绿草如茵　lǜ cǎo rú yīn
【释义】茵:垫子。形容草地像铺了一张绿色的垫子一样。【例句】这里～,百花争妍,宛如一座绚丽多姿的植物园。【近义】碧草如茵

绿肥红瘦　lǜ féi hóng shòu
【释义】肥:比喻茂盛。瘦:比喻零落。比喻暮春时节绿叶茂盛而红花凋谢的景象。也作"红瘦绿肥"。【例句】六月的桂林,～,江水盈盈,美极了!【近义】绿暗红稀

绿水青山　lǜ shuǐ qīng shān
见"青山绿水"。

鸾凤和鸣　luán fèng hè míng
【释义】鸾:传说中凤凰一类的鸟。和:和谐地跟着唱。鸾鸟和凤凰唱和。比喻夫妻关系和睦。【例句】昨晚,我看了一场～的舞蹈剧。/ 他们夫妻俩共享～之乐,真让人羡慕。【近义】琴瑟和谐【反义】琴瑟不调

鸾飘凤泊　luán piāo fèng bó
【释义】鸾:传说中凤凰一类的鸟。像鸾鸟和凤凰一样飞扬、停留,比喻书法笔势飘逸洒脱。或像鸾鸟和凤凰一样漂泊,比喻漂泊无定或离散。也作"凤泊鸾飘"。【例句】这幅书法笔势飘逸洒脱,好像～。/ 自那次大地震后,这对夫妇离散十年,～,如今终于团聚,可喜可贺啊!【近义】劳燕分飞【反义】形影不离

鸾翔凤翥　luán xiáng fèng zhù
【释义】鸾:传说中凤凰一类的鸟。翥:飞举。鸾鸟和凤凰飞舞于天空之上。比喻书法笔势飞动飘逸。【例句】刘老师的笔法～,真不愧为当今有名的书法家啊!【近义】龙飞凤舞

卵与石斗　luǎn yǔ shí dòu
【释义】卵:蛋。蛋和石头争斗。比喻不

自量力,自取灭亡。【例句】这场比赛甲方犹如～,必败无疑。【近义】弱不敌强【反义】势均力敌

乱七八糟 luàn qī bā zāo
【释义】形容混乱,没有条理和秩序。【例句】这段时间她特别忙,以至没有时间处理家务,屋子里～的。【近义】杂七杂八 乌七八糟【反义】有条不紊 有条有理 井井有条

乱作一团 luàn zuò yī tuán
【释义】混杂起来。形容十分混乱。【例句】这篇文章不但融入了儒、道士、和尚的糟粕,还密密地插入鬼话,真是～了! / 听到这突如其来的消息,舞场就像一个刚捅开的马蜂窝,～。

略高一筹 lüè gāo yī chóu
见"略胜一筹"。

略迹原情 lüè jì yuán qíng
【释义】略:省略,略去。原:原谅;探究。撇开表面的事实,从情理上加以原谅。或撇开表面的事实,探求事物的本源。【例句】对小刘这件事,已～,大家不要再去怪罪他。 / 她的文史著述,知人论世,～,平心放眼,表现出罕见的热忱与胆识。

略见一斑 lüè jiàn yī bān
【释义】略:大略,大致。斑:斑纹。大致能看见事物的某一部分。比喻从观察到的一部分可以推测全貌。【例句】古白话并不比古汉语好懂,读了这篇文章就可～。 提示 "一斑"不能理解成"一般",也不能写成"一般"。

略胜一筹 lüè shèng yī chóu
【释义】略:略微,稍微。筹:筹码,记数的用具。稍微超过一码。两相比较,稍微强一点。也作"稍胜一筹""略高一筹"。【例句】漫游过西洋文化之林的学者们,终于感到中国文化精神～。【近义】道高一尺,魔高一丈【反义】稍逊一筹

略知一二 lüè zhī yī èr
【释义】略:稍微。一二:指为数不多。稍微知道一点儿。【例句】关教授在美国生活过多年,对于那边的礼俗已～。

论功封赏 lùn gōng fēng shǎng
见"论功行赏"。

论功行赏 lùn gōng xíng shǎng
【释义】论:评定。赏:奖赏。评定功劳的大小,分别给予不同的奖赏。也作"论功封赏"。【例句】这项重点工程竣工后,要～。【近义】赏罚严明 论功行封【反义】赏不当功 赏罚不明

论今说古 lùn jīn shuō gǔ
【释义】既要议论当今,又要评说古代。形容话题广泛,无所不谈。【例句】她连忙谦虚地说:"本人才疏学浅,哪里敢～。"【近义】谈天说地

论心定罪 lùn xīn dìng zuì
见"原心定罪"。

罗掘一空 luó jué yī kōng
【释义】罗:张网捕鸟。掘:挖掘鼠洞。罗掘:用尽一切办法筹措钱物。形容财物已被搜刮干净。【例句】为了集资办厂,他把家里的东西～,都变卖成了现款。

罗雀掘鼠 luó què jué shǔ
【释义】罗:张网捕鸟。掘:挖洞。粮食已尽而张网捕雀、挖洞捉鼠以充饥。形容用尽一切办法筹措钱物。【例句】为了支付律师费用,被告的家属～,才凑够了代理诉讼费。【近义】罗掘俱穷

东挪西凑【反义】物阜民丰　绰绰有余

锣鼓喧天　luó gǔ xuān tiān

【释义】喧:喧闹,声音大而杂乱。敲锣打鼓,声音震天。原形容古代战场上鸣锣击鼓的声势震人。现形容欢乐、喜庆的气氛。【例句】山坡下面,～,早早地撞出了两彪军马。/ 街头～,人们正在庆祝胜利。【近义】敲锣打鼓　吹吹打打【反义】悄然无声

洛阳纸贵　luò yáng zhǐ guì

【释义】洛阳:晋代都城。晋代左思写成《三都赋》后,有钱人家竞相传抄,京城洛阳的纸因此涨价。借指作品精妙,风行一时,广为流传。【例句】人说～,谁知今年闹得长安扇子也贵了。/ 译本《巴黎茶花女遗事》在当时确实是一时～,风行海内。【近义】脍炙人口　家喻户晓【反义】无人问津　曲高和寡

络绎不绝　luò yì bù jué

【释义】络绎:连续不断的样子。形容过往人、马、车、船等前后相接,连续不断。【例句】前来参观凡尔赛宫的游人～。【近义】川流不息　纷至沓来　源源不断【反义】断断续续　人迹罕至　杳无人迹

落花流水　luò huā liú shuǐ

【释义】落下的花瓣随着流水漂走。原形容暮春的衰败景象。现在形容惨败或残败零落。【例句】她是一位伤感多情的诗人,哪怕是看到～的景象也要叹息几天。/ 在苏德战场上,苏联红军把德国法西斯军队打得～。【近义】七零八落　落英缤纷　狼狈不堪　一败涂地【反义】春意盎然　万紫千红　得胜回朝

落荒而逃　luò huāng ér táo

见"落荒而走"。

落荒而走　luò huāng ér zǒu

【释义】荒:荒野。走:逃跑。离开战场,逃向荒野。形容战败后惊慌逃命。也泛指做事失败后溜走。也作"落荒而逃"。【例句】这次战役中,农民军仓促迎战,损失很大,只好～。/ 她只是像一个挨了打的狗,夹着尾巴～了。【近义】狼狈不堪　一败涂地【反义】得胜回朝

落井下石　luò jǐng xià shí

见"投井下石"。

落落大方　luò luò dà fāng

【释义】落落:心胸豁达坦率。大方:不拘束。形容举止洒脱自然,不拘谨。【例句】曹先生为人是蛮好的,他夫人为人处世也～。【近义】举止大方　雍容大雅【反义】忸怩作态　扭扭捏捏　矫揉造作

落落寡合　luò luò guǎ hé

【释义】落落:孤独的样子,不合群。寡:少。合:合群。形容性格孤僻或见解孤立,与别人很少合得来。【例句】铁子为人～,和他做朋友的人很少。

落拓不羁　luò tuò bù jī

【释义】落拓:行为放浪。羁:马笼头,比喻约束。形容人行为放浪,不受拘束。【例句】昔日那游戏风尘、～的木道人根本已不存在了。

落叶归根　luò yè guī gēn

见"叶落归根"。

落叶知秋　luò yè zhī qiū

见"一叶知秋"。

M

麻痹大意　*má bì dà yì*

【释义】麻痹：一种身体某部分失去知觉或功能丧失的疾病。失去警惕，粗心大意。【例句】驾车时一定要注意安全，千万不能～。／昨天逛商店时，奶奶～，钱包被偷了。【近义】粗心大意　掉以轻心【反义】全神贯注　聚精会神

麻木不仁　*má mù bù rén*

【释义】不仁：失去感觉。肢体麻痹，感觉丧失。形容对外界的事物反应迟钝或漠不关心。【例句】生活的坎坷磨难，使她渐渐变得～了。／同学之间要真诚友爱，互相帮助，不要漠不关心，～。【近义】漠不关心　无动于衷　漠然置之　冷若冰霜【反义】古道热肠　满腔热忱　关怀备至

马不停蹄　*mǎ bù tíng tí*

【释义】马不停下脚步。比喻一刻也不停留，一直前进。【例句】他刚出差回来，又～地赶去厂里了解生产情况。【近义】日夜兼程【反义】裹足不前

马齿徒增　*mǎ chǐ tú zēng*

【释义】马齿：马的牙齿随年龄而增长，看马齿就知道马的年龄。徒：白白地。用以谦称自己虚度年华，没有成就。【例句】我们一定要努力学习，不能～，虚度光阴。【近义】时光虚掷　老大无成【反义】老有所为　不虚此生　提示多表示自谦。

马到成功　*mǎ dào chéng gōng*

【释义】战马一到立即取胜。形容事情顺利，很快取得成果。【例句】你今天旗开得胜，～，值得庆贺。【近义】旗开得胜【反义】出师不利

马放南山　*mǎ fàng nán shān*

【释义】比喻天下太平，不再作战。【例句】历史的经验告诉我们，和平时期切不可～，刀枪入库，一定要居安思危，防患于未然。【近义】归马放牛【反义】穷兵黩武

马革裹尸　*mǎ gé guǒ shī*

【释义】革：皮。用马皮包裹尸体。指军人战死在疆场，为国捐躯。【例句】如果这场仗赢了，就算我耗尽力气、～又有什么好遗憾的？【反义】苟全性命　苟且偷生

马工枚速　*mǎ gōng méi sù*

【释义】马：司马相如。工：好，精工。枚：枚皋。速：快。司马相如文章写得好，枚皋文章写得快。后用以指各有所长。【例句】你们两位～，各有所长，不必谦虚。

马路新闻　*mǎ lù xīn wén*

【释义】马路：供车马行走的道路。马路上的新闻。指流传很广但未经证实的消息。【例句】自从吃了脚鱼可以防治癌症的～传开之后，南湾脚鱼更是名声大振。【近义】小道消息　道路之言

马马虎虎　mǎ mǎ hū hū

【释义】形容做事草率,不认真、不仔细。也指勉强凑合。【例句】终身大事要慎重,怎么能～? / 我们不能够用我们还可以～过得去来安慰自己。【近义】粗心大意【反义】一丝不苟

马首是瞻　mǎ shǒu shì zhān

【释义】是:指示代词,复指"马首"。瞻:看。古代作战时士兵看着主将的马头决定进退,泛指跟随别人行动或听从别人指挥。【例句】市场唯大众～,将大众敬称为"上帝"。

马仰人翻　mǎ yǎng rén fān

见"人仰马翻"。

埋没人才　mái mò rén cái

【释义】埋没:掩埋。使人显不出来,无法发挥才能。【例句】这种做法,使用人者和被人用者都不负责,严重～和压抑人才。 提示 "没"不读 méi。

埋头苦干　mái tóu kǔ gàn

【释义】埋头:不抬头地。形容专心致志,勤奋工作。【例句】她是一位汽车专业方面的行家,又是一个任劳任怨、～的总经理。【近义】兢兢业业

买椟还珠　mǎi dú huán zhū

【释义】椟:木匣子。还:退回。珠:珍珠。买下装珍珠的木匣子,退还了珍珠。比喻没有眼光,取舍不当。【例句】如果把商品包装看得比商品本身更有价值,这就有点～的味道了。【近义】舍本逐末　本末倒置

麦穗两歧　mài suì liǎng qí

【释义】歧:岔道,引申为分岔。一株麦子长出两个穗子。指丰收。也作"麦秀两歧"。【例句】这些年政策好,又风调雨顺。所以～,六畜兴旺,农民生活越来越好。

麦秀两歧　mài xiù liǎng qí

见"麦穗两歧"。

卖儿鬻女　mài ér yù nǚ

见"鬻儿卖女"。

卖官鬻爵　mài guān yù jué

【释义】鬻:卖。爵:爵位。旧时指当权者出卖官职、爵位,聚敛财富。【例句】清朝后期,高门显贵～,荒淫无度。

卖国求荣　mài guó qiú róng

【释义】求:追求,谋取。荣:荣华富贵。指出卖国家和民族的利益,以谋取个人的荣华富贵。【例句】他的所作所为充分暴露了他～的嘴脸,应该遭到人们的鄙视。【近义】卖主求荣　卖友求荣【反义】精忠报国

卖友求荣　mài yǒu qiú róng

【释义】友:朋友。求:追求,谋取。荣:荣华富贵。指出卖朋友,以谋取个人的荣华富贵。【例句】其实他是存心诈骗,～。【近义】卖主求荣

卖主求荣　mài zhǔ qiú róng

【释义】求:追求,谋取。荣:荣华富贵。指出卖主人以谋取个人的荣华富贵。【例句】我是一个堂堂正人君子,怎么能～呢?【近义】卖友求荣

脉络贯通　mài luò guàn tōng

【释义】脉络:人体的经络,引申为条理、线索。脉络连贯畅通。指事物条理清楚,前后连贯。【例句】整个生产和销售的运行机制应该～,畅行无阻。

蛮不讲理　mán bù jiǎng lǐ

【释义】蛮:蛮横。理:道理。指蛮横而不讲道理。也作"蛮横无理"。【例句】他又不是野人,不可能这样～!

蛮横无理 mán hèng wú lǐ

见"蛮不讲理"。

瞒上欺下 mán shàng qī xià

【释义】瞒:隐瞒,欺骗。欺:欺压。瞒哄地位在上的人,欺压下属和百姓。【例句】凡遇事不替老百姓着想、～的干部一定都是心怀鬼胎、图谋不轨的。【近义】欺上瞒下

瞒天过海 mán tiān guò hǎi

【释义】瞒:欺骗。指用假象哄骗对方,暗地里偷偷行动。【例句】他自以为能够～,从中渔利,殊不知他的上级对此早有觉察。【近义】瞒天昧地　瞒上欺下【反义】光明磊落　招摇过市

瞒天昧地 mán tiān mèi dì

见"昧地谩天"。

瞒心昧己 mán xīn mèi jǐ

【释义】瞒:欺骗。昧:隐藏。指违背良心做坏事。也作"昧己瞒心"。【例句】咱们经商各凭良心,不准～。【近义】丧尽天良　丧心病狂

满城风雨 mǎn chéng fēng yǔ

【释义】满:全。原指秋天的景色。后比喻某事迅速传遍,引起轰动,人们到处议论纷纷。【例句】这个消息很快在干部和群众中传开了,闹得～,沸沸扬扬。【近义】议论纷纷　众说纷纭【反义】风平浪静　烟消云散

满腹经纶 mǎn fù jīng lún

【释义】满:全。经纶:整理过的蚕丝,比喻规划、治理国家的才能本领。形容人饱学且有才能。【例句】吴老师～,讲课生动幽默,给学生留下了深刻的印象。【近义】才高八斗　学富五车　满腹珠玑【反义】才疏学浅　胸无点墨　不学无术 提示 "纶"不能写成"伦"。

满腹牢骚 mǎn fù láo sāo

【释义】牢骚:烦闷不满的言论、情绪。满肚子的牢骚。形容极为不满。也作"牢骚满腹"。【例句】老板对他的批评使他～,他总觉得自己受到了不公正对待。【近义】愤愤不平　怒气冲冲【反义】心平气和

满腹疑团 mǎn fù yí tuán

【释义】一肚子弄不清的疑问。指很多弄不清的问题。【例句】虽然他对这个报告～,但最终还是签了字。【近义】满腹狐疑【反义】坚信不疑

满门抄斩 mǎn mén chāo zhǎn

【释义】满门:全家。抄没财产,全家人被处死刑。【例句】霍光死后,霍家的后代谋反被揭发,汉宣帝下令将霍家～。【近义】斩尽杀绝　斩草除根

满面春风 mǎn miàn chūn fēng

【释义】春风:比喻和悦的神色。形容满脸喜悦。【例句】秦仲义穿得很讲究,～地走了进来。【近义】春风得意【反义】愁眉不展

满面红光 mǎn miàn hóng guāng

【释义】满面:整个面部。形容心情舒畅,精神健旺的样子。【例句】看他～的样子,就知道他身体状况很好。【近义】容光焕发【反义】面容憔悴

满目疮痍 mǎn mù chuāng yí

见"疮痍满目"。

满腔热忱 mǎn qiāng rè chén

【释义】满:整个。满腔:充满胸膛,充满心中。热忱:热情。心中充满热烈而真挚的感情。【例句】共产党员对人民群众应该～,而不能漠不关心。【近义】一腔热血【反义】冷若冰霜　漠不关心　麻木不仁

M

满堂金玉　mǎn táng jīn yù
见"金玉满堂"。

满园春色　mǎn yuán chūn sè
见"春色满园"。

满载而归　mǎn zài ér guī
【释义】载:装载。归:归来。满满地装载着东西回来。形容收获很丰富。【例句】两年的学习生活结束了,游老师～,如虎添翼,在学校管理和教育改革第一线干得更带劲了。【反义】空手而归　宝山空回　一无所得　一无所获

漫不经心　màn bù jīng xīn
【释义】漫:随便,不受约束。经心:留心,在意。随随便便,一点儿不在意。【例句】他们带着那种迁就的微笑,～地用筷子挑上几根荠菜。【近义】掉以轻心【反义】全神贯注　专心致志　聚精会神　提示　"漫"不能写成"慢"。

漫山遍野　màn shān biàn yě
【释义】漫:满。遍:到处。遍布山岭和田野。形容数量多,范围广。【例句】一时间,这里～种满果树,既绿了荒山,又有了财源。【近义】比比皆是　盈千累万【反义】寥寥无几　一星半点

漫天讨价　màn tiān tǎo jià
【释义】形容商人不老实,索取货价在货值以上。【例句】最近一家拍卖行要拍我的画,底价我喊20万元,有人笑我～虚张声势。【近义】漫天索价　漫天要价

漫天要价　màn tiān yào jià
【释义】漫:满。要:索取。指没有限度地把售价抬得很高。也指提出的条件或要求过高。【例句】一些摊主～,顾客一定要小心。【近义】漫天讨价　漫

天索价

漫无边际　màn wú biān jì
【释义】漫:没有限制,不受约束。非常广阔,无边无际。形容思考、谈话或写文章等没有中心,离题很远。【例句】思考,不能是～的胡思乱想。【近义】不着边际　漫无止境

漫无止境　màn wú zhǐ jìng
【释义】形容事物没有边界。【例句】此事～,不知何时才有结果。【近义】漫无边际

慢条斯理　màn tiáo sī lǐ
【释义】形容人说话、做事慢吞吞的,不慌不忙。【例句】吉德瓦尼太太～的语句中透着忧伤。【近义】从容不迫　蜗行牛步【反义】风风火火　雷厉风行　急不可待　迫不及待

芒刺在背　máng cì zài bèi
【释义】芒刺:植物茎叶、果实上的细刺。芒刺扎在背上。形容心中惶恐,坐立不安。【例句】这篇文章使一些人至今如～而难以释然。【近义】忐忑不安　如坐针毡【反义】泰然自若　悠然自得

忙里偷闲　máng lǐ tōu xián
【释义】偷闲:挤出空闲时间。在繁忙的情况下挤出一点空闲时间。【例句】钱先生～,陪家人到郊外玩了一天。

盲人摸象　máng rén mō xiàng
【释义】据《大般涅槃经》记载,几个盲人摸一只大象,每人都认为自己所摸到的那一部分就是大象的形状,因此各说不一。用来比喻看问题片面,以偏概全,乱加揣测。【例句】没有历史感的文学研究是见树不见林,是～,这种"研究"必然要陷入肤浅的片面性之

中。【近义】以偏概全　坐井观天

盲人瞎马　máng rén xiā mǎ
【释义】盲人骑着瞎马。比喻现状危险到极点。【例句】经过这次挫折,李经理懂得了生产必须与市场需要联系起来,～般地经营将一事无成。【近义】危如累卵　泥船渡河　半夜临池【反义】安如泰山　胸有成竹

茫然费解　máng rán fèi jiě
【释义】茫然:迷茫、模糊的样子。费解:不好理解。指某物某事使人迷惑难懂。【例句】这首朦胧诗写得太晦涩,叫人～。

茫然若失　máng rán ruò shī
【释义】茫然:迷茫、模糊的样子。若:好像。形容心神不宁,好像失去了什么似的。【例句】我把小宇的信念了好几遍,心中～。【近义】爽然若失　怅然若失　若有所失【反义】怡然自得

茫然自失　máng rán zì shī
【释义】茫然:失意的样子。心神恍惚,自感如有所失。形容怅惘失意的样子。【例句】看到决赛的名单上没有自己的名字,他～,悻悻而返。

茫无头绪　máng wú tóu xù
【释义】茫:模糊不清,纷乱。指摸不着事情的一点线索,不知从何着手。【例句】这件疑案,既惊人也捉弄人,不但暧昧不明,而且～。【近义】错综复杂　扑朔迷离【反义】有条有理

猫鼠同眠　māo shǔ tóng mián
【释义】眠:睡。猫和老鼠睡在一起。比喻上司纵容下属干坏事,或互相包庇干坏事。【例句】董家大院的管家为人光明正大,坚持原则,从不～。【近义】狼狈为奸

毛骨耸然　máo gǔ sǒng rán
见"毛骨悚然"。

毛骨悚然　máo gǔ sǒng rán
【释义】毛:汗毛、头发。骨:骨头。悚然:恐惧的样子。汗毛竖起,脊梁骨发冷。形容极端惊恐。也作"毛骨耸然"。【例句】人们一提到山谷中那条经常吞食羊羔、牛犊,甚至过路人的特大蟒蛇,都会～。【近义】不寒而栗【反义】面无惧色　提示　"悚"不读 shù。

毛手毛脚　máo shǒu máo jiǎo
【释义】毛:粗率,不细致,不稳重。形容做事粗心,不沉着。【例句】这孩子做事总是～的。

毛遂自荐　máo suì zì jiàn
【释义】毛遂:战国时赵国平原君的门客。荐:推举,介绍。据《史记·平原君虞卿列传》记载,赵孝成王九年,秦围赵都邯郸,平原君去楚国求救,毛遂自荐同往帮助他完成使命。后借指自告奋勇推荐自己。【例句】听局长说了缘由后,押送这个毒枭的差事大概只好我来～了。【近义】自告奋勇　挺身而出【反义】推三阻四　相互推诿　提示　"遂"不能写成"逐"。

茅塞顿开　máo sè dùn kāi
【释义】茅塞:被茅草塞住。顿:顿时,立刻。原来心里像被茅草塞住一样,现在一下子打开了。形容忽然理解、领会。【例句】听了老师对这道难题的讲解后,我～。【近义】豁然贯通　如梦初醒　豁然开朗　恍然大悟【反义】一窍不通　大惑不解

茅室土阶　máo shì tǔ jiē
【释义】茅草屋顶,泥土台阶。形容居住的房屋十分简陋。【例句】我爷爷住在大山深处的～,那里显出一种古朴的

M

风味。 提示 "茅"不能写成"矛"。

冒名顶替 mào míng dǐng tì

【释义】冒：假充。假冒别人的姓名，代替他去做事或窃取其权利、利益。【例句】这个～的骗子终于现出了原形。【近义】假名托姓

貌合神离 mào hé shén lí

【释义】貌：外表。神：内心。表面上关系密切，实际上心思不同，各有打算；或表面相似，实质不一样。也作"貌合心离"。【例句】她因无法忍受婚后那种～的夫妻关系，于是和她丈夫分手了。【近义】同床异梦　貌合情离　离心离德【反义】心心相印　同心同德　情投意合 提示 "合"不能写成"和"。

貌合心离 mào hé xīn lí

见"貌合神离"。

没大没小 méi dà méi xiǎo

【释义】指辈分小的或地位低的人对长辈不讲礼貌，不尊重。【例句】阿真嫂抱怨说："如今的年轻人，～的，连父亲的名字也随便喊。"

没精打采 méi jīng dǎ cǎi

见"无精打采"。

没头没脑 méi tóu méi nǎo

【释义】指无缘无故，不明来由。也指动作不顾一切。【例句】她听了平儿～的半句话，接不上第二句，平儿已经走远了。／这个售货员恼羞成怒地抓起点心朝孟姐～地打来。【近义】糊里糊涂

眉飞色舞 méi fēi sè wǔ

【释义】色：脸色。形容人满脸高兴、得意的神态。【例句】汉哥～地跑来告诉我，他接到大学录取通知书了。【近义】喜形于色　眉开眼笑　笑逐颜开【反义】愁眉苦脸　愁眉不展　愁眉

锁眼

眉开眼笑 méi kāi yǎn xiào

【释义】眉头舒展，眼含笑意。形容满脸高兴、欢乐的神情。【例句】小红把这两本书拿到灯下一看，不觉～，手舞足蹈起来。【近义】喜笑颜开　喜形于色　喜眉笑眼【反义】愁眉苦脸　愁眉锁眼　愁眉不展

眉来眼去 méi lái yǎn qù

【释义】形容相互用眉眼传情。也用来形容暗中勾结。【例句】这对恋人在公众面前仍～，一点不分场合。／那时他已经和李龙三～，并且还串通惯偷王老五，准备对这座古墓进行搜索，但他们的行为早已在警察人员的监视之中了。【近义】暗送秋波　眉目传情

眉目传情 méi mù chuán qíng

【释义】用眼色传递情意。【例句】他早就喜欢上她了，两人经常～。【近义】眉来眼去

眉目如画 méi mù rú huà

【释义】眉目：眉毛和眼睛，借指容貌。形容容貌非常美丽。【例句】这母女俩～，都很漂亮。【近义】眉清目秀

眉清目秀 méi qīng mù xiù

【释义】眉、目：泛指容貌。清：秀气，不粗犷。形容人容貌清秀美丽。【例句】这个小朋友长得～，天真活泼，说起话来，口齿伶俐。【近义】眉目如画　朗目疏眉　眉清目朗【反义】尖嘴猴腮　獐头鼠目

媒妁之言 méi shuò zhī yán

见"父母之命，媒妁之言"。

每况愈下 měi kuàng yù xià

【释义】况：状况。愈：更加。原意是指越从猪的小腿下端来检验，越能看出

猪的肥瘦。比喻越是从低微的事物上去推求，越能看出真实情况。后用指情况越来越坏。【例句】这个地区的地表水和地下水由于受到污染，所以水质～，持续恶化。【近义】江河日下 桑榆暮景 日落西山【反义】蒸蒸日上 欣欣向荣 如火如荼

美不胜收 měi bù shèng shōu

【释义】胜：能够。收：接受。美好的事物太多，一时来不及一一接受或欣赏。【例句】近处是两池碧波，沿池的铜雕塑丰姿多态，～。【近义】琳琅满目 目不暇接【反义】不堪入目 一览无余

美轮美奂 měi lún měi huàn

【释义】轮：轮囷（qūn），古代圆形谷仓，形容高大的样子。奂：众多，形容华美。形容房屋多而高大美观。【例句】南非的风景太棒了，我最喜欢的是五彩缤纷、～的花园大道。【近义】琼楼玉宇 富丽堂皇 金碧辉煌【反义】断壁残垣 破烂不堪 提示 "轮"不能写成"仑""伦"。

美意延年 měi yì yán nián

【释义】美意：乐观、愉快的心情。指心情舒畅能延长寿命。【例句】文先生乐观豁达，～，虽已八十高龄，却不知老之将至。【近义】延年益寿

美玉无瑕 měi yù wú xiá

【释义】瑕：玉上的斑点，比喻微小的缺点。比喻完美无缺。【例句】这个故事描写的风俗绝不是～，读了却让人神清气爽。【近义】十全十美

美中不足 měi zhōng bù zú

【释义】不足：不够，达不到。总体很好，但还有不够完美的地方。【例句】母亲收到这份礼品，非常高兴，但～的是实在太鲜艳，与自己的年龄不相称。【近义】白璧微瑕【反义】白璧无瑕 十全

十美 完美无缺

昧地谩天 mèi dì mán tiān

【释义】昧：隐瞒。谩：欺骗。骗天瞒地。指隐瞒实情，说谎骗人。也作"昧地瞒天""瞒天昧地"。【例句】听到这个消息后，我才明白他原来是个～、谄佞奸邪的人。

昧地瞒天 mèi dì mán tiān

见"昧地谩天"。

昧己瞒心 mèi jǐ mán xīn

见"瞒心昧己"。

门不夜关 mén bù yè guān

【释义】夜晚睡觉不需要关门。形容社会安定。【例句】这里民风淳朴，自古就是～，道不拾遗。【近义】夜不闭户

门当户对 mén dāng hù duì

【释义】当、对：相称，相合。指结亲的男女双方家庭的社会地位和经济状况相当。【例句】凭她自己当时的条件，在讲究～的时代，能嫁给裴先生这样的人家算是很不错了。【反义】齐大非偶

门到户说 mén dào hù shuō

【释义】门、户：指家庭。挨家挨户地去解说。【例句】最可恨的是谣言总是在背后传播，你不能确知别人是否造了谣，即使确知，也不可能～地去解释和澄清。

门户之见 mén hù zhī jiàn

【释义】门户：比喻派系、派别。见：看法，意见。学术或艺术等领域因派别而产生的成见。【例句】我们有些学术问题的批评和讨论，缺乏学习、包容，反而变成了～，意气之争。【近义】一家之言 一孔之见 管窥之见【反义】博采众长 远见卓识 真知灼见

门禁森严 mén jìn sēn yán

【释义】门禁：门口的戒备防范。森严：

M

整齐严肃。形容门前戒备很严，不能随意进出。【例句】林公馆～，不能随便进去。【近义】戒备森严

门可罗雀　mén kě luó què
【释义】罗雀：张网捕鸟。大门口前可以张网捕鸟。形容门庭冷落，宾客稀少。【例句】一时间，这家本是～的民办医院，突然病员纷至沓来，业务量猛增。【近义】门庭冷落【反义】门庭若市　高朋满座

门庭若市　mén tíng ruò shì
【释义】庭：院子。市：集市。门前和院子里热闹得像集市一样。形容来往的人很多。【例句】他家里经常～，非常热闹。【近义】车水马龙　高朋满座　宾客如云【反义】门可罗雀　门庭冷落

扪心无愧　mén xīn wú kuì
【释义】扪：摸。摸着胸口自己问自己，毫无惭愧的地方。指行为光明正大，心地坦然。【例句】他为官清廉、～，从未有过贪污受贿的行为。【近义】问心无愧　提示　"扪"不能写成"闷"。

扪心自问　mén xīn zì wèn
【释义】扪：摸。摸着胸口问自己。指自我反省。【例句】最近他常常～，难道过去的经历让他变得多愁善感了？【近义】反躬自省　内视反听　反求诸己　提示　"扪"不能写成"闷"。

闷闷不乐　mèn mèn bù lè
【释义】闷闷：心烦，不舒畅。形容心里烦闷，不高兴。【例句】这次考试没考好，小红一直～。【近义】郁郁寡欢　快快不乐　忽忽不乐【反义】兴高采烈　欢天喜地　心花怒放

梦笔生花　mèng bǐ shēng huā
【释义】传说李白年少时梦见笔头生花，从此才华横溢，名闻天下（事见五代王仁裕《开元天宝遗事》）。形容文笔好，

善于写作。也作"妙笔生花"。【例句】他～，写出不少脍炙人口的抒情诗。

梦魂颠倒　mèng hún diān dǎo
【释义】梦魂：迷信认为，人有灵魂，在睡梦中可以离开人体。颠倒：指错乱。比喻心神恍惚，失去常态。【例句】最近，那件很烦心的事情弄得他～，打乱了正常的生活规律。【近义】神魂颠倒

梦见周公　mèng jiàn zhōu gōng
【释义】梦见：梦中见到。周公：西周政治家。原为孔子仰慕周公之语。后用作瞌睡的代称。【例句】他上课时没精打采，不一会儿就～了。

梦寐以求　mèng mèi yǐ qiú
【释义】寐：睡着了。睡梦中都在追求。形容期待或追求十分迫切。【例句】她曾经～在荧屏上一展风流，如今竟如愿以偿！【近义】求之不得　大旱望云

弥留之际　mí liú zhī jì
【释义】弥留：本指久病不愈，后多指病危将死的状况。际：时候。病危将死的时候。【例句】杜甫在他生命～，还僵卧在破船上写出了长诗《风疾舟中伏枕书怀》，念念不忘国家的灾难。【近义】日落西山

弥天大谎　mí tiān dà huǎng
【释义】弥天：满天，形容极大。极大的谎话。【例句】谁敢撒这个丧尽天良的～啊？

弥天大祸　mí tiān dà huò
【释义】弥天：满天，形容极大。极大的灾祸。【例句】此时他已经明白自己闯下了～。何去何从？他选择的是三十六计走为上计。【近义】灭顶之灾【反义】吉星高照

弥天大罪　mí tiān dà zuì
【释义】弥天：满天，形容极大。极大的

罪恶。也作"迷天大罪"。【例句】他去年犯了～，现在已被绳之以法。【近义】滔天之罪　罪恶滔天【反义】丰功伟绩

迷而不返　mí ér bù fǎn

【释义】返：返回。迷了路不能返回。比喻犯了错误而不知改正。【例句】他母亲对他～的行为感到痛心。【反义】迷途知返

迷离恍惚　mí lí huǎng hū

【释义】迷离：模糊不明。恍惚：(记得、听得、看得)不真切；不清楚。迷迷糊糊，很难分辨清楚。也作"迷离惝恍"。【例句】置身在蜂拥而来观赏预展的时髦人物中间，他显出一副～的神色。

迷离惝恍　mí lí tǎng huǎng

见"迷离恍惚"。

迷人眼目　mí rén yǎn mù

【释义】迷人：迷惑人。迷惑人的视线，让人分不清真假。指玩弄花招骗人。【例句】那个现场显然是罪犯为了～而伪造的，我们不能上当。

迷天大罪　mí tiān dà zuì

见"弥天大罪"。

迷途知返　mí tú zhī fǎn

【释义】返：返回。迷路后知道返回。比喻犯了错误以后能够察觉，知道改正。【例句】世上没有不犯错误、不走错路的人，重要的一点在于～。【近义】悬崖勒马　改邪归正【反义】迷而不返　执迷不悟

米珠薪桂　mǐ zhū xīn guì

【释义】珠：珍珠。薪：柴。桂：肉桂，珍贵药材。米贵得像珍珠，柴贵得像桂木。形容物价昂贵。【例句】他们那里近几年也是荒年，～，怎么可以轻易容留人呢?【反义】物美价廉

靡靡之音　mǐ mǐ zhī yīn

【释义】靡靡：柔弱，萎靡不振。指柔弱、颓废、淫荡的音乐。【例句】聂耳的曲子有力地征服了当时某种"～"。【近义】郑卫之音　淫词艳曲　北鄙之音【反义】雅正之音　正声雅音　雅颂之声

秘而不宣　mì ér bù xuān

【释义】秘：秘密。宣：公开说出。守住秘密，不肯告诉别人。【例句】捐赠的来龙去脉一直～，博物馆一直没有正式公布。【近义】守口如瓶【反义】公诸同好　不打自招　无胫而走

密不通风　mì bù tōng fēng

【释义】比喻极其拥挤或防范得十分严密，连风也无法透过。【例句】瞬息之间，闪光和吼声都没有了，还是一张～的灰色的幔!

密缕细针　mì lǚ xì zhēn

见"细针密缕"。

密云不雨　mì yún bù yǔ

【释义】阴云密布，却没有下雨。比喻恩惠未能施及在下的人。也比喻事情已在酝酿，但还未发生。【例句】这几天仍然是～的天气。/以武力解决争端的局势已经形成，目前虽然～，但火药味已经很浓了。

眠花卧柳　mián huā wò liǔ

【释义】花、柳：代指娼妓。指嫖娼宿妓。【例句】源氏公终日闲游浪荡，自从其父母双亡后，成天在外～，惹草招风。【近义】寻花问柳

绵里藏针　mián lǐ cáng zhēn

【释义】绵：丝绵。丝绵里包藏着针。比喻外貌温和，内心尖刻。也比喻柔中有刚。【例句】她刚才的这番话好像赞叹，其实用意不善，如～捏不得，一捏即刺手。/ 老校长是一位～的人，在

M

原则问题上他决不让步。

绵力薄材　mián lì bó cái

【释义】绵:软弱,薄弱。能力很小,才能有限。【例句】他～,的确不能担当此项重任。 提示 多用作谦辞。

免开尊口　miǎn kāi zūn kǒu

【释义】免:免除,不要。尊:敬辞,尊贵。要对方不要开口的委婉用语。【例句】对于此类问题,你似乎可以 ～。 提示 有时带讽刺意味。

勉为其难　miǎn wéi qí nán

【释义】勉:勉强。为:做。勉强去做力不能及或不乐意干的事。【例句】只要大家同意,我就～。【近义】强人所难

面不改色　miàn bù gǎi sè

【释义】面:脸。改:改变。脸上不改变神色。形容遇到危险或意外时从容镇定,不动声色。【例句】石导游爬上山顶后～,还指给我们看德夯山水,讲美丽传说。【近义】神色自若【反义】面如土色　面无人色　大惊失色

面红耳赤　miàn hóng ěr chì

【释义】面:脸。赤:红。脸和耳朵都红了。形容急躁、羞愧、用力、发怒时脸色涨红的样子。【例句】在众人面前说话的时候,你是否会～、心跳加速?【反义】面不改色

面黄肌瘦　miàn huáng jī shòu

【释义】面:脸。脸色发黄,身体消瘦。形容人营养不良或体弱多病的样子。【例句】母亲看着儿子～的样子,心中非常难受。【近义】槁项黄馘　面有菜色【反义】红光满面　容光焕发

面面俱到　miàn miàn jù dào

【释义】面面:多个方面。俱:全,都。各个方面都照顾得十分周到。也指顾及到方面而重点不突出。【例句】农业

部门为了打造这么一份～、细致入微的准则花了不少心血。/ 与一而没有聚焦的零散信息相比较,专论、专题、专版的阅读价值要高得多。【近义】包罗万象【反义】顾此失彼　挂一漏万

面面俱圆　miàn miàn jù yuán

【释义】形容在应酬中各方面都很圆滑。【例句】做这一行生意,是不能不～的。【近义】八面玲珑【反义】处处碰壁

面面相窥　miàn miàn xiāng kuī

见"面面相觑"。

面面相觑　miàn miàn xiāng qù

【释义】觑:看,瞧。你看着我,我看着你,不知如何是好的样子。也作"面面相窥"。【例句】我们被这突如其来的闷棍打得～。【近义】瞠目结舌　相顾失色 提示 "觑"不读 xū。

面命耳提　miàn mìng ěr tí

见"耳提面命"。

面目可憎　miàn mù kě zēng

【释义】憎:厌恶。形容人的容貌或事物的样子令人讨厌。【例句】他是一个～、语言乏味,没有一点生活情趣的人。【近义】獐头鼠目【反义】眉清目秀

面目全非　miàn mù quán fēi

【释义】面目:面貌。非:不一样。已经完全不是原来的样子了。形容变化极大。【例句】昔日满目荒凉的土地而今早已～:在一块块改造成的梯田中,玉米、大豆、烤烟和瓜果长势正旺。【近义】改头换面【反义】依然如故　一成不变

面目一新　miàn mù yī xīn

【释义】面目:面貌。面貌一下子变新了。形容事物有了新的可喜的进步或变化。【例句】通过大师的演奏,每件熟悉的作品都～。【近义】焕然一新

M

【反义】依然如故

面如土色　miàn rú tǔ sè

【释义】脸色像泥土一样。形容极端惊恐而变了脸色。【例句】他躺在那里，～，发紫的嘴唇随着微微的喘息而颤动着，一副惊人的惨状。【近义】色若死灰　面无人色【反义】面不改色　神色不惊

面授机宜　miàn shòu jī yí

【释义】授：给予，传授。机宜：针对时机处事的办法、对策。当面传授适应时机应当采取的对策、方针等。【例句】详细的情形会由杨经理～。【近义】耳提面命　提示　"授"不能写成"受"。

面无人色　miàn wú rén sè

【释义】脸上没有正常人的血色。形容极端恐惧。也形容因饥饿、病痛而十分虚弱的样子。【例句】那惹了祸的兄弟俩～，不敢抬头，浑身簌簌打寒战。／他～地躺在病床上输着点滴。【近义】面如土色　色若死灰【反义】面不改色　神色不惊

面有菜色　miàn yǒu cài sè

【释义】菜色：靠吃野菜充饥而露出的营养不良的脸色。指脸上露出因饥饿而发青发黄的颜色。【例句】他被警察找到时，头发像枯草，～，简直不像人样子了。【近义】面黄肌瘦【反义】容光焕发　红光满面

渺不足道　miǎo bù zú dào

【释义】渺：渺小。道：说。渺小得不值得一提。【例句】我这几年对单位的贡献很小，可以说是～。【近义】微不足道

渺无人烟　miǎo wú rén yān

【释义】渺：广阔遥远而模糊不清。人烟：人家住户。迷茫一片，没有人家。形容十分荒凉。【例句】在这个～的草地上，哪来的牦牛呢？【近义】荒无人烟【反义】人烟稠密

妙笔生花　miào bǐ shēng huā

见"梦笔生花"。

妙不可言　miào bù kě yán

【释义】妙：美妙。美妙到极点，无法用言语来表达。【例句】周围天池八景，各具情致，～。【近义】妙不可述　不可言传【反义】兴味索然　枯燥无味

妙处不传　miào chù bù chuán

【释义】传：言传。精微奥妙之处无法用言语表达。【例句】人体科学精微深湛，～，只有在实践中反复探讨，才能逐步领悟到一些道理。

妙趣横生　miào qù héng shēng

【释义】妙：美妙。横生：充分地表现出来。指谈话、诗文等美妙的意趣层出不穷。【例句】很多平常的事物，在卓越的作者笔下～。【近义】风趣横生　饶有风趣【反义】味同嚼蜡　枯燥无味

妙手回春　miào shǒu huí chūn

【释义】妙手：技艺高超的人。回春：使春天重新回来。称赞医生医道高明，能把垂危的病人医好。【例句】中国医生～的高超医术和高尚医德，在非洲传为佳话。【近义】着手成春　起死回生　提示　用于赞扬医术高明。

妙手空空　miào shǒu kōng kōng

【释义】原为唐代传奇中的剑侠名，叫空空儿。后借指小偷。也指处境穷困，手中一无所有，特指无钱。【例句】他做生意连连赔本，弄得个～，苦不堪言。

妙手偶得　miào shǒu ǒu dé

【释义】妙手：技艺高超的人。偶得：偶然得到。指文学艺术造诣高的人常常因一时的灵感而得到意外成果。【例

M

句】同一位艺术家,既有～的杰作,也有率尔应酬的败笔,可见艺术价值与艺术地位并不完全对应。【近义】神来之笔【反义】苦思冥想　搜肠刮肚

妙语解颐　miào yǔ jiě yí

【释义】颐:面颊。解颐:开颜欢笑。精妙有趣的语言使人开颜欢笑。【例句】这段相声风趣幽默,真正是～。【近义】妙喻取譬　妙语连珠【反义】语言无味　提示　"颐"不能写成"熙"。

妙语连珠　miào yǔ lián zhū

【释义】连珠:串珠,像珠子一样一个接一个串接着。形容巧妙风趣的话一句接一句。赞美人讲话精彩,妙语很多。【例句】他的作品文笔犀利,～,人们争相传诵。【近义】妙语取譬

灭顶之灾　miè dǐng zhī zāi

【释义】灭顶:水淹过头顶。被水淹死的灾难。指致命的灾难。【例句】有的科学家认为,在白垩纪末期,地球上出现了可怕的寒冷期,所有生物都遭到了～。【近义】弥天大祸【反义】福如东海　洪福齐天

民安物阜　mín ān wù fù

【释义】阜:丰足,丰盛。百姓安乐,物产丰足。形容盛世兴旺的景象。也作"民康物阜""物阜民康"。【例句】这个地方自古就是道德之乡,无兵戈用武之扰,～,讼减官清。

民胞物与　mín bāo wù yǔ

【释义】胞:同胞。与:同类,朋友。人民都是我的同胞,万物都是我的朋友。指博爱一切人和物。【例句】我们有必要吸取前人的智慧,大力阐扬～的精神。【近义】视民如伤　仁民爱物【反义】草菅人命　荼毒生灵

民不堪命　mín bù kān mìng

【释义】堪:能够。老百姓不能够活命。

【例句】阿房宫的瑰丽、豪华、奢侈和秦始皇的骄横积怨、～都被淋漓尽致地写在这篇赋中了。【近义】民不聊生　生灵涂炭

民不聊生　mín bù liáo shēng

【释义】聊:依赖,凭借。生:生活。人民失去了赖以生存的条件。形容人民无法活下去。【例句】在那个战乱频繁、～的年代,孤儿寡母是很难维持生计的。【近义】民不堪命　生灵涂炭

民富国强　mín fù guó qiáng

【释义】百姓富裕,国家强盛。也作"国富民强"。【例句】要使我们的国家实现～,需要全国各族人民的共同努力。

民康物阜　mín kāng wù fù

见"民安物阜"。

民穷财尽　mín qióng cái jìn

【释义】尽:完,没有了。人民生活穷困,财物被搜刮完了。【例句】西欧和东欧曾经都被第二次世界大战弄得荒芜不堪,～。【近义】民生凋敝【反义】物阜民安

民生凋敝　mín shēng diāo bì

【释义】民生:人民的生计。凋敝:衰败,困苦。指社会经济衰败,人民生活困苦。【例句】这首诗的主旨是揭露楚汉战争之后～的景象。【近义】民穷财尽【反义】民康物阜

民殷国富　mín yīn guó fù

【释义】殷:殷实。富:富裕。人民富足,国家富裕。【例句】发展经济主要是为了～。【近义】民富国强

民怨沸腾　mín yuàn fèi téng

【释义】沸腾:形容情绪高涨。人民的怨恨情绪像开水一样翻滚。形容人民对反动统治的不满达到极点。【例句】秦始皇以全国的人力和物力,连接原有

的秦、燕、赵的长城,并加以增补,引起了~。【近义】怨声载道 怨气冲天【反义】普天同庆

民脂民膏 mín zhī mín gāo

【释义】脂、膏:油脂,借指血汗。指人民用血汗换来的财富。【例句】抗日战争胜利后,国民党反动政府发动内战,榨取~,造成经济全面崩溃。 提示 "膏"不能写成"羔"。

名不副实 míng bù fù shí

【释义】副:相称,相等。名声或名称与实际不符合,有名无实。【例句】往日风沙弥漫、灾害频繁、~的"北大仓",如今又见草林葱绿、粮多畜旺的繁荣景象。【近义】有名无实 徒有虚名【反义】名副其实 名实相副 名不虚传

名不虚传 míng bù xū chuán

【释义】传:流传,传播。流传开来的名声不虚假。形容确实很好。【例句】好一座威武的雄关!果然~。【近义】名下无虚 名副其实 名实相副【反义】徒有虚名 名不副实 虚有其名

名成身退 míng chéng shēn tuì

见"功成身退"。

名垂后世 míng chuí hòu shì

【释义】垂:流传。后世:后代。名声流传到后代。【例句】他看出这是个绝好的机会——可以完成一桩~的伟大任务。【近义】流芳千古【反义】遗臭万年

名垂千古 míng chuí qiān gǔ

【释义】垂:流传。千古:千年万代,指长远的时间。好名声永远流传。【例句】李白将一生才情寄托与山水月色,写出了许多~的佳句名篇。

名垂青史 míng chuí qīng shǐ

【释义】垂:流传。青史:古代在竹简上记事,故称史书为"青史"。名字和事迹载入史书,永远流传。【例句】林则徐因虎门销烟而~,是"第一个睁开眼睛看世界"的中国人。【近义】功垂竹帛 流芳百世 青史留名【反义】遗臭万年 名不见经传

名存实亡 míng cún shí wáng

【释义】名:名义。实:实际。名义上还存在,实际上已经消亡。【例句】在农民起义军的打击下,腐朽的东汉王朝已经~了。【反义】名实相副

名副其实 míng fù qí shí

【释义】副:相称,符合。名声或名称跟实际内容相符合。【例句】她的梦想马上就要实现了,很快就会成为~的演员了。【近义】名实相副 名不虚传【反义】名不副实 徒有虚名

名高难副 míng gāo nán fù

【释义】副:相称,符合。名声超过才能,实际与名声不符合。【例句】尽管她获得了全国"三八红旗手"的光荣称号,她还是谦逊地说:"~,今后还需继续努力。"【近义】名过其实【反义】名实相副

名过其实 míng guò qí shí

【释义】名声或名称超过实际。指虚有其名。【例句】他刚办了一个小小的瓷砖厂便称他为企业家,未免~。【近义】名高难副【反义】名副其实

名利双收 míng lì shuāng shōu

【释义】名:名位,名声。利:利禄,利益。名和利同时获得。【例句】面对赞语,有人想到的是功成名就、~,有人想到的是甘于寂寞、不断超越。

名列前茅 míng liè qián máo

【释义】前茅:古时用白茅当报警用的旌旗,行军时举着走在队伍前头,故称。比喻名次排列在前面。【例句】前几天

M

试卷评选中,她的分数～,怎么发榜时却没有她呢?【近义】首屈一指　数一数二【反义】名落孙山　提示　"茅"不能写成"矛"。

名落孙山　míng luò sūn shān

【释义】名:名字。落:掉在后面,参加考试或选拔未被录取。宋代吴地人孙山科举考中末一名后回家,同乡人向他打听自己儿子是否考中,他说:"解名尽处是孙山,贤郎更在孙山外。"(事见宋·范公偁《过庭录》)【例句】这次家庭变故直接导致了我的学习成绩下降,以至于让我高考时～。【近义】榜上无名【反义】金榜题名　名列前茅

名满天下　míng mǎn tiān xià

【释义】名声传遍天下。形容声名非常大。【例句】河北承德因拥有现存最大的皇家园林避暑山庄而～。【反义】默默无闻

名门世族　míng mén shì zú

【释义】门:门阀,家族。有名望的世家大族。也作"名门望族"。【例句】她嫂子出身于～。

名门望族　míng mén wàng zú

见"名门世族"。

名山大川　míng shān dà chuān

【释义】名:著名。川:河流。著名的高山与河流。【例句】一到这些～、异地胜景,总会有一种奇怪的力量震荡着我。【近义】锦绣河山【反义】穷山恶水

名实相副　míng shí xiāng fù

【释义】副:相称,符合。名称或名声与实际相符合。【例句】香港是～的购物天堂。【近义】名副其实【反义】徒有虚名　名不副实

名闻遐迩　míng wén xiá ěr

【释义】名:名声。闻:听到。遐迩:远近。名声远近都能听到。形容名声非常大。【例句】他的先人于明朝末年就开设了这家药铺,自制的各种丸散膏丹～。【近义】举世闻名　声名显赫【反义】默默无闻

名下无虚　míng xià wú xū

【释义】名下:盛名之下。无:没有。盛名之下没有虚假。原指负有盛名的人确有真才实学。后指名不虚传。【例句】这枝五色笔货真价实,～。【近义】名不虚传【反义】徒有虚名　名高难副　有名无实

名噪一时　míng zào yī shí

【释义】名:名声。噪:广为扬传。名声一个时期广为传扬。【例句】他曾是一位～的大企业家。【近义】名震一时　提示　"噪"不能写成"躁"。

名正言顺　míng zhèng yán shùn

【释义】名:名义,名分。正:正当。言顺:说起来顺理。原指名义正当,道理也讲得通。后指做事情理由正当而且充足。【例句】他品学兼优,被高校提前录取是～的事情。/ 出国热的时候,厂领导有很多次～的出国机会,他们全都放弃了。【近义】理所当然　理直气壮　师出有名【反义】师出无名　理屈词穷

明辨是非　míng biàn shì fēi

【释义】明辨:辨别清楚。明白清楚地分辨出正确与错误。【例句】我希望你明智的心中,还能保存一点冷静的～的理智。

明查暗访　míng chá àn fǎng

见"明察暗访"。

明察暗访　míng chá àn fǎng

【释义】察:观察,调查。访:查询。公开观察调查,暗中访问。指多方面了解。也作"明查暗访"。【例句】交通部要求

M

各级交通管理部门组织人员采取～的方式深入基层,监督检查安全隐患。

明察秋毫　míng chá qiū háo
【释义】明:视力,目光。察:看出,看到。秋毫:鸟兽在秋天新长出的细毛,比喻极微小的东西。目光敏锐,可以看清秋天鸟兽新长出的细毛。形容人能洞察事理。【例句】青蛙的眼睛对运动的物体简直是～。/ 作为一个思想家,他应具有对事物比较深刻的理解力和～的洞察力。【近义】洞若观火　洞幽察微【反义】雾里看花　目迷五色

明窗净几　míng chuāng jìng jī
【释义】几:小桌子。明亮的窗户,洁净的几案。形容房间敞亮整洁。也作"窗明几净"。【例句】他从来没有把自己的艺术看作～的点缀品,也不想借此来成家立派。

明火持杖　míng huǒ chí zhàng
见"明火执仗"。

明火执仗　míng huǒ zhí zhàng
【释义】火:火把。仗:兵器。点起火把,拿着武器。指公开抢劫。也指毫无顾忌地干坏事。也作"明火持杖"。【例句】那群～、祸国殃民的恶霸最终还是被绳之以法。【近义】明目张胆【反义】鬼鬼祟祟

明镜高悬　míng jìng gāo xuán
【释义】明镜:明亮的镜子。悬:挂。高挂起明亮的镜子。晋代葛洪《西京杂记》记载,秦始皇有一面大镜子,能照见人体内的疾病及人心善恶。比喻执法者公正严明。也比喻目光敏锐,明察秋毫。【例句】我们的审判长～,执法如山。/ 多数人还是希望拥有一双～的慧眼。【近义】铁面无私【反义】贪赃枉法

明媒正娶　míng méi zhèng qǔ
【释义】明:光明正大。媒:媒人。正:指合乎礼仪。旧指经过媒人说合,父母同意,以传统仪式迎娶的正式婚姻。【例句】这里人家的婚嫁极少～,花轿吹鼓手是挣不到他们的钱的。【近义】明媒正礼【反义】窃玉偷香

明眸皓齿　míng móu hào chǐ
见"皓齿明眸"。

明眸善睐　míng móu shàn lài
【释义】眸:眼珠,借指眼睛。睐:向旁边看。明亮美丽的眼睛善于左顾右盼。【例句】女主角那双～的眼睛让这部影片增色不少。提示"睐"不读 lái。

明目张胆　míng mù zhāng dǎn
【释义】明目:睁亮眼睛。张胆:放开胆量。原指有胆有识,敢作敢为。现多用来形容公开地、无所顾忌地干坏事。【例句】卖衣服的服务员正在招呼顾客,那个小偷竟敢～地偷衣服,结果被逮了正着。【近义】肆无忌惮　无所顾忌　恣意妄为【反义】鬼鬼祟祟　偷偷摸摸

明枪暗箭　míng qiāng àn jiàn
【释义】比喻种种公开和隐蔽的攻击或伤害。【例句】他为了祖国的解放事业奋斗了半个多世纪,流亡多年,躲过了不计其数的～。【近义】明争暗斗

明人不做暗事　míng rén bù zuò àn shì
【释义】光明正大的人不做偷偷摸摸、见不得人的事。【例句】～,这件事由我负责,有什么意见我们可以当面谈。

明日黄花　míng rì huáng huā
【释义】明日:指重阳节的第二天。黄花:菊花。古人认为重阳节后赏菊的节令就过去了,观赏的人少了。比喻

过时的或已无意义的事物。【例句】民族音乐渊源于民众之中，有着浓厚的民众基础，绝非～。【近义】隔年皇历　陈年旧事【反义】应时对景　**提示** 不能写成"昨日黄花"。

明若观火　míng ruò guān huǒ
见"洞若观火"。

明升暗降　míng shēng àn jiàng
【释义】升：升官。表面上升了官，实际上削弱了权力。【例句】自他升为副专员后，遇事总要请示，自己做不了半点主，心里总有点窝囊，于是感叹：这简直是～啊！

明月清风　míng yuè qīng fēng
见"清风明月"。

明哲保身　míng zhé bǎo shēn
【释义】明哲：明智，通达事理。身：自身，自己。原指通达事理的人善于保全自己。现指不坚持原则，只顾保住个人利益的处世态度。【例句】我们爱说"难得糊涂"，因为我们发现其中蕴藏～的借口。【近义】独善其身　洁身自好　好好先生【反义】同流合污

明争暗斗　míng zhēng àn dòu
【释义】明里暗里都在进行争斗。形容双方钩心斗角，争权夺利。【例句】几千年来，围绕这块镶金玉玺，演出了一幕幕刀光剑影、～的闹剧，使"传国玺"蒙上了一层更为神秘的色彩。【近义】钩心斗角　明枪暗箭【反义】相安无事　肝胆相照

明知故犯　míng zhī gù fàn
【释义】故：故意。明明知道这样做不对，却故意违犯。【例句】考试不准偷看别人答卷，小超却～，所以被驱逐出考场。【近义】知法犯法【反义】奉公守法

明知故问　míng zhī gù wèn
【释义】故：故意。明明懂得，却故意问人。【例句】你知道他是不愿意参加这次活动的，为什么还要～呢？

明珠暗投　míng zhū àn tóu
【释义】明珠：夜光珠。把闪闪发光的珍珠抛到暗处。比喻珍贵的物品落到不识货的人手中。也比喻有才德的人得不到重用或误入歧途。也作"明珠投暗"。【例句】他这首诗题在此处，真是～，有谁赏鉴？／我随身携带的英文版《三个火枪手》落到了小偷的手里，真是～。／她沉思着：这孩子是个读书的料，不能让他再～。【近义】怀才不遇　误入歧途【反义】敝帚自珍　善贾而沽

明珠投暗　míng zhū tóu àn
见"明珠暗投"。

鸣鼓而攻之　míng gǔ ér gōng zhī
【释义】鸣鼓：击鼓。攻：讨伐。大张旗鼓地讨伐、谴责。【例句】对于遮掩、抹杀历史罪恶乃至翻案的企图，必须～，保持应有的警惕。【近义】大张挞伐　群起而攻之【反义】啧啧称赞　击节叹赏

鸣锣开道　míng luó kāi dào
【释义】鸣锣：敲锣。古代官吏出行，差役在前头敲锣，令行人让道。现比喻为某事物的出现制造舆论，扩大影响。【例句】在古代，大凡官员出街，一定是～的。／汽笛一声长鸣，好像为他～。【近义】摇旗呐喊【反义】偃旗息鼓

鸣冤叫屈　míng yuān jiào qū
【释义】鸣、叫：喊叫，指申诉。为自己或别人申诉冤屈。【例句】巴金写《家》这部小说的主要目的是为了向腐朽的封建制度提出控诉，替横遭摧残的年轻生命～。

冥思苦索 míng sī kǔ suǒ
见"苦思冥想"。

冥思苦想 míng sī kǔ xiǎng
见"苦思冥想"。

冥顽不灵 míng wán bù líng
【释义】冥顽:愚昧顽固。不灵:不聪明。形容愚昧无知而又顽固不化。【例句】你用什么方法说服了那个～的族长?【近义】愚不可及 顽固不化【反义】聪明睿智 聪明伶俐

命里注定 mìng lǐ zhù dìng
见"命中注定"。

命若悬丝 mìng ruò xuán sī
【释义】命:生命,性命。若:像。性命就像悬挂的丝线一样。形容生命危险。【例句】猎人瞄了一眼毒蛇,断定它被鹰咬伤了,而且已～了。

命在旦夕 mìng zài dàn xī
【释义】旦:早晨。夕:傍晚。生命在早晚之间。形容生命垂危,即将死亡。【例句】忽然接到～的远方老父的来信后,她心里悲痛万分。

命中注定 mìng zhōng zhù dìng
【释义】命:命运。注定:预先决定。宿命论者认为人的一切遭遇都是命运预先决定了的。也作"命里注定"。【例句】我从来不相信～,但我却笃信生活中有情分和缘分。

谬种流传 miù zhǒng liú chuán
【释义】谬种:荒谬的种子,指错误的言论、著作或学术流派等。荒谬错误的东西流传下来或传播开去。【例句】我早下决心要毁掉所有不满意的作品,不愿～。【近义】以讹传讹【反义】流芳百世

摸门不着 mō mén bù zháo
【释义】找不着门道。比喻弄不清原因或找不到方法,莫名其妙。也作"摸头不着"。【例句】张大妈的一句问话让小高～,一时不知道怎样回答。
提示 "着"不读 zhe。

摸头不着 mō tóu bù zháo
见"摸门不着"。

模棱两可 mó léng liǎng kě
【释义】模棱:含糊,不明确。两可:可以这样,也可以那样。形容意见或主张不明确,这样也可以,那样也可以。【例句】他不敢坚持一个一定的主张,就不得不采取些～、含混的语句了。【近义】依违两可 含糊其词 不置可否【反义】旗帜鲜明 毫不含糊

摩顶放踵 mó dǐng fàng zhǒng
【释义】摩:摩擦,摩伤。顶:头顶。放:至,到。踵:脚后跟。从头顶到脚后跟都擦伤了。形容不辞辛苦,不顾安危。【例句】当别人只为自己的利益费尽心机之时,这位英雄却在为人类而～。【近义】筚路蓝缕 不辞辛劳【反义】无所事事 坐享其成

摩肩接踵 mó jiān jiē zhǒng
【释义】摩:摩擦。接:接连。踵:脚后跟。肩膀挨肩膀,脚碰着脚。形容人多拥挤。也作"肩摩踵接"。【例句】人们冒着凛冽寒风,扶老携幼,～来到会场吊唁,祭奠这位舍生忘死的英雄民警。【近义】比肩继踵 毂击肩摩【反义】杳无人迹 路绝人稀

摩拳擦掌 mó quán cā zhǎng
【释义】摩:摩擦。形容行动之前精神振奋,跃跃欲试的样子。【例句】经过一个月左右的休整,球员们开始～,准备

M

在新年的第一个大满贯赛事——澳大利亚网球公开赛上一显身手。【近义】跃跃欲试　秣马厉兵【反义】按兵不动　无动于衷

磨杵成针　mó chǔ chéng zhēn
【释义】杵:春米或捶衣用的棒槌。把铁杵磨成针。据宋代祝穆《方舆胜览》记载,唐代诗人李白少时读书不用功,学业未成就弃书不读,遇一老婆婆磨铁杵,问干什么,老婆婆回答:欲磨作针。李白深受感动,遂发愤读书,完成学业。比喻只要坚持不懈,肯下功夫,就一定能成功。【例句】她以～的毅力学会了两门外语。

磨刀擦枪　mó dāo cā qiāng
【释义】形容作战前的准备工作正在进行。【例句】健儿们也在纷纷～,准备再次扬威在草原上。【近义】秣马厉兵

磨刀霍霍　mó dāo huò huò
【释义】霍霍:象声词,磨刀声。形容准备宰杀。后形容为下手杀人或发动战争而加紧准备。【例句】敌人已在那里～,我们也得有所准备,不能坐以待毙。【反义】解甲归田　刀枪入库

魔高一尺,道高一丈　mó gāo yī chǐ, dào gāo yī zhàng
见"道高一尺,魔高一丈"。

末大必折　mò dà bì zhé
【释义】末:树梢。树梢粗大了,树的主干必然会折断。比喻部属势力过大,就会造成危害。【例句】古代君王知道"～,尾大不掉"的道理。【近义】尾大不掉　末大不掉【反义】强干弱枝

没齿不忘　mò chǐ bù wàng
【释义】没齿:终生,一辈子。终生难忘。也作"没齿难忘"、"没世不忘"。【例句】

总理对我的恩情,我～。【近义】拳拳服膺　刻骨铭心【反义】置之脑后　忘恩负义

没齿难忘　mò chǐ nán wàng
见"没齿不忘"。

没世不忘　mò shì bù wàng
见"没齿不忘"。

脉脉含情　mò mò hán qíng
见"含情脉脉"。

莫测高深　mò cè gāo shēn
【释义】莫:没有谁。测:揣测,测量。没有人或无法揣测高深的程度。多指言行使人难以了解或理解。也作"高深莫测"。【例句】她眼里有种奇异的、～的光芒。【近义】神秘莫测 提示 多用于讽刺故弄玄虚。

莫可名状　mò kě míng zhuàng
【释义】名:说出。状:形容,描绘。不能用语言形容,指难以描述。【例句】目睹他这种无耻的行径,一种～的恶心使我几乎不能忍受。

莫可奈何　mò kě nài hé
见"无可奈何"。

莫名其妙　mò míng qí miào
【释义】莫:没有谁。名:说出,说明。没有谁能说出它的奥妙。指事情奇怪,使人无法理解。【例句】我开始尝到失眠的滋味,有时又感到～的恐慌。【反义】洞若观火

莫逆于心　mò nì yú xīn
【释义】莫逆:彼此心意相通,没有抵触或违逆。指情感一致,心意相投。【例句】当时他们师徒之间,一定相视而笑,～。【近义】情投意合【反义】貌合神离

M

莫逆之交　mò nì zhī jiāo

【释义】莫逆:没有违逆或抵触。交:交情,友谊。指情投意合、友谊深厚的好朋友。也作"莫逆之友"。【例句】两人自年轻时代起,即因政治观点相近,成了～。【近义】刎颈之交　生死之交　金石之交【反义】一面之交　泛泛之交

莫逆之友　mò nì zhī yǒu

见"莫逆之交"。

莫衷一是　mò zhōng yī shì

【释义】莫:不能。衷:折中,断定。是:对,正确。不能断定哪个对。形容意见有分歧,不能得出一致的结论。【例句】关于五显神和五通神二神的来历,众说纷纭,～。【近义】无所适从【反义】一言为定

秣马厉兵　mò mǎ lì bīng

【释义】秣:喂。厉:磨砺。兵:兵器。磨快兵器,喂饱战马。指做好战斗前的准备工作。也作"厉兵秣马"。【例句】参加本届全国运动会的代表团各运动队正～,投入夏训,准备在决赛中创造优异成绩。【近义】摩拳擦掌【反义】刀枪入库　解甲投戈　提示　"厉"不能写成"砺"。

漠不关心　mò bù guān xīn

【释义】漠:冷淡。形容态度冷淡,毫不关心。【例句】调查者发现,在亏损的国有企业中,对企业的效益～的现象还比较多。【近义】麻木不仁　不闻不问【反义】体贴入微　无微不至　提示　"漠"不能写成"莫"。

漠然置之　mò rán zhì zhī

【释义】漠然:冷淡的样子。置:放。冷淡地把它放在一边。形容对人或事物不关心,不理睬。【例句】诸如此类史料,不只专家学者感兴趣,一般读者大

概也不会～。【近义】漠不关心　置之不理

墨迹未干　mò jì wèi gān

【释义】墨迹:墨色的痕迹。写在纸上的墨迹还没有干。形容协定、条约等订立不久。也作"墨汁未干"。【例句】协议～,便成了一纸空文。【近义】口血未干　提示　多用于指责对方不守信用。

墨守陈规　mò shǒu chén guī

见"墨守成规"。

墨守成规　mò shǒu chéng guī

【释义】墨守:战国时墨翟善于守城,故称善于防守为"墨翟之守"或"墨守"。成规:现成的或久已通行的规章。死守老规矩。形容思想保守,按老一套办,不肯改进。也作"墨守陈规"。【例句】他在艺术上极力主张革新创造,反对～。【近义】奉行故事　因循守旧　故步自封【反义】因时制宜　推陈出新　提示　"墨"不能写成"默"。

墨汁未干　mò zhī wèi gān

见"墨迹未干"。

默不作声　mò bù zuò shēng

【释义】作声:发出声音。默默地不出声。【例句】晓丽躺在床上,一动不动,两眼瞪得大大的,望着天花板～。

默默无闻　mò mò wú wén

【释义】默默:不出声,无声无息。闻:名声。形容不出名,没有人知道。【例句】经过包装,这个～的酒吧歌手一炮走红,成了大歌星。【近义】不见经传　湮没无闻【反义】赫赫有名　大名鼎鼎　名闻遐迩　家喻户晓　举世闻名

默默无言　mò mò wú yán

【释义】默默:不言不语。不声不响的样

M

子。【例句】不知为什么两人只是～地举杯,直至皎月临窗。【近义】一言不发【反义】夸夸其谈　喋喋不休

谋财害命　*móu cái hài mìng*

【释义】谋:图谋。为了图谋钱财而杀害别人性命。【例句】无端地空耗别人的时间,其实是无异于～。【近义】杀人越货【反义】仗义疏财

木本水源　*mù běn shuǐ yuán*

【释义】木:树。本:树的根。源:水流的源头。树木的根,流水的源头。比喻事物的根本或事情的原因。【例句】他认为人生于天地之间,都有～。【近义】来龙去脉　前因后果

木人石心　*mù rén shí xīn*

【释义】木头人,石头心肝。比喻人意志坚定,不受诱惑。也比喻人冷酷无情。【例句】面对敌人的高官厚禄,他犹如～。【近义】木心石腹

木心石腹　*mù xīn shí fù*

【释义】指铁石心肠。形容冷酷无情。【例句】他表面上好像很冷漠,但绝不是一个～的人。【近义】木人石心

木已成舟　*mù yǐ chéng zhōu*

【释义】舟:船。木头已经做成了船。比喻事情已成定局,无法再挽回或不可能再改变。【例句】我一切都明白了,面对这～的事实,我只能选择同意。【近义】生米煮成熟饭　覆水难收【反义】亡羊补牢

目不见睫　*mù bù jiàn jié*

【释义】目:眼睛。眼睛看不见自己的眼睫毛。比喻看不到自己的过失,没有自知之明。【例句】人要有自知之明,不要犯～的错误。【反义】自知之明

目不交睫　*mù bù jiāo jié*

【释义】交:合拢。睫:睫毛。上下眼睑的睫毛不能交合,即不合眼。形容不能入睡的样子。【例句】为了取得这场战役的胜利,司令部的将军们～,彻夜研究作战方案。

目不窥园　*mù bù kuī yuán*

【释义】窥:从小孔或缝隙里看。园:花园,指供游玩娱乐的地方。原指汉代董仲舒潜心治学,无暇观赏园中景色。后形容专心致志,不为其他事分心。【例句】为了能尽快完成科研课题,近三个月以来,他～,废寝忘食地钻研着。【近义】专心致志【反义】心猿意马

目不忍视　*mù bù rěn shì*

【释义】目:眼睛。视:看。眼睛不忍看。形容景象很悲惨。【例句】自从父母双亡后,她终日以泪洗面,弄得容颜憔悴,形销骨立,让人～,可怜万分。【近义】惨不忍睹【反义】赏心悦目

目不识丁　*mù bù shí dīng*

【释义】目:眼睛。丁:指简单的字。据说"丁"应写作"个",因为字形相近而误。后来形容人连一个简单的字也不认识。【例句】王大爷虽然～,却通情达理。【近义】目不知书　不识之无　一字不识【反义】识文断字

目不暇给　*mù bù xiá jǐ*

见"目不暇接"。

目不暇接　*mù bù xiá jiē*

【释义】目:眼睛。暇:空闲。接:接应。眼睛没有空闲应付。形容美好的事物太多,眼睛来不及看。也作"目不暇给"。【例句】展厅里的各种景象新鲜而又庄严,使他～,驰魂夺魄。【近义】应接不暇　眼花缭乱【反义】一目了然

目不斜视　*mù bù xié shì*

【释义】目:眼睛。视:看。两眼不向两

边看。形容品行端正，为人正派。【例句】那站岗的哨兵威武挺立，～，犹如雕像般庄严。【近义】目不转睛【反义】左顾右盼

目不知书　mù bù zhī shū

【释义】目：眼睛。指不会读书写文章。【例句】李大爷虽然～，却能口占作诗，颇有点才气。【近义】目不识丁【反义】识文断字

目不转睛　mù bù zhuǎn jīng

【释义】睛：眼珠。眼睛不眨，眼珠一点儿也不动。形容注意力高度集中，看得出神。【例句】埃及观众们～地观看中国剪纸艺人们的现场表演，不时发出赞叹声。【近义】目不斜视【反义】左顾右盼　东张西望

目瞪口呆　mù dèng kǒu dāi

【释义】睁大眼睛发愣，张着嘴说不出话来。形容因惊讶、害怕等茫然发愣的样子。【例句】这两个小男孩被眼前的困难吓得～了。【近义】瞠目结舌【反义】神色自若　提示　"瞪"不读 dēng。

目光炯炯　mù guāng jiǒng jiǒng

【释义】炯炯：明亮的样子。眼光亮晶晶。形容眼睛明亮有神。【例句】他～有英气，胆力过人。

目光如豆　mù guāng rú dòu

【释义】眼光像豆子那样小。形容没有远见。【例句】他～，难有大的作为。【近义】鼠目寸光　肉眼愚眉【反义】高瞻远瞩

目光如炬　mù guāng rú jù

【释义】炬：火把。眼光像火把一样明亮。形容人冒怒火或气势很盛。也形容见识高明，目光远大。【例句】面对敌人的枪口，江姐～，高呼口号慷慨就义。/ 当年茅盾那～的品评，后来都被

历史证明是有远见卓识的。【近义】高瞻远瞩【反义】目光如豆　鼠目寸光　肉眼愚眉　提示　"炬"不能写成"巨"。

目空一切　mù kōng yī qiè

【释义】一切都不放在眼里。形容极其狂妄自大。【例句】即使有很大的本事，也要谦虚谨慎，不可～，骄傲自大。【近义】目中无人　不可一世　眼空四海　趾高气扬【反义】虚怀若谷

目迷五色　mù mí wǔ sè

【释义】迷：迷乱。五色：泛指各种颜色。颜色又杂又多，使人眼花。形容事物错综复杂，令人分辨不清。【例句】我们打开这德文译本一看，起初是～，渐渐地就觉得它鸿博高深了。【近义】五彩缤纷【反义】心明眼亮　提示　"迷"不能写成"谜"。

目送手挥　mù sòng shǒu huī

【释义】目送：目光追随飞鸟。手挥：挥动手指弹琴。原形容手眼并用，得心应手的神态。后形容诗文书画挥洒自如。【例句】这位画家～，不一会儿，一幅骏马图便展现在人们眼前。【反义】得心应手

目无法纪　mù wú fǎ jì

见"目无王法"。

目无全牛　mù wú quán niú

【释义】全牛：完整的牛。眼里看到的不是整头的牛。原意是只看到牛的骨骼间隙，熟知牛体的结构。后形容技艺达到精湛纯熟的地步。也形容办事精明熟练。【例句】对于着眼于了解文化的人来说，读书既要"胸有成竹、～"，还要能"小中见大"。【近义】得心应手　游刃有余

目无王法　mù wú wáng fǎ

【释义】无：没有。眼里没有国家的法

M

律、政策法令。比喻胆大妄为,无法无天。也作"目无法纪"。【例句】他生平最恨的就是权贵子弟～。【近义】无法无天

目无下尘　mù wú xià chén

【释义】下尘:下风,指地位、名望比较低的。形容为人骄傲,看不起群众。【例句】他常常居官自傲,～,所以亲朋好友都对他敬而远之。【近义】目空一切　不可一世【反义】虚怀若谷

目无余子　mù wú yú zǐ

【释义】余子:其余的人。不把其余的人放在眼里。形容骄傲自大。【例句】文如其乐,都有一种～,不屑与世苟同的风骨。【近义】目中无人　眼底无人【反义】平易近人

目无尊长　mù wú zūn zhǎng

【释义】尊长:地位高、年纪大的人。眼睛里没有尊长。形容态度傲慢,狂妄无礼。【例句】涛涛被宠坏了,说话做事～,应该好好教育教育了。【近义】没大没小

目中无人　mù zhōng wú rén

【释义】眼里没有别人。形容骄傲自大,看不起人。【例句】从小被宠爱、娇惯的孩子,容易形成～的以自我为中心的扭曲性格。【近义】目空一切　旁若无人【反义】虚怀若谷

沐猴而冠　mù hóu ér guàn

【释义】沐猴:猕猴。冠:戴帽子。猕猴戴上帽子,装扮成人样。比喻装扮得像个人物,但只是虚有仪表或地位而已。也作"沐猴衣冠"。【例句】别看他衣冠楚楚,装出文质彬彬的模样,这只不过是～罢了。【近义】衣冠禽兽　虚有其表【反义】仁人君子　表里如一

沐猴衣冠　mù hóu yì guàn

见"沐猴而冠"。

沐雨栉风　mù yǔ zhì fēng

见"栉风沐雨"。

幕天席地　mù tiān xí dì

【释义】幕:帐篷。席:座席。把天空作为幕帐,把大地作为铺席。形容心胸旷达。现用指露天。【例句】即便是行无辙迹,居无室庐,～,他也能纵意所如。/ 在尘土飞扬的空场上,商贩们～,铺起了一排排摊位。【近义】风餐露宿

慕名而来　mù míng ér lái

【释义】慕名:仰慕名声。因仰慕某人名声而来拜见他。【例句】他千里迢迢～,就是想拜您老为师。

暮鼓晨钟　mù gǔ chén zhōng

见"晨钟暮鼓"。

暮气沉沉　mù qì chén chén

【释义】暮气:形容不振作的精神状态。沉沉:深沉的样子。形容精神萎靡不振,缺乏朝气。【例句】美华总是～的,大家都不太喜欢她。【近义】萎靡不振　死气沉沉【反义】朝气勃勃　生气勃勃

暮色苍茫　mù sè cāng máng

【释义】暮:傍晚。傍晚天色昏暗,眼前的景物模糊不清。【例句】～之中,还有三五个游客在这河堤上漫步。【反义】晨光熹微

N

拿刀动杖　ná dāo dòng zhàng

【释义】刀、杖:兵器。指使用兵器,动用武力。【例句】你这么大年纪了,～干什么,有什么话不好说呢?

拿腔作势　ná qiāng zuò shì

【释义】腔:腔调。势:姿势。故意装腔调、摆架子。【例句】无论我怎样邀请,她总是～,不肯来参加我的生日会。【近义】装腔作势

拿手好戏　ná shǒu hǎo xì

【释义】拿手:拿得出手,指特别擅长。原指演得最出色的戏。后比喻最擅长的本领。【例句】做粤菜是他的～。【近义】看家本领【反义】百无所长

纳谏如流　nà jiàn rú liú

【释义】纳:接受。谏:规劝君主、尊长或朋友,使之改正错误。接受规劝,像流水一样迅速自然。指乐意或善于听取正确的意见。【例句】他虚怀若谷,～,所以改进很快。【近义】从谏如流

乃心王室　nǎi xīn wáng shì

【释义】乃:你的。王室:朝廷。你的心系念朝廷。指忠于朝廷。【例句】汉末,英雄并起,各矫命专制,唯独曹操～。

耐人寻味　nài rén xún wèi

【释义】耐:经得起。寻味:仔细体会,反复品味。形容意味深长,经得起人们仔细体会品味。【例句】虽然画面着墨不多,却收到了～的效果。【近义】意味深长【反义】味同嚼蜡　索然无味

男扮女装　nán bàn nǚ zhuāng

【释义】男人装扮成女人。【例句】张国荣在《霸王别姬》中出手不凡,把一个～的旧戏曲艺人的复杂情感和心态表现得淋漓尽致!【反义】女扮男装

男耕女织　nán gēng nǚ zhī

【释义】男人耕田,女人织布。形容男女辛勤劳动。【例句】村子里～,没有游手好闲的人。

男女平等　nán nǚ píng děng

【释义】男性和女性在社会上和家庭里地位平等。【例句】促进～,是中国社会发展的一项基本目标。【反义】男尊女卑

男尊女卑　nán zūn nǚ bēi

【释义】尊:尊贵。卑:卑贱。男人尊贵,女人卑贱。这是以男性为中心的封建伦理观念。【例句】～是以男性为中心的封建伦理观念,必须从根本上加以改变。【反义】男女平等

南柯一梦　nán kē yī mèng

【释义】南柯:南边的树枝。据唐代李公佐《南柯太守传》记载,淳于棼梦入大槐安国做了南柯郡太守,享尽荣华富贵,醒来发现大槐安国是庭前大槐树下的蚂蚁洞,南柯郡是槐树南边树下的另一个蚂蚁洞。泛指一场梦。也比喻一场空欢喜。【例句】经历这场冒险后她从所睡的草地上醒来,原来是

～。/ 世事恍若～,何必汲汲于争名夺利的追逐战呢?【近义】黄粱美梦　黄粱一梦【反义】梦想成真

南来北往　nán lái běi wǎng

【释义】从南边来,到北方去。泛指行人来来往往。【例句】商店披着节日的盛装,人们满面春风地～。【近义】车水马龙　络绎不绝

南腔北调　nán qiāng běi diào

【释义】腔:唱腔。调:曲调。本指南北各种戏曲腔调。形容人口音不纯,掺杂着各地方音。【例句】县城成了"不夜城",穿着花花绿绿的生意人川流不息,～的叫卖声昼夜不停。【近义】怪腔怪调【反义】字正腔圆

南辕北辙　nán yuán běi zhé

【释义】辕:车前驾牲口的两根直木。辙:车轮碾压的痕迹。据《战国策·魏策四》记载,有个人要到南方楚国去,却驾着车往北行。比喻行动和目的相反。【例句】他在数学上的见解,却与父亲～,背道而驰。【近义】背道而驰【反义】殊途同归 提示 "辙"不能写成"辄"。

南征北伐　nán zhēng běi fá

见"南征北战"。

南征北讨　nán zhēng běi tǎo

见"南征北战"。

南征北战　nán zhēng běi zhàn

【释义】征:征伐。到处出征作战。形容经历的战斗很多。也作"南征北伐""南征北讨"。【例句】参加座谈会的这些老战士～几十年,为我国的解放和国防建设贡献了青春年华。【近义】东征西讨

难分难解　nán fēn nán jiě

【释义】解:分开。指双方相持不下,难

以结束或解决。形容双方关系异常亲密,难以分离。也作"难解难分"。【例句】首场比赛,广东队和山东队打得～,广东队依然以 62∶51 保持领先优势。/ 小夫妻俩即将分别,～。【近义】难舍难分

难解难分　nán jiě nán fēn

见"难分难解"。

难舍难分　nán shě nán fēn

【释义】舍:分离。形容双方感情深厚,不忍心分离。【例句】每次,他总是欢天喜地地接到她,又～地在村头老苦楝子树下送她。【近义】难分难解 提示 "难"不读 nàn。

难兄难弟　nán xiōng nán dì

【释义】指兄弟二人或事物都一样好,难分高下。也反用指两者同样坏。【例句】你们俩,一个不通文理,一个不达时务,真是～。

喃喃细语　nán nán xì yǔ

见"呢喃细语"。

难兄难弟　nàn xiōng nàn dì

【释义】难:苦难,患难。指彼此共患难或处于同样困境的人。【例句】我们俩都来自山区,都吃过不少苦,有共同的经历,实在是～呢!【近义】患难之交【反义】泛泛之交　狐朋狗友

囊空如洗　náng kōng rú xǐ

【释义】囊:口袋。如:像。口袋里空空的,像洗净了一样。形容穷得一个钱也没有。【例句】兄妹俩经过长途跋涉抵达太平洋彼岸的时候,已成了～、一文不名的穷光蛋。【近义】阮囊羞涩身无分文【反义】腰缠万贯

囊萤积雪　náng yíng jī xuě

【释义】囊萤:夏夜把萤火虫装在绢袋里照明读书。积雪:冬天坐在雪堆旁,借

其反射的微光照映念书。形容勤奋好学,刻苦攻读。【例句】贫穷并不能让我停止求学,即使～,我也要坚持下去。【近义】凿壁偷光　悬梁刺股

呶呶不休　náo náo bù xiū

【释义】呶呶:说话絮絮叨叨地。休:止。絮絮叨叨地说个不停。【例句】在旅游途中,一向沉默寡言的小马却一直～,大家都感到很吃惊。【近义】喋喋不休【反义】默不作声　提示　"呶"不读 nǔ。

恼羞成怒　nǎo xiū chéng nù

【释义】恼:恼恨。羞:羞愧。由于恼恨、羞愧到极点而发怒。也作"老羞成怒"。【例句】0:0的平局让切尔西队主教练～,指责热刺队一味防守"不是在踢足球"。【近义】气急败坏

脑满肠肥　nǎo mǎn cháng féi

【释义】形容不劳而食的人吃得很饱、养得很胖的样子。【例句】这个～的市侩忽然引起了我极大的憎恶。【近义】大腹便便　肥头大耳【反义】形销骨立　骨瘦如柴　瘦骨伶仃　提示　含贬义。

内柔外刚　nèi róu wài gāng

【释义】柔:柔弱,脆弱。刚:刚强,强大。内心或内部脆弱,外表或外部刚强。也作"外刚内柔"。【例句】小柯外柔内刚,小桐却～,二人相得益彰!【反义】外柔内刚

内外夹攻　nèi wài jiā gōng

【释义】夹:从不同的两个方面钳住。从内部和外部两个方面配合同时进攻。【例句】这一轮他如何带领队友应付辽宁队三个主攻手的～,费了不少心思。【近义】腹背受敌

内外交困　nèi wài jiāo kùn

【释义】交:一齐,同时。内部和外部同

时遇到困难。多指国内的政治经济等方面和对外关系方面都处于十分困难的地步。【例句】第一次世界大战后,意大利～,政局混乱。【近义】内忧外患

内忧外患　nèi yōu wài huàn

【释义】忧:忧虑。患:祸患。内部有忧虑,外部有祸患。指国内的动乱和外来的侵略。也指个人或家庭所处内外交困的困境。【例句】在中国处于～、贫困落后境地之时,孙中山第一个喊出了"振兴中华"的响亮口号。/ 他在最艰难的日子里,妻子却突然因车祸去世,留下了六个未成年的孩子,这真是～,雪上加霜。【近义】内外交困

能工巧匠　néng gōng qiǎo jiàng

【释义】手艺技能高超的人。【例句】他天生腿跛,虽然是个残疾人,却是个生活中的巨人,是有名的～。【近义】能人巧匠

能屈能伸　néng qū néng shēn

【释义】屈:弯曲。伸:伸直。能弯曲也能伸直。指人在失意时能忍让克制,在得意时能施展才干、抱负。【例句】尺蠖是一种小虫,～。/ 当忍则忍、～才是大丈夫。【近义】能进能退【反义】宁折不弯　刚直不阿

能说会道　néng shuō huì dào

【释义】道:说,讲。善于用言辞表达,很会说话。【例句】他爸爸～,在当地是出了名的。【近义】能言善辩【反义】笨嘴拙舌　笨口拙舌

能文能武　néng wén néng wǔ

【释义】指武艺双全。也指既有文化,又能劳动。【例句】我早年对他的印象是个～、多才多艺的人。【近义】允文允武　文武双全

N

能言巧辩　néng yán qiǎo biàn

见"能言善辩"。

能言善辩　néng yán shàn biàn

【释义】言:说。善:擅长。辩:辩论。很会说话,擅长辩论。也作"能言巧辩"。【例句】希腊人热衷政治,～,据说这与古希腊雅典人的辩才有一些关系。【近义】能说会道【反义】笨嘴拙舌笨口拙舌

能者多劳　néng zhě duō láo

【释义】能者:能力强的人。劳:劳累,苦。能力强的人多干事,劳累也多。【例句】胡先生真是太能干了,整天没空,正如俗话说得好,～。 提示 多用于对人的赞誉或奉承。

呢喃细语　ní nán xì yǔ

【释义】呢喃:象声词,低语声。形容小声说话。也作"喃喃细语"。【例句】两岸高大的杨树在随风摇曳,柳树在～,不停地哄着小河入睡。

泥牛入海　ní niú rù hǎi

【释义】泥塑的牛进入大海里。比喻一去不返,杳无消息。【例句】他撰写过许多学术文稿投寄有关刊物,但总是～无消息。【近义】杳无音信　石沉大海【反义】青鸟佳音

泥沙俱下　ní shā jù xià

【释义】俱:一起,都。泥土和沙子一起被河水冲下来。比喻好坏不同的人或事物混杂在一起。【例句】黄河、金沙江波涛滚滚,～。/在商品经济的大潮中,难免有鱼龙混杂、～的现象,一些人因此出现心理困惑。【近义】良莠不齐　龙蛇混杂　鱼龙混杂

泥塑木雕　ní sù mù diāo

【释义】塑:塑造。雕:雕刻。用泥土塑的或用木头刻的偶像。比喻人表情、动作呆板或静止不动。【例句】突然的打击使我茫然不知所措,我～般地呆立着。【近义】呆若木鸡　呆头呆脑【反义】活灵活现　生龙活虎

泥古不化　nì gǔ bù huà

【释义】泥:拘泥。化:变化。拘泥于古代的陈规或陈说,而不知结合具体情况加以变通。【例句】石涛在艺术上反对～,主张"借古以开今"的革新精神。【近义】食古不化

逆来顺受　nì lái shùn shòu

【释义】逆:不顺。顺:顺从。受:忍受。对不顺利的境遇或不合理的待遇,采取顺从、忍受的态度。【例句】对这样的压迫陷害,林冲只是～。【近义】忍气吞声　犯而不校【反义】针锋相对以牙还牙

逆水行舟　nì shuǐ xíng zhōu

【释义】逆:向着相反的方向。向着与水流相反的方向行船。比喻在前进过程中必须努力发奋,否则就要退步。【例句】船上重载,～,若想完成运输任务,只好靠人力拉纤。/商海如～,不进则退。【近义】逆水而上【反义】顺水推舟

拈花惹草　niān huā rě cǎo

【释义】拈:用手指取物。惹:招惹,挑逗。花、草:喻指女子。指男子乱搞男女关系或狎妓。【例句】这人出身农家,文化不高,但很本分爽直,从不～。【近义】寻花问柳　招蜂引蝶【反义】正人君子　坐怀不乱 提示 "拈"不读 zhān。

拈轻怕重　niān qīng pà zhòng

【释义】拈:用手指头夹取。拣轻活做,怕挑重担。【例句】他对工作很负责任,从不～,总是把轻担子推给人家,

自己挑重的。【近义】避重就轻　挑肥拣瘦【反义】吃苦耐劳　任劳任怨　提示　"拈"不读 zhān。

拈酸吃醋　niān suān chī cù

【释义】比喻在男女关系上产生嫉妒不快的情绪。【例句】这本书稿内容低俗，写的几乎是～的事情，不宜出版。【近义】争风吃醋　提示　"拈"不读 zhān。

年富力强　nián fù lì qiáng

【释义】年富：未来的年岁多，指青壮年时期。力：精力。年纪轻，精力旺盛。【例句】青年文艺工作者～，思想敏锐，是文艺事业的未来。【近义】年轻力壮【反义】年迈力衰

年高德劭　nián gāo dé shào

【释义】劭：美好。年岁高，品德好。【例句】这件事要请自己的亲眷朋友或者邻里～、靠得住的人做证人。【近义】德高望重　年高望重【反义】资浅望轻　德浅行薄

年轻力壮　nián qīng lì zhuàng

【释义】壮：健壮。年纪轻，身体好，力气大。【例句】这群年轻人个个～，都是当兵的好汉子。【近义】年富力强【反义】年老力衰

年深日久　nián shēn rì jiǔ

【释义】深：深远。久：长久。指经过的时间很长。【例句】这座令人惊叹的蚁山是千千万万蚂蚁以惊人的毅力，无休止地劳动，～垒成的。【近义】成年累月

念念不忘　niàn niàn bù wàng

【释义】念念：时刻思念。总是在思念，一刻也不忘记。【例句】他成为香港富商之后，就～要为祖国、为家乡创办一

所培养人才的高级大学。【近义】没齿不忘　耿耿于怀【反义】置之脑后

念念有词　niàn niàn yǒu cí

【释义】念念：连续不停地念诵。旧时迷信的人小声念咒语或说祈祷的话。也指人不停地自言自语。【例句】见围观的人越来越多，那人更得意了，口中～，手在空中乱比画，煞有介事。/ 他在廊沿下走来走去，口里～的，不知说什么。【近义】喃喃自语　自言自语

鸟尽弓藏　niǎo jìn gōng cáng

【释义】尽：完。藏：收存。鸟打光了，弓就收藏起来。比喻事情成功后，就把出过力的人抛弃或杀死。【例句】将军担心的是：一旦义军被剿，他自己对朝廷已没有用处，～、兔死狗烹的时候就要到来。【近义】兔死狗烹　过河拆桥【反义】没齿不忘　感恩戴德

鸟面鹄形　niǎo miàn hú xíng

【释义】鹄：天鹅。像鸟一样的瘦脸，像天鹅一样的长颈。形容人面容枯瘦，身体瘦削。【例句】在那段困难时期，由于物质严重缺乏，老李家的孩子又多，都饿成了～的样子。【近义】鸠形鹄面

鸟语花香　niǎo yǔ huā xiāng

【释义】鸟儿鸣叫，花儿飘香。多形容春天魅人的景象。【例句】这座建筑立于一座小山丘的斜坡上，四周树木茂密，绿草如茵，～，空气清新。【近义】莺歌燕舞　莺啼燕语【反义】春意阑珊

捏手捏脚　niē shǒu niē jiǎo

【释义】指放轻手脚，不弄出声响。也指动手动脚。【例句】那小偷～地进到了房间，却没有人觉察。/ 他俩在公众面前还～的，真是不懂礼法。【近义】蹑手蹑脚　轻手轻脚【反义】大步流星

蹑手蹑脚　niè shǒu niè jiǎo

【释义】蹑:放轻(脚步)。形容走路时放轻脚步,不弄出声响。【例句】我在井边发现了一只小青蛙,就～地靠近观察它。【近义】捏手捏脚【反义】大步流星

凝神屏气　níng shén bǐng qì

见"屏气凝神"。

宁缺毋滥　nìng quē wú làn

【释义】宁:宁可。毋:不要。滥:不加选择,过度。宁可暂时缺空,也不要降低标准凑数。也作"宁缺勿滥"。【例句】本次评选将本着公平、公正、公开和～的原则。【反义】多多益善 提示 "毋"不能写成"母","滥"不能写成"烂"。

宁缺勿滥　nìng quē wù làn

见"宁缺毋滥"。

宁死不屈　nìng sǐ bù qū

【释义】宁:宁可。屈:屈服。宁可牺牲生命,也不屈服。【例句】他心里充满了对～的战友们的尊敬。【近义】百折不挠　九死不悔【反义】屈膝投降　苟且偷安

牛刀割鸡　niú dāo gē jī

【释义】牛刀:宰牛的刀。用宰牛的刀来杀鸡。比喻大材小用。【例句】纪博士在一家小公司做前台接洽员,这真是～。【近义】牛鼎烹鸡

牛刀小试　niú dāo xiǎo shì

【释义】小:稍微。试:试验,尝试。用宰牛的刀在小生物上试一下。比喻有大本领而先在小事情上略微施展一下。也作"小试牛刀"。【例句】钱老亲自在香港创办华润公司的成功实践,仅是～而已。【近义】初露锋芒　小试锋芒

崭露头角【反义】大显身手　大展宏图

牛鼎烹鸡　niú dǐng pēng jī

【释义】鼎:古代炊器。烹:煮。用能够煮整头牛的鼎来烹煮一只鸡。比喻大材小用。【例句】调动一台大吊车来搬动这么小的设备,岂不是～?【近义】牛刀割鸡

牛高马大　niú gāo mǎ dà

见"人高马大"。

牛鬼蛇神　niú guǐ shé shén

【释义】牛头鬼,蛇身神。比喻各种各样的坏人和丑恶事物。【例句】黄警官对付地方上横行霸道的～,的确很有一套。【近义】魑魅魍魉　妖魔鬼怪　牛头马面【反义】正人君子

牛郎织女　niú láng zhī nǚ

【释义】牵牛星(俗称牛郎星)和织女星,是隔银河相对的两个星座。神话传说中的一对夫妇。天帝孙女(织女)私嫁给牛郎后,织锦中断。天帝大怒,责令两人分离,每年农历七月七日夜才能在天河上相会一次。比喻长期分居两地的夫妻。【例句】民间至今还流传着～渡天河一年一度相会的神话。/ 他们新婚不久就过着～的生活,真是苦啊!

牛毛细雨　niú máo xì yǔ

【释义】形容极细的小雨。【例句】麦场刚打完,天上就断断续续地下起了～。【近义】和风细雨【反义】倾盆大雨　瓢泼大雨

牛头不对马嘴　niú tóu bù duì mǎ zuǐ

【释义】比喻答非所问或事物彼此不相符。【例句】黄大叔听朱阿姨说得～,

好几次都想打断她的话。【近义】驴唇不对马嘴

牛头马面　niú tóu mǎ miàn

【释义】传说地狱里的两个鬼卒，一个头颅似牛，一个面目像马。借指各种阴险丑恶的人。【例句】小时候，奶奶讲的～的故事，至今都还留在他脑海里。/一想起恐怖电影中的～，他都吓得睡不着了。【近义】牛鬼蛇神

扭扭捏捏　niǔ niǔ niē niē

【释义】走路时身体故意摇摆晃动。形容言谈举止不大方或故意做作。【例句】他走路的姿势不好看，～的。/她～了大半天，才说出一句话来！【近义】忸怩作态【反义】大大方方

扭转乾坤　niǔ zhuǎn qián kūn

【释义】乾坤：八卦中的两卦，代表天和地，代指天地。把天地扭转过来。指彻底改变局面或世界。【例句】他的胆识和远见，以及～的伟人风范令人敬佩。【近义】改天换地

忸怩作态　niǔ ní zuò tài

【释义】忸怩：不好意思或不大方的样子。故意做出不好意思或不大方的样子。【例句】看柳老画画，总有一种清朗之感，毫无～，故作矜持，也不拖泥带水。【近义】矫揉造作【反义】大大方方

浓妆艳抹　nóng zhuāng yàn mǒ

【释义】浓：颜色深。艳：色彩鲜明。妆、抹：打扮。形容女子打扮得十分艳丽。【例句】她经常～，香气扑鼻。【近义】浓妆艳裹　浓妆艳饰　弄粉调朱【反义】衣不重彩　衣不完采

弄粉调朱　nòng fěn tiáo zhū

【释义】粉、朱：粉色和红色的脂粉。摆弄脂粉，修饰容貌。也作"调朱弄粉"。【例句】我看着小侄女～的模样，忍不住笑了。【近义】浓妆艳裹　浓妆艳饰　浓妆艳抹【反义】衣不重彩　衣不完采

弄假成真　nòng jiǎ chéng zhēn

【释义】弄：做。本是假做的，结果弄成了真的。【例句】杨大妈见自己作为缓兵之计的一出假戏险些要被李大妈～，不禁又气又急。【近义】假戏真做

弄巧成拙　nòng qiǎo chéng zhuō

【释义】弄：耍弄。巧：聪明。拙：愚笨。本想耍弄聪明，结果反而做了蠢事。【例句】在这种情况下，急于求成可能会～。【近义】画蛇添足【反义】歪打正着　画龙点睛

弄虚作假　nòng xū zuò jiǎ

【释义】通过耍花招、搞假象欺骗人。【例句】那种投机取巧、偷工减料、～的人必然被大家所唾弃。【近义】瞒上欺下　瞒天昧地【反义】实事求是　脚踏实地

奴颜婢膝　nú yán bì xī

【释义】奴：奴才。颜：表情。婢：婢女。膝：膝盖，指屈膝下跪。形容像奴婢一样低声下气、谄媚讨好的样子。【例句】～与愚盲自大都于学术发展没有好处。【近义】卑躬屈膝　奴颜媚骨　阿谀奉承【反义】不亢不卑　刚正不阿　正气昂扬

奴颜媚骨　nú yán mèi gǔ

【释义】奴：奴才。颜：表情。媚：讨好，巴结。奴才的面孔，献媚的骨头。形容低三下四、谄媚讨好的样子。【例句】宋庆龄不愿见到～之徒。【近义】卑躬屈膝【反义】威武不屈

N

驽马恋栈豆　nú mǎ liàn zhàn dòu

【释义】驽马:劣马。恋:留恋。栈:棚,槽。豆:豆料。劣马只会留恋马厩里的豆料。比喻才能低下的人只顾眼前小利,贪恋禄位。【例句】在改革大潮中,许多人也不再～了,决心出去闯一闯。

怒不可遏　nù bù kě è

【释义】遏:阻止,抑制。愤怒得无法抑制。形容愤怒到了极点。【例句】老虎先是感到迷惘,随后变得～,挥动一只爪子朝阿里劈面打来。【近义】怒形于色【反义】心平气和　喜不自胜

怒发冲冠　nù fà chōng guān

【释义】冠:帽子。愤怒得头发直竖,好像把帽子都顶起来了。形容非常愤怒。【例句】有些批评家看见书中夹着许多中西典故,不禁～,大骂作者自作聪明,把小说当作骈体文来做。【近义】发指眦裂　怒目切齿　怒气冲天　怒火中烧【反义】心平气和　欣喜若狂

怒火冲天　nù huǒ chōng tiān

见“怒气冲天”。

怒火中烧　nù huǒ zhōng shāo

【释义】中:心中。怒火在心中燃烧。形容愤怒的情绪非常强烈。【例句】他看见一个歹徒正晃着手枪威逼旅客掏钱,不禁～,猛扑过去,将歹徒打翻在地。【近义】怒发冲冠【反义】喜不自胜　乐不可支

怒目而视　nù mù ér shì

【释义】怒目:瞪着发怒的眼睛。视:看。愤怒地瞪着眼睛看。【例句】在这件事情上,原来～的两个人,这时却似乎有了一些共同的语言,因“和谈”而讲和了。【反义】和颜悦色

怒目切齿　nù mù qiè chǐ

【释义】怒目:愤怒地瞪着眼睛。切齿:咬紧牙齿。瞪大眼睛,咬紧牙齿。形容愤怒到极点。【例句】谈到这些,壮族老人和两个壮族年轻人都～。【近义】怒目横眉　怒发冲冠【反义】喜笑颜开

怒气冲冲　nù qì chōng chōng

【释义】怒气:愤怒的情绪。冲冲:感情激动的样子。满脸怒气,十分激动的样子。【例句】他～地说当了个冤大头!

怒气冲天　nù qì chōng tiān

【释义】怒气:愤怒的情绪。怒气冲上了天空。形容愤怒之极。也作“怒火冲天”。【例句】他滔滔不绝、～的讲述引起周围群众的同情和愤怒。【近义】怒发冲冠【反义】欣喜若狂

怒形于色　nù xíng yú sè

【释义】形:显露。色:脸色。内心的愤怒在脸色上显露出来。【例句】愤激的青年演说者,～的人群,使整个浮雕充满了痛恨卖国贼、激动人心的气氛。【近义】怒不可遏【反义】喜不自胜　喜形于色

女扮男装　nǚ bàn nán zhuāng

【释义】女人装扮成男人。【例句】听说她在抗日战争时期～,带兵打仗,能使双枪,百步穿杨。【反义】男扮女装

女中丈夫　nǚ zhōng zhàng fū

【释义】丈夫:有志气有作为的男子。女子中具有男子汉气概的人。指女中豪杰。【例句】此时,这位身体健壮的～看上去却毫无丈夫气概,倒是更像一位母性型的农妇。【近义】巾帼须眉

O

呕心沥血 ǒu xīn lì xuè

【释义】呕:吐。沥:滴。形容苦心思索,费尽心血。【例句】李贺写作态度极为严肃认真,到了～的程度。【近义】殚精竭虑 苦心孤诣 呕心吐胆【反义】无所用心 聊以塞责

呕心吐胆 ǒu xīn tǔ dǎn

【释义】呕:吐。形容用尽心血,历尽辛苦。【例句】她几十年如一日,～,在艺术上不断探索和创新。【近义】呕心沥血 处心积虑 殚精竭虑 苦心孤诣【反义】聊以塞责 无所用心

偶一为之 ǒu yī wéi zhī

【释义】偶:偶尔。为:做。偶尔做一次。【例句】千百年来,写过竹枝词的诗人虽然不绝于世,都不过～。【近义】下不为例【反义】三番五次 几次三番

偶语弃市 ǒu yǔ qì shì

【释义】偶语:两人相聚议论。弃市:执行死刑后暴尸街头。《史记·高祖本纪》记载:"父老苦秦苛法久矣,诽谤者族,偶语者弃市。"指在暴政下,人们相聚议论就被杀害。【例句】在秦始皇的暴政下,人民的自由完全被剥夺,诸如集会有禁,文字成狱,～。

藕断丝连 ǒu duàn sī lián

【释义】藕已折断,但丝还连着。比喻表面上断绝关系,实际上仍有牵连。【例句】两人虽然已经离婚,却依旧情意绵绵,还一起外出旅行,可谓～。【近义】难舍难分【反义】一刀两断 恩断义绝

P

拍案称奇　pāi àn chēng qí

见"拍案惊奇"。

拍案而起　pāi àn ér qǐ

【释义】案：几案，长形的桌子。猛拍桌子一下子站起来。形容愤慨之极。【例句】闻一多～，横眉怒对国民党的手枪，宁可倒下去，也不愿屈服。【近义】愤然作色　义愤填膺【反义】悠然自若

拍案叫绝　pāi àn jiào jué

【释义】案：几案，长形的桌子。绝：妙，好。拍着桌子叫好。形容特别赞赏。【例句】有时，一幅漫画配一个好题目，就能令人～。【近义】拍案惊奇　叹为观止　交口称誉　赞不绝口【反义】嗤之以鼻

拍案惊奇　pāi àn jīng qí

【释义】案：几案，长形的桌子。奇：精彩，绝妙。指情不自禁地拍着桌子称奇叫好。也作"拍案称奇"。【例句】这首歌谣的最后一句简直令人～。

拍手称快　pāi shǒu chēng kuài

【释义】快：痛快，高兴。鼓掌高喊痛快。形容正义伸张或公愤消除时高兴满意的样子。【例句】当这批毒贩受到应有的惩处后，群众无不～。【近义】大快人心　拊掌大笑　皆大欢喜【反义】叫苦不迭　叫苦连天

排斥异己　pái chì yì jǐ

【释义】排斥：排挤斥逐。异己：见解、立场与自己不同的人。排挤打击与自己的立场、观点不同的人。也作"排除异己"。【例句】无论过去和现在，仇恨、分裂、混乱、～等对民族的命运都具有危害作用。【近义】党同伐异　诛锄异己【反义】一视同仁　无偏无党

排除万难　pái chú wàn nán

【释义】排除：清除，克服。万难：泛指各种困难。排除重重阻碍，克服各种各样的困难。【例句】专访介绍了一位在好莱坞闯出一片天的年轻人如何～，向理想迈进，最终在国际影坛绽放异彩的故事。【近义】披荆斩棘【反义】瞻前顾后

排除异己　pái chú yì jǐ

见"排斥异己"。

排难解纷　pái nàn jiě fēn

【释义】排除危难，调解纠纷。【例句】作为军人，他不崇武却善于～，化解矛盾。【近义】排忧解难【反义】搬弄是非　挑拨离间　提示　"难"不读 nán。

排山倒海　pái shān dǎo hǎi

【释义】排：推开。倒：翻倒。推开高山，掀翻大海。形容来势凶猛，力量强大。【例句】壶口瀑布是世界第一大黄色瀑布，声形粗犷，气势壮观，以其～的雄姿闻名中外。【近义】翻江倒海　翻天覆地　提示　"倒"不读 dào。

排山压卵　pái shān yā luǎn

【释义】排：推。卵：蛋。推动山石压蛋。

比喻促使和助长祸害的到来。【例句】这一行动，就好像～，他们几个人的性命，恐怕是难以保住了。

排忧解难 pái yōu jiě nàn
【释义】排：除去。难：困难。排除忧虑，解决困难。【例句】他夜以继日，为党和国家～，为人民辛勤操劳，身患癌症后仍坚持工作。 提示 "难"不读 nán。

徘徊不前 pái huái bù qián
【释义】徘徊：在一个地方来回地走。在一个地方来回地走，而不向前迈步。形容犹豫不决或停止在原有水平。【例句】去年全国粮食大丰收，突破了几年来粮食生产～的局面。

徘徊歧路 pái huái qí lù
【释义】徘徊：在一个地方来回地走。歧路：岔路。在岔道口来回走。比喻犹豫不决。【例句】我们不是～的懦夫，我们是揭示生存意义的先行者。【近义】举棋不定 犹豫不决【反义】当机立断 毅然决然 提示 "歧"不读 zhī。

攀龙附凤 pān lóng fù fèng
【释义】攀：抓住东西往上爬。龙、凤：比喻有权势的人。附：依附。原指依附帝王或皇亲国戚以求提高地位、成就功业。后泛指依附或投靠有权势的人。也作"附凤攀龙"。【例句】他不谙投机钻营术，更不～。【近义】趋炎附势 依草附木【反义】刚正不阿

盘根错节 pán gēn cuò jié
【释义】盘：盘曲，盘绕。错：交错，错杂。节：枝节，枝丫。树根盘绕，枝节交错。形容事情错综复杂，不好处置。【例句】他感到这条路的弯曲可能和头顶的树枝一样～，令人望而生畏。／由于错综复杂的问题和～的利害关系，至今她已失去不少支持。【近义】犬牙交错 错综复杂

盘根究底 pán gēn jiū dǐ
见"刨根问底"。

盘根问底 pán gēn wèn dǐ
见"刨根问底"。

盘古开天 pán gǔ kāi tiān
【释义】盘古：盘古氏，我国神话传说中开天辟地首出创世的人。盘古氏开天辟地。指远古时代。【例句】我们把卫星送上了太空，这是～以来的头一回，怎不让人自豪呢!

判若两人 pàn ruò liǎng rén
【释义】判：区别。区别明显得像两个人。形容同一个人前后的变化很大。【例句】重返人世后他们怀有转世投生感，在个性上与以前～。【近义】截然不同 天差地别【反义】大同小异 依然故我

判若云泥 pàn ruò yún ní
【释义】判：差异，区别。区别很清楚，一像天空的云彩，一像地下的泥土。形容差别极大。【例句】在技术改造和设备更新后，这个厂顿改旧观，与过去相比，简直是～。【近义】判若天渊 天差地远【反义】不相上下 伯仲之间

庞然大物 páng rán dà wù
【释义】庞然：高大的样子。外表上又高又大的东西。【例句】除了海獭体形最小外，海洋中的哺乳动物都是～。【反义】娇小玲珑

旁门邪道 páng mén xié dào
见"左道旁门"。

旁门外道 páng mén wài dào
见"左道旁门"。

旁门左道 páng mén zuǒ dào
见"左道旁门"。

P

旁敲侧击　*páng qiāo cè jī*

【释义】从旁边和侧面敲打。比喻说话或写文章从侧面表达，而不从正面直接阐明本意。【例句】引导被访者接受访问，可采取开门见山、～、投石问路、引水归渠等方法去启发。【近义】拐弯抹角【反义】直截了当　直言不讳

旁若无人　*páng ruò wú rén*

【释义】旁边就像没有人一样。形容态度从容、自然或高傲，目中无人。【例句】十岁的迪迪尽管在几位竞争者中年龄最小，却显得最沉稳，～地坐在地上喝水。/ 在国际舞台上，中国跳水曾经一枝独秀，犹如～的独舞者。【近义】目中无人

旁征博引　*páng zhēng bó yǐn*

【释义】旁：不同角度、渠道。征：搜集。博：广泛。指广泛地搜集并大量引用材料作依据或例证。【例句】由于他知识丰富，讲课时～，运用自如，使教学效果产生了艺术魅力。【近义】引经据典【反义】理屈词穷　提示　"征"不能写成"证"。

抛头露面　*pāo tóu lù miàn*

见"出头露面"。

抛砖引玉　*pāo zhuān yǐn yù*

【释义】抛出砖，引来玉。谦辞，比喻用自己粗浅的文字或不成熟的意见，引出别人的佳作或高见。【例句】他希望自己的一家之言能起到～作用。【近义】以蚓投鱼　投砾引珠

刨根问底　*páo gēn wèn dǐ*

【释义】刨：挖掘。挖掘根由，追问底细。指详细盘问追究以弄清内情。也作"盘根究底""盘根问底"。【例句】对女儿的工作情况，妈妈问得极详细，几乎每一个细节都要～。【近义】拔树寻根　寻根究底

庖丁解牛　*páo dīng jiě niú*

【释义】庖丁：厨师。解：肢解，分割。《庄子·养生主》中描述庖丁为文惠君解牛，技术极其高超，达到了出神入化的境界。后来用为典故，比喻技术纯熟神妙，做事得心应手，轻松自如。【例句】鲁迅的幽默老辣深刻，入木三分，像～一样，一刀进去正中要害。　提示　"庖"不能写成"疱"，不读 bāo。

炮火连天　*pào huǒ lián tiān*

【释义】战场上的烟火充满天空。形容战斗非常激烈或冲突十分厉害。【例句】现在这里～，老百姓都跑光了，根本就买不到任何东西。【近义】枪林弹雨　硝烟弹雨

赔了夫人又折兵　*péi le fū rén yòu zhé bīng*

【释义】赔：输掉。折：损失。《三国演义》中说，东吴孙权听从周瑜的计谋，骗刘备到东吴与自己的妹妹联姻，以便扣为人质，讨还荆州。结果刘备按诸葛亮之计，真的和孙权的妹妹成亲并带夫人逃离东吴。周瑜领兵追赶又被伏兵打败，落得个"周郎妙计安天下，赔了夫人又折兵"的下场。比喻想占便宜反而遭到双重损失。【例句】很多人都为他这一招捏一把汗，担心弄不好会～。【近义】鸡飞蛋打【反义】一箭双雕　一举两得

朋比为奸　*péng bǐ wéi jiān*

【释义】朋比：互相勾结。为：做。奸：指奸邪不正的事。坏人相互串通，一起做坏事。【例句】诗中对那些～的邪佞之徒作了绝妙的讽刺，对黑暗的现实表示了强烈的不满。【近义】朋党比周　结党营私　狼狈为奸　提示　含贬义。

朋党比周　*péng dǎng bǐ zhōu*

【释义】朋党：指为争权夺利、排除异己而结合起来的集团。比周：勾结起来

干坏事。指互相勾结,排斥异己,谋取私利。【例句】在我们党内绝不允许拉帮结伙,～,以谋私利。【近义】朋比为奸 结党营私 提示 含贬义。

蓬荜生光 péng bì shēng guāng
见"蓬荜增辉"。

蓬荜生辉 péng bì shēng huī
见"蓬荜增辉"。

蓬荜增辉 péng bì zēng huī
【释义】蓬:蓬草。荜:通"筚",用荆条等编成的篱笆或其他遮挡物。蓬荜:"蓬门荜户"的略语,比喻穷人住的房子。草屋也发出了光辉。用以称谢他人到访。也作"蓬荜生光""蓬荜生辉""蓬屋生辉"。【例句】您大驾光临,令陋室～。

蓬户瓮牖 péng hù wèng yǒu
【释义】蓬:蓬草。户:门。瓮:一种口小腹大的陶缸。牖:窗户。用蓬草编成门,用破坛子做成窗。借指穷苦人家简陋的房屋。【例句】他自豪地说:"别看我这～之家,还接待过不少贵客呢!"【近义】蓬门荜户

蓬门荜户 péng mén bì hù
【释义】蓬:蓬草。荜:同"筚",用荆条、竹子等编成的篱笆或其他遮挡物。户:门。用蓬草、荆条等编成的篱笆门。指穷苦人家简陋的住房。【例句】我家～,难以接待嘉宾。【近义】蓬户瓮牖

蓬首垢面 péng shǒu gòu miàn
见"蓬头垢面"。

蓬头垢面 péng tóu gòu miàn
【释义】蓬:蓬松,散乱。垢:污垢,脏污。头发蓬乱,满脸污垢。形容面容肮脏或不振作的样子。也作"蓬首垢面"。【例句】他～,衣衫褴褛地回来了,唯独

那件"重力探矿仪"一直带在身边。【近义】囚首垢面【反义】油头粉面

蓬屋生辉 péng wū shēng huī
见"蓬荜增辉"。

鹏程万里 péng chéng wàn lǐ
【释义】鹏:传说中的大鸟。程:里程,路程。《庄子·逍遥游》:"鹏之徙于南冥也,水击三千里,抟(tuán)扶摇而上者九万里。"鹏鸟一次飞行的路程有九万里。形容前程远大。【例句】离开本职工作,一切都是零;立足本职工作,即使从零开始,也能～。【近义】前程似锦【反义】日暮途穷

捧腹大笑 pěng fù dà xiào
【释义】捧腹:用手捂住肚子。捧着肚子大笑。形容笑得不能抑制的样子。【例句】马戏团的动物和表演,常常令人～。【反义】号啕大哭 痛哭流涕

披肝沥胆 pī gān lì dǎn
【释义】披:剖开。沥:往下滴。《史记·淮阴侯列传》:"臣愿披腹心,输肝胆,效愚计。"形容坦诚相待。也形容竭尽忠诚。也作"剖肝沥胆""披肝露胆"。【例句】我们深为这位世纪老人一生为祖国能源工业的创办和发展而～的精神所感动。【近义】剖心析肝 推心置腹 输肝剖胆【反义】尔虞我诈 钩心斗角 两面三刀

披肝露胆 pī gān lù dǎn
见"披肝沥胆"。

披枷带锁 pī jiā dài suǒ
见"披枷戴锁"。

披枷戴锁 pī jiā dài suǒ
【释义】披:覆在肩上。枷:旧时套在罪犯脖子上的木制刑具。锁:锁链,用来束缚罪犯手脚的铁链。指犯人身上戴着刑具。也作"披枷带锁"。【例句】有

P

些家伙正在往我们灵魂上泼脏水,给我们的灵魂～。

披坚执锐 pī jiān zhí ruì
【释义】披:披着。坚:指铠甲。锐:指兵器。穿上坚固的铠甲,拿起锋利的武器。多指奔赴战场作战。【例句】消防战士个个～,严阵以待。【近义】秣马厉兵【反义】手无寸铁

披荆斩棘 pī jīng zhǎn jí
【释义】披:拨开,劈开。荆、棘:丛生多刺的植物。劈开、砍断道路上的荆棘。比喻战胜、克服在开创事业过程中或前进道路上的重重困难和障碍。【例句】艰苦奋斗既是一种崇高的节操,又是一种～、开拓进取的巨大力量。【近义】勇往直前【反义】畏缩不前 提示 "棘"不能写成"刺",也不读 cì 或 là。

披麻带孝 pī má dài xiào
见"披麻戴孝"。

披麻戴孝 pī má dài xiào
【释义】披:覆在肩背上。麻:指麻制丧服。孝:指丧服。身穿麻布衣服,头缠白布巾。旧俗子女为父母居丧,要服重孝,如身穿粗麻布孝服,腰系麻绳等。也作"披麻带孝"。【例句】刘庄的乡长主婚事不铺张浪费,丧事不～。【近义】拽布拖麻　披麻带索

披沙拣金 pī shā jiǎn jīn
【释义】披:拨开,分开。拣:挑选,选取。拨开沙砾,选取金砂。比喻从众多的事物中选取精华的东西。也作"披沙简金"。【例句】毫无疑问,这一工作是大量而艰苦的,～,可能又是其乐无穷的。【近义】沙里淘金　去粗取精【反义】泥沙俱下

披沙简金 pī shā jiǎn jīn
见"披沙拣金"。

披头散发 pī tóu sàn fà
【释义】披:散开。披散着头发不梳理。多形容愤慨、狂放或懒散、狼狈的样子。【例句】昔日美貌绝伦的皇后变成了骨瘦如柴、～的活鬼。【近义】蓬头垢面【反义】油头粉面 提示 "散"不读 sǎn,"发"不读 fā。

披星戴月 pī xīng dài yuè
【释义】身披星光,头顶月色。形容早出晚归,辛勤劳动,或昼夜赶路,旅途劳顿。【例句】全村干部群众～,苦干一年,使村里的经济状况基本恢复到了灾前水平。【近义】日夜兼程　早出晚归

被发文身 pī fà wén shēn
【释义】被:通"披",披散,散开。文:刺画花纹。披散着头发,在身上刺画花纹。原指古代吴越一带的习俗。后泛指未开化地带的风俗。【例句】至今,世界上仍有一些原始部落的人们保留着～的习俗。 提示 "被"不读 bèi,"发"不读 fā。

被发左衽 pī fà zuǒ rèn
【释义】被:通"披",散,散开。衽:衣襟。左衽:衣襟向左掩,系古代某些少数民族的服式。披散着头发,穿着古朴式样的衣装。【例句】我国古代东方、北方少数民族的装束是～的。 提示 "被"不读 bèi,"发"不读 fā。

劈头盖脸 pī tóu gài liǎn
【释义】劈:正对着,冲着。盖:盖住,罩住。冲着头和脸压下来。形容来势直接而凶猛。【例句】突然,一阵狂风急雨～地袭来,吓得我立即关上车门。

皮开肉绽 pí kāi ròu zhàn
【释义】绽:裂开。指人因被毒打,皮肉

开裂。形容被打得伤势很重。【例句】昨天早上上班路上，她的自行车轮子陷入深坑，连车带人摔倒了，摔得手臂和腿部～。【近义】遍体鳞伤　体无完肤【反义】安然无恙　完好无损

皮里春秋　pí lǐ chūn qiū
见"皮里阳秋"。

皮里阳秋　pí lǐ yáng qiū
【释义】皮里：指肚子里，内心。阳秋：指东周时鲁国史书《春秋》。相传经孔子删定的鲁国史书，对历史人物和事件往往暗含褒贬而不直言，这种写法称为《春秋》笔法。晋人因避晋简文帝之母郑阿春讳，改称《春秋》为《阳秋》。指内心自有褒贬而口头上不说出来。也作"皮里春秋"。【例句】这篇文章不到一千五百字，用一段～、富于暗示性的文字开场。【反义】直言不讳　直抒胸臆

皮相之见　pí xiàng zhī jiàn
【释义】相：看。皮相：只看到表面。见：见解，见识。指没有说到点子上的肤浅的见识。【例句】仅仅说某书当读、某书不当读，往往属～，主要的在于如何读法。【反义】鞭辟入里 提示 "相"不读 xiāng。

蚍蜉撼大树　pí fú hàn dà shù
【释义】蚍蜉：一种大蚂蚁。撼：摇动。比喻力量很小而想动摇强大的事物，不自量力。【例句】他谴责分裂分子是跳梁小丑，搞分裂是～，逆历史潮流而动，不会有好下场。【近义】螳臂当车　不自量力【反义】量力而行 提示 "蚍"不读 bǐ，也不能写成"浮"。

疲惫不堪　pí bèi bù kān
【释义】疲惫：十分疲乏、疲倦。不堪：经受不起。疲倦得受不了。形容过度疲乏。【例句】这几天的强化训练把队员累得个个～。

疲于奔命　pí yú bēn mìng
【释义】奔命：奉命奔走。因奉命被迫四处奔走而疲惫不堪。泛指事多，忙于应付。【例句】前几年华人不得不为养家糊口～，并把全部精力都投入到生意上。／以如此弱小的队伍管理那么庞大的市场，～，顾此失彼，真有点力不从心。【近义】席不暇暖【反义】无所事事

琵琶别抱　pí pá bié bào
【释义】面对别人抱琵琶。喻指妇女改嫁或另就他人。也作"别抱琵琶"。【例句】他父亲和母亲的感情非常好，即使他父亲死得很早，他母亲也从未有过～的念头。

匹夫之勇　pǐ fū zhī yǒng
【释义】匹夫：泛指单个的普通人。指不用智谋而单凭个人蛮干的勇敢。【例句】见义勇为需要一腔热血；也需要冷静和智慧，并非～。【近义】血气之勇【反义】智勇双全

匹马单枪　pǐ mǎ dān qiāng
见"单枪匹马"。

匹马只轮　pǐ mǎ zhī lún
【释义】一匹战马，一辆战车。形容极少的装备。【例句】战争是残酷的，战败者的损失尤为惨重，有时连～也不能保全。

否极泰来　pǐ jí tài lái
【释义】否、泰：《周易》中的两个卦名。"泰"指天地相交、相合，象征顺利；反之叫"否"，象征不顺、失利、遭挫等。极：尽，到尽头。坏的到了尽头，好的就来了。这是人们关于事物循环发展

P

的一种观念。【例句】在失望中挣扎着的人们，哪个不希望有朝一日能够时来运转，～。【反义】泰极而否　盛极必衰　提示　"否"不读fǒu。

屁滚尿流　pì gǔn niào liú

【释义】形容极度惊慌或狼狈不堪之状。也形容极度惊喜兴奋的样子。【例句】这只老虎虽然不咬人，但足可以把人吓得～。/ 听到投的标书中标了，他惊喜得～。【反义】从容不迫

偏听则蔽　piān tīng zé bì

【释义】偏：不全面。只听一面之词，就容易受蒙蔽。【例句】～，我们应该广泛听取群众意见。

翩翩起舞　piān piān qǐ wǔ

【释义】翩翩：飘逸飞动的样子。形容轻快地跳起舞来。【例句】在欢快的桑巴舞曲伴奏下，他们～，热情奔放，全场洋溢着节日的喜庆气氛。　提示　"翩"不能写成"偏"。

翩翩少年　piān piān shào nián

【释义】翩翩：形容举止洒脱。指言谈举止自然大方的青年男子。【例句】那位来自天山脚下的～在舞台上深情地唱起了天山牧歌。

片甲不回　piàn jiǎ bù huí

见"片甲不留"。

片甲不留　piàn jiǎ bù liú

【释义】甲：古时军队打仗用的护身衣服，借指将士。一个将士也没留下。形容全军覆没。也作"片甲不回"。【例句】敌人打败了，就得追下去，非杀得他们～不算完。【近义】只轮不返　全军覆没

片瓦无存　piàn wǎ wú cún

【释义】连一片整瓦都不存在了。形容房屋全部毁坏。【例句】一场台风过后，小村庄已是～。【近义】片瓦不留【反义】完好无损　毫发无损

片言九鼎　piàn yán jiǔ dǐng

见"一言九鼎"。

片言只字　piàn yán zhī zì

【释义】片言：三言两语。只：单个的。指零散的文字材料。也指简短的文字。【例句】如心轻轻拉开抽屉找姑婆遗言，可是老人并无留下～。【近义】三言两语【反义】长篇大论　鸿篇巨制　连篇累牍

飘风暴雨　piāo fēng bào yǔ

【释义】飘风：暴风。来势迅急而猛烈的大风雨。也作"飘风骤雨"。【例句】刚才的～让大家惊吓得不知所措了。【近义】暴风骤雨　疾风暴雨　狂风暴雨【反义】和风细雨

飘风急雨　piāo fēng jí yǔ

【释义】飘风：急骤的旋风。急剧而猛烈的大风雨。形容来势迅猛或声势浩大。【例句】炮火从三个方向一起向城内轰击，其势如～，不可阻挡。【近义】暴风骤雨　疾风暴雨

飘风骤雨　piāo fēng zhòu yǔ

见"飘风暴雨"。

飘飘欲仙　piāo piāo yù xiān

【释义】欲：将要。轻袅地飘浮上升，像要超脱尘世而成仙。【例句】这里的海鲜美得仿佛浸着海的湛蓝，吃着令人～。【近义】飘然欲仙　腾云驾雾

贫病交攻　pín bìng jiāo gōng

见"贫病交迫"。

贫病交迫　pín bìng jiāo pò

【释义】交迫：交相逼迫。贫穷和疾病一齐袭来。也作"贫病交攻""贫病交侵"。【例句】爱心是一片照射在冬天的阳

光,使～的人分外感觉到人间的温暖。

贫病交侵　pín bìng jiāo qīn
见"贫病交迫"。

贫富悬殊　pín fù xuán shū
【释义】悬殊:相差很远,差别很大。贫穷和富裕相距很大。【例句】～在中西方存在不同的发展道路。

贫贱之交　pín jiàn zhī jiāo
【释义】贱:社会地位低下。交:朋友。生活贫困时结交的朋友。【例句】作为他多年的～,了解到他现在不得意的心情,我心里自然也很难过。【近义】患难之交【反义】酒肉朋友

贫嘴薄舌　pín zuǐ bó shé
【释义】薄:尖酸刻薄。絮叨讨厌的嘴,尖酸刻薄的舌头。指话多而尖刻,令人生厌。【例句】她是个～的丫头,到哪儿都不受欢迎。【近义】尖嘴薄舌　提示 "薄"不能写成"簿"。

贫嘴贱舌　pín zuǐ jiàn shé
【释义】贫嘴:好说废话。形容说话油滑啰唆而尖酸刻薄,令人厌恶。【例句】小王是个～的人,不可深交。【近义】尖嘴薄舌

颦眉蹙额　pín méi cù é
【释义】哀愁时双眉紧蹙的样子。【例句】她那～的样子更显得可爱。【近义】愁眉不展【反义】眉开眼笑

品学兼优　pǐn xué jiān yōu
【释义】品:品行。学:学业。兼:并,皆。品行和学业都很优秀。【例句】化学老师因为这学生～,也很乐意接受这个玩笑。

品竹弹丝　pǐn zhú tán sī
【释义】品:吹奏。竹:指管乐,如箫、笛之类。丝:指弦乐,如琴、筝之类。吹弹拨奏各种乐器。【例句】她聪明伶俐,多才多艺,～样样都会。

牝鸡司晨　pìn jī sī chén
【释义】牝:雌。司:掌管。司晨:负责报晓。由母鸡来负责报晓。《书·牧誓》:"古人有言曰:'牝鸡无晨。'牝鸡之晨,惟家之索。"旧时比喻妇人掌权。【例句】从封建正统的观点看来,女性当皇帝自然是乾坤颠倒,～了。【近义】垂帘听政

牝牡骊黄　pìn mǔ lí huáng
【释义】牝牡:雌雄。骊:黑色。本指寻求骏马时不必拘泥于马的雌雄和毛色。后比喻事物的表面现象。【例句】拘泥于～的人是不可能寻求到真正的友人的。　提示 "牝"不读 bì。

平安无事　píng ān wú shì
【释义】平稳安全,没有发生什么事情。形容人身安全或社会治安状况良好。【例句】在那兵荒马乱的时候,她竟然～地回来了。【近义】安然无恙

平白无故　píng bái wú gù
【释义】平白:凭空。故:缘故,缘由。指没有任何原因、任何理由。【例句】作为父母有责任让自己的孩子知道国庆节是一个重要的日子,现在的和平生活并不是～而来的。【近义】无缘无故【反义】事出有因

平步青云　píng bù qīng yún
【释义】平步:平地步行。青云:高空,指很高的地位。比喻一下上升到很高的地位。【例句】做人要脚踏实地,一定不要有～的想法。【近义】青云直上　一步登天【反义】一落千丈

平淡无奇　píng dàn wú qí
【释义】平平常常,没有奇特的地方。【例句】大家因为时常见到听到接触到,都觉得那些事物～,不足介意。

P

【反义】不同凡响

平淡无味 píng dàn wú wèi

见"淡而无味"。

平地风波 píng dì fēng bō

【释义】风波:喻指事故或纠纷。比喻突然发生的事故或纠纷。【例句】王大爷没料到自己一句话引来～,把自己扯进了一场官司中。【近义】晴天霹雳 平地一声雷 平地波澜【反义】平安无事 风平浪静

平地一声雷 píng dì yī shēng léi

【释义】平地上突然发生一声雷响。比喻突然发生的令人震惊的重大事变。【例句】今天城里的天气变化真大,上午烈日炎炎,下午却突然～,不一会儿乌云密布,暴雨倾盆而下。/ 母亲突然去世的消息有如～,把小青都震蒙了。【近义】平地风波 晴天霹雳【反义】平安无事 风平浪静

平分秋色 píng fēn qiū sè

【释义】秋色:秋天的景色。平均分开秋光的一半。本指中秋或秋分这一天。后指双方各得一半或不相上下。【例句】柔道赛场今天较量的结果是,中、韩选手在女子柔道中～。【近义】不相上下 旗鼓相当【反义】独占鳌头

平铺直叙 píng pū zhí xù

【释义】铺:铺陈。叙:叙述。指说话或作文按顺序直接叙述,不讲究修辞和起伏变化。【例句】这部电视剧的叙述风格寓激情于平实而从容之中,但又没有～的毛病。【近义】平淡无奇【反义】波澜起伏 一波三折

平起平坐 píng qǐ píng zuò

【释义】起:起身,站起来。平等起坐。指双方或多方地位或权力相当,不分贵贱。【例句】在意大利,足球作为一个产业已与许多重要行业～。【近义】

分庭抗礼【反义】甘拜下风

平头百姓 píng tóu bǎi xìng

【释义】平头:光着头,不戴官帽,表明是平民身份。指普通百姓。【例句】时势造英雄,项羽、刘邦等人都是应时而起,从～成为叱咤一时的风云人物。【反义】达官贵人 权豪势要

平心而论 píng xīn ér lùn

【释义】平心:心情平和。论:评论。心平气和地给予客观评判或评论。【例句】～,这场比赛的比分如果打平应该是比较合理的。【反义】心浮气躁

平心静气 píng xīn jìng qì

【释义】心平气和,态度冷静。【例句】艺术家在创造的时候,他必须是很～的。【近义】心平气和【反义】心急火燎 气急败坏

平易近人 píng yì jìn rén

【释义】平易:和蔼可亲,也指文字平实易懂。形容态度和蔼可亲,使人容易接近。也形容文字浅显通俗,容易了解。【例句】这位穿着俭朴的老人,～,一点没有名演员的架子,与人一见如故。/ 这种古体诗的工力比近体诗深,但是～,人们更容易接受。【近义】和蔼可亲【反义】盛气凌人

评头论足 píng tóu lùn zú

见"评头品足"。

评头品足 píng tóu pǐn zú

【释义】评:评论,评判。品:品评,评论。原指随意评论妇女的容貌。现指对人或事说长道短,多方挑剔。也作"评头论足"。【例句】那个人对画廊～,相当厉害。

凭空捏造 píng kōng niē zào

【释义】毫无根据地虚构假造。【例句】他们的所谓事实,又都是～或经过歪

曲的。

萍水相逢　píng shuǐ xiāng féng

【释义】萍:浮萍,随水漂浮,聚散无定。像水中漂浮的浮萍,聚散不定。比喻素不相识之人偶然相遇。【例句】影片描写了这两个～的艺人的不幸遭遇,和他们的相互帮助以及他们之间的纯真的感情。【近义】一面之交　萍水相交【反义】莫逆之交　患难之交

泼天大祸　pō tiān dà huò

【释义】泼天:铺天的。形容非常大的祸事。【例句】没想到,他的发言竟闯了～。【近义】滔天大祸

婆婆妈妈　pó po mā mā

【释义】形容办事拖泥带水,不干脆利落。也形容言语啰唆或感情脆弱。【例句】我讨厌这种～,叮嘱了又叮嘱。／这么点小事就掉泪,你也太～了。

迫不得已　pò bù dé yǐ

【释义】迫:逼迫,被迫。已:如此。被情势所迫,不得不这样做。【例句】人们常常以为拒绝是一种～的防卫,殊不知它更是一种主动的选择。【近义】无可奈何　事出无奈【反义】甘心情愿

迫不及待　pò bù jí dài

【释义】迫:紧迫,紧急。待:等待。急迫得不能再等待。形容紧急的情况或急切的心情。【例句】虽然比赛还没有开始,但是观众们早已～了。【近义】急不可待【反义】慢条斯理　平心静气　从容不迫　提示　"及"不能写成"急"。

迫于眉睫　pò yú méi jié

见"迫在眉睫"。

迫在眉睫　pò zài méi jié

【释义】迫:逼近,迫近。睫:眼睫毛。已经迫近眉毛和眼睫毛。形容事情已到十分紧急的关头。也作"迫于眉睫"。【例句】随着岁月的流逝,一些传统建筑的风貌也渐渐衰败,保护已～。【近义】燃眉之急【反义】从容不迫

破釜沉舟　pò fǔ chén zhōu

【释义】釜:古代一种用陶土烧制的锅。打破锅,沉掉船。《史记·项羽本纪》记载:"项羽乃悉引兵渡河,皆沉船,破釜甑,烧庐舍,持三日粮,以示士卒必死,无一还心。"比喻不留退路,下定决心一拼到底。【例句】历史机遇稍纵即逝,没有一种义无反顾、～、背水一战、超凡脱俗的大智大勇,是抢不上改革开放的快车道的。【近义】孤注一掷【反义】举棋不定　优柔寡断　提示　"釜"不能写成"斧"。

破罐子破摔　pò guàn zi pò shuāi

【释义】指罐子已经破了,更往破里摔。比喻人自甘堕落。【例句】他爷爷告诫他不要自轻自贱,～,要求上进。【近义】自暴自弃【反义】改邪归正

破镜重圆　pò jìng chóng yuán

【释义】据唐代孟棨《本事诗·情感》记载,南朝陈将亡,驸马徐德言料与妻乐昌公主必分离,因破铜镜一面,二人各执其半,约他年正月十五日卖镜于市,以期再见。陈亡后,公主没入杨素家。徐后于约定之日见人叫卖破镜,遂出半镜相合。因题诗曰:"镜与人俱去,镜归人不归;无复嫦娥影,空留明月辉。"公主得诗,涕泣不食。杨素知此事后,遂使德言与公主团圆,终老江南。比喻夫妻失散后又重新团聚或夫妻离异后又重新和好。【例句】这对分别二十多年的夫妻～了。／起初,他还抱有与妻子可以～的希望。【近义】言归于好　握手言欢

破旧立新　pò jiù lì xīn

【释义】破除旧的，建立新的。【例句】改革也是一场革命，也需要～。【近义】革故鼎新　吐故纳新【反义】抱残守缺　因循守旧

破口大骂　pò kǒu dà mà

【释义】破：张开。满嘴恶语地大声怒骂。【例句】村里的李大娘真是刁蛮，无论谁惹到她，她立即就～。【近义】出言不逊【反义】彬彬有礼

破烂不堪　pò làn bù kān

【释义】不堪：表示程度深。破烂得不成样子。【例句】这本英语词典恐怕用了半个世纪了吧，不然怎么如此～呢？

破门而出　pò mén ér chū

【释义】打破门冲了出去。比喻摆脱束缚或限制。也比喻坏人迫不及待地跳出来干坏事。【例句】听到警车声，歹徒～，企图逃跑，但最终还是束手被擒了。【近义】夺门而出【反义】破门而入

破门而入　pò mén ér rù

【释义】破门：用猛力砸开或撞开门。用猛力把门弄开，迅速进入。【例句】海潮又像海盗一样从大东沟汹涌而来，～。【反义】夺门而出　破门而出

破涕为笑　pò tì wéi xiào

【释义】破：解除。涕：眼泪。止住泪水，露出笑容。指转悲为喜。【例句】《水浒》在行文方面，竭尽腾挪跌宕的能事，使读者忽而愤怒，忽而～。【近义】转悲为喜　提示　"涕"不读 tí，不能解释成"鼻涕"，也不能写成"啼"。

破天荒　pò tiān huāng

【释义】破：打破，突破。天荒：没有开垦过的土地。唐宣宗前数十年，荆州的读书人未曾中过进士，被称为"天荒"；大中四年荆南刘蜕考中进士，人称"破天荒"。借指事物第一次出现。【例句】在强手如林的美国物理学界，物理学会的会长由一名女性担任，这是～的事情。／免除农业税在我国农业发展史上是～的事情。【近义】亘古未有【反义】史不绝书

破绽百出　pò zhàn bǎi chū

【释义】绽：裂开，裂缝。破绽：漏洞，毛病。百：指次数多。形容说话、做事漏洞非常多。【例句】歹徒见武警战士如神兵天降，显得惊慌失措，说话吞吞吐吐，～。【近义】漏洞百出【反义】天衣无缝　无懈可击　滴水不漏

破竹之势　pò zhú zhī shì

【释义】破竹：劈竹子。就像劈竹子那样，头上几节一劈开，底下跟着都裂开了。比喻解决问题快，没遇到阻碍。也比喻不可阻挡的气势。【例句】他的研究工作进展迅速，有～。／我军以大举南进，没多久就打过了长江。【近义】排山倒海【反义】强弩之末

剖肝沥胆　pōu gān lì dǎn

见"披肝沥胆"。

剖心析肝　pōu xīn xī gān

【释义】剖：破开。析：分开。把心肝剖开来。指赤诚相待。【例句】钱厂长对职工～，所以职工们都很尊敬他。【近义】披肝沥胆　输肝剖胆　推心置腹

扑朔迷离　pū shuò mí lí

【释义】扑朔：扑腾、乱动的样子。迷离：眼睛半闭半睁。《木兰诗》："雄兔脚扑朔，雌兔眼迷离。双兔傍地走，安能辨我是雄雌？"原意为捏住兔子的耳朵把它提起来，雄兔脚乱扑腾雌兔则眼闭，不难辨别；可它们在地上同时跑动

时,就分辨不出雌雄了。后形容模糊不清,或事物错综复杂,不易看清真相。【例句】这个迷宫分为上、中、下三层,其中洞中有洞、洞连洞、洞洞相通,迂回曲折,～,若没有导游或灯光引导,游客则难出迷宫。【近义】错综复杂【反义】一清二楚

铺天盖地　pū tiān gài dì
【释义】铺:展开。盖:遮蔽。充塞整个天地。形容声势大,来势迅猛,到处都是。【例句】2月14日的情人节将至,报纸、杂志、电视、广播～地都在谈论着"LOVE"。【近义】遮天盖地

铺张浪费　pū zhāng làng fèi
【释义】铺张:为求形式好看而过分讲究排场。过分讲究排场而浪费人力财物。【例句】他做官几十年来,生活俭朴,从不～。【近义】大手大脚【反义】省吃俭用　克勤克俭

铺张扬厉　pū zhāng yáng lì
【释义】铺张:铺陈夸张。扬厉:发扬光大。原指极力宣扬。后用以形容过分夸张,讲究排场。【例句】这部小说里写有慈禧太后做寿时,张之洞各衙署悬灯结彩、～、费资巨万的史实。

匍匐之救　pú fú zhī jiù
【释义】匍匐:趴在地上,用膝部前行。《诗·邶风·谷风》:"凡民有丧,匍匐救之。"意思是遇邻里有凶祸之事,则不顾一切地前往尽力营护料理。后表示尽力救助。【例句】四川汶川大地震发生后,全国其他省市纷纷～,伸出了援助的手。

菩萨心肠　pú sà xīn cháng
【释义】与菩萨一样的心肠。比喻仁慈善良之心。【例句】人和人之间没点～怎么行呢?

蒲柳之姿　pú liǔ zhī zī
【释义】蒲柳:植物名,即水杨,秋天凋零得很早。姿:同"资",天资,资质。比喻衰弱的体质。【例句】她因为缺少锻炼,所以如～,弱不禁风。【近义】弱不禁风　弱不胜衣【反义】身强力壮　身轻体健　虎背熊腰

璞玉浑金　pú yù hún jīn
【释义】璞玉:未经琢磨的玉。浑金:未经冶炼的金。泛指天然浑朴的精美之器。比喻未经修饰雕琢的天然美质或纯真品质。【例句】他的这部自传体小说具有一种淳朴自然、～的魅力。【近义】良金美玉

朴实无华　pǔ shí wú huá
【释义】质朴实在,不浮华。【例句】这部小说只是平铺直叙、～地记述了会见的事情。

普天同庆　pǔ tiān tóng qìng
【释义】普:遍,全。普天:全天下。全天下的人共同庆祝。【例句】在他的话里面,仿佛有一种～的未来节日的童话故事。【近义】举国若狂【反义】怨声载道

普天之下　pǔ tiān zhī xià
【释义】普:遍,广泛。遍天之下,全天下。指全国或全世界。【例句】希望把子女教育好,让他们长大成人,有所作为,这是～父母的一片赤诚心愿。

P

Q

七步之才　qī bù zhī cái

【释义】才：才能。在走七步的时间内吟成一首诗的才能。《世说新语·文学》："文帝尝令东阿王七步中作诗，不成者行大法。应声便为诗曰：'煮豆持作羹，漉菽以为汁。萁在釜下燃，豆在釜中泣。本自同根生，相煎何太急！'帝深有惭色。"指敏捷的文思或才气出众的人。【例句】他有文才，上高中时就被同学们称为"～"。【近义】八斗之才

七颠八倒　qī diān bā dǎo

【释义】形容杂乱无章，纷乱不堪。也形容神魂颠倒，失去常态；晕头转向，不明所以。也指语言颠三倒四。【例句】贾家的丫鬟们见凤姐不在，大多偷闲歇力，乱乱吵吵，闹得～，不成事体。/ 他是个财迷，见了钱立即就～了。/ 我们被他异常的举动搞得～的。/ 她今天一定受到了刺激，说话总是～的。【近义】颠三倒四【反义】井然有序

七零八落　qī líng bā luò

【释义】零：零散，散乱。落：零落，稀疏。形容零散、散乱、不整齐的样子。也形容破败、残破的样子。还形容零碎、不完整。【例句】这一路剧烈的颠簸震荡把旅客的包袱甩得～。/ 第一辆肇事汽车桑塔纳已经被撞得～。/ 这部小说经过多次删改，目前已是～的了。【近义】七零八碎　五零四散

七零八碎　qī líng bā suì

【释义】形容残破不堪的样子。也指零零碎碎。还指零碎物件。【例句】她曾经坐过的绿茵般的草地已被沉重的炮车碾得～。/ 她要接待客人，要招呼孩子，又要做～的事情。/ 屋子中间的大圆桌上摆着～的各种物件。【近义】七零八落

七拼八凑　qī pīn bā còu

【释义】东拼西凑，指把零碎的东西凑合起来。【例句】他骑的自行车，是一辆～的杂牌货。【近义】东拼西凑

七窍生烟　qī qiào shēng yān

【释义】窍：孔。七窍：指人的两眼、两耳、两鼻孔和口。好像耳、目、口、鼻都冒火。形容气愤、焦急或干渴之极。【例句】我被这人那厚颜无耻的语气得～。【近义】愤然作色　火冒三丈【反义】心平气和　平心静气

七情六欲　qī qíng liù yù

【释义】七情：指人的喜、怒、忧、思、悲、恐、惊七种感情或情绪。六欲：指生、死和耳、目、口、鼻等六种欲望。泛指人的各种感情和欲望。【例句】这本书虽然写的只是一只小鸭，但充满人生的～，多弦外之音。【近义】五情六欲【反义】四大皆空

七上八下　qī shàng bā xià

【释义】形容心神不定。也形容没有条

理或顺序,不整齐。【例句】午饭后,他心里一直~,猜不透总经理为什么忽然找他。/ 大家都饿极了,菜一上桌,十几双筷子就~地各自操作起来了。【近义】心神不定　忐忑不安　七上八落【反义】镇定自若　若无其事　心安理得

七十二行　qī shí èr háng

见"三百六十行"。

七手八脚　qī shǒu bā jiǎo

【释义】形容人多而动作忙乱。也指大家一齐动手。【例句】他们~地把箱子等行李搬下楼去了。/ 眼看暴雨就要来临,大家~地把麦子装上车,并用帆布扎扎实实地盖好。【反义】有条不紊

七嘴八舌　qī zuǐ bā shé

【释义】形容你一言我一语,议论纷纷。也形容饶舌,多嘴。【例句】慈长老被众僧~气得说不出话来。/ 创作家大都憎恶批评家的~。【近义】众说纷纭　七言八语【反义】异口同声　众口一词

妻儿老小　qī ér lǎo xiǎo

【释义】指父、母、妻、子等全体家庭成员。【例句】从此,他携带~吃住在山上,冬季垒石坝,修梯田;春夏育苗栽树种花。

妻离子散　qī lí zǐ sàn

【释义】形容一家人被迫四处离散。【例句】他们万万没有想到,会落了个~、家破人亡的结局。

凄风苦雨　qī fēng kǔ yǔ

【释义】凄风:寒冷的风。苦雨:久下成灾的雨。本形容天气恶劣。后形容人处境悲惨凄凉。【例句】他在~中徘徊于北影门外近一小时才离开了。/ 母子二人半饥半饿,在~里,流浪了好些年。【近义】风雨凄凄　风雨晦暝【反义】风和日丽　和风细雨

期期艾艾　qī qī ài ài

【释义】西汉人周昌口吃,讲起话来常重说"期期";三国魏人邓艾也口吃,自称其名时也多重复说"艾艾"(事见《史记·张丞相列传》《世说新语·言语》)。后把"期期""艾艾"连用,形容人口吃,说话结结巴巴。【例句】他一着急,说话便~,半天都说不出一句完整的话来。【近义】结结巴巴　支支吾吾　笨口拙舌【反义】口齿伶俐　口若悬河　滔滔不绝　侃侃而谈

欺软怕硬　qī ruǎn pà yìng

【释义】软:软弱的人。硬:强硬的人。欺负软弱的,害怕强硬的。【例句】我们可以经常看到动物会有的~、恃强凌弱的这些现象。【近义】茹柔吐刚　欺善怕恶【反义】软硬不吃　扶弱抑强

欺上瞒下　qī shàng mán xià

【释义】欺:欺骗。瞒:隐瞒,蒙蔽。欺骗上级,蒙蔽下属和群众。【例句】这样做既了解下情,遏制了~、弄虚作假的不正之风,又密切了干群关系。【近义】瞒上欺下

欺世盗名　qī shì dào míng

【释义】世:世人。盗:窃取。名:名声,名誉。欺骗世人,窃取声名。【例句】如果毕加索真的有过这番"真言",那就意味着他后期一直在有意识地~。【近义】沽名钓誉

Q

漆黑一团　qī hēi yī tuán

【释义】漆黑:很黑。形容非常黑暗,见不到一点光亮。也形容形势一片黑暗,没有一点光明的气象。还形容糊里糊涂,什么都不知道。【例句】当我走进这间~的屋子时,全身顿时冒出冷汗。/ 自高考落榜之后,小强就觉得前途~,看不到希望。这种心态是不

正确的。/ 你如果不读点历史书,对中国的古代史和近代史就是～。【近义】不见天日　暗无天日【反义】光辉灿烂

齐大非偶　qí dà fēi ǒu

【释义】齐:春秋时齐国。偶:配偶。《左传·桓公六年》记载:"齐侯欲以文姜妻郑太子忽。太子忽辞。人问其故。太子曰:'人各有耦(偶),齐大,非吾耦(偶)也。'"意思是齐是大国,郑是小国,相差悬殊,不适合成为配偶。后用以指对方门第显赫,自己地位卑微,门不当户不对,不敢高攀。【例句】像我这个出身贫寒的子弟,与她是～,匹配不上的。【近义】门第悬殊【反义】秦晋之好　门当户对

齐东野语　qí dōng yě yǔ

【释义】齐东:齐国(在今山东北部)的东部。野语:乡下人的话。《孟子·万章上》:"此非君子之言,齐东野人之语也。"借指道听途说,不足为凭的话。【例句】这事也许是～,我没有考查过它的真伪。【近义】道听途说　无稽之谈【反义】至理名言　不刊之论

齐眉举案　qí méi jǔ àn
见"举案齐眉"。

齐头并进　qí tóu bìng jìn

【释义】齐:一齐。并:并排。各个方面一齐前进或同时进行。形容几件事情同时进行。【例句】观看火车的人群跟着火车移动,有胆大的还和车头～,呐喊奔跑。/ 在短短两年多时间里,这座城市已建成了水陆空～的立体交通网络。【近义】并驾齐驱【反义】分道扬镳

齐心合力　qí xīn hé lì
见"齐心协力"。

齐心协力　qí xīn xié lì

【释义】齐心:同心,指认识一致。协:和,合,同。思想一致,共同努力。也作"齐心合力"。【例句】祖国的统一、民族的团结、炎黄子孙的～,对保卫祖国、建设祖国,具有重大的意义!【近义】和衷共济　同心同德　勠力同心　同心协力【反义】各行其是　钩心斗角　离心离德

其乐无穷　qí lè wú qióng

【释义】其:其中。乐:乐趣。穷:穷尽,完结。其中的乐趣没有穷尽。形容某事或某活动充满了乐趣。【例句】他认为钓鱼～。【近义】乐不可支

其貌不扬　qí mào bù yáng

【释义】其:他的或它的。扬:显明,出众。指人相貌很平常或丑陋难看。【例句】那位～却又不畏权势、为民请命的知县,是丑角人物画廊中一个独特的艺术形象。【反义】仪表堂堂　一表人才　一表非凡

其势汹汹　qí shì xiōng xiōng

【释义】汹汹:声势盛大的样子。指来势凶猛。【例句】他突然～地撞了进来。【近义】气势汹汹　提示　含贬义。

其味无穷　qí wèi wú qióng

【释义】味:意味,韵味。穷:穷尽。其中的意味无穷。指含意深长,使人回味不尽。【例句】这首诗寓意深刻、～。

奇耻大辱　qí chǐ dà rǔ

【释义】奇:罕见的,少有的。指极大的耻辱。【例句】大家都跃跃欲试,准备一雪惨败于对手的～。

奇花异草　qí huā yì cǎo

【释义】奇特罕见的花草。【例句】这一路上全是～,修竹乔松。【近义】奇葩异卉

奇葩异卉　qí pā yì huì

【释义】珍奇难得的花草。【例句】每年暮春三月，蝴蝶泉～争奇斗艳，各种蝶类千里迢迢赶来，云集于此。【近义】奇花异草

奇山异水　qí shān yì shuǐ

【释义】奇异独特的山水。【例句】《水经注》里所记的～，或令我惊心动魄，或让我游目骋怀。

奇文共赏　qí wén gòng shǎng

【释义】奇：新奇。赏：欣赏，鉴赏。指新奇的文章大家共同欣赏。用作反语，指对荒唐可笑或错误的文章，大家共同来见识评判。【例句】他们常常闭门对坐一室，～，疑义与析。/此书违背常识，颠倒时代，把战国时期的人和事当作春秋时期的史实，并以此为基础宏论滔滔，大加发挥评判，真可谓～，贻笑大方了。【近义】赏奇析疑

奇形怪状　qí xíng guài zhuàng

【释义】奇：奇异，奇特。怪：怪异。泛指奇奇怪怪的形状。【例句】这个幽暗的洞穴内有很多～的钟乳石。【近义】殊形诡状　奇形异状

奇装异服　qí zhuāng yì fú

【释义】奇：特殊的，罕见的。异：特别，与众不同。指与现时社会上一般人衣着式样不同的服装。【例句】这里的男男女女还穿着～，让人感到非常吃惊。【反义】素装常服　提示　多含贬义。

歧路亡羊　qí lù wáng yáng

【释义】歧路：岔道。亡：走失。《列子·说符》记载，杨子的邻居走失一羊，发动很多人去追赶寻找，终因歧路太多，而歧路上又有歧路，无从判明羊往哪条路去了而未能找到。心都子因此感叹说："大道以多歧亡羊，学者以多方丧生。"比喻事理复杂多变，容易使人迷失方向，误入歧途。【例句】他在这种环境下工作，常常不知所措，好比～。【近义】目迷五色　如堕烟海

崎岖不平　qí qū bù píng

【释义】崎岖：山路不平。路面高高低低，极不平坦。【例句】这里到处是高山峡谷，加上公路～，"别尔克"轿车艰难地行驶着。

骑虎难下　qí hǔ nán xià

【释义】骑在虎背上不能下来。比喻事情进行到中途遇上困难和阻碍，而迫于情势又无法中止。【例句】这笔生意我们已交了三分之二的定金，如果终止合同就会全部损失，真是～。【近义】进退两难　进退维谷【反义】进退自如

骑驴找驴　qí lǘ zhǎo lǘ

见"骑马找马"。

骑马找马　qí mǎ zhǎo mǎ

【释义】已骑在马上还在找马。比喻东西就在身边或已在掌握中而不知，还到处寻找。也比喻已有所得，还谋求更多的所得。也作"骑驴找驴"。【例句】这段时间她简直是忙晕了，经常处于～的状况。/为了多挣些钱，他得一边找事，还得一边拉散座，～，不能闲着。

棋逢对手　qí féng duì shǒu

【释义】逢：相遇，遭遇。对手：实力相当的竞赛对方。本指下棋遇上了力量相当的对手。比喻遇上了势均力敌的对手，双方能耐、水准、本事等相当，难分高下。【例句】这局棋下了近五个小时还没分出胜负，这简直就是～。/他俩在体操方面先后都拿过全国比赛冠军，今天在这里交锋，～，有好戏看了。【近义】将遇良才　势均力敌　旗鼓相当　工力悉敌

Q

旗鼓相当　qí gǔ xiāng dāng

【释义】旗鼓:指古代作战时用来发号施令的军旗和战鼓。相当:相配,不相上下。指两军对垒,互相对峙。比喻双方实力不相上下,势均力敌。【例句】双方～,战役一打响,彼此不相上下。/ 这次排球赛可谓强手如林,光是实力和中国队～的就有巴西、秘鲁、美国、俄罗斯等球队。【近义】势均力敌　工力悉敌　棋逢对手　将遇良才【反义】众寡悬殊　天壤之别　天差地远

旗开得胜　qí kāi dé shèng

【释义】旗:古代作战时发号施令的工具。开:展开。军旗一展开,便赢得胜利。比喻事情刚开始就获得成功。【例句】小组赛一结束,我们就出线了,真是～。/ 第一次试验就获得成功,真是～。【近义】马到成功　首战告捷【反义】出师不利

旗帜鲜明　qí zhì xiān míng

【释义】鲜明:色彩耀眼。旗帜的色彩鲜艳明丽。形容军容整肃。也形容人的态度或立场明确,不含糊。【例句】将军看着山下排列的阵势～,枪刀森布、严整威明,心里非常高兴。/ 我们要～地反对和抵制各种邪教组织。【反义】依违两可

乞哀告怜　qǐ āi gào lián

【释义】乞:向人讨。哀:怜悯。告:请求。乞求别人的怜悯和帮助。【例句】那个乞丐真是可怜!～得来的一点点面包还没来得及吃,却被路边的流浪狗又叼走了。【近义】摇尾乞怜

杞人忧天　qǐ rén yōu tiān

【释义】杞:周代诸侯国之一,在今河南杞县。《列子·天瑞》记载:"杞国有人忧天地崩坠,身亡(wú,通'无')所寄,废寝食者。"借指缺乏根据或不必要的忧虑。也作"杞人之忧"。【例句】有些人一看到某些不良的社会风气就担心要出大乱子,这未免～了吧。【近义】庸人自扰 提示 "忧"不能写成"优""犹"。

杞人之忧　qǐ rén zhī yōu

见"杞人忧天"。

起死回生　qǐ sǐ huí shēng

【释义】起:使起来。回生:复活。使死者重新恢复生机。形容医术或技术高超。也指手段高强,能把处于毁灭境地的事物挽救过来。【例句】那个小女孩服下草药后不久,竟奇迹般地～了。/ 这个公司要想～,只有彻底改组领导班子。【近义】妙手回春　着手成春　手到病除【反义】不可救药　回天乏术

起早摸黑　qǐ zǎo mō hēi

见"起早贪黑"。

起早贪黑　qǐ zǎo tān hēi

【释义】贪:贪恋。一大早就起身,天已黑还舍不得休息。形容非常辛勤地劳作。也作"起早摸黑"。【例句】他们全年的生计靠一个夏天～画像所得来维持。

绮襦纨绔　qǐ rú wán kù

【释义】绮襦:有花纹的丝质上衣。纨绔:用细绢做的裤子。泛称富贵子弟。【例句】这种～少年,成天只知道吃喝玩乐。【近义】纨绔子弟【反义】平民百姓

气冲牛斗　qì chōng niú dǒu

【释义】牛、斗:牵牛星、北斗星,泛指天空。气势直冲星空。形容气势旺盛或怒气冲天。也作"气冲霄汉"。【例句】关兴知道马忠是害父仇人,～,举起青龙刀向马忠砍去。【近义】气贯长虹　气吞山河　气壮山河

气冲霄汉 qì chōng xiāo hàn

见"气冲牛斗"。

气喘如牛 qì chuǎn rú niú

【释义】像牛那样大声喘气。形容呼吸急促,大声喘气的样子。【例句】他～,一跑进屋就拿了条大毛巾擦脑门子上的汗。【近义】气喘吁吁　上气不接下气 提示 含贬义。

气喘吁吁 qì chuǎn xū xū

【释义】吁吁:象声词,出气的声音。呼吸急促,上气不接下气的样子。形容喘息急促的样子。【例句】他竟径自从台下跑到台上,然后～地站到了麦克风跟前。【近义】气喘如牛　上气不接下气

气贯长虹 qì guàn cháng hóng

【释义】气:气势,气概。贯:穿,贯穿。虹:雨后天空出现的彩虹。气势贯穿长虹。形容气势旺盛。【例句】李大钊的政论和杂感,朴素平易,干脆利落,如电闪雷鸣,～。【近义】气吞山河　气壮山河　气冲牛斗

气势磅礴 qì shì páng bó

【释义】气势:表现出的力量和态势。磅礴:广大无边的样子。形容气势雄壮浩大。【例句】他的诗雄浑刚健,～。

气势汹汹 qì shì xiōng xiōng

【释义】气势:表现出的力量和态势。汹汹:声势很盛的样子。形容声势凶猛或盛怒时凶神恶煞的样子。【例句】不要只看到敌人～,其实是外强中干,秋后的蚂蚱。 提示 含贬义。

气吞山河 qì tūn shān hé

【释义】气:气势,气概。气势大得可以能吞没山河。形容气魄很大。【例句】这篇报道称颂了将军如何在战场上横刀跃马,～。【近义】气壮山河　气冲牛斗　气贯长虹

气味相投 qì wèi xiāng tóu

见"臭味相投"。

气息奄奄 qì xī yǎn yǎn

【释义】气息:呼吸时进出的气。奄奄:气息微弱的样子。呼吸非常微弱,快要断气的样子。比喻事物衰败没落,快要消亡。【例句】赶快抢救吧,那个晕倒的人已经～了。／这种旧体制已到了日薄西山、～的地步,所以必须立即废除。【近义】奄奄一息【反义】生机勃勃　生龙活虎

气焰嚣张 qì yàn xiāo zhāng

【释义】气焰:比喻人的气势、态度。嚣张:放肆,猖狂。形容人的言行非常放肆,态度极为猖狂。【例句】趁投降派～之时,出其不意发起反击是有利的。【近义】气焰熏天 提示 含贬义。

气焰熏天 qì yàn xūn tiān

【释义】气焰:指人的威风和气势。熏天:熏炙天空。形容威势极盛,傲慢嚣张到极点。【例句】此时康太守正是～,寻常的候补道台都不在他眼里。【近义】气焰嚣张 提示 含贬义。

气宇昂昂 qì yǔ áng áng

见"器宇轩昂"。

气宇轩昂 qì yǔ xuān áng

见"器宇轩昂"。

气壮如牛 qì zhuàng rú niú

【释义】形容人气势很盛,但使人觉得笨拙。【例句】坐在棋盘前的李大爷貌似～,稳如泰山,实则内心非常犹豫。【近义】色厉内荏【反义】胆小如鼠

气壮山河 qì zhuàng shān hé

【释义】气:气概,气势。壮:壮丽,宏伟。形容气概像高山大河那样雄伟豪迈。

Q

【例句】这篇～的宣言出自罗隆基之手,曾受到了毛主席的赞许。【近义】气吞山河　气冲牛斗　气贯长虹

弃暗投明　qì àn tóu míng

【释义】弃:背弃,脱离。投:投向,投奔。背弃黑暗,投向光明。比喻脱离非正义的一方,投向正义的一方。【例句】守城的敌军已经感到只有～,投向解放军,才是唯一的生路。【近义】改邪归正　弃旧图新

弃甲曳兵　qì jiǎ yè bīng

【释义】弃:丢弃。甲:铠甲。曳:拖着。兵:兵器。丢弃铠甲,拖着兵器。形容战败逃跑时的狼狈相。【例句】在《民报》坚决有力的进攻下,《新民丛报》终于～,完全失败,最后不得不宣告停刊。【近义】倒戈卸甲　丢盔卸甲　提示　"曳"不能写成"曵"。

弃旧图新　qì jiù tú xīn

【释义】弃:抛弃。图:谋求。抛弃旧的、错误的,谋求新的、正确的。多指由坏的转向好的,由邪路走上正路。【例句】对于犯过错误的同志,应采取规劝态度,使之幡然悔悟,～。【近义】革故鼎新　推陈出新　改过自新

弃如敝屣　qì rú bì xǐ

【释义】弃:丢弃,扔掉。敝:破败,破烂。屣:鞋。像抛掉烂鞋子一样。比喻毫不可惜地抛弃掉。【例句】我们可以想象,这本《艾森豪威尔传记》如果是一首赞美诗,不但评论家会～,读者更不会欣赏。【近义】视如敝屣　弃如弁髦【反义】如获至宝　提示　"屣"不能写成"履"。

泣不成声　qì bù chéng shēng

【释义】泣:低声哭。哭得气都被噎住,发不出声音。形容十分悲伤。【例句】听着那悲怆的曲调,在场的好多人～。

泣下如雨　qì xià rú yǔ

【释义】泣:眼泪。哭泣时眼泪像雨点一样落下。形容极度悲痛。【例句】听到战友牺牲的消息,他徘徊在岸边,面对苍茫河水,～。【近义】泪如雨下　泣涕如雨

器宇不凡　qì yǔ bù fán

【释义】器宇:指人的气度、仪表。不凡:不平常。形容人的气质风度出众。【例句】他～,给人们留下了难忘的印象。【近义】器宇轩昂

器宇轩昂　qì yǔ xuān áng

【释义】器宇:指人的仪表、气度。轩昂:精神饱满的样子。形容人精神饱满,气度不凡。也作"气宇轩昂""气宇昂昂"。【例句】他看见老朋友背后一个年轻人,生得～、威风凛凛。

恰到好处　qià dào hǎo chù

【释义】恰:恰好,正好。(说话、办事等)恰好达到了最适当的地步。【例句】该片从服装、化妆、道具到演员的表演都～地体现了法国电影的独特魅力。【近义】恰如其分【反义】举措失当

恰如其分　qià rú qí fèn

【释义】恰:恰好,正好。分:分寸,指适当的程度。恰巧像它的分寸。指言行举措等正符合恰当的限度。【例句】报告扼要概括了过去一年取得的巨大成就,～,让人信服。/ 小王对这篇文章的批评～。【近义】恰到好处【反义】夸大其词　提示　"分"不读 fēn。

千变万化　qiān biàn wàn huà

【释义】形容变化极多,有各种各样的变化。【例句】天空中的云彩绚丽多姿,～,常被人们称为"大自然的图画"。【近义】变化多端　千变万状【反义】一成不变

Q

千差万别 qiān chā wàn bié
【释义】形容事物存在各式各样的差异。【例句】世界上湖泊的种类有很多,它们的成因各不相同,大小也～。

千疮百孔 qiān chuāng bǎi kǒng
见"百孔千疮"。

千锤百炼 qiān chuí bǎi liàn
【释义】锤、炼:锻打金属以除去杂质。比喻对诗文进行反复加工润色。也比喻多次经受艰苦斗争的磨炼。【例句】高水平的艺术品是经过～才使读者、听众、观众得到最大享受的。/ 中国女队能有今天的超群实力,全靠平日～。【近义】精雕细刻【反义】粗制滥造

千刀万剐 qiān dāo wàn guǎ
【释义】剐:凌迟,把肉从骨头上面割下来,是古代一种酷刑。指凌迟处死。用以诅咒人罪大恶极,该处以极刑。【例句】在古代,有～这种酷刑。/ 围观的人越聚越多,纷纷痛骂凶犯残忍、毫无人性,应当～。 提示 "剐"不读 guō。

千恩万谢 qiān ēn wàn xiè
【释义】恩:感恩,称颂感谢别人给予的好处。一而再再而三地感谢。【例句】丢失了宠物狗的他～地放下电话,立刻根据来电人提供的线索去领回。【近义】感恩戴德 感激涕零

千帆竞发 qiān fān jìng fā
【释义】竞:争着。数不清的船只竞相开发。形容事物生机勃勃地向前发展。也形容朝气蓬勃的局面。【例句】休渔期结束了,河面上～,穿梭不息。/祝他们在～的商海中乘风扬帆,激流勇进。/我们的事业正呈现出～的喜人前景。

千方百计 qiān fāng bǎi jì
【释义】方:办法。计:计谋。形容想尽或用尽一切办法和计谋。【例句】世界上有些珍奇动物,尽管人们～去保护,仍然处于濒临灭绝的境地。【近义】想方设法【反义】无计可施

千夫所指 qiān fū suǒ zhǐ
【释义】千夫:千人,泛指公众。指:指责,指斥。被公众所指责。形容激起公愤,被众人唾骂痛恨。【例句】对"翻牌公司",有一段时间可说是～,因为它对企业改革确实是一种倒退。【近义】众矢之的

千古绝唱 qiān gǔ jué chàng
【释义】千古:指年代久远,时间长。绝唱:指诗文等创作达到最高造诣。指从来少有的绝妙佳作。也作"千古绝调"。【例句】李白这一曲～,道出了当时蜀道的崎岖险恶。

千古绝调 qiān gǔ jué diào
见"千古绝唱"。

千呼万唤 qiān hū wàn huàn
【释义】形容再三呼唤、催促。【例句】曾经～也不愿"出山"的企业,现在争先恐后地抢占冰雪节的"黄金时空"。【近义】再三催促【反义】招之即来

千回百折 qiān huí bǎi zhé
【释义】回:回环,回旋。折:曲折。形容作品的章法或音乐的旋律跌宕起伏、婉转有致。【例句】他画的藤蔓,～,盘结差互,疏密有致,开合自然,既灵活机变又苍瘦劲继。【近义】千回百转 迂回曲折【反义】一帆风顺

千回百转 qiān huí bǎi zhuǎn
【释义】回:回环,回旋。转:旋转。形容回环往复,经过很多周折或旋绕不断。

【例句】我的故乡依偎在～、万古奔流的松花江畔。【近义】千回百折　迂回曲折【反义】一帆风顺

千家万户　qiān jiā wàn hù

【释义】成千上万的人家，极言其多。【例句】这种商品的名字走进了～，走进了千万人的心中。【近义】千门万户

千娇百媚　qiān jiāo bǎi mèi

【释义】娇：美好可爱。媚：妩媚动人。形容女性美丽的容貌和优美动人的姿态。【例句】这画上的女子眼波流动，顾盼生情，神态秀敏，～，就像真人似的。

千金买骨　qiān jīn mǎi gǔ

见"千金市骨"。

千金买笑　qiān jīn mǎi xiào

【释义】千金：极言钱多。为博取美女欢心，不惜花费千金。【例句】情人节的高额消费不禁让人置疑：情人节，到底是"浪漫日"还是～的"浪费日"？

千金市骨　qiān jīn shì gǔ

【释义】市：买。用千金买千里马的骨头。《战国策·燕策一》记载，燕昭王想招纳天下贤士，郭隗说："臣闻古之君人，有以千金求千里马者，三年不能得。涓人言于君曰：'请求之。'君遣之。三月得千里马，马已死。买其首五百金，反以报君。君怒曰：'所求者生马，安事死马而捐五百金？'涓人对曰：'死马且买之五百金，况生马乎？天下必以王为能市马，马今至矣！'于是不能期年，千里之马至者三。今王诚欲致士，先从隗始。隗且见事，况贤于隗者乎？岂远千里哉？"比喻求贤若渴。也作"千金买骨"。【例句】很多～的历史故事，至今仍然脍炙人口，广为流传。

千金一诺　qiān jīn yī nuò

见"一诺千金"。

千金一笑　qiān jīn yī xiào

见"一笑千金"。

千金一掷　qiān jīn yī zhì

见"一掷千金"。

千军万马　qiān jūn wàn mǎ

【释义】成千上万的兵马。形容兵马极多，阵容强大。也作"万马千军"。【例句】在这～的攻城大军中，小李是第一个登上城头的人。【反义】单枪匹马

千钧一发　qiān jūn yī fà

【释义】发：头发。钧：古代重量单位，30斤为1钧。一根头发上吊着千钧重物。形容形势十分危急。【例句】面对那～的危险境地，在我的帮助下，他得救了。【近义】危如累卵　危在旦夕　燃眉之急【反义】稳如泰山

千里鹅毛　qiān lǐ é máo

【释义】千里：形容路远。鹅毛：指物轻。从千里之外赠以鹅毛。表示礼物虽轻而情意深厚。也作"千里赠鹅毛""千里送鹅毛"。【例句】他这样做，是～，礼轻情意重啊！【近义】礼轻义重

千里送鹅毛　qiān lǐ sòng é máo

见"千里鹅毛"。

千里迢迢　qiān lǐ tiáo tiáo

【释义】迢迢：遥远的样子。形容路途十分遥远。也作"万里迢迢"。【例句】李教授已年老体弱，还～赶去北京参加全国学术讨论会。【近义】天涯海角【反义】近在咫尺

千里赠鹅毛　qiān lǐ zèng é máo

见"千里鹅毛"。

千虑一得 qiān lǜ yī dé

【释义】虑：思虑，考虑。得：得当，适宜。指平凡人的反复考虑也会有可取之处。【例句】虽然我提出的建议并非锦囊妙计，但～，总有几点可用作参考吧。【反义】千虑一失 提示 多用为发表自己见解时的自谦之语。

千虑一失 qiān lǜ yī shī

【释义】虑：思虑，考虑。失：过失，失误。指聪明人的再三考虑也会有疏漏的地方。【例句】一般来说，他能纵观全局地考虑问题，但～，有时也可能产生片面性。【反义】千虑一得

千门万户 qiān mén wàn hù

【释义】指众多的门户。也指众多的人家。【例句】艺术之宫是重楼复室、～，绝不仅仅是一大间敞厅。／除夕之夜，～张灯结彩，喜气洋洋。【近义】千家万户

千难万难 qiān nán wàn nán

【释义】千万种困难。形容困难很多。也形容历尽众多磨难。【例句】即使遇到～，武老师总是尽力承担，而且从不口出怨言。／这是我一年多来梦寐以求的事情，历尽～成为现实时，又有一股余悸在心头。【近义】千难万险

千难万险 qiān nán wàn xiǎn

【释义】形容困难和危险极多。【例句】赛后，中国姑娘全哭了，她们战胜了～，第一次打进了世界女篮锦标赛的决赛。【近义】千难万难

千年万载 qiān nián wàn zǎi

【释义】载：年。千年万年。形容年代久远。【例句】这些珍宝凝结着大自然～点滴孕育的精华。【近义】千秋万代 千秋万岁【反义】一朝一夕

千篇一律 qiān piān yī lǜ

【释义】律：格律，泛指格式、模式。一千篇文章都是一种模式、一种面貌。指文章和讲话中表现出来的公式化倾向。也指事物只有一种形式，毫无变化。【例句】人们对于这种～、千品一腔的广告，产生了逆反情绪。／云腿很好吃，肉多，油也足，可惜我的做法～，总是蒸。【近义】千人一面【反义】五花八门

千奇百怪 qiān qí bǎi guài

【释义】非常奇怪的事物和现象。【例句】海滩上有美丽的贝壳，大的，小的，颜色不一，形状多样，真是～，无所不有。

千秋万代 qiān qiū wàn dài

【释义】秋：年。千年万代。指世世代代或年代久远。【例句】教育是关乎～的伟业。【近义】千秋万岁 千年万载 千秋万世【反义】一朝一夕

千秋万岁 qiān qiū wàn suì

【释义】秋：年。千年万年。婉言帝王之死。形容岁月久远。用作祝人长寿之辞。【例句】当朝皇帝曾许愿：～后，传位于你。／我原来以为我们这个聚餐会可以～，现在却要半途夭折，令人感到很悲伤。／李大爷要求儿孙们在他生日那天祝他～。【近义】千秋万代 千年万载【反义】一朝一夕

千人一面 qiān rén yī miàn

【释义】面：面孔，面目。许多人都是同一面貌。形容文艺作品在创作方法或题材、内容上雷同，缺少变化和个性。【例句】他是在用心作诗，所以他的作品决不会使人产生那种～的雷同感和单调感。【近义】千篇一律

千山万壑 qiān shān wàn hè

【释义】壑：深沟。许许多多的山和沟。【例句】在中华大地上，腾越～的长城，以其宏大的气势，悠久的历史，昭垂后

Q

世。【反义】一马平川

千山万水　qiān shān wàn shuǐ

见"万水千山"。

千丝万缕　qiān sī wàn lǚ

【释义】缕:线。千根丝,万条线。形容事物之间的关系极其复杂或联系极为紧密。【例句】草原植被的构成是大自然精妙的杰作,～的编织,像一张巨大的网把沙土覆盖、固定。【近义】盘根错节　错综复杂【反义】简单明了

千条万端　qiān tiáo wàn duān

【释义】端:端绪,头绪。形容事物、事理细密繁多。【例句】我舅舅的错误虽然～,但从本质上讲,人还是挺善良的。【近义】千头万绪　千条万绪

千头万绪　qiān tóu wàn xù

【释义】头、绪:头绪,端绪。指很多很多头绪。形容事物纷繁,头绪很多。【例句】当前各方面工作～,最重要、最根本的,就是要千方百计地把经济搞上去。【近义】千条万端　千丝万缕

千辛万苦　qiān xīn wàn kǔ

【释义】辛:辛劳。苦:困苦。形容许许多多、各种各样的艰辛困苦。也作"万苦千辛"。【例句】他们跑遍千山万水,吃尽～,费尽千言万语,才使得厂里的产品走俏大江南北。【近义】含辛茹苦

千言万语　qiān yán wàn yǔ

【释义】千万句话语。极言言语之多。【例句】她似乎有～要向父母,向师友,向人们倾吐。【反义】三言两语

千载难逢　qiān zǎi nán féng

【释义】载:年。逢:遇上,碰到。一千年也难碰到了。形容机会十分难得。【例句】对一些名气不大的演员,能够上春晚,就是～的机会。【近义】千载一时　千载难遇【反义】司空见惯

千载一时　qiān zǎi yī shí

【释义】载:年。时:时机。一千年才有这么一次好机会。形容机会非常难得。【例句】这次艺术节是一个～的好机会,既能展示咱自己的东西,又能跟国际接轨。【近义】千载难逢【反义】司空见惯

千真万确　qiān zhēn wàn què

【释义】真:真实。确:确实。形容情况非常真实,确凿无误。【例句】那晚他怎么也睡不着,他相信自己的眼睛,～是看见了不明飞行物。【近义】不容置疑　确凿不移

千姿百态　qiān zī bǎi tài

【释义】姿:姿态。态:形状。形容姿态、形状多种多样,各不相同。【例句】即使在海拔四五千米的青藏高原上,也生长着～的耐寒杂草。/ 难能可贵的是,这位摄影师为蝴蝶拍了不少～的特写镜头,可供各种报刊选用。

迁善改过　qiān shàn gǎi guò

【释义】迁善:向善。改正过失,诚心向善。【例句】他认为许多历史故事反映了古人的生活智慧,是精华,能使人～,应发扬光大。【近义】改恶从善

牵肠挂肚　qiān cháng guà dù

【释义】牵:拉,扯。挂:挂念。形容非常挂念,放心不下。【例句】多年以后,这种剪不断理还乱的乡土情结让知青们魂萦梦绕,～。【近义】切切在心　念念不忘【反义】无牵无挂　置诸脑后

牵强附会　qiān qiǎng fù huì

【释义】牵强:勉强牵扯。附会:把没有关系的事物说成有关系。指把没有关系或关系不大的事物勉强地拉在一起,加以比附。也作"穿凿附会"。【例句】这部电影的故事～,不合情理。【近义】生拉活扯　生搬硬套【反义】

顺理成章 提示 "强"不读 qiáng。

谦谦君子　qiān qiān jūn zǐ

【释义】谦谦:谦逊的样子。君子:有德行才干的人。指谦虚谨慎、能严格要求自己、品格高尚的人。【例句】他的身上完美地体现了～之风,令人敬仰。【近义】仁义君子【反义】市井小人

谦虚谨慎　qiān xū jǐn shèn

【释义】谦虚:虚心,不骄傲自满。谨慎:小心,慎重而不随便马虎。虚心待人,慎重从事。【例句】她良好的学习成绩,～的为人,赢得了同学们的信赖。【反义】骄傲自满　自高自大

前车之鉴　qián chē zhī jiàn

【释义】鉴:镜子,引申为鉴戒。《汉书·贾谊传》:"前车覆,后车诫。"意为前面的车子翻了,后面的车子可引为鉴戒。比喻可作为教训的前例。【例句】那家公司有了～,早已预料到有争议,于是,同时提供了另一种选择。【近义】覆车之戒

前程万里　qián chéng wàn lǐ

【释义】指路途遥远。形容人将来的成就很大,前途不可限量。【例句】广州人的眼里,桃花象征着宏图大展,～。【近义】锦绣前程　鹏程万里【反义】前景黯淡

前赴后继　qián fù hòu jì

【释义】赴:到,去。前面的人上去,后面的人紧跟上去。形容奋勇向前,连续不断。【例句】他们～,不断创业,星星点点地积累,年年月月地扩大。【近义】前仆后继

前功尽弃　qián gōng jìn qì

【释义】功:功劳,成绩。尽:全部。弃:废弃,毁弃。以前的成绩全部废弃。指以前的努力全都白费。【例句】这位工程师认为建盐田港太难了,犹如逆

水行舟,停下来便会～。【近义】功亏一篑　付之东流【反义】大功告成

前呼后拥　qián hū hòu yōng

【释义】前面有人吆喝着开路,后面有人簇拥着伺候。多用以形容权贵出行时随从众多的显赫声势。【例句】白胡子老头笑容可掬,在人们的～下走出了机场大厅。【反义】轻车简从

前倨后恭　qián jù hòu gōng

【释义】倨:傲慢。恭:恭敬。原先傲慢,后来恭顺。形容对人的态度由傲慢而恭敬。【例句】他想不到这四个强横霸道的女孩子怎么忽然变得～了。【近义】前倨后卑【反义】不卑不亢

前仆后继　qián pū hòu jì

【释义】仆:倒下。继:跟着。前面的人倒下,后面的人继续跟上。形容不怕牺牲,奋勇向前,斗争后继有人。【例句】共产党人～不怕流血牺牲的大无畏精神,使他坚定了革命到底的信念。【近义】前赴后继

前思后想　qián sī hòu xiǎng

见"思前想后"。

前所未闻　qián suǒ wèi wén

【释义】闻:听见。历史上从来没有听说过。【例句】他被这群蝙蝠咬过以后,染上了一种～的重病,多亏现代科学的成果,才幸免于难。【近义】闻所未闻

前因后果　qián yīn hòu guǒ

【释义】起因和结果。泛指事情发展的全过程。【例句】母亲边哭边诉,断断续续把事情的～都告诉了女儿。【近义】来龙去脉

钱可通神　qián kě tōng shén

【释义】通:沟通,打动,使……通融。唐代张固《幽闲鼓吹》记载,唐代的张延

Q

赏曾负责缉查一件大案,案犯先后托人向张表示愿送钱3万和5万,求张不再追究,张都严词拒绝,并严令加紧侦查审理。后案犯把贿赂增加到10万,张对子弟说:"钱到十万贯,可通神矣!无不可回之事。吾惧祸及,不得不止。"形容钱可买通一切。极言金钱魔力之大。【例句】司马迁写《货殖列传》的一个原因是指斥～的世风。

钳口结舌　qián kǒu jié shé

【释义】钳口:闭口。结舌:不敢说话。形容因惊讶或害怕而说不出话来的样子。【例句】在法庭上,证人却～了,法官明白他是害怕遭到报复。【近义】张口结舌【反义】滔滔不绝　畅所欲言

潜形匿迹　qián xíng nì jì

【释义】潜:隐藏。匿:隐匿,隐藏。迹:形迹。躲藏隐匿起来,不出头露面。也形容行事隐秘,不暴露目标或露出痕迹。【例句】据传,丹吉尔东南十几公里处的"海格立斯洞穴"是大力神～之处,至今游人不断,烟火不息。【近义】藏形匿影【反义】抛头露面

潜移默化　qián yí mò huà

【释义】潜:暗中。移:改变。默:无声无息。化:变化。指人的思想或品性受环境或别人的影响、熏染,不知不觉地发生变化。【例句】她出生于梨园世家,～中也喜爱上了京剧表演艺术。【近义】耳濡目染【反义】涅而不缁

黔驴技穷　qián lǘ jì qióng

见"黔驴之技"。

黔驴之技　qián lǘ zhī jì

【释义】黔:现在贵州一带。穷:尽,完结。技穷:技能、本领已施展光。黔地的驴的本领已用完了。唐代柳宗元《三戒·黔之驴》记载:"黔无驴,有好事者船载以入。至则无可用,放之山下。虎见之,庞然大物也,以为神,蔽林间窥之……他日,驴一鸣,虎大骇,远遁,以为且噬己也,甚恐。然往来视之,觉无异能者……稍近,益狎,荡倚冲冒。驴不胜怒,蹄之。虎因喜,计之曰:'技止此耳。'因跳踉大㘎,断其喉,尽其肉,乃去。"借指有限的一点本事已经用完,别无他法。也作"黔驴技穷"。【例句】敌人已经露出了马脚,他们已经～,无计可施了。【近义】无计可施　江郎才尽【反义】神通广大　大显神通　提示　多含贬义。

浅尝辄止　qiǎn cháng zhé zhǐ

【释义】尝:尝试。辄:就。略微尝试一下就停止。指对知识、问题等不深入研究。【例句】王国维没有～,他徘徊在林中小径,继续追索着尼采、叔本华哲学的精髓。【近义】半途而废　蜻蜓点水【反义】穷本极源　钻坚研微

浅见寡闻　qiǎn jiàn guǎ wén

【释义】浅:浅薄,肤浅。寡:少。见闻不广,所知不多。形容见识浅薄。【例句】这位高傲的外国人不得不为自己的～而哑然失笑。【近义】孤陋寡闻　短见薄识【反义】见多识广

枪林弹雨　qiāng lín dàn yǔ

【释义】枪支如林,子弹如雨。形容炮火密集、战斗激烈的战场。【例句】在反法西斯战争中的紧要关头,他挺身而出,出入于～之中,拯救了七百多名绝望的士兵,自己却壮烈牺牲了。【近义】炮火连天　硝烟弹雨

强弩之末　qiáng nǔ zhī mò

【释义】弩:弩弓,古代用机械射箭的弓。末:尽头,终端。强劲的弩弓所发的箭,射程已达尽头。比喻强大的力量已经衰竭,不能再起作用。【例句】此刻,面对已成～的敌人,他们不退反进。

【近义】势穷力竭【反义】势不可当

强中更有强中手 qiáng zhōng gèng yǒu qiáng zhōng shǒu

【释义】手段高强的人中还有手段更高强的,能干之中还有更能干的。【例句】市场竞争如同逆水行船,不进则退,～。【近义】山外有山　天外有天

墙倒众人推 qiáng dǎo zhòng rén tuī

【释义】墙已倒塌,众人还去推上一把。比喻人在失势或倒霉时,备受欺负。【例句】要一分为二看问题,不能～。【近义】投井下石

强不知以为知 qiǎng bù zhī yǐ wéi zhī

【释义】强:勉强,硬要。知:懂得。硬要不懂装懂。【例句】我们年轻人血气方刚,好勇斗狠,每每爱～,这应该克制。【近义】不懂装懂【提示】"强"不读 qiáng。

强词夺理 qiǎng cí duó lǐ

【释义】强:勉强,硬要。夺:争,争夺。借助言辞强辩,把没道理硬说成有道理。【例句】作者运用他逻辑学家的特长,嘲弄了某些似是而非的歪理和～。【近义】蛮不讲理【反义】义正词严　据理力争【提示】"强"不读 qiáng。

强人所难 qiǎng rén suǒ nán

【释义】强:勉强。勉强别人去做不能做到或不愿意做的事情。【例句】各人有各人的嗜好,不要～。【近义】勉为其难【反义】心甘情愿【提示】"强"不读 qiáng。

强颜欢笑 qiǎng yán huān xiào

【释义】强:勉强。颜:脸色。强颜:勉强做出……的表情、模样。勉强地装出笑容来。【例句】尽管她外表上～,但

她对自己"命中注定"的悲惨生活感到极其痛苦。【提示】"强"不读 qiáng。

强作解人 qiǎng zuò jiě rén

【释义】强:勉强,硬要。解人:能理解领会的人。硬要把自己装扮成能解释疑难或通晓某一事理的人。形容不明真意而妄发议论。【例句】那些把毕加索后期创作分析得头头是道,赞美得天花乱坠的人都不过是在～,谬托知己,自欺欺人。【提示】"强"不读 qiáng。

跷足而待 qiāo zú ér dài

【释义】跷足:举足。抬起脚来等候。形容短时间内即可见成效。【例句】只要这个广告一打出去,货物供不应求的局面定可～。【近义】指日可待【反义】旷日持久

敲骨吸髓 qiāo gǔ xī suǐ

【释义】髓:骨髓。《景德传灯录》卷3:"昔人求道,～,刺血济饥,布发掩泥,投崖饲虎。"本指砸开骨头,吸取骨髓。后指残酷地压榨剥削。【例句】种植园主大量使用黑人奴隶,进行～地剥削。

敲诈勒索 qiāo zhà lè suǒ

【释义】诈:欺诈。索:索取。指利用权势或其他不正当手段,借故进行威胁、要挟,强行索取或骗取别人钱财。【例句】该团伙为非作歹,～,无恶不作,终究会被绳之以法的。【近义】巧取豪夺

乔松之寿 qiáo sōng zhī shòu

【释义】乔、松:指传说中的仙人王乔和赤松子。借指长寿。【例句】张大爷年已九十岁了,但他身体还挺硬朗,无疑是～。【近义】寿比南山　寿元无量

乔装打扮 qiáo zhuāng dǎ bàn

【释义】乔装:改变服装、面貌。打扮:化装。指改变服饰装扮成另外模样,以隐瞒自己的身份。【例句】为了跟踪越

Q

狱出逃的虎子,李警官～成"卷毛"。【近义】改头换面【反义】原形毕露

翘首企足　qiáo shǒu qǐ zú
【释义】翘首:抬起头。企足:踮起脚跟。抬起头,踮起脚跟。形容热切盼望的样子。【例句】我不敢久留,怕耽误他作画,因为他的每件新作,均为举世所～。【近义】翘首以待　提示　"翘"不读 qiào。

翘首以待　qiáo shǒu yǐ dài
【释义】翘首:抬起头。抬起头来等待。形容急切盼望的样子。【例句】那些没买到蟹子的人,有的失望而去,有的～。【近义】翘首企足　提示　"翘"不读 qiào。

巧夺天工　qiǎo duó tiān gōng
【释义】巧:精巧,工巧。夺:胜过。天工:天然形成的工巧。人工的精巧制作胜过天然。形容技艺极其精巧。【例句】大自然的天成加上工匠～的手艺,使珠宝成为艺术精品。【近义】鬼斧神工　神施鬼设　巧同造化【反义】粗制滥造

巧发奇中　qiǎo fā qí zhòng
【释义】发:射箭。巧于发箭,奇于中的。比喻善于把握说话的时机,且能说得中肯,合人心意。也指判断准确,处置得当。【例句】他天资聪明,善于～,常常让与他交谈过的人都很佩服他。/ 在危急关头,总经理～,挽回了公司潜在的巨大损失。【近义】言必有中【反义】不知所云　提示　"中"不读 zhōng。

巧妇难为无米之炊　qiǎo fù nán wéi wú mǐ zhī chuī
【释义】巧:聪明能干。为:做。炊:烧火做饭。再聪明能干的妇女,没有米也做不出饭来。比喻缺少必要的条件,再能干的人也办不成事。【例句】那时家境困难,母亲面对～的尴尬,能让我们兄妹四人吃饱、吃好、长大,已经是很不容易的事情了。【近义】无米难为炊

巧立名目　qiǎo lì míng mù
【释义】立:确立,确定。名目:名称项目。想方设法定出种种名目,以达到某种不正当的目的。【例句】有些垄断行业～地乱收费,影响极坏,应该立即制止。【近义】弄虚作假【反义】实事求是

巧取豪夺　qiǎo qǔ háo duó
【释义】巧取:以欺骗的手段获取。豪夺:以强力抢夺。通过欺骗或强力手段夺取他人的财物、权利等。【例句】如果从小就想占便宜,将来长大了,就有可能利用职务～,贪污腐化。【近义】敲诈勒索【反义】秋毫无犯

巧舌如簧　qiǎo shé rú huáng
【释义】簧:乐器里发声的薄片。舌头灵巧得就像乐器里的簧片一样。形容能说会道,善于狡辩。【例句】尽管她～,我也丝毫不为所动。【近义】如簧之舌　花言巧语【反义】笨嘴拙舌　提示　含贬义。

巧言利口　qiǎo yán lì kǒu
【释义】巧:虚伪。虚伪动听的言辞,锋利的口辩。【例句】大家都不屑于小马依靠～而得到的提升。

巧言令色　qiǎo yán lìng sè
【释义】巧言:虚伪动听的言辞。令色:谄媚的表情。指花言巧语,假装和善。也指用花言巧语和伪善的态度迎合讨好他人。【例句】他真是一个～的小人。【近义】花言巧语　甜言蜜语【反义】疾言厉色　提示　"令"不能写成"另"。

悄无声息　qiǎo wú shēng xī
【释义】悄:寂静无声。声息:声音。静悄悄的,没有一点声音。【例句】嗅着报春花那沁人心脾的清香,我突然意识到春天已～地来临了。

切磋琢磨　qiē cuō zhuó mó
【释义】切:加工骨器。磋:加工象牙。琢:加工玉器。磨:加工石器。《诗·卫风·淇奥》:"如切如磋,如琢如磨。"指把骨头、玉等加工成器物。比喻互相讨论研究,取长补短。【例句】为了提高新版译文的质量,大家～,有时甚至争论得面红耳赤。【近义】如切如磋　取长补短【反义】不相为谋　提示"切"不读 qiè,也不能写成"砌""彻"。

切齿之仇　qiè chǐ zhī chóu
【释义】切齿:咬紧牙齿。极感愤怒痛心的仇恨。【例句】他们两家父辈之间并无～。【近义】不共戴天　提示"切"不读 qiē。

切肤之痛　qiè fū zhī tòng
【释义】切肤:切身,亲身。指亲身受到的痛苦。比喻感受极深。【例句】中国人民对鸦片毒害有～。／她把这段骨肉分离的～深深地埋在了心里。【近义】感同身受　提示"切"不读 qiē。

切切私语　qiè qiè sī yǔ
见"窃窃私语"。

切中时弊　qiè zhòng shí bì
【释义】切中:正好击中。弊:弊端,弊病。指批评时事,能切合社会的弊病。也作"切中时病"。【例句】这自言自语式的台词十分巧妙且～,发人深思。提示"切"不读 qiē。

切中时病　qiè zhòng shí bìng
见"切中时弊"。

窃窃私语　qiè qiè sī yǔ
【释义】窃窃:细碎的样子。私:私下,暗地里。私下小声交谈。也作"切切私语"。【例句】听讲座的时候,他俩坐在墙犄角儿～。【近义】交头接耳　喁喁私语【反义】高谈阔论

锲而不舍　qiè ér bù shě
【释义】锲:刻。舍:放弃,停止。雕刻一件东西,一直刻下去不放手。比喻做事情能坚持到底,不半途而废。也指有恒心,有毅力。【例句】虽然最初的舞蹈生涯并不很成功,但她在艺术上有～的精神,最终获得了成功。【近义】持之以恒　坚持不懈【反义】半途而废　浅尝辄止　一曝十寒

亲临其境　qīn lín qí jìng
见"身临其境"。

亲密无间　qīn mì wú jiàn
【释义】亲密:感情好,关系密切。间:空隙,缝隙。形容互相之间的感情非常融洽,没有隔阂。【例句】在 56 个民族聚集的社会主义大家庭里,我们是一个～的整体。【近义】情同手足【反义】视同路人　积不相能　提示"间"不读 jiān。

亲如手足　qīn rú shǒu zú
【释义】亲:亲密。手足:比喻兄弟。亲密得如同兄弟一样。【例句】他们都是叱咤风云的伟人,都是久经沙场的勇士,都是～的战友。【近义】情同手足　情同骨肉

亲痛仇快　qīn tòng chóu kuài
【释义】亲:指自己人。仇:指敌人。快:高兴。使亲人痛心,使仇人高兴。【例句】他这人经常干些～的事情,也不知安的什么心。

秦晋之好　qín jìn zhī hǎo
【释义】春秋时秦、晋两国国君几代都互

相通婚,后称两姓联姻婚配。也作"秦晋之盟"。【例句】现在,这两家公司老总儿女喜结～,优势互补,携手开拓市场。【近义】种玉之缘　朱陈之好

秦晋之盟　qín jìn zhī méng

见"秦晋之好"。

秦镜高悬　qín jìng gāo xuán

【释义】秦镜:又称明镜。悬:挂。高挂着明察善恶的镜子。后用以比喻执法者公正严明。【例句】就在挂有～大匾的公堂上,这位老实巴交的樵夫被打得皮开肉绽,不招也得招了。【近义】执法如山【反义】徇私枉法

秦楼楚馆　qín lóu chǔ guǎn

【释义】秦楼:春秋时,秦穆公女弄玉善吹箫,穆公为筑重楼以居之,名曰凤楼,后世称秦楼。楚馆:楚灵王筑章华宫,选美人细腰者居之,人称楚馆。旧时指歌舞场所和妓院。【例句】他是一个洁身自好的人,从不去花街柳巷或～畅饮酣歌通宵遣兴。【近义】柳巷花街

琴瑟不调　qín sè bù tiáo

【释义】琴、瑟:古代两种常配合演奏的弦乐器名。调:协调,和谐。本指琴瑟合奏时不协调不和谐。比喻政令不当,失去调节。也比喻夫妇不和谐。【例句】这个制度应该改革了,因为已出现～的局面了。／据史记载,郭暖尝与升平公主～。【反义】琴瑟和谐提示"调"不读 diào。

琴瑟和谐　qín sè hé xié

【释义】琴、瑟:古代两种常配合演奏的弦乐器名。比喻夫妇情笃和美。【例句】他俩结同心尽了今生,～,鸾凤和鸣。【反义】琴瑟不调

琴心剑胆　qín xīn jiàn dǎn

见"剑胆琴心"。

勤能补拙　qín néng bǔ zhuō

【释义】拙:笨拙。勤奋能够弥补先天的不足。【例句】小琴说:"我没有什么特别的天赋和超常的聪明,～是我的信条。"【近义】笨鸟先飞提示"拙"不能写成"茁"。

擒贼擒王　qín zéi qín wáng

【释义】擒:捉拿,抓。王:首领,头目。抓贼要先抓住贼的头领。比喻处理事情要抓住关键。【例句】他好用"～"的办法直取敌人主将。

寝不安席　qǐn bù ān xí

【释义】寝:睡觉。席:枕席。不能在枕席上安然地休息、睡觉。形容有心事而睡不好觉。【例句】为了寻找一个合适的、得力的人才,他常常～,食不甘味。【近义】寝食不安　寝食难安

寝食不安　qǐn shí bù ān

【释义】寝:躺卧,指睡觉。睡不好觉,吃不好饭。形容内心十分忧虑担心的样子。【例句】他整日不说话,坐卧不宁、～,不断唉声叹气,特别爱发脾气。【近义】寝不安席

沁人肺腑　qìn rén fèi fǔ

【释义】沁:渗入。肺腑:比喻人的内心。渗透到人的内脏。多比喻感人极深。【例句】棕榈树叶在微风中轻轻摇曳,温润的空气里荡漾着一丝～的清甜。【近义】感人肺腑　沁人心脾

沁人心脾　qìn rén xīn pí

【释义】沁:浸入,渗入。心脾:泛指人的内脏。渗入人的内脏。指吸入新鲜芳香的空气或清凉的饮料后所产生的非常舒适的感觉。现也形容美好的诗文、音乐等给人的清新、爽快的感觉。【例句】今晚空气特别清爽,真所谓"～"。／他的诗情感深沉、意蕴绵邈、精巧流畅,～,有着丰富多彩的乡土色

调、人情风习和民族韵味。【近义】沁人肺腑

青出于蓝 qīng chū yú lán

【释义】青:靛青,深蓝色的染料。蓝:蓼蓝,一种含有靛素的植物。靛青从蓼蓝中提炼出来的,但颜色比蓝草更深。《荀子·劝学》:"青,取之于蓝而青于蓝。"意为靛青是从蓝草中提炼出来的,但颜色比蓝草更深。比喻学生超过老师或后人胜过前人。也作"青出于蓝而胜于蓝"。【例句】温州人为何能在短短几年时间里把别人的"绝活"学到手,并且～,后来居上?【近义】冰寒于水

青出于蓝而胜于蓝 qīng chū yú lán ér shèng yú lán

见"青出于蓝"。

青黄不接 qīng huáng bù jiē

【释义】青:田里的青苗,未成熟的庄稼。黄:成熟的谷物。指陈粮已经吃完,而新谷尚未成熟。比喻人力、物力、财力暂时中断,接继不上。【例句】根据当前蔬菜～的实际,要积极采取措施搞活市场。/ 四川男篮已度过～的困难时期,全队以新秀为主,水平蒸蒸日上。【近义】后继无人　左支右绌【反义】财力充裕　源源不断

青梅竹马 qīng méi zhú mǎ

【释义】青梅:青的梅子。竹马:小孩子拖在胯下当马骑玩的竹竿。唐代李白《长干行》:"郎骑竹马来,绕床弄青梅。同居长干里,两小无嫌猜。"形容男女小时天真无邪、两小无猜地嬉戏之状。现多指夫妻俩或恋人从小就相识。【例句】已步入中年的他,心中仍然牵挂着～。【近义】两小无猜【反义】素昧平生

青面獠牙 qīng miàn liáo yá

【释义】青面:铁青的面孔。獠牙:露在嘴外的长牙。青色面孔,嘴角露出长牙。形容面貌凶恶狰狞。【例句】这个杀人魔王是一个～、半人半兽的怪物。【近义】凶神恶煞【反义】慈眉善目

青山绿水 qīng shān lù shuǐ

【释义】青山:青葱的山。绿水:碧绿的水。形容景色秀丽。也作"绿水青山"。【例句】这座优美的建筑融入～之间,为这座古城的风景线添上了亮丽的一笔。

青史留名 qīng shǐ liú míng

【释义】青史:史书。古代以竹简记事,而竹为青色,故称。在历史上留下好名声。【例句】在抗击外敌和解放家乡的战争中,淮河儿女用自己的鲜血～。【近义】流芳百世　万古流芳【反义】遗臭万年

青天白日 qīng tiān bái rì

【释义】青天:晴朗的天空。指白天。比喻光天化日,显而易见的环境。也比喻政治清明。【例句】这是一种幻觉,就像是在～做起噩梦一样。/ 围观的人都破口大骂他是无耻禽兽,～下欺负那个卖艺人。/ 故乡除了表面的点缀外,依然是旧日的故乡,但已是～的世界了。【近义】光天化日【反义】暗无天日

青云直上 qīng yún zhí shàng

【释义】青云:指青天,高空。直上:直线上升。向着青天飞腾直上。《史记·范雎蔡泽列传》:"须贾顿首言死罪曰:'贾不意君能自致于青云之上。'"形容人仕途顺利,官职升得很快很高。【例句】有上千万的集邮爱好者都想购买那枚金猴自然连翻筋斗、～的邮票。/ 尽管他往往自身难保,却很懂得教别人怎样利用形势～。【近义】平步青云　一步登天【反义】一落千丈

Q

轻财好施　qīng cái hào shī

【释义】轻:轻视,把……看得轻。好:喜好,喜欢。施:施舍。轻视钱财,喜欢施舍。【例句】他没有一点读书人的架子,能够了解粗人穷人的心情,也～。

提示　"好"不读 hǎo。

轻财好义　qīng cái hào yì

见"轻财重义"。

轻财仗义　qīng cái zhàng yì

见"轻财重义"。

轻财重义　qīng cái zhòng yì

【释义】轻:轻视,把……看得轻。重:看重。义:道义。轻视财利而看重道义。也作"轻财好义""轻财仗义"。【例句】陈先生一生～,把数万金的家产,不上十年便花得精光。【近义】仗义疏财

轻车简从　qīng chē jiǎn cóng

【释义】轻车:车上所载不重。简从:随从不多。指有地位的人出门时,行装简单,随从不多。【例句】他从不讲排场,到基层检查工作,总是～。【近义】轻装简从【反义】前呼后拥　鸣锣开道

轻举妄动　qīng jǔ wàng dòng

【释义】轻:轻率。妄:胡乱,任意。指不经过慎重考虑就轻率地盲目行动。【例句】他先声夺人,旨在告诫公司内那些有意向他挑战的人不要～。【近义】轻率妄为　草率行事【反义】谨小慎微　稳扎稳打

轻虑浅谋　qīng lǜ qiǎn móu

【释义】轻虑:考虑轻率而不慎重。浅谋:谋划浅陋,不深远。指考虑谋划事情草率而肤浅。【例句】他是一个没有远大理想的人,所以考虑事情也是～的。【反义】深谋远虑　深识远谋　深思熟虑　深思远虑

轻描淡写　qīng miáo dàn xiě

【释义】写:摹画,描摹。原指绘画时用浅淡颜色轻轻描绘。比喻说话或作文时避开关键或重要的问题,不给以应有的重视。【例句】只见那位大画家一地用笔勾画了几下,我的肖像就出现在我的眼前了。/ 古典散文中那些平白如话、～的情境总有神奇而层出不穷的意韵。【近义】一笔带过　蜻蜓点水【反义】浓墨重彩　大书特书

提示　"写"不能理解成"书写"。

轻诺寡信　qīng nuò guǎ xìn

【释义】轻:轻易,轻率。诺:答应,许诺。寡:少。信:守信,信守诺言。《老子》第63章:"夫轻诺者必寡信,多易者必多难。"随便答应人家的要求,却很少守信用。【例句】～,就可能永远失信于人。【近义】言而无信　自食其言【反义】一诺千金　言而有信　提示"诺"不能写成"喏"。

轻如鸿毛　qīng rú hóng máo

见"轻于鸿毛"。

轻若鸿毛　qīng ruò hóng máo

见"轻于鸿毛"。

轻世傲物　qīng shì ào wù

【释义】轻:轻视。物:人。藐视世俗,对世俗的一切事物都不放在眼里。【例句】据说唐寅为人放浪不羁,～。

轻手轻脚　qīng shǒu qīng jiǎo

【释义】形容手脚的动作非常轻,响声非常小。【例句】他有些清瘦,说话声音不大,走路做事也是～的。【近义】蹑手蹑脚

轻言细语　qīng yán xì yǔ

【释义】细:音量小,声音低微。形容说话时声音小而柔和。【例句】她是戏剧女高音,但说话～,一副腼腆的样子,

与台上的风格判若两人。

轻于鸿毛 qīng yú hóng máo

【释义】鸿:鸿雁,大雁。比大雁的毛还轻。多形容非常轻微或毫无价值。也作"轻若鸿毛""轻如鸿毛"。【例句】他认为这种无钱无势的人用不着逃难,就是遇到不幸也不过～。【反义】重于泰山

轻重倒置 qīng zhòng dào zhì

【释义】倒:颠倒。置:放,摆。把重要的和不重要的弄颠倒了。【例句】这种～的做法,我们不赞成。【近义】本末倒置 提示 "倒"不读 dǎo。

轻重失宜 qīng zhòng shī yí

【释义】对重要的和不重要的事情的处置不适当。【例句】无论怎么说,在对那两件事情的处理上,他的做法是显得～的。【近义】轻重倒置

倾巢出动 qīng cháo chū dòng

【释义】倾:全,尽。巢:鸟窝。整窝鸟全都出来了。比喻全部出动。【例句】一时间,办案人员～。【反义】按兵不动

倾城倾国 qīng chéng qīng guó

【释义】倾:倾覆。倾覆国家,使国家垮台。《汉书·孝武李夫人传》:"北方有佳人,绝世而独立。一顾倾人城,再顾倾人国。宁不知倾城与倾国,佳人难再得!"形容女子容貌很美。也作"倾国倾城"。【例句】汉代皇后赵飞燕以体轻面瘦、貌美飘扬而～。【近义】闭月羞花 沉鱼落雁 国色天香【反义】其貌不扬

倾肝吐胆 qīng gān tǔ dǎn

见"倾心吐胆"。

倾国倾城 qīng guó qīng chéng

见"倾城倾国"。

倾家荡产 qīng jiā dàng chǎn

【释义】倾:倒(dào)出。荡:弄光。指把全部家产弄得精光。【例句】裱褙业也有舞弊的,但一经发现,不仅弄得关门歇业,甚至～。【近义】倾家竭产【反义】成家立业 兴家立业

倾囊相赠 qīng náng xiāng zèng

【释义】把口袋里的钱全数赠予他人。【例句】对朋友在经济上的困难,她总是～,自己却不图任何回报。【近义】慷慨解囊【反义】一毛不拔

倾盆大雨 qīng pén dà yǔ

【释义】倾盆:倾倒(dào)盆子(里的水)。大雨倾注,好像盆里的水直往外倒。形容又大又急的暴雨。【例句】刹那间,四边黑云陡合,～。【近义】滂沱大雨 大雨如注【反义】牛毛细雨

倾心吐胆 qīng xīn tǔ dǎn

【释义】倾:倒,倒出。指讲心里话,坦诚待人。也作"倾肝吐胆"。【例句】他俩是多年的好朋友,一见面便～,无所不谈。

卿卿我我 qīng qīng wǒ wǒ

【释义】卿卿:男女间亲昵称呼。《世说新语·惑溺》记载:"王安丰妇常卿安丰。安丰曰:'妇人卿婿,于礼为不敬,后勿复尔。'妇曰:'亲卿爱卿,是以卿卿。我不卿卿,谁当卿卿?'遂恒听之。"指男女间相亲相爱。【例句】他们的婚恋没有多少花前月下、～,但是他们情深意笃,熟悉他们的人都称道不已。

清白无辜 qīng bái wú gū

【释义】清白:形容品行纯洁,没有污点。辜:罪,罪过。形容品行端正纯洁,没有罪过。【例句】后来这件事水落石出,父亲是～的。

Q

清风明月　qīng fēng míng yuè

【释义】清凉的风,明朗的月色。形容清凉幽静的自然美景。也指清雅闲适。也作"明月清风"。【例句】这里～、鸟语花香,环境真是太优美了。/ 他们的作品趋向～、缠绵蜜意,手法上显得飘浮,缺乏力度和厚重感。

清歌妙舞　qīng gē miào wǔ

【释义】清亮的歌声,美妙的舞姿。形容歌舞优美,动听悦目。【例句】京剧表演艺术家梅兰芳的～能够在黄金大院的银幕前听到和看到了。

清规戒律　qīng guī jiè lǜ

【释义】本指佛教徒必须恪守的规约和戒条。比喻成规惯例。也特指不切合实际的束缚人的规章制度。【例句】她父亲的～很多,所以,她绝对是不可以听戏和看电影的。/ 说艺术没有～和说艺术有自身的规范、准则,恐怕都同样正确。【近义】金科玉律

清净无为　qīng jìng wú wéi

见"清静无为"。

清静无为　qīng jìng wú wéi

【释义】原指道家所提倡的克制物欲,顺应自然,清神净心。后泛指一切听其自然,凡事不受外界干扰,也不刻意去追求的生活态度。也作"清净无为"。【例句】道家认为"道"是天地万物的根源和创造者,主张～,反对斗争。/ 世事的无常使得古来许多贤哲主张退隐自守,～,无动于衷。

清心寡欲　qīng xīn guǎ yù

【释义】清心:使心境清静、清纯。寡欲:减少欲念、欲望。指清除杂念,节制世俗欲望,保持心地宁静平和。【例句】她会气功,生活很有规律,粗茶淡饭,

～。【反义】利欲熏心

蜻蜓点水　qīng tíng diǎn shuǐ

【释义】点:向下一触即起。唐代杜甫《曲江》:"点水蜻蜓款款飞。"蜻蜓触水,一触即起。形容动作灵活轻巧。也指做事肤浅浮泛,不认真,不深入。【例句】她的舞姿袅袅婷婷,就如～,燕子穿花,很迷人。/ 如果每部书都浅读下去,对每一个问题都是～,印象不深,这样收获是不大的。【近义】走马看花　浮光掠影　浅尝辄止【反义】钻坚研微　穷原竟委

情不自禁　qíng bù zì jīn

【释义】情:感情。禁:抑制,控制。指情感激动,抑制不住自己。也作"情不自已"。【例句】他久久地遥望着茫茫大海的西边,心潮起伏,～地念诵起从心底喷涌而出的诗句。【近义】不由自主
　提示　"禁"不读 jìn。

情不自已　qíng bù zì yǐ

见"情不自禁"。

情急智生　qíng jí zhì shēng

【释义】情况急迫时突然想出聪明的办法。【例句】这时,小罗～,把那个歪把儿电棒向旁边晃了一晃,看见了歹徒。【近义】急中生智

情理难容　qíng lǐ nán róng

【释义】情理:人情事理。容:容忍,宽容。从人情和事理两方面来说都不能容忍宽恕。【例句】他自来和你无冤无仇,你为什么要这样害他! 正是杀人可恕,～。【近义】不近人情【反义】合情合理

情深似海　qíng shēn sì hǎi

【释义】情谊像大海一样深厚。【例句】我与师兄患难与共,～。

情深义重 qíng shēn yì zhòng

【释义】义:道义。情、义深重。指把情感和恩义都看得很重。【例句】学生们感谢这位～的老师,都来到他家看望。【近义】恩深义重

情同骨肉 qíng tóng gǔ ròu

【释义】骨肉:比喻至亲。彼此之间的情谊深厚,如同至亲。【例句】她的第一个得意学生与她～。【近义】亲如手足 情同手足【反义】势如水火

情同手足 qíng tóng shǒu zú

【释义】手足:喻指兄弟。彼此之间的情谊深厚,如同兄弟。形容情谊很深。【例句】中国人民和非洲人民～,一贯互相支持,互相帮助。【近义】情同骨肉【反义】势如水火

情投意合 qíng tóu yì hé

【释义】投:投合。合:契合。双方情意相投,意气相合。【例句】她俩自结识以来便～,犹如姐妹一样。【近义】同声相应 同气相求【反义】貌合神离

情见乎词 qíng xiàn hū cí

见"情见乎辞"。

情见乎辞 qíng xiàn hū cí

【释义】见:通"现",显露,表现。乎:于。辞:文辞。思想感情表现在文辞中。也作"情见乎词"。【例句】～,屈原忧国忧民的深情在《离骚》中表现得淋漓尽致。 提示 "见"不读 jiàn。

情见势屈 qíng xiàn shì qū

【释义】见:通"现",显露,暴露。势:势头,气势。屈:受挫,亏损不利。窘况日益显露,气势日见衰竭。【例句】比赛对手已～,看来他们输定了。 提示 "见"不读 jiàn。

情有可原 qíng yǒu kě yuán

【释义】原:原宥,原谅。指从情理或情节来看,可以宽恕原谅。【例句】他父亲为图吉利,这样要求似乎也～。【反义】情理难容

情真意切 qíng zhēn yì qiè

【释义】感情真挚,心意恳切。【例句】咱们的女秀才为老书记起草了一篇～、文采飞扬的悼词。

情之所钟 qíng zhī suǒ zhōng

【释义】钟:汇聚,专注。指感情特别专注或钟情于某事,难以排遣。【例句】他这一生,真正～的,当然还是写作。【近义】一心一意 情有独钟【反义】三心二意

晴天霹雳 qíng tiān pī lì

【释义】霹雳:炸雷,响雷。晴朗的天空中响起了炸雷。比喻突然发生的令人震惊的事件。【例句】白天的几个～真是把我镇住了,暴风雨也令我感到有些害怕。/ 这个～给她的打击太沉重了,她的心上人竟然是个小偷。【近义】平地风雷【反义】风和日丽

擎天架海 qíng tiān jià hǎi

【释义】擎:举,托。架:跨越,横跨。托起青天,跨过大海。形容本领非凡超人。【例句】岳飞虽然有～的本领,但不能避免屈死风波亭的结局。

擎天之柱 qíng tiān zhī zhù

【释义】擎:举,托。支撑天的柱子。比喻能担负重任的人。【例句】大会堂周围,16束雪白的探照灯光如～,直射苍穹。/ 他是公司的文武全才,算得上是～。

请君入瓮 qǐng jūn rù wèng

【释义】君:您,对人的尊称。瓮:大坛子。《资治通鉴》和《朝野金载》记载,唐武则天时,酷吏来俊臣奉密令审查另一酷吏周兴的罪行。来俊臣不动声色地问周兴:若遇上犯人不认罪,当用什

Q

么法子？周兴说：这很容易，取一个大坛子来，四周燃起炭火，然后叫犯人到坛子里去，他还有什么敢不承认的。来俊臣便依法炮制，准备好大坛子和炭火，对周兴说："我奉密令审理你的问题，请兄入此瓮。"比喻以其人之道还治其人之身。也借指设计好圈套引人上当。【例句】他向来让别人钻他的圈套，真不料这回是演了一回"～"的把戏。

罄竹难书 qìng zhú nán shū

【释义】罄：尽。书：写。《吕氏春秋·明理》："乱国之所生也，不能胜数，尽荆越之竹犹不能书。"即使伐尽竹子用作竹简，也书写不完。形容罪恶多得难以说完。【例句】日本军国主义惨无人道，无恶不作，在中国犯下的滔天大罪～。【近义】擢发难数 提示 "罄"不能写成"磬"。

穷兵黩武 qióng bīng dú wǔ

【释义】穷：用尽，耗尽。黩：轻慢，不慎重对待。指用尽所有兵力，肆意发动战争。【例句】～的君王，最终必自食恶果，如法国的路易十四，即是最好的铁证。【反义】马放南山　偃武修文 提示 "黩"不读mài。

穷愁潦倒 qióng chóu liáo dǎo

【释义】穷愁：穷困愁苦。潦倒：颓丧，不得志的样子。指贫寒困窘、愁苦失意。【例句】郑先生的一生算得上是历尽艰辛、～的一生。【近义】穷困潦倒　穷途末路【反义】春风得意　飞黄腾达　一帆风顺

穷当益坚 qióng dāng yì jiān

【释义】穷：不得志。益：更加。指处境困难，意志应当更坚定。【例句】～，中国人民有勇气、有骨气，再大的困难也算不了什么！【近义】自强不息【反义】人穷志短　自暴自弃

穷而后工 qióng ér hòu gōng

【释义】穷：困窘，困苦。工：精妙，精巧。宋代欧阳修《梅圣俞诗集序》："予闻世谓诗之少达而多穷……然则非诗之能穷人，殆穷者而后工也。"指文士境遇越困苦，感触越深，诗文就写得好。【例句】刘校长幽默地说："别的诗人是'～'，我们这范诗人却是'穷而后光'！他哪里还能作诗。" 提示 "穷"不能理解成"贫穷"。

穷根究底 qióng gēn jiū dǐ

见"寻根究底"。

穷极无聊 qióng jí wú liáo

【释义】穷极：极端困窘。无聊：无所依托。本指困窘到极点而无所依托。也形容无所事事，非常无聊。【例句】莉莎在舞蹈上找到了摆脱～生活的出路。／我偶尔写信与她开玩笑，也只是～，取乐解闷而已。【反义】自得其乐

穷寇莫追 qióng kòu mò zhuī

见"穷寇勿追"。

穷寇勿追 qióng kòu wù zhuī

【释义】穷寇：走投无路的敌人，泛指已经失败的残余的敌人。不要追逐无路可逃的残敌。意思是以免穷寇拼死反扑，给追赶的一方造成不利。也作"穷寇莫追"。【例句】古代兵书上虽然有"～"的说法，但不能拘泥，对顽敌应穷追不舍，务必将其全部消灭。

穷年累月 qióng nián lěi yuè

【释义】穷年：终年，一年到头。累月：持续几个月。指一年到头不间断。形容连续不断，时间长久。【例句】这项研究的每一个细节，都需要有经验的人～地考察与非同寻常的研究。【近义】年深月久【反义】弹指之间

穷鸟入怀 qióng niǎo rù huái

【释义】穷：走投无路。无处栖身的鸟投

人人的怀抱。比喻处境困窘而不得已投靠别人。也作"穷鸟投人"。【例句】曹三娃没有固定的职业，四处流浪，后来到常掌柜家做杂役，算是～，暂时有了个安身处。【近义】走投无路

穷鸟投人 qióng niǎo tóu rén

见"穷鸟入怀"。

穷山恶水 qióng shān è shuǐ

【释义】穷山：荒山。恶水：激流汹涌、容易造成水患的河流。形容自然条件恶劣，物产不丰富的地方。【例句】这里因～带来的贫穷落后现象，将被生机勃勃的兴旺发达景象所取代。【近义】深山穷谷【反义】山清水秀　青山绿水

穷山僻壤 qióng shān pì rǎng

见"穷乡僻壤"。

穷奢极侈 qióng shē jí chǐ

见"穷奢极欲"。

穷奢极欲 qióng shē jí yù

【释义】穷、极：穷尽，竭尽。极尽奢侈，极度享受。也作"穷奢极侈"。【例句】在过去，许多纨绔子弟往往因为～、挥霍无度，最后导致倾家荡产。【近义】挥霍无度【反义】饥寒交迫

穷途末路 qióng tú mò lù

【释义】穷途：绝路，走不通的路。末路：路的尽头。形容面临绝境，无路可走。【例句】他把艺术当作在黑暗长夜中辗转于～中的人类的栖居圣地。【近义】山穷水尽

穷乡僻壤 qióng xiāng pì rǎng

【释义】穷乡：荒远的乡村。僻：偏僻。壤：土地。指荒凉贫穷而偏僻的地方。也作"穷山僻壤"。【例句】他的朋友中既有京城的高级干部、知识分子，也有～的平民百姓。【反义】通都大邑
【提示】"穷"不能理解成"贫穷"。

穷形尽相 qióng xíng jìn xiàng

【释义】穷、尽：穷尽。形、相：形象，相貌。晋代陆机《文赋》："虽离方而遁员，期穷形而尽相。"形状外貌完全被刻画出来。原指文学作品对事物的描绘逼真入微，表露尽致。现在也用来形容丑态毕露。【例句】他用了很多恰当的词语～地描摹贾府长幼的笑态。／《儒林外史》语言准确而精炼，富有形象性，常常用三言两语便使人物～。【近义】惟妙惟肖　活灵活现

穷凶极恶 qióng xiōng jí è

【释义】穷、极：极端。本指干尽凶残恶毒之事。形容极端残暴恶毒。【例句】当人民生命财产受到严重威胁的关键时刻，他面对～的持刀歹徒，毫不畏惧，挺身而出。【近义】暴戾恣睢【反义】温柔敦厚

穷原竟委 qióng yuán jìng wěi

【释义】穷：寻求到尽头。原：同"源"，起源。竟：探究。委：指水流末尾。本指查探河川的源流。后比喻深入探求事物的前因后果。【例句】研究问题一定要～，才能把握它的本质。【近义】穷本极源【反义】蜻蜓点水

穷猿投林 qióng yuán tóu lín

【释义】穷猿：处于危境的猿猴。投：奔向。比喻人处于困境中，急于寻找栖身之地。【例句】因为那时国难当头，他从东北流转到云南，～，能谋上个职业糊口就不错了。【提示】"穷"不能理解为"贫穷"。

穷源溯流 qióng yuán sù liú

【释义】向根源处追寻探索，求出其因果。【例句】这本书参考了大量现代文献，旁征博引，～，分析清晰，独具匠心。【近义】寻根究底【反义】浅尝辄止

Q

穷则思变　qióng zé sī biàn

【释义】穷:尽头,极点。则:就。变:改变,变化。本指事物发展到尽头就会发生变化。后表示人处于穷困就会设法改善自己的境况。【例句】～,英格兰足球联盟因此从改名上做起了文章,以图吸引更多的关注。/这群年轻人～,希望用自己的努力改变家乡的落后面貌。【近义】穷极思变

茕茕孑立　qióng qióng jié lì

【释义】茕茕:孤单无依靠的样子。孑立:孤立。孤零零一人站在那里。形容孤单,无依无靠。【例句】张大爷是空巢老人,～的,多亏社区居委会想得周到,每天安排一个护工照料一下。

琼楼玉宇　qióng lóu yù yǔ

【释义】琼:美玉。宇:屋舍。如同用美玉建造的楼台屋宇。传说中供仙家居住的楼台、宫殿。形容华丽堂皇的建筑物。【例句】这些光彩夺目的房屋真像月宫里的～! / 对着皇城里那一片～、玉树琼花,他们痛快地饮了几杯。【近义】仙山琼阁　瑶台银阙【反义】茅室土阶

琼枝玉叶　qióng zhī yù yè

【释义】比喻皇室的子子孙孙。【例句】她们曾经是～,后来却都成了平民。【近义】金枝玉叶

秋风扫落叶　qiū fēng sǎo luò yè

【释义】秋风把落下的树叶一扫而光。比喻强大的力量扫荡腐朽的势力。也形容一下子扫荡干净。【例句】对待顽固的敌人,要像～一样残酷无情。/我军乘胜追击,如～一般,很快歼灭了全部敌人。【近义】风卷残云

秋毫无犯　qiū háo wú fàn

【释义】秋毫:动物秋后新换的绒毛,比喻十分纤细的东西。犯:侵犯。形容军队纪律严明,对百姓的利益无丝毫侵犯。【例句】解放军进城以后,风餐露宿,秩序井然,买卖公平,～。【近义】鸡犬不惊【反义】巧取豪夺　鸡犬不留　寸草不留

秋毫之末　qiū háo zhī mò

【释义】秋毫:动物秋后新换的绒毛。末:末梢,末端。动物秋后新换的绒毛的末端。比喻极细微的东西。【例句】我想,无论在哪里,总要为人民做点有益的事,哪怕细小得如～。【近义】微乎其微

囚首垢面　qiú shǒu gòu miàn

【释义】囚:犯人。囚首:像犯人一样头发蓬乱。垢:脏。垢面:面部肮脏。形容很久没有梳头和洗脸,像囚犯的样子。【例句】他虽然刮了胡子,却没有理发,配上他灰黄的脸色,颇有些～的形象。【近义】蓬头垢面

求马于唐肆　qiú mǎ yú táng sì

【释义】求:寻求。唐:空,虚,空旷。肆:集市。到空无一物的集市去买马。比喻行事因途径不对而一无所获。【例句】集市已经散了,她还要去买菜,无异于～。

求名求利　qiú míng qiú lì

【释义】指追求名誉和金钱。【例句】我相信他会原谅我,他不会是因～而来到这里的。【近义】追名逐利【反义】不求名利

求全责备　qiú quán zé bèi

【释义】求、责:要求。全、备:齐全,完备。指对人对事苛求其完美无缺,尽善尽美。【例句】对艺术家不要～,他在某一领域做出突出贡献就够了。【近义】吹毛求疵【反义】宽宏大量

求人不如求己 qiú rén bù rú qiú jǐ

【释义】求:请求,要求。《文子·上德》:"怨人不如自怨,求诸人不如求之己。"与其求助于他人,不如靠自己努力设法。指自力更生,不仰仗他人。【例句】俗话说～,他决定靠自己去找丢失的那条小狗。

求仁得仁 qiú rén dé rén

【释义】求:追求,寻。仁:仁爱,仁德。追求仁德就得到仁德。《论语·述而》:"求仁而得仁,又何怨?"比喻如愿以偿。【例句】这下我是～了,一切都已满足,再没有其他奢望。【近义】如愿以偿【反义】事与愿违　适得其反

求贤若渴 qiú xián ruò kě

【释义】求:寻求。贤:才德兼备的人。寻求贤士,如同口渴想喝水一样。形容求贤心情非常迫切。【例句】我读《曹操文集》,深被曹操的雄才大略和～的精神所感染。【反义】嫉贤妒能

求益反损 qiú yì fǎn sǔn

【释义】求:追求,图谋。益:增益,增加。反:反而,反倒。损:损失,减损。企图有所增加,结果反而有所减少。指追求更好的结果,反而弄巧成拙。【例句】他决定在竞争中见好就收,以免～。【近义】欲益反损

求之不得 qiú zhī bù dé

【释义】想找都找不到。形容渴望得到或渴望某种要求能够实现。【例句】能进入这个团体当演员,是艺术人才～的。/我想母亲应该非常高兴,因为这本来正是母亲～的好事。【近义】梦寐以求【反义】如愿以偿

区区小事 qū qū xiǎo shì

【释义】区区:渺小,微不足道。指无足轻重、微不足道的事。【例句】我是一个很大度的人,从不为～而计较。

曲尽其妙 qū jìn qí miào

【释义】曲:曲折,指委婉含蓄。尽:穷尽。妙:美妙,美好。委婉含蓄地将事物的妙处全都表现出来。形容表现的技巧高,表现能力强。【例句】尽管这部小说描写历史～,但在真实性上却让人怀疑。【近义】妙不可言　出神入化　提示　"曲"不读 qǔ。

曲径通幽 qū jìng tōng yōu

【释义】径:小路。幽:幽深僻静(的地方)。指弯弯曲曲的小路通向幽静的风景胜地。也多指不拘常规,另辟蹊径,或以迂回委婉的方式,求得问题的理想结果。【例句】我们怎么能够直来直去而不懂得～的道理呢?　提示　"曲"不读 qǔ。

曲突徙薪 qū tū xǐ xīn

【释义】曲:使弯曲。突:烟囱。徙:迁移。薪:柴。把烟囱改成弯的,搬开灶旁的柴火。《汉书·霍光传》记载:"臣闻客有过主人者,见其灶直突,傍(旁)有积薪。客谓主人更为曲突,远徙其薪,不者且有火患。主人默然不应。俄而家果失火,邻里共救之,幸而得息。于是杀牛置酒以谢邻人……而不录言曲突者。人谓主人曰:'向使听客之言,不费牛酒,终亡火患。今论功而请宾,曲突徙薪亡恩泽,焦头烂额为上客耶?'主人乃寤而请之。"比喻事先采取措施,防止危险发生。【例句】他们明白只有研究风险,及早～,风险才可能减少到最低限度。【近义】防患未然　未雨绸缪【反义】临渴掘井　江心补漏　提示　"曲"不读 qǔ;"徙"不读 tú,也不能写成"徒"。

Q

曲意逢迎　qū yì féng yíng

【释义】曲意:压抑自己的意愿、意志。逢迎:迎合,迁就。指违背自己的本意去迎合奉承别人。也作"曲意奉迎"。【例句】那时候,她为了能有一块栖身之处而对他人～,表面木讷,内心则蕴含委屈与愤懑。【近义】阿谀奉承【反义】刚正不阿　提示　"曲"不读 qǔ。

曲意奉迎　qū yì fèng yíng

见"曲意逢迎"。

屈打成招　qū dǎ chéng zhāo

【释义】屈:冤屈,冤枉。招:招供,招认。指严刑拷打,使无辜者被迫认罪。【例句】经查证,这是一起刑讯逼供、～的冤案,目前真凶已被抓获,冤屈者已被无罪释放。【反义】不打自招

屈高就下　qū gāo jiù xià

【释义】屈:委屈。就:靠近,迁就。指地位高的人降低自己身份,俯就地位低的人。多用于形容别人放得下架子。【例句】我只是一个普通职员,怎好让您～来拜访我呢?【近义】屈尊降贵【反义】盛气凌人

屈指可数　qū zhǐ kě shǔ

【释义】屈:弯曲。屈指:扳着手指。扳着手指就可以数清楚。形容数量少。【例句】自从伯父退居二线后,来往的只有～的几位多年旧友了。【近义】寥寥无几　寥若晨星【反义】成千上万　不计其数　不可胜数　擢发难数　多如牛毛　数不胜数　提示　"屈"不能写成"曲","数"不读 shù。

趋吉避凶　qū jí bì xiōng

【释义】趋:奔赴,奔向。奔向吉利,避开凶险。指谋求安吉,避开灾难。【例句】我奶奶做事特别讲究～,事前总是要请

人"指点指点"。【近义】趋利避害

趋利避害　qū lì bì hài

【释义】趋:奔赴,奔向。奔向有利的一面,避开有害的一面。指谋取利益,躲避祸害。【例句】黄庭坚不是热心政务的官僚,更不是～的政客,所以不能获致高位。【近义】趋吉避凶

趋炎附势　qū yán fù shì

【释义】趋:奔向,迎合。附:依附。炎、势:比喻权势。指奔走权门,投靠依附有权势的人。【例句】这种不～的正直态度,正是大艺术家密勒的成功奥秘。【近义】攀龙附凤　依草附木【反义】刚直不阿　提示　"趋"不能写成"驱"。

趋之若鹜　qū zhī ruò wù

【释义】趋:奔赴,归附。鹜:野鸭子。像鸭子一样成群地跑过去。形容很多人争着去追逐某一事物或某一个人。【例句】在本次的瓷器和工艺品拍卖中,收藏家们对顶级工艺品～。【近义】如蚁附膻【反义】敬而远之　提示　"鹜"不能写成"鹜"。含贬义。

曲高和寡　qǔ gāo hè guǎ

【释义】曲:曲子,乐曲。高:高雅。和:应和,和谐地跟着唱。寡:少。战国楚人宋玉《对楚王问》记载,有个人在楚都郢城唱歌,起先唱的是《下里巴人》,城中跟着唱的有几千人;后又唱《阳春白雪》,能跟着唱的就只有几十人了,"是其曲弥高深,其和弥寡"。乐曲的格调越高深,能跟着唱的就越少。旧时指知音难得。现比喻言论或艺术作品不通俗,能理解或欣赏的人很少。【例句】以交响乐、芭蕾舞、歌剧和我京昆艺术为代表的高雅艺术,已不再是过去～的阳春白雪,现已觅到了亿万知音。/ 这是一本有书卷气的小

说,难免～,销量上不去。【近义】阳春白雪【反义】下里巴人　提示　"曲"不读 qū,"和"不读 hé。

曲终奏雅　qǔ zhōng zòu yǎ

【释义】曲:乐曲,歌曲。奏:演奏。雅:雅乐,雅正的乐音。乐曲到终结时奏出雅正的音乐。《史记·司马相如列传赞》:"相如虽多虚辞滥说,然其要归引之节俭,此与《诗》之风谏何异!扬雄以为靡丽之赋,劝百风一,犹驰骋郑、卫之声,曲终而奏雅,不已亏乎?"原意指司马相如的赋大肆铺张渲染,在末尾委婉致以劝讽,实际起不了多少讽谏作用。后比喻文章或艺术表演到结尾更加精彩。【例句】《七发》全是平铺直叙,名为"～",而实际上是以老生常谈结尾。/ 这部片子结尾前,声调铿锵抑扬有致,涵义深长,扣人心弦,真可谓功力非凡,～。　提示　"曲"不读 qū。

取长补短　qǔ cháng bǔ duǎn

【释义】长:长处。短:短处。吸取别人长处以弥补自己的短处。也泛指取彼之长,补此之短。【例句】不同学派之间要互相尊重,～。【近义】截长补短　绝长补短　舍短取长

取而代之　qǔ ér dài zhī

【释义】取:夺取。代:代替。《史记·项羽本纪》:"秦始皇帝游会稽,渡浙江,(项)梁与(项)籍俱观。籍曰:'彼可取而代也。'"表示夺取别人的权利、地位而由自己代替。也泛指用某一事物代替另一种事物。【例句】他翻了一个身,梦中情景已经从脑海中淡出,～的,是一片混沌的雾。

取义成仁　qǔ yì chéng rén

见"成仁取义"。

去粗取精　qù cū qǔ jīng

【释义】去:去掉,除去。粗:粗糙的东西。精:精华。去掉粗糙的部分,吸取其精华。【例句】写总结时要分析材料,以便有所取舍,进行～的工作。【近义】披沙拣金　去芜存精

去题万里　qù tí wàn lǐ

【释义】写文章开始依着题目下笔,但越往下写离题越远。【例句】主题是讨论水资源污染的问题,但他发言总是～。【近义】离题万里

去伪存真　qù wěi cún zhēn

【释义】去:去掉,除去。去掉虚假的,留下客观真实的。【例句】他们对中西天文学均采取～的科学态度。

权贵显要　quán guì xiǎn yào

【释义】有权势、地位和重要官职的人。【例句】这不是一般的茶话会,有资格参加的都是些～。【近义】权豪势要【反义】平头百姓

权豪势要　quán háo shì yào

【释义】指有权力的豪门,有势力的要人。【例句】当今是讲法律的社会,即便出身于～之家,如果犯了法,同样受到法律制裁。【反义】平头百姓

权衡轻重　quán héng qīng zhòng

【释义】权衡:本指秤砣和秤杆,喻指称量、衡量。衡量轻和重。比喻权衡以分清次要和主要、失与得。【例句】事关重大,他们要反复～之后才敢决定。

权倾天下　quán qīng tiān xià

【释义】倾:压倒,盖过。权力盖过天下。形容权势极大。【例句】当时,她只不过是一名普通干部,并没有像后来那样～,颐指气使。

Q

权宜之计 quán yí zhī jì

【释义】权:权且,暂且。宜:适宜。为应付某种情况而暂时采取的变通办法。【例句】那时,左宗棠不可能全面地治理沙漠,种树开渠虽是～,却成了一次难能可贵的尝试。【反义】百年大计 长久之计

全副武装 quán fù wǔ zhuāng

【释义】全副:全套的,整套的。形容武器、弹药等一应装备已披挂在身,做好了临战准备。【例句】哨兵们一个个～,荷枪实弹。

全军覆没 quán jūn fù mò

【释义】覆没:船翻沉,喻指丧失殆尽。整个军队被全部消灭。也比喻事情彻底失败。【例句】这一仗打得很漂亮,我军让敌军在极短时间内就～了。/从今年股市行情来看,爸爸的投资多半将～。【近义】一败涂地 片甲不留【反义】得胜回朝 提示 "覆"不能写成"复"。

全力以赴 quán lì yǐ fù

【释义】以:介词,把、将。赴:到(某处)去,前往。指把全部力量或精力都投进去。【例句】调查组成员表示要继续～,查清问题。【近义】竭尽全力

全身远害 quán shēn yuǎn hài

【释义】全:保全,使完整完好。远:远离,使……远。保全生命或名节,远离灾难、危险。【例句】他～,总算保全了自己。

全神贯注 quán shén guàn zhù

【释义】神:精神,精力。贯注:集中在一点。全部精力集中于一点。形容注意力高度集中。【例句】小刘在小船上,～找寻,恨不得一眼看到落水的狗狗。

【近义】聚精会神 专心致志【反义】心不在焉 心猿意马

全始全终 quán shǐ quán zhōng

【释义】事情从开始到结束都很圆满或一致。【例句】这件事情虽然一开始进行得很顺利,但我还是担心不能～。【近义】善始善终 有始有终【反义】有始无终 有头无尾

全心全意 quán xīn quán yì

【释义】全:完全,全部。指一心一意,全身心投入,无其他想法。【例句】我们要～为人民服务,不能脱离群众。【近义】一心无二 一心一意【反义】三心二意

拳拳服膺 quán quán fú yīng

【释义】拳拳:诚恳的样子。膺:胸。服膺:谨记在心。指对某事心悦诚服,真诚恳切地谨记在心。【例句】对于先生的谆谆教诲,我～,并在学习和工作中努力实行。【近义】刻骨铭心【反义】置之脑后

犬马之劳 quǎn mǎ zhī láo

【释义】像犬马那样卑贱而不足道的力量。用于谦称自己的能耐、本事。常与"效""献"等连用,表示心甘情愿为别人奔走效劳。【例句】贺师长如此宽宏大量,不计私仇旧怨,小林敢不竭尽全力以效～吗?【近义】鞍前马后 执鞭随镫

犬马之养 quǎn mǎ zhī yǎng

【释义】犬马:狗和马,泛指畜生、禽兽。养:奉养,孝养。《论语·为政》:"今之孝者,是谓能养。至于犬马,皆能有养;不敬,何以别乎?"指供养父母的谦辞。【例句】他现在富裕了,想尽～却不可能,因为他父母已双亡了。

Q

犬牙交错　quǎn yá jiāo cuò

【释义】犬牙:狗牙。交错:参差不齐。形容地形接界处参差不齐,像狗牙一样。也形容局面错综复杂。【例句】环州田与夏境～,是一个难打难守之地,所以最好还是不要攻打。/当时,两支军队在城内城外展开了～的拉锯战,战况极为惨烈。【近义】纵横交错【反义】齐整划一

犬牙相制　quǎn yá xiāng zhì

【释义】犬牙:狗牙。制:制约,牵制。形容地界连接的地方像狗的牙齿那样参差交错,可以互相牵制、制约。【例句】古代帝王分封给其子弟的封地往往是～的。

劝百讽一　quàn bǎi fěng yī

【释义】劝:勉励,鼓励。讽:用委婉含蓄的话劝谏。《汉书·司马相如传赞》:"扬雄以为靡丽之赋,劝百而风(讽)一。"颜师古注:"奢糜之辞多,而节俭之言少也。"本是扬雄非难司马相如之语,指司马相如作赋虽意在讽谏,但过分讲究辞藻,铺张过多,结果适得其反。今指教人作恶的地方多,告诫人警惕的地方少。也作"讽一劝百"。【例句】在报上公开发表这篇批评官僚主义的文章,能起到～的作用。

缺吃少穿　quē chī shǎo chuān

【释义】指衣食困乏。形容十分贫困。【例句】那时候,他的父亲死了,母亲领着他过日子,经常～。【反义】丰衣足食　饱食暖衣

缺一不可　quē yī bù kě

【释义】缺:缺少。缺少一样也不行。【例句】能在科学事业中做出成就,勤奋和机遇～。

却之不恭　què zhī bù gōng

【释义】却:拒绝,推辞。恭:恭敬,礼貌。《孟子·万章下》:"却之却之为不恭。"指一再拒绝接受别人的馈赠或邀请,就显得不恭敬。【例句】承蒙你送来礼物,我是～,受之有愧啊。【近义】盛情难却　提示　后多用作接受别人馈赠或邀请的客套话。

群策群力　qún cè qún lì

【释义】策:策划,谋划。《法言·重黎》:"汉屈(竭,尽)群策,群臣屈群力。"意思是汉能竭尽群臣之策,而群臣在用策时又能竭尽群士之力。后用来表示大家出主意献力量。也形容集中众人的智慧和力量。【例句】我们要团结一切可以团结的力量,同心同德,～,维护和发展安定团结的政治局面。【近义】集思广益

群龙无首　qún lóng wú shǒu

【释义】首:首领,头领。《易·乾》:"用九,见群龙,无首,吉。"本指一群龙没有领头的。后比喻一个集体没有领头人。【例句】要完成这样一个大工程,不能～,应立即选个领头人才行啊!【近义】各为为政　一盘散沙【反义】众星拱月

群贤毕至　qún xián bì zhì

【释义】贤:有才能德行的人。毕:全,都。所有的贤者都到齐了。形容人才荟萃,济济一堂。【例句】在今天的盛会上,中外学者～,共同探讨了生态平衡和环境保护的问题,收到学术论文近百篇。

Q

R

燃眉之急 rán méi zhī jí
【释义】燃:烧,着(zháo)。燃眉:火烧眉毛。像火烧到眉毛那样非常紧急的情况。也作"火烧眉毛"。【例句】他的及时帮助,解决了我的～。【近义】当务之急 迫在眉睫

攘人之美 rǎng rén zhī měi
【释义】攘:窃取、夺取。夺取别人的好处。【例句】你们不要夸我,这件事本来就不是我做的,我岂能～。【近义】掠人之美

攘往熙来 rǎng wǎng xī lái
见"熙来攘往"。

让礼一寸 ràng lǐ yī cùn
【释义】在礼节上退让一些。指遇事先退让一步以争取主动。【例句】待人接物～,也能让自己得理一尺。

让枣推梨 ràng zǎo tuī lí
【释义】推让枣和梨。指兄弟间的礼让。旧时常用以形容谦让友爱。【例句】这家人很会教育小孩,兄弟之间～,关系十分融洽。

惹火烧身 rě huǒ shāo shēn
【释义】惹:招引。身:自身,自己。比喻自己引来灾祸,害了自己。【例句】他俩之间的事你不要插手,免得～。【近义】招灾惹祸【反义】明哲保身

惹事生非 rě shì shēng fēi
见"惹是生非"。

惹是生非 rě shì shēng fēi
【释义】惹:招惹,引发。生:引起,引发。招惹是非,引起纠纷或争端。也作"惹事生非"。【例句】父母总是担心孩子在外面～,所以对孩子的管教特别严厉。【近义】招是惹非【反义】息事宁人 安分守己

热炒热卖 rè chǎo rè mài
【释义】本指饭馆里的炒菜现做现卖。比喻临时应急现学某种知识或技能,马上使用应付。【例句】由于人员缺乏,他刚到队几天,也被～派上场了。【近义】现炒现卖

热锅上的蚂蚁 rè guō shàng de mǎ yǐ
【释义】形容惶急不安的样子。【例句】听说哥哥被警察抓起来了,他急得像～。

热火朝天 rè huǒ cháo tiān
【释义】形容场面、情绪或气氛热烈高涨。【例句】天气虽然炎热,但同志们对待工作丝毫没有懈怠,干得～。【近义】如火如荼【反义】死气沉沉

热泪盈眶 rè lèi yíng kuàng
【释义】盈:充盈,充满。眶:眼眶,眼圈。滚热的眼泪充满了眼眶。形容非常激动的情状。【例句】火车渐渐远去,望着母亲越来越模糊的身影,我～。/拿到大学录取通知书的那一刻,他激动得～。

热闹非凡　rè nào fēi fán
【释义】非凡：不一般。形容非常热烈喧闹。【例句】购物中心开业那天，店门前锣鼓喧天，～。【近义】沸反盈天

热气腾腾　rè qì téng téng
【释义】腾腾：气体直往上升的样子。形容热气很盛，不断往上升腾。也形容气氛热烈，情绪高涨。【例句】油条正在～的油锅里翻滚着。／屋里人很多，～的，像是在讨论什么问题。【近义】热火朝天【反义】死气沉沉

热情洋溢　rè qíng yáng yì
【释义】洋溢：盛大、充沛而流露于外。热烈的情感充分地显露出来。【例句】困难当头，校长一席～的讲话，大大地鼓舞了全校师生的士气。【近义】满腔热忱【反义】冷若冰霜

热血沸腾　rè xuè fèi téng
【释义】形容情绪非常激动昂扬。【例句】炮声刚落，令人～的冲锋号便吹响了。【反义】心如死灰　提示　"沸"不读 fú。

人不可貌相　rén bù kě mào xiàng
【释义】貌：容貌，相貌。相：看相，察看人的相貌以推测判断其吉凶贵贱穷达。不可仅凭外貌来判断一个人的高下优劣。常与"海水不可斗量(liáng)"连用。【例句】～，海水不可斗量，新兵也不一定比老兵差！　提示　"相"不读 xiāng。

人不人,鬼不鬼　rén bù rén, guǐ bù guǐ
【释义】人不像人，鬼不像鬼。形容人模样丑陋难看或人品低劣。【例句】这姑娘原本长得挺标致的，上了江湖医生的当，割了双眼皮，弄得～的。

人不自安　rén bù zì ān
【释义】每个人心中都不安稳踏实。形容人心惶惶，恐惧不安。【例句】有段时间，关于盐荒的谣言四起，搞得～。【近义】人人自危

人才辈出　rén cái bèi chū
【释义】辈出：一批一批接连地出现。指有才干的人连续大量涌现。【例句】我国文学界～，群英荟萃。【近义】人才济济　人才荟萃【反义】人才零落

人才荟萃　rén cái huì cuì
【释义】荟萃：会集，聚集。形容人才多而集中。【例句】现代社会知识密集，技术密集，～。【近义】人才济济　人才辈出

人才济济　rén cái jǐ jǐ
【释义】济济：众多的样子。有才能的人很多。【例句】中国的科研领域里，呈现出很多优秀的专业人才，真是～啊！【近义】人才荟萃　人才辈出　提示　"济"不读 jì。

人财两空　rén cái liǎng kōng
【释义】空：尽，没有。人和财物都失去了。【例句】张老汉本想趁打发女儿狠收一笔彩礼，结果却弄得～。【近义】人财两失【反义】两全其美

人地生疏　rén dì shēng shū
【释义】指初到一个地方，对那里的情况和当地的人都不熟悉。也作"人生地不熟"。【例句】我在上海～，你可得多关照啊。【近义】人生面不熟【反义】熟门熟路

人定胜天　rén dìng shèng tiān
【释义】人定：人谋，人的主观努力。指人力能够战胜自然。【例句】洪灾虽然冲毁了我们的家园，但是我们一定要

R

有～的信心，决不能被困难吓倒。【近义】事在人为【反义】天意难违 提示 "定"不能理解成"一定""必定"。

人多势众　rén duō shì zhòng
【释义】人数多，势力大。【例句】他们仗着～，强词夺理，以势压人。【反义】势单力薄

人多嘴杂　rén duō zuǐ zá
【释义】形容在人多的情况下，难免意见纷纭而不统一，说什么的都有。【例句】他们这里～，说好话的人少，说歹话的人多，我们还是小心点为好。

人而无信，不知其可　rén ér wú xìn, bù zhī qí kě
【释义】信：信用。可：可以。做人而不讲求信用，真不知道那怎么可以。指做人不能不讲信用。【例句】孩子要从小进行诚信教育，教会他们～。

人非草木　rén fēi cǎo mù
【释义】人不是野草和树木，意即人是有知觉、有感情的。【例句】～，你帮了我，我肯定会好好报答你的。

人非圣贤，孰能无过　rén fēi shèng xián, shú néng wú guò
【释义】圣贤：具有极高智慧、才能和道德的人。过：过错，过失。人不是圣贤，谁能没有过错呢？意指人不是完人，不能没有缺点和错误。【例句】～。知错能改，就是好同志。

人逢喜事精神爽　rén féng xǐ shì jīng shén shuǎng
【释义】爽：爽快，舒畅。人遇到喜庆的事，精神分外的好，心情也格外舒畅。【例句】自从迁入新居后，老王每天都乐呵呵的，～，真是一点也不假。

人浮于事　rén fú yú shì
【释义】浮：超过。工作人员的数目超过工作的需要；事少人多。【例句】他决定出去闯一闯，不想再在这个～的单位浪费时间。【反义】人尽其才

人高马大　rén gāo mǎ dà
【释义】形容人身材魁梧，体形高大。也作"牛高马大"。【例句】小鞠相貌不惊人的寻常功夫，多少～、虎背熊腰的歹徒都低估了他，结果都败在了他的手下。

人各有志　rén gè yǒu zhì
【释义】每个人各有自己的志向。【例句】～，谁说大学生就不能在乡下种田？

人海茫茫　rén hǎi máng máng
【释义】人海：由人汇聚成的海洋，形容人极多。茫茫：无边无际。指世上的人像茫茫的大海一样多得难以数计。【例句】我们能在～中相遇是一种缘分，所以更要懂得珍惜。【近义】人山人海

人喊马嘶　rén hǎn mǎ sī
【释义】人在喊叫，马在嘶鸣。形容街市嘈杂喧闹的情景。【例句】又到了置办年货的时节，农村的集市上～，热闹非凡。【近义】人欢马叫【反义】鸦雀无声

人欢马叫　rén huān mǎ jiào
【释义】人在欢呼，马在嘶鸣。形容欣欣向荣的欢腾景象。【例句】又到了收割的季节，田野上～，一片丰收的景象。【近义】人喊马嘶

人急智生　rén jí zhì shēng
【释义】人在紧急关头会突然想出解决问题的好办法。【例句】下大雨时，他碰巧拿着一根棍子和一块布，～，用棍子撑了布，遮住头顶，居然到家没有被淋得像落汤鸡。【近义】急中生智

人迹罕至 rén jì hǎn zhì

【释义】迹:脚迹,脚印。罕:稀少,很少。人很少涉足。形容荒凉偏僻。【例句】神农架是一片～的神秘原始森林。【近义】荒无人烟【反义】人烟稠密

人间地狱 rén jiān dì yù

【释义】地狱:地下的牢狱,佛教指生前做过坏事、犯下罪孽的人死后灵魂受折磨煎熬的地方。比喻极其黑暗悲惨的生活环境。【例句】新中国成立前,劳动人民生活在～里。【近义】暗无天日【反义】人间天堂

人杰地灵 rén jié dì líng

【释义】杰:杰出,才干出众超群。灵:灵秀。指杰出的人物出生或到过的地方成为名胜之区,即人使地增色,地因人而著名。也指灵秀之地多出杰出的人物。也作“地灵人杰”。【例句】天府之国不仅美丽富饶,而且～。【反义】地瘠民贫

人尽其才 rén jìn qí cái

【释义】尽:全部用出。每个人都充分发挥出自己的才能。【例句】如果能够～,物尽其用,那么我们的国家就会发展得更快。【近义】各尽所能【反义】大材小用　怀才不遇

人困马乏 rén kùn mǎ fá

【释义】困、乏:缺乏,疲倦。人也累了,马也困乏。形容体力不支,疲劳不堪。【例句】茶队奔波了一天,到达驿站时早已～,疲惫不堪。【近义】车殆马烦【反义】精神十足

人来人往 rén lái rén wǎng

【释义】来来往往的人多,接连不断。【例句】大街上,车水马龙,～。【近义】熙来攘往　熙熙攘攘【反义】人迹罕至

人老珠黄 rén lǎo zhū huáng

【释义】比喻妇女老了就像珍珠因年代久而变黄一样不再值钱,容易被人嫌弃。泛指人老了不中用。【例句】再漂亮的人也有～的那一天。

人满为患 rén mǎn wéi huàn

【释义】患:祸害,灾难。人多得超过了容纳的限度,成了灾患。【例句】看看街市上川流不息的人群,想想火车站内摩肩接踵的拥挤……到处～。【反义】杳无人烟

人面兽心 rén miàn shòu xīn

【释义】虽然长着人的相貌,却有着野兽般的心肠。形容人品性恶劣,内心狠毒。【例句】为了钱财,这个～的家伙竟然杀死了自己的母亲。【近义】衣冠禽兽【反义】正人君子

人面桃花 rén miàn táo huā

【释义】原指女子的容貌与桃花相辉映。后用以形容男子怀念一见钟情后不能再度相见的女子。【例句】去年今日,～,他心中充满对她的追忆。

人命关天 rén mìng guān tiān

【释义】关天:关系到上天,形容关系重大。事情与人的生命相关,极其重大。【例句】这件案子～,调查时千万不能掉以轻心。【近义】生死攸关

人模狗样 rén mú gǒu yàng

【释义】形容举止、形象不像样的人装出一本正经的样子。【例句】这个年轻人拿着别人的学术成果,到处～地做演讲。　提示　含讥讽或诙谐意。

人弃我取 rén qì wǒ qǔ

【释义】人家不要的东西,我却很重视。多指经商要善于抓住行情及时机,以获取丰厚利润。【例句】做生意或是投

R

资,不能总是随大流,偶尔一些～的行为,会有大收获。【反义】人取我与

人情冷暖 rén qíng lěng nuǎn

【释义】指受势利观念支配而表现出的对他人或者冷淡或者热情的情义。【例句】他和方玫一块,在那座空荡荡的房子里,谴责～、世态炎凉。【近义】世态炎凉

人情世故 rén qíng shì gù

【释义】人情:人之常情。世故:待人接物的道理。指人与人之间交往的习俗和社会上的掌故时尚。也指为人处世的道理、经验。也作"世故人情"。【例句】他虽然是天津人,熟悉那里的～,山川地貌,但由于久居美国,对家乡的很多东西仍有陌生之感。/你太年轻,还不了解～。【近义】世态人情

人穷志不穷 rén qióng zhì bù qióng

【释义】穷:困窘。志:志向,志气。人虽然陷于困顿窘迫的境地,但仍能保持远大的志向和高尚的道德情操。【例句】我十分同情他的处境,也十分佩服他那种～的骨气。【近义】人穷志坚【反义】人穷志短

人穷志短 rén qióng zhì duǎn

【释义】人处在贫困艰难之时,往往会缺少勇气和远大的志向。【例句】他来自偏远的农村,虽家境贫穷,却从不干～的事情。【反义】人穷志不穷

人去楼空 rén qù lóu kōng

【释义】去:离去,离开。人已离去,只留下空荡荡的楼阁。形容人离去后产生的凄清景象或感觉。【例句】听说他离开了这座城市,我一时怔住,不免有～之感。/丈夫去世,～,她不仅把家庭聚会取消了,而且连好友做东帮她办生日宴也被她婉拒。

人人自危 rén rén zì wēi

【释义】每个人都觉得自身处境危险,灾难临头。【例句】持续不断的暴力活动,让伊拉克民众～。【近义】人不自安

人山人海 rén shān rén hǎi

【释义】人堆成了山海。形容聚集的人极多。【例句】一到夏天,广场上总是～,非常热闹。【近义】川流不息【反义】荒无人烟

人生地不熟 rén shēng dì bù shú

见"人地生疏"。

人生何处不相逢 rén shēng hé chù bù xiāng féng

【释义】指人与人分手后总是有机会再见面的。【例句】我这次旧地重游,又见到老朋友,心里格外高兴,真是～啊。

人生如梦 rén shēng rú mèng

【释义】人生如同一场梦。形容世事无定,人生短促。【例句】庄生的蝴蝶梦和所有这些类似的梦,无非都表达了一种～的思想。【近义】人生如寄

人生在世 rén shēng zài shì

【释义】人生活在这个世界上。【例句】他从个人的生活历程中得出了～须依靠个人奋斗而且强者必胜的经验和信念。

人声鼎沸 rén shēng dǐng fèi

【释义】鼎:古代三足两耳煮东西的炊具。人群发出的声音像水在锅里沸腾一样。形容人声嘈杂喧闹。【例句】今晚的花灯会～,热闹非凡。【反义】万籁俱寂 鸦雀无声

人事不省 rén shì bù xǐng

见"不省人事"。

人寿年丰 rén shòu nián fēng

【释义】寿：长寿。年：年成，收成。人健康，年成好。形容生活安乐美好。【例句】风调雨顺，～，每个人脸上都洋溢着幸福的笑容。【近义】丰衣足食【反义】饥寒交迫

人所共知 rén suǒ gòng zhī

【释义】人人都知道。【例句】太阳是太阳系的中心，是现今～的事，然而在欧洲的中世纪，这被认为是异端学说。【近义】尽人皆知【反义】人所不知

人同此心 rén tóng cǐ xīn

【释义】指对某些事情，人们的感受和心理状态大致相同。【例句】祖国一定要统一，两岸同胞～。 提示 常与"心同此理"连用。

人头攒动 rén tóu cuán dòng

【释义】攒：聚集，聚拢。形容聚在一起的人很多，只看见头在动的情景。【例句】那古镇中的"美食一条街""服装一条街""裁剪一条街"，真是～，热闹非凡。

人亡物在 rén wáng wù zài

【释义】人已死去，但他用过的东西还保存着。指因见遗物而引起对死者的怀念或感慨。也作"物在人亡"。【例句】他留下的东西，我都不要了，以免～，产生睹物思人之感。【近义】睹物思人

人微言轻 rén wēi yán qīng

【释义】微：卑微。指人的地位低，言论主张不受他人重视。【例句】很可惜，因为他～，他的很多颇有见地的观点根本没有人理睬。【近义】身轻言微【反义】一言九鼎

人为刀俎，我为鱼肉 rén wéi dāo zǔ, wǒ wéi yú ròu

【释义】人：他人，别人。为：是。俎：砧板，切肉的案板。比喻人家掌握生杀大权，自己处于被宰割的地位。【例句】新中国成立后，人民当家做了主人，～的时代一去不复返了！ 提示 "为"不读 wèi。

人无远虑，必有近忧 rén wú yuǎn lǜ, bì yǒu jìn yōu

【释义】虑：考虑，谋划。忧：忧愁，忧患。人要是没有长远的谋划，就会有近在眼前的忧患。【例句】～，我们要有忧患意识，对事不能太无忧无虑。

人心不古 rén xīn bù gǔ

【释义】古：指古代淳朴的世风民情。现在的人思想感情不如古人那样真挚纯朴。【例句】这些天的不幸遭遇让老人连连感叹世风日下，～。【近义】世风日下【反义】古道热肠

人心涣散 rén xīn huàn sàn

【释义】涣散：散漫，松懈。形容人心不齐，缺少向心力和凝聚力。【例句】公司连年亏损，搞得～。

人心惶惶 rén xīn huáng huáng

【释义】惶惶：惊恐不安的样子。形容众人惶恐不安。【例句】去年，这里大旱，闹得～。【近义】惶恐不安

人心难测 rén xīn nán cè

【释义】测：测度，揣摩。人的心思难以揣测。【例句】社会很复杂，～，你独自在外，要格外小心。【近义】人心叵测【反义】正大光明

人心所向 rén xīn suǒ xiàng

【释义】大众所向往和拥护的。【例句】改革开放，是大势所趋，～。【近义】众望所归

R

人心向背　rén xīn xiàng bèi

【释义】向:归向,拥护。背:背离,反对。人们的思想有的归向,有的背离。指大众所拥护或反对的。【例句】～是决定一个人、一个政党能否站得住脚的重要因素。【反义】泰然自若

人烟稠密　rén yān chóu mì

【释义】人烟:人家的炊烟,指住户。指某个地方聚居的人很多。【例句】这里楼房毗连,～,我们要格外加强防火防盗。【近义】人烟辐辏【反义】荒无人烟　人烟稀少

人烟稀少　rén yān xī shǎo

【释义】人烟:人家的炊烟,指住户。人户的炊烟稀少,居民不多,比较荒凉。【例句】他虽然住在～的小岛上,但并不觉得寂寞。【近义】荒无人烟【反义】人烟稠密

人言可畏　rén yán kě wèi

【释义】指人们的议论或流言蜚语是可怕的。【例句】她深知～,所以凡事都谨慎小心,尽量不给他人留下话柄。

人仰马翻　rén yǎng mǎ fān

【释义】人和马都仰翻在地。形容在交战中大败的狼狈样。也形容人混乱或忙乱后一片狼藉的样子。也作"马仰人翻"。【例句】我军一个伏击,打得敌人～,屁滚尿流。/赵家一家大小,日夜忙碌,早已弄得筋疲力尽,～。【近义】溃不成军

人一己百　rén yī jǐ bǎi

【释义】别人花一分力气,自己花百倍的力气。比喻以百倍的努力赶上别人。【例句】他虽然基础差,但只要有～的精神,我相信他也会很快赶上大家的。

人云亦云　rén yún yì yún

【释义】云:说。人家说什么,自己也跟

着说什么。形容没有主见。【例句】虽然是非曲直自有公论,但是现在的世人,总是～的居多。【近义】随声附和　鹦鹉学舌【反义】不敢苟同

人赃俱获　rén zāng jù huò

【释义】赃:赃物。指贪污、受贿或盗窃等非法所得的财物。获:抓获,缴获。罪犯及其所得的赃物都一齐被查获。【例句】此案～,业已进入司法程序。

人之常情　rén zhī cháng qíng

【释义】一般人通常都有的感情或想法。也指情理或事理上常见的情况。【例句】因考试结果不理想而伤心,这也是～。/礼尚往来,是～。【近义】入情入理【反义】不近人情

人中狮子　rén zhōng shī zi

【释义】比喻出类拔萃的人。【例句】他自小爱舞枪弄棒,高傲好胜,自认为是～,不把任何人放在眼里。【近义】人中骐骥　人中之龙

人众胜天　rén zhòng shèng tiān

【释义】人多力量大,能够战胜自然。【例句】只要我们齐心协力,众志成城,～,洪水一定会被我们拒于堤坝之外。【近义】人多势众

人自为战　rén zì wéi zhàn

【释义】为战:作战。指人人主动拼死作战。也指人人能独立作战或独立开展工作。【例句】在激烈的斗争中,战士们～,英勇杀敌,很快取得了胜利。/一个没有活力的科研单位会被淘汰,虽有活力但各行其是、～的单位,也会被淘汰。提示"为"不读 wèi。

仁民爱物　rén mín ài wù

【释义】仁:仁爱。从爱众人而兼及其他生物。【例句】我军住在百姓家里时,～,深受百姓拥护。【反义】鱼肉百姓

仁心仁术 rén xīn rén shù
【释义】心地仁慈,医术高明。【例句】周医生不仅～,而且对待病人像对待自己家人一样,颇受患者的喜爱与尊敬。

仁义道德 rén yì dào dé
【释义】仁义:仁爱和正义。道德:道义和好的德行。本指儒家标榜的道德规范,后泛指社会的整套道德标准。【例句】有些满口讲着～的人,其实是伪君子。【反义】寡廉鲜耻

仁者见仁,智者见智 rén zhě jiàn rén, zhì zhě jiàn zhì
见"见仁见智"。

仁至义尽 rén zhì yì jìn
【释义】至、尽:到尽头,达到顶点。形容对人的善意和帮助已经做到最大的限度。【例句】我待他已经是～了,他自己不争气,我有什么办法。【近义】情至义尽【反义】不仁不义

忍饥受饿 rěn jī shòu è
【释义】忍受饥饿。形容食不果腹,极其贫困。【例句】在旧社会,穷人～,挨打受气,生活在水深火热中!【近义】忍饥挨饿

忍俊不禁 rěn jùn bù jīn
【释义】忍俊:含笑。不禁:不能自制。指克制不住或忍不住发笑。【例句】小明讲的笑话让在场所有人听了都～。【近义】喜不自胜 哑然失笑【反义】强颜欢笑 提示 "禁"不读 jìn。

忍气吞声 rěn qì tūn shēng
【释义】忍气:受了气而忍耐不发。吞声:把话咽下不说出来。形容受了气而强力忍耐,不说什么话。【例句】她在婆家很受歧视,常常～,暗自流泪。【近义】饮恨吞声【反义】据理力争

忍辱负重 rěn rǔ fù zhòng
【释义】负:负担,担当。为了完成艰巨的任务,或某一涉及大家利益的事,忍受屈辱,承担重任。【例句】中华民族是一个勤奋好学、～而又奋发图强的民族。【近义】忍辱含垢【反义】忍无可忍

忍辱含垢 rěn rǔ hán gòu
【释义】垢:通"诟",耻辱。忍受耻辱。也作"含垢忍辱"。【例句】十年的～,十年的卧薪尝胆,他总算成为这个领域的领头人。【近义】包羞忍耻 负屈衔冤

忍痛割爱 rěn tòng gē ài
【释义】忍痛:忍着痛苦。割:割舍,割弃。爱:爱物,所喜爱的人或物。忍着痛割弃所爱之物。表示被迫舍弃心爱的东西。【例句】这本书原是我最喜欢的,但是妹妹也很喜欢,我只好～给了她。

忍无可忍 rěn wú kě rěn
【释义】要忍受也没法儿忍受。形容忍耐达到极限。【例句】我实在～,扇了他一耳光。【近义】按捺不住【反义】忍气吞声 忍辱含垢

认贼作父 rèn zéi zuò fù
【释义】贼:盗贼。把仇敌当作父亲。比喻丧失立场。【例句】他投降了日寇,～,遭到人民的唾弃。【近义】认敌为友

任劳任怨 rèn láo rèn yuàn
【释义】任:担当,承担。劳:劳苦,辛劳。怨:抱怨,埋怨。做事不辞劳苦,不怕别人埋怨。【例句】他对待工作一向勤勤恳恳,～。【近义】不辞劳苦【反义】怨天尤人 提示 "任"不能写成"认"。

任其自流 rèn qí zì liú
【释义】任:听凭。任凭水流动。比喻对

R

事情的发展变化不加引导,放任不管。【例句】他对女儿的放肆行为不管不顾,~。【近义】放任自流

任人唯亲　rèn rén wéi qīn
【释义】任:任用,使用。唯:只,仅。任用跟自己关系密切的人,而不管他德才如何。【例句】在用人上他从不搞~。【反义】任人唯贤

任人唯贤　rèn rén wéi xián
【释义】任:任用。贤:有德才的人。任用德才兼备的人,而不管他跟自己的关系是否密切。【例句】这位上司向来公私分明,选用工作人员也是~,不搞裙带关系。【近义】任贤使能　举贤使能【反义】任人唯亲

任贤使能　rèn xián shǐ néng
【释义】任:任用,使用。贤:有才德的人。能:能人,有才干的人。任用有德行有才能的人。【例句】~是我们一贯倡导的用人路线。【近义】任人唯贤【反义】任人唯亲

任性妄为　rèn xìng wàng wéi
【释义】凭着自己的性情爱好,做出不近人情的事。【例句】她从小被宠溺坏了,长大后总是~,不把任何人放在眼里。【近义】胡作非为【反义】循规蹈矩

任重道远　rèn zhòng dào yuǎn
【释义】任:包袱,负担。道:道路,路途。指负担沉重而又路途遥远。比喻责任重大,需要长期艰苦奋斗。【例句】人民教师肩负着培养接班人的重担,~。/青年人~,要继承的不是财产,而是前辈们留下的尚未完成的事业。【近义】负重致远

日薄西山　rì bó xī shān
【释义】薄:迫近,逼近。太阳快要落山了。比喻人衰老或腐朽的事物临近死亡。【例句】老人家已是~了,你快去看看吧。【近义】日落西山【反义】朝气蓬勃　提示　"薄"不读báo。

日不暇给　rì bù xiá jǐ
【释义】日:时日,时光。暇:空闲。给:充裕,丰足。形容事务繁忙,没有空闲。【例句】你一人身兼数职,~,为什么不找个帮手?【近义】夜以继日【反义】无所事事　提示　"给"不读gěi,也不能理解成"给予"。

日不移晷　rì bù yí guǐ
【释义】晷:日影,比喻时间。太阳影子都没有移动。形容时间极短。【例句】他登山时手脚极快,~,便到了半山腰。【近义】日不移影

日长一线　rì cháng yī xiàn
【释义】指冬至以后白昼渐长。【例句】现在已经~了,只有几个月就要高考了,你要好好温习,争取考出好成绩。

日锻月炼　rì duàn yuè liàn
【释义】日日月月磨炼。比喻长期下苦功钻研探索,以求达到精熟。【例句】我们现在的读书人要学习古人那种~的精神。

日复一日　rì fù yī rì
【释义】复:又,再。过了一天又一天。形容时光不断流逝或持续的时间长。【例句】~,门前的小树苗已长高了不少。【近义】年复一年

日高三丈　rì gāo sān zhàng
【释义】日上三竿。形容天已大亮,时候不早。【例句】他整天不务正业,~才起床。【近义】日上三竿

日积月累　rì jī yuè lěi
【释义】长时间地积累。【例句】丰富的知识是靠勤奋学习,~得来的。【近义】积少成多　日增月益　铢积寸累

日计不足，岁计有余 rì jì bù zú, suì jì yǒu yú

【释义】岁：年。余：多余。按天计算，数量不算多；成年累计，数量就多了。比喻日积月累，积少成多。【例句】学贵有恒，～，只要持之以恒，就一定会有收获。【近义】日积月累

日进斗金 rì jìn dǒu jīn

【释义】每天能收进成斗的黄金。形容进账多，收入多。【例句】这家酒楼的生意好得不得了，简直是～。【近义】大发其财 腰缠万贯【反义】阮囊羞涩 入不敷出

日久见人心 rì jiǔ jiàn rén xīn

【释义】时间长了，便可看出人内心的真伪善恶。【例句】所谓"路遥知马力，～"，只有相处久了，才能真正了解一个人。

日久生变 rì jiǔ shēng biàn

【释义】日：时间，日子。变：变故。时间长了会发生变故。【例句】虽然双方达成了口头协议，但他怕～，所以，以最快的速度与对方签订了合同。

日久天长 rì jiǔ tiān cháng

【释义】日：指时间。指时间长，日子久。【例句】一个人对待感情是否忠诚，需要～才看得出来。【近义】天长地久 长年累月【反义】一朝一夕 弹指之间

日理万机 rì lǐ wàn jī

【释义】理：处理。机：事务，特指国家政务。万机：指繁多的事务。每天处理大量要务。形容政务繁忙。【例句】新中国成立以后，我们敬爱的周总理～，夜以继日，很少有休息的机会。【近义】宵衣旰食【反义】无所事事

日落西山 rì luò xī shān

【释义】太阳迫近西山，快要落下。比喻人到老年将死或事物接近衰亡。【例句】他们公司的效益一年不如一年，怕是要～了。【近义】日薄西山【反义】如日方升

日暮途穷 rì mù tú qióng

【释义】暮：傍晚，日落之时。穷：尽头，到头。天黑下去了，路走到尽头了。比喻到了末日。【例句】他家的生活很困难，已到了～的境地。【近义】道尽途穷【反义】前程似锦

日上三竿 rì shàng sān gān

【释义】太阳升起来离地已有三根竹竿那么高。多用来形容人起床晚。【例句】他失业在家，无所事事，常常～还不起床。【近义】日高三丈 日已三竿【反义】夕阳西下

日甚一日 rì shèn yī rì

【释义】甚：超过，胜过。一天比一天厉害。形容事物发展的程度日渐加深或严重。【例句】近几年，流通领域里炒种禽、炒种畜之风～。

日试万言 rì shì wàn yán

【释义】一日写上万字的文章。形容富有才华，思路敏捷。【例句】我这位好友，虽不敢说～，倚马可待，却也是下笔如有神。 提示 用于人。含褒义。

日思夜想 rì sī yè xiǎng

【释义】思、想：思念，想念。形容时时刻刻都在想念，无时无刻不在思念。【例句】诗中的女主人公此时此刻正独立苍茫，翘首远望，期盼着～的出征在外的丈夫归来。【近义】朝思暮想

日下无双 rì xià wú shuāng

【释义】日：旧时比喻帝王。日下：旧时比喻京城。京城里没有第二人可比。形容才能出众。【例句】他的品德才学卓尔不群，～。【近义】天下无双

R

日新月异　rì xīn yuè yì

【释义】每天每月都有新的变化。形容进步、发展很快。【例句】在这个～、瞬息万变的年代,有一样东西是永恒不变、经久不衰的,那就是真情。【近义】与日俱进　一日千里【反义】一成不变

日行千里　rì xíng qiān lǐ

【释义】一天能走一千里。形容速度惊人。【例句】传说汗血宝马能够～。【近义】一日千里　风驰电掣【反义】步履维艰　蜗行牛步

日削月朘　rì xuē yuè juān

【释义】朘:缩小,减少。日日削减,月月缩小。形容逐渐缩小。【例句】在旧社会,广大百姓在贪官污吏的层层剥削下,收入～,日子过得更加清贫。【反义】日增月益　日积月累

日夜兼程　rì yè jiān chéng

【释义】兼程:一天走两天的路。白天黑夜不停地拼命赶路。【例句】解放军战士～,终于在规定的时间内赶到了前线。【近义】马不停蹄　倍道兼行

日月经天　rì yuè jīng tiān

【释义】经:经过。太阳月亮每天都经过天空。比喻历久不衰、永恒不变。也比喻事情明显,有目共睹。【例句】～,江河行地,这是自然规律。/厂长的这个决定绝对是正确的,如～一般,工人们有目共睹。【近义】江河行地　河海带地

日月如梭　rì yuè rú suō

【释义】梭:梭子,织机上织纬线的工具,织布时左右穿梭,速度很快。太阳和月亮像穿梭似的来去。形容光阴飞逝,过得很快。【例句】光阴似箭,～,我们要珍惜自己的青春年华。【近义】光阴似箭　岁月如流　白驹过隙【反义】度日如年

日月逾迈　rì yuè yú mài

【释义】逾:超越。迈:向前行进。形容岁月消逝。【例句】春去秋来,～,转眼间他俩已携手走过四十载。【近义】日征月迈

日昃忘食　rì zè wàng shí

【释义】昃:太阳偏西。太阳西斜仍未想起进餐。形容专心致志,孜孜不懈。【例句】为了早日完成科研项目,张教授～地工作着。

日增月益　rì zēng yuè yì

【释义】益:增益,增加。一天天一月月地增多。指随着时间的过去不断增加。【例句】我们公司近年来的收入可谓～,这与每一位职工的努力是分不开的。【近义】日积月累　铢积寸累　日益月滋

荣华富贵　róng huá fù guì

【释义】荣华:昌盛显达,指有身份有地位。形容有钱有势,兴旺显耀。也形容奢华的生活。也作"富贵荣华"。【例句】她从不热衷于～,只是追求为人类造福。/自从中了头彩,她们一家人就过上了～的生活。【反义】穷困潦倒

荣辱与共　róng rǔ yǔ gòng

【释义】荣:光荣,荣耀。辱:耻辱,羞辱。与:和,同,跟。共:共同担当,分享。比喻彼此站在同一利益立场上,同甘共苦。【例句】作为一名中国人,从我们出生的那一刻起,就注定与我们的国家结下了一种～的关系。【近义】风雨同舟　同舟共济

容光焕发　róng guāng huàn fā

【释义】容光:气色,面部表现出的精神面貌。焕发:光彩四溢的样子。脸上放出光彩。形容身体健康,精神饱满。【例句】江南的明媚春光和上海近郊特有的风景,赋予了这群年轻指挥员～

的风采。【近义】神采奕奕　神采飞扬　精神焕发【反义】槁项黄馘

融会贯通　róng huì guàn tōng

【释义】融会:融合。贯通:贯穿。参考并综合多方面的知识或道理而得到全面的透彻的领悟。【例句】学习知识要善于～。【近义】豁然贯通【反义】生吞活剥　囫囵吞枣　提示　"会"不能写成"汇"。

融融泄泄　róng róng xiè xiè

【释义】融融:和乐的样子。泄泄:笑语杂沓的样子。十分和洽欢乐的样子。【例句】除夕夜,家家都是热热闹闹,～的。

冗词赘句　rǒng cí zhuì jù

【释义】冗、赘:多余的,无用的。指诗文中多余无用的话。【例句】写文章语句要简练,不要出现～。

柔肠寸断　róu cháng cùn duàn

【释义】柔肠:柔软的肠子,比喻缠绵的情怀。寸断:一寸一寸地断,断成一截一截的。形容极度伤心。【例句】妈妈在一旁安慰因失去儿子而～的张奶奶。【近义】柔肠百结

柔能制刚　róu néng zhì gāng

【释义】柔:柔和,柔软。制:制伏,制约。刚:刚强,强硬。柔弱的可以制伏刚强的。指温和的手段能制服强者。【例句】刘备宽以待人,～,英勇莫敌。【近义】以柔制刚

柔情蜜意　róu qíng mì yì

【释义】温柔甜蜜的情意。多指恋人之间的感情。【例句】张明对姚红很崇拜,很爱护,也很友好,可是彼此间只是朋友关系,并没有什么～。【近义】温情脉脉【反义】铁石心肠

肉眼凡胎　ròu yǎn fán tāi

【释义】肉眼:本指佛经中所说天眼、肉眼、慧眼、法眼、佛眼等五眼中见近不见远、见前不见后、见明不见暗的肉身之眼。泛指普通人的眼光、眼力。凡胎:凡人之胎,喻指普通人。比喻眼力一般、见识平平的普通人。【例句】在文学上他绝对是一个～,没有丝毫审美鉴赏能力。【近义】凡夫俗子　肉眼愚眉【反义】仙风道骨

如臂使指　rú bì shǐ zhǐ

【释义】臂:手臂,臂膀。使:使唤,支配。指:手指。形容指挥如意,得心应手,像手臂支配手指一样。【例句】许行长人品好,威信高,对全行工作的指导调度也是～。【近义】得心应手【反义】事成骑虎

如痴如呆　rú chī rú dāi

【释义】好像痴呆了一样。形容专心到了痴迷程度。有时也形容受到某种震动或刺激后极端痛苦或高兴的神态。【例句】他是个篮球迷,每天都会对着电视机～地观看篮球比赛。/小邓听见自己被录取的消息后,便～地一个劲儿往家赶。

如痴如醉　rú chī rú zuì

见"如醉如痴"。

如持左券　rú chí zuǒ quàn

【释义】持:拿。券:古代指契约,用竹子制成,分左右两片,双方各执其一,左边的半片叫左券,由债权人收藏,作为索债、兑现的凭据。好像手里持有左券。比喻对事情的成功非常有把握。【例句】这次谈判他们计虑周详,胜利～。【近义】稳操胜券　提示　"券"不读 juàn,下面从"刀"不从"力"。

如出一口　rú chū yī kǒu

【释义】像从一张嘴里说出来似的。形

R

容众人说的都一样。【例句】关于事件的经过,他们的说法～。【近义】众口一词

如出一辙　rú chū yī zhé

【释义】辙:车辙,车轮碾出的印迹。好像从同一个车辙出来。形容事情非常相似。【例句】这两件劫案的作案方式～。【近义】大同小异【反义】截然不同

如椽之笔　rú chuán zhī bǐ

【释义】椽:椽子,安在屋梁上支撑瓦片构成屋顶的木条、竹条。像椽子一样的大笔。【例句】在波澜壮阔的抗日战争中,中国人民以～谱写了一部惊天地、泣鬼神的全民族抗战的史诗【近义】笔大如椽　提示　多用于形容记录大事的手笔。

如此而已　rú cǐ ér yǐ

【释义】如此:像这样。而已:罢了。就是这样罢了,再没有别的。【例句】他的屋里只有一张方桌、两条板凳、一个土炕,～。【近义】不过尔尔

R

如堕烟海　rú duò yān hǎi

【释义】好像掉在烟雾弥漫的大海里。形容模糊,看不清楚。【例句】每次一做数学题,她都有～之感。【近义】雾里看花【反义】豁然开朗

如法炮制　rú fǎ páo zhì

【释义】如法:依法,按照一定的方法。炮制:用烘、炒等方法将中药材制成成药。依照成法炮制药剂。泛指照现成方法办事。【例句】你们依照这张配药单,～,便可以了。/没有蜡笔,姐姐用水彩作画,我也～。【近义】依样画葫芦　依葫芦画瓢【反义】别出心裁　独辟蹊径　提示　"炮"不读 pào。

如虎添翼　rú hǔ tiān yì

【释义】添:添上,加上。翼:翅膀。形容

强者得到援助后更加强大,恶者得到援助后更加凶恶,如同老虎添了翅膀一般。【例句】外援的引进让这支球队～。

如花似锦　rú huā sì jǐn

【释义】锦:有彩色花纹的丝织品。形容衣着华丽。也形容事物的美好。【例句】晚宴上,姑娘们个个穿得～。/上万盆鲜花把公园打扮得～。

如花似玉　rú huā sì yù

【释义】形容女子姿容美艳,像鲜花和美玉那样。【例句】我的妹妹长得～。【近义】花容月貌　玉貌花容【反义】面目狰狞

如簧之舌　rú huáng zhī shé

【释义】簧:乐器中发声的薄片。像簧片一样的舌头。比喻能说会道、能言善辩的口才。【例句】张某是个口才极好的部门经理,凭借～让他的部员们唯命是从。【近义】巧言如簧

如火如荼　rú huǒ rú tú

【释义】荼:茅、芦等类植物开的白花。原形容军容之盛。现用来形容旺盛、热烈或激烈。【例句】洪灾过后,老百姓的生产自救工作搞得～。【近义】方兴未艾【反义】无声无息　提示　"荼"不读 chá,也不能写成"茶"。

如获至宝　rú huò zhì bǎo

【释义】至宝:最珍贵的宝物。如同获得了最珍贵的宝物。【例句】望着他们～、欢呼雀跃的样子,我心里不由得一阵发酸,不就是一盒水彩笔吗? 农村孩子们的要求竟是这么简单!【反义】如获石田

如饥似渴　rú jī sì kě

【释义】形容要求非常迫切,像饿了想吃饭,渴了想喝水那样。【例句】我～地把两百多页的文章一口气读完了。

【近义】迫不及待【反义】不慌不忙

如胶似漆 rú jiāo sì qī
【释义】形容极其亲密，难舍难分，像漆和胶黏合在一起一样。多指男女欢爱的亲昵情状。【例句】这对～的夫妇令旁人羡慕不已。【近义】亲密无间【反义】反目成仇

如解倒悬 rú jiě dào xuán
【释义】解：解救。倒悬：指人头朝下、脚朝上倒挂着。像解救被倒吊着的人。比喻把人从危困的处境中解救出来。【例句】他的雪中送炭～，帮我闯过了难关。【近义】解民倒悬

如开茅塞 rú kāi máo sè
【释义】像打开被茅草堵塞的道路一样。形容受到启发，使闭塞的思路忽然畅通或对迷惘不解的问题立刻理解、明白了。【例句】这个疑团困扰我太久了，感谢您的耐心讲解，使我～。【近义】茅塞顿开

如狼似虎 rú láng sì hǔ
【释义】形容勇猛强悍。也形容极其凶狠残暴。【例句】那几个人～，撞开了门直冲进来。/在中美合作所，审讯者～，逼着她交代情况。【近义】穷凶极恶　豺狼成性【反义】大慈大悲

如雷轰顶 rú léi hōng dǐng
【释义】轰：轰鸣，鸣响。顶：头顶。像雷在头顶上炸响。比喻受到突然而猛烈的打击。【例句】得知前线惨败、全军覆没，他～，电报纸翩然飘落在地。

如雷贯耳 rú léi guàn ěr
【释义】贯：贯穿，进入。像雷声进入耳朵一样。形容受到强烈的刺激和震动。也形容人的名声很大。【例句】当时，钟老的声调十分平和，而我听起来却～，整个心灵受到震撼。/您的大名我早就～，今天终于有幸见上了。

如临大敌 rú lín dà dí
【释义】临：面临，面对。好像面对强大的敌人一样。形容把事情看得过分严重而高度紧张戒备的样子。【例句】萧岚成绩不好，高考临近，她～，十分紧张。【反义】临危不惧

如临深渊 rú lín shēn yuān
【释义】临：面临，面对。渊：深水潭。好像到了深水潭的边上。比喻身处险境而十分警惕，小心谨慎。【例句】他前段因粗心险些丢了工作，至今仍战战兢兢，～。【近义】如履薄冰　临深履薄

如履薄冰 rú lǚ bó bīng
【释义】履：踩，踏。像走在薄薄的冰层上一样。比喻身处险境而十分警惕，小心谨慎。【例句】这件事关乎上千人的性命，我们～，不敢有丝毫懈怠。【近义】如临深渊　临深履薄

如履平地 rú lǚ píng dì
【释义】履：踩，踏。像走在平地上一样。形容行走安稳便易。比喻行事轻松顺畅，毫不费力，没有阻碍。【例句】他动作灵活，走起山路来～。/这项任务大家都觉得有些力不从心，唯独他～。

如芒在背 rú máng zài bèi
【释义】芒：芒刺，植物茎叶、果壳上的小刺。像芒刺扎在脊背。形容心里极度不安，很不自在。【例句】他目不转睛地盯着我，让我～，坐立不安。

如梦初醒 rú mèng chū xǐng
【释义】好像刚从梦中醒过来。形容刚刚从糊涂、错误的认识中觉醒过来。【例句】听罢小张的一番话，老王才～，方知自己上了当，他只恨自己当初为什么那么贪心，害得错失良机。【近

R

义】如醉方醒

如鸟兽散　rú niǎo shòu sàn
【释义】像受惊的鸟兽一样四处逃散。【例句】我军的冲锋号刚一吹响，敌人就吓得～。【近义】逃之夭夭【反义】云合雾集 提示 含贬义。

如弃敝屣　rú qì bì xǐ
【释义】敝屣：破旧的鞋子。像扔掉破鞋子那样。形容毫不可惜。【例句】他抛弃了她，～，她伤心不已。

如泣如诉　rú qì rú sù
【释义】泣：哭泣。好像在哭泣，又好像在诉说。形容声音凄切悲凉。【例句】她那凄凉的身世遭遇和～的琴声，把观众感动得鼻子发酸，眼圈发红。【近义】泣不成声

如切如磋　rú qiē rú cuō
【释义】切、磋：将骨、角等材料磨制成器。好像把骨、角加工成器物那样。比喻共同商讨，互相砥砺。【例句】你们应该学会互相砥砺，～，才能上进!【近义】切磋琢磨 提示 “切”不读 qiè。

如日方升　rú rì fāng shēng
【释义】方：刚刚。像太阳刚刚升起一样。比喻正处于兴盛阶段，有广阔的发展前途和坚强的生命力。【例句】近年来，电子商务～，越来越受到人们的青睐。【近义】如火如荼【反义】江河日下

如日中天　rú rì zhōng tiān
【释义】好像太阳正处于正午时刻。形容事物正发展到兴旺的阶段。【例句】你的事业正～，为什么要选择放弃?【近义】方兴未艾

如入无人之境　rú rù wú rén zhī jìng
【释义】好像进入了没有人的地方。多

形容所向披靡，所到之处没有遇上有力的抵抗和阻挡。【例句】赵云一骑马飞入绍军，左冲右突，～。【近义】所向无敌【反义】望风而逃　望风披靡

如丧考妣　rú sàng kǎo bǐ
【释义】丧：丧失，失去。考妣：父母。像死了父母一样。形容非常伤心和着急。【例句】那女人气得死去活来，又哭又喊的，～。【近义】痛不欲生【反义】喜形于色 提示 “丧”不读 sāng。

如食哀梨　rú shí āi lí
【释义】哀梨：传说哀仲家的梨，味道很好。好像吃到哀梨一样。比喻言辞、文章爽利。【例句】那篇文章语言优美，构思巧妙，读起来～。

如释重负　rú shì zhòng fù
【释义】释：放下。负：负担。像放下重担一样。形容解除精神压力后心情轻松愉快。【例句】听说哥哥找到了好工作，父亲惊喜交集，～，长长地舒了一口气。【近义】轻装上阵【反义】如牛负重

如数家珍　rú shǔ jiā zhēn
【释义】数：数说，列举。家珍：家藏的宝物。像数自己家中的珍宝一样。形容对所列举的事物或叙述的故事十分熟悉。【例句】提起北京的焦圈、小窝头……四川的麻婆豆腐、大伞蒸牛肉、毛肚火锅，她～。【近义】如指诸掌 提示 “数”不读 shù。

如汤沃雪　rú tāng wò xuě
【释义】汤：沸水。沃：浇。像沸水浇在雪上，雪很快就融化。形容事情极容易解决。【例句】那里山多路险，多盗匪，并无重兵把守，只要大部队一到，自然就～了。【近义】轻而易举　探囊取物【反义】难上加难

如兄如弟　rú xiōng rú dì
【释义】比喻彼此亲密无间，如同兄弟一

样。【例句】多年一起打拼的经历，早已让他俩情谊深厚，～。【近义】情同手足

如蚁附膻 rú yǐ fù shān

【释义】附：依傍。膻：羊臊气。像蚂蚁附着在有膻味的东西上。形容许多人纷纷追求某种恶劣的事物或依附有钱有势的人。【例句】这些地痞流氓都追随着有权有势之人，～，如蝇逐臭。【近义】趋炎附势　如蝇逐臭

如意郎君 rú yì láng jūn

【释义】如意：符合心意。郎君：妇女对丈夫的称呼。指称心如意的丈夫。【例句】他仪态端庄、彬彬有礼，是表姐的～。

如意算盘 rú yì suàn pán

【释义】算盘：盘算，打算。符合自己心意的算计。指只从好的一方面着想的打算。【例句】你倒会打～！十三个半月的工钱，只付三个月。

如蝇逐臭 rú yíng zhú chòu

【释义】逐：追逐，追赶。像苍蝇那样追逐有臭味的东西。讽刺热心追求邪恶之物，或指趋炎附势追逐名利的丑恶行为。【例句】有伤风化的事如不及时制止，就会有人～仿效之。【近义】如蚁附膻

如影随形 rú yǐng suí xíng

【释义】随：跟随，追随。形：形体。好像影子老是跟着身体一样。形容两个人常在一起，彼此关系十分紧密，难以分开。【例句】随着这位歌手的走红，质疑的声音也～。【近义】形影不离　一步一趋【反义】销声匿迹

如鱼得水 rú yú dé shuǐ

【释义】好像鱼得到水一样。形容遇到的人跟自己很投合或所处的环境对自己很适合。【例句】他们俩搭伴，简直是～，配合默契。【近义】如虎添翼【反义】寸步难行

如愿以偿 rú yuàn yǐ cháng

【释义】如愿：符合意愿、愿望。以：而。偿：实现，满足。像所希望的那样得到满足，指愿望完满得到实现。【例句】通过不懈努力，他终于～地考上了心仪的大学。【近义】求仁得仁　心想事成【反义】事与愿违　适得其反

如运诸掌 rú yùn zhū zhǎng

【释义】运：活动。诸：之于。好像运转在手掌之中。形容办某事极其简单而容易。【例句】先生有着深厚的文学造诣，让他去指导学生，一定是～。【近义】易如反掌

如醉方醒 rú zuì fāng xǐng

【释义】方：刚才。像酒醉刚醒一般。比喻刚从沉迷中醒悟过来。【例句】直到翻墙落地，马英才～，想不到死到临头竟逃出一条活命。【近义】如梦初醒

如醉如痴 rú zuì rú chī

【释义】痴：痴呆。形容因专注入迷、陶醉或惊恐而神思恍惚或发呆的样子。也作"如痴如醉"。【例句】他～地沉浸在小说世界里。【近义】神魂颠倒【反义】恍然大悟

如坐春风 rú zuò chūn fēng

【释义】好像置身于和暖的春风里。形容受到良师的教诲、熏陶。【例句】跟着这位老先生学习书法，不仅可以学到专业知识，还能学到许多为人的道理，让人有～的感觉。【反义】如坐针毡

如坐针毡 rú zuò zhēn zhān

【释义】针毡：安插有针的毡子。像坐在有针的毡子上一样。形容因有所忧虑

R

而坐卧不安,心神不宁。【例句】他妻子难产,急得他～。【近义】坐立不安【反义】泰然自若

茹古涵今　rú gǔ hán jīn
【释义】茹、涵:包含,容纳。包容古今。形容学识广博。【例句】这位史学教授的学问可谓～,渊深而博大。

茹毛饮血　rú máo yǐn xuè
【释义】茹:吃。指原始人不会用火,连毛带血地生吃禽兽。【例句】自从我们的祖先发明了火,他们就不再过着～的生活。

孺子可教　rú zǐ kě jiào
【释义】孺子:小孩子。指年轻人有出息,可把本事传授给他。【例句】～,但关键在于家长和老师的正确引导。

汝南月旦　rǔ nán yuè dàn
【释义】月旦:月朔,农历每月初一。汝南有每月初一品评人物的典故。用以指品评人物。【例句】昨天召开的学术研讨会,～成为评论的焦点。

乳臭未干　rǔ xiù wèi gān
【释义】乳:乳汁,奶汁。臭:气味。乳臭:奶腥气。身上的奶腥气还没有散尽。形容年幼无知。【例句】量她一个～的黄毛丫头,也逃不出我的手心。【近义】口尚乳臭　提示　常含轻蔑、讥笑意味。"臭"不读 chòu,也不能理解为香臭的"臭"。

辱门败户　rǔ mén bài hù
【释义】辱:羞辱,使受辱。败:败坏,使败落。败坏门风,使家庭蒙受羞辱。【例句】你个～的家伙,我的脸面都让你给丢尽了。【反义】光宗耀祖　扬名显亲

入不敷出　rù bù fū chū
【释义】敷:足,足够。收入不够开支。

【例句】他家人口多,收入少,常常是～。【近义】捉襟见肘【反义】绰绰有余

入国问俗　rù guó wèn sú
【释义】进入别的国家,先问清当地的风俗习惯,以免犯忌。【例句】我们要～,尊重别国的风俗习惯。【近义】入境问境

入门问讳　rù mén wèn huì
【释义】古代去拜访人,先问清楚他父祖的名,以便谈话时避讳。也泛指问清楚有什么忌讳。【例句】在去一个新地方前,最好事先～,以免造成不必要的麻烦。

入木三分　rù mù sān fēn
【释义】相传晋代书法家王羲之在木板上写字,刻字的人发现墨汁透入木板有三分深。后用来形容书法刚劲有力。也形容议论见解深刻,描写传神贴切。【例句】他写的字笔力遒劲,～。/《三国演义》中对曹操这个人物形象的刻画,真是～。【反义】皮相之见

入幕之宾　rù mù zhī bīn
【释义】幕:帷幕,幕帐。宾:宾客。指参与机要的幕僚,也称关系非常亲近的人。【例句】他对李先生非常敬重,成了～。

入情入理　rù qíng rù lǐ
【释义】入:切合,符合。合乎情理。【例句】他的话～,很有说服力。【近义】合情合理

入室操戈　rù shì cāo gē
【释义】原指进入我的屋子拿起我的兵器进攻我。后比喻就对方的论点,找出纰漏,反驳对方。【例句】这场辩论赛异常精彩,正方口若悬河,～,令反

方哑口无言。【近义】以子之矛，攻子之盾【反义】共御外侮

入土为安　rù tǔ wéi ān

【释义】入土：把灵柩埋入坟墓。古人死后，家属往往先将灵柩暂存一处，待择好坟地、料理好丧事，再正式下葬。表示正式下葬后，死者才得其正所，家属也才得以心境安定。【例句】人已经死了，哭是哭不活的，大热天的，赶紧让她～吧！

入乡随俗　rù xiāng suí sú

【释义】俗：习俗，风土人情。到一个地方就遵从当地的风俗习惯。也作"随乡入俗"。【例句】一入美国，不分男女老幼，穿运动衫裤上街的比比皆是。就连我也～，穿起了运动衫裤。

阮囊羞涩　ruǎn náng xiū sè

【释义】囊：口袋。形容手中拮据，经济困难。【例句】她特别喜欢买衣服，要不是常常感到～，她家里恐怕早已变成服装店了。

软磨硬泡　ruǎn mó yìng pào

【释义】磨：纠缠。泡：故意消磨时间。为使对方答应自己的要求，采用各种手段纠缠。【例句】城建局几次下文让迁址改建，都让他们～地拖了下来。

软弱可欺　ruǎn ruò kě qī

【释义】缺乏力量，不坚强，容易被欺负。【例句】抗美援朝的壮举结束了中国在世界上～的形象。【近义】软弱无能

软弱无力　ruǎn ruò wú lì

【释义】指身体衰弱而打不起精神，缺乏力气。比喻处事不够坚决有力，缺少力度。【例句】他身体大不如前了，常常工作一天下来便～，什么事都不想干。/他在那件事情的处理上显得

有些～。

软弱无能　ruǎn ruò wú néng

【释义】性格懦弱而不坚强，能力低下而缺少才干。【例句】她们妯娌中间，就数她最～。

软硬不吃　ruǎn yìng bù chī

【释义】对软硬两种手段都不接受，指人态度强硬，难以对付驾驭。【例句】小王就是这么个性子，～，六亲不认，除了三姑，谁的话都当耳边风。

软硬兼施　ruǎn yìng jiān shī

【释义】兼施：同时施展使用。软的和硬的办法、手段同时用上。【例句】我抵抗不住母亲的～，最终屈服了。【近义】恩威并用　提示　含贬义。

锐不可当　ruì bù kě dāng

【释义】锐：锐利，尖利。当：抵挡，抗拒。形来势凶猛，不可阻挡。【例句】我军以～的气势接连攻克了敌人五个阵地。【近义】势不可当　势如破竹

瑞雪兆丰年　ruì xuě zhào fēng nián

【释义】瑞：祥瑞，吉祥，吉利。瑞雪：指应时的冬雪。因冬雪能杀虫保温，给土地补充水分，有利于农作物过冬和生长，故称。兆：预兆，预示。年：收成。应时的冬雪预兆着（来年的）好收成。也作"雪兆丰年"。【例句】俗语道："～"，明年的小麦定会有好收成。

若合符节　ruò hé fú jié

【释义】若：好像，似乎。符节：古代朝廷传达命令、调兵遣将的凭证，由两部分合成，双方各执一半，合之以验真假。像并合符节一样。比喻两者完全吻合一致。【例句】老张善于揣摩领导的心思，你看他的行动就与他科长的想法

R

～,没有半点偏差。

若即若离　ruò jí ruò lí
【释义】若:好像,似乎。即:走近,靠近。好像接近,又好像远离。形容跟人的关系不很紧密。【例句】他们相识一年多了,但她对他的态度始终～的,让他苦恼极了。【近义】不即不离 提示 "即"不能写成"及"。

若明若暗　ruò míng ruò àn
【释义】若:好像,似乎。好像明亮,又好像昏暗。形容对问题或情况有所认识却不十分清楚。【例句】目前考古学对人类发展的认识,有的问题还处于～的状态,需要我们提供更多更完整的出土文物。【近义】若有若无【反义】一目了然

若烹小鲜　ruò pēng xiǎo xiān
【释义】若:好像,似乎。烹:烧煮。鲜:活鱼。像烹煮小鲜鱼一样。比喻轻而易举。【例句】对他来说,单手举起一个大汉简直是～。【近义】轻而易举

若无其事　ruò wú qí shì
【释义】若:如同,好像。好像没有那回事似的。形容遇事态度镇静,不动声色。也形容无动于衷、漠不关心的态度。【例句】他背地里干了坏事,表面上却装出一副～的样子,以为大家都不知道。/快考试了,他还是一副～的样子,父母都为他担心不已。【近义】泰然自若【反义】六神无主　心事重重

若隐若现　ruò yǐn ruò xiàn
【释义】若:好像,似乎。隐:隐没不见。现:显现出来。好像隐没不见,又好像显现出来。形容隐隐约约,时隐时现。【例句】山村在浓雾中～。【近义】若有若无【反义】清清楚楚

若有若无　ruò yǒu ruò wú
【释义】形容事物或情况的存在与否难以捉摸判断。【例句】天空中飘着几朵～的薄云。【近义】若隐若现

若有所失　ruò yǒu suǒ shī
【释义】若:好像,似乎。感觉好像丢掉了什么。形容神情怅惘、心神不定的样子。【例句】火车开走了,人群走散了,他还在站台上～地一动不动。【近义】爽然若失　怅然若失　茫然若失【反义】怡然自得

若有所思　ruò yǒu suǒ sī
【释义】好像在想什么似的。形容陷入沉思的样子。【例句】老人看着破败的工厂,～。【近义】浮想联翩　苦思冥想【反义】无牵无挂　心无挂碍

弱不禁风　ruò bù jīn fēng
【释义】弱:虚弱。禁:禁受,承受。虚弱得经不起风吹。形容体质虚弱不堪。【例句】她觉得自己愈是表演得～,楚楚动人,就愈会赢得他人的爱怜。【近义】弱不胜衣 提示 "禁"不读 jìn,也不能写成"经"。

弱不胜衣　ruò bù shèng yī
【释义】弱:虚弱。胜:承受,担当。虚弱得连身上穿的衣服都承受不起。形容体质极端单薄虚弱。【例句】大病过后,小莲瘦得可怜,一副～的样子。【近义】弱不禁风【反义】身强力壮

弱肉强食　ruò ròu qiáng shí
【释义】指动物中弱者被强者吃掉。泛指弱者被强者欺凌、吞并。【例句】当今世界是～、竞争激烈的世界。

R

S

撒手尘寰　sā shǒu chén huán

【释义】撒手：放开手，松手。尘寰：尘世，人间，人世。指人离开了尘世。【例句】身心交瘁的莫扎特～，乐曲最后部分是由莫扎特的学生续写成的。【近义】溘然长逝　与世长辞　玉殒香消　命赴黄泉　一命呜呼　寿终正寝【反义】青春永驻　长生不老　寿比南山 提示 "撒"不读 sǎ。

飒爽英姿　sà shuǎng yīng zī

见"英姿飒爽"。

塞翁失马　sài wēng shī mǎ

【释义】塞：边塞。边塞上的老翁丢失了马。据《淮南子·人间训》记载，边塞上有一老人丢失了一匹马，别人来慰问，老人说：焉知这不是好事呢？不久，那匹马带了一匹骏马一起回来。邻居们又来祝贺，老头说：怎知道这不是坏事呢？果然，老头的儿子不久因骑那骏马而摔断了腿。大伙儿又上门慰问，老头又说：怎知这不是好事呢？一年后，北方民族大举入侵，边塞上的青壮年都应征御敌，十死八九，而老头的儿子因足跛未应征入伍而保全了性命。比喻坏事和好事是互相转化，互为因果的。多指坏事可以转变为好事。也比喻坏事在一定条件下可以变为好事。【例句】他被女友无理地拒绝了，我安慰他说："～，安知非福，天涯何处无芳草。" 提示 常与"安知非福"连用。

三百六十行　sān bǎi liù shí háng

【释义】行：行业，行当。泛指各行各业。也作"七十二行"。【例句】俗话说得好，～，行行出状元，只要我们热爱本职工作，刻苦钻研，就能做出成绩。【近义】各行各业 提示 "行"不读 xíng。

三步一岗，五步一哨　sān bù yī gǎng, wǔ bù yī shào

【释义】间隔三步五步就有一个哨位。形容戒备森严的情景。【例句】人群周围，～，戒备森严。

三差两错　sān chā liǎng cuò

【释义】差：差错，过失。泛指意外的闪失或灾祸。【例句】今天真倒霉，～地把钱包丢了。

三长两短　sān cháng liǎng duǎn

【释义】指意外的灾祸、事故。特指人的死亡。【例句】嫂子要有个～，你要负责哦！【近义】山高水低【反义】安然无恙

三寸不烂之舌　sān cùn bù làn zhī shé

【释义】指能言善辩的口才。也作"三寸舌"。【例句】大人放心，小官凭～，说董卓入朝，必无他阻。【近义】能说会道【反义】笨口拙舌　拙嘴笨舌

三寸金莲　sān cùn jīn lián

【释义】金莲：金质的莲花。指女子缠过的脚小得像三寸的金莲花。【例句】封

建时代,妇女的脚要缠得像～那样,真是苦不堪言。　提示　"莲"不能写成"连"。

三寸舌　sān cùn shé
见"三寸不烂之舌"。

三等九格　sān děng jiǔ gé
见"三六九等"。

三番两次　sān fān liǎng cì
【释义】三:表示次数多。番:回,次。形容反复多次。也作"两次三番"。【例句】治学严谨的王教授～地发问:"抗干扰真的解决了吗?"【反义】几次三番

三翻四覆　sān fān sì fù
【释义】翻:转。多次;或反复无常。【例句】他经过～地考虑,最后决定还是承认错误。【近义】几次三番　三番两次　提示　"覆"不能写成"复"。

三分鼎足　sān fēn dǐng zú
【释义】鼎:古代炊具,多用青铜制成,一般有两耳、三足。指三分天下,像鼎的三条足那样共存的局面。【例句】～已定。曹孟德占了中原,孙仲谋占了江东,刘玄德占了西蜀。【近义】三分天下　鼎足而立　鼎足之势【反义】一统天下

三分似人,七分似鬼　sān fēn sì rén, qī fēn sì guǐ
见"三分像人,七分像鬼"。

三分像人,七分像鬼　sān fēn xiàng rén, qī fēn xiàng guǐ
【释义】形容人的相貌丑陋,也指人遭疾病或其他折磨后不成样子。也作"三分似人,七分似鬼"。【例句】朱世远见女婿～,心里不悦。

三坟五典　sān fén wǔ diǎn
【释义】坟、典:典籍,经典。三坟:传说中伏羲、神农、黄帝时代的书。五典:传说中少昊(hào)、颛顼(zhuānxū)、高辛、唐尧、虞舜时代的书。泛指我国最古的文献典籍。【例句】～是我国古代文化的重要组成部分。

三纲五常　sān gāng wǔ cháng
【释义】纲:秩序,法度。三纲:指父为子纲、君为臣纲、夫为妻纲。常:伦理道德的准则。五常:说法不一,通常指仁、义、礼、智、信。封建礼教所提倡的人与人之间的道德标准。也泛指封建伦理道德。【例句】～是封建礼教的产物。

三更半夜　sān gēng bàn yè
【释义】三更:半夜。旧时把一夜分成五个更次,每更约两小时,三更是晚上 11 点到次日凌晨 1 点。泛指深夜。也作"半夜三更"。【例句】有事没事,跑来坐着,叫我们～的不能睡觉!【近义】黑更半夜　提示　"更"不读 gèng。

三姑六婆　sān gū liù pó
【释义】三姑:指尼姑、道姑、卦姑(占卦的)。六婆:指牙婆(以介绍人口买卖为业并从中取利的妇女)、媒婆、师婆(女巫)、虔婆(鸨母)、药婆(给人治病的妇女)、稳婆(以接生为业的妇女)。旧时三姑六婆往往借着这类身份干坏事,因此通常用"三姑六婆"泛指不务正业的妇女。【例句】那件事被几个～渲染后,已完全变质了。【反义】良家妇女

三顾茅庐　sān gù máo lú
【释义】顾:拜访,看望。茅庐:草房。东汉末年,刘备为了请隐居在隆中(今湖北襄阳附近)草舍的诸葛亮出山帮助自己打天下,曾三次到诸葛亮居住的草屋去拜访,最后一次才见到诸葛亮。后用来指诚心诚意一再邀请。【例句】王校长再三请你到学校主持教务,真

有～之诚意,你怎么能不去助他一臂之力呢?【近义】礼贤下士　求贤若渴【反义】傲贤慢士

三缄其口　sān jiān qí kǒu

【释义】缄:封。嘴上加了三道封条。形容说话十分谨慎,不肯或不敢说话。【例句】对这件事的处理结果,他～。【近义】缄口无言　守口如瓶【反义】脱口而出　口若悬河

三教九流　sān jiào jiǔ liú

【释义】三教:指儒教、佛教、道教。九流:指儒家、道家、阴阳家、法家、名家、墨家、纵横家、杂家、农家。泛指宗教、学术中各种流派或社会上各种行业。也用来泛称社会上各色人物。【例句】帝问～及汉朝旧事,了如目前。/他经常浪迹～、打架斗殴,却偏偏敬仰凡·高和尼采。提示 "教"不读 jiāo。

三句话不离本行　sān jù huà bù lí běn háng

【释义】行:行业,行当。指一开口总要说到自己从事的行业。【例句】老王每到一处,开口～,立刻扯到园艺栽培上。

三令五申　sān lìng wǔ shēn

【释义】申:说明。再三地命令和告诫。【例句】政府虽～禁止摆设路边摊,但许多人还是要摆。【近义】三番五次　屡次三番【反义】放任自流

三六九等　sān liù jiǔ děng

【释义】泛指许多等级,种种差别。也作"三等九格"。【例句】王政是势利眼,经常把人分为～。

三朋四友　sān péng sì yǒu

【释义】泛指各色朋友。【例句】他经常邀约～去各地旅游。【反义】孤家寡人

三妻四妾　sān qī sì qiè

【释义】指旧时男子妻妾很多。【例句】旧时代的达官贵人,有几个不是～的?【近义】妻妾成群

三千珠履　sān qiān zhū lǚ

【释义】珠履:鞋子上有珠子作为装饰。形容豪门的食客众多、生活奢华。【例句】战国时期,春申君的门下～,真是显赫啊!

三人成虎　sān rén chéng hǔ

【释义】只要有三个人说城里有老虎,听者就信以为真。比喻谣言传播多了就会使人信以为真。【例句】网络上常常上演～的闹剧,千万不可轻信。【近义】众口铄金

三人行,必有我师　sān rén xíng, bì yǒu wǒ shī

【释义】几个人一起行走,其中一定有可以做我老师的。比喻到处都有值得学习的人。【例句】孔子说"～。"意思是说,在钻研学问的过程中,别人总有长处值得自己学习。【近义】博采众长　学无常师

三三两两　sān sān liǎng liǎng

【释义】三个一群两个一伙。【例句】张记饭庄里的酒席散了,鱼贯而出的人们～走向自己的目的地。【近义】三五成群　三三五五【反义】成群结队　人山人海 提示 指多人。

三山五岳　sān shān wǔ yuè

【释义】三山:传说中位于海上的方丈、蓬莱、瀛洲三座仙山。五岳:五大名山的总称,指东岳泰山、南岳衡山、西岳华山、北岳恒山、中岳嵩山。泛指崇山峻岭。【例句】母亲的贺信,飞越～,来到我的手中。【近义】名山大川

S

三生有幸　sān shēng yǒu xìng
【释义】三生:佛教指前生、今生、来生。三生都很幸运。客套话,表示难得的好运气。【例句】能结识这三位文化人真是～,这顿饭我请了。【反义】时乖命蹇　提示　多用作客套话。

三十而立　sān shí ér lì
【释义】立:指立业,建立自己的事业。三十岁而能自立于社会。指人在三十岁左右有所成就。【例句】我深感这位～的年轻人,在市场经济的发展事业中,确有独到的眼光。【近义】而立之年

三十六策,走为上策　sān shí liù cè, zǒu wéi shàng cè
见"三十六计,走为上计"。

三十六计,走为上计　sān shí liù jì, zǒu wéi shàng jì
【释义】三十六计:泛指全部计策。走:逃走,出走。指无力与敌人对抗或处于困境时,别无良策,只有以出逃或出走为最好的选择。也作"三十六策,走为上策"。【例句】我打不过他,～。【近义】溜之大吉【反义】坐以待毙

三思而行　sān sī ér xíng
【释义】三思:再三考虑。经过反复考虑,然后才做。也形容行动慎重。【例句】遇事要～,不能莽撞行事。【近义】谨言慎行　深思熟虑【反义】草率行事　轻举妄动

三天打鱼,两天晒网　sān tiān dǎ yú, liǎng tiān shài wǎng
【释义】比喻做事缺乏恒心,时常中断,不能坚持。【例句】做事要有常性,大家都不许～。【近义】一曝十寒【反义】锲而不舍

三天两头　sān tiān liǎng tóu
【释义】指隔一天,或几乎每天。【例句】他几乎～都要去看家乡戏。【近义】隔三岔五

三头六臂　sān tóu liù bì
【释义】三个头颅六条臂膀。原指佛的法相。后比喻了不起的本领。【例句】纵使歹徒有～,警方也会将他们逮捕法办。【近义】神通广大　手眼通天　呼风唤雨【反义】百无一能　黔驴技穷　束手无策

三推六问　sān tuī liù wèn
【释义】三、六:表示次数多。推、问:审问。指多次审讯。【例句】看到《窦娥冤》中的窦娥被告到官府,～,屈打成招,我的心情很难过。

三五成群　sān wǔ chéng qún
【释义】三个一伙,五个一群。指三个五个地聚集在一起。【例句】晚饭过后,大家～地到广场上乘凉。【近义】三三两两【反义】形单影只

三心二意　sān xīn èr yì
【释义】既想着这样,又想着那样。形容犹豫不决,意志不坚定或用心不专一。【例句】做学问不能～,要专心致志。【近义】犹豫不决　朝三暮四　心猿意马【反义】全心全意　一心一意　一心无二　专心致志

三省吾身　sān xǐng wú shēn
【释义】省:反省,省察。泛指时时认真反省自己的过失。【例句】一个人要不断地进步,就应有～的精神【近义】五日三省　提示　"省"不读 shěng。

三言两语　sān yán liǎng yǔ
【释义】指很少的几句话。【例句】老王～就把这个问题说清楚了。【近义】一

言半语【反义】长篇大论　喋喋不休
千言万语

三阳开泰　sān yáng kāi tài
【释义】阳:指春天开始。开泰:开通顺畅,亨通。指冬去春来,阴消阳长,有吉祥亨通之象。是岁首祝颂吉祥的话。【例句】玉兔对我来说是～的吉祥物。

三折肱为良医　sān zhé gōng wéi liáng yī
【释义】折:断。肱:指胳膊。多次折断胳膊,自己也就成为好医生。比喻对某事实践多,经验就丰富。【例句】你是～,现在也算半个专家了。【近义】熟能生巧【反义】不经世故

三贞九烈　sān zhēn jiǔ liè
【释义】贞:贞节,指妇女不改嫁、不失身的品德。烈:刚烈有气节,不惜以死来保全名誉。形容恪守封建礼教的女子。【例句】在封建社会里,要求妇女遵从～,是不公平的。

散兵游勇　sǎn bīng yóu yǒng
【释义】散:分散的、离散的。游:游荡的、流动的。勇:清代指战争时期临时招募、不属军队正式编制的兵卒。指失去统属的士兵。现也比喻没有加入某项集体活动中而独自行动的人。【例句】要把这些～组织起来,的确是件不容易的事情。提示　"散"不读sàn。

桑田沧海　sāng tián cāng hǎi
见"沧海桑田"。

桑榆暮景　sāng yú mù jǐng
【释义】桑榆:桑树和榆树。落日的余晖照在桑树、榆树的树梢上。比喻老年的时光。【例句】母亲以种花、养鱼来度过～。【近义】桑榆晚景

丧家之犬　sàng jiā zhī quǎn
【释义】丧:丧失。原指有丧事人家的狗,因主人忙于丧事而得不到喂养。比喻失去靠山,到处乱窜,无处投奔的人。【例句】自从他依仗的上司东窗事发,他也就落得个～的下场。

丧尽天良　sàng jìn tiān liáng
【释义】丧:丧失。天良:天赋的善心,良心。完全失去了人性,形容极端残忍、狠毒。【例句】老百姓气愤地说:"对这三个～的东西,枪毙太便宜了,应该千刀万剐!"【近义】丧心病狂【反义】天良未泯

丧权辱国　sàng quán rǔ guó
【释义】丧:丧失。丧失主权,使国家蒙受耻辱。【例句】《辛丑条约》是～的不平等条约。

丧心病狂　sàng xīn bìng kuáng
【释义】丧:丧失。心:心志,指理智。狂:精神失常,疯癫。病狂:患精神病。丧失理智,像发了疯一样。形容言行昏乱而荒谬或残忍可恶到了极点。【例句】对～的亡命之徒,还有什么话可说,只有对他们绳之以法。【近义】丧尽天良　穷凶极恶

搔首踟蹰　sāo shǒu chí chú
【释义】搔:挠,用指甲轻轻抓。踟蹰:徘徊不前。形容因焦急、惶惑而徘徊往复的样子。【例句】小明～,久久无法决定去留。

搔首弄姿　sāo shǒu nòng zī
【释义】搔:挠。弄:卖弄。形容故意忸怩作态,卖弄风姿。也作"顾影弄姿"。【例句】女孩的行为应该大大方方,不要～。【近义】装腔作势　卖弄风骚

S

【反义】落落大方

骚人墨客　sāo rén mò kè

【释义】骚人:指诗人,因屈原作著名长诗《离骚》而称。墨客:文人。指诗人、作家等风雅的文人。【例句】杭州西湖的夜晚,许多～时常聚集在那儿饮酒作诗。【近义】文人雅士

扫地出门　sǎo dì chū mén

【释义】指剥夺全部财产,赶出家门。也指彻底清除出去。【例句】打土豪,分田地,广大农民兴高采烈地将地主阶级的威风～。【近义】扫地以尽【反义】原封不动

扫地无余　sǎo dì wú yú

【释义】像扫地一样,毫无存留。表示破坏或清除得一干二净。【例句】这些劣质产品有害大众健康,必须～。

扫穴犁庭　sǎo xué lí tíng

见"犁庭扫穴"。

色胆包天　sè dǎn bāo tiān

【释义】色胆:为满足色欲表现出的胆量。包天:形容极大。贪色犯奸的胆量极大。【例句】对那些贪赃枉法、～、触犯刑律的贪官应该绳之以法。

色厉内荏　sè lì nèi rěn

【释义】色:表情。厉:严厉。荏:怯弱。外表强硬而内心怯懦。也作"外厉内荏"。【例句】别看他那副气势汹汹的样子,其实他～,心里害怕极了。【近义】外强中干　羊质虎皮【反义】外柔内刚　绵里藏针

色若死灰　sè ruò sǐ huī

【释义】色:脸色。死灰:熄灭的火灰。脸色惨白如死灰。形容惊恐失神的样子。【例句】她看起来～,不知发生了什么事情。【近义】面如土色

森罗万象　sēn luó wàn xiàng

【释义】森:繁密,众多的样子。罗:罗列。象:事物,气象。指宇宙间纷然罗列的万千气象。【例句】宇宙间的～,都是值得我们去研究的。【近义】包罗万象　气象万千

森严壁垒　sēn yán bì lěi

见"壁垒森严"。

杀敌致果　shā dí zhì guǒ

【释义】致:使达到。果:果决。勇敢杀敌,建立战功。【例句】我们一定要进行严格的军事训练,这样才能在实战中～,保证战争的胜利。【近义】克敌制胜

杀风景　shā fēng jǐng

见"煞风景"。

杀富济贫　shā fù jì pín

见"打富济贫"。

杀鸡取卵　shā jī qǔ luǎn

【释义】卵:蛋。《伊索寓言·生金蛋的鸡》中讲:一个蠢人见鸡每天下一个金蛋,便迫不及待地把鸡杀掉,想一下子取出全部金蛋而暴富,结果却一无所得。比喻只图眼前的好处而损害长远的利益。【例句】有些地区对自然资源采取～、竭泽而渔的做法是愚蠢的。【近义】竭泽而渔　饮鸩止渴　因小失大

杀鸡吓猴　shā jī xià hóu

【释义】吓:惊吓,使害怕。通过杀鸡使猴子感到害怕。比喻惩罚一个人来吓唬或警诫另外的人。【例句】执法部门对犯罪人员严惩不贷,起到了～的作用,使那些处在犯罪边缘的人幡然醒悟。【近义】杀一儆百

杀气腾腾　shā qì téng téng

【释义】杀气：凶恶的气势。腾腾：气势旺盛的样子。形容凶狠的气势很盛。【例句】这两名歹徒纠集了三个帮凶～地闯进银行，试图抢劫。【近义】气势汹汹　凶相毕露　凶神恶煞【反义】心平气和　和颜悦色　和蔼可亲

杀人不见血　shā rén bù jiàn xiě

【释义】杀了人却看不见一点血。形容害人的手段非常阴险毒辣，不露一点痕迹。【例句】看来凶手计划周密，用心阴险，采取了～的手段。【反义】与人为善

杀人不眨眼　shā rén bù zhǎ yǎn

【释义】杀人时连眼都不眨一下。形容极其凶狠残忍，杀人成性。【例句】那个～的刽子手，得到了应有的惩罚。【反义】救死扶伤　提示 "眨"不读 fǎn。

杀人偿命，欠债还钱　shā rén cháng mìng, qiàn zhài huán qián

【释义】偿：抵偿，偿还。杀人者要抵命，欠债者要还钱。比喻理所当然，理当如此。【例句】在中国人的传统观念里，～，是天经地义的。

杀人可恕，情理难容　shā rén kě shù, qíng lǐ nán róng

【释义】恕：宽恕，饶恕。杀人者如果可以被宽恕，在情理上是说不过去的。意思是必须对杀人者严惩不贷。也表示杀人之事都可宽恕，唯此事情理难容。【例句】贱贼！我和你并无什么冤仇，你怎么这般害我？真是～。

杀人灭口　shā rén miè kǒu

【释义】口：口供。将知情者杀掉以隐瞒事实真相。【例句】为了防止凶手～，目击证人正受警方严密保护。

杀人如麻　shā rén rú má

【释义】杀死的人像乱麻一样数不清。形容杀人非常多。【例句】侵略者进城后，～，见房就烧。【近义】杀人盈野

杀人越货　shā rén yuè huò

【释义】越：抢夺。杀害人的性命，抢夺人的财物。指盗匪的行为。【例句】在这人烟稀少的地方，常听说有～的传闻，令人不寒而栗。【近义】谋财害命　打家劫舍【反义】行侠仗义

杀身成仁　shā shēn chéng rén

【释义】成：成全，成就。仁：仁德，仁义。本指牺牲自己的生命以成全仁德。后泛指为正义或崇高的理想而牺牲生命。【例句】先烈们抛头颅，洒热血，不惜～，最终赢得了胜利。【近义】舍生取义　视死如归【反义】苟且偷生　贪生怕死　提示 "身"不能写成"生"。

杀手锏　shā shǒu jiǎn

【释义】锏：古代一种长条形的金属兵器，有四棱，无刃，上端略小，下端有手柄。本指锏术中可致敌死亡的绝招。后比喻极厉害的一手。【例句】他们一贯视为～的坦克在巷战中失去了威力。

杀一儆百　shā yī jǐng bǎi

【释义】儆：警诫，让人自己觉悟而不犯错误。杀一个人来警诫许多人。泛指惩罚一个人而警诫许多人。也作"杀一警百"。【例句】对这件事的处理就应该斩草除根，～。【近义】杀鸡吓猴　以儆效尤

杀一警百　shā yī jǐng bǎi

见"杀一儆百"。

沙里淘金　shā lǐ táo jīn

【释义】淘：用水冲洗，去除杂质。淘汰沙砾，提取黄金。比喻从大量的材料

中选取精华。也形容费力多而成效小。【例句】人人都承认应该这样做，但是未必人人都认真下功夫去～。/培养一个国家级运动员，可谓～。【近义】去粗取精　去伪存真

煞风景　shā fēng jǐng

【释义】损坏美好的景致。比喻破坏兴致。也作"杀风景"。【例句】老张把会场布置得大方而又雅致，你却把这个五颜六色的大花瓶往中间一放，真～！

傻头傻脑　shǎ tóu shǎ nǎo

【释义】形容人痴呆不明事理的样子。【例句】她没有在任何地方～地采取冒险行动。【近义】呆头呆脑

煞费苦心　shà fèi kǔ xīn

【释义】煞：很、极。指费尽心思。【例句】他～编造的谎言被人当场揭穿了。【近义】挖空心思　苦想冥思【反义】无所用心　掉以轻心

煞有介事　shà yǒu jiè shì

【释义】煞：很、极。介事：那样的事。江浙方言，常跟"像"连用，好像真有这回事似的。多指大模大样，好像有什么了不起。【例句】你别装模作样～似的，其实你根本没起作用。

山崩地裂　shān bēng dì liè

【释义】山崩：山上大量的岩石和泥土塌下来。山崩塌，地开裂。比喻声势很大，变化剧烈。【例句】一声～般的巨响，三十层的高楼垮了。【近义】山崩地坼　山崩地陷【反义】岿然不动

山高水长　shān gāo shuǐ cháng

【释义】指人品德高尚，影响深远。也指恩情十分深厚。【例句】她～的高尚品德对后世影响深远。/他父亲一人养育他们姊妹几个的恩情有如～。【近义】德高望重　恩重如山

山高水低　shān gāo shuǐ dī

【释义】指意外发生的不幸事情。【例句】老刘疾病缠身，怕有些～，预先要置办些送终衣服。【近义】三长两短　三差两错【反义】安然无恙 提示 多指死亡。

山高水险　shān gāo shuǐ xiǎn

【释义】指前进路上的艰难险阻。【例句】川藏公路～，你开车要小心。【近义】艰难险阻

山回路转　shān huí lù zhuǎn

见"峰回路转"。

山盟海誓　shān méng hǎi shì

见"海誓山盟"。

山南海北　shān nán hǎi běi

【释义】指很远的地方，或相隔遥远。也形容谈话无中心，漫无边际地乱说。【例句】毕业后同学们各奔东西，～，见面的机会就少了。【近义】天各一方【反义】近在咫尺

山栖谷饮　shān qī gǔ yǐn

【释义】在山谷中居住，喝着山谷里的水。指隐居生活。【例句】父亲很想过～的生活，但这只是一种幻想而已。

山清水秀　shān qīng shuǐ xiù

【释义】山清：清静，寂静。秀：秀丽。形容山水风景优美。【例句】因为这一带是山洼地，冬天蔽风，不太冷；夏天～，树木成荫，风景非常优美。【反义】穷山恶水

山穷水尽　shān qióng shuǐ jìn

【释义】穷：到尽头。水：河流。山和水都到了尽头，前面再没路可走了，比喻陷入绝境。【例句】当你的思绪到了～的地步，你不妨出去走走，或许会有转机。【近义】灯尽油干　日暮穷途　穷

途末路　走投无路【反义】绝处逢生
枯木逢春　柳暗花明

山外有山　shān wài yǒu shān

【释义】山的外面还有别的山。比喻某
一境界之外还有更高的境界。【例句】
不要为取得这些成绩而骄傲,～,还要
不断努力才行啊【近义】天外有天
强中更有强中手

山摇地动　shān yáo dì dòng

【释义】高山和大地都在摇晃。形容震
动强烈或声势浩大。也作"地动山
摇"。【例句】顷刻间～,汶川大地震发
生了。【近义】天崩地裂【反义】风平
浪静

山阴道上　shān yīn dào shàng

【释义】山阴:今浙江绍兴。原指一路风
景优美,看不过来。后指好东西很多,
来不及应付。【例句】花果山百花齐放
的景象炫人眼目,正是～,应接不暇。
【近义】目不暇接【反义】一目了然
提示　常与"应接不暇"连用。

山雨欲来风满楼　shān yǔ yù lái fēng mǎn lóu

【释义】山雨快要来临时狂风满楼呼啸。
多用来比喻重大事件或战争爆发前的
紧张气氛。【例句】溪云初起日沉
阁,～。

山珍海味　shān zhēn hǎi wèi

【释义】山珍:山林中的珍异食品。海
味:海洋中的珍贵食品。泛指丰盛的
佳肴。【例句】家庭宴会上,～,应有尽
有。【近义】美味佳肴【反义】粗茶淡
饭　家常便饭

删繁就简　shān fán jiù jiǎn

【释义】删:除去。就:趋向。删去多余
的文字或内容使简明扼要。【例句】要
把这些内容编入字典,就必须～。
提示　"繁"不能写成"烦"。

姗姗来迟　shān shān lái chí

【释义】姗姗:行走缓慢从容的样子。形
容来得很晚。【例句】老王～,害得大
家在候机楼等了半个小时。【近义】慢
条斯理　蜗行牛步【反义】捷足先登
争先恐后

煽风点火　shān fēng diǎn huǒ

【释义】比喻鼓动别人做某件事。【例
句】我们不能相信小轩的话,她是在
～,目的是鼓动不明真相的人闹事。
【近义】推波助澜　兴风作浪　提示
多指坏事。

潸然泪下　shān rán lèi xià

【释义】潸然:流泪的样子。形容哀伤得
流下眼泪。【例句】她听到母亲的死
讯,不禁～。【近义】怆然泪下【反义】
笑逐颜开

闪烁其词　shǎn shuò qí cí

【释义】闪烁:光一闪一闪。形容说话吞
吞吐吐,不肯说出真相。【例句】小明
知道为人应当坦率,但考虑到后果,又
不得不～。【近义】含糊其词　吞吞吐
吐　支吾其词【反义】单刀直入　直抒
己见　直言不讳

善罢甘休　shàn bà gān xiū

【释义】好好地了结纠纷,不再纠缠下
去。【例句】你把他得罪了,可要当心,
他决不会～的。【近义】息事宁人【反
义】针锋相对　提示　多用于否定式。

善气迎人　shàn qì yíng rén

【释义】气:气息。以和善之气待人。形
容和蔼可亲的样子。【例句】他为人温
和热诚,～。【近义】和蔼可亲【反义】
恶气迎人

善始善终　shàn shǐ shàn zhōng

【释义】事情从开头到结束都做得很好。
【例句】他做事你尽管放心,他从来
是～的。【近义】有始有终　有头有尾

S

【反义】有始无终　有头无尾　半途而废　虎头蛇尾

善有善报　shàn yǒu shàn bào
【释义】报：报答，报应。做好事必定会得到好的回报。【例句】～，恶有恶报，善恶未报，时候未到。

善自为谋　shàn zì wèi móu
【释义】自为：为自己。"自"是介词"为"的宾语。谋：谋划，打算。善于为自己打算。指善于保护自己。【例句】张民对一起打工的同乡说："我将去北京闯闯，你们就～吧。"　提示　"为"不读 wéi。

伤风败俗　shāng fēng bài sú
【释义】风、俗：风气，习俗。败：破坏，败坏。败坏风气。多用来谴责道德败坏。【例句】啊，她这身打扮，简直～，村里人都看不下去啦！【近义】有伤风化【反义】移风易俗

伤弓之鸟　shāng gōng zhī niǎo
见"惊弓之鸟"。

伤筋动骨　shāng jīn dòng gǔ
【释义】指筋骨受伤。比喻受到重大的损害或经历大的折腾。【例句】～，一百天才能好。/股票的暴跌，使他～，一时难以恢复元气。【近义】创巨痛深

伤时感事　shāng shí gǎn shì
【释义】对时势或事情有所感慨和伤痛。【例句】"安史之乱"前后，杜甫创作了许多～的诗篇。【近义】忧国忧民

伤天害理　shāng tiān hài lǐ
【释义】违背天然准则，败坏伦理道德。指做事残忍狠毒，灭绝人性。【例句】敌人这种～、倒行逆施的罪行，更加激起广大人民的怒火。【近义】丧尽天良【反义】乐善好施

伤心惨目　shāng xīn cǎn mù
【释义】非常悲惨，使人不忍心看。【例句】经历了百年不遇的洪水，家园可谓～。【近义】惨不忍睹

赏心悦目　shǎng xīn yuè mù
【释义】赏心：因有所赏玩而产生的愉悦的心境。悦目：看着愉快，好看。指因欣赏美好的情景而心情舒畅。【例句】在闷热的天气里乘坐以星空为顶篷的车，真是件～的事情。【近义】爽心悦目　赏心乐事　心旷神怡【反义】触目惊心　不堪入目

赏信必罚　shǎng xìn bì fá
见"信赏必罚"。

赏信罚必　shǎng xìn fá bì
见"信赏必罚"。

上蹿下跳　shàng cuān xià tiào
【释义】蹿：向上或向前跳。到处蹿蹦。比喻人到处活动。【例句】小老鼠～，寻找美食。/他是个～的小丑，到处煽风点火，唯恐天下不乱。　提示　含贬义。

上当受骗　shàng dàng shòu piàn
见"受骗上当"。

上刀山，下火海　shàng dāo shān, xià huǒ hǎi
【释义】指置身于非常艰难危险的境地。【例句】若有用得着我的时候，请尽管吩咐，就是～，我也在所不辞！【近义】龙潭虎穴

上纲上线　shàng gāng shàng xiàn
【释义】纲：提网的总绳。比喻事物最主要的部分。线：路线，特指政治路线。把问题提到政治路线的高度来看待。形容不怀好意地小题大做。【例句】随便给人～，这种现象已是过去的事了。

提示 含贬义。

上梁不正下梁歪 shàng liáng bù zhèng xià liáng wāi

【释义】梁:屋子的横梁。比喻上面的人行为不正,下面的人也就跟着学坏。【例句】～,看见经理这样干,部分职工也跟着干。

上气不接下气 shàng qì bù jiē xià qì

【释义】下一口气接不上上一口气。形容喘不过气来的样子。【例句】老杨哮喘病翻了,～地对儿子说,你立即回到工作岗位上勤奋工作。【近义】气喘吁吁 气喘如牛

上驷之材 shàng sì zhī cái

【释义】驷:同拉一辆车的四匹马。指非常优异的人才。【例句】他是～,对工厂必会有大贡献。【反义】下乘之才

上天无路,入地无门 shàng tiān wú lù,rù dì wú mén

【释义】形容走投无路、无法可施的窘迫困境。【例句】如果在这荒无人烟的沙漠中迷了路,那可是～。【近义】进退两难 走投无路

上无片瓦,下无立锥之地 shàng wú piàn wǎ,xià wú lì zhuī zhī dì

【释义】上面没有一片瓦,下面连插一把锥子的地方都没有。形容一无所有,贫穷到极点。【例句】旧中国的劳苦大众～。【近义】一贫如洗 家徒四壁【反义】腰缠万贯

上下其手 shàng xià qí shǒu

【释义】指玩弄手法,暗中作弊。【例句】你们一定要防止企业内部～,共同犯罪。【近义】徇私舞弊【反义】光明正大

上下一心 shàng xià yī xīn

【释义】上下一条心。【例句】现在全村百姓～,争取在三年内彻底改变贫穷落后的面貌。【近义】同心协力【反义】离心离德

上行下效 shàng xíng xià xiào

【释义】效:仿效,效法。上面或上辈的人怎样做,下面或下辈的人就学着怎样做。【例句】自从母亲戒肥肉后,姐姐～,也跟着把肥肉戒了。【近义】风行草偃 源清流洁 上好下甚 如法炮制 鹦鹉学舌 提示 多用于贬义。

上知天文,下知地理 shàng zhī tiān wén,xià zhī dì lǐ

【释义】形容学问渊博,无所不知。【例句】您真有学问,～。

尚方宝剑 shàng fāng bǎo jiàn

【释义】尚方:古代制作或储藏御用器物的官署。剑:指皇帝用的宝剑。表示君王或最高领导直接授予的,可以灵活变通行事的权力。【例句】张国焘拿着共产国际这把"～"阻止起义,贺龙身挎双枪闯入前敌委员会开会的房子,向张国焘发火质问。

稍胜一筹 shāo shèng yī chóu

见"略胜一筹"。

稍逊一筹 shāo xùn yī chóu

【释义】稍:略,略微。逊:差,不如,比不上。筹:筹码,计数的工具。略差一点。【例句】后起的模仿者比创始者～。【近义】略逊一筹【反义】略高一筹

稍纵即逝 shāo zòng jí shì

【释义】稍:稍微,略微。纵:放,放开。逝:消失。稍微松开一下就会失去。形容机会或时间等稍不注意把握就会失去。【例句】机会如白驹过隙,～。【近义】白驹过隙 电光石火

少安毋躁 shǎo ān wú zào

【释义】少:略微。毋:不要。耐心等待

一下,不要急躁。【例句】你们扬州方面的代表~,暂时不要过来。【近义】安之若素　安步当车【反义】气急败坏　心急如焚　提示　"少"不读shào,"躁"不能写成"燥"。

少见多怪　shǎo jiàn duō guài

【释义】见闻少,遇到平常的事物或现象便感到奇怪、诧异。指人因见闻少而对遇见平常的事情也感到奇怪。也多用于嘲讽别人孤陋寡闻。【例句】要改变~的毛病,最好的办法就是多学习,多实践。【近义】大惊小怪　蜀犬吠日【反义】见多识广　见惯不惊　屡见不鲜

少言寡语　shǎo yán guǎ yǔ

【释义】寡:少。不爱说话,沉默寡言。【例句】这孩子平常~,性格内向,把自己埋得很深,要接近她的内心太难了。【近义】沉默寡言【反义】滔滔不绝

少不更事　shào bù gēng shì

【释义】少:年纪轻。更:经历。指人年纪轻,经历的事不多,缺乏经验。【例句】虽说她~,全凭感情冲动,但她又是那样地老练。【近义】乳臭未干　初出茅庐　羽毛未丰【反义】少年老成　老成持重　老成练达　提示　"更"不读gèng,"少"不读shǎo。

少年得志　shào nián dé zhì

【释义】少年:人十岁左右到十五六岁的阶段。得志:实现志愿。年纪轻时便实现了抱负。形容人很年轻便做出了突出的成绩,出人头地。【例句】我接到老王的请柬,想起当年他数学竞赛获奖时~的情景,恍若隔世。【反义】白首空归

少年老成　shào nián lǎo chéng

【释义】少年:人十岁左右到十五六岁的阶段。老成:老练成熟。原指人虽年纪轻,但举止稳重,处事老练。现在也指年轻人缺乏朝气。【例句】这个孩子~,难得啊。【近义】老成持重　老成练达【反义】少不更事

少壮不努力,老大徒伤悲

shào zhuàng bù nǔ lì, lǎo dà tú shāng bēi

【释义】少壮:年轻力壮。老大:年岁大了。徒:白白地。年轻时不努力,到了老年悲伤也没有用了。意在鼓励青年及时立志向上。【例句】青少年一定要珍惜时光,努力学习,否则就会有~的结局。【近义】千里之行,始于足下【反义】只争朝夕

舌敝唇焦　shé bì chún jiāo

【释义】敝:破。焦:干。嘴唇说干,舌头磨破。形容说话太多。也作"唇焦舌敝"。【例句】张老师说得~,可是没有少人听懂。【近义】口燥唇干　提示　"敝"不能写成"蔽"。

舌敝耳聋　shé bì ěr lóng

【释义】敝:破。指讲话的人把舌头讲破了,听的人把耳朵都听聋了。形容议论繁杂。也指舌头不灵便,听力也很差。【例句】辩论长达四个小时,搞得~,比跑马拉松还累人。【近义】老态龙钟【反义】耳聪目明

舌剑唇枪　shé jiàn chún qiāng

见"唇枪舌剑"。

蛇蝎心肠　shé xiē xīn cháng

【释义】蝎:蝎子,一种有毒的虫。像蛇蝎一样的心肠。比喻人的心肠凶狠毒辣。【例句】他所憎恶的小人们,到底怀着怎样一副~。【近义】狼心狗肺【反义】菩萨心肠

舍本逐末　shě běn zhú mò

【释义】舍:舍弃。逐:追逐,追求。做事不从根本的、主要的部分入手,而在枝

节上下功夫。指轻重倒置。【例句】他不做正事,就喜欢钻研不重要的事情,真是～,将来必定一事无成。【近义】买椟还珠 本末倒置【反义】崇本抑末 提纲挈领 追本穷源

舍短取长 shě duǎn qǔ cháng
【释义】舍:舍弃。去其短处,取其长处。【例句】使用干部也是一种艺术,必须～。【近义】取长补短

舍己救人 shě jǐ jiù rén
【释义】舍:舍弃,放弃。不惜牺牲自己的生命而去拯救别人。【例句】罗盛教烈士奋不顾身、～的英雄壮举,使青春的价值得到了最辉煌的体现。【近义】舍己为人 从井救人

舍己为人 shě jǐ wèi rén
【释义】舍:舍弃,放弃。为:助,帮助。本指放弃自己的见解,随声附和别人。后指为了他人而牺牲自己的利益。【例句】这位正直、善良、～的男子汉,一直让大家怀念。【近义】舍己救人 从井救人

舍近求远 shě jìn qiú yuǎn
【释义】舍:舍弃,放弃。舍弃近的寻找远的。比喻做事走弯路或追求不切实际的东西。【例句】黄瓜这东西我们这边多的是,你不必～到处去买。【近义】好高骛远 弃易求难

舍生取义 shě shēng qǔ yì
【释义】舍:舍弃,放弃。生:生命。取:求取。义:正义。指为正义而牺牲生命。【例句】江姐～,视死如归的英雄气概,是我们学习的好榜样。【近义】杀身成仁 成仁取义 舍身求法【反义】苟且偷生 贪生舍义

舍生忘死 shě shēng wàng sǐ
【释义】舍:舍弃,放弃。舍弃生命,忘却死亡。形容不顾生命危险。【例句】武

警战士发扬我军优良作风,顶风雨、战酷暑,～,做出了突出贡献。【近义】奋不顾身 视死如归 舍己救人 舍己为人【反义】贪生怕死 苟且偷生

舍我其谁 shě wǒ qí shéi
【释义】舍:舍去,除去。除去我,还有谁? 指自视很高,认为只有自己可以承当。【例句】不要以为自己学历高,就摆出一副～的架势,这会叫人反感。【近义】目中无人

设身处地 shè shēn chǔ dì
【释义】设:设想。身:己,自己。处:处于,位于。设想自己处在别人的地位或境遇中。指为别人的处境着想。【例句】经常～为别人着想,你身边的好朋友一定很多。【近义】将心比心

射影含沙 shè yǐng hán shā
【释义】见"含沙射影"。

身败名裂 shēn bài míng liè
【释义】身:身份,地位。败:败坏,毁坏。地位丧失,名誉扫地。指遭到彻彻底底的失败。【例句】有些官员,往往因受贿,弄得个～。【近义】身名俱灭 声名狼藉 声名扫地 臭名昭著【反义】身显名扬 功成名就

身不由己 shēn bù yóu jǐ
【释义】由:由着,顺从,听从。身体不能由自己支配。形容不由自主。【例句】回忆这段苦涩的经历,深感并不能用～这几个字来推卸自己的责任。【近义】不由自主【反义】自由自在 提示 "己"不能写成"已"。

身单力薄 shēn dān lì bó
【释义】单:弱。身体瘦弱,力量薄弱。【例句】小明～,不是当运动员的料。【近义】势单力薄【反义】身强力壮

S

身怀绝技　shēn huái jué jì

【释义】怀:拥有,具有。绝技:别人不易掌握的技艺。自身具备高超的他人难以掌握的技艺。【例句】这个村子～的老人多的是。

身经百战　shēn jīng bǎi zhàn

【释义】身:自身,自己。经:经历。亲身参加了多次战斗。【例句】他～,临阵决断,有勇有谋。

身临其境　shēn lín qí jìng

【释义】身:自身,亲身。临:到。亲自到了那个地方。也作"亲临其境"。【例句】你不～,根本就感受不到他的演讲有多么精彩。

身名俱灭　shēn míng jù miè

【释义】身名:身体和名誉。指生命和名誉全部毁灭。【例句】贪官不自重,弄得个～。【近义】身败名裂【反义】功成名就　身显名扬　提示　"俱"不能写成"具"。

身强力壮　shēn qiáng lì zhuàng

【释义】身体强壮有力。【例句】这位～的小伙子,经常帮军属张大娘担水,劈柴。【近义】年富力强【反义】骨瘦如柴　弱不禁风

身首异处　shēn shǒu yì chù

【释义】身:躯体。首:头。异处:不同的地方。身体和头颅分在两处。指被杀头。也泛指被害或遇难。【例句】证人看见死者时,死者已经～。【近义】首足异处

身体力行　shēn tǐ lì xíng

【释义】身:亲身。体:体验。力:努力。亲身体验,努力实行。【例句】坚持学习,永不放弃,而且～,相信你的一生一定是非常成功的。【近义】躬行实践

提示　"身体"不是一个词,"体"不能理解成躯体或肢体。

身外之物　shēn wài zhī wù

【释义】个人身体以外的东西,指财产等。表示无足轻重的意思。【例句】钱财都是～,没必要看重。

身无长物　shēn wú cháng wù

【释义】长物:多余的东西。据《世说新语·德行》记载,东晋时,王忱见王恭座上铺有竹席,便向王恭讨。王恭随后让人把竹席给王忱送去,自己便坐在草席上。王忱听说后,惊讶地说:"吾本谓卿多,故求耳。"王恭对曰:"丈人不悉恭,恭作人无长物。"后形容人除自身外,东西非常少。【例句】唐朝著名音乐家李龟年,晚年横遭离乱,漂泊江南,～,唯有琵琶。【近义】别无长物　一无长物【反义】绰有余裕　丰衣足食　提示　"长"旧读 zhàng,但不读 zhǎng。

身无分文　shēn wú fēn wén

【释义】文:一枚钱为一文。身上没有一文钱。形容一贫如洗。【例句】他北上求职,却遭遇小偷,～,幸好路人相助,使他渡过了难关。【近义】一钱不名　一贫如洗　穷困潦倒【反义】腰缠万贯

身先士卒　shēn xiān shì zú

【释义】先:先行,走在前面。指作战时将帅亲自带头,冲在士兵前面。现多泛指领导带头走在群众前面。【例句】许世友手举驳壳枪冲杀在前,～,给部队以极大的鼓舞。【近义】一马当先　以身作则【反义】瞠乎其后

身显名扬　shēn xiǎn míng yáng

【释义】显:显露,显现。扬:显扬,广为人知。指出人头地,声名远扬。【例句】他的儿子品学兼优,将来一定会～。

【近义】功成名就【反义】身名俱灭 身败名裂

身陷囹圄 shēn xiàn líng yǔ

【释义】囹圄:监狱。指被关进监狱。【例句】正当父亲～,生死难卜之际,救星突然出现了。

身心交瘁 shēn xīn jiāo cuì

【释义】身心:身体和精神。交:并,皆,都。瘁:困顿,劳累。身体和精神过度劳累。【例句】这位～的中年男子,痛悔地用拳头捶打着已见丝丝白发的头颅。【近义】心力交瘁 提示 "瘁"不能写成"碎"。

身在曹营心在汉 shēn zài cáo yíng xīn zài hàn

【释义】曹营:三国魏曹操的营垒。汉:指蜀汉刘备阵营。原指三国时蜀汉刘备的部将关羽身陷曹营而心怀故主。后用以指坚持节操,忠于故主。也指人虽在这里,心却向着那里。【例句】身为车间主任的他,～,居然在外搞起了第二职业。【近义】心猿意马

身在福中不知福 shēn zài fú zhōng bù zhī fú

【释义】指处在优越、理想的境况中自己却不知道。【例句】你妈妈对你真好,你不能～。【近义】不知好歹

身做身当 shēn zuò shēn dāng

【释义】身:自身,自己。当:担当,承担。自己做事自己承担。【例句】哥哥,我～,哪敢连累你呢。【近义】一人做事一人当

参横斗转 shēn héng dǒu zhuǎn

见"斗转参横"。

深不可测 shēn bù kě cè

【释义】深得难以测量。指很深。指道理深奥难懂或人心隐晦,捉摸不透。【例句】这个溶洞～,你最好别进去。/他这人捉摸不透,～。【近义】高深莫测【反义】浅显易懂

深藏若虚 shēn cáng ruò xū

【释义】虚:空。把宝贵的东西收藏起来,好像没这些东西似的。形容人有知识有才能,但不爱在人面前表现。【例句】王工程师技能出众,平时对人～,所以得到大家的敬重。【近义】大智若愚【反义】锋芒毕露

深仇大恨 shēn chóu dà hèn

【释义】极深极大的仇恨。【例句】多年积压的～,像火山的岩浆一样爆发了!【近义】血海深仇【反义】恩山义海 恩重如山

深居简出 shēn jū jiǎn chū

【释义】简:少。本指动物避居深山,很少出来。后指人总是待在家里,很少出门。【例句】功成名就的他,早已过上～的生活。【近义】足不出户【反义】出头露面 四海为家

深谋远虑 shēn móu yuǎn lù

【释义】周密计划,考虑深远。【例句】毛泽东同志～,高瞻远瞩,带领我们推翻三座大山,是人民崇敬、爱戴的伟大领袖。【近义】深识远虑 深思远虑【反义】轻虑浅谋

深情厚谊 shēn qíng hòu yì

【释义】深情:深厚的感情。谊:情谊,友谊。深厚的感情与友谊。【例句】只要想起您的双拐,我就永远不会忘记您对我们的～。【近义】情同手足【反义】寡恩少义 无情无义 提示 "谊"不能写成"意"。

深入浅出 shēn rù qiǎn chū

【释义】指文章或言论的内容很深刻,措辞却浅显易懂。【例句】他学识渊博,

S

谈吐风雅,讲起革命道理来～、生动形象。【近义】浅显易懂　言近旨远【反义】高深莫测

深入人心　shēn rù rén xīn

【释义】指思想、理论、学说、主张等为人们所深刻理解和接受。【例句】所到之处,没有一个单位、一个领导干部摆宴席,因为上级的约法三章已经～。

深思熟虑　shēn sī shú lù

【释义】深思:深刻地思考。熟:仔细、周密。深入细致而周密地思索考虑。【例句】每解决一个问题都要经过～,然后作出结论。【近义】深谋远虑　深识远虑　深思远虑【反义】轻虑浅谋

深思远虑　shēn sī yuǎn lù

【释义】深思:深刻地思考。想得很深,考虑得很远。【例句】像你这样～,你一定会成功。【近义】深谋远虑　深思熟虑　深识远虑【反义】轻虑浅谋

深文巧诋　shēn wén qiǎo dǐ

【释义】深文:苛刻地制定或援用法律条文。巧诋:用巧妙的手段攻击诋毁别人。指以巧妙手段罗织罪名,陷人于罪。【例句】他做人不厚道,对自己不利的人常常～。【近义】深文周纳

深文周纳　shēn wén zhōu nà

【释义】深文:苛细地援用法律条文。周:周密,不放松。纳:使陷入。指苛细地援用法律条文,陷人于罪。也指不根据事实而给人强加罪名。【例句】假使是这样,那么对韩非的非难,殊不免有类～。【近义】深文巧诋

深恶痛绝　shēn wù tòng jué

【释义】深、绝:极其,表示程度深。恶、痛:厌恶,痛恨。厌恶、痛恨到极点。【例句】腐败的贪官,全国人民～。【近义】痛心疾首【反义】情深义重 **提示**

"恶"不读è。

深信不疑　shēn xìn bù yí

【释义】非常相信,毫不怀疑。【例句】对于吴老师的话,我向来～。【近义】毫不怀疑【反义】半信半疑　将信将疑

神兵天降　shén bīng tiān jiàng

【释义】神兵:天兵,迷信说法指秉承天意有天神相助之兵。天兵从天而降。指精锐的兵力奇迹般地突然出现。【例句】女特警火速赶到现场。闹事者见～,不由慌忙逃窜。

神不守舍　shén bù shǒu shè

【释义】神:神魂,精神。迷信认为附在人体内并能离开人体而存在的精神与灵气。舍:房舍,比喻人的躯体。灵魂离开了躯壳。形容精神恍惚,心神不定。也形容十分惊恐。也作"魂不守舍"。【例句】他担心警察抓他,只得这里躲一躲,那里藏一藏,整天坐立不安,～。【近义】魂不附体　魂飞魄散　魂飞天外【反义】聚精会神　凝神静气

神不知鬼不觉　shén bù zhī guǐ bù jué

【释义】觉:觉察,发觉。形容没有谁知道。形容做事极为隐秘,不被人察觉。【例句】我们三人自以为～,可还是露出了马脚。/李自成和刘宗敏等～地率领着队伍过了洛南,埋伏在华山东麓的深山密林中。

神采飞扬　shén cǎi fēi yáng

【释义】神采:人面部的神气和光彩。形容容光焕发,兴致高昂。【例句】父亲正与一位将军谈话,～,兴会勃发。【近义】容光焕发　神采奕奕　精神焕发【反义】垂头丧气　无精打采　心灰意冷

神采奕奕　shén cǎi yì yì

【释义】神采:人面部的神气和光彩。奕奕:精神饱满的样子。形容人精神旺盛,容光焕发。【例句】～的朱老师面带微笑,快步走进课堂。【近义】容光焕发　神采飞扬　精神焕发　精神抖擞【反义】无精打采　垂头丧气　萎靡不振 提示 "奕"不能写成"弈"。

神差鬼使　shén chāi guǐ shǐ

见"鬼使神差"。

神出鬼没　shén chū guǐ mò

【释义】像神灵般出现,像鬼魂似的隐没。形容变化巧妙迅速,或一会儿出现一会儿隐没,不容易捉摸(多指用兵出奇制胜,让敌人摸不着头脑)。【例句】先前听说他走了,可今天他又～地回来了。【近义】出没无常　行踪飘忽　行踪诡秘　出没无定【反义】按兵不动

神乎其神　shén hū qí shén

【释义】乎:语气词,表感叹。其:那,彼。神秘奇妙到了极点。指故弄玄虚,故作神秘。【例句】师母这双慧眼,真是～,识破了他的伎俩。/酒糟、青饲料等在猪腹里发酵,粪便发热,用于烟田,使其叶片肥大,真有点～。【近义】妙不可言

神魂颠倒　shén hún diān dǎo

【释义】神魂:精神,神志。形容因对某物过分着迷而心神不定,神志恍惚。【例句】在丁小十六七岁的时候,经常为一些事情～。【近义】神魂飘荡　梦魂颠倒　神不守舍【反义】若无其事

神魂飘荡　shén hún piāo dàng

【释义】神魂:精神,神志。心神恍惚,难以把握。【例句】他喝高了,不觉～,一会儿不知南北,一会儿不知东西。【近义】神魂颠倒

神机妙算　shén jī miào suàn

【释义】神机:惊人的机智、智谋。妙算:巧妙的谋划。形容有预见性,善于估计客观情势,决定策略。【例句】那所谓的风水先生自称～,其实是吹牛。【近义】锦囊妙计【反义】无计可施　束手无策

神来之笔　shén lái zhī bǐ

【释义】指创作时似受神灵启示而产生的极佳文句。多指作品的意境和技法奇妙绝伦。【例句】此画的这几笔真是～。【近义】妙笔生花【反义】词不达意

神气活现　shén qì huó xiàn

【释义】神气:自以为优越而得意或傲慢。活现:形象逼真地显现。形容自以为了不起而表现出的得意傲慢、目中无人的样子。【例句】要不是他们一说查得到,我也不费那番工夫了。【近义】趾高气扬　神气十足【反义】垂头丧气

神气十足　shén qì shí zú

【释义】神气:自以为优越而得意或傲慢。形容自以为了不起而表现出的趾高气扬的样子。【例句】新来的领导～地走进我们办公室,老师们都埋头批改作业,谁也没在意他的到来。【近义】神气活现　趾高气扬【反义】垂头丧气

神清气爽　shén qīng qì shuǎng

【释义】指人神志清醒,心情舒畅。也指人长得清秀,气质爽朗。【例句】刚游览了半个中国的王爷爷,显得～。/他长得眉清目秀,～。【反义】头昏脑涨

神色自若　shén sè zì ruò

【释义】自若:自然,不变常态。神态从容自然,面不改色。指遇事不惊,泰然

自若。【例句】面对敌人的审问,刘胡兰～,毫不慌张。【近义】泰然自若　谈笑自若　坦然自若

神施鬼设　shén shī guǐ shè

【释义】施:实行。设:设计神灵所设计制作。形容构思、安排极其高妙。【例句】细味杜诗,皆以古人语句补缀为诗,平稳妥帖,若～。【近义】鬼斧神工　巧夺天工

神思恍惚　shén sī huǎng hū

【释义】神思:精神,心绪。恍惚:神志不清。心神不定,精神不集中。【例句】她悲愤过度,一度～,我们原拟对她的访问只好作罢。【近义】神魂颠倒【反义】泰然处之

神通广大　shén tōng guǎng dà

【释义】原是佛教用语,指其神通法力的广大无边。现指本领特别高明。【例句】老王～,别人难以办到的事,他总有办法达到目的。【近义】三头六臂【反义】一筹莫展

神闲意定　shén xián yì dìng

【释义】神情悠闲安详,心绪平静专一。【例句】当命悬一线时,她～。

审时度势　shěn shí duó shì

【释义】审:审察,审视。度:估计,估量。了解时势的特点分析时局,估量情况的变化。【例句】执行政策要善于～,有的放矢。　提示　"度"不读dù。

甚嚣尘上　shèn xiāo chén shàng

【释义】甚:很。嚣:喧闹。尘:尘土。十分喧闹,尘土飞扬。形容对传闻之事议论纷纷。现多形容某种言论十分嚣张。【例句】"读书无用"的论调曾一度～。【近义】喧嚣一时　提示　含贬义。

慎终如始　shèn zhōng rú shǐ

【释义】谨慎到最后都像一样。即

谨慎不懈,始终如一。【例句】只要～,就能做好事情。【反义】虎头蛇尾　有始无终

升堂入室　shēng táng rù shì

【释义】堂:古代宫室的前屋。室:古代宫室的后屋。登上厅堂进入内室。比喻学问造诣已进入高深的境界。也作"登堂入室"。【例句】他们决定不～,只在门外谈一谈。/考上清华大学并不等于～,要想获得知识还必须付出辛勤的努力。【反义】浅尝辄止

生搬硬套　shēng bān yìng tào

【释义】生、硬:生硬,勉强。搬:搬取。套:袭用,套用。指不顾实际情况机械地照搬照用别人的经验或办法等。【例句】不从实际出发,～别人的学习经验是不可取的。【近义】生吞活剥【反义】融会贯通

生不逢时　shēng bù féng shí

【释义】逢:遇上,碰上。出生没有遇上好时辰。指时运不济,碰不到好时机,或慨叹得不到赏识,不被人重视。【例句】机会是给有所准备的人,～是借口。【近义】时运不济　时不我予【反义】吉星高照　生适逢辰

生财之道　shēng cái zhī dào

【释义】发财的门道。【例句】李林的～,关键是诚信。【近义】生财有道【反义】求救无门

生动活泼　shēng dòng huó pō

【释义】生动:具有活力,能感动人的。充满生机活力而不呆板。【例句】李老师上课～,同学们很喜欢听他的课。

生而知之　shēng ér zhī zhī

【释义】不用学习,生来就知道。指天资聪慧。【例句】人非～者,孰能无惑。【近义】不学而能

生发未燥　shēng fà wèi zào

【释义】生下来头发还没干的时候。指年幼的时候。【例句】他们认识于～之时，两小无猜，青梅竹马。【近义】乳臭未干　提示　含贬义。

生花妙笔　shēng huā miào bǐ

【释义】笔管上生出花朵，文章写得非常妙。指杰出的写作才能。【例句】他笔下的人物个个栩栩如生，可谓～。【近义】笔下生花【反义】江郎才尽

生拉硬扯　shēng lā yìng chě

【释义】生、硬：生硬地，勉强地。拉、扯：牵扯，牵引。用力牵扯，强使人听从自己。比喻牵强附会。也作"生拉硬拽"。【例句】他对这件事的处理，实在显得～，缺乏说服力。【近义】牵强附会

生拉硬拽　shēng lā yìng zhuài

见"生拉硬扯"。

生离死别　shēng lí sǐ bié

【释义】死别：永别。很难再见面的别离或永久的别离。【例句】～是痛苦的，但生活还要继续，必须坚强。【近义】生死永别

生灵涂炭　shēng líng tú tàn

【释义】生灵：生民，人民，百姓。涂：泥沼。炭：炭火。百姓陷于泥沼，坠于火坑。形容政治混乱时期人民遭受巨大灾难，处在极端困苦的环境中。【例句】法西斯恶魔灭绝人性滥施淫威，导致～，尸横遍野，把人间变成惨绝人寰的活地狱。【近义】民不聊生【反义】安居乐业

生龙活虎　shēng lóng huó hǔ

【释义】像充满生气的蛟龙和富于活力的猛虎。形容很有生气和活力。【例句】战士们一个个～，一拳一脚整齐有力，一招一式准确熟练。【近义】龙腾虎跃　生气勃勃【反义】老气横秋　死气沉沉

生米煮成熟饭　shēng mǐ zhǔ chéng shú fàn

【释义】比喻事情已经做成，再也无法挽回、改变。【例句】这件事已～，无法挽回了。【近义】木已成舟

生气勃勃　shēng qì bó bó

【释义】生气：生命力，活力。勃勃：精神旺盛。形容生命力强，富有朝气，充满活力。【例句】全国各行各业～，万象更新。【近义】朝气蓬勃【反义】暮气沉沉　死气沉沉

生杀予夺　shēng shā yǔ duó

【释义】生：让人活。杀：夺去人的生命。予：给予。夺：剥夺，夺去。指统治者掌握生死、赏罚的大权。【例句】审判工作是关系～和是非曲直的大事，不能轻率。【近义】大权在握

生死存亡　shēng sǐ cún wáng

【释义】存：存活，活下来。生存或者死亡。多形容情势极端危急，面临生死成败的抉择。【例句】在～的关头，大家一定要头脑清醒，与敌人血战到底。【近义】生死关头　存亡绝续　存亡继绝　危急存亡【反义】安然无恙

生死关头　shēng sǐ guān tóu

【释义】关头：关口，节骨眼，起决定性作用的时机或转折点。决定生死成败的关键时刻。【例句】在那～，他想到的不是别人，而是儿童福利院的老师和孩子们！【近义】生死存亡【反义】安然无恙

生死难卜　shēng sǐ nán bǔ

【释义】卜：占卜，指预测，预料。是生是死难以预料。【例句】两位采购员被压在翻覆的长途车下～，忽然听到消防

S

官兵来救援,真是喜从天降。

生死肉骨　shēng sǐ ròu gǔ
【释义】使死者复生,使白骨长肉。形容恩惠极其深厚。【例句】你这样成全我,真是～,我永远也不会忘记。

生死攸关　shēng sǐ yōu guān
【释义】攸:所。关系到人的生死存亡。形容事关重大,直接决定生死存亡或事情的成败。【例句】遵义会议在党的历史上是一个～的转折点。【近义】生死存亡【反义】无关紧要

生死与共　shēng sǐ yǔ gòng
【释义】与共:共同,一起。同生共死。形容彼此情谊很深,生死相依。【例句】他俩是患难之交,～的好朋友。【近义】生死之交　相依为命【反义】离心离德　同床异梦

生死之交　shēng sǐ zhī jiāo
【释义】交:交情,交谊。指友谊极其深厚。【例句】有的是老同学重逢,有的是～相见,亲热与激动无以描绘。【近义】情同手足　患难之交【反义】一面之交　势不两立

生吞活剥　shēng tūn huó bō
【释义】唐代刘肃《大唐新语·谐谑》记载:"李义府尝赋诗曰:'镂月成歌扇,裁云作舞衣。自怜回雪影,好取洛川归。'有枣强尉张怀庆好偷名士文章,乃为诗曰:'生情镂月成歌扇,出意裁云作舞衣。照镜自怜回雪影,时来好取洛川归。'人谓之谚曰:'活剥王昌龄,生吞郭正一。'"比喻生硬地接受或机械地搬用别人的理论或经验、方法等。【例句】下笔写作前,小风去图书馆参考了相关的书籍,便～地套用进去,因此,他的文章有明显的模仿痕迹。【近义】囫囵吞枣　生搬硬套　生拉活扯　食而不化【反义】融会贯通

生于忧患,死于安乐　shēng yú yōu huàn, sǐ yú ān lè
【释义】指经常处于忧愁患难使人勤奋,从而得以生存;长期处于安逸快乐的环境,使人怠惰而致死。【例句】物竞天择,适者生存。～。

声东击西　shēng dōng jī xī
【释义】声:声张。声东:在东面虚张声势。击西:在西面实施攻击。表面上宣扬要攻打东方,实际上却攻打西方。指一种迷惑敌人出奇制胜的战术。【例句】在官渡之战的交锋阶段,曹操～,攻其不备,打了袁绍一个措手不及。【近义】指东打西　调虎离山

声遏行云　shēng è xíng yún
见"响遏行云"。

声价十倍　shēng jià shí bèi
【释义】声价:指声望与地位。声誉与社会地位提高十倍。形容声誉和地位陡然提高。【例句】由于他在文坛的地位很高,凡经他评价过的作品,便会～。

声泪俱下　shēng lèi jù xià
【释义】边诉说,边哭泣。形容十分激愤悲恸的情状。【例句】他～地说:"我伏法,我在九泉之下也伏法。"【近义】痛哭流涕【反义】喜笑颜开

声名狼藉　shēng míng láng jí
【释义】声名:名声,声誉。狼藉:散乱不整齐的样子,引申为破败不可收拾。形容人的名誉坏到极点。【例句】由于走私外国香烟,东窗事发,船长职务被罢免,～。【近义】臭名远扬　名誉扫地　身败名裂【反义】声名鹊起　誉满天下　闻名遐迩　名扬四海【提示】"藉"不能写成"籍"。

声名显赫　shēng míng xiǎn hè
【释义】声名:名声,名气。显:盛大。名

气很大,在社会上有极高的知名度。【例句】宫殿里的装饰和家具极其精美,高大墙壁上的油画犹如历史的长镜头,显示～的主人。【近义】声振寰宇 名闻遐迩【反义】默默无闻 不见经传 无声无息

声气相求 shēng qì xiāng qiú

【释义】气:气息。本指相同的声音彼此应和,相同的气息互相融合,即同类之物相互感应吸引。后指志同道合,意气相投。【例句】腹心相照者谓之知心;～者谓之知音。【近义】声应气求 同声相应 同气相求 情投意合 声气相投 意气相投

声情并茂 shēng qíng bìng mào

【释义】茂:草木茂盛,引申指美好。指演唱或演奏时声音优美、感情丰富,两者互相映发,达到很高的艺术水平。【例句】京剧字正腔圆,～,是颇受群众欢迎的剧种。

声色俱厉 shēng sè jù lì

【释义】色:表情。厉:严厉。说话的声音和表情都很严厉。【例句】在一次大会上,他一反平时的温文尔雅,～地批评有些干部贪图享受。【近义】疾言厉色 正颜厉色【反义】和颜悦色

声色犬马 shēng sè quǎn mǎ

【释义】声色:指歌舞和女色。犬马:指养狗骑马。形容荒淫无耻的生活。【例句】张三整天过着～的生活,不努力上进,堕落是必然的。【近义】灯红酒绿 酒池肉林

声势浩大 shēng shì hào dà

【释义】声势:声威和气势。声威和气势很大。【例句】～的队伍迈着整齐的步伐向主席台走来。【近义】轰轰烈烈 大张旗鼓【反义】无声无息

声嘶力竭 shēng sī lì jié

【释义】嘶:沙哑。竭:尽。嗓子喊哑,力气用尽。形容拼命大喊、呼号。【例句】半夜突然被惊醒,只听得有人～地大喊:"快救火啊!"【近义】大声疾呼【反义】默默无言

声威大震 shēng wēi dà zhèn

【释义】声威:名声和威望。震:震惊。名声和威望使人大为震惊。形容声势极大。【例句】李自成的队伍不断壮大,真是兵强马壮,横扫千军,～。【近义】遐迩闻名【反义】无声无息

声闻过情 shēng wén guò qíng

【释义】声闻:名誉。情:实情,真实情况。声名超过实际情况。【例句】他这个明星,是被人吹捧起来的,～,名不副实。【近义】徒有虚名【反义】名副其实

声应气求 shēng yìng qì qiú

【释义】应:应和,呼应。求:寻求,寻找。本指相同的声音彼此应和,相同的气息互相投合,即同类的事物相互感应吸引。形容人的志趣、意气相互投合。【例句】由于～,各家书坊是文化人休闲聊天的好去处。【近义】同声相应 同气相求 声气相求 情投意合【反义】貌合神离 水火不容 提示"应"不读 yīng。

声誉鹊起 shēng yù què qǐ

【释义】声誉:声望和名誉。鹊起:像鸟雀一样腾起。声望名誉一下子兴起。形容迅速提高声望和名誉。【例句】《啼笑因缘》的出版,张恨水～,名震四方。提示"鹊"不能写作"雀"。

声誉卓著 shēng yù zhuó zhù

【释义】声誉:声望和名誉。名气很大,远近的人都知道。【例句】王律师～,

是一个完全可以信赖的人。

声振寰宇　shēng zhèn huán yǔ

【释义】声：名声，声誉。振：摇动。寰宇：寰球，全世界。形容名声极大，在社会上享有盛誉。【例句】陈光标是著名的慈善家，～。【近义】声名显赫【反义】默默无闻

绳锯木断　shéng jù mù duàn

【释义】以绳为锯，也能把木头锯断。比喻力量虽小，只要坚持不懈，事情就能成功。【例句】一日一钱，千日千钱，～，水滴石穿。【近义】水滴石穿

绳趋尺步　shéng qū chǐ bù

【释义】绳：木工用来定曲直的墨线。趋：小跑，快步走。尺：丈量长短的尺子。步：步行。沿着墨线行，照着尺度走。指举止行动都循规蹈矩，依照法度而行。【例句】老王是一厂之长，他从来都是～。【近义】循规蹈矩

绳之以法　shéng zhī yǐ fǎ

【释义】绳：准绳，木工的墨线，引申为约束、惩处。以法律为准绳，给以制裁或处治。【例句】难道我就不想把那个坏蛋～吗？【近义】严惩不贷【反义】逍遥法外

省吃俭用　shěng chī jiǎn yòng

【释义】省、俭：俭省，不浪费。用：用度，花费。指生活节俭朴素，不铺张浪费。【例句】父母尽管平时～，这一次也破例拿出几百元为至亲好友摆了两桌酒席。【近义】节衣缩食　克勤克俭【反义】大手大脚　铺张浪费　挥金如土

胜败乃兵家常事　shèng bài nǎi bīng jiā cháng shì

【释义】兵家：军事家，用兵打仗的人。常：经常的。胜利或失败是打仗的人常有的事。【例句】我想～，临阵偶然

而失利，情有可原。【近义】胜不骄，败不馁

胜券在握　shèng quàn zài wò

【释义】券：券契，票据。胜券：获胜的把握。获胜的把握已在掌握之中。比喻有完全取胜的把握。【例句】1949年的春天，中国革命的胜利已经～。【近义】稳操胜券　稳操胜算　提示　"券"不读 juǎn，下从"刀"，不能写成"力"。

胜任愉快　shèng rèn yú kuài

【释义】胜任：能力足以担任。愉快：快意，舒畅。能承担重任，又令人满意地完成任务。【例句】他有丰富的施工经验，负责这项工程，是完全能够～的。【近义】力能胜任【反义】力不从心　力不胜任

盛极必衰　shèng jí bì shuāi

【释义】盛：兴盛，兴旺。极：到顶点。衰：衰亡，衰败，没落。兴盛到顶点就会走向衰落。【例句】他明白～，急流勇退的道理。【近义】泰极而否【反义】否极泰来

盛况空前　shèng kuàng kōng qián

【释义】盛况：盛大热烈的情景或场面。空前：前所未有。盛大热烈的情况从来没有过。【例句】这部电影上映时，称得上～。【近义】前所未有

盛名之下，其实难副　shèng míng zhī xià, qí shí nán fù

【释义】盛名：很大的名声。其：他的。实：实际。副：符合，相称。名声极大的人，实际情况跟他的名声很难相称。指名过其实。【例句】这个问题他也不懂，在这一领域他其实是～。【近义】名不副实【反义】名副其实

盛气凌人　shèng qì líng rén

【释义】盛气：骄横的气势。凌：欺压

指傲慢的气势逼人。【例句】人生中总不免会碰到一两个～的人,我就曾撞上这一位学者。【近义】目中无人　仗势欺人　咄咄逼人【反义】平易近人　谦虚谨慎

盛情难却　shèng qíng nán què

【释义】盛情:深厚的情意。却:推却,推辞,拒绝。深厚的情意难以推辞拒绝。【例句】同事们再三要为我饯行,～,我只好接受了。

尸骨未寒　shī gǔ wèi hán

【释义】尸骨:死者的遗骨。寒:冷。死者的遗骨尚未冰冷。指死者刚去世不久。【例句】父亲的～,大哥就开始争房产。

尸横遍野　shī héng biàn yě

【释义】横:横陈,指杂乱交错地摆满。郊野遍布尸体。形容死的人很多。【例句】1928 年,关中发生了大旱灾,接着伤寒、霍乱流行蔓延,～。

尸位素餐　shī wèi sù cān

【释义】尸位:空占职位而不做事。素餐:不劳而食。指官吏空占职位,白受俸禄而不尽职。也用作未尽职守的自谦之词。【例句】说来惭愧,我只不过是～,哪里称得上有功啊。【近义】窃位素餐　无功受禄

失败是成功之母　shī bài shì chéng gōng zhī mǔ

【释义】失败是成功的先导。指从失败中吸取教训,就能变失败为胜利。【例句】～,我们不应害怕失败,而要从失败中吸取教训。

失而复得　shī ér fù dé

【释义】失去后又重新得到。【例句】看着这～的国画,蒋老师感慨万千,热泪纵横。【反义】得而复失

失魂落魄　shī hún luò pò

【释义】丧失了魂魄。形容心神不定、潦倒失意。【例句】高考落榜后,她天天～的,我心里非常着急。【近义】亡魂失魄【反义】安魂定魄　镇定自若

失惊打怪　shī jīng dǎ guài

【释义】惊:吃惊。形容对不足为怪的事情表现得大惊小怪。【例句】发生这种事很正常,用不着～。【近义】大惊小怪

失声痛哭　shī shēng tòng kū

【释义】失声:因悲痛过度而哽咽。形容因过度悲伤而尽情地大哭。也作“痛哭失声”。【例句】看着他那枯瘦的身躯,想起他一生的遭遇,我忍不住～。

失之东隅,收之桑榆　shī zhī dōng yú,shōu zhī sāng yú

【释义】东隅:东方日出处,指早晨。桑榆:西方日落处,指黄昏。虽然在早晨失去,但却在晚上得到了弥补。比喻在这个时候失去了,却在另一个时候得到了补偿。【例句】不要再为这事的失败难受了,要记住～,重新振作起来吧!

失之毫厘,差之千里　shī zhī háo lí,chā zhī qiān lǐ

见“差之毫厘,谬以千里”。

失之交臂　shī zhī jiāo bì

【释义】失:错过,未能把握住。交臂:因彼此走得很靠近而胳膊碰胳膊。指当面错过,失掉好机会。【例句】他与得奖的机会～,真是太遗憾了。【近义】当面错过　坐失良机【反义】机不可失　时来运转　适逢其会

师出无名　shī chū wú míng

【释义】师:军队。名:名义,理由。指出兵打仗没有正当理由。也泛指做某件

S

事没有正当理由。也作"兵出无名"。【例句】～，事故不成。【反义】师出有名

师出有名　shī chū yǒu míng

【释义】师：军队。名：名义，理由。指出兵打仗有正当理由。也泛指做某件事有正当理由。【例句】我们在这种情况下予以反击，～，一定会胜利。【近义】名正言顺　师直为壮【反义】师出无名

师道尊严　shī dào zūn yán

【释义】师道：为师之道。指老师传授道理、知识，受到尊重。后指为师之道庄严。【例句】他的脑子里没有多少～，不像有的先生摆出一副神圣的架势，装腔拿调，他则笑颜常开。

师心自用　shī xīn zì yòng

【释义】师心：以己意为师，指只相信自己。自用：自以为是。固执己见，自以为是。【例句】求学问切不可～，应多向前辈学习，才能不断进步。【近义】好为人师　刚愎自用【反义】从善如流　谦虚谨慎

诗礼传家　shī lǐ chuán jiā

【释义】诗：指《诗经》。礼：指《周礼》《仪礼》和《礼记》。诗礼：泛指诗书等儒家典籍。以诗礼传家。指世代读诗书习礼仪。【例句】他家是世代书香门第、～，没想到竟出了个没廉耻的人。【近义】诗礼人家　书香门第

诗礼人家　shī lǐ rén jiā

【释义】诗：指《诗经》。礼：指《周礼》《仪礼》和《礼记》。诗礼：泛指诗书等儒家典籍。指世代读诗书讲礼仪。也作"诗礼之家"。【例句】好个叶太太，到底是～出身，懂规矩知礼法。【近义】诗礼传家　书香门第

诗礼之家　shī lǐ zhī jiā

见"诗礼人家"。

诗情画意　shī qíng huà yì

【释义】诗画一般的美好意境或情趣。【例句】这种巧夺天工的设计与建筑，融山色湖光于一体，构成一幅具有～、美不胜收的风景画卷。【近义】画中有诗　诗中有画

诗中有画　shī zhōng yǒu huà

【释义】形容诗歌对景物的描写形象逼真，使读者如置身图画之中。【例句】中国画以"画中有诗，～"的独特风格闻名世界。【近义】画中有诗

十八般武艺　shí bā bān wǔ yì

【释义】指刀、枪、剑、戟等十八种古代兵器的使用本领。后喻指各种武艺和技能。【例句】他会～，样样皆能，文武全才。【近义】文武双全【反义】一无所长

十步之内，必有芳草　shí bù zhī nèi, bì yǒu fāng cǎo

【释义】《说苑·谈丛》："十步之泽，必有香草；十室之邑，必有忠士。"在十步以内就有芳香的花草。比喻处处都有人才。【例句】我不禁暗暗称奇，不料这荜门圭窦中，有这样明白事理的女子，真是～。【近义】人才济济

十冬腊月　shí dōng là yuè

【释义】即农历十月、十一月（冬月）、十二月（腊月）。指天气严寒的季节。【例句】他有一遇风寒就犯感冒的老毛病，～，不给暖气，这不是要他的命吗？【近义】数九寒天【反义】五黄六月

十恶不赦　shí è bù shè

【释义】十恶：谋反、谋大逆、谋叛、恶逆、不道、大不敬、不孝、不睦、不义、内乱。赦：赦免。形容罪大恶极，不可饶恕。【例句】他犯的是～的大罪，完全没必要同情他！【近义】死有余辜　罪大恶极　罪不容诛　提示　"恶"不读 wù。

十行俱下　shí háng jù xià

【释义】看书时一眼同时看十行文字。形容读书敏捷。【例句】她那双眼睛能～，真不简单啊！【近义】一目十行

十拿九稳　shí ná jiǔ wěn

【释义】拿：把握。十分之中有九分成功的概率。形容办事很有把握，不会出岔。【例句】小林做事一向谨慎，如果没有缜密的计划，～的成功率，绝不贸然行事。【近义】万无一失　稳操胜券【反义】事与愿违

十年寒窗　shí nián hán chuāng

【释义】寒：寒冷，比喻艰苦。寒窗：指艰苦的读书生活。形容长期闭门苦读。【例句】朱梅渠感到～废于一旦，便绝意功名，退归林下。【近义】十年磨剑

十年树木，百年树人　shí nián shù mù, bǎi nián shù rén

【释义】树：种植，培植。木：树木。《管子·权修》："一年之计，莫如树谷；十年之计，莫如树木；终身之计，莫如树人。"若为十年后打算，不如种树；若为终身打算，不如培养人才。比喻培养人才是长久之计。也指培养人才很不容易。也作"百年树人"。【例句】"～"。这则古老而朴素的格言，指出了教育工作的长期性和艰巨性。

十全十美　shí quán shí měi

【释义】十全：《周礼·天官·医师》："岁终，则稽其医事，以制其食。十全（痊）为上，十失一次之。"指十治十痊，即医术高明，每治必愈之义。后形容方方面面都完美，毫无缺陷。【例句】我敢保证我们公司产品都是～的，你放心用好了。【近义】完美无缺　尽善尽美【反义】美中不足　一无是处

十万火急　shí wàn huǒ jí

【释义】旧时递送紧急文书常常标注的批语。形容非常紧急，刻不容缓。今多用于军令、公文、电报。【例句】中国古代有用鸡毛插在信上，表示～的习惯。/ 柳将军从前沿阵地而返，不仅军机在身，而且～！【近义】急如星火　刻不容缓

十有八九　shí yǒu bā jiǔ

【释义】十份里面占了八九份。指可能性很大。【例句】这件事～是小刚搞的鬼。

十指连心　shí zhǐ lián xīn

【释义】指十个手指的感觉都很灵敏，直接通向心脏。常用以比喻和有关的人或事具有极密切的关系。【例句】尽管竹签插进了江姐的手指，～地疼啊！但她还是咬紧牙关，没有向敌人透露半点消息。/ 当听到亲人遇险的消息，小菲十分着急，毕竟～哪！

十指如椎　shí zhǐ rú chuí

【释义】椎：同"槌"，短木棍。十只手指像槌子一样粗。【例句】他～，不适合做这么细巧的工作。【反义】玉手纤纤

十字街头　shí zì jiē tóu

见"十字路口"。

十字路口　shí zì lù kǒu

【释义】两条路纵横交叉的地方。比喻社会生活中不同道路、不同前景选择的交叉点。也作"十字街头"。【例句】他只听得背后一个人大喊了一声，自己便被扯离了～。/ 马上就要高中毕业了，是继续读大学还是从此踏入社会，他觉得自己正站在人生的～。

石沉大海　shí chén dà hǎi

【释义】像石头沉入大海里一样，不见踪影。比喻毫无反响或杳无音信。【例句】阿芳每次投到报社的稿子都如～，毫无回音。【近义】泥牛入海　杳如黄

S

鹤【反义】水落石出

石破天惊　shí pò tiān jīng

【释义】石头破裂,上天也被惊动。原形容箜篌的声音高亢激越,像裂石穿空,有惊天动地的气势。后形容事出意外,使人震惊。也指文章、议论能发常人所未发,令人惊奇。【例句】她在如泣如诉的演唱中,时而如缕缕游丝,若断若续;时而仲夏惊雷,～。/ 朝野政党易位,是今年某国政坛上发生的～的事件。/ 他发表了一通～的演说,在整个高校引起了轰动。

时不可失　shí bù kě shī

【释义】时:时机。失:失去,错过。紧紧抓住时机,不能随便放过。【例句】这是最后一次机会了,～,你们赶快拿定主意吧!【近义】机不可失

时不我待　shí bù wǒ dài

【释义】待:等待。我待:待我。时间不会等待我们。指要抓紧时间。【例句】这是唯一的出路了,～,不可一误再误。【近义】岁不我与　时不再来

时乖运蹇　shí guāi yùn jiǎn

【释义】时:机缘,时机。乖、蹇:不顺利。运:运气,命运。指没有机缘,时运不济。【例句】自从父亲亡故之后,～,他便流落江湖了。【近义】生不逢时　时运不通【反义】时来运转

时来运转　shí lái yùn zhuǎn

【释义】时:时机,机缘。运:运气,命运。时机到来,运气转好。指遇到机会,处境自逆境变为顺境。【例句】最近这两年,我渐渐～,做什么都很顺利。/ 这是我～的好机会,我一定要好好把握。【近义】时通运泰【反义】时乖运蹇

时移俗易　shí yí sú yì

【释义】时:时代。移、易:改变。俗:习俗。时代变了,社会风气也随之变了。【例句】如今真是～,仅我们村就有四户男方"嫁"给了女方。【近义】时移世易

时隐时现　shí yǐn shí xiàn

【释义】时:有时候。一会儿隐没,一会儿出现。形容事物忽明忽暗的景象。【例句】汽车在树木葱茏的山路上盘旋前进,～。

时运不济　shí yùn bù jì

【释义】时运:机缘和命运。济:帮助,帮衬,扶持。指遭遇逆境,命运不好。【例句】马医生真是～,连一个小小的手术都出了医疗事故。【反义】时运亨通

时运亨通　shí yùn hēng tōng

【释义】时运:机缘和命运。亨:通达,顺利。指时运好,诸事顺利。【例句】他经过多年的奋斗,终于～,被提拔了。【反义】时运不济

识时务者为俊杰　shí shí wù zhě wéi jùn jié

【释义】识:认清。时务:当前事物发展的趋势或时代潮流。俊杰:才干出众的人。指能认清当前形势或时代潮流的,才是聪明人或英雄豪杰。【例句】敌人想用所谓～的言论来动摇我方将领拼死决战的信念,那真是做梦!

识途老马　shí tú lǎo mǎ

见"老马识途"。

识文断字　shí wén duàn zì

【释义】识:认识。文:字。断:判断,判明。指能识字,有文化。【例句】那些年,他的儿子是村里唯一一个能～的。【反义】目不识丁　胸无点墨

实话实说　shí huà shí shuō

【释义】讲老实话,说实在的话,不

弄虚作假。【例句】对这件事,奶奶起初不敢对桑桑～,怕伤了她的自尊。【反义】言过其实　谎话连篇

实事求是　shí shì qiú shì

【释义】实事:弄清事情的实情、真相。求是:求得正确的结论。本指根据实际情况求得正确答案。也指依据客观实际,采取相应的措施和办法。【例句】本着～的精神,允许解释,消除误会。【反义】弄虚作假　颠倒黑白

实心实意　shí xīn shí yì

【释义】真诚实在的心意。【例句】要～地帮助同学。【近义】诚心诚意　真心实意【反义】虚情假意

实至名归　shí zhì míng guī

【释义】实:实际情况,事实。名:名声,名分。比喻人有真实本领,声誉自然会随之而来。【例句】从个人技术统计看,中国队获得冠军完全是当之无愧,～。【近义】名副其实【反义】名不副实

拾金不昧　shí jīn bù mèi

【释义】金:借指钱财或贵重物品。昧:隐藏,隐瞒。拾到财物,不藏起来据为己有。【例句】对孩子们～的行为,老师要大力表扬。【反义】见财起意

拾人涕唾　shí rén tì tuò

【释义】涕唾:鼻涕和唾沫。比喻因袭别人的话,没有自己的见解和主张。【例句】我们以为小柯有高见宏论,哪知却是～,真让人失望!【近义】拾人牙慧

拾人牙慧　shí rén yá huì

【释义】拾:拾取。牙慧:即“牙后慧”,指言谈中吐露出的智慧。比喻因袭别人说过的话或文章。【例句】昨天在讨论会上,他～,闹了笑话。【近义】拾人涕唾　人云亦云　鹦鹉学舌【提示】“慧”

不能写成“惠”。

食不二味　shí bù èr wèi

【释义】食:吃,进食。味:菜肴的种类。吃饭没有两种菜肴。形容饮食俭朴。也作“食不兼味”。【例句】如今尽管非常富有了,她还是～,很节俭。【近义】食不兼肉【反义】食前方丈　食日万钱

食不甘味　shí bù gān wèi

【释义】食:吃,进食。甘味:认为味道美好。吃东西时感觉不到其滋味鲜美。形容忧虑不安,吃东西不香。【例句】总理为了国家大事,常常是寝不安席,～。【近义】卧不安席　食不下咽

食不果腹　shí bù guǒ fù

【释义】食:食物,饮食。果腹:肚子吃饱后圆鼓鼓的样子。吃不饱肚子。形容生活贫困。【例句】那时候,人民生活非常贫困,常常是衣不蔽体、～。【提示】“果”不能写成“裹”。

食不兼味　shí bù jiān wèi

见“食不二味”。

食不下咽　shí bù xià yàn

【释义】下咽:吞下去。吃东西吞不下去。形容心事沉重,吃不下饭。【例句】看着小红每天～的样子,妈妈心痛极了。【近义】食不甘味【反义】狼吞虎咽

食而不化　shí ér bù huà

【释义】食:吃。化:消化。吃下东西不能消化。比喻学过的知识不能透彻理解,融会贯通。【例句】因为小明对生词～,造出的句子令大家啼笑皆非。【近义】囫囵吞枣　生吞活剥【反义】融会贯通

食古不化　shí gǔ bù huà

【释义】食:进食。古:指古代的文化知识。化:消化。指学了古代的文化知

S

识而不善于理解和运用，一味拘泥陈法而不知灵活变通。【例句】小男孩～地乱用成语成了这次审定会议的余兴节目，有的笑出了眼泪，有的笑疼了肚皮。【近义】泥古不化　生搬硬套【反义】古为今用　融会贯通

食前方丈　shí qián fāng zhàng

【释义】方丈：一丈见方。吃饭时食物摆满了一丈见方的地方。形容饮食奢侈。【例句】即便物质非常丰富了，也要提倡节俭，切忌～，铺张浪费。【近义】食日万钱【反义】食不二味

史不绝书　shǐ bù jué shū

【释义】书：书写，记载。史册上有不断的记载。指同类情况或现象在历史上经常发生。【例句】在封建社会，统治集团间的互相残杀，层出不穷，～。【近义】数见不鲜【反义】史无前例　前所未有　亘古未有

史无前例　shǐ wú qián lì

【释义】历史上从来没有这样的先例。指前所未有。【例句】朱老师认为现在的享乐娱乐是～的。【近义】前所未有　亘古未有【反义】史不绝书　数见不鲜

矢口否认　shǐ kǒu fǒu rèn

【释义】矢：发誓。一口咬定，完全不承认。【例句】在场的旁听者已注意到，在他～挪用公款之时，腿在不断发抖。【近义】矢口抵赖

矢志不移　shǐ zhì bù yí

见"矢志不渝"。

矢志不渝　shǐ zhì bù yú

【释义】矢：发誓。矢志：发誓立志。渝：改变。立誓坚决不改变选定的志向。也作"矢志不移"。【例句】他～地搞科学实验。【反义】变心易虑　见异思迁

豕突狼奔　shǐ tū láng bēn

见"狼奔豕突"。

始料不及　shǐ liào bù jí

【释义】料：料想，估计。及：到。起初没能意料到。指事情的结果在预料之外。【例句】事情的发展竟会是这样，的确是～的。【近义】出人意料　始愿不及此【反义】始料所及

始料所及　shǐ liào suǒ jí

【释义】料：料想，估计。及：到。指当初已料想到。【例句】人事的变化，往往非～。【反义】始料不及　出人意料

始终不懈　shǐ zhōng bù xiè

【释义】自始至终，一直不松懈。【例句】创作者和表演者不可没有使命感，提高自身的文化素质和艺术修养是当务之急，而且应～。【近义】始终如一【反义】一曝十寒　提示　"懈"不读 jiě。

始终不渝　shǐ zhōng bù yú

【释义】渝：改变，变更。自始至终，一直不改变。【例句】科技兴农是蒙城～的主修课。【近义】始终如一【反义】朝三暮四　朝秦暮楚

始终如一　shǐ zhōng rú yī

【释义】自始至终都一样。【例句】我们一定要按照这条路线专心致志地、～地干下去。【近义】始终不渝【反义】朝三暮四　朝秦暮楚

世代书香　shì dài shū xiāng

【释义】书香：指读书的风气、习尚。世世代代都是读书人家。【例句】她出身于～。【近义】书香门第

世风日下　shì fēng rì xià

【释义】世风：社会风气。下：下降，变坏。社会风气日益恶化，越来越不好。

【例句】他笔下的郭老太爷,是一个终日叹息～、一代不如一代的人物。【近义】世道日衰 人心不古【反义】民淳俗厚 提示 "世"不能写成"市"。

世态人情　shì tài rén qíng

【释义】世态:世间的人情世故。指社会风尚和为人处世之道。【例句】小品文跟其他杂文一样,都要直面人生,洞察～,加以反映。

世态炎凉　shì tài yán liáng

【释义】世态:世间的人情世故。炎:热,指亲热。凉:冷,指冷淡无情。指世间一些人在别人得势时便奉迎巴结,失势时便疏远冷淡的势利态度。【例句】他飞黄腾达时,人们对他都极力逢迎,当知道他失意了,立刻改变了面孔,真是～啊!【近义】人情冷暖 世情冷暖 提示 "世"不能写成"事"。

世外桃源　shì wài táo yuán

【释义】世外:尘世之外。晋代陶渊明在《桃花源记》中借助于想象虚构的一个位于桃花林尽头,与世隔绝,没有捐税战乱,人们全都安居乐业的好地方。后借指超脱现实社会、不受外界影响的或理想中的美好之地。【例句】这里虽然交通不便,但是山清水秀、民风淳朴,真是～啊!

世异时移　shì yì shí yí

【释义】世、时:时代,社会。异、移:不同,变化。社会变了,时代也不同了。【例句】～,现在的年轻人不喜欢旧时包办的婚姻了。【近义】世殊时异

市井小人　shì jǐng xiǎo rén

【释义】市井:古代城市中的集市、市场之类的买卖场所。指平庸粗俗、志趣不高的人。也作"市井之徒"。【例句】像她这种～,只知图利,哪管什么仁义道德。【反义】仁人君子

市井之徒　shì jǐng zhī tú

见"市井小人"。

市无二价　shì wú èr jià

【释义】买卖没有两种价钱。指买卖公道,不相欺诈。形容民风淳厚,社会风气良好。【例句】他当政时,这一带强不凌弱,众不暴寡,交易双方也～。

势不可当　shì bù kě dāng

【释义】当:抵挡。来势猛烈,不可抵挡。【例句】在改革开放大潮的推动下,福州郊区的城市化进程已～。【近义】锐不可当 提示 "当"不能写成"挡"。

势不两立　shì bù liǎng lì

【释义】势:情势,事情在一定阶段上的状况和发展趋势。立:存在。表示根据情势,对立的双方不能并存。形容矛盾十分尖锐,不可调和。【例句】科学和迷信是～,无法并存的。/尽管比赛的两个球队之间有矛盾,但还没达到～的程度。【近义】誓不两立 不共戴天【反义】并行不悖

势单力薄　shì dān lì bó

【释义】势:势力。薄:轻微。势力孤单,力量单薄。【例句】面对山下数以万计、装备精良的敌军,他们十个人实在是太～了。【反义】人多势众

势均力敌　shì jūn lì dí

【释义】均:均衡,不分高低强弱。敌:对等,相当。指双方力量相当,不分高低。【例句】乒乓球比赛的参赛双方～,打了几个平手。【近义】旗鼓相当 棋逢对手 工力悉敌【反义】众寡悬殊 势单力薄

势如破竹　shì rú pò zhú

【释义】势:情势,形势。形势的发展就像劈竹子,头几节劈开以后,下面各节就顺着刀势分开了。形容胜利一个紧

接着一个,毫无阻碍。【例句】中国人民解放军渡长江,取南京,浩浩荡荡～,直扑川东大门。【近义】锐不可当　势不可当【反义】势穷力竭　强弩之末

事半功倍　shì bàn gōng bèi

【释义】事:工作,做事。功:成效,功效。《孟子·公孙丑上》:"故事半古之人,功必倍之,惟此时为然。"出一半的气力而收到加倍的功效。形容费力小而收效大。【例句】若能找到一种杀伤力更高的菌株,以小的用量达到原来的效果,就等于～。【近义】乘高决水【反义】事倍功半

事倍功半　shì bèi gōng bàn

【释义】事:工作,做事。功:功效,成效。出成倍的力,只收到一半的成效。形容费力大而收效小。【例句】读书不知要领,劳而无功;知其书宜读而不得精校精注本,～。【近义】得不偿失【反义】事半功倍

事必躬亲　shì bì gōng qīn

【释义】躬亲:亲自去做。凡事都一定要亲自去做。【例句】杨主席办事勤恳,～,连机要室的钥匙也由他自己掌握。【近义】身体力行

事不关己　shì bù guān jǐ

【释义】关:关系,牵涉。事情跟自己毫无关系。【例句】这封信一下就把孙权和曹操直接对立起来,使得本来～的孙权不得不介入这场战争。【近义】漠不相关【反义】息息相关

事不宜迟　shì bù yí chí

【释义】宜:应该。迟:拖延。事情要抓紧时间做,不应该拖延。【例句】他想～,必须尽快把这件事告诉朱老师。【近义】当务之急　刻不容缓【反义】来日方长　从长计议

事出有因　shì chū yǒu yīn

【释义】出:发生。因:原因。事情的发生是有原因的。旧式公文中常与"查无实据"连用。【例句】最近他心情不太好,那是～:他爸爸生病住院了。【近义】无风不起浪【反义】空穴来风　无风起浪　无中生有　无缘无故　平白无故

事过境迁　shì guò jìng qiān

【释义】境:境况,情况。迁:变迁,变化。事情已经过去,客观环境也改变了。【例句】～,记忆力又衰退,更不免有记错讲错的事。【反义】依然如故

事与愿违　shì yǔ yuàn wéi

【释义】愿:意愿,愿望。违:违背,不合。客观实际与主观愿望相违背。指事情的结果不能称心如意。【例句】敌人原以为压他一下,吓他一下,会降服他,拉拢他,不料～,却让他更加反感。【近义】适得其反　大失所望【反义】如愿以偿　天从人愿　求仁得仁　心想事成

事在人为　shì zài rén wéi

【释义】事情能否成功,取决于人是否努力去做。【例句】天下的事情,～,努力干下去,总会有所收获。【近义】成事在人【反义】听天由命

饰非拒谏　shì fēi jù jiàn

见"拒谏饰非"。

视而不见　shì ér bù jiàn

【释义】视:看。看了却没有看见。指不关心或不重视。常与"听而不闻"连用。【例句】除了使自己称心的事外,别的事他们就一概～,充耳不闻了。【近义】熟若无睹

视如敝屣　shì rú bì xǐ

【释义】视:看待。敝:破旧。屣:鞋。看得像破旧的鞋子一样。【例句】知道自

己精挑细选后送给他的礼物被～,小雅很是伤心。【近义】视同草芥【反义】视如拱璧　视如珍宝

视如草芥　shì rú cǎo jiè
【释义】草芥:不知名的小草。把事物看成像小草一样。形容极为轻视。【例句】作为一位剑神,这股傲气是绝对不可缺少的,就凭着这股傲气,他甚至可以把自己的生命～。【近义】视如敝屣　视如粪土

视如寇仇　shì rú kòu chóu
【释义】视:看待。寇仇:仇敌。看成仇敌一样。形容极端仇视。【例句】同事之间有利害冲突时,应本着团结友爱的精神,互谅互让,绝不能～,明争暗斗。【反义】视为知己　提示　"寇"不能写成"冠"。

视死如归　shì sǐ rú guī
【释义】视:看待,对待。归:回家。把死看作像回家一样。多形容为了正义事业,不怕牺牲生命。【例句】他～的英雄气概使对他行刑的敌人都感到害怕了。【近义】舍生忘死【反义】贪生怕死

视同儿戏　shì tóng ér xì
【释义】视:看待。儿戏:儿童的游戏。看作儿童的游戏。形容对重要的事情极不重视,极不严肃认真。【例句】她心里明白,她的病情已经到了危急关头,再也不能～了。【近义】熟视无睹【反义】奉为圭臬　郑重其事

视同路人　shì tóng lù rén
【释义】把亲友或熟人看成像不认识的路人一样。形容对人冷漠、疏远。【例句】有些人相处很久却～,而有些人相见几小时便可引为知己。【反义】亲如手足

视为畏途　shì wéi wèi tú
【释义】视:看待。为:成。畏途:危险可

怕的路途。看成危险可怕的道路。比喻将事情看得极其危险,不敢去从事。【例句】唐代,阳关以西即被人们～。/如果把学习外语～,那永远也掌握不了这门外语。

拭目以待　shì mù yǐ dài
【释义】拭:擦拭。以:而。擦亮眼睛等待着。形容殷切期望或密切关注事态的动向及结果。【例句】县教育局如何处理这次校车事故,给家长和学生们一个满意的答复,我们～。　提示　"拭"不能写成"试"。

是非分明　shì fēi fēn míng
【释义】是:正确。非:错误。正确的和错误的分得很清楚。【例句】我们对王老都很敬重,他～,胸襟坦荡,尊重知识,尊重人才。【反义】是非不分　颠倒是非　混淆黑白

是非曲直　shì fēi qū zhí
【释义】正确的与错误的,有理的与无理的。【例句】～,自有公论,我们没有必要再争辩下去。

是古非今　shì gǔ fēi jīn
【释义】是:认为正确。非:认为错误。认为古代的好,现在的都不好。【例句】我们要尊重历史、尊重科学,切忌～。【近义】厚古薄今【反义】厚今薄古

是可忍,孰不可忍　shì kě rěn, shú bù kě rěn
【释义】是:这,这个。忍:容忍,忍耐。孰:什么。如果这都可以容忍,那还有什么不可以容忍呢? 表示绝不能容忍。【例句】没想到他竟敢诬陷到我的头上,～!　提示　"孰"不能写成"敦""熟"。

是是非非　shì shì fēi fēi
【释义】是是:肯定正确的。非非:否定错误的。对的和不对的。指能辨别是

非曲直。也指种种是非。【例句】我不会随便卷入演艺圈的～,我只站在岸边冷眼旁观。【近义】善善恶恶

适得其反　shì dé qí fǎn

【释义】适:恰好。恰好得到与主观愿望相反的结果。【例句】他们对此事也曾存在过幻想,谁知事与愿违,结果～。【近义】事与愿违【反义】如愿以偿　求仁得仁　天从人愿

适可而止　shì kě ér zhǐ

【释义】适:至,到。止:停止,停下。到适当程度就停下来,指做事不要过头。【例句】医生建议他不要偏食或吃太刺激的食物,喝酒也要～,以保持身体健康。【反义】得陇望蜀　得寸进尺

恃才傲物　shì cái ào wù

【释义】恃:依仗。傲:轻视。物:别人,众人。依仗自己的才能而骄傲自大,轻视别人。【例句】他秉性旷达,～,浪漫洒脱,不拘小节,常在饮酒赋诗之间,挥毫大作。 提示 "恃"不能写成"侍"。

恃强凌弱　shì qiáng líng ruò

【释义】恃:仗恃,倚仗。凌:欺凌,欺侮。倚仗着自己强大的势力,欺侮弱小。【例句】父亲说我们"野蛮体魄",却绝不允许我们～。【近义】以强凌弱

舐犊情深　shì dú qíng shēn

见"舐犊之爱"。

舐犊之爱　shì dú zhī ài

【释义】舐:用舌头舔。犊:小牛。如同老牛舔小牛那样地抚爱。形容对子女关心、疼爱的感情非常深。也作"舐犊情深"。【例句】没有哪一位读者不会被朱自清《背影》中～的深情所感动。【近义】老牛舐犊 提示 "舐"不能写成"舔";"犊"不能写成"渎"。

誓不两立　shì bù liǎng lì

【释义】两立:双方并立,同时存在。发誓决不与敌对的人并立于世间。形容双方矛盾或仇恨很深,无法化解或调和。【例句】他自己也不明白为什么有这样两个～的学生?【近义】势不两立　不共戴天【反义】情投意合　和平共处

誓死不屈　shì sǐ bù qū

【释义】宁死也不肯屈服。形容很有气节。【例句】那位年轻的战士怒目而视,昂首挺胸,表现出～的决心。【近义】宁死不屈【反义】贪生怕死

收回成命　shōu huí chéng mìng

【释义】收回已发布的命令、指示或决定,停止执行。【例句】在一年后的满街抗议声中,国王不得不～,释放了那批判了死刑的人。【反义】驷不及舌

手不释卷　shǒu bù shì juàn

【释义】释:放下。卷:书卷,书本。手中不肯放下书本。形容勤奋好学或读书入了迷。【例句】看他～的样子,原来是个小说迷哩。【近义】手不辍卷　目不窥园

手到病除　shǒu dào bìng chú

【释义】除:痊愈。一伸手诊断处方,病就痊愈了。形容医术高明。【例句】周大夫一下就找到了我生病的症结,一帖药下去,立刻见效,真可谓～。【近义】妙手回春【反义】不可救药 提示 "除"不能理解成"除去"。

手到擒来　shǒu dào qín lái

【释义】擒:擒拿,捉拿。一伸手就擒住。比喻做事很有把握或毫不费力就能成功。【例句】等我们的大部队迂回到敌人的后面,敌人就会变成坛子里的王八,～。【近义】轻而易举　易如反掌　瓮中捉鳖【反义】大海捞针

手急眼快 shǒu jí yǎn kuài
见"手疾眼快"。

手疾眼快 shǒu jí yǎn kuài
【释义】疾:快。形容动作灵活迅速,反应敏捷。也作"手急眼快"。【例句】魔术师刘谦真是～,手里的硬币一晃就不见了。【反义】笨手笨脚

手脚无措 shǒu jiǎo wú cuò
见"手足无措"。

手忙脚乱 shǒu máng jiǎo luàn
【释义】形容做事慌手慌脚,动作忙乱,没有条理。【例句】这场雨来得又突然又猛烈,让晒粮食的农民们～了好一阵子。【近义】慌手慌脚【反义】从容不迫 不慌不忙

手无寸铁 shǒu wú cùn tiě
【释义】寸铁:指短兵器。手中没有短兵器。形容没有拿任何武器。【例句】～的 12 个人,要跟 5 个县的"烟匪"打交道,还要从他们那里抢夺粮食,好险啊!【近义】赤手空拳【反义】荷枪实弹

手无缚鸡之力 shǒu wú fù jī zhī lì
【释义】缚:捆,扎。手连捆鸡的气力都没有。形容人力气很小。【例句】他家中留有～的老妻,还有不通人情世故的孺子,实在放心不下。【反义】九牛二虎之力

手舞足蹈 shǒu wǔ zú dǎo
【释义】舞:舞动,挥舞。蹈:顿足踏地。《孟子·离娄上》:"乐之实,乐斯二者,乐则生矣;生则恶(wū,怎,怎么)可已也,恶可已,则不知足之蹈之手之舞之。"又《诗·序》:"情动于中而形于言,言之不足故嗟叹之,嗟叹之不足故永(咏)歌之,永(咏)歌之不足,不知手之舞之足之蹈之也。"双手舞动,两只脚

也跳起来。形容喜悦到极点。【例句】他生性豪放,嗓门粗大,带有诗人那种特有的冲动和热烈的气质,说到高兴处还要～。【近义】欢天喜地 欣喜若狂 兴高采烈【反义】闷闷不乐 快快不乐

手下留情 shǒu xià liú qíng
【释义】情:情义,情面。指经手处理问题时,给有关的当事人留下一点情面和余地,不把事情做绝。【例句】汉武帝没有杀掉司马迁,已算是～,不过,施以宫刑,也实在是够残忍的了。【近义】高抬贵手【反义】毫不留情

手足无措 shǒu zú wú cuò
【释义】措:安放。手和脚不知放在哪里好。《论语·子路》:"刑罚不中,则民无所错(措)手足。"形容举动慌乱或没有办法应付。也作"手脚无措""无所措手足"。【例句】当时她眼睁睁地看着父母的遗体,简直～。【近义】不知所措

守节不移 shǒu jié bù yí
【释义】节:节操,气节。移:改变。坚守节操而不改变。【例句】作为一个实业家,艰苦创业易,创业成功难;开拓发展易,～难。

守口如瓶 shǒu kǒu rú píng
【释义】不随便乱说话,像塞紧瓶口的瓶子一样。形容说话谨慎或严守秘密。【例句】十来天了,他对此事仍然～,一字不漏。【近义】三缄其口 缄口不言【反义】口无遮拦 不打自招 和盘托出

守身如玉 shǒu shēn rú yù
【释义】守身:保持自身的品德和节操。像保护玉的洁白无瑕那样保持自身的品德和节操。【例句】这位女孩～,要找到真爱。【近义】守节不移 束身自

好【反义】自甘堕落　水性杨花

守正不挠　shǒu zhèng bù náo

【释义】正：正道。挠：弯曲,比喻屈服。坚守正道,不屈不挠。也形容公正而不偏私。【例句】孝庄帝后来知道嘉俊～,便拜为司马,赐帛百匹。/ 作为人民的法官,必须执法如山,～。【近义】刚正不阿　廉正不阿【反义】曲意逢迎　贪赃枉法

守株待兔　shǒu zhū dài tù

【释义】株：树桩,树木露出地面的根茎部分。《韩非子·五蠹》："宋人有耕者,田中有株,兔走触株,折颈而死,因释其耒而守株,冀复得兔,兔不可复得,而身为宋国笑。"比喻死守狭隘的经验,不知变通。也比喻不主动地努力而心存侥幸地坐等意外的收获。【例句】要想成功,就不能抱有～的想法。/珊瑚虫采取～式的猎食方法,人们也许担心它会挨饿吧。【近义】刻舟求剑　胶柱鼓瑟【反义】通权达变　随机应变

首当其冲　shǒu dāng qí chōng

【释义】首：最先。当：对着。冲：要冲,交通要道。本指处在冲要的位置。比喻首先受到攻击或遭遇灾难。【例句】剧烈的气候变化会对人类生活的各个方面产生影响,农业生产～。/ 这次任务没能及时完成,如果上级怪罪下来,小邢觉得自己不免要～。

首屈一指　shǒu qū yī zhǐ

【释义】首：首先。屈指计算时,首先弯下大拇指。表示第一名或首位。【例句】福建方言的复杂难懂,在全国可称～。【近义】数一数二　名列前茅

首鼠两端　shǒu shǔ liǎng duān

【释义】首鼠：双声联绵词,踌躇不决、欲进又退的样子。两端：两头。形容在两者之间迟疑不决或举棋不定的样子。【例句】从监控器里,警察看到～的窃贼终于下手了,于是立即将其逮住。【近义】瞻前顾后

首尾相应　shǒu wěi xiāng yìng

【释义】应：应和,接应。泛指头尾互相呼应,紧密配合。【例句】可将队伍摆为长蛇之势,～,循环无端。　提示　"应"不读 yīng。

首战告捷　shǒu zhàn gào jié

【释义】告捷：取得胜利。第一仗就取得胜利。也形容事情进行得十分顺利,一开始就取得满意的结果。【例句】他之所以特别高兴,是因为他的部队用～的战绩证明了他的思想是对的。【近义】旗开得胜【反义】出师不利

首足异处　shǒu zú yì chù

【释义】头和脚分开在不同的地方。指遭受杀戮而死亡。【例句】他～的惨死状况让我们目不忍睹。【近义】身首异处

寿比南山　shòu bǐ nán shān

【释义】寿：寿命。比：比拟,相当于。南山：终南山。《诗·小雅·天保》："如月之恒(gèng,月上弦),如日之升,如南山之寿,不骞(qiān,亏损)不崩。"意为寿命像终南山那样长久。后用作祝人长寿的吉祥语。【例句】在庆祝李老师九十大寿的宴会上,学生们衷心祝愿他老人家～。【近义】乔松之寿　寿元无量【反义】天不假年

寿山福海　shòu shān fú hǎi

【释义】寿命像山那样高,福分像海那样深。比喻长寿多福。多用为祝贺语。【例句】沈老看着生日蛋糕上"～"四个字时,很满足地笑了。【近义】乔松之寿

寿元无量　shòu yuán wú liàng

【释义】寿元:寿命。无量:没有限量。祝颂长寿的用语。【例句】在妈妈七十岁的生日宴会上,我们祝愿她老人家~。【近义】乔松之寿　寿比南山

寿终正寝　shòu zhōng zhèng qǐn

【释义】寿终:寿命终结,指活到寿命的自然极限。正寝:住宅中的正房。指人活满天年后在家安然死去,非因意外祸患而死于非命。也泛指事物的消亡。【例句】毛老先生于昨天~,享年九十岁。/ 这种期刊的发行量一直在萎缩,渐渐~了。【近义】与世长辞　终其天年【反义】死于非命

受宠若惊　shòu chǒng ruò jīng

【释义】宠:宠爱,赏识。指因受到过分的宠爱、赏识而感到意外的惊喜和不安。【例句】老太太对于所享受的这份殊荣毫无~的模样,却是受之泰然,理所应当一般。【近义】宠辱若惊【反义】宠辱不惊

受骗上当　shòu piàn shàng dàng

【释义】蒙受欺骗,上了他人的圈套。也作"上当受骗"。【例句】他想暗示柳莺莺及早同刘宝山划清界限,断绝往来,避免~。

受益非浅　shòu yì fēi qiǎn

【释义】受益:得到教诲、帮助、好处。非浅:不少。表示得到很大的教益或帮助。也作"受益匪浅"。【例句】我和刘先生交往已有十多年了,从他的言谈中学到了许多好的东西,使我~。

受益匪浅　shòu yì fēi qiǎn

见"受益非浅"。

受之有愧　shòu zhī yǒu kuì

【释义】接受它而感到惭愧。【例句】我救这小孩的命是偶然的事,接受他父母的这笔奖金,我~。【反义】受之无愧　提示　多用作接受别人馈赠或奖励时的客套语。

瘦骨伶仃　shòu gǔ líng dīng

【释义】伶仃:孤独无靠的样子。形容人极度消瘦,像皮包着骨头一样。【例句】在乡里享有盛名的孙炎姑,其实是个~、面容清癯的老人。【近义】骨瘦如柴　形销骨立【反义】大腹便便　脑满肠肥　肥头大耳

书香门第　shū xiāng mén dì

【释义】书香:读书的风气、习尚。指世代读书,相沿不变的人家。【例句】他既非出身于官宦世家,又非出身于~。【近义】诗礼人家　诗礼传家　世代书香

殊途同归　shū tú tóng guī

【释义】殊:不同的。途:道路。归:归宿,目的地。走不同的道路到达同一个目的地。比喻用不同的方法达到同一目的或得到同样的结果。【例句】他俩各自采取办法,最后~,都解决了面对的难题。【近义】异曲同工【反义】大相径庭

殊形诡状　shū xíng guǐ zhuàng

【释义】殊:不同,特别。诡:奇异,怪异。指形状奇奇怪怪的。【例句】这些~的假山让人望而生畏。【近义】奇形怪状

疏不间亲　shū bù jiàn qīn

【释义】疏:疏远。间:参与。亲:亲近。指关系疏远者不参与关系亲近者之间的事情。【例句】这遗产如何分配要由你们兄妹俩自己商量,~,我们是不能说什么的。【近义】远不间亲【反义】以疏间亲

疏而不漏　shū ér bù lòu

【释义】疏:稀疏,不密。《老子》73章:

S

"天网恢恢,疏而不失。"喻指法网虽宽大,然决不遗漏一个作恶之人。也指内容简要而无遗漏。【例句】法网恢恢,～。谁敢以身试法,必将严惩不贷。

输肝剖胆　shū gān pōu dǎn

【释义】输:捐献,献纳。比喻尽心竭力对待。【例句】历经数十载的风风雨雨,童老对党和人民的事业～,尽忠尽义。【近义】披肝沥胆　剖心析肝

熟能生巧　shú néng shēng qiǎo

【释义】熟练了就能产生巧办法,或找出窍门。【例句】即使他对王羲之的书法非常向往,也难以改掉操作得～的北派积习。【近义】耳熟能详　游刃有余

熟视无睹　shú shì wú dǔ

【释义】看惯了就像没有看见一样。指对应该关心的事物漠不关心或漫不经心。【例句】任何一个正直的人对于危害人民生命财产安全的事都不能～。【近义】视而不见

暑往寒来　shǔ wǎng hán lái

见"寒来暑往"。

蜀犬吠日　shǔ quǎn fèi rì

【释义】蜀:古蜀国,主要指今四川地区。吠:狗叫。唐代柳宗元《答韦中立论师道书》:"蜀中山高雾重,见日时少;每至日出,则群犬疑而吠之也。"比喻少见多怪。【例句】中国有自己的国情,市场经济也不是资本主义的专利,对"中国特色的社会主义"不必～。【近义】粤犬吠雪【反义】见惯不惊　恬不为怪

鼠目寸光　shǔ mù cùn guāng

【释义】像老鼠一样只看得见眼前那么近的光。形容没有远见。【例句】看问题不能～,要有长远打算。／为了目前的小利而破坏生态环境是～的表现。【近义】目光如豆　目光短浅【反义】目光远大　远见卓识　高瞻远瞩

鼠目獐头　shǔ mù zhāng tóu

见"獐头鼠目"。

鼠窃狗盗　shǔ qiè gǒu dào

【释义】窃、盗:偷。像鼠和狗那样偷盗。指小偷小摸。也比喻进行不光明的活动。也作"鼠窃狗偷"。【例句】他不想与那伙～之徒为伍了。【近义】小偷小摸

鼠窃狗偷　shǔ qiè gǒu tōu

见"鼠窃狗盗"。

数不胜数　shǔ bù shèng shǔ

【释义】数:计数,统计。胜:尽。数也数不尽。形容数量非常多,难以统计。【例句】爱国精神表现在中外文学里已经是层出不穷,～了。【近义】不可胜数　更仆难数　指不胜屈【反义】屈指可数　寥若晨星 提示 "数"不读 shù。

数典忘祖　shǔ diǎn wàng zǔ

【释义】典:史册。数说着旧典,却忘记了祖先的遗业及历史渊源。比喻人忘其根本。也比喻对本国或本民族的历史无知。【例句】我们要学习和了解中华民族悠久的历史文化知识,不能做一个～的人。【近义】叛祖忘宗【反义】饮水思源

数短论长　shǔ duǎn lùn cháng

【释义】数:数说。说长道短,妄加评论。【例句】他实在受不了万奶奶的闲言碎语,～。【近义】说长道短 提示 "数"不读 shù。

数九寒天　shǔ jiǔ hán tiān

【释义】数九:我国从农历冬至起,每九

天为一个单位，来表示气候的变化，因
共数九个九天，故称"数九"。泛指一
年中最寒冷的日子。【例句】一听到这
个消息，就像～别人在身上浇了一
桶凉水，他打了个冷战。　提示　"数"
不读 shù。

数一数二　shǔ yī shǔ èr
【释义】数：比较起来，计算起来。比较
起来不算第一也算第二。形容突出拔
尖。也指依次数说，逐条列举。【例句】
她是我国～的舞蹈家。/ 他一面吩咐
开船，一面地记录每一座山形和水
系名称。　提示　"数"不读 shù。

束身自好　shù shēn zì hào
【释义】束身：约束自身，不放纵。自好：
自爱。保持自身纯洁，不与坏人坏事
同流合污。【例句】她要来城里几
天，陪伴一位～的长辈。【近义】洁身
自爱

束手待毙　shù shǒu dài bì
【释义】束手：捆住自己的手。待：等待。
毙：死。捆住自己的手等待死亡。比
喻面临危难时不积极设法解救而坐等
败亡。【例句】总算幸运，在危急万分、
～的最后关头，他终于得到了乘坐飞
机去西昌的通知。【近义】坐以待毙
束手就擒【反义】垂死挣扎　死里逃生

束手就擒　shù shǒu jiù qín
【释义】束手：捆住自己的手，指停止抵
抗。就：走向，接受。擒：捉住。自缚其
手，让人捉拿。形容不作抵抗或因无
法脱身而当俘虏。【例句】那个小偷听
说眼前这人就是便衣警察，吓得目瞪
口呆，只好～。【近义】束手待毙　坐
以待毙【反义】垂死挣扎

束手旁观　shù shǒu páng guān
见"袖手旁观"。

束手无策　shù shǒu wú cè
【释义】束：捆绑。策：计策，办法。就像
双手被捆住一样无法解脱。形容遇到
问题，却毫无解决的办法。【例句】面
对房檐上的马蜂窝，我们都～，只好打
电话向消防队求助。【近义】无计可施
一筹莫展【反义】急中生智　神通广大

束之高阁　shù zhī gāo gé
【释义】束：捆、扎。阁：放东西、物件的
架子。把东西捆扎起来放在高高的架
子上。比喻弃置不用或不去管它。
【例句】一卷在手，轻松翻览，其乐无
穷，深为将这样的好书被我～而羞惭。
【近义】置之不理【反义】物尽其用

述而不作　shù ér bù zuò
【释义】述：陈述。作：创作。指只阐述
前人的理论、学说，而自己并不提出新
的见解。【例句】他发表的文章很多，
可惜多是～，没什么价值。【近义】自
我作古

树碑立传　shù bēi lì zhuàn
【释义】树：建立。传：传记，记述人物生
平事迹的文字。立传：给某人写传记。
将某人的生平事迹刻到碑上或写成传
记加以颂扬，使之流传久远。比喻树
立个人威信或抬高个人声望。【例句】
那些怀着无限敬仰之情为毕加索～的
人，不过是在强作解人，谬托知己。
【近义】歌功颂德【反义】口诛笔伐
提示　"传"不读 chuán。含贬义。

树大根深　shù dà gēn shēn
【释义】树长得高大，根就扎得深入。比
喻势力强大，根基牢固。【例句】《红楼
梦》中薛、王、贾、史四大家族～，但也
难逃覆亡的命运。【近义】根深蒂固
根深叶茂【反义】枯木朽株

树大招风　shù dà zhāo fēng

【释义】招：招惹，招致。树长得高大易遭受风吹。比喻人名声大或目标大后容易招致别人嫉妒，引来事端。【例句】武家船行业务蒸蒸日上，然而～，惹来不少外人的垂涎和嫉妒。【近义】众矢之的

树倒猢狲散　shù dǎo hú sūn sàn

【释义】猢狲：猴子。树一倒群猴随即散去。宋代庞元英《谈薮·曹咏妻》记载，曹咏投靠秦桧，官至侍郎，秦桧一死，曹即被贬。曹妻兄厉德斯派人给曹送去一信，曹拆开一看，乃是《树倒猢狲散赋》一篇。比喻有权势的人一倒台，那些依附他的人随即纷纷散去。【例句】蒋介石一死，～，"中统""军统"各自谋生，自寻出路。【近义】如鸟兽散

率兽食人　shuài shòu shí rén

【释义】带领着野兽去吃人。比喻施行暴政，虐害人民。【例句】执政者如果不能体察人民的疾苦而一味追求声色犬马的享受，无疑是～。【近义】鱼肉百姓　荼毒生灵　为虎作伥【反义】爱民如子　仁民爱物

率先垂范　shuài xiān chuí fàn

【释义】率先：首先，带头。垂范：给后人留下范例。指首先做出榜样，带头做出示范。【例句】教官的精心施教，～，给了学员以极大的鼓舞。

双管齐下　shuāng guǎn qí xià

【释义】管：毛笔。本指画画时两支笔同时使用。宋代郭若虚《图画见闻志·张璪》："唐张璪员外画山水松石名重于世，尤于画松特出意象，能手握双管，一时齐下，一为生枝，一为枯干。"比喻两件事同时进行或两种方法同时采用。【例句】他的病情非常严重，需要内服外用，～，才能见效。【近义】齐头并进　左右开弓【反义】单刀直入

双栖双宿　shuāng qī shuāng sù

见"双宿双飞"。

双宿双飞　shuāng sù shuāng fēi

【释义】比喻情人共同生活，一如飞鸟，形影不离。也作"双栖双宿"。【例句】他们夫妻二人自从结婚起便～，感情一直很好。【近义】比翼齐飞【反义】劳燕分飞　鸾凤分飞　形单影只

双喜临门　shuāng xǐ lín mén

【释义】两件喜事一起降临家门。【例句】丫姑家既盖新房，又招女婿的，这真是～。【近义】好事成双【反义】祸不单行

爽然若失　shuǎng rán ruò shī

【释义】爽然：茫然，不知所从的样子。指神情茫然，若有所失的样子。【例句】提到毕业，自然大家都盼望的，但一到毕业，却又有些～。【近义】怅然若失　茫然若失　若有所失【反义】怡然自得

爽心悦目　shuǎng xīn yuè mù

【释义】爽心：使心境开朗愉快。悦目：好看，看着愉快。指眼前的景物看去使人心情舒畅。【例句】在这千年万代无边的戈壁荒滩上，如今已经出现了无数～的绿洲。【近义】赏心悦目【反义】触目惊心

水到渠成　shuǐ dào qú chéng

【释义】渠：水道。水流到之处自然形成沟渠。比喻条件一旦具备、成熟，事情自然就会顺利、成功。也比喻自然而然，毫不勉强、生硬。还比喻事到临头，自然会有应付的办法。【例句】结

论常常是通过分析～地得出来的。/他对晋升的事情一向采取～的态度,不肯瞎操心。/粮仓里的粮食还可以维持两年,到时五谷丰登,～,不必多虑。【近义】瓜熟蒂落　功到自然成【反义】揠苗助长

水滴石穿　shuǐ dī shí chuān

【释义】水滴在石头上,终将石头穿透。比喻坚持不懈,集细微之力也能成功。也作"滴水穿石"。【例句】没有多年的勤奋苦练,没有～的工夫,她的书法不可能练得这样好。【近义】绳锯木断　铁杵成针【反义】一曝十寒

水火不相容　shuǐ huǒ bù xiāng róng

【释义】容:容受,容纳。水与火相互对立,互不容纳。比喻事物彼此本质各异,根本对立,无法统一。【例句】医者治病靠药力,道者治病靠神力,医、道两门,～。【近义】冰炭不相容　格格不入【反义】水乳交融

水火无情　shuǐ huǒ wú qíng

【释义】无情:不讲情面。指水灾和火灾来势凶猛,没有情面可讲。【例句】破坏了生态环境就像～一样,会给人类带来很多灾难,多可怕啊!

水来土掩　shuǐ lái tǔ yǎn

【释义】大水来了,用泥土堵住。比喻针对具体情况,采取相应的措施和办法。【例句】面对任何困扰,他总是有办法兵来将挡,～,大事化小、小事化无。【近义】一物降一物　针锋相对

水落石出　shuǐ luò shí chū

【释义】水落下去,石头就露出来。这是对冬季枯水期自然景色的描写。喻指事情真相大白。【例句】人类总有一天会揭开金字塔神秘的面纱,把她的来

历查个～。【近义】真相大白　原形毕露【反义】真假莫辨

水米无交　shuǐ mǐ wú jiāo

【释义】交:交往,往来。没有饮水借火的交往。比喻为官清廉,无所取于民。也指互不关涉,毫不相干。【例句】他在此为政三年,与百姓却～。/我知道上海虽然比知道绍兴多些,但绍兴究竟是我的祖籍,上海是和我～的。【近义】素昧平生

水磨工夫　shuǐ mó gōng fū

【释义】水磨:加水细磨。指细致精密的工夫。形容工作细致,费时很多。【例句】为了摸清这群毒贩的情况,侦察员们下了～去执行任务。【近义】磨杵成针【反义】粗枝大叶

水清无鱼　shuǐ qīng wú yú

见"水至清则无鱼"。

水乳交融　shuǐ rǔ jiāo róng

【释义】交融:融合在一起。像水和奶汁融合在一起。形容关系非常融洽,密不可分。【例句】朱自清能让读者和他～——至少在读他的文字时如此。【反义】水火不相容　冰炭不相容　格格不入

水深火热　shuǐ shēn huǒ rè

【释义】形容人民生活极端痛苦,就像处于深渊和火坑之中。【例句】她的命很苦,一辈子都在～中挣扎,哪儿来的养尊处优?【近义】生灵涂炭【反义】安居乐业

水天一色　shuǐ tiān yī sè

【释义】唐代王勃《滕王阁序》:"落霞与孤鹜齐飞,秋水共长天一色。"指水面好像与天相接,同为一色。形容水域十分辽阔。【例句】青海湖～,波光激

S

滟,流云雁影倒映湖中,十分迷人。【近义】水光接天

水土不服　shuǐ tǔ bù fú
见"不服水土"。

水泄不通　shuǐ xiè bù tōng
【释义】泄:排泄,排出。连水都流不出去。形容极其拥挤或包围得很严密。【例句】地铁试车那天,北京宣武门外人山人海,～。【近义】密不透风　人山人海【反义】畅通无阻　四通八达

水涨船高　shuǐ zhǎng chuán gāo
【释义】涨:升高。水位上升,船也随之升高。比喻事物随其所凭借的基础的提高而相应提高。【例句】随着父母收入的增加,我的生活费和零花钱也～地增加了。【近义】风大浪高【反义】一成不变

水至清则无鱼　shuǐ zhì qīng zé wú yú
【释义】至:最,极。清:清澈,清亮。水过于清澈,鱼就不能藏身存活。比喻人过于苛察精明,就会没有伙伴。也用来指对人对事不可求全责备。也作"水清无鱼"。【例句】他是一个孤僻的人,常常孤芳自赏,自命清高,结果是～,没有任何朋友。/人上一百,形形色色,哪有什么清一色的队伍呢?～,人至差则无徒。

水中捞月　shuǐ zhōng lāo yuè
见"海底捞月"。

顺风扯帆　shùn fēng chě fān
【释义】顺着风向扯起船帆。比喻顺应趋势办事。【例句】在海上行驶时,要使船速更快,～是关键。/说到底,角川春树的变革不过是～罢了。【近义】看风使舵　见风使舵　顺风吹火　随

风转舵　顺水推舟

顺风吹火　shùn fēng chuī huǒ
【释义】顺着风势吹火。比喻见机行事。【例句】他主动向大家提出自己退出乐队,大家也就～同意了他的请求。【近义】顺风扯帆　看风使舵　见风使舵　随风转舵　顺水推舟

顺风转舵　shùn fēng zhuǎn duò
【释义】顺着风向掉转舵位。比喻随着形式的变化,改变自己的态度。【例句】老郝是个机灵人,总会～,迎合别人的心理。【近义】见机行事

顺理成章　shùn lǐ chéng zhāng
【释义】理:条理,事理。章:章法。原指写作顺着条理,便会自成章法。后形容说话做事合情合理。【例句】那篇文章立论明确,层次清楚,～。/再过两三年条件成熟了,将公司股票挂牌上市也就～了。

顺其自然　shùn qí zì rán
【释义】顺:随顺,顺应。顺应事物自身的发展趋势,不人为去干预。【例句】教育孩子要像老舍先生一样,～、因势利导。

顺手牵羊　shùn shǒu qiān yáng
【释义】顺手把别人的羊牵走了。比喻乘便行事,毫不费劲。也比喻乘机行窃,顺手拿走别人的东西。【例句】这小伙子会武功,～式地就把小偷撂倒在地。/红姑娘在找照片时,无意中发现了那对玛瑙,便～把它拿走了。【近义】浑水摸鱼　趁火打劫【反义】明目张胆　明火执仗

顺水推舟　shùn shuǐ tuī zhōu
【释义】舟:船。顺着水流的方向推船。比喻顺应情势说话办事。【例句】他若

留我,乐得～;他若不留,我也不走。【近义】见风使舵　看风使舵　顺风扯帆　顺风吹火　随风转舵【反义】逆水行舟

顺藤摸瓜　shùn téng mō guā

【释义】顺着瓜藤去摸瓜。比喻顺着发现的线索追根究底,以获取更大的收获。【例句】一经发现可疑人和可疑事,要～,一追到底。【近义】剥茧抽丝　按图索骥

瞬息万变　shùn xī wàn biàn

【释义】瞬息:一眨眼一呼吸之间。形容在极短的时间内变化极多。【例句】只有具备预见性,才能在～的市场中不失时宜地把握战机。【近义】变幻莫测　变化无常【反义】一成不变

说白道黑　shuō bái dào hēi

见"说黑道白"。

说长道短　shuō cháng dào duǎn

【释义】长:长处,优点。短:短处,缺点。随意议论别人的是非好坏。【例句】她是一个喜欢走家串户、专好～,刺探别人家里私事和隐秘的女人。【近义】数短论长

说到做到　shuō dào zuò dào

【释义】对说过的话或作出的承诺,都能切实地办到或兑现。【例句】姐姐是个爽快人,～,给我买了件暗红色的羽绒马甲。【近义】说话算数

说东道西　shuō dōng dào xī

【释义】说东家道西家。指说这说那,随意谈论。【例句】这件事与你无关,你就不要～的了。【近义】品头题足　说三道四

说黑道白　shuō hēi dào bái

【释义】说长道短,乱加评论,信口雌黄。也作"说白道黑"。【例句】她是一个很诚实的孩子,从不～。

说话算话　shuō huà suàn huà

见"说话算数"。

说话算数　shuō huà suàn shù

【释义】算数:承认有效力。说过的话都要认账,都承认有效力。形容不说不负责任的话。也作"说话算话"。【例句】老板果然～,从第二个月开始她拿到了比先前略高的薪水。【近义】说到做到

说三道四　shuō sān dào sì

【释义】指不负责任地随意地说这说那,乱加谈论。【例句】非常有害的不是别人,正是这些～的袖手旁观者。【近义】说东道西

说是谈非　shuō shì tán fēi

【释义】评说是非。指搬弄口舌。【例句】她父母真是没眼力,把她嫁在这样的环境里,让别人～。

说一不二　shuō yī bù èr

【释义】说怎么样就一定怎么样。形容说话算数。【例句】警卫员知道总司令是～的。【近义】言行一致　言必有信【反义】出尔反尔　反复无常

铄石流金　shuò shí liú jīn

见"流金铄石"。

硕果仅存　shuò guǒ jǐn cún

【释义】硕:大。这大果子是唯一留存下来的。指经过淘汰,留存下的稀少可贵的人或物。【例句】拍卖会上的那件艺术品是卡蜜儿～的一部分,难怪价格这么高。【近义】鲁殿灵光　凤毛麟角　绝无仅有【反义】硕果累累　不胜枚举　不计其数

数见不鲜　shuò jiàn bù xiān

【释义】数:多次。鲜:指现杀的禽兽,引申为新鲜。《史记·郦生陆贾列传》:"一岁中往来过他客,率不过再三过、~,无久恩(hùn,打扰,打搅)公为也。"清代顾炎武《日知录》:"'~',意必秦时人语,犹今人所谓'常来之客不杀鸡'也。"即经常来的客人,不必现杀禽畜款待。后用以指事物经常见到,就并不感到新奇。也作"屡见不鲜"。【例句】这样的例子,在现实生活中已是~了。【近义】司空见惯　不足为奇　史不绝书【反义】史无前例　提示　"数"不读 shǔ 或 shù。

司空见惯　sī kōng jiàn guàn

【释义】司空:古代负责工程的官名。唐代孟棨《本事诗·情感》记载,唐代诗人刘禹锡罢和州刺史后回京,司空李(绅)邀其至家中,盛宴款待。刘即席赋诗,其中有"司空见惯浑闲事,断尽江南刺史肠"之句。原指司空看惯了奢华绮靡的场面,认为是平常事。后形容经常看到,不足为奇。【例句】现在,在网上购物已经是~的事了。【近义】数见不鲜　不足为奇　习以为常　屡见不鲜　见惯不惊【反义】少见多怪　闻所未闻　前所未闻　提示　"惯"不能写成"贯"。

司马昭之心,路人皆知　sī mǎ zhāo zhī xīn, lù rén jiē zhī

【释义】路人:行人,泛指不相干的人。司马昭的心思,连毫无关系的行路之人都知道。《三国志·魏书·高贵乡公纪》"昔援立东海王子髦,以为明帝嗣"南朝宋裴松之注引《汉晋春秋》记载,魏帝曹髦在位时,大将军司马昭专权,蓄意篡位。曹髦非常气愤,对侍中王沈、尚书王经等说:"司马昭之心,路人所知也。吾不能坐受废辱,今日当与卿自出讨之。"指野心非常明显,人

所共知。【例句】他想取代董事长位置的意图是~。

丝丝入扣　sī sī rù kòu

【释义】丝:每一根经线。扣:通"筘",即杼(zhù),织布机上主要机件之一,状如梳子,用来确定经纱的密度,保持经纱的位置,并把纬纱打紧。每一根经丝都从扣齿中通过。形容做事周密、细致,一一合拍。也形容艺术表现手法紧密、细致。【例句】编导用一束缎带,把四对矛盾~地组织成荧屏上一幅情浓意切的五彩锦绣。/ 他俩一唱一和,~,没有一点破绽。【近义】环环相扣【反义】乱成一团

私恩小惠　sī ēn xiǎo huì

【释义】私恩:私下给予或得到的好处。惠:给人财物。指给人一点好处借以达到某种目的。【例句】他从来都不把这些~放在心上。【近义】小恩小惠

私心杂念　sī xīn zá niàn

【释义】私心:自私之心。杂念:不纯的念头。指为个人或小集团利益打算的意图或念头。【例句】我们要抛开一切~,上下齐努力,拧成一股绳,尽快查明案情,力争早日破获此案。

思前想后　sī qián xiǎng hòu

【释义】形容前前后后地反复考虑盘算。也作"前思后想"。【例句】他这个人做事非常谨慎,事前总是~、周密安排。

思如泉涌　sī rú quán yǒng

【释义】才思像泉水般涌出。形容才思丰富敏捷。【例句】他回想起当年的知青生活就~,落笔成章。

斯文扫地　sī wén sǎo dì

【释义】斯文:指文化或文人。扫地:比喻名誉、地位完全丧失。文化或文人失去应有地位,得不到尊重。也指文

人自甘堕落。【例句】眼看那么多典籍被烧掉、古迹被摧毁，老教授们连连感叹："真是～，～!" / 堂堂教师，如果嗜酒成性、赌博成瘾，那真是～! 提示 "斯"不能写成"师"。

撕肝裂胆 sī gān liè dǎn

【释义】肝胆都像被撕裂一样。形容极端伤心。【例句】偶尔还有一两声稚拙的、怪声怪气的小公鸡的啼鸣～。

死不悔改 sǐ bù huǐ gǎi

【释义】到死也不肯改过悔悟。形容极其顽固，坚持错误。【例句】被抓到之后，小贝～，还口出恶言。【近义】至死不变【反义】幡然悔悟

死不瞑目 sǐ bù míng mù

【释义】瞑目：闭上眼睛。人死了也不闭上眼睛。形容虽死而心犹未甘。【例句】我发誓要亲手杀了这个卖国贼，否则～!【近义】抱恨终天【反义】死而无怨

死而不朽 sǐ ér bù xiǔ

【释义】死了却不腐朽。指人虽然死了而声名、事业长存。【例句】荒凉大漠、丝绸古道、楼兰遗址，干涸漂移的罗布泊、～的胡杨林，记下了沧海桑田的历史。

死而复生 sǐ ér fù shēng

【释义】死去后又活过来。形容身陷绝境或遭受灭顶之灾后又重获生机。【例句】他的心脏已停止跳动，不能～了。【近义】起死回生【反义】与世长辞

死而后已 sǐ ér hòu yǐ

【释义】已：停止，止息。死了才停息。指尽心尽力地致力于某事，一直到死为止。【例句】他这种鞠躬尽瘁、～的革命精神，给我们作出了光辉榜样。【近义】鞠躬尽瘁

死灰复燃 sǐ huī fù rán

【释义】死灰：物体燃烧过后的灰烬。复：再，又。熄灭的灰烬又重新燃烧起来。比喻已经停息的事物又重新活动起来。也比喻失势的力量重又兴起。【例句】对糟粕自然要摒弃，不能任其沉渣泛起，～。/ 一度绝迹的街头赌博，近来又～了。【近义】东山再起 卷土重来【反义】一蹶不振

死里逃生 sǐ lǐ táo shēng

【释义】形容从极危险的境况下脱逃，保全了性命。【例句】他在饱尝几个月的铁窗风味之后，总算～，重新获得了自由。【近义】绝处逢生 劫后余生 虎口余生 九死一生【反义】束手待毙 死路一条

死皮赖脸 sǐ pí lài liǎn

【释义】形容厚着脸皮，不知羞耻地一味纠缠。【例句】小亮完全能自食其力，却不好好干活，～地三天两头来缠他舅舅要米要豆子。【近义】死乞白赖

死乞白赖 sǐ qī bái lài

【释义】死缠着乞讨，平白无故地耍赖。也形容没完没了地纠缠。也作"死气白赖"。【例句】他只好年有年礼，节有节礼，～巴结上冯老兰。【近义】死皮赖脸

死气白赖 sǐ qì bái lài

见"死乞白赖"。

死气沉沉 sǐ qì chén chén

【释义】沉沉：深沉。形容气氛极为沉闷，没有生气。也形容意志颓废消沉。【例句】这座古庙连暮鼓晨钟也听不见，～的。/ 母亲看到高考落榜后变得～的儿子，心都要碎了。【近义】万马齐暗【反义】生气勃勃

死去活来 sǐ qù huó lái

【释义】昏死过去又苏醒过来。形容备

S

受折磨。也形容极度悲伤。【例句】他被捕后，尽管被敌人的刑讯逼供弄得～，也没泄露党的机密。/ 母亲长年卧病在床，得到父亲战场上牺牲的消息后哭得～，不到三月也去世了。【近义】痛不欲生

死无葬身之地 sǐ wú zàng shēn zhī dì

【释义】死后连个埋葬尸体的地方也找不到。形容结局极度悲惨。【例句】庄宗听后老大不快，自言自语地说："如果这样，我们就～了。"

死心塌地 sǐ xīn tā dì

【释义】塌地：心里安定、踏实。心中踏实，不存疑虑。形容打定主意，铁下心来。也形容心甘情愿。【例句】从今以后，我们就～跟着您。/ 她～要嫁给这样一个才貌一般的男人。/ 他表示要和你大战一场，那时如果被擒，才～投降。【近义】至死不渝【反义】举棋不定

死有余辜 sǐ yǒu yú gū

【释义】余：多余的，剩余的。辜：罪恶。就是处死，也抵偿不了所造成的罪恶。形容罪大恶极。【例句】像希特勒这样的战犯，真是～！【近义】罪大恶极 罪不容诛 十恶不赦

死于非命 sǐ yú fēi mìng

【释义】非命：横死，指意外的灾祸。指未尽天年便遭受意外的灾祸而死亡。【例句】因交通事故而～的人数近年在逐渐增加。【反义】寿终正寝

死中求生 sǐ zhōng qiú shēng

【释义】指在临近死亡的绝境中求生路。【例句】她具有超凡的舞蹈天才，在短短的两分钟里就淋漓尽致地表演出～的天鹅形象。【近义】死里逃生

四大皆空 sì dà jiē kōng

【释义】四大：古代印度哲学认为地、水、

火、风是构成宇宙的元素，称之为"四大"；佛教借用其说，把坚、湿、暖、动四种性能称为"四大"。空：空幻，虚幻。泛指世间一切都是虚无空幻的。多用来表示看破红尘。【例句】历来认为，出家人都是慈悲为怀，～。【近义】心无杂念 六根清净

四分五裂 sì fēn wǔ liè

【释义】本指在四面受敌的情况下，国土易被分解割裂。后形容破碎不全，不完整、不集中、不统一的状况。【例句】南梁王朝经过"侯景之乱"，从此内部便～了。/ 看到家中～的局面，老人气得晕了过去。【近义】支离破碎 分崩离析【反义】完好无缺

四海鼎沸 sì hǎi dǐng fèi

【释义】四海：古人以为中国四周都是大海，故以四海代指全中国。鼎：古代煮食物的器皿，三足两耳。鼎沸：像鼎中的水一样沸腾。比喻局势不安定，天下大乱。【例句】如果一代君王不重用敢于直谏的大臣，则必将使人心尽失，～，国事更不可收拾！【反义】四海升平

四海升平 sì hǎi shēng píng

【释义】四海：古人以为中国四周都是大海，故以四海代指全中国。升平：太平。天下太平。【例句】开元年间，国泰民安，～，朝野争以宴乐豪奢相尚。【反义】四海鼎沸

四海为家 sì hǎi wéi jiā

【释义】四海：古人以为中国四周都是大海，故以四海指代全中国。为：当成。以全中国为家。指占有四海，统治全国。也指漂泊无定所，到处都可以当成家安身。【例句】要治理天下的，应该以～，今天走南，明天闯北，没有固定不变的道理。/ 从此他独自一人，无牵无挂，～。【近义】浪迹天涯【反义】

安土重迁

四海之内皆兄弟 sì hǎi zhī nèi jiē xiōng dì

【释义】四海：古人以为中国四周都是大海，故用以指全中国。全中国的人都好像兄弟一样。《论语·颜渊》："君子敬而无失，与人恭而有礼，四海之内，皆兄弟也。"表示推诚待人，将天下人都当作兄弟看待。【例句】～，天下百姓是一家。洪家兄弟到你家中后，一定要以礼相待。

四脚朝天 sì jiǎo cháo tiān

【释义】四脚：四肢。形容仰面跌倒。也形容死去。【例句】那只可怜的小鸟叫声未绝，早被大鹏一嘴啄得～。/ 说完这句话，钟老太太便～，一声不言语了。

四邻八舍 sì lín bā shè

【释义】邻、舍：邻舍，邻居。泛指前后左右的邻居。【例句】陈师傅是金陵城里挑剃头挑子的，为人豪爽大方，～的孤寡老人剃头一律不收钱。

四面八方 sì miàn bā fāng

【释义】四面：指东、南、西、北四个方向。八方：指东、南、西、北和东南、东北、西南、西北八个方向。泛指周围各个方向或各个地方。【例句】这批学生来自～，穿着、言语差异很大。【近义】五湖四海

四面楚歌 sì miàn chǔ gē

【释义】楚歌：楚地（指长江中下游一带）的民歌。《史记·项羽本纪》："项王军壁垓下，兵少食尽，汉军及诸侯兵围之数重。夜闻四面皆楚歌，项王乃大惊曰：'汉皆已得楚乎？是何楚人之多也！'"指到处都是楚国人的歌声。形容陷于四面受敌、孤立无援的绝境。【例句】抗日战争进行到最后一年，日军已是～。【近义】四面受敌

四平八稳 sì píng bā wěn

【释义】形容人身材长得匀称协调，举止稳重。也形容非常平衡协调而不偏颇。指做事只求不出差错，不思进取与开拓。【例句】他长得面白肥胖，～。/ 小毛驴～地走着，铜铃子叮当叮当地响着，太富有诗情画意了。/ ～、没有活力、没有朝气的工作态度是不可取的。

四通八达 sì tōng bā dá

【释义】达：畅通无阻。四面八方都畅通无阻。形容交通十分便利。【例句】上海的交通～，有铁路、公路、航线通往全国各地。

似曾相识 sì céng xiāng shí

【释义】似：好像。曾：曾经。相识：彼此认识。好像曾经见过。指对所见到的人或事物感觉熟悉，但印象不够真切。【例句】我目不转睛地注视着这～的风景。/ 那次在征文颁奖会上，我俩初次见面，就感觉～，谈天说地，侃山论海，像多年的老朋友。【反义】素昧平生 素不相识

驷不及舌 sì bù jí shé

【释义】驷：四匹马拉的车。及：赶上，追上。舌：这里指话语。四匹马拉的车也追不上舌头（说出的话）。指话一旦说出口便难以收回。【例句】当酒醒之后，他悔恨自己～地把心中的秘密全部暴露出来了。【近义】驷马难追

驷马难追 sì mǎ nán zhuī

见"一言既出，驷马难追"。

肆无忌惮 sì wú jì dàn

【释义】肆：放肆。忌：顾忌。惮：害怕，畏惧。任意妄为，毫无一点顾忌和害怕。【例句】敌人的战斗机～地向藏岭山、砚池山投弹扫射。【近义】肆行无忌 无法无天 胡作非为 胆大妄为

S

【反义】循规蹈矩

肆行无忌　sì xíng wú jì

【释义】肆行:恣意妄为。无忌:没有顾忌。行为放肆,无所顾忌。【例句】他～的行径逃不过公安人员的眼睛,最终他还是被绳之以法。【近义】肆无忌惮　无法无天　胡作非为【反义】安分守己　循规蹈矩

耸人听闻　sǒng rén tīng wén

【释义】耸:惊恐,惊动。听后使人感到非常震惊。【例句】我那首诗尽管采取寓言体,却不是凭空虚构,～的。【近义】骇人听闻　危言耸听

送货上门　sòng huò shàng mén

【释义】亲自把货物送到顾客家中,以方便用户。【例句】这架飞机外表很新,好像工厂特意为军校制造后专程～的。

送往迎来　sòng wǎng yíng lái

【释义】送走要离去的人,迎接来到的人。【例句】公司刚刚成立,行政事务缠身,大小会议,～,耗费了许多精力。

搜肠刮肚　sōu cháng guā dù

【释义】在肠子里搜寻,刮空肚子。形容冥思苦想,尽力思索。【例句】他正在～地想寻找一个能够恰当进行描述的字眼。【近义】搜索枯肠　挖空心思

搜索枯肠　sōu suǒ kū cháng

【释义】搜索:搜寻,求索。枯肠:干枯的肠子,指思路枯竭。形容绞尽脑汁,竭力思索。【例句】陆教授说:"老夫如今年迈,没心绪～,偷今换古,就把老年登科作一首。"【近义】搜肠刮肚　绞尽脑汁　挖空心思

俗不可耐　sú bù kě nài

【释义】俗:俗气,庸俗。耐:忍受,忍耐。庸俗得使人无法忍受。【例句】她今天

的这身打扮～。【反义】雅人深致

夙兴夜寐　sù xīng yè mèi

【释义】夙:早。兴:起来。寐:睡着。早起晚睡。形容十分勤劳。【例句】为了人民能过上好日子,无数焦裕禄、孔繁森式的好干部,～,呕心沥血,功载青史,被人们传颂。【近义】夙夜匪懈　提示　"夙"不能写成"宿"。"兴"不读 xìng。

肃然起敬　sù rán qǐ jìng

【释义】肃然:恭敬的样子。起敬:产生敬佩的心情。形容表现出敬重的神态和流露出钦佩的感情。【例句】望着出出进进的她,来客们一个个～,仿佛是面对着含辛茹苦的母亲。

素不相识　sù bù xiāng shí

【释义】素:平素,向来。向来互不认识。指从未有过交往。【例句】傅雷夫妇的骨灰是由一位～的女青年和傅雷亲属、保姆共同努力保存下来的。【近义】素昧平生　素不识荆

素昧平生　sù mèi píng shēng

【释义】素:平素,向来。昧:不明白,不了解。平生:平素。一向不相识,不了解。【例句】我与他～,毫无交往,今天相见却如故人。【近义】素不相识　素不识荆　提示　"昧"不能写成"味"。

速战速决　sù zhàn sù jué

【释义】决:解决,消灭(敌人)。快速地进行并结束战斗。也比喻加紧努力,用最快的速度完成某事。【例句】许将军认为:劲敌在后,对此"四龙"必须～。/ 我们一齐动手,～,就能完成任务。【反义】旷日持久

溯流徂源　sù liú cú yuán

【释义】溯:逆流而上。徂:往,到。往河流而上,直抵源头。比喻追根究底。【例句】凭着对任何事物都想要～的习

惯,他们也要对非西方文化作出理性和科学的判断。【近义】探本穷源　探源溯流　寻根究底　提示　"徂"不能写成"殂"。

酸甜苦辣　suān tián kǔ là
【释义】泛指各种味道。比喻生活中的幸福、痛苦等种种遭遇和感受。【例句】人生的～,在他的作品中留下了不可磨灭的印迹。/ 这些年轻人都是在蜜糖罐子里长大的,没尝过多少人生的～。

随波逐流　suí bō zhú liú
【释义】随、逐:追随,尾随。随着波浪起伏,跟着流水漂荡。比喻没有自己的立场和主见,只是随着潮流走。【例句】他不～,不愿为追名逐利而迎合西方社会的需要而创作。【近义】与世沉浮　随俗浮沉　提示　"逐"不能写成"遂"。

随风转舵　suí fēng zhuǎn duò
【释义】顺着风向掉转舵位。比喻见机行事,随情势而转变态度。【例句】既为政客,～的本事对于这位青年政要来说,还是有的。【近义】看风使舵　见风使舵　顺风扯帆　顺风吹火　顺水推舟　相机行事　提示　含贬义。

随行就市　suí háng jiù shì
【释义】随:顺从。行、市:行情。就:迁就,将就。指价格随市场的行情而变动。【例句】这个商场的价格～,便宜实惠,特别适合广大市民的胃口。提示　"行"不读 xíng。

随机应变　suí jī yìng biàn
【释义】随:随顺,顺应。机:时机。应:应付,适应。指随顺时机或情况的变化,灵活地做出相应的反应。【例句】与社会上的人打交道,总要～,能屈能伸,才不会吃亏。【近义】见机行事　相机行事　提示　"应"不读 yīng。

随声附和　suí shēng fù hè
【释义】随声:跟着别人的话音。附和:跟着别人说。别人说什么,自己跟着说什么。形容缺少主见,一味盲从。【例句】董事长提议加薪,他的秘书立即～。【近义】人云亦云　【反义】不敢苟同　提示　"和"不读 hé。

随俗浮沉　suí sú fú chén
【释义】俗:世俗,世风。随着世风或沉或浮。形容处世不拘守自己的立场观点,一味地顺从世俗。【例句】他对自己的心地清白、不～是有点自负的。【近义】与世沉浮　随波逐流

随乡入俗　suí xiāng rù sú
见"入乡随俗"。

随心所欲　suí xīn suǒ yù
见"从心所欲"。

随遇而安　suí yù ér ān
【释义】随:顺从,顺应。遇:境遇,环境。安:安然,恬然。能顺应各种不同的境遇,在任何境况下都能安然自得,感到满足。【例句】昆虫大多在临时的隐蔽所藏身,蟋蟀和它们不同,不肯～,常常慎重地选择住址。【近义】与世无争　安于现状　【反义】不甘寂寞

岁不我与　suì bù wǒ yǔ
【释义】岁:岁月,光阴。与:待,等待。不我与:不等待我。时间不会等待人。指时间不多,须抓紧时机。【例句】马上就要高考了,～,必须抓紧时间复习,其他的杂事只得放一放。【近义】时不我待

岁寒知松柏　suì hán zhī sōng bǎi
【释义】经过严冬,才知松柏耐寒。比喻在艰难困苦的条件下,才能看出一个人的高尚情操。【例句】～,小马是经过严峻考验的坚强战士。【近义】路遥知马力

S

岁月如流　suì yuè rú liú

【释义】岁月:时光。形容时光如流水般迅速逝去。【例句】真是～啊,现在我们都变老了。【近义】日月如梭　光阴似箭【反义】度日如年

碎尸万段　suì shī wàn duàn

【释义】碎:弄成小块。将人的尸体用乱刀剁成万段。形容对罪大恶极者极端仇恨。【例句】人们恨不得将这个卖国贼～。

损兵折将　sǔn bīng zhé jiàng

【释义】折:折损,损失。兵士和将领都有损失伤亡。指作战严重失利。【例句】赤壁之战使得曹操～无数,损失惨重。【反义】斩将搴旗

损公肥私　sǔn gōng féi sī

【释义】损:损害,使受损失。公:国家或集体的。肥:使受益,使得利。损害国家或集体的利益而使自己得到好处。【例句】这封写给总公司的信,以确凿的事实列举了他的一些违法行为和～的做法。

损人利己　sǔn rén lì jǐ

【释义】损:损害,使受损失。利:受益,使得到好处。损害别人的利益而使自己得到好处。【例句】～的那种人是很卑鄙的。【近义】自私自利【反义】先人后己　克己奉公　舍己为人

缩手缩脚　suō shǒu suō jiǎo

【释义】缩:收缩,蜷缩。因寒冷而四肢不能舒展的样子。形容因顾虑多、胆小而不敢放手办事。【例句】我们喊了很久,店家才拿了一盏灯,～地进来,嘴里还说:“好冷呀!”/ 不要因惧怕错误而畏首畏尾,～。【近义】缩头缩脑　畏首畏尾【反义】大刀阔斧　勇往直前

所见所闻　suǒ jiàn suǒ wén

【释义】所看到的和听到的。【例句】几天之内的～让我们大开眼界,感觉不虚此行。

所向披靡　suǒ xiàng pī mǐ

【释义】所向:风所吹向的地方。披靡:草木随风倒伏的样子。风力所及之处,草木就纷纷倒伏。比喻力量达到之处,一切障碍都被清除。【例句】初战失利,一向在竞争中～的他对考试产生了一种从未有过的恐惧。【近义】所向无敌【反义】望风而逃　望风披靡　提示 “靡”不读 má 或 fēi,也不能写成“糜”。

所向无敌　suǒ xiàng wú dí

【释义】所向:指力量所到达的地方。敌:对手,敌手。力量所达到的地方,没有任何力量可与之匹敌。形容势不可当,无往而不胜。【例句】象棋大师刘剑青每次代表交通厅参赛象棋,都～。【近义】所向披靡【反义】望风而逃　望风披靡

所作所为　suǒ zuò suǒ wéi

【释义】为:做。泛指一个人或一个团体所做的一切。【例句】他的～,究竟对得起谁? 提示 “为”不读 wèi。

索然寡味　suǒ rán guǎ wèi

见“索然无味”。

索然无味　suǒ rán wú wèi

【释义】索然:枯燥乏味,没有兴趣的样子。形容呆板枯燥,没有一点意趣和趣味。也作“索然寡味”。【例句】今年天气特别寒冷,所以我们只能待在家里过一个～的元宵节。【近义】淡而无味　枯燥无味　味同嚼蜡【反义】意味深长　津津有味

T

他山之石　tā shān zhī shí

【释义】他:别的,其他的。别处山上的石头。原比喻别国的贤才可作为本国的辅佐。后比喻可借助的外力或可供自己借鉴、给自己以启迪的他人的经验与成功之道。【例句】我们要把考察学习来的经验运用到我们的生产实践中,～,可以攻玉。【近义】前车之鉴

胎死腹中　tāi sǐ fù zhōng

【释义】比喻计划中途取消,不能实现。【例句】他们办绘画兴趣班的事,因未能得到相关部门的支持,已～了。

太仓一粟　tài cāng yī sù

【释义】太仓:古时京师储存粮食的大仓。粟:小米。太仓中的一粒小米。比喻极其渺小,微不足道。【例句】我们已发出了募捐通知,知会各同窗的朋友,大家多少集合成数出来,但恐～,无济于事。【近义】九牛一毛　沧海一粟

太平盛世　tài píng shèng shì

【释义】指社会安定、政治清明、经济兴盛的时代。【例句】如今虽是～,也应做到安不忘危。【近义】天下太平【反义】兵荒马乱

太岁头上动土　tài suì tóu shàng dòng tǔ

【释义】太岁:传说中的神名。动土:指破土动工兴建土木工程。在太岁的头上动工搞修建。旧时迷信认为太岁之神在地,与天上木星的运行相应而行,兴建土木工程要避开太岁之神所在的方位,否则就会有灾祸。现比喻触犯有权势或强横的人。【例句】你敢在～? 他是干什么的,你也不打听打听!

泰然处之　tài rán chǔ zhī

见"处之泰然"。

泰然自若　tài rán zì ruò

【释义】泰然:镇定安详的样子。自若:不改变常态,保持本来的风貌。形容在遭遇变故或面对严重、紧急的情况时,沉着镇定,毫不慌乱。【例句】周总理放下酒杯,继续～地同胡宗南谈话。【近义】坦然自若　谈笑自若　神色自若【反义】不知所措　惊惶失措

泰山北斗　tài shān běi dǒu

【释义】五岳之首的泰山和众星拱之的北斗。比喻德高望重或成就卓越为众人所敬仰的人物。【例句】此后他名满天下,成了举世公认的科学界的～。

泰山压顶　tài shān yā dǐng

【释义】顶:头顶。泰山压在头顶上。比喻极其沉重的力量压到头上来。【例句】一连串的不幸犹如～一般,但她没有因此倒下,仍然坚持工作。【近义】五雷轰顶

贪得无厌　tān dé wú yàn

【释义】得:爱财,贪财。贪得:贪婪,不择手段地求取财物。厌:满足。得到了还想再得到,不知满足。【例句】～

的财主得了一把金斧子,还想得到老爷爷点石成金的手指,老爷爷很生气,就把金斧子又变成了石头。【近义】欲壑难填　贪心不足【反义】一介不取

贪多务得　tān duō wù dé

【释义】务:致力于,力求。本指学习上务求尽量多地获得知识。后泛指贪心不足,一味地贪求、谋取,并志在必得。【例句】一个人如果在物质上～,在精神上也一贫如洗,那是很可悲的。【近义】贪心不足

贪官污吏　tān guān wū lì

【释义】贪污受贿、胡作非为的官吏。【例句】队伍准备渡过黄河,去消灭那些～和地方恶霸,解救受苦受难的老百姓。【近义】奸官污吏

贪生怕死　tān shēng pà sǐ

【释义】贪恋生存,害怕死亡。形容顾惜生命而畏缩不前。【例句】面对武装到牙齿的敌人,我军战士没有一个因～而逃跑或投降的。【反义】视死如归　舍生忘死

贪天之功　tān tiān zhī gōng

【释义】贪:贪污,侵夺。把天的功绩说成是自己的力量。指把不属于自己的成就、功劳算到自己身上。【例句】那个金杯是我们加班加点奋斗一年才得来的,他虽然身为领导,但也不能～,把奖杯捧回家去。【近义】掠人之美【反义】功成不居

贪心不足　tān xīn bù zú

【释义】足:满足。贪得无厌,不知满足。【例句】造假者总是～蛇吞象,他们是不屑于为了一元两元钱去铤而走险,担惊受怕的。【近义】贪得无厌　欲壑难填　得寸进尺【反义】心满意足

贪赃枉法　tān zāng wǎng fǎ

【释义】枉:歪曲,破坏。指贪污受贿,违法乱纪。【例句】有些干部对党和人民的事业无所用心,甚至～。【近义】徇情枉法【反义】廉洁奉公　奉公守法

昙花一现　tán huā yī xiàn

【释义】昙花:梵语"优昙钵罗花"的简称。昙花花期很短,开花数小时即谢。后用以比喻人、事物或某种现象一出现便迅速消失。【例句】各种时尚、流行总是～,不断变换。【近义】电光石火【反义】百世不磨

谈虎色变　tán hǔ sè biàn

【释义】色:脸色。一谈到老虎,脸色都吓得变了。比喻一提到可怕的事物或人就情绪紧张,心里害怕。【例句】人们对于癌症常常是～,其实很多癌症在早期是可以治愈的。【近义】闻风丧胆

谈天说地　tán tiān shuō dì

【释义】天上的地下的都谈论到。形容话题广泛,漫无边际地闲谈。【例句】每到周末,我们哥几个就小聚一次,在一起～,十分快乐。【近义】论今说古

谈笑风生　tán xiào fēng shēng

【释义】风生:形容活泼风趣的情状。形容谈话时有说有笑,生动风趣。【例句】一位手里握着一只网球拍的年轻女士,与两三个男士一路～地走着。【近义】谈笑自若　议论风生【反义】默默无语　相对无言

谈笑自若　tán xiào zì ruò

【释义】自若:自然,跟平常一样。言谈欢笑都跟平时一样。形容在异常情况下能不改常态,神色不变。【例句】上面虽有倾盆大雨淋着,我们还是～,边

走边谈，愈谈愈有味。【近义】神色自若　坦然自若　泰然自若【反义】大惊失色　张皇自若

弹冠相庆　tán guān xiāng qìng
【释义】弹冠：掸去帽子上的尘土。本指一个人当了官或升了官，他的同伙也为即将有官做而互相庆贺。后指因即将做官而互相庆贺。【例句】抗日战争时期，毛泽东同志在写给国民党的信里说："爱国有罪，冤狱遍于国中；卖国有赏，汉奸～。" 提示 "弹"不读 dàn。

弹指之间　tán zhǐ zhī jiān
【释义】弹指："一弹指"的省略。佛经中谓二十念为一瞬，二十瞬为一弹指。指极短的一瞬间。形容时间短暂。【例句】～，十五年过去了，当年戎装焕发的他，而今更加开拓潇洒。【近义】指顾之间　转瞬之间

忐忑不安　tǎn tè bù ān
【释义】忐忑：心中七上八下的样子。形容心神不定。【例句】调皮的小明打碎了家里的大花瓶，心里～。【近义】惴惴不安【反义】坦然自若　神色自若

坦然自若　tǎn rán zì ruò
【释义】坦然：安详镇定、坦诚大方的样子。自若：自然而然，跟平常一样。安详镇定、自然大方的样子。【例句】她不相信这个男孩胡乱编出的话，但看着他那～的神情，她又不得不相信。【近义】泰然自若　谈笑自若　神色自若【反义】惊慌失措　心神不宁　坐立不安　寝食不安　忐忑不安

叹为观止　tàn wéi guān zhǐ
【释义】叹：赞叹，叹赏。观止：看到了尽头，看到这里就足够了。形容看到的事物好到极点，尽善尽美，无以复加。【例句】黄山的云海变幻无穷，令人～。

探囊取物　tàn náng qǔ wù
【释义】探：手伸进去拿。囊：口袋。伸手到口袋里取东西。比喻做事毫不费力，轻而易举就获得成功。【例句】阮氏三兄弟从小就在梁山泊长大，水性极好，让他们捉两条鱼上来，如同～，小事一桩！【近义】瓮中捉鳖　唾手可得

探头探脑　tàn tóu tàn nǎo
【释义】探：向前伸出。形容躲躲闪闪、窥探张望的样子。【例句】两个人在恳谈室至多聊了十分钟，那个在中国待了多年的山本就～地推开门看了好几次。【近义】伸头探脑

探赜索隐　tàn zé suǒ yǐn
【释义】探：探求，求索。赜：玄妙深奥的道理。索：探索，索求。隐：隐秘之事。探索深奥隐微的事理。【例句】对美洲土著文化～，是这本著作的方向。【近义】阐幽明微　钩深致远

堂而皇之　táng ér huáng zhī
【释义】"堂皇"的诙谐说法。堂皇：即堂隍，官署的大堂。形容公开或不加掩饰。也形容气势宏大，体面有气派。【例句】这个贪官在公开场合～地宣称自己的廉洁，暗地里却干着见不得人的勾当。／大企业需要注意的是不要脑子发热，一脑袋的贪新贪大，追求～的形式，脱离中国的现实。【近义】冠冕堂皇

堂堂正正　táng táng zhèng zhèng
【释义】堂堂：威武盛大的样子。正正：整齐。形容光明正大。【例句】我是一名～的警察，绝对要制止你这种损害人民利益的行为。【近义】光明正大【反义】偷偷摸摸　鬼鬼祟祟

螳臂当车　táng bì dāng chē
【释义】螳：螳螂。当：阻挡。螳螂举起

前腿想挡住车子前进。比喻自不量力，做自己根本办不到的事情。【例句】历史的车轮是谁也挡不住的，任何人想～，都会被碾得粉碎。【近义】以卵击石　蚍蜉撼树【反义】量力而行

螳螂捕蝉，黄雀在后 　táng láng bǔ chán，huáng què zài hòu

【释义】螳螂正一门心思捕蝉，却不知黄雀在背后正要啄它。比喻只顾一心算计别人，却不知有人也在算计自己。也比喻贪图眼前小利，不知祸害就在自己的后面。【例句】小王蹲在窗户底下偷听。他并不知道，～，二楼窗口有一双眼睛也注意着他。/ 市场竞争激烈残酷，大鱼吃小鱼，小鱼吃虾米，～屡见不鲜。【近义】鹬蚌相争，渔翁得利

糖衣炮弹 　táng yī pào dàn

【释义】糖衣：包在某些苦味药物表面使药物便于服下的糖质层。用糖衣裹着的炮弹。比喻经过伪装的、腐蚀引诱人的东西或手段。【例句】有些干部思想比较薄弱，经不起一些腐朽思想的侵蚀和～的攻击，就堕落了。

倘来之物 　tǎng lái zhī wù

【释义】倘来：偶然、意外得到的。意外得到或不应得而得到的东西。【例句】他很清楚，自己得到的荣誉不过是～，没有任何值得骄傲自满的理由。

滔滔不绝 　tāo tāo bù jué

【释义】滔滔：源源不断、滚滚而至的样子。绝：尽，断。形容浪涛滚滚、奔流不息的样子。也形容话一句接着一句，说得又快又多。【例句】那首荆轲在易水河边唱的《易水歌》，也随着～的易水河流传了下来。/ 他凭空想了许多理由，～地说了很多空话。【近义】口若悬河　喋喋不休　源源不绝【反义】哑口无言　闭口不言　一言不发

滔天罪行 　tāo tiān zuì xíng

【释义】滔天：漫天，弥天。弥天的大罪。形容极大的罪行。【例句】在那儿屠杀了我们48万名士兵和平民，使这座美丽的城市变成了一个血腥的坟场，这就是那个保卢斯元帅所犯下的～。【近义】罪恶滔天　弥天大罪

韬光养晦 　tāo guāng yǎng huì

【释义】韬：收藏，隐藏。光：光芒，锋芒。晦：昏暗，不清晰。隐藏锋芒，不使外露，等待时机。【例句】越王勾践经过二十年的～，终于灭掉吴国。【近义】藏锋敛锷【反义】锋芒毕露

逃之夭夭 　táo zhī yāo yāo

【释义】原作"桃之夭夭"，本形容桃树的苗壮和桃花的繁茂艳丽。后因"桃"与"逃"同音，"夭夭"与"遥遥"谐音，遂以"逃之夭夭"戏指远遁，即逃得远远的。【例句】小磷虾没有御敌武器，只好突然发光把敌人照得"眼花缭乱"，自己抓住良机～。【近义】溜之大吉【反义】插翅难逃

桃李不言，下自成蹊 　táo lǐ bù yán，xià zì chéng xī

【释义】蹊：小路。桃树李树虽不用说话招引人，但因其花艳丽动人，果实甘美，人们争相来看，树下自然会形成小路。比喻为人忠厚正直，无须夸夸其谈、自我吹嘘，也自然会受到人们的尊重和景仰，声名远播。【例句】古人云：～。数十年来，钟教授在"不言"之中，以其强大的人格力量吸引着也教育着一批又一批中外学子。

桃李满天下 　táo lǐ mǎn tiān xià

【释义】桃李：桃树和李树，喻指门生或学生。比喻培养出的人才很多，遍布各地。【例句】作为全国最知名的高等学府，北京大学可谓～。

讨价还价　tǎo jià huán jià?

【释义】指卖主要价高，买主给价低，双方反复争议。比喻谈判时各方反复争议或接受任务时讲条件。【例句】菜场上，卖菜的和买菜的正在～。/ 赵老师在工作中任劳任怨，从不～，真不愧是模范教师。【近义】斤斤计较　寸量铢称

特立独行　tè lì dú xíng

【释义】特：独，独特。指立身处世操守高洁，不随波逐流。【例句】他厚重的文化底蕴、～的个性、老辣幽默的文字，一扫少年作家在人们心目中的稚嫩印象。【反义】随波逐流

腾云驾雾　téng yún jià wù

【释义】驾乘着云雾（在空中飞行）。形容奔驰迅速。也形容头脑迷糊、身体轻飘的感觉。【例句】假如你要到嘉陵江对岸去办事，可以乘坐架空索道车，像～一样飘过去，飞过去。/ 医生，我感到自己头重脚轻，如～般，是不是身体出了什么问题？

提纲挈领　tí gāng qiè lǐng

【释义】纲：渔网的总绳。挈：提起。领：衣服的领子。提起渔网的总绳，拎住衣服的领子。比喻抓住事情的关键或把问题简明扼要地揭示出来。【例句】我先把课文内容～地介绍一下。【近义】钩玄提要　振裘持领　提示 "挈"不能写成"契"。

提心吊胆　tí xīn diào dǎn

【释义】心和胆好像悬吊着没有着落。形容非常担心或害怕。【例句】我渐渐对这条路有了戒心，一走到这里就觉得～。【近义】担惊受怕【反义】心安理得

啼饥号寒　tí jī háo hán

【释义】啼饥：因饥饿而啼哭。号寒：因受冻而哭叫。形容缺吃少穿，生活极端困苦。【例句】那个时候，兵荒马乱，又碰上自然灾荒，老百姓～，成群结队地逃亡。【近义】饥寒交迫【反义】丰衣足食　提示 "号"不读 hào。

啼笑皆非　tí xiào jiē fēi

【释义】啼：啼哭。哭也不是，笑也不是。形容行事既令人难受又令人发笑，让人哭笑不得。【例句】小敏常常喜欢别出心裁地搞出一些令人～的恶作剧。【近义】哭笑不得

醍醐灌顶　tí hú guàn dǐng

【释义】醍醐：由牛乳提炼的纯酥油，佛教中比喻最高的佛法。灌：浇。顶：头顶。用以比喻灌输智慧，使人彻底醒悟。后比喻使人得到启发和彻悟。也比喻令人清凉舒适。【例句】他一听这话，顿时如～，猛然清醒过来。/宋江觉得这酒清香扑鼻，如～、甘露洒心。【近义】如饮醍醐　如梦初醒【反义】云里雾里

体大思精　tǐ dà sī jīng

【释义】体：格局，规模。思：思虑，思考。形容著作、设计等规模宏大，构思精密。【例句】《中国文学史》这部书材料丰富，～，确实应该花时间用心读一读。【近义】博大精深

体贴入微　tǐ tiē rù wēi

【释义】体贴：关心他人，替他人着想。体谅关心他人直至细微之处。形容对人关怀照顾得细致周到。【例句】在这个车间工作的大部分是女工，车间主任对她们经常问寒问暖，～，情同亲姐妹。【近义】无微不至　关怀备至【反义】漠不关心　漠然处之

体无完肤　tǐ wú wán fū

【释义】浑身没有一块完整无损的皮肤。形容浑身伤痕累累。也比喻论点被批

驳得一无是处或被冲击得不成样子。【例句】凶残的敌人把小战士打得～。/ 两人为争取党内总统提名,互相攻讦,把对方骂了个～。【近义】遍体鳞伤【反义】完好无损

倜傥不群　tì tǎng bù qún

【释义】倜傥:洒脱,不拘束。不群:不同凡俗。洒脱豪放,与众不同。【例句】几年不见,他已成为一个～的青年了。

提示　"倜傥"不读 zhōu dǎng。

涕泪交流　tì lèi jiāo liú

【释义】涕泪:鼻涕眼泪。交流:合流,同时流淌。鼻涕、眼泪同时流下。形容极度哀痛。【例句】当他得知远在家乡的父亲病危的消息以后,难过得～,哽咽着说不出话来。【近义】痛哭流涕【反义】破涕为笑　提示　"涕"不能理解成鼻涕。

涕泗滂沱　tì sì pāng tuó

【释义】涕:眼泪。泗:鼻涕。滂沱:雨下得很大的样子。眼泪、鼻涕涌流不止。形容泪流满面的样子。【例句】周总理的这番讲话,把一个叫何益之的青年感动得～。　提示　"涕"不能理解成鼻涕。

天崩地裂　tiān bēng dì liè

【释义】天塌下,地裂开。比喻重大的变故。也形容巨大的响声。【例句】为什么一定要拆散他们,弄得这样～,愁云惨雾的呢?/ 那一刻,罗布泊一,霞光万丈,戈壁瀚海升起辉煌的蘑菇云。【近义】天塌地陷

天差地远　tiān chā dì yuǎn

【释义】差:差距,差别。像天和地一样相差极远。形容差别很大。【例句】今年的价钱,跌得实在太不像话了!比起前几年来,真是～!【近义】天壤之别　天悬地隔【反义】毫无二致

天长地久　tiān cháng dì jiǔ

【释义】像天和地一样长久和永恒。形容时间长久。也作"地久天长"。【例句】我们两个的情义,自然是巴不得能够～的了。【近义】天荒地老　日久天长【反义】一朝一夕

天从人愿　tiān cóng rén yuàn

【释义】从:顺从,听从。上天顺从人的意愿。指事情的发展正合自己的心愿。【例句】仿佛是～似的,风雨愈来愈大,天空愈来愈黑,正好掩护他安然脱离敌人的包围。【近义】心想事成　如愿以偿　求仁得仁【反义】事与愿违　适得其反

天打雷劈　tiān dǎ léi pī

【释义】遭天打被雷轰。指受到上天的惩罚。多用于诅咒或发誓。也作"天打五雷轰"。【例句】他赌咒发誓:"我在嫂子面前若有一句谎话,～!"

天打五雷轰　tiān dǎ wǔ léi hōng

见"天打雷劈"。

天道酬勤　tiān dào chóu qín

【释义】天道:天理,自然的法则。酬:报答,酬答。勤:勤奋。上天会酬报勤奋的人。指背下苦功的人必然会有收获和成就。【例句】这部书稿,从构思到完稿的两年时间里,我争分夺秒,抓紧了八小时以外的所有时间。～,终于脱稿了。

天翻地覆　tiān fān dì fù

【释义】覆:翻,翻过来。形容变化巨大。也形容闹得很凶,秩序大乱。也作"地覆天翻""翻天覆地"。【例句】改革开放后,人民生活发生了～的变化。/ 这一闹,把家闹得个～。【近义】沧海桑

田　海沸山摇

天方夜谭　tiān fāng yè tán

【释义】天方:我国古代称中东阿拉伯地区。谭:通"谈",讲说。天方的夜晚讲的故事。原为一部阿拉伯民间故事集的译名(又译《一千零一夜》)。因故事中不乏稀奇古怪、惊险巧合的情节,后便以此比喻夸张荒诞、不足凭信的言论或事理。【例句】他编造出两个~式的故事,只是想引起大家的注意。

天高地厚　tiān gāo dì hòu

【释义】原指天地广大辽阔。形容恩情像天地一样深厚。也形容事物的艰巨、复杂。【例句】您的大恩大德~,我一辈子做牛做马也报答不完。/ 小小年纪,赤手空拳,竟敢跟我打斗,真不知~!

天高皇帝远　tiān gāo huáng dì yuǎn

【释义】指某些地方中央权力达不到,法制无从贯彻。【例句】~,在那种地方,要收拾一个外来人,而且是他那样的弱者,那真是太容易了。

天各一方　tiān gè yī fāng

【释义】各在天的一方。形容相隔遥远。【例句】父亲到南方打工,母亲在东北种地,儿子在西南上学,一家人就这样~。【近义】天涯海角【反义】近在咫尺

天公不作美　tiān gōng bù zuò měi

【释义】天公:上天,老天爷,迷信传说中大自然的主宰。作美:成全好事。老天爷不成全人的好事。形容因客观意外因素的影响,事情进展不顺利、未能如愿。【例句】盼了那么久,而今终于要登泰山了,偏偏~,下起雨来。

天公地道　tiān gōng dì dào

【释义】像天地一样公正无私。形容十分公平合理。也形容理所当然。【例句】国法民心不可欺,清除腐败~!/ 收费高,服务就应该好,这是~的事。【近义】理所当然

天寒地冻　tiān hán dì dòng

【释义】形容天气非常寒冷。【例句】北方早已~,南方却还是温暖如春。【近义】冰天雪地　折胶堕指【反义】赤日炎炎

天花乱坠　tiān huā luàn zhuì

【释义】据南朝梁·释慧皎《高僧传》载,南朝梁武帝时,云光法师有次讲经感动上天,五彩缤纷的香花从空中纷纷落下。形容话说得漂亮动听。后多比喻言辞动听但不切实际。【例句】古书上记载和尚在禅房里讲经,讲得~,百鸟全飞来了,猛兽也驯服了。/ 他回到乡下,把外面的世界说得~,可没几个人相信他的话。【近义】不着边际【反义】味同嚼蜡　平铺直叙

天荒地老　tiān huāng dì lǎo

【释义】荒:荒芜。老:衰老。形容经历的时间极为久远。也作"地老天荒"。【例句】就算你永不再见我,我一样会爱你爱到~。【近义】天长地久　海枯石烂【反义】电光石火　俯仰之间

天昏地暗　tiān hūn dì àn

【释义】昏:昏暗,昏黑。指天色昏暗无光。形容政治腐败或社会黑暗。形容程度很深、厉害。【例句】寒风卷着黄沙,鬼哭狼嚎地吹来,一时间~,日月无光。/ 是他在~的匈奴内战中,终于在马背上统一了匈奴。/ 女人醒转过来,抱着儿子的小尸骸哭得~。【近义】昏天黑地【反义】天朗气清

天经地义 tiān jīng dì yì

【释义】经:常理,法则。义:正理。天地间经久不变的常理。指正确的、不容怀疑和改变的法则或道理。也形容理所当然,自然如此。【例句】直到地动学说成了～,罗马教皇才解除对《天体运行》一书的禁令。/ 男大当婚,女大当嫁,是～的事情,二十多岁的小伙子是该有女朋友了。【近义】理所当然【反义】荒谬绝伦

天理难容 tiān lǐ nán róng

【释义】天理:天然的公理。指办事违背常理,让人不能容忍。【例句】她一把屎一把尿把你们拉扯大,现在她动不了了,你们眼看着她饿死不管,～,法律难容。

天伦之乐 tiān lún zhī lè

【释义】天伦:本指兄长在前、弟在后的天然伦次,后指父子、兄弟、夫妻等家庭关系。指家庭亲人团聚的欢乐。【例句】亲爱的朋友们,在你们全家团圆、共享～的时候,不要忘了我们的解放军战士还在站岗值班、无私奉献!

天罗地网 tiān luó dì wǎng

【释义】罗、网:本分别指捕鸟和捕鱼的网,泛指罗网。指遍张于天空地面的罗网。比喻周围都设置了包围圈,被围者无路可逃。也比喻法禁严密,无法逃脱。【例句】畏罪潜逃的罪犯万万没有想到警察早已在此布下了～,等着他的到来。【近义】天网恢恢【反义】逃之夭夭

天马行空 tiān mǎ xíng kōng

【释义】天马:传说中的神马。行空:腾空飞行。比喻文笔奔放,气势豪迈。

也比喻才思俊逸,不受拘束。【例句】苏轼才思敏捷,行文～,气势奔放。/ ～的想象力,必须建立在丰富的知识上。【近义】挥洒自如 龙飞凤舞

天南地北 tiān nán dì běi

【释义】一个在天南,一个在地北。形容相距遥远或指遥远的地方。也比喻谈话没有中心,漫无边际。【例句】我们两个～,各在一方,怎能见面? / ～,我该到何处去旅游? / 汽车在高速公路上飞速奔驰,车厢内的旅客正～地闲聊着。【近义】天涯海角【反义】近在咫尺

天怒人怨 tiān nù rén yuàn

【释义】上天震怒,人民怨恨。指为害深重或作恶多端,引起普遍的愤怒。【例句】如此暴行,～,天理难容。【近义】怨声载道【反义】众口交赞

天壤之别 tiān rǎng zhī bié

【释义】天壤:天地,天上和地下。形容极大的差别。【例句】这个客店,是镇上著名的客店,比起城里的宾馆来,有～了。【近义】天差地远 天悬地隔 云泥之别【反义】毫无二致

天生丽质 tiān shēng lì zhì

【释义】丽质:秀丽的姿色。天然生就的秀丽姿色。多用于赞美聪明美丽的女性。【例句】她唱功为一绝,长得也是～,扮相更佳,女驸马、冯素珍,无人不赞。

天塌地陷 tiān tā dì xiàn

【释义】天坍塌,地下陷。形容巨大的灾变。也形容巨大的声响。【例句】听到儿子意外去世这一噩耗,她感到～,瘫倒在地上。/ 一阵机关枪响之后,紧接

着就是～似的几阵大声,门窗震动。
【近义】天崩地裂

天外有天 tiān wài yǒu tiān

【释义】天的上面还有天。比喻某一境界之外还有更高更多的境界。多用来表示人的眼界受客观条件的限制,认识的领域需要不断扩大。【例句】我们真开了眼,觉得世界上的新鲜事物真是看不完、学不尽,楼外有楼,～,不豁出命去赶,这辈子永远落在世界后面!【近义】山外有山

天网恢恢 tiān wǎng huī huī

【释义】天网:天道之网。恢恢:广大的样子。意为天道像一张宽广的大网,看起来很稀疏,但绝不会放过作恶的坏人。形容作恶者逃脱不了法律的制裁。【近义】人力无穷,～,他们的滔天大罪,终于被清算。 提示 "恢恢"不能写成"灰灰"。

天文数字 tiān wén shù zì

【释义】天文:指天文学。天文学上用的数字极大,通常在亿以上,因此称极大的数字为天文数字。【例句】五千元对这个深居山区的贫困家庭来说无异于～。

天下为公 tiān xià wéi gōng

【释义】天下是大家公有的。原指不把君位当成一家私有。后指一种权利平等的美好的社会政治理想。【例句】～,是孙中山先生的崇高理想。【反义】天下为家

天下无敌 tiān xià wú dí

【释义】敌:敌手,力量相匹敌的对手。天下没有敌手。形容战无不胜,没有对手。【例句】电视剧中的这个男主角认为自己的武功～。【近义】所向无敌

天下兴亡,匹夫有责 tiān xià xīng wáng, pǐ fū yǒu zé

【释义】匹夫:一个人,泛指普通人。国家的兴盛与衰亡,每个普通人都有责任。【例句】我竟诚奉告各位,～,只要国家有救,各位就是牺牲了也值得呀!

天香国色 tiān xiāng guó sè

见"国色天香"。

天悬地隔 tiān xuán dì gé

【释义】悬:距离远。隔:间隔。形容两者相距极远,差别很大。【例句】真是没想到一个娘肚子里跑出这样～的两个人来。【近义】天差地远 天壤之别

天旋地转 tiān xuán dì zhuǎn

【释义】天地转动。原比喻时势发生重大变迁。现形容人头晕目眩的感觉。【例句】她跟医生说,每次蹲着站起来的时候,就感到头晕眼花,～。【近义】地动山摇

天涯海角 tiān yá hǎi jiǎo

【释义】涯:边际。天的尽头,海的角落。形容极偏远的地方或彼此相隔极远。也作"海角天涯"。【例句】就是远在～,现代化信息也能快速传递。【近义】天南地北【反义】近在咫尺

天衣无缝 tiān yī wú fèng

【释义】天衣:天上仙界制的衣服。天仙制作的衣服没有缝。比喻事物完美自然,浑然天成,没有破绽和缺陷。【例句】那人是个老行家,事情自然办得～。【近义】完美无缺【反义】破绽百出 漏洞百出 提示 "缝"不读 féng。

天有不测风云 tiān yǒu bù cè fēng yún

【释义】测:测度,意料。不测:料想不到。本指自然界的风云变幻难以预

料。后多比喻人有难以预料的灾祸。【例句】这实在是"～",她的男人是坚实人,谁知道年纪轻轻竟会断送在伤寒上?【近义】风云难测

天渊之隔　tiān yuān zhī gé
【释义】渊:地上的深潭。天与地之间,相隔距离很远。形容相隔极远,差别很大。【例句】新旧社会两重天,人民的生活真有～。【近义】天壤之别【反义】毫厘之差

天缘奇遇　tiān yuán qí yù
【释义】天缘:天然的因缘,上天安排的缘分。奇遇:奇巧的遇合。指某些人相遇或男女结合为夫妻,是天意所安排。也指事属巧合。【例句】他俩一见钟情,真是～。【近义】天作之合

天灾人祸　tiān zāi rén huò
【释义】自然的灾害和人为的祸患。也用作骂人的话,犹言害人精。【例句】就这么着,在战火中,在各种～中,他们都活了下来,而且长大了。/就是你这～的,把我女儿害死了。

天造地设　tiān zào dì shè
【释义】造:创造,制造。设:设立,设置。形容事物的生成、构造、配合合乎理想,犹如天地自然生成。【例句】凭姑娘的学问面貌、孙八的性格地位,我越看越是一对～的夫妻。【近义】浑然天成【反义】东拼西凑

天真烂漫　tiān zhēn làn màn
【释义】天真:心地单纯,真诚而不虚伪。烂漫:坦率自然。形容纯真自然,一点都不矫揉造作。【例句】他在讲这些话时,两眼闪闪发光,带着一种孩子般的～的神情。【近义】天真无邪【反义】矫揉造作

天真无邪　tiān zhēn wú xié
【释义】天真:心地单纯,真诚而不虚伪。无邪:没有一点邪恶的成分。形容善良纯真,自然而不做作。【例句】他唇上已经留下一道黑胡子,笑得却还像少年时一样～。【近义】天真烂漫【反义】矫揉造作

天之骄子　tiān zhī jiāo zǐ
【释义】骄子:宠儿。上天的宠儿。本指匈奴族,谓其为上天的宠儿,故极强盛。现多指地位优越、生活很顺或特别幸运的人。也指有所作为、令人骄傲的人。【例句】这个一生青云直上,官运亨通,骄横放肆,目空一切的～,如今也输得精光,现出了惨相。

天诛地灭　tiān zhū dì miè
【释义】诛:杀。被天地诛杀消灭。形容为天地所不容。【例句】这个家伙作恶多端,禽兽不如,将来叫他～,不得好死。【近义】天理难容【反义】天经地义　提示　多用于诅咒发誓。

天字第一号　tiān zì dì yī hào
【释义】南朝梁时周兴嗣编的《千字文》首句是"天地玄黄,宇宙洪荒"。旧时对于数目多和种类多的东西,常用《千字文》编号,"天"是首句的第一个字,因此"天字第一号"就是第一或第一类、第一号。常喻指最大、最高或最强的事物。【例句】全长2536米的岐岭隧道被冠以"～"工程,绝非是中外新闻媒介夸张的渲染。

天作之合　tiān zuò zhī hé
【释义】作:指促成,成全。合:结合。由上天撮合而成的姻缘。形容十分理想美满的婚姻。也指自然形成的聚合或天然的搭配的亲密关系。【例句】他们一个才子一个佳人,两个的结合真是

～。【近义】美满良缘

添油加醋　tiān yóu jiā cù
【释义】比喻在叙事或转述别人的话时，增添原来没有的内容。【例句】有种人专喜欢探究人家的隐秘，然后再～，偷偷地、热衷地广播出去。【近义】添枝加叶【反义】实事求是　恰如其分

添枝加叶　tiān zhī jiā yè
【释义】在画好的树上又增添树的枝叶。比喻在原有事实的基础上加以夸张渲染，添加原来没有的内容。也比喻捏造、夸大事实。【例句】这件事经人们～，成了一个十分神奇的故事。【近义】加油添醋

田夫野老　tián fū yě lǎo
【释义】乡间农夫，山野父老。泛指乡间百姓。也作"田夫野叟"。【例句】周作人写野花草的散文，色香味俱到，饱含～的亲切和童心的滋润。

田夫野叟　tián fū yě sǒu
见"田夫野老"。

田园风光　tián yuán fēng guāng
【释义】田园：田地和园圃，泛指乡村。风光：风景，景色。指清新、恬静而自然的乡村景色。【例句】我家后面是菜园，占地宽广，中有一大堰塘，塘边柳树成荫，与菜地瓜棚相映，一派～。

恬不知耻　tián bù zhī chǐ
【释义】恬：安然，无动于衷。安然不知道可耻。形容对自己卑劣的或不光彩的行为满不在乎，不以为耻。【例句】干出这种见不得人的事，自己还四处张扬，真是～。【近义】厚颜无耻

提示　"恬"不读 guā。

甜言蜜语　tián yán mì yǔ
【释义】甜蜜动听的言辞。指为了打动

讨好他人而说的美妙动听的话。【例句】搞违法犯罪活动的人有时候会用～、小恩小惠来引诱迷惑人。【近义】花言巧语　甘言好辞【反义】苦口良药

挑肥拣瘦　tiāo féi jiǎn shòu
【释义】挑、拣：挑选，择取。形容非常挑剔地选择，只选取对自己有利的。【例句】由于有一大家子人要养活，他干活从不～的，有钱挣就可以。【近义】拣精拣肥　挑三拣四【反义】先己后人

挑三拣四　tiāo sān jiǎn sì
【释义】指挑挑拣拣，只选取对自己有利的。【例句】白奶羊～地吃着嫩草尖儿，被露水洗净了的脸上有一种贵族小姐的傲慢神情。【近义】挑肥拣瘦　拣精拣肥

条分缕析　tiáo fēn lǚ xī
【释义】缕：线。一条一条地分析。形容剖析得有条有理，细致深入。【例句】这篇枯燥深奥的文言文，经过郭老师～地讲解，我们基本上掌握了它的内容。【近义】有条不紊

条条框框　tiáo tiáo kuàng kuàng
【释义】比喻束缚人们思想和行动的不合时宜的陈规旧律。【例句】新来的总经理认为，要想彻底改革，就必须打破观念和体制的～，从各种不合时宜的桎梏中解放出来。

调三斡四　tiáo sān wò sì
【释义】调：挑拨。斡：旋转。形容挑拨离间，搬弄是非。【例句】她是个正经人，从不～的。【近义】调嘴弄舌

调朱弄粉　tiáo zhū nòng fěn
见"弄粉调朱"。

调嘴弄舌　tiáo zuǐ nòng shé
【释义】调嘴：耍嘴皮子。弄舌：传闲话。

形容背地里说长道短，搬弄是非。【例句】她整天正事不做，就爱～，街坊邻居都不爱跟她打交道。【近义】说长道短　调三斡四

挑拨离间　tiǎo bō lí jiàn

【释义】挑拨：搬弄是非，制造矛盾。离间：拆散，使分离。挑起是非争端，制造隔阂，使人不团结、不和睦。【例句】为了达到自己的目的，他常常在同事之间干些～的事。【近义】搬弄是非

提示 "挑"不读 tiāo；"间"不读 jiān。

跳梁小丑　tiào liáng xiǎo chǒu

【释义】跳梁：同"跳踉"，蹦蹦跳跳，跳来跳去。小丑：卑鄙小人。指上蹿下跳、四处捣乱而又没有多大本事的无耻小人。【例句】我们是不会让这些～得逞的。

铁案如山　tiě àn rú shān

【释义】铁案：证据确凿的案件或结论。证据确凿的结论像山那样不能推翻。【例句】不要忘了，你是在作案过程中被我们当场抓获的，～，想赖也赖不了的。【反义】南山可移

铁板一块　tiě bǎn yī kuài

【释义】比喻结合得很紧，不可分化瓦解。也比喻牢固不变。【例句】朱元璋和这个集团的首脑人物，尽管在过去同生死，共患难，但并不是～。【近义】牢不可破

铁壁铜墙　tiě bì tóng qiáng

见"铜墙铁壁"。

铁杵磨成针　tiě chǔ mó chéng zhēn

【释义】将铁棒磨成一根细针。比喻只要有毅力，肯下苦功，事情就能成功。【例句】王老师常以～来勉励同学们学习要坚持不懈才能成功。

铁面无私　tiě miàn wú sī

【释义】铁面：形容严肃刚正的面容。形容公正严明，不徇私情。【例句】历史上的包公～，被誉为"包青天"。【近义】大公无私【反义】徇情枉法

铁石心肠　tiě shí xīn cháng

【释义】像铁和石一样坚硬的心肠。形容人心肠硬，不易为情感所动。【例句】看着他那副悲戚戚的可怜样子，就是～的人，也难免牵动恻隐之心。【近义】木心石腹【反义】心慈面软

铁树开花　tiě shù kāi huā

【释义】铁树：树木名，一名苏铁，原产热带，不常开花。比喻事情罕见或极难办成。【例句】人们常用～、枯枝发芽来比喻聋哑人能听声说话的艰难程度。【近义】百年不遇【反义】轻而易举

铁证如山　tiě zhèng rú shān

【释义】铁证：铁一样的证据。引申为真凭实据。真凭实据像山一样不能翻。形容证据确凿，无法改变。【例句】现在～，之前还气焰嚣张的他终于低头认罪了。【近义】铁案如山

听而不闻　tīng ér bù wén

【释义】而：却。闻：听见。本指听了却没有听进去。也形容不重视，不关心。【例句】最重要的这句话，她竟～，瞪着眼朝身旁的椅子发征。【近义】视而不见

听其自然　tīng qí zì rán

【释义】听：听随，听任。任凭事物自然变化或自由发展，不加干涉。【例句】处理某些事情的最好办法，莫过于～。【近义】听之任之　放任自流

听天由命　tīng tiān yóu mìng

【释义】听：听凭，听从，任凭。天：天意。

由:任由,顺从。命:命运。听任上天安排,顺从命运摆布。形容完全随顺事态的自然发展,不作主观努力。【例句】购买体育彩票只是为体育事业做点贡献而已,管它中不中奖,～吧。【近义】听其自然【反义】事在人为

听之任之　tīng zhī rèn zhī

【释义】听、任:听任,任随。形容放任自流,听任其自然发展,不加干预。【例句】如果对贾先生～,公司将蒙受巨大的名誉和经济损失。【近义】放任自流【反义】约法三章

亭台楼阁　tíng tái lóu gé

【释义】亭:亭子。台:高而平的建筑物。阁:一种近似于楼房的建筑物。统称各种供游览、休息的建筑物和园林。也作"楼台亭阁"。【例句】虽然算不得大园庭,但～,树木山石,却也把院子点缀得幽雅不俗。【近义】琼楼玉宇

亭亭玉立　tíng tíng yù lì

【释义】亭亭:高耸直立的样子。玉立:指身材修长而漂亮。形容少女体态修长或花木挺拔美丽。【例句】这姑娘～地站在一棵柳树下。/ 有的竹子看来出世还不久,却也～,别有一番神采。

挺身而出　tǐng shēn ér chū

【释义】挺身:挺直身子,形容勇敢无畏的样子。挺直身子,勇敢地站出来。形容遇到危难或需要承担责任时,勇敢地站出来。【例句】在危急关头,为了保护人民生命财产的安全,共产党员应该～。【近义】自告奋勇【反义】畏首畏尾　畏缩不前

铤而走险　tǐng ér zǒu xiǎn

【释义】铤:急走的样子。走险:在崎岖不平的路上奔跑。指因无路可走而采取冒险行动。【例句】为了还债,他～,

盗窃国家电缆,最后还是受到了法律的制裁。【近义】顶风而行【反义】安坐待毙　提示　"铤"不能写成"挺"。

通都大邑　tōng dū dà yì

【释义】都:都市。邑:城镇。指四通八达的大都会或大城市。【例句】原来扬州在清朝时是～,城内盐商巨贾、官宦人家甚多。【反义】穷乡僻壤

通风报信　tōng fēng bào xìn

【释义】通:通报,传递。风:风声,消息。把情况或消息偷偷透露给有关的人。【例句】他得到这个情报后立刻往回走,打算给那几个共产党员～。

通情达理　tōng qíng dá lǐ

【释义】通、达:通晓,了解。通晓人情,明白事理。指说话、做事合乎人情事理。【例句】他很有礼貌,耐心和气,说的话都～,看来是个知识分子。【反义】蛮不讲理　蛮横无理

通权达变　tōng quán dá biàn

【释义】权:权宜。达:通晓。通晓权宜之计,明白变通之法。指适应客观情况的变化,不拘常理常规地给以灵活的处置。【例句】满朝大臣中没有一个人在做事干练和～上能够比得上杨嗣昌。【近义】随机应变【反义】不识时务　刻舟求剑

通宵达旦　tōng xiāo dá dàn

【释义】通宵:整夜。旦:天亮。整整一夜直到天亮。【例句】孙经理的办公室～亮着灯,他肯定又彻夜工作了。

同病相怜　tóng bìng xiāng lián

【释义】怜:爱惜,爱护。疾患相同的人彼此有爱惜之心。比喻遭遇相同的人能彼此理解,互相同情。【例句】我的遭遇和你差不多,咱们算是～。【近义】患难与共

同仇敌忾 tóng chóu dí kài

【释义】同仇：共同对付仇敌。忾：愤恨，仇恨。怀着共同的愤恨，一致对付敌人。【例句】全团战士～，打退了敌人一次又一次的进攻。【近义】患难与共【反义】同室操戈 提示 "忾"不读 qì。

同床异梦 tóng chuáng yì mèng

【释义】同睡在一张床上而做的梦各不相同。比喻虽同做一件事或共同生活在一起，但各有各的打算。【例句】多年来自己最信任的人原来和自己竟是～，王经理伤心极了。【近义】貌合神离【反义】志同道合

同恶相济 tóng è xiāng jì

【释义】同恶：共同作恶的人。济：帮助。坏人互相勾结，共同作恶。【例句】不法分子～，对社会的危害性更大。【近义】同恶相求

同甘共苦 tóng gān gòng kǔ

【释义】指同享幸福欢乐，共担灾难痛苦。【例句】帮朋友的忙，大家～，得到的愉快，就是最大的报酬。【近义】患难与共 有福同享【反义】同床异梦

同归于尽 tóng guī yú jìn

【释义】尽：完尽，完结。一同走向死亡或毁灭。【例句】面对一群全副武装的敌人，她拉响了最后一颗手榴弹，和敌人～了。【近义】玉石俱焚

同流合污 tóng liú hé wū

【释义】流：指流俗。污：指污世。指不坚持高尚独立的操守而随世浮沉。也指跟着坏人一起做坏事。【例句】《涉江》表现了诗人在困境中仍坚持理想，决不与世俗～的崇高人格。／结识了一伙狐朋狗友后，他便与他们～了。【近义】沆瀣一气【反义】洁身自爱 提示 含贬义。

同气相求 tóng qì xiāng qiú

【释义】同气：有共同血缘关系的，同类。求：寻求，追求。原指具有相同性质的事物互相感应。后比喻志趣相投的人自然结合在一起。【例句】两岸人民系骨肉同胞，同根相连，～，无不翘首企盼两岸加强合作，中华早日振兴。【近义】同声相应 情投意合【反义】格格不入

同日而语 tóng rì ér yǔ

【释义】放在同一时间说。指同等看待，相提并论。【例句】虽然奥运会中他的成绩与冠军还有很大差距，但跟以前相比已不可～了。【近义】混为一谈 相提并论

同生共死 tóng shēng gòng sǐ

【释义】一同生，一起死。形容情谊深厚，生死与共。【例句】一对～的战友，肩并着肩；火热的手，紧紧地握在一起。

同声相应 tóng shēng xiāng yìng

【释义】应：应和。原指乐声相和。后比喻意见相同、志趣相合的人互相呼应，自然地结合在一起。【例句】这两位～的诗友，其实早已成为谁也舍不下谁的知己了。【近义】同气相求 声应气求 情投意合 提示 "应"不读 yīng。

同室操戈 tóng shì cāo gē

【释义】同室：同住在一个房子里，指自家人。操：拿。戈：古代的一种兵器。一家人动起了刀枪。比喻兄弟争斗，也泛指内部相争。【例句】1941 年 1 月，日军已经大举侵华，蒋介石却～，制造了震惊中外的"皖南事变"。【近义】煮豆燃萁 自相残杀【反义】同舟共济 和衷共济

同心断金 tóng xīn duàn jīn

见"二人同心，其利断金"。

同心同德 tóng xīn tóng dé

【释义】心：心愿、心意。德：信念、认识。具有同样的思想和信念。【例句】只要我们大家团结一致，～，就一定能把眼前的难关渡过。【近义】同心协力　万众一心【反义】离心离德　各行其是

同心协力 tóng xīn xié lì

【释义】协：合，共。心往一处想，劲往一处使。指团结一致，共同努力。【例句】在任何一场灾害面前，坚决果断、～是唯一有效的应对方法，彼此孤立、互相猜疑于事无补。【近义】同心同德　齐心协力　勠力同心【反义】各行其是　钩心斗角

同舟共济 tóng zhōu gòng jì

【释义】济：渡河。同乘一条船渡河。比喻在困难的情况下，团结协作，共克难关。【例句】大家都出门在外，应该互相帮助、～才对，怎么能互相争吵还大打出手呢？【近义】风雨同舟　荣辱与共【反义】同室操戈　自相残杀

铜墙铁壁 tóng qiáng tiě bì

【释义】比喻十分坚固、难以摧毁的壁垒。也作"铁壁铜墙"。【例句】真正的～是什么？是群众，是千百万真心实意拥护革命的群众。【近义】金城汤池【反义】不堪一击

童叟无欺 tóng sǒu wú qī

【释义】叟：老头子。对年幼的、年老的一样对待，都不欺骗。常用于标榜经营诚实公平。【例句】他招徕生意的唯一秘诀就是货真价实，～。【反义】欺天罔地

童言无忌 tóng yán wú jì

【释义】忌：忌讳，顾忌。小孩子说话没有顾忌。指说话直来直去，没有遮拦和畏忌。【例句】他成长为青年，有了批判能力，仍然不改～，敢于揭出真相。【近义】百无禁忌

童颜鹤发 tóng yán hè fà

见"鹤发童颜"。

统筹兼顾 tǒng chóu jiān gù

【释义】筹：筹划，考虑。顾：顾及，照顾。统一筹划，通盘考虑，把方方面面都同时照顾到，避免顾此失彼。形容有全局观念。【例句】作为一个单位的负责人，处理问题要以大局为重，～，合理安排。【反义】顾此失彼

痛不欲生 tòng bù yù shēng

【释义】痛：哀痛，悲痛。悲痛得不想活下去。形容伤心之至。【例句】张老太与儿子相依为命，儿子突然的病逝使她～。【近义】悲痛欲绝【反义】喜出望外　乐不可支 提示 "痛"不能理解成"疼痛"。

痛定思痛 tòng dìng sī tòng

【释义】定：平静，安定。表示悲痛的心情平静之后，回想当时所遭的痛苦，倍感伤心。含有吸取教训、警示未来的意思。【例句】今天，是抗日战争胜利的纪念日，在这个重要的日子里，我们更应该～，居安思危。

痛改前非 tòng gǎi qián fēi

【释义】痛：彻底。非：不对之处，过错。彻底改正以前的过错。【例句】她还年轻，只要能够～，前途依然是美好的。【近义】改过自新【反义】怙恶不悛　屡教不改

痛哭流涕 tòng kū liú tì

【释义】痛哭：伤心地大哭。涕：眼泪。形容极其悲痛伤心。【例句】想到母亲因为他而受重伤，他～。【近义】号啕

大哭【反义】捧腹大笑　提示　"涕"不能理解成"鼻涕"。

痛哭失声　tòng kū shī shēng
见"失声痛哭"。

痛快淋漓　tòng kuài lín lí
【释义】淋漓：畅达而彻底的样子。形容尽情惬意，非常畅快。【例句】文章简是简了，却走了"神韵"，失掉了原文强烈感染读者的～劲儿。【近义】大快人心

痛入骨髓　tòng rù gǔ suǐ
【释义】痛到骨髓里。形容悲伤或痛恨到极点。【例句】人们见他那撕心裂肺、～的悲愤情景，没有不洒下同情之泪的。【近义】痛心疾首　痛心入骨

痛心疾首　tòng xīn jí shǒu
【释义】痛心：使人心痛。疾首：头痛。心痛头也痛，痛恨到极点。形容痛恨到极点。【例句】看到偌大一个国家，所有药品几乎全靠进口，国内的药厂、药店也几乎是外商所开，他真的感到～。【近义】痛入骨髓

痛痒相关　tòng yǎng xiāng guān
【释义】彼此疾苦互相关联，形容关系极为密切。【例句】凡是国家利弊所在，彼此～。

偷工减料　tōu gōng jiǎn liào
【释义】指为求更多的利润而不按照产品或工程所规定的质量要求而暗中掺假或削减工序和原材料。比喻一味贪图利益，省事而马虎敷衍。【例句】今年上半年，全国各地共查处～的"豆腐渣"工程上百件。／有些同学总以为自己是在为老师、为家长学习，做作业也～，极不认真。【近义】粗制滥造　敷

衍了事【反义】一丝不苟　精工细作

偷鸡不着蚀把米　tōu jī bù zháo shí bǎ mǐ
【释义】蚀：损耗，损失。鸡没有偷到，反而损失了一把用作诱饵的米。比喻想占便宜不成，反倒吃了亏。【例句】我们不也是"～"，惹了满身的麻烦？

偷鸡摸狗　tōu jī mō gǒu
【释义】摸：用手探取。指小偷小摸。也指男子乱搞男女关系。【例句】那些人看着从老百姓的身上榨不出什么油水，他们就干起～的勾当。【近义】鼠窃狗盗

偷奸耍滑　tōu jiān shuǎ huá
【释义】用狡猾的手段使自己不费力而得到好处。【例句】他这人为人做事决不～，不学蒙骗之术，偏偏幸运之神却频频眷顾他。

偷梁换柱　tōu liáng huàn zhù
【释义】梁：屋梁。柱：房柱。偷下屋梁来替换柱子。比喻使用欺骗的手法暗中改变事物的内容或事物的性质。也作"抽梁换柱"。【例句】《红楼梦》中贾母、王熙凤等采用～之计，让宝钗冒充黛玉去和宝玉成亲。【近义】偷天换日　移花接木

偷天换日　tōu tiān huàn rì
【释义】比喻暗中玩弄手段，改变重大事物的真相，以欺骗别人。【例句】帝国主义者常常玩弄～的手法，把它要侵略的国家先推进水里，然后再"营救"之，一转眼间，那国家就属于它的了。【近义】偷梁换柱　移花接木

偷偷摸摸　tōu tōu mō mō
【释义】形容做事不光明正大，暗地里进

行,不敢让人知道。【例句】淞沪铁路是当时的英商怡和洋行出面,联合23家洋行买通地方当局,～建造起来的。【近义】鬼鬼祟祟【反义】光明正大 堂堂正正

头角峥嵘 tóu jiǎo zhēng róng

【释义】头角:指不凡的气概或突出的才华。比喻人气宇轩昂,才干不凡。【例句】这个年轻人～,成就必在其父之上。【近义】出类拔萃

头面人物 tóu miàn rén wù

【释义】指在社会上有较大势力和声望的人物。【例句】出席这次会议的,都是各界的～。【近义】首脑人物

头破血流 tóu pò xuè liú

【释义】头破而流出血来。多形容遭受严重打击或严重挫折的惨状。【例句】鬼子还没进村,就遭到了八路军的迎面痛击,被打得～,狼狈逃窜。/ 他这个人真倔,不碰得～是不会回头的。【近义】焦头烂额 一败涂地

头疼脑热 tóu téng nǎo rè

【释义】泛指常见的小病痛。【例句】有个～的,他从来不吃药。

头痛医头,脚痛医脚 tóu tòng yī tóu, jiǎo tòng yī jiǎo

【释义】只针对疼痛的部位医治,不追究病根。比喻对问题不从根本上解决,只从表面或枝节上处理。【例句】今天修修这、明天换换那,这样～,根本解决不了设备的根本问题。

头头是道 tóu tóu shì dào

【释义】头头:方方面面,各方面。方方面面都是道。形容说话、做事有条有理。【例句】他分析这篇范文～。【近

义】有条有理【反义】杂乱无章

头晕目眩 tóu yūn mù xuàn

【释义】晕:眩晕,头发昏。眩:眩晕,眼睛昏花。头脑发昏,眼睛发花。【例句】满屋里的东西都是耀眼铮亮,使人～。【近义】头昏眼花 提示 "眩"不读 xuán。

头重脚轻 tóu zhòng jiǎo qīng

【释义】上面重,下面轻。形容头脑眩晕、脚下无力的感觉。也比喻基础不稳固。【例句】这两天我虽然能够下床走路,但仍感到～。/ 这篇小说,关于故事的发生、发展写得非常详细,而高潮和结尾却写得过于简略,难免给人一种～的感觉。【近义】虎头蛇尾【反义】四平八稳

投笔从戎 tóu bǐ cóng róng

【释义】投:丢掷,丢弃。从戎:参加军队。指文人从军。【例句】1949年底,那所学校有两百多个高中生卷进参军热潮,～。【近义】弃文就武【反义】偃武修文 提示 "戎"不能写成"戊"或"戍"。

投鞭断流 tóu biān duàn liú

【释义】把马鞭扔到江里截断水流。形容人马众多,兵力强盛。【例句】我人民解放军以～之势,一举跨越长江天险,捣毁了国民党老巢。

投机倒把 tóu jī dǎo bǎ

【释义】投机:利用时机谋取私利。倒把:利用物价的时差或地差搞转手买卖以牟取暴利。指以买空卖空、囤积居奇、套购转卖等手段牟取暴利。【例句】做商人的要守法经营,勤劳致富,不能靠～发财。

投机取巧 tóu jī qǔ qiǎo

【释义】投机：利用时机谋取私利。取巧：用狡诈的手段捞取好处。利用时机和巧妙手段谋取私利。也指不踏实努力，凭小聪明侥幸取得成功。【例句】做生意要规规矩矩，讲究信誉，靠～是发不了财的。/ 我们绝不赞成为了应付考试想出一些～的办法。

投井下石 tóu jǐng xià shí

【释义】见别人落入井里，不但不救，还要往里扔石头。比喻乘人之危，加以陷害。也作"落井下石"。【例句】那位总统候选人～，乘机抛出黑材料，欲置政敌于死地。【近义】墙倒众人推　火上浇油【反义】从井救人

投其所好 tóu qí suǒ hào

【释义】投：投合，迎合。好：爱好。迎合他的爱好。【例句】汉武帝喜欢汉赋，文人～，以作赋献赋当作求官的门径，汉赋因此大盛。【近义】曲意逢迎【反义】不卑不亢　提示　含贬义。"好"不读 hǎo。

投石问路 tóu shí wèn lù

【释义】行路时向前扔出石子，看看反应，借以探测情况，以便前进。比喻先以某种行动试探。【例句】此次演出并不着眼于个人的成败得失，而意在～。

投鼠忌器 tóu shǔ jì qì

【释义】要打老鼠又怕打坏了它旁边的器物。比喻做事情有顾忌，放不开手。【例句】他大怒，但想到女儿受对方挟制，～，只有按下性子，先使个缓兵之计。【反义】肆无忌惮　无所顾忌

投桃报李 tóu táo bào lǐ

【释义】投：投赠，赠送。报：报答，回赠。别人送给我桃子，我拿李子回敬别人。泛指友好往来，相互赠答。【例句】既然收了人家的礼品，就应该～，张大千决定画一幅毕加索"永远不能画"的墨竹还赠。【近义】投桃之报　礼尚往来【反义】恩将仇报

突飞猛进 tū fēi měng jìn

【释义】突、猛：迅急而有力。形容事业、学问等进展十分迅速。【例句】内燃机的发明，促进了石油工业的～。【反义】停滞不前

突如其来 tū rú qí lái

【释义】突如：突然。如：形容词词尾。指突然来到或发生。【例句】这～的噩耗犹如晴天霹雳，把在座所有人都惊呆了。【近义】从天而降

图谋不轨 tú móu bù guǐ

【释义】图：图谋，谋划。轨：常规，法度。不轨：不法行为。谋划违法乱纪的行动。【例句】一个在花园里长大的深闺小姐总不是什么～的危险人物吧。

图穷匕首见 tú qióng bǐ shǒu xiàn

【释义】图：地图。穷：到尽头。见：显现，显露。《战国策·燕策三》载，荆轲为燕太子丹行刺秦王，以献燕督亢地图为名，将匕首藏在卷着的图中，秦王"发图，图穷而匕首见"。比喻事情发展到最后，终于显露出真相或本意。也作"图穷匕见"。【例句】事情最终～，他们的阴谋也彻底败露了。【近义】原形毕露【反义】显而易见　提示　"见"不读 jiàn。

图穷匕见 tú qióng bǐ xiàn

见"图穷匕首见"。

荼毒生灵 tú dú shēng líng

【释义】荼毒：毒害，残害。生灵：人民，百姓。肆意残害百姓。【例句】后来玉皇大帝也就怪法海多事，以致～，想要拿办他了。 提示 "荼"不读 chá，也不能写成"茶"。

徒费唇舌 tú fèi chún shé

【释义】徒：白白地。唇舌：喻指言辞。白费言辞。指说了也白说，完全无济于事。【例句】这个道理也不是人人能够了解的，向他们辩白，也不过～。【近义】白费口舌

徒劳无功 tú láo wú gōng

【释义】徒：徒然，白白地。白费气力，没有成就或好处。【例句】如果违背万年青的生长规律去培植它，这努力也变成了～。【近义】劳而无功【反义】劳苦功高

徒有虚名 tú yǒu xū míng

【释义】徒：仅仅。虚名：空名，不实在的名声。指仅有名义而缺少实质内容或指人只有虚名而没有真才实学。【例句】当一个好医生，必须先有临床实践和经验，不会看病的医生就不是一个称职的医生，论文写得再多也是～。【近义】有名无实 名不副实【反义】名不虚传 名下无虚 名副其实

徒子徒孙 tú zǐ tú sūn

【释义】徒子：指徒弟。徒孙：徒弟的徒弟。指徒弟和徒孙。也喻指爪牙、党羽。【例句】他老年时择一得意门生传衣钵，召集～开大会，称为"关山门"。/ 文学上一提起这句话，就有许多"文人学士"和"正人君子"来笑骂，接着又有许多他们的～来笑骂。

涂脂抹粉 tú zhī mǒ fěn

【释义】脂：胭脂。粉：香粉。指女子打扮修饰容貌。比喻对丑恶的东西加以掩饰和美化。【例句】中学生应该把时间和精力用在学习上，不应该整天想着～，刻意打扮。/ 就在他因贪污受贿被立案侦查的前夕，某家报纸还登了一篇为他～的文章。【近义】傅粉施朱 调朱弄粉

土崩瓦解 tǔ bēng wǎ jiě

【释义】瓦：陶器。像土一样崩塌，像陶器一样碎裂。比喻分崩离析，四分五裂。也比喻彻底崩溃，无法支撑维系。【例句】第二次世界大战结束后，世界殖民体系～，亚洲和非洲出现一大批获得独立的新兴民族国家。/ 刘翔像惊雷一样将欧美人百年来坚不可摧的"黑色碉堡"炸得～，树起中国田径的又一座里程碑。【近义】分崩离析 鱼烂土崩 瓦解云散

土豪劣绅 tǔ háo liè shēn

【释义】土豪：地方上的豪强恶霸。劣绅：依势欺人的有文化的地主和退职官僚。泛指旧社会横行乡里、鱼肉百姓的恶势力。【例句】那时的革命标示在社会上要铲除～，在政治中要肃清贪官污吏，在军事上要打倒军阀。

土生土长 tǔ shēng tǔ zhǎng

【释义】土：本地的，当地的。在当地出生成长的。【例句】飞机在一两千米的高空飞行，我被天府之国的大好河山吸引住了。这是我～的地方。

吐故纳新 tǔ gù nà xīn

【释义】吐：呼出。故：旧的。纳：吸进，吸收。本指人体呼吸，吐出浊气，吸进清气。现多用来比喻扬弃旧的、不好的，吸收新的、好的。【例句】我们对每位教师定期进行培训，让他们不断接触新知识并能够改变旧观念，～。【近义】推陈出新 革故鼎新【反义】抱残守缺

吐丝自缚　tǔ sī zì fù

【释义】像蚕吐丝作茧一样，把自己束缚住。比喻自己束缚自己。【例句】那种不进行技术交流的做法，是～，故步自封。【近义】作茧自缚　提示　含贬义。

兔死狗烹　tù sǐ gǒu pēng

【释义】烹：煮。野兔捕光了，猎狗都会被煮来吃掉。比喻事情成功后，把曾经出过大力的人杀掉。也作"狡兔死，走狗烹"。【例句】所谓～，那个国王就是用这个毒计来巩固自己的权位的。【近义】鸟尽弓藏

兔死狐悲　tù sǐ hú bēi

【释义】兔子死了，狐狸感到伤悲。比喻为同类的失败或死亡而感到悲伤。【例句】现在美国的太平洋舰队几乎全部沉没了，汤姆非但没有～之感，反而心底在暗笑美国同行的荒唐和无能。【近义】物伤其类【反义】幸灾乐祸

推波助澜　tuī bō zhù lán

【释义】澜：大波浪。比喻促使或助长事物（多指坏的事物）的发展，使扩大影响。【例句】油价飙升沉重打击了该国的经济，对其经济衰退起到了～的作用。【近义】火上浇油【反义】息事宁人

推陈出新　tuī chén chū xīn

【释义】本指秋收后从仓中推去陈粮，换储新谷。后比喻除去旧事物的糟粕，取其精华，并使它向新的方向发展。【例句】美术家和掐丝工人的合作，使景泰蓝器物～，博得多方人士的喜爱。【近义】除旧布新　弃旧图新　革故鼎新【反义】抱残守缺　故步自封　因循守旧

推诚相与　tuī chéng xiāng yǔ

【释义】以诚心来结交朋友。【例句】我对任何一个朋友都是～，就算吃了亏也不改初衷。【近义】推心置腹　推诚

接物【反义】钩心斗角

推崇备至　tuī chóng bèi zhì

【释义】推崇：十分推重。备至：至极，到极点。极其尊崇推重。【例句】大家对这本书～，是因为书中内容确实震撼心灵。

推己及人　tuī jǐ jí rén

【释义】推：推想，推断。用自己的心思来推想别人的心思，即设身处地替别人着想。【例句】他说为人要有真性情，要有同情心，能够～。【近义】将心比心　以己度人

推三推四　tuī sān tuī sì

见"推三阻四"。

推三阻四　tuī sān zǔ sì

【释义】推：推托。阻：阻碍，阻挡。指用各种借口推托、阻挠。也作"推三推四"。【例句】对困难～可不是他平时的作风。【近义】推东主西

推心置腹　tuī xīn zhì fù

【释义】推出自己的赤心，置于别人腹中。比喻待人真诚。【例句】年轻的林道静率直地～地把自己的身世、遭遇完全告诉了余永泽。【近义】披肝沥胆　剖心析肝　输肝剖胆【反义】尔虞我诈

退避三舍　tuì bì sān shè

【释义】避：避开，避让。舍：春秋时行军三十里为一舍。退师九十里以避让敌人。春秋时，晋公子重耳逃到楚国，楚成王设宴招待他，问他如果晋国当了国君，将如何报答自己。重耳回答说，届时若晋楚两国交战，晋国一定先退避三舍。后泛指对人让步，不与相争。【例句】那小股匪兵自知不是我们的对手，已经～了。【近义】委曲求全【反义】针锋相对

吞吞吐吐　tūn tūn tǔ tǔ

【释义】形容说话有顾虑,想说又不敢说或说话含混不清。【例句】我已对你和盘托出,你又何必对我～呢?【近义】半吞半吐【反义】和盘托出

吞云吐雾　tūn yún tǔ wù

【释义】喻指吸食鸦片或吸烟。也作"吐雾吞云"。【例句】她看见有人在公共场所～,心里有说不出的厌恶。

囤积居奇　tún jī jū qí

【释义】囤:积存。居:储藏。奇:稀罕或紧俏的东西。指囤积大量低价而紧俏的商品,等待高价出售以牟取暴利。【例句】葛朗台～,投机倒把,几年时间便成了暴发户。【近义】奇货可居

拖泥带水　tuō ní dài shuǐ

【释义】形容在雨水泥泞中狼狈而行的样子。比喻做事不干脆利落或说话、写文章不简洁。【例句】这些天来,他一直～地奋战在抗洪抢险第一线。/这人做事～的,这么简单的事几天都没办好。【近义】婆婆妈妈【反义】不蔓不枝　干净利落

脱口而出　tuō kǒu ér chū

【释义】不假思索,随口说出。【例句】我晓得你这个人向来是有口无心的,但也不可不拘什么话便～。【近义】信口开河【反义】守口如瓶

脱胎换骨　tuō tāi huàn gǔ

【释义】道家认为修炼得道的人,可脱凡胎成圣胎,换凡骨为仙骨,超凡脱俗而成仙。现在用来比喻发生彻底的转变。【例句】他当年盗窃、抢劫,经过几年的监狱改造,居然～,像换了一个人似的。【近义】伐毛洗髓　洗心革面

【反义】执迷不悟

脱颖而出　tuō yǐng ér chū

【释义】颖:细长物件的尖锐部分(一说指钳住锥针的两片铁,或用来箍住两个铁片的环)。《史记·平原君列传》载,秦国包围了赵都邯郸,赵派平原君赵胜到楚国请救兵,平原君打算从自己门客中挑选20位能文能武、智勇双全的人一道去,但选来选去,只挑中19人。这时,一位叫毛遂的门客自告奋勇站出来,表示愿一同前往。平原君说:"夫贤士之处世也,譬若锥之处囊中,其末立见(xiàn,现)。今先生处胜之门下三年于此矣,左右未有所称诵,胜未有所闻,是先生无所有也。先生不能,先生留говорит。"毛遂曰:"臣乃今日请处囊中耳。使遂蚤(早)得处囊中,乃颖脱而出,非特其末(尖端)见(现)而已。"平原君于是带上毛遂一同前往,功成而返。后形容有实力、有才华的人一下子冒出来,崭露头角。【例句】经过这次文学改革,一批青年作家～。【近义】崭露头角【反义】深藏若虚

唾面自干　tuò miàn zì gān

【释义】唾面:脸上被吐上唾沫。脸上被人吐上唾沫,不擦掉而让其自干。比喻受了侮辱,极度容忍,不加反抗。【例句】他是一个胆小怕事的人,向来隐忍克己,～。

唾手可得　tuò shǒu kě dé

【释义】唾手:往手上吐唾沫,表示准备做某事。稍稍动手就能得到。形容极容易得到或办成。【例句】为了自己的理想,他放弃了这个～的工作机会。【近义】探囊取物　垂手可得

挖空心思　wā kōng xīn sī
【释义】形容绞尽脑汁,想尽各种办法。【例句】这是我～才想出的一个万全之策。【近义】绞尽脑汁　费尽心机

挖肉补疮　wā ròu bǔ chuāng
【释义】挖取身上的好肉来填补伤口。比喻用有害的方法来解救急难。也比喻做事只想到有利的一面,而没有考虑到有害的一面。也作"剜肉补疮"。【例句】借高利贷来还债,等于～。【近义】饮鸩止渴

瓦合之卒　wǎ hé zhī zú
【释义】瓦合:用碎瓦拼合。卒:士兵。像用碎瓦片拼凑起来的一群士兵。比喻没有组织纪律的队伍。【例句】这支队伍,多是～,不堪一击。【近义】乌合之众【反义】精英之师

瓦解云散　wǎ jiě yún sàn
【释义】解:破碎。像瓦片碎裂,云彩飘散。比喻崩溃、离散。【例句】这一场突如其来的事故,使得原本幸福美满的家庭～。【近义】土崩瓦解

歪打正着　wāi dǎ zhèng zháo
【释义】着:表示到达目的。本来打偏了,却碰巧击中目标。比喻采用的方法本不恰当,却侥幸得到满意的结果。【例句】售票员打错了他要的彩票号码,不料却～中了大奖。【反义】弄巧成拙

歪风邪气　wāi fēng xié qì
【释义】歪、邪:不正当,不正派。指不良

的作风和风气。【例句】全社会都要行动起来,坚决同破坏公共设施的～作斗争。【近义】歪门邪道【反义】弊绝风清

歪门邪道　wāi mén xié dào
【释义】门、道:方法或窍门。指不正当的、不正派的门路、方法。也作"邪门歪道"。【例句】我们决不可靠～捞取好处。【近义】歪风邪气　旁门左道

外刚内柔　wài gāng nèi róu
见"内柔外刚"。

外宽内忌　wài kuān nèi jì
【释义】外:外表。宽:宽厚。忌:忌妒,怨恨。表面上宽宏大量,内心非常嫉恨。【例句】别看他好像什么都不在乎,实际上～。【近义】外巧内嫉
提示　含贬义。

外厉内荏　wài lì nèi rěn
见"色厉内荏"。

外强中干　wài qiáng zhōng gān
【释义】强:强壮。中:内部,内心。干:枯竭,空虚。表面上强大,实际上非常虚弱。【例句】这些史料充分地表明,此时的清政府已经是～。【近义】色厉内荏　羊质虎皮【反义】外柔内刚

外柔内刚　wài róu nèi gāng
【释义】外:表面。柔:柔弱。刚:刚强。表面柔弱,实际上很刚强。【例句】她是一个～的女子,比寻常男子更为坚毅。【反义】内柔外刚

外圆内方　wài yuán nèi fāng

【释义】表面上平易近人，能灵活应付，实际上很认真严正。【例句】和她相处了一段时间，才发现她是一个～的人。【反义】外方内圆

剜肉补疮　wān ròu bǔ chuāng

见"挖肉补疮"。

纨绔子弟　wán kù zǐ dì

【释义】纨绔：细绢做的裤子，泛指华丽的服饰。子弟：泛指年轻人。衣着华丽的年轻人。多指不务正业、只知享受的富贵人家子弟。【例句】他们几个都是整日无所事事、游手好闲的～。【近义】花花公子　膏粱子弟　提示 "绔"不读 kuà。

完璧归赵　wán bì guī zhào

【释义】完：完整，使完好无缺。璧：正中有孔的扁圆形玉器，此处指和氏璧。赵：战国时期的赵国。把和氏璧完好无损地送回赵国。比喻把原物完好无损地归还原主。【例句】请放心，这件东西我一定会～。【近义】物归原主【反义】久假不归

完好无损　wán hǎo wú sǔn

【释义】很完整，一点都没有损坏。【例句】爸爸带回来的礼物，虽经过长途运输，但依然～。

完美无缺　wán měi wú quē

【释义】完善、美好，没有缺点。【例句】这件玉雕作品真是～！【近义】十全十美【反义】支离破碎

玩忽职守　wán hū zhí shǒu

【释义】玩忽：忽视。职守：工作岗位。对工作、职责不严肃认真对待。【例句】由于保安员的～，让公司损失了数百万元的财产。【反义】尽心尽力　尽职尽责

玩火自焚　wán huǒ zì fén

【释义】玩：玩弄。焚：烧。玩弄火的人反把自己烧死了。比喻做冒险或害人的事，最终受害的还是自己。【例句】帝国主义发动侵略战争，其结果必将是～。【近义】挽弩自射　作茧自缚

玩世不恭　wán shì bù gōng

【释义】玩世：以消极、不认真的态度对待一切事情。不恭：不严肃。不把现实社会放在眼里，对任何事情都不采取严肃的态度。【例句】他总是用那种～的口气讲话，让人听了很不舒服。【近义】游戏人生【反义】一本正经
提示 原为中性词，今多含贬义。

玩岁愒日　wán suì kài rì

【释义】玩：喜爱。愒：贪图。岁、日：岁月。指贪图安逸，荒废岁月。【例句】他年轻的时候～，不学无术，现在后悔也来不及了。【近义】虚度年华【反义】争分夺秒

玩物丧志　wán wù sàng zhì

【释义】玩：欣赏。丧：失去。志：志气，进取心。因迷恋、玩赏所喜爱的事物而丧失了积极进取的志气。【例句】要有远大的理想，切莫～。【近义】不务正业

顽固不化　wán gù bù huà

【释义】顽固：愚昧固陋。化：改变。指固执保守，不愿意接受新鲜事物。也指坚持错误，不肯悔改。【例句】如果你依旧～，那么谁也帮不了你。/他这种毫无道理、～的做法，让人无法接受。【近义】至死不悟【反义】洗心革面

顽廉懦立　wán lián nuò lì

【释义】顽：贪婪的人。廉：廉洁。懦：懦弱的人。立：自立。使贪婪的人变得廉洁，使懦弱的人自强自立。形容感化力强。也作"廉顽立懦"。【例句】革

命先烈的壮烈行为～，使我们的爱国情感不断升华。【近义】顽石点头【反义】顽固不化

顽石点头　wán shí diǎn tóu

【释义】顽石：未经雕琢打磨的石头。传说晋朝高僧道生法师对着石头讲经，石头也点头信服。比喻道理讲得透彻，说服力强，足以使人信服。【例句】他刚才的一番话，能让～！【近义】顽廉懦立【反义】顽固不化

宛然如生　wǎn rán rú shēng

【释义】宛然：仿佛，好像。生：活着的。好像活的一样。【例句】老师为小朋友们做了一百件～的各种禽鸟纸玩具。【近义】栩栩如生

宛然在目　wǎn rán zài mù

【释义】宛然：仿佛，好像。形容仿佛就在眼前。【例句】读大师的文章，那种景物和人物被描述得栩栩如生，～。【近义】历历在目

挽弩自射　wǎn nǔ zì shè

【释义】挽：拉开。弩：一种强弓。拉开弓自己射自己。比喻自己做事害自己。【例句】他一意孤行，最终导致了～的可悲下场。【近义】玩火自焚

莞尔而笑　wǎn ěr ér xiào

【释义】莞尔：微笑的样子。微微一笑。【例句】面对记者的追问，她只是～，不予回答。【近义】莞尔一笑【反义】哄堂大笑

万般无奈　wàn bān wú nài

【释义】万般：极其，非常。无奈：无可奈何。实在没有别的办法。【例句】在～的情况下，他只好同意母亲这么做了。【近义】迫不得已【反义】甘心情愿

万变不离其宗　wàn biàn bù lí qí zōng

【释义】宗：主旨，根本。尽管形式上变化很多，但其本质或目的却始终没有改变。【例句】菜品的种类千万种，但～。【近义】换汤不换药

万不得已　wàn bù dé yǐ

【释义】万：极，很。不得已：不得不这样。确实没有办法，不得不这个样子。【例句】要不是～，我是不会和他一起出去的。【近义】无可奈何【反义】甘心情愿

万夫莫敌　wàn fū mò dí

【释义】一万个人也抵挡不住。形容非常勇猛。【例句】大家都说他是一名～的猛将。【近义】天下无敌【反义】弱不禁风

万夫不当　wàn fū bù dāng

【释义】万夫：一万个人。当：抵挡。一万个人也抵挡不住。形容十分勇猛。【例句】他凭着～之勇向敌人扑过去，谁都抵挡不住他。【近义】万夫莫敌【反义】闻风丧胆

万古不变　wàn gǔ bù biàn

【释义】万古：千年万代，永远。指永远不变。【例句】任何事物的发展，都不是～的。【近义】永世不变　一成不变

万古长春　wàn gǔ cháng chūn

见"万古长青"。

万古长存　wàn gǔ cháng cún

【释义】万古：万代，永世。指某种好的精神或品德永远存在。【例句】我们的友谊～！【近义】万古长青【反义】遗臭万年　昙花一现

万古长青　wàn gǔ cháng qīng

【释义】万古：万代，永世。永远像松柏那样苍翠。常用于祝愿美好的事物永远保持生命活力。也作"万古长春"。【例句】祝愿你们的友谊～！【近义】永垂不朽【反义】昙花一现

万古流芳　wàn gǔ liú fāng
【释义】万古:万代,永远。流:流传。芳:芳香,比喻美好的名声或品德。美好的名声或品行永远流传。【例句】革命先烈的英勇事迹～。【近义】青史流芳　流芳百世【反义】遗臭万年

万古千秋　wàn gǔ qiān qiū
【释义】表示美好的事物永不衰退、消失或指年代久远。【例句】愿中俄两国人民的友谊～!【近义】千秋万代【反义】俯仰之间

万贯家财　wàn guàn jiā cái
【释义】贯:古代用绳索穿钱,一千文钱为一贯。有一万贯的家财。指家资富有。也作"家财万贯"。【例句】人活着不是为了～,而是为了幸福快乐。【近义】万贯家私【反义】一贫如洗

万贯家私　wàn guàn jiā sī
【释义】贯:古代用绳索穿钱,一千文钱为一贯。万贯:形容非常多。家私:家产。形容财产多,富有。【例句】经过这件事,他终于发现,～买不到幸福快乐。【近义】万贯家财【反义】一贫如洗　一无所有

万家灯火　wàn jiā dēng huǒ
【释义】千万家都点上了灯。形容夜晚灯火通明的景象。【例句】从飞机舷窗往下望,只见～,一片通明。【近义】灯火辉煌【反义】灯火阑珊

万箭穿心　wàn jiàn chuān xīn
见"万箭攒心"。

万箭攒心　wàn jiàn cuán xīn
【释义】攒:聚集。仿佛一万支箭一起射向心头。形容内心痛苦之极。也作"万箭穿心"。【例句】听到这个消息,她犹如～般痛苦。【近义】心如刀割【反义】兴高采烈

万劫不复　wàn jié bù fù
【释义】劫:佛教称世界若干万年要毁灭一次,然后重新开始,这样的一个周期为一劫。复:恢复。永远不能恢复。【例句】许多美丽的森林、湖泊和大草原都遭到了～的摧残。【近义】无可挽回【反义】百废俱兴

万苦千辛　wàn kǔ qiān xīn
见"千辛万苦"。

万籁俱寂　wàn lài jù jì
【释义】万籁:自然界的各种声响。寂:静。一切声音都没有了。形容环境非常寂静。【例句】教堂的钟声突然响了,在～中显得格外悠长。【近义】鸦雀无声【反义】人声鼎沸

万里长城　wàn lǐ cháng chéng
【释义】指我国古代修筑的长城。比喻坚强雄厚的力量。也比喻难逾越的屏障。【例句】～确实是人类创造的一个奇迹。/由于误会和矛盾的不断加深,他们两人之间就好像隔着～似的。【近义】钢铁长城

万里长征　wàn lǐ cháng zhēng
【释义】长征:远征。长途远征。指非常远的征程。也比喻为宏伟目标进行的长期、艰苦的奋斗。【例句】他十多岁就参加了工农红军,跟随毛主席～。/想要夺取全国胜利,这只是～走完了第一步。

万里迢迢　wàn lǐ tiáo tiáo
见"千里迢迢"。

万流景仰　wàn liú jǐng yǎng
【释义】万流:各方面的人。指天下的人都尊敬、仰慕。【例句】张老先生一辈子积德行善,乐于助人,赢得了～。

W

万马奔腾　wàn mǎ bēn téng

【释义】奔腾:奔跑跳跃。像无数匹马一起奔跑跳跃。形容声势浩大或场面壮观。【例句】这里江面狭窄,水流湍急,犹如～。【近义】气势磅礴【反义】万马齐喑

万马齐喑　wàn mǎ qí yīn

【释义】喑:缄默,不作声。千万匹马都沉寂无声。比喻沉闷、窒息的局面。【例句】往日车水马龙的大街小巷,如今却是～。【近义】死气沉沉【反义】百家争鸣

万马千军　wàn mǎ qiān jūn
见"千军万马"。

万目睽睽　wàn mù kuí kuí
见"众目睽睽"。

万念俱灰　wàn niàn jù huī

【释义】万念:各种想法、念头。灰:灰烬。俱:都。一切念头都已破灭。形容心灰意冷,极端失望。【例句】当他听到这个噩耗,霎时间～。【近义】心灰意冷【反义】雄心勃勃

万全之策　wàn quán zhī cè

【释义】万全:绝对周全。策:计谋,办法。非常周到、可靠的办法。【例句】我们必须早做准备,拿出一套～。【近义】万全之计【反义】漏洞百出

万人空巷　wàn rén kōng xiàng

【释义】空巷:巷子里空荡荡没有人。形容隆重的节日或新奇事物轰动一时的盛况。【例句】喜讯传来,整座城市～,人们兴高采烈地走上街头,在广场举行庆祝活动。【近义】人山人海【反义】空无一人

万矢之的　wàn shǐ zhī dì
见"众矢之的"。

万世一时　wàn shì yī shí

【释义】万世:万代,指极其久远的时间。时:时机。千万年才有一次机会。形容机会难得。【例句】这次艺术节为我们提供了～的学习机会。【近义】千载难逢【反义】唾手可得

万事大吉　wàn shì dà jí

【释义】吉:吉利,顺利。一切事情都很圆满顺利。【例句】只要你不出差错,就算～了。【近义】万事亨通

万事亨通　wàn shì hēng tōng

【释义】亨通:通达,顺利。做每件事都非常顺利。【例句】她错误地认为只要有钱便～。【近义】万事大吉

万事俱备,只欠东风　wàn shì jù bèi, zhǐ qiàn dōng fēng

【释义】一切事情都已准备好了,只缺少东风。《三国演义》载,赤壁之战中,吴军统帅周瑜计划火攻曹军,一切都准备好了,只差东风没刮起来,不能放火。比喻一切都已经准备妥当,只差最后一个重要条件了。【例句】我们现在是～,只要机器一到,马上就可以投入生产。【反义】八字没一撇

万事如意　wàn shì rú yì

【释义】一切事情都顺心。【例句】祝大家在新的一年里身体健康,～。【近义】万事亨通

万事无成　wàn shì wú chéng
见"一事无成"。

万寿无疆　wàn shòu wú jiāng

【释义】万寿:万年长寿。疆:界限。永远生存,寿命无止境。常用于祝人健康长寿。也可用来称颂事物永存。【例句】祝我们亲爱的母亲——伟大的祖国～。【近义】寿比南山【反义】与世长辞

万水千山　wàn shuǐ qiān shān

【释义】千重山，万道水。极言山水之多。比喻路途艰险而遥远。也作"千山万水"。【例句】黑颈鹤飞越～到草海，目的是躲避北方寒冷的冬天。/中国和非洲虽然远隔～，但中非人民的友谊源远流长。【反义】咫尺之间

万死不辞　wàn sǐ bù cí

【释义】万死：死一万次。辞：推辞。即使是冒着死一万次的危险也决不推辞。表示愿意冒生命危险承担某项任务的决心。【例句】为了人民群众的生命财产安全，他们可以赴汤蹈火，～！【近义】在所不辞【反义】贪生怕死

万头攒动　wàn tóu cuán dòng

【释义】攒：聚集，凑拢。许许多多的人聚集在一起争相观看。【例句】球赛开始了，场馆内～。【近义】人山人海【反义】空无一人

万无一失　wàn wú yī shī

【释义】失：失误，差错。一万次中也不会有一次差错。形容绝对有把握。【例句】此货品十分重要，运输过程中一定要确保～。【近义】百不失一　计出万全【反义】挂一漏万

万物复苏　wàn wù fù sū

【释义】一切生物又都苏醒了。指春天草木开始生长。【例句】春天来了，～，小孩子们都跑到院子里尽情玩耍。【近义】大地回春　春暖花开

万物更新　wàn wù gēng xīn

见"万象更新"。

万象更新　wàn xiàng gēng xīn

【释义】象：事物，景象。更：变更，改变。宇宙间的一切景象都换了新貌。形容初春的景象或欣欣向荣的形势。也作"万物更新"。【例句】春回大地，～。

【近义】焕然一新【反义】依然如故

万众一心　wàn zhòng yī xīn

【释义】千千万万的人一条心。形容团结一致。【例句】只要我们～，愿望就一定会实现。【近义】齐心协力【反义】各自为政

万紫千红　wàn zǐ qiān hóng

【释义】形容百花盛开，绚丽多彩。也比喻事物丰富多彩或事业繁荣兴旺。【例句】春天来了，百花齐放，～。/难道改革开放，～的时代只属于年轻人？【近义】百花齐放【反义】一花独放

汪洋大海　wāng yáng dà hǎi

【释义】汪洋：指水势浩大的样子。指辽阔无边的海洋。也比喻范围广阔、声势浩大的运动。也形容很多，非常丰富。【例句】我们的轮船，就像～中的一片叶子，在海上漂来漂去。/反动的侵略者，一旦陷入人民战争的～中，便寸步难行。/虽是些简单的概念，但依然包含着无限丰富的内涵，含着个性的～。

汪洋恣肆　wāng yáng zì sì

【释义】汪洋：辽阔无边。恣肆：放纵，不受拘束。纵横驰骋，不受拘束。指人的气度或文章、书法气势磅礴，潇洒自如。【例句】她不像哥哥那样有纵横不羁的才气，语言也不像哥哥那样～，但她有哥哥所不具备的特点。【近义】气势磅礴

亡魂失魄　wáng hún shī pò

【释义】丢失了魂魄。形容惊慌失措或心神不定。【例句】听到这个消息，大家都～了。【近义】失魂落魄　魂飞魄散【反义】从容不迫　镇定自若

亡命之徒　wáng mìng zhī tú

【释义】亡命：失去名籍，犹如今天没有

户口。原指逃亡在外被注销了名籍的人。后指不顾性命,犯法作恶的人。【例句】对如此丧心病狂的～,还有什么话好说,只有将他们绳之以法。【近义】不逞之徒 提示 含贬义。

亡羊补牢　wáng yáng bǔ láo

【释义】亡:丢失。牢:关养牲畜的圈。丢失了羊赶紧修补羊圈。比喻在出了差错或受到损失之后及时补救。【例句】～,努力学习,你考上大学应该没问题!【近义】见兔顾犬【反义】未雨绸缪

亡羊得牛　wáng yáng dé niú

【释义】亡:丢失。丢了羊而得到牛。比喻损失小而收获大。【例句】刘老汉回忆,当年他因扭伤了脚踝而住进医院,就是在住院的那段日子里结识了这些生死之交,真是～啊。【反义】因小失大

王公大人　wáng gōng dà rén

【释义】王公:天子和诸侯。大人:旧时百姓对官员尊称。泛指达官贵人。【例句】当时,他受人尊重的程度远远超过任何～。【近义】王公贵戚【反义】黎民百姓

王公贵戚　wáng gōng guì qī

【释义】戚:亲戚。皇帝高官及其亲属。泛指皇亲国戚。【例句】李白来到京城,却不把～放在眼里,自然要遭到权贵们的排挤。【近义】王公大人【反义】黎民百姓

网开一面　wǎng kāi yī miàn

【释义】网:捕鸟兽时架设的罗网。把捕捉禽兽的网打开一面。比喻用宽大的态度对待,给人以出路。【例句】对那些拐卖儿童的犯罪分子,绝不能～。【近义】宽宏大量【反义】严惩不贷

网漏吞舟　wǎng lòu tūn zhōu

【释义】网:渔网。漏:漏掉。吞舟:能吞下船的大鱼。打鱼时漏掉了能吞下船的大鱼。比喻法令不严,重要案犯得以逃脱法网。【例句】如果不尽快抓获这几个无恶不作的亡命之徒,那我们真是～。

枉尺直寻　wǎng chǐ zhí xún

【释义】枉:弯曲。直:伸直。寻:古代度量单位,八尺(也说七尺)为一寻。弯曲一尺,而能伸直一寻。比喻在小的地方受一点损失或委屈,但在大的地方有所收获。【例句】我们做事应多加思考,不要因小失大,～才是明智之举。【近义】以退为进

枉道事人　wǎng dào shì rén

【释义】枉:使……弯曲。事:侍奉。违背正道侍奉国君。形容不择手段地讨好他人。【例句】他为了升官发财而～,遭到亲友们的唾弃。【近义】阿谀逢迎【反义】直言骨鲠

枉费心机　wǎng fèi xīn jī

【释义】枉:徒然、白白地。心机:心思。白白地耗费心思。【例句】你这样对她好,真是～,她才不买你的账呢!【近义】白费心思【反义】行之有效

枉己正人　wǎng jǐ zhèng rén

【释义】枉:弯曲,不正。自己的行为不正,却要去纠正别人。【例句】你当了班长,要以身作则,绝不能～。【近义】恕己责人【反义】以身作则

妄下雌黄　wàng xià cí huáng

【释义】妄:随便,胡乱。雌黄:一种黄褐色的颜料,古人抄书校书时常用来涂抹、改写文字。指毫无根据地涂改文字或乱发议论。【例句】对于不懂的事情,

我不能～。【近义】信口开河【反义】言必有据

妄自菲薄　wàng zì fěi bó
【释义】妄:不切实际。菲薄:轻视,瞧不起。过分地看不起自己。【例句】我们不可以骄傲自大,但也不能～。【近义】自暴自弃【反义】妄自尊大　自命不凡

妄自尊大　wàng zì zūn dà
【释义】妄:狂妄。尊:认为高贵。狂妄地自高自大。【例句】只要你怀有丝毫的骄傲之心,就会带来无法挽回的后果,此时你决不能～。【近义】自高自大【反义】妄自菲薄

忘恩负义　wàng ēn fù yì
【释义】恩:恩惠。负义:背弃信义。忘记了别人的恩德,背弃道义,做出对不起别人的事。【例句】他真是个～、没心肝的家伙。【近义】负德孤恩　辜恩背义【反义】感恩戴德　结草衔环

忘乎所以　wàng hū suǒ yǐ
【释义】所以:事情的由来或适宜的举动。因为过度兴奋或骄傲自满而忘记了一切。【例句】这天晚上,我们唱着歌,～地做了许多有趣的事情。【近义】得意忘形

忘年之交　wàng nián zhī jiāo
【释义】忘年:不拘年岁、辈分。忘掉年岁、辈分的差异而结成的朋友。【例句】张先生是他的恩师,也是他的～。【近义】忘年之契

望尘莫及　wàng chén mò jí
【释义】莫:不能。及:赶上。望见前面的人带起的尘土却追赶不上。比喻远远落后。多用作表示钦佩的谦辞。【例句】现代最快的计算机每秒钟能完

成上亿次运算,这是人工计算所～的。【近义】瞠乎其后【反义】后来居上

望穿秋水　wàng chuān qiū shuǐ
【释义】秋水:秋天的水明净晶透,比喻人的眼睛。把眼睛都望穿了。形容盼望殷切。【例句】我从你那～的眼神里就看出你是在等你的心上人儿。【近义】望眼欲穿　提示　一般用于女性。

望而却步　wàng ér què bù
【释义】却:退后。看到危险、困难或力所不能及的事就往后退缩。【例句】这件衣服已经贵到让人～的程度。【近义】望而生畏【反义】勇往直前

望而生畏　wàng ér shēng wèi
【释义】畏:畏惧,害怕。看见了就害怕。【例句】他的样子很凶,使人～。【近义】望而却步【反义】无所畏惧

望风而逃　wàng fēng ér táo
【释义】风:风声、踪影。远远看见对方的气势很盛就逃跑了。形容十分胆怯,不攻自溃。【例句】看见路上巡逻的警车,正准备作案的歹徒～。【近义】望风披靡【反义】所向披靡　所向无敌

望风披靡　wàng fēng pī mǐ
【释义】披靡:伏倒,倒下。风一吹就伏倒了。形容军队丧失斗志,看见对方的气势,未交战就溃逃了。【例句】人民解放军所到之处,敌人～。【近义】望风而逃【反义】所向无敌　所向披靡

望衡对宇　wàng héng duì yǔ
【释义】指门户相对,可以互相望见。形容彼此住得很近。【例句】这条弄堂有二十四户,～,两面可通。【近义】衡宇相望【反义】天涯海角

望梅止渴　wàng méi zhǐ kě
【释义】望:盼望。梅:梅树的果实。想

着吃梅子,口就不渴了。比喻用空想或假象来安慰自己。【例句】你这种想法,只不过是～、自欺欺人罢了。【近义】指雁为羹　画饼充饥

望门投止　wàng mén tóu zhǐ
【释义】门:指人户。投止:投宿。在急迫情况下,看见有人家就去投宿。形容逃难中暂求栖身的窘迫情形。【例句】他们兄弟几个在外隐姓埋名,到处漂泊,～。

望其项背　wàng qí xiàng bèi
【释义】项:颈项。已经看见了别人的颈项和后背。指可以赶得上或能相比。【例句】他的成就是我不能～的。【反义】瞠乎其后

望文生义　wàng wén shēng yì
【释义】文:文字,指字面。义:含义,意义。指不理解某一词句的真正含义,只是从字面上作牵强附会的解释。【例句】读书时,遇到不懂的词语,千万不要～,而是要认真查阅词典。【近义】顾名思义

望闻问切　wàng wén wèn qiè
【释义】望:观察气色。闻:听声息。问:询问症状。切:用手诊脉或检查。中医用语。指中医诊断疾病的四种方法。【例句】中医通过～给人看病。

望眼欲穿　wàng yǎn yù chuān
【释义】欲:将要。眼睛都要望穿了。形容盼望殷切。【例句】她～地等待着父亲的归来。【近义】望穿秋水

望洋兴叹　wàng yáng xīng tàn
【释义】望洋:抬头向上看的样子。兴:发出。面对着伟大的事物感叹自己的渺小。后比喻因力量不够或缺乏必要条件而感到无可奈何。【例句】这仅仅是个理论而已,科学界对此还是～的。

【近义】无能为力【反义】易如反掌

望子成龙　wàng zǐ chéng lóng
【释义】龙:古代帝王的象征,比喻高贵的人物。盼望儿子成为出类拔萃或有作为的人物。也作“望子成名”。【例句】补课班那诱人的广告语让一些～的家长无法抗拒,纷纷为孩子报了名。

望子成名　wàng zǐ chéng míng
见“望子成龙”。

危机四伏　wēi jī sì fú
【释义】危机:危险的根由。伏:潜伏,隐藏。到处都潜藏着危险。【例句】一个企业矛盾重重,～,就不能进行正常的生产、经营。【近义】四面楚歌【反义】安如泰山

危急存亡　wēi jí cún wáng
【释义】情况危险紧迫,关系到生死存亡。【例句】在这～的紧要关头,我们要以大局为重。【近义】生死存亡

危如累卵　wēi rú lěi luǎn
【释义】累:摞,堆积。卵:蛋。危险得如同垒起来的蛋。比喻情况十分危险,随时都可能发生灾难。【例句】在当时那种～的局势下,人们有些惊慌失措了。【近义】危若朝露　累卵之危【反义】安如磐石　安如泰山

危若朝露　wēi ruò zhāo lù
【释义】朝露:早晨的露珠。危险得就像早晨的露珠一样,很快就会消失。指存在时间短。【例句】爷爷的病情严重,生命～。【近义】危如累卵【反义】安如磐石　安如泰山

危言耸听　wēi yán sǒng tīng
【释义】危言:说吓人的话。耸听:使人听了害怕。故意说些吓人的话,使人听了震惊。【例句】这是～还是确有其事?【近义】耸人听闻

危言危行　wēi yán wēi xíng
【释义】危:正直。讲正直的话,做正直的事。指为人正直。【例句】他这个人一向～,受人尊敬。【近义】刚正不阿　危言正色

危言正色　wēi yán zhèng sè
【释义】危:正直。色:脸色。正直的言论,严正的态度。【例句】在工作上,他～,大家都很尊敬他。【近义】正言厉色【反义】油腔滑调

危在旦夕　wēi zài dàn xī
【释义】旦夕:早晨和晚上,指很短时间。危险将在短时间内发生。【例句】他全身大面积烧伤,生命～。【近义】朝不保夕【反义】安如磐石

威逼利诱　wēi bī lì yòu
【释义】威逼:利用武力或权势恐吓逼迫。利诱:用利益引诱。指采取软硬兼施的办法,使人顺从自己。【例句】敌人对她～达二十多次,她仍毅然不为所屈。【近义】软硬兼施

威而不猛　wēi ér bù měng
【释义】威:威仪。猛:粗暴。有威仪但不粗暴。【例句】爸爸是个～的男人。【近义】色厉内荏

威风八面　wēi fēng bā miàn
见"八面威风"。

威风凛凛　wēi fēng lǐn lǐn
【释义】凛凛:威严而使人敬畏的样子。威严的气势,令人敬畏。【例句】城堡正门上雕着两头～的狮子,因此被称为狮子门。【近义】八面威风【反义】威风扫地

威胁利诱　wēi xié lì yòu
【释义】威胁:用威力强迫或逼迫。利诱:用利益引诱。指软硬兼施,使人屈服。也作"利诱威胁"。【例句】在敌人的～下,他屈服了。【近义】软硬兼施

威信扫地　wēi xìn sǎo dì
【释义】威信:威望和信誉。扫地:扫落在地。指威望和信誉已经完全丧失。【例句】我这么做,会使他～。【近义】身败名裂【反义】威风凛凛

微不足道　wēi bù zú dào
【释义】足:值得。道:说。微小得不值得一说。【例句】对于他来说,这只是一件～的小事。【近义】卑不足道　不足挂齿【反义】举足轻重

微乎其微　wēi hū qí wēi
【释义】乎:语气词。微小又微小。形容非常小或非常少。【例句】一个月过去了,失踪者生还的可能性已经～。【近义】微不足道【反义】硕大无朋

巍然屹立　wēi rán yì lì
【释义】巍然:雄伟高大的样子。屹立:山势高耸直立。比喻像高山一样耸立,稳固不可动摇。【例句】人民英雄纪念碑～在天安门广场上,寄托着我们对人民英雄的崇敬之情。【近义】岿然不动【反义】土崩瓦解

韦编三绝　wéi biān sān jué
【释义】韦:熟牛皮。韦编:古代用竹简写书,用牛皮绳将竹简编连起来,称"韦编"。三:指多次。绝:断。编连竹简的牛皮绳断了多次。形容读书勤奋刻苦。【例句】我们提倡～的读书精神,更提倡学以致用,期待创新型人才的大量涌现。

为非作歹　wéi fēi zuò dǎi
【释义】为:做。非、歹:坏事。做各种坏事。【例句】这些～的人,必将受到法律的制裁。【近义】胡作非为【反义】安分守己

为富不仁　wéi fù bù rén

【释义】为:谋求。仁:仁慈,善良。指只追求自己发财而对别人不仁慈。【例句】王老板整日过着奢侈的生活,却拖欠员工的工资,真是～。【近义】唯利是图【反义】乐善好施

为期不远　wéi qī bù yuǎn

【释义】期:期限。指要不了多长时间。【例句】他身体恢复情况很好,离出院～了。【近义】指日可待【反义】遥遥无期

为人师表　wéi rén shī biǎo

【释义】为:成为。师表:在品德、学识方面值得学习的榜样。在品德学问上成为别人学习的榜样。今多指当教师。【例句】教师要～,就必须在方方面面为学生作出表率。【近义】率马以骥【反义】误人子弟

为所欲为　wéi suǒ yù wéi

【释义】欲:想。想做什么就做什么。【例句】即使老师不在教室,学生们也不应该～,要认真学习。【近义】恣意妄为【反义】安分守己　提示　含贬义。

违法乱纪　wéi fǎ luàn jì

【释义】法:法令。纪:纪律。违犯法令,破坏纪律。【例句】她因一而被单位开除。【近义】作奸犯科【反义】安分守己

违心之论　wéi xīn zhī lùn

【释义】论:言论。违背自己本来意愿的话。【例句】我不能够站到讲台上,滔滔不绝地说些～。【反义】由衷之言

违信背约　wéi xìn bèi yuē

【释义】不守信用,违背共同制订的条约。【例句】做人要讲诚信,不能～。【近义】背信弃义【反义】信誓旦旦

围魏救赵　wéi wèi jiù zhào

【释义】魏、赵:战国时期的魏国和赵国。

《史记·孙子吴起列传》载,公元前353年魏国围攻赵国的都城邯郸,赵国向齐国求救,齐将田忌、孙膑率兵救赵,趁魏国都城大梁空虚,引兵直攻大梁,并在魏军回救本国的途中,设埋伏大败魏军,解了赵国之围。后指袭击敌人后方,迫使其撤兵的作战策略。【例句】她将～的战术运用到了棋艺中,大家都很难赢她。【近义】声东击西【反义】束手待毙

唯恐天下不乱　wéi kǒng tiān xià bù luàn

【释义】唯:只,单单。恐:担心,害怕。就怕天下不发生动乱。指一些别有用心的人总希望出现混乱局面,以图谋不轨。【例句】他是一个～的捣乱者。

唯利是图　wéi lì shì tú

【释义】唯:只,单单。利:利益,好处。是:代词,代指前面的"利"。图:贪图。只贪图财利,别的什么都不顾。也作"惟利是图"。【例句】她是一个～的奸商。【近义】见利忘义【反义】大公无私

唯命是从　wéi mìng shì cóng

【释义】唯:只,单单。是:代词,代指前面的"命"。从:服从。让做什么,就做什么。形容绝对服从。也作"惟命是从"。【例句】父亲的话,他向来是～。【近义】奉命唯谨　俯首帖耳【反义】桀骜不驯

唯命是听　wéi mìng shì tīng

【释义】唯:只,单单。命:命令。听:听从。指一切听从命令,无条件服从。也作"惟命是听"。【例句】他对领导的安排～,从来没有一点自己的想法。【近义】百依百顺　俯首帖耳【反义】桀骜不驯

唯唯诺诺　wéi wéi nuò nuò

【释义】唯、诺:表示同意的应答声。形

容恭顺地附和别人的意见,自己毫无主见。【例句】我不喜欢像她这种～没有主见的人。【近义】俯首帖耳【反义】刚正不阿

唯我独尊　wéi wǒ dú zūn
【释义】唯:只,单单。尊:尊贵。只有自己最尊贵了不起。本为佛教推崇释迦牟尼的话。后形容狂妄自大,目空一切。也作"惟我独尊"。【例句】她从不虚心学习,总是～,自以为是。【近义】狂妄自大【反义】妄自菲薄

惟精惟一　wéi jīng wéi yī
【释义】惟:文言语气词。精:精研。一:专心。要精研,要专心。常用来勉励人认真学习。【例句】我们读书的时候要专心致志,～。【近义】专心致志【反义】心猿意马

惟利是图　wéi lì shì tú
见"唯利是图"。

惟妙惟肖　wéi miào wéi xiào
【释义】惟:文言语气词。妙:好,精妙。肖:相似,相像。形容描绘或模仿得非常逼真、传神。【例句】这是一幅～的深秋山村早行图。【近义】活灵活现【反义】面目全非

惟命是从　wéi mìng shì cóng
见"唯命是从"。

惟命是听　wéi mìng shì tīng
见"唯命是听"。

惟我独尊　wéi wǒ dú zūn
见"唯我独尊"。

嵬然不动　wéi rán bù dòng
见"岿然不动"。

尾大不掉　wěi dà bù diào
【释义】掉:摆动。尾巴太大,就不易摆动了。比喻机构庞大、涣散,以致指挥不灵。【例句】我们单位这么多年来形成了～的局面,势必要进行改革。【近义】末大必折【反义】强干弱枝

委靡不振　wěi mǐ bù zhèn
见"萎靡不振"。

委曲求全　wěi qū qiú quán
【释义】委曲:迁就,曲从。全:保全。违反本心去勉强迁就,以求保全。多指为了顾全大局而暂时忍让。【例句】都是为了这个家,她才如此～地过了几十年。【近义】委曲成全【反义】针锋相对　提示　"曲"不能写成"屈"。

娓娓不倦　wěi wěi bù juàn
【释义】娓娓:勤勉而不疲倦的样子。形容兴味盎然,不知疲倦。【例句】他们好奇得很,问了又问,鱼专家就～地谈了许多养鱼的事。【近义】娓娓而谈【反义】沉默寡言

娓娓动听　wěi wěi dòng tīng
【释义】娓娓:形容谈论不倦或说话动听。形容说话委婉生动,使人爱听。【例句】她说起话来～,大家都很喜欢。【近义】津津有味【反义】不堪入耳

娓娓而谈　wěi wěi ér tán
【释义】娓娓:形容谈论不倦。滔滔不绝地谈论,一点也不觉得疲倦。【例句】在她～的时候,学生群中早有人不断发出了"胡说!""胡说八道!"的吼声。【近义】滔滔不绝【反义】沉默寡言

萎靡不振　wěi mǐ bù zhèn
【释义】萎靡:颓唐的样子。形容人颓丧消沉,精神不振。也作"委靡不振"。【例句】他无精打采地喘了一口粗气,然后像个病人一样～站在那里。【近义】无精打采　暮气沉沉【反义】精神抖擞

为国捐躯　wèi guó juān qū

【释义】捐：献出。躯：身体。为国家献出生命。【例句】那些～的战士们，都是最伟大的民族英雄。【近义】以身许国【反义】卖国求荣

为虎傅翼　wèi hǔ fù yì

【释义】为：给。傅：加上。翼：翅膀。给老虎添加上翅膀。比喻助长坏人或敌人的势力。也作"为虎添翼"。【例句】你这样做，无异于～，为违法乱纪者张目。【近义】助纣为虐【反义】为民除害

为虎添翼　wèi hǔ tiān yì

见"为虎傅翼"。

为虎作伥　wèi hǔ zuò chāng

【释义】为：给，替。伥：伥鬼，迷信传说中被虎咬死的人，其鬼魂变成伥鬼，又去帮助老虎伤人。比喻给坏人当帮凶。【例句】我们要分清善恶，～没有好下场。【近义】帮虎吃食【反义】除暴安良

为民除害　wèi mín chú hài

【释义】替老百姓铲除祸害。【例句】我们决不能再让犯罪分子逍遥法外，一定要～！【近义】除暴安良【反义】为虎作伥

为人作嫁　wèi rén zuò jià

【释义】嫁：嫁衣。给别人缝制嫁衣。比喻空为别人辛苦忙碌。【例句】都说编辑工作是～，但我觉得值。【近义】甘为人梯

为渊驱鱼，为丛驱雀　wèi yuān qū yú, wèi cóng qū què

【释义】渊：深潭。驱：驱赶。丛：丛林。将鱼赶到深渊里去，将鸟赶到丛林中去。比喻执政者执行残暴或错误的政策，使百姓都跑到敌方去了。也比喻不善于团结人，把可以依靠的力量推

到对立的方面去。【例句】一个失败的国君，～是常有的事。

未卜先知　wèi bǔ xiān zhī

【释义】卜：占卜，古代用龟、蓍、铜钱、牙牌等推断凶吉祸福。没有占卜就先知道将要发生的事情。形容有预见。【例句】如果我有～的本事，我就决不会让这件事情发生了。【近义】料事如神【反义】难以预料

未老先衰　wèi lǎo xiān shuāi

【释义】衰：衰老。年龄并不大，却已经显出衰老的样子了。【例句】这些人因劳累过度而～。【反义】返老还童　老当益壮

未雨绸缪　wèi yǔ chóu móu

【释义】雨：下雨。绸缪：用绳索紧密缠绕，引申指修补房屋。趁还没有下雨，及时修补房屋门窗。比喻事先做好应对准备。【例句】过去种种防灾减灾的经验表明，～是对付洪水灾害最有效的手段。【近义】曲突徙薪　防患未然【反义】江心补漏　亡羊补牢

味同嚼蜡　wèi tóng jiáo là

【释义】形容毫无味道，多指讲话或文章枯燥无味。【例句】这首诗叫人读了～、兴趣索然。【近义】枯燥无味【反义】津津有味

畏敌如虎　wèi dí rú hǔ

【释义】畏：害怕。害怕敌人像害怕老虎一样。【例句】老板～，我只好单独与对手周旋了。【近义】畏之如虎【反义】无所畏惧

畏首畏尾　wèi shǒu wèi wěi

【释义】畏：害怕。怕前怕后。形容胆小怕事，顾虑重重。【例句】你总是～，这样会一事无成的。【近义】缩手缩脚【反义】勇往直前

畏缩不前 wèi suō bù qián

【释义】畏：害怕。因害怕而退缩，不敢前进。【例句】遇到困难不能～。【近义】停滞不前【反义】勇往直前

蔚然成风 wèi rán chéng fēng

【释义】蔚然：茂盛，兴盛。风：风气。形容某种事物发展、盛行，形成了风气。【例句】目前，这种消费方式已在全国各大城市～。【近义】蔚成风气

蔚为大观 wèi wéi dà guān

【释义】蔚：荟萃，聚集。大观：盛大的景象。形容事物丰富多彩，成为盛大的景象。【例句】这次交易会上的商品丰富多彩，～。【近义】洋洋大观【反义】寥若晨星

温故知新 wēn gù zhī xīn

【释义】温：温习。故：旧的。温习旧知识，可以获得新的理解和体会。【例句】学习必须要坚持～的态度。【近义】鉴往知来【反义】数典忘祖

温良恭俭让 wēn liáng gōng jiǎn ràng

【释义】温：温和。良：善良。恭：恭敬，谦逊。俭：节制。让：忍让。这是儒家倡导的五种道德，后泛指态度谦恭，举止文雅。【例句】革命不是请客吃饭，不是做文章，不是绘画绣花，不能那样雅致，从容不迫，文质彬彬，那样～。【近义】温文尔雅【反义】蛮横无理

温情脉脉 wēn qíng mò mò

【释义】温情：温柔的感情。形容饱含感情、默默表露的样子。【例句】她～地看着她的丈夫。【近义】含情脉脉【反义】冷若冰霜

温柔敦厚 wēn róu dūn hòu

【释义】敦厚：诚恳、宽厚。指态度温和，诚恳宽厚。【例句】她生性～而又行事

严谨。【近义】温文尔雅【反义】尖酸刻薄

温文尔雅 wēn wén ěr yǎ

【释义】温文：态度温和而有礼貌。尔雅：文雅。态度温和，举止文雅。也作"温文儒雅"。【例句】这是一位眉清目秀、～的中年人。【近义】雍容典雅【反义】凶神恶煞

温文儒雅 wēn wén rú yǎ

见"温文尔雅"。

文不对题 wén bù duì tí

【释义】文：文章的内容。对：适合，合乎。题：标题。文章的内容与题目的要求不合。也指所答非所问或谈话离开了主题。【例句】他关于这个题目所说的话，大部分都是～。【近义】离题万里【反义】一语破的

文不加点 wén bù jiā diǎn

【释义】点：涂改。文章不用修改就写成。形容文思敏捷，写作技巧纯熟。【例句】她拿起笔，～，很快就写出了一首诗。【近义】一挥而就【反义】江郎才尽

文采风流 wén cǎi fēng liú

【释义】文采：才华。风流：英俊杰出。形容人有才华而英俊。【例句】这位年轻的作家～，受到许多读者的喜爱。【近义】风度翩翩

文从字顺 wén cóng zì shùn

【释义】文、字：指词语、语句。从、顺：妥帖，通顺。指文句通顺，用词妥帖。【例句】她的这篇文章～，读起来朗朗上口。【反义】佶屈聱牙

文过饰非 wén guò shì fēi

【释义】文、饰：遮掩，掩饰。过、非：过失，错误。指用各种理由或借口掩饰自己的过失和失误。【例句】对待错误

W

不能～,采取回避态度。【近义】文过
遂非【反义】洗垢求瘢

文江学海　wén jiāng xué hǎi

【释义】文章、学问有如长江和大海那样
深广渊博。【例句】～,浩瀚无边,我们
不能稍有成就就沾沾自喜。【近义】学
海无涯【反义】胸无点墨

文情并茂　wén qíng bìng mào

【释义】文:文采。情:感情。茂:丰富。
形容文章写得很好,既有文采,又感情
丰富。【例句】这本书写得极其生动,
可以说是～。【近义】声情并茂

文如其人　wén rú qí rén

【释义】文章像作者本人一样。指文章
的风格同作者的气质、性格相似。【例
句】她写的散文极其清秀,～。【近义】
言为心声

文武全才　wén wǔ quán cái

【释义】文能治理国家、武能带兵打仗的
人才。泛指具备了各方面才能的人。
【例句】他是一位难得的～。【近义】文
武双全【反义】一无所能

文武双全　wén wǔ shuāng quán

【释义】文才与武功同时具备,能文能
武。形容才能杰出而全面。【例句】他
是一位～的人才。【近义】智勇双全
能文能武【反义】不文不武

文武之道　wén wǔ zhī dào

【释义】文:周文王。武:周武王。两人
都是古人所推崇的贤君。文王武王的
治国方略。泛指宽严相济的治国方
针。也比喻工作、生活要适当调节,劳
逸结合。【例句】一张一弛,～。

文质彬彬　wén zhì bīn bīn

【释义】文:文采,修养。质:本质。彬
彬:文、质相互配合得当。形容人文雅

有礼貌。【例句】这个人～,大家对他
印象都非常好。【近义】温文尔雅【反
义】俗不可耐

纹丝不动　wén sī bù dòng

【释义】纹丝:细纹,特别细微的痕迹。
形容一点儿也不动。【例句】他～地坐
在地上,像雕像一般。【近义】一动不
动【反义】闻风而动

闻风而动　wén fēng ér dòng

【释义】闻:听到。风:风声,消息。一听
到风声或消息,就马上行动起来。形
容动作非常迅速。【例句】学校号召向
雷锋学习后,全体师生～。【近义】雷
厉风行【反义】按兵不动

闻风而逃　wén fēng ér táo

【释义】闻:听到。风:风声,消息。一听
到风声就仓皇逃跑。形容十分畏惧。
【例句】当警察赶到现场,不法之徒已
～。【近义】望风而逃【反义】勇往直前

闻风丧胆　wén fēng sàng dǎn

【释义】闻:听到。风:风声,消息。丧
胆:吓破了胆。一听到消息就吓破了
胆。形容恐惧到了极点。【例句】她是
一名令歹徒～的优秀公安干警。【近
义】丧魂落魄【反义】泰然自若

闻风远扬　wén fēng yuǎn yáng

【释义】闻:听到。风:风声,消息。远
扬:远逃。听到一些风声就逃到很远
的地方。【例句】这群不法之徒知道警
察要来的消息便～了。【近义】闻风
而逃

闻过则喜　wén guò zé xǐ

【释义】闻:听到。过:过失,过错。听到
别人指出自己的过错就感到高兴。形
容虚心接受批评。【例句】我们本着～
的精神,认真改进学习方法。【近义】
知过必改【反义】知错不改

闻鸡起舞　wén jī qǐ wǔ

【释义】闻:听到。听到公鸡啼叫就起床练武。形容有志者及时发奋,以图报效祖国。也指黎明即起,锻炼身体。【例句】他每天五点起床练字,真的做到了～。【近义】鸡鸣而起【反义】苟且偷安

闻所未闻　wén suǒ wèi wén

【释义】闻:听到。听到了过去从来没有听说过的事。形容事物新鲜稀罕。【例句】老张采风归来,讲了很多我们～的趣事。【近义】前所未闻　见所未见【反义】司空见惯

刎颈之交　wěn jǐng zhī jiāo

【释义】刎颈:割脖子。交:交情,友谊。指情谊深厚,可以同生死共患难的朋友。【例句】经历了这件事情以后,他们便成了～。【近义】莫逆之交【反义】一面之交　点头之交

稳操胜券　wěn cāo shèng quàn

【释义】操:掌握。牢牢地把握住了取胜的计谋。比喻有充分的取胜把握。也作“稳操胜算”。【例句】以目前的局面看,你已经～了。【近义】如持左券　胜券在握【反义】一筹莫展

稳操胜算　wěn cāo shèng suàn

见“稳操胜券”。

稳如泰山　wěn rú tài shān

见“安如泰山”。

稳扎稳打　wěn zhā wěn dǎ

【释义】扎:驻扎,扎营。打:打仗。采取稳当而可靠的战术打仗。比喻有步骤、有把握地做事。【例句】这次比赛,中国队的战术是～。【近义】步步为营【反义】轻举妄动

问长问短　wèn cháng wèn duǎn

【释义】仔细询问各方面的情况。多表示关心。【例句】他出差回来,同事们都围上来～。【近义】问寒问暖【反义】不闻不问

问道于盲　wèn dào yú máng

【释义】盲:盲人。向盲人问路。比喻向根本不懂或一无所知的人请教。【例句】他对电脑操作并不了解,你向他请教,等于是～。【近义】缘木求鱼

问寒问暖　wèn hán wèn nuǎn

【释义】表示对人特别体贴关心。也作“嘘寒问暖”。【例句】王老师总是对我们～,关怀备至,像父母一样。【近义】问长问短【反义】不闻不问

问心无愧　wèn xīn wú kuì

【释义】愧:惭愧。摸着心问自己,并不感到惭愧。【例句】只要我们努力了,即使没有做到最好,也～。【近义】扪心无愧【反义】嗟悔无及

瓮里醯鸡　wèng lǐ xī jī

【释义】瓮:坛子。醯鸡:蠛蠓,一种小虫,俗称蠛蠓蚊。坛子里的蠛蠓。比喻见闻狭隘的人。【例句】现在的他就如～,对外面的世界完全不了解。【近义】井底之蛙【反义】见多识广

瓮中之鳖　wèng zhōng zhī biē

【释义】瓮:坛子。鳖:甲鱼。坛子里的甲鱼。比喻已在掌握之中,逃脱不了的人或动物。【例句】我们布下了天罗地网,罪犯已成～。【近义】口中蚤虱

瓮中捉鳖　wèng zhōng zhuō biē

【释义】瓮:坛子。鳖:甲鱼。在坛子里捉甲鱼。比喻捕捉的对象已在掌握之中,轻而易举就能捉到。【例句】当罪犯踏进宾馆的房间时,不料被早已等

候在那里的公安干警来了个～。【近义】探囊取物【反义】大海捞针

蜗角虚名　wō jiǎo xū míng

【释义】蜗角:蜗牛的触角,比喻极细小的地方。虚名:空名。形容微不足道的空名。【例句】他们竟为～,蝇头微利吵架,真是不值得。【近义】蝇利蜗名

蜗行牛步　wō xíng niú bù

【释义】像蜗牛爬行,像老牛慢步。比喻行动缓慢。【例句】想要赶上世界先进水平,必须加快改革步伐,像这样～是不行的。

我见犹怜　wǒ jiàn yóu lián

【释义】怜:喜爱。我看见了都十分喜爱。形容女子姿容秀美,仪态动人,惹人喜爱。【例句】她的笑靥甜美可人,～的形象深受观众的喜爱。【反义】其貌不扬

我行我素　wǒ xíng wǒ sù

【释义】行:做。素:平常,向来。指不受外界的影响,仍按照平常的做法去做。【例句】即使有人说我受人利用,但我还是～。【近义】随心所欲【反义】改弦更张　提示　旧时为中性词,现多含贬义。

卧不安席　wò bù ān xí

【释义】卧:睡觉。安:安稳,安宁。席:床铺。躺在床上睡不安稳。形容心中焦虑,睡觉也不安稳。【例句】最近爷爷的病情加重,她得知这个消息后～,食不甘味。【近义】食不甘味【反义】高枕无忧

卧床不起　wò chuáng bù qǐ

【释义】病倒在床上,不能起身。形容病情十分严重。【例句】他的病情加重,

现在已～。

卧薪尝胆　wò xīn cháng dǎn

【释义】薪:柴草。胆:动物的胆囊,味道很苦。睡在柴草上,尝着胆的滋味。形容人刻苦自励,发愤图强。【例句】经过几年的～,他终于走出了困境。【近义】枕戈尝胆【反义】自暴自弃

卧雪眠霜　wò xuě mián shuāng

【释义】眠:睡。睡在霜雪之上。比喻漂泊生活的艰辛。【例句】为了搜集到这种植物的新标本,他跋山涉水,～,行程两万余里。【近义】露宿风餐　栉风沐雨【反义】高枕而卧

握拳透爪　wò quán tòu zhǎo

【释义】爪:指甲。紧握拳头,以致指甲透过了手掌。形容极度愤怒的样子。【例句】听到这个消息,他～,气冲冲地跑了出去。【近义】怒发冲冠【反义】心平气和

握蛇骑虎　wò shé qí hǔ

【释义】毒蛇缠在手上,身骑在虎背上。比喻处境非常险恶。【例句】都怪我当初态度不坚决,才让自己陷入了今天这～的境地。【近义】险象环生【反义】平安无事

握手言欢　wò shǒu yán huān

【释义】互相握手,言谈欢笑。形容亲热友好。多指重新和好后的亲热场面。【例句】在法院的调解下,原、被告双方终于～。【近义】言归于好【反义】势不两立

乌飞兔走　wū fēi tù zǒu

【释义】乌:古代传说太阳中有三足乌,此处代指太阳。兔:古代传说月中有玉兔,此处代指月亮。日月流逝。形容时光很快流逝。【例句】不觉～,学

生时代就这样结束了。【近义】玉走金飞【反义】度日如年

乌合之众　wū hé zhī zhòng

【释义】乌合:像乌鸦那样的聚合成群。比喻临时聚集在一起无组织无纪律的一群人。也作"乌合之卒"。【例句】这般～,一旦结成团伙,罪恶的行动就要开始了。【近义】瓦合之卒【反义】精兵强将

乌合之卒　wū hé zhī zú

见"乌合之众"。

乌烟瘴气　wū yān zhàng qì

【释义】乌:黑。瘴气:热带或亚热带山林中的湿热空气。形容烟雾弥漫,空气污浊。也比喻环境嘈杂,秩序混乱,风气败坏或社会黑暗。【例句】他们几个又是抽烟又是喝酒,弄得满屋子～! /这些人卖烟开赌,把整个小镇弄得～。【近义】乱七八糟【反义】明月清风

污言秽语　wū yán huì yǔ

【释义】污、秽:肮脏,污浊。泛指脏话,不文明的语言。也作"秽语污言"。【例句】听到这些～,她的眼泪都气出来了。

屋下架屋　wū xià jià wū

【释义】在房子里边又修房子。比喻重复他人的所作所为而无所创新。【例句】服装设计讲究创新,～,是不能得到大家认可的。【近义】床上安床　头上安头【反义】别具一格

无边风月　wú biān fēng yuè

【释义】无边:没有边际。风月:清风明月。泛指十分美好的景色。也作"风月无边"。【例句】水乡乌镇,～,令人向往。【近义】花好月圆【反义】月黑风高

无边无际　wú biān wú jì

【释义】际:边缘,边际。没有边际。形容极其辽阔广大。【例句】如果把宇宙比喻为～的海洋的话,那么,银河系只是大海中的一个很小的小岛。【近义】一望无际【反义】立锥之地

无病呻吟　wú bìng shēn yín

【释义】呻吟:因病痛而发出的哼哼声。没有病装病,故意发出痛苦的声音。比喻没有忧虑的事情却长吁短叹。也比喻文艺作品缺乏真情实感,矫揉造作。【例句】她～,只是想引起大家的注意。/文章要表现真情实感,不要～。【近义】矫揉造作【反义】直抒胸臆

无耻之尤　wú chǐ zhī yóu

【释义】尤:特别突出的。无耻到了极点。【例句】他这么做,无疑被人们认为是～。【近义】厚颜无耻【反义】赧颜汗下

无出其右　wú chū qí yòu

【释义】出:超过,超出。右:上,古人将右边看成是尊位。没有能超过他的。【例句】中国篮球打进过世界前八,在亚洲更是～。【近义】数一数二【反义】自郐以下

无地自容　wú dì zì róng

【释义】容:容纳,躲藏。没有地方可供自己躲藏起来。形容尴尬、羞愧到极点。【例句】我们的过错是无可辩驳的,我自己都觉得～。【近义】置身无地【反义】恬不知耻

无的放矢　wú dì fàng shǐ

【释义】的:靶子。矢:箭。没有靶子乱放箭。比喻说话或做事没有明确目标或不切实际。【例句】这次会议,我们

的发言不是～，而是有所指的，请大家都思考一下。【近义】对牛弹琴【反义】有的放矢　对症下药

无冬无夏　wú dōng wú xià

【释义】无：不管，无论。没有冬天和夏天的区别。指一年到头，从不间断。【例句】他这十几年来，就这样为工作～地忙碌着，却没有任何怨言。【近义】周而复始

无动于中　wú dòng yú zhōng

见"无动于衷"。

无动于衷　wú dòng yú zhōng

【释义】衷：内心。心里一点也没有受到触动。形容内心冷漠，对事情毫不关心。也作"无动于中"。【例句】无论我怎么给她讲道理，她都～。【近义】不动声色【反义】百感交集

无独有偶　wú dú yǒu ǒu

【释义】独：单独，一个。偶：两个，一对。指不止一个，还有一个可以配对的。也指只有两个，没有多余的。【例句】～，小红也在放学回家的路上捡到了一只流浪猫。/号称一个公使馆，也就只有这～的两个人。【近义】成双成对【反义】独一无二

无恶不作　wú è bù zuò

【释义】恶：坏事。没有哪种坏事不干。形容干尽了各种坏事。【例句】他是一个～的罪犯。【近义】作恶多端【反义】乐善好施

无法无天　wú fǎ wú tiān

【释义】法：法纪。天：天理，道理。目无法纪，不顾天理。形容毫无顾忌，胡作非为。【例句】这些人无恶不作，简直是～。【近义】目无王法　肆无忌惮【反义】循规蹈矩

无风不起浪　wú fēng bù qǐ làng

【释义】没有风，水面上不会涌起波浪。比喻事情发生总有其原因。【例句】～，他们不会平白无故诬赖你的。【近义】事出有因【反义】无缘无故

无风起浪　wú fēng qǐ làng

【释义】没有风也会掀起波浪。比喻平白无故地生出是非来。【例句】一个小职员敢这样～，是因为有人在背后指使她。【近义】空穴来风【反义】事出有因

无根无蒂　wú gēn wú dì

【释义】蒂：花叶与枝茎连接的部分。既没有根，也没有蒂。比喻没有依凭或没有依靠。【例句】新的艺术形成，没有一种是～，突然产生的。【近义】无依无靠

无功不受禄　wú gōng bù shòu lù

【释义】禄：俸禄，旧时官员的薪水。没有功劳就不应该接受俸禄。指不能接受无缘无故的报酬。【例句】～，这份礼物请你拿回去。【反义】无功受禄

无功受禄　wú gōng shòu lù

【释义】禄：俸禄，旧时官员的薪水。没有功劳却得到俸禄。指没有出力得到报酬。【例句】我不能～，这份奖金还是请你留给有功的人吧。【近义】尸位素餐【反义】论功行赏

无关大局　wú guān dà jú

【释义】无关：没有关系，不牵涉。大局：整个局势。指对整个局面没有多大关系或影响。【例句】我们两个关系一直都很好，虽然最近出现了一些小摩擦，但都～。【近义】无关紧要【反义】举足轻重

无关大体　wú guān dà tǐ

【释义】对整个局势没有影响。指关系

不大或不重要。【例句】那件事,他一直没能想开,但好在～。【近义】无关大雅 无关宏旨【反义】至关重要

无关宏旨 wú guān hóng zhǐ
【释义】宏旨:主要宗旨。指事物属于细微小节,对重要的部分无碍。【例句】比赛毕竟不是反侵略战争,打赢了并不能改变当时的屈辱处境,打输了也～。【近义】无关大局【反义】举足轻重

无关紧要 wú guān jǐn yào
【释义】紧要:重要。指不重要或关系不大。【例句】她心不在焉地听着,好像这是～的事。【近义】无足轻重 无关大局【反义】举足轻重

无关痛痒 wú guān tòng yǎng
【释义】痛痒:比喻切身相关的事。比喻与自身利益没有多大关系。【例句】他这个人,总是喜欢说些～的,不着边际的话。【近义】无关紧要【反义】事关全局

无官一身轻 wú guān yī shēn qīng
【释义】轻:轻松,愉快。除去官职或不当官后感到轻松愉快。【例句】离休后安逸的生活,使他渐渐淡忘了工作的紧张,真正体会到～的感觉。

无稽谰言 wú jī lán yán
【释义】毫无根据的谣言。【例句】关于那些～,你完全不必放在心上。【近义】无稽之谈【反义】言必有据

无稽之谈 wú jī zhī tán
【释义】稽:查考。谈:言谈。没有根据、无从查考的言论。【例句】姐姐这番话并非～,我们不妨去查一查。【近义】不经之谈 不根之谈【反义】不刊之论

无计可施 wú jì kě shī
【释义】施:施展。没有计策可以施展。

形容毫无办法。【例句】现在,医院对他的病已～。【近义】无计奈何 计无所出 束手无策【反义】得心应手

无计奈何 wú jì nài hé
【释义】奈何:怎么办。不知道该怎么办。【例句】尽管奶奶无动于衷,小红仍不停地说着,因为除此之外她～。【近义】无可奈何 无计可施【反义】眉头一皱,计上心来

无济于事 wú jì yú shì
【释义】济:帮助。指对于事情没有帮助。【例句】考试结果已经出来了,你后悔也～,好好总结经验吧。【近义】于事无补【反义】不无小补

无家可归 wú jiā kě guī
【释义】归:回家。没有家可以回去。形容人流离失所,无处栖身。【例句】一次特大风暴袭击了孟加拉国,30万人被夺去生命,100多万人～。【近义】流离失所【反义】安居乐业

无价之宝 wú jià zhī bǎo
【释义】无法估定其价值的宝物。指极其珍贵的东西。【例句】和氏璧是～。【近义】奇珍异宝 稀世之宝【反义】一文不值

无坚不摧 wú jiān bù cuī
【释义】坚:坚固。摧:摧毁。能摧毁任何坚固的东西。形容力量非常强大。【例句】共产党领导下的人民军队攻无不克,～。【近义】所向披靡【反义】坚不可摧

无尽无穷 wú jìn wú qióng
见"无穷无尽"。

无尽无休 wú jìn wú xiū
【释义】尽:完。休:停止。没完没了。【例句】他们两个总是这样～地争吵,大家都很厌烦。【近义】无休无止

W

无精打采 wú jīng dǎ cǎi

【释义】采:精神。打不起精神,提不起劲。形容不高兴,不振作。也作"没精打采"。【例句】被妈妈批评之后,小丽整晚都～的。【近义】垂头丧气【反义】精神抖擞 兴高采烈

无胫而走 wú jìng ér zǒu

见"不胫而走"。

无拘无束 wú jū wú shù

【释义】拘:限制。束:约束。不受任何约束,自由自在。【例句】读书是一种～的精神解放。【近义】自由自在【反义】束手束脚

无可比拟 wú kě bǐ nǐ

【释义】比拟:相比。没有什么可以相比的。形容特别突出。【例句】中国拥有别国～的旅游资源,对经济的促进作用不可限量。【近义】无与伦比【反义】不相上下

无可辩驳 wú kě biàn bó

【释义】辩驳:提出理由或根据来否认。没有否定的理由或根据。表示事实清楚,证据确凿。【例句】现在真相大白,你～了。

无可非议 wú kě fēi yì

【释义】非议:责备,批评。没有什么可以批评指责的。表示合乎情理。【例句】你们的盛情是可感的,动机是～的。【近义】无可厚非【反义】评头品足

无可厚非 wú kě hòu fēi

【释义】厚:过分。非:批评,指责。不应该过分地批评指责。表示虽有缺点,但可以原谅。【例句】作者的动机～,但客观效果却不能令作者满意。【近义】无可非议【反义】求全责备

无可讳言 wú kě huì yán

【释义】讳言:有顾忌,不敢或不愿直说。指说话用不着忌讳或隐瞒。【例句】亚非各国在社会制度上的差异是～的。【近义】直言不讳【反义】闪烁其词

无可救药 wú kě jiù yào

见"不可救药"。

无可奈何 wú kě nài hé

【释义】奈何:如何,怎么样。指没有办法。也作"莫可奈何"。【例句】人生是伟大的,因为有白发,有诀别,有～的失落。【近义】无计奈何

无可无不可 wú kě wú bù kě

【释义】无论怎样都行。表示没有一定的选择或没有自己的主见。【例句】去哪玩就由你们决定吧,我是～的。【近义】依违两可【反义】当机立断

无孔不入 wú kǒng bù rù

【释义】孔:小洞。只要有小洞就钻进去。比喻有空子就钻,有机会就利用。【例句】这些奸商～,想尽各种办法欺骗消费者。【反义】无隙可乘 提示 含贬义。

无理取闹 wú lǐ qǔ nào

【释义】毫无理由地喧闹。指毫无道理地制造纠纷,特意捣乱。【例句】她总是这样～,大家都已经习惯了。【近义】无事生非【反义】息事宁人

无名小卒 wú míng xiǎo zú

【释义】卒:士兵。没有名气的小兵。泛指没有名气、不受重视的人。【例句】她因唱了这部电影的主题曲而一夜成名,从一个～迅速蹿红为一线歌手。【近义】无名之辈【反义】大名鼎鼎

无名英雄 wú míng yīng xióng
【释义】姓名不为人们知道的英雄人物。【例句】他是一个勤勤恳恳、扎扎实实、甘当～的人。【近义】无名小卒【反义】赫赫有名

无能为力 wú néng wéi lì
【释义】为力：使上力气。使不上劲,用不上力量。指没有能力或能力达不到。【例句】这件事情,我也想帮忙,但真的～。【近义】无能为役【反义】力所能及

无偏无党 wú piān wú dǎng
【释义】偏、党：偏袒。指公正,不偏袒任何一方。形容秉公持正。【例句】他对所有人都是～。【近义】不偏不倚【反义】厚此薄彼

无奇不有 wú qí bù yǒu
【释义】什么稀奇古怪的事物都有。【例句】她对我的攻击造谣,可谓～。【近义】千奇百怪【反义】平淡无奇

无牵无挂 wú qiān wú guà
【释义】没有任何牵挂惦念。指没有拖累。【例句】他只想往前走,仿佛走到什么地方他必能找回原来的自己,那个～,纯洁,要强,处处努力的样子。【近义】无忧无虑【反义】牵肠挂肚

无巧不成书 wú qiǎo bù chéng shū
【释义】书：评书,说书人讲的长篇故事。没有巧合就不会有这样一段评书。比喻事情非常凑巧。【例句】真是～,我的钱包丢了,竟然被女儿捡到。

无亲无故 wú qīn wú gù
【释义】故：老朋友。没有任何亲戚朋友。形容十分孤单。【例句】她一个单身人,带着一个孩子在外乡,～,真是可怜。

无情无义 wú qíng wú yì
【释义】情：感情。没有一点情义。【例句】大家都说她是个～的人。【近义】绝情寡义

无穷无尽 wú qióng wú jìn
【释义】穷：尽头。没有尽头,没有止境。也作"无尽无穷"。【例句】中华文化是一个巨大的、～的宝藏,永远都挖掘不完,吸引着人们不断地去研究探索。【近义】无边无际【反义】微乎其微

无拳无勇 wú quán wú yǒng
【释义】拳：拳术,指力量。勇：勇气。没有力量,也没有勇气。【例句】他是个～的书生,若是遇上劫匪,那就糟了。【反义】拔山盖世

无人问津 wú rén wèn jīn
【释义】津：渡口。没有人来打听渡口。比喻没有人过问或关心。【例句】生活水平提高,人的口味改变,春节冻肉跌至 10 元以下,几乎～,吃大肉的人越来越少。【近义】置之不理【反义】门庭若市

无人之境 wú rén zhī jìng
【释义】境：区域。人迹罕至的地方。指没有人居住的旷野之地。比喻没有任何阻挡的地方。【例句】他几乎是用赛跑的速度在奔走,如入～,只顾自己往前走。【近义】荒无人烟【反义】熙熙攘攘

无伤大体 wú shāng dà tǐ
见"无伤大雅"。

无伤大雅 wú shāng dà yǎ
【释义】伤：妨碍。大雅：风雅。对事物主要的方面没有妨害。也作"无伤大体"。【例句】这都是些～的事,你不必太在意。【近义】无关大局

无声无息　wú shēng wú xī

【释义】息:气息。没有一点声音和气息。形容没有什么影响或没有什么名声。【例句】她～地关上箱子,藏好钥匙。/在那部影片获奖后,他再没拍出什么有影响的作品,逐渐在影坛上～了。【近义】无声无臭【反义】大名鼎鼎

无声无臭　wú shēng wú xiù

【释义】臭:气味。没有声音,没有气味。形容不为人知或对外没有影响。【例句】她是个～的歌手。【近义】无声无息【反义】举世闻名　提示　"臭"不读 chòu。

无师自通　wú shī zì tōng

【释义】师:老师。通:通晓,明白。没有老师的传授、点拨,靠自己钻研,学会某种知识或技能。【例句】她～,很快就掌握了这项技能。

无时无刻　wú shí wú kè

【释义】表示每时每刻,从不间断。【例句】这十年来,我～不在惦记着你。【近义】每时每刻

无始无终　wú shǐ wú zhōng

【释义】始:开始。终:结束。没有开始,也没有结束。【例句】我们做事不能～,不负责任。【近义】没头没尾【反义】有始有终

无事不登三宝殿　wú shì bù dēng sān bǎo diàn

【释义】三宝殿:泛指佛殿。没有事就不到三宝殿去拜佛。比喻没有事情相求就不登门拜访。【例句】～,今天我是专门来向您请教的。

无事生非　wú shì shēng fēi

【释义】非:是非,引申指纠纷、矛盾。本来没有事却故意制造纠纷,惹出事端。【例句】她这个人,就爱～。【近义】无

中生有【反义】息事宁人　提示　"事"不能写成"是"。

无私无畏　wú sī wú wèi

【释义】畏:惧怕。没有私心,无所畏惧。形容光明磊落,没有什么可怕的。【例句】我们要向周爷爷学习,做一个～的人。【近义】无所畏惧

无私有弊　wú sī yǒu bì

【释义】弊:欺诈蒙骗、占便宜的行为。本来是正大光明、公正无私,但处在被嫌疑的位置,因此容易引起别人猜疑,认为在舞弊。【例句】要是这个消息传出去,人家一定说是～。

无思无虑　wú sī wú lǜ

【释义】不考虑任何荣辱得失。形容内心平静、怡然自得的样子。【例句】看着小孩子～的在院子里玩耍着,家长们幸福地笑着。【近义】无忧无虑【反义】忧心忡忡

无所不包　wú suǒ bù bāo

【释义】包:包括。都包括在内。【例句】他经营的业务从餐饮到海滨浴场,可以说是～。【近义】包罗万象【反义】空空如也

无所不及　wú suǒ bù jí

【释义】及:达到。没有什么地方或境界不能到达。【例句】互联网络以其即时和～的特性,极大地促进了社会进步和国际交融。【近义】无所不至

无所不可　wú suǒ bù kě

【释义】没有什么不可以的。【例句】穿什么,吃什么,他仿佛都能随遇而安,～。【近义】无所不能【反义】一无所能

无所不能　wú suǒ bù néng

【释义】没有什么不能做的或做不到的。【例句】我的舅父,多才多艺,人们夸他

～。【反义】百无一能

无所不容　wú suǒ bù róng
【释义】容:包容,接纳。没有什么不能容纳的。指什么都可以容纳,都能接受。【例句】真不敢相信,他当真变得那么大度那么～了吗?【近义】无所不包

无所不通　wú suǒ bù tōng
【释义】通:精通,明白。没有什么事不精通。形容学识渊博。【例句】他是一位～的老教授。【近义】无所不知【反义】一无所长

无所不为　wú suǒ bù wéi
【释义】为:做。没什么事不做的。指什么事都干得出来(多指于坏事)。【例句】他们是一群～的土匪。【近义】无恶不作【反义】循规蹈矩　提示　含贬义。

无所不晓　wú suǒ bù xiǎo
见"无所不知"。

无所不用其极　wú suǒ bù yòng qí jí
【释义】所:处所,地方。极:穷尽,全部。指没有一处不竭尽心力。也指什么坏事都做得出来或什么手段都使得出来。【例句】非法出版者为了牟利,想尽各种恶劣的盗版手段,简直～。【近义】无所不为

无所不有　wú suǒ bù yǒu
【释义】什么东西都有。【例句】社会上各种事千奇百怪,～。【近义】包罗万象　应有尽有【反义】一无所有

无所不在　wú suǒ bù zài
【释义】没有不在的地方。即到处都存在,到处都有。【例句】在人类生存的世界上,形形色色的诱惑是～的。【近

义】俯仰皆是

无所不知　wú suǒ bù zhī
【释义】没有不知道的。即什么都知道,什么都懂得。也作"无所不晓"。【例句】文的必是琴棋书画～,武的必是十八般武艺件件精通。【近义】无所不通【反义】一窍不通

无所不至　wú suǒ bù zhì
【释义】至:到。无一处没有到过。到过的地方很多。也指什么事都干得出来。【例句】细菌活动范围极广,～。/这些罪犯,抢劫、杀人,～。【近义】无所不为

无所措手足　wú suǒ cuò shǒu zú
见"手足无措"。

无所顾忌　wú suǒ gù jì
【释义】顾:顾虑。忌:忌讳。没有什么顾虑和忌讳。形容什么都不怕。【例句】我纵情地,～地陶醉在幸福之中,任凭幸福的泪水涌出来。【近义】百无禁忌【反义】畏首畏尾　提示　多含贬义。

无所事事　wú suǒ shì shì
【释义】事事:做事情(前一个"事"是动词,后一个"事"是名词)。闲着什么事情也不做。【例句】～,昏昏度日,无疑会使自己变成庸俗之辈的。【近义】游手好闲【反义】日理万机

无所适从　wú suǒ shì cóng
【释义】适从:依从,听从。不知听从谁才好。指不知道该怎么办。【例句】爸爸妈妈的意见不统一,我真是～,不知该听谁的好。【近义】左右为难【反义】知所适从

无所畏惧　wú suǒ wèi jù
【释义】畏惧:害怕。没有什么可以惧怕

的。形容什么都不惧怕。【例句】共产
党员是～的。【近义】临危不惧【反义】
谨小慎微 提示 含褒义。

无所用心　wú suǒ yòng xīn

【释义】用心:动脑筋。指不动脑筋。对
什么事情都不关心。【例句】这些纨绔
子弟整日～,游手好闲。【近义】无所
事事【反义】有所作为

无所作为　wú suǒ zuò wéi

【释义】作为:做出成绩。没有或不去努
力做出成绩。【例句】对有进取心的人
来说,时间是绝对有价值的,但对在社
会上～,觉得生活单调的人来说就正
好相反。【近义】无所事事【反义】大
有作为

无往不利　wú wǎng bù lì

【释义】往:到、去。利:顺利。无论到哪
里,没有不顺利的。指处处都行得通,
事情办得成。【例句】直到现在他才发
现,原来自己并不是～,无所不能的超
人。【近义】战无不胜【反义】屡战屡败

无往不胜　wú wǎng bù shèng

【释义】无论到哪里,没有不能取胜的。
指在各处都能成功。也作"无往而不
胜"。【例句】只要能克制自己的愤怒,
保持面带微笑的大将风度,那么将～。
【近义】百战百胜【反义】屡战屡败

无往而不胜　wú wǎng ér bù shèng

见"无往不胜"。

无妄之灾　wú wàng zhī zāi

【释义】无妄:意外、无故。指平白无故
遭受的灾祸。【例句】她在院子里散步
居然被车碰伤,这真是～。【近义】飞
来横祸【反义】无妄之福

无微不至　wú wēi bù zhì

【释义】微:细微。至:到。没有一处细
微的地方不照顾到。形容关心、照顾
得十分周到。【例句】他的妻子得知情
况后,立即赶到他身边,～地照顾他。
【近义】体贴入微【反义】漠不关心

无隙可乘　wú xì kě chéng

【释义】隙:裂缝,空子。乘:利用。指没
有空子可钻或没有机会可以利用。也
作"无懈可乘"。【例句】朋友之间感情
真挚,别人就会～。【近义】无懈可击
【反义】有机可乘

无懈可乘　wú xiè kě chéng

见"无隙可乘"。

无懈可击　wú xiè kě jī

【释义】懈:松懈,引申指漏洞、破绽。击:
攻击。没有一点破绽或毛病可以被攻
击或挑剔。形容十分严密。【例句】谣
言像雪球,越滚越圆,时间一长,一个
简陋的谣言变成了一个～的故事。
【近义】天衣无缝【反义】破绽百出

无一不备　wú yī bù bèi

【释义】备:完备,具备。没有一样不具
备的。指十分完备。【例句】从这几个
方面来看,老舍先生的文章～,并不比
别的理论家缺少了哪一样。【近义】应
有尽有【反义】一无所有

无依无靠　wú yī wú kào

【释义】没有任何依靠。形容孤单,无人
照顾。【例句】请您一定要帮帮这个小
女孩,她在这城市～,实在是可怜。
【近义】孤苦伶仃

无以复加　wú yǐ fù jiā

【释义】复:再。达到了极点,没有可以
再增加的。【例句】她对母亲的不孝,

已经到了～的地步。【近义】登峰造极
提示　今多含贬义。

无以自解　wú yǐ zì jiě

【释义】做错了事，无法解释。【例句】小明两天没有交作业，面对老师的责问，他～。

无影无踪　wú yǐng wú zōng

【释义】踪：行踪，踪迹。完全消失了，没有留下一点影子或踪迹。形容彻底消失。【例句】写诗的灵感转瞬即逝，犹如拂过海面的微风，风平浪静了，便～了。【近义】销声匿迹　杳无踪迹

无忧无虑　wú yōu wú lǜ

【释义】忧：忧愁。虑：顾虑，担心。没有任何忧愁和担心。形容心情安然、舒畅。【例句】生活～的孩子不会盼着自己快快长大的。【近义】无思无虑【反义】忧心忡忡

无与伦比　wú yǔ lún bǐ

【释义】与：跟。伦：类。没有能比得上的。【例句】对我来说，这幸福是～的。【近义】无可比拟【反义】天外有天
提示　含褒义。

无缘无故　wú yuán wú gù

【释义】缘、故：原因，理由。没有任何原因。【例句】任何事都不会～地发生。【近义】平白无故【反义】事出有因

无源之水，无本之木　wú yuán zhī shuǐ, wú běn zhī mù

【释义】源：源头。本：根。没有源头的水流，没有根的树木。比喻没有根据或依凭的事物。【例句】理性的东西所以靠得住，正是由于它来源于感性，否则理性的东西就成了～，而且只是主观自生的靠不住的东西了。

无中生有　wú zhōng shēng yǒu

【释义】把没有的事硬说成有的。指凭空捏造。【例句】他听了周老爷的计策，便一心一意想～，以小化大。【近义】捕风捉影【反义】事出有因

无足轻重　wú zú qīng zhòng

【释义】足：足以，够得上。不足以影响轻重。比喻无关紧要，不值得重视。【例句】一切受到名誉侵扰的人应该明白，现在你认为苦恼的事情，绝大多数都～。【近义】无关紧要【反义】举足轻重

毋庸讳言　wú yōng huì yán

【释义】不必忌讳说，可以坦率地说。【例句】～，和其他人相比，你做的工作实在是太少了。【近义】直言不讳【反义】讳莫如深

吴下阿蒙　wú xià ā méng

【释义】吴下：长江下游南岸一带，泛指吴地。阿蒙：三国时吴国名将吕蒙。吕蒙年轻时不爱学习，后听了孙权的劝告，发奋读书，鲁肃称赞他"学识英博，非复～"。形容学识浅薄的人。【例句】经过多年的学习，今天，她已非～。【近义】一介之才【反义】饱学之士

五彩缤纷　wǔ cǎi bīn fēn

【释义】五彩：青、黄、赤、白、黑五种色，泛指各种颜色。缤纷：繁多而杂错。形容色彩鲜艳繁多，非常好看。【例句】公园里，蜜蜂、蝴蝶、蜻蜓闪着～的翅膀飞舞，美极了。【近义】五光十色

五大三粗　wǔ dà sān cū

【释义】形容人身材高大粗壮。【例句】别看他长得～，做起事情却是十分细心。

W

五风十雨　wǔ fēng shí yǔ

【释义】五天刮一次风，十天下一场雨。形容风调雨顺。【例句】今年，黑龙江省～，粮食产量创了近些年新高。【近义】风调雨顺【反义】凶年饥岁

五谷丰登　wǔ gǔ fēng dēng

【释义】五谷：古代说法不一，一般指稻、麦、豆、小米、高粱，泛指各种粮食作物。丰登：丰收。指庄稼丰收。形容年成好。【例句】因实行科学种田，咱乡这几年～。【近义】丰衣足食【反义】颗粒无收

五光十色　wǔ guāng shí sè

【释义】形容颜色艳丽，种类繁多。【例句】到了秋季，葡萄一大串一大串挂在绿叶下，有红的、白的、紫的、暗红的、淡绿的，～美丽极了。【近义】五颜六色【反义】黯然失色

五湖四海　wǔ hú sì hǎi

【释义】五湖：古人将分布于我国境内的几大湖泊称为五湖。四海：古人认为环绕中国四周的都是大海，称为四海。泛指全国各地。【例句】我们都是来自～，为了一个共同的目标，走到一起来的。【近义】四面八方【反义】尺寸之地

五花八门　wǔ huā bā mén

【释义】古代战术中变化很多的五行阵和八门阵。比喻门类、花样繁多，变化多端。【例句】他的想法是千奇百怪，谈的话题也是～。【近义】形形色色【反义】一成不变

五黄六月　wǔ huáng liù yuè

【释义】泛指农历五六月间，天气炎热，庄稼即将成熟的时候。【例句】虽说是灼热的～，站在楼顶上让飔飔的小风一吹，比秋天还凉爽。【近义】酷暑连天【反义】寒冬腊月

五里雾中　wǔ lǐ wù zhōng

【释义】《后汉书·张楷传》："（张楷）性好道术，能作五里雾。"后指迷离恍惚的境界。【例句】她的这次讲演很失败，离题太远，堕入～。【近义】如堕云雾【反义】豁然开朗

五零四散　wǔ líng sì sàn

【释义】到处零落分散。形容衰败、溃散或零乱的样子。【例句】今夜突围出去，假若咱们的人马给打得～，那就各自找地方潜藏起来，然后想办法互通声气。【近义】七零八落

五马分尸　wǔ mǎ fēn shī

【释义】古代的一种酷刑，又称车裂。即用五匹马分别拴住人的头和四肢，然后驱马，将人撕裂开。泛指处以极刑。比喻把完整的东西分割得很零碎。【例句】他私通外国饶放不得，抓到时应该千刀万剐，～。/小明早已将那机器人～了。【近义】四分五裂【反义】浑然一体

五内俱焚　wǔ nèi jù fén

【释义】五内：指心、肝、脾、肺、肾五脏。焚：烧。五脏像被火烧一样。形容十分忧伤、焦虑。【例句】她一想到姐姐得了癌症这件事，便感到无比沮丧，～。【近义】忧心如焚【反义】欣喜若狂

五色无主　wǔ sè wú zhǔ

【释义】五色：泛指人的各种神色。无主：失去控制。形容极度恐惧、惊慌，神色不定。【例句】他突然大吼，吓得幼儿园里的小朋友们～。【近义】六神无主【反义】镇定自若

五十步笑百步 wǔ shí bù xiào bǎi bù

【释义】在战场上兵士逃跑,逃了五十步的人讥笑逃了一百步的人。比喻某人跟别人犯错误的程度或情节虽有不同,但本质是一样的,却缺乏自知。【例句】其实史学家的相互攻讦,有时恰如～。【近义】半斤八两

五世同堂 wǔ shì tóng táng

【释义】祖父母、父母、自己、子、孙都健在。【例句】～的夏老,上下一百多口人,生活得其乐融融,真令人羡慕。【反义】孑然一身

五体投地 wǔ tǐ tóu dì

【释义】五体:人的四肢和头部。投地:着地。两手、两膝和额头一起着地,是佛教中最恭敬的礼节。比喻敬佩到了极点。【例句】不少青少年学生都对王教授佩服得～。【近义】顶礼膜拜【反义】不屑一顾

五颜六色 wǔ yán liù sè

【释义】各种各样的颜色。形容色彩繁多。【例句】山鸡起初也还勉强飞舞,后来因见孔雀这条长尾变出～,华彩夺目,金碧辉煌,未免自惭形秽。【近义】五光十色

五脏六腑 wǔ zàng liù fǔ

【释义】五脏:肝、脾、肺、肾、心。六腑:胃、大肠、小肠、三焦、膀胱、胆。泛指内脏器官。【例句】一望那海天茫茫、空明澄碧的景色,仿佛可以把你的～都洗得干干净净。

五洲四海 wǔ zhōu sì hǎi

【释义】泛指世界各地。【例句】随着生活水平的提高,越来越多的中国人以旅游为目的,走出国门,走向～。

舞文弄法 wǔ wén nòng fǎ

【释义】舞、弄:玩弄。文、法:法律条文。玩弄法律条文。指曲解法律条文以作弊。【例句】当官的扭曲作直,～,会使多少无辜的人受冤啊!【近义】徇私舞弊【反义】执法如山

舞文弄墨 wǔ wén nòng mò

【释义】舞、弄:玩弄,耍弄。文、墨:指写文章的技巧。玩弄文字技巧。【例句】写碑的人偏要～,所以反而越舞越糊涂。【近义】舞文弄笔 提示 含贬义。

勿谓言之不预 wù wèi yán zhī bù yù

【释义】谓:说。预:预先。不要说事先没有打过招呼。指有言在先。【例句】如有不法之徒胆敢阴谋捣乱,我们必将绳之以法,～。【近义】有言在先【反义】言之不预

物腐虫生 wù fǔ chóng shēng

【释义】腐:腐烂。东西腐烂了,才会长出虫子。比喻祸患的由来必定有内部原因。也比喻事物发展的自然规律。【例句】近来论坛上对于那些吟风弄月的,所谓唯美文学的攻击,是～的自然趋势。【反义】流水不腐

物阜民康 wù fù mín kāng

见"民安物阜"。

物各有主 wù gè yǒu zhǔ

【释义】物:东西。主:主人。东西各有其主。【例句】爷爷的话一点不错,～,何况是家传珍宝呢,我一定要还给他。【近义】各有其主

物归原主 wù guī yuán zhǔ

【释义】归:归还。东西归还给原来的主人。【例句】这些被没收的东西,现在又～了。【近义】完璧归赵【反义】久假不归

W

物换星移　wù huàn xīng yí

【释义】换：改变。景物改变了，星辰的位置也移动了。指季节变换，时间推移。【例句】四十年来，～，世界发生了巨大的变化。【近义】寒暑易节【反义】一成不变

物极必反　wù jí bì fǎn

【释义】极：极端，顶点。反：向相反方向转化。事物发展到顶点，就会向相反的方向转化。【例句】她相信～，恶者必不得好下场。【近义】物盛则衰【反义】一成不变

物竞天择　wù jìng tiān zé

【释义】竞：竞争。天择：自然选择。英国生物学家达尔文提出的进化论观点认为，自然界的万物都在为生存而互相竞争，能够适应自然的就被选留下来。【例句】在这个问题上，千万不要忽略那著名的～、适者生存的法则，把那弱肉强食的道理，也该透透彻彻地给孩子们灌输下去。【近义】优胜劣汰

物美价廉　wù měi jià lián

见"价廉物美"。

物伤其类　wù shāng qí lèi

【释义】伤：感到悲伤。类：同类。因同类遭受不幸而伤感。【例句】小丽一死，林府上的其他丫鬟难免有～之痛。【近义】兔死狐悲【反义】幸灾乐祸

物是人非　wù shì rén fēi

【释义】物：景物。是：相同。非：不一样。指景物依旧，人事已非。多表示对故人的怀念或对时局的感伤。【例句】几十年后再回到家乡，已是～，真叫人感慨万千啊！【近义】物在人亡

物以类聚　wù yǐ lèi jù

【释义】类：类别。聚：聚集。事物总是按类别聚在一起，不同类的则各自区分开来。【例句】著名丑星凌峰调侃着说："真是～！给我鼓掌的大多是长得比较丑的。"【近义】人以群分

物以稀为贵　wù yǐ xī wéi guì

【释义】以：因为。稀：稀少。贵：珍贵。物品因为稀少而显得特别珍贵。【例句】由于黄金在自然界蕴藏量极少，开采与提炼十分不易，～，它自然被拥上了货币的宝座。

物议沸腾　wù yì fèi téng

【释义】物议：众人的议论。指社会舆论十分强烈。【例句】这条新闻一经播出，一时间～，大家都等待着它的后续报道。【近义】议论纷纷【反义】钳口不语

物在人亡　wù zài rén wáng

见"人亡物在"。

误人子弟　wù rén zǐ dì

【释义】误：耽误。子弟：年轻人，学生。耽误了别人的孩子。常指教育者不称职而使求学的孩子受到损害。【例句】你一个教师，整天胡思乱想，难道你不怕～吗？【反义】春风化雨

误入歧途　wù rù qí tú

【释义】误：不是故意的。歧途：邪路。不慎走上了邪路。【例句】对于那些～的青少年，我们应该给他们更多的关心和帮助。【反义】迷途知返

雾里看花　wù lǐ kàn huā

【释义】在雾中看花。比喻对事物看不真切，有某种隔膜。【例句】单凭这些零碎的情报来判断神秘而又有古老文化传统的中国所发生的事情，犹如～。【近义】醉中观月【反义】洞若观火

X

夕惕若厉　xī tì ruò lì

【释义】夕：晚上。惕：小心谨慎。若：如，像。厉：危险。到了晚上，依然谨慎戒惧，如临险境，不敢懈怠。形容每时每刻都十分警惕。【例句】这几个年轻人被困在了森林里，他们深知只有处处小心，～，才有机会走出去。【近义】朝乾夕惕【反义】粗心大意

西风落叶　xī fēng luò yè

【释义】西风：秋风。秋风一吹，树叶纷纷下落。比喻事物衰败没落的情景。【例句】这时已经到了秋天，北平的报纸也随着～沉静下来。【近义】西风残照【反义】如日方升

西装革履　xī zhuāng gé lǚ

【释义】履：鞋子。穿着西装和皮鞋。形容衣着讲究。【例句】你任何时候见到他，他都是～，风度翩翩，英俊潇洒。

吸风饮露　xī fēng yǐn lù

【释义】吸：吸入。饮：喝。指不吃饭，以空气和露水作食物。旧时常指神仙不食五谷。也指迷信的人幻想成仙而不食人间烟火。【例句】人不食五谷，只靠～是活不下去的。

希奇古怪　xī qí gǔ guài

见"稀奇古怪"。

息事宁人　xī shì níng rén

【释义】息：平息。宁：使安定。平息事端，使人安定。指在争端或纠纷中采取退让的办法，使彼此相安无事。也指不分是非地和稀泥，以图减少麻烦。【例句】他只怕事情会闹大，他到现在还相信～的办法是无上的。／她渐渐后悔，当初挨打之后抱着～的幻想，竟没有去公安机关报案。【近义】排难解纷【反义】惹是生非　煽风点火

息息相关　xī xī xiāng guān

【释义】息息：一呼一吸。关：关联。呼吸互相关联。比喻关系十分密切。也作"息息相通"。【例句】职业理想就是你对未来职业生涯的一种奋斗目标，它与你的人生道路选择～。【近义】唇齿相依【反义】无关痛痒

息息相通　xī xī xiāng tōng

见"息息相关"。

悉心毕力　xī xīn bì lì

【释义】悉心：尽心。毕力：全力。竭尽全部智慧和力量。【例句】他一直很努力地打球，因为他觉得只有～做到最好，今后才能在国家队里为祖国赢得荣誉。【近义】尽心竭力

惜老怜贫　xī lǎo lián pín

【释义】惜：爱护，同情。怜：怜惜。同情、怜惜老年人和穷苦人。也作"怜贫惜老"。【例句】齐老先生是一位令我们十分尊敬的老人，他人品齐天，学问盖世，一辈子～，积德行善。【近义】恤孤念寡　敬老怜贫【反义】欺贫爱富

惜墨如金　xī mò rú jīn

【释义】惜：爱惜。爱惜笔墨像爱惜金子

一样。本指作画时不轻易使用浓墨。后形容写字、绘画、做文章下笔慎重，力求精练。【例句】进行文学创作，有时要挥毫泼墨，极尽渲染铺张之能事；有时需～，用笔洗练。【近义】字斟句酌【反义】率尔成章

惜香怜玉　xī xiāng lián yù

【释义】比喻对女子体贴爱护。【例句】他虽然外表很严厉，但懂得～，对妻子体贴入微。【反义】辣手摧花

稀奇古怪　xī qí gǔ guài

【释义】稀奇：稀少新奇。古怪：奇异。很少看见，令人诧异奇怪。也作"希奇古怪"。【例句】我想做一名新闻记者，这样可以多看些～的人，～的事。【近义】千奇百怪【反义】平淡无奇

稀世之宝　xī shì zhī bǎo

【释义】稀：也作"希"，少。世界上罕有的宝物。也作"稀世之珍"。【例句】位于中国西南部的四川，是～大熊猫的故乡。【近义】奇珍异宝

稀世之珍　xī shì zhī zhēn

见"稀世之宝"。

熙来攘往　xī lái rǎng wǎng

【释义】熙：和乐。攘：纷乱。形容人来人往、杂沓纷乱的样子。【例句】大街上～的行人让我心烦。【近义】熙熙攘攘　人来人往【反义】杳无人迹 提示 "熙"的左上角不能写成"臣"。

熙熙攘攘　xī xī rǎng rǎng

【释义】熙熙：和谐、和乐的样子。攘攘：纷乱的样子。形容人们来来往往，非常热闹。【例句】过地下通道时，他看见一位白发苍苍的老奶奶，拄着拐棍，背夹个大包袱在～的人流中吃力地走着。【近义】熙来攘往　人来人往【反义】杳无人迹 提示 "熙"的左上角

不能写成"臣"。

嘻皮笑脸　xī pí xiào liǎn

见"嬉皮笑脸"。

嬉皮笑脸　xī pí xiào liǎn

【释义】嬉：游戏，玩笑。嬉笑顽皮。形容嬉笑不严肃的样子。也作"嘻皮笑脸"。【例句】看到他在课堂上一副～的样子，老师有点生气了。【近义】涎皮赖脸【反义】不苟言笑　一本正经

习而不察　xí ér bù chá

【释义】习：习惯。察：觉察。长期习惯，熟悉某种事物，就不能觉察到其中的问题。【例句】这种见解和思想，真是谬误到极点，可谓人云亦云，～。【近义】熟视无睹【反义】见微知著

习非成是　xí fēi chéng shì

【释义】习：习惯。非：错误。是：正确。习惯了某种错误的东西，就会把它当成正确的。【例句】这么多年来，误此见解，～，要加以纠正是不容易的。

习焉不察　xí yān bù chá

【释义】习：习惯。焉：于此。察：觉察。习惯于某种事物就觉察不出其中的问题。【例句】她已经习惯了那样的生活环境，时间久了，～。【近义】习以为常

习以成俗　xí yǐ chéng sú

【释义】俗：习惯，风俗。长期沿用，便成了习惯。【例句】书记星期天总是不休息，司机小张已～了。【近义】习以为常【反义】移风易俗

习以为常　xí yǐ wéi cháng

【释义】习：习惯。常：正常。习惯了就觉得很正常。【例句】例如耳朵跟鼻子人人都有，天天可见，～，竟然视而不见了。【近义】习以成俗　见惯不惊【反义】少见多怪

席不暇暖　xí bù xiá nuǎn

【释义】席：座席。暇：空闲。暖：热，暖和。座位还没来得及坐热就走了。形容整日奔波忙碌，没有一点休息时间。【例句】她一直为一些生活上的琐事而忙碌着，常常～。【近义】日理万机【反义】无所事事

席地而坐　xí dì ér zuò

【释义】席地：在地上铺了席子。泛指直接坐在地上。【例句】这些刚打完篮球赛的队员们，有的倚墙半躺，有的～，一个个满头大汗。

席丰履厚　xí fēng lǚ hòu

【释义】席：筵席。履：鞋子，泛指穿戴的东西。吃的、穿的丰厚豪华。比喻家庭富有，生活优裕。也作"履厚席丰"。【例句】他从小就过着～的生活，现在哪受得了这种苦？【近义】家给人足【反义】一贫如洗

袭人故智　xí rén gù zhì

【释义】比喻照别人的方法做事，自己不动脑筋。【例句】如果只是～，是不可能取得成功的。【近义】蹈常袭故【反义】自出机杼

洗肠涤胃　xǐ cháng dí wèi

【释义】把肠和胃一起清洗干净。比喻彻底改正错误。【例句】经历了这件事情，他决定～，从此做一个有良知的人。【近义】洗心革面　洗心涤虑【反义】怙恶不悛

洗耳恭听　xǐ ěr gōng tīng

【释义】恭：恭敬。把耳朵洗干净，恭敬、认真地听。形容专心而恭敬地倾听别人讲话。【例句】请谈谈您对这件事情的看法，我～。【近义】倾耳而听【反义】充耳不闻

洗垢求瘢　xǐ gòu qiú bān

【释义】垢：污垢。瘢：疤痕。洗掉污垢，寻找疤痕。比喻过分地挑剔别人的缺点或过失。【例句】无论是对谁，他都喜欢～，恣意挑剔。【近义】吹毛求疵【反义】文过饰非

洗手不干　xǐ shǒu bù gàn

【释义】把手洗干净，不再做过去做的事了。比喻不再从事某种职业或某种活动。【例句】当个二流画家，我看不出会有什么好的发展，所以我打算～，另谋出路。

洗手奉职　xǐ shǒu fèng zhí

【释义】洗手：把手洗干净，指廉洁。奉职：忠于职守。指廉洁奉公，忠于职守。【例句】李书记多年来～，大家都很敬佩他。【近义】廉洁奉公【反义】假公济私

洗心涤虑　xǐ xīn dí lù

【释义】涤：清洗。虑：思虑。洗涤心胸，清除杂念。指彻底改变思想观念。比喻彻底悔改，重新做人。【例句】他能～，开始新的生活，大家都为他高兴。【近义】洗肠涤胃【反义】怙恶不悛

洗心革面　xǐ xīn gé miàn

【释义】洗心：洗涤内心。革面：改变面目。比喻彻底悔改，重新做人。【例句】事情发生后，小明决定～，痛改前非。【近义】洗肠涤胃　脱胎换骨【反义】顽固不化

喜不自胜　xǐ bù zì shèng

【释义】胜：能够承受。高兴得难以承受。形容高兴到了极点。【例句】接到大学录取通知书，她～。【近义】喜出望外【反义】悲不自胜

喜出望外　xǐ chū wàng wài

【释义】望：希望，意料。喜事出乎意料。指因遇到意料之外的喜事而非常高兴。【例句】他一时不知所措，没想到老师竟说出这般鼓励的话，倒让他～。

【近义】大喜过望【反义】大失所望

喜从天降　xǐ cóng tiān jiàng
【释义】喜事从天上落下来。形容意想不到的喜事突然来临。【例句】这个消息一传来，真是～，乡亲们纷纷来道贺。【近义】喜出望外【反义】祸从天降　悲从中来

喜眉笑眼　xǐ méi xiào yǎn
【释义】形容满面笑容、十分高兴的样子。【例句】人们都出来站在河边，～朝着对岸张望。【近义】眉开眼笑【反义】愁眉锁眼

喜怒哀乐　xǐ nù āi lè
【释义】喜悦、愤怒、悲伤、快乐。泛指人的各种感情。【例句】他把他们的～，他们愚蠢或奸诈的谈吐，可笑或可恨的举动，惟妙惟肖地刻画着。【近义】悲欢离合 提示 "乐"不读 yuè。

喜怒无常　xǐ nù wú cháng
【释义】无常：变化不定。指一会儿高兴，一会儿恼怒。形容情绪变化不定。【例句】我在尽力控制自己的情绪，我不想被人看出我～的弱点。【近义】反复无常【反义】一成不变

喜气洋洋　xǐ qì yáng yáng
【释义】洋洋：愉快、得意的样子。形容充满了欢乐的样子。【例句】听到这个喜讯，他们一家人都～，兴高采烈。【近义】兴高采烈【反义】忧心忡忡

喜上眉梢　xǐ shàng méi shāo
【释义】眉梢：眉头。抑制不住内心的喜悦，从眉宇间表露出来。【例句】等了好久，人们终于看到船影，都～。【近义】喜笑颜开　喜形于色【反义】愁眉苦脸

喜闻乐见　xǐ wén lè jiàn
【释义】喜欢听，乐意看。指很受欢迎。【例句】小品是一种为群众所～的艺术形式。【近义】脍炙人口【反义】痛恨不已 提示 "乐"不读 yuè。

喜笑颜开　xǐ xiào yán kāi
【释义】颜：脸色。开：舒展。形容非常高兴，满面笑容。也作"喜逐颜开""笑逐颜开"。【例句】他第一次出来是愁眉苦脸的，第二次出来却是～的样子了。【近义】喜上眉梢　喜形于色　眉开眼笑【反义】愁眉苦脸

喜新厌旧　xǐ xīn yàn jiù
【释义】喜欢新的，厌弃旧的。多指对爱情不专一。也指对人或事物兴趣喜好不专一。【例句】她总是这样～，到头来只能是竹篮打水一场空。【近义】怜新弃旧【反义】忠贞不渝

喜形于色　xǐ xíng yú sè
【释义】形：表现，流露。色：脸色，神情。内心的喜悦显露在脸上。【例句】一路上弟弟～，拿着奶奶买给他的玩具又蹦又跳的。【近义】眉开眼笑　喜上眉梢　喜笑颜开【反义】忧形于色　怒形于色

喜溢眉宇　xǐ yì méi yǔ
【释义】指人眉开眼笑，充满了欢乐之情。【例句】收到了北京大学的录取通知书，丽丽～。【近义】眉开眼笑【反义】愁眉苦脸

喜逐颜开　xǐ zhú yán kāi
见"喜笑颜开"。

细大不捐　xì dà bù juān
【释义】细：小。捐：舍弃。小的大的都不舍弃。形容兼收并蓄，毫无遗漏。【例句】这本书收录了宋代的诗歌，～，长篇短制、断章残句，都有收录。【近义】细大无遗

细水长流 xì shuǐ cháng liú

【释义】比喻一点一滴地积累，持续不断地做某件事。也比喻有计划地节约使用财物，使其经常不短缺。【例句】学习是一项不断积累的长期工程，我们应该～，不能寄希望于一蹴而就。/面对不断恶化的生存环境，对能源及其他资源的开发和利用应～。【近义】源源不断【反义】挥霍无度 提示 "长"不读 zhǎng。

细微末节 xì wēi mò jié

见"细枝末节"。

细针密缕 xì zhēn mì lǚ

【释义】针脚细，缝线密。比喻思考、写作或处理事情细致周到。也作"密缕细针"。【例句】世界上原有两种人：一种是大刀阔斧的人，一种是～的人。【近义】精雕细刻【反义】粗枝大叶

细枝末节 xì zhī mò jié

【释义】细小的枝节。比喻事情或问题的细小而无关紧要的部分。也作"细微末节"。【例句】要知道，任何重大原则的分野，常常是潜伏在不被注意的～之间，有识者不可不察。【近义】微不足道【反义】举足轻重

瞎子摸鱼 xiā zi mō yú

【释义】盲人去捉鱼。比喻没有调查研究，盲目行事。【例句】他虽留了几年学，但对专业技术，还是～一样。

狭路相逢 xiá lù xiāng féng

【释义】指在狭窄的路上相遇，避让不开。比喻仇人相遇，互不相让。也作"相逢狭路"。【例句】自古以来，～勇者胜。/他们两家是多年的仇人。今日～，谁也不愿退让一步。【近义】冤家路窄

瑕不掩瑜 xiá bù yǎn yú

【释义】瑕：玉上的斑点。瑜：玉的光彩。玉上的斑点掩盖不了玉的光彩。比喻缺点掩盖不了优点。【例句】这篇小说虽也有一些缺点和不足，但从总体上看，～。【近义】白璧微瑕【反义】瑜不掩瑕

瑕瑜互见 xiá yú hù jiàn

【释义】瑕：玉上的斑点。瑜：玉的光彩。玉上的斑点和光彩都显露出来。比喻缺点和优点同时存在。【例句】周老先生这个人，综其平生，～。【近义】瑕瑜不掩【反义】完美无缺

下坂走丸 xià bǎn zǒu wán

【释义】坂：斜坡。走：跑。丸：弹丸。从斜坡上滚下弹丸。比喻非常迅捷，毫无阻碍。【例句】她很善于言谈，每次与人讨论问题，都如～。

下笔成文 xià bǐ chéng wén

【释义】才思敏捷，文章写得很快。【例句】周教授～，令我们佩服得五体投地。【近义】下笔千言【反义】江郎才尽

下笔成章 xià bǐ chéng zhāng

【释义】下笔：落笔。章：文章。一挥笔就写成文章。形容文思敏捷，富有才华。【例句】李老师～，令学生们佩服不已。【近义】出口成章 下笔千言【反义】江郎才尽

下笔千言 xià bǐ qiān yán

【释义】言：一个方块字为一言。一动笔就写成了很长的文章。形容文思敏捷。【例句】他少年博学，诗词书翰，无有不工。真是～，倚马可待。【近义】出口成章 下笔成章【反义】江郎才尽

下笔有神 xià bǐ yǒu shén

【释义】一动笔就文思泉涌，似有神灵相

X

助。形容文思敏捷,写文章又快又好。【例句】只有读破万卷书,才有可能～。【近义】妙手成天【反义】江郎才尽

下不为例　xià bù wéi lì
【释义】下:下一次。为:作为。例:先例。下一次不能以此作为先例。表示只能通融这一次。【例句】许多同学因为不懂校规校纪而犯了错误,希望同学们以此为戒,～。【近义】适可而止【反义】如法炮制

下里巴人　xià lǐ bā rén
【释义】《下里》和《巴人》是两首古代楚国通俗的民间歌谣。泛指通俗文艺作品。【例句】从阳春白雪到～,我们都不能忽视。【近义】通俗易懂【反义】阳春白雪

下落不明　xià luò bù míng
【释义】下落:着落。形容不知要找的人或物在何处。【例句】十年前,他为了逃债离开了家乡,至今～。

下马看花　xià mǎ kàn huā
【释义】下马来仔细地观赏花朵。多比喻工作中深入实际地调查研究。【例句】群众真正需要的是～的领导干部。【近义】脚踏实地【反义】走马观花

下马威　xià mǎ wēi
【释义】下马:指官吏刚到任。威:威风。官吏初上任时,借故严厉处罚下属,以显示自己的威风。后泛指一开始就先给对方一点厉害以显威风。【例句】我没想到这个容貌平静得如一潭秋水的姑娘,一开始就给我来了个～!

下气怡声　xià qì yí shēng
【释义】口气谦卑,声音甜美。形容十分恭顺。【例句】我走上前去,～提出我的要求。【近义】低声下气【反义】高声大气

夏雨雨人　xià yǔ yù rén
【释义】雨人:雨淋在人身上。夏天的雨落到人身上,使人凉爽舒适。比喻及时给人以教育或帮助。【例句】对于犯错误的青少年,我们更多的时候应该做到～,而不是对他们打击批评。【近义】春风风人

仙风道骨　xiān fēng dào gǔ
【释义】风、骨:指人的品格。神仙的风度,得道者的气质。比喻人神采飘逸,气度不凡。也作"道骨仙风"。【例句】见了面,这人果然一派～,令人肃然起敬。【近义】超凡绝俗【反义】肉眼凡胎

仙山楼阁　xiān shān lóu gé
【释义】阁:楼与楼之间的空中通道。神仙居住的地方。泛指美妙神奇的幻境。【例句】登上峰顶,在碧海蓝天映衬下,犹如～。【近义】瑶台阆苑　瑶台琼室

仙姿玉色　xiān zī yù sè
【释义】仙姿:像仙女一样的风姿。玉色:像美玉一样的容貌。形容女子容貌非常美。【例句】之前只是听说这位姐姐很漂亮,今天见了她,果然是～。【近义】仙姿佚貌【反义】其貌不扬

先睹为快　xiān dǔ wéi kuài
【释义】睹:看见。快:快乐。以能先看到为快乐。表示急切盼望看到。【例句】大家都不愿放过这个～的大好机会,天还没亮就都来了。【反义】不屑一顾

先发制人　xiān fā zhì rén
【释义】发:发动。制:制伏。抢先下手,争取主动,以制伏对方。【例句】你说得对,我们～,打他个措手不及。【近

义】先声夺人【反义】后发制人

先公后私　xiān gōng hòu sī

【释义】先办公事,后办私事。【例句】时间一长,家庭琐事难免与公事冲突,有时她把～的次序颠倒了。【近义】先人后己【反义】损公肥私

先见之明　xiān jiàn zhī míng

【释义】先见:预见。明:好的眼力。有先看清问题发展趋势的眼力,即有预见性。【例句】当代著名社会学家、人口学家马寅初先生早在新中国成立后就看到潜伏的人口问题,真是具有～。【近义】先知先觉【反义】后知后觉

先来后到　xiān lái hòu dào

【释义】按照到的先后排次序。【例句】大家都在排队,你不应该违规,干什么都应该有个～!【反义】后来居上

先礼后兵　xiān lǐ hòu bīng

【释义】礼:礼貌。兵:指武力。指在与别人交涉时,先以礼貌相待,如果行不通,再采取强硬的手段。也作"后兵先礼"。【例句】你可以"～",试探下他们是什么态度。【近义】软硬兼施【反义】不宣而战

先人后己　xiān rén hòu jǐ

【释义】先为别人着想,后考虑自己。【例句】白求恩同志那种～的精神值得我们每一个同志学习。【近义】舍己为人【反义】损人利己

先入为主　xiān rù wéi zhǔ

【释义】入:接受。主:主要,主导。先接受了某种思想、说法或印象,有了成见,就不容易再接受以后不同的思想或看法了。【例句】为了避免～,这一回,父亲一直缄口不言。【近义】先入之见【反义】兼听则明

先声夺人　xiān shēng duó rén

【释义】声:声势,声威。夺:压倒。先制造声势以压倒对方。【例句】那些士兵把鼓打得震天震地响,真是～。【近义】先发制人【反义】后发制人

先声后实　xiān shēng hòu shí

【释义】声:声势,声威。实:实力。先制造声势压倒敌人,然后再以实力攻击。【例句】这场战争,他用兵～,最终取得了胜利。【近义】先声夺人

先天不足　xiān tiān bù zú

【释义】指生下来体质就不好。也比喻事物的根基不好。【例句】夏商两代史料,本来～,何况这些仅有的史料又被搞得体无完肤。【反义】得天独厚

先务之急　xiān wù zhī jí

【释义】先务:应该优先做的事情。指最着急要做的事情。【例句】现在我们的～是要让大家把情绪稳定下来。【近义】燃眉之急

先斩后奏　xiān zhǎn hòu zòu

【释义】奏:报告。先处决罪犯,再向皇帝报告。泛指先将事情处理了,才向上级汇报。【例句】在工作中遇到重大问题时,一定要及时上报,千万不能～。【近义】先行后闻

先知先觉　xiān zhī xiān jué

【释义】觉:觉悟。比众人先认识、先觉悟。指能较早地认识到事物的发展变化的人。【例句】李大钊是一位革命的～者,他很早就开始宣扬马克思主义。【近义】先见之明【反义】后知后觉

纤尘不染　xiān chén bù rǎn

【释义】纤:细小。尘:灰尘。指一点灰尘也没有沾染上。【例句】她非常爱干净,总是把屋子收拾得～。【近义】一

尘不染【反义】乌烟瘴气

纤毫不爽　xiān háo bù shuǎng
【释义】纤毫:比喻非常细微的事物或部分。爽:差错。形容没有任何差错。【例句】即使在黑暗中,我也能～地找到昔日住过的房间。【近义】毫发不爽

纤悉无遗　xiān xī wú yí
【释义】纤悉:细微,详尽。遗:遗漏。全部包括,没有任何遗漏。【例句】见了面,他把这件事情说得详详细细,～。【近义】毛举细故【反义】挂一漏万

纤纤弱质　xiān xiān ruò zhì
【释义】比喻女子身材纤细,体质弱。【例句】小王～的样子,大有林黛玉的感觉。【近义】弱不禁风【反义】赳赳雄风

鲜艳夺目　xiān yàn duó mù
【释义】鲜明艳丽,惹人注目。【例句】走进商场,五光十色,～的各种时装令人眼花缭乱。【近义】光彩夺目【反义】黯然失色

鲜衣美食　xiān yī měi shí
【释义】鲜艳的服饰,精美的食物。形容生活奢华。也作"丰衣美食"。【例句】她最终没有经得住～的诱惑,跟那位富商结了婚。【近义】锦衣玉食【反义】粗衣蛎食

闲情逸致　xián qíng yì zhì
【释义】闲:悠闲。逸:安逸。指悠闲的心情,安逸的兴致。【例句】妈妈最近很忙,没有～陪我出去玩。【近义】悠然自得【反义】心力交瘁

闲是闲非　xián shì xián fēi
【释义】指无关紧要的口角纠纷。【例句】背后不谈论任何人的是非,这样也可以避免自己被卷入～。

闲言碎语　xián yán suì yǔ
【释义】指没有根据的话或议论别人是非的话。【例句】我只想劝劝你,别往他家去得太勤。不然,人们的～会使你受不了。【近义】流言蜚语

闲云野鹤　xián yún yě hè
【释义】闲:闲散。野:野生。飘浮不定的云,野生的鹤。比喻闲散安逸脱离尘事牵绊的人。【例句】爷爷喜欢游山玩水,整日过着～般的生活。【近义】悠然自得

贤妻良母　xián qī liáng mǔ
【释义】既是贤惠的妻子,又是慈善的母亲。【例句】妈妈在外面是女强人,在家里是～。

弦外有音　xián wài yǒu yīn
【释义】琴声之外还有别的声音。比喻有言外之意。【例句】党委书记说的,本来是一句普通的问候的话,但是超假归来的刘国庆,却觉得～。【近义】话中有话

弦外之音　xián wài zhī yīn
【释义】停止弹拨琴弦后的余音。比喻没有明说,而是间接透露出来的意思。【例句】他这番话说得非常客气,但软绵绵话语中的～已让人们感到了分量。【近义】言外之意【反义】直言不讳

涎皮赖脸　xián pí lài liǎn
【释义】厚着脸皮与人纠缠。形容令人厌烦的样子。【例句】我们对这～的人简直没有办法。【近义】嬉皮笑脸【反义】一本正经

嫌贫爱富　xián pín ài fù
【释义】嫌弃穷人,喜爱富人。指根据贫富程度来决定对人的好恶。也作"爱富嫌贫"。【例句】她是个好姑娘。你可不能～!【近义】欺贫重富【反义】

锄富济贫

显而易见　xiǎn ér yì jiàn
【释义】显:明显。事情或道理非常明显,很容易看清楚。【例句】～,这些人宣扬这种观点是有目的的。【近义】一目了然【反义】高深莫测

显露头角　xiǎn lù tóu jiǎo
【释义】头角:比喻人的气概和才华。指人有机会显示出才干。【例句】因在这次比赛中出色的表现,她在歌坛～了。【近义】崭露锋芒【反义】不露身手

显亲扬名　xiǎn qīn yáng míng
见"扬名显亲"。

险象环生　xiǎn xiàng huán shēng
【释义】险象:危险的情形。危险的情形一个接一个地发生。形容十分危急。【例句】作为长篇小说,它巧妙地借鉴了中外优秀通俗小说的艺术手段,一波三折,～,悬念不断,高潮迭起。【反义】风平浪静

险遭不测　xiǎn zāo bù cè
【释义】在危险中,差点丧失了生命。【例句】这次事故,有几十名工人～。

相安无事　xiāng ān wú shì
【释义】双方和睦相处,没有矛盾、纠纷。【例句】日子一天天过去,婆媳间一直～。【近义】风平浪静【反义】相持不下

相差无几　xiāng chà wú jǐ
见"相去无几"。

相持不下　xiāng chí bù xià
【释义】彼此坚持对立,互不相让。【例句】双方～,会谈无果而终。【近义】势均力敌

相得甚欢　xiāng dé shèn huān
【释义】相得:彼此投合。彼此相处融洽,十分愉快。【例句】她们姐妹俩感情非常好,经常相约去喝茶聊天,～。【近义】情投意合

相得益彰　xiāng dé yì zhāng
【释义】益:更加。彰:明显。互相配合、补充,使双方的长处和优点表现得更加明显。【例句】这本书文字优美,画面生动,二者真是～。【近义】相映成趣

相对无言　xiāng duì wú yán
【释义】彼此面对面不说话。【例句】面对这种尴尬的局面,我和姐姐也不知如何是好,～。【近义】面面相觑

相逢狭路　xiāng féng xiá lù
见"狭路相逢"。

相辅而行　xiāng fǔ ér xíng
【释义】辅:配合,帮助。互相协调,共同前进。指对有联系的两种事物应同时并重,不可偏废。【例句】好的乐器与好的演奏家～,才能达到预期的效果。【近义】相辅相成

相辅相成　xiāng fǔ xiāng chéng
【释义】辅:辅助。两种事物或两个方面互相辅助,互相促成。【例句】自然和艺术虽然是两件事,但是彼此～,缺一不可。【近义】相辅而行

相煎何急　xiāng jiān hé jí
【释义】煎:煎熬。彼此间为什么要相互残害。指兄弟之间互相残杀或迫害。【例句】你我情同手足,～?【近义】煮豆燃萁　自相残杀【反义】和睦相处

相见恨晚　xiāng jiàn hèn wǎn
【释义】恨:遗憾。为彼此见面太晚而感到遗憾。形容一见面就意气相投。【例句】她们一见面就聊起没完,真有～的感觉。【近义】一见如故

相敬如宾　xiāng jìng rú bīn

【释义】互相尊敬,像对待客人一样。形容夫妇关系和睦,互相敬重。【例句】夫妻之间应当互相信任,～。【近义】举案齐眉【反义】琴瑟不和

相亲相爱　xiāng qīn xiāng ài

【释义】彼此间非常亲爱。形容关系密切,感情深厚。【例句】经历了多少风风雨雨,我们依然～。【近义】如胶似漆【反义】反目成仇

相去无几　xiāng qù wú jǐ

【释义】去:距离。彼此间没有多大差距。表示差别不大。也作"相差无几"。【例句】这两件衣服,质量～,价格却如此悬殊!【近义】大同小异【反义】截然不同

相濡以沫　xiāng rú yǐ mò

【释义】濡:浸润。沫:唾液。泉水干涸后,鱼儿靠在一起用唾液相互润湿。比喻人们在危难中以微薄之力互相帮助。【例句】他不能离开,因为那里有他～的妻子和女儿。【近义】同甘共苦【反义】自私自利

相提并论　xiāng tí bìng lùn

【释义】把不同的人或事物不加区分地混在一起谈论或看待。【例句】这两件事的性质不同,不能～。【近义】同日而语

相习成风　xiāng xí chéng fēng

【释义】习:沿袭。风:风气,风尚。遵循某种做法,形成了风气。【例句】人有一些怪癖,都因～,积非成是。提示 含贬义。

相形见绌　xiāng xíng jiàn chù

【释义】形:对比。绌:不足。相比之下,就显得远远不足。【例句】对面的两家杂货店,一家是门庭若市,热闹非凡,相比之下,另一家就～了。【近义】相形失色【反义】旗鼓相当 提示 "绌"不读 zhuō,也不能写成"拙"。

相形失色　xiāng xíng shī sè

【释义】形:对比。相比之下,就显得不足。【例句】张老师的歌唱得非常好,但面对那些专业歌手,他就～了。【近义】相形见绌【反义】相得益彰

相依为命　xiāng yī wéi mìng

【释义】依:依靠。相互依靠着生活。【例句】他含泪离开家乡,离开～的奶奶。【近义】患难与共【反义】不共戴天

相应不理　xiāng yìng bù lǐ

【释义】指不理睬对方的要求或不作回答。【例句】她总是无理取闹,我只能～。【近义】置之不理

相映成趣　xiāng yìng chéng qù

【释义】映:映衬。趣:趣味。互相映衬而更显示出趣味。【例句】月亮那么美,草间的虫鸣又是那么动听,在这美好的夜晚,它们～。【近义】相映生辉【反义】相形失色

相知恨晚　xiāng zhī hèn wǎn

【释义】为相识得太晚而感到遗憾。【例句】今天见到她,我真有种～的感觉。

香火兄弟　xiāng huǒ xiōng dì

【释义】香火:焚香火。指焚香结拜的兄弟。【例句】在湖南长沙,我有一个～,我打算到他那里暂住几日。

香消玉减　xiāng xiāo yù jiǎn

【释义】香、玉:比喻女子身体。形容美女消瘦、憔悴。【例句】美,也许成了她的包袱,她不想让自己～,也不想让人们看到她的龙钟老态。【近义】香消玉殒

香消玉殒　xiāng xiāo yù yǔn

【释义】香、玉：比喻女子身体。殒：死亡。形容女子死亡。【例句】有的人往往～时，才懂得怜香惜玉。【近义】珠沉玉碎

降龙伏虎　xiáng lóng fú hǔ

【释义】降、伏：使驯服。降伏蛟龙与猛虎。比喻本领高、力量大，能战胜强大的对手。也作"伏虎降龙"。【例句】唐僧有一个能～的徒弟。【近义】降妖捉怪【反义】无拳无勇　提示　"降"不读 jiàng。

响彻云霄　xiǎng chè yún xiāo

【释义】响：回声。彻：穿透。响声直达云端。形容声音非常高昂响亮。【例句】比赛马上就要开始了，赛场内口号声～。【近义】声震屋宇【反义】万籁俱寂　提示　"霄"不能写成"宵"。

响遏行云　xiǎng è xíng yún

【释义】响：声音。遏：阻止，遏止。声音阻止了飘动的云团。形容声音高昂嘹亮或演唱技艺高超绝妙。也作"声遏行云"。【例句】他的歌声～，赢得了全场观众的欢呼声。【近义】响彻云霄【反义】哑不成声

想当然　xiǎng dāng rán

【释义】凭主观想象，认为事情大概是或应该是这样。【例句】他仅仅根据一知半解，～就在那里发号施令。

想方设法　xiǎng fāng shè fǎ

【释义】想尽各种方法。【例句】面对今年如此巨大的灾情，我们～也要渡过眼前的难关。【近义】千方百计

想入非非　xiǎng rù fēi fēi

【释义】非非：佛家语，指一般认识不能达到的玄妙境界。指意念进入玄妙境界。形容完全脱离实际地胡思乱想。

【例句】你不要～，寄希望于别人是行不通的。【近义】异想天开　胡思乱想【反义】脚踏实地

想望风采　xiǎng wàng fēng cǎi

【释义】风采：风度神采。很想看到某人的仪表风度。形容对人十分仰慕，渴望能有幸一见。【例句】他久仰李教授大名，～，如饥似渴。【近义】心驰神往

向壁虚造　xiàng bì xū zào

【释义】向着墙壁捏造。指凭空编造。【例句】关于这种缺乏材料的报道，我又不愿～，结果只好不写。【近义】凭空捏造【反义】实事求是

向隅而泣　xiàng yú ér qì

【释义】隅：墙角。泣：小声哭。面对墙角哭泣。形容因孤独、绝望而悲泣。【例句】此时，他已被家人抛弃，变为～的可怜虫。【近义】形影相吊【反义】受宠若惊　提示　"隅"不能写成"偶"。

项背相望　xiàng bèi xiāng wàng

【释义】项：颈项。背：脊背。指前后相顾。形容某类人很多，络绎不绝。【例句】周末到公园散步的人～，络绎不绝。【近义】摩肩挨背【反义】杳无人迹

项庄舞剑　xiàng zhuāng wǔ jiàn

【释义】项庄：项羽手下的武将。据《史记·项羽本纪》载，项羽设鸿门宴款待刘邦，席间项庄起身舞剑，想借机刺杀刘邦。后比喻表面上有正当好听的名目，实际上另有所图。【例句】很明显，他这样做是～。你可别掉以轻心！【近义】醉翁之意不在酒

相机而行　xiàng jī ér xíng

见"相机行事"。

相机行事　xiàng jī xíng shì

【释义】相机：看准机会。看准有利的时机而采取行动。也作"相机而行"。【例

句】看来想摆脱他,也只有听他把话讲完再～了。【近义】见机而作　待时而动【反义】坐失良机

相貌堂堂　xiàng mào táng táng
【释义】堂堂:高大的样子。形容人的身材高大,仪表端庄。【例句】从口气里她透露过,希望找到一个～的男子。【近义】一表人才【反义】其貌不扬

相时而动　xiàng shí ér dòng
【释义】观察时机而采取行动。【例句】你们迂回到敌人右侧,～,机动灵活地打击敌人。【近义】相机行事

象牙之塔　xiàng yá zhī tǎ
【释义】比喻脱离现实生活的知识分子的小天地。【例句】艺术当然不仅仅是～里面的东西,它更应该被广大群众所接受。【近义】空中楼阁

橡皮钉子　xiàng pí dīng zi
【释义】橡皮做的钉子。比喻不冷不热、嘲讽顶撞的话。【例句】他听出邻居小王是在挖苦他,也就回敬了一个～。

枵腹从公　xiāo fù cóng gōng
【释义】枵腹:空着肚子。空着肚子干公务。【例句】这一路上人烟零落,无处买东西吃,他只能～。【近义】宵衣旰食　废寝忘食【反义】饱食终日

逍遥法外　xiāo yáo fǎ wài
【释义】逍遥:自由自在,不受约束。指犯了法的人没有受到法律的制裁。【例句】任何犯了法的人都不能～。【近义】漏网之鱼【反义】绳之以法

逍遥自在　xiāo yáo zì zài
【释义】逍遥:自由自在,不受约束。形容无拘无束,自由自在。【例句】刚入伍的新兵们,由于平时～惯了,对于部队的军事化管理,一时还适应不过来。【近义】自由自在【反义】身不由己

消愁解闷　xiāo chóu jiě mèn
【释义】消除忧愁,排解郁闷。【例句】不开心的时候,就去旅行吧!既～,又能开眼界,长见识,比抽烟喝酒强多了。【近义】排忧解难

宵旰忧劳　xiāo gàn yōu láo
【释义】宵:夜。旰:晚上。整日劳苦,忧心忡忡。形容勤于政事,非常辛苦。【例句】我曾无数次目睹李书记～,忘我工作的场景。【近义】宵衣旰食

宵衣旰食　xiāo yī gàn shí
【释义】宵衣:天不亮就穿衣起床。旰食:天晚了才吃饭。形容非常勤劳。多指君王勤于政事。【例句】他认为,只要能帮助大家解决困难,就算是～,也是值得的。【近义】宵旰忧劳

萧规曹随　xiāo guī cáo suí
【释义】萧:萧何。曹:曹参。随:继承。汉代萧何当丞相时制定的政策法令,继任的曹参全盘继承。指后人沿袭前人制定的规矩办事。【例句】像这种自负盈亏的刊物如仍一成不变～,沿袭以往的路子是难以为继的。【近义】因循守旧【反义】除旧布新

萧墙祸起　xiāo qiáng huò qǐ
见"祸起萧墙"。

硝烟弹雨　xiāo yān dàn yǔ
【释义】硝烟:炸药爆炸后产生的烟雾。硝烟弥漫,子弹如雨。形容战斗非常激烈。【例句】现在与战争年代相比,少了～,但同样需要浩然正气。【近义】枪林弹雨【反义】歌舞升平

销魂夺魄　xiāo hún duó pò
【释义】销:消失。被夺去了魂魄。形容因对人或事物过分仰慕、倾倒而无法控制住自己。【例句】有人形容香港是一个压力锅,具有一种～的魔力。【近

义】神魂颠倒

销声匿迹 xiāo shēng nì jì
【释义】销:消失。匿:隐藏。隐藏起来,不公开出现。【例句】这个牌子的护肤霜,自从有人揭露它含有致癌物以后,就在市场上~了。【近义】无影无踪【反义】出头露面 提示 "销"不能写成"消"。

小不忍则乱大谋 xiǎo bù rěn zé luàn dà móu
【释义】忍:容忍。谋:计划,决策。在小问题上不忍耐就会扰乱整个计划。【例句】有些事我们要冷静考虑,~。【近义】因小失大

小材大用 xiǎo cái dà yòng
【释义】指没有什么能力的人被重用。【例句】从他的工作能力和工作态度来看,让他当经理,真是~了。【反义】大材小用

小惩大诫 xiǎo chéng dà jiè
【释义】惩:惩罚。诫:警告。对人的小过失加以惩罚,使之接受教训,不犯大错误。【例句】我认为在对这件事情的处理上,~是很有必要的。

小恩小惠 xiǎo ēn xiǎo huì
【释义】恩、惠:好处。指为笼络人心而给的小恩惠。【例句】有些人就是容易被~所买动。【反义】大恩大德

小家碧玉 xiǎo jiā bì yù
【释义】小家:小户人家。碧玉:女子的名字。指小户人家年轻貌美的姑娘。【例句】在他的眼里,她浑身透着~的清新气息。【反义】大家闺秀

小家子气 xiǎo jiā zi qì
【释义】小家子:小户人家。气:气度。小户人家的气度。形容行为、举止不大方。【例句】在宴会上,她看起来有些~。【反义】落落大方

小康之家 xiǎo kāng zhī jiā
【释义】经济上比较宽裕,可以安然度日的人家。【例句】这些人起码都是~,家里有房子有地。【近义】丰衣足食【反义】豪门巨室

小廉曲谨 xiǎo lián qū jǐn
【释义】曲:细小隐秘的地方。多指故意做出谨慎廉洁的样子,以博取好名声。【例句】他这个人~,我们不能将这么重要的工作交给他去做。

小鸟依人 xiǎo niǎo yī rén
【释义】依:依偎。比喻依附于别人。现多形容小孩或女子娇柔可爱。【例句】她~般地靠着他的肩膀,深情地望着他。【近义】软玉温香【反义】河东狮吼

小器易盈 xiǎo qì yì yíng
【释义】盈:满。小的器物容易装满。本指酒量小,容易醉。后用以比喻人容易自满。【例句】她小有成绩,便沾沾自喜,真是~了。【近义】骄傲自满【反义】虚怀若谷

小桥流水 xiǎo qiáo liú shuǐ
【释义】形容景色宜人、环境幽雅的地方。【例句】江南是个迷人的地方,杏花春雨,~。

小巧玲珑 xiǎo qiǎo líng lóng
【释义】小巧:小而精巧。玲珑:精巧细致的样子。形容小而精巧、细致。【例句】这女孩子长得~。【近义】娇小玲珑【反义】硕大无朋

小人得志 xiǎo rén dé zhì
【释义】小人:品格卑劣之人。品格卑鄙的人的欲望得以满足。【例句】原来是我们误会他了,他并不是那种~、不知天高地厚的人。【近义】庸才显赫【反义】黄钟毁弃

小时了了　xiǎo shí liǎo liǎo

【释义】了了:聪明伶俐,明白事理。年幼时便聪明懂事。【例句】古语说:"～,大未必佳。"即使对聪明懂事的孩子,也应该注意进一步地培养教育。【近义】少年老成【反义】老不晓事

小试锋芒　xiǎo shì fēng máng

【释义】锋芒:刀剑的尖端,比喻本领。稍稍显示一下本领。【例句】经过一个多月的休整,战士们早已憋足了劲,这次～,便歼灭敌人一个连。【近义】牛刀小试【反义】大显身手

小试牛刀　xiǎo shì niú dāo

见"牛刀小试"。

小试其技　xiǎo shì qí jì

【释义】稍微表现一下本领。【例句】导演这部电影,对他来说就是～。【近义】小试牛刀【反义】大显身手

小手小脚　xiǎo shǒu xiǎo jiǎo

【释义】指人做事没有魄力,缺乏胆识。【例句】你不能做什么事情都～的。【近义】缩手缩脚【反义】大刀阔斧

小题大做　xiǎo tí dà zuò

【释义】题:题目。拿小题目做大文章。比喻把小事故意渲染,当成大事来处理。【例句】我不过是感冒了,不必～去医院检查。【近义】借题发挥【反义】大事化小　大题小做

小往大来　xiǎo wǎng dà lái

【释义】小:卑小,阴暗。大:光明正大。阴暗面渐渐消失,光明面渐渐增长。指人事的消长变化。比喻用微小的本钱牟取大利。【例句】他极善于计算,认为请客也是一种～的政策,请客的钱不是白花的。【近义】一本万利

小巫见大巫　xiǎo wū jiàn dà wū

【释义】巫:巫师,以祈祷、降神、占卜等迷信活动为职业的人。小巫师见到了大巫师。比喻相比之下,一个远不如另一个。【例句】拿浮山和黄山相比,只能是～了,但浮山也有自己的特色。【近义】相形见绌【反义】不相上下

小黠大痴　xiǎo xiá dà chī

【释义】黠:狡猾。痴:愚蠢。小处精明,大处往往糊涂。形容爱耍小聪明,实际上很蠢笨。【例句】他是应该聪明时不聪明,～,还自以为得意。【反义】大智若愚

小小不言　xiǎo xiǎo bù yán

【释义】小小:很小。太小了,微不足道,不值得一提。【例句】看她那可怜的样子,～的事情,我就不追究了。【近义】微不足道【反义】事关重大

小心谨慎　xiǎo xīn jǐn shèn

【释义】形容说话、做事非常慎重,不敢大意。也作"谨慎小心"。【例句】我们处理具体事情要～,及时总结经验。【近义】小心翼翼【反义】粗心大意　粗枝大叶

小心翼翼　xiǎo xīn yì yì

【释义】翼翼:严肃谨慎的样子。形容十分小心、谨慎。【例句】他做事总是～,生怕出了什么差错。【近义】小心谨慎【反义】粗心大意

晓风残月　xiǎo fēng cán yuè

【释义】残月:天快亮时西沉的月亮。拂晓的凉风,快落山的月亮。形容清晨冷落凄凉的景色。常用来抒写离别之情。代指词曲或婉约派诗词的风格。【例句】我从工地出来已经是凌晨五点多了,迎着～,回到了宿舍。

晓行夜宿　xiǎo xíng yè sù

【释义】晓:拂晓。白天赶路,晚上投宿。形容旅途的辛劳。【例句】他～,历经半个月,终于到了西藏。【近义】风餐

露宿

晓以大义　xiǎo yǐ dà yì
【释义】晓:使人知道,让人明白。大义:大道理。用大道理教育人。【例句】对犯错误的青少年应～,使其改正缺点,重新做人。【近义】晓以利害

晓以利害　xiǎo yǐ lì hài
【释义】晓:使人知道,让人明白。把利害关系讲明白。【例句】只要～,他是会警醒的。【近义】晓以大义

笑比河清　xiào bǐ hé qīng
【释义】河:黄河。笑容比黄河水变清澈更难见。也比喻为官清正,执法严厉。【例句】法官的职业使他变得过于严肃,他真称得上是个～的人。

笑不可仰　xiào bù kě yǎng
【释义】笑得直不起腰来。【例句】当时不知道这些旧事的,没有反应,知道的人,都～。

笑而不答　xiào ér bù dá
【释义】只报以微笑而不正面回答。【例句】老师～,转身在黑板上写了一个大大的"妙"字。

笑里藏刀　xiào lǐ cáng dāo
【释义】比喻表面和善,内心却阴险恶毒。【例句】谁不知道他是一个～,极其阴险的人。【近义】口蜜腹剑【反义】表里一致

笑容可掬　xiào róng kě jū
【释义】掬:两手捧起。笑容可以用双手捧起。形容满脸堆笑、非常亲切的样子。【例句】每次见到他们,他们都是一副～的样子。【近义】笑逐颜开【反义】愁眉苦脸 提示 "掬"不能写成"鞠"。

笑逐颜开　xiào zhú yán kāi
见"喜笑颜开"。

效颦学步　xiào pín xué bù
【释义】效颦:东施效颦。学步:邯郸学步。比喻盲目模仿。【例句】不了解具体情况,盲目模仿,～是注定不会成功的。【近义】东施效颦　邯郸学步

效死疆场　xiào sǐ jiāng chǎng
【释义】效死:舍命报效。在战场上拼死报效国家。【例句】热血男儿当为国～。【近义】为国捐躯

邪不敌正　xié bù dí zhèng
【释义】邪:妖术。敌:抵挡。指邪气不能压倒正气。【例句】真所谓"～",我们那一边区,真是烟赌盗窃丛生之地,他以一手之力完全肃清掉。【近义】邪不干正

邪门歪道　xié mén wāi dào
见"歪门邪道"。

邪魔外道　xié mó wài dào
【释义】佛家指不合于佛教义的邪说和行为。指一切不正当的言行或途径。【例句】～得来的东西,我不稀罕。【近义】歪门邪道

胁肩谄笑　xié jiān chǎn xiào
【释义】胁肩:缩拢双肩。耸起双肩,谄媚地笑。形容巴结奉承别人的丑态。【例句】他～的丑态,真叫人讨厌。【近义】摧眉折腰【反义】高风亮节

胁肩低眉　xié jiān dī méi
【释义】胁肩:缩拢双肩。低眉:低头。形容敬畏惧怕的样子。【例句】他总喜欢装出一副～的样子,想博得大家的同情。【近义】摧眉折腰

胁肩累足　xié jiān lěi zú
【释义】胁肩:耸起或收拢双肩。累足:并起双脚。形容畏惧的样子。【例句】这家伙见了法警,～,平日的神气再也看不见了。【近义】抱头缩项

挟冰求温　*xié bīng qiú wēn*

【释义】夹着冰块而想得到温暖。比喻做事颠倒,行为和目的完全相反。【例句】你想用这种做法去赢得她的好感,犹如～,结果只会使她更加瞧不起你。【近义】南辕北辙

挟权倚势　*xié quán yǐ shì*

【释义】挟:仗势。凭借和倚仗权势。【例句】他虽然是村长的儿子,但他并不～,在村里人缘很好。【近义】趋炎附势

挟山超海　*xié shān chāo hǎi*

【释义】挟:挟持,夹着。超:跨越。夹着泰山跨越北海。比喻难以做到的事情。【例句】这项工作对于我来说,就像～一样,是不可能完成的。【近义】大海捞针【反义】轻而易举

挟天子令诸侯　*xié tiān zǐ lìng zhū hóu*

【释义】挟:挟制。诸侯:帝王分封的列国统治者。挟制皇帝,用皇帝的名义号令诸侯。后比喻借权势者的名义,发号施令。【例句】东汉末年,曹操曾在乱世之中～。【近义】狐假虎威

斜风细雨　*xié fēng xì yǔ*

【释义】细细的雨丝随着微风飘飘落下。形容春天烟雨迷蒙的景色。【例句】我们迎着～,懒洋洋的迈不动脚步。【近义】和风细雨【反义】暴风骤雨

携手并肩　*xié shǒu bìng jiān*

【释义】手拉手,肩靠肩。形容十分亲密,行动一致。【例句】情势紧急,我们只有～,共同努力,才能渡过难关。

泄漏天机　*xiè lòu tiān jī*

【释义】天机:神秘不可测的天意。泄漏了天意。指走漏了不可以外泄的机密。【例句】这次行动,只要不～,对方未必敢贸然撞进去。【近义】走漏风声【反义】秘而不宣

卸磨杀驴　*xiè mò shā lǘ*

【释义】磨完东西就把拉磨的驴子卸下来杀掉。比喻事成之后就把曾经为之出过力的人抛弃。【例句】凭我对他的了解,这事成之后,他就得～。【近义】过河拆桥【反义】饮水思源

谢天谢地　*xiè tiān xiè dì*

【释义】感谢天地神灵。用作问题终于得到解决后表示庆幸或感激的口头用语。【例句】在繁华的闹市区里,我终于找到一间特价书店,～!

邂逅相遇　*xiè hòu xiāng yù*

【释义】邂逅:偶然遇见。指没有事先约而偶然相遇。【例句】没想到二十年没见的老同学,今天会在服装展销会上～。【近义】不期而遇【反义】失之交臂

心安理得　*xīn ān lǐ dé*

【释义】自信做事合乎情理,心里十分坦然。【例句】你怎么能～地接受他送的东西呢?【近义】问心无愧【反义】做贼心虚

心安神泰　*xīn ān shén tài*

【释义】心神安宁,泰然自若。【例句】老人家～,起居有常,看不出有什么异样的地方。【近义】泰然自若【反义】心神不定

心谤腹非　*xīn bàng fù fēi*

【释义】非:谴责,诽谤。口头上不说,心里却谴责诽谤。指暗地里反对。【例句】现在看来,绝大多数人是拥护现行制度的,但～的人也是有的。【近义】口是心非

心不由主　*xīn bù yóu zhǔ*

【释义】自己的意志不能由自己控制。【例句】他明知道不做作业是不对的,但当小朋友来找他的时候,他又～地出去玩了。【近义】不由自主

心不在焉 xīn bù zài yān

【释义】焉：文言虚词，"这里"的意思。心思不在这里。形容思想不集中。【例句】她上课时～，老师已经注意到她了。【近义】心猿意马【反义】聚精会神 全神贯注 提示 "焉"不能写成"马"。

心长发短 xīn cháng fà duǎn

见"发短心长"。

心长力短 xīn cháng lì duǎn

【释义】力短：力量够不上。虽然想帮忙，但力量不够。形容力不从心。【例句】仅靠一把斧头来对付这扇铁门，他实在是～，一筹莫展。【近义】有心无力

心潮澎湃 xīn cháo péng pài

【释义】澎湃：波涛互相撞击。心情像浪涛互相撞击一样。形容心情十分激动。【例句】看到这一幕，我忍不住热泪盈眶，～。【近义】心潮起伏【反义】心如止水

心潮起伏 xīn cháo qǐ fú

【释义】心情像潮水一样起伏不定。形容心情非常激动。【例句】他望着久别重逢的哥哥，～。【近义】心潮澎湃【反义】心如止水

心驰神往 xīn chí shén wǎng

【释义】驰：奔跑。往：向往。形容一心向往。【例句】琅琅读书声和游泳池中无忧无虑地嬉闹，组成一曲令人～的大学生活的乐章。【近义】魂牵梦萦

心慈面软 xīn cí miàn ruǎn

【释义】心地善良，态度温和。形容心地慈善，容易同情或迁就人。【例句】她待人一向～，你就不用担心了。【近义】心慈手软【反义】心狠手辣

心慈手软 xīn cí shǒu ruǎn

【释义】心地和善，不忍下手(惩治)。多

指对犯有错误或罪行的人怀有恻隐之心，处置不坚决、到位。【例句】对这些胡作非为的犯罪分子，决不能～。【近义】心慈面软【反义】心狠手辣

心粗气浮 xīn cū qì fú

【释义】粗：粗疏，轻率。浮：浮躁。做事轻率，不沉稳。【例句】年轻人，有时候～是不可避免的。【近义】心浮气躁

心存芥蒂 xīn cún jiè dì

【释义】芥蒂：细小的梗塞物。指心里积存有怨恨或不快。【例句】他们二人是～，貌合神离。

心存目想 xīn cún mù xiǎng

【释义】凝目注视，用心思索。指全神贯注地追忆往事。【例句】画家在落笔之前都要～，成竹在胸。

心胆俱裂 xīn dǎn jù liè

【释义】俱：全，都。心和胆都破裂了。形容极度悲愤或恐惧。【例句】远在他乡的李梅听到父亲去世的消息，一时间～。【近义】五内俱焚

心荡神摇 xīn dàng shén yáo

【释义】心神恍惚摇荡。形容神魂颠倒，不能自持。【例句】他去了一次电玩城，便～，再也不能静下心来读书。

心烦技痒 xīn fán jì yǎng

【释义】烦：烦躁。技痒：想显示技艺。有某种技能的人，一遇到机会就想显示。【例句】一看见有人跳舞，当过舞蹈演员的李华就～。

心烦意乱 xīn fán yì luàn

【释义】心情烦躁，思绪杂乱。【例句】小李这几天～，书也看不进去了。【近义】心劳意攘【反义】心旷神怡

心服口服 xīn fú kǒu fú

【释义】内心信服，嘴上也承认。形容完全信服。也作"口服心服"。【例句】她这番话，让大家～。【近义】心悦诚服

【反义】愤愤不平

心腹大患 xīn fù dà huàn
见"心腹之患"。

心腹之患 xīn fù zhī huàn
【释义】心腹:心脏与腹部。比喻隐藏在内部的严重祸害。也作"心腹大患"。【例句】这两个人各怀鬼胎,都视对方为～,想找机会整治对方。【近义】腹心之疾【反义】癣疥之疾

心腹之交 xīn fù zhī jiāo
【释义】心腹:亲信。指贴心的好朋友或信得过的人。【例句】你我是～,我怎么能坑害你?【近义】莫逆之交【反义】点头之交

心腹之言 xīn fù zhī yán
【释义】发自内心的真实话语。【例句】听了她这番～,大家都陷入了沉思之中。【近义】肺腑之言【反义】花言巧语

心甘情愿 xīn gān qíng yuàn
【释义】内心愿意,毫无勉强。【例句】他年龄比我大,资格比我老,却～地当配角,默默地在背后支持我。

心高气傲 xīn gāo qì ào
【释义】傲:傲慢。自认为高人一等,显得非常傲慢。【例句】她这个人～,所以很多人都不喜欢她。【近义】目空一切【反义】虚怀若谷

心广体胖 xīn guǎng tǐ pán
【释义】广:开阔。胖:舒泰。心胸开阔,身体舒泰。也作"心宽体胖"。【例句】看这位老板～,你就能猜到他的生意正红火着。【近义】大腹便便【反义】骨瘦如柴   "胖"不读 pàng,不应理解成"肥胖"。

心寒胆落 xīn hán dǎn luò
【释义】形容惊恐畏惧。【例句】我军乘胜挺进,敌人～,狼狈溃逃。【近义】毛骨悚然【反义】临危不惧

心狠手辣 xīn hěn shǒu là
【释义】内心凶狠,手段毒辣。【例句】凶手～,受害人被打得伤痕累累。【近义】残酷无情【反义】心慈面软 心慈手软

心花怒放 xīn huā nù fàng
【释义】怒放:盛开。心里高兴得像鲜花盛开一样。形容特别高兴。【例句】听到这个好消息,她～,连连点头。【近义】欣喜若狂【反义】闷闷不乐

心怀鬼胎 xīn huái guǐ tāi
【释义】鬼胎:比喻不可告人的念头或事情。心里藏着不可告人的事情或坏念头。【例句】小姑娘哪里知道这个陌生人～,还十分感激他的关怀。【近义】居心叵测【反义】襟怀坦白

心怀叵测 xīn huái pǒ cè
【释义】叵:不可。心里藏着不可测度的恶意。形容居心险恶。【例句】我们这次工作上的失误,给了那些～者一个造谣生事的机会。【近义】笑里藏刀【反义】胸怀坦荡

心慌意乱 xīn huāng yì luàn
【释义】心里慌乱,没了主意。【例句】当得知母亲病重时,她急得～。【近义】心烦意乱【反义】心旷神怡

心灰意懒 xīn huī yì lǎn
【释义】灰:失望。懒:懈怠,懒散。形容灰心丧气,意志消沉。也作"心灰意冷"。【例句】连续两年高考落榜,他～,干什么事都提不起精神了。【近义】心慵意懒 灰心丧气【反义】雄心万丈

心灰意冷 xīn huī yì lěng
见"心灰意懒"。

心急火燎 xīn jí huǒ liǎo
【释义】燎:烧。心里急得好像火烧一样。形容非常着急。【例句】天快黑了,车

子还没有修好,大家都～地等待着。【近义】心急如焚【反义】心平气和

心急如焚　xīn jí rú fén
【释义】焚:火烧。心里急得像火烧一样。形容十分焦急。【例句】因刚刚弄丢了一份重要的合同,她～,坐立不安。【近义】心急火燎【反义】心平气和

心坚石穿　xīn jiān shí chuān
【释义】只要有坚定的意志,石头也能钻穿。比喻只要下定决心,任何困难都可以克服。【例句】～,就没有办不到的事。【近义】水滴穿石【反义】知难而退

心旌摇摇　xīn jīng yáo yáo
【释义】旌:旗帜。心神不定,情思起伏,就像旌旗一样随风飘摇。【例句】听了老教授的一番话,他～。【近义】心潮起伏【反义】心如止水

心旌摇曳　xīn jīng yáo yè
【释义】旌:旗帜。摇曳:摆动。心神像旗帜一样摇摆不定,不能自持。【例句】面对金钱的诱惑,她不禁～。【近义】心潮起伏【反义】心如止水

心惊胆战　xīn jīng dǎn zhàn
【释义】战:发抖。形容非常害怕。【例句】这突然传来的尖叫声,让大家～。【近义】心惊肉跳【反义】无所畏惧

心惊肉跳　xīn jīng ròu tiào
【释义】心神不安,惊慌恐惧。形容惊恐不安的样子。也作"心惊肉颤"。【例句】他一发怒,就让人～,不知所措。【近义】心惊胆战【反义】泰然自若

心惊肉颤　xīn jīng ròu zhàn
见"心惊肉跳"。

心开目明　xīn kāi mù míng
【释义】心灵开悟,见识明白。指从蒙昧困惑中解脱出来,懂得了道理。【例句】李书记的一席话把大家说得～。【近义】豁然开朗

心口不一　xīn kǒu bù yī
【释义】心里想的和嘴上说的不一致。形容虚伪,不诚实。【例句】他这个人从来都是～的,他的话不可轻信【近义】口是心非　表里不一【反义】心口如一　表里如一

心口如一　xīn kǒu rú yī
【释义】心里想的和口里说的完全一致。形容诚实直爽。【例句】小丽嘴上虽厉害,好在～,直截了当,是一个极爽快的人。【近义】表里如一【反义】心口不一　口是心非

心口相应　xīn kǒu xiāng yìng
【释义】相应:互相照应。心里想的和嘴上说的一致。指心口并用,体会深刻。【例句】朗读文章要心念心行,～。

心宽体胖　xīn kuān tǐ pán
见"心广体胖"。

心旷神怡　xīn kuàng shén yí
【释义】旷:开阔。怡:愉快。心境开阔,精神愉快。【例句】这样的美景,让我们～。【近义】赏心悦目【反义】心烦意乱　心劳意攘

心劳日拙　xīn láo rì zhuō
【释义】日:逐日。拙:笨拙。费尽心力,反而越弄越糟。【例句】因为我的证据足以证明这是诽谤诬蔑,他们徒然"～",也不能达到他们的目的。【反义】心逸日休　提示　多含贬义。

心劳意攘　xīn láo yì rǎng
【释义】劳:烦。攘:乱。指心情烦乱。【例句】当你为一件难办的事情而～时,可以做一些体育运动来缓解一下不太好的心情。【近义】心烦意乱【反义】心旷神怡

心力交瘁 xīn lì jiāo cuì
【释义】瘁:过度疲劳。精神和身体同时疲劳。【例句】她～,一病就是两个月,卧床不起。【近义】身心交瘁【反义】心宽体胖

心灵手巧 xīn líng shǒu qiǎo
【释义】心思灵敏,双手灵巧。【例句】她～,一下子就学会了织毛衣,而且织得又快又好。【反义】笨手笨脚

心领神会 xīn lǐng shén huì
【释义】领:领悟。会:会意。指不用明说就能领悟。【例句】老师使了个眼色,他立刻～。【近义】心照不宣【反义】一无所知

心乱如麻 xīn luàn rú má
【释义】心绪烦扰,如同一团乱麻。也作"心绪如麻"。【例句】她在客厅里一会儿站,一会儿坐,可以看出,这会儿她已～。【近义】心慌意乱【反义】心平气和

心满意足 xīn mǎn yì zú
【释义】形容心中十分满意、满足。【例句】我别无他求,只要你不再惹是生非,我就～了。【近义】称心如意【反义】大失所望

心明眼亮 xīn míng yǎn liàng
【释义】心里明白,眼睛雪亮。形容看问题敏锐,不受迷惑。【例句】那人走南闯北,～,这件事交给他去办一定没问题。【近义】眼明手快【反义】有眼无珠

心平气定 xīn píng qì dìng
【释义】内心平静,情绪安定。形容思想集中,没有杂念。【例句】我们读书时就应该～,专心致志。【反义】焦躁不安

心平气和 xīn píng qì hé
【释义】心情平静,态度温和。【例句】等你～了,我们再来协商这个问题。【近义】平心静气【反义】心急火燎 心急如焚

心如刀绞 xīn rú dāo jiǎo
【释义】绞:同"铰",切削。心里像有刀在切割一样。形容极其悲伤或痛苦。也作"心如刀搅"。【例句】周大勇～,痛恨自己没有办法把一切苦难都承担起来。【近义】肝肠寸断 万箭攒心【反义】心花怒放

心如刀搅 xīn rú dāo jiǎo
见"心如刀绞"。

心如古井 xīn rú gǔ jǐng
【释义】古井:年代久远的枯井。内心像枯井一样寂静。【例句】自从她丈夫因意外事故去世后,她便～,自己带着孩子生活了近三十年。【近义】心如止水【反义】心猿意马

心如木石 xīn rú mù shí
【释义】心像树木和石头一样。比喻心里像木石一样没有任何感觉和欲念。【例句】她经常抱怨丈夫是个～的书呆子。【近义】心若死灰

心如铁石 xīn rú tiě shí
【释义】心像铁石一样坚硬。形容意志坚定,不易改动。【例句】无论我怎么求他,他都～,不为所动。【近义】心如止水【反义】心旌摇曳

心如止水 xīn rú zhǐ shuǐ
【释义】止水:静止不流动的水。内心像静止不动的水一样平静。【例句】她这个人无欲无求,～,自然就不会有不自由的感觉了。【近义】心如古井【反义】心猿意马

心若死灰 xīn ruò sǐ huī
【释义】死灰:火熄灭后的冷灰。心像冷灰一样。原比喻心境静寂,不为外界

事物诱惑。现多形容灰心失意的样子。【例句】我纵然～，也难把往事轻易忘掉。【近义】心如木石【反义】心潮澎湃　心潮起伏

心神不定　xīn shén bù dìng
【释义】精神状态不安定。形容思想不集中，情绪不安定。也作"心神不宁"。【例句】不知道是怎么回事，这几天姐姐总是～。【近义】心神恍惚【反义】平心静气

心神不宁　xīn shén bù níng
见"心神不定"。

心神恍惚　xīn shén huǎng hū
【释义】恍惚：精神不集中的样子。指心神不安定，精神不集中。【例句】他听了这个消息，一连几日，觉得～，坐卧不宁。【近义】心神不定【反义】神闲气定

心手相应　xīn shǒu xiāng yìng
【释义】应：配合。心和手互相配合。形容技艺精湛、娴熟。【例句】只有下功夫多练习，才能做到～。【近义】得心应手　提示　"相"不读 xiàng；"应"不读 yīng。

心术不正　xīn shù bù zhèng
【释义】心术：心计。不正派，居心不良。【例句】这个人一向来～，你要多提防他。【近义】居心不良【反义】襟怀坦白

心无二用　xīn wú èr yòng
【释义】心思不能同时用在两件事情上。指专心一意。【例句】你提醒了我，～，这个时候我应该专心学习。【近义】一心一意【反义】心不在焉

心无旁骛　xīn wú páng wù
【释义】旁：别的。骛：追求。心思没有别的追求。形容心思集中，专心致志。【例句】学习的时候，就应该全神贯注，

～。【近义】心无二用【反义】三心二意

心细如发　xīn xì rú fà
【释义】发：头发。心思细密得像头发一样。形容考虑问题非常细致、周密。【例句】她是个举止大方，明辨是非，遇事果断，而又～的女人。【近义】心思缜密【反义】粗心大意

心想事成　xīn xiǎng shì chéng
【释义】内心所希望实现的事情都会实现。指愿望和理想都能成为现实。【例句】祝你生活幸福，～。【近义】天从人愿　如愿以偿【反义】事与愿违

心向往之　xīn xiàng wǎng zhī
【释义】对某人或事物心里很向往、仰慕。【例句】西湖的美景，我早就～。【近义】心驰神往【反义】心如死灰

心心相印　xīn xīn xiāng yìn
【释义】印：印证。禅宗指传授佛法时不用言语文字，而是心与心互相印证。形容彼此心意相通，十分投合。【例句】他们数年相交，早已～。【近义】心有灵犀一点通　情投意合【反义】格格不入　貌合神离　提示　"相"不读 xiàng。

心雄万夫　xīn xióng wàn fū
【释义】雄：称雄。一心要称雄于众人之上。形容抱负远大。【例句】他聪明好学，而且～，将来一定会有成就的。

心绪如麻　xīn xù rú má
见"心乱如麻"。

心血来潮　xīn xuè lái cháo
【释义】心血突然像上涨的潮水一样涌动。比喻心里突然产生某种想法。【例句】放学的路上，明明忽然～，跑去爬山，结果把腿摔坏了。【近义】灵机一动【反义】深思熟虑

心逸日休　xīn yì rì xiū

【释义】逸:安闲。日:逐日。休:美好。用不着操心,情况却越来越好。【例句】张奶奶从年轻时就喜欢做善事,真是好人有好报,现在到了老了尽享~。【反义】心劳日拙

心慵意懒　xīn yōng yì lǎn

【释义】慵、懒:懈怠,消沉。灰心丧气,意志消沉。【例句】他常常因为一点小事的不顺心而~。【近义】心灰意懒【反义】意气风发

心有灵犀　xīn yǒu líng xī

见"心有灵犀一点通"。

心有灵犀一点通　xīn yǒu líng xī yī diǎn tōng

【释义】灵犀:有灵性的犀牛,传说犀牛角上有条白纹贯通两端,感应灵异。比喻双方心意相通,互相能心领神会。也作"心有灵犀"。【例句】身无彩凤双飞翼,~。【近义】心心相印【反义】格格不入　貌合神离

心有余而力不足　xīn yǒu yú ér lì bù zú

【释义】心里很想做,但是力量不够。【例句】尽管他非常想帮忙,但这件事只凭他一个人还是~。【近义】力不从心【反义】行有余力

心有余悸　xīn yǒu yú jì

【释义】悸:因害怕而心跳。危险虽然已经过去,回想起来心里仍然感到很害怕。【例句】那天晚上我多喝了一点酒,骑车回家的路上,险些被汽车撞到。今天回想那一幕,仍~。【近义】惊魂未定【反义】泰然自若

心余力绌　xīn yú lì chù

【释义】心里很想做,但力量上不够。【例句】我很想帮助她,但的确是能力

有限,~。【近义】力不从心【反义】游刃有余

心猿意马　xīn yuán yì mǎ

【释义】心思像猴跳马跑那样极不安定。比喻心意散乱不专注。【例句】小红上课时~,所以在被老师提问时张口结舌。【近义】心不在焉【反义】专心致志　全神贯注

心悦诚服　xīn yuè chéng fú

【释义】心里感到高兴,真心诚意地佩服。【例句】凡是到李教授那里去求教的人,都对他~。【近义】心服口服【反义】口服心不服

心照不宣　xīn zhào bù xuān

【释义】照:知道,明白。宣:公开说出。彼此心里知道,但都不说出来。【例句】我们~很有默契地再也没有提过这件事了。【近义】心领神会【反义】对牛弹琴　一窍不通

心照神交　xīn zhào shén jiāo

【释义】照:明了。交:交融。彼此的思想感情完全相通。【例句】我们~,不必要那些客套性的礼节。

心知其意　xīn zhī qí yì

【释义】指深刻地领会了主要意思或掌握了要领。【例句】老师示范完,学生们立刻~。

心直口快　xīn zhí kǒu kuài

【释义】直:直爽。性情直爽,心里怎么想就怎么说。也作"口直心快"。【例句】她这个人~,说话从不绕弯。【近义】性直口快【反义】吞吞吐吐

心中无数　xīn zhōng wú shù

【释义】比喻不了解情况,心中没有把握。【例句】对事情~,又不愿跟人商量,这是绝对不行的。【反义】心中有数　胸有成竹

心中有数　xīn zhōng yǒu shù

【释义】比喻基本了解情况,处理问题有一定把握。【例句】大家别着急,我～,知道该怎么办。【近义】胸有成竹【反义】心中无数

心醉魂迷　xīn zuì hún mí

【释义】心完全被迷住了。形容对人或事物十分迷恋。【例句】他将那块宝石从保险柜中取出,坐在小圆桌前～地鉴赏起来。

欣然自得　xīn rán zì dé

【释义】欣然:高兴的样子。得:得意。形容心情愉快,非常得意的样子。【例句】她～地望着嬉水的小孩子。【反义】愁眉苦脸

欣喜若狂　xīn xǐ ruò kuáng

【释义】高兴得好像发狂一样。形容高兴到了极点。【例句】听老师说周末要去春游,大家～。【近义】欢天喜地【反义】怒发冲冠

欣欣向荣　xīn xīn xiàng róng

【释义】欣欣:草木生机旺盛的样子。荣:茂盛。形容草木生长茂盛。也比喻事业繁荣兴旺。【例句】春天,到处都呈现～的景象。/社会主义建设～,蒸蒸日上。【近义】蒸蒸日上【反义】江河日下

新陈代谢　xīn chén dài xiè

【释义】陈:旧。代:替代。谢:凋落,衰亡。指生物体内新物质代替旧物质的过程。比喻不断产生发展的新事物代替逐渐衰亡的旧事物。【例句】水是人体～的重要媒介。/～是普遍存在的永远不可抵抗的规律。【近义】推陈出新【反义】停滞不前

新仇旧恨　xīn chóu jiù hèn

【释义】新添的仇和旧有的恨。指很多很深的仇恨。也作"旧恨新仇"。【例句】我们素不相识,又没有～,你为什么要找我的麻烦?【近义】深仇大恨【反义】大恩大德

新愁旧恨　xīn chóu jiù hèn

见"旧愁新恨"。

新发于硎　xīn fā yú xíng

【释义】发:磨。硎:磨刀石。刀在磨刀石上刚磨好。形容十分锋利。也比喻初次施展刚刚掌握的本领。【例句】这把刀用了这么多年了,仍若～。/当今的青年作者,～,作品犹如雨后春笋,占据文坛。【近义】新硎初试【反义】钝刀割肉

新官上任三把火　xīn guān shàng rèn sān bǎ huǒ

【释义】官员新上任时,为了显示自己的才干或表示革新时政的决心,常常要做几件有影响的事情。【例句】最近单位办公室新来一个主任,对迟到早退抓得很紧,真是～。

新婚燕尔　xīn hūn yàn ěr

【释义】燕尔:快乐的样子。指新婚愉快的情形。【例句】他们现在～,根本不想理会那些令人烦恼的事情。

新来乍到　xīn lái zhà dào

【释义】乍:初。初次来到一个地方或刚到一个地方不久。也作"初来乍到"。【例句】我～,还不熟悉情况,请大家多多关照。【近义】人地生疏【反义】故地重游

新鲜血液　xīn xiān xuè yè

【释义】比喻富有朝气、充满活力的新生力量。【例句】这些新战士一来,到处都是他们的欢声笑语,为部队补充了～。

新硎初试　xīn xíng chū shì

【释义】硎:磨刀石。新磨好的刀初试锋芒。比喻初次施展刚刚掌握的本领。【例句】这次演讲我准备了很久,今天～,我非常有信心。【近义】新发于硎【反义】老成持重

薪尽火传　xīn jìn huǒ chuán

【释义】薪:柴草。柴草烧尽了,火种却可留传下来。比喻学问或技艺代代相传。【例句】他已经永远离开我们了。～,我们相信,他的作品是会永远传下去的。【近义】衣钵相传

馨香祷祝　xīn xiāng dǎo zhù

【释义】馨香:指供奉神佛的香火。祷祝:祷告祝愿。虔诚地焚香祈祷祝愿。形容殷切地期望。【例句】太好了! 这真是我们日夜～的。【近义】悬悬而望【反义】无所冀求

信笔涂鸦　xìn bǐ tú yā

【释义】信笔:随便书写。涂:画。随手乱画,就像涂乌鸦的颜色一样。比喻字写得很难看或乱写乱画。也作"信手涂鸦"。【例句】我对经济问题一窍不通,写起经济文章来,只是～。

信而有征　xìn ér yǒu zhēng

【释义】信:真实。征:通"证",证据。可靠而有证据。【例句】关于这件艺术品,大家有种种猜测,但就是找不到～的说法。【近义】有凭有据【反义】捕风捉影

信及豚鱼　xìn jí tún yú

【释义】信:讲信用。豚:小猪。对猪、鱼等都讲信用。形容信用昭著。【例句】这家公司信誉卓著,几十年如一日,可以说是～。

信口雌黄　xìn kǒu cí huáng

【释义】信口:随口。雌黄:鸡冠石,橙黄色,古代用来作为涂改错字的颜料。比喻不顾事实随便乱说或妄加评论。【例句】在没有找到证据之前,你不要～。【近义】胡说八道　信口开河【反义】言之凿凿

信口开河　xìn kǒu kāi hé

【释义】信口:随口。河:"合"的谐音字,闭嘴。指随口乱说。【例句】像他这种～的人,我们不必理会。【近义】胡说八道　信口雌黄【反义】言之凿凿

信马由缰　xìn mǎ yóu jiāng

【释义】信:任随。由:放任。不勒缰绳,随便马行走。比喻毫无目标地四处游荡。【例句】他被气昏了头,不知往哪里去好,只能～地乱走一气。【近义】任其自然

信赏必罚　xìn shǎng bì fá

【释义】信:确实。有功必赏,有罪必罚。形容赏罚严明。也作"赏信必罚""赏信罚必"。【例句】作为领导者,一定要做到～,大家才能心服口服。【近义】赏罚分明【反义】罚不当罪

信誓旦旦　xìn shì dàn dàn

【释义】旦旦:诚实的样子。誓言恳切诚挚。【例句】老板～,说自己卖的全是正版光盘,结果被查出不少盗版产品。【近义】海誓山盟【反义】背信弃义

信手拈来　xìn shǒu niān lái

【释义】信手:随手。随手取来。形容写诗作文不用多费心思就能熟练地运用各种材料和词汇。【例句】她～皆成文章,足见她作文功底的深厚。【近义】唾手可得【反义】煞费苦心

信手涂鸦　xìn shǒu tú yā

见"信笔涂鸦"。

信言不美　xìn yán bù měi

【释义】信言:真实的话。真实的话没有

经过修饰，所以不甜美动听。【例句】~，但它的价值不是那些动听的假话所能比拟的。

信以为真　xìn yǐ wéi zhēn

【释义】相信了，以至当成了真的。指把假的当成真的相信。【例句】他这个人一向不讲信用，他说的话你不要~。

兴风作浪　xīng fēng zuò làng

【释义】兴、作：掀起。迷信指妖魔施用邪术掀起风浪。比喻挑起事端或进行破坏活动。【例句】盗版激光唱片之所以能在市场上~，很重要的一个原因是正版激光唱片价格偏高。【近义】兴妖作怪【反义】风平浪静

兴利除弊　xīng lì chú bì

【释义】弊：弊病。兴办有利的事业，清除弊端。【例句】为了~，我们还需要继续努力。【近义】除旧布新　**提示**"兴"不读 xìng。

兴师动众　xīng shī dòng zhòng

【释义】兴、动：发动。发动大批人马进行战争。形容为了做某件事而发动许多人。也作"劳师动众"。【例句】他明明可以自己去处理这件事，何必这样~？【近义】大动干戈

兴师问罪　xīng shī wèn zuì

【释义】兴师：举兵。问罪：指出对方的罪行，并加以责难和攻击。举兵讨伐，责问罪行。指发动众人采取行动，谴责对方的过错罪行。【例句】他们哪里是来看望我的，这明明就是来~的。【近义】口诛笔伐

兴衰成败　xīng shuāi chéng bài

【释义】兴盛，衰落，成功，失败。泛指各种前途或结局。【例句】能否抓住机遇，历来是关系企业发展~的大问题。【近义】兴衰荣辱

兴妖作怪　xīng yāo zuò guài

【释义】兴、作：起来。妖魔鬼怪捣乱作祟，祸害于人。比喻坏人暗中捣乱破坏。【例句】现在看来，这件事完全是李明那小子在~了。【近义】兴风作浪　成精作怪【反义】息事宁人

星驰电掣　xīng chí diàn chè

【释义】电掣：电光闪过。像流星飞逝，像电光急闪。形容非常迅猛。【例句】她万分着急地说完这番话，霎时间~，不见踪影。【近义】风驰电掣　风驰雨骤

星火燎原　xīng huǒ liáo yuán

【释义】很小的一点儿火花可以导致烧遍整个原野。比喻小乱子可以酿成大祸。也比喻新生事物迅速地由弱小发展壮大。【例句】杀几头牛对他们来说不算什么，但是这件事情引起了他们的~。/因特网扩展到中国，仅仅几年时间，就呈~之势。【反义】杯水车薪

星罗棋布　xīng luó qí bù

【释义】罗：罗列。布：分布。像群星和棋子那样罗列分布着。形容多而密集。【例句】爱琴海的海岸线非常曲折，港湾众多，岛屿~。【近义】漫山遍野【反义】寥若晨星

星星之火　xīng xīng zhī huǒ

【释义】微小的火。比喻微小的乱子或微小的事物。【例句】~，可以燎原。【近义】沧海一粟【反义】燎原烈火

星移斗转　xīng yí dǒu zhuǎn

【释义】斗：北斗星。星座移位，北斗转向。指时序变迁，岁月流逝。形容气势磅礴，天摇地动。也作"斗转星移"。【例句】日往月来，~，不觉又十载有余。【近义】物换星移　**提示**"斗"不读 dòu。

惺惺惜惺惺　xīng xīng xī xīng xīng

【释义】惺惺:聪明的人。聪明的人爱惜聪明的人。比喻才能或性格相同的人互相爱惜。【例句】他们两个人很谈得来,脾气也相似,真可谓～,英雄惜英雄。【近义】同病相怜

惺惺作态　xīng xīng zuò tài

【释义】装模作样,故作姿态。形容虚情假意的样子。【例句】他这次能来看望姐姐,并非～,而是诚心诚意。【近义】虚情假意【反义】真心实意

腥风血雨　xīng fēng xuè yǔ

【释义】刮着腥味的风,下着如血的雨。形容残酷屠杀的惨状或极其险恶的时局。也作"血雨腥风"。【例句】在那个～的黑暗年代,当地群众冒着被杀头的危险,偷偷地把烈士们的遗体掩埋起来。【近义】血流成河

行不苟合　xíng bù gǒu hé

【释义】苟合:不正当的结合。为人正直,不愿与人同流合污。【例句】屈原忠心爱国、～的品行,值得我们学习。【近义】刚正不阿【反义】趋炎附势

行将就木　xíng jiāng jiù mù

【释义】行将:即将。就木:进棺材。快要进棺材了。指临近死亡。【例句】她不懂为什么妹妹的心境是那么苍老凄凉,好像是～的人了。【近义】枯木朽株【反义】欣欣向荣

行若狗彘　xíng ruò gǒu zhì

【释义】彘:猪。行为像猪狗一样。形容人的行为卑鄙无耻。【例句】他这个人一贯～,没人能看得起他。【近义】禽兽不如【反义】高风亮节

行若无事　xíng ruò wú shì

【释义】表现得好像没有这么一回事一样。【例句】他的脚受伤了,却～,坚持站岗,这种精神真令我们敬佩。【近义】泰然自若【反义】手忙脚乱

行色匆匆　xíng sè cōng cōng

【释义】行色:外出时的神情。出行匆匆忙忙。【例句】那么美的景色,可惜当时～,我都没来得及好好欣赏。【近义】风尘仆仆【反义】无所事事

行尸走肉　xíng shī zǒu ròu

【释义】能行走而无灵魂的尸身。比喻庸碌无能、精神空虚的人。【例句】自从她丈夫去世后,她就如同～一般,过着毫无生机的日子。【近义】酒囊饭袋【反义】虽死犹生

行思坐想　xíng sī zuò xiǎng

【释义】无论行走还是坐下都在思考。指无时无刻不在思考。【例句】他～,废寝忘食,终于把这个问题想明白了。【近义】左思右想【反义】漠然置之

行侠仗义　xíng xiá zhàng yì

【释义】做侠客,讲义气。形容能在关键时刻舍己救人。【例句】他从小～,爱打抱不平。

行凶撒泼　xíng xiōng sā pō

【释义】撒泼:耍无赖,用蛮横无理的行动待人。待人凶恶,蛮横无理。【例句】她自己理亏,受到厂长批评后,便～,向厂长一头撞过去。【近义】无理取闹【反义】彬彬有礼

行易知难　xíng yì zhī nán

【释义】行:实行。知:懂得。指做起来容易,懂得其事理却很困难。【例句】这项试验的确是～,东西是做出来了,但对它的机制还须做深入研究。

行有余力　xíng yǒu yú lì

【释义】做完应该做的事后,还有多余的精力去做别的事情。【例句】在～的范

围里,我们可以提供多余的口粮给你们。其他的就帮不上忙了。【反义】心余力绌

行远自迩　xíng yuǎn zì ěr
【释义】迩:近。要走远路,必须从近处开始迈步。比喻学习、做事要由浅入深,循序渐进。【例句】～,学习要从基础学起,然后逐步加深。【近义】登高自卑【反义】一步登天

行云流水　xíng yún liú shuǐ
【释义】天上飘浮的云,河里流淌的水。形容诗文、书画、歌唱等自然流畅。【例句】八岁时她已经能把贝多芬、门德尔松的协奏曲演奏得～一般。【近义】无拘无束　挥洒自如【反义】矫揉造作

行之有效　xíng zhī yǒu xiào
【释义】实行这种措施有成效。【例句】如不尽早采取～的措施,道路交通事故还可能继续增长。【近义】立竿见影【反义】劳而无功

行住坐卧　xíng zhù zuò wò
【释义】泛指人的一举一动。【例句】你只看那猴儿,无论～,他总把个脑袋扎在胸坎子上,倒把脖儿扛起来。

行踪无定　xíng zōng wú dìng
【释义】指到处漂泊,没有固定的处所。【例句】这些土匪～,四处劫掠。【近义】神出鬼没

形单影只　xíng dān yǐng zhī
【释义】身体和影子都只有一个。形容孤孤单单,没有同伴。【例句】如果有个孩子,她也不会这样～了。【近义】孤身只影【反义】成双成对

形迹可疑　xíng jì kě yí
【释义】形迹:人的举止和神色。行为举止和神色都令人产生怀疑。【例句】最近,她常发现有～的人跟踪她。【近义】行踪诡秘【反义】光明磊落

形容枯槁　xíng róng kū gǎo
【释义】形容:外貌,模样。槁:干枯。面容憔悴,身体消瘦。【例句】大病一场之后,老李～,有气无力。【近义】形销骨立

形色仓皇　xíng sè cāng huáng
【释义】指动作匆忙,神色慌张。【例句】她～地跑过来告诉大家,李老师在办公室里晕倒了。【近义】张皇失措【反义】神态自若

形势逼人　xíng shì bī rén
【释义】指形势发展非常快,迫使人们不得不更加努力。【例句】现在人才辈出,竞争激烈,～,我们只有不断充实自己,才能在社会中谋得一席之地。

形销骨立　xíng xiāo gǔ lì
【释义】形销:形体消瘦。骨立:骨头凸露出来。形容身体极为消瘦。【例句】她离开长春的时候,病体枯槁,～。【近义】瘦骨伶仃【反义】脑满肠肥

形形色色　xíng xíng sè sè
【释义】形形:生出形体。色色:生出颜色。指事物种类繁杂,各式各样。【例句】海面上有很多大大小小、～的船只。【近义】五花八门【反义】千篇一律

形影不离　xíng yǐng bù lí
【释义】身体和影子不能分离。形容彼此关系密切。【例句】她们两个是～的好朋友。【近义】形影相依　如影随形【反义】天各一方

形影相吊　xíng yǐng xiāng diào
【释义】吊:慰问。身体和影子互相安慰。形容非常孤单。【例句】他独自一人来到上海,～,无依无靠。【近义】形影相依

X

形影相随　xíng yǐng xiāng suí
见"形影相依"。

形影相依　xíng yǐng xiāng yī
【释义】形体和影子互相依恋。形容关系亲密,时刻不离。也形容非常孤单。也作"形影相随"。【例句】她从小和母亲～,母亲的一举一动都深深印在她的脑海里。/这位老人无儿无女,现在～,非常可怜。【近义】形影不离　形影相吊

兴高采烈　xìng gāo cǎi liè
【释义】采:神采,情绪。兴致高涨,情绪热烈。【例句】听到这个消息,会场顿时沸腾起来,人们都～地欢呼跳跃。【近义】欢天喜地【反义】无精打采　闷闷不乐　提示　"兴"不读 xīng。

兴会淋漓　xìng huì lín lí
【释义】兴会:兴致,情趣。淋漓:酣畅。形容兴致很高,精神愉快。【例句】主人把皮球往前远抛,小狗就～地往前跑,拼命把那个皮球抓着衔回来给它的主人。【近义】兴致勃勃【反义】兴致索然　提示　"兴"不读 xīng。

兴尽而返　xìng jìn ér fǎn
【释义】玩乐结束,尽兴了才回家去。【例句】我们在云南游玩了一个月,到假期结束了才～。【反义】败兴而归

兴致勃勃　xìng zhì bó bó
【释义】勃勃:旺盛的样子。形容兴趣很浓。也作"兴致勃发"。【例句】尽管一整天漫长的会议刚刚结束,他们还是显得～,打算去新开的饭店尝尝。【近义】兴会淋漓【反义】兴致索然　提示　"兴"不读 xīng。

兴致勃发　xìng zhì bó fā
见"兴致勃勃"。

兴致索然　xìng zhì suǒ rán
【释义】索然:没有兴趣的样子。形容没有一点兴趣。【例句】这几天,他好像生了病一样,对什么都～。【近义】兴尽意阑【反义】兴会淋漓　兴致勃勃　提示　"兴"不读 xīng。

杏花春雨　xìng huā chūn yǔ
【释义】杏花芬芳,春雨霏霏。形容初春的景色。【例句】在人们心里,江南是个迷人的地方,～,小桥流水,永远是一首轻灵优美的抒情诗,一幅引人遐想的山水画。

杏脸桃腮　xìng liǎn táo sāi
【释义】脸儿像杏花一样白,两腮像桃花一样红。形容女子的容貌非常秀美。【例句】她～,煞是可爱。【近义】艳如桃李【反义】面如土色　面黄肌瘦

幸灾乐祸　xìng zāi lè huò
【释义】幸:高兴,欢喜。对别人遭受灾祸感到很高兴。【例句】我这次考试没发挥好,她没有一句安慰的话,反而～。【反义】兔死狐悲

性命交关　xìng mìng jiāo guān
【释义】交关:相关。关系到人的性命。形容情况危急,关系重大。也作"性命攸关"。【例句】胸外科手术,每一台都是～。【近义】人命关天【反义】无关宏旨

性命攸关　xìng mìng yōu guān
见"性命交关"。

性情中人　xìng qíng zhōng rén
【释义】性情:脾气,性格。有血性,敢说敢做的人。【例句】别看他年纪小,倒是个～。

性直口快　xìng zhí kǒu kuài
【释义】性情直爽,有啥说啥。【例句】她

是个～的姑娘。【近义】心直口快

凶多吉少　xiōng duō jí shǎo

【释义】危险多,吉利少。形容情况不妙,可能会出现危险。也作"吉少凶多"。【例句】你现在出去,肯定是～,他们不会轻易放过你的。【近义】九死一生【反义】吉星高照

凶神恶煞　xiōng shén è shà

【释义】煞:凶神。凶恶的鬼神。比喻凶狠的人。也形容人凶狠可怕。【例句】他不是一个～的人,他很慈祥,你不要害怕。【近义】面目狰狞【反义】慈眉善目　和蔼可亲

凶相毕露　xiōng xiàng bì lù

【释义】相:容貌,面目。毕:完全,全部。凶恶的面目完全显露出来。【例句】对他利诱没成功,敌人立刻～,改用严刑拷打来获取情报。【近义】面目狰狞【反义】笑容可掬

汹涌澎湃　xiōng yǒng péng pài

【释义】汹涌:波涛翻滚上涌。澎湃:波浪撞击的声音。形容波涛奔涌激荡的样子。也形容声势浩大,不可阻挡。也形容感情强烈,难以抑制。【例句】当时正是河水暴涨,～。/随着～的社会主义经济建设高潮而来的,是将要出现一个文化建设的高潮。/他内心的激动是抑制不住的,～的感情在不知不觉中流露出来。【近义】波澜壮阔【反义】波澜不惊

胸怀大志　xiōng huái dà zhì

【释义】胸中有远大的志向。【例句】从这件事情我们就可以看出,他是个～的人。

胸怀磊落　xiōng huái lěi luò

【释义】胸怀:襟怀,心胸。比喻做事,为人光明正大,没有不能告人之事。【例

句】他人缘很好,因为他待人诚恳,～。【近义】胸怀坦白【反义】心胸狭窄

胸无城府　xiōng wú chéng fǔ

【释义】城府:比喻待人处事的心机。形容为人坦率真诚,不用心机。【例句】他是个表里如一、～的人。【近义】襟怀坦白【反义】心怀叵测

胸无点墨　xiōng wú diǎn mò

【释义】胸中一点墨水也没有。比喻没有学问。也作"腹无点墨"。【例句】仅从外表,谁会看得出他是个～的人?【近义】目不识丁【反义】满腹经纶

胸有成略　xiōng yǒu chéng lüè

见"胸有成竹"。

胸有成竹　xiōng yǒu chéng zhú

【释义】在画竹子之前心里已经有了一幅竹子的形象。比喻做事之前已有了通盘考虑。也作"胸有成略""成竹在胸"。【例句】只有刻苦学习,扎扎实实地掌握了基础知识,面对考试才能～。【近义】胸有丘壑　心中有数【反义】心中无数

胸有丘壑　xiōng yǒu qiū hè

【释义】壑:山谷。原指绘画、作文下笔之前已经对所描绘的事物有完整的把握。后指做事之前心里已有全盘考虑和安排。也比喻见多识广,有主见。【例句】她做事一向～,我们都放心把工作交给她去做。/他是一个～、深藏不露的政治家。【近义】胸有成竹

雄才大略　xióng cái dà lüè

【释义】略:谋略。杰出的才能,远大的谋略。也指具有非凡才能的人。【例句】他这个人有～,但是疑心太重,这一点对他事业的发展造成了不利的影响。【近义】大智大勇【反义】庸懦无能

雄心未死　xióng xīn wèi sǐ

【释义】比喻人的壮志并没有因为失败而消沉。【例句】那时，许多共产党员因被叛徒出卖而落入敌人手中，但他们～，在狱中仍然坚持工作和学习。【反义】万念俱灰

雄心壮志　xióng xīn zhuàng zhì

【释义】宏伟的志向，远大的抱负。【例句】他这人从来没有什么～，也不想出人头地，只想老老实实地赚几个辛苦钱，把四个孩子拉扯大。【近义】豪情壮志【反义】胸无大志

雄姿英发　xióng zī yīng fā

【释义】威武雄壮的姿态，神采焕发。【例句】那时，他二十二岁，风华正茂，～。【近义】英姿飒爽

熊心豹胆　xióng xīn bào dǎn

【释义】形容胆子非常大。【例句】他吃了～啦，难道不知道高司令的厉害！【近义】胆大如斗【反义】胆小如鼠

休戚相关　xiū qī xiāng guān

【释义】休：喜悦。戚：忧愁，悲伤。彼此间欢乐和忧愁、幸福和灾祸相互关联。形容关系非常密切。【例句】妈妈所担负的家务，都是每日必需、与每个家庭成员的生活都～的。【近义】休戚与共　患难与共【反义】风马牛不相及

休戚与共　xiū qī yǔ gòng

【释义】休：喜悦。戚：忧愁，悲伤。彼此一起承受忧喜祸福。形容彼此关系密切，同甘共苦。【例句】我们一定会相濡以沫、～地共度美好的人生。【近义】患难与共　休戚相关

休养生息　xiū yǎng shēng xī

【释义】生息：人口繁殖。指国家经历了大的动荡或变革之后，减轻人民负担，安定群众生活，使经济得到恢复和发展。【例句】这是多少战士牺牲了宝贵的生命，才赢得的胜利，换来了一个～的时间。【近义】养精蓄锐　与民休息【反义】劳民伤财　穷兵黩武

修旧起废　xiū jiù qǐ fèi

【释义】恢复、兴办旧有的或废弃了的事业。指把废旧的东西重新修好。【例句】小张为了给公司节省资金，常常～。

修饰边幅　xiū shì biān fú

【释义】修饰：整理打扮。边幅：布帛的边缘。非常注意仪容和衣着。也比喻关注无关大局的小事。【例句】他这人，不～，在几次公开场合都以一件极其普通的衬衣示人。【反义】不修边幅

修文偃武　xiū wén yǎn wǔ

见"偃武修文"。

修心养性　xiū xīn yǎng xìng

【释义】修养心性，使思想品德完美。【例句】那里环境清幽，正是他～的好地方。

修学务早　xiū xué wù zǎo

【释义】修学：研习学业。学习知识应该趁年纪小的时候进行。【例句】～，孩子们不要虚度了大好时光。

羞羞答答　xiū xiū dā dā

【释义】答答：害羞的样子。形容非常害羞，不好意思。【例句】团泊洼的秋天啊，犹如少女一般～。【反义】落落大方

朽木不雕　xiǔ mù bù diāo

【释义】腐朽的木头不堪雕琢。比喻人不可挽救或局面无法挽回。【例句】众人劝说仍于事无补，看来他确实已经是～。【近义】枯株朽木【反义】孺子可教

朽木粪墙　xiǔ mù fèn qiáng

【释义】腐朽的木头，脏土烂泥筑的墙壁。比喻不可挽救的人或不可收拾的局面。【例句】在我的众多学生中，总会有～，我实在无能为力。【近义】朽木之材【反义】可造之材

秀外慧中　xiù wài huì zhōng

【释义】慧：聪慧，聪明。外貌秀美，内心聪明。【例句】她是个～的女人，在单位，很受大家尊敬。【近义】绰约多姿【反义】绣花枕头　提示　多用于形容女性。

袖手旁观　xiù shǒu páng guān

【释义】把手插在袖子里在旁边观看。比喻置身事外，不过问，不参与。也作"束手旁观"。【例句】眼看同事小王和小李打得不可开交，他却选择～。【近义】作壁上观　坐观成败【反义】挺身而出

虚怀若谷　xū huái ruò gǔ

【释义】谷：山谷。使胸怀像山谷一样深而宽广。形容非常谦虚，能接纳不同的意见。【例句】我们交朋友一定要以诚相待，～，互相信任尊重，关心支持。【近义】从善如流【反义】夜郎自大

虚情假意　xū qíng jiǎ yì

【释义】虚假的情意。形容虚伪做作，对人没有诚意。【例句】他这个人，不会～，总是有什么就说什么。【近义】假仁假义【反义】真心实意　诚心诚意

虚位以待　xū wèi yǐ dài

【释义】虚：空着。位：职位。指空着位子等候。表示期待贤才。【例句】像他这样的能人我们是～，希望来得越多越好。

虚无缥缈　xū wú piāo miǎo

【释义】缥缈：隐隐约约，若有若无。形容物虚幻渺茫，难以捉摸。也比喻毫无根据或不现实的东西。【例句】昨天，大约4万名游客云游泰山，在～中品得一份亦人亦仙的韵味。/现在有一些年轻人就喜欢夸夸其谈地讲一些～的东西。【近义】扑朔迷离【反义】确凿不移

虚应故事　xū yìng gù shì

【释义】应：应付。故事：先例。依照先例敷衍应付。形容办事不认真，敷衍了事。【例句】在刚刚的会议上，我能看出，他不是～，确实是在认真地听。【近义】敷衍了事【反义】一丝不苟

虚有其表　xū yǒu qí biǎo

【释义】空有好看的外表，而实际并非如此。也作"空有其表"。【例句】现在许多化妆品～，包装过于繁杂，有的包装价格已远远超过化妆品内在的价格。【近义】有名无实【反义】名副其实

虚与委蛇　xū yǔ wēi yí

【释义】委蛇：顺从的样子。指虚情假意，敷衍应酬。【例句】他失望地离开了工厂，因为他听出厂长的话说得不那么由衷，不过是在～地随口附和罢了。【近义】敷衍了事【反义】真心实意　提示　"委"不读 wěi；"蛇"不读 shé。

虚张声势　xū zhāng shēng shì

【释义】故意造出很大的声势，迷惑对方。【例句】这次他绝不是在～，我们必须有所防范。【近义】装腔作势【反义】不动声色

嘘寒问暖　xū hán wèn nuǎn

见"问寒问暖"。

栩栩如生　xǔ xǔ rú shēng

【释义】栩栩：生动活泼的样子。形容非常生动逼真，像活的一样。【例句】这幅绢画虽然已成残片，但仍可见画中

的马精气十足，～。【近义】宛然如生
【反义】泥塑木雕

旭日东升　xù rì dōng shēng

【释义】初升的太阳从东方升起来。比喻朝气勃勃，充满青春的活力。【例句】在我们公司里，每天都是～，到处都有崭新的机会，可以编织各种梦想。【近义】朝气蓬勃【反义】日薄西山　夕阳西下

恤孤念寡　xù gū niàn guǎ

【释义】恤、念：哀悯，怜惜。怜惜贫穷孤寡的人。【例句】张老先生一辈子～，积德行善，是我们大家都非常尊敬的一位老人。【近义】惜老怜贫

絮絮叨叨　xù xù dāo dāo

【释义】形容人说话反反复复，絮叨不休。【例句】就这一件小事，她～地说了三个小时。【近义】喋喋不休【反义】要言不烦

轩昂自若　xuān áng zì ruò

【释义】轩昂：形容气度不凡。形容人的气度不凡，神态如常。【例句】在这次会面中，他的那份～，征服了所有人。【近义】气度非凡

轩然大波　xuān rán dà bō

【释义】轩然：高高涌起的样子。高高涌起的波涛。比喻强烈的反响。【例句】你等着吧，这个会一结束，在全公司又得引起一场～。【近义】惊涛骇浪【反义】风平浪静

轩轩甚得　xuān xuān shèn dé

【释义】轩轩：意气高昂的样子。形容意气高昂、洋洋自得。【例句】当评委会宣布他获得本届电影节最佳男演员奖时，他不禁～地向同伴们挥手致意。

揎拳裸袖　xuān quán luǒ xiù

【释义】揎：卷起（衣袖）。裸：露出。卷起袖子，伸出拳头。形容怒气冲冲，准备打人的样子。【例句】街口上围了一大群人，只见一个黑脸汉子站在中间，～，大声叫骂。【反义】心平气和

喧宾夺主　xuān bīn duó zhǔ

【释义】喧：喧闹。客人的喧闹声压过了主人的声音。比喻客人占了主人的位置或外来的、次要的事物压倒了原有的、主要的事物。【例句】小学就应抓最基础的东西，门类太多反而容易～。【近义】反客为主【反义】强宾不压主

【提示】"喧"不能写成"宣"。

玄圃积玉　xuán pǔ jī yù

【释义】玄圃：传说昆仑山顶神仙住的地方。玄圃园中积存的美玉。比喻文章荟萃精华，字字珠玑。【例句】这样漂亮的文章，真是～，世间稀有！【近义】绣虎雕龙【反义】佶屈聱牙

玄之又玄　xuán zhī yòu xuán

【释义】玄：深奥。道家形容"道"的微妙深奥。后形容事理非常玄妙，难以理解。【例句】谈到气功，这真使很多人都感到～。【近义】不可思议【反义】不言而喻

悬灯结彩　xuán dēng jié cǎi

见"张灯结彩"。

悬而未决　xuán ér wèi jué

【释义】悬：搁置。决：解决。指问题被搁置起来，一直没有解决。【例句】至今，我们还有三个问题～。

悬河泻水　xuán hé xiè shuǐ

【释义】悬河：瀑布。像瀑布一样倾泻而下。形容说话滔滔不绝或思路通畅无碍。【例句】这位神采奕奕的老人为大家讲历史，如～，注而不竭。【近义】滔滔不绝【反义】缄口无言

悬梁刺股 xuán liáng cì gǔ

【释义】股:大腿。把头发束起来吊在屋梁上,用锥子刺大腿。形容发愤学习。也作"刺股悬梁"。【例句】看着他～的劲头,妈妈欣慰地笑了。【近义】囊萤积雪 凿壁偷光【反义】无心向学

悬崖勒马 xuán yá lè mǎ

【释义】在悬崖边上勒住马停止前进。比喻到了极危险的边缘及时醒悟回头。【例句】如果你再不～,就会有大麻烦了。【近义】迷途知返【反义】执迷不悟

悬崖峭壁 xuán yá qiào bì

【释义】陡峭险峻的山崖。形容山势险峻。【例句】黄山松超凡脱俗的风姿就是得益于把根深深地扎在～上。【近义】崇山峻岭

悬羊头卖狗肉 xuán yáng tóu mài gǒu ròu

见"挂羊头卖狗肉"。

选贤任能 xuǎn xián rèn néng

【释义】选取并任用贤能的人。【例句】在知识经济时代,需要大批专家参与管理,～的任务就显得十分重要。【近义】任人唯贤【反义】任人唯亲

炟赫一时 xuǎn hè yī shí

【释义】炟:盛大,昭著。在一个时期内名声或势力很大。【例句】他既是一位著名的书法家,也是一位～的政治家。【近义】名噪一时【反义】名垂青史
提示 "炟"不能 写成"恒"。

炫异争奇 xuàn yì zhēng qí

【释义】炫:夸耀。争相夸耀,看谁更奇异。【例句】展览会上,上千种展品～,令人流连忘返。【近义】争奇斗异

炫玉自售 xuàn yù zì shòu

【释义】炫:夸耀。夸耀自己的玉器让别

人来买。比喻自我夸耀来求得别人的赏识。【例句】她这个人,一向喜欢～,却一直没有人买她的账。【近义】毛遂自荐【反义】深藏不露 不露锋芒

绚丽多彩 xuàn lì duō cǎi

【释义】绚:灿烂。灿烂美丽,颜色繁多。【例句】在社会主义现代化建设的伟大的实践中,我们一定会创造出更加～的有中国特色的社会主义的文化,对人类文明作出应有的贡献。【近义】五彩缤纷【反义】黯然失色

削足适履 xuē zú shì lǚ

【释义】足:脚。适:使……适合。履:鞋。脚大鞋小,把脚削小,以适合鞋子的尺码。比喻不顾具体情况生搬硬套。【例句】完全照抄照搬西方时髦的理论术语去分析中国的文学作品,这无异于～。【近义】生搬硬套 截趾适履 杀头便冠【反义】量体裁衣

学而不厌 xué ér bù yàn

【释义】厌:满足。学习永不满足。【例句】张教授活到老,学到老,他这种～的精神很值得我们学习。【近义】好学不倦【反义】无心向学

学而知之 xué ér zhī zhī

【释义】通过学习才懂得道理,具有知识。【例句】人的才能虽有天生的差异,但主要还是后天通过学习而获得的。没有生而知之,只有～。【反义】生而知之

学非所用 xué fēi suǒ yòng

【释义】所学的不是实际工作中用得着的。【例句】～,用非所学,都会造成人才的浪费。【反义】学以致用

学富才高 xué fù cái gāo

【释义】学识渊博,才能高强。【例句】在场的一位～的教授,一下就道出了此次实验的关键。【近义】博学多才【反

义】一无所知

学富五车　xué fù wǔ chē

【释义】富：多。五车：五车书。形容读书很多，学识广博。【例句】古人以～为饱学，可我涉猎的书籍却少得可怜。【近义】八斗之才【反义】目不识丁

学贯中西　xué guàn zhōng xī

【释义】贯：贯通。学问能贯通中国和西方的各种知识。形容学识渊博。【例句】曹汝霖、章宗祥都是～的人物，但结果却都做了卖国害民的事。【近义】学贯天人【反义】一无所知

学海无边　xué hǎi wú biān

见"学海无涯"。

学海无涯　xué hǎi wú yá

【释义】涯：边际。学问的海洋是无边无际的。比喻学习知识永远也没有完结的时候。也作"学海无边"。【例句】看着年近七十岁的李教授每天还在翻看中外文献，我不禁感叹，真是～啊！【近义】学无止境

学究天人　xué jiū tiān rén

【释义】究：探究，推求。天人：天道与人事，自然与社会。有关自然和社会方面的学问都通晓。形容学识渊博。【例句】这位老教授～，受到全校师生的爱戴。【近义】学贯中西【反义】一无所知

学无止境　xué wú zhǐ jìng

【释义】止境：终点，尽头。指在学习知识上是没有终点的。【例句】～，我们要活到老学到老。【近义】学海无涯

学以致用　xué yǐ zhì yòng

【释义】用：运用，应用。学习知识是为了应用。【例句】我们要做到学习理论与研究现实问题相结合，～。【近义】学以实用【反义】学非所用

雪案萤窗　xuě àn yíng chuāng

【释义】案：小桌子。雪案：晋代孙康家贫无钱买烛，冬夜常利用雪地的反光照着读书。萤窗：晋代车胤家贫无钱买油，夏夜捉萤火虫装在口袋里照明读书。形容在艰苦环境中勤奋苦读。【例句】学习就要有～的精神，怕吃苦是绝对不行的。【近义】悬梁刺股

雪泥鸿爪　xuě ní hóng zhǎo

【释义】鸿：鸿雁。鸿雁在雪地上留下的脚印。比喻往事遗留下的痕迹。【例句】三十年后再回到这所老宅，童年的景象多半只有～可寻。【近义】蛛丝马迹

雪上加霜　xuě shàng jiā shuāng

【释义】比喻一再遭受灾难或困难。【例句】这个小女孩已经很可怜了，我们不能再～了。【近义】火上浇油【反义】锦上添花

雪兆丰年　xuě zhào fēng nián

见"瑞雪兆丰年"。

雪中送炭　xuě zhōng sòng tàn

【释义】下雪天送炭给人取暖。比喻在别人急需的时候给予帮助。【例句】对那些卧床不起的病人来说，这种上门服务简直是～！【近义】雨中送伞【反义】趁火打劫　落井下石　雪上加霜

血光之灾　xuè guāng zhī zāi

【释义】光：刀光。指杀身的灾祸。【例句】就因为这一句话，她险些惹来～。【近义】杀身之祸

血海深仇　xuè hǎi shēn chóu

【释义】血海：杀人流血成海。形容仇恨极大、极深。【例句】我们要把悲痛变成力量，我们要誓死报这～。【近义】深仇大恨【反义】恩同再造

血口喷人　xuè kǒu pēn rén

【释义】血口：含血的口。比喻用恶毒的语言诬陷别人。【例句】你根本就不知道事情的真相，请不要～。【近义】含血喷人【反义】口角春风

血流成河　xuè liú chéng hé

【释义】鲜血流成了河。形容死亡人数很多。【例句】两万多同胞死于侵略者的屠刀之下，昔日和平宁静的小城顿时～，幸存者不过几十人。【近义】血流漂杵【反义】兵不血刃

血盆大口　xuè pén dà kǒu

【释义】血盆：古代祭祀时盛血的盆子。血盆一样大的口。形容猛兽张开的嘴巴。也比喻剥削者、侵略者蚕食鲸吞的巨大胃口。【例句】狼张开～，要把鹰一口吞掉，雄鹰毫不示弱。

血气方刚　xuè qì fāng gāng

【释义】血气：元气，精力。刚：旺盛。形容年轻人精力旺盛。【例句】十年了，他已经由原来的～变得成熟稳健了。【近义】年轻气盛【反义】老态龙钟

血肉模糊　xuè ròu mó hú

【释义】血和肉全都分不清楚。形容死伤时的惨状。【例句】在倒塌的房檐下面，他们发现压着两个大人和一个婴儿，大人～早已身亡，婴儿则安全地躺在一个空隙里。【近义】血肉淋漓【反义】毫发不损

血肉相连　xuè ròu xiāng lián

【释义】像血与肉连在一起不能分离。比喻关系亲密，不可分离。【例句】解放军和人民～，是人民的子弟兵。【近义】唇齿相依【反义】不关痛痒

血雨腥风　xuè yǔ xīng fēng

见"腥风血雨"。

薰莸同器　xūn yóu tóng qì

【释义】薰：香草。莸：臭草。香草和臭草装在一个器物里。比喻善恶好坏混杂在一起。【例句】作为家长，我们绝不能让孩子在～的环境中成长。【近义】黑白不分【反义】薰莸异器

寻根究底　xún gēn jiū dǐ

【释义】寻求根由，探究底细。泛指弄清事物的来龙去脉。也作"穷根究底"。【例句】事情已经过去很久了，我们没有必要再～了。【近义】拔树寻根　刨根问底【反义】草草了事

寻行数墨　xún háng shǔ mò

【释义】一行行、一字字地诵读。指读书不顾全篇的主旨，而是拘泥于一字一句。【例句】看着进步飞快的同学们，只知道～的他非常苦恼。【近义】寻章摘句【反义】融会贯通　提示　"行"不读 xíng。

寻山问水　xún shān wèn shuǐ

【释义】指到处游山玩水。【例句】他们喜欢～，感受户外运动的痛快与惬意。【近义】登山临水　游山玩水

寻事生非　xún shì shēng fēi

【释义】找寻事来制造纠纷。【例句】每当看到有人～，我都感到很不解。【近义】惹是生非【反义】安分守己

寻死觅活　xún sǐ mì huó

【释义】闹着要死要活。形容因绝望而表现出的发狂或想自杀的行为。【例句】噩耗传来，母亲～，家人都非常担心。【近义】痛不欲生【反义】欢天喜地

寻章摘句　xún zhāng zhāi jù

【释义】指读书时只摘记一些漂亮词句，不深入研究。也指写作时只堆砌现成词句，缺乏创造性。【例句】妈妈批评

他读书时总是～。/仅靠～,是不可能写出好文章的。【近义】寻行数墨

提示 "寻"不能写成"循"。

寻踪觅迹 xún zōng mì jì

【释义】觅:寻找。寻找求人或事物的踪迹、下落。【例句】他不惜跋山涉水,～,终于找到了这个小生物的巢穴。【近义】寻根究底

循常习故 xún cháng xí gù

【释义】常:一定的规则。故:先例。遵守旧规,沿袭先例。形容因袭保守,不愿意变革创新。【例句】经我们调查发现,现在仍有些企业领导～,缺乏开拓精神。【近义】因循守旧　蹈常袭故

循规蹈矩 xún guī dǎo jǔ

【释义】循:遵循。规:法规。遵守规范、法则。指言论行为都合乎标准或礼法,从不轻举妄动。【例句】他是一个～的人。【近义】安分守己　绳趋尺步【反义】胡作非为　肆无忌惮

循名责实 xún míng zé shí

【释义】循:依照,根据。责:求。根据名称来考察实际内容,使名称和实际完全相符。【例句】我们评价一项工作要～,看是否取得了实际效果。【近义】名实相符　名副其实　名不虚传

循序渐进 xún xù jiàn jìn

【释义】循:遵循,遵守。遵循一定的步骤,逐步深入或提高。【例句】学习知识要～,不要想着能一步登天。【近义】按部就班【反义】一步登天

循循善诱 xún xún shàn yòu

【释义】循循:有次序的样子。诱:引导。善于一步步地引导、教育。【例句】真正能够～的老师,才是能够教育出优秀学生的好老师。【近义】谆谆教诲【反义】揠苗助长

训练有素 xùn liàn yǒu sù

【释义】素:平时。指平时有很好的训练,基本功扎实过硬。【例句】我相信,只要～,我们一定能够有所作为。

迅雷不及掩耳 xùn léi bù jí yǎn ěr

【释义】迅:迅急。迅急的雷声使人来不及捂住耳朵。比喻行动迅猛或变化突然,使人来不及防备。也作"疾雷不及掩耳"。【例句】我们对于这种～的手段都有些气愤。

徇情枉法 xùn qíng wǎng fǎ

【释义】徇:曲从。枉:歪曲。为了私利而做违法乱纪的事。【例句】我们一定要做到秉公执法,义不容辞;～,法纪不容。【近义】营私舞弊　贪赃枉法【反义】铁面无私

徇私舞弊 xùn sī wǔ bì

【释义】徇:依从。私:私情。舞弊:用欺骗的方式做违法乱纪的事。指为了私情弄虚作假,做违法乱纪的事。【例句】他在工程招标中～、收受贿赂,已被人告发。【近义】徇情枉法【反义】奉公守法

殉义忘身 xùn yì wàng shēn

【释义】殉:为了某种目的而献身。为追求正义而献出生命。【例句】～是革命党人的本色。【近义】舍生取义　杀身成仁【反义】贪生怕死

Y

压肩叠背　yā jiān dié bèi

【释义】肩并肩,背挨背。指人多拥挤。【例句】菊展期间,人们～,络绎不绝。【近义】挨肩擦膀

鸦雀无声　yā què wú shēng

【释义】连乌鸦和麻雀的鸣叫声都听不到。形容非常安静。【例句】听众席上～,同学们都在认真听老红军作报告。【近义】万籁俱寂【反义】人声鼎沸　人喊马嘶

牙白口清　yá bái kǒu qīng

【释义】形容把话说得清清楚楚。【例句】老教授思维清晰,～。

牙牙学语　yá yá xué yǔ

【释义】牙牙:婴儿学说话的声音。形容婴儿学着说话。【例句】我儿子刚～,他说的话很难听懂。

睚眦必报　yá zì bì bào

【释义】睚眦:发怒时瞪眼睛,借指小的怨恨。报:报复。连瞪过自己一眼那样的小怨恨也必须报复。【例句】他心胸狭窄,～。【近义】鼠肚鸡肠　斤斤计较【反义】宽宏大量　不念旧恶　宰相肚里好撑船

哑口无言　yǎ kǒu wú yán

【释义】像哑巴一样有口说不出话来。形容因气愤、惊愕或理屈词穷而语塞的样子。【例句】在铁的事实面前,他～,不得不认错。【近义】张口结舌　理屈词穷【反义】振振有词

哑然失笑　yǎ rán shī xiào

【释义】哑然:笑声。失笑:情不自禁地笑起来。忍不住笑出声来。【例句】看到李琳一本正经的样子,大家不禁～。【近义】忍俊不禁【反义】潸然泪下　泣不成声　提示　“哑”旧读 è。

雅俗共赏　yǎ sú gòng shǎng

【释义】雅俗:文雅和粗俗,指文化高的人和没有文化或文化低的人。不论文化水平高低,都能欣赏。【例句】立新的画～,很受大家欢迎。【反义】曲高和寡

揠苗助长　yà miáo zhù zhǎng

【释义】揠:拔。把禾苗拔起一点,以帮助它生长。比喻违反事物的发展规律,强求速成,反而把事情弄糟了。【例句】做事要遵循事物发展的客观规律,切不可～,弄巧成拙。【近义】急功近利　欲速不达　南辕北辙【反义】循序渐进　瓜熟蒂落　水到渠成　提示　“揠”不读 yàn。

烟波浩渺　yān bō hào miǎo

【释义】烟:雾气。浩渺:形容水面辽阔。雾气笼罩的水面极其辽阔。【例句】每当晨曦初露,西湖～,迷人极了。【近义】波涛汹涌　白浪连天【反义】风平浪静

烟雾尘天　yān wù chén tiān

【释义】尘:弥漫。烟雾弥漫,遮住了天空。指吵闹得厉害。【例句】正闹得

～，老师走进了教室，顿时鸦雀无声。【近义】乌烟瘴气

烟霞痼疾　yān xiá gù jí

【释义】烟霞：指山水景物。痼疾：积久不易医治的疾病。爱好山光水色、自然景物成为不可改变的癖好。【例句】欢欢的～众人皆知，祖国的大好河山她几乎走了个遍。【近义】烟霞成癖

烟消云散　yān xiāo yún sàn

【释义】烟：云雾。云雾完全消失了。形容事物消失得干干净净，不见踪迹。【例句】面对浩瀚的大海，小雯心中的郁闷早已～。【近义】云消雾散　火灭烟消【反义】风起云涌

烟熏火燎　yān xūn huǒ liáo

【释义】指浓烟的熏烤。【例句】连续半天的讲授，曾老师竟然没有喝一口水，我想他的喉咙一定～了。【近义】火烧火燎　提示　"熏"不能写成"燻"。

湮没无闻　yān mò wú wén

【释义】湮没：埋没。无闻：不为人所知。指名声被埋没，谁也不知道。【例句】为了不让无名烈士的事迹～，老王用了十年的心血写出了《大青山抗日烈士事略》一书。【近义】默默无闻　无声无息【反义】尽人皆知　名扬四海　闻名遐迩　提示　"湮"不能写成"淹"；"没"不读 méi。

嫣然一笑　yān rán yī xiào

【释义】嫣然：美好的样子。形容女子甜美的笑容。【例句】晓冬～，显得更加落落大方。【近义】莞尔一笑

延颈企踵　yán jǐng qǐ zhǒng

【释义】延颈：伸长脖子。企踵：抬起脚跟。伸长脖子，抬起脚跟。形容焦急地盼望。【例句】老王～盼着分别多年的大哥早日归来。【近义】延颈鹤望

延年益寿　yán nián yì shòu

【释义】年：岁数。益：增加。指延长寿命。【例句】虫草一直被认为是～的保健品，但也要根据自己的身体情况选择服用。

严惩不贷　yán chéng bù dài

【释义】惩：处罚。贷：宽恕。严厉处罚，决不宽恕。【例句】对于那些怙恶不悛、作恶多端的罪犯，一定要～。【近义】绳之以法【反义】姑息养奸　从宽发落　提示　"贷"不能写成"货"。

严师益友　yán shī yì yǒu

【释义】指严于管教的老师，同时又是于己有良好影响的朋友。【例句】张老师治学严谨，对学生既严格又宽厚，真是我们的～。【近义】良师益友

严刑峻法　yán xíng jùn fǎ

【释义】严刑：严厉的刑法。峻：严厉。执行法律严厉，刑罚判得很重。【例句】对贩卖毒品的犯罪分子，必须施行～。【反义】网开三面

严于律己　yán yú lǜ jǐ

【释义】律：约束。对自己的约束很严格。【例句】每个党员都要发扬～，宽以待人的优良传统。【反义】宽以待人

严阵以待　yán zhèn yǐ dài

【释义】摆好严正的阵势，等待来犯的敌人。指做好了战斗的准备。【例句】面对敌人的挑衅，我边防军早已～。【近义】枕戈待旦【反义】望风而逃

言必信，行必果　yán bì xìn, xíng bì guǒ

【释义】信：守信用。果：果断。说话一定要守信用，做事一定要果断。【例句】公司领导干部要取得群众的信任，必须做到～。【近义】言而有信【反义】背信弃义

言必有据 yán bì yǒu jù

【释义】言:说话,说的话。据:依据,根据。说话或言论必定有所依据。【例句】我们说话必须～,千万别道听途说。【近义】有凭有据【反义】捕风捉影

言不顾行 yán bù gù xíng

【释义】顾:照应。说话与行动不相符。【例句】从这件事就可以看出,老王这个人是怎样的～。【反义】言行一致

言不及私 yán bù jí sī

【释义】及:涉及。私:私事。说话不涉及个人私事。指一心为公,完全不考虑个人利益。【例句】王总做事公道,～。【近义】大公无私【反义】自私自利

言不及义 yán bù jí yì

【释义】及:涉及。义:正经的道理。说话不正经,很无聊。有时也作谦辞。【例句】隔壁王大娘说话常常～,你别听她的。【近义】言不尽意【反义】一语破的

言不尽意 yán bù jìn yì

【释义】说的话未能表达出全部意思,表示意犹未尽。多用于书信结尾。【例句】他虽讲了好半天,还觉得～,很想继续讲下去。【反义】淋漓尽致

言不由衷 yán bù yóu zhōng

【释义】衷:内心。说的话不是从内心发出来的。指迫于某种压力不得不说一些自己不愿说的话。【例句】这些话～,没几个人会相信的。【近义】口是心非【反义】言为心声

言出法随 yán chū fǎ suí

【释义】言:指法令或命令。法:法律。随:跟随。指法令宣布之后立即按照执行。【例句】有谁破坏社会治安,一律～,决不徇私。【近义】秉公执法【反义】徇私舞弊

言传身教 yán chuán shēn jiào

【释义】一面口头上传授,一面以身作则。指言语行为起模范作用。【例句】妈妈的～,我一辈子难忘。【近义】以身作则

言多必失 yán duō bì shī

【释义】言:说话。失:失误。话说多了就难免出错。【例句】爷爷经常告诉我们:处世戒多言,～。【近义】祸从口出【反义】沉默是金

言而无信 yán ér wú xìn

【释义】信:讲信用。说话不讲信用。【例句】咱们一言为定,你不要～呀。【近义】自食其言【反义】言而有信

言而有信 yán ér yǒu xìn

【释义】信:讲信用。说话算数,守信用。【例句】老领导最喜欢～的人。【近义】言出必行【反义】言而无信

言归于好 yán guī yú hǎo

【释义】言:句首语气词。彼此重新和好。【例句】兄妹俩虽有点争执,但毕竟手足情深,最终还是～了。【近义】握手言欢 重修盟好

言归正传 yán guī zhèng zhuàn

【释义】归:回到。正传:指正题。说话或写文章回到正题上来。评书和旧小说中常用的套语。【例句】同学们,～,现在开始讨论今天的主题。【反义】离题万里 提示 "传"不读 chuán。

言过其实 yán guò qí shí

【释义】实:实际。说话过分,不符合实际。【例句】他夸夸其谈,～,你们不要轻信。【近义】夸大其词【反义】恰如其分

言简意赅 yán jiǎn yì gāi

【释义】赅:完备。言语简明,意思完备。

形容说话写文章简明扼要。【例句】写文章不能拖泥带水，要～。【近义】简明扼要【反义】长篇大论　提示　"赅"不能写成"该"，也不读 hāi。

Y

言简意少　yán jiǎn yì shǎo
【释义】简：简练。语言简练，内容贫乏。【例句】同学们要搞清楚作文中的详略得当，并不是～。【反义】言简意赅

言近旨远　yán jìn zhǐ yuǎn
【释义】旨：题旨，所要表达的意思。言语虽然浅显通俗，含意却很深远。【例句】写文章当然要～，万不可堆砌一些谁也不懂的生词难字。【近义】微言大义【反义】言不及义

言人人殊　yán rén rén shū
【释义】殊：不同。各人所说的都不一样。指对同一事情各有各的说法。【例句】情况本来就复杂，各人看问题的方法、角度又不一样，难免～。【近义】各执一词　各抒己见【反义】众口一词

言谈举止　yán tán jǔ zhǐ
【释义】言谈：说话，交谈。举止：姿态和风度，举动。指人的言论和行为。【例句】从他的～中可以看出他文化修养很高。【近义】音容笑貌

言听计从　yán tīng jì cóng
【释义】听：听从。从：顺从。说的话，出的主意，都听从照办。形容对某个人非常信任。【例句】你千万不要做～的傀儡，一定要有自己的主见。【近义】百依百顺【反义】独立自主

言外之意　yán wài zhī yì
【释义】话里暗含着的没有直接说出的意思。【例句】胡老师的话你没听懂，～是叫你别干那件事。【近义】弦外之音

言为心声　yán wéi xīn shēng
【释义】言：言语。言语是思想感情的表达。【例句】～，文如其人，语言是思想的直接反映，又是心灵的一面镜子。【反义】言不由衷

言无不尽　yán wú bù jìn
【释义】只要话一出，就没有不说完的。指敞开没有顾忌地说。【例句】大家应该向他们学习，知无不言，～，言者无罪，闻者足戒，有则改之，无则加勉。

言无二价　yán wú èr jià
【释义】原指卖商品时价格没有虚头，不讨价还价。后也泛指说出话来，不再改变。【例句】这家商店里的商品虽然～，但货真价实，信得过。/他的话一出，常常是～。【近义】说一不二

言行不符　yán xíng bù fú
【释义】符：吻合。说的和做的不同。也作"言行不一"。【例句】老李最爱说大话，～。【反义】言行一致　提示　"符"不能写成"服"。

言行不一　yán xíng bù yī
见"言行不符"。

言行相诡　yán xíng xiāng guǐ
【释义】诡：违反。言与行互相违背。【例句】做人不可～。【近义】言行不一【反义】言行一致

言行一致　yán xíng yī zhì
【释义】说的和做的相一致。【例句】我们都喜欢王师傅，他助人为乐，～。【反义】言行不符

言者无罪，闻者足戒　yán zhě wú zuì, wén zhě zú jiè
【释义】言者：说话的人。闻者：听话的人。足：足以，值得。戒：警惕。尽管说话的人说得不正确或不完全正确，也

是没有罪过的,听话的人仍然应该作为鉴戒,引起警惕。【例句】～,对群众的意见,我们应当虚心接受。　提示　"戒"不能写成"诫"。

言之成理　yán zhī chéng lǐ
【释义】话说得符合道理。【例句】你要想说服王平,必须～。【近义】持之有故　言必有中　顺理成章【反义】强词夺理　无理取闹

言之无物　yán zhī wú wù
【释义】指文章或言论空洞,没有内容。【例句】有的文章～,读来乏味。【反义】言之有物

言之有物　yán zhī yǒu wù
【释义】指文章或讲话实在。【例句】读了这篇文章让人愉悦,主要是～的缘故。【近义】持之有故【反义】言之无物

言之有序　yán zhī yǒu xù
【释义】说话和写文章很有条理。【例句】这篇科技论文论证充分,～。【近义】条分缕析【反义】颠三倒四

言之凿凿　yán zhī záo záo
【释义】凿凿:确凿,确实。讲得非常确实,不会产生疑问。【例句】小红～的样子让老李不得不相信这件事是真的。【近义】千真万确　毋庸置疑【反义】捕风捉影

炎黄子孙　yán huáng zǐ sūn
【释义】炎黄:炎帝神农氏和黄帝轩辕氏,是我国古代传说中的两个帝王,借指中华民族的祖先。指中华民族的后代。【例句】中华儿女都是～,我们应该一方有难八方支援才是。

沿波讨源　yán bō tǎo yuán
【释义】沿:顺着水道。讨:索取,探求。

循着水流,寻找源头。指探讨事物的根源。【例句】在学术研究上,文教授喜欢～,穷其根本。【近义】顺藤摸瓜　追本溯源

研几探赜　yán jī tàn zé
【释义】几:细微。赜:精微,深奥。研究探讨深奥隐微的义理。【例句】虽未能～,穷极幽隐,庶乎弘道设教可以无遗阙焉。【近义】研精阐微

研精阐微　yán jīng chǎn wēi
【释义】精、微:精妙、深微的义理。研究阐发精深微妙的义理。【例句】一二千年以来,亦竟无一人～,为斯民辟妙用,为天下广美利者,政权不足以鼓舞之也。【近义】研几探赜

颜筋柳骨　yán jīn liǔ gǔ
【释义】颜、柳:唐代著名书法家颜真卿和柳公权。颜字刚劲雄浑,柳字挺拔秀媚,世称"颜筋柳骨"。指书法艺术造诣精深,兼有颜、柳的风格。【例句】大家都夸李老师的字很有些～。

奄奄一息　yǎn yǎn yī xī
【释义】奄奄:气息微弱。息:气息。只剩下微弱的一口气。形容生命垂危。也比喻事物临近灭亡。【例句】王奶奶已经～,儿女已开始为她准备后事。/原来红极一时的肥皂厂现在已经负债累累,～了。【近义】气息奄奄【反义】生龙活虎　生气勃勃　朝气蓬勃

掩耳盗铃　yǎn ěr dào líng
【释义】掩:捂住。捂住耳朵去偷铃铛。比喻自己欺骗自己,明摆着掩盖不了的事硬要设法掩盖。【例句】无论我们在学习还是工作中,都应脚踏实地,～之举是要不得的。【近义】掩目捕雀　自欺欺人【反义】开诚布公

掩口而笑 yǎn kǒu ér xiào

【释义】掩:捂住。捂住嘴暗暗发笑。【例句】朋友们听说我写了部电影,无不～,不知我会弄出个什么四不像来。

掩目捕雀 yǎn mù bǔ què

【释义】掩:蒙住。蒙住眼睛捉麻雀。指自己欺骗自己。也指不研究客观情况盲目行事。【例句】作为学生,我们应该踏踏实实地学好文化知识,不能～。【近义】掩耳盗铃　自欺欺人

眼福不浅 yǎn fú bù qiǎn

【释义】指能眼见到许多珍奇事物的福气。【例句】他目睹了她那柔美的芭蕾舞姿,真是～。【近义】大饱眼福

眼高手低 yǎn gāo shǒu dī

【释义】自己要求的标准高,而实际工作的能力却很低。【例句】～的人,看别人做事好像很容易,一旦自己动手时,却又干不好。【近义】志大才疏

眼观六路 yǎn guān liù lù

【释义】眼睛看到各个方面。形容机智灵活,遇事能多方观察,全面了解。【例句】我们在处理日常事情时,应～,耳听八方,才不会上当受骗。【近义】耳听八方

眼花缭乱 yǎn huā liáo luàn

【释义】花:昏花。缭乱:纷乱。指纷繁的色彩或众多的事物,使人眼睛昏花,看不清楚。也指对复杂纷繁的景象认识不清。【例句】在丝绸服装展示会上,花色众多,我看得～。【近义】扑朔迷离　目迷五色【反义】一目了然

眼空四海 yǎn kōng sì hǎi

【释义】四海:指世界。对世界所有人都看不起。指骄傲自大。【例句】～,目中无人的人,是不会受到大家尊重的。

【近义】目空一切

眼明手快 yǎn míng shǒu kuài

【释义】眼力好,动作快捷,形容反应敏捷。【例句】王大爷～,一下把那个窃贼抓住了。【近义】手疾眼快【反义】笨手笨脚

眼张失落 yǎn zhāng shī luò

【释义】失落:失措,不知道怎么办。瞪着眼睛,不知道怎么办。形容神色慌张的样子。【例句】李生走进来,～地看了个遍。【近义】惊慌失措　惶恐不安【反义】泰然处之　泰然自若

偃旗息鼓 yǎn qí xī gǔ

【释义】偃:放倒。息:停止。放倒军旗,停击战鼓。指秘密行军,不暴露目标。现多指停止战斗或停止批评、攻击等。【例句】公司的计划失败了,只得～,不再大肆宣传了。【近义】鸣金收兵【反义】重振旗鼓　大张旗鼓

偃武修文 yǎn wǔ xiū wén

【释义】偃:停止。修:倡导,提倡。停止武备,提倡文教。也作"修文偃武"。【例句】周武王征服商朝以后,～,归马于华山之阳,放牛于桃林之野,一派和平景象。【近义】投戈讲艺【反义】弃文就武　整军经武

宴安鸩毒 yàn ān zhèn dú

【释义】宴安:逸乐,安逸。鸩毒:毒酒。鸩:传说中有剧毒的鸟,用它的羽毛泡制的酒能毒死人。指贪图安逸就等于服毒自杀。【例句】古人云:～。她贪图享受,逐渐腐化堕落,成为贪污分子,也就不奇怪了。 提示 "鸩"不读 jiū。

雁过拔毛 yàn guò bá máo

【释义】大雁飞过也要把它的毛拔下来。

比喻贪婪,不放过一切机会捞取好处。【例句】葛朗台是个～的吝啬鬼。【近义】贪得无厌　唯利是图【反义】廉洁奉公　两袖清风

雁过留声　yàn guò liú shēng

【释义】大雁飞过留下鸣叫声。指人离开或死后给大家留下好名声。【例句】～,人要有志气,不能浑浑噩噩过一生。

燕巢危幕　yàn cháo wēi mù

【释义】危:危险。幕:帐幕。燕子在帐幕上筑窝。比喻处于非常危险的境地。【例句】我们现在的处境是～,随时都有被敌人发现的危险。【近义】鱼游釜中　燕雀处堂

燕尔新婚　yàn ěr xīn hūn

见"新婚燕尔"。

燕侣莺俦　yàn lǚ yīng chóu

【释义】侣、俦:伴侣。像燕子相亲相伴,像黄莺比翼双飞。形容男女相爱。【例句】我们都相信,他俩～,必将幸福。　提示　"俦"不读 shòu。

燕雀处堂　yàn què chǔ táng

【释义】处:居住。堂:厅堂。燕子和麻雀在厅堂上筑窝,自认为很安全。比喻处境危险,自己却不知道。【例句】～,不知祸之将至。【近义】燕巢危幕　鱼游釜中

燕语莺啼　yàn yǔ yīng tí

【释义】燕子呢喃,黄莺啼鸣。形容春天的美好景象。指妙龄少女甜美的声音。【例句】春天来了杜鹃花、迎春花漫山遍野,～。/她在舞台上的～,赢得了观众的掌声。【近义】莺歌燕舞

泱泱大国　yāng yāng dà guó

【释义】泱泱:气魄宏大的样子。指气势宏大、幅员辽阔的国家。【例句】台湾是中华人民共和国这个～不可分割的部分。　提示　"泱"不能写成"央"。

殃及池鱼　yāng jí chí yú

【释义】指无故受祸害或损失。【例句】村里的礼炮厂突发大火,隔壁的仓库被毁,真是城门失火,～。【近义】祸及无辜

扬长避短　yáng cháng bì duǎn

【释义】扬:发扬。避:回避。发挥自己的优势,回避自己的不足。【例句】我们对待一切工作都要从实际出发,～,讲求实效。【近义】取长补短

扬长而去　yáng cháng ér qù

【释义】扬长:大模大样。去:离开。大模大样地离开。【例句】他不顾别人的感受,竟然～。

扬眉吐气　yáng méi tǔ qì

【释义】扬起眉头,吐出积郁在心中的怨气。形容因压抑的心情得到舒展后快意舒畅的样子。【例句】只有祖国强大、繁荣和兴旺,炎黄子孙才能在世界上～。【近义】展眼舒眉【反义】垂头丧气

扬名显亲　yáng míng xiǎn qīn

【释义】扬:远扬。显:显耀,荣耀。使自己名声远扬,为父母增光。也作"显亲扬名"。【例句】封建社会许多人为了求取功名、～而读书。【近义】光宗耀祖【反义】辱门败户

扬清激浊　yáng qīng jī zhuó

【释义】激:冲击,抨击。浊:混浊。比喻不好的。冲去污水,让清水畅流。比喻发扬好的,抨击、去除不好的。【例句】这是一部～的力作,值得一读。　提示　"浊"不读 chuó。

扬汤止沸 yáng tāng zhǐ fèi

【释义】汤:开水。把沸水舀起来又倒回去,用这种方法使水暂时不沸腾。比喻采取临时措施救急。也比喻办法不当,解决不了根本上的问题。【例句】有人认为上调水价解决水荒是～。/对这件事情的解决,他采取～的办法是不可取的。【近义】抱薪救火 纵风止燎【反义】抽薪止沸 釜底抽薪 提示 "沸"不读 fú。

羊肠小道 yáng cháng xiǎo dào

【释义】原指太行山上一条极小的道路。后指狭窄曲折的山路。【例句】荒山上都是些～,人都很难走过去,更何况汽车。【反义】阳关大道 康庄大道 提示 多指山路。

羊狠狼贪 yáng hěn láng tān

【释义】狠:不顺从,违逆。像公羊一样违逆,像豺狼一样贪婪。形容人凶狠贪婪。【例句】在这个小国里,各方政客～,国家政权处于风雨飘摇之中。【近义】穷凶极恶【反义】和蔼可亲

羊质虎皮 yáng zhì hǔ pí

【释义】质:本性。披上虎皮的羊,其本性仍旧怯懦。比喻外强中干,虚有其表。【例句】不要被他凶恶的样子吓到,他只是～而已。【近义】外强中干 色厉内荏

阳春白雪 yáng chūn bái xuě

【释义】《阳春》和《白雪》是战国时期流行于楚国的两首艺术性高,难度大的歌曲。后泛指高深的、不通俗的文学艺术,常与"下里巴人"对举。【例句】这种～的艺术形式她可无法欣赏。【近义】曲高和寡【反义】下里巴人

阳奉阴违 yáng fèng yīn wéi

【释义】阳:表面。奉:尊重。阴:背地里。表面上遵从,暗地里违抗。【例句】

老王这人一贯～,我才不信他的话呢。【近义】表里不一 口是心非 两面三刀 心口不一【反义】表里如一 心口如一

阳关大道 yáng guān dà dào

【释义】阳关:古代关名,在今甘肃敦煌西南。通过阳关到西域的大道。泛指通行便利的交通大道。比喻有光明前途的道路。【例句】中华民族推翻了旧政权,使亿万人民走上了社会主义的～。【近义】康庄大道【反义】羊肠小道

洋为中用 yáng wéi zhōng yòng

【释义】洋:指外国。中:中国。吸收、借鉴外国好的东西,为中国所用。【例句】改革开放以来,我们～,促进了多项事业的发展。

洋洋大观 yáng yáng dà guān

【释义】洋洋:众多,丰盛。大观:美好繁多的景象。形容事物种类多,丰富多彩。【例句】故宫博物院收藏的诗词字画、陶物瓷器,真是应有尽有、～。【近义】蔚为大观【反义】微不足道

洋洋得意 yáng yáng dé yì

【释义】洋洋:得意的样子。形容意气十足,十分得意的样子。也作"得意洋洋""得意扬扬"。【例句】看她那～的样子!我就知道她的英语考了第一名。【近义】洋洋自得 沾沾自喜 自鸣得意【反义】垂头丧气

洋洋洒洒 yáng yáng sǎ sǎ

【释义】洋洋:丰富。洒洒:文辞众多的样子。形容文章或谈话篇幅很大,顺畅自如,接连不断。【例句】他～写了几万言歌颂党的文章。【近义】鸿篇巨制【反义】言简意赅

洋洋自得 yáng yáng zì dé

【释义】洋洋:得意的样子。自得:自满得意。形容十分得意的样子。【例句】

老汪只要一谈起他的儿子，便有些～，一时半会儿收不住话头。【近义】洋洋得意

仰取俯拾　yǎng qǔ fǔ shí
【释义】一抬头、一俯身之间都注意拾取。比喻随时随地都注意积聚财富。【例句】他非常会理财，～。

仰人鼻息　yǎng rén bí xī
【释义】仰：依靠。鼻息：呼吸。比喻依赖于人，看别人的脸色行事。【例句】他因为父母去世而寄住舅舅家，虽然受到很好的照顾，却仍有～的感觉，所以急着想独立生活。【近义】寄人篱下【反义】自立门户

仰首伸眉　yǎng shǒu shēn méi
【释义】仰起头，舒展眉毛。形容意气昂扬的样子。【例句】推翻了三座大山，中国人民终于～了。 提示 "伸"不能写成"申"。

仰天大笑　yǎng tiān dà xiào
【释义】头朝着天放声大笑。形容人无比激动时的表情。【例句】球队取胜，球迷们～。

养兵千日，用兵一时　yǎng bīng qiān rì, yòng bīng yī shí
【释义】养兵：指供养和训练士兵。用兵：使用军队打仗。长期供养、训练军队，以备关键时刻用兵打仗。也指长期的准备为的是一时的需要。【例句】兵可千日而不用，不可一日而不备，说的就是～的道理。【近义】有备无患【反义】临时抱佛脚

养儿防老　yǎng ér fáng lǎo
【释义】养育儿子是为了年老时有依靠。【例句】养老保险制度的逐步推广，使不少人不再固守"～""多子多福"等传统观念。【近义】有备无患

养虎遗患　yǎng hǔ yí huàn
【释义】遗：留下。患：灾祸。豢养老虎，留下祸患。比喻纵容恶人，给自己留下祸患。【例句】你将重任委以那样的小人，一定会～，后悔莫及。【近义】养痈遗患　养虺成蛇【反义】斩草除根

养虺成蛇　yǎng huǐ chéng shé
【释义】虺：小蛇。等小蛇长大了就难以对付了。比喻纵容敌人的势力不断壮大，给自己留下无穷的祸患。【例句】现在不解决好这件事，只怕会～，招来后患。【近义】养痈遗患　养虎遗患【反义】斩草除根

养家糊口　yǎng jiā hú kǒu
见"养家活口"。

养家活口　yǎng jiā huó kǒu
【释义】养活一家老小。也作"养家糊口"。【例句】他离开家乡到深圳打工赚钱是为了～。

养精蓄锐　yǎng jīng xù ruì
【释义】蓄：蓄积。锐：锐气。养足精神，积蓄锐气。【例句】明天举行拔河比赛，为了～他早早地上床睡了。【近义】养锐蓄威

养老送终　yǎng lǎo sòng zhōng
【释义】养：赡养。终：去世。子女对父母生前的奉养和死后料理丧事。【例句】～是子女对父母应尽的孝道，绝无推卸之理。

养痈遗患　yǎng yōng yí huàn
【释义】痈：一种毒疮。长了毒疮不去医治，结果给自己留下祸患。比喻姑息坏人坏事，结果自受其害。【例句】为了避免～，他决定向警方举报贩毒的朋友。【近义】养虎遗患　养虺成蛇【反义】斩尽杀绝　斩草除根

养痈长疽 yǎng yōng zhǎng jū

【释义】痈、疽：毒疮。长：养。让痈、疽长成。比喻姑息坏人坏事，任其发展。【例句】～，自生祸殃。

养尊处优 yǎng zūn chǔ yōu

【释义】尊：尊贵。处于尊贵的地位，过着优裕的生活。【例句】那些富有人家的小孩，平日～，真担心他们长大后如何自立。【近义】娇生惯养　安富尊荣【反义】含辛茹苦 提示 多含贬义。

快快不乐 yàng yàng bù lè

【释义】快快：不满意或不高兴的神情。形容不满意，不高兴的样子。【例句】自从好朋友灵灵转学走了，肖华在学校里总是～，打不起精神来。【近义】闷闷不乐　郁郁寡欢【反义】兴高采烈　欢天喜地

夭矫不群 yāo jiǎo bù qún

【释义】样子长得英伟，与众不同。【例句】小明长得～，风度翩翩。【近义】卓尔不群

妖里妖气 yāo lǐ yāo qì

【释义】指装束奇特，作风不正派。【例句】老王的女儿穿着奇装异服，化浓妆，～，不务正业。 提示 含贬义。多指女性。

妖魔鬼怪 yāo mó guǐ guài

【释义】传说中的妖精和魔鬼。比喻各种坏人和恶势力。【例句】对一切～，都不能心慈手软，务必铲除干净。【近义】魑魅魍魉　牛鬼蛇神

妖言惑众 yāo yán huò zhòng

【释义】妖言：没有根据的邪说。惑：迷惑。用没有根据的邪说来迷惑众人。【例句】有些人大搞迷信活动，～，大家要提高警惕。【近义】造谣惑众【反义】发榜安民

腰缠万贯 yāo chán wàn guàn

【释义】贯：旧时用绳索穿铜钱，每一千个为一贯。随身携带万贯钱。形容人极富有。【例句】～的人，他的生活不一定就幸福。【近义】家赀巨万【反义】一贫如洗　身无分文　一钱不名

邀功求赏 yāo gōng qiú shǎng

【释义】邀：请求。请求为自己记功和奖赏，多指把别人的功劳抢来当作自己的。【例句】他做任何事是出于社会责任感，从来不～。

尧舜千钟 yáo shùn qiān zhōng

【释义】尧、舜：古代传说中的圣明帝王。钟：古代酒器。像尧、舜那样一次能饮许多钟酒。比喻人的酒量大。【例句】昔有遗谚：～，孔子百觚。

尧天舜日 yáo tiān shùn rì

【释义】尧、舜：传说中上古的两位贤明君主。原用来颂扬帝王的大德。现比喻太平盛世。【例句】到唐玄宗后期，大唐～的清平盛世便已远去了。

姚黄魏紫 yáo huáng wèi zǐ

【释义】姚黄：一种黄花牡丹，出于姚氏。魏紫：一种紫红花牡丹，出于魏氏。原指古代洛阳的两种名贵牡丹花品种，现作为牡丹花佳品的通称。【例句】春天，洛阳街头巷尾的花园里～争奇斗艳，美不胜收。

谣言惑众 yáo yán huò zhòng

【释义】用不正确的传闻来迷惑群众。【例句】法庭以～、蛊惑民心、扰乱社会治安等罪名，对张辉量刑论处。

谣诼纷纭 yáo zhuó fēn yún

【释义】诼：毁谤。指含有中伤性的谣言极其众多。【例句】最近关于总经理的私生活问题，一时～，总经理却很冷静，对这些谣言采取置之不理的态度。

【近义】流言蜚语

摇唇鼓舌　yáo chún gǔ shé
【释义】鼓舌：嚼舌头，指诡辩。摇动嘴唇，鼓动舌头。形容卖弄口才进行煽动或游说。**【例句】**我正在这里教授进兵的方略，你竟然～，蛊惑军心！**【近义】**巧舌如簧**【反义】**哑口无言　提示　多含贬义。

摇鹅毛扇　yáo é máo shàn
【释义】相传三国时诸葛亮手拿羽扇，指挥作战，后代戏剧舞台上出现的军师们也常手拿羽毛扇。比喻出谋划策。**【例句】**大家都说他是～的人。

摇旗呐喊　yáo qí nà hǎn
【释义】摇旗：舞动军旗。指古代作战时，后面的人摇着旗帜高声喊杀助威。比喻替别人助长声势。**【例句】**运动会上，啦啦队在为各自的队员～。**【反义】**鸦雀无声　提示　含贬义。

摇身一变　yáo shēn yī biàn
【释义】摇身：身子晃动一下。神怪小说中描写人物或妖怪有神通广大的，能用法术一晃身就改变自己本来的样子。多指人或事物改换面目出现。**【例句】**上月我们还见老谭在开餐馆，怎么～就成为厂长了呢？**【近义】**说变就变**【反义】**一成不变　提示　今多含贬义。

摇头摆尾　yáo tóu bǎi wěi
【释义】摇着脑袋，晃动着屁股或尾巴。形容悠闲自得的样子。也形容人得意或轻狂之态。**【例句】**我家那只北京犬经常向我～。/小明轻易拿下李林，顿时～起来。**【近义】**摇头晃脑**【反义】**一动不动

摇头晃脑　yáo tóu huàng nǎo
【释义】晃：摇动。脑袋来晃去。形容自得其乐或自以为是的样子。多形容读书吟诵时的姿态。**【例句】**他与父亲谈话时～的。/小红读起唐诗来～。**【近义】**颠头簸脑**【反义】**正襟危坐　提示　"脑"不能写成"恼"。

摇尾乞怜　yáo wěi qǐ lián
【释义】狗摇着尾巴乞求主人的怜爱。形容人奉承讨好乞求别人怜爱的丑恶。**【例句】**小李在上级面前～，竭力讨好，令人反感。**【近义】**胁肩谄笑**【反义】**盛气凌人

摇摇欲坠　yáo yáo yù zhuì
【释义】摇摇：动摇不稳的样子。形容非常危险，马上就要掉下来或垮下来。**【例句】**看他在钢丝绳上～的样子，真让人为他捏一把汗。/他再这样贪婪下去，我看他的官职～了。**【近义】**岌岌可危**【反义】**稳如泰山　提示　"坠"不能写成"堕"。

遥相呼应　yáo xiāng hū yìng
【释义】远远地互相配合。**【例句】**他俩一南一北，～。**【近义】**一唱一和**【反义】**各自为政

遥遥领先　yáo yáo lǐng xiān
【释义】遥遥：远远，很远。远远地走在前面。**【例句】**他状态良好，一路～，冠军非他莫属。**【近义】**一马当先**【反义】**遥不可及

遥遥无期　yáo yáo wú qī
【释义】遥遥：久远。形容离达到目的或实现理想的时间还非常久远。**【例句】**这件事情再也不能～地拖下去了。**【近义】**旷日持久**【反义】**指日可待　计日而待

遥遥相对　yáo yáo xiāng duì
【释义】遥遥：远远地。远远地互相对着。**【例句】**我家的大门和他家的院子～。

【近义】遥相呼应【反义】互不相干

遥遥在望　yáo yáo zài wàng

【释义】在望:在望中,可看见。远远地可以看到。【例句】走了这么远的盘山公路,目的地终于~了。【近义】鸡犬相闻【反义】天涯海角

瑶池玉液　yáo chí yù yè

【释义】瑶池:据传说是昆仑山上的池名,西王母居住的地方。玉液:指美酒。神仙酿造的美酒。形容酒名贵醇美。【例句】五粮液酒是四川的~。【近义】玉液琼浆

瑶环瑜珥　yáo huán yú ěr

【释义】瑶、瑜:美玉。珥:用玉制成的耳饰。指用美玉制做的佩饰物。也指优秀的子弟。【例句】小玉常常佩戴~,很大方。

杳不可得　yǎo bù kě dé

【释义】杳:遥远。非常遥远,没有办法得到。【例句】那件宝物离我太远,~。

杳如黄鹤　yǎo rú huáng hè

【释义】杳:远得看不见踪影。像黄鹤飞去一样,再也见不到踪影。指人或物下落不明。【例句】她一去便~,音信全无。【近义】杳无踪迹

杳无人迹　yǎo wú rén jì

【释义】杳无:一点也没有。不见人的踪影。形容人早已离去或地方偏僻,无人去过。【例句】那个~的地方,很少有人去过。【近义】荒无人烟【反义】熙熙攘攘　熙来攘往

杳无音信　yǎo wú yīn xìn

【释义】音信:消息。完全没有消息。【例句】她的妈妈走失十年,至今~。【近义】杳如黄鹤【反义】鱼雁不绝

杳无踪迹　yǎo wú zōng jì

【释义】指人或事物全部失踪,没有留下任何踪迹。【例句】等公安人员赶到的时候,小偷已经~,不知去向了。【近义】杳如黄鹤　无影无踪

咬紧牙关　yǎo jǐn yá guān

【释义】咬着牙忍受一切。形容尽最大努力忍受,尽量克制痛苦或克服困难。【例句】可乐男孩~,度过了最艰难的时刻。

咬文嚼字　yǎo wén jiáo zì

【释义】指过分地斟酌字句,死抠字眼,而不注重把握实质内容。【例句】李老师说话老爱~,真叫人反感。【近义】字斟句酌【反义】深入浅出　【提示】“嚼”不读 jué。

咬牙切齿　yǎo yá qiè chǐ

【释义】咬紧牙齿。形容愤恨到极点。【例句】王先生家的鱼缸被一群顽童用石子打碎了,气得他~。【反义】笑容可掬

窈窕淑女　yǎo tiǎo shū nǚ

【释义】窈窕:娴静、美好的姿态。淑:温柔善良。美丽善良的好姑娘。形容漂亮而德行好的女子。【例句】王丹真可称为~,怪不得追求她的人很多。【近义】沉鱼落雁【反义】面目可憎

乐山乐水　yào shān yào shuǐ

【释义】乐:喜爱。有的喜爱山,有的喜爱水。比喻因气质不同而爱好也不同。【例句】我们几个都是旅游爱好者,自然也都~。【提示】“乐”不读 lè。

药石之言　yào shí zhī yán

【释义】药石:古代指药和治病的砭石,泛指药物。指批评和规劝人改正错误或缺点的话。【例句】这次失败的惨痛教训,使我认识到大家对我的批评都是难得的~啊!

要言不烦　yào yán bù fán

【释义】要:简要。烦:烦琐。指说话或写文章简明扼要,不烦琐。【例句】那篇千字文～,令人百读不厌。【近义】言简意赅【反义】漫无边际

耀武扬威　yào wǔ yáng wēi

【释义】耀:炫耀,夸耀。武:武力。扬威:显示威风。炫耀武力,显示威风。【例句】你别看他在下级面前～,可在上司面前却唯唯诺诺。【近义】飞扬跋扈【反义】垂头丧气 提示 今含贬义。

耀眼争光　yào yǎn zhēng guāng

【释义】耀眼:光线强烈,使人眼花。争光:竞相显出光彩。形容器物闪闪发亮,使人眼花。【例句】各种颜色的玻璃球在太阳光下～。

野火烧不尽,春风吹又生

yě huǒ shāo bù jìn,chūn fēng chuī yòu shēng

【释义】荒山野地的大火燃烧也不能使它灭绝,春风一来它又蓬勃滋生。形容野草生命力的顽强。比喻有生命力的新生事物,任何力量也无法扼杀。【例句】我国人民反抗外国侵略者的革命精神是无法摧毁的,就像～。

野心勃勃　yě xīn bó bó

【释义】野心:非分的欲望。勃勃:旺盛的样子。形容对权势、名利等有十分强烈的欲望。【例句】袁世凯～,妄图复辟帝制,结果遭到全国人民的愤怒声讨。【近义】狼子野心【反义】胸无大志

业精于勤　yè jīng yú qín

【释义】业:学业。精:精深。学业精深在于日常的勤奋。【例句】长辈常用～的道理来教育我们。【反义】业荒于嬉

叶公好龙　yè gōng hào lóng

【释义】叶公:春秋时楚国贵族,字子高,封于叶邑(今河南叶县)。好:喜欢。据汉代刘向《新序·杂事五》记载,叶公特别喜欢龙,在家里各处都画上龙,天上的龙听说后便来到叶公家,结果叶公吓得失魂落魄。比喻表面上喜爱某种事物,实际上并不真正喜欢它,需要它,甚至还畏惧它。【例句】有的人嘴上拥护改革,可当改到自己头上时却怕得要命,这就是典型的～。【近义】口是心非【反义】名副其实　爱不释手 提示 "叶"旧读 shè。

叶落归根　yè luò guī gēn

【释义】树叶凋落在树根周围。比喻万物都有一定的归宿。多指客居他乡的人最后都要回到家乡或祖国。也作"落叶归根"。【例句】被盗的文物,终于～了。/我父亲期盼～,去年终于回到久别的家乡,如愿以偿。【近义】狐死首丘【反义】断梗飘萍

叶落知秋　yè luò zhī qiū

【释义】看到一片叶子落了,便知道秋天到了。比喻从某种微小的变化而预感到事物的发展,或从个别现象推知全体、全局。【例句】李峰只了解一部分情况,就以～为由,推测其他,我认为是不妥的。

夜不闭户　yè bù bì hù

【释义】户:门。夜里睡觉不用关门。形容社会秩序安定,风气良好。【例句】道不拾遗,～是大家期盼的理想社会。【近义】道不拾遗　门不夜关【反义】兵荒马乱

夜长梦多　yè cháng mèng duō

【释义】比喻时间拖久了,事情可能发生不利的变化。【例句】你赶快把事情办了,否则～。

夜郎自大　yè láng zì dà

【释义】夜郎:我国汉代西南地区的小国名。夜郎国国君认为自己的国家很

大。指妄自尊大。【例句】小余不喜欢钻研学问,却自以为博学,难怪有人说他~。【近义】妄自尊大【反义】妄自菲薄

夜深人静　yè shēn rén jìng

【释义】夜深了,人们都已安静下来。形容深夜以后非常寂静。【例句】已经是~了,妈妈还在洗衣服。【近义】更深夜静

夜以继日　yè yǐ jì rì

【释义】继:连续,接着。夜晚的时间接着白天。指日夜不停。【例句】为了提前完成任务,人们~地战斗着。【近义】焚膏继晷 不舍昼夜【反义】蹉跎岁月

一败如水　yī bài rú shuǐ

【释义】一旦失败,就像溃决的水一样不可收拾。形容失败惨重。【例句】敌人被我们打得~。【近义】一败涂地【反义】克敌制胜

一败涂地　yī bài tú dì

【释义】一旦失败就会肝脑涂地。形容完全失败、毁坏得不可收拾。【例句】这次短跑比赛,我们班~,只好等下次再重整旗鼓。【近义】一败如水【反义】战无不胜

一板一眼　yī bǎn yī yǎn

【释义】板、眼:戏曲和民族音乐的节拍,强拍叫"板",次强拍和弱拍叫"眼",多少板配多少眼有一定规则。乐曲节拍由一板一眼构成的叫一眼板,即二拍子;由一板三眼构成的叫三眼板,即四拍子。形容说话、做事有条理,合规矩,不马虎。【例句】王老师做什么事都~。【近义】有板有眼【反义】颠三倒四

一饱眼福　yī bǎo yǎn fú

【释义】眼:眼睛。指能够看到美好的事物。【例句】成都新会展中心展出世界各地的名表,真让我~。

一本万利　yī běn wàn lì

【释义】本:本钱。利:利润。指用很少的本钱获得最大的利润。也指花费少就能得到很多好处。【例句】做这笔生意是~的。

一本正经　yī běn zhèng jīng

【释义】正经:端庄正派。一部正规的经典。形容庄重,严肃。有时含有讽刺意味。【例句】他~的样子,很难接近。【近义】正经八百【反义】嬉皮笑脸涎皮赖脸

一笔不苟　yī bǐ bù gǒu

【释义】不苟:不苟且。连一笔都不马虎。【例句】王丽写的字工工整整,~。【反义】敷衍了事

一笔勾销　yī bǐ gōu xiāo

【释义】用笔全部抹掉。指完全取消、否定。表示不再作数或不再计较。【例句】我们之间的恩恩怨怨,从此~了吧!【近义】一笔抹杀

一笔抹杀　yī bǐ mǒ shā

【释义】抹杀:抹掉。用笔全部抹掉。比喻轻率地全盘否定优点、成绩。【例句】你的贡献怎能~呢? 难道领导完全不知你的贡献吗?【近义】一笔勾销

一碧万顷　yī bì wàn qǐng

【释义】顷:田地一百亩为一顷。形容碧绿的水面或碧蓝的天空无边际,十分辽阔。【例句】在这~的水面上泛舟,真是一件惬意的事。

一臂之力　yī bì zhī lì

【释义】用一只手臂拉一把的力量。指不太大的力量。【例句】在我最困难的时候,同学们助我~,使我渡过了难关。【反义】落井下石

一表非凡　yī biǎo fēi fán

【释义】凡:平凡人。仪表相貌和平凡人不一样。形容人非常英俊,器宇轩昂。【例句】他的英语老师～。【近义】仪表堂堂　一表人才【反义】其貌不扬

一表人才　yī biǎo rén cái

【释义】形容人外表出众,气度不凡。【例句】他不但长得～,给人的印象也很好。【近义】一表非凡【反义】其貌不扬

一病不起　yī bìng bù qǐ

【释义】从这次病倒后就再也起不来了。指病死。【例句】真想不到,爷爷这么硬朗,竟～了。【反义】起死回生

一波三折　yī bō sān zhé

【释义】波:书法中的"捺"。折:笔锋的方向。写毛笔字时,一捺要三次转换笔锋的方向。原指写字笔画曲折多姿。后形容文章结构复杂多变或事情进行中发生很多曲折。【例句】小林的硬笔字～,漂亮极了。/小李经历～才找到这份工作,真不容易啊!【近义】艰难曲折【反义】一帆风顺

一不做,二不休　yī bù zuò, èr bù xiū

【释义】休:停止。不干则已,要干,就要干到底。【例句】我看,～,要累就再累点,我们游到对面去看看。

一步登天　yī bù dēng tiān

【释义】一步就登上了青天。比喻一下子达到极高的境界或程度。多用于讽刺人突然发迹,爬上了高位。【例句】他平时好逸恶劳,却想～。/想～吗?世界上哪有这么容易的事情。【近义】平步青云　青云直上【反义】一落千丈

一草一木　yī cǎo yī mù

【释义】一棵草,一株树。比喻极小或平常的东西。【例句】家乡的～都能引发他无限的回忆。【近义】一针一线

一差二错　yī chā èr cuò

【释义】意外的差错或失误。指可能发生的不好的事。【例句】妈妈若真有个～,我怎么向姐妹们交代啊。

一长半短　yī cháng bàn duǎn

见"一长二短"。

一长二短　yī cháng èr duǎn

【释义】意外的事故或变化。指可能发生不幸的事。也作"一长两短""一长半短"。【例句】孩子若有个～,我怎么向他父母交代啊。【近义】三长两短

一长两短　yī cháng liǎng duǎn

见"一长二短"。

一长一短　yī cháng yī duǎn

【释义】形容说话唠唠叨叨。【例句】妈妈时常对我～,实际上是对我好。【近义】唠唠叨叨

一场春梦　yī chǎng chūn mèng

【释义】一场春宵梦境。比喻人生世事如同梦一样多变。比喻幻想破灭。【例句】到这时他才发现,自己的爱情不过是～而已。/我想周游列国,可惜囊中羞涩,～罢了。【近义】南柯一梦

一倡百和　yī chàng bǎi hè

【释义】倡:通"唱",倡导。和:附和。一人首倡,百人附和。形容附和的人极多。【例句】他提的建议合理而有效,于是～,得到大家的一致响应。【近义】余味无穷【反义】枯燥无味　提示"和"不读 hé。

一倡一和　yī chàng yī hè

见"一唱一和"。

一唱三叹　yī chàng sān tàn

【释义】叹:跟着和唱。一人领唱,三人应和。本指领唱和应和的人都不多。

Y

后形容诗文、音乐等婉转缠绵,富有韵味。【例句】他的诗文婉转凄凉,～,在同时代的作家中是出类拔萃的。【近义】余味无穷【反义】枯燥无味 提示 "叹"不作"叹息"讲。

一唱一和　yī chàng yī hè

【释义】和:和谐地跟着唱。一人唱,另一人应和。形容两人感情融洽,意气相投。也作"一倡一和"。【例句】她俩～,配合很默契。【近义】一搭一档　更唱迭和　彼唱此和【反义】各自为政

一尘不染　yī chén bù rǎn

【释义】尘:佛教称色、声、香、味、触、法为"六尘"。指修道者身心纯洁,不被六尘所玷污。泛指人品高洁,完全没有沾染坏思想、坏习气。形容环境非常洁净。【例句】教堂的桌子摆放得整整齐齐,～。【近义】纤尘不染【反义】土覆尘封

一成不变　yī chéng bù biàn

【释义】一经形成,就不再改变。指守旧或坚守旧法。【例句】他逐渐厌倦了这种～的生活方式。【反义】变幻莫测

一筹莫展　yī chóu mò zhǎn

【释义】筹:筹码,古代用以计数的用具,引申为计策、办法。展:施展。一点办法也想不出,一点计策也拿不出来。【例句】对于这个问题,他～。【近义】束手无策　半筹不纳【反义】急中生智

一触即发　yī chù jí fā

【释义】箭在弦上,一触动就会射出去。形容形势十分紧张,稍有触及就会爆发严重的事情。【例句】这两个单位的矛盾由来已久,已到了～的程度。【近义】剑拔弩张【反义】引而不发

一触即溃　yī chù jí kuì

【释义】触:接触。溃:溃败。一接触马上就溃败了。多形容军队完全没有战斗力,很容易被打垮。【例句】敌人的防线被我军～。【近义】不堪一击【反义】坚不可摧

一传十,十传百　yī chuán shí, shí chuán bǎi

【释义】原指疾病很快蔓延。也比喻消息传播得很迅速。【例句】这个故事～,不久所有人都知道了。【近义】人人皆知

一锤定音　yī chuí dìng yīn

【释义】锤:敲铜锣用的小锤。音:音色,音质。制造铜锣时最后一锤确定其音色。比喻根据某个人的一句话便做出最后决定。【例句】古董拍卖会上,拍卖师～。

一蹴而就　yī cù ér jiù

【释义】蹴:踏。就:成功。一抬脚就成功了。形容做事情轻而易举,很容易成功。【例句】改革开放是一场伟大的社会变革,不可能～。【近义】一箭上垛　轻而易举【反义】谈何容易　来之不易 提示 "蹴"不读 jiù。

一蹴即至　yī cù jí zhì

【释义】蹴:踏脚。一踏脚,就可到达。指容易成功。【例句】他做这件事,我放心,可说～。【近义】轻而易举【反义】历经磨难

一寸光阴一寸金　yī cùn guāng yīn yī cùn jīn

【释义】指时光可贵,必须珍惜。【例句】俗话说,～。我们要抓紧一切时间刻苦学习,决不辜负祖国和人民的期望。【近义】一刻千金

一搭一档　yī dā yī dàng

【释义】像一对搭档。指互相配合,彼此协作。【例句】教语文的王老师和数学

Y

老师～。【近义】一唱一和

一代天骄　yī dài tiān jiāo
【释义】天骄：天之骄子。比喻某个时代有才能、有影响的人。【例句】成吉思汗可谓～。

一代文宗　yī dài wén zōng
【释义】宗：大师。在一段时期里人们景仰的文学大师。【例句】在中国文学史上出现了太多的～。

一箪一瓢　yī dān yī piáo
【释义】箪：古代用来盛饭的竹器。一箪食，一瓢饮。比喻生活清苦。【例句】杜甫到了晚年，漂泊不定，过着～的生活。【近义】箪瓢屡空

一旦无常　yī dàn wú cháng
【释义】无常：人死的委婉说法。指如果有一天谢世。【例句】～，我也值了，老王说。

一刀两断　yī dāo liǎng duàn
【释义】比喻坚决断绝关系，彻底决裂。【例句】我们从此～，今后你不要再来见我。【近义】割席绝交　当机立断【反义】藕断丝连　拖泥带水

一得之功　yī dé zhī gōng
【释义】一得：偶然的一点。功：功绩。一点微小的成绩。【例句】在这件事情上，他只有～。【反义】丰功伟绩

一得之愚　yī dé zhī yú
【释义】愚：愚见。对自己见解的谦虚的说法。【例句】请别表扬，这只是～。

一德一心　yī dé yī xīn
【释义】一德：同心。大家一条心。【例句】只要我们～，就能圆满完成今年的生产任务。

一点灵犀　yī diǎn líng xī
【释义】灵犀：旧说犀牛为灵兽，角中有白纹，感应灵通，故称"灵犀"。比喻心心相印。也比喻聪明。【例句】星星她有什么想法，不用说出来，我也知道，这真是～两心相通！

一迭连声　yī dié lián shēng
【释义】迭：交替。接连不断地说或喊。【例句】小区的巡视员～地叫大家注意安全。

一动不动　yī dòng bù dòng
【释义】一点也不移动。多指聚精会神或不敢动。【例句】武警战士站岗的时候～。【近义】纹丝不动　稳如泰山　岿然不动【反义】活蹦乱跳

一动不如一静　yī dòng bù rú yī jìng
【释义】原指活动不如静处。后指以息心定意为好。【例句】小米不打算调动工作了，～，还是留在这里吧。

一帆风顺　yī fān fēng shùn
【释义】航船一路顺风。常作送行时的祝词。形容事情进展很顺利，没有挫折或阻碍。【例句】他希望自己的工作和生活～。【近义】一路平安　一路顺风【反义】迂回曲折

一反常态　yī fǎn cháng tài
【释义】一：整个，完全。反：和原来的不一样。完全改变了平常的态度。【例句】他～的表现让我十分吃惊。【近义】一反其道【反义】一如既往

一反初衷　yī fǎn chū zhōng
【释义】一：整个，完全。反：和原来的不一样。衷：想法。完全改变了最初的想法。【例句】他学的是文科，高考临近，他却～报考了理科。【反义】始终不渝

一反既往　yī fǎn jì wǎng
【释义】一：完全。既往：从前。完全与

从前相反。【例句】不知为什么,李林～,不再对王平不理不睬。【近义】一反其道【反义】一如既往

一反其道　yī fǎn qí dào

【释义】一:整个,完全。反:相反。道:方法,措施。指与以前的方式完全相反。【例句】这人不知怎么的,～,让人摸不着头脑。【近义】一改故辙【反义】一如既往

一饭千金　yī fàn qiān jīn

【释义】据《史记·淮阴侯列传》记载,汉初名将韩信年少家贫。一次他为充饥在河上钓鱼。一个老大娘见韩信饿得无力,就把自己的饭分给他吃。后来韩信立下战功被封为楚王。他送给老大娘一千金以报答当时的恩情。指受恩而重报。【例句】受恩图报,这是中国人的传统美德,韩信～的故事,就是一段佳话。

一飞冲天　yī fēi chōng tiān

【释义】一起飞就冲上云天。指平常默默无闻,一下子就做出了惊人的举动。【例句】他平时刻苦训练,参加第一次比赛就～,夺得了冠军。【近义】一鸣惊人

一分为二　yī fēn wéi èr

【释义】把一个事物分成两部分。指事物既对立又矛盾的两个方面。【例句】这个苹果真大,我俩～。/看待问题要客观全面,～。【反义】合二为一 [提示]"为"不读 wèi。

一佛出世,二佛升天　yī fó chū shì, èr fó shēng tiān

【释义】佛:佛教统称修行圆满的人。出世:出生。升天:死。即死去活来的意思。【例句】房屋全部被烧光,她哭得～。【近义】死去活来

一夫当关,万夫莫开　yī fū dāng guān, wàn fū mò kāi

【释义】夫:成年男子。一人把住关,一万人也攻不下。形容地势险要,易守难攻。【例句】居庸关地势十分险要,是个～的地方,因此历代军事家都很重视它。【近义】虎踞龙盘

一概而论　yī gài ér lùn

【释义】概:旧时称量粮食时刮平斗、升的工具。一概:一个标准。不加区别地用一个标准看待。【例句】这两个农民的问题应当区别对待,不能～。【近义】同日而语　相提并论【反义】另眼相看 [提示] 多用于否定式。

一干二净　yī gān èr jìng

【释义】十分干净,一点也不剩。形容彻彻底底。【例句】他把责任推了个～。/高一班的教室打扫得～。【近义】一尘不染【反义】邋里邋遢

一鼓而下　yī gǔ ér xià

【释义】鼓:敲响战鼓。敲响第一通战鼓就攻下了敌人的城池。形容士气高昂。【例句】昨日令人明修栈道,暗度陈仓,迳截赵魏,掩其不备,～。

一鼓作气　yī gǔ zuò qì

【释义】鼓:敲响战鼓。作:振作。气:勇气。敲响第一通战鼓时,士兵们士气高涨。指情绪高昂时把事情办好。【例句】做事情要～,切不可拖拉。【近义】一气呵成【反义】再衰三竭

一官半职　yī guān bàn zhí

【释义】泛指普通、低微的官职。【例句】老刘得到的～是他勤奋的结果。【近义】一阶半级

一毫不差　yī háo bù chā

【释义】毫:毫毛。连一根毫毛那样微小的差错也没有。形容完全没有差错。

Y

【例句】会计师老刘工作勤恳,他做的账～。【近义】一般无二　一模一样

一泓清水　yī hóng qīng shuǐ

【释义】泓:水清的样子。一片明净清澈的水。比喻心地纯洁清澈。【例句】我们吃过晚饭,到小河上游的～里去玩耍。

一哄而起　yī hòng ér qǐ

【释义】哄:吵闹,起哄。在一阵吵闹声中立即行动起来。形容无组织无计划的行动。【例句】我们做事应该从实际出发,量力而行,防止～。【近义】一应而起【反义】一哄而散

一哄而散　yī hòng ér sàn

【释义】哄:吵闹。经过一阵吵闹后一下子就散了。【例句】几个正在打闹的同学,听说老师来了,便～了。【近义】作鸟兽散【反义】一哄而起

一呼百应　yī hū bǎi yìng

【释义】应:响应。一人召唤,响应的人很多。【例句】他在单位极有声望,～。【近义】一呼百诺【反义】孤立无援

一壶千金　yī hú qiān jīn

【释义】壶:通"瓠",葫芦的一种。一个葫芦价值千金。比喻有的人或事物虽然轻微,但在需要它的时候就显得很珍贵。【例句】平时不起眼的野果子,在灾荒年它就～了。

一挥而就　yī huī ér jiù

【释义】挥:挥动。就:完成。笔一动就完成了。形容文思敏捷或笔法娴熟。【例句】总理提起笔,略一沉吟,诗句～。【近义】援笔立成　倚马可待　一气呵成【反义】搜索枯肠

一己之见　yī jǐ zhī jiàn

【释义】一己:个人。见:见解,看法。个

人的看法。【例句】这只是我的～,供同学们参考。

一己之私　yī jǐ zhī sī

【释义】一己:个人。私:私利。个人的私利。【例句】他为了～,什么事都干得出来,不配做我的老师。

一技之长　yī jì zhī cháng

【释义】技:技能,本领。长:专长。指具有某种技能或特长。【例句】老李的～,给他带来了财富。【反义】一无所长

一家之学　yī jiā zhī xué

【释义】学:学派,学说。学术或思想上自成体系、有独到见解的学派或学说。【例句】在战国时期,许行的见解可谓～。【近义】一家之言

一家之言　yī jiā zhī yán

【释义】言:论述,学说。指具有独到见解、自成体系的著作或言论。也泛指一个学派或个人的理论、说法。【例句】尽管有的观点也许只是～,但总能给人一些启发和参考。【近义】一家之学【反义】诸子百家

一见倾心　yī jiàn qīng xīn

【释义】倾心:一心向往。一见面就产生了爱慕之心。【例句】～的爱情并不一定可靠。【近义】一见钟情【反义】咫尺无缘

一见如故　yī jiàn rú gù

【释义】故:老相识。初次见面就很相投,像老朋友一样。【例句】我和那位大姐～,谈得十分投机。【近义】一见如旧【反义】白头如新

一见钟情　yī jiàn zhōng qíng

【释义】钟:集中。钟情:感情专注。一见面就产生爱情。【例句】他们两个

～,很快便步入婚姻的殿堂。【近义】一见倾心【反义】无动于衷 提示 "钟"不能写成"衷"。

一箭双雕　yī jiàn shuāng diāo

Y

【释义】雕:一种凶猛的大鸟。一箭同时射中两只雕。形容射箭技术精湛。比喻做一件事有两种收获或达到两个目的。【例句】他说这话,既让母亲高兴,又使自己不失面子,简直是～啊!【近义】一举两得　一石二鸟【反义】一无所获

一箭之地　yī jiàn zhī dì

【释义】一箭可以射到的地方。形容距离近。【例句】那个风动石距离我们这里只不过～。【近义】近在咫尺【反义】千里迢迢

一阶半级　yī jiē bàn jí

【释义】一、半:低微。阶、级:等级。指低微的官职。【例句】为了～的官职,他可以不顾一切,太不值了。【近义】一官半职

一介不取　yī jiè bù qǔ

【释义】介:通"芥",草芥。不是自己的东西,就是一根小草也不能拿。指为人廉洁清正。【例句】周恩来同志是个～的好总理。【近义】廉洁奉公【反义】贪得无厌

一介书生　yī jiè shū shēng

【释义】一介:一个,含有渺小、微贱的意味。一个读书人。【例句】哥哥我只是～,没那么大的能力帮你的忙。

一举成功　yī jǔ chéng gōng

【释义】举:行为,动作。一下子就获得成功。【例句】他果断地采用应急系统操纵飞机～。【反义】一败涂地

一举成名　yī jǔ chéng míng

【释义】举:科举及第。一经科举及第就名扬天下。后泛指做了某件事一下子就出了名。【例句】他的小说终于出版,使他～。【近义】一鸣惊人【反义】徒劳无功　一败涂地

一举两得　yī jǔ liǎng dé

【释义】一举:举动,做事。做一件事获得两方面收益。【例句】小明半工半读,既可保证生活,又能继续学业,可说是～。【近义】一箭双雕　一石二鸟【反义】赔了夫人又折兵

一举千里　yī jǔ qiān lǐ

【释义】举:展翅腾飞。一飞就达千里远。比喻前途远大。【例句】人小志气大,只要努力学习,将来定会～。

一举一动　yī jǔ yī dòng

【释义】举:行动。指一切行动。【例句】雷锋同志的一言一行,～,都值得大家学习。【近义】一言一行

一决雌雄　yī jué cí xióng

【释义】雌雄:胜负。胜负未分,最后一战,以决定谁胜谁败。【例句】她俩的矛盾竟发展到上法院～。【近义】一决胜负

一蹶不振　yī jué bù zhèn

【释义】蹶:跌倒,栽跟头,引申指挫折、失败。振:奋起。跌了一跤就再也爬不起来。比喻遭受了一点挫折便不能重新振作起来。【例句】他的公司经受不起新建合资公司的冲击,因而～。【近义】一败涂地【反义】重振旗鼓　东山再起

一刻千金　yī kè qiān jīn

【释义】刻:古时以漏刻计时,一昼夜为一百刻。片刻时间价值千金。形容时间非常宝贵。【例句】赛场上～,千万别浪费。【近义】一寸光阴一寸金【反义】虚掷光阴

一孔之见 yī kǒng zhī jiàn
【释义】孔：洞穴，窟隆。见：见解。从一个小洞里看到的。比喻片面狭隘的见解。【例句】提出了厂务会的改革方案，只是我的～，望各位多多指正。【近义】见多识广

一口同音 yī kǒu tóng yīn
【释义】所有人的口里都发出同一个声音。指全部人的说法都一样。【例句】我们～地把他的提议否决了。【近义】异口同声　众口一词

一口咬定 yī kǒu yǎo dìng
【释义】一口咬住不放。比喻坚持自己的意见，决不改口。【例句】甲方代表～该公司技术实力雄厚，不会出现这类问题。

一览无余 yī lǎn wú yú
【释义】一览：举目纵观。览：看。无余：没有剩留的。一眼就看得清清楚楚。常用以形容事物简单或平淡无味。【例句】我们站在山上眺望，可以～地看清村子的全貌。【近义】一目了然【反义】管中窥豹

一劳永逸 yī láo yǒng yì
【释义】逸：安逸，安闲。辛苦一次，把事情处理好，就得到永久的安闲。【例句】房子不是～的，我们要经常维护它。【近义】一了百了【反义】劳而无功

一老一实 yī lǎo yī shí
【释义】形容老老实实。【例句】王老伯一辈子～，从不做坏事。【近义】实实在在

一里挠椎 yī lǐ náo chuí
【释义】挠：弯曲。椎：槌，杖。一个地方所有的人都说直的槌可以弯曲，人们也就信以为真。比喻谣言或讹传一再反复，也可以使人信以为真。【例句】

这些都是讹传，～的事，你就不要信以为真了。【近义】三人成虎

一了百当 yī liǎo bǎi dàng
【释义】了：了结。当：恰当，合适。形容每一样事情都得到妥善的处理。【例句】问题果真可以～地解决吗？

一了百了 yī liǎo bǎi liǎo
【释义】了：了结，解决。把一件主要的事情了结以后，其他的问题也随之解决。【例句】他想从这悬崖上跳下去～，从此不再为还债而烦恼。【近义】一笔勾销【反义】依然如故

一鳞半爪 yī lín bàn zhǎo
【释义】鳞：鱼类及爬行动物身上的鳞片。原指龙在云中，东露一鳞，西露半爪。比喻事物的一小部分或零星片段。【例句】你了解到的只是事情的～，而事件的全过程，你并不了解。【近义】东鳞西爪　一星半点【反义】完整无缺

一路货色 yī lù huò sè
【释义】一路：同一类。货色：货物。比喻同一类的人或事物。【例句】对门的张三和隔壁的李娃都是～。【反义】截然不同

一路平安 yī lù píng ān
【释义】指旅途顺利。常作送行时的祝颂语。【例句】妹妹到广州上大学，姐姐祝她～。【近义】一路顺风　一帆风顺

一路顺风 yī lù shùn fēng
【释义】指旅途平安或办事顺利。【例句】汽车就要开了，王刚再一次握住我的手说："祝你～。"【近义】一路平安　一帆风顺

一落千丈 yī luò qiān zhàng
【释义】本指琴声突然由高降到低。后

比喻地位、荣誉、势力、成绩等急剧下降。【例句】自从他去年得了一场大病之后，健康状况～。【近义】江河日下【反义】平步青云　一步登天

Y

一马当先　yī mǎ dāng xiān

【释义】原指作战时策马冲在最前面。现泛指走在最前面，起带动作用。【例句】小明无论做什么事，他总是冲在最前面，～。【近义】奋勇当先【反义】临阵脱逃

一马平川　yī mǎ píng chuān

【释义】平川：平原。可以纵马奔驰的平原。【例句】美丽富饶的成都平原～。【近义】一望无际【反义】崇山峻岭　层峦叠嶂

一脉相承　yī mài xiāng chéng

【释义】脉：血脉，血统。承：继承。指由一个血统或一个派系世代承续流传。【例句】这两个学术领域看似不同，其实是～的关系。【近义】一脉相通【反义】风马牛不相及

一毛不拔　yī máo bù bá

【释义】一根毫毛也不肯拔出来。形容人极端吝啬自私。【例句】吝啬鬼葛朗台，～。【近义】斤斤计较【反义】挥金如土　一掷千金

一面如旧　yī miàn rú jiù

【释义】旧：旧交，老朋友。第一次见面就像老朋友一样。【例句】王斌和王华～，十分投缘。【近义】一见如故

一面之词　yī miàn zhī cí

【释义】争执双方中一方所说的话。【例句】一些～或道听途说的"花絮"，自然只能听后一笑。【近义】片面之词【反义】众口一词

一面之交　yī miàn zhī jiāo

【释义】交：交情。只见过一面的交情。

指交情很浅。【例句】她与李教授仅有～。【近义】半面之旧　点头之交【反义】刎颈之交

一命归西　yī mìng guī xī

【释义】西：西天。灵魂上了西天。指人死亡。【例句】过好每一天，～也不遗憾。【近义】一命呜呼

一命呜呼　yī mìng wū hū

【释义】呜呼：古人表示悲伤或惋惜的叹词。指死亡。常带诙谐的口吻。【例句】哪天我～了，谁陪你们聊天呢。【近义】一命归西【反义】长生不老

一模一样　yī mú yī yàng

【释义】一个模样。指完全相同。【例句】她儿子在某些方面所表现的与其父～。【近义】一般无二　一毫不差　毫无二致【反义】截然不同

一目了然　yī mù liǎo rán

【释义】目：看。了然：明白，清楚。一眼就看得清清楚楚。【例句】扫黄打非成就展览馆布置得十分醒目，使人看了～。【近义】一览无余　一望而知【反义】不可端倪　雾里看花

一目十行　yī mù shí háng

【释义】目：看。一眼看十行文字。形容阅读速度极快。【例句】王平看书～，虽看了很多书，但收获很小。【近义】十行俱下

一年半载　yī nián bàn zǎi

【释义】约计一年或半年。【例句】～我都没和他见过面了。【近义】三年五载【反义】千秋万代

一年一度　yī nián yī dù

【释义】一度：一次。每年一次。【例句】～的春节联欢晚会很热闹。

Y

一年之计在于春 yī nián zhī jì zài yú chūn

【释义】计:计划。全年的计划在春天就应该安排好。比喻做每件事,一开始就应该抓紧做。【例句】～,现在正是大干的时候。【近义】一日之计在于晨

一念之差 yī niàn zhī chā

【释义】念:念头,主意。差:差错。一个念头的差错,多指会引起严重的后果。【例句】有的人为了追逐名利,～而铸成大错,追悔莫及。

一牛吼地 yī niú hǒu dì

【释义】牛的吼叫声能到达的距离,言距离较近。【例句】这两座山相隔仅～。【近义】一箭之地

一诺千金 yī nuò qiān jīn

【释义】诺:承诺,诺言。许下的一句诺言价值千金。形容说话很讲信用。也作"千金一诺"。【例句】你不要担心,他为人～,一定会把你的事办好。【近义】季布一诺 一言千金【反义】轻诺寡信

一拍即合 yī pāi jí hé

【释义】拍:节拍。一打拍子就能合上乐曲的节奏。比喻两方很容易取得一致。【例句】我和他的想法～,而且合作得非常愉快。

一盘散沙 yī pán sǎn shā

【释义】一盘黏合不到一起的沙。比喻无组织或不团结的人和团体。【例句】旅游观光没有组织者,简直是～。【近义】乌合之众 群龙无首【反义】万众一心

一偏之见 yī piān zhī jiàn

【释义】见:见解。偏颇而不周全的见解。【例句】你的～,我们不能接受。

一片冰心 yī piàn bīng xīn

【释义】冰心:清明纯洁的心。形容心地纯净不慕荣华富贵。【例句】他对祖国的～难道真的没人理解吗?【近义】冰清玉洁【反义】利欲熏心

一片丹心 yī piàn dān xīn

【释义】一片红心。指忠诚之心。【例句】张医生以一双妙手,～,为成千上万的眼病病人解除了痛苦,送去光明。【近义】赤子之心 忠心耿耿 肝胆相照【反义】心狠手辣 丧心病狂 丧尽天良

一片汪洋 yī piàn wāng yáng

【释义】形容水面辽阔,水势浩大。【例句】中国西南地区曾是～,经过地壳运动,沧海变了桑田。

一贫如洗 yī pín rú xǐ

【释义】穷得像被水洗过一样。形容穷到极点,什么也没有。【例句】那一年他父母相继病故,使他本来不富裕的家变得～,债台高筑。【近义】家徒四壁 身无分文 上无片瓦,下无立锥之地 一无所有【反义】腰缠万贯 富可敌国

一颦一笑 yī pín yī xiào

【释义】颦:皱眉头。指忧虑或喜悦的表情。【例句】她的～,始终印在我脑海,挥之不去。

一抔黄土 yī póu huáng tǔ

【释义】抔:捧。一捧黄土。指坟墓。也作"黄土一抔"。【例句】不论你生前多么显赫,死后也不过是～罢了。
提示 "抔"不读 bēi,也不能写成"杯"。

一暴十寒 yī pù shí hán

【释义】暴:通"曝",晒。晒一天,冻十天。比喻用功少而懒散,懈怠多,不能持之

以恒。【例句】孩子们求学,可不能～,必须持之以恒,才能成功。【近义】三天打鱼,两天晒网【反义】锲而不舍持之以恒 提示 "暴"不读 bào。

一栖两雄 yī qī liǎng xióng
【释义】栖:禽鸟栖息处。一个架上两只雄鸡。【例句】他俩能力都强,但同在一个部门犹如～,反而不利于工作的开展。

一气呵成 yī qì hē chéng
【释义】呵:呼气。一口气做成功。形容文章气势连贯。也形容不间断地完成某项工作。【例句】他这篇文章～。/我们一连五周没休息,终于～地完成了任务。【近义】一蹴而就【反义】拖泥带水 提示 "呵"不读 ā 或 kē。

一钱不名 yī qián bù míng
【释义】一钱:一文钱。名:以私人名义占有。没有一文钱属于自己的。形容十分贫穷。【例句】好吃懒做的他,～。【近义】身无分文【反义】腰缠万贯

一钱不值 yī qián bù zhí
【释义】钱:铜钱。一枚铜钱的价值都没有。形容没有丝毫价值。【例句】他讲的这些大道理～。【近义】一文不值【反义】价值连城

一钱如命 yī qián rú mìng
【释义】一钱:一文钱。把一文钱看得像性命一样重要。形容极端吝啬。【例句】葛朗台是个～的吝啬鬼【近义】爱财如命【反义】价值连城

一腔热血 yī qiāng rè xuè
【释义】一腔:满腔。满腔为正义而献身的热情。【例句】他～地报效祖国。

一窍不通 yī qiào bù tōng
【释义】窍:孔,洞穴。古人把两眼、两耳、两鼻孔和嘴称作"七窍"。一个心窍都不通。比喻什么都不懂。【例句】他对于财富管理,可以说是～,却在那里夸夸其谈。【近义】一无所知【反义】无所不知

一清二白 yī qīng èr bái
【释义】形容十分清楚、明白。也形容非常清白,没有污点。【例句】不把此事弄个～,他是不会罢休的。/他做官这么多年,可以说是～。【近义】一尘不染 一清二楚【反义】不明不白

一清二楚 yī qīng èr chǔ
【释义】形容清清楚楚。【例句】二班班长把每个同学的情况弄得～。【近义】黑白分明【反义】不明不白

一穷二白 yī qióng èr bái
【释义】穷:贫穷,这里指工农业不发达。白:空白,这里指科学文化水平落后。形容基础差,底子薄。【例句】中国人民早已从～的困境中走出,迈入了改革开放的新时代。【近义】一贫如洗【反义】人给家足

一丘之貉 yī qiū zhī hé
【释义】丘:小土山。貉:一种形似狐狸的野兽。同一座山丘上的貉。原借喻君王用人不当会导致灭亡,古今是一样的。现比喻彼此相同,没有什么区别的坏人。【例句】别指望他会主持正义,他们是～。【近义】狼狈为奸 沆瀣一气 一路货色【反义】泾清渭浊 提示 现多含贬义。"貉"不读 luò 或 gè。

一去不复返 yī qù bù fù fǎn
【释义】复:重复。返:回来。一离开就不再回来了。也形容事物已成过去,不再重现。【例句】他称王称霸的日子～。

一犬吠形，百犬吠声 yī quǎn fèi xíng,bǎi quǎn fèi shēng

【释义】一只狗看到什么叫起来，许多只狗也随它狂吠。比喻随声附和，没有主见，凑热闹。【例句】一些不明白情况的人，也跟着乱闹一气，真是～。【近义】随声附和【反义】固执己见

一人传虚，万人传实 yī rén chuán xū,wàn rén chuán shí

【释义】指本来没有的事，因传说的人很多，就使人信以为真。【例句】我们应该明辨是非，杜绝～的事情出现。【近义】众口铄金

一人得道，鸡犬升天 yī rén dé dào,jī quǎn shēng tiān

【释义】比喻一个人得势，和他有点关系的人都跟着沾光。【例句】～，这种现象应该杜绝。【近义】一人飞升，鸡犬升天

一人之交 yī rén zhī jiāo

【释义】交：朋友。亲如一人的朋友。【例句】她俩是～。

一仍旧贯 yī réng jiù guàn

【释义】仍：依照。贯：通"惯"，惯例。全部依照旧例行事。【例句】他干什么事都～，根本不想改进。【近义】蹈常袭故【反义】革故鼎新

一日九迁 yī rì jiǔ qiān

【释义】九：泛指多次。迁：升迁。一日之内多次升迁。形容官职升得极快。【例句】他去年还是一名普通员工，现已升任副厂长，真是～！

一日千里 yī rì qiān lǐ

【释义】形容进步、发展迅速。【例句】自从参加英语课外兴趣小组后，他的进步简直是～。【近义】突飞猛进 日新月异【反义】停滞不前

一日三秋 yī rì sān qiū

【释义】三秋：三年。一天不见，就像过了三年一样长久。形容思念殷切。【例句】他俩是最好的朋友，虽只几日未见，却有～之久。【近义】度日如年 寸阴若岁【反义】一刻千金

一日之长 yī rì zhī cháng

【释义】长：长处。指才能比别人稍好一些。【例句】在逆境中大家要有不悲观气馁，淡泊个人名利，不争～，埋头苦干，无私奉献的精神。

一日之雅 yī rì zhī yǎ

【释义】雅：交往。指短暂的交往。【例句】我和王敏不太熟悉，只有～。【近义】一面之交【反义】生死之交

一日之长 yī rì zhī zhǎng

【释义】长：年长。年龄比别人大些或资格较老一些。【例句】你我年龄差不多，我仅～，你却叫我老师，确是不敢当。

一如既往 yī rú jì wǎng

【释义】一：完全。既往：已往。完全像过去那样。【例句】王姐将～地帮助山区的贫困学生。【近义】始终如一【反义】一反常态

一扫而空 yī sǎo ér kōng

【释义】一下子清扫得干干净净。比喻全部清除、消灭或消失。【例句】他们六人把满桌佳肴～，食量真是惊人。【近义】一网打尽

一身二任 yī shēn èr rèn

【释义】任：职务。一人同时承担两种职务。【例句】他现在是～，既担任党委书记，又兼任厂长。

一身是胆 yī shēn shì dǎn

【释义】形容行为勇敢之极，毫不畏惧危

Y

险。【例句】他作战勇猛，～，是一员难得的虎将。【近义】胆大如斗【反义】胆小如鼠

一失足成千古恨　yī shī zú chéng qiān gǔ hèn

【释义】失足：走路不小心跌倒，比喻犯严重错误或堕落。千古：指时间久远。恨：遗憾，悔恨。比喻一旦在关键问题上犯严重错误，就成为终身恨事。【例句】～，此时王丹无论怎么后悔，都已经无济于事了。

一石二鸟　yī shí èr niǎo

【释义】一块石子投出去，打中两只鸟。比喻一举两得。【例句】她这一计划具有～的作用。【近义】一箭双雕

一时半刻　yī shí bàn kè

【释义】指极短的时间。【例句】他们两个人情同手足，～也分不开。【近义】俯仰之间【反义】成年累月　旷日持久

一时口惠　yī shí kǒu huì

【释义】口惠：口头答应。口头答应帮他人的忙，事实上却没有去做。【例句】他说给你帮忙，这只是～而已啊！【近义】空头支票【反义】言而有信

一时戏言　yī shí xì yán

【释义】一时：偶尔。戏言：开玩笑的话。偶尔开玩笑的话。【例句】王老伯～，把大家都逗乐了。

一时之选　yī shí zhī xuǎn

【释义】一时：一代，当代。选：被选中的优秀人才。当代杰出的人物。【例句】袁隆平是～。

一世之雄　yī shì zhī xióng

【释义】一世：一代，当代。当代的英雄。【例句】希特勒自命为～，却落得个自杀身亡。

一事无成　yī shì wú chéng

【释义】一件事情也没有办成。形容事业上毫无成绩。也作"万事无成"。【例句】我离校后总是找不到适合自己的工作，至今～，着急啊。【近义】百事无成【反义】功成名就

一视同仁　yī shì tóng rén

【释义】一：一律。视：看待。仁：仁爱。指同样看待，不分亲疏厚薄。【例句】以～的态度去处理各种问题，大家才会尊敬你。【近义】视同一律【反义】厚此薄彼　另眼相看

一是一，二是二　yī shì yī, èr shì èr

【释义】表示实事求是，实话实说，两件事不能混淆，更不能浮夸。形容办事认真，一丝不苟。【例句】无论是对上还是对下，我们都应该～，毫不隐瞒真情。

一手包办　yī shǒu bāo bàn

【释义】一个人独立地办完所有事情。一个人把持，不允许别人插手。【例句】这几间屋子，从买地皮到建筑竣工，都由他～。【近义】大权独揽【反义】群策群力

一手独拍　yī shǒu dú pāi

【释义】一只手单独地拍。比喻一个人力量薄弱，不能成事。【例句】这事儿就他～，我看很难办成。

一手一足　yī shǒu yī zú

【释义】比喻一个人的力量或作用。【例句】他母亲去世得早，是他父亲～把他养大的。

一手遮天　yī shǒu zhē tiān

【释义】一只手就把天遮住了。形容依仗权势，欺上压下。【例句】这个人在单位里～，为所欲为。【近义】独断

专行

一双两好　yī shuāng liǎng hǎo

【释义】比喻婚姻美满,夫妻俩情投意合。【例句】她俩郎才女貌,婚姻美满,～。【近义】才子佳人

一丝不苟　yī sī bù gǒu

【释义】丝:细微的地方。苟:随便,马虎。一点也不马虎。形容做事十分认真。【例句】他成绩优秀,做事～。【反义】粗心大意　敷衍了事　粗枝大叶

一丝不挂　yī sī bù guà

【释义】形容赤身裸体。【例句】夏天,许多男人都打着赤膊,小孩子简直就～。【近义】赤身裸体

一丝一毫　yī sī yī háo

【释义】丝、毫:计量单位,十丝为一毫,十毫为一厘。一丝一毫那样少。形容极其微小。【例句】这是集体的财产,～都不能少。【近义】一厘一毫

一塌糊涂　yī tā hú tú

【释义】形容糟糕透顶或乱到无法收拾的程度。【例句】二十几岁的人了,还把家里弄得～,真是不应该。【近义】乱七八糟【反义】条理井然

一潭死水　yī tán sǐ shuǐ

【释义】潭:深水坑。死水:不流动的水。一坑死水。比喻停滞不前、没有生气的沉闷局面。【例句】知识是海洋,想象是大海中的滚滚波涛,没有它,海洋就会成为～。【近义】一成不变【反义】生动活泼

一弹指顷　yī tán zhǐ qǐng

【释义】比喻时间极短。【例句】林林平时做题很快,～便可算出一道较难的数学题。【近义】转瞬之间【反义】长年累月

一天星斗　yī tiān xīng dǒu

【释义】指满天星星。比喻文章华美。形容多且杂乱。【例句】他写文章往往一气呵成,并且～。/日杂公司的仓库中的各种物品,简直～。

一通百通　yī tōng bǎi tōng

【释义】通:通晓,懂得。一个主要的懂得了,其他的自然也都会懂得。【例句】小唐学会拉二胡后,板胡、小提琴也会了,真是～。【反义】一窍不通

一统天下　yī tǒng tiān xià

【释义】一统:统一。统一全国。比喻某种势力或某种人掌握的局面。【例句】萨达姆曾经是～的霸主,但最终只落得个身败名裂的下场!

一吐为快　yī tǔ wéi kuài

【释义】吐:倾吐,全部说出来。一下全说出来才感到畅快。【例句】李海对朋友说:"有什么不高兴的事你就～吧!"

一团和气　yī tuán hé qì

【释义】原指春天一派祥和的气息或充满温暖的氛围。现多指态度温和、亲切。也指相互之间只讲和气、不讲原则。【例句】他是个老好人,喜欢～。【近义】平易近人【反义】疾言厉色

一网打尽　yī wǎng dǎ jìn

【释义】一网就全部擒获。比喻全部捉获或彻底肃清。【例句】对贩卖毒品的不法之徒,必须～。【近义】一扫而光【反义】网开一面

一往情深　yī wǎng qíng shēn

【释义】一往:一直,始终。指对人或事物怀着深厚的感情,始终向往留恋。【例句】身居异乡的打工者,对家乡的一草一木～。【近义】情深义重【反义】寡情薄义

Y

Y

一往无前　yī wǎng wú qián

【释义】一往:一直,始终。无前:前进路上没有任何东西能阻挡。指不畏困难,奋勇前进。【例句】他做事～,从不会被困难吓到。【近义】勇往直前【反义】踌躇不前

一望而知　yī wàng ér zhī

【释义】一看就清楚了。【例句】这道菜的颜色不寻常,老厨师～。【近义】一目了然【反义】一叶障目

一望无际　yī wàng wú jì

【释义】际:边际。一眼望不到边际。形容极其辽阔。【例句】这片大草原～,是放牧的好地方。【近义】无边无际【反义】一隅之地

一望无垠　yī wàng wú yín

【释义】垠:边界。一眼看不到边际。形容空间十分广阔。【例句】他徒步走上长城塬,～的平地却在山的脊梁上。【近义】无边无际【反义】一隅之地

一文不名　yī wén bù míng

【释义】名:占有。一文钱都没有。形容非常贫困。【例句】仅仅五年,他就从～的穷汉变成了亿万富翁,这是勤劳致富的结果。【近义】一无所有【反义】万贯家财

一问三不知　yī wèn sān bù zhī

【释义】不管问什么事情都不知道。【例句】发生在这里的流血事件,他们却～,在怕什么呢?【反义】无所不知

一无可取　yī wú kě qǔ

【释义】一:全、都。没有一点长处或优点可以肯定或采纳。【例句】李四虽然缺点很多,但并非～,也有长处值得大家学习。【近义】一无是处【反义】十全十美

一无是处　yī wú shì chù

【释义】是:对,正确。没有一点对的或好的地方。【例句】中国队并不是～,他们能在先失一球后反以2比1超出便是证明。【近义】一无可取　百无一是【反义】十全十美　尽善尽美

一无所长　yī wú suǒ cháng

【释义】长:专长,特长。没有任何特长。【例句】这两个龙凤胎,姐姐多才多艺,可弟弟却～。【近义】一无所能【反义】无所不通

一无所成　yī wú suǒ chéng

【释义】没有一点成就。【例句】一个老是寻找工具的工人,一般看来是～的。【近义】一无所得

一无所得　yī wú suǒ dé

【释义】什么也没有得到。指毫无收获。【例句】他这次在北京做生意,～。【近义】一无所取【反义】满载而归

一无所好　yī wú suǒ hào

【释义】好:爱好,嗜好。没有任何嗜好。【例句】爷爷除了打打小麻将,其余～。【提示】"好"不读hǎo。

一无所获　yī wú suǒ huò

【释义】没有一点收获。【例句】他在一米多深的河里摸索了十多分钟,仍～。【近义】一无所得【反义】满载而归

一无所能　yī wú suǒ néng

【释义】能:能耐,本领。一点本领也没有。【例句】～的他,在这里是没有事干的。【近义】一无所长【反义】精明强干

一无所有　yī wú suǒ yǒu

【释义】有:拥有,占有。什么东西都没有。多形容极贫穷。也作"空无所有"。【例句】虽然～,但他仍然乐观。【近

义】别无长物【反义】应有尽有 一应
俱全 无所不有

一无所知 yī wú suǒ zhī

【释义】什么也不知道。【例句】对于航
天技术,他～。【近义】一概不知【反
义】全知全能 无所不知

一五一十 yī wǔ yī shí

【释义】五、十:点数目的单位。计数时
常以五为单位往下计数。形容原原本
本地述说。【例句】他把事情的来龙去
脉～地告诉了领导。【近义】原原本本
【反义】含糊不清

一物不知 yī wù bù zhī

【释义】对某些事物还不了解。指知识
还有所欠缺。【例句】儒家有句名言:
"～,儒者之耻。"

一物降一物 yī wù xiáng yī wù

【释义】降:降伏。某种事物专门降伏另
一种事物,或某种事物专门由另一种
事物来降伏。【例句】都说"～",他在
岳母面前规矩得很。

一误再误 yī wù zài wù

【释义】第一次错了,不吸取经验教训,
第二次又错了。指屡犯错误。【例句】
我校篮球队的失败,是因为采取不适
当的阵势,若不作改变,必定～。【近
义】屡教不改【反义】知过能改

一息尚存 yī xī shàng cún

【释义】息:气息。尚:还。存:有。还剩
下一口气。指直到生命的最后阶段。
【例句】王老师说:"不论年事多高,只
要～,就要力所能及地为国家、社会作
贡献。"【反义】寿终正寝

一席之地 yī xí zhī dì

【释义】席:座席。铺一张座席的地方。
指极小的一块地方或一定的位子。

【例句】出国两年,回到公司,总经理还
给我留了～。【近义】一隅之地

一线生机 yī xiàn shēng jī

【释义】生机:生存的机会。指在危难中
的一线希望。【例句】被困井下的十几
天的矿工,感觉上面有人在救他们,使
他看到了～。

一厢情愿 yī xiāng qíng yuàn

【释义】一厢:一边。单方面的愿望。指
处理彼此相关的事情时,只凭自己意
愿,而不管对方愿意与否。也指不顾
实际情况的主观愿望。【例句】恋爱的
事,～是不行的。【近义】一己之见【反
义】两相情愿

一向无敌 yī xiàng wú dí

【释义】从来没有遇到过可以匹敌的人。
【例句】巴西球王贝利在足球场上～。
【近义】所向无敌

一笑千金 yī xiào qiān jīn

【释义】笑一下价值千金。指美女非常
难得的笑。也作"千金一笑"。【例句】
让你高兴真不容易呀,简直是～。

一笑置之 yī xiào zhì zhī

【释义】置:搁下,放下。笑一笑,就把它
放到一边。表示不予理会。【例句】对
于人们的闲言碎语,她总是～。【近
义】付之一笑

一泻千里 yī xiè qiān lǐ

【释义】泻:水急速往下流。形容江河水
奔腾直下,气势磅礴。也形容文笔流
畅,气势奔放。【例句】滚滚长江～。/
李白的诗～。【近义】一日千里【反义】
斗折蛇行 迂回曲折

一蟹不如一蟹 yī xiè bù rú yī xiè

【释义】一只螃蟹不如一只螃蟹。比喻
一个不如一个,每况愈下。【例句】上

级这次派来的人比上次的更差,这真是～,让人哭笑不得。

一心无二　yī xīn wú èr

【释义】大家一个心思,没有别的意思。形容同心同德,意志坚定。【例句】中国历史上的贤臣,都是～地为国家作贡献。【近义】一心一意　全心全意【反义】三心二意

一心一意　yī xīn yī yì

【释义】一门心思,一个意念。形容心志专一,没有别的想法。【例句】共产党～为人民服务。【近义】全心全意　一心无二【反义】三心二意

一星半点　yī xīng bàn diǎn

【释义】星:细小或细碎的东西。形容很少的一点儿。【例句】她是个节俭的人,～都不浪费。【近义】一丝一毫【反义】车载斗量

一言半语　yī yán bàn yǔ

【释义】指话很少。【例句】这件事完全是他不对,可他表示歉意的～都没有,人家会原谅他吗?【近义】三言两语【反义】千言万语

一言不发　yī yán bù fā

【释义】一句话也不说。【例句】小明数学考砸了,回到家闷闷不乐,～。【反义】滔滔不绝

一言不合　yī yán bù hé

【释义】一句话说得不投合。【例句】他脾气很倔,～就拍案而起,拂袖而去。

一言定交　yī yán dìng jiāo

【释义】交:朋友。刚一交谈就成了好朋友。形容双方情趣、爱好极为相似。【例句】在一个展览会上,我俩～。

一言既出,驷马难追　yī yán jì chū, sì mǎ nán zhuī

【释义】驷马:古时用四匹马拉一辆车。

一句话说出了口,就是套上四匹马的车也追不上。形容话已说出口,没法再收回。也作"驷马难追"。【例句】～,你可要说话算数哦!【近义】驷不及舌

一言九鼎　yī yán jiǔ dǐng

【释义】九鼎:比喻分量很重。一句话的分量有九只鼎那样重。形容说话很有分量。也作"九鼎一言""片言九鼎"。【例句】他是个～的人,只要说一句,这个问题就解决了。【近义】一言千金【反义】人微言轻

一言难尽　yī yán nán jìn

【释义】用一句话很难把事情说明白。形容事情曲折复杂。【例句】老李,这十年里我的生活发生了很大变化,唉,真是～啊!【反义】言简意赅　一言以蔽之

一言千金　yī yán qiān jīn

【释义】一句话价值千金。形容说话十分有分量。【例句】老教授德高望重,在学术上他～。

一言丧邦　yī yán sàng bāng

【释义】邦:国。一句话就能使国家灭亡。【例句】明代的严嵩曾位居足以"一言兴邦,～"的顶峰地位。【反义】一言兴邦

一言为定　yī yán wéi dìng

【释义】一句说定了的话,不再更改或反悔。【例句】明天你准时到车站等我,～,不可失约哦!【近义】一诺千金【反义】言而无信

一言兴邦　yī yán xīng bāng

【释义】邦:国。一句话就可以振兴国家。【例句】～的人,实在少见。【近义】一言千金【反义】一言丧邦

一言一行 yī yán yī xíng

【释义】每句话,每个行动。【例句】在公共场所我们要注意自己的～。【近义】一举一动 言谈举止

一言以蔽之 yī yán yǐ bì zhī

【释义】以:用。蔽:概括。用一句话来总结它。【例句】大家谈了那么多,～,就是要继续将各自的事业做大。【近义】总而言之 长话短说

一叶迷山 yī yè mí shān

【释义】山:泰山。一叶遮住眼睛,看不见泰山。比喻目光短浅,为局部或表面现象所迷惑,看不见事物的全部或本质。【例句】真正博学的人是不应当～的。【近义】一叶障目

一叶障目 yī yè zhàng mù

【释义】一叶遮住了眼睛。比喻目光短浅。【例句】我们必须注意不能以偏概全,不能～。【近义】一叶迷山

一叶知秋 yī yè zhī qiū

【释义】看到一片凋零的树叶落下,便知道秋天已经来临。比喻从细微的迹象或变化中可以判断事物发展的趋势。也作"落叶知秋"。【例句】风风雨雨,阴阴晴晴,人心向背,民情冷暖,有时变幻莫测,有时却～。【近义】见微知著

一衣带水 yī yī dài shuǐ

【释义】像一条衣带那样窄的河流或江面。形容一水之隔,来往方便。【例句】中国同朝鲜是～的邻邦。【近义】一水之隔【反义】天各一方

一以贯之 yī yǐ guàn zhī

【释义】贯:贯穿。用一个道理贯穿它。本指孔子的忠想思想贯穿于他的整个学说之中。后泛指某种理论或思想贯穿于事物的始终。【例句】厂规一旦实施,就要～。【近义】始终如一【反义】虎头蛇尾 朝令夕改

一意孤行 yī yì gū xíng

【释义】一意:按自己的意愿。孤行:独自行事。指不听别人的劝告,固执地按照自己的主观意志去做事,不考虑别人的意见或建议。【例句】你不听群众意见,～,必定失败。【近义】孤行己意 独断专行【反义】言听计从 从善如流 提示 含有贬义。

一饮而尽 yī yǐn ér jìn

【释义】一口气全部喝完。形容喝得非常爽快。【例句】他平时滴酒不沾,但今天他太高兴了,一大杯酒竟然毫不犹豫地～。

一应俱全 yī yīng jù quán

【释义】一应:所有一切。俱:都。一切都齐全了。【例句】她家的厨房用具～。【近义】应有尽有【反义】一无所有

一拥而入 yī yōng ér rù

【释义】许多人一下子挤了进来。【例句】请大家注意,不要一开门就～,这样是很危险的。【近义】一拥而上【反义】一哄而散

一拥而上 yī yōng ér shàng

【释义】很多人一起拥上去。【例句】搞经济建设,应该严格按照经济规律办事,切忌一哄而起,～。【近义】蜂拥而来

一隅之见 yī yú zhī jiàn

【释义】一隅:一个方面。见:见解,看法。片面的见解。【例句】我常有些～,请你们随时指出不对的地方,我好改正。【近义】一孔之见【反义】真知灼见

一语道破　yī yǔ dào pò

【释义】道：说。破：揭穿。一句话就说穿了。【例句】他～骗城的天机。【近义】一针见血　一语破的【反义】言不及义

一语破的　yī yǔ pò dì

【释义】破的：射中靶心。一句话就说中了要害或关键。【例句】厂长一语～："没有黄教授，就没有我们厂的今天!"【近义】一针见血　一语道破　一语中的【反义】文不对题　言不及义　不知所云

一语双关　yī yǔ shuāng guān

【释义】一个词或一句话牵涉两个意思。指表面上是一个意思，暗中又含另一个意思。【例句】老王经常～，很多时候你得仔细推敲，才知道他的真正用意。【反义】单刀直入

一则以喜，一则以惧　yī zé yǐ xǐ, yī zé yǐ jù

【释义】一方面因此而高兴，另一方面又因此而害怕。形容忧喜交织的心情。【例句】他成绩平平，这次数学考试意外地得了全班第一名，这真让他～。

一张一弛　yī zhāng yī chí

【释义】张：紧张，拉紧弓弦。弛：松弛，放松弓弦。原指治理国家，处理政事像使用弓弩一样，有拉紧的时候有放松的时候。后用来比喻工作、生活的劳逸要合理安排，适当调节。【例句】我们在工作上应该劳逸结合，～。

一朝一夕　yī zhāo yī xī

【释义】朝：早晨。夕：晚上。一个早晨或一个晚上。指很短的时间。【例句】这种技术不是～练就的。【近义】旦夕之间【反义】千秋万代　千年万载　天长地久

一朝之忿　yī zhāo zhī fèn

【释义】一朝：一时。一时或偶然激起的愤恨。【例句】他这样做，或许会引起～。

一朝之患　yī zhāo zhī huàn

【释义】一朝：一时。患：祸患。突然发生的灾祸。【例句】他做事总是不事先规划，这就难免会出现～。

一针见血　yī zhēn jiàn xiě

【释义】原指一针打下去就能见到血。现比喻对问题分析深入，一句话就击中要害。【例句】老李的发言～，道出了问题的关键所在。【近义】一语道破【反义】不痛不痒

一针一线　yī zhēn yī xiàn

【释义】一枚针，一根线。比喻极细小的东西。【例句】她为红军战士～的纳鞋底。【近义】一草一木

一枕黄粱　yī zhěn huáng liáng

见"黄粱一梦"。

一知半解　yī zhī bàn jiě

【释义】指知道得不全面或理解得不彻底。【例句】满足于～是不会进步的。【反义】博古通今

一纸空文　yī zhǐ kōng wén

【释义】一纸：一张。空文：空头文书。一份只写在纸上的毫无效用的文书。指没有法律效力的文件、条约、规定、计划等。【例句】法院的判决必须坚决执行，不能成为～。【近义】空头支票

一掷千金　yī zhì qiān jīn

【释义】掷：扔，投。原指赌徒下注，一次投下千金。后形容挥霍钱财。也作"千金一掷"。【例句】这个不孝之子

只求快意，～都不当一回事。【近义】挥金如土【反义】克勤克俭

一柱擎天　yī zhù qíng tiān

【释义】擎：托，举。一根柱子托起了天。指能独立承担国家重任。【例句】中国改革开放大潮中～的第一人是邓小平。【反义】一木难支

一字褒贬　yī zì bāo biǎn

【释义】褒：赞扬。贬：贬斥。本指《春秋》笔法严谨，用一字就表达了赞扬或贬斥的态度。后泛指用词很有分寸。【例句】谨慎，常再三斟酌而后～。

一字连城　yī zì lián chéng

【释义】连城：连成一片的很多座城，比喻贵重的东西。形容文学作品很有价值。【例句】王慧的诗虽然算不得是～，但在当前的诗歌创作中，无疑算得上是杰出的作品了。

一字千金　yī zì qiān jīn

【释义】形容书法、文辞精妙，价值很高。【例句】李白的诗歌，真可谓～。【反义】一文不值

一字千钧　yī zì qiān jūn

【释义】钧：古代重量单位，合三十斤。一个字有千钧重。形容文字很有分量。【例句】语言学家对他的评价～，充分肯定了他。【近义】一字千金

一字一板　yī zì yī bǎn

【释义】板：节拍。一个字一个字地说。形容说话从容清楚。【例句】爷爷思维清楚，说起话来～的。【近义】一字一句

一字一泪　yī zì yī lèi

【释义】一个字就像一滴眼泪。指文辞凄楚感人。【例句】真是绝唱，～，一泪一血！这就是王老师此篇文章的特点。

一字之师　yī zì zhī shī

【释义】改正一个字的老师。也指能改正别人诗文中的关键性字句使文章增色的老师。【例句】王晓是我的同学，又是我的～，我的文章经他修改以后，增色不少。

一走了之　yī zǒu liǎo zhī

【释义】了：了结。用离开、回避等办法来了结事情。【例句】这个老板简直听不进合理化的建议，我只好～。

一醉方休　yī zuì fāng xiū

【释义】休：罢休。直到喝醉了才停止。【例句】我们几十年没见面了，今天必须来个～。

一坐尽惊　yī zuò jìn jīng

【释义】一坐：满座。在座的人都感到十分惊讶。形容言行奇特或仪容出众。【例句】貂蝉一出现，～，都为她的美貌所折服。

衣钵相传　yī bō xiāng chuán

【释义】衣钵：原指佛教中师父传授给徒弟的袈裟和钵，因佛教禅宗用作师徒相传的法器，后泛指传授下来的思想、学问、技能等。也指师生或父子间思想、学问、技艺等的传授与继承。【例句】模具师对这位学徒非常喜爱，自当～。【近义】一脉相传【反义】后继无人

衣不蔽体　yī bù bì tǐ

【释义】蔽：掩盖。衣服破烂，遮不住身体。形容十分贫困。【例句】好吃懒做的他～，潦倒不堪。【近义】衣衫褴褛【反义】锦衣玉食

衣不重采　yī bù chóng cǎi

【释义】重：重叠。采：通"彩"。不把色彩鲜艳的衣服重叠着穿。形容穿着朴素。【例句】王教授潜心钻研，食不重

味，～。【近义】衣不曳地

衣不解带　yī bù jiě dài
【释义】带：束腰的衣带。不脱衣服睡觉。形容日夜超劳，不能安稳休息。【例句】在医院里，他～地服侍着父亲。

衣裳之会　yī cháng zhī huì
【释义】春秋时指诸侯以礼交好的集会。【例句】～十有一，未尝有献血之盟也，信厚也。【反义】兵车之会

衣冠楚楚　yī guān chǔ chǔ
【释义】冠：帽子。楚楚：鲜明整洁的样子。形容穿戴得整齐漂亮。【例句】来了一个陌生人，～，好一副绅士派头。【反义】衣衫褴褛　提示　"冠"不读 guàn。

衣冠禽兽　yī guān qín shòu
【释义】衣：穿衣。冠：戴帽。穿戴着衣帽的禽兽。指道德败坏、行为卑劣的人。【例句】平时道貌岸然的他，竟然是个～。【近义】人面兽心　提示　"冠"不读 guàn。

衣冠扫地　yī guān sǎo dì
【释义】衣冠：古代士以上的人才能戴冠，引申指士大夫。扫地：比喻名誉、威风全部丧失。指士大夫不顾名誉，丧尽廉耻。【例句】这个官员背地里尽干见不得人的事，终于事情败露，～。提示　"冠"不读 guàn。

衣架饭囊　yī jià fàn náng
【释义】挂衣服的架子，装饭的口袋。指没有任何技能的人。【例句】我有困难了，你们都不管，养你们这些～有什么用。【近义】酒囊饭袋【反义】能工巧匠

衣衫褴褛　yī shān lán lǚ
【释义】褴褛：(衣服)破烂。衣服破烂不堪，形容生活极为穷苦。【例句】这个～的人原是富家子弟，因为吸毒才被

赶出家门的。【近义】衣不蔽体【反义】衣冠楚楚

衣食父母　yī shí fù mǔ
【释义】衣食：衣服和食物，泛指基本的生活资料。比喻赖以为生的人。【例句】他一向认为作者是出版社的～。

衣食住行　yī shí zhù xíng
【释义】穿衣、吃饭、住宿、行走。指生活上的基本需求。【例句】我们到海南旅游，～他全包了。

依草附木　yī cǎo fù mù
【释义】迷信指妖魔鬼怪附在草木上作怪。指依附或是篡有权有势的人。【例句】迷信的人相信，鬼魂会～。/我们都瞧不起～的人。【近义】趋炎附势　攀龙附凤

依然故我　yī rán gù wǒ
【释义】故我：从前的我。指人的思想、行为等没有一点变化。【例句】虽然他多次被点名批评，但仍旧～。【近义】依然如故【反义】焕然一新　提示　多含贬义。

依然如故　yī rán rú gù
【释义】仍然和过去一样。形容没有任何变化。【例句】不管生活多么艰难，她开朗的性格～。【近义】依然故我【反义】面目全非　焕然一新

依山傍水　yī shān bàng shuǐ
【释义】傍：靠近。指地理位置靠近山脚，临近溪流或湖泊。多形容环境优美。也作"傍水依山"。【例句】小蕊一家居住在青城山一个～的别墅里。

依头顺尾　yī tóu shùn wěi
【释义】按照次序，从头至尾。比喻守规矩，顺服。【例句】李姐正在维持秩序："请大家，按顺序来！"

依违两可 yī wéi liǎng kě

【释义】依:赞同。违:反对。两可:两者都可以。赞成与反对都行。比喻对事情的态度模棱两可,不表示肯定或否定。【例句】对于这个方案,可以同意,也可以反对,大家只要把意见讲出来就好办,怕的是～,态度不明确,这倒不好办了。

依样画葫芦 yī yàng huà hú lú

【释义】比喻单纯地照样子模仿而没有新意。【例句】学习先进技术经验,不能～,要善于创新。【近义】生搬硬套【反义】独树一帜

依依不舍 yī yī bù shě

【释义】依依:留恋的样子。十分留恋,舍不得离开。【例句】春节很快过去了,小强～地离开了姥姥家。【近义】恋恋不舍【反义】掉头不顾 去心难留

依依惜别 yī yī xī bié

【释义】依依:留恋且不忍分离的样子。惜别:舍不得分别。形容十分留恋,舍不得分开。【例句】和姐姐～的情景,我至今记忆犹新。【近义】恋恋不舍【反义】掉头不顾

仪表堂堂 yí biǎo táng táng

【释义】仪表:人的外表。堂堂:庄重大方的样子。形容容貌端庄大方,气度非凡。【例句】厂长年轻时～。【近义】一表非凡【反义】其貌不扬

仪态万方 yí tài wàn fāng

【释义】仪态:容貌,姿态。万方:多方面。形容容貌、姿态美丽多姿。【例句】这位大夫和蔼优雅,～。【近义】绰约多姿

怡情理性 yí qíng lǐ xìng

【释义】怡:和悦。理性:调和性情。使心情快乐舒畅。【例句】欣赏音乐可以～,消愁除闷。

怡然理顺 yí rán lǐ shùn

【释义】怡然:喜悦。使人心悦而处理通顺。【例句】这本科技书读第三遍的时候,我遇到的难题都涣然冰释,～了。

怡然自得 yí rán zì dé

【释义】怡然:喜悦的样子。自得:内心满足。形容喜悦而满足的样子。【例句】他靠在床上看电视,一副～的样子。【近义】悠然自得【反义】若有所失 爽然若失 黯然神伤 惘然若失

怡堂燕雀 yí táng yàn què

【释义】怡:安适。住在安适的堂屋里的小鸟。比喻处境危险而不自知的人。【例句】～,不知后灾,瓮里醯鸡,安有广见?

贻害无穷 yí hài wú qióng

【释义】贻:留下。穷:极,尽。留下的祸患很严重。【例句】现在不重视建筑质量,将来必然～。 提示 "贻"不能写成"遗"。

贻人口实 yí rén kǒu shí

【释义】贻:遗留。口实:话柄。指因为言语、行动不慎,给人家留下话柄。【例句】说话不注意,就可能～。

贻笑大方 yí xiào dà fāng

【释义】贻笑:让人笑话。大方:指专家学者,内行人。让内行笑话。【例句】你别在这儿炫耀你的发明了,也不怕～。【近义】见笑大方

移船就岸 yí chuán jiù àn

【释义】就:靠近。将船撑过来靠近岸边。比喻主动地听从支配和控制。【例句】大家都希望杀人恶魔～。

移东补西 yí dōng bǔ xī

【释义】挪用一部分钱物来弥补另一部

分的空缺。指应付一时的急需,不作长期打算。【例句】小强的老毛病不改,到处借钱,～,这哪里是个办法呢!【近义】拆东墙补西墙

Y

移风易俗　yí fēng yì sú
【释义】风:风气,时尚。易:改变。俗:习俗。改变旧的风俗习惯。【例句】我们应当树立～,尊老爱幼、团结互助的新风尚。【反义】入乡随俗　未能免俗

移花接木　yí huā jiē mù
【释义】把带花的枝条嫁接到另一种树木上。比喻暗中使用手段更换人或事物。【例句】他这种～的做法居然没被发现。【近义】偷梁换柱　偷天换日

移山倒海　yí shān dǎo hǎi
【释义】倒:翻转。移动山岳,翻倒大海。改变山和海的位置,形容人的力量和气魄的伟大。【例句】人民的力量可以～、改造自然。【近义】扭转乾坤

移天徙日　yí tiān xǐ rì
【释义】移、徙:更换。改变青天,偷换日月。比喻暗中使用手段窃取或改换国家政权。【例句】林彪反革命集团妄图～。

移樽就教　yí zūn jiù jiào
【释义】樽:酒杯。端着酒杯到别人跟前一起饮酒,以便求教。泛指主动向人请教。【例句】每个人都有自己的长处,～是常有的事。【近义】不耻下问【反义】好为人师

遗臭万年　yí chòu wàn nián
【释义】遗臭:死后留下坏名声。坏名声流传下去,永远让人唾骂。【例句】害死岳飞的奸臣秦桧,将～。【近义】声名狼藉　臭名远扬【反义】流芳百世　青史留名　永垂不朽

遗风余烈　yí fēng yú liè
【释义】风:风气,风尚,风范。烈:功绩,功业。祖先遗留下的美好风气和不朽的功业。【例句】祖先的～,我们有责任继承和发扬下去。

遗风余韵　yí fēng yú yùn
【释义】风:风气,风尚,习俗。韵:情趣,风韵。古人遗留下来的习俗、风尚、情趣等。【例句】古时候有一些戴着高高的帽子,穿着大衣袖的学者们,反复辩论孔子的～。

遗恨千古　yí hèn qiān gǔ
【释义】遗恨:到死还感到悔恨。留下的悔恨永远存在。【例句】这回你要想好,要是走错一步,可要～了。【近义】抱恨终天　终生之恨

遗老遗少　yí lǎo yí shào
【释义】指改朝换代后仍然效忠前一朝代的老年人。也指经历世变的老人。【例句】面对新社会日新月异的变化,这些～也不得不竖起大拇指。 提示 "少"不读 shǎo。

颐神养性　yí shén yǎng xìng
【释义】颐:保养。保养精神,陶冶性情。【例句】现在我退休了,看看书,写写字,过着～的日子。

颐指气使　yí zhǐ qì shǐ
【释义】颐:下巴。不说话而用面部表情或口鼻出气发声来示意。形容有权势的人随意支使人的傲慢神气。【例句】有的人一升官,便摆出一副～的派头,可群众并不买他的账!【近义】盛气凌人　趾高气扬　神气活现【反义】俯首帖耳　唯唯诺诺　低三下四　奴颜婢膝

疑神疑鬼 yí shén yí guǐ

【释义】疑：怀疑。毫无根据地怀疑这个，怀疑那个。形容人多疑。【例句】因为做了对不起别人的事，她天天～，觉得大家都在谈论她。【近义】杯弓蛇影 满腹狐疑【反义】自信不疑

疑团莫释 yí tuán mò shì

【释义】怀疑的事情，像一个团块结在心中，无法消解。【例句】这个案子错综复杂，疑点甚多，法官一时也是～。【反义】恍然大悟

疑信参半 yí xìn cān bàn

【释义】一半怀疑，一半相信。表示对事情的真假不敢肯定。【例句】因为他一向品行良好，说他有偷盗行为，就使人～了。【近义】半信半疑【反义】深信不疑

以暴易暴 yǐ bào yì bào

【释义】以：用。易：替换。用凶暴的代替凶暴的。指统治者改换了，可是暴虐的统治依然不变。现也指用暴力对付暴力。【例句】邻里间发生纠纷不能～。

以冰致蝇 yǐ bīng zhì yíng

【释义】致：招引。用冰招引苍蝇。比喻没有可能实现的事。【例句】冰冰经常做～的事。【近义】缘木求鱼

以辞害意 yǐ cí hài yì

【释义】辞：文辞。意：文章所要表达的内容。指因拘泥于文辞而曲解文章所要表达的真实想法。【例句】你这首诗为了语音的悦耳而忽略了文辞的含义，难免有些～。

以德报德 yǐ dé bào dé

【释义】报：回报。用恩惠回报别人的恩德。【例句】中国人的传统美德之一就是～。

以德报怨 yǐ dé bào yuàn

【释义】报：回报。用恩德回报别人的怨恨。形容仁爱宽厚。【例句】琳琳用～的一片真诚感化了小李。【反义】以怨报德

以点带面 yǐ diǎn dài miàn

【释义】面：全面。指用在一个地区或单位取得的经验来带动成片地区或更多单位的工作。【例句】高新区的蓓蕾社区改革非常成功，～，现在已向全市推广。

以毒攻毒 yǐ dú gōng dú

【释义】用毒药来治疗毒疮等疾病。比喻用恶人来对付恶人或用不良事物本身的矛盾来反对不良事物。【例句】这种～的法子尽量少用。【近义】请君入瓮 以牙还牙

以碫投卵 yǐ duàn tóu luǎn

【释义】碫：磨刀石。用磨刀石砸蛋。比喻以强攻弱，一定击破对方。【例句】训练有素的我军小分队剿灭这伙匪徒，就像～，不费吹灰之力。【反义】以卵击石

以讹传讹 yǐ é chuán é

【释义】讹：错误。将不正确的话又错误地传播开，结果越传越错。也作"讹传讹"。【例句】有的人喜欢传播小道消息，以致～。【近义】道听途说

提示 "讹"不读 huà。

以耳代目 yǐ ěr dài mù

【释义】把耳朵听到的当成亲眼看见的。比喻不亲自调查，就把传闻当真的。【例句】在调查研究中，听是了解情况的一种主要方式，但切不可完全～。【反义】耳闻目睹 事必躬亲

Y

以防不测　yǐ fáng bù cè
【释义】防:防备。测:推测,料想。用来防备不曾预料到的事。【例句】我们做好一切准备工作～。【近义】防患未然【反义】临阵磨枪

以防万一　yǐ fáng wàn yī
【释义】万一:可能性极小的意外变化。用以防备难以预料的事情。【例句】这几天山里有大暴雨,大家为了～,还是决定暂时离开这里。【近义】有备无患

以丰补歉　yǐ fēng bǔ qiàn
【释义】丰:丰收。歉:歉收。将丰年剩余的粮食储存起来,等到灾荒之年使用。【例句】各县都储备了足够的粮食来～。

以公灭私　yǐ gōng miè sī
【释义】私:私情,个人恩怨。指为了公家的利益而不顾私情或处事出以公心而不考虑个人恩怨。【例句】老王很正直,～。【反义】以私害公

以攻为守　yǐ gōng wéi shǒu
【释义】以:用。用主动进攻的策略来达到防御的目的。【例句】在这场战争中,十八军团用～的策略打退了敌人的进犯。【反义】以守为攻

以古非今　yǐ gǔ fēi jīn
【释义】非:否定。用古代的事非难当代。【例句】你说这部历史著作是～,那是毫无根据的。【近义】借古讽今

以古为鉴　yǐ gǔ wéi jiàn
【释义】鉴:借鉴。把历史上的功过作为今天的借鉴。【例句】以铜为鉴,可以正衣冠;～,可以知兴替;以人为鉴,可以知得失。 提示 "为"不读 wèi。

以古喻今　yǐ gǔ yù jīn
【释义】喻:说明。借用古代的事来说明当今的事或道理。【例句】这篇文章古今结合,～,使文章有了较强的历史纵深感,增加了可读性。【近义】借古讽今

以观后效　yǐ guān hòu xiào
【释义】后效:以后的效果。用来观察以后的成效、表现。对犯错误的人宽大处理,观察其有无改正错误的表现。【例句】他被撤职开除,留厂察看三个月,～。

以管窥天　yǐ guǎn kuī tiān
【释义】管:竹管。窥:从小孔或缝隙中看。从竹管的孔洞里看天。比喻目光短浅,看不到事物的整体。【例句】中国古书上早有"～,以蠡测海"这句话,用来嘲讽类似的迂阔。【近义】以蠡测海　管中窥豹　坐井观天

以规为瑱　yǐ guī wéi tiàn
【释义】瑱:古人冠冕上垂在两侧用以堵耳的玉石饰物。把规劝的话当作堵耳的瑱玉。指不重视别人的规劝。【例句】王明这人～,逆耳忠言听不进,很难有所长进。【近义】固执己见　充耳不闻【反义】洗耳恭听

以火救火　yǐ huǒ jiù huǒ
【释义】用火来救火灾,不但不能制止,反而助长火势。【例句】小李和小王已打得不可开交,你再激怒他们,不是～吗?【近义】以水救水

以己度人　yǐ jǐ duó rén
【释义】度:忖度,推测。用自己的想法去衡量或推测别人的心思。【例句】判断事情一定要本着客观公正的态度,不能～。

以假乱真　yǐ jiǎ luàn zhēn
【释义】用假的冒充真的,让人分不清真假。【例句】不少假货足以～,不要说农民分不出真假,有时连生产厂家也难以辨别。【近义】鱼目混珠【反义】

货真价实

以儆效尤　yǐ jǐng xiào yóu

【释义】儆:告诫,警戒。效:仿效。尤:过错。用对一个坏人或一件坏事的严肃处理来警告那些学做坏事的人。【例句】只有严法才能治贪,才能严肃党纪国法,才能～,才能真正取信于民。【近义】鱼目混珠

以酒解酲　yǐ jiǔ jiě chéng

【释义】酲:酒醉后神志不清。用酒来解酒。比喻用有害的东西或方法去救急。【例句】以服用大量减肥药的方式来维持健美的身材无异于～,很快就会把身体搞垮。【近义】饮鸩止渴

以泪洗面　yǐ lèi xǐ miàn

【释义】面:脸。用眼泪来洗脸。形容非常忧伤。【例句】自从母亲去世后,她常常～。

以狸饵鼠　yǐ lí ěr shǔ

【释义】狸:一种猫。饵:诱。用猫来诱捕老鼠。比喻事情绝不可能成功。【例句】这种～的蠢事他是不会做的。【近义】缘木求鱼

以蠡测海　yǐ lí cè hǎi

【释义】蠡:用瓠瓜做的瓢。用瓢来量海水。比喻见识少,不明事理。【例句】以管窥天,～。【近义】以管窥天　坐井观天

以礼相待　yǐ lǐ xiāng dài

【释义】待:接待,对待。用应有的礼节对待别人。指对人表示尊重。【例句】他对周围的邻居从来都是～,绝无轻慢之举。【反义】趾高气扬　提示 "相"不读 xiàng。

以理服人　yǐ lǐ fú rén

【释义】服:说服。使心折服。用道理说服

别人。【例句】你别无理取闹了,要～。【反义】以力服人　以势压人

以力服人　yǐ lì fú rén

【释义】服:制伏。用强力使人服从。【例句】你不要～,最好是以理服人。【反义】以理服人

以邻为壑　yǐ lín wéi hè

【释义】壑:山沟,深谷。把邻国当成排泄洪水的深沟。比喻只顾自己,把困难、灾祸等转嫁给别人。【例句】她这种～的做法让人无法理解。【近义】损人利己【反义】千金买邻　提示 "为"不读 wèi。

以卵投石　yǐ luǎn tóu shí

【释义】卵:蛋。击:敲打,碰击。拿蛋去碰石头。比喻自不量力,必然自取灭亡。【例句】他那么强大,你跟他斗等于～。【近义】以指挠沸　不自量力【反义】量力而行

以毛相马　yǐ máo xiàng mǎ

【释义】从马的毛来看马的好坏。比喻凭一个人的言语来评断他的人品、才能。也比喻仅以外表来衡量人。【例句】你只和她谈过一次话,就对她的性格妄加猜测,真是～。【近义】以貌取人

以貌取人　yǐ mào qǔ rén

【释义】以:根据。貌:相貌,外表。取:判定取舍。指根据人的外表来判断人的品质、才能或决定对待的态度。【例句】我们的厂长～,当然得不到贤才了。【近义】以毛相马【反义】量才录用

以偏概全　yǐ piān gài quán

【释义】偏:片面、局部。概:概括。依据局部的现象推论整体,得出错误的结论。【例句】我们处理问题必须注意不能～,不能一叶障目。【近义】以管

窥天

以其昏昏,使人昭昭　yǐ qí hūn hūn, shǐ rén zhāo zhāo

【释义】其:他的。昏昏:暗,模糊,糊涂。昭昭:明白。用他模糊的理解去让别人明白。也指自己糊里糊涂,却要指挥明白、清楚的人。【例句】事情的经过他并不完全清楚,但仍在那里不停地向别人介绍,真是～。 提示 含贬义。

以其人之道,还治其人之身　yǐ qí rén zhī dào, huán zhì qí rén zhī shēn

【释义】以:拿,用。治:惩处,惩办。用别人的办法来惩治别人。【例句】他固执地认为,面对别人的挑衅,一味退缩忍让是不行的,必须～。结果把自己害了。【近义】以牙还牙

以强凌弱　yǐ qiáng líng ruò

【释义】凌:欺负。仗着自己的强大而去欺负弱小的。【例句】文章对封建社会里～、虚伪欺诈的社会风气作了深刻的揭露。【近义】恃强凌弱　倚势凌人　仗势欺人【反义】除暴安良　锄强扶弱

以勤补拙　yǐ qín bǔ zhuō

【释义】补:弥补。拙:笨。用勤奋来弥补笨拙。【例句】学习技术这件事,我坚持～,相信付出总会有回报。【近义】将勤补拙

以权谋私　yǐ quán móu sī

【释义】以:凭借。谋:谋取。凭借自己掌握的权力谋取私利。【例句】现在确有少数干部～,侵犯群众利益,群众很不满意。【近义】贪赃枉法【反义】一心为公

以人废言　yǐ rén fèi yán

【释义】以:因为。因为某人不好、地位低下或对某人有意见,不管他的话是否有道理,概不听取。【例句】虽然他参加工作的时间不长,我们也不能～。

以人为鉴　yǐ rén wéi jiàn

【释义】鉴:镜子。把别人作为自己的镜子。指从别人的得失中吸取经验教训。【例句】～,可以明白自己的得失。【近义】引以为戒

以柔克刚　yǐ róu kè gāng

【释义】用温和的方法、手段制伏强硬的对手。比喻避开锋芒,用温和的手段取胜。【例句】太极拳重在～。【近义】以屈求伸【反义】倚强凌弱　以暴易暴

以柔制刚　yǐ róu zhì gāng

【释义】制:制伏,战胜。用温和的方法、手段战胜强硬的对手。【例句】再难解决的事件她都不怕,她的绝招就是～。【近义】柔能制刚【反义】以暴易暴

以弱制强　yǐ ruò zhì qiáng

【释义】制:制伏,战胜。用弱小的力量战胜强大的敌人。【例句】这场战役,是我军～的典型事例。【近义】以少胜多【反义】以强凌弱

以杀止杀　yǐ shā zhǐ shā

【释义】以:用。止:制止。用杀戮的办法来制止人们互相残杀。也比喻用与别人相同的手段来攻击别人。【例句】～,何时是个头?【近义】以刑止刑　以战去战　以毒攻毒

以少胜多　yǐ shǎo shèng duō

【释义】用少数的力量战胜多数的力量,以弱小战胜强大。【例句】一连的战士～,消灭了敌人一个营。【近义】以弱制强【反义】寡不敌众　倚强凌弱

以身试法　yǐ shēn shì fǎ

【释义】身:亲身。试:尝试。用自己的行为来尝试法律的威力。指明知是违法的事,却偏要去做,企图侥幸躲过法

律的制裁。【例句】甘心～的人毕竟是不多的。【近义】知法犯法 违法乱纪 作奸犯科【反义】奉公守法 廉洁奉公 以身作则 以身殉国

以身殉国 yǐ shēn xùn guó

【释义】身:身体,生命。殉:为达到某种目的而献出生命。为了国家的利益献出自己的生命。【例句】人民战士在祖国的解放事业中,不惜牺牲自己的生命,这种～的伟大精神值得我们学习。【近义】舍生取义【反义】苟且偷生

以身殉职 yǐ shēn xùn zhí

【释义】殉:为达到某种目的而献出生命。因忠于职守而牺牲。【例句】为了二十四名旅客的生命安全,大巴司机吴兵同志不幸～。【近义】以身许国【反义】苟且偷生

以身作则 yǐ shēn zuò zé

【释义】身:自己,自身。则:准则,榜样。以自己的行动做出榜样。【例句】你是厂长,应～,给工人们做个榜样。【近义】言传身教 提示 "则"不能写成"责"。

以升量石 yǐ shēng liáng dàn

【释义】石:旧时容量单位,十升为一斗,十斗为一石。比喻以肤浅的理解来揣度深远的道理。【例句】这种想法无异于～,浅陋无比。【近义】以管窥天 以蠡测海 提示 含贬义。

以石投水 yǐ shí tóu shuǐ

【释义】投:扔,掷。把石子扔进水里,水能相容,不相抵御。比喻因相互投合而完全采纳所提建议。【例句】他俩志同道合,对问题的看法,如同～,一拍即合。【近义】一拍即合【反义】以水投石

以守为攻 yǐ shǒu wéi gōng

【释义】以:用。攻:进攻。用防御的方式作为进攻的手段。【例句】我军决定～,消耗敌人兵力,然后再集中力量突过河去,全歼敌人。【反义】以攻为守

以水救水 yǐ shuǐ jiù shuǐ

【释义】引水来救水灾,水势更猛。比喻毫无用处,反而助长其势。【例句】听他这一说,矛盾不仅没有解决,反而吵得更厉害了,真是～。【近义】以火救火

以水投石 yǐ shuǐ tóu shí

【释义】就像把水洒在石头上。比喻意见相左,不被对方所接受。【例句】我俩意见～,这事不好办了。【反义】以石投水

以私害公 yǐ sī hài gōng

【释义】因为私情或私人的利益损害公德或公家的利益。【例句】义重而恩轻,则不～。【反义】以公灭私

以汤止沸 yǐ tāng zhǐ fèi

【释义】汤:开水。将开水倒进沸腾的水里去制止水的沸腾。比喻方法错误,不但无济于事,反助长错误。【例句】这种药对于你的病是～,不要用了。【近义】徒劳无功【反义】以汤沃雪 提示 含贬义。

以莛叩钟 yǐ tíng kòu zhōng

【释义】莛:草茎。用草茎敲钟,没有一点声响。比喻才疏学浅的人向学识渊博的人请教。也比喻不自量力,去做根本办不到的事情。【例句】以管窥天,以蠡测海,～,岂能通其条贯,考其文理,发其音声哉?【近义】以莛撞钟

以退为进 yǐ tuì wéi jìn

【释义】退:谦让,退让。进:进步。原指

把退让看作前进。后转指用退让作为进取的手段。【例句】我们现在只能～，欲擒故纵。【近义】以守为攻

以往鉴来 yǐ wǎng jiàn lái

【释义】鉴：借鉴。用过去的教训作为今后办事的借鉴。【例句】在经济建设中，我们要不断总结经验，～。【近义】引以为戒

以微知著 yǐ wēi zhī zhù

【释义】微：微小。著：明显，显著。从事物露出的苗头，可以推知它的发展趋向或实质。【例句】凡事不要轻信，～，明辨是非。【近义】举一反三　以小见大

以文会友 yǐ wén huì yǒu

【释义】会：结交。用写诗作文来结交朋友。【例句】他们以书为桥，～，在增进海内外华人的民族感情方面作出了突出贡献。

以小见大 yǐ xiǎo jiàn dà

【释义】从小处可以看出大处。指通过小事可以看出大节，或通过一小部分看出整体。【例句】～，我们通过这件小事，就可以看出他的品德。【近义】以微知著

以小人之心，度君子之腹 yǐ xiǎo rén zhī xīn, duó jūn zǐ zhī fù

【释义】小人：指道德品质不好的人。度：揣摩，推测。君子：指品行高尚的人。用卑劣的想法去猜测品行高尚者的胸襟。【例句】他经常疑心别人说他坏话，真是～。

以心传心 yǐ xīn chuán xīn

【释义】佛教用语。指不用语言文字，而以慧心相传授。【例句】相传达摩曾说，我法～，不立文字。

以刑止刑 yǐ xíng zhǐ xíng

【释义】止：制止，消除。用刑罚消除刑罚。即从重处罚犯罪者，使别的人不敢再犯法，从而达到消除刑罚的目的。【例句】不立制度，则未之前闻，故曰～，以杀止杀。【近义】以杀止杀　以战去战

以牙还牙 yǐ yá huán yá

【释义】对方怎么来，就怎么还击。比喻用对方的手段针锋相对地还击对方。【例句】对于侵略者，最好的办法就是～，以眼还眼。【近义】以眼还眼【反义】逆来顺受

以一持万 yǐ yī chí wàn

【释义】一：指根本的、关键的事物。持：把握，控制。比喻抓住关键部位，就能控制全局。【例句】只有掌握了科学的学习方法，才能～。【近义】纲举目张　提纲挈领

以一当十 yǐ yī dāng shí

【释义】当：抵挡。一个人抵挡十个人。形容英勇善战，以少胜多。【例句】战略上要藐视困难，～，战术上要重视困难，以十当一，这是我们战胜敌人的根本法则之一。【近义】以少胜多

以逸待劳 yǐ yì dài láo

【释义】逸：安闲，安逸。劳：疲劳。指两军交战时，一方养精蓄锐，等对方进攻，待其实力严重消耗、疲劳不堪时，再出击以取胜。【例句】打仗时有效地运用以近待远、～、以饱待饥等军事策略，就可以克敌制胜。【近义】养精蓄锐【反义】疲于奔命

以意逆志 yǐ yì nì zhì

【释义】以：用。逆：揣度。志：心意，意图。指用自己的想法去揣度别人的心意。【例句】她有多年心理学方面的修

养,～,因此她能还原多年前作者创作该作品时的心境。【近义】以己度人

以怨报德 yǐ yuàn bào dé
【释义】怨:仇怨。报:回报。德:恩德,恩惠。用怨恨来报答别人给自己的恩德。【例句】大伯对你恩重如山,你却做出如此～的事,良心何在!【近义】忘恩负义【反义】以德报怨

以直报怨 yǐ zhí bào yuàn
【释义】直:正直,公平。用正直去对待心存怨恨的人。【例句】尽管她一直妒忌老李,但老李～,还是任用了她。【反义】以怨报德

以指挠沸 yǐ zhǐ náo fèi
【释义】指:手指头。挠:搅。沸:滚,开,指滚烫的开水。用手指去搅开水。比喻自取其祸。【例句】你用一支二十人的小分队去迎战六千人的军队,无异于～。【近义】以卵投石

倚财仗势 yǐ cái zhàng shì
【释义】倚、仗:凭借,依仗。凭借自己的财富,为非作歹。【例句】他～,为非作歹,大家都不喜欢他。

倚老卖老 yǐ lǎo mài lǎo
【释义】倚:仗恃。仗着自己年纪大,卖弄老资格,看不起人。【例句】他虽年逾九旬,但从不～,因此,得到大家的尊重。

倚门傍户 yǐ mén bàng hù
【释义】倚、傍:靠。户:门。靠在别人的门边上。比喻依附于他人而不能自立。【例句】在学术上有他自己的一套理论,并不～。【近义】傍人门户【反义】自立门户

倚门倚闾 yǐ mén yǐ lǘ
【释义】闾:里巷。倚在家门口或里巷的门口向远处望。形容父母盼望儿女归来的殷切心情。也泛指焦急地等待。【例句】女儿在外游学,做母亲的在家～,思念深切。

义薄云天 yì bó yún tiān
【释义】正义之气上扬迫近青天。形容义气之盛。也指义理之高妙。【例句】在危急关头,他表现出共产党人～的英雄气概。【近义】正气凛然

义不容辞 yì bù róng cí
【释义】义:道义。容:容许。辞:推辞。道义上不允许推辞。【例句】照顾母亲的生活起居是我～的责任。【近义】责无旁贷

义愤填膺 yì fèn tián yīng
【释义】义愤:对非正义事情所产生的愤怒。填:充满。膺:胸。心中充满义愤。【例句】听了乡亲们的控诉,战士们个个～,气愤不已。【近义】天怒人怨 满腔义愤【反义】麻木不仁

义结金兰 yì jié jīn lán
【释义】结交投合的朋友。【例句】汉末,刘备、关羽、张飞三人在桃园～的事传为佳话。【近义】刎颈之交【反义】不共戴天

义无反顾 yì wú fǎn gù
【释义】义:正义。顾:回头看。坚持正义,勇往直前,绝不退缩犹豫。【例句】洪水来袭,解放军战士～地投奔到抗洪第一线。【近义】勇往直前 当仁不让【反义】畏首畏尾 瞻前顾后

义形于色 yì xíng yú sè
【释义】形:显露出来。色:脸色。主张正义的心情从脸上流露出来。【例句】一说起抗日,他就～,慷慨激昂。

Y

义正词严　yì zhèng cí yán

【释义】义:道理。词:言词。道理正确,措辞严厉。【例句】"你诬陷忠良,杀人灭口!"他～地说道。【近义】词正理直　理直气壮【反义】理屈词穷

艺不压身　yì bù yā shēn

【释义】艺:技能,技术。技艺不会压着身子。常用于劝人多学一些技能。【例句】爷爷常说:"人的一生要多学几门技术,～啊!"

忆苦思甜　yì kǔ sī tián

【释义】苦:苦难。甜:幸福。回忆过去所受的苦难,来体会今天的幸福生活。【例句】王爷爷～是要我们不忘记过去。

议而不决　yì ér bù jué

【释义】议:讨论。决:决定。讨论了很久却没有作出决定。【例句】做事不能拖拖拉拉,～,决而不行。

议论纷错　yì lùn fēn cuò

见"议论纷纷"。

议论纷纷　yì lùn fēn fēn

【释义】议论:对人或事物的好坏、是非等表示意见。纷纷:纷繁错杂的样子。意见不统一,各种说法很多。也作"议论纷错"。【例句】李校长做完了报告,大家～,有的表示同意,有的表示反对。【近义】众说纷纭【反义】众口一词

屹立不动　yì lì bù dòng

【释义】稳固矗立,不动摇。比喻坚定不移。【例句】大雁塔久经风雨的考验,仍～,足见古人建筑技术的高超。【近义】纹丝不动【反义】摇摆不定

亦步亦趋　yì bù yì qū

【释义】趋:快走。紧紧地跟着别人走。比喻刻意模仿或追随别人,自己没有主见。【例句】小李从乡下来了,怕迷路,跟着姑姑～。/她总是～,是个没主见的人。【近义】如影随形　人云亦云　禹行舜趋【反义】标新立异　别具一格　别出心裁　提示　含贬义。

衣锦还乡　yì jǐn huán xiāng

【释义】衣:穿。穿着锦袍回到家乡。旧指富贵后回到家乡炫耀。【例句】新中国成立前王先生到海外打工,梦想～,结果却流落街头。【反义】背井离乡

衣绣夜行　yì xiù yè xíng

【释义】衣:穿。绣:指五彩刺绣的官服。穿了锦绣衣裳在夜晚行走。比喻不让别人看见自己的荣耀和显赫。【例句】富贵不归故乡,如～。【反义】衣绣昼行　衣锦昼行

衣绣昼行　yì xiù zhòu xíng

【释义】衣:穿。绣:指五彩刺绣的官服。昼:白天。大白天穿着锦绣衣服行走。比喻身居官职的人故意向别人显示其荣耀。【例句】封建时代,～被视为很荣耀。【反义】衣绣夜行

异端邪说　yì duān xié shuō

【释义】邪说:被看作是有害的学说。指不符合正统思想的观点或言论。【例句】不要被～所蒙蔽,要相信科学。【近义】妖言惑众　左道旁门

异乎寻常　yì hū xún cháng

【释义】异:不同。寻常:平常。和平常不一样。【例句】这篇～的小小说,寓意太深了。【近义】与众不同【反义】平淡无奇

异军突起　yì jūn tū qǐ

【释义】异军:另外一支军队。突起:突然兴起。另外一支军队突然兴起。指

新的派别或新的力量一下子崛起。【例句】今年的足球赛，新组建成立的小虎队～，夺取了联赛冠军。

异口同声 yì kǒu tóng shēng

【释义】不同的口说出一样的话。形容大家的说法、看法或见解都一致。【例句】大家～地说，这件好事是他做的。【近义】一口同音 众口一词【反义】众说纷纭 各执己见

异曲同工 yì qǔ tóng gōng

【释义】曲：曲调。工：精妙，美妙。虽然曲调不同，但同样美妙。比喻不同时代、不同作者的文章都一样精美。也比喻方法不同，收到的效果都一样。【例句】这两部电视剧表现形式不同，但～，表现了相同的主旨。/他们俩的文章，虽然体裁不同，但却有～之妙。【近义】殊途同归【反义】截然不同 判若云泥

异想天开 yì xiǎng tiān kāi

【释义】异：奇特。天开：天门打开。指想法怪异，幻想天门打开。形容想法十分荒谬，很不现实。【例句】将各种各样的屎帽子扣在他的头上。说他的那些改革设想，纯粹就是～。【近义】想入非非

抑强扶弱 yì qiáng fú ruò

【释义】抑：压抑。扶：扶助。压制强横的，扶助弱小的。【例句】他最好打抱不平，～。【近义】锄强扶弱【反义】仗势欺人

抑扬顿挫 yì yáng dùn cuò

【释义】抑：压低。扬：升高。顿：停顿。挫：转折。形容音调起伏曲折、节奏鲜明、和谐优美。【例句】这～、温柔悦耳的乡音，令人心驰神往。【反义】平铺直叙

易地而处 yì dì ér chǔ

【释义】对调所处的位置。【例句】《镜花缘》中描述的女儿国，用～的方法与现实中的男尊女卑作对照，影射了当时社会的不合理。

易如反掌 yì rú fǎn zhǎng

【释义】易：容易。反掌：把手掌翻过来。容易得像翻转一下手掌。形容很容易做到。【例句】以他的为人处世，办成这件事应当是～。【近义】易如拾芥 唾手可得【反义】难于登天

易如拾芥 yì rú shí jiè

【释义】拾：拣起。芥：小草。像从地上拣起小草一样容易。形容很轻易，毫不费劲。【例句】这件事对他来说简直就是～。【近义】易如反掌

易子而食 yì zǐ ér shí

【释义】把自己的儿女交换着吃。形容大灾之年或久被围困绝粮断炊时的悲惨境况。【例句】旧中国大灾之年，百姓流离失所，炊烟断绝，～，惨不忍睹。

逸闻轶事 yì wén yì shì

【释义】逸、轶：散失。指没有载入史书而在民间流传的事迹。【例句】奶奶知道的～可真不少。

意气风发 yì qì fēng fā

【释义】意气：意志和气概。风发：像风一样迅猛兴起。指精神振奋，斗志昂扬。【例句】中国妇女从来没有像今天这样～，健康美丽。【近义】斗志昂扬 神采飞扬【反义】萎靡不振

意气相投 yì qì xiāng tóu

【释义】意气：志趣。投：投合。形容志趣、性格十分投合。【例句】他俩是多年的老朋友，～，有什么话都会告诉对方。

Y

意气扬扬 yì qì yáng yáng

【释义】意气:精神和气概。扬扬:得意的样子。形容很得意或情绪高昂。也作"意气洋洋"。【例句】晓峰数学考试获得了第一名,他～地走上领奖台。【近义】洋洋自得【反义】灰心丧气　垂头丧气

意气洋洋 yì qì yáng yáng

见"意气扬扬"。

意气用事 yì qì yòng shì

【释义】意气:情绪,感情。用事:处理事情。凭一时感情或情绪的冲动去办事。【例句】做事情不要～,要应考虑全局。【近义】感情用事【反义】三思而后行

意气自如 yì qì zì rú

【释义】意气:神态、神色。自如:自然。神色自然,像平常一样。形容非常镇定。【例句】作曲大师不因头上有两顶帽子而感沉重,仍～,谈笑风生。【近义】神色自若

意味深长 yì wèi shēn cháng

【释义】意味:意义和趣味。指含意深远,耐人寻味。【例句】我父亲总爱说一些～的话。【近义】耐人寻味【反义】淡而无味　索然无味　兴味索然

意想不到 yì xiǎng bù dào

【释义】意想:意料。没有意料到。形容十分意外。【例句】兔子机警善跑,也许正因为跑得快,这又使兔子遇到～的灾难。

意犹未尽 yì yóu wèi jìn

【释义】意:心愿,兴趣。心里的话没有说完或兴趣没有得到完全满足。【例句】今天参观了历史博物馆,大家很高兴,至今仍～。

意在笔前 yì zài bǐ qián

【释义】指写作、绘画、写字时,先精心构思,再下笔。【例句】王林行文构思,总是～,而后一气呵成。

意在言外 yì zài yán wài

【释义】指语意含蓄,真实的意思暗含在言辞之外,没有明白地说出来。【例句】这短短的两句话有着很多的含义,中国的语言很深奥,往往是～。【近义】弦外之音【反义】意在言表

溢于言表 yì yú yán biǎo

【释义】溢:水满自然流出,引申为流露。表:表面,外层。指感情通过言辞、神情表露出来。【例句】外国游客看到中国公安边防官兵的威武后,放声欢呼起来,激动之情～。

毅然决然 yì rán jué rán

【释义】毅然:坚定地,果断地。决然:坚决地,毫不犹疑地。形容坚决果断,毫不犹豫。【例句】小王～地抛弃了国外优裕的生活,回国投身祖国建设。【近义】当机立断【反义】优柔寡断　犹豫不决

臆测屡中 yì cè lǚ zhòng

【释义】臆:猜测。屡:屡次。估计事准确,每次都能猜中。【例句】这位将军对敌人的行动～,所以能够将敌人打得一败涂地。【近义】料事如神　提示　"臆"不能写成"意"。

因材施教 yīn cái shī jiào

【释义】因:根据。材:资质。施:施加。根据不同对象的具体情况,采取不同的教育方法。【例句】老教师～,很注意学生在各方面的差异。

因地制宜 yīn dì zhì yí

【释义】因:根据。地:各地的具体情况。制:制定。宜:适当。根据不同地域的

不同情况,采取适当的措施。【例句】中国古代～地创造了多种形式的农田水利工程。【近义】因时制宜 因事制宜

因公假私 yīn gōng jiǎ sī
【释义】假:凭借,依托。借公务来谋取私利。【例句】这些财物都是他们～从老百姓那儿搜刮来的。【近义】假公济私【反义】大公无私

因果报应 yīn guǒ bào yìng
【释义】佛教用语。指事物有因必有果,有施必有报,有感必有应。今生种什么因,来生结什么果。善有善报,恶有恶报。【例句】范缜在那篇文章里,断定人死后灵魂是不存在的,什么～,都是骗人的话。

因祸得福 yīn huò dé fú
【释义】因遭受了灾祸,反而得到好处。【例句】肖忠头部遭到撞击后,失明多年的眼睛竟然恢复视力了,真是～。【近义】塞翁失马【反义】乐极生悲

因利乘便 yīn lì chéng biàn
【释义】因:凭借。利:便利,有利。乘:利用。依靠有利的形势或条件。【例句】他～,用装修的废料给小猫做了个圆形的猫窝。【近义】顺水推舟

因陋就简 yīn lòu jiù jiǎn
【释义】因:沿袭。陋:简陋。就:将就,凑合。就着原来简单的条件办事。【例句】因为经费紧张,这个小学的建立只好～了。【近义】因地制宜 随遇而安【反义】铺张浪费

因人成事 yīn rén chéng shì
【释义】因:依靠,凭借。依靠别人的力量办成事情。形容人平庸,不能独立承担重任。【例句】你自己有能力,何必～呢?

因人而异 yīn rén ér yì
【释义】异:差别。根据对象不同而有差别。【例句】研究人员认为,这种蛋白质阻滞抗体的效能～。【近义】因地制宜【反义】一视同仁

因人废言 yīn rén fèi yán
【释义】因为人有缺点错误,就把他所说的正确的话也给否定了。【例句】我们要从谏如流,而不应～。

因人制宜 yīn rén zhì yí
【释义】因:按照。按照各人的实际情况,制定适宜的办法。【例句】在工作安排上,我们应该～,让每个人都能充分发挥自己的特长。【近义】因人而异

因时制宜 yīn shí zhì yí
【释义】因:根据。制:制定。宜:适当。根据不同时期的具体情况,制定不同的措施。【例句】《齐民要术》阐明了～、因地制宜的思想。【近义】因地制宜 因事制宜 相机行事【反义】胶柱鼓瑟

因势利导 yīn shì lì dǎo
【释义】因:根据。势:趋势。利导:引导。根据事物发展的趋势,向积极的方面加以引导。【例句】用灵活的教育方式,～地教育青少年,才能使他们身心健康发展。【近义】顺水推舟【反义】倒行逆施

因事制宜 yīn shì zhì yí
【释义】因:根据。制:制定。宜:适当。根据事物的不同情况,制定不同的措施。【例句】从政治到经济,从文教到军事,历朝～,办法很多,不胜枚举。【近义】因地制宜 因时制宜

因小见大 yīn xiǎo jiàn dà
【释义】从小处看出大问题,或从部分看到全体。【例句】他做小事情都一丝不

苟，～，可以看出他是一个认真负责的人。【近义】小中见大

因小失大　yīn xiǎo shī dà

【释义】为了贪图小利而造成大的损失。【例句】这类问题你要慎重考虑，千万别～。【近义】贪小失大　舍本逐末　惜指失掌【反义】舍卒保车

因循苟且　yīn xún gǒu qiě

【释义】因循：懒散，随便。苟且：敷衍了事。懒懒散散、随随便便地混日子。【例句】宛平～地活着，从不考虑改变自己的现状。【反义】革故鼎新

因循守旧　yīn xún shǒu jiù

【释义】因循：沿袭。守旧：死守老规矩、老传统。指沿袭旧的规矩，不求变革。【例句】～、故步自封不利于城市的发展。【近义】抱残守缺　循常习故　蹈常袭故【反义】自我作古　标新立异

因噎废食　yīn yē fèi shí

【释义】噎：食物堵住了喉咙。废：停止。因为吃饭噎住了，就连饭也不吃了。比喻因怕出事，索性连该干的事也不干了。【例句】风险本身就存在，所以我们不能～，关键是如何加强风险防范。【近义】惩羹吹齑【反义】百折不挠

阴差阳错　yīn chā yáng cuò

【释义】比喻因偶然因素引起的差错或误会。【例句】生活就是这样，它总会～之间改变一个人。【近义】鬼使神差

阴魂不散　yīn hún bù sàn

【释义】阴魂：迷信认为人死后的灵魂。人死后灵魂并不散去。比喻坏事被铲除或坏人被消灭后，不良影响仍然存在。【例句】迷信思想在一些偏远地区依然～。　提示　含贬义。

阴谋诡计　yīn móu guǐ jì

【释义】阴谋：暗中做坏事的计谋。诡

计：狡诈的计策。指各种暗中策划的坏主意。【例句】一切搞～的人，迟早是要被识破的。【近义】鬼蜮伎俩　提示　"诡"不能写成"鬼"。

阴阳怪气　yīn yáng guài qì

【释义】指性格、言行等乖戾，跟普通人不同，令人难以捉摸。【例句】小李不好好工作，说话也总是～的。

音容宛在　yīn róng wǎn zài

【释义】宛：仿佛。声音和容貌宛然还在耳边、眼前。多指对死者的怀念。【例句】周总理～，永远活在人民心中。

音容笑貌　yīn róng xiào mào

【释义】指人的声音、容貌和神态。多指对人的怀念。【例句】爷爷虽然离开我们多年了，但他的～仍深深地印在我们的脑海里。

吟风弄月　yín fēng nòng yuè

【释义】吟：歌吟，吟诵。弄：把玩。吟咏清风，观赏明月。指以风花雪月等自然景物为题材写诗作赋，抒发闲情逸致。【例句】胡乔木的新诗可不是浅薄的～之作啊。【近义】嘲风咏月

淫词秽语　yín cí huì yǔ

【释义】淫：淫荡。秽：肮脏。指淫秽猥亵、低级趣味的话。【例句】这篇文章删掉～就好了。

寅支卯粮　yín zhī mǎo liáng

【释义】寅、卯：地支顺序的第三位和第四位。支：支取，支用。寅年吃了卯年的粮食。比喻入不敷出，预先支用。【例句】小黄不善于计划开支，工资到手就乱花，经常是～。【近义】入不敷出【反义】年年有余

银样镴枪头　yín yàng là qiāng tóu

【释义】镴：锡铅合金，即焊锡。色泽像银的镴制的枪头。比喻好看而不中

用。【例句】他平时口若悬河，可是一到正经场合，便噤若寒蝉，真是个～。

引而不发　yǐn ér bù fā

【释义】引：拉弓。发：射箭。拉满了弓却不把箭射出去。比喻用启发、引导的方法进行宣传教育。也比喻做好准备，等待时机。【例句】我游击队员埋伏在草丛中，～，等着敌人进入伏击圈。【近义】枕戈待旦

引风吹火　yǐn fēng chuī huǒ

【释义】比喻唆使、煽动别人闹事。【例句】他最善于～，不要听他乱说。【近义】煽风点火　提示　含贬义。

引吭高歌　yǐn háng gāo gē

【释义】引：拉长。吭：嗓子，喉咙。放开喉咙，大声歌唱。【例句】他站在泰山上～。【近义】引吭悲歌　提示　"吭"不能写成"亢"。

引经据典　yǐn jīng jù diǎn

【释义】引：援引。据：根据。引用经典著作中的语句作为立论的依据。【例句】这篇文章～，论证很有说服力。【近义】旁征博引

引颈受戮　yǐn jǐng shòu lù

【释义】引：伸长，拉长。戮：杀。伸长脖子，等待被杀。指不作任何抵抗，甘愿等死。【例句】外敌入侵，我们不能～，一定要奋起抵抗。【近义】束手待毙【反义】揭竿而起

引咎自责　yǐn jiù zì zé

【释义】咎：过错。主动承担责任，并作自我批评。【例句】林厂长为这事～，大家都十分敬重他。【反义】怨天尤人　诿过于人

引狼入室　yǐn láng rù shì

【释义】引：招引。把狼引到屋子里。比喻把坏人引入内部，惹来祸患。【例句】都是你干的好事，引火烧身，～。【近义】开门揖盗

引人入胜　yǐn rén rù shèng

【释义】胜：胜境，美妙的境界。将人引入美妙的境地。多形容风景或文艺作品非常吸引人。【例句】比喻是语言之花，它能给语言增添色彩和芳香，～。【近义】令人神往【反义】索然无味

引人注目　yǐn rén zhù mù

【释义】注目：目光集中在一点上。引起人的注意和关注。【例句】王小姐这身打扮格外～。【近义】有目共睹　招摇过市【反义】不屑一顾

引为鉴戒　yǐn wéi jiàn jiè

【释义】引：拿来。鉴戒：以往事作为教训。拿来作为教训，以免再犯类似的错误。【例句】这事就不追究了，望～，切不可再犯。

引以为戒　yǐn yǐ wéi jiè

【释义】引：拿来。以为：作为。戒：鉴戒。指拿别人过去的教训作为警戒。【例句】这次事件影响很坏，我们应～。【近义】殷鉴不远　前车之鉴【反义】不足为训　重蹈覆辙

引锥刺股　yǐn zhuī cì gǔ

【释义】用锥子刺大腿。形容学习刻苦。【例句】他～般学习，成绩当然好极了。【近义】凿壁偷光【反义】饱食终日　提示　"刺"不能写成"棘"。

饮冰食檗　yǐn bīng shí bò

【释义】檗：黄檗，一种乔木，皮可入药，性寒味苦。喝冰水，吃苦味的东西。形容生活清苦。【例句】妻儿相继离世后，他过着～的生活。

饮恨而终　yǐn hèn ér zhōng

【释义】饮恨：把怨恨吞到肚子里。终：去世。抱恨含冤而死。【例句】他父亲

的冤屈到最后也没有得到昭雪，以致～。

饮恨吞声　yǐn hèn tūn shēng

【释义】饮恨：把怨恨咽到肚子里。吞声：哭泣而不敢出声。形容怀怨抱恨，不敢表露。【例句】九·一八事变后，东北人民奋起反抗，决不甘心当日本侵略者奴役下～的亡国奴。【近义】饮泣吞声　忍气吞声【反义】以牙还牙　以眼还眼

饮恨终身　yǐn hèn zhōng shēn

【释义】饮恨：把仇恨咽到肚里。人生不得志，抱恨终身。【例句】这辈子没和初恋情人结为眷属，李老～。

饮灰洗胃　yǐn huī xǐ wèi

【释义】灰：草木灰，古人用作洗涤剂。饮用草木灰水洗涤肠胃。比喻彻底悔过自新。【例句】他已～，你就原谅他吧！【近义】吞刀刮肠

饮泣吞声　yǐn qì tūn shēng

【释义】泣：无声地哭。吞声：不敢出声。不敢放声大哭。形容内心悲痛又不能表露出来。【例句】旧社会地主老财家的仆人，大多过着～的生活。【近义】饮恨吞声

饮水思源　yǐn shuǐ sī yuán

【释义】源：水流的源头。喝水时想到水的源头或来源。比喻不忘本。【例句】我能有今天的成就，～，多亏了李厂长对我的栽培。【反义】数典忘祖

饮鸩止渴　yǐn zhèn zhǐ kě

【释义】鸩：传说中一种有毒的鸟，用它的羽毛泡酒，有剧毒。喝毒酒解渴。比喻只顾解决眼前困难而不考虑其严重后果。【例句】这无疑是～，书店没有了地盘，还谈什么图书发行？【近义】挖肉补疮　杀鸡取卵 **提示**"鸩"不读 jiū，也不能写成"鸠"。

隐恶扬善　yǐn è yáng shàn

【释义】隐：隐匿。扬：宣传。不谈别人的坏处，只宣扬他的好处。【例句】绝不能做谁给钱就为谁吹喇叭、抬轿子，甚至笔下生花、～。【近义】掩恶扬美

隐晦曲折　yǐn huì qū zhé

【释义】隐晦：不明显。形容说话、写文章含糊其词，令人费解。【例句】文章写得这么～，谁看得懂呢？【近义】转弯抹角【反义】直截了当　开门见山直截了当

隐忍不发　yǐn rěn bù fā

【释义】隐：隐藏。忍：克制，忍耐。发：发泄。强行克制自己，不把内心的痛苦、悲哀表露出来。【例句】我看得出在这些话里面，含有一种～的愤怒。【近义】褒善贬恶

隐姓埋名　yǐn xìng mái míng

【释义】隐瞒自己的真实姓名，不让别人知道自己的情况。【例句】大别山，还有多少～的老红军和烈士的后裔在默默地奉献。【近义】藏形匿影　潜形匿迹　改名换姓【反义】出头露面　招摇过市　抛头露面

隐约其辞　yǐn yuē qí cí

【释义】隐约：不明显，模糊。辞：言辞，说话。指说话、写文章躲躲闪闪，不肯说出实际情况。【例句】问他为什么不上班，他～，其中必有文章。【近义】闪烁其词　含糊其词【反义】直言不讳

饮马投钱　yìn mǎ tóu qián

【释义】饮马：让马喝水。让马喝完水之后投钱在水中作为报酬。比喻廉洁。【例句】古人尚且能做到～，我们当然不能白拿别人的东西，一定要让店主收下这钱。【近义】廉洁自律【反义】假公济私

应有尽有　yīng yǒu jìn yǒu
【释义】尽：完全。应该有的东西都有了。指很完备。【例句】这个书店的科技读物～，可让每一位去买书的朋友满意而归。【近义】一应俱全【反义】一无所有　别无长物

英雄本色　yīng xióng běn sè
【释义】本色：本来面貌。英雄的本来面目。指杰出人物超越一般人的行为、表现。【例句】关键时刻，"飞人"卡特尽显～。

英雄豪杰　yīng xióng háo jié
【释义】豪杰：才能出众的人。泛指才能出众或勇武过人的人。【例句】在这片古老的土地上，多少文人墨客留下了不朽的诗篇，多少～建立了卓著的功勋。

英雄欺人　yīng xióng qī rén
【释义】指杰出的人物以其非凡的才能做出令人难以理解的事。【例句】他心想，大家都说此公好作～之谈，当然也喜欢用权术。

英雄气短　yīng xióng qì duǎn
【释义】英雄：本领高强、勇武过人的人。气短：沮丧。指有才志的人因遭受挫折或沉迷于儿女私情而失去进取心。【例句】把前人的成就估计得过高、过大、过满，这就未免有些～。

英雄所见略同　yīng xióng suǒ jiàn lüè tóng
【释义】略：大致。杰出人物的见解大致相同。常用来称赞意见相同的对方。【例句】我们的见解完全一致，真是～啊！

英雄无用武之地　yīng xióng wú yòng wǔ zhī dì
【释义】有才智、有本领的人没有施展的

地方或机会。【例句】从事桥梁设计的他被安排到财务室工作，在那里他觉得自己～。【近义】怀才不遇　大材小用【反义】大有作为

英姿勃勃　yīng zī bó bó
【释义】英姿：英勇威武的姿态。勃勃：精神旺盛的样子。形容英武而富有朝气的样子。【例句】当这支～的队伍通过天安门主席台前时，欢呼声陡然高涨。【反义】萎靡不振

英姿飒爽　yīng zī sà shuǎng
【释义】英姿：英勇威武的姿态。飒爽：豪迈矫健，非常有精神的样子。英武的姿态豪迈而矫健。也作"飒爽英姿"。【例句】他身着戎装，～。【近义】容光焕发【反义】其貌不扬　萎靡不振

莺歌燕舞　yīng gē yàn wǔ
【释义】莺：黄莺。黄莺在歌唱，燕子飞舞。形容春天的美好景色或大好形势。【例句】改革开放的今天，生产热火朝天，人民安居乐业，到处一派～的景象。【近义】燕语莺啼　鸟语花香【反义】烽烟四起

鹦鹉学舌　yīng wǔ xué shé
【释义】鹦鹉：一种能模仿人说话的鸟。鹦鹉学人说话，人说什么，就跟着说什么。比喻别人怎么说，自己也跟着怎么说，没有主见。【例句】他的发言，不过是～，一点新意都没有。【近义】人云亦云　拾人牙慧【反义】别出心裁
提示　含贬义。

迎风招展　yíng fēng zhāo zhǎn
【释义】旗子在风中飘荡。【例句】五星红旗缓缓升起，在湛蓝的天空中～，格外醒目。【近义】迎风飘扬

迎刃而解　yíng rèn ér jiě
【释义】迎：碰上。刃：刀口。解：分开。

一碰到刀刃就分开了。比喻问题解决得很顺利。【例句】抓住主要矛盾,问题也就～了。【近义】水到渠成

迎头赶上　yíng tóu gǎn shàng
【释义】迎头:迎面。加紧赶上最前面的。【例句】要增强信心,自我加压,～。【近义】奋起直追【反义】瞠乎其后　甘拜下风　停滞不前

迎头痛击　yíng tóu tòng jī
【释义】迎头:当头。痛:狠狠地。当头给以沉重打击。【例句】在他的指挥下,给敌人～,与敌反复争夺,打退日军数十次进攻。

盈千累万　yíng qiān lěi wàn
【释义】盈:满。累:积。形容数量极多。【例句】没有叶子,树上开着～的小小白花,成群结队的人不断地去观赏。【近义】成千上万

盈盈一水　yíng yíng yī shuǐ
【释义】盈盈:水清澈的样子。一条清澈的河流。多指因有河流或其他事物阻隔而可望而不可即。【例句】～,隔海凝望,华夏和扶桑几千年来文化交流一直绵延不绝。

营私舞弊　yíng sī wǔ bì
【释义】营私:谋求私利。舞弊:玩弄欺骗手段。为谋求私利而耍弄手段,做违法乱纪的事情。【例句】对～涉嫌违法等行为,应抓紧依法处理。【近义】徇情枉法【反义】克己奉公　奉公守法

蝇头微利　yíng tóu wēi lì
【释义】蝇头:苍蝇头,指东西很小。像苍蝇头一样小的利益。比喻极小的一点利益。【例句】这个人连～都要去贪。

蝇营狗苟　yíng yíng gǒu gǒu
【释义】营:钻营。苟:苟且。像苍蝇一样到处飞来飞去,像狗一样不知羞耻。形容人不顾廉耻、不择手段地到处钻营。【例句】有些人～,买官卖官,万人唾弃。

郢书燕说　yǐng shū yān shuō
【释义】郢:古邑名,战国时期楚国的都城。燕:燕国,战国时期诸侯国之一。说:同"悦",这里指解释。据《韩非子·外储说左上》记载,战国时有个郢人给燕国相国写信时,在信中误书"举烛"二字,燕国相国读信时对燕王解释说:"举烛者,尚明也。尚明也者,举贤而任之。"燕王很高兴,据此制定政策方针,国家因此而大治。后指穿凿附会或曲解原意。【例句】他谈起某个作家、作品是那样博士卖驴,不得要领,或～,张冠李戴。【近义】牵强附会

影影绰绰　yǐng yǐng chuò chuò
【释义】模模糊糊。形容似隐似现,不清晰。【例句】透过车窗,举目远望,～看见一个像火染大地一样红的村庄。【近义】隐隐约约　模模糊糊【反义】一清二楚　真真切切

应对如流　yìng duì rú liú
【释义】应答对话像流水一样流畅。形容回答问题敏捷、流利。也作"对答如流"。【例句】他～的口才,是在训练班学来的。【反义】张口结舌

应付自如　yìng fù zì rú
【释义】应付:待人处事的方法和措施。自如:从容而不拘束。形容处理问题很有办法,毫不吃力。【例句】只有平时对每一个动作都竭尽全力,到赛场上才可能～。【近义】从容不迫【反义】应接不暇

应接不暇　yìng jiē bù xiá
【释义】暇:空闲。原指美景繁多,看不过来。后形容来人或事情太多,接待

应付不过来。【例句】图书馆挤满了人,有还书的,有借书的,图书管理员~。【近义】目不暇接　疲于奔命【反义】应付自如　[提示]"暇"不能写成"遐"。

应运而生　yìng yùn ér shēng
【释义】原指顺应天命而降生。现多指适应时代的需要而出现或发生。【例句】在改革开放的春风中,新宪法~。【反义】生不逢时

庸人自扰　yōng rén zì rǎo
【释义】庸人:平庸的人。扰:扰乱,骚扰。指平庸的人无事找事,自己瞎着急或自寻烦恼。【例句】不可能发生的事情决不要~。【近义】杞人忧天【反义】自得其乐　[提示]"扰"不能写成"忧"。

庸中佼佼　yōng zhōng jiǎo jiǎo
【释义】庸:平凡,平庸。佼佼:美好。指在普通人中比较突出的。【例句】他在全厂的工人中,数得上是~。【近义】鹤立鸡群

雍容典雅　yōng róng diǎn yǎ
【释义】雍容:形容文雅大方,从容不迫。典雅:优美而不粗俗。形容人或物高雅华贵,仪态优美。【例句】他是一位~的知识女性,也是一位医学专家。【近义】温文尔雅

雍容华贵　yōng róng huá guì
【释义】雍容:形容文雅大方,从容不迫。仪态优雅,穿着华丽。形容妇女高雅华贵,仪态优美。【例句】有人浓妆艳抹,~;有人素雅清淡,亭亭玉立。

饔飧不继　yōng sūn bù jì
【释义】饔:早饭。飧:晚饭。不继:接不上。早饭和晚饭接不上。指非常贫困,吃了上顿没下顿。【例句】这家人

已~,还有什么快乐可言呢?【近义】饥寒交迫【反义】丰衣足食

永不磨灭　yǒng bù mó miè
【释义】永远不会消灭。常指光辉事迹或伟大精神永远流传。【例句】雷锋的英雄事迹给我留下了~的印象。【近义】永垂不朽　流芳百世【反义】烟消云散

永垂不朽　yǒng chuí bù xiǔ
【释义】永:永远,长久。垂:流于后世。不朽:永不磨灭。姓名、功勋、精神等一直流传,永不磨灭。多指光辉的事迹或伟大的精神。【例句】鲜血铸成的大别山精神~!【近义】万古流芳　流芳百世　永世长存【反义】遗臭万年

永垂青史　yǒng chuí qīng shǐ
【释义】光辉的事迹或伟大的精神在历史上永远流传。【例句】抗震救灾的大爱精神~。【近义】流芳百世【反义】遗臭万年

永无宁日　yǒng wú níng rì
【释义】永远没有安宁的一天。【例句】你得罪了这个恶棍,恐怕以后~了。【反义】长治久安

永无止境　yǒng wú zhǐ jìng
【释义】止境:尽头。永远没有到头的时候。【例句】人类对于大自然的认识~。

永志不忘　yǒng zhì bù wàng
【释义】志:记。永远记在心上,决不遗忘。【例句】此情此景,却使她~。【近义】终身不忘

勇猛果敢　yǒng měng guǒ gǎn
【释义】勇敢而又能决断。【例句】面对强手,我们的队员机智灵活,~,夺取了金牌。

Y

勇猛精进　yǒng měng jīng jìn

【释义】佛教用语，指勤奋修行，进入脱离一切烦恼、超脱生死的境界。后指刻苦学习，使自己在学业上有高深的造诣。也作"精进勇猛"。【例句】中国女子足球队员为夺取胜利，个个～，在短期内水平有了提高。

勇猛直前　yǒng měng zhí qián

见"勇往直前"。

勇往直前　yǒng wǎng zhí qián

【释义】勇敢地一直向前进。也作"勇猛直前"。【例句】中国香港的女剑手继续～，击败匈牙利队获得女子重剑团体冠军。【近义】一往无前【反义】缩手缩脚　畏缩不前　裹足不前　望而却步

用兵如神　yòng bīng rú shén

【释义】用兵：调遣军队作战。调遣军队打仗像有神灵帮助一样奇妙莫测。形容善于指挥作战。【例句】毛泽东主席～。【近义】神机妙算【反义】纸上谈兵

用尽心机　yòng jìn xīn jī

【释义】心机：心里计谋。什么心思都用上了。【例句】尽管～，他也没把这事办成。【近义】机关算尽　提示　含贬义。

用武之地　yòng wǔ zhī dì

【释义】用武：使用武力，用兵。本指用兵作战的地方。后比喻能够施展本领的场所。【例句】从毕业生个人来说，MBA在许多领域都大有～。

用心良苦　yòng xīn liáng kǔ

【释义】良：很。十分辛苦地反复考虑。现多指出于一种良好的愿望。【例句】从他事业的一开头，就可以看出他～。

用心用意　yòng xīn yòng yì

【释义】指集中注意力从事某项活动。

【例句】你做事要～，切不可粗心大意。　提示　含褒义。

用之不竭　yòng zhī bù jié

【释义】不会用完。【例句】太阳能是～的能源。【近义】取之不尽

优孟衣冠　yōu mèng yī guān

【释义】优孟：春秋时楚国优人。衣冠：衣帽。优孟曾穿戴楚相孙叔敖的衣服和帽子向楚王进谏。后指登场演戏。也比喻一味模仿别人。【例句】搞文学创作～是不行的。

优柔寡断　yōu róu guǎ duàn

【释义】优柔：犹豫不决的样子。寡：少。断：决断。临事犹豫不决，下不了决心。【例句】如果顾虑重重，～，再过五年、十年，困难依然存在。【近义】犹豫不决　迟疑不决　狐疑不决【反义】当机立断　毅然决然　斩钉截铁

优胜劣败　yōu shèng liè bài

【释义】优胜：成绩优秀，胜过别人。指在生物进化过程中，竞争力强的获胜而向前发展，竞争力弱的失败而被淘汰。也指人类社会的激烈竞争。【例句】～，适者生存。

优游自得　yōu yóu zì dé

【释义】心境舒畅，无事牵挂，很愉快的样子。【例句】他们～地在公园里散步。

优哉游哉　yōu zāi yóu zāi

【释义】优、游：悠闲的样子。哉：文言语气词。形容从容不迫，闲适自得的样子。【例句】水绿得爱人，红艇加上黄救生衣，碧波荡漾，～。【近义】悠然自得

忧国忘家　yōu guó wàng jiā

【释义】由于忧虑国家大事，忘记了自己的家事。指为国分忧，置个人利益而

不顾。【例句】航天员为了祖国的航天事业艰苦训练,～。

忧国忧民　yōu guó yōu mín

【释义】为国家的大事和人民的疾苦而忧虑。【例句】他从那些～献身事业、献身科学的老前辈身上学到了做人的道理。

忧患余生　yōu huàn yú shēng

【释义】忧患:困苦患难。余生:灾难后幸存的生命。指饱经患难之后保全下来的生命。【例句】听奶奶说,那年头,军阀混战,她～,饱受苦难。

忧心忡忡　yōu xīn chōng chōng

【释义】忡忡:忧愁的样子。形容心事重重,忧虑不安。【例句】许多专家在研讨会上对小胖墩的健康问题～。【近义】忧心如焚　愁眉不展　忧心如焚【反义】无忧无虑　喜气洋洋　喜笑颜开 提示 "忡"不读 zhōng。

忧心如焚　yōu xīn rú fén

【释义】焚:火烧。忧愁得心里好像被火烧一样。形容非常忧虑,焦急不安。【例句】高老师每每讲起这段历史,总是慷慨激昂,～。【近义】忧心忡忡【反义】喜笑颜开

忧形于色　yōu xíng yú sè

【释义】形:显露。色:脸色。忧愁的神色显露在脸上。形容非常忧愁。【例句】有人来寒舍做客,见我～,问明原因后给出了个主意。【反义】喜形于色

悠然自得　yōu rán zì dé

【释义】悠然:悠闲的样子。形容悠闲舒坦,从容自若的样子。【例句】那种～的感觉,仿佛是置身在一个虚无缥缈的神话境界。【近义】怡然自得

由此及彼　yóu cǐ jí bǐ

【释义】从这里到达那里。指工作、学习等能先后有序,循序渐进。【例句】搞好调查研究,要善于去粗取精,去伪存真,～,由表及里。

由浅入深　yóu qiǎn rù shēn

【释义】从浅显到深入。形容循序渐进。【例句】人的认识也有一个～的过程。

由衷之言　yóu zhōng zhī yán

【释义】由:从。衷:内心。自内心说出来的话。【例句】听了王丽的～,我的心情久久不能平静。【近义】肺腑之言【反义】违心之论　花言巧语　甜言蜜语

犹豫不决　yóu yù bù jué

【释义】犹豫:迟疑,拿不定主意。决:决断。临事迟疑,拿不定主意,做不了决断。【例句】大家听了,面面相觑,没有说话。杨老师说:"不能～了。"【近义】优柔寡断　迟疑不决　举棋不定【反义】当机立断　毅然决然

油干火尽　yóu gān huǒ jìn

【释义】灯里的油烧干了,火渐渐灭了。形容即将死亡或钱财罄尽。【例句】他当月的工资几乎用得～。

油光可鉴　yóu guāng kě jiàn

【释义】鉴:照,映。形容十分光亮润泽,像镜子一样可以照见人影。【例句】一提魔鬼糖,经理～的脸上一片得意之色。【近义】光可鉴人　油光水滑

油光水滑　yóu guāng shuǐ huá

【释义】像油或水一样光滑润泽。形容物体表面非常光滑。形容人处世圆滑、狡诈。【例句】他摸了摸～的脑袋,点上一支烟,踱了出去。/她为人～的,我不想和她来往。【近义】油光可鉴

油煎火燎　yóu jiān huǒ liǎo

【释义】像在油锅里被煎熬,在火上被烧

烤一样。形容非常焦急。【例句】他这段时间各方面都不顺利,心里～的不是个滋味儿。

油腔滑调 yóu qiāng huá diào

【释义】腔、调:说话的声调和语气。形容人说话或写文章轻浮油滑,缺乏诚意。【例句】这人老奸巨猾,～的,不值得信赖。【近义】油嘴滑舌 油头滑脑【反义】一本正经

油然而生 yóu rán ér shēng

【释义】油然:自然而然。某种思想或感情很自然地产生。【例句】望着他的满头白发,一种敬意～。【近义】情不自禁

油头粉面 yóu tóu fěn miàn

【释义】油头:头发上搽了很多发油。粉面:脸上光滑滋润。形容打扮过分而显轻浮。【例句】不一会儿,那个～的年轻人就大甩着手走进来了。【近义】涂脂抹粉【反义】蓬头垢面 质朴无华 提示 多指男子。

油头滑脑 yóu tóu huá nǎo

【释义】形容人狡猾轻浮。【例句】一个～的家伙,看了看那封信,拿了进去。【近义】油腔滑调【反义】一本正经

油嘴滑舌 yóu zuǐ huá shé

【释义】形容说话油滑轻浮,耍嘴皮。【例句】王平说:"我不是那种～的人,不会逗人笑。"【近义】油腔滑调【反义】拙口笨腮 笨嘴笨腮

游目骋怀 yóu mù chěng huái

【释义】游目:放眼向四周看。骋怀:敞开胸怀。指放眼四望,舒展胸怀。【例句】园林风物浓缩于尺幅之中,～,把人们的思绪引入自然,给人以美感。

游刃有余 yóu rèn yǒu yú

【释义】游刃:指自由地运转刀刃。刀刃还有活动的余地。比喻十分娴熟或应付自如。【例句】在潮起潮落的商海中她竟越来越如鱼得水,～。【近义】熟能生巧 运用自如【反义】捉襟见肘 力有未逮 左支右绌 束手无策 一筹莫展

游山玩水 yóu shān wán shuǐ

【释义】游览玩赏自然风景。【例句】每逢暑假,王老师一家总去～。【近义】登山临水 寻山问水【反义】深居简出

游手好闲 yóu shǒu hào xián

【释义】游手:闲着手不做事。好闲:喜欢安逸。游荡成性,好逸恶劳。【例句】在这里,我们看不到无所事事、～的人员。【近义】好逸恶劳 好吃懒做 无所事事 不务正业【反义】埋头苦干 提示 "好"不读hǎo。

有碍观瞻 yǒu ài guān zhān

【释义】碍:妨害,阻碍。观瞻:外观或外观给人的印象。指外表简陋或不整洁,给人以不愉快的感觉。【例句】在这美丽而幽静的林荫大道上,一个肮脏的流浪汉仰卧着,真是～。

有案可稽 yǒu àn kě jī

【释义】案:案卷。稽:查考。有文字记载材料可查。形容证据确凿,无可否认。【例句】此事～,无可否认。【近义】铁证如山 有凭有据【反义】空口无凭 无凭无据 查无实据

有板有眼 yǒu bǎn yǒu yǎn

【释义】板、眼:中国民族音乐和戏曲中的节拍,强拍叫"板",次强和弱拍叫"眼"。指曲调唱腔或奏乐合乎节拍。形容言语行动有条不紊,富有节奏和章法。【例句】他说话做事～,很讲效率。【近义】一板一眼 有条有理【反义】乱七八糟

有备无患 yǒu bèi wú huàn
【释义】患:祸患,灾难。事先有充分的准备,就能避免祸患。【例句】我们应该居安思危,～,及早对新型流感采取应对措施。【近义】未雨绸缪【反义】措手不及

有翅难飞 yǒu chì nán fēi
【释义】翅:翅膀。长着翅膀也飞不出去。指陷入无法摆脱的困境。【例句】歹徒们进入公安干警的埋伏圈,～。【近义】插翅难飞

有的放矢 yǒu dì fàng shǐ
【释义】的:靶子。矢:箭。对准靶子射箭。比喻言论或行动目的明确,针对性强。【例句】培训要做到～,要符合市场竞争的要求。【近义】对症下药【反义】无的放矢

有典有则 yǒu diǎn yǒu zé
【释义】典、则:准则,制度。有可依凭、遵循的准则或制度。【例句】中国文联党组书记为会议题写了～的贺词。

有国难投 yǒu guó nán tóu
【释义】投:投奔。有国不能回去。指走投无路。【例句】非洲的难民有家难归,～。【近义】有家难奔

有过之而无不及 yǒu guò zhī ér wú bù jí
【释义】过:超过。及:赶上,达到。相比起来,只有超过而没有赶不上的。【例句】比起雯雯的嘴贫,红红～。

有机可乘 yǒu jī kě chéng
【释义】有机会可以利用。【例句】做事有漏洞,极少数犯罪分子就～。【近义】有隙可乘【反义】无隙可乘　无懈可击

有加无已 yǒu jiā wú yǐ
【释义】已:停止。不断增加,没有停止。指情况发展愈来愈厉害。【例句】只要日光照在帆上,其速度便可～。【近义】与日俱增【反义】每况愈下

有家难奔 yǒu jiā nán bèn
【释义】虽然有家,却不能回去。指走投无路。【例句】在旧社会,他的冤比谁都深,～,有国难投。【近义】有国难投

有脚书橱 yǒu jiǎo shū chú
【释义】指学识渊博的人。【例句】李教授学贯中西,真可以叫作～了!

有教无类 yǒu jiào wú lèi
【释义】教:教育。类:种类。指不分贵贱贤愚,都施以教育。【例句】在孔子以前,学文化受教育是贵族的特权,孔子提出"～"的见解,主张不分贫富、贵贱,人人都有受教育的权利。

有进无退 yǒu jìn wú tuì
【释义】只有前进,不能后退。【例句】因为是敌众我寡,所以必须个个争先,～。【近义】勇往直前

有口皆碑 yǒu kǒu jiē bēi
【释义】碑:记功的石碑。每个人的口都是记功碑。形容人人称赞。【例句】他把难题很快解决了,群众～。【近义】交口称誉　口碑载道【反义】怨声载道
提示　"碑"不能写成"牌"。

有口难分 yǒu kǒu nán fēn
【释义】分:分辩,辩解。有口却难以分辩。形容蒙受了冤屈却无法说清楚。【例句】发生了这样的事,我真是～。【近义】百口莫辩

有口难言 yǒu kǒu nán yán
【释义】有口却说不出话来。指心中的话不便或不敢对别人讲。【例句】他～。谁相信他会没有钱呢?【近义】有口难辩【反义】不言而喻

有口无心 yǒu kǒu wú xīn

【释义】嘴上爱说，心里不存什么。多指话虽不好听，却并无恶意。【例句】王贤是个～的人。

有利可图 yǒu lì kě tú

【释义】图：谋求。有利益可以谋取。【例句】做任何事都要付出代价，～的改革和有效的想象力也不例外。

有名无实 yǒu míng wú shí

【释义】名：名声。空有名声或名义，而没有实际内容。【例句】有的学校，只重视智育，而弱化社会公德教育，～。【近义】名不副实　徒有虚名　名存实亡【反义】名实相副

有目共睹 yǒu mù gòng dǔ

【释义】睹：看。凡是有眼睛的人都能看见。形容事实非常明显。【例句】菲律宾的华人对菲律宾社会的贡献是～的。

有目共赏 yǒu mù gòng shǎng

【释义】赏：称赞。凡是看见的人都称赞。【例句】这幅画中的人物栩栩如生，～。

有气无力 yǒu qì wú lì

【释义】有气息而没有力量。形容没有力气，无精打采的样子。【例句】病床上的母亲，说话～。【近义】精疲力竭【反义】精神焕发

有钱有势 yǒu qián yǒu shì

【释义】势：权势。既有钱财，又有权势。【例句】老王对着～的，满脸笑迎，阿谀奉承。

有求必应 yǒu qiú bì yìng

【释义】求：要求。应：答应。只要提出要求就一定会应允。【例句】对于求字的人，将军总是～。【近义】来者不拒

【提示】"应"不读 yīng。

有色眼镜 yǒu sè yǎn jìng

【释义】比喻看待人或事物所抱的成见或偏见。【例句】如果我们能够摘下～，正视一下客观现实，我们就不难得出正确结论。

有伤风化 yǒu shāng fēng huà

【释义】风化：风俗，教化。指说的话或做的事对社会风俗、教化有不良影响。【例句】侦查实验，禁止一切足以造成危险、侮辱人格或者～的行为。

有生以来 yǒu shēng yǐ lái

【释义】从出生到现在。【例句】长城是我～见到的最壮丽的风景。

有生之年 yǒu shēng zhī nián

【释义】指一个人还活在世上的岁月。【例句】刘教授希望在～为医学事业尽点力。

有声有色 yǒu shēng yǒu sè

【释义】指说话或表演表现得很生动。【例句】在电影世界中，一切都是～的，就像人们生活着的世界一样。【近义】绘声绘色【反义】无声无息

有识之士 yǒu shí zhī shì

【释义】识：见识。有见识，有眼光的人。【例句】面对这条消息，不少～深表怀疑，觉得既不现实，也不可能。

有始无终 yǒu shǐ wú zhōng

【释义】始：开始。终：完结。指做事不能坚持到底。【例句】他做事情经常～。【近义】有头无尾【反义】有始有终　善始善终　全始全终

有始有终 yǒu shǐ yǒu zhōng

【释义】有开头，也有结尾。指做事情能够坚持到底。【例句】他做事一向～，深得人们的好评。【近义】善始善终

全始全终　有头有尾【反义】有始无终
有头无尾

有恃无恐　yǒu shì wú kǒng
【释义】恃：仗恃。恐：害怕。因有所倚仗便什么都不害怕。【例句】有些企业～,肆无忌惮地排放废气、废水、废渣,环境质量每况愈下。　提示　今多含贬义。"恃"不能写成"持"。

有死无二　yǒu sǐ wú èr
【释义】宁可死亡,也不另做打算。指意志坚定,宁死不变。【例句】革命战士对共产主义事业抱着～之心,奋勇杀敌。

有损无益　yǒu sǔn wú yì
【释义】只有减少而没有增加。也指只有害处而没有好处。【例句】他做的这件事,对我们～。

有所作为　yǒu suǒ zuò wéi
【释义】可以做事情,并能取得较大的成绩。【例句】经过一番刻苦学习,这名年轻的车工终于考上了大学,他今后定会～。【近义】大有可为【反义】无所作为

有天没日　yǒu tiān méi rì
【释义】指说话、行为放肆,毫无顾忌。【例句】这伙地痞流氓～,把这里搞得乌烟瘴气,大家恨不得立即将他们绳之以法。【近义】无法无天

有条不紊　yǒu tiáo bù wěn
【释义】条：条理。紊：混乱。有条理,有次序,一点儿不乱。【例句】他办事～,领导非常器重他。【近义】有条有理【反义】杂乱无章

有条有理　yǒu tiáo yǒu lǐ
【释义】指说话、做事层次、条理清楚。【例句】英语老师讲课～。【近义】有条不紊　井井有条【反义】杂七杂八　杂

乱无章

有头无尾　yǒu tóu wú wěi
【释义】只有开头,没有结尾。指做事不能坚持到底。【例句】做事情～的人,常遭到领导的批评。【近义】有始无终　虎头蛇尾【反义】有始有终　善始善终　全始全终　有头有尾

有头有脸　yǒu tóu yǒu liǎn
【释义】形容有名誉,有威信。【例句】镇上出了～的人物,好像都成了他的什么荣耀。

有文无行　yǒu wén wú xíng
【释义】文：文才。行：人品,品行。有文才,但无品德。【例句】此人满腹经纶,可是～。　提示　"行"不读háng。

有闻必录　yǒu wén bì lù
【释义】闻：听。录：记录。只要听到的,全都记录下来。多指不加选择地收集。【例句】大众媒介容量有限,不可能～。

有问必答　yǒu wèn bì dá
【释义】答：解答。有什么问题都给以解答。【例句】这位老教授对学生十分负责,～。　提示　含褒义。

有心无力　yǒu xīn wú lì
【释义】心：心愿。有帮助别人的心愿,却没有解决问题的能力。【例句】对这件事他们几乎是～,一筹莫展。【近义】心长力短

有血有肉　yǒu xuè yǒu ròu
【释义】形容文艺作品内容充实,形象鲜明生动。【例句】那些～,呼之欲出的好典型,她至今还记忆犹新。

有言在先　yǒu yán zài xiān
【释义】已经有话讲在前头。指事先打了招呼。【例句】因为支书～,谁要怕

Y

麻烦,怕吃亏,就别当党员,更别当干部。

有眼不识泰山　yǒu yǎn bù shí tài shān
【释义】泰山:五岳中的东岳,在山东境内,我国名山之一。比喻认不出地位高或本领大的人。【例句】他～,竟把老学者错当成门外汉。【近义】有眼无珠

有眼无珠　yǒu yǎn wú zhū
【释义】珠:眼珠。有眼眶,却没有眼珠,看不见东西。比喻没有辨别是非、真假的能力。【例句】把他当好人,我是多么～啊!【近义】视而不见　有眼不识泰山【反义】心明眼亮　慧眼识珠

有一无二　yǒu yī wú èr
【释义】只有一个,没有第二个。指事物独特,十分难得。【例句】这可是全城～的古物!【近义】独一无二

有影无形　yǒu yǐng wú xíng
【释义】只有影子而没有形迹。指没有事实的谣传。【例句】她最爱说些～的事情。

有勇无谋　yǒu yǒng wú móu
【释义】勇:勇气,胆量。谋:计谋,策略。只有勇气,没有智谋。【例句】在战斗中～不算英雄。【近义】勇而无谋【反义】智勇双全　有勇有谋

有勇有谋　yǒu yǒng yǒu móu
【释义】勇:勇气,胆量。谋:计谋,策略。既有胆量,又有计谋。【例句】彭德怀将军～,连国民党中许多将领都佩服他。【近义】智勇双全　大智大勇【反义】有勇无谋　提示 多含褒义。

有则改之,无则加勉　yǒu zé gǎi zhī,wú zé jiā miǎn
【释义】改:改正。加:加以。勉:勉励。别人指出的那种缺点或错误如果有就改正,没有就自我勉励。后指虚心听取、正确对待别人的批评意见。【例句】小王本着对待别人的批评,～的态度,进步很快。【近义】反躬自省

有增无已　yǒu zēng wú yǐ
【释义】已:止。数量不断增加,程度不断加深而没有停止。【例句】葛朗台对金钱的占有欲～。

有朝一日　yǒu zhāo yī rì
【释义】朝:日,天。指将来有一天。【例句】我想,～他们会成功的。

有志不在年高　yǒu zhì bù zài nián gāo
【释义】年高:岁数大。只要有志向,不在乎年纪的大小。指人贵在有志,不能凭年龄大小来衡量。【例句】周恩来在学生时代便说过"为中华之崛起而读书"这样的话,这真是～啊!

有志者事竟成　yǒu zhì zhě shì jìng chéng
【释义】者:人。竟:终于。成:成功。指有决心有毅力的人,事情一定能够办成。【例句】她成功的事迹告诉我们～。

诱敌深入　yòu dí shēn rù
【释义】诱:引诱。引诱敌人陷入被动挨打的境地。【例句】以小股部队～,然后集中兵力,全歼敌人。

迂回曲折　yū huí qū zhé
【释义】迂回:环绕,回旋。指道路弯弯曲曲,绕来绕去。也比喻事物在发展过程中有很多波折。【例句】改革会碰到难题,会有～,也要冒一些风险,但不改革是没有出路的。【反义】一帆风顺

于今为烈　yú jīn wéi liè

【释义】于:到了。烈:猛烈,厉害。到了今天更加厉害。指过去就有,现在更为厉害了。【例句】西方社会的吸毒现象,古已有之,～。

于心不忍　yú xīn bù rěn

【释义】不忍心这样做。多表示对受害者的同情。【例句】老人见他日渐消瘦,～。

予取予求　yú qǔ yú qiú

【释义】予:我。从我这儿拿,从我这儿要。指任意索求。【例句】他的那种自以为对革命有功,就可以向组织～的思想,是他犯错误的根源。

余音绕梁　yú yīn rào liáng

【释义】歌声停止后,余音好像还在绕着屋梁回旋,形容歌声或音乐优美,耐人回味。【例句】小红一曲唱完了,她美妙的歌声却～,使同学们久久沉浸其中。【近义】绕梁三日【反义】不堪入耳

鱼沉雁杳　yú chén yàn yǎo

【释义】鱼、雁:代指书信。杳:远得看不见踪影。鱼儿沉入水底,大雁毫无踪影。比喻书信断绝。【例句】抗日战争爆发后,他俩分居南北,～,就这样永远失去了联系。【近义】杳无音信

鱼贯而出　yú guàn ér chū

【释义】像游鱼那样一个挨一个地出来。【例句】同学们陆续从教室里～,只留下了王林、林格和维林。

鱼贯而入　yú guàn ér rù

【释义】像游鱼那样一个挨一个地进入。【例句】电影院开始检票,观众～,顷刻满座。【近义】鱼贯而行【反义】鱼贯而出

鱼贯雁行　yú guàn yàn xíng

【释义】像漫游的鱼儿和飞翔的大雁那样一个挨着一个。比喻接连不断。【例句】～的游行队伍越来越长。【近义】衔尾相随

鱼溃鸟散　yú kuì niǎo sàn

【释义】溃:溃败,溃散。像鱼群或飞鸟那样因惊吓而四处溃散。比喻一下子就彻底溃败。【例句】我军把敌人打得～。【近义】土崩瓦解

鱼烂而亡　yú làn ér wáng

【释义】鱼烂:鱼由内脏开始腐烂。指国家因内乱而灭亡。【例句】外敌入侵,应一致对外,～是谁都不愿看到的。【近义】鱼烂土崩

鱼烂土崩　yú làn tǔ bēng

【释义】鱼烂:鱼由内脏开始腐烂。鱼因五脏溃烂,筑土因不实而崩塌。比喻因内部混乱而灭亡。【例句】工厂出现的腐败现象若不及时惩戒,最终会～,不可收拾。【近义】土崩瓦解　分崩离析　鱼烂而亡

鱼龙变化　yú lóng biàn huà

【释义】鱼龙:古代两种杂技的名称。由鱼变成龙。比喻人或事情产生了根本性的变化。【例句】离家三年后,家乡已是～,早已今非昔比了。

鱼龙混杂　yú lóng hùn zá

【释义】鱼和龙混杂在一起。比喻好人和坏人混在一起。【例句】商品经常～,验货物应小心,否则会招来重大损失。【近义】龙蛇混杂　滥竽充数【反义】泾渭分明　黑白分明

鱼米之乡　yú mǐ zhī xiāng

【释义】指盛产鱼和大米的富饶的地方。【例句】我的家乡是～。【近义】膏腴之

地【反义】不毛之地

鱼目混珠　yú mù hùn zhū

【释义】珠:珍珠。拿鱼眼睛冒充珍珠,混在珍珠里面。比喻以假乱真。【例句】自由市场上～的现象依然存在,有关部门应该好好管理一下。【近义】滥竽充数【反义】黑白分明

鱼肉百姓　yú ròu bǎi xìng

【释义】鱼肉:使……成为鱼肉。把老百姓当"鱼肉"一样宰割。指横行霸道,欺凌、残害人民。【例句】新中国成立前,地主老财～,最终被人民打倒了。【近义】胡作非为【反义】与人为善

鱼肉乡里　yú ròu xiāng lǐ

【释义】鱼肉:使……成为鱼肉。指以暴力欺凌,残害。指欺凌、残害乡人。【例句】旧社会,地主老财～,最终被人民打倒了。【近义】胡作非为【反义】与人为善

鱼书雁帖　yú shū yàn tiě

【释义】鱼书、雁帖:代指书信。泛指书信。【例句】他俩各在一方,～。

鱼水相投　yú shuǐ xiāng tóu

【释义】投:投合。像鱼和水的关系那样投合。比喻夫妻亲密无间。【例句】老王夫妻俩相敬如宾,～。【近义】鱼水和谐【反义】反目成仇

鱼死网破　yú sǐ wǎng pò

【释义】鱼被网住后拼命挣扎,鱼死了,网也破了。比喻争斗双方同归于尽。【例句】王伯伯下定决心,就是拼个～,也要状告到底。

鱼游釜中　yú yóu fǔ zhōng

【释义】釜:古代一种煮饭的锅。鱼儿在锅中游来游去。比喻处境危险,快要

灭亡。也作"釜底游鱼"。【例句】敌人被四面包围,如今已处～之势。【近义】燕巢危幕　燕雀处堂

鱼鱼雅雅　yú yú yǎ yǎ

【释义】鱼鱼:鱼群游动时一个挨一个地排列成行。雅:通"鸦"。雅雅:乌鸦飞行时排成整齐的阵形。形容队伍威武整齐。【例句】他带着手下儿百人～,向京城出发。

鱼质龙文　yú zhì lóng wén

【释义】质:质地,本质。文:同"纹",纹彩。鱼的本质,龙的外表。形容徒有外表而无实际内容。【例句】夫～,似是而非。【近义】华而不实

渔人之利　yú rén zhī lì

【释义】打鱼人得到的好处。据《战国策·燕策二》记载,一只鹬啄蚌肉,被蚌钳住了长嘴,两者互不相让,被路过的捕鱼人一起擒获。借指第三方利用另外两方的矛盾冲突而取得的利益。【例句】他们斗气儿,您坐收～,岂不大喜。 提示 常与"鹬蚌相争"连用。

渔翁得利　yú wēng dé lì

【释义】指两者相争,而第三者得到利益。【例句】在商海里,鹬蚌相争、～的事情时有发生。

瑜不掩瑕　yú bù yǎn xiá

【释义】瑜:美玉。瑕:玉上的斑点。玉的光彩掩盖不了玉上的斑点。比喻优点掩盖不了缺点。【例句】小秦年富力强,正是干事业的时候,但～,缺点也不少,尤其是懒散。【反义】瑕不掩瑜

愚不可及　yú bù kě jí

【释义】及:达到。原指人为了应付不利局面假装愚痴,以免祸患,为常人所不及。后用来形容人十分愚蠢。【例句】

你竟然相信陌生人的话，被他骗去金戒指，真是～。【近义】愚昧无知【反义】聪明绝顶

愚公移山　yú gōng yí shān
【释义】据《列子·汤问》记载，古代有位叫愚公的老人，决心移去挡在家门口的太行、王屋两座大山，他率领子孙们挖山不止。这件事感动了天帝，天帝就命神仙将山背走了。借指做事有毅力，有恒心，不怕困难。【例句】只要有～的精神，就什么困难都压不倒我。【近义】精卫填海　磨穿铁杵　夸父逐日

愚昧无知　yú mèi wú zhī
【释义】愚昧：缺乏知识，愚蠢而不明事理。愚蠢糊涂，不明事理。【例句】她这种～的做法实在不可理喻。【近义】蒙昧无知【反义】绝顶聪明　知书达理

愚者一得　yú zhě yī dé
【释义】愚者：愚蠢的人。指愚蠢人的见解偶然也有可取之处。【例句】我刚才的建议只是～，仅作参考。【反义】智者一失

舆论哗然　yú lùn huá rán
【释义】舆论：公众的言论。人们议论纷纷。【例句】他制造假酒的事件曝光后，～，群起而攻之。【近义】议论纷纷

与虎谋皮　yǔ hǔ móu pí
【释义】谋：商议。和老虎商量，要它的皮。比喻同有直接利害关系的人商量损害其利益的事，绝对办不到。后多指要恶人放弃自己的利益，纯属幻想。【例句】向这个吝啬鬼借钱，无异于～。【近义】海中捞月

与民更始　yǔ mín gēng shǐ
【释义】更始：重新开始。同百姓一起重新开始。指决心政治革新。【例句】西

汉初期，统治者采取休养生息、～的政策措施。【近义】除旧布新　提示　"更"不读 gèng。

与民同乐　yǔ mín tóng lè
【释义】同老百姓一起享受欢乐。【例句】温家宝在总理任期时～，大家十分敬重他。

与人为善　yǔ rén wéi shàn
【释义】为：做。善：好事。同别人一道做好事。原指赞助人学好。现多指善意帮助别人。【例句】李大娘向来～，经常受到大家的赞扬。【近义】行善积德

与日俱增　yǔ rì jù zēng
【释义】俱：一起。随着时间的推移而不断增长。形容增长或发展很快。【例句】随着时间的推移，夫妻俩的感情～。【近义】日积月累【反义】每况愈下

与世长辞　yǔ shì cháng cí
【释义】世：人世。辞：告别。指人去世。多用于敬仰的人。【例句】论文完成后，老人～了。【近义】溘然长逝

与世沉浮　yǔ shì chén fú
【释义】沉浮：比喻盛衰、消长。随着世俗的潮流沉浮升降。形容随波逐流，不作任何努力或抗争。【例句】她做事有原则，从不～。【近义】随波逐流　与世偃仰　随俗浮沉

与世隔绝　yǔ shì gé jué
【释义】与社会上的人事隔离，断绝来往。常形容隐居或人迹罕至的极偏僻的地方。【例句】这一带山高人稀，住在这里便～了。【近义】人迹罕至【反义】熙熙攘攘

与世推移　yǔ shì tuī yí
【释义】推移：指时间、形势、风气等的发展和变化。随着世道的变化而改变立

场、观点或处世方式,以适应新的形势。【例句】我们处在改革的时代,看待事物的眼光应该~。

与世无争　yǔ shì wú zhēng
【释义】跟世人不发生争执。形容不慕名利,处世随和。【例句】他和我妈妈一样,从来~。【近义】安分守己【反义】沽名钓誉

与世偃仰　yǔ shì yǎn yǎng
【释义】偃仰:俯仰,俯首和抬头。与世俗一起进退。形容随波逐流,随俗应付,没有主见。【例句】一个~的人,是不能独当一面的。【近义】与世沉浮　提示　含贬义。

与众不同　yǔ zhòng bù tóng
【释义】跟大家不一样。【例句】波罗蜜的开花结果~,四五岁的幼树在主枝上开花结实。【近义】不同凡响　异乎寻常【反义】大同小异　一般无二

予人口实　yǔ rén kǒu shí
【释义】予:给。口实:可以利用的借口。给人留下指责的把柄。【例句】她这样做实在不好,除~之外,无任何结果。

羽毛丰满　yǔ máo fēng mǎn
【释义】小鸟羽毛长全,可以独立飞行了。比喻成熟壮大,力量积蓄充足。【例句】他已~,你何必什么事都还要管着他呢。【近义】羽翼既成【反义】羽毛未丰

羽毛未丰　yǔ máo wèi fēng
【释义】丰:丰满。小鸟的羽毛还没有长全。比喻还没有成熟,还没有成长壮大。【例句】你~,千万不能莽撞啊!【反义】羽毛丰满　羽翼既成

羽扇纶巾　yǔ shàn guān jīn
【释义】羽扇:羽毛扇。纶巾:丝帛做的便巾。手持羽扇,头戴纶巾。这是古代名士的打扮。形容风度翩翩、潇洒从容。【例句】~,谈笑间樯橹灰飞烟灭。　提示　"纶"不读 lún。

羽翼既成　yǔ yì jì chéng
【释义】羽翼:翅膀,比喻辅佐的人或力量。既:已经。翅膀已经长成。比喻已经成熟或积蓄了充足的辅佐力量。【例句】这伙地痞~,不可小视。【近义】羽毛丰满【反义】羽毛未丰

雨过天晴　yǔ guò tiān qíng
【释义】阵雨过后天气晴朗。比喻心胸开阔、明朗。阵雨过后,天空转晴。比喻情况由坏变好,形势由黑暗变光明。【例句】那缕炊烟罗织有四种颜色,一种~,一种秋香色,一种松绿的,一种就是银红色。/刚才还在又哭又闹,不一会就~了。/刚才还是瓢泼大雨,转眼就变得~。【近义】雨后初霁　云开日出　云消雾散　重见天日【反义】乌云蔽日　风雨如晦　风雨如磐

雨后春笋　yǔ hòu chūn sǔn
【释义】春雨过后竹笋长得很多很快。比喻新事物大量涌现,蓬勃发展。【例句】近年来,海外华文媒体如~般的发展。【近义】遍地开花

雨散云收　yǔ sàn yún shōu
【释义】大雨停了,乌云飘走了。指雨后转晴。像雨一样散落,像云一样飘走。比喻亲朋离散。【例句】旧中国的灾荒年,~的情况一点也不奇怪。

语妙天下　yǔ miào tiān xià
【释义】妙:绝妙。言语非常绝妙,无与伦比。【例句】侯宝林的相声~,给人一种美的享受。

语无伦次　yǔ wú lún cì
【释义】伦次:条理,次序。话讲得很乱,没有条理层次。【例句】面对突如其来

的变化,他显得～。【近义】不知所云
颠三倒四【反义】有条有理　提示
"伦"不能写成"轮"。

语焉不详　yǔ yān bù xiáng
【释义】焉:文言语助词,无实义。说到
了,但说得不详细,不清楚。【例句】多
年来关于他的死,或～,或言人人殊。
【近义】言之不详【反义】不厌其详

语重心长　yǔ zhòng xīn cháng
【释义】言辞恳切,情意深长。【例句】父
亲～的话语,我永记不忘。【近义】苦
口婆心【反义】言不由衷

玉不琢,不成器　yù bù zhuó, bù chéng qì
【释义】琢:雕刻打磨。玉石不经过雕刻
打磨,不能成为器物。比喻人不接受
教育,不能成才。【例句】～,你应该了
解父亲对你严厉的良苦用心。

玉立亭亭　yù lì tíng tíng
【释义】亭亭:高耸的样子。形容身材修
长美丽的女子或花木等形体的挺拔。
【例句】父亲笑容满面地说:"我的女儿
已长大成人,～,再不是从前所见的
那个黄毛丫头了。"

玉貌花容　yù mào huā róng
【释义】容貌如花似玉。形容女子非常
美丽。【例句】她～,人品也好,真是人
见人爱。【近义】花容月貌

玉石俱焚　yù shí jù fén
【释义】俱:一起。焚:烧毁。美玉和石
头一起烧毁了。比喻好的和坏的一同
毁掉。【例句】对学术界而言,～的日
子已经过去,玉石俱焚的时代正在到
来。【近义】兰艾同焚　同归于尽【反
义】泾渭分明　黑白分明　是非分明

玉树临风　yù shù lín fēng
【释义】玉树:指风度翩翩且有才华的青

年。临风:站在风口上。指风度翩翩,
秀美多姿。【例句】要我来画他的话,
我会把他画成个～,文质彬彬的俊男。

玉树琼枝　yù shù qióng zhī
【释义】琼:美玉。像美玉一样的树木。
形容树木华美。比喻富贵人家的子
弟。【例句】银杏一条街,真是～。/愁
肠种种,种种难消受,我是～,到做风
中飘柳,堪忧。

玉液琼浆　yù yè qióng jiāng
【释义】琼:美玉。泛指美酒或其他甜美
的浆汁。【例句】这酒很好,堪称～。
【近义】桂酒椒浆

玉殒香消　yù yǔn xiāng xiāo
【释义】形容年轻貌美的女人死去,像玉
的陨灭、香气的消散一样。【例句】想
不到婚后不久她就在一次飞行事故中
～。【近义】香消玉碎

玉走金飞　yù zǒu jīn fēi
【释义】玉:玉兔,代指月亮。金:金乌,
代指太阳。形容时间急速地流逝。
【例句】转眼间又是一年,真是～。【近
义】乌飞兔走

郁郁不乐　yù yù bù lè
【释义】郁郁:心里忧愁、苦闷。形容愁
闷不乐。【例句】自从妻子出走后,他
一直～。【近义】闷闷不乐【反义】兴
高采烈

郁郁葱葱　yù yù cōng cōng
【释义】郁郁:茂盛的样子。葱葱:草木
青翠的样子。形容草木苍翠茂盛。
【例句】金色的朝霞,蔚蓝的天空,～的
群山,是我们向往的地方。【近义】生
机蓬勃　生意盎然　生气勃勃

郁郁寡欢　yù yù guǎ huān
【释义】郁郁:忧伤苦闷的样子。寡:少。
欢:欢乐。闷闷不乐,难得有高兴的时

候。【例句】他神情恍惚，～，手中牵着一条狗，这是他生活中的唯一可依靠的"伴侣"。【近义】闷闷不乐　快快不乐【反义】兴高采烈　欢天喜地　笑口常开

浴血奋战　yù xuè fèn zhàn

【释义】浴血：浑身是血。指顽强地坚持战斗。【例句】兵士们听了这些话，再看看大家～的情景，感动得流下热泪。【近义】冲锋陷阵　殊死搏斗

欲罢不能　yù bà bù néng

【释义】罢：停、歇。想停又停不下来。指已形成某种局势而没有办法改变。【例句】现在，消息证实了，红头文件下来了，奥校却～。【近义】骑虎难下

欲盖弥彰　yù gài mí zhāng

【释义】盖：掩盖。弥：更加。彰：显著。想要掩盖事实的真相，结果暴露得更加明显。【例句】敌人的做法不过是～，是欺骗不了人的。【反义】相得益彰

欲壑难填　yù hè nán tián

【释义】壑：山沟。欲望像山沟一样难以填满。形容贪欲太大，很难满足。【例句】是什么东西使他～，以致最后不能自拔？【近义】贪得无厌　贪心不足【反义】义不苟取

欲加之罪　yù jiā zhī zuì

【释义】想要给人加上的罪名。指随心所欲地陷害他人。【例句】大家都熟悉"～，何患无辞"的成语。

欲擒故纵　yù qín gù zòng

【释义】擒：捕拿。纵：放。为了要捉住他，故意先放开他，使他放松戒备。多指为了进一步控制，故意先放松一步。【例句】我们现在只能以退为进，～。【近义】欲取故与

欲说还休　yù shuō huán xiū

【释义】休：停止。想要诉说又停下来，什么也没有说。形容心情复杂，难于启齿。【例句】爸爸要我告诉他这件事的原委，可我却～，什么也说不上来。【近义】欲言又止

欲速不达　yù sù bù dá

【释义】想求快速，反而不能达到目的。【例句】他只求尽快赶完这批货，却不按工序生产，偷工减料，结果是～。【近义】揠苗助长【反义】循序渐进

欲言又止　yù yán yòu zhǐ

【释义】想说又不说。指心中有所顾虑而难于启齿。【例句】问及他的近况，他～，没有了痛快劲儿。【近义】欲说还休

欲扬先抑　yù yáng xiān yì

【释义】要发扬、放开，先控制、压抑。【例句】他写文章经常采用～的手法。【反义】欲抑先扬

遇难成祥　yù nàn chéng xiáng

【释义】难：灾难。遭遇到危难但却化为吉祥。【例句】不过还好，这事逢凶化吉，～。【近义】逢凶化吉

遇人不淑　yù rén bù shū

【释义】女子嫁了个不好的丈夫。【例句】王小姐学识不错，人品又好，但～，可惜了。【近义】彩凤随鸦【反义】天作之合

遇事生风　yù shì shēng fēng

【释义】生风：兴风作浪，制造事端。一有机会就搬弄是非。【例句】他好～。

鹬蚌相争　yù bàng xiāng zhēng

【释义】鹬：一种长嘴的水鸟。据《战国策·燕策二》记载，一只鹬啄蚌肉，被蚌钳住了长嘴，两者互不相让，后被路

过的捕鱼人一起擒获。比喻双方争持不下,两败俱伤,让第三方得了好处。【例句】老张把这次升任总结为"～,渔人得利"。【近义】螳螂捕蝉【反义】和平共处 提示 常与"渔人得利"连用。

鬻儿卖女　yù ér mài nǚ
【释义】鬻:卖。出卖自己的儿女。也作"卖儿鬻女"。【例句】从出土文物中发现穷人～的文契,他们的困苦可想而知。

鸢飞鱼跃　yuān fēi yú yuè
【释义】鸢:老鹰。老鹰在天空飞翔,鱼在水中跳跃。形容世间万物任性而动,各得其所。比喻事情处理得恰到好处。【例句】春天来了,～,鸟语花香。/王李两家为了宅基地发生矛盾,陈书记把争端处理得～。

冤沉海底　yuān chén hǎi dǐ
【释义】冤:冤屈。蒙受的冤屈像东西沉入海底一样,永远得不到昭雪。【例句】他的冤案不会～,总有一天会得到申雪。

冤家路窄　yuān jiā lù zhǎi
【释义】冤家:仇人,对头。仇人或不愿相见的人偏偏容易相遇,无法回避。也指碰到了不想见的人,躲避不开。【例句】有一天,蔺相如带着门客坐车出门,～,老远就瞧见廉颇的车马迎面而来。【近义】狭路相逢

冤冤相报　yuān yuān xiāng bào
【释义】报:报应。佛教认为,制造冤屈的人最终也将蒙受冤屈。指仇人之间互相报复。【例句】你们之间的过节是多年前的事,如果～,哪一天才会休止?

元凶巨恶　yuán xiōng jù è
【释义】元凶:祸首。凶犯的头子,最大

的恶人。【例句】你这样为他说情,就是替他这个罪魁祸首、～垫棺材底。【近义】元恶大憝　罪魁祸首　元恶大奸

原封不动　yuán fēng bù dòng
【释义】封:封口。原来贴的封口没有动过。指保持原样,没有变动。【例句】你把一箱苹果～地退给他。【近义】一成不变　依然如故　纹丝不动【反义】除旧布新　改头换面

原心定罪　yuán xīn dìng zuì
【释义】原:探求,依据。以犯罪动机来判定有无罪行或罪行的轻重。也作"论心定罪"。【例句】法官是不能定罪的,必须～。

原形毕露　yuán xíng bì lù
【释义】原形:本来面目。毕:全部。本来的面目全部暴露。【例句】他要用自己的画笔给一个个案犯画像,使他们～。【近义】暴露无遗　真相毕露　真相大白【反义】匿影藏形　不露声色　藏头露尾 提示 含贬义。"毕"不能写成"必"。

原原本本　yuán yuán běn běn
【释义】探求事物的本源。指照原样从头到尾地叙述事情的全过程。【例句】他把昨天发生的事～地讲了一遍。【近义】一五一十　从头到尾　有头有尾【反义】有头无尾　东鳞西爪　掐头去尾　斩头去尾

圆凿方枘　yuán záo fāng ruì
见"方枘圆凿"。

援笔立成　yuán bǐ lì chéng
【释义】援:拿,提。拿起笔来迅速写成。形容文思敏捷。【例句】他喜读文学书籍,写起文章来～。【近义】倚马可待　一挥而就

援古证今　yuán gǔ zhèng jīn
【释义】援:引用。引用古代的文献或事例来证明今天的言行。【例句】他～,辛辣地讽刺了滥用政治权力的不良作风。【近义】借古讽今　古为今用　借古喻今

缘木求鱼　yuán mù qiú yú
【释义】缘:攀援。木:树。爬到树上去找鱼。比喻方向、方法不对,一定达不到目的。【例句】没有现代化的管理,抓质量无异于～。【近义】钻冰取火　海中捞月　竹篮打水【反义】探囊取物　瓮中捉鳖　提示　"缘"不能写成"沿"。

猿悲鹤怨　yuán bēi hè yuàn
【释义】猿、鹤发出的悲鸣声。形容阴森、凄凉的气氛。【例句】王平的奶奶安放在太平间,那里～。

源源不绝　yuán yuán bù jué
【释义】形容连续不断的样子。【例句】几年之内,你们可以～地向公司输送管理人才。【近义】滔滔不绝

源远流长　yuán yuǎn liú cháng
【释义】源头很远,流程很长。形容历史悠久。【例句】中国有五千年的历史,中国文化可谓～。【近义】源源不断【反义】无本之木　无源之水

远见卓识　yuǎn jiàn zhuó shí
【释义】卓:卓越。有远大的眼光、卓越的见识。【例句】邓小平具有～,同时又非常务实,是当代最伟大的政治家之一。【近义】真知灼见【反义】浅见寡闻　鼠目寸光

远亲不如近邻　yuǎn qīn bù rú jìn lín
【释义】离得远的亲戚不如住得近的邻居关系密切。指近邻关系密切,有事可以互相帮忙。【例句】您这就见外了,～嘛,我看见了能不管?

远涉重洋　yuǎn shè chóng yáng
【释义】重洋:辽阔无边的海洋。远远地渡过海洋。【例句】当年,爷爷为了生计～,三十年后才回来。【近义】远走高飞【反义】足不出户

远水不救近火　yuǎn shuǐ bù jiù jìn huǒ
【释义】比喻在遥远的地方或较长的时间以后,虽然能找到解救的办法,但解救不了眼前的急难。【例句】虽然在上海找到特效药,但是～,如果不能紧急空运,还不是一场空!【近义】远水不解近渴

远走高飞　yuǎn zǒu gāo fēi
【释义】走到远方,飞向高处。指脱离困境,到别的地方去谋求新的出路。【例句】家燕与春天一起到来,冬天～,年年如此。【近义】高飞远举

怨气满腹　yuàn qì mǎn fù
【释义】满肚子怨气。形容怨气很深。【例句】清末,政治腐败,百姓饥寒交迫,～。

怨声载道　yuàn shēng zài dào
【释义】载:充满。怨恨的声音充满道路。形容民众普遍不满。【例句】慈禧太后对外屈膝投降,对内残酷压榨,全国上下～。【近义】民怨沸腾【反义】歌功颂德　口碑载道

怨天尤人　yuàn tiān yóu rén
【释义】尤:归罪,责备。埋怨上天,怪罪别人。形容对不如意的事情一味归咎于客观。【例句】她不～,也不满足于洁身自好,而是以满腔的热忱投入到工作中。【近义】怨气冲天【反义】引咎自责　提示　"尤"不能写成"忧"。

约定俗成　yuē dìng sú chéng

【释义】约定：共同商定。俗成：长期习用并逐渐形成。指某种事物的名称或社会习惯，因人们长期习用，得到社会的承认，被固定下来的。【例句】"三"在古汉语中表示"多数"或"多次"，已是～的用法。【近义】蔚然成风

约法三章　yuē fǎ sān zhāng

【释义】约：商量，议定。共同定下了三条法律。泛指订立简单的共同遵守的条款。【例句】第一天见面，他就给秘书～。

月白风清　yuè bái fēng qīng

【释义】月光皎洁，微风凉爽。形容恬静美好的夜景。【例句】这是一个～的夜晚，校园里三三两两散步的人从我身边走过。【近义】明月清风【反义】月黑风高 提示 含褒义。

月黑风高　yuè hēi fēng gāo

【释义】没有月亮，风又很大的夜晚。多指险恶的环境。【例句】在这个～的晚上，与你去寻幽探秘。【近义】日月无光【反义】风清月朗　月白风清

月落乌啼　yuè luò wū tí

【释义】月亮已西沉，乌鸦鸣啼。形容天快亮时的景象。【例句】我们走到江边，天近拂晓，～，倍感凄凉。

月明千里　yuè míng qiān lǐ

【释义】皎洁的月光普照千里大地。形容月光皎洁。【例句】站在峨眉山金顶，一眼望去，～。【近义】皓月当空

月明星稀　yuè míng xīng xī

【释义】月光皎洁，星星稀疏。【例句】一个～的夜晚，我们在湖上泛舟，大家都陶醉在美好的夜色中。【近义】月朗星疏

月下老人　yuè xià lǎo rén

【释义】中国古代神话传说中的婚姻之神。后泛指媒人。据唐代李复言《续幽怪录·定婚店》记载，唐代人韦固夜经宋城，遇见一个倚着布囊，坐在台阶上的老人，借着月光检书。韦固问所检何书，回答说是"天下婚牒"；又问他囊中装的什么东西，回答说是赤绳，专门用来系夫妻的脚。【例句】他多么希望～能给他一条"红绳"以结良缘。【近义】媒妁之言　天配良缘

月盈则食　yuè yíng zé shí

【释义】盈：满。食：月亏。月亮圆满时，就开始亏缺。指当事物发展到极限时，就开始衰败。【例句】日中则昃，～。

月晕础润　yuè yùn chǔ rùn

【释义】月晕：指月亮周围出现的光环，通称风圈。础：柱子底下的石墩。月晕是起风的征兆，础石湿润是下雨的征兆。泛指事物的征兆。【例句】小米这几天心烦意乱，～，感觉要出什么事。

月晕而风　yuè yùn ér fēng

【释义】月晕：指月亮周围出现的光环，通称风圈。月亮的周围有晕时，风就要来了。指将要来临的事，必有预兆。【例句】～，他挥霍无度，你应及早解除他财务科长的职务，以免给公司造成损失。【近义】础润而雨

跃马扬鞭　yuè mǎ yáng biān

【释义】跳上战马，扬起鞭子。形容飞快地前进。【例句】科尔沁草原曾是一代天骄成吉思汗～的地方。

跃然纸上　yuè rán zhǐ shàng

【释义】跃然：生动逼真地呈现。在纸上生动地呈现出来。形容描写或刻画得十分生动逼真。【例句】中国画里的

虾、螃蟹、骏马，都是那么栩栩如生、～。【近义】栩栩如生　活灵活现

跃跃欲试　yuè yuè yù shì
【释义】跃跃：因急切期待或心情欢快而激动的样子。形容心里急切地想试一试。【例句】他摩拳擦掌，做出一副～、志在必得的样子。【近义】摩拳擦掌【反义】无动于衷

越俎代庖　yuè zǔ dài páo
【释义】俎：樽俎，古代祭祀时盛牛羊祭品的器具。庖：厨师。举行祭祀时主祭的人越过樽俎去代替厨师操办宴席。比喻超过自己的职务范围，去处理别人所管的事情。【例句】他们要做的事一向被父母～，自然难于得到锻炼的机会。【近义】包办代替　牝鸡司晨　逾越本分　逾权行事【反义】袖手旁观　各司其职　责有所归　在官言官　恪尽职守　各尽本分　提示"俎"不能写成"阻"。

晕头转向　yūn tóu zhuàn xiàng
【释义】形容头脑昏乱，辨不清方向。也形容事情太多或环境、话题生疏而使人不知所措。【例句】老爷爷一下车就～，找不到回家的路了。【反义】头脑清醒

云垂海立　yún chuí hǎi lì
【释义】高云下垂，海水陡立。原为歌颂帝王的威德，后比喻文辞雄伟。【例句】这篇文章大气磅礴，有～之气。

云过天空　yún guò tiān kōng
【释义】空：空旷。云彩飘过，天空清澈如洗。比喻事情处理得干净利落，不留痕迹。【例句】老李办事向来～。【近义】云净天空

云合雾集　yún hé wù jí
【释义】云雾汇拢成一堆。比喻许多人迅速聚集到一起。【例句】这是方圆几十里最大的集镇，每逢节日，来这里赶集的人总是～。

云阶月地　yún jiē yuè dì
【释义】以云彩作为阶梯，以月宫作为地面。指天宫、仙境或其他美好的境界。【例句】现在有些社区的广场打造得有如～。【近义】琼楼玉宇

云谲波诡　yún jué bō guǐ
【释义】谲、诡：怪异，多变。形容房屋建筑形式就像云彩和波浪那样千姿百态。也形容事态或文笔变幻莫测。【例句】目前国际局势变化难以推测，真是～。【近义】变幻莫测【反义】一成不变

云龙风虎　yún lóng fēng hǔ
【释义】云彩从龙生，虎啸生风。原指同类事物的相互感应。后比喻明君贤臣相遇合。【例句】你必须礼贤下士，然后才能有～的气概。【近义】英雄豪杰

云泥之别　yún ní zhī bié
【释义】天上的浮云和地上的泥土之间的差别。形容极大的差别。【例句】二人同朝为官，一个连升两级，一个被贬为庶民，真有～了！【近义】天壤之别

云起龙骧　yún qǐ lóng xiāng
【释义】骧：亦作"襄"，上举，腾起。风云起，龙腾跃。比喻英雄豪杰乘时而起。【例句】秦末，陈胜、吴广揭竿而起，一时间～，纷纷抗秦。

云起雪飞　yún qǐ xuě fēi
【释义】像云一样升腾，像雪一样飘飞。形容乐曲悠扬，变化有致。【例句】笛子独奏的《梁山伯与祝英台》～。

云消雾散　yún xiāo wù sàn
【释义】云雾全部消失了。指某种事物或情绪消失得干干净净。【例句】他俩

的误会最终在我的劝说下～。【近义】烟消云散　云开雾散【反义】云笼雾锁

云蒸霞蔚　yún zhēng xiá wèi

【释义】蒸:升腾。蔚:弥漫。云气升腾,彩霞弥漫,形容景物灿烂绚丽。【例句】这个场面,真可谓"～舞轻影,热涌风吹现长虹"。【近义】五彩缤纷【反义】漆黑一团

云中白鹤　yún zhōng bái hè

【释义】翱翔在云间的白鹤。比喻品德高尚、志向远大的人。【例句】他自小便气宇不凡,在这些兄弟姐妹之间如～一般。

芸芸众生　yún yún zhòng shēng

【释义】芸芸:众多的样子。佛教指一切有生命的东西,一般也用来指众多的平常人。【例句】～,无论买衣服还是接受服务,总要以物美价廉为选择的第一条件。【近义】凡夫俗子【反义】衮衮诸公

允文允武　yǔn wén yǔn wǔ

【释义】允:文言语首助词。指既能文又能武。【例句】后人评价郑成功是一个～的英雄。【近义】能文能武

殒身碎首　yǔn shēn suì shǒu

【释义】殒身:死亡,丧命。形容粉身碎骨。【例句】一场车祸,把这个恶棍撞得～。【近义】粉身碎骨

运筹决策　yùn chóu jué cè

【释义】运筹:筹划。谋划情况,制定策略。【例句】重视调查研究,是李先生～的特色。【近义】运筹决胜　运筹帷幄

运筹决胜　yùn chóu jué shèng

【释义】运筹:筹划。制定作战谋略以取得战斗的胜利。【例句】龙争虎斗的摔跤,～的棋艺,引人入胜的歌舞,各种上乘的表演使人一饱眼福。【近义】运筹帷幄　运筹决策

运筹帷幄　yùn chóu wéi wò

【释义】运筹:筹划。帷幄:军队的帐幕。在军帐中制定作战计划。后泛指谋划决策。【例句】战争年代,毛泽东～,决战千里。【近义】运筹决策　运筹决胜【反义】一筹莫展

运计铺谋　yùn jì pū móu

【释义】铺:展开,设置。运用谋略。【例句】他常常取胜的主要原因是～。

运用自如　yùn yòng zì rú

【释义】自如:活动或操作不受阻碍。指运用得十分娴熟、自然。【例句】经过几年不懈的努力,这个英国小伙子已对汉语～。【近义】游刃有余　得心应手

Z

Z

咂嘴弄舌　zā zuǐ nòng shé
【释义】嘴唇相咂,舌头搅动以品尝滋味。形容贪吃的馋相。【例句】看他～的样子,完全不注意形象。【近义】咂嘴弄唇

杂乱无章　zá luàn wú zhāng
【释义】章:规则,条理。很零乱,没有条理。【例句】你的家里这样～,看了叫人不舒服,还不好好整理一下。【近义】乱七八糟【反义】井然有序　有条有理　有条不紊　井井有条

杂七杂八　zá qī zá bā
【释义】不同种类的东西或不相干的问题混杂在一起。形容多而杂。【例句】我还有很多～的事要处理,只好下周来看你。【近义】杂乱无章　乱七八糟【反义】有条有理

再接再厉　zài jiē zài lì
【释义】接:交战。厉:通"砺",磨快。公鸡相斗,每次都要先把嘴磨利。指一次又一次地努力,坚持不懈。【例句】取得这次战斗的胜利后,连长叮嘱我们要～,争取再打胜仗。【近义】不屈不挠　勇往直前【反义】每况愈下　一蹶不振　提示　"厉"不能写成"励"。

再三再四　zài sān zài sì
【释义】再三:一次又一次。指反复多次。【例句】他本来不想去,可是人家～地邀请,盛情难却,只好去了。【近义】一而再,再而三

再生父母　zài shēng fù mǔ
见"重生父母"。

再衰三竭　zài shuāi sān jié
【释义】再:第二次。竭:尽。擂响几遍战鼓之后,冲锋的锐气便逐渐衰竭。后泛指逐渐低落,不能再振作。【例句】敌人已到了～的时候,这一仗只能打胜。【近义】强弩之末【反义】方兴未艾

再造之恩　zài zào zhī ēn
【释义】再造:再生。使自己获得新生的恩德。泛指极大的恩情。【例句】这位医生对我有～,所以每年的圣诞节我总去看望他,以表谢意。【近义】再生父母

再作冯妇　zài zuò féng fù
【释义】再作:第二次当上。冯妇:古代的打虎猛士。据《孟子·尽心下》记载,冯妇特别擅长打老虎,后来洗手不干了。一次人们围住了一只负隅顽抗的老虎,都不敢上前去擒获,看见冯妇后,请他帮助,冯妇立即挽起袖子去打虎。比喻重操旧业或重操旧业的人。【例句】迫于生计,他只好放下手中的书本,～,做起杀猪的行当来。【近义】重操旧业

在此一举　zài cǐ yī jǔ
【释义】此:这。举:行动。事情的成败在于这一次行动。【例句】这次拔河比赛能否取胜就～。

在劫难逃 zài jié nán táo

【释义】劫：佛教指大灾难。命中注定要遭受祸害，逃也逃不脱。也指不可避免、无法摆脱的厄运。【例句】这次质量检查，老是偷工减料的他是～了。【近义】劫数难逃【反义】洪福齐天

在所不辞 zài suǒ bù cí

【释义】在所：连用表示强调。辞：推辞，躲避。决不推辞。【例句】只要是工作需要，我赴汤蹈火，～。【近义】万死不辞　义不容辞

在所不惜 zài suǒ bù xī

【释义】在所：连用表示强调。惜：吝惜，决不吝惜。【例句】当年，他为了支持革命，倾家荡产，～。【近义】在所不辞

在所难免 zài suǒ nán miǎn

【释义】在所：连用表示强调。免：避免。难于避免。【例句】他一口气提出了那么多的建议和想法，有一两点不完善，是～的。

在天之灵 zài tiān zhī líng

【释义】迷信指人死后升入天国的灵魂。尊称死者心灵、精神。【例句】我们只有珍惜这来之不易的和平，才能慰藉先烈们的～。

载歌载舞 zài gē zài wǔ

【释义】载：又，且。又唱歌，又跳舞。形容尽情欢乐。【例句】劳动节这天，孩子们～欢迎劳动模范来学校作报告。【近义】手舞足蹈　欢欣鼓舞　兴高采烈

载舟覆舟 zài zhōu fù zhōu

【释义】载：承载。覆：翻。水能够承载舟船，也能够掀翻舟船。比喻人民可以拥戴君王，也可以推翻君王。【例句】回顾世界历史，这句话被印证了很多次。

赞不绝口 zàn bù jué kǒu

【释义】赞：称赞，赞扬。绝口：住口。赞美的话说个不停，形容对人或事情十分赞赏。【例句】他的文章让人看了～。【近义】拍案叫绝　赞叹不已

葬身鱼腹 zàng shēn yú fù

【释义】指被水淹死。【例句】伟大的爱国诗人屈原宁愿～，也不与肮脏苟且的权臣同流合污。【近义】命赴黄泉　一命呜呼　玉陨香消【反义】长命百岁　寿比南山　万寿无疆

糟糠之妻 zāo kāng zhī qī

【释义】糟糠：酒滓、糠皮等粗劣食物。贫穷时同吃糟糠的妻子。指共患难的妻子。【例句】吕雉是刘邦的～。

凿壁偷光 záo bì tōu guāng

【释义】凿穿墙壁偷偷地借邻家的光亮。形容勤学苦读。【例句】学习需要～、悬梁刺股的刻苦精神。【近义】囊萤积雪　悬梁刺股【反义】三心二意　一心二用

凿凿有据 záo záo yǒu jù

【释义】凿凿：确切，确实。据：依据，凭据。确实有事实依据。【例句】事实就是这样，～，不用再无谓地辩解了。【近义】千真万确　毋庸置疑　铁证如山【反义】捕风捉影　空中楼阁　海底捞月

早出晚归 zǎo chū wǎn guī

【释义】清早出门，夜晚才回来。形容勤劳辛苦。【例句】为了糊口，她爸爸～，辛勤工作。【近义】披星戴月

澡身浴德 zǎo shēn yù dé

【释义】澡：清洗。清除自己身心的污秽，沐浴在道德中。指提高道德修养，使身心纯洁。【例句】他～，品行十分高洁。【近义】修身养性

灶上扫除　zào shàng sǎo chú

【释义】把灶头清扫干净。比喻极容易办到的事。【例句】这种如～般容易的事就不用麻烦别人了吧。【近义】易如反掌【反义】挟山超海

造谣惑众　zào yáo huò zhòng

【释义】惑：欺骗，迷惑。为了达到某种目的而制造谣言，迷惑群众。【例句】我们对那些～、居心叵测的人必须提高警惕。【近义】造谣生事　妖言惑众　蛊惑人心　造谣中伤【反义】实事求是

造谣生事　zào yáo shēng shì

【释义】制造谣言以挑起事端。【例句】提高我们明辨是非的能力，使那些～之徒没有市场。【近义】造谣惑众

造谣中伤　zào yáo zhòng shāng

【释义】中伤：诬蔑他人。制造谣言来陷害别人。【例句】我们做的是正义的事，我们不怕敌人的～。【近义】含沙射影　飞短流长　血口喷人【反义】歌功颂德　提示　"中"不读 zhōng。

责无旁贷　zé wú páng dài

【释义】贷：推卸。自己的责任，不能推卸给别人。【例句】搞好两个文明建设，是～的事。【近义】义不容辞　非异人任　责有攸归【反义】敷衍塞责　推三阻四

责有所归　zé yǒu suǒ guī

【释义】归：归属。责任各有归属。指谁的责任，谁就该负责。【例句】这项工作涉及几十个部门，但～，要是出了差错，就要追究主管部门的责任。【近义】责无旁贷

择善而从　zé shàn ér cóng

【释义】指采纳正确的意见或选择好的方法加以实行。【例句】～，就不会迷失方向。【近义】见贤思齐　取长补短

从善如流【反义】择善而行　同流合污　沆瀣一气　吹毛求疵

啧有烦言　zé yǒu fán yán

【释义】啧：争辩。烦言：气愤不满的话。公众对事情不满，说出批评的话。【例句】会员对理事们的措施～，议论纷纷。【反义】交口称誉

啧啧称赞　zé zé chēng zàn

【释义】啧啧：咂嘴声，表示赞叹。连声赞叹不已。【例句】无论谁提到他，都会～。

贼喊捉贼　zéi hǎn zhuō zéi

【释义】自己是贼还高喊捉贼。比喻为了逃脱罪责，故意混淆视听，转移目标。【例句】这个人～转移大家的注意力，妄图逃脱。【近义】混淆视听

贼眉贼眼　zéi méi zéi yǎn

【释义】形容探头探脑、鬼鬼祟祟的样子。也形容人长相猥琐。【例句】他长得～的，一点也不好看。【近义】贼头鼠脑

贼去关门　zéi qù guān mén

【释义】去：离开。盗贼将东西偷走了，主人才关上门。比喻出事故以后才知道防范。【例句】面对可能突发的事故不能只是～，还应防患未然。【近义】马后炮　亡羊补牢【反义】未雨绸缪

贼头鼠脑　zéi tóu shǔ nǎo

【释义】形容举动鬼鬼祟祟的样子。【例句】他眼睛滴溜溜乱转，一副～的样子。【近义】贼眉鼠眼　鬼头鬼脑

甑尘釜鱼　zèng chén fǔ yú

【释义】甑：古代炊具，用于蒸食的炊具。釜：古代的一种锅。甑里积满了灰尘，釜里长了蠹鱼。形容家境贫寒，长久断炊。【例句】在旧社会他家～，只好上街乞讨。

摘瑕指瑜 zhāi xiá zhǐ yú

【释义】摘:挑,剔。瑕:玉上面的斑点,比喻缺点。瑜:美玉,比喻优点。指出其优缺点。【例句】这两位名儒评论古今名臣,～,纤悉无遗。

摘艳熏香 zhāi yàn xūn xiāng

【释义】摘:采,取。熏:熏陶。采摘华丽的辞藻,受到美好传统的熏陶。【例句】他出生于书香世家,自幼～,文学造诣很高。

债台高筑 zhài tái gāo zhù

【释义】形容欠债多。【例句】他已经～了,哪里还能帮你!【近义】负债累累【反义】绰有余裕

沾亲带故 zhān qīn dài gù

【释义】故:老朋友。指有亲戚或朋友的关系。【例句】全村百分之九十都姓黄,相邻的村与其～的也很多。【反义】非亲非故

沾沾自喜 zhān zhān zì xǐ

【释义】沾沾:得意的样子。形容自以为很好而得意的样子。【例句】学问永无止境,稍有进步便～的人,不会取得大成就。【近义】洋洋得意　自鸣得意【反义】垂头丧气　灰心丧气

瞻前顾后 zhān qián gù hòu

【释义】瞻:望。顾:回头看。看看前面,再看看后面。形容做事以前考虑周密谨慎。也形容犹豫不决,顾虑过多。【例句】他一边走,一边～。/这事他～想了很久。/别再～了,赶紧拿主意吧。【近义】畏首畏尾【反义】勇往直前

斩草除根 zhǎn cǎo chú gēn

【释义】锄草要连根拔除。比喻彻底除掉祸根,不留后患。【例句】毒品对社会危害很大,定要～。【近义】斩尽杀绝　抽薪止沸【反义】养虎遗患　养痈

成蛇

斩钉截铁 zhǎn dīng jié tiě

【释义】截:斩断。形容说话办事坚决果断,毫不犹豫。【例句】他说话做事～,从不犹豫。【近义】直截了当【反义】优柔寡断　拖泥带水

斩尽杀绝 zhǎn jìn shā jué

【释义】斩杀干净,一个也不留。比喻做事不留余地。【例句】对于坏风气、坏行为一定要～,不能姑息养奸。【近义】斩草除根　赶尽杀绝【反义】养虎遗患　放虎归山

斩木揭竿 zhǎn mù jiē gān

【释义】斩:砍。揭:举起。竿:竹竿。砍下树木当成武器,举起竹竿当成军旗。指武装起义。【例句】秦末,各路英雄纷纷～,反抗秦二世的暴政。【近义】揭竿而起

斩蛇逐鹿 zhǎn shé zhú lù

【释义】斩蛇:传说汉高祖刘邦起义前曾斩杀挡道的大蛇,比喻起义。逐鹿:比喻争夺天下。群雄起义,争夺天下。【例句】陈胜、吴广起义后,天下群雄并起,～。

展眼舒眉 zhǎn yǎn shū méi

【释义】展:舒展。眼睛、眉毛都舒展开来。形容心情非常愉快。【例句】你瞧他～,开心极了。【近义】扬眉吐气

崭露锋芒 zhǎn lù fēng máng

【释义】崭:突出。指人才干初露,有如刀锋那样锋芒耀目。【例句】小冯刚到公司便～,总经理对他另眼相看。【近义】崭露头角【反义】不露圭角

崭露头角 zhǎn lù tóu jiǎo

【释义】崭:突出的样子。头角:比喻青年的气概或才华。比喻显示出才华和

Z

本领。【例句】在这次乒乓球比赛中，不少少年选手～，获得了好成绩。【近义】初露锋芒【反义】不露圭角　提示　多指青少年。

辗转反侧　zhǎn zhuǎn fǎn cè

【释义】辗转、反侧：翻来覆去的样子。翻来覆去不能入睡，形容心事重重。【例句】他心事重重，～不能入睡。【近义】辗转不寐【反义】高枕无忧

战火纷飞　zhàn huǒ fēn fēi

【释义】战火：指战争。子弹、炮弹乱飞。形容战斗非常激烈。【例句】在那个～的年代，他俩为各自的生存奔波着，一直没有机会见面。

战天斗地　zhàn tiān dòu dì

【释义】形容征服和改造大自然的巨大干劲和豪迈气概。【例句】灾区人民以～的英雄气概，克服地震带来的困难，已恢复生产，重建家园。

战无不胜　zhàn wú bù shèng

【释义】打仗没有一次不战胜敌人。形容百战百胜。【例句】这是一支攻无不克、～的队伍。【近义】攻无不克　屡战屡胜【反义】望风披靡

战战兢兢　zhàn zhàn jīng jīng

【释义】战战：畏惧的样子。兢兢：小心谨慎的样子。形容因害怕而微微发抖的样子。形容小心谨慎的样子。【例句】面对凶恶的敌人，这个软弱的人～，如履薄冰。/他心里没底，～地走进考场。【近义】诚惶诚恐【反义】泰然自若　提示　"兢"不读 kè。

张灯结彩　zhāng dēng jié cǎi

【释义】张：陈设，铺排。彩：彩球，彩带。挂着灯笼，扎上彩带。形容场面喜庆、热闹。也作"悬灯结彩"。【例句】为迎接国庆到来，学校的礼堂里已～。【近

义】火树银花　披红戴绿【反义】披麻戴孝

张冠李戴　zhāng guān lǐ dài

【释义】冠：帽子。姓张的帽子戴在了姓李的头上。比喻弄错了对象或弄错了事实。【例句】因为他俩长得非常像，不熟悉的人经常～。【近义】似是而非

张皇失措　zhāng huáng shī cuò

【释义】张皇：惊慌，慌张。措：安排，处置。十分慌乱，不知道该怎么办。【例句】警察一来，他便～，刚偷来的钱包也掉在了地上。【近义】惊惶失措　仓皇失措【反义】处之泰然

张口结舌　zhāng kǒu jié shé

【释义】结舌：舌头像打了结一样不能转动。张着嘴说不出话来。形容理屈或害怕。【例句】老师突然发问，张三～，不知如何回答。【近义】闭口藏舌　钳口结舌　哑口无言　瞠目结舌【反义】口若悬河　滔滔不绝

张眉努眼　zhāng méi nǔ yǎn

【释义】扬起眉毛，瞪大眼睛。形容吃惊或故作惊讶的样子。【例句】听到这个消息，他～，很是吃惊。

张三李四　zhāng sān lǐ sì

【释义】假设的姓名。泛指某人或某些人。【例句】这些小道消息在～之间传播是要不得的。

张牙舞爪　zhāng yá wǔ zhǎo

【释义】形容猖狂凶恶的样子。【例句】动物园里关着两只～的非洲狮。【近义】龇牙咧嘴　青面獠牙【反义】和颜悦色　和蔼可亲

獐头鼠目　zhāng tóu shǔ mù

【释义】獐：獐子。獐子的头小而尖，老鼠的眼睛小而圆，形容相貌丑陋猥琐而神情狡猾。也作"鼠目獐头"。【例

句】那～的家伙整天在大门口徘徊,当心啊!【近义】尖嘴猴腮　贼眉贼眼【反义】龙眉凤目　一表人才

彰明较著　zhāng míng jiào zhù
【释义】彰、明、较、著:明显,显著。非常明显,容易看清。【例句】这篇文章言简意赅,～,让人一看就明白。【近义】显而易见　昭然若揭【反义】模棱两可　语焉不详

彰善瘅恶　zhāng shàn dàn è
【释义】彰:表扬。瘅:憎恨。表扬好的,憎恨坏的。【例句】包公是一位～的清官。【近义】惩恶扬善

掌上明珠　zhǎng shàng míng zhū
【释义】经常捧在手上很喜爱的珍珠。比喻很受父母宠爱的儿女。也比喻为人所珍爱的物品。【例句】他只有这一个女儿,难怪把女儿看作是～。【近义】心肝宝贝【反义】眼中钉 提示 现多指受宠爱的儿孙。

仗势欺人　zhàng shì qī rén
【释义】仗:依靠,凭借。倚仗某种权势,欺压别人。【例句】他～的行为让同志们都非常反感。【近义】狐假虎威【反义】锄强扶弱

仗义疏财　zhàng yì shū cái
【释义】仗义:讲义气。疏财:将自己的钱财分给别人。讲义气,轻钱财。多指拿出钱来帮助有困难的人。【例句】他～,帮助了很多人。【近义】轻财重义　慷慨解囊　博施济众【反义】一毛不拔

仗义执言　zhàng yì zhí yán
【释义】仗义:主持正义。执言:坚持说自己认为应该说的话。为了正义,说公道话。【例句】他为人刚直不阿,敢～。【近义】秉公直言【反义】谄谀取

容 提示 "执"不能写成"直"。

招兵买马　zhāo bīng mǎi mǎ
【释义】招募士兵,购置战马。组织或扩充武装力量。也泛指扩大组织或扩充人员。【例句】公司成立后,他就开始～。【反义】孤军作战

招财进宝　zhāo cái jìn bǎo
【释义】迷信指招引财气进门以发财致富。【例句】"你若听我的,包你今年～,合家安康。"那算命先生煞有介事地说。【近义】发财致富【反义】招灾惹祸

招风揽火　zhāo fēng lǎn huǒ
【释义】招、揽:惹,引起。比喻招惹是非。【例句】你好好在家里待着吧,别到处～了!【近义】招是惹非　惹是生非

招蜂引蝶　zhāo fēng yǐn dié
【释义】招来蜜蜂,吸引蝴蝶。比喻吸引别人的注意。【例句】她不务正业,经常在外～。 提示 含贬义。

招架不住　zhāo jià bù zhù
【释义】招架:抵挡。形容抵挡不了或没有力量再支持下去。【例句】面对我军凌厉的攻势,敌人很快就～了。

招权纳贿　zhāo quán nà huì
【释义】招权:揽权,弄权。纳贿:接受贿赂。弄权受贿。【例句】一封匿名信指控他～,有关部门正在对他进行调查。

招是惹非　zhāo shì rě fēi
【释义】指招惹是非。【例句】她一直默默地做好自己的工作,从不～。【近义】招风揽火　惹是生非

招贤纳士　zhāo xián nà shì
【释义】招:招引。纳:接纳。招引、接纳有才德的人。指广泛接纳各种人才。

【例句】曹操是一位识英雄重英雄、喜欢～的政治家。

招降纳叛　zhāo xiáng nà pàn
【释义】原指招收投降者，接纳叛变者，以壮大自己的势力。后指收罗坏人，合伙做坏事。【例句】他表面平庸无为，其实暗中～，结党营私，扩充私人力量。【近义】结党营私 提示 含贬义。

招摇过市　zhāo yáo guò shì
【释义】招摇：故意张大声势，引人注意。故意在公众场合张大声势，以引起别人的注意。【例句】她穿着奇装异服～，引起路人的指指点点。【近义】引人注目【反义】隐姓埋名 潜光隐耀

招摇撞骗　zhāo yáo zhuàng piàn
【释义】招摇：张扬，炫耀。撞骗：找机会行骗。假借某种名义炫耀自己，进行诈骗。【例句】他假冒爱心捐款的名义，到处～，终于被绳之以法。【近义】弄虚作假 欺上瞒下 掩人耳目【反义】实事求是

招灾惹祸　zhāo zāi rě huò
【释义】招来不幸，引起祸事。【例句】传说从这口井的上面跨过会～，这是没有科学根据的无稽之谈。

昭然若揭　zhāo rán ruò jiē
【释义】昭然：清楚明白的样子。揭：高举。形容真相、本质暴露无遗。【例句】这样一来，他假公济私的勾当就～了。【近义】真相大白 水落石出 众目昭彰【反义】若隐若现 提示 "昭"不能写成"招"。

昭如日星　zhāo rú rì xīng
【释义】昭：明白、显著。明白、显著如太阳和星辰那样。形容事实记在史册，人所共见。【例句】岳飞精忠报国的故事～，让历代中国人佩服景仰。

朝不保夕　zhāo bù bǎo xī
【释义】保得住早晨，不一定保得住晚上。形容情况十分危急。【例句】现在形势危急，～，哪里还有时间玩乐！/在新中国成立前的苦难岁月里，不少人缺吃少穿，过着～的生活。【近义】危在旦夕 岌岌可危【反义】安然无恙 高枕无忧

朝东暮西　zhāo dōng mù xī
【释义】早晨在东边，晚上在西边。形容行踪不定。比喻感情不专一，变得很快。【例句】他行踪不定，～，我经常联系不上他。/这是个感情不专一、～的花花公子。【近义】朝三暮四 朝秦暮楚

朝发夕至　zhāo fā xī zhì
【释义】早晨出发晚上就能到达。形容路程不远或交通便利。【例句】两地相隔不远，坐船～。【近义】一箭之地【反义】千里迢迢

朝歌夜弦　zhāo gē yè xián
【释义】弦：乐器上的弦线，代指乐器。从早到晚都在歌舞弹唱。形容白天黑夜地为他人演奏。也指成天纵情于声色之中。【例句】李后主～不思朝政，最终沦为亡国之君。

朝更暮改　zhāo gēng mù gǎi
【释义】更：改变。指政权、政令、言行等经常变来变去。【例句】～的法令不会深入人心。【近义】朝令夕改【反义】一如既往

朝过夕改　zhāo guò xī gǎi
【释义】过：过失，犯错误。早上犯了错误，晚上就改正了。形容改正错误很及时。【例句】他为人谦和诚恳，～，深得长者的喜爱。

朝令暮改　zhāo lìng mù gǎi
见"朝令夕改"。

朝令夕改　zhāo lìng xī gǎi
【释义】早晨发布的命令，晚上就改变了。形容主张或办法经常改变，一会儿一个样儿。也作"朝令暮改"。【例句】过去统治者高高在上，不体恤民情，～，老百姓不知怎么办才好。【近义】朝更暮改　朝三暮四　朝秦暮楚【反义】一如既往　一成不变

朝气蓬勃　zhāo qì péng bó
【释义】朝气：精神振作，力求进取的气概。蓬勃：旺盛的样子。形容生气勃勃，奋发有为。【例句】青少年应该～，不应该死气沉沉。【近义】生气勃勃　生机盎然【反义】暮气沉沉　老气横秋
提示　"朝"不读 cháo。

朝秦暮楚　zhāo qín mù chǔ
【释义】秦、楚：战国时期的两个大国。一时依附秦国，一时又倾向楚国。指反复无常。【例句】～、见异思迁的人很难得到别人的信任。【近义】朝三暮四　朝东暮西【反义】始终如一　始终不渝

朝三暮四　zhāo sān mù sì
【释义】据《庄子·齐物论》记载，有个玩猴子的人拿橡实喂猴子，他跟猴子说，早上给每个猴子三个橡实，晚上给四个。猴子们听了都急了。他又改口说，那就早上给四个，晚上给三个。猴子们听了都高兴起来。原比喻聪明人善于使用手段，愚笨的人不善于辨别事情。后指用换汤不换药的诈术欺骗人。后来形容变化多端，反复无常。【例句】他看不清事实真相，被别人的手段弄花了眼。/一会儿想学英语，一会儿想学法语，这样～，很可能一门语言都学不好。【近义】朝秦暮楚　朝

东暮西【反义】始终如一　始终不渝

朝生暮死　zhāo shēng mù sǐ
【释义】早晨出生，晚上死亡。形容生命非常短暂。【例句】只要有理想有信念，即便～也比浑浑噩噩活上百年要有意义。

朝思暮想　zhāo sī mù xiǎng
【释义】白天和晚上都在想念。形容时刻思念。【例句】这就是他～的心上人。【近义】念念不忘【反义】置诸脑后

朝闻夕死　zhāo wén xī sǐ
【释义】早晨听到了真理，晚上死了也不感到遗憾。形容对真理或某种信仰的迫切追求。【例句】怀着～的信念，他在病中仍然坚持学习。

朝夕相处　zhāo xī xiāng chǔ
【释义】朝夕：天天，时时。处：跟别人一起生活，交往。早上和晚上都在一起。形容关系很亲密。【例句】他俩自小～，是一对青梅竹马的恋人。【近义】形影不离

朝云暮雨　zhāo yún mù yǔ
【释义】早上是云，晚上是雨。指巫山神女的早晚变化。后比喻男女欢会。早晨的云，晚上的雨。指烟雨朦胧的景色。【例句】～长相接，犹自君王相见稀。/紫霞山～，烟雨朦胧，宛如人间仙境。

朝朝暮暮　zhāo zhāo mù mù
【释义】日日夜夜。形容短暂的时光。【例句】为了给儿子筹学费，母亲～为人缝补。/两情若是久长时，又岂在～?

照本宣科　zhào běn xuān kē
【释义】宣：宣读。科：条文。死板地照现成文章或稿子宣读。指不能灵活运用。【例句】他～地演讲，平淡呆板，一

Z

点也不吸引人。【近义】生搬硬套【反义】断章取义　添油加醋

遮人耳目　zhē rén ěr mù
【释义】遮盖住人们的耳朵和眼睛。指掩盖真情,用假象骗人。【例句】他以为这样做可以～,其实是无济于事。

遮天蔽日　zhē tiān bì rì
【释义】遮蔽了天空,挡住了太阳。形容乌云布满天际或者庞大的鸟群飞来遮挡了人们远望的视线。【例句】森林里光线很暗,一棵棵大树～。

遮天盖地　zhē tiān gài dì
【释义】遮掩天空,覆盖大地。形容来势凶猛,到处都是。【例句】蝗灾爆发时,一群群蝗虫～地涌来,场景十分恐怖。【近义】铺天盖地

遮天映日　zhē tiān yìng rì
【释义】遮掩天空,映着阳光。【例句】大军一来,尘土飞扬,～。

折冲樽俎　zhé chōng zūn zǔ
【释义】冲:古代的一种战车。折冲:让敌人的军队后撤,指击败敌人。樽俎:古时盛酒食的器皿,代指宴会。指不用武力而在宴会桌上制胜对方。后指进行出色的外交活动。【例句】优秀的外交家能～,避免因国家间利益冲突而引发流血之战。

折戟沉沙　zhé jǐ chén shā
【释义】戟:古代兵器,把矛和戈结合于一体,具有刺击和钩杀双重功能,后代形制有所变化。戟被折断沉没在泥沙里,变成废铁。形容在激烈争战中失败惨重。【例句】滑铁卢一战使拿破仑落得个～的下场。

折矩周规　zhé jǔ zhōu guī
【释义】折、周:符合。遵守规矩,符合法

度。【例句】他是一个～的人。【近义】循规蹈矩【反义】胡作非为

针锋相对　zhēn fēng xiāng duì
【释义】针尖对针尖。比喻双方的观点、认识等尖锐对立。【例句】他们性格不合,总是～。【近义】水火不容　势不两立【反义】逆来顺受　百依百顺

针芥相投　zhēn jiè xiāng tóu
【释义】芥:芥子。像磁石吸针、琥珀吸芥子那样投合。指性情、爱好十分契合。【例句】他二人一见如故,～很快成为好朋友。

针头线脑　zhēn tóu xiàn nǎo
【释义】缝纫用的针线之类的物品。比喻零碎细小的东西。【例句】她爱整洁,把家里大大小小的东西甚至连～都收拾得很好。/这些～的小事何必在意?

珍禽异兽　zhēn qín yì shòu
【释义】珍:珍贵的。禽:鸟兽的总称。珍贵奇异的飞禽走兽。【例句】这个国家公园里有许多珍稀植物和～。

真才实学　zhēn cái shí xué
【释义】指真正的才能学问。【例句】用人单位喜欢有～的人。【近义】真知灼见【反义】不学无术　才疏学浅

真金不怕火炼　zhēn jīn bù pà huǒ liàn
【释义】比喻坚强或正直的人经得住任何考验。【例句】～,中国人民解放军战士经得起血与火的考验。

真金烈火　zhēn jīn liè huǒ
【释义】真正的黄金虽经烈火也不变本色。比喻经过严峻的考验而节操不变。【例句】孰是孰非,～,让时间来检验!

真龙天子　zhēn lóng tiān zǐ

【释义】指皇帝。旧时认为皇帝是上天的儿子，是真龙下凡。【例句】这个世界人人平等，没有～。

真凭实据　zhēn píng shí jù

【释义】真实可靠的凭据。【例句】审理案件，一定要有～。【近义】铁证如山　真赃实犯　凿凿有据　信而有征　有目共睹　白纸黑字【反义】无凭无据　不足为凭　空口无凭　凭空捏造　无中生有

真情实感　zhēn qíng shí gǎn

【释义】真实的感受。【例句】我感激您的一片～。【近义】真心实意【反义】虚情假意

真情实意　zhēn qíng shí yì

【释义】真诚的感情、心意。【例句】您的这一片～，我深表感激。【近义】真心实意【反义】虚情假意

真伪莫辨　zhēn wěi mò biàn

【释义】辨：分辨。分不清楚是真还是假。【例句】真假美猴王让唐僧～。【近义】不辨真伪【反义】明辨是非

真相毕露　zhēn xiàng bì lù

【释义】毕：全部。真实情况或本来面目全部暴露出来。【例句】天网提供的证据让原本复杂的案件～。【近义】原形毕露　真相大白　暴露无遗【反义】不露声色　藏头露尾　提示　"毕"不能写成"必"。

真相大白　zhēn xiàng dà bái

【释义】白：明白，清楚。事情的真实情况完全明白了。【例句】十几年的冤案，如今终于～。【近义】原形毕露【反义】深不可测

真心实意　zhēn xīn shí yì

【释义】心意真诚恳切，不是虚情假意。【例句】我们对人要～，不要虚伪待人。【近义】诚心诚意　实心实意【反义】虚情假意

真知灼见　zhēn zhī zhuó jiàn

【释义】灼：明白。正确而透彻的见解。【例句】他学识渊博，是一个有～的人。【近义】远见卓识

枕戈尝胆　zhěn gē cháng dǎn

【释义】枕着兵器睡觉，尝着苦胆。形容刻苦自励、发愤图强或杀敌报仇心切。【例句】越王勾践～，为复兴越国而努力。【近义】卧薪尝胆

枕戈待旦　zhěn gē dài dàn

【释义】旦：天亮。枕着兵器等待天明。形容时刻警惕，准备战斗。【例句】得到敌寇将来的情报后，乡亲们～，决心痛击敌人。【近义】枕戈寝甲【反义】高枕无忧　高枕而卧

枕戈汗马　zhěn gē hàn mǎ

【释义】汗马：战马奔驰，浑身是汗。枕着武器，疾驰战马。形容杀敌辛苦。【例句】这位将军出生乱世，青年时期日日～，希望有所作为。【近义】枕戈寝甲

枕戈寝甲　zhěn gē qǐn jiǎ

【释义】枕着兵器、身穿铠甲睡觉。形容常备不懈，随时准备战斗。【例句】我军～，严阵以待。【近义】枕戈待旦　枕戈汗马【反义】高枕无忧

振奋人心　zhèn fèn rén xīn

【释义】振奋：振作，奋发。使人精神振作，奋发向上。【例句】听到这～的消息，大家都受到鼓舞。

振聋发聩　zhèn lóng fā kuì
【释义】发:启发。聩:耳聋。发出很大声响,使耳聋的人都能听见。比喻用语言文字唤醒糊涂、是非不明的人,使他们清醒过来。也作"发聋振聩"。【例句】他的杂文大胆针对时弊,～,受到人们的好评。【近义】醍醐灌顶　震耳欲聋　提示　"聩"不读 guì。

振振有词　zhèn zhèn yǒu cí
【释义】振振:很多的样子。理由似乎很充分,说个不休。【例句】别看他表面上～的样子,其实心虚极了。【近义】理直气壮【反义】哑口无言

震耳欲聋　zhèn ěr yù lóng
【释义】耳朵都快震聋了。形容声音很大。【例句】炸弹爆炸了,发出～的声响。【近义】振聋发聩【反义】万籁无声　万籁俱寂

震撼人心　zhèn hàn rén xīn
【释义】撼:摇动。使人内心感到剧烈的震动。【例句】听到这～的消息时,大家都激动得流泪了。【近义】激动人心　感人至深【反义】静若秋水　无动于衷

震天动地　zhèn tiān dòng dì
【释义】震动天地。形容声音响亮或力量、声势浩大。【例句】听得～的一声巨响,那座采用定向爆破的旧楼房倒下了。【近义】惊天动地　沸天震地【反义】无声无息

镇定自若　zhèn dìng zì ruò
【释义】镇定:遇到紧急的情况不慌不乱。自若:不改变常态。形容在危急关头能保持常态。【例句】面对敌人的严刑逼供,他～,临危不惧。【近义】处之泰然【反义】惊慌失措　坐卧不安

惴惴不安

争长竞短　zhēng cháng jìng duǎn
【释义】长、短:指是与非、优与劣、正确与错误等。争论是非、利害得失。【例句】小明为人忠厚,从不和人～。

争长论短　zhēng cháng lùn duǎn
【释义】长、短:指是与非、优与劣、正确与错误等。争论谁是谁非,计较利害得失。【例句】小明为人忠厚老实,从不和人～。【近义】争多论少　斤斤计较

争分夺秒　zhēng fēn duó miǎo
【释义】不放过一分一秒。形容对时间抓得很紧。【例句】他有着～的钉子精神。【近义】分秒必争　只争朝夕【反义】旷日持久

争风吃醋　zhēng fēng chī cù
【释义】争风:为男女风情而竞争。吃醋:因男女关系而产生的嫉妒情绪。指因追求同一异性而互相忌妒争斗。【例句】两个男青年为了一个女孩子而～,在大街上大打出手,真是有失风度。【近义】拈酸吃醋

争名夺利　zhēng míng duó lì
【释义】争夺个人的名誉和利益。【例句】王老师几十年如一日默默地工作,从不～。【近义】争权夺利　追名逐利　明争暗斗【反义】和平共处　明哲保身

争奇斗艳　zhēng qí dòu yàn
【释义】竞相展示形貌、色彩的奇异、艳丽,以比高下。【例句】公园里百花～,令人目不暇接。

争奇斗异　zhēng qí dòu yì
【释义】互相竞争谁更奇异。【例句】中

秋节临近,各种精美的月饼不仅在包装上～,在口味上也推陈出新。【近义】炫异争奇

争强好胜　zhēng qiáng hào shèng
【释义】好:喜欢。争做强者,喜欢胜过别人。【例句】他～,得不到大家的喜爱。【反义】甘拜下风　提示　"好"不读 hǎo。

争权夺利　zhēng quán duó lì
【释义】争夺权柄和利益。【例句】那些～的人大多过得不愉快。【近义】争名夺利　明争暗斗【反义】和平共处　明哲保身

争先恐后　zhēng xiān kǒng hòu
【释义】争着向前,唯恐落后。【例句】大家～向灾区捐款。【近义】不甘人后【反义】甘居人后

峥嵘岁月　zhēng róng suì yuè
【释义】峥嵘:高峻,陡峭,引申为不平凡。指不平凡的岁月。【例句】在那一段～里,我们经历了严峻的考验。

铮铮铁骨　zhēng zhēng tiě gǔ
【释义】铮铮:形容金属撞击所发出的响亮声音。形容坚贞、刚强。像铁一样刚硬的骨头。形容坚强不屈的意志和敢于同恶势力作斗争的凛然正气。【例句】她是一位～,在敌人面前从不低头的共产党员。

蒸蒸日上　zhēng zhēng rì shàng
【释义】蒸蒸:上升、兴旺的样子。形容事业兴旺发达,天天向上。【例句】但愿你的事业～。【近义】欣欣向荣【反义】每况愈下　江河日下

拯溺救危　zhēng nì jiù wēi
【释义】溺:落水者。拯救落水者和处于

危险中的人。指帮助处在危难中的人。【例句】～是每个有良知的人所义不容辞的事。【近义】扶危济困

整顿乾坤　zhěng dùn qián kūn
【释义】乾坤:《易经》的乾卦和坤卦,借指天地、阴阳或江山、局面等。整顿天下,使混乱的局面得以重新安定。【例句】唐明皇李隆基即位以后励精图治,～,当时社会出现了政清人和的景象。

整装待发　zhěng zhuāng dài fā
【释义】整理行装,等待出发。【例句】部队～,只等总指挥的一声令下。

正本清源　zhèng běn qīng yuán
【释义】本:根本。源:源头。从根本上进行清理和整顿,彻底地解决问题。【例句】我们解决问题应当～,不能本末倒置。【近义】端本正源　扶正治本【反义】头痛医头　治标不治本

正襟危坐　zhèng jīn wēi zuò
【释义】危:端正。理衣襟端正坐着。形容严肃或拘谨的样子。【例句】主席台上,他～的样子,让我忍俊不禁。【近义】整衣危坐【反义】东倒西歪

正经八百　zhèng jīng bā bǎi
【释义】形容非常严肃认真。【例句】他向来是～的,从不开玩笑。【近义】一本正经【反义】吊儿郎当

正气凛然　zhèng qì lǐn rán
【释义】正气:光明正大的作风或风气。凛然:严肃而令人敬畏的样子。形容满怀正气,威严不可侵犯。【例句】面对敌人的屠杀,革命志士威武不屈,～。【近义】大义凛然

正人君子　zhèng rén jūn zǐ
【释义】正人:正直的人。指品行端正的

Z

人,有时也用来指假装正经的人。【例句】他品行高洁,是个真正的～。【近义】志士仁人

正言厉色 zhèng yán lì sè

【释义】厉:严厉。说话郑重,态度严肃。【例句】他的杂文风格各异,有时～,有时嬉笑怒骂。【近义】声色俱厉 疾言厉色 危言正色 不苟言笑【反义】和颜悦色 和蔼可亲

正颜厉色 zhèng yán lì sè

【释义】颜、色:脸色。态度严肃,神色严厉。【例句】这件事我做错了,妈妈～地教训了我一顿。【近义】正言厉色【反义】和颜悦色

正直无私 zhèng zhí wú sī

【释义】正直:公正坦率。处事公正,没有私心。【例句】这位法官～,受到人民的信任。【近义】公正无私【反义】自私自利

正中下怀 zhèng zhòng xià huái

【释义】中:投合。下怀:自己的心怀。正好符合自己的心意。【例句】我正设法使他暂时离开一会儿,怎知他却匆匆地走了,真是～。【近义】如愿以偿 心满意足 称心如意【反义】事与愿违 大失所望 出乎意料 提示 "中"不读 zhōng。

郑人争年 zhèng rén zhēng nián

【释义】年:年岁。据《韩非子·外储说左上》记载,郑人有相与争年者,一人曰:"'吾与尧同年。'其一人曰:'我与黄帝之兄同年。'讼此而不决,以后息者为胜耳。"指争论的事情或问题没有意义和根据。【例句】你们一直为这些细枝末节的事情纠缠不休,真是～!

郑重其事 zhèng zhòng qí shì

【释义】郑重:慎重。形容对事情采取慎重认真的态度。【例句】他～地脱下帽子,才与我握手。【近义】一本正经【反义】漫不经心

政出多门 zhèng chū duō mén

【释义】政令由许多部门发出。指政令不统一。【例句】既要防止权力过分集中,也要防止职责不清,～。【近义】各自为政 各行其是 一国三公【反义】独断专行

政令不一 zhèng lìng bù yī

【释义】政令:政府公布的法令。政策和法令不统一。形容领导无方,管理混乱。【例句】既要防止权力过分集中,也要防止职责不清,～。【近义】各自为政 各行其是 一国三公【反义】独断专行

政通人和 zhèng tōng rén hé

【释义】政治顺遂,人民团结和睦。形容国泰民安。【例句】改革的春风给全国带来了～、欣欣向荣的局面。【近义】安居乐业【反义】颠沛流离

之乎者也 zhī hū zhě yě

【释义】"之、乎、者、也"都是古汉语中最常用的语助词。指简单的字眼或浅近的文章,讽刺人说话、写文章咬文嚼字或半文不白,废话连篇。【例句】他说话满口～,常常让人不知所云。【近义】咬文嚼字

之死靡它 zhī sǐ mǐ tā

【释义】之:到。靡:没有。靡它:没有异心。到死也没有别的念头。指意志坚定,至死不变。【例句】丈夫死后,她便立志～,以报答丈夫生前对她深深的爱恋。【近义】从一而终【反义】水性杨花

支离破碎 zhī lí pò suì

【释义】支离:分散,分裂。形容事物零

Z

散残缺,不成整体。【例句】这一场战争使国家～,人民流离失所。【近义】四分五裂【反义】完美无缺

支吾其词　zhī wú qí cí
【释义】支吾:用含混的话搪塞。用含糊的言辞应付。【例句】这个人在警察面前～,可见他做贼心虚。【近义】含糊其词【反义】一针见血　一语破的

只轮不返　zhī lún bù fǎn
【释义】一只车轮也没有带回来。指全军覆没,损失惨重。也作"孑轮不返"。【例句】长平之战秦军大胜,赵军～。【近义】片甲不留【反义】大获全胜
提示　"只"不读 zhǐ。

只手空拳　zhī shǒu kōng quán
【释义】只有一双手,没有其他武器。【例句】爷爷年轻的时候很勇猛,曾经～与熊搏斗过。【近义】手无寸铁【反义】兵强马壮　坚甲利兵　提示　"只"不读 zhǐ。

只字不提　zhī zì bù tí
【释义】只:单独的。指一点也不说或根本不提及。【例句】我们见面后,关于之前说好的事,他～。【近义】闭口不谈【反义】口口声声　提示　"只"不读 zhǐ。

芝焚蕙叹　zhī fén huì tàn
【释义】芝、蕙:同类的香草。芝草被焚,蕙草为之伤叹。比喻物伤其类。【例句】看到自己最要好的朋友惨遭不幸,他不禁～,万分难过。【近义】兔死狐悲　狐死兔泣

芝兰玉树　zhī lán yù shù
【释义】芝:一种菌类植物,又叫灵芝,古人视为瑞草;玉树:传说中的仙树。灵芝、兰草和玉树。比喻德才兼备的子孙后代。【例句】老校长的几个儿子

都学业有成,在当地有着～的美誉。【近义】龙驹凤雏

芝兰之室　zhī lán zhī shì
【释义】芝:一种菌类植物,又叫灵芝,古人视为瑞草。用灵芝和兰草装饰的房屋。比喻有利于培养人良好道德品质的环境。【例句】近朱者赤,一颗平凡的草在～中也能开出美丽的花。【反义】鲍鱼之肆

枝繁叶茂　zhī fán yè mào
【释义】繁:繁密。茂:茂盛。树木的枝叶繁密茂盛。也指子孙满堂。【例句】这颗百龄老树～,至今还苍翠雄劲。/张老太四世同堂,可谓～。【近义】枝叶扶疏　生机勃勃【反义】死气沉沉

知白守黑　zhī bái shǒu hēi
【释义】白:清楚,明白。黑:暗昧。对于是非黑白,心里非常清楚,但视而不见,以沉默自处。这是道家主张的无为的处世态度。【例句】他只是淡然一笑,并不作答,一副～的神态。【近义】知雄守雌

知彼知己　zhī bǐ zhī jǐ
【释义】了解对方,也了解自己。指对彼此的情况都很清楚。【例句】～,百战不殆。这一成语大家都熟悉。

知恩报恩　zhī ēn bào ēn
【释义】接受了别人的恩惠就应报答。【例句】他是一个爱恨分明、～的人。

知法犯法　zhī fǎ fàn fǎ
【释义】法:法律、规章。懂得某项法令、规章却故意违犯。【例句】对～者应当依法严惩。【近义】明知故犯　以身试法【反义】遵纪守法

知过必改　zhī guò bì gǎi
【释义】知道自己的过错,就一定改正。【例句】不怕犯错误,只要～,就是好同

Z

志。【近义】知错能改　过而能改【反义】将错就错

知命之年　zhī mìng zhī nián
【释义】命：天命。指年龄到了五十岁。【例句】王先生到～时，已经是国内知名的学者了。

知难而进　zhī nán ér jìn
【释义】明知有困难，却勇敢地前进。【例句】～是一种可贵的精神。【近义】力争上游【反义】知难而退

知难而退　zhī nán ér tuì
【释义】指遇到难以克服的困难时，应见机行事，主动退却，以避免损失。指见困难而畏缩不前。【例句】～，采取迂回战术而不是一味地蛮干，往往事半功倍。/不能一遇到问题就～，要想办法解决。【近义】畏葸不前【反义】知难而进　力争上游　再接再厉

知其一,不知其二　zhī qí yī, bù zhī qí èr
【释义】只知道一个方面的情况，不知道另一方面的情况。形容对事物的了解不全面。【例句】其实，你是～，所以你的论断不对。【反义】了如指掌

知人论世　zhī rén lùn shì
【释义】指要了解一个历史人物，必须了解他所处的历史时代。指评论人物的优劣和社会的得失。【例句】要研究一个伟人，必须～。/掌握一些哲学和历史方面的知识，对我们～很有好处。

知人善任　zhī rén shàn rèn
【释义】任：任用。了解人并善于使用，发挥其长处。【例句】他是一位～的好领导。【近义】任人唯贤【反义】嫉贤妒能

知人之明　zhī rén zhī míng
【释义】明：眼力。指鉴别人才能、品德的能力。【例句】李大哥的让贤之举，既有自知之明，又有～。

知书达礼　zhī shū dá lǐ
【释义】有知识，懂礼貌。指人很有教养。【例句】王小姐是位～的大家闺秀。

知书达理　zhī shū dá lǐ
【释义】有知识，通事理。指人有文化教养。【例句】小明是一个～的人。

知疼着热　zhī téng zháo rè
【释义】疼：疼爱。热：亲热，热情。着：感受。形容对人非常关心爱护。【例句】他们俩是夫妻，互相能够～。【近义】体贴入微【反义】漠不关心【提示】多用于夫妻之间。

知无不言　zhī wú bù yán
【释义】只要知道，就全部说出来。指推心置腹的交谈或真心诚意地提出意见。【例句】请大家～，把意见讲充分。【近义】畅所欲言　和盘托出【反义】守口如瓶　含糊其词

知心着意　zhī xīn zháo yì
【释义】指彼此很了解，懂得对方的心思。【例句】他俩青梅竹马，彼此～。【近义】情投意合　知心知意

知雄守雌　zhī xióng shǒu cí
【释义】雄：比喻刚硬。雌：比喻柔弱。懂得什么是刚硬，却以柔弱自居。表示不露锋芒，与世无争。这是道家的一种处世态度。【例句】～、与世无争，是一种保守低调的处世态度。【近义】知白守黑

知遇之恩　zhī yù zhī ēn
【释义】知遇：指得到赏识、重用。受到赏识和重用的恩德。【例句】诸葛亮为报答刘备的～，为蜀汉大业操劳了一生。【近义】大恩大德【反义】切骨之恨

知止不殆 zhī zhǐ bù dài
【释义】殆:危险。该止步时就止步,就不会遇到危险。【例句】懂得～的道理,在人生的道路上就会少走弯路。【近义】知足不辱

知足不辱 zhī zú bù rǔ
【释义】知足:满足于已经得到的。知道满足,不过分贪求,就不会遭受羞辱。多用来教育人不要贪得无厌。【例句】贪得无厌的人永远都不知道什么叫～。【近义】知止不殆【反义】欲壑难填

知足常乐 zhī zú cháng lè
【释义】知道满足的人,总是感到很快乐。【例句】他是一个～的人。【近义】乐天知命　自得其乐　心满意足【反义】愤愤不平　郁郁寡欢　忧天悯人

执而不化 zhí ér bù huà
【释义】原指固守其本义。后指固执己见,不知变通。【例句】此人～,我们的工作白做了。【近义】固执己见【反义】从善如流　提示　含贬义。

执法如山 zhí fǎ rú shān
【释义】执法:执行法令、法律。严格地执行法律,像山一样决不动摇。【例句】这位法官～,他会公正地对待每一个案件。【近义】执法不阿【反义】徇私枉法

执两用中 zhí liǎng yòng zhōng
【释义】执:掌握。两:指"过"与"不及"这两端。掌握过与不及的两头,取用其中间。指处理事情要折中,不偏不倚。【例句】在这个问题上,应当采取～的态度。【近义】不偏不倚

执迷不悟 zhí mí bù wù
【释义】执:坚持。坚持错误而不觉悟。【例句】我们多次劝告他,但他～,结果落得如此下场。【近义】至死不悟【反

义】迷途知返　大彻大悟　幡然悔悟

直出直入 zhí chū zhí rù
【释义】指说话直截了当,不转弯子。【例句】她是个急性子,说话～。【近义】直截了当【反义】转弯抹角

直捣黄龙 zhí dǎo huáng lóng
【释义】黄龙:黄龙府,金国的地名(今吉林农安),是金人最早的根据地之一。比喻一直攻入敌人的老巢。【例句】他带领部队深入敌穴,～。【近义】身入虎穴

直道而行 zhí dào ér xíng
【释义】直道:没有偏私。按照正道办事情。形容公正无私。【例句】不管周围的环境怎样变化,他总是～,赢得大家的尊敬。【反义】欺软怕硬　趋炎附势

直截了当 zhí jié liǎo dàng
【释义】了当:了结。指说话做事干脆、爽快。【例句】他说话总是～。【近义】直出直入　开门见山【反义】转弯抹角　半吞半吐　隐晦曲折

直眉瞪眼 zhí méi dèng yǎn
【释义】竖着眉头,瞪着眼睛。形容发脾气的样子。也形容发呆的样子。【例句】他～地站在那里,好像在生谁的气。/听到这个消息,他～地站在那里,一动不动。【近义】死眉瞪眼　横眉竖眼

直抒己见 zhí shū jǐ jiàn
【释义】直:直率。抒:抒发,表达。坦率地说出自己的意见。【例句】他面对别人的询问总是～,知无不言。【近义】直言不讳【反义】闪烁其词　旁敲侧击

直抒胸臆 zhí shū xiōng yì
【释义】直抒:直爽地抒发,表达。胸臆:

内心,想法。把自己的想法直接表达出来。【例句】这首诗～,感人至深。

直言不讳　zhí yán bù huì
【释义】讳:隐讳。直截了当地说出来,一点也不隐讳。【例句】你可以～地对我说,没什么顾忌的。【近义】直抒己见【反义】讳莫如深

直言极谏　zhí yán jí jiàn
【释义】直截了当地讲明利害关系,尽力劝谏皇帝或上司。【例句】古代的忠臣为了国计民生,对统治者～,甚至不惜以生命为代价。

直言正论　zhí yán zhèng lùn
【释义】正直公道的言论。【例句】他以～为大臣所忌。【近义】正言正谏

踯躅不前　zhí zhú bù qián
【释义】踯躅:行走缓慢的样了。走路徘徊不定,不往前走。【例句】他事业失败的原因之一,是面对几次好机会时,他～,白白错过了。【近义】踌躇不前【反义】义无反顾　勇往直前

止于至善　zhǐ yú zhì shàn
【释义】至:最。指达到最完美的境界。【例句】上善若水,～。【近义】十全十美【反义】漆黑一团

只许州官放火,不许百姓点灯　zhǐ xǔ zhōu guān fàng huǒ, bù xǔ bǎi xìng diǎn dēng
【释义】形容旧时统治者为所欲为,却不允许老百姓有一点自由。也指自己胡作非为,却限制别人的正当权利。【例句】你宣布不许职工家属进入车间,而你的孩子却天天来这里玩耍,这不是～吗?

只争朝夕　zhǐ zhēng zhāo xī
【释义】朝夕:早晨和晚上。指抓紧眼前的一朝一夕,绝不浪费时间。【例句】在工作和学习上,要有～的精神,懒惰和拖沓是要不得的。【近义】争分夺秒　分秒必争【反义】虚度光阴　蹉跎岁月

抵掌而谈　zhǐ zhǎng ér tán
【释义】抵掌:击掌。拍着手谈话。形容谈话十分投机。【例句】他俩～,十分快意。【近义】抵足而谈　促膝谈心
提示　"抵"不读 dǐ。

纸上谈兵　zhǐ shàng tán bīng
【释义】在文字上谈论用兵布阵。据《史记·廉颇蔺相如列传》记载,战国时赵国名将赵奢的儿子赵括善于谈论兵法,自以为天下无敌。赵王用他代替廉颇为将,结果长平一战,被秦将白起打得惨败,赵军损失四十五万。后比喻不切实际的空谈。【例句】他们准备开一家五星级宾馆,但一点钱也没有,这岂不是～?【近义】坐而论道　华而不实　画饼充饥　望梅止渴【反义】身体力行　埋头苦干　脚踏实地

指不胜屈　zhǐ bù shèng qū
【释义】指:手指。胜:承受。屈:弯曲。扳着指头数也数不过来。形容数量很多。【例句】现在的穿越小说真是～。【近义】数不胜数【反义】屈指可数

指大于臂　zhǐ dà yú bì
【释义】手指比胳膊粗。比喻下级比上级的权大。【例句】公司的管理制度要合理,应避免～现象的发生。【近义】本末倒置

指东画西　zhǐ dōng huà xī
【释义】说话东拉西扯、文不对题或没有中心。形容说话时不断地用手比画。【例句】这篇文章写了好几千字,但是～,让人看了一头雾水。/他说话的时候～,肢体语言很丰富。【近义】指手画脚

指腹为婚 zhǐ fù wéi hūn

【释义】腹:怀孕的肚子。指孩子还没有出生,就由双方父母订立了婚约。这是旧时民间父母包办婚姻的一种形式。【例句】当今社会,～是不受法律保护的行为。

指挥若定 zhǐ huī ruò dìng

【释义】指挥:发令调度。定:定局。指挥作战时,就像是胜利早已成定局。形容指挥调度胸有成竹,十分镇定。【例句】虽然这场球开场十分不利,但教练员～,我们终于转败为胜。【近义】胸有成竹 稳操胜券【反义】束手无策 无计可施

指鹿为马 zhǐ lù wéi mǎ

【释义】指着鹿子硬说是马。据《史记·秦始皇本纪》记载,秦二世时,丞相赵高准备篡权作乱,怕大臣们不服,便指着鹿子对众人说是马,大臣们畏惧赵高,有的沉默不语,有的跟着说是马。比喻颠倒黑白。【例句】老板为了掩饰自己的错误～,伙计们虽不说话但是个个心知肚明。【近义】指皂为白 以白为黑 颠倒黑白【反义】循名责实

指名道姓 zhǐ míng dào xìng

【释义】直接说出某人的姓名。多指对人进行公开的批判或攻击。【例句】人家没有～地批评,算是给你留了个面子。【近义】直呼其名【反义】旁敲侧击

指日可待 zhǐ rì kě dài

【释义】指日:指定日期,指为期不远。待:期待。很快就能实现。形容对实现既定目标很有把握,充满信心。【例句】这场仗我们赢定了,拿下敌占区是～的事。【近义】计日而待【反义】遥遥无期

指日可下 zhǐ rì kě xià

【释义】不久就可以攻下。【例句】你们已陷入重围,若我军进攻,那只是～的事。【反义】遥遥无期

指桑骂槐 zhǐ sāng mà huái

【释义】指着桑树骂槐树。比喻表面上骂这个人,实际上骂那个人。【例句】你以为他真是责备自己么? 其实是～,让我听的。【近义】指猪骂狗【反义】直言不讳

指手画脚 zhǐ shǒu huà jiǎo

【释义】形容一边说话,一边做出各种手势动作。形容轻率地妄加指点、批评。【例句】他站在操场上～地说着什么。/你不了解情况就不要随便～。【近义】指东画西

指天画地 zhǐ tiān huà dì

【释义】讲话时手不断地比画,形容说话时态度激昂或无所顾忌的样子。指发誓赌咒。【例句】在氛围宽松的会上发言,大家都～,畅所欲言。/面对警察的询问,她情绪激动,～地说自己没有做过。【近义】直言不讳 心直口快【反义】欲言又止 吞吞吐吐

指天誓日 zhǐ tiān shì rì

【释义】对着上天和太阳发誓。表示忠贞不渝或意志坚定。【例句】他～地表示,愿意与她白头到老。【近义】山盟海誓【反义】背信弃义

指雁为羹 zhǐ yàn wéi gēng

【释义】羹:羹汤。指着天上还在飞翔的大雁来熬羹汤。比喻不落实或虚假的东西来自我安慰。【例句】他这种自欺欺人的做法无异于～,丝毫不能解决问题。【近义】望梅止渴 画饼充饥

指皂为白 zhǐ zào wéi bái

【释义】皂:黑色。把黑的硬说成是白

Z

的。【例句】不要以为手中有一点小权利，就可以～，群众的眼睛可是雪亮的哦。【近义】指鹿为马

指猪骂狗　zhǐ zhū mà gǒu
【释义】指着猪责骂狗。比喻表面上骂这个人，实际上骂那个人。【例句】你听听，她又在～。【近义】指桑骂槐

咫尺千里　zhǐ chǐ qiān lǐ
【释义】咫尺：周制八寸为咫，十寸为尺，比喻很近的距离。虽然距离很近，却像远隔千里。形容路很难走或见一次面很不容易。形容能在短小的画幅内展现辽阔深远的景象。【例句】虽然我们相隔不远，但却很难见上一面，真如～啊！/别小看这首诗，它可有～之势。【近义】咫尺天涯

咫尺天涯　zhǐ chǐ tiān yá
【释义】咫尺：周制八寸为咫，十寸为尺，比喻很近的距离。天涯：天边。指距离虽然很近，却像远隔在天边一样。【例句】王小姐对追求她的张先生说，我们是～，永远不可能在一起。【近义】咫尺千里【反义】一衣带水

趾高气扬　zhǐ gāo qì yáng
【释义】扬：昂扬。高高举步，神气十足。形容骄傲自满、得意忘形。【例句】他自从升职以后，便～，对往日的同事不屑一顾。【近义】神气活现　神气十足【反义】垂头丧气　**提示**　"趾"不能写成"指"。

至高无上　zhì gāo wú shàng
【释义】至：最。最高，没有更高的。【例句】在古代中国，皇帝有～的权力。【近义】无出其右【反义】等而下之

至理名言　zhì lǐ míng yán
【释义】最正确、最有价值的话。【例句】勤能补拙，是一句～。【近义】不刊之

论【反义】不经之谈

至亲好友　zhì qīn hǎo yǒu
【释义】关系至深的亲戚，感情最好的朋友。指关系最密切的亲人、朋友。【例句】咱们都是～，这事就算了，不要再争吵。【近义】至爱亲朋【反义】冤家对头

至死不变　zhì sǐ bù biàn
【释义】至：到。到死都不变。【例句】我们决心与侵略者斗争到底，～。【近义】始终不渝　至死不渝【反义】反复无常

至死不悟　zhì sǐ bù wù
【释义】至：到。到死都不觉悟。形容十分顽固。【例句】他嗜赌成性，妻离子散仍不思悔改，真是～。【近义】顽固不化　执迷不悟【反义】从善如流

至死不渝　zhì sǐ bù yú
【释义】至：到。渝：改变。到死都不改变。【例句】他有着一颗～的爱国之心。【近义】至死不变【反义】虎头蛇尾

志大才疏　zhì dà cái shū
【释义】疏：粗略，空虚。志向远大而能力不够。【例句】本人～，只能从一点一滴的实际工作做起。【近义】眼高手低　一无所能【反义】精明强干　游刃有余　一柱擎天

志得意满　zhì dé yì mǎn
【释义】志向实现，心愿得到了满足。形容十分得意的样子。【例句】爸爸教育我说，任何时候都应该谦虚低调，～是不好的。【近义】称心如意　如愿以偿　洋洋得意　心满意足【反义】怅然若失　若有所失　悲观失望

志士仁人　zhì shì rén rén
【释义】志士：有坚定意志和高尚情操的人。仁人：有仁爱精神、品德高尚的

人。志向远大、品德高尚的人。【例句】清末,无数～苦苦地寻找救国救民的真理。【近义】耿介之士【反义】无耻之徒

志同道合　zhì tóng dào hé

【释义】理想、志趣、观点等完全相同。【例句】我们是～的好朋友。【近义】情投意合【反义】貌合神离

志在四方　zhì zài sì fāng

【释义】志:志向。形容有远大的志向。【例句】好男儿～,何必一定要留在出生地工作呢?【近义】志在千里　雄心壮志【反义】胸无大志　鼠目寸光

质疑问难　zhì yí wèn nàn

【释义】质:诘问。提出疑难问题,请别人解答或互相辩论。【例句】他学习时爱动脑,喜欢～。【近义】质疑辨惑

炙冰使燥　zhì bīng shǐ zào

【释义】炙:用火烤。烤冰以使干燥。比喻所行与所求相反,徒劳无功。【例句】～的行为是得不到想要的结果的。【近义】缘木求鱼

炙手可热　zhì shǒu kě rè

【释义】炙手:烫手。一接近便热得烫手。形容权势大,气焰很盛。【例句】他虽是个～的大人物,但我不会去攀附他。【近义】势倾天下　气焰熏天　望而生畏　八面威风【反义】平易近人　和蔼可亲【提示】"炙"不能写成"灸"。

治病救人　zhì bìng jiù rén

【释义】医治疾病,挽救人的生命。比喻通过善意的批评,帮助人改正缺点错误。【例句】对待犯了错误的同志,应当抱着～的态度,不能因此疏远他。【近义】救死扶伤【反义】见死不救　不教而诛

治国安邦　zhì guó ān bāng

【释义】邦:国家。治理国家,使国家太平、巩固。【例句】诸葛亮有～的雄才伟略。【近义】安邦定国　济国安邦【反义】祸国殃民　暴虐无道

栉风沐雨　zhì fēng mù yǔ

【释义】栉:梳头。沐:洗头。风梳头,雨洗发。形容奔波劳碌不避风雨。也作"沐雨栉风"。【例句】大禹为了治水,～,劳苦奔波,几过家门而不入。【近义】餐风沐雨　卧雪眠霜　餐风沐雨

陟罚臧否　zhì fá zāng pǐ

【释义】陟:提升。罚:处罚。臧:表扬,褒奖。否:批评。泛指对下级的褒奖、处罚或提拔、处分。【例句】一切从实际出发,～不宜凭个人的主观意愿。【提示】"否"不读 fǒu,"臧"不能写成"藏"。

掷地有声　zhì dì yǒu shēng

【释义】掷:投,扔。扔在地上发出清脆的声音。形容话语豪迈有力。【例句】他的演讲深入人心,～。

智尽能索　zhì jìn néng suǒ

【释义】能:能力,能耐。索:尽,完。办法和才能都用完了。【例句】你看怎么办吧,反正我是～,无能为力了。【近义】江郎才尽

智勇双全　zhì yǒng shuāng quán

【释义】既机智,又勇敢。【例句】这位元帅是～的军事家。【近义】文武双全【反义】有勇无谋

智者千虑,必有一失　zhì zhě qiān lù, bì yǒu yī shī

【释义】智:聪明,有智慧。虑:思考,谋划。聪明人多次考虑或谋划,总有一次会失误。【例句】再聪明的人,也不

应该骄傲，因为～。【反义】愚者千虑，必有一得

置若罔闻 zhì ruò wǎng wén

【释义】置：放下，搁置。罔：没有。放在一边不理睬，像没有听到一样。形容不重视，不关心。【例句】老师的教诲，你怎能～？【近义】置之不理　充耳不闻【反义】洗耳恭听　言听计从

置身事外 zhì shēn shì wài

【释义】把自己放在事情之外，毫不关心。表示对某事不参加，不过问。【例句】中国的知识分子忧国忧民，以天下为己任，对国事不会～。【近义】袖手旁观【反义】责无旁贷

置身无地 zhì shēn wú dì

【释义】身：自己，自身。没有地方安置自己。指无处安身。指很羞愧。【例句】他现在是一贫如洗，～。/你当众这样说，真让我～。【近义】无地自容

置之不理 zhì zhī bù lǐ

【释义】放在一边，不理睬，不过问。【例句】这是我们大家的意愿，你不能～。【近义】置若罔闻　置之脑后【反义】另眼相看

置之度外 zhì zhī dù wài

【释义】度：考虑。放在考虑之外。指不把生死、利害等放在心上。【例句】为了从大火里救出这个小孩，他已经把生死～了。【近义】置之不顾　置之不理　置若罔闻　漠然置之【反义】念念不忘

置之脑后 zhì zhī nǎo hòu

【释义】不把事放在心中，说过了不算数，不记着去办。形容极不重视。【例句】托他办毫不费力的事，也往往被他～。【近义】置之不理

中饱私囊 zhōng bǎo sī náng

【释义】中饱：从经手的钱财取利。囊：包，口袋。指用欺诈的手段将经手的钱财装入自己的腰包。【例句】他利用职务之便收取贿赂，～，最终锒铛入狱。【近义】损公肥私

中流砥柱 zhōng liú dǐ zhù

【释义】中流：河中间。砥柱：山名，在黄河三门峡东面。屹立在黄河激流中的砥柱山。比喻坚强的、能起支柱作用的个人或集体。也作"砥柱中流"。【例句】他们小分队是这次抗洪抢险的～。【近义】一柱擎天【反义】无名小卒
提示　"砥"不能写成"抵"。

中西合璧 zhōng xī hé bì

【释义】中西：中国和西方。璧：古代玉器，扁圆形，中间有孔。合璧：两个半圆形的玉合成一个圆形的璧。指同时兼有中国和西洋特点的事物。【例句】这间房子既有欧式油画又有中国屏风，整体布置和谐，真可谓～，相映生辉。【近义】土洋结合

中庸之道 zhōng yōng zhī dào

【释义】中：折中。庸：平常。道：学说。儒家的一种主张，提倡待人处事不偏不倚、调和折中的态度。指消极保守、不思进取的一种处世态度。【例句】～是他做事的原则，他从不走极端。【近义】不偏不倚

中原逐鹿 zhōng yuán zhú lù

【释义】中原：指黄河流域的中下游地区，后亦指中国。逐鹿：争夺天下。群雄并起，争夺天下。【例句】楚汉之争，刘邦、项羽～，最后刘邦一统天下。

忠肝义胆 zhōng gān yì dǎn

【释义】形容为人忠心耿耿，正直，仗义

行事。【例句】他是一个～、爱憎分明，经得起考验的好同志。【近义】赤胆忠心　忠心忠胆　忠心耿耿【反义】朝秦暮楚　背信弃义

忠心耿耿　zhōng xīn gěng gěng

【释义】忠心：忠诚的心。耿耿：忠诚的样子。形容非常忠诚。【例句】这位老党员，对国家和人民～，所以深受爱戴。【近义】赤胆忠心【反义】图谋不轨　心怀异志

忠言逆耳　zhōng yán nì ěr

【释义】忠言：诚恳正直的劝告。逆耳：不顺耳，不中听。诚恳劝告的话常常是别人不爱听，不容易被接受的。【例句】我不是没有劝告过他，只是～，他听不进去，我有什么办法呢？【近义】良药苦口【反义】花言巧语　巧言乱德

忠于职守　zhōng yú zhí shǒu

【释义】忠于：忠诚地对待。职守：职责，职掌。形容对本职工作一丝不苟。【例句】他～，任劳任怨，赢得了同志们的尊敬。【近义】恪尽职守【反义】玩忽职守

忠贞不渝　zhōng zhēn bù yú

【释义】忠贞：忠诚而坚定不移。渝：改变。忠诚坚贞，决不改变。【例句】他对于为之奋斗的事业～，不辞劳苦，任劳任怨。【近义】之死靡它【反义】喜新厌旧

终身大事　zhōng shēn dà shì

【释义】关系自己一生的大事。【例句】男大当婚女大当嫁，自己的～也该考虑了吧。提示 多指男女婚嫁。

终天之恨　zhōng tiān zhī hèn

【释义】终天：终生。恨：遗憾。一辈子最大的悔恨。【例句】谭嗣同的～是有

心杀贼，无力回天。【近义】抱恨终天　终天之痛

钟鼎之家　zhōng dǐng zhī jiā

【释义】钟：古代一种乐器。鼎：古代一种用于烹煮食物的炊具。吃饭时奏乐，用鼎盛食的人家。指富贵人家。【例句】他虽出生于～之家，但知书识礼、待人平和，与那些纨绔子弟完全不同。

钟灵毓秀　zhōng líng yù xiù

【释义】钟灵：汇聚灵秀之气的地方，泛指美好的自然环境。毓：养育。指聚集天地灵气的美好自然环境产生优秀的人物。【例句】这位伟人的家乡山清水秀，人才辈出，是～之地。【近义】人杰地灵　鸾翔凤集

钟鸣鼎食　zhōng míng dǐng shí

【释义】钟：古代一种响器，中空，用铁或铜制成。鼎：古代一种用于烹煮的炊具。吃饭时奏乐，用鼎盛食物。旧时形容富贵人家生活豪华奢侈。【例句】王老师反对这门亲事，因为他不想女儿嫁入这种～之家。【近义】击钟鼎食　列鼎而食　锦衣玉食　灯红酒绿　花天酒地【反义】粗茶淡饭　荆钗布裙　食淡衣粗

钟鸣漏尽　zhōng míng lòu jìn

【释义】漏：滴漏，古代的一种计时工具。晨钟敲响，滴漏将尽。指天快亮的时候。也比喻人到老年，已到生命的尽头。也作"漏尽钟鸣"。【例句】任何人都有到～的时候，我们年轻人应该多关心和照顾身边的老人。【近义】风烛残年　行将就木

冢中枯骨　zhǒng zhōng kū gǔ

【释义】冢：坟墓。坟墓里的尸骨。指死人。比喻没有任何作为的人。【例句】

Z

红颜易老，英雄白发，昔日叱咤风云的猛将如今只是～。/在雄才大略的曹操看来，拥兵自重的袁术不过是～而已。

踵趾相接　zhǒng zhǐ xiāng jiē
【释义】踵：脚后跟。趾：脚指头。脚与脚紧挨着。形容人多。也形容一个紧跟着一个。【例句】同志们～地走过这山边窄窄的小道。【近义】摩肩接踵　接踵而至

众寡悬殊　zhòng guǎ xuán shū
【释义】众：多。寡：少。双方在数量上差距很大。【例句】他在双方～的情况下，带领部队打了胜仗。【近义】寡不敌众【反义】势均力敌　旗鼓相当

众口交传　zhòng kǒu jiāo chuán
【释义】传：传播。众人交相传播。形容传播的范围极广。【例句】他的英雄事迹～。【近义】家喻户晓

众口难调　zhòng kǒu nán tiáo
【释义】调：调和。吃饭的人多，很难适合每个人的口味。比喻众人的意见不一，很难处理得让每个人都满意。【例句】～，想让大家都满意，确实很难。【近义】莫衷一是　见仁见智【反义】皆大欢喜　一模一样　毫无二致　如出一辙

众口铄金　zhòng kǒu shuò jīn
【释义】铄：熔化。众口一词能够把金属熔化。原形容舆论的力量大。后形容人多嘴杂，足以混淆是非。【例句】～，不要忽视舆论的力量。/把一个这样的人说得一无是处，真是～。【近义】积毁销骨 提示 "铄"不能写成"烁"。

众口一词　zhòng kǒu yī cí
【释义】大家的说法完全一样。形容大

家的意见或看法都相同。【例句】当地老百姓～，都说刘书记是党的好干部。【近义】异口同声　如出一口　一口同音【反义】众说纷纭　各执己见

众目睽睽　zhòng mù kuí kuí
【释义】睽睽：睁大眼睛注视的样子。形容大家的眼睛都注视着。也作"万目睽睽"。【例句】他竟在～之下盗窃，结果当然是被送进派出所。【近义】有目共睹　众目昭彰　大庭广众【反义】掩人耳目

众目昭彰　zhòng mù zhāo zhāng
【释义】昭彰：显著，清楚。群众的眼睛看得很清楚。【例句】犯罪分子是有所顾忌的，尤其是在～的情况下。【近义】众目睽睽　有目共睹　大庭广众【反义】掩人耳目

众怒难犯　zhòng nù nán fàn
【释义】犯：触犯，冒犯。群众的愤怒不可冒犯。【例句】～，我们不能做损害群众利益的事情。

众叛亲离　zhòng pàn qīn lí
【释义】亲：亲信。众人反叛，亲信背离。形容十分孤立。【例句】今天～的局面是他自食恶果。【近义】土崩瓦解　孤家寡人　分崩离析【反义】众望所归　团结一致　同舟共济　和衷共济

众擎易举　zhòng qíng yì jǔ
【释义】擎：举，向上托住。许多人一起用力，很容易把东西举起来。比喻齐心合力，就能办成事情。【例句】你不用担心，～，胜利的消息马上就会传来。【近义】众志成城【反义】一木难支　寡不敌众

众人广坐　zhòng rén guǎng zuò
【释义】指人数众多的公开场合。【例

句】他居然在～中诬蔑我拿公家的东西，真是可恶。【近义】大庭广众

众矢之的　zhòng shǐ zhī dì

【释义】矢：箭。的：箭靶，目标。许多支箭共同射的靶子。比喻大家一起攻击的目标。也作"万矢之的"。【例句】他向经理提出减少职工福利以节约成本的建议，触犯众怒，成为～。【近义】千夫所指　过街老鼠

众说纷纭　zhòng shuō fēn yún

【释义】众说：各种各样的说法。纷纭：繁杂。人多嘴杂，说法不一。【例句】这次拍摄到的不明飞行物是什么，人们～。【近义】议论纷纷【反义】众口一词　异口同声

众所周知　zhòng suǒ zhōu zhī

【释义】周：全，普遍。大家全知道。【例句】中国美食众多，是～的。【近义】家喻户晓　尽人皆知【反义】一无所知　无人知晓

众望所归　zhòng wàng suǒ guī

【释义】众人的希望、信任所归向的人。多指某人得到大家的信赖，希望他担任某项工作。【例句】他的学识和口碑都很好，当选为校长可以说是～。【近义】人心所向【反义】众叛亲离

众星捧月　zhòng xīng pěng yuè

【释义】众多的星星簇拥着月亮。比喻许多个体拥戴一个核心或许多人簇拥着一个人。【例句】大家～似的簇拥着主席向会场走去。【近义】众星拱辰【反义】众叛亲离

众志成城　zhòng zhì chéng chéng

【释义】城：城墙。大家团结一心，就会成为坚固的城墙。比喻团结一致，力量就无比强大。【例句】只要我们一心

一德，～，便可以成功。【近义】众擎易举【反义】单丝不成线　独木不成林　孤掌难鸣

种瓜得瓜　zhòng guā dé guā

【释义】比喻做了什么样的事情，就会得到什么样的结果。【例句】他辛勤耕作，秋天取得了好收成，真是～，种豆得豆。【近义】善有善报【反义】劳而无获　提示　常和"种豆得豆"连用。

重赏之下，必有勇夫　zhòng shǎng zhī xià, bì yǒu yǒng fū

【释义】重赏：用大量的钱或物奖赏。肯出重赏，一定有拼死效力的人。【例句】正所谓～，告示贴出去没多久，就有人来应征。

重义轻生　zhòng yì qīng shēng

【释义】义：正义。看重正义而轻视生命。指甘愿为正义的事业献出宝贵的生命。【例句】革命事业的成功，离不开这些～的先烈。

重于泰山　zhòng yú tài shān

【释义】泰山：我国五大名山之一，在山东中部。比泰山的分量还重。多形容价值极高或责任重大。【例句】黄继光的牺牲意义重大，～。【近义】彪炳千古　万古流芳【反义】轻于鸿毛

舟中敌国　zhōu zhōng dí guó

【释义】舟：船。敌国：指仇敌。同船的人都成了敌人。比喻众叛亲离。【例句】一个国家如果政治清明，便上下同心；反之，便～，互相争斗。【近义】众叛亲离　失道寡助

周而不比　zhōu ér bù bǐ

【释义】周：团结，亲密。比：互相勾结。关系亲密、团结，但不互相勾结。【例句】他们三个好朋友～，相处融洽。

Z

周而复始 zhōu ér fù shǐ
【释义】周:环绕。一次又一次地循环。【例句】春夏秋冬的更替,植物的生长枯荣,～,世代如此。【近义】循环往复 生生不已

粥少僧多 zhōu shǎo sēng duō
【释义】粥:稀饭。粥很少,但喝粥的和尚却很多。比喻人多东西少,不够分配。【例句】经济危机时期,求职的人多,可供就业的机会少,形成了～的现象。【近义】杯水车薪【反义】供过于求

肘腋之患 zhǒu yè zhī huàn
【释义】肘腋:胳膊肘和胳肢窝,指贴身之处。长在肘腋处的病患。指身边的灾祸。【例句】这事若不妥善处理,假以时日,恐成～。【近义】心腹之患

昼伏夜行 zhòu fú yè xíng
【释义】白天藏起来,夜间行走。指隐蔽行动。【例句】为完成这次秘密行动,我们小分队～,紧急行军。【反义】日夜兼程　昼夜兼程

朱唇粉面 zhū chún fěn miàn
【释义】红红的嘴唇,粉白的脸庞。形容女子美丽。也指美女。【例句】小玉～,明眸善睐。【近义】皓齿明眸　皓齿朱唇

朱楼碧瓦 zhū lóu bì wǎ
【释义】红色的楼阁,青绿色的瓦。指建筑华美的楼阁。【例句】这里的古建筑群～,富丽堂皇。【近义】朱阁青楼

诛尽杀绝 zhū jìn shā jué
【释义】诛:斩。杀得一个不留。形容全部消灭干净。【例句】封建统治集团往往采用～的残暴手段,镇压农民起义。【近义】斩草除根

诛求无已 zhū qiú wú yǐ
【释义】诛求:勒索。已:停止。无休止地勒索、榨取。【例句】清末,人民对～的封建统治者已到了忍无可忍的地步。【近义】贪得无厌　得寸进尺　得陇望蜀　贪多务得　欲壑难填【反义】两袖清风　[提示]"已"不读 jǐ,也不能写成"己"。

诛心之论 zhū xīn zhī lùn
【释义】诛心:谴责别人的用心或动机。揭穿他人动机的批评。【例句】他写的那篇文章切中时弊,使一些人咬牙切齿,可算得上是～了。

珠璧交辉 zhū bì jiāo huī
【释义】珍珠和美玉交相辉映。指杰出的人或美好的事物聚集在一起。【例句】这次学术研讨会上的知名专家学者众多,可谓～。

珠沉玉碎 zhū chén yù suì
【释义】珠、玉:代指女子。珍珠沉没,美玉破碎。比喻女子死亡。含惋惜之情。【例句】八女投江,～,草木为之含悲。【近义】香消玉殒

珠光宝气 zhū guāng bǎo qì
【释义】珍珠宝石光芒四射。形容服饰、陈设等十分华丽。【例句】宴会上,各国大使夫人～,光彩耀目。【近义】珠围翠绕【反义】质朴无华

珠联璧合 zhū lián bì hé
【释义】璧:扁圆形中间有孔的玉。珍珠串在一起,美玉合在一起。比喻有能力的人或美好的事物合在一起。【例句】恭喜二位新人～,结为秦晋之好。【近义】相得益彰　相辅相成【反义】狗尾续貂

珠围翠绕 zhū wéi cuì rào
【释义】珠:珍珠。翠:翡翠。珍珠和翡

翠围绕四周。形容华丽的陈设装饰。形容女子装饰得华贵美丽。也形容侍候的美女众多。【例句】《儒林外史》中有这样一句话：自此，～，宴尔新婚，享了几个月的天福。/这位贵妇～，光彩照人。/旧时，皇帝成天被～。【近义】珠光宝气【反义】质朴无华

珠玉在侧　zhū yù zài cè

【释义】珠玉：比喻俊杰、英才。风姿俊秀、德才超群的人在跟前。【例句】李妹妹含笑看着身旁的杨姐姐说："～，我可不敢夺美。"

珠圆玉润　zhū yuán yù rùn

【释义】像珍珠一样圆转，像美玉一样光润。形容歌声婉转优美。也形容文字流畅明快。【例句】她的歌声～，声音美妙动听。/这首诗～，读来朗朗上口。【近义】娓娓动听

诸子百家　zhū zǐ bǎi jiā

【释义】子：古代对男子的尊称。指春秋至汉初的各家学派。后泛指各种不同的学说。【例句】春秋战国时期，～，百家争鸣，百花齐放。

铢积寸累　zhū jī cùn lěi

【释义】铢：古代的计量单位，二十四铢为一两。一铢一寸地积累。形容一点一滴的积累。【例句】这是他在长期工作中，～起来的宝贵经验。【近义】日益月滋　日增月益　日积月累　积少成多　集腋成裘　日积月累【反义】一蹴而就

铢两悉称　zhū liǎng xī chèn

【释义】铢：古代的计量单位，二十四铢为一两。悉：全。称：相当。在极细微的地方都完全相等。形容两者没有差别。【例句】二者半斤八两，～。【近义】日积月累　半斤八两　不相上下

平起平坐【反义】判若云泥　天差地别　天渊之别

蛛丝马迹　zhū sī mǎ jì

【释义】马：灶马，昆虫名，状如蟋蟀。蜘蛛的丝网，灶马的痕迹。比喻与事情有联系的不明显的线索或迹象。【例句】警方通过调查凶案现场的～，大致推测出案发时的情形。【近义】雪泥鸿爪　提示　"马"不作"蚂"。

竹篮打水　zhú lán dǎ shuǐ

【释义】指白费力气，付出了劳动，却没有成效。【例句】你这是～——一场空。【近义】徒劳无益

竹马之好　zhú mǎ zhī hǎo

【释义】竹马：儿童放在胯下当马骑的竹竿。好：相好，朋友。指少年时代的朋友。【例句】这是我的～，我们已经十年没有见面了。【近义】青梅竹马

竹头木屑　zhú tóu mù xiè

【释义】屑：碎末。制造竹木器剩余的废料。比喻还有利用价值的废弃材料。也比喻没有多少能力的普通人。【例句】不要小看这些～，要用的时候就知道他们的价值了。

逐日追风　zhú rì zhuī fēng

【释义】逐：追赶。赶上太阳，追上风。比喻马跑得极快。也表示日夜兼程。【例句】他们的快船～，终于在第三天早晨到达目的地。

逐字逐句　zhú zì zhú jù

【释义】逐：逐一。挨次序一字一句地。【例句】妈妈又拿出儿子寄来的信，～地读着。【反义】一目十行

煮豆燃萁　zhǔ dòu rán qí

【释义】萁：豆秸。烧豆秸来煮豆子。比喻兄弟相互残杀或内部自相迫害。

Z

～，相煎何急？【近义】同室操戈　自相残杀　相煎太急【反义】情同手足　辅车相依　亲密无间

助桀为虐　zhù jié wéi nüè

【释义】桀：夏朝最后一个君主，相传是个暴君。虐：残暴。帮助桀做残暴的事情。比喻帮助坏人做坏事。【例句】～的伪军同侵华日军一样可恶。【近义】同室操戈　自相残杀【反义】助人为乐

助人为乐　zhù rén wéi lè

【释义】把帮助别人当作自己的快乐。【例句】～是传统美德。【反义】助桀为虐

助我张目　zhù wǒ zhāng mù

【释义】张目：瞪大眼睛，比喻助长声势。自己的行动因得到别人的赞许而壮大了声势。【例句】为了公司的繁荣，希望同志们～。【反义】侧目而视　漠不关心

著书立说　zhù shū lì shuō

【释义】撰写著作，创立学说。泛指从事学术研究和著述工作。【例句】抗战以后，他脱下军装，走进书斋，只～而不闻窗外之事。

著作等身　zhù zuò děng shēn

【释义】写的著作与身体一样高。形容著述极多。【例句】巴尔扎克是一位～的大作家。【近义】学富五车【反义】目不识丁　胸无点墨

铸成大错　zhù chéng dà cuò

【释义】错：锉刀，借指错误。本指铸成一把大锉刀，后转指造成了不可估量的损失。【例句】他一意孤行，终～。【反义】痛改前非

筑室道谋　zhù shì dào móu

【释义】道谋：与过路的人商量。自己要修房子却与路人商量。比喻自己没有主见，一事无成。【例句】做事要有自己的主见，～的人总是难见成效。【近义】三心二意　优柔寡断【反义】当机立断　一心一意

筑室反耕　zhù shì fǎn gēng

【释义】反：同"返"，归。建房舍，让士兵从事农耕。指让军队长期驻扎在某处。也指从仕途上隐退，不再过问政事。【例句】这一仗惨败之后，他～再也不过问世事。

抓耳挠腮　zhuā ěr náo sāi

【释义】挠：用手轻轻地抓。又是抓耳朵，又是挠腮帮子。形容欢喜而不能自持的样子。形容焦急而又没有办法的样子。【例句】他高兴地～。/这道题急得他～。【近义】搓手顿脚　心急火燎　无可奈何【反义】镇定自若

拽布拖麻　zhuài bù tuō má

【释义】拽：拉，扯。布、麻：指丧服。指穿着孝服。【例句】父亲去世了，一家大小～，哭成一片。【近义】披麻戴孝

专横跋扈　zhuān hèng bá hù

【释义】专横：任意妄为，专断强横。跋扈：霸道，不讲理。专断蛮横，不讲道理。【例句】～的领导者得不到群众的信任和支持。【近义】独断专行【反义】谦虚谨慎　提示　"横"不读 héng。

专权擅势　zhuān quán shàn shì

【释义】专、擅：独占。独揽大权，任意妄为。【例句】秦末，宦官赵高～，指鹿为马。

专心致志　zhuān xīn zhì zhì

【释义】专：专注。致：极，尽。用心专

注,集中精神。【例句】工作上他积极
肯干,无论领导交给什么任务,他总是
～地完成。【近义】一心一意 聚精会
神【反义】心不在焉 三心二意

转悲为喜 zhuǎn bēi wéi xǐ

【释义】由悲伤变为喜悦。【例句】听说
原本下落不明的儿子还活着,她～。
【近义】破涕为笑【反义】乐极生悲

转喉触讳 zhuǎn hóu chù huì

【释义】开口说话就犯讳。【例句】清末,
海疆之事,～,众人绝口不提。

转祸为福 zhuǎn huò wéi fú

【释义】把灾祸转化为幸福。【例句】她
微笑面对生活中的种种不幸,相信一
切终会～。【近义】遇难成祥【反义】
转福为祸

转瞬即逝 zhuǎn shùn jí shì

【释义】转瞬:转眼,一眨眼。即:就。
逝:消失。一眨眼就消失了。【例句】
流星在夜空中～。

转瞬之间 zhuǎn shùn zhī jiān

【释义】转瞬:转眼,一眨眼。非常短暂
的一瞬间。【例句】～,马队在曲折的
山路上出现了。【近义】转眼之间 白
驹过隙【反义】遥遥无期

转弯抹角 zhuǎn wān mò jiǎo

【释义】抹:紧挨着绕过。沿着弯弯曲曲
的路行走。形容路弯弯曲曲。形容说
话、做事绕弯子,不爽快。也作"拐弯
抹角"。【例句】沿着～的小巷终于找
到了这家有名的豆花店。/上山的路
～,太难走了。/他说话总喜欢～,让
人猜来猜去。【近义】隐晦曲折 旁敲
侧击【反义】开门见山 单刀直入 直
出直入 直截了当 提示 "抹"不读
wèi,右边不能写成"未"。

转危为安 zhuǎn wēi wéi ān

【释义】(局势、病情等)从危急转为平
安。【例句】奶奶终于～,我们也舒了
一口气。【近义】化险为夷【反义】危
机四伏

转战千里 zhuǎn zhàn qiān lǐ

【释义】转战:战斗从一个地区到另一个
地区。指在很广大的区域内运动作战
或转移工作地点。【例句】既要躲避敌
人的追击,又要牵制住敌人,他们小分
队在大山里～。

装疯卖傻 zhuāng fēng mài shǎ

【释义】故意装作疯疯癫癫、傻里傻气的
样子。【例句】他～,瞒过敌人耳目,躲
过了大搜捕。【近义】诈痴佯呆【反义】
老老实实

装聋作哑 zhuāng lóng zuò yǎ

【释义】假装聋哑。形容故意不理睬,装
作什么都不知道。【例句】他只是～,
其实什么都知道。【近义】不闻不问

装模作样 zhuāng mú zuò yàng

【释义】故意做作,装出某种样子给人
看。【例句】什么是发自内心,什么是
～,他看得清清楚楚。【近义】做张做
智 装腔作势 矫揉造作 无病呻吟
【反义】自然大方

装腔作势 zhuāng qiāng zuò shì

【释义】势:姿势。装出某种腔调,摆出
某种姿势。做作,装出某种情态。【例
句】他～的样子真惹人讨厌。【近义】
做张做智 拿腔作势 拿糖作醋【反
义】一本正经

装神弄鬼 zhuāng shén nòng guǐ

【释义】巫师降神的一种法术。比喻故
弄玄虚欺骗人。【例句】哪有什么鬼?
整个"捉鬼"的过程就是这个神汉一个

Z

人在～。

壮士解腕　zhuàng shì jiě wàn

【释义】勇士自己截断被毒蛇咬的手腕，以防止毒液蔓延危及生命。比喻在紧急关头，能当机立断。【例句】反思以往，痛下决心，～，重新制订计划，以改变现状。【近义】当机立断【反义】优柔寡断　举棋不定

壮志凌云　zhuàng zhì líng yún

【释义】壮志：伟大的志向。凌云：直入云霄。形容志向宏伟远大。【例句】他从小就～，长大后真的就干出了一番大事业。【近义】凌云之志　雄心壮志【反义】胸无大志

壮志未酬　zhuàng zhì wèi chóu

【释义】壮志：伟大的志向。酬：实现。伟大的志向没有实现。【例句】他～便早早地去世了，令人扼腕叹息。【近义】功败垂成　功亏一篑　付之东流【反义】如愿以偿　称心如意　马到成功

追本穷源　zhuī běn qióng yuán

【释义】追：追寻。本：根本。穷：深入探求。源：水的源头。比喻寻找事情发生的根源。【例句】经过一番～的调查，公安人员终于确认他就是这个团伙的幕后主犯。【近义】追根究底　推本溯源【反义】浅尝辄止

追本溯源　zhuī běn sù yuán

【释义】本：根本。溯：往上推求。追寻事物产生的根源。【例句】经过一番～的调查，警察终于找到这个团伙的幕后操纵者。【近义】追根究底　推本溯源【反义】浅尝辄止

追根究底　zhuī gēn jiū dǐ

【释义】指追究事情的根源底细。【例句】这件事情，我们一定要～。【近义】

追本穷源【反义】浅尝辄止

追风逐电　zhuī fēng zhú diàn

【释义】追赶疾风闪电。形容奔跑得很快。比喻书法飘逸奔放，不拘一格。【例句】骑兵部队纵辔加鞭，～般向大漠深处驰去。/他写的字飘逸狂放，～。

追悔莫及　zhuī huǐ mò jí

【释义】追悔：追溯以往，感到悔恨，但后悔都来不及了。【例句】你别再批评他，他已经～了。【近义】悔之晚矣【反义】悬崖勒马

追魂摄魄　zhuī hún shè pò

【释义】摄：取。摄取人的魂魄，致人死命。形容凶残厉害，令人畏惧。形容诗文、绘画等十分精妙，令人神往。【例句】她的目光十分犀利，～，看得我心里发麻。/无论怎样练习，他的画总是达不到～的意境。

追名逐利　zhuī míng zhú lì

【释义】指用不正当的方式追求个人的名利。【例句】他崇尚淡泊无为的生活，从不～。【反义】淡泊名利

追亡逐北　zhuī wáng zhú běi

【释义】亡：逃亡。北：败退。乘胜追击败逃的敌军。【例句】我军～，要把敌人一网打尽。

锥处囊中　zhuī chǔ náng zhōng

【释义】囊：口袋。锥子放在口袋里，锥尖就会露出来。比喻有才智的人终能崭露头角，不会长久被埋没。【例句】他现在的处境犹如～，相信很快便会一鸣惊人。

惴惴不安　zhuì zhuì bù ān

【释义】惴惴：恐惧、胆怯的样子。发愁害怕而不安的心情。【例句】儿子在前

线打仗,母亲终日～。【近义】忐忑不安【反义】镇定自若 提示 "惴"不能写成"揣"。

谆谆告诫　zhūn zhūn gào jiè

【释义】谆谆:恳切教诲的样子。告诫:劝诫,规劝。指恳切耐心地劝诫。【例句】我永远忘不了老师对我的～。

拙口笨腮　zhuō kǒu bèn sāi

【释义】笨嘴笨舌。指不善言辞。【例句】他～的,又不善于应酬,你多帮帮他。【近义】笨嘴笨舌【反义】伶牙俐齿　油嘴滑舌

捉班做势　zhuō bān zuò shì

【释义】摆架子,装腔作势。【例句】他对我们一向～的,但在上司面前,却像个哈巴狗儿。【近义】装腔作势

捉鸡骂狗　zhuō jī mà gǒu

【释义】捉:捕,拿。比喻借此骂彼。【例句】她气不过,又不敢直接找人家理论,只得一～阵。【近义】指桑骂槐

捉襟见肘　zhuō jīn jiàn zhǒu

【释义】襟:衣的前幅。拉一下衣襟就露出了胳膊肘。形容衣服破烂。也比喻顾此失彼,应付不过来。【例句】这家公司已处于～的窘迫境地,看来离破产不远了。【近义】左支右绌　衣不蔽体　衣衫褴褛【反义】绰有余裕　绰绰有余

捉摸不定　zhuō mō bù dìng

【释义】捉摸:猜测。形容问题复杂,难以预料或无法准确把握。【例句】小王感叹道,女孩子的心思真是～啊!

捉贼捉赃　zhuō zéi zhuō zāng

【释义】赃:指盗窃得来的财物。比喻对是非的处理要有真凭实据。【例句】

～,你没有证据可不要随便诬赖好人。【近义】捉奸捉双

卓尔不群　zhuó ěr bù qún

【释义】卓尔:高高直立的样子。不群:跟一般人不一样。优秀卓越,超出普通人。【例句】他从小就显示出～的才智,长大后更是才华横溢。【近义】出类拔萃　特立独行　鹤立鸡群【反义】碌碌无为

卓有成效　zhuó yǒu chéng xiào

【释义】卓:突出,显著。成绩和效果显著。【例句】小张刻苦钻研,工作～。【近义】出类拔萃　立竿见影　行之有效【反义】无济于事　徒劳无功　海底捞月　螳臂当车　缘木求鱼

斫轮老手　zhuó lún lǎo shǒu

【释义】斫轮:砍木头做车轮。老手:对于某种事情富于经验的人。指对某种事情富有经验的人。【例句】老汪可是做川菜的～。

浊醪粗饭　zhuó láo cū fàn

【释义】醪:浊酒。混浊的劣酒,粗糙的饭食。泛指简朴的饮食。【例句】房东先生谦虚说道:"～,请不要介怀。"【近义】粗茶淡饭

着手成春　zhuó shǒu chéng chūn

【释义】着手:开始做,动手。一动手便描绘出春天的景致。形容诗词、书画清新自然,充满生机。比喻医术精湛,手到病除。【例句】他有一支～的笔,写出生机勃勃、春意盎然的诗篇。/李医生～,重病的哥哥在一年以后痊愈了。【近义】妙手回春　起死回生　手到病除

擢发难数　zhuó fà nán shǔ

【释义】擢:拔。拔下头发来数,数不清。

Z

形容罪行多得像头发那样。【例句】这个恶人欺压百姓，横行乡里，犯下的罪行真是～。【近义】罄竹难书【反义】屈指可数

濯缨濯足　zhuó yīng zhuó zú

【释义】濯：洗。缨：古代帽子上系在颌下的带子。水清就洗帽带，水浊就洗足。比喻境遇的好坏由人自取。也比喻避世隐身，欣然自乐。【例句】～，人自取，把好坏归之于命运，显然是不对的。

孜孜不倦　zī zī bù juàn

【释义】孜孜：勤勉。勤奋努力，不知疲倦。【例句】他怀揣一个梦想，～地学习着。

孜孜不息　zī zī bù xī

【释义】孜孜：勤勉。形容人工作勤奋，没有停息。【例句】自从王敏认识到学习的重要性后，便～地学起来。【近义】孜孜不倦【反义】饱食终日

资怨助祸　zī yuàn zhù huò

【释义】助长怨恨，促使祸患到来。【例句】这样待他不仅不会息事宁人，反会～。

趑趄不进　zī jū bù jìn

【释义】趑趄：迟疑不前的样子。指徘徊不敢前进。【例句】我们要勇于克服前进道路上的种种艰难险阻，不能畏首畏尾，～。【近义】畏缩不前　裹足不前【反义】勇往直前　一往无前

锱铢必较　zī zhū bì jiào

【释义】锱、铢：古代计量单位，一两为四锱，一锱为六铢，比喻细微的东西。对很少的钱或很小的事都要计较。原形容办事非常认真，一丝不苟，现多形容非常吝啬或气量小。【例句】小说中的

葛朗台是一个～的吝啬鬼。【近义】斤斤计较　寸量铢称【反义】慷慨大方

龇牙咧嘴　zī yá liě zuǐ

【释义】龇：露出牙齿。牙齿露着，大张着口。形容凶狠狰狞的样子。形容惊讶或疼痛难忍的样子。【例句】小弟弟被面具上～的怪物吓哭了。/一脚踩在图钉上，他疼得～。

子虚乌有　zǐ xū wū yǒu

【释义】子虚：并非实有。乌有：哪有此事。"子虚"和"乌有"是汉代文学家司马相如在《子虚赋》中虚构的两个人物。泛指虚构的或不存在的人或事物。【例句】这只是～的臆测，不必太在意。【近义】捕风捉影　荒诞不经【反义】千真万确　实实在在

子曰诗云　zǐ yuē shī yún

【释义】子：指孔子。曰、云：说。诗：指《诗经》。泛指四书五经之类的儒家经典，这些书中常有"子曰""诗云"的字眼。也指引经据典。【例句】老李读过几年书，说起话来～，咬文嚼字的。

紫气东来　zǐ qì dōng lái

【释义】紫气：紫色云气，古人认为是吉祥之气。祥瑞之气从东边而来。表示吉祥、美好。【例句】～，吉祥如意。

自拔来归　zì bá lái guī

【释义】自拔：主动地从痛苦或罪恶中摆脱出来。归：归顺。主动摆脱恶势力，归顺正义。多指从敌方投奔我方。【例句】我正义之师威震四方，多股势力～。

自暴自弃　zì bào zì qì

【释义】暴：糟蹋，损害。弃：鄙弃。自己甘心落后，不求上进。【例句】失败是成功之母，你不要～，从头再来吧。

Z

【近义】自轻自贱　妄自菲薄【反义】
自强不息　妄自尊大

自不待言　zì bù dài yán

【释义】自:自然,当然。待:需要。言:
说。当然不需要说出来。表示毫无疑
问。【例句】我们对祖国的爱～。

自惭形秽　zì cán xíng huì

【释义】形秽:身材或相貌丑陋。对自己
相貌丑陋感到十分羞惭。指因不如别
人而感到惭愧。【例句】我如此落魄,
已觉～,怎敢接受你的厚待呢!【近
义】自愧不如【反义】自命不凡

自成一家　zì chéng yī jiā

【释义】在某种学术或技艺上有独到的
见解或创新,能自成体系。【例句】他
的文风,不但～,而且有很高的艺术价
值。【近义】自立门户　自出一家　独
树一帜【反义】身无长技

自出机杼　zì chū jī zhù

【释义】机杼:织布机和梭子,比喻诗文
的构思和布局别出心裁,独创新意。
【例句】老师鼓励我说,你的诗作～,大
有进步啊!【近义】别出心裁　自出心
裁【反义】人云亦云　亦步亦趋

自出心裁　zì chū xīn cái

【释义】心裁:心里的设计、构思。全部
出于自己的构思。多指诗文、技艺有
独创性,不模仿别人。【例句】她～地
织出一条花式独特的围巾,倒也十分
好看。【近义】自出机杼　别出心裁

自吹自擂　zì chuī zì léi

【释义】擂:打。自己吹喇叭,自己擂鼓。
比喻自我吹嘘。【例句】～的人终有被
识破的一天。【近义】自我吹嘘　自卖
自夸【反义】实事求是　谦虚谨慎

自得其乐　zì dé qí lè

【释义】自得:自己感到。乐:乐趣。自

己从其中得到乐趣。【例句】他自己唱
歌自己听,～。【近义】悠然自得【反
义】庸人自扰　自找苦吃

自甘落后　zì gān luò hòu

【释义】自己甘愿落后。指人不求上进。
【例句】她学习成绩不好,又不求上进,
真是～。【反义】自强不息

自高自大　zì gāo zì dà

【释义】自以为了不起,看不起别人。也
作"高傲自大"。【例句】这个人～,人
缘极差。【近义】妄自尊大　骄傲自满
【反义】自轻自贱　谦虚谨慎

自告奋勇　zì gào fèn yǒng

【释义】告:报告,请求。自己主动请求
承担某项艰苦的工作。【例句】小王～
跃入河中,把落水的孩子救了起来。
【近义】挺身而出　毛遂自荐【反义】
畏首畏尾

自顾不暇　zì gù bù xiá

【释义】暇:空闲。照顾自己都来不及,
再没有能力关心他人。【例句】我已经
～了,哪还有时间管你?【近义】自身
难保【反义】助人为乐　慷慨解囊　救
死扶伤　公而忘私

自给自足　zì jǐ zì zú

【释义】给:供给,供应。依靠自己的生
产来满足自己的需要。指自然经济的
供需关系。【例句】在人口众多的我国
实现粮食～,的确不是件容易的事情。
提示　"给"不读 gěi。

自觉自愿　zì jué zì yuàn

【释义】自己认识到应该那样做,情愿那
样去做。【例句】我们～地拿出父母给
的零用钱支援灾区。【近义】心甘情愿

自掘坟墓　zì jué fén mù

【释义】掘:挖。自己给自己挖坟墓。指
自己走向灭亡。【例句】夏桀残忍无

Z

道,其结果是~。【近义】自取灭亡
自投罗网　作茧自缚【反义】自尊自爱

自愧不如　zì kuì bù rú

【释义】自感不如别人而内心惭愧。【例句】听了先进工作者的报告,我~。【近义】自惭形秽【反义】自鸣得意

自力更生　zì lì gēng shēng

【释义】更生:重新振作,获得新生。依靠自己的力量重新振作起来。指不依赖外力,靠自己的力量把事情办起来。【例句】我们必须艰苦创业,~。【近义】自食其力【反义】仰人鼻息 提示 "更"不读 gèng。

自立门户　zì lì mén hù

【释义】自立:不依赖别人,靠自己的劳动而生活。门户:人家。与父母或主人分开,自己建立家庭独立地过日子。比喻从总体中分出,创立新的派别或机构。【例句】小王结婚以后,在郊外买了房子~,过起了小日子。/出师以后,他便~,开了一家小饭馆。【近义】自成一家【反义】寄人篱下　倚门傍户　傍人门户

自卖自夸　zì mài zì kuā

【释义】自己夸自己的货物是好的。比喻自我吹嘘。【例句】东西好不好要大家说,~是没有用的。

自鸣得意　zì míng dé yì

【释义】鸣:表示。自己表示十分得意。【例句】老师夸了他几句,他便~起来。【近义】洋洋得意　沾沾自喜【反义】垂头丧气 提示 多含贬义。

自命不凡　zì mìng bù fán

【释义】自命:自认为。凡:平凡。自以为了不起,不平凡。【例句】他是个~的艺术家。【近义】夜郎自大【反义】自惭形秽　妄自菲薄

自命清高　zì mìng qīng gāo

【释义】命:认为,以为。自以为清高。【例句】这个人向来~,所以很少有人跟他打交道。【近义】自命不凡

自欺欺人　zì qī qī rén

【释义】指用自己都难以置信的话或手法来欺骗别人。既欺骗自己也欺骗别人。【例句】即使在伪劣产品上标上"正宗"二字,也不过是~而已。【近义】掩耳盗铃　掩目捕雀【反义】实事求是

自强不息　zì qiáng bù xī

【释义】自强:自己努力向上。自己奋发上进,永不懈怠。【例句】他身残志坚、~的精神值得我们学习。【近义】发愤图强【反义】自暴自弃　自甘落后

自轻自贱　zì qīng zì jiàn

【释义】贱:轻视。自己看不起自己。【例句】他因为经受多次打击,有点~起来,这怎么行呢?【近义】自暴自弃【反义】自高自大

自取灭亡　zì qǔ miè wáng

【释义】自己的行为导致了自己的灭亡。【例句】与人民为敌的统治者,就是~。【近义】自掘坟墓

自取其咎　zì qǔ qí jiù

【释义】咎:罪过,祸害。自己招来祸害。【例句】违背历史和人民的人终会~。【近义】咎由自取　罪有应得

自然而然　zì rán ér rán

【释义】然:如此,这样。自由发展,必然这样。指非经人力干预而自然如此。【例句】只要平时加强锻炼,身体就会~地好起来。【近义】水到渠成　顺其自然

自身难保　zì shēn nán bǎo

【释义】自己保不住自己。【例句】她自

己都～，怎么顾得了你？【近义】自顾不暇 提示 常与"泥菩萨过河"连用。

自食恶果 zì shí è guǒ

见"自食其果"。

自食其果 zì shí qí guǒ

【释义】自己吞食自己种出来的果实。指自己做了坏事，最后由自己承当。也作"自食恶果"。【例句】这帮被关进监狱的强盗是～，罪有应得。【近义】自作自受 玩火自焚 咎由自取

自食其力 zì shí qí lì

【释义】凭自己的劳动养活自己。【例句】年轻人不应该事事依靠父母，应该～。【近义】自力更生【反义】不劳而获 坐享其成

自食其言 zì shí qí yán

【释义】将自己说过的话又吞了回去。指不守信用，承诺了的事不兑现。【例句】你得说话算数，不要～。【反义】言而有信

自始至终 zì shǐ zhì zhōng

【释义】从开始到结束。【例句】十几年来，他～关心着这位孤寡老人。【近义】从头到尾【反义】有始无终

自私自利 zì sī zì lì

【释义】只为自己打算，为自己谋利益，不顾别人和集体。【例句】他是一个～的人。【近义】假公济私 损人利己【反义】大公无私 正直无私 公正无私

自讨苦吃 zì tǎo kǔ chī

【释义】苦：苦头。自己为自己找麻烦。指一种同时会带来麻烦的追求或行为。【例句】对于数学，我有一种～的癖好，那就是喜欢找最难的题来演算。【近义】惹火烧身【反义】自得其乐

自投罗网 zì tóu luó wǎng

【释义】罗网：捕捉鸟兽或鱼类的器具。投：进入。自己投入罗网之中。比喻自寻死路或自己落入圈套。【例句】警方设下陷阱，诱之以利，让匪徒～。【近义】作茧自缚 自掘坟墓

自我解嘲 zì wǒ jiě cháo

【释义】掩饰、开脱自己被人嘲笑的事。【例句】由于他经常被嘲笑，反而学会了～的本事。

自我陶醉 zì wǒ táo zuì

【释义】陶醉：很满意地沉浸在某种环境或思想活动中。沉浸于某种事物或境界里，盲目地自我欣赏。【例句】这个诗人整天对着自己的作品～，以为自己就是当代的李白。【近义】孤芳自赏【反义】自惭形秽 自愧不如

自我作古 zì wǒ zuò gǔ

【释义】自：从。作古：作为最早的人或事例。由自己创始，不依傍前人或旧制。【例句】工作上，我们不能故步自封，要敢于创新，～。【近义】标新立异【反义】因循守旧

自相残杀 zì xiāng cán shā

【释义】残：伤害。自己人之间互相残杀。【例句】我国封建时期，统治阶级内部为争权夺利而～、互相倾轧的事情屡见不鲜。【近义】同室操戈 煮豆燃萁 舟中敌国【反义】同舟共济 同仇敌忾 相濡以沫

自相惊扰 zì xiāng jīng rǎo

【释义】自己人互相惊动，引起恐慌不安。【例句】切勿轻信谣言而～。【近义】惊魂未定 惊慌失措【反义】泰然处之 泰然自若

自相矛盾 zì xiāng máo dùn

【释义】矛：长矛，古代用于进攻的武器。

Z

盾:盾牌,古代用于防御的武器。据《韩非子·难一》记载,从前有个卖武器的人,先夸自己的矛能刺穿任何东西,又夸自己的盾能抵御任何武器的进攻。有人便提出:用你的矛刺你的盾,结果会怎样呢?卖武器的人无法回答。比喻自己言行前后不一或互相矛盾。【例句】他的话～,我看不可信。【反义】自圆其说　无懈可击　天衣无缝

自相鱼肉　zì xiāng yú ròu
【释义】鱼肉:当作鱼肉一样宰割。比喻内部自相残杀。【例句】他俩为了财产～,这也太残忍了。【近义】同室操戈　自相残害【反义】同甘共苦

自行其是　zì xíng qí shì
【释义】是:正确。不听别人的意见,按照自己认为对的去做。【例句】只要认定了方向,他便～,不去理会别人的看法。【近义】自以为是

自寻短见　zì xún duǎn jiàn
【释义】短见:短浅的见识。指自杀。【例句】一遇问题便～的人,是没有社会责任的表现。

自言自语　zì yán zì yǔ
【释义】自己跟自己说话。独自低声说话。【例句】他经常～,很少和别人说话。【近义】喃喃自语

自以为得计　zì yǐ wéi dé jì
【释义】得计:计谋得逞。自己以为自己干得不错。【例句】犯罪分子四顾无人,～,却不知警察早已布下了天罗地网。　提示　多含贬义。

自以为非　zì yǐ wéi fēi
【释义】认识到自己也有不对的地方。也指经常想到自己的弱点、缺点和错误。【例句】我们应该有～的精神,经常想到自己的弱点和不足。【反义】自以为是

自以为是　zì yǐ wéi shì
【释义】是:正确。认为自己的看法和做法都正确。形容不虚心,听不进别人的意见。【例句】～、听不进别人意见的人,不会有长足的进步。【近义】自作聪明【反义】自以为非

自由放任　zì yóu fàng rèn
【释义】放任:听其自然,不加干涉。形容不受拘束地听其自然发展。【例句】我们要扩大民主,但我们也反对～。

自由自在　zì yóu zì zài
【释义】自在:不受约束。指不受任何限制、约束。【例句】一群小鸟在空中～地飞翔。【近义】逍遥自在　无拘无束【反义】身不由己

自圆其说　zì yuán qí shuō
【释义】圆:完满,周全。将自己的观点表述得周全,没有漏洞。【例句】此事你解释了很多,最终还是不能～。【近义】无懈可击　滴水不漏　天衣无缝　面面俱到【反义】自相矛盾　漏洞百出

自怨自艾　zì yuàn zì yì
【释义】艾:治理,改正。本义是悔恨自己的错误,自己改正。现只指悔恨。【例句】被单位开除后,他终日～,打不起精神再出去找工作。【近义】悔不当初　引咎自责　提示　"艾"不读ài。

自知之明　zì zhī zhī míng
【释义】明:洞察事物的能力。指透彻了解自己的能力。【例句】你要有～。【近义】自惭形秽【反义】自高自大　不自量力　自以为是　提示　"明"不

能写成"名"。常跟"有、无"连用。

自作聪明　zì zuò cōng míng
【释义】自认为很聪明，轻率逞能。【例句】如果他不～，事态不会发展到这种地步。【近义】自以为是　班门弄斧【反义】自知之明

自作主张　zì zuò zhǔ zhāng
【释义】不与人商量或不请示便自己做出决定。【例句】都怪我～，没有提前跟你说就把她带来了。

自作自受　zì zuò zì shòu
【释义】受：承受。自己做的事自己承受。多指做了坏事、蠢事，结果自己遭殃。【例句】我不愿读书，也没学到一点手艺，现在无计谋生，真是～。【近义】作法自毙　自食其果【反义】嫁祸于人

字里行间　zì lǐ háng jiān
【释义】字里：词语里面。行间：字行中间。字句和字行中间。【例句】这篇文章的～洋溢着对美丽故乡的赞美之情。【近义】言外之意

字斟句酌　zì zhēn jù zhuó
【释义】对每一字、每一句都仔细推敲。形容说话或写作态度慎重。【例句】他写文章～，从不随意用词。【近义】咬文嚼字【反义】一挥而就

字正腔圆　zì zhèng qiāng yuán
【释义】圆：圆润。字音准确，腔调圆润。指唱歌或唱戏的声音美妙动听。【例句】她唱的京剧～。【反义】南腔北调

字字珠玑　zì zì zhū jī
【释义】玑：不圆的珍珠。每个字都像珍珠那样有光泽。形容语言精练，文辞华美。【例句】这位诗人的诗真可以称

得上是～。【反义】佶屈聱牙

恣情纵欲　zì qíng zòng yù
【释义】恣情：纵情。毫无顾忌或毫无节制地放纵情欲。【例句】做事不能一味地～而不考虑后果。【近义】恣行无忌

恣意妄为　zì yì wàng wéi
【释义】恣意：任意，任性。妄为：胡作非为。任意地胡作非为。【例句】恶霸蒋门神依仗官府庇护，～，鱼肉乡里。【近义】胡作非为　为所欲为　恣行无忌【反义】安分守己　循规蹈矩 提示 "妄"不能写成"忘"。

总角之交　zǒng jiǎo zhī jiāo
【释义】总角：古代未成年人把头发扎成向上分开的两髻，借指幼年。交：朋友。小时候的朋友。【例句】我们是～，阔别十年，重新聚首，感到十分激动。【近义】青梅竹马

纵横捭阖　zòng héng bǎi hé
【释义】纵横：用游说来联合。捭阖：开合。战国时期"合纵"和"连横"的政治主张。泛指在政治和外交上进行分化、联合的各种手段。也作"纵横开合"。【例句】战国的纵横家以犀利的言辞～，游说于各国之间。 提示 "捭"不读 bēi。

纵横驰骋　zòng héng chí chěng
【释义】纵横：南北方向和东西方向。驰骋：马快跑。战马四处奔驰，所向无敌。形容转战各地所向无敌。【例句】他是战场上～、所向无敌的英雄。【近义】南征北战 提示 "骋"不能写成"聘"。

纵横交错　zòng héng jiāo cuò
【释义】纵向的和横向的相交在一起。形容事物头绪多，情况错综复杂。也

Z

作"纵横交贯"。【例句】山间的羊肠小道～。【近义】犬牙交错【反义】井井有条　有条不紊

纵横交贯　zòng héng jiāo guàn
见"纵横交错"。

纵横开合　zòng héng kāi hé
见"纵横捭阖"。

纵虎归山　zòng hǔ guī shān
见"放虎归山"。

走马看花　zǒu mǎ kàn huā
【释义】走马：骑在马上奔跑。骑在奔驰的马上看花。比喻粗略地观察事物。【例句】我们只有一天的时间游览伦敦，当然是～，不会有很深刻的印象。【近义】浮光掠影【反义】观察入微

走马上任　zǒu mǎ shàng rèn
【释义】走马：骑马疾驰。指官吏就职。【例句】听说你被任命为局长了，不知什么时候～。【近义】下车伊始　加官晋爵【反义】告老还乡　削职为民

走投无路　zǒu tóu wú lù
【释义】投：投奔。无路可走，无处投奔。比喻找不到解决问题的办法。形容处境十分困难。【例句】小李已经～了，我们要帮她一把。【近义】山穷水尽　穷途末路　日暮途穷【反义】柳暗花明　如愿以偿　天从人愿　提示 "投"不能写成"头"。

足不出户　zú bù chū hù
【释义】足：脚。户：门。脚不迈出家门。指待在家里不外出。【例句】他虽然不喜欢到处走，但凭借网络和电视机，也可以～而知天下事了。【近义】深居简出【反义】走南闯北　浪迹江湖　浪迹天涯

足智多谋　zú zhì duō móu
【释义】足：多，丰富。智：才识，智慧。谋：计谋。智谋很多。形容工于心计，善于谋划。【例句】我们班就数他～。【近义】老谋深算　多谋善断【反义】计穷智短

钻冰取火　zuān bīng qǔ huǒ
【释义】钻开冰层取火种。比喻违背事理，劳而无功。【例句】你这样做是～，浪费时间。【近义】枉费心机　缘木求鱼

钻牛角尖　zuān niú jiǎo jiān
【释义】往牛角尖里钻。比喻费力研究不值得研究或无法解决的问题。【例句】有人～想弄清到底是先有母鸡还是先有鸡蛋，其实这并无实际意义。

钻头觅缝　zuān tóu mì fèng
【释义】觅：寻找。钻空子，找缝穴。指四处活动，竭力钻营。【例句】他可不是那种趋炎附势、～的人。【近义】趋炎附势　攀龙附凤【反义】刚正不阿　提示 含贬义。

钻心刺骨　zuān xīn cì gǔ
【释义】钻入心里，刺进骨中。形容刺激极深。【例句】他随意说出的话却让我感到～地难受。

罪不容诛　zuì bù róng zhū
【释义】诛：处死。处死也抵偿不了犯下的罪恶。指罪大恶极，处死都不能抵偿。【例句】这几个人都是在第二次世界大战中犯下滔天罪行、～的战犯。【近义】罪该万死　十恶不赦　死有余辜　罪大恶极　怙恶不悛　罪孽深重【反义】大慈大悲

罪大恶极　zuì dà è jí
【释义】罪恶严重到极点。【例句】～的

逃犯被绳之以法,群众拍手称快。【近义】十恶不赦　罪恶滔天　死有余辜【反义】功德无量

罪恶滔天　zuì è tāo tiān

【释义】罪恶:严重犯罪或作恶的行为。滔天:漫天。犯下的罪行把天都遮住了。形容罪恶极大。【例句】处决了～的黑社会头目,市民们无不欢欣鼓舞。【近义】罪大恶极　弥天大罪　滔天之罪【反义】功盖天下

罪恶昭著　zuì è zhāo zhù

【释义】罪恶:严重犯罪或作恶的行为。昭著:明显。罪恶极明显,大家都看得清清楚楚。【例句】秦桧是历史上～的卖国贼。【近义】恶贯满盈【反义】劳苦功高

罪该万死　zuì gāi wàn sǐ

【释义】万死:死一万次,是夸张的说法。处死一万次,也不足以抵偿所犯下的罪恶。形容罪恶极大。旧时多用于下级向上级谢罪。【例句】他杀人放火,十恶不赦,～。【近义】罪不容诛　滔天之罪【反义】劳苦功高

罪魁祸首　zuì kuí huò shǒu

【释义】魁、首:头目。指犯罪分子的头目。也指主要责任者。【例句】他是这场暴力冲突的～。【近义】元凶巨恶　元恶大憝

罪孽深重　zuì niè shēn zhòng

【释义】罪孽:应受到报应的罪恶。罪恶极大。【例句】商纣王荒淫残暴,～。【近义】滔天之罪　罪不容诛　罪大恶极　罪恶滔天

罪有应得　zuì yǒu yīng dé

【释义】干了坏事或犯了罪受到应有的惩罚。【例句】这个人～,你别可怜他。

【近义】咎由自取　自取其咎【反义】罚不当罪

醉生梦死　zuì shēng mèng sǐ

【释义】像喝醉了酒或在睡梦中那样糊里糊涂地活着。【例句】抗战时期,前方将士浴血奋战,一些有钱人却在后方过着～的生活。【近义】纸醉金迷

醉眼蒙眬　zuì yǎn méng lóng

【释义】蒙眬:快要睡着或刚醒时,双眼半开半闭,看东西模糊的样子。形容酒醉后两眼迷迷糊糊的样子。【例句】昨晚老梁烂醉如泥,现在虽然能起床了,但仍～。【近义】醉眼惺忪

尊老爱幼　zūn lǎo ài yòu

【释义】尊敬老人,爱护儿童。【例句】～是中华民族的传统美德。【近义】敬老慈幼

尊师重道　zūn shī zhòng dào

【释义】尊敬老师,重视知识或某种思想体系。【例句】我们应大力提倡～,通过教育提高全民素质。【近义】尊师重教

左道旁门　zuǒ dào páng mén

【释义】左、旁:邪,不正。道:学术或宗教思想体系。门:指学术或宗教派别。指非正统的学术流派或宗教派别。也泛指不正经的东西。也作"旁门左道""旁门外道""旁门邪道"。【例句】中世纪的宗教法庭把一切科学的理论都当作异端邪说和～,加以无情地扼杀。【近义】歪门邪道【反义】不二法门

左顾右盼　zuǒ gù yòu pàn

【释义】顾、盼:看。左看看,右瞧瞧。向左右两边看。指洋洋得意的样子。也指犹豫不决的样子。【例句】他在大街上～,好像在等谁。/他喜不自胜,

～。/他一时下不了决心，～,不肯说一个字。【近义】东张西望【反义】目不转睛　目不斜视

左邻右舍　zuǒ lín yòu shè
【释义】泛指邻居。【例句】哥哥获得公费出国深造的机会,～纷纷向他祝贺。【近义】街坊邻里【反义】天涯海角　天南海北

左思右想　zuǒ sī yòu xiǎng
【释义】指反复考虑。【例句】她躺在床上～,虽然觉得这事来得蹊跷,但是仍然想不明白。【近义】思前想后【反义】不假思索

左提右挈　zuǒ tí yòu qiè
【释义】挈:提。指互相扶持或左右从旁扶持。【例句】我们是新成立的公司,还希望大家～,大力帮忙。

左右逢源　zuǒ yòu féng yuán
【释义】逢:遇到。形容做事得心应手,怎样进行都很顺利。也形容为人处世圆滑,巧于应付。【例句】表演～,得心应手。/这人八面玲珑,～。【近义】得心应手【反义】左右为难　左支右绌　四面楚歌　到处碰壁　进退两难

左右开弓　zuǒ yòu kāi gōng
【释义】开弓:拉开弓箭。左手和右手都能射箭,指两只手轮流或同时做同一动作。也指同时做几项工作。【例句】他举起手～打了自己两个巴掌,骂道,我真蠢!/领导交给他的几件事要在一月内完成,他只好～。【反义】左支右绌

左右为难　zuǒ yòu wéi nán
【释义】为难:感到难以应付。无论怎样做,都不好处理。【例句】这件事真叫她～,不知如何是好。【近义】进退维

谷　进退两难【反义】左右逢源

左支右绌　zuǒ zhī yòu chù
【释义】支:支持,支撑。绌:不足。应付了左边,右边又出了问题,指力量不足,应付了这方面,那方面又有了问题。【例句】这几件烦心事使他～,疲于应付。【近义】顾此失彼　捉襟见肘【反义】左右逢源　应付自如　游刃有余

左支右捂　zuǒ zhī yòu wǔ
【释义】支:支撑。捂:遮掩。撑住左边,又捂住右边。指处境困难,穷于应付。也指用含混的话来搪塞。【例句】公司糟糕的财务状况搞得他～,精疲力竭。/他始终不肯说出真相,～,顾左右而言他。【近义】左支右绌

作壁上观　zuò bì shàng guān
【释义】壁:营垒,军营的围墙。站在自己的营垒上看别人作战。比喻坐观成败,不给予帮助。【例句】小偷在公共汽车上行窃,有人明哲保身,～,但也有人勇敢地站了出来。【近义】袖手旁观　坐观成败【反义】路见不平　拔刀相助

作恶多端　zuò è duō duān
【释义】作恶:做坏事。端:项目。做的坏事很多。【例句】这个～的人,终于受到法律的制裁。【近义】无恶不作

作法自毙　zuò fǎ zì bì
【释义】作法:立法。毙:倒下,引申指死亡。自己立法反而使自己受害。指自作自受。【例句】你今天这个结局是～,你应该早就意料到了。【近义】自作自受　作茧自缚

作奸犯科　zuò jiān fàn kē
【释义】作奸:做坏事。科:法令。为非

作歹,触犯法令。【例句】这个～的人应该受到法律的严惩。【近义】违法乱纪【反义】奉公守法　安分守己

作茧自缚　zuò jiǎn zì fù

【释义】缚:缠绕。蚕吐丝作茧,把自己包在里面。比喻自己做的事,反使自己陷入困境。【例句】他为分得一杯羹与那些坏人狼狈为奸,不料被抓了起来,真是～。【近义】自讨苦吃　作法自毙　提示 "缚"不读bó。

作威作福　zuò wēi zuò fú

【释义】威:刑罚。福:指奖赏。原指统治者擅行赏罚,独揽威权,后指妄自尊大,滥用权势。【例句】昔日那些～的不称职干部,村民不再需要他们。【近义】横行霸道　耀武扬威【反义】仁至义尽

坐不安席　zuò bù ān xí

【释义】席:座位。坐在位子上很不安稳。形容心情十分焦急。【例句】他～,抓耳挠腮,好像心里有什么急事。【近义】坐立不安

坐吃山空　zuò chī shān kōng

【释义】指光是消费而不从事生产劳动创造,即使有堆积如山的财物也会消耗完。【例句】他是个～的败家子。【近义】立吃地陷【反义】开源节流

坐地分赃　zuò dì fēn zāng

【释义】赃:赃物。指不亲自作案,坐在家里分取赃物。【例句】老板娘以为～就不会被牵连,结果她错了。提示 指匪首或窝主等。

坐观成败　zuò guān chéng bài

【释义】坐在一旁观看别人的成功或失败。指对于别人的事不参与,不表态。【例句】今晚中韩足球队将展开厮杀,

日本队则～。【近义】袖手旁观　作壁上观　坐山观虎　隔岸观火【反义】拔刀相助　见义勇为

坐怀不乱　zuò huái bù luàn

【释义】坐怀:拥在怀里。乱:淫乱。将女子拥在怀里也不淫乱。形容男子作风正派。【例句】他是个～的正人君子。【近义】洁身自好　洁身自爱　冰清玉洁

坐井观天　zuò jǐng guān tiān

【释义】坐在井里看天。比喻眼光狭小,看到的有限。【例句】他自认为了不起,其实他只是个～的人。【近义】以管窥天　管中窥豹【反义】凭高望远

坐山观虎斗　zuò shān guān hǔ dòu

【释义】坐在山上看老虎争斗。比喻在一旁看别人争斗,等到两败俱伤时再从中取利。【例句】这件事只有这样处理,我们才能～,从中得利。【近义】坐观成败

坐失良机　zuò shī liáng jī

【释义】良机:好机会。因等待、观望而失去了好机会。【例句】遇事犹豫不决的人往往会～。【近义】当面错过　失之交臂【反义】机不可失　趁热打铁

坐视不救　zuò shì bù jiù

【释义】坐视:坐着看,指对该管的事故意不管或漠不关心。别人有灾难,自己坐在一旁观看,不去援助。【例句】亲人遭遇困难时,我们不能～。【近义】见死不救　袖手旁观　冷眼旁观　隔岸观火　作壁上观【反义】奋不顾身　赴汤蹈火　临危不惧　见义勇为

坐收渔利　zuò shōu yú lì

【释义】渔利:渔人之利。比喻利用他人

Z

之间的矛盾轻易从中获取利益。【例句】某些别有用心的国家挑起中小国家间的矛盾、战争,自己~。【近义】坐享其成　不劳而获　无功受禄　渔人得利　提示　"渔"不能写成"鱼"。

坐卧不安　zuò wò bù ān

【释义】卧:躺下。宁:安宁。无论坐着还是躺着,都很不安宁。形容心情焦急、烦躁或身体不适的样子。【例句】产品质量不稳定,厂长~。【近义】坐不安席【反义】镇定自若　处之泰然　心安理得

坐享其成　zuò xiǎng qí chéng

【释义】享:享受。成:成果。自己不出力而白白地享受别人劳动的成果。【例句】虽然家有万贯,但他没有~,努力打拼,有了自己的事业。【近义】坐收渔利　不劳而获【反义】自食其力

坐言起行　zuò yán qǐ xíng

【释义】坐着说的话站起来就能实行。指提出的办法切实可行。【例句】这是~的方案,经得起实践的检验。【反义】坐而论道

坐以待毙　zuò yǐ dài bì

【释义】以:连词,而。毙:死。坐着等死,指不采取积极行动而等待失败。

【例句】连长说,我们已被敌军包围,与其~,不如冒死冲出去。【近义】束手待毙　束手就擒【反义】垂死挣扎　死里逃生

坐以待旦　zuò yǐ dài dàn

【释义】以:连词,而。旦:天亮,早晨。坐着等到天亮。指十分勤勉。也形容因心中烦躁或其他原因而无法入睡。【例句】为了提高生产质量,加快生产效率,厂长常常~地工作。/母亲一直昏迷不醒,我们在她床前~。

坐拥百城　zuò yōng bǎi chéng

【释义】拥:拥有。坐在家里就好像拥有一百座城池。指家中藏书非常丰富。【例句】别看他物质生活不丰富,但他~,乐在其中。【近义】坐拥书城

座无虚席　zuò wú xū xí

【释义】席:座位。座位没有空着的。形容观众、听众出席的人很多。【例句】老教授的讲座很受欢迎,每次开课都~。【近义】高朋满座　济济一堂【反义】寥寥无几　一无所有

做贼心虚　zuò zéi xīn xū

【释义】指做了坏事怕人察觉,心里惶恐不安。【例句】他~,不敢和我对视。【近义】贼人胆虚【反义】问心无愧

汉语拼音方案

（1957 年 11 月 1 日国务院全体会议第 60 次会议通过）
（1958 年 2 月 11 日第一届全国人民代表大会第五次会议批准）

一、字母表

字母	A a	B b	C c	D d	E e	F f	G g
名称	ㄚ	ㄅㄝ	ㄘㄝ	ㄉㄝ	ㄜ	ㄝㄈ	ㄍㄝ
	H h	I i	J j	K k	L l	M m	N n
	ㄏㄚ	ㄧ	ㄐㄧㄝ	ㄎㄝ	ㄝㄌ	ㄝㄇ	ㄋㄝ
	O o	P p	Q q	R r	S s	T t	
	ㄛ	ㄆㄝ	ㄑㄧㄡ	ㄚㄦ	ㄝㄙ	ㄊㄝ	
	U u	V v	W w	X x	Y y	Z z	
	ㄨ	ㄎㄝ	ㄨㄚ	ㄒㄧ	ㄧㄚ	ㄗㄝ	

V 只用来拼写外来语、少数民族语言和方言。

字母的手写体依照拉丁字母的一般书写习惯。

二、声母表

b	p	m	f	d	t	n	l
ㄅ玻	ㄆ坡	ㄇ摸	ㄈ佛	ㄉ得	ㄊ特	ㄋ讷	ㄌ勒
g	k	h		j	q	x	
ㄍ哥	ㄎ科	ㄏ喝		ㄐ基	ㄑ欺	ㄒ希	
zh	ch	sh	r	z	c	s	
ㄓ知	ㄔ蚩	ㄕ诗	ㄖ日	ㄗ资	ㄘ雌	ㄙ思	

在给汉字注音的时候，为了使拼式简短，zh ch sh 可以省作 ẑ ĉ ŝ。

三、韵母表

	i 丨　　　衣	u ㄨ　　　乌	ü ㄩ　　　迂
a ㄚ　　　啊	ia 丨ㄚ　　　呀	ua ㄨㄚ　　　蛙	
o ㄛ　　　喔		uo ㄨㄛ　　　窝	
e ㄜ　　　鹅	ie 丨ㄝ　　　耶		üe ㄩㄝ　　　约
ai ㄞ　　　哀		uai ㄨㄞ　　　歪	
ei ㄟ　　　欸		uei ㄨㄟ　　　威	
ao ㄠ　　　熬	iao 丨ㄠ　　　腰		
ou ㄡ　　　欧	iou 丨ㄡ　　　忧		
an ㄢ　　　安	ian 丨ㄢ　　　烟	uan ㄨㄢ　　　弯	üan ㄩㄢ　　　冤
en ㄣ　　　恩	in 丨ㄣ　　　因	uen ㄨㄣ　　　温	ün ㄩㄣ　　　晕
ang ㄤ　　　昂	iang 丨ㄤ　　　央	uang ㄨㄤ　　　汪	
eng ㄥ　　　亨的韵母	ing 丨ㄥ　　　英	ueng ㄨㄥ　　　翁	
ong （ㄨㄥ）　　轰的韵母	iong ㄩㄥ　　　雍		